근대 한국학 교과서 총서
9

지리과

성신여대 인문융합연구소 편

제이앤씨
Publishing Company

근대 한국학 교과서의 탄생

1.

근대 교과서는 당대 사회의 복잡한 사회・역사・정치・문화의 상황과 조건들의 필요에서 나온 시대의 산물이다. 한국 근대사는 반봉건과 반외세 투쟁 속에서 자주적인 변혁을 이루어야 했던 시기였고, 특히 1860년대부터 1910년에 이르는 시간은 반봉건・반외세 투쟁을 전개하면서 근대적 주체를 형성해야 했던 때였다. 주체의 형성은 근대사에서 가장 중요한 과제였는 바, 그 역할의 한 축을 담당한 것이 근대 교육이다.

근대 초기 교과서 개발은 1876년 개항 이후 도입된 신교육 체제를 구현하기 위한 구체적인 과제였다. 교과서가 없이는 신교육을 실행할 수 없었기 때문에 개화 정부는 교육개혁을 시행하면서 우선적으로 교과서 개발을 고려한다. 갑오개혁에 의해 각종 학교의 관제와 규칙이 제정되고 이에 따라 근대적 형태의 교육과정이 구성되는데, 교육과정이 실행되기 위해서는 교육내용을 전하는 교과서를 먼저 구비해야 했다. 당시 교과서 편찬을 관장했던 기구는 '학부(學部) 편집국'이다. 편집국은 일반도서와 교과용 도서에 관한 업무를 관장해서 ① 도서의 인쇄, ② 교과용 도서의 번역, ③ 교과용 도서의 편찬, ④ 교과용 도서의 검정, ⑤ 도서의 구입・보존・관리 등의 사무를 맡았다. 학부는 교과서의 시급성을 감안하여 학부 관제가 공포된 지 불과 5개월만인 1895년 8월에 최초의 근대 교과서라 할 수 있는『국민소학독본』을 간행하였고, 이후『소학독본』(1895)과『신정심상소학』(1896) 등을 연이어 간행해서 1905년까지 40여 종의 교과서를 출간하였다.

학부 간행의 교과서는 교육에 의한 입국(立國) 의지를 천명한 고종의 '교육조서'(1895,2)에 의거해서 이루어졌다. 교육조서는 ① 교육은 국가 보존의 근본이고, ② 신교육은 과학적 지식과 신학문과 실용을 추구하는 데 있고, ③ 교육의 3대 강령으로 덕육(德育)・체육(體育)・지육(智育)을 제시하고, ④ 교육입국의 정신을 들어 학교를 많이 설립하고 인재를 길러내는 것이 곧 국가 중흥과 국가보전에 직결된다는 것을 천명하였다. 이는 오늘날의 바람직한 국민상을 육성하기 위한 교육 목표와 동일한 것으로, 이런 취지를 바탕으로 학부는 신학문의 흡수와 국민정신의 각성을 내용으로 하는 교재를 다수 출간한다. 학부는 『조선역사』, 『태서신사』, 『조선지지』, 『여재촬요』, 『지구약론』, 『사민필지』, 『숙혜기략』, 『유몽휘편』, 『심상소학』, 『소학독본』, 『서례수지』, 『동국역사』, 『동국역대사략』, 『역사집략』, 『조선역사』 등 역사와 지리, 수신과 국어 교과서를 연속해서 간행했는데, 특히 역사와 지리 교과서가 다수 출판된 것을 볼 수 있다.

이 시기 교과서를 제대로 이해하기 위해서는 우선 교과서 편찬 주체가 누구인가를 알아야 한다. 불과 두세 달의 시차를 두고 간행되었지만 교과의 내용과 정치적 입장, 역사 인식 등에서 큰 차이를 보이는 『국민소학독본』과 『신정심상소학』을 비교해봄으로써 그런 사실을 알 수 있다.

『국민소학독본』이 간행된 1895년 전후의 시기는 민비와 대원군을 둘러싼 갈등과 대립이 극에 달했던 때였다. 『국민소학독본』은 박정양이 총리대신으로 있던 시기에 간행되었는데, 당시 교과서 편찬의 실무는 이상재(학부참서관), 이완용(학부대신), 윤치호(학부협판) 등 친미・친러파 인사들이 맡았다. 그런 관계로 『국민소학독본』에는 일본 관련 글은 거의 없고 대신 미국과 유럽 관련 글들이 대부분을 차지한다. 전체 41과로 구성되어 우리의 역사와 인물, 근대생활과 지식, 서양 도시와 역사와 위인을 다루었는데, 미국 관련 단원이 10과에 이른다. 그런데, 『신정심상소학』은 민비가 시해되고 대원군이 집권하면서 김홍집이 총리대신으로 있던 시기에 간행되었다. 친일 내각의 등장과 함께 일제의 개입이 본격화되어 책의 '서(序)'에는 일본인 보좌원 다카미 가메(高見龜)와 아사카와(麻川松次郎)가 관여한 사실이 소개되고, 내용도 일본 교과서인 『尋常小學讀本(신정심상소학)』을 그대로 옮겨놓다시피 했다. 근대적인 체계를 앞서 갖춘 일본의 교재를 참조한 것이지만, 일본인 명사 2명이 소개된 것처럼 교과 내용이 친일적으로 변해서 이전 교과서와는 상당히 다른 모습이다.

1906년 일제의 통감이 파견되고 일인 학정참정관이 조선의 교육을 장악하면서부터 교과서의 내용은 이전과 확연히 달라진다. 1906년 2월에 통감부가 서울에 설치되고 초대 통감으로 이토 히로부미(伊藤博文)가 부임해서 한국 국정 전반을 지휘・감독하였다. 일제는 교과서야말로 식민지 건설에 가장 영향력 있는 수단으로 간주해서 교과서 출판에 적극 개입하였다. 조선의 역사와 지리 그리고 국어과 교과서 출판에 대해서는 극심한 통제를 가했고, 한국인 출판업자가 출원하는 검정 교과서는 이른바 '정치적 사항에 문제가 있다' 하여 불인가 조치를 가하는 경우가 빈번하였다. 그 결과 한국사 및 한국 지리 교과서는 거의 간행되지 못하고, 대신 친일적인 내용의 교과서가 다수 간행된다. 1909년 5월에 보통학교용으로 『수신서』 4책, 『국어독본』 8책, 『일어독본』 8책, 『한문독본』 4책, 『이과서』 2책, 『도화 임본』 4책, 『습자첩』 4책, 『산술서』 4책이 출간된다. 이들 교과서에는 일본 관련 단원이 한층 많아져서, 『보통학교학도용 국어독본』(1907)에서 볼 수 있듯이, 우리나라와 일본의 국기가 나란히 걸린 삽화가 게재되고(1권 「국기」), 『일본서기』를 근거로 한 일본의 임나일본부설이 수록되며(6권 「삼국과 일본」), 심지어 세계 6대 강국이 된 군국주의 일본의 강성함을 선전하는 내용의 글(8권 「세계의 강국」)이 수록되기에 이른다.

민간인에 의한 교과서 출판은 을사늑약 이후 활발하게 이루어진다. 일제의 강압 아래 추진된 학부 간행의 교과서를 비판하면서 자주적 한국인 양성에 적합한 교과서를 편찬하고자 힘을 모으는데, 편찬의 주체는 민간의 선각이나 학회와 교육회였다. 이들은 교과서를 '애국심을 격발시키고 인재를 양성'하는 도구로 간주하였다. "학교를 설립하고 교육을 발달코자 할진데 먼저 그 학교의 정신부터 완전케 한 연후에 교육의 효력을 얻을지니 학교의 정신은 다름 아니라 즉 완전한 교과서에 있"다고 말하며, 학교가 잘 설비되어 있더라도 교과서가 "혼잡 · 산란하여 균일한 본국정신"을 담고 있지 못하다면 "쓸데없는 무정신교육"이 되어 국가에 별 이익이 없을 것이라고 주장했는데, 그것은 교과서가 "애국심을 격발케 하는 기계"(「학교의 정신은 교과서에 재함2」. 《해조신문》, 1908, 5.14.)라고 보았기 때문이다. 당시 민간 선각이나 학회들이 대대적으로 교과서 간행에 나선 것은 이런 배경을 갖고 있었다.

민간에서 간행된 최초의 교과서는 대한민국교육회의 『初等小學(초등소학)』(1906)이다. 당시 4년제인 보통학교의 전 학년이 배울 수 있도록 각 학년에 2권씩 모두 8권이 간행되었는데, 『초등소학』에서 무엇보다 두드러지는 것은 자주독립과 충절로 무장한 국민을 만들고자 하는 의지이다. 국가의 운명이 백척간두에 달한 현실에서 『초등소학』은 단군, 삼국시대, 영조, 세종, 성종 등 민족사의 성현들의 행적을 소환한다. 민족이란 발전하는 실체라기보다는 발생하는 현실이자 지속적으로 수행되고 또 다시 수행되는 제도적 정리 작업이라는 점에서 부단히 새롭게 규정될 수밖에 없는데, 『초등소학』은 그런 작업을 과거의 역사와 영웅적 인물들의 소환을 통해서 시도한다. 여기서 곽재우와 송상현, 조헌의 수록은 각별하다. 곽재우는 임진왜란 때 일제의 침략을 물리친 장군이고, 송상현 역시 동래부사로 있으면서 죽음으로 왜군을 막은 장수이며, 조헌은 일본군과 싸우다 금산성 밖에서 전사한 인물이다. 이들을 통해서 풍전등화의 민족적 위기를 극복하고자 하는 취지를 보여준다. 또, 『초등소학』에서 언급되는 한국사는 『大東歷史略(대동역사략)』의 내용을 그대로 집약한 것으로, 중국과의 관계에서 조선의 자주성이 강조되고 일본의 침략을 경계하는 내용이 주를 이룬다. 『대동역사략』은 신라가 마한의 뒤를 이어 삼국을 주도한, 한국사의 계통을 중화 중심에서 벗어나 자주적이고 주체적인 시각에서 서술하여 민족의 자부심을 고취시키고자 하는 취지를 갖고 있었다.

이런 내용의 『초등소학』을 시발로 해서 『유년필독』, 『몽학필독』, 『노동야학독본』, 『부유독습』, 『초등여학독본』, 『최신초등소학』, 『신찬초등소학』, 『초목필지』, 『초등국어어전』, 『윤리학 교과서』, 『초등소학수신서』, 『대한역사』, 『보통교과대동역사략』 등 수신과 역사, 지리 등의 교재들이 간행되었다.

사립학교의 대부분은 남학교였지만, 한편에서는 여성교육이 강조되고 여학교가 설립되기도 하였다. 1880년대부터 선교사들에 의하여 이화학당을 비롯한 여학교들이 설립되고, 민간에서도 1897년경 정선여학교가, 1898년에는 순성여학교가 설립되었다. 순성여학교를 설립한 찬양회는 여성단체의 효시로 여성의 문명개화를 위하여 여학교를 설립하였다. 이들 여학생을 위해서 각종 여학생용 교과서가 간행된다. 『녀ᄌᆞ쇼학슈신셔』, 『부유독습』, 『초등여학독본』 등의 교과서에서는, 여성이 맺는 여성 혹은 남성과의 관계에서 동등한 지위를 차지해야 한다는 담론이 등장하고, 유교적 · 전통적 성격의 여성상과 기독교적 · 서구적 성격의 여성상이 일정 수준 이상으로 혼재하고, 국모(國母)의 양성이 강조된다.

2.

『근대 한국학 교과서 총서』에는 총 54종 133권이 수록되었다. 여기서 교과서를 국어과, 수신과, 역사과, 지리과로 나누어 배치한 것은 다분히 편의적인 것이다. 근대적 의미의 교과(敎科)가 분화되기 이전에 간행된 관계로 개화기 교과서는 통합교과적인 특성을 갖고 있다. 특히 국어와 수신 교과서는 내용이 중복되어 분간이 어려울 정도이다. 그럼에도 교과를 나눈 것은 다음과 같은 최소 기준에 의한 것이다.

'국어과'는, 교재의 제명이 독본(讀本), 필독(必讀), 필지(必知), 독습(讀習), 보전(寶典), 작문(作文) 등 다양하게 나타나지만, 당대의 문화, 역사, 정치, 경제적 정체성을 '국어'로 반영했다는 데서 국어과로 분류하였다. 당시 국어과 교과서는 "다른 교과목을 가르칠 때에도 항상 언어 연습을 할 수 있도록 하고, 글자를 쓸 때에도 그 모양과 획순을 정확히 지키도록 지도"(보통학교령, 1906) 하는 데 초점을 두었다. 근대지의 효율적인 생산과 유통에서 무엇보다 긴절했던 것은 '국어'에 대한 인식과 국어 사용 능력의 제고였다. 『신정심상소학』, 『보통학교학도용 국어독본』, 『최신 초등소학』 등 이 시기 대다수의 국어 교과서가 앞부분에서 국어 자모나 어휘와 같은 국어 · 국자 교육을 실행한 까닭은 근대적 지식을 용이하게 전달하기 위한 교육적 필요 때문이었다.

'윤리과'는 '수신(修身)'이라는 제명을 가진 교과서를 묶었다. 학부에서 발간을 주도한 수신과 교과서는 대체로 초등학교용에 집중되어 있고, 중등학교용이나 여학교용은 이 영역에 관심이 있던 민간단체나 개인이 주로 발간하였다. 수신과 교과서는 발간의 주체가 다양했던 관계로 교과서의 내용이나 전개 방식이 다채롭다. 역사에서 뛰어난 행적을 남긴 인물들의 사례를 연령대별로 모아 열거한 경우도 있고(『숙혜기략』), 근대적 가치를 포함시키고 삽화에 내용 정리를 위한 질문까지 곁들인 경우도 있으며(『초등소학 수신서』), 당시 국가가 처한 위기 상황과는 맞지 않게 일제의 영향으로 충군과 애국 관련 내용을 소략하게 수록한 경우도(『보통학교학도용 수신서』) 있다. '중등학교용' 수신과 교과서는, '초등학교용'에 비해 다채로운 방식으로 내용이 전개되지는 않지만 교과서 발간 주체들이 전통적 가치와 대한제국으로 유입되던 근대적 가치들을 조화시키기 위해 노력한 흔적을 보여준다. 또한 발간 시기가 1905년 을사늑약 이후로 집중되어 있어서인지 전체적으로 교과서 내용의 수준이 심화되고 분량도 늘어나는 가운데 충군과 애국 관련 내용이 증가하고, 그 표현의 어조도 한층 강화된 것을 볼 수 있다.

'지리과'는 '지리(地理), 지지(地誌)' 등의 제명을 갖는 교과서를 대상으로 하였다. 지리과 교과서 역시 발행 주체에 따라 학부 간행과 민간 선각에 의한 사찬 교과서로 구분된다. 학부 교과서는 종류와 승인 · 보급된 수량이 적고 특히 을사늑약 이후 일본의 식민치하에서는 발행이 매우 제한적이었다. 1895년 학부 간행의 『조선지지』는 우리나라 최초의 지리 교과서로, 조선의 지정학적 위치를 설명한 뒤, 한성부에서 경성부에 이르는 전국의 23부를 원장부전답 · 인호 · 명승 · 토산 · 인물 등으로 구분·기재하였다. 반면에 민간 선각들에 의한 발행은 일본의 교육 식민화를 저지하기 위한 목적에서 간행된 다양한 특성의 교과서들이다. 이 시기에는 세계지리를 다룬 만국지리 교과서의 발행이 증가하였는데, 세계 대륙과 대양의 위치 및 관계를 서술하고, 사회 진화 정도(야만, 미개, 반개, 문명)에 따라 세계 지역을 구분하는 등 사회진화론적 인식체계를 보여주었다. 『초등만국지리대요』에서는 '청국 남자는 아편을 좋아하고, 한족 부녀는 전족을 한다'는 부정적 서술이 있는 등 중국 중심의 유교적 철학과 사대주의적 관념에서 벗어나 문명 부강을 추구하는 서구적 문명관으로 재편되고 있음을 볼 수 있다.

'역사과'는 학부에서 발행한 관찬 사서 6권과 사찬 사서 20권으로 대별된다. 관찬 사서 6권은 모두 갑오개혁기(1895)와 대한제국기(1899)에 발행되었고, 사찬 사서 20권은 계몽운동기(1905~1910)에 발행되었다. 갑오개혁기 교과서에서는 모두 '大朝鮮國 開國 紀元'이라는 개국 기원을 사용해 자주독립 의식을 표현하고 있는 점이 특징이다. 하지만 자주와 독립의 의미를 강조하면서도 개국과 근대화 과정에서 일본의 역할과 관계를 강조하는 시각이 투사되어 있다. 교과서에 대한 통제가 본격화된 통감부 시기에 간행된 교과서에는 일제의 사관이 한층 깊이 개입된다. 현채의 『중등교과 동국사략』의 경우, 일본 다이스케 하야시의 『朝鮮史(조선사)』(1892)의 관점을 수용해서 개국과 일본에 의한 조선 독립이라는 내용이 삽입되어 있다. 이후 발행된 다양한 자국사 교과서들 역시 비슷한 관점에서 서술된다. 외국사 교과서는 1896년에 발행된 『萬國略史(만국약사)』부터 1910년에 발행된 『西洋史教科書(서양사교과서)』까지 모두 유사한 관점으로 되어 있다. 제국주의 침략에 맞서 문명개화 노선으로 부국강병을 꾀하려는 의도를 담고 있지만, 문명개화국과 그렇지 않은 국가 간의 우열을 그대로 드러내는 사회진화론적 관점을 보여서 세계 각 나라를 야만→미개→반개→문명으로 나누어 서술하였다. 유럽은 문명을 이룩하여 강대국이 되었으나, 조선은 반개(半開)의 상태로 야만과 미개는 아니지만 문명에는 미달한다고 서술한 것을 볼 수 있다.

3.

그동안 근대 교과서에 대한 관심이 적었던 것은 교과서 자체가 온전한 형태로 복원되지 못했기 때문이다. 여기저기 자료들이 산재해 있었고, 그것의 내역과 계통을

파악하지 못한 경우가 많았다. 그러다 보니 학계의 관심 또한 저조하기 이를 데 없었다. 이에 필자는 근대 교과서를 조사하고 체계화하여 이렇게 그 일부를 공간한다. 상태가 온전하지 못하고 결락된 부분도 있지만, 지금 상황에서 최선을 다한 것임을 밝힌다. 이들 자료는 국립중앙도서관, 국회도서관, 서울대 중앙도서관, 규장각도서관, 고려대 도서관, 이화여대 도서관, 한국학중앙연구원 한국학도서관, 세종대학교 학술정보원, 한국교육개발원, 제주 항일기념관, 한국개화기교과서총서(한국학문헌연구소편) 등등에서 취합하고 정리하였다. 작업에 협조해 준 관계자분들께 감사를 표하며, 아울러 본 총서 간행을 가능케 한 한국학중앙연구원의 지원에 감사를 드린다.

영인본의 명칭을 『근대 한국학 교과서』라 칭한 것은 다양한 내용과 형태의 교과서를 묶기에 적합한 말이 '한국학(Koreanology)'이라고 생각한 때문이다. 한국학이란 범박하게 한국에 관한 다양한 분야에서 한국 고유의 것을 연구·계발하는 학문이다. 구체적 대상으로는 언어, 역사, 지리, 정치, 경제, 사회, 문화 등 제 분야를 망라하지만, 여기서는 국어, 역사, 지리, 윤리로 교과를 제한하였다. 이들 교과가 근대적 주체(한국적 주체) 형성에 결정적으로 기여하였고, 그것이 이후의 복잡한 사회·역사·정치·문화의 상황과 길항하면서 오늘의 주체를 만들었다고 믿는다.

모쪼록, 이들 자료가 계기가 되어 교과서에 대한 다양한 관심과 연구가 촉발되기를 소망한다.

2022년 3월 1일
강진호

일러두기

- 수록 교과서는 총 54종 133권이고, 각 권에 수록된 교과서 목록은 아래와 같다.
- 국어과 · 윤리과 · 역사과 · 지리과의 구분은 편의상의 분류이다.
- 『초등국어어전』은 1, 3권은 개정본이고, 2권은 초판본이다.
- 『해제집』(10권)은 개화기와 일제강점기 교과서 전반을 망라한 것이다.
- 개화기와 일제강점기 교과서 목록은 10권 말미에 첨부한다.

교과	권	수록 교과서
국어과 (20종 48권)	1	국민소학독본(1895), 소학독본(1895), 신정심상소학(3권)(1896), 고등소학독본(2권)(1906), 최신초등소학(4권)(1906), 초등소학(1906), 보통학교학도용 국어독본(7권)(1907)(7권 결)
	2	유년필독(4권)(1907), 유년필독석의(2권)(1907), 초등여학독본(1908), 노동야학독본(1908), 부유독습(2권)(1908)
	3	초목필지(2권)(1909), 신찬초등소학(6권)(1909), 몽학필독(1912), 초등작문법(1908), 개정초등국어어전(3권)(1910), 대한문전(1909), 보통학교학도용 한문독본(4권)(1907), 몽학한문초계(1907)
윤리과 (12종 31권)	4	숙혜기략(1895), 서례수지(규장각본), 서례수지(한문본, 1886), 서례수지(한글, 1902), 보통학교학도용 수신서(4권)(1907), 초등소학(8권)(1906), 초등윤리학교과서(1907), 초등소학수신서(1908)
	5	여자독본(2권)(1908), 초등여학독본(1908), 여자소학수신서(1909), 중등수신교과서(4권)(1906), 고등소학수신서(1908), 윤리학교과서(4권)(1906)
역사과 (9종 36권)	6	조선역사(3권)(1895), 조선역대사략(3권)(1895), 동국역대사략(6권)(1899), 초등대한역사(1908), 초등본국역사(1908),
	7	역사집략(11권)(1905), 보통교과 동국역사(5권)(1899), 중등교과 동국사략(4권)(1906), 초등본국약사(2권)(1909)
지리과 (13종 18권)	8	조선지지(1895), 소학만국지지(1895), 지구약론(1897), 한국지리교과서(1910), 초등대한지지(1907), 최신초등대한지지(1909), 대한신지지(2권)(1907), 문답대한신지지(1908), 여재촬요(1894)
	9	(신정)중등만국신지지(2권)(1907), 사민필지(한글본)(1889), 사민필지(한문본)(1895), 중등만국지지(3권)(1902), 신편대한지리(1907)
해제집	10	근대 교과서 해제

목차

신정 중등만국신지지

(新訂 中等萬國新地志)

卷1·2

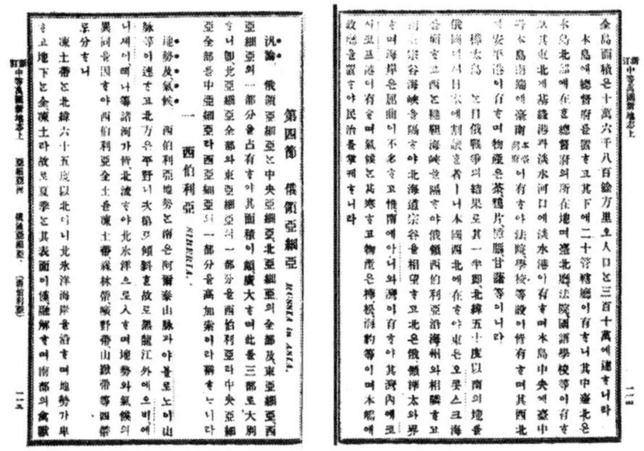

隆熙四年一月二十七日
內部出版認可

新訂

中等萬國新地志

正一品大勳 閔泳徽閣下序

韋菴先生 張志淵校閱并序

涵齋先生 安鍾和序

石濃先生 柳瑾跋

臨瀛后人 金鴻卿編纂

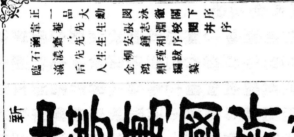

菁雲山人著

新訂中等萬國新地志序

余少時讀山海經職方圖以爲海外荒漠之間果有貫胷奇肱之異貳負窮奇之怪而禹跡亥步能遍乎六合之內矣及閱海國圖志瀛寰志畧等書始知有東西球五洲萬國森羅碁布而羅盤瀛輪聯絡交通每恨無由作博望觀也至于今日宇內列邦航軌相接玉帛相交亞歐爲比隣黃白如同室其山海風土政治産業無不與我相關而又未能足踐身涉以博胷中之壯觀而快眼孔之眞相徒夢想而馳念良堪歎咤而已雖然余老矣無能於爲也若夫靑年强壯

新訂中等萬國新地志序

萬國新地志者。中等教育也。初學之士。既通曉於本國地理。然後循序陞級。以求通乎五洲各國之地理。是不出戶而能周知東西之位寘。經緯之廣輪。輿夫各國之風土物產。政治沿革之何盛何衰。瞭瞭如指諸掌矣。以故地理學。與歷史相爲表裏。學問之所得不講究者也。近來我國之教科書類。次第發達外國地志。亦不爲不備。然而各國之文字不同。語音互異。其地名人名之稱號。頗多齟齬。漢文之翻謄者。從漢音而差殊。日語之譯刊者。隨伊呂而不齊。轉生訛

者之立志求學者當此其時不可不博採全球地理精究萬邦之情形以增長吾腦力也智識也此萬國地志之所必讀不廢者也然而其書浩汗豈朝夕爲功者哉所不得不簡蒐精擇以便學者之程科者此也余既設徽塾之明年金君鴻卿新編萬國新地志張君志淵又校而序之既完要余弁言余惟是志也既經兩君之編校余何敢贅爲無已則寧一言而囑之君其速行印刷俾吾塾之學者讀之

隆熙元年十月　日驪興閔泳徽序

訂新 中等萬國新地志序

人生此世欲爲講究土地洋海之位置地勢氣
候之異同人類禽獸蟲魚鑛物之散佈及地球
表面關於人生種種之狀態則不可不讀萬國
地志也不佞少嘗受業于竹尊朴先生先生淹
博冠世謂不佞曰經史子集之外復有新書勉
君以讀欲廣其知識聞見不佞以孤陋細瑣不
能充其學奉副先生之明訓星霜屢閱時局嬗
變居然四十年先生之宅相金君鴻卿示不佞
以所著萬國新地志要一言以弁其卷首不佞

謏遂失眞面者多吾友金君鴻卿以是爲病各因其
國之名稱而譯以本國文輯成一部新書弁曰萬國
新地志要僕校閱僕以爲是書簡要且便宜學者之
樂取也盍亟付印刷以供教育界之採用乎

隆熙元年十月黃花節南嵩山人張志淵叙

讀之訖。犂然服其見。曰先生家裏。有此賢孫。古人所謂楊惲筆力。酷似太史公者。洵不專美於昔而九原可作。先生。亦必莞爾笑也。噫。不出戶庭而知天下之形勢。人物之盛衰者。皆自此書始也。

隆熙元年丁未黃花節廣陵安鍾和書

緖言

中等教育의地理科ᄂᆞᆫ地理學上普通智識을授ᄒᆞ야思想의範圍를廣케ᄒᆞ며處世上實益을得케ᄒᆞᆷ으로써此科의目的을삼ᄂᆞᆫ바ᄂᆞᆫ現今教育社會의一般定論이라外國地理를教授ᄒᆞᆷ에ᄂᆞᆫ我國과密接關係가有ᄒᆞᆫ諸國을詳히ᄒᆞ며其他를畧히ᄒᆞ야學得ᄒᆞᆫ新智識으로써處世上着着有用의具를作케ᄒᆞᆷ이必要ᄒᆞᆯ지니然則我國과密接關係가有ᄒᆞᆫ諸國은果何者오第一은東洋諸國이오第二ᄂᆞᆫ西洋諸國임은不須擧論이로다抑、東洋은政事上、商業上、學問上、其他各點에我國과密接關係가有ᄒᆞᆫ즉當、平生講究ᄒᆞᆷ이必要ᄒᆞ니故로我青年은東洋地理를必先通曉케ᄒᆞᆫ然後에關係의疎密을從ᄒᆞ야次第로諸他國에及케ᄒᆞ야實益될新智識을得케ᄒᆞᆷ이今日의最大急務라然이現今流布ᄒᆞᄂᆞᆫ地理書ᄂᆞᆫ皆、西洋을詳論ᄒᆞ고東洋을省畧ᄒᆞ얏슴의東洋地理ᄂᆞᆫ確實ᄒᆞᆫ參考書가乏ᄒᆞ야內外新舊書中稍、其可信者를據ᄒᆞ야編纂ᄒᆞᆷ이니書

中에欠缺이無홈을未免홈이惟望讀者　諸君之叅諒焉爾

隆熙元年九月　日編者識

凡例

一 本書ᄂᆞᆫ中等教育을行ᄒᆞᄂᆞᆫ學校의教科書로編纂ᄒᆞᆫ者ㅣ라

一 本書ᄂᆞᆫ英國百科全書(*Encyclopædia Britanica.*)日本山田萬次郞氏所著新撰大地誌、明治三十九年世界年鑑及、其他、諸大家의地理書類를參考ᄒᆞ야編纂ᄒᆞᆫ者ㅣ라

一 本書에里法은光武九年三月에　勅令頒布ᄒᆞᆫ農商工部度、量衡表에依ᄒᆞ야換算홈이라

一 外國地名은其國音을從ᄒᆞ야讀홈이適當홈의支那、日本等의地名은我國通例의字音을從ᄒᆞ야讀홀지라도其他、諸國地名은國文으로記載ᄒᆞᆫ者를依ᄒᆞ야讀홈이可ᄒᆞ니라此等地名은佛、獨、義、比、瑞西等及其、領地의地名外에ᄂᆞᆫ大概、英語에從ᄒᆞ야譯ᄒᆞᆫ者ㅣ니此ᄂᆞᆫ世界에셔廣通ᄒᆞᄂᆞᆫ所以니라

一 本書卷末에附錄으로本書에用ᄒᆞᆫ外國地名을各、其國文字或、英語

로譯出ᄒᆞ야아、가、나、다、의順序로記ᄒᆞᆫ字彙一編을揭載ᄒᆞ야學者諸君의參考에供ᄒᆞ노라

訂新

中等萬國新地志

卷上目次

卷下目次

第四章 亞弗利加洲

訂新 中等萬國新地志目次 終

中等萬國新地志卷上

壽同 張志淵 校閱
臨瀛 金鴻卿 編纂

第一章 世界地理總論

第一節 天文地理

位置 地球는太陽系統에屬훈八大行星의一이라其位置는第三에位후야金星과火星間에在후니太陽과距離는三億五千二十六萬九千一百七十三里(九千一百四十三萬二百二十英里)니라

形狀 地球의形狀은殆球狀을呈후나其兩極은少扁후니라몌카디氏의調査를據훈즉地球의平均直徑의長은三萬三百十四里(七千九百十一、九英里)오平均周圍는九萬五千二百二十三里(二萬四千八百五十六英里)오其面

積은二十七億八千二百三十八萬二千六百〇八方里(一億八千九百五十三萬五千六百英方里)니라

●運轉● 地球는常、靜止홈과如훈듯ᄒᆞ나其實은速轉不息ᄒᆞ야其運轉에二種이有ᄒᆞ니一은其最短直經(兩極直經)으로軸을삼아一日間에一次回轉ᄒᆞᄂᆞᆫ者ㅣ니此를私轉이라稱ᄒᆞ고一은太陽으로中心을삼아一年間에其周邊을回轉ᄒᆞᄂᆞᆫ者ㅣ니此를公轉이라云ᄒᆞ야私轉으로晝夜의別이生ᄒᆞ며公轉으로四季의差가有ᄒᆞ니라

●區劃● 地球는如斯히自轉ᄒᆞᄂᆞᆫ故로其私轉軸(地軸)의兩端(極)으로地面上不動의二點을確定ᄒᆞ야此二點으로起點을삼아經線을作ᄒᆞ야地球上에在ᄒᆞᆫ位置及區劃을定ᄒᆞ니即、北極에서南極ᄭᆞ지劃引ᄒᆞᆫ子午線이니라英吉利首府倫敦(론돈)近傍綠威(그린위치)를通過ᄒᆞᆫ者는本初子午線이라ᄒᆞ야西經線十七度四十七分의子午線으로地球를東西兩半球에分ᄒᆞ며又、赤道로써地球를南北兩半球에分ᄒᆞ야地球表面을水와陸으로分ᄒᆞ니其配布는不同ᄒᆞ야陸은北半球에多ᄒᆞ고水는南半球에多ᄒᆞ지라今에倫敦及、옥클랜드로兩極을삼아地球를二分홀時는一은陸이最多ᄒᆞ고一은水가最多ᄒᆞᆫ水陸兩半球를得홀지니라

第二節 地文地理

●陸界● ●區劃● 陸地는東大陸及、西大陸으로分ᄒᆞ니是는東西各半球의位置에從홈이오更히此를細別ᄒᆞ야六大洲로分ᄒᆞ니即、東大陸은亞細亞、歐羅巴、亞弗利加、大洋洲로成ᄒᆞ고西大陸은南北兩亞米利加洲로成ᄒᆞ니其面積이左와如ᄒᆞ니라

	方里	英方里
亞細亞洲	二、四三一一、四五四〇●五	一六五六、〇九三六
歐羅巴洲	五五九三、五七一八●八	三八一、〇三三五
亞弗利加洲	一、六八八五、六五五三●二	一一五〇、二四九〇
北亞米利加洲	一、一六二二、五〇五三●八	七九一、七二三八

南亞米利加洲	一、一〇二〇、五九七四•八	七五〇、七二一九
大洋洲 兩極地方	六九〇二、二一五九•八	四七〇、一七八二
總計	七、六三三六、〇〇〇〇•〇	五二〇〇、〇〇〇〇

以上은띄카뒤氏의調査

地勢• 東大陸은東西로西大陸은南北으로亘長ᄒᆞ며山脈의主軸은此、最長의方向으로一致ᄒᆞ고又、大陸의中央에도一方으로偏在ᄒᆞᆫ者ㅣ有ᄒᆞ니此事實은殊히西大陸에顯著ᄒᆞ야락키와안디스兩山系가西方海岸의接近ᄒᆞᆫ者와如ᄒᆞᆫ지라如斯ᄒᆞᆷ으로써地勢도亦、其一方에ᄂᆞᆫ峻急傾斜ᄒᆞᆫ者도有ᄒᆞ며一方에ᄂᆞᆫ透迤傾斜ᄒᆞ야平原이된者도有ᄒᆞ야此主軸의大山脈과幷走ᄒᆞ야高度或低度의山脈이大陸對地에存在ᄒᆞ야大抵、其間은平地됨이有ᄒᆞ니라

地面의最高點은二萬九千尺에達ᄒᆞᆫ希馬拉耶(히말라야)山系의에베레스트峯이有ᄒᆞ니又、海面以下에位ᄒᆞᆫ窪地가有ᄒᆞ니裏海沿岸地가是며死海海面은地中海海面보다低ᄒᆞᆷ이一千三百尺에達ᄒᆞᆫ地面上最低所니라

海岸線은皆、西北及東北의方向으로互相平行ᄒᆞ니北亞米利加、南亞米利加의北岸과印度의西岸은皆、西北으로붓허東南에走ᄒᆞ고亞米利加東南岸과亞弗利加東岸은皆、東北으로붓허西南으로走ᄒᆞᆷ으로陸은北에開ᄒᆞ고南에縮ᄒᆞ야北半球에陸地가多ᄒᆞᆷ을致ᄒᆞ니라

(水界)區劃• 地球上水를洋海와內陸水로分ᄒᆞ고洋海를又、大洋과副洋으로更別ᄒᆞ니大洋은太平洋、大西洋、印度洋、北氷洋及、南氷洋等五洋이是니其面積이如左ᄒᆞ니라

太平洋	九、九五三〇、四〇〇〇方里	六七八〇、〇〇〇〇方英里
大西洋	五、一六一四、八八〇〇	三五一六、〇〇〇〇
印度洋	三、六七〇〇、〇〇〇〇	二五〇〇、〇〇〇〇

北氷洋	七三四〇、〇〇〇〇	五〇〇、〇〇〇〇
南氷洋	六七一六、九八〇八	四五七、五六〇〇
總計	二〇、一九〇二、二六〇八	一、三七五三、五六〇〇

洋海의水ᄂᆞᆫ其實은互相接連ᄒᆞ야世界의一大水面을成ᄒᆞᆫ故로此를區分ᄒᆞᆷ에困難이不少ᄒᆞᆫ지라五大洋의別은北極圈붓허南極圈ᄭᅡ지大陸의南端을通過ᄒᆞᆫ子午線으로此를分ᄒᆞ나然ᄒᆞ나南氷洋과如ᄒᆞᆫ者ᄂᆞᆫ印度、太平、大西洋과交通이自在ᄒᆞᆷ으로絕對的區別이不能ᄒᆞ며北氷洋은其面積이나又其、北亞米利加、歐羅巴、亞細亞三大陸으로圍接ᄒᆞᆫ關係를見ᄒᆞ면一種地中海니即、副洋中에屬ᄒᆞᆯ만ᄒᆞᆫ者ㅣ니라

副洋은獨立의海流를不有ᄒᆞ야接近ᄒᆞᆫ大洋과分離ᄒᆞᆫ時ᄂᆞᆫ存在ᄒᆞ게不能ᄒᆞᆫ者를稱ᄒᆞᆷ이니地中海、朝鮮海와如ᄒᆞᆫ者ㅣ오大洋은不然ᄒᆞ야獨自存在ᄒᆞ야獨立의海流를有ᄒᆞᆫ者ㅣ니就中著名ᄒᆞᆫ赤道海流ᄂᆞᆫ貿易風이大洋面에셔吹ᄒᆞᄂᆞᆫ結果로赤道近傍에셔西流ᄒᆞᄂᆞᆫ海流며有名ᄒᆞᆫ大西洋의灣流及太平洋黑潮ᄂᆞᆫ皆、赤道海流가大陸東岸에衝突ᄒᆞ야生ᄒᆞᆫ者ㅣ니海流ᄂᆞᆫ地球上溫度에影響을及ᄒᆞᆷ이不少ᄒᆞ니라

內陸水即、河湖에就ᄒᆞ야ᄂᆞᆫ東大陸보다西大陸에巨大ᄒᆞᆫ者ㅣ多ᄒᆞ야世界第一大河아마손河와第一長流미씨십피河(미쉬리河를合ᄒᆞᆷ)에對ᄒᆞ야歐羅巴의단놉河와亞非利加의나일河와支那의楊子江과如ᄒᆞᆫ者ᄂᆞᆫ到底匹敵키不能ᄒᆞ니特、最大ᄒᆞᆫ大陸亞細亞에河流ᄂᆞᆫ頗富ᄒᆞ나此大陸을代表ᄒᆞᆯ만ᄒᆞᆫ最大河ㅣ有ᄒᆞᆷ을不見ᄒᆞᆷ은注意ᄒᆞᆯ만ᄒᆞᆫ바ㅣ니라

湖水에至ᄒᆞ야ᄂᆞᆫ東大陸에ᄂᆞᆫ無口湖ㅣ頗多ᄒᆞ야亞細亞의裏海(카스피안)와아랄海와如ᄒᆞᆫ者ᄂᆞᆫ最有名ᄒᆞᆫ鹹湖니裏海ᄂᆞᆫ面積의廣大ᄒᆞᆷ이世界에無比ᄒᆞ며此에反ᄒᆞ야淡水湖의最大ᄒᆞᆫ者ᄂᆞᆫ東大陸에ᄂᆞᆫ無ᄒᆞ고西大陸의北亞米利加에슈피리오어로始ᄒᆞ야五大湖가有ᄒᆞ니라

(氣候)　溫度。地球上最寒地方即、寒極은北亞米利加北部多島海

中에有ᄒᆞ며西伯利亞內部에도亦、此와對適ᄒᆞᆫ低溫度가有ᄒᆞ고世界上最暖地方은사하라沙漠봇허亞細亞西南部에連ᄒᆞᆫ一帶地니赤道의熱이此地方을通過ᄒᆞ니라此地方은地理上赤道보다稍、北에在ᄒᆞ니是는陸地가北半球에多ᄒᆞᆫ所以오又、大陸의西岸은東岸보다溫度가高ᄒᆞ고雨量이多ᄒᆞ니是는溫暖ᄒᆞᆫ海流와流行風의方向을因ᄒᆞᆷ이니라

雨量● 沿海地는大陸西岸에雨量이多ᄒᆞ야地球上雨가少ᄒᆞᆫ地는前述ᄒᆞᆫ사하라봇허고비에至ᄒᆞᆫ各大沙漠地니無雨之域이라云ᄒᆞᆯ만ᄒᆞ며印度半島의갈커타近傍은地球上에雨量이最大ᄒᆞᆫ地方이니此는季候風에因ᄒᆞᆷ이니라

風● 太平洋과大西洋에는貿易風이發ᄒᆞ나印度洋北部에는不然ᄒᆞ니是는無雨炎熱ᄒᆞᆫ地方에橫ᄒᆞᆫ所以며印度洋에는季候風과支那南海에는大風(타이푼 Typhoon)과西印度諸島에는颶風이屢起ᄒᆞ며溫帶에는

前記ᄒᆞᆫ季候風의影響을受ᄒᆞ는部分外에는風의方向이不定ᄒᆞ고兩極四近에는氣壓이低ᄒᆞ야西風이常吹ᄒᆞᆷ을見ᄒᆞᄂᆞ니라

天文及、地文地理의詳細事項은地文學에載在이기要領만略論ᄒᆞᆷ

第三節 人文地理

人種● 世界人口는凡、十五億이有ᄒᆞᆫ듸皮膚、毛髮及、頭蓋骨의性質에依ᄒᆞ야此를五種으로大別ᄒᆞ니即、蒙古人種、亞米利加人種、高加索人種、이듸오피안人種及、馬來人種이是니左表와如ᄒᆞᆷ

人種	外貌	種族	居住地	人口
蒙古人種 一名黃色人種	皮膚는黃色(殆、黑黃色에至ᄒᆞᆷ)이며顏은廣平ᄒᆞ며顴骨은秀ᄒᆞ며眼은小ᄒᆞ고目眥는擧ᄒᆞ며頭髮은黑ᄒᆞ고鬚髯이不多ᄒᆞᆷ	大韓人、日本人、支那人、滿洲人、土耳其人、匈牙利人、芬蘭人、에스키모人	亞細亞大部(히말나야以南을除ᄒᆞᆫ地)、歐洲東北部、北米北部그린랜드、匈牙利	五億八千萬
高加 一名白人種及	皮膚는白晳ᄒᆞ고淡紅色을帶ᄒᆞ며顴은廣長ᄒᆞ며顏은狹長ᄒᆞ며鼻는隆ᄒᆞ	英國人、米國人、獨逸人、佛蘭西人、伊太利人、俄羅斯人、希臘人	歐州大部、亞弗利加北部並南端、亞刺比亞、印度、濠洲海岸、北米	六億四

索人種 印度歐羅巴人種	面目皆는不整ᄒᆞ며頭髮은蒼色을帶ᄒᆞ고鬚髯이富ᄒᆞᆷ	埃及人、亞剌比亞人	合衆國、南米沿岸	千萬
이디오피안人種 一名黑人種又亞弗利加人種	皮膚는黑色이며鼻가卑ᄒᆞ고肥ᄒᆞ며顋가出ᄒᆞ며脣이厚ᄒᆞ며額은扁平ᄒᆞ며頭髮은黑色이고短且縮ᄒᆞ며鬚髯이少ᄒᆞᆷ	호뗀토트人、모삼빅人、콩고人及、濠太利土人、	亞弗利加大部(赤道南北約二十度)濠太利中央及、너우、기니아島	一億九千萬
馬來人種 一名褐色人種	皮膚는褐色이오外貌는蒙古人種과如ᄒᆞ며頭蓋와眼은白人種과同ᄒᆞ고鬚髯이少ᄒᆞᆷ	馬來人、보니오島의人、너우、실런드人	말라카半島、東印度諸島及、亞弗利加마다가스카르島	五千萬
銅色人種 一名亞米利加人種	皮膚는銅色이며鼻는高ᄒᆞ며顴骨은隆ᄒᆞ며眸는黑色이며頭髮은直立ᄒᆞ고黑色이며鬚髯이少ᄒᆞᆷ	北米치파에人、南米키릅스人、파라고니아人等	北米加奈陀、墨西哥及、南米中央部	一千五百萬

以上人種表는其大綱을示ᄒᆞᆷ에不過ᄒᆞ니此等五人種中에도各各相異ᄒᆞ야特徵이有ᄒᆞᆫ種族이有ᄒᆞ야其互相間差異는五人種間相違ᄒᆞᆷ보다大ᄒᆞ야完全히區別키不能ᄒᆞ거니와其細別은以下에各種族의住ᄒᆞ는地方을隨ᄒᆞ야詳示ᄒᆞ겟기로玆에省略ᄒᆞ노라

夫人類는萬物之靈이라理를能辨ᄒᆞ며志를能立ᄒᆞ며言語를能解ᄒᆞ는性質이具有ᄒᆞ며自然力을利用ᄒᆞ고自然狀況에應化ᄒᆞᆷ을能得ᄒᆞ는故로地球上에住居치아니ᄒᆞ는處ㅣ殆無ᄒᆞ나然ᄒᆞ나動植物、氣候、食物等은自然狀況을隨ᄒᆞ야其心身發達上에差異가大生ᄒᆞᆷ을不免ᄒᆞᄂᆞ니熱帶地方人民은天地恩波에浴ᄒᆞᆷ이過多ᄒᆞ야飽食逸居로一生을能送ᄒᆞᄂᆞᆫ故로生活에心身을勞ᄒᆞᆯ必要가少ᄒᆞ야遂、發達의機會가乏ᄒᆞ고寒帶地方人民은終歲孜孜ᄒᆞ야生活을營ᄒᆞᆯ方法에만從事ᄒᆞ야毫末도其他를顧키不遑ᄒᆞ고溫帶地方人民은不然ᄒᆞ야人人이奮勵ᄒᆞ야諸種業務에心身을勞ᄒᆞ야人文의進步도他二帶人民에超絶ᄒᆞ야自古로蒙古人種이最、發達ᄒᆞ더니近世에至ᄒᆞ야는高加索人種이極、盛大ᄒᆞ야蒙古人種中數種外에는悉皆其後에立ᄒᆞᆷ에至ᄒᆞ니라是等發達ᄒᆞᆫ人種은歐亞大陸에서만起ᄒᆞᆷ은無他라此大陸이最、廣大ᄒᆞ야人種도如斯히多ᄒᆞ고人口도如此히夥ᄒᆞ야於是에生存競

爭이益大ᄒᆞ며優劣의勝敗가益盛ᄒᆞᆷ을從ᄒᆞ야人種과人類中最優等에居ᄒᆞᄂᆞ니라

●生業● 人文發達의程度를隨ᄒᆞ야其人民의生業도亦、各各其類가殊異ᄒᆞ니其、最下級에位ᄒᆞᆫ者ᄂᆞᆫ熱帶及、寒帶의住民이니漁獵으로生業ᄒᆞ야其、收獲物(獸皮、鯨骨類)로써製造키不能ᄒᆞᆫ需用品(火藥、刃物、針類)를交換ᄒᆞᄂᆞ니西大陸北部에住ᄒᆞᄂᆞᆫ에스키모人과如ᄒᆞᆫ者ㅣ是라此ᄂᆞᆫ野蠻社會에屬ᄒᆞᆫ者ㅣ며

其次에位ᄒᆞᆫ者ᄂᆞᆫ游牧野民이니家畜(馬、牛、羊、駱駝等類)을牧養ᄒᆞ기爲ᄒᆞ야水草를逐ᄒᆞ야轉居無常ᄒᆞ며天幕內에居生ᄒᆞᄂᆞᆫ者ㅣ니此種生業을營ᄒᆞᄂᆞᆫ者ᄂᆞᆫ第一種人類에比ᄒᆞ면高等需用을有ᄒᆞᆷ으로貿易도亦、一層活發히行ᄒᆞ나亦、蠻族社會에屬ᄒᆞᆯ만ᄒᆞ니亞剌比亞사하라고비等沙漠에住居ᄒᆞᄂᆞᆫ亞剌比亞人、蒙古人은此階級에屬ᄒᆞᆫ者ㅣ며

第三階級에至ᄒᆞ야ᄂᆞᆫ居處를不移ᄒᆞ야一處를占住ᄒᆞ며食料ᄂᆞᆫ土地를專恃ᄒᆞ야耕作을營ᄒᆞ나專、人力을使用ᄒᆞᆷ으로其、收獲이不多ᄒᆞᆫ故로家畜을養ᄒᆞ야其、使用에供ᄒᆞᆷ이牧畜業도亦、同時에行ᄒᆞ니耕作者ᄂᆞᆫ其住居地를屢屢轉換키不能ᄒᆞ야耕作地近傍에適當ᄒᆞᆫ基地를占ᄒᆞ야家屋을建築ᄒᆞᆷ이地味豐饒ᄒᆞᆫ地에ᄂᆞᆫ不久에村落이成ᄒᆞ며村落이發達ᄒᆞ야都市를成ᄒᆞ니蠻族에比ᄒᆞ면稍優ᄒᆞ나亦、未開社會라稱ᄒᆞᆯ만ᄒᆞ며

農業은實、人文進步의第一要件인故로高等生業은皆此에서發達ᄒᆞᄂᆞ니現今人類의凡、六分之五ᄂᆞᆫ既、定住者ㅣ니라

第四階級에至ᄒᆞ야ᄂᆞᆫ人民이協同ᄒᆞ고政府를設立ᄒᆞ야法律制度가具ᄒᆞ며農工業을起ᄒᆞ고商業을始ᄒᆞ야其、技藝學術의可觀ᄒᆞᆯ者ㅣ有ᄒᆞ나社會의組織이不完全ᄒᆞ야弊害가生ᄒᆞ니此ᄂᆞᆫ半開社會에屬ᄒᆞ며

第五最後의人民은文學、技藝、理學에從事ᄒᆞ며一般敎育이進步ᄒᆞ야

智識과道德이高明ᄒᆞ며社會와組織과政治가完全ᄒᆞ야法律을確立ᄒᆞ고國體가富强ᄒᆞ야他人의凌侮를不受ᄒᆞ니此ᄂᆞᆫ現世에幸福을享有ᄒᆞᆫ開明社會니라

●國家○ 人類團體ᄂᆞᆫ一家族에셔進ᄒᆞ야數多村落을構ᄒᆞ며都邑을成ᄒᆞᆫ民衆이니言語、風俗、習慣이相同ᄒᆞᆷ을總稱ᄒᆞ야民族이라云ᄒᆞ며一民族或數民族이一定ᄒᆞᆫ領地를有ᄒᆞ고一主宰를戴ᄒᆞ야團結ᄒᆞᆫ時ᄂᆞᆫ國家를成ᄒᆞ니國家ᄂᆞᆫ民衆의最大ᄒᆞᆫ團體니라

現今世界中에國을立ᄒᆞᆫ民族이其數가甚多ᄒᆞ나今에其主要者를擧ᄒᆞ건ᄃᆡ

亞細亞 에ᄂᆞᆫ槿花世界我大韓帝國이有ᄒᆞ며其對岸에ᄂᆞᆫ日本帝國과支那帝國이有ᄒᆞ며西으로濶入ᄒᆞᆫ暹羅灣北에暹羅王國과印度洋波斯灣北에波斯王國이有ᄒᆞ고

歐羅巴 에ᄂᆞᆫ國을成ᄒᆞᆫ民族이最多ᄒᆞ니其西岸英吉利島에英吉利王國과其對岸에佛蘭西共和國과佛國東北에獨逸帝國과獨國東南에墺地利匈牙利帝國과獨墺兩國東에俄羅斯帝國과墺國西、佛國東에地中海로突出ᄒᆞᆫ半島에義太利王國이有ᄒᆞ니以上諸國을歐羅巴에六大國이라稱ᄒᆞ고其他、土耳其、西班牙、葡萄牙、和蘭等諸國이有ᄒᆞ고

西大陸 에서最有名ᄒᆞᆫ者ᄂᆞᆫ北米合衆國이오其南方에墨西哥와부라실智利(칠니)亞然丁(아젠타인)等諸國이有ᄒᆞ니라

●政體○ 國家ᄂᆞᆫ各各其、建國의體制가不同ᄒᆞ야其主宰者와國民과關係도亦、差異가無타아니치못ᄒᆞᆯ지라現今世界에셔君主政治와民主政治의二政體를行ᄒᆞ니君主政治ᄂᆞᆫ君主가上에在ᄒᆞ야一國을統治ᄒᆞᄂᆞᆫ者ㅣ是라然이나其中에도亦、二種의區別이有ᄒᆞ야君主만國政을司ᄒᆞ고國民은毫末도協贊權이無ᄒᆞᆫ者ᄂᆞᆫ專制政體라云ᄒᆞ며國에憲法을制定ᄒᆞ야君主ᄂᆞᆫ此를遵ᄒᆞ야統治ᄒᆞ고人民으로協贊權을

有케ᄒᆞᆫ者ᄂᆞᆫ立憲政體라稱ᄒᆞ며

民主政治ᄂᆞᆫ國民의選擧ᄒᆞᆫ代議士가主ᄒᆞ야國政을處理케ᄒᆞᄂᆞᆫ者ㅣ니其行政府의長은大統領이라稱ᄒᆞᄂᆞ니라

言語。 言語ᄂᆞᆫ思想을發表ᄒᆞᆷ이니同國民은同國語ᄅᆞᆯ使用ᄒᆞᆷ이必要ᄒᆞᆫ者ㅣ라現今世界에서使用ᄒᆞᄂᆞᆫ國語ᄂᆞᆫ凡一千種에不下ᄒᆞ나世界中最多數民衆의使用ᄒᆞᄂᆞᆫ國語ᄂᆞᆫ支那語(凡四億人)며世界各部에廣行ᄒᆞᄂᆞᆫ者ᄂᆞᆫ英語(一億人)니抑英語ᄂᆞᆫ英吉利本國及北米合衆國外에加奈陀와濠太利亞에서使用ᄒᆞ며且世界貿易市場에서英吉利人의勢力이不振ᄒᆞᄂᆞᆫ處ㅣ無ᄒᆞᆫ故로此國語ᄅᆞᆯ不通ᄒᆞᄂᆞᆫ處가極少ᄒᆞ고歐羅巴에서ᄂᆞᆫ佛蘭西語(四千六百萬)가多行ᄒᆞ며中央亞米利加와南亞米利加에서ᄂᆞᆫ西班牙語(四千八百萬)ᄅᆞᆯ專用ᄒᆞ며其他一千萬以上의民衆이使用ᄒᆞᄂᆞᆫ者ᄂᆞᆫ俄羅斯語(凡一億)日本語(四千萬)韓語(二千萬等)이오其外多數ᄂᆞᆫ僅數千人의使用ᄒᆞᆷ에不過ᄒᆞᄂᆞ니라

宗教。 各國民의信仰ᄒᆞᄂᆞᆫ宗教도亦民族의習慣及發達上에大影響을及ᄒᆞᆯ뿐아니라人民生業上에도直接關係가有ᄒᆞ니羅馬舊教諸國은漁業을奬勵ᄒᆞ며回教國民은葡萄耕作을禁ᄒᆞ며佛教에서ᄂᆞᆫ食肉을忌ᄒᆞᄂᆞ니라今世界宗教ᄅᆞᆯ擧ᄒᆞ건ᄃᆡ

儒教 儒教ᄂᆞᆫ我國과支那에서傳崇ᄒᆞ니東洋大聖孔夫子의道라心身性命과仁義禮智로宗旨ᄅᆞᆯ作ᄒᆞ샷ᄉᆞ니此ᄂᆞᆫ體用이兼備ᄒᆞ고本末이具擧ᄒᆞ야誠正修齊治平의眞理어ᄂᆞᆯ今에駸々衰微ᄒᆞ야斯文이榛蕪의歎을未免ᄒᆞ니實慨歎을未免ᄒᆞ며

佛教 佛教ᄂᆞᆫ釋迦牟尼佛의教旨라我國日本支那亞細亞東南部人民等이此ᄅᆞᆯ信仰ᄒᆞ니其教徒ᄂᆞᆫ實로世界人口의三分之一을占ᄒᆞ며

婆羅門教 婆羅門을天地主宰로信奉ᄒᆞᄂᆞᆫ者ㅣ니印度人民이此ᄅᆞᆯ信仰ᄒᆞ며

基督敎 耶蘇基督의敎旨니歐羅巴、亞米利加兩大陸에셔專行ᄒᆞᄂᆞ니耶蘇敎에셔又、舊敎(카톨릭 Catholic)과新敎(프로테스텐트 Protestant)希臘敎三種으로大別ᄒᆞ니

舊敎 一名天主敎ᄂᆞᆫ羅馬法皇이管治ᄒᆞ니歐羅巴南部와南亞米利加에셔行ᄒᆞ야信徒가一億九千萬에達ᄒᆞ며

新敎 ᄂᆞᆫ自今二百八十餘年前에舊敎와分離ᄒᆞ야羅馬法皇의管治를脫ᄒᆞ고敎儀를新定ᄒᆞᆫ者ㅣ니歐羅巴中央部、北部住民과北米合衆國、濠斯太拉利亞人民이信奉ᄒᆞ야其數가一億三千萬人에達ᄒᆞ며

希臘敎 ᄂᆞᆫ俄羅斯皇帝가管治ᄒᆞᄂᆞᆫ耶蘇敎니俄羅斯及、발칸半島人民은大槩、此에歸依ᄒᆞ야其數가八千萬에達ᄒᆞ며

回回敎 ᄂᆞᆫ마호메드의敎旨니中央及、西部亞細亞諸國、土耳其、埃及、及、亞弗利加北岸人民이信奉ᄒᆞ야其數가二億人에達ᄒᆞ니라

世界敎祖ᄂᆞᆫ悉皆、亞細亞大陸에셔出ᄒᆞ얏스니孔子ᄂᆞᆫ支那魯國에셔誕生ᄒᆞ시고釋迦牟尼ᄂᆞᆫ印度에셔耶蘇ᄂᆞᆫ地中海、岸猶太國에셔마호메드ᄂᆞᆫ亞剌比亞에셔誕生ᄒᆞ시니라

歐米人은敎祖耶蘇誕生年으로써紀元元年으로定ᄒᆞ야前後年紀를算ᄒᆞ며回敎徒ᄂᆞᆫ敎祖마호메드가亞剌比亞에ᄃᆡ나로逃遁ᄒᆞ던日로봇허起算ᄒᆞ니耶蘇紀元은我韓紀元前一千三百九十一年이오回敎紀元은耶蘇紀元六百二十二年後니라

(產業) 天產物 天產物은土地에셔產出ᄒᆞᄂᆞᆫ動物、植物、礦物의總稱이니皆、吾人의生活에必要ᄒᆞᆫ者ㅣ라礦物은地球各部에播布ᄒᆞ얏스되特、山岳地方에多存ᄒᆞ며植物은氣候와土質의如何에依ᄒᆞ야生育ᄒᆞ며動物은植物을食ᄒᆞ고溫熱을得ᄒᆞ야生存ᄒᆞᄂᆞᆫ故로地球各地에셔其、種類及、所在區域이自異ᄒᆞ니라

礦物은其、品種이極多ᄒᆞ나金、銀、銅、鐵、寶石、石、炭、石油와如ᄒᆞᆫ者ㅣ最、必要ᄒᆞᆫ者ㅣ며就中鐵及、石炭은實業上及、軍事上에不可缺ᄒᆞᆯ者ㅣ니

라

鐵은世界中英國에서最多額을産ᄒᆞ며其次ᄂᆞᆫ北米合衆國、獨逸、俄羅斯、澳斯太拉利亞等이며

金은北米合衆國、俄羅斯、澳斯太拉利亞、南部亞弗利加에서와銀은北米合衆國、墨西哥、볼리비아에서와銅은北米合衆國、西班牙等地에서産ᄒᆞ고日本도亦、多量을産出ᄒᆞ며

石油ᄂᆞᆫ世界各處에서産ᄒᆞ나其工業에最盛大ᄒᆞᆫ處ᄂᆞᆫ北米合衆國펜실베니아州니我國에輸入ᄒᆞᄂᆞᆫ者ᄂᆞᆫ槪、其産出이며歐洲境界裏海近傍에도其産出이亦、富ᄒᆞ며

金剛石의産地ᄂᆞᆫ南米브라실內地及、南亞弗利加洲니라

植物은溫度及、水濕의多寡와土質의如何를依ᄒᆞ야生長ᄒᆞᄂᆞᆫ故로寒、溫、熱、各帶에서其生育의狀態가自異ᄒᆞ야熱帶地方의植物은其種類가極多ᄒᆞ고形狀이長大ᄒᆞ며花實이美ᄒᆞ고又、液汁이富ᄒᆞ며極地에至ᄒᆞ야ᄂᆞᆫ植物의生活이漸漸單純ᄒᆞ고其種類도亦、極少ᄒᆞ니라

世界中溫熱과水濕의最潤澤ᄒᆞᆫ地ᄂᆞᆫ蓋、南米아마손河의灌域과如ᄒᆞᆫ者ㅣ無ᄒᆞ다ᄒᆞᆯ지라從ᄒᆞ야植物의生育도此地方에서殆、其極度에達ᄒᆞ니其特有植物은熱帶固有의椰子及、各種花木이니池面에ᄂᆞᆫ直經一尺餘되ᄂᆞᆫ世界에最大ᄒᆞᆫ蓮花가開ᄒᆞ며森林에ᄂᆞᆫ樹皮로規尼涅(金鷄)을製ᄒᆞᄂᆞᆫ씬코나(Cinchona)樹와艦材에最適用ᄒᆞᆯ良木等이繁殖ᄒᆞ며其他甘蔗、珈琲、烟草、芭蕉等種類가多ᄒᆞᆷ이此를馴鹿의食ᄒᆞᄂᆞᆫ바二三種의蘚苔를發見ᄒᆞᆷ을稀得ᄒᆞᄂᆞᆫ寒帶에比ᄒᆞ면眞別有天地니라溫帶地方의植物은落葉松、栗、松、杉、檜等類가森林을成ᄒᆞ니라

吾人의食料、衣料幷、其他需用에供ᄒᆞ기爲ᄒᆞ야收獲ᄒᆞᄂᆞᆫ바ᄂᆞᆫ卽、耕種植物이니最貴重ᄒᆞᆫ者ᄂᆞᆫ穀物이라

我東洋人은米를常食ᄒᆞ고歐米人의主食品은小麥이니我國、日本、支那、安南、印度ᄂᆞᆫ有名ᄒᆞᆫ米産地며俄羅斯及、北米合衆國은小麥이多

産ᄒᆞᄂᆞ니라

其他棉花、藍、珈琲、甘蔗、胡椒、丁香、肉桂等物은熱帶地方의耕種植物이오溫帶地方에ᄂᆞᆫ茶、桑、葡萄、桃、梨、林檎、亞麻、大麻、甘蔗、烟草等을栽培ᄒᆞᄂᆞᆫ故로地方의天然風色을變化ᄒᆞᄂᆞ니例컨ᄃᆡ北亞米利加미씨씹피河의灌域은全혀玉蜀黍、棉花의畦圃로化ᄒᆞ야昔日茫茫ᄒᆞᆫ原野의形跡이全無ᄒᆞ며熱帶의森林도亦、珈琲、甘蔗의耕作地로變ᄒᆞᆫ地가多ᄒᆞ니라

土地의高低를隨ᄒᆞ야氣候가變化홈으로熱帶地方의高山에ᄂᆞᆫ寒、溫、熱三帶의植物이生長ᄒᆞ니即、山麓에ᄂᆞᆫ熱帶植物이生ᄒᆞ며山腹에至ᄒᆞ면溫帶의落葉松、松柏類가繁茂ᄒᆞ며山頂에近ᄒᆞᆯ時ᄂᆞᆫ漸漸矮小ᄒᆞᆫ樹木이生ᄒᆞ며遂、一萬五千尺高度에至ᄒᆞ면寒帶地方과同一ᄒᆞ야僅、蘚苔의生長이有홀뿐이니라

動物도亦、植物과如히極地에서赤道에近홈을從ᄒᆞ야漸漸其種類及、美麗의度를增加ᄒᆞ고形狀도亦、巨大ᄒᆞ며象、獅子、虎、鸚鵡、孔雀等稀種은熱帶地方의産이며獨、海産動物에至ᄒᆞ야ᄂᆞᆫ不然ᄒᆞ야其、巨大ᄒᆞᆫ者와艶美ᄒᆞᆫ毛皮가有홈은寒帶地方에多ᄒᆞ니鯨、海馬、海豹와如ᄒᆞᆫ者ㅣ是니라

東大陸、西大陸、澳斯太拉利亞ᄂᆞᆫ共、動物蕃殖의區域이自別ᄒᆞ니東大陸의動物은西大陸에比ᄒᆞ면巨大ᄒᆞ고猛勇ᄒᆞ니象、獅子、虎、猩々、黑猩々、孔雀、鷲、鷹과如ᄒᆞᆫ特産이有ᄒᆞ며西大陸에ᄂᆞᆫ亞米利加虎、獺鼻猴及、콘도어(Condor)鳥、蟒蛇等을産ᄒᆞ고澳斯太拉利亞ᄂᆞᆫ有袋獸캉가루(Kangaroo)의特産地니라

馬、牛、羊等人世有用의家畜은各地에서飼畜치아님이無ᄒᆞ야其牧畜의區域이擴張ᄒᆞ야亞米利加와澳斯太拉利亞에서ᄂᆞᆫ一大富源을成ᄒᆞ니라

●貿易● 貿易은國運의進步를計ᄒᆞᄂᆞᆫ善良ᄒᆞᆫ方法의一이라蓋、前述

ᄒᆞᆫ바와如히國土를隨ᄒᆞ야天產物種類의異同과產額의多少가有ᄒᆞ니例之컨ᄃᆡ植物界에產의ᄂᆞᆫ茶ᄂᆞᆫ支那、日本、印度에와米ᄂᆞᆫ我國、支那、印度、安南에와砂糖은獨、澳、佛、俄及、亞細亞南部에와棉은合衆國、埃及及、부라실에多ᄒᆞ며人蔘은我國의特產이오動物界의產에ᄂᆞᆫ蠶絲ᄂᆞᆫ日本、支那、歐羅巴南部에와羊毛ᄂᆞᆫ澳洲、南米亞然丁共和國、北米合衆國及、俄羅斯等國에와鑛物界의產에ᄂᆞᆫ鐵及、石炭은英吉利、獨逸、合衆國、俄羅斯、澳洲에多ᄒᆞᆷ이此로因ᄒᆞ야有無相通ᄒᆞᄂᆞᆫ貿易이各國에셔年年盛大ᄒᆞ야英吉利와如ᄒᆞᆫ者ᄂᆞᆫ光武八年에八億五千一百七十四萬九千六百六十八磅(一磅은約我九圜八十錢)에達ᄒᆞ니라

●交通● 現今世界交通機關은航路、鐵道、郵便、電信四者ㅣ니航路ᄂᆞᆫ船舶의往來ᄒᆞᄂᆞᆫ共通海路니貿易上에最、必要ᄒᆞᆫ者ㅣ라此線路ᄂᆞᆫ海圖에記載ᄒᆞ야航海者의用에供ᄒᆞ며航海의安寧을計ᄒᆞ기爲ᄒᆞ야其要處에燈臺、浮標、霧鐘等標識의設立이有ᄒᆞ니라

世界航路를擧ᄒᆞ건ᄃᆡ北米合衆國桑港(산、프란씨스코)又ᄂᆞᆫ빙쿠버에셔起ᄒᆞ야橫濱에至ᄒᆞᄂᆞᆫ一線과澳洲에至ᄒᆞᄂᆞᆫ一線과西大陸西岸을沿行ᄒᆞᄂᆞᆫ一線과香港에셔起ᄒᆞ야橫濱에至ᄒᆞᄂᆞᆫ一線과澳洲에至ᄒᆞᄂᆞᆫ一線과亞細亞南岸을經ᄒᆞ야歐羅巴에至ᄒᆞᄂᆞᆫ一線과英國리버풀에셔起ᄒᆞ야歐羅巴大陸各港에航行ᄒᆞᄂᆞᆫ線路와南北兩亞米利加各港을寄ᄒᆞᄂᆞᆫ線과喜望峯又、蘇士運河를經ᄒᆞ야亞細亞及、澳洲에至ᄒᆞᄂᆞᆫ諸線이有ᄒᆞ며若、南米地峽을橫斷ᄒᆞᆫ巴拿馬運河落成之曉에ᄂᆞᆫ此點도現今蘇士運河와如ᄒᆞᆫ位置에立ᄒᆞ리로다

現今世界交通의大往還에依ᄒᆞ야世界를一週ᄒᆞ라면漢城에셔橫濱에至ᄒᆞ야太平洋을渡ᄒᆞ야北亞米利加를橫斷ᄒᆞᆫ鐵道로뉘우、요크에至ᄒᆞ야뉘우、요크에셔英吉利사우스암돈에至ᄒᆞ야更、佛國을經ᄒᆞ야伊太利브린디시에至ᄒᆞ야此에셔蘇士、印度、上海及、仁川을經ᄒᆞ야漢城에歸ᄒᆞ니其日數ᄂᆞᆫ凡七十日을要ᄒᆞ나然ᄒᆞ나京義鐵道와南滿

洲鐵道와連絡홀時에는滿洲와西伯利亞를經ᄒᆞ야歐羅巴俄羅斯京都聖彼得堡에서獨逸브레멘에至ᄒᆞ야此에서니우、요크、桑港、日本을經ᄒᆞ야漢城에歸ᄒᆞ니凡四十日內에世界一週홈을得ᄒᆞ리로다

鐵道　近時代에人文上一大影響을與ᄒᆞᄂᆞᆫ者ᄂᆞᆫ鐵道니鐵道의制ᄂᆞᆫ民設과官設이有ᄒᆞ야其軌를同一히아니홀지라도槪、其政府에셔布設、營業、運賃等에關ᄒᆞᆫ規程을設ᄒᆞ야此를監督ᄒᆞ며其軌道에廣狹이有ᄒᆞ고其目的에軍用、交通等區別이有ᄒᆞ야其布設方法이不同ᄒᆞ니라

鐵道의布設은歐洲諸國에最普ᄒᆞ야各國首府及、大都府ᄂᆞᆫ皆、鐵道로써連絡ᄒᆞ얏고北米에ᄂᆞᆫ락키山脈을橫斷ᄒᆞᆫ加奈陀太平洋鐵道聯合太平洋鐵道南太平洋鐵道、北太平洋鐵道等大鐵道가東西岸間을貫通ᄒᆞ며亞細亞에ᄂᆞᆫ各國間에連接ᄒᆞᆫ者ᄂᆞᆫ未有ᄒᆞ나西伯利亞大鐵道가有ᄒᆞ니라

郵遞　郵遞의制度도亦、各國이多少不同ᄒᆞ나各國政府에셔此를管掌ᄒᆞ며其遞送의迅速과其區域의廣大홈에從ᄒᆞ야其效用이益大홈으로初에獨、墺兩國間에郵遞同盟을締結홈으로붓허漸次其域을擴張ᄒᆞ야開國四百八十三年에歐洲瑞西國베룬府에셔各國委員이會合ᄒᆞ야二十二箇國間에聯合同盟을成ᄒᆞ얏고我國政府에셔도光武元年六月에各國委員이北米合衆國華盛頓에셔聯合會議를開홀時에全權委員李範晋氏와副員閔商鎬氏를派遣ᄒᆞ야其聯合에加盟ᄒᆞᆫ後光武四年붓허外遞事務를實施ᄒᆞ더니光武九年四月에通信機關을一切日本에讓與ᄒᆞ니라現今此聯合에同盟ᄒᆞᆫ諸國은殖民地를合ᄒᆞ야八十餘國에達ᄒᆞ니라

電信　電信은郵遞와同히通信의方便을最完全케ᄒᆞᄂᆞᆫ者ㅣ니郵遞ᄂᆞᆫ通常通信을司ᄒᆞ고電信은臨時急信을通케ᄒᆞᄂᆞᆫ故로發明以來로各國이其架設을爭ᄒᆞ며又、各國聯合의必要가有홈으로써歐洲各

國이同盟을結ᄒᆞᆷ으로브터漸次世界各國에及ᄒᆞ야現今萬國電信聯合에加盟ᄒᆞᆫ者ㅣ四十餘國에至ᄒᆞ니라今에世界交通에主要電線을擧ᄒᆞ건ᄃᆡ

陸上線은俄都聖彼得堡에서西伯利亞太平洋沿岸海蔘威에達ᄒᆞᄂᆞᆫ西伯利亞線과北米東西兩岸을通ᄒᆞᄂᆞᆫ線等이며

海底線은東洋과西洋間聯絡線과幷歐米間을連接ᄒᆞᆫ大西洋海底線은七線이有ᄒᆞ니此西洋連絡線은長崎,上海及香港브터新嘉坡를經ᄒᆞ야印度東岸마드라스에達ᄒᆞ며更히其西岸봄베이브터紅海를經ᄒᆞ야埃及알렉산드리아에達ᄒᆞ야地中海線으로佛國南岸마르세이港에達ᄒᆞ며又長崎브터海蔘威에達ᄒᆞᄂᆞᆫ海底線이有ᄒᆞ야西伯利亞線과連接ᄒᆞ고大西洋海底線은英吉利브터四線과佛蘭西브터一線이有ᄒᆞ며近時에日本과亞米利加間에又太平洋海底線을架設ᄒᆞᆯ計劃이有ᄒᆞ니라

第二章 亞細亞洲 ASIA.

第一節 總論

位置 亞細亞洲ᄂᆞᆫ東半球東北에位ᄒᆞ야北寒北溫熱三帶를跨ᄒᆞ니北緯線一度半에起ᄒᆞ야七十八度二十五分에至ᄒᆞ고東經線二十六度四分에起ᄒᆞ야全百八十度를總ᄒᆞ야西經線百七十度에至ᄒᆞᄂᆞ니라

境域 北은北氷洋에臨ᄒᆞ며西ᄂᆞᆫ우랄山脈과우랄河와裏海(카스피안)와高加索(카키서스)山脈과黑海와地中海로써歐羅巴洲를境ᄒᆞ며又蘇士運河와紅海를隔ᄒᆞ야亞弗利加洲를相對ᄒᆞ며南은印度洋에臨ᄒᆞ고東은太平洋을濱ᄒᆞ니總面積이二億四千三百十一萬四千五百四十方里仐ㅣ라其土地가廣大ᄒᆞ야五大洲中에最大ᄒᆞᆫ大陸이니라

區劃● 本洲의國際上區劃은大韓、支那、日本、俄領亞細亞、法領印度支那、暹羅、英領海峽殖民地、英領印度、阿富汗斯坦(아프가니스탄)俾路値斯坦(벨루치스탄)波斯、亞剌比亞、亞細亞土耳其니此中我國과締約혼者는支那、日本兩國이니라

沿海● 本洲北에在혼一帶海를北氷洋이라稱ᄒ며베링海峽붓허本洲南部馬剌加(말라카)海峽ᄭ지는太平洋의一隅ㅣ라其陸地에近接혼海는各各稱呼가有ᄒ니即베링海、오코스크海、日本海、渤海、黃海東海、朝鮮海(又曰滄海)支那海、暹羅灣이是며말라카海峽붓허밥엘만뎁海峽ᄭ지는印度洋의北隅니벵갈灣과亞剌比亞海에二大灣이有ᄒ고又亞剌比亞西北隅에波斯灣이有ᄒ며밥엘만뎁海峽의北은紅海오其北隅는蘇士運河며運河의西으로連혼者는地中海오地中海의東北으로灣入혼者는黑海니라

右諸海中北氷洋은舟楫이不通ᄒ며베링海로붓허日本海에至ᄒ는間沿岸은海岸의屈曲홈이少ᄒ고險崖가聳立홈으로오코스크海에黑龍江口와朝鮮海에元山港과浦塩斯德(海參威)港外에는良港이少ᄒ며渤海以南으로印度에至ᄒ기ᄭ지는良港이多ᄒ고紅海와地中海와黑海에는二三良港이有ᄒ니라

半島● 本洲에在혼半島는其東北에在혼者는堪察加(캄잣가)半島며東에在혼者는大韓半島며南에在혼者는印度、支那半島와馬來半島며馬來半島西에在혼者는小亞細亞半島라以上諸半島는其面積이廣大ᄒ야本洲의五分之一을占ᄒ니라

島嶼● 本洲의島嶼는大陸을距홈이甚不遠ᄒ니本洲東方에는日本島와樺太島와臺灣과瓊州島等과此外에小島가亦多ᄒ며印度半島東南部에스마트라、자바、보니오、比律賓(필립핀)群島等馬來群島大部와印度南에錫蘭(쎄일란)과亞細亞土耳其西에싸이프러스島와西伯利亞北方레나河口近傍에新西伯利亞群島等이有ᄒ니라

地勢 本洲地勢ᄂᆞᆫ大山脉으로區劃ᄒᆞ야五大部에分ᄒᆞ니即東亞細亞、南亞細亞、西亞細亞、北亞細亞、中央亞細亞가是니라

本洲中央으로븟허西南에偏ᄒᆞᆫ파미르高原이有ᄒᆞ야此를亞細亞大陸의中心이라ᄒᆞ며此로븟허山脉이四方으로走ᄒᆞ니其東으로走ᄒᆞᆫ者ᄂᆞᆫ有名ᄒᆞᆫ希馬拉耶(히말라야)山脉이니其最高峯에버레스트山은世界에第一高山이오又파미르高原으로븟허東北으로向ᄒᆞ야連ᄒᆞᆫ山脉은葱嶺阿爾泰(알타이)山脉、야블로노이山脉、스타노보이山脉이라베링海峽에至ᄒᆞ야盡ᄒᆞ얏스며以上山脉에包有ᄒᆞᆫ地ᄂᆞᆫ即東亞細亞니東亞細亞ᄂᆞᆫ世界無比ᄒᆞᆫ廣大高地오其中央에戈壁(고비)大沙漠이有ᄒᆞ니라

파미르高原으로븟허一山脉이南走ᄒᆞ야亞剌比亞海에至ᄒᆞ야盡ᄒᆞ니此를술니만山脉이라稱ᄒᆞ고此山脉以東은希馬拉耶山脉이오以南은即南亞細亞니南亞細亞도一般高地니라

파미르高原으로븟허西走ᄒᆞᆫ山脈은힌두쿠쉬山脈이오又西進ᄒᆞ면엘버스山脈이니此等山脈以南은술라만山脈이오以西ᄂᆞᆫ即西亞細亞니西亞細亞도亦一體高地며伊蘭沙漠과亞剌比亞沙漠이有ᄒᆞ니라

파미르高原以西ᄂᆞᆫ힌두쿠쉬山脈이오以北은即中央亞細亞니中央亞細亞ᄂᆞᆫ本洲西으로偏ᄒᆞ야其實은中央에不在ᄒᆞ나俄國이政治上區劃으로此地方을中央亞細亞라稱ᄒᆞ며地理學者도皆此稱呼를用ᄒᆞᄂᆞ니此地方은一體平原이며其北部ᄂᆞᆫ沼澤相交ᄒᆞᆫ卑濕地니라

阿爾泰山脈과야블로노이山脈以北은即北亞細亞니北亞細亞南部ᄂᆞᆫ高地나北進ᄒᆞᆷ을從ᄒᆞ야次第로傾斜ᄒᆞ야北氷洋에瀕ᄒᆞᆫ地方에至ᄒᆞ야ᄂᆞᆫ一體低原이니라

河湖 本洲諸河ᄂᆞᆫ南北及東方으로向流ᄒᆞ야三面의大洋으로入ᄒᆞ니其北流ᄒᆞ야北氷洋으로入ᄒᆞᄂᆞᆫ者ᄂᆞᆫ오비、예니세이、레나三大河

라此河等은皆長大ᄒᆞᆫ河流나此地方은寒氣가甚ᄒᆞ야盛暑外에ᄂᆞᆫ常堅氷으로鎖ᄒᆞᄂᆞᆫ故로舟運이難便ᄒᆞ며其東流ᄒᆞ야太平洋으로入ᄒᆞᄂᆞᆫ者ᄂᆞᆫ黑龍江、黃河、揚子江三大河니其長은前三大河의伯仲이되며皆、舟運이順便ᄒᆞ고其、南流ᄒᆞ야太平洋으로入ᄒᆞᄂᆞᆫ者ᄂᆞᆫ메콩河오印度洋으로入ᄒᆞᄂᆞᆫ者ᄂᆞᆫ살웬、이라와디、브라마푸트라、갠지스、印度河(인두스)等이니此、諸大河ᄂᆞᆫ其長은前者等에不及ᄒᆞ나舟運이皆、便利ᄒᆞ니凡、本洲의河ᄂᆞᆫ其、全體長大ᄒᆞᆷ에比ᄒᆞ야ᄂᆞᆫ支流가少ᄒᆞᆫ故로流域이狹ᄒᆞ니라

本洲의最大湖ᄂᆞᆫ裏海니其水ㅣ鹹味를帶ᄒᆞ고魚鹽의利가有ᄒᆞ며裏海東方에在ᄒᆞᆫ아랄海와할킈쉬湖도皆、鹹水오惟、예니세이河水源貝加爾(바이칼)湖ᄂᆞᆫ淡水니라

氣候● 本洲ᄂᆞᆫ寒、溫、熱三帶를跨ᄒᆞᆷ으로其氣候가到處迥殊ᄒᆞ야北亞細亞ᄂᆞᆫ冬季에ᄂᆞᆫ寒氣가嚴ᄒᆞ며其間이長ᄒᆞ고夏時에ᄂᆞᆫ暑氣가强ᄒᆞ며其間이短ᄒᆞ고東亞細亞와中央亞細亞ᄂᆞᆫ溫帶에屬ᄒᆞ얏스나寒熱이俱烈ᄒᆞ고南亞細亞와西亞細亞ᄂᆞᆫ太半은熱帶에屬ᄒᆞ야炎熱이特甚ᄒᆞ니라

産物● 本洲植物은氣候의差異를因ᄒᆞ야不同ᄒᆞ나米、麥、綿、甘蔗、珈琲、松、棕櫚、樺等의其種類가甚多ᄒᆞ며動物은吾人의日常目擊ᄒᆞᄂᆞᆫ바外에駱駝、象、水牛、鯨魚等이니枚擧키未遑ᄒᆞ며鑛物은歐米諸國에比ᄒᆞ면産額이稍少ᄒᆞ나普通品은産出치아님이無ᄒᆞ고又、우랄山及、錫蘭島의金剛石과阿爾泰山의黃金은最、著名ᄒᆞᆫ者ㅣ니라

人種● 本洲人口ᄂᆞᆫ八億三千四十八萬四千餘니殆、全世界人口의三分之二를有ᄒᆞ고其人種은蒙古人種과高加索人種과馬來人種이라南亞細亞印度半島와西亞細亞太半은高加索人種이住ᄒᆞ며馬來半島에ᄂᆞᆫ馬來人種이住ᄒᆞ고其他ᄂᆞᆫ蒙古人種의住ᄒᆞᄂᆞᆫ地方이라此等住民은地方을隨ᄒᆞ야疎密이有ᄒᆞ니北亞細亞北部及、戈壁、亞剌比

亞等沙漠은殆無人之境에屬ᄒᆞ고人口의最稠密ᄒᆞᆫ地方은我國、支那、日本及印度ㅣ니라

宗敎● 本洲의重要ᄒᆞᆫ宗敎ᄂᆞᆫ儒敎、佛敎、婆羅門敎、回回敎、耶蘇敎니我國과支那에서ᄂᆞᆫ儒敎를尊崇ᄒᆞ며佛敎도間行ᄒᆞ고日本은佛敎와神道를敬奉ᄒᆞ고印度支那半島와錫蘭은佛敎를專仰ᄒᆞ며又婆羅門敎ᄂᆞᆫ印度에서行ᄒᆞ며回回敎ᄂᆞᆫ支那西部와中央亞細亞와西亞細亞와印度內部에서行ᄒᆞ고耶蘇敎ᄂᆞᆫ近來諸邦에서通行ᄒᆞᄂᆞᆫ者ㅣ多ᄒᆞ니라

交通● 本洲中鐵道를敷設ᄒᆞᆫ地方은我國、支那、日本、英領印度及俄領亞細亞等이니歐米諸國에比ᄒᆞ면其稀少ᄒᆞ며但鐵道의設이不足ᄒᆞᆯ뿐아니라處處에道路ᄭᆞ지修築이絶少ᄒᆞ야交通의難便ᄒᆞᆷ이多ᄒᆞ니라

形勢● 本洲諸國의形勢ᄂᆞᆫ各國이不同ᄒᆞ야支那와印度와如ᄒᆞᆫ者ᄂᆞᆫ數千年前에ᄂᆞᆫ文學과哲學과百工技藝가頗發達ᄒᆞ더니其後에文化가衰退ᄒᆞ야進就ᄒᆞᆷ이無ᄒᆞ얏스며又蒙古人은昔時에ᄂᆞᆫ勇悍ᄒᆞ야亞細亞大陸에威武를逞ᄒᆞ고且歐洲ᄭᆞ지라도震動케ᄒᆞ야其勇邁ᄒᆞᆫ氣性을歐洲人이至今稱讃ᄒᆞᄂᆞᆫ바ㅣ니라

然이나今日에至ᄒᆞ야ᄂᆞᆫ歐洲人의勢力이非常히膨脹ᄒᆞ야亞細亞洲의太半은羈絆을蒙ᄒᆞᆷ에至ᄒᆞ얏스니即北亞細亞와中央亞細亞ᄂᆞᆫ俄國의屬ᄒᆞ얏스며印度半島와印度支那半島의一部分은英國에屬ᄒᆞ얏스며印度支那半島의東部ᄂᆞᆫ大槪佛國에屬ᄒᆞ얏고其間에서僅獨立의體面을保存ᄒᆞᆫ者ᄂᆞᆫ支那、日本、暹羅、波斯等數國에不過ᄒᆞ나然ᄒᆞ나日本을除ᄒᆞᆫ外에ᄂᆞᆫ其國勢가甚不振ᄒᆞ니라

第二節 支那帝國 CHINESE EMPIRE

汎論● 支那ᄂᆞᆫ今淸國이니東亞細亞의大部分을占ᄒᆞᆫ帝國이라其境域이北은俄領西伯利亞(시베리아)와南은英領印度及佛領印度支

那와西는俄領中亞細亞와東은渤海、黃海、東海及、大韓을接ᄒᆞ니其位置는北緯十八度三十分에起ᄒᆞ야五十三度二十五分에至ᄒᆞ고東經九十七度에起ᄒᆞ야百三十度에至ᄒᆞ니全國面積이六千四百二十四萬五千五百五十二方里四百三十七萬六千四百方英里니本洲의三分之一을占ᄒᆞ고總人口는四億二千六百三十三萬七千四百이니全世界人口의約三分之一을占ᄒᆞ니라

支那全國을直省과藩部로分ᄒᆞ니直省은二十二省이오藩部는蒙古、青海、西藏이라直省中奉天、吉林、黑龍江은滿洲에在ᄒᆞ야此를東三省이라稱ᄒᆞ고東三省과輓近新設ᄒᆞᆫ新疆省을除ᄒᆞᆫ外에其他十八省은俗에支那本部라稱ᄒᆞ니十八省은直隷、山東、山西、河南、江蘇、安徽、江西、浙江、福建、廣東、廣西、湖北、湖南、陝西、甘肅、四川、雲南、貴州等이是오二十二省을府、州、廳、縣으로更小別ᄒᆞ니라

今、支那全國을支那本部、滿洲、新疆省、蒙古、青海、西藏의六部로分ᄒᆞ야左에說明ᄒᆞ노라

一 支那本部 CHINA

地勢　支那全國의地勢는北部와西部는一體隆起ᄒᆞ야一大高原이되고東南部는次第로傾斜ᄒᆞ니此東部는即、支那本部라南嶺、北嶺의二大山脈이區域을作ᄒᆞ고地勢를三帶로分ᄒᆞ야北嶺以北은北帶며北嶺以南은中帶오南嶺以南은南帶라稱ᄒᆞ니北帶는支那人種의帝國을創建ᄒᆞ던處인故로歷代國都가此中에多在ᄒᆞ며黃河左右는昔時로브허中原이라稱ᄒᆞ던바ㅣ라治世에는常、文物이會集ᄒᆞ고亂世에는必、兵爭의地를作ᄒᆞ며中帶의民은勢力이常、北人의게遜ᄒᆞ얏스나土地의美와水運의利는反、北帶를勝ᄒᆞ니支那之富源은實、此에在ᄒᆞᆫ故로戶口繁殖ᄒᆞᆷ이北帶의倍오南帶의四倍며南帶는昔時荒裔의地러니西洋諸國과通商ᄒᆞᆫ以來로埠頭를設ᄒᆞ고賈船이雲集ᄒᆞ야遂、富盛ᄒᆞᆫ地가되니라

南嶺은希馬拉耶山脈을連ᄒᆞ야東走ᄒᆞᆫ一大山脈의總稱이니其中에苗嶺山脈과武鉄山脈等이有ᄒᆞ며北嶺은希馬拉耶山脈以北에峙ᄒᆞᆫ崑崙山이靑海에在ᄒᆞ야南北二支로分ᄒᆞ야其南支ᄂᆞᆫ岷山山脈、秦嶺山脈、熊耳山脈等이되고其北支ᄂᆞᆫ東走ᄒᆞ야阿爾金山脈、祁連山脈、賀蘭山脈、陰山山脈이되야支那本部의北境을作ᄒᆞ니라

川의最大ᄒᆞᆫ者를河와江이라稱ᄒᆞ니河水ᄂᆞᆫ源을靑海에셔發ᄒᆞ야支那本部西北隅를過ᄒᆞ야塞外로出ᄒᆞ야南流ᄒᆞ다가支那本部로再入ᄒᆞᆫ後東北으로轉流ᄒᆞ야終、渤海에注入ᄒᆞᄂᆞᆫ딕其水ㅣ濁ᄒᆞ야黃色을帶ᄒᆞᆫ故로黃河라名ᄒᆞ니長이大約、一萬餘里오下流에ᄂᆞᆫ水患이多ᄒᆞ고河道가累變ᄒᆞ며江水도亦、源을靑海에셔發ᄒᆞ야東南으로向流ᄒᆞᄂᆞᆫ者를金沙江이라云ᄒᆞ며東北으로轉流ᄒᆞ야泯江과合ᄒᆞᆫ者를始、大江이라稱ᄒᆞ고東流ᄒᆞ야洞庭湖、鄱陽湖諸水를幷ᄒᆞ야東海로注入ᄒᆞᄂᆞᆫ下流를揚子江이라名ᄒᆞ나俗에ᄂᆞᆫ其上流와下流를皆、揚子江이라通稱ᄒᆞ니其長이大約、一萬一千餘里라實、亞細亞洲第一巨流오支流의大ᄒᆞᆫ者ㅣ十有餘에其中漢水가最著ᄒᆞ고此外에白河、淮水、閩江、珠江等이皆、長大ᄒᆞ니라

支那本部以北은蒙古에接ᄒᆞ야此를長城으로써界ᄒᆞ니長城은古秦始皇의築ᄒᆞᆫ바ㅣ라西ᄂᆞᆫ甘肅省嘉峪關에起ᄒᆞ야東으로直隷省山海關에達ᄒᆞ니山을踰ᄒᆞ고谷을跨ᄒᆞ야延袤ᄒᆞᆷ이七千餘里나號ᄒᆞ야萬里長城이라ᄒᆞ며城壁의高厚ᄂᆞᆫ各、二丈許오每六十間에堡寨를設ᄒᆞ얏스니抑、此長城은匈奴의侵入ᄒᆞᆷ을防禦ᄒᆞ기爲ᄒᆞ야設ᄒᆞᆫ바인즉當時에ᄂᆞᆫ每堡에戍兵을置ᄒᆞ얏스나今에ᄂᆞᆫ各關口에만戍兵을置ᄒᆞ야旅人의通行을監査ᄒᆞ고物品의收稅를掌ᄒᆞᆷ에不過ᄒᆞ니라

沿海● 渤海의一名은北海며其東北部를遼東灣이라西南部를直隷灣이라稱ᄒᆞ며渤海東方에在ᄒᆞᆫ直隷海峽은渤海의要口니廟嶋等群嶋가羅列ᄒᆞ얏고渤海ᄂᆞᆫ遠淺ᄒᆞ나遼河河口에牛莊港과白河에天

津港이有ᄒᆞ며黃海ᄂᆞᆫ直隷海峽東方에在ᄒᆞ야南은楊子江河口를界、ᄒᆞ고黃海北部에ᄂᆞᆫ旅順口、威海衛、芝罘、榮城灣、膠州灣等의港灣이有ᄒᆞ나南部에ᄂᆞᆫ無ᄒᆞ며東海ᄂᆞᆫ北으로黃海를連ᄒᆞ고南으로臺灣을界ᄒᆞ니此沿岸은海岸線의屈曲이多ᄒᆞ야寧波、福州等諸港이有ᄒᆞ고又島嶼ᄂᆞᆫ海岸에沿ᄒᆞ야散在ᄒᆞ니其北部에羅列ᄒᆞᆫ群嶋를舟山列嶋라云ᄒᆞ고支那海ᄂᆞᆫ臺灣嶋와澎湖列嶋以南으로말라카海峽々지限ᄒᆞ야總稱ᄒᆞᆷ이니此海岸線도屈曲이多ᄒᆞ야汕頭、廣東等諸港이有ᄒᆞ고又嶋嶼ᄂᆞᆫ瓊州嶋가最大ᄒᆞᆫ者ㅣ오數多小嶼가海岸에散在ᄒᆞ니라

面●積●及●人●口●　支那本部의面積은二千二百四十九萬五千九百二十六方里(一百五十三萬二千四百二十方英里)오人口ᄂᆞᆫ四億七百三十三萬七千三百이러라

氣●候●　支那本部ᄂᆞᆫ土地가廣大ᄒᆞᆫ故로各地氣候가異同이有ᄒᆞ니北帶ᄂᆞᆫ寒熱이俱烈ᄒᆞ고雨量이少ᄒᆞ며中帶ᄂᆞᆫ濕氣를含ᄒᆞᆫ海風이常

太平洋으로봇터吹來ᄒᆞᆷ을因ᄒᆞ야氣候가調和ᄒᆞ며南帶ᄂᆞᆫ溫熱이甚ᄒᆞ고瘴氣가多ᄒᆞ야身體健康에不適ᄒᆞᆫ處가有ᄒᆞ고又支那海ᄂᆞᆫ每年七月봇허十一月間에其危險ᄒᆞᆫ暴風이屢起ᄒᆞᄂᆞ니라

產●物●　支那本部ᄂᆞᆫ自古로農業으로써立國ᄒᆞ니概論컨ᄃᆡ南部ᄂᆞᆫ水田이多ᄒᆞ야米를產ᄒᆞ고北部ᄂᆞᆫ陸田이多ᄒᆞ야麥을產ᄒᆞ며大豆、小豆、麥、粟類ᄂᆞᆫ南北이共產ᄒᆞ나北部가最多產ᄒᆞ며茶、棉花、砂糖三種은支那農產物中最重要ᄒᆞᆫ者니皆南部에셔產ᄒᆞ고鴉片은本來輸入品이러니輓近處處에셔培植ᄒᆞ니支那에在ᄒᆞ야ᄂᆞᆫ亦重要ᄒᆞᆫ農產物의一에居ᄒᆞᄂᆞ니라

山林은上古에ᄂᆞᆫ此를農產이라稱ᄒᆞ야制度가整備ᄒᆞ더니後世에漸廢ᄒᆞ야今日에至ᄒᆞ야ᄂᆞᆫ全國의官林은一處도無ᄒᆞ고民林도亦濫伐ᄒᆞᆷ을不顧ᄒᆞ나土壤이廣大ᄒᆞᆷ으로全國에山林이無ᄒᆞᆷ에不至ᄒᆞ니現今木材의最多產出地ᄂᆞᆫ廣西、河南等省이오特廣西省諸山에ᄂᆞᆫ松

栢、柳、杉等大木이富ᄒᆞ니라

牧畜은支那本部에在ᄒᆞ야ᄂᆞᆫ盛行ᄒᆞᆷ이無ᄒᆞ나但、豚은支那人의最好食物인故로各地方에서皆、飼養ᄒᆞᆷ이不無ᄒᆞ고又、家禽의飼養도處處에서行ᄒᆞᄂᆞ니라

鑛物의重要ᄒᆞᆫ者ᄂᆞᆫ石炭이니其産出地ᄂᆞᆫ處處에在ᄒᆞ나其中에도直隷省開平炭坑은新機械를備ᄒᆞ야採掘를盛行ᄒᆞ며鐵은支那全國에其脉이無ᄒᆞᆫ處가無ᄒᆞ나其中直隷、山西、湖南三省이最富ᄒᆞ며銅은多少産出ᄒᆞ나其需用에供給키不足ᄒᆞᆫ故로年年日本에서輸入ᄒᆞ며此外에金、銀、錫、鉛、水銀等이各地에서産出ᄒᆞᄂᆞ니라

工業은舊工業과新工業의二種이有ᄒᆞ니舊工業의重要ᄒᆞᆫ者ᄂᆞᆫ陶器、磁器、蠶絲、絹帛의製造와紫檀彫刻의細工等이오新工業은紡績、織組다以上諸工業은皆、民業에屬ᄒᆞ얏고此外에造船、製鐵等官設工塲이有ᄒᆞ니凡、此等工業地ᄂᆞᆫ南部諸省에在ᄒᆞ니라

一 人民● 支那人은蒙古人種이라更、其種類를小別ᄒᆞ면六種이有ᄒᆞ니支那種、通古斯種、蒙古種、土耳其種、西藏種、苗越種이是니此六種中支那本部에住ᄒᆞᄂᆞᆫ者ᄂᆞᆫ支那種、通古斯種、苗越種의三種이니라

支那種은卽、漢人(自稱曰漢人)이니支那를創開ᄒᆞᆫ者ㅣ此人種이라初에ᄂᆞᆫ北嶺以北에居ᄒᆞ야文化를河濱에布ᄒᆞ고後에江淮間에繁衍ᄒᆞ야遂、南海에達ᄒᆞ야支那本部가皆、此人種의占據ᄒᆞᆫ바ㅣ되고塞北海外地ᄭᆞ지遷居ᄒᆞ며漢人이其、文字를重히ᄒᆞ야士大夫ᄂᆞᆫ學을講ᄒᆞ야文藝를專務ᄒᆞ고敬奉ᄒᆞᄂᆞᆫ敎法은三이有ᄒᆞ니儒敎、佛法及、道敎라文學이有ᄒᆞᆫ者ᄂᆞᆫ儒敎를尊崇ᄒᆞ며無學의民은佛法或、道敎를信奉ᄒᆞ고又、耶蘇敎信徒도有ᄒᆞ니라

通古斯種은數種이有ᄒᆞ니其中滿洲種이라稱ᄒᆞᄂᆞᆫ者ㅣ獨盛ᄒᆞ야今代淸朝祖宗을與ᄒᆞ고帝室、宗族及、諸民을遷ᄒᆞ야旣已、漢人과混和ᄒᆞ야儀容風俗이殆、大異ᄒᆞᆷ이無ᄒᆞ더라

苗越種은種類가甚衆ᄒᆞ야枚擧키未遑ᄒᆞ나其稍著ᄒᆞᆫ者ᄂᆞᆫ苗와猺와獠의三種이有ᄒᆞ야皆、支那南部에棲息ᄒᆞ야其性이極、頑陋ᄒᆞ니皆、太古土人의遺裔로漢人이繁殖홈에及ᄒᆞ야山谷에退據ᄒᆞᆫ者ㅣ니라

支那全國의人口中十分之九ᄂᆞᆫ漢人이니今、宇內之民이十五億에過ᄒᆞ고數百의人種이有ᄒᆞ나獨、漢人一種이其四分之一을占ᄒᆞ니其繁殖홈은五大洲中에無比ᄒᆞ나然ᄒᆞ나支那六人種의勢力을論ᄒᆞ면滿洲人과通古斯種이大興ᄒᆞ야遂、今代의帝業을定ᄒᆞ얏스니其人口ᄂᆞᆫ漢人에比ᄒᆞ면百分之三에不過ᄒᆞ되旣、主權을秉ᄒᆞ야貴重히되고漢人은雖、衆ᄒᆞ나勢力이不及ᄒᆞ며其他、四種은漢人에도亦、劣ᄒᆞ니라

交通 支那에서ᄂᆞᆫ道路修繕에用意치아니ᄒᆞᄂᆞᆫ故로到處에崎嶇凸凹ᄒᆞ야步行이甚、困難ᄒᆞ고內地에警察保護가不備ᄒᆞ야盜賊이橫行ᄒᆞᄂᆞᆫ故로行旅가往往危險에遭遇홈이有ᄒᆞ니라

中帶와南帶ᄂᆞᆫ皆、水運의便利홈이有홈으로其交通이益益發展ᄒᆞ야特、楊子江과如ᄒᆞᆫ者ᄂᆞᆫ大船巨艦이라도四千里를航ᄒᆞ고小船은七千里를溯ᄒᆞ니如此ᄒᆞᆫ天然的水利가有ᄒᆞᆯ뿐아니라且、運河의水利가有ᄒᆞ니此運河ᄂᆞᆫ長城과幷稱ᄒᆞᆯ만ᄒᆞᆫ支那의最大工事라浙江省杭州府에서起點ᄒᆞ야江蘇、山東兩省을過ᄒᆞ고直隸省으로入ᄒᆞ야天津에至ᄒᆞ야白河와合ᄒᆞᆫ後北京에達ᄒᆞ니其全長이大約、三千三百餘里오支渠ᄅᆞᆯ合算ᄒᆞ면其里數가倍에至ᄒᆞᄂᆞ니此ᄅᆞᆯ歐洲有名ᄒᆞᆫ運河에比ᄒᆞ면如此長大ᄒᆞᆫ者ㅣ稀少ᄒᆞ니卽、古昔隋煬帝가開鑿ᄒᆞ야元時郭守敬의成功ᄒᆞᆫ바ㅣ니라

滊船航路ᄂᆞᆫ支那沿海와楊子江沿岸及、淸口間等諸航路가有ᄒᆞ야其往復이頻繁ᄒᆞ며上海ᄂᆞᆫ楊子江河口에近ᄒᆞ야支那沿海中心에在홈으로諸航路의扼要處가되야各港間往來ᄒᆞᆯ際에必、此港을經過치아니ᄒᆞᄂᆞᆫ者ㅣ無ᄒᆞᆫ지라故로支那全國中滊船會社가此港에最多ᄒᆞ나然ᄒᆞ나此滊船會社ᄂᆞᆫ皆、外國人의營業에屬ᄒᆞ고但、一招商局이有

ᄒᆞ되此亦政府의所有오民設會社ᄂᆞᆫ一個所도無ᄒᆞ니라

鐵道ᄂᆞᆫ支那全國中에北京漢口間과開平鐵道等三線路가有ᄒᆞᆯ뿐이니開平鐵道ᄂᆞᆫ專혀石炭運搬을爲ᄒᆞ야敷設ᄒᆞᆫ者ㅣ러니其後線路ᄅᆞᆯ延長ᄒᆞ야南은天津에至ᄒᆞ고北은山海關에達ᄒᆞ며又廣西省龍州에서安南諒山에達ᄒᆞᄂᆞᆫ龍州鐵道ᄅᆞᆯ竣工ᄒᆞ얏고其他上海、吳淞、蘇州間은方今敷設中이니라

電線은全國에不通ᄒᆞᄂᆞᆫ處ㅣ無ᄒᆞ야東北은東三省에至ᄒᆞ야一은我國義州電線과連絡ᄒᆞ고一은俄國電線과連絡ᄒᆞ고西北은甘肅、新疆에達ᄒᆞ며南은東京(똥킹)西貢(쎄공)諸線과連絡ᄒᆞ니라

貿易 支那의開港場은凡二十一個處가有ᄒᆞ니楊子江以北에ᄂᆞᆫ牛莊(奉天省)天津(直隸省)芝罘(山東省)三港이有ᄒᆞ며楊子江以南에ᄂᆞᆫ蘇州(江蘇省)上海(仝上)杭州(浙江省)寧波(仝上)溫州(仝上)福州(福建省)廈門(仝上)汕頭(廣東省)廣東(仝上)北海(仝上)瓊州(仝上)等十二港이有ᄒᆞ며楊子江沿岸에ᄂᆞᆫ鎭江(江蘇省)蕪湖(安徽省)九江(江西省)漢口(湖北省)沙市(仝上)宜昌(仝上)重慶(四川省)等七港이有ᄒᆞ고其外에又佛蘭西國領東京界에龍州(廣西省)蒙自(雲南省)等二開市場이有ᄒᆞ니라

政治 支那의政體ᄂᆞᆫ古來로君主專制며其官制ᄂᆞᆫ內閣及吏部、戶部、禮部、兵部、刑部、工部等六衙門이有ᄒᆞ니內閣에ᄂᆞᆫ太學士四人과協辦太學士二人或四人과六部에ᄂᆞᆫ每部에尙書一人과左右侍郞各二人을置ᄒᆞ야此等諸大臣은凡滿人과漢人으로ᄡᅥ各等을分補ᄒᆞ며內閣은六部ᄅᆞᆯ統轄ᄒᆞᆫ總政府나政事의實權은軍機處掌握에在ᄒᆞ니軍機處ᄂᆞᆫ親王、太學士、尙書、侍郞中으로才幹이有ᄒᆞᆫ者ᄅᆞᆯ選拔ᄒᆞ야軍機處大臣을任ᄒᆞ고軍國의重任을掌케ᄒᆞᆫ故로內閣은有名無實ᄒᆞ야但軍機處의議決을從ᄒᆞ야文書ᄅᆞᆯ奉行ᄒᆞᆷ에不過ᄒᆞ며

以上諸官衙外에外交事務ᄅᆞᆯ掌ᄒᆞᆫ總理各國事務衙門과蒙古、青海、西藏의政令을掌ᄒᆞᆫ理藩院과諸官員의職務ᄅᆞᆯ糾察ᄒᆞᄂᆞᆫ都察院과帝

室庶務를總理ᄒᆞᄂᆞᆫ內務府等이有ᄒᆞ고

又、地方制度ᄂᆞᆫ二十二省中東三省을除ᄒᆞᆫ外에其他ᄂᆞᆫ一省或、一二省에總督을置ᄒᆞ야其地方軍務를統轄ᄒᆞ고民治를監督홈을掌케ᄒᆞ되但山東、山西、河南三省에ᄂᆞᆫ總督을不置ᄒᆞ고又、總督下에巡撫를置ᄒᆞ야民治를掌케ᄒᆞ니其管轄區域이如左ᄒᆞ니라

省	總督	巡撫
直隸	直隸總督	
山東		山東巡撫
山西		山西巡撫
河南		河南巡撫
江蘇 (江南)	兩江總督	江蘇巡撫
安徽 (江南)		安徽巡撫
江西		江西巡撫

省	總督	巡撫
浙江	閩浙總督	浙江巡撫
福建		福建巡撫
廣東	兩廣總督	廣東巡撫
廣西		廣西巡撫
湖北	湖廣總督	湖北巡撫
湖南		湖南巡撫
陝西	陝甘總督	陝西巡撫
甘肅		甘肅新疆巡撫
新疆		
四川	四川總督	
雲南	雲貴總督	雲南巡撫
貴州		貴州巡撫

●兵制● 支那兵制ᄂᆞᆫ大別ᄒᆞ야陸軍、海軍、江軍三種에分ᄒᆞ야陸軍에

는八旗,綠旗,勇三種이有ᄒᆞ니八旗는正黃,正白,正紅,正藍,鑲黃,鑲白,鑲紅,鑲藍等八色旗가各各一軍隊의記幟가되야其數가八이有홈으로此를總稱ᄒᆞ야八旗라名ᄒᆞ야初에는滿洲人으로만編成ᄒᆞ더니其後에蒙古八旗와漢軍八旗를編制ᄒᆞ야二十四旗를成ᄒᆞ고每旗에都統副都統이有ᄒᆞ야其軍政을統治ᄒᆞ며綠旗兵은清祖가明을滅ᄒᆞᆫ後,漢人으로써編制ᄒᆞᆫ者ㅣ니綠旗로記幟를爲ᄒᆞ고勇은長髮賊亂時에始,召集ᄒᆞᆫ壯兵이니綠旗兵과勇兵을十八軍團에分ᄒᆞ야十八省에一軍團式置ᄒᆞ고指揮ᄂᆞᆫ提督,總兵이此를掌ᄒᆞ니라

海軍은北洋海軍,南洋海軍,福建水師,廣東水師四隊로分ᄒᆞ야,各隊를提督으로統케ᄒᆞ니北洋海軍提督은直隷總督에게南洋海軍提督은兩江總督에게福建水師提督은閩浙總督에게廣東水師提督은兩廣總督에게屬ᄒᆞ니라此四隊中最精銳ᄒᆞᆫ北洋海軍은日清戰爭에全滅ᄒᆞ고三隊뿐餘存ᄒᆞ야數隻軍艦을有홈에不過ᄒᆞ니라

江軍은楊子江에臨ᄒᆞᆫ湖北,湖南,江西,安徽,江蘇五省에屬ᄒᆞᆫ江岸防禦兵이니此를長江水師라稱ᄒᆞ야提督이統率ᄒᆞ고兩江總督에게隷屬ᄒᆞ니라

省誌 直隷省은支那本部東北隅에位ᄒᆞᆫ帝都所在地니現今支那에第一要地오燕趙의故地니라

北京은支那의國都라此地ᄂᆞᆫ古周代에燕의都ᄒᆞ얏던處인故로燕京이라亦稱ᄒᆞ며降ᄒᆞ야遼,金,元,明代의至ᄒᆞ야皆,此地에國을都ᄒᆞ니現今城郭은明代의建築ᄒᆞᆫ바라其城郭의周圍가百餘里오郭內를總稱ᄒᆞ야京城이라ᄒᆞ고此를內城外城의二區로分ᄒᆞ야內城은方形이니其中에皇闕及,內閣以下各衙門,各國公使館,商舖等이有ᄒᆞ고外城은內城의南部를環ᄒᆞᆫ長方形의一區니城內에ᄂᆞᆫ商舖가櫛比ᄒᆞ야商業의盛홈이內城에優ᄒᆞ며其人口ᄂᆞᆫ大約,一百六十餘萬이니라

天津은直隷省首部니直隷總督의駐在地오繁盛ᄒᆞᆫ開港場이라北

京을距ᄒᆞᆷ이三百三十里에內外人口가大約九十五萬이有ᄒᆞ며本港이冬季에ᄂᆞᆫ河水가成氷ᄒᆞ야舟楫이不通ᄒᆞ나夏季에ᄂᆞᆫ船舶이輻湊ᄒᆞ야貿易이盛行ᄒᆞ며蒙外地方에서來ᄒᆞᄂᆞᆫ羊毛、駱駝毛를歐米諸國에輸出ᄒᆞ고南部諸省에서來ᄒᆞᄂᆞᆫ茶를西伯利亞地方으로輸出ᄒᆞᄂᆞ니라

保定府ᄂᆞᆫ本直隸省首府니其繁華ᄒᆞᆷ은今天津에不及ᄒᆞ고承德府ᄂᆞᆫ塞外에在ᄒᆞ니亦曰熱河라宮殿臺榭가有ᄒᆞ야支那皇帝의避暑遊觀ᄒᆞᄂᆞᆫ處니咸豐十年에英、法同盟軍이北京을襲ᄒᆞᆷ의文宗이難을此地에서避ᄒᆞ니라

山東省은古齊魯의地니其名山은五嶽(泰山、衡山、恒山、嵩山)中第一位에居ᄒᆞᆫ泰山이有ᄒᆞ고又、魯都되얏던曲阜에ᄂᆞᆫ東洋大聖孔夫子의廟가有ᄒᆞ니此를宣聖廟라稱ᄒᆞᄂᆞ니라

濟南府ᄂᆞᆫ山東省首府니居民이質樸ᄒᆞ야蠶織으로生業ᄒᆞ며芝罘ᄂᆞᆫ山東省開港場이니此地ᄂᆞᆫ渤海口를扼ᄒᆞ고商港과軍港을兼ᄒᆞᆫ故로砲臺를築ᄒᆞ야兵備를嚴히ᄒᆞ얏고本港에貿易은甚、山東省內物產을輸出ᄒᆞ니其重要ᄒᆞᆫ輸出品은豆類와豆餠(비지)(肥料ᄒᆞᆫ)에이며威海衛ᄂᆞᆫ本、附屬ᄒᆞᆫ軍港이러니淸日戰役에日軍에게戰破ᄒᆞᆫ바ㅣ되얏다가英國에租借ᄒᆞ니其面積이四千三十七方里(二百七十五方英里)라

山西省은山이多ᄒᆞ고平地가少ᄒᆞ며名山은五嶽의居一ᄒᆞᆫ恒山이有ᄒᆞ고太原府ᄂᆞᆫ山西省首府니毛氈을製出ᄒᆞ며平陽府ᄂᆞᆫ古、帝堯의都ᄒᆞᆫ地오蒲州府ᄂᆞᆫ帝舜의都ᄒᆞᆫ地며潞州近傍에舜이耕ᄒᆞ던歷山의古跡이有ᄒᆞ니라

河南省은周의王畿니昔、支那文華의中心이며名山은五嶽中居一ᄒᆞᆫ嵩山이有ᄒᆞ고開封府ᄂᆞᆫ河南省首府오河南部ᄂᆞᆫ洛水北에在ᄒᆞᆫ繁華都府라此地ᄂᆞᆫ古、洛陽地니東周、東漢、西晋、後魏等이皆、此地에都ᄒᆞᆫ故로數多遺跡이有ᄒᆞ니라

江蘇省은楊子江과運河等이城內로流ᄒᆞ야水運이甚便ᄒᆞ며洪澤湖、高郵湖、太湖等大湖가有ᄒᆞ니라

蘇州府ᄂᆞᆫ江蘇省首府오日淸條約의依ᄒᆞ야新開ᄒᆞᆫ貿易港이니此地ᄂᆞᆫ周代吳의故都며其姑蘇山은吳王夫差가越王勾踐에게敗ᄒᆞ던地니라

江寧府ᄂᆞᆫ楊子江南岸에在ᄒᆞ니兩江總督의住在地오東晋南朝의舊都니明時에南京이라稱ᄒᆞᆷ으로봇허尙今南京이라云ᄒᆞ며城市의規模가廣大ᄒᆞ야昔時에ᄂᆞᆫ繁盛ᄒᆞᆫ都府러니長髮賊亂時에侵畧을經ᄒᆞ야城內三分之二ᄂᆞᆫ荒敗ᄒᆞ고有名ᄒᆞᆫ磁塔이其遺跡만有ᄒᆞ며人口ᄂᆞᆫ大約四十萬이니文人墨客이多住ᄒᆞ야文華風流의地며其製造ᄂᆞᆫ筆、墨、陶器絹帛等이니라

上海ᄂᆞᆫ江蘇省南部에在ᄒᆞᆫ開港塲이니市街ᄂᆞᆫ地勢平坦ᄒᆞ야各種商舖가鱗次ᄒᆞ야頗繁華ᄒᆞ나街衢가狹隘ᄒᆞ야且汚穢ᄒᆞ고惟外國人의居留地ᄂᆞᆫ道路가廣濶ᄒᆞ야頗淸潔ᄒᆞ며本港은支那各港의中心인故로貿易의盛ᄒᆞᆷ이全國中最優者니重要輸出品은生絲綢緞茶棉陶器等이오輸入品은鴉片、煤炭、綿布、毛布、洋油、銅鐵等이니라

安徽省은東으로江蘇省과接ᄒᆞ니兩省을合ᄒᆞ야江南이라稱ᄒᆞ고風俗이淳厚ᄒᆞ고往往俊傑의士가輩出ᄒᆞ며其首府ᄂᆞᆫ安慶府니市街가挾隘ᄒᆞ고風物의可觀ᄒᆞᆯ者ㅣ無ᄒᆞ니라

江西省은楊子江南에在ᄒᆞ니鄱陽湖(一名은彭蠡湖)라稱ᄒᆞᄂᆞᆫ大湖가有ᄒᆞ야贛江이注入ᄒᆞ니其下流ᄂᆞᆫ楊子江에會ᄒᆞ며南昌郡은江西省首府니往年長髮賊兵燹에罹ᄒᆞ야全府가荒敗ᄒᆞ고風光이蕭索ᄒᆞ며九江은江西省開港塲이라有名ᄒᆞᆫ陶器의産出地니其製造ᄂᆞᆫ支那에第一이라支那皇帝用度에供ᄒᆞᄂᆞᆫ陶器製造所도此地에在ᄒᆞ니라

浙江省은地勢가平坦ᄒᆞ고地味가肥沃ᄒᆞ야農産物이豐饒ᄒᆞ며杭州府ᄂᆞᆫ浙江省首府니錢塘江北岸에在ᄒᆞ야錢塘江을左ᄒᆞ고西湖를

有ᄒᆞ야風光이頗佳ᄒᆞ니宋高宗이南渡ᄒᆞ야都ᄒᆞᆫ地오淸日條約에依ᄒᆞ야新開ᄒᆞᆫ貿易港이며寧波、溫州도亦、浙江省의開港場이니業檀彫刻의細工과密柑의著名ᄒᆞᆫ產物이有ᄒᆞ니라

福建省은臺灣海峽을隔ᄒᆞ야日本臺灣을對ᄒᆞ얏스니其開이四百里餘라此地ᄂᆞᆫ周時에七閩地인故로尙今閩이라稱ᄒᆞ며大川을閩江이라云ᄒᆞ고閩江上流武夷山은有名ᄒᆞᆫ勝區니라

福州ᄂᆞᆫ福建省首府니閩浙總督의駐在地오人口ᄂᆞᆫ六十餘萬이有ᄒᆞ야繁盛ᄒᆞᆫ開港場이라然이나前年淸法戰爭時에沿海의要地ᄂᆞᆫ皆、兵燹에罹ᄒᆞ야舊觀을未復ᄒᆞ얏스며本港의輸出品의重要ᄒᆞᆫ者ᄂᆞᆫ武夷山中에서產出ᄒᆞᄂᆞᆫ茶와竹材、烟草며閩江下流馬尾에船政局을置ᄒᆞ야船艦과各種船具를製造ᄒᆞ니其規模가宏大ᄒᆞ니라厦門은福建省南部에在ᄒᆞᆫ厦門嶋中一開港場이니其重要ᄒᆞᆫ輸出品은茶와砂糖과綿布等이니라

廣東省은最、南部에位ᄒᆞ고全土가粵江流域에在ᄒᆞ니粵江은廣西省으로봇터貫流ᄒᆞ다가本省廣州西에至ᄒᆞ야ᄂᆞᆫ數派에分ᄒᆞ야海로入ᄒᆞ며其下流ᄂᆞᆫ西江이오廣州以下ᄂᆞᆫ珠江이라稱ᄒᆞ고東江과北江이此에合流ᄒᆞ며瓊州島(一名海南島)ᄂᆞᆫ瓊州北岸에在ᄒᆞ니亦、開港場이나但、颶風의患이時有ᄒᆞ니라

廣州府(俗稱廣東)ᄂᆞᆫ廣東省首府니兩廣總督의駐在地며數百年前봇터開港場이니人口ᄂᆞᆫ槪、一百六十萬餘오支那南部에第一繁華地라人民이河上에서居生ᄒᆞᄂᆞᆫ者ㅣ有ᄒᆞ야船中에房室을設ᄒᆞ고一家族이皆、棲息ᄒᆞ야陸上生活과無異ᄒᆞ니其船數ᄂᆞᆫ六千餘艘에至ᄒᆞ며此地에서絹帛을最、精巧케製造ᄒᆞ야輸出ᄒᆞ며廣州灣은本省南端에在ᄒᆞ야東北으로澳門[마카오]香港과相望ᄒᆞ니佛國에租借ᄒᆞ얏ᄂᆞ니라

汕頭ᄂᆞᆫ廣東省東隅에在ᄒᆞᆫ開港場이나貿易이未盛ᄒᆞ며汕頭北에潮州府가有ᄒᆞ니此地ᄂᆞᆫ唐、韓愈가佛骨의表를上ᄒᆞ고憲宗의怒에觸

ᄒᆞ야左遷ᄒᆞᆫ地라今에其祠廟가有ᄒᆞ며又、其近傍에在ᄒᆞᆫ惡溪ᄂᆞᆫ韓愈가文章으로以ᄒᆞ야鱷魚를退逐ᄒᆞ얏다고傳ᄒᆞᄂᆞᆫ古跡이有ᄒᆞ니라

香港(本名香山)은廣東省珠江口에在ᄒᆞᆫ一小島라元來支那領地러니鴉片戰爭의結果로支那政府에서英國에割讓ᄒᆞ야今에ᄂᆞᆫ儼然英國版圖에歸ᄒᆞ야太守를置ᄒᆞ고全嶋民政을掌케ᄒᆞ니라本港을對岸ᄒᆞᆫ九龍도支那政府에서英國에割讓ᄒᆞᆫ地니近來人口가增加ᄒᆞ야一繁華ᄒᆞᆫ市區가되얏스며香港은自由貿易港인故로貨物에課稅ᄒᆞᆷ이無ᄒᆞ야輸出入額은確知키難ᄒᆞ나貿易品의重要ᄒᆞᆫ者ᄂᆞᆫ鴉片、砂糖、壙、麵粉等이니라

澳門은珠江口右岸에在ᄒᆞᆫ小半島니葡萄牙國版圖에屬ᄒᆞ니라此地ᄂᆞᆫ元來支那의版圖러니明末븟허葡萄牙人이此를占據ᄒᆞ고貿易을營ᄒᆞ며居ᄒᆞᆷ이兩國間에屢次紛議가有ᄒᆞ다가一千八百八十六年에至ᄒᆞ야條約을終結ᄒᆞ야永永葡萄國版圖에歸ᄒᆞ니라

廣西省도亦、粵江流域에在ᄒᆞ니此地方에ᄂᆞᆫ苗、猺等蠻族이雜居ᄒᆞ야支那政府의政令을不服ᄒᆞ고往往叛亂을惹起ᄒᆞ며桂林府ᄂᆞᆫ廣西省首府니粵江의支流桂江에瀕ᄒᆞ야市街가寂寥ᄒᆞ고人烟이稀踈ᄒᆞ며風物의可觀ᄒᆞᆯ者ㅣ無ᄒᆞ니라

湖北省은楊子江과漢水가縱橫貫流ᄒᆞ야土壤이肥沃ᄒᆞᆫ故로米粟의産은支那全國에冠이되며此地方이內地에在ᄒᆞ야楊子江의水利가有ᄒᆞᆷ으로他地方과內地間에貨物輸運이至便ᄒᆞ니漢口와如ᄒᆞᆫ者ᄂᆞᆫ內地商業의中心이되야貿易이年年旺盛ᄒᆞᄂᆞ니라

武昌府ᄂᆞᆫ湖北省首府니湖廣總督의駐在地며武昌府屬縣嘉魚縣의赤壁은吳周瑜가魏曹操를困케ᄒᆞᆫ古戰爭地니라

漢陽府ᄂᆞᆫ漢水와楊子江과合水處에在ᄒᆞᆫ都會니人口가八十萬에至ᄒᆞ며漢水東岸에在ᄒᆞᆫ漢口ᄂᆞᆫ楊子江沿岸諸港中에最、繁盛ᄒᆞᆫ處오重要ᄒᆞᆫ輸出品은茶와烟草며荊州府ᄂᆞᆫ楊子江北岸에在ᄒᆞᆫ一都會니

古、楚都郢地며其側에在ᄒᆞᆫ沙市ᄂᆞᆫ淸日條約에依ᄒᆞ야新開ᄒᆞᆫ貿易港이니라

湖南省은南方은山嶺이蜿蜒ᄒᆞ고名山은五嶽中居一ᄒᆞᆫ衡山과帝舜을葬ᄒᆞ얏다稱ᄒᆞᄂᆞᆫ九疑山이有ᄒᆞ며北方에ᄂᆞᆫ洞庭湖가有ᄒᆞ니沅湘諸水가注入ᄒᆞ야長江에達ᄒᆞ며長沙府ᄂᆞᆫ湖南省首府니湖水東에在ᄒᆞ며岳州府ᄂᆞᆫ洞庭湖에臨ᄒᆞ니其城門의樓閣은有名ᄒᆞᆫ岳陽樓라朝暉夕陰에風景이絶佳ᄒᆞ니라

陝西省은南方에巴山과秦嶺山脈이橫斷ᄒᆞ고其名山은五嶽의居一ᄒᆞᆫ華山이有ᄒᆞ며其北은黃河의流域이오渭水가注入ᄒᆞ니古、關中의地라形勝이壯麗ᄒᆞ며西安府東方에ᄂᆞᆫ潼關과函谷關과及、漢高帝가項羽와會宴ᄒᆞ던鴻門의遺跡이有ᄒᆞ니라

西安府ᄂᆞᆫ渭水以南에在ᄒᆞ니陝西省首府오歷代帝王의舊都니周의鎬京과漢、唐의長安이即、此地라故로當時遺跡이多ᄒᆞ야未央宮、柏梁臺의舊址가有ᄒᆞ며又、其屬縣咸陽은渭水北에在ᄒᆞ니秦의舊都라有名ᄒᆞᆫ阿房宮의舊跡이尙存ᄒᆞ니라

甘肅省은陝西省의西界를接ᄒᆞ야東南部ᄂᆞᆫ群山이峰峙ᄒᆞ며西北部ᄂᆞᆫ沙漠의曠野오蘭州府ᄂᆞᆫ甘肅省首府니陝甘總督의駐在地라此地가昔時에ᄂᆞᆫ寂寞의曠地러니曩時回疆人民이叛亂을起ᄒᆞᆫ時에兵馬來往ᄒᆞᄂᆞᆫ區가됨으로븟허人口가增加ᄒᆞ야稍、繁華ᄒᆞᆫ都會가되니라

四川省은古、秦時에ᄂᆞᆫ巴蜀二郡의地오漢時에ᄂᆞᆫ益州라稱ᄒᆞ던者ㅣ니土地가廣濶ᄒᆞ며山嶺이峻疊ᄒᆞ야古時로븟허天險地라稱ᄒᆞ얏ᄉᆞ며其名山은峨嵋山과劍門山、巫山等이有ᄒᆞ고其大川은烏蠻江과岷江과嘉陵江等이有ᄒᆞ며有名ᄒᆞᆫ蜀의棧道ᄂᆞᆫ成都로븟허陝西省에至ᄒᆞᄂᆞᆫ通路니懸崖에沿ᄒᆞ야石을疊ᄒᆞ고木을組ᄒᆞᆷ이一千餘里를亘ᄒᆞ니此等山川道路ᄂᆞᆫ到處에風景이美麗ᄒᆞ니라

成都府는四川省首部니四川總督의駐在地라此地는泯江에瀕ᄒ고四通八達의要區에在ᄒ야百貨가輻湊ᄒ며三國時代에蜀漢이此에都ᄒ야今에至ᄒ도록殷盛ᄒ都會며重慶府는古代巴國의都니嘉陵江과揚子江合水處에在ᄒ繁盛ᄒ一都會라此地도亦淸日條約에依ᄒ야新開ᄒ貿易港이니라

雲南省은山嶽이四境에亘ᄒ고揚子江上流金沙江이北境에流ᄒ니江中에金沙가有홈으로써此名이有ᄒ니라雲南府는雲南省首府니雲貴總督의駐在地라此地는英領印度緬甸州와通商往來ᄒ야百貨가輻湊ᄒ니僻陬ᄒ一都會니라

貴州省은雲南省東界를接ᄒ니猺、苗等蠻族이各處에雜居ᄒ야政令을不奉ᄒ야統御가甚困ᄒ며此地方俚言에三人에無善人이오三日에無晴天이라홈이有ᄒ니其風俗氣候의不良홈은於此可知며貴陽府는貴州省首府니蠻族을控御ᄒ는重鎭이니라

沿革。 支那는宇內舊國이니開國以來五千年을帝王의興亡이相踵ᄒ야王者의能히支那本部를統一ᄒ者는唐、虞、夏、殷、周、秦、漢、晋、隋、唐、宋、元、明、淸凡十四代니歷朝帝王이率皆漢人이더니元이始蒙古에서起ᄒ야支那本部를幷呑ᄒ니全國이蒙古의統轄에歸ᄒ고其後明이元을逐홈의支那本部가漢人主를復戴ᄒ더니淸朝가滿洲에서起ᄒ야明을取홈으로븟허迄今二百餘年에支那本部의民이又女眞에게屈從ᄒ니라

今淸朝歷代에對ᄒ야其梗槪를述ᄒ건ᄃᆡ淸太祖姓은愛親覺羅오名은努爾哈齊니滿洲赫圖阿喇(今興京)人이라太祖가四隣을征服ᄒ고都를瀋陽(今奉天)에遷ᄒ다太祖가崩홈의太宗이立ᄒ고國號를大淸이라ᄒ며太宗이崩홈의世祖가立ᄒ야明賊李自成을平ᄒ고都를北京에遷ᄒ야剃頭令을下ᄒ고南征ᄒ야江南을平定ᄒ니라

世祖가崩ᄒ고聖祖가立ᄒ야年號를康熙라稱ᄒ故로後人이康熙

帝라稱ᄒᆞ니帝ᄂᆞᆫ父祖의業을繼ᄒᆞ야西北으로地를大擴ᄒᆞ다聖祖가崩ᄒᆞ고數世를歷ᄒᆞᆫ後宣宗二十二年에至ᄒᆞ야一朝에鴉片貿易을禁ᄒᆞᆷ으로英國과戰端을啓ᄒᆞᆷ의清國이連戰連敗ᄒᆞ야遂、償金을出ᄒᆞ고香港을讓與ᄒᆞ며且、廣州、廈門、福州、寧波、上海五港을開ᄒᆞ야和議를漸成ᄒᆞ니라

鴉片戰爭의局을締結ᄒᆞᆫ後長髮賊洪秀荃의亂이起ᄒᆞ야內亂으로困苦ᄒᆞᆯ際에英人과葛藤이再次生ᄒᆞ야英、法同盟軍이北京에迫ᄒᆞᆷ의俄國公使가居間ᄒᆞ야調停ᄒᆞ니清國이遂、償金을出ᄒᆞ고天津、牛莊、芝罘、九江、漢口等諸港을開ᄒᆞ야和議를成ᄒᆞ니此時에清國이調停ᄒᆞᆫ恩을報ᄒᆞ기爲ᄒᆞ야烏蘇里江東으로延袤一千八百餘里의地를俄國에割讓ᄒᆞ니라

長髮賊의亂이十五年을久彌ᄒᆞ다가漸次平定ᄒᆞ더니又、安南事件으로法國과釁端을生ᄒᆞ야福州를砲擊ᄒᆞ야船艦을破碎ᄒᆞ얏스나法軍이本國政府의議論이不一ᄒᆞᆷ을因ᄒᆞ야其素志를達ᄒᆞᆷ에不能ᄒᆞ고事를終ᄒᆞ니라

此戰爭後光緒二十年甲午ᄭᆞ지國中이無事ᄒᆞ더니一朝에日本과干戈를交ᄒᆞ야連戰連敗ᄒᆞᆷ의遂、臺灣、澎湖列島를割讓ᄒᆞ며償金을出ᄒᆞ고重慶、蘇州、杭州、沙市等四港을開ᄒᆞ야和議를成ᄒᆞ니라

其後光緒二十三年丁酉에義和團匪가猖獗ᄒᆞ야外國公使館과教堂을焚燒ᄒᆞ며公使館員과宣教師를殺害ᄒᆞᆫ지라日、英、法、德、俄、義、米諸國이軍兵을聯合ᄒᆞ야北京城을撲ᄒᆞ고團匪를平定ᄒᆞᆷ의翌年戊戌에次第로各國에게土地租借權을讓與ᄒᆞ니德國에게ᄂᆞᆫ九十九年間租借地로山東省膠州灣에位ᄒᆞᆫ膠州를讓與ᄒᆞᆷ의德國이同年九月二日에自由港으로宣佈ᄒᆞ얏스며英國에게ᄂᆞᆫ同年五月二十四日에租借條約을交換ᄒᆞ야威海衛를讓與ᄒᆞ얏스며法國에게ᄂᆞᆫ同年四月二十二日清法協定에依ᄒᆞ야廣東省瓊州島對岸大陸半島東岸에在ᄒᆞᆫ廣

州灣의永借權을與ᄒᆞ고又翌年十一月에同灣口에在ᄒᆞᆫ膠州와東海二島의租借權을讓與ᄒᆞ얏고俄國에게ᄂᆞᆫ遼東半島岬角에在ᄒᆞᆫ旅順과大連灣의租借權을讓與ᄒᆞᆫ지라俄國은光緒二十九年七月에旅順에東亞大總督廳을置ᄒᆞ고連ᄒᆞ야東亞를壓迫ᄒᆞᆫ經營이有ᄒᆞᆷ의翌年二月에日本이俄國과戰爭을起ᄒᆞ야俄軍이連敗ᄒᆞᆷ의旅順이日本軍의手에歸ᄒᆞ얏다가明年八月에米國포스마우스에서日俄兩國委員이媾和談判을開ᄒᆞ야同年十月에批准交換을了ᄒᆞᆫ後同年十二月에淸國北京에서淸日兩國委員이條約締結ᄒᆞᆫ結果로俄國租借權은總히日本에移ᄒᆞ니라.

二 滿州 *MANCHURIA.*

地勢 滿洲ᄂᆞᆫ支那東北隅에位ᄒᆞ니東은俄領沿海州와接ᄒᆞ며南은豆滿江을劃ᄒᆞ야我國과界를交ᄒᆞ니其地를奉天、吉林、黑龍江三省으로區分ᄒᆞ니境土가廣濶ᄒᆞ나山嶽이多ᄒᆞ고平野가少ᄒᆞ니라

興安嶺山脈은黑龍江西部에在ᄒᆞ야南北으로連亘ᄒᆞ고其支脈의以勒呼里山脈이東南으로走ᄒᆞ야有名ᄒᆞᆫ烏雲和爾冬吉噴火山이되고更히東北으로走ᄒᆞ야小興安嶺이되고長白山은吉林省南部에聳峙ᄒᆞ야其高峯은一萬一千尺에達ᄒᆞ니四時로雪을戴ᄒᆞ고長白山으로봇허東北으로走ᄒᆞᄂᆞᆫ山脈을長白山脈이라云ᄒᆞ며更進ᄒᆞ야完達山脈이되고長白山으로봇허南走ᄒᆞᆫ者ᄂᆞᆫ即我國咸鏡北道北境에在ᄒᆞᆫ白頭山脈이오西南으로走ᄒᆞᆫ者ᄂᆞᆫ千山山脈이니此山脈中에摩天嶺이最鉅ᄒᆞ니라

滿洲ᄂᆞᆫ邊境에額爾古納河와黑龍江과豆滿江과鴨綠江과烏蘇利江이有ᄒᆞ고域內에松花江과遼河의二大河가有ᄒᆞ니松花江은源을長白山에서發ᄒᆞ야吉林省內로北流ᄒᆞ야嫩江과瑚爾哈河와香河를合ᄒᆞ야黑龍江에會ᄒᆞ니此川은舟運의利가頗有ᄒᆞ며遼河ᄂᆞᆫ源을直隷省과內蒙古界에서發ᄒᆞ야東流ᄒᆞ다가奉天省을繞ᄒᆞ야渾河를合

ᄒᆞ야遼東灣으로入ᄒᆞ며其下流ᄂᆞᆫ次第로淤塞ᄒᆞᆷ으로써船體의稍大ᄒᆞᆫ者ᄂᆞᆫ通行키不能ᄒᆞ니라

湖水의最大ᄒᆞᆫ者ᄂᆞᆫ興凱湖니此湖ᄂᆞᆫ吉林省에在ᄒᆞ야湖의北半은支那에屬ᄒᆞ고其南半은俄國에屬ᄒᆞ니蒸發이烈ᄒᆞ야水量은少ᄒᆞ나湖中에魚類가多ᄒᆞ니라

氣候●及●產物● 滿洲氣候ᄂᆞᆫ夏季에ᄂᆞᆫ七十度로乃至九十度에達ᄒᆞ나期間이短ᄒᆞ고冬期에ᄂᆞᆫ五十度로乃至零度以下十度에達ᄒᆞ나期間이長ᄒᆞᆫ故로一年間에寒冷의氣候가多ᄒᆞ니라

滿洲ᄂᆞᆫ遼東半島를除ᄒᆞᆫ外에到處에森林이繁茂ᄒᆞ고其中、黑龍江과吉林兩省은唐松、落葉松、樺等이多ᄒᆞ며又、此等森林에葡萄의蔓延ᄒᆞᆷ이多ᄒᆞ고米ᄂᆞᆫ產出ᄒᆞᆷ이少ᄒᆞ야土人은粟、稷、黍、蜀黍、麥等을常食ᄒᆞ니蜀黍ᄂᆞᆫ高粱이라稱ᄒᆞ야需用이尤廣ᄒᆞ며豆類、烟草、麻를生育ᄒᆞᆷ이最良ᄒᆞ고其他產物中最貴重ᄒᆞᆫ者ᄂᆞᆫ虎、豹、熊、貂等獸皮니貂ᄂᆞᆫ黑龍江地方에產ᄒᆞᄂᆞᆫ者인ᄃᆡ其價格이甚高ᄒᆞ야土人은此皮로써他獸皮의價格을定ᄒᆞ야貿易上一般貨幣로代用ᄒᆞᄂᆞ니라

人●民● 滿洲人은通古斯種의一種이라漢人과ᄂᆞᆫ其種族이全殊ᄒᆞ나然이나遼東地ᄂᆞᆫ山東、直隸等漢人이移住ᄒᆞ야農、工、商業에從事ᄒᆞᄂᆞᆫ者ㅣ多ᄒᆞᆷ을因ᄒᆞ야滿洲人은言語、文字、風俗、習慣等이皆、漢人에게化ᄒᆞ야今日에至ᄒᆞ야ᄂᆞᆫ滿洲에固有ᄒᆞᆫ風俗이全滅ᄒᆞ야漢人과殊異ᄒᆞᆷ이無ᄒᆞ나松花江邊에住ᄒᆞᄂᆞᆫ五爾哈人과烏蘇里江邊에住ᄒᆞᄂᆞᆫ鄂倫春人等은漢人에게不化ᄒᆞᆫ지라要ᄒᆞ건ᄃᆡ滿洲全土人民이十中八九ᄂᆞᆫ漢人이오滿洲人은其一部分에不過ᄒᆞ며且、滿洲人은皆、八旗兵인故로此를旗人이라稱ᄒᆞ고移住ᄒᆞᆫ漢人은民人이라稱ᄒᆞ야써其種族을區別ᄒᆞ니라

都●府● 盛京은淸太祖의初都ᄒᆞᆫ地오奉天省首府며滿洲第一大都會니人口가大約二十五萬이有ᄒᆞ며其城郭은內城外郭을設ᄒᆞ야城

內에ᄂᆞᆫ天壇、宗廟、宮殿、樓閣及、奉天府尹과奉天將軍의衙門이有ᄒᆞ고郭內에ᄂᆞᆫ大賈富人이住居ᄒᆞ야獸皮、烟草、雜穀等을鬻ᄒᆞ며其商賈ᄂᆞᆫ山東、山西、湖北、廣東等地의人이多ᄒᆞ니라

牛莊(本名營口)ᄂᆞᆫ遼河左岸에在ᄒᆞᆫ開港場이니奉天의咽喉라其重要ᄒᆞᆫ輸出品은豆餠、豆油、獸皮等이오旅順口ᄂᆞᆫ遼東半島의西端에在ᄒᆞ니日俄戰役以後에日軍이占住ᄒᆞ얏고大連灣은旅順東에在ᄒᆞᆫ形勝의地니라

吉林府ᄂᆞᆫ吉林省首府니城內에吉林將軍과副都統의衙門이有ᄒᆞ며齊齊哈爾城은黑龍江省首府ㅣ니亦、黑龍江將軍과副都統의衙門이有ᄒᆞ고愛琿城(一名黑龍江城)은邊境의重鎭이니俄國과互市場이有ᄒᆞ니라

政治。 滿洲ᄂᆞᆫ淸太祖의創業地인故로其制度도亦、舊規가存ᄒᆞ야支那本部와異ᄒᆞ니每省에將軍一人과其下에副都統等武官이有ᄒᆞ야奉天府軍은奉天省旗人을統轄ᄒᆞ고其外奉天府尹行巡撫가有ᄒᆞ야民人을統轄ᄒᆞ며吉林將軍과黑龍江將軍은各省旗人과民人을倂轄ᄒᆞ니라

盛京에戶部、禮部、刑部、兵部、工部의五衙門이有ᄒᆞ야各部에侍郞一人을置ᄒᆞ얏스나盛京의政治ᄂᆞᆫ奉天府尹의手에專在ᄒᆞ고五部侍郞은一毫도實權이無ᄒᆞ니라

三 新疆省 *SIN-KIANG.*

新疆省은支那極西部에位ᄒᆞ니此地ᄂᆞᆫ中央에天山山脈이東西로橫貫ᄒᆞ야地勢를南北으로分ᄒᆞ야伊犁河ᄂᆞᆫ其北에流ᄒᆞ고塔里木河和闐河ᄂᆞᆫ其南에流ᄒᆞ니天山以北은元來新疆이오以南은回疆이러니輓近此二地方과甘肅省西北部를合ᄒᆞ야一省을作ᄒᆞ고此를新疆省이라稱ᄒᆞ니라

氣候ᄂᆞᆫ大略蒙古와同ᄒᆞ야寒暑가酷烈ᄒᆞ며其產物은穀物、菓實、家

畜、及、金、銀、鐵、寶石等鑛物이니라

人民은三種이有ᄒᆞ야東部에住ᄒᆞᄂᆞᆫ人民은支那種이니風俗習慣等이他支那人과無異ᄒᆞ며西部北方에住ᄒᆞᄂᆞᆫ人民은蒙古種이多ᄒᆞ야婆羅門敎를信奉ᄒᆞ고遊牧에從事ᄒᆞᆷ이凡、蒙古人民과無異ᄒᆞ며西部南方에住ᄒᆞᄂᆞᆫ人民은支那六人種中土耳其種이多ᄒᆞ야回敎를信奉ᄒᆞ며一定ᄒᆞᆫ村落이有ᄒᆞ야牧畜及、耕耘에從事ᄒᆞ고又、商業을營ᄒᆞᄂᆞᆫ者ㅣ有ᄒᆞ야其風俗이蒙古에比ᄒᆞ면稍優ᄒᆞ니라

迪化府(一名烏魯木齊)ᄂᆞᆫ新疆省首府니新疆巡撫가駐在ᄒᆞ며伊犂ᄂᆞᆫ伊犂河北岸에位ᄒᆞ야伊犂將軍의駐在所니此地ᄂᆞᆫ嘗、俄兵의占據ᄒᆞᆫ바ㅣ러니今에支那政府에再歸ᄒᆞ얏고莎車(葉爾羌)와疏勒(喀什噶爾)地ᄂᆞᆫ皆、此地方의一部會니라

四 蒙古 MONGOLIA.

地勢。 蒙古ᄂᆞᆫ支那北部에位ᄒᆞ야支那外藩이되니此를二部로分ᄒᆞ야南部를內蒙古라北部를外蒙古라稱ᄒᆞᄂᆞ니라此、內外蒙古地ᄂᆞᆫ蒙古語에고비(戈壁)라漢人은瀚海라云ᄒᆞᄂᆞᆫ大沙漠이東에서斜ᄒᆞ야西南으로亘ᄒᆞ니其高度ᄂᆞᆫ海面에서拔ᄒᆞᆷ이四千尺에達ᄒᆞ야東西가四千六百餘里오南北이二千八百餘里에至ᄒᆞ며此大沙漠을夾ᄒᆞ야南北에二大山脈이有ᄒᆞ니北은阿爾泰山脈과額爾奇克山脈等이오南은賀蘭山脈과陰山山脈等이니다

蒙古ᄂᆞᆫ太半沙漠인故로河流에大ᄒᆞᆫ者ㅣ少ᄒᆞ야其中稍大ᄒᆞᆫ者ᄂᆞᆫ色楞格河인ᄃᆡ支流를多合ᄒᆞ야北流ᄒᆞ야俄領貝加爾湖로注入ᄒᆞ며湖沼ᄂᆞᆫ大槪、無口湖니西南部에多在ᄒᆞ며其中吉蘭泰의鹹湖ᄂᆞᆫ塩의産額이甚多ᄒᆞ야湖畔一帶가兩尺至三尺의塩層을作ᄒᆞ야遠望ᄒᆞᆫ즉積雪과如ᄒᆞ니此를吉塩이라稱ᄒᆞ야支那本部로輸送ᄒᆞ야販路가頗廣ᄒᆞ니라

氣候及產物。 蒙古의氣候ᄂᆞᆫ寒熱이酷烈ᄒᆞ고且、變化가甚ᄒᆞ야晚

春溫暖ᄒᆞᆫ日에ᄂᆞᆫ晝間은寒暖計八九十度를昇ᄒᆞ며往往雷鳴을聞ᄒᆞ야殆,夏日과如ᄒᆞ나夜間은氷點下八度에降ᄒᆞ며飛雪이紛紛ᄒᆞᆷ을見ᄒᆞ니僅,半日間에八十餘度에差가有ᄒᆞ니라

氣候의不良ᄒᆞᆷ도如此ᄒᆞ거니와地味도薄瘠ᄒᆞ야農産物이少ᄒᆞ고家畜을爲主ᄒᆞᄂᆞ니家畜은牛、馬、羊、駱駝等이爲最오其次ᄂᆞᆫ騾、驢、豕等이라此等은實,蒙古人이己의生命을繫ᄒᆞᆫ資本인故로貴重히ᄒᆞᆷ이甚ᄒᆞ야人을遭ᄒᆞ면必先,家畜의安否를問ᄒᆞᆫ後의寒暖을叙ᄒᆞᆫ다云이러라

人民● 蒙古人은支那六人種의一인ᄃᆡ牧畜을學業ᄒᆞ고水草를逐ᄒᆞ야轉徙ᄒᆞᄂᆞ니此人種은數種이有ᄒᆞ야其中三分之二ᄂᆞᆫ外蒙古에住ᄒᆞᄂᆞᆫ喀爾喀人種이니往昔에元太祖忽必烈이成吉斯汗을從ᄒᆞ야中亞細亞로붓허歐羅巴ᄭᆞ지蹂躪ᄒᆞᆫ人種이라當時에ᄂᆞᆫ慓悍猛勇ᄒᆞ더니一朝에婆羅門敎가蒙古에入ᄒᆞᆷ으로붓허其敎旨가殺生을深禁ᄒᆞᆷ으로慓悍殺伐의風이自然消滅ᄒᆞ야今日에至ᄒᆞ야ᄂᆞᆫ溫和ᄒᆞᆫ人民이되니蓋,婆羅門敎가如斯擩染ᄒᆞᆷ은支那政府에서特別히保護를加ᄒᆞ야其力을藉ᄒᆞ야蒙古人의性을矯ᄒᆞ야制御ᄒᆞ기易케ᄒᆞᆷ을因ᄒᆞᆷ이니라

政治及區劃● 蒙古地ᄂᆞᆫ元의後裔가處處에割據ᄒᆞ얏스나淸에服ᄒᆞ야藩屬이됨의區劃을正히ᄒᆞ고武治로此를治ᄒᆞ야各處要地에將軍都統,辦事大臣等諸官을置ᄒᆞ야統治ᄒᆞ며其政은一一히理藩院에셔管理ᄒᆞᄂᆞ니라

區劃의大要ᄂᆞᆫ內蒙古를大別ᄒᆞ야科爾沁、郭爾羅斯等二十四部로分ᄒᆞ고更히四十九旗로小別ᄒᆞ며其西에阿拉善厄魯特、額濟納土爾扈特의二部落이有ᄒᆞ니此ᄂᆞᆫ內蒙古에不屬ᄒᆞ고外蒙古ᄂᆞᆫ車臣汗、土謝圖汗、三音諾顔、札薩克圖汗의四大部로大別ᄒᆞ야喀爾喀四路라稱ᄒᆞ고更히八十六旗로小別ᄒᆞ며又,其西方에唐努烏梁海、科布多의二部落이有ᄒᆞ야蒙古에屬ᄒᆞ니라

每旗에支那政府에서札薩克官에拜ᄒᆞᆫ會長이各有ᄒᆞ니札薩克은
一旗의政令을掌ᄒᆞ야部下를統御ᄒᆞ야其權이甚大ᄒᆞ며外蒙古西部
와內蒙古察哈爾部에ᄂᆞᆫ札薩克을不置ᄒᆞ고將軍或都統에게隸屬케
ᄒᆞ니라各札薩克은遞次로支那政府에朝覲進貢ᄒᆞ니其貢物은羊、馬、
駱駝等이니라

都•府• 庫倫은外蒙古土謝圖汗에屬ᄒᆞᆫ一大都府니北境의約一要
地라市邑을二部로分ᄒᆞ야一은蒙古人이居ᄒᆞ고一은支那人이居ᄒᆞ
니人口ᄂᆞᆫ凡三萬餘오波羅門敎를奉ᄒᆞᄂᆞ니라支那政府에서此地에
庫倫辦事大臣을駐在케ᄒᆞ야邊務를辦理ᄒᆞ고恰克圖의貿易事務를
管轄케ᄒᆞ니라

烏里雅蘇臺ᄂᆞᆫ蒙古西北部의要地니定邊左副將軍이駐扎ᄒᆞ야喀
爾喀四路八十二旗等을節制ᄒᆞ며科布多에ᄂᆞᆫ參贊大臣을駐在케ᄒᆞ
야定邊左副將軍에게隸屬ᄒᆞ야科布多全部를管轄케ᄒᆞ고賣買城은
俄領恰克圖에接ᄒᆞ야俄國과貿易地가되니라

五 青海 *TSING-HAI.*

青海ᄂᆞᆫ四川、甘肅兩省의西界에接ᄒᆞᆫ藩部니國中央에巴顔哈喇山
脈이連ᄒᆞ고黃河와揚子江의二水가此山脈南北에서發源ᄒᆞ야東流
ᄒᆞ며青海ᄂᆞᆫ周圍千餘里되ᄂᆞᆫ無口湖로許多ᄒᆞᆫ川流가注入ᄒᆞ며湖邊
은峯巒이蟠據ᄒᆞ야風光이絶佳ᄒᆞ니此地方을青海라稱ᄒᆞᆷ이實로此湖
名에基ᄒᆞᆷ이니라

氣候ᄂᆞᆫ寒烈이特甚ᄒᆞ며産物은家畜이니家畜中特産於牛ᄂᆞᆫ運搬
에最適ᄒᆞ고且毛ᄂᆞᆫ織物에供ᄒᆞ며肉은美味가有ᄒᆞ야普通牛에及ᄒᆞᆯ
바ㅣ아니니라

青海의人民은蒙古種이니牧畜에從事ᄒᆞ고青海周圍에多住ᄒᆞ며
此部落을大別ᄒᆞ야和碩特、土爾扈特等五部에分ᄒᆞ고更히此를二十九
旗에小別ᄒᆞ야此諸部를監督ᄒᆞᄂᆞᆫ者ᄂᆞᆫ西寧辦事大臣이니甘肅省西

寧府에駐在ᄒᆞᄂᆞ니라

六 西藏 *TIBET.*

西藏은元來吐蕃이라稱ᄒᆞ니東西二部에分ᄒᆞ야東을前藏이라西룰後藏이라稱ᄒᆞ며此地ᄂᆞᆫ地球上最高原이니雖平地라도海面을拔ᄒᆞᆷ이一萬尺乃至一萬五千尺이며域內에山이多ᄒᆞ야其南은喜馬拉耶山脈과其北은崑崙山脈이橫貫ᄒᆞ니其高ᄒᆞᆫ地ᄂᆞᆫ此高原에셔更聳立ᄒᆞᆷ이一萬尺에達ᄒᆞ며西藏은其緯度로써測ᄒᆞ면北緯二十七度에셔起ᄒᆞ얏스나地位가高ᄒᆞᆷ을因ᄒᆞ야寒氣가烈ᄒᆞ야植物의生育이不盛ᄒᆞ며其重要產物은牛、馬、羊、山羊等家畜이며其他、麝香은此國의名產이오又、佛像、佛具及、金、銀、香木으로造成ᄒᆞᆫ各種製作品이有ᄒᆞ니라

西藏人種은支那六人種中西藏種이니其風俗은婆羅門敎를深信ᄒᆞ야國民의過半은僧侶며其敎王은達賴喇嘛라稱ᄒᆞ니敎王은專、敎法을主ᄒᆞᆯ뿐아니라國內政務를主宰ᄒᆞᆷ으로人民이極히尊崇ᄒᆞᄂᆞ니라此國이支那의藩屬됨으로뭇치支那政府에셔駐藏辦事大臣을置ᄒᆞ야政令을處理케ᄒᆞ고附屬僚를監督케ᄒᆞ더니近年에英國의侵略ᄒᆞᆷ이되야淸廷과條約을結ᄒᆞ고監督을分掌케ᄒᆞ니라凡、西藏人民은貿易에從事ᄒᆞᄂᆞᆫ者ㅣ稱多ᄒᆞ야官吏僧侶도公然히此를營ᄒᆞ며又、國에奇異ᄒᆞᆫ陋習이有ᄒᆞ야兄弟數人이一婦를娶ᄒᆞ야此를共妻ᄒᆞᄂᆞᆫ者ㅣ有ᄒᆞ니라

拉薩은西藏의首府니前藏에在ᄒᆞ야人口가稠密ᄒᆞ고市街가淸潔ᄒᆞ며敎王의宮殿及、數多寺院이有ᄒᆞ니皆、金銀으로鍍ᄒᆞ고珠玉으로飾ᄒᆞ야此殿非美麗ᄒᆞ니라

第三節 日本帝國 *EMPIRE OF JAPAN.*

汎論 日本은亞細亞洲東部에在ᄒᆞ야五大島와數千餘小島로成ᄒᆞᆫ者ㅣ니其境域이東北은千島列島가或斷或連ᄒᆞ야俄領堪察加半島와相接ᄒᆞ고西北은日本海와韃靼(타타르)海峽을隔ᄒᆞ야大韓과俄

領西伯利沿海州를對ᄒᆞ고西南은東海와臺灣海峽을因ᄒᆞ야支那를隣ᄒᆞ고南은比律濱羣島를對ᄒᆞ며東은太平洋을面ᄒᆞ니其位置는東經一百十九度二十分(澎湖島花嶼)에起ᄒᆞ야同一百五十六度三十二分(千島의古守島)에至ᄒᆞ며北緯二十一度四十八分(臺灣南岬)에起ᄒᆞ야五十度五十六分(千島의阿賴度島)에至ᄒᆞ니總面積(樺太島는詳細ᄒᆞᆫ調査가無ᄒᆞᆷ으로不入ᄒᆞᆷ)이二百三十八萬三千六百八十方里餘(二萬七千二百六十七方里餘)오人口는四千八百五十四萬二千七百三十六人이며其區劃은島嶼의位置를因ᄒᆞ야本州、北海道九州、四國、千島列島、臺灣諸島、琉球諸島、佐渡、對馬、淡路、隱岐、壹岐、小笠原群島等으로分ᄒᆞ고山川의形勢를因ᄒᆞ야八道及、臺灣、樺太十一部로分ᄒᆞᆷ이如左ᄒᆞ니라

(一)畿內 五國 山城、大和、河內、和泉、攝津

(二)東海道 十五國 伊賀、伊勢、志摩、尾張、三河、遠江、駿河、甲斐、伊豆、相模、武藏、安房、上總、下總、常陸

(三)東山道 十三國 近江、飛驒、美濃、信濃、上野、下野、磐城、岩代、陸前、陸中、陸奧、羽前、羽後

(四)北陸道 七國 若狹、越前、加賀、能登、越中、越後、佐渡

(五)山陰道 八國 丹波、丹後、但馬、因幡、伯耆、出雲、石見、隱岐

(六)山陽道 八國 播磨、美作、備前、備中、備後、安藝、周防、長門

(七)南海道 六國 紀伊、淡路、阿波、讚岐、伊豫、土佐

(八)西海道 十二國 筑前、筑後、豐前、豐後、肥前、肥後、日向、大隅、薩摩、壹岐、對馬、琉球

(九)北海道 十一國 渡島、後志、石狩、天鹽、北見、膽振、日高、十勝、釧路、根室、千島

(十)臺灣

(十一)樺太島

●地勢● 地勢는一帶島嶼가西南으로由ᄒᆞ야東北으로回向ᄒᆞ니其形은狹長ᄒᆞ고其勢는屈曲ᄒᆞ야或出或沒ᄒᆞ며其間에二道의山脈이有ᄒᆞ니一은西南으로봇허東北으로走ᄒᆞᆫ崑崙山脈이오一은東北으로봇허西南에走ᄒᆞᆫ樺太山脈이니此州中央에會合ᄒᆞ야高山峻嶺이縱橫雄峙ᄒᆞ고其間에又、三道火山脈이有ᄒᆞ야國中을橫斷ᄒᆞ니一은

西端에在ᄒᆞᆫ霧島山脈이며一은中央에在ᄒᆞᆫ富士山脈이오一은北端에在ᄒᆞᆫ千島山脈이니라

崑崙山脈은支那本部東部에서起ᄒᆞ니即,青海에在ᄒᆞᆫ崑崙山脈의餘脈이니此山脈의東海를越ᄒᆞ야九州에入ᄒᆞ야江代山과祖母岳이되야一派ᄂᆞᆫ東으로本州에入ᄒᆞ야德佐峯이되고一派ᄂᆞᆫ四國으로入ᄒᆞ야森吉山과劍山이되고本州中央으로更進ᄒᆞ야鎗岳,御岳,乘鞍岳等이되얏스며又崑崙山脈의一派ᄂᆞᆫ臺灣海峽을越ᄒᆞ야新高山(本名玉山)이되니新高山은日本의第一高山이며

樺太山脈은樺太島에서起ᄒᆞᆫ者ㅣ니宗谷海峽을越ᄒᆞ야後方羊蹄山이되고更津輕海峽을越ᄒᆞ야本州에注入ᄒᆞ야次第로西南走ᄒᆞ야八甲田山,岩手山,早池峯山等이聳峙ᄒᆞ고又,日本海岸의岩木山에서鳥海山,白山에止ᄒᆞᆫ火山脈이有ᄒᆞ며

霧島山脈은琉球諸島에서起ᄒᆞ야九州에入ᄒᆞ야霧島山과溫泉岳이되고又阿蘇山脈이九州中央에連亘ᄒᆞ얏스며

富士火山脈은太平洋中諸嶋에서起ᄒᆞ야小笠原群島를經ᄒᆞ야伊豆半嶋로入ᄒᆞ야西北으로向ᄒᆞ야富士山이되니其形이擂盆(ᄌᆞ푼)을覆置ᄒᆞᆷ과恰如ᄒᆞ며四時에白雪이常積ᄒᆞ야八面이玲瓏ᄒᆞ니誠,日本에第一名山이며

千嶋火山脈은千嶋諸嶋를由ᄒᆞ야北海道에入ᄒᆞ야阿寒岩,石狩岩等이되니라

地形이如斯히狹長ᄒᆞ고山嶽이連亘ᄒᆞᆷ으로써地勢가高峻ᄒᆞ고平野가甚少ᄒᆞ니最,廣大ᄒᆞᆫ者ᄂᆞᆫ利根川流域에關東平野며其外에畿內,濃尾,東北,越後,筑紫,石狩等平野가有ᄒᆞ니皆,大川의流過ᄒᆞᆫ沿岸地니라

河川은地形이狹長ᄒᆞ고山脈이國中에橫貫ᄒᆞ야河水가其左右로分流ᄒᆞᆷ이是以로其流가甚短ᄒᆞ고水勢가急峻ᄒᆞ야往往洪水의患이

有ᄒᆞ며河流中最長ᄒᆞᆫ者ᄂᆞᆫ利根川、信濃川、北上川、最上川、木曾川、石狩川、天龍川等이니以上諸河中石狩川은北海道에셔發源ᄒᆞ고其餘ᄂᆞᆫ者、東山道에셔發源ᄒᆞ야信濃川、石狩川、最上川은日本海로注入ᄒᆞ고其餘ᄂᆞᆫ太平洋으로注入ᄒᆞᄂᆞᆫ者ㅣ니國內河流의最長ᄒᆞᆫ者ᄂᆞᆫ利根川二千三十里이니라

湖水의最大ᄒᆞᆫ者ᄂᆞᆫ琵琶湖니東山道近江國中央에在ᄒᆞ야周圍가約五百六十里며其間에竹生、沖島等兩島가有ᄒᆞ며其沿岸地ᄂᆞᆫ地勢가平坦ᄒᆞ고田野가遠闊ᄒᆞ야風光이明媚ᄒᆞ고名勝古蹟이多ᄒᆞ며此外霞浦、猿間湖等大湖가有ᄒᆞ니라

沿海● 日本은四圍環海ᄒᆞ야口岸島嶼를不可勝數ㅣ니太平洋을面ᄒᆞᆫ本州沿岸은屈曲이多ᄒᆞ야北端에靑森灣과其東에仙臺灣이有ᄒᆞ며從此以南으로港灣이不多ᄒᆞ야惟西南에常陸洋을過ᄒᆞᆫ즉房總半島西에東京灣이有ᄒᆞ니其西北岸에首府東京과橫濱貿易港과橫須賀軍港이有ᄒᆞ며又西으로三浦、伊豆兩半島間에相模洋과伊豆半島西에駿河灣이有ᄒᆞ며自此一帶ᄂᆞᆫ平直ᄒᆞ야灣曲이少ᄒᆞ며遠江洋을過ᄒᆞᆫ즉海水가深入成灣ᄒᆞ야伊勢海가되니握美、知多二半島가其中에셔出ᄒᆞ고其西南으로紀州、由良兩海峽을經ᄒᆞ야瀨戶內海가되니라

本州의瀨戶內海를面ᄒᆞᆫ沿岸東隅ᄂᆞᆫ大阪灣이니大阪、神戶、堺等三港이其中에在ᄒᆞ고西에淡路島가有ᄒᆞ며名石海峽을過ᄒᆞᆫ즉播磨洋이니小豆島西으로周防半島에至ᄒᆞᄂᆞᆫ間에大島小嶼가星羅棋布ᄒᆞ야勝數키難ᄒᆞ며風景이佳絶ᄒᆞ고其南에ᄂᆞᆫ四國이有ᄒᆞ며其西、水島洋西에ᄂᆞᆫ廣島灣이有ᄒᆞ니其內에吳軍港及宇品港이有ᄒᆞ며周防半島를過ᄒᆞᆫ즉周防洋이有ᄒᆞ야灣曲處가亦不乏ᄒᆞ며西에ᄂᆞᆫ九州가在ᄒᆞ고又西으로馬關海峽에至ᄒᆞᆫ즉馬關港一名下關이有ᄒᆞ니라

日本海를面ᄒᆞᆫ本州沿岸은西南馬關으로븟허津輕半島에至ᄒᆞ기

서지口岸이不多ᄒ고險崖가有ᄒ야停船이不便ᄒ며惟出雲半島와出雲灣과其對岸隱岐島가有ᄒ고東에若狹灣이有ᄒ니其內에ᄂ舞鶴軍港이오更東北으로能登半島가海中에斗出ᄒ니從此東北으로津輕半島의龍飛岬에至ᄒᄂ沿岸은平直ᄒ야出入이不甚ᄒ고惟新潟港이有ᄒ며新潟西北에佐渡島가海中에孤立ᄒ니라

北海道의沿岸은東北에ᄂ灣曲이少ᄒ야惟千島諸島西에根室灣과根室港이有ᄒ며東南太平洋沿岸에厚岸灣이有ᄒ고積丹半島의右에石狩灣과小樽港과半島左에後志灣이有ᄒ며其南은即渡島니島東北에噴火灣이有ᄒ고灣東角에室蘭과本州青森灣對岸에函館港이有ᄒ니라

九州의沿岸은灣曲이甚多ᄒ며島嶼가四面羅立ᄒ고口岸이其內에分布ᄒ얏스니此端에ᄂ門司港이馬關港을直對ᄒ고西南玄海洋西에ᄂ松浦半島沿岸에博多唐津兩港이有ᄒ며唐津西北海中에壹

岐對馬兩島가在ᄒ고西南으로平戶海峽을過ᄒ면彼杵及島原兩半島가其東南에在ᄒ며西으로五島南에天草島가有ᄒ고彼杵半島에灣曲處ᄂ即大村灣이니灣內에佐世保軍港과半島南端에長崎港이有ᄒ고其東에有名洋이有ᄒ며島原半島對岸은即宇土半島며天草島西에ᄂ天草津이오其南甑島對岸에서西南으로向ᄒ야鹿兒島半島를過ᄒ면北으로深入ᄒ鹿兒島灣이有ᄒ야櫻島가其中에孤立ᄒ고西岸에鹿兒島港이有ᄒ며大隅半島西南에琉球列島가在ᄒ고日向豐後兩洋沿岸으로鶴見崎以北에至ᄒ기서지ᄂ灣曲이不多ᄒ며別府灣對岸은即四國이니其間을佐賀關海峽이라稱ᄒᄂ니라

內海를面ᄒ四國沿岸은出入이不一ᄒ고島嶼가極多ᄒ니東에多渡津港과西에三津港이有ᄒ고三崎岬과梶取岬間에伊豫灣과其西에佐田岬이海中에橫ᄒ야九州佐賀關과相對ᄒ며西南으로太平洋沿岸에轉至ᄒ즉蹉跎室戶兩岬이海中으로突出ᄒ야其間에土佐灣

을成ᄒᆞ니라

臺灣嶋沿岸에ᄂᆞᆫ北에基隆、淡水兩港과西南에安平、打狗二埠가有ᄒᆞ며西北은臺灣海峽을隔ᄒᆞ야支那福建省을相對ᄒᆞ고其間에澎湖列島가在ᄒᆞ며太平洋沿岸에ᄂᆞᆫ港灣이無ᄒᆞ니라

樺太島의沿岸은西으로韃靼海峽을隔ᄒᆞ야西伯利亞沿海州와相對ᄒᆞ고南端은宗谷海峽으로北海道宗谷을隣ᄒᆞ고아니와灣이有ᄒᆞ니灣內에코사코프港이在ᄒᆞ며東은오홋스크海를濱ᄒᆞ니라

氣候　日本은土地가長延ᄒᆞ야南은熱帶에入ᄒᆞ고北은寒帶에接ᄒᆞᆷ으로써氣候가各地不同ᄒᆞ야臺灣에夏季ᄂᆞᆫ甚暑ᄒᆞ고北海의冬節은甚寒ᄒᆞ며至於本州、四國、九州三處ᄒᆞ야ᄂᆞᆫ溫帶에在ᄒᆞ고太平洋黑潮의影響을因ᄒᆞ야不寒不暑ᄒᆞ며太平洋沿岸은雨量이多ᄒᆞ야六月로九月ᄭᆞ지ᄂᆞᆫ霖雨가連日ᄒᆞᆷ의往往洪水의患이有ᄒᆞ며八九月의交계及ᄒᆞ야ᄂᆞᆫ颶風이臺灣沿海에서時起ᄒᆞ야東北으로九州、四國、本州에吹到ᄒᆞ야時時로折木倒屋의患이有ᄒᆞ니라

人民　人民의種類ᄂᆞᆫ大和種과蝦夷奴(아이누)種과臺灣種이니大和種은性質이敏慧ᄒᆞ며勇悍ᄒᆞᆫ風이有ᄒᆞ고人心이輕快ᄒᆞ며蝦夷奴種은北海道土人이니性質이勇猛ᄒᆞ고智將이粗淺ᄒᆞ니人口가日減ᄒᆞ야僅一萬五六千에不過ᄒᆞ며臺灣種은即支那人及土人이니支那人은福建、廣東等地에서徙居ᄒᆞᄂᆞᆫ者ㅣ오土人은本馬來種이니尙野蠻獠狀ᄒᆞ니라

宗敎ᄂᆞᆫ神道와佛道가有ᄒᆞ야一般人民이信奉ᄒᆞ니盖神道ᄂᆞᆫ皇祖의神明을崇敬ᄒᆞᆷ으로宗旨를삼아皇室에서봇허庶人ᄭᆞ지祭祀를不怠ᄒᆞᆷ의全國神社가十九萬二千에達ᄒᆞ며佛敎ᄂᆞᆫ我百濟國에서傳來ᄒᆞ야次第로蔓延ᄒᆞᆫ者ㅣ며耶蘇敎를信行ᄒᆞᄂᆞᆫ者도亦多ᄒᆞ니라

敎育은古代에ᄂᆞᆫ漢學만崇尙ᄒᆞ더니維新以後로歐米諸國의學術技藝를廣取ᄒᆞ야講求ᄒᆞᆷ을不怠ᄒᆞ며大中小學校와各種專門學校를

次第로國中에設立ᄒᆞ야雖寒鄕僻土에在ᄒᆞᆫ者라도實學을講求케ᄒᆞ야文運이發興ᄒᆞ고人材가成就ᄒᆞ니今全國에各種官、公、私立學校의總數가三萬二千餘處오就學ᄒᆞᄂᆞᆫ者ㅣ五百五十萬에達ᄒᆞ니라

產業　此國은氣候가溫和ᄒᆞ고地味가肥沃ᄒᆞ며維新以來로殖產을務ᄒᆞ야日新月盛ᄒᆞ니今其產物의槩要를擧ᄒᆞ건ᄃᆡ農產은米、豆、綿、藍、烟草、茶、蠶絲等이오森林은全國到處의鬱葱暢茂ᄒᆞ야松、杉、檜、樅、樟、竹、棕等이最多ᄒᆞ고其他良材珍木이多產ᄒᆞ며鑛物은銀、銅、鐵、煤炭等이多ᄒᆞ고其外硫黃、水晶、石灰石、花崗石等이有ᄒᆞ며工業은漆器、磁器、銅器等製造와紡績이며其外製鐵造船等會社도有ᄒᆞ니라

貿易　維新以來로物產의種植과器具製造가追歲增加ᄒᆞ야通商의情形이發展興旺ᄒᆞ니東京은內外物產의雲集ᄒᆞᄂᆞᆫ都市며大阪은西南貿易의中心이며橫濱、神戶、長崎、函館은外國通商이最盛ᄒᆞᆫ港市오其外에名古屋、仙臺、金澤、岡山、廣島、福岡等處ᄂᆞᆫ百貨가輻湊ᄒᆞ니今其內外貿易港을擧ᄒᆞ건ᄃᆡ橫濱、神戶、長崎、新潟、函館、大阪、淸水、四日市、武豐、下關、門司、博多、唐津、口津、三角、嚴原、佐須奈、鹿見、那覇、濵田、境、宮津、敦賀、七尾、伏木、小樽、釧路、室蘭等二十八處며輸入品은棉花、鐵、砂糖等이니如斯히工業이振興ᄒᆞ며商務를講求ᄒᆞᆷ으로貿易의進步ᄒᆞᆷ이日盛ᄒᆞᄂᆞ니라

交通　交通情形은道路가四通八達ᄒᆞ야行路가坦然ᄒᆞ며鐵路ᄂᆞᆫ國中에縱貫ᄒᆞ야火車가不絕ᄒᆞ고海上에ᄂᆞᆫ輪船이往來ᄒᆞ며電線이蛛網과如ᄒᆞ고郵遞가亦各地에遠ᄒᆞᆫ지라今其槪要를左에畧述ᄒᆞ노라

鐵路ᄂᆞᆫ官設과私設이有ᄒᆞ야總延長이一萬九千三百里餘(四千九百六十英里半)니官設鐵路ᄂᆞᆫ十四線이오私設鐵路ᄂᆞᆫ四十線이며其中에最長線은日本、九州、東海道、山陽線等이니라

航路ᄂᆞᆫ國內各埠間에晝夜를不舍ᄒᆞ고輪船의來往ᄒᆞᆷ이如織ᄒᆞ며

我國及支那各港과海參威와北米에達ᄒᆞᄂᆞᆫ船路等과亞細亞南部諸港과地中海岸各港을經ᄒᆞ야英吉利倫敦과比利時앙베르(인트웝)에至ᄒᆞᄂᆞᆫ航路가有ᄒᆞ니此等航路間運貨를掌ᄒᆞᆫ公司ᄂᆞᆫ日本郵船會社及大阪商船會社며其他內地航海業을營ᄒᆞᄂᆞᆫ會社도多ᄒᆞ니라

電線은明治二年에東京橫濱間에架設ᄒᆞᆫ以來로近時에ᄂᆞᆫ全國到處에大小電信局이不有ᄒᆞᆷ이無ᄒᆞ며外國에達ᄒᆞᄂᆞᆫ海底電線은對馬島로부터我國釜山에와長崎로부터俄領沿海州海參威及支那上海에와臺灣淡水로부터支那福州에至ᄒᆞᄂᆞᆫ諸線이有ᄒᆞ며電話局은東京、橫濱、神戶、京都、大阪、名古屋、長崎等及其他大都市에設在ᄒᆞ니라

郵遞ᄂᆞᆫ維新以前에ᄂᆞᆫ驛遞가有ᄒᆞ야其法이不備ᄒᆞ더니泰西에郵政을倣行ᄒᆞᆫ以後로逐歲擴張ᄒᆞ야大小郵司가全國到處에設置ᄒᆞ고運延遺失의患이無ᄒᆞ야四民이其便을咸賚ᄒᆞ며萬國郵遞聯合會와訂盟ᄒᆞ야海外遞傳도便利ᄒᆞᆷ이無比ᄒᆞ니라

財政 百工技藝가發達ᄒᆞ야産業이振興ᄒᆞᆷ의邦賦도亦次第로增加ᄒᆞ니明治三十九年度歲入歲出을查ᄒᆞᆫ즉歲入總額은四億九千一百九十九萬九百二十七圓이오歲出總計ᄂᆞᆫ四億九千二百八十九萬八千五百七十二圓이니其收納의財源은地租、關稅、酒稅、烟草稅、營業稅、郵稅、電信、鉄道收入金、通行稅、其他、官產利益及各種雜稅니라

國防 陸軍은陸軍省에서一切軍政을掌ᄒᆞ며丁年에及ᄒᆞᆫ男子ᄂᆞᆫ義務로兵役에服케ᄒᆞ니常備兵、豫備兵、後備兵、補充兵、屯田兵의別이有ᄒᆞ며全國에十八師團(一師團則二旅團 一旅團則二聯隊)이有ᄒᆞ야各處에駐屯ᄒᆞ고陸軍中將으로써統率케ᄒᆞ니各師團駐紮地ᄂᆞᆫ如左ᄒᆞ니라

近衛師團	東京	第一師團	東京
第二師團	仙臺	第三師團	名古屋
第四師團	大阪	第五師團	廣島
第六師團	熊本	第七師團	旭川

第八師團　弘前　第九師團　金澤
第十師團　姫路　第十一師團　善通寺
第十二師團　小倉　第十三師團　高田
第十四師團　宇都宮　第十五師團　豊橋
第十六師團　京都　第十七師團　岡山
第十八師團　久留米

以上十八師團外에一師團이我國各處에駐屯ᄒᆞ고第六師團司令部를漢城에置ᄒᆞ니라

海軍은海軍省에셔一切軍政을掌ᄒᆞ야其海軍區域을四個處로定ᄒᆞ야各區에鎭守府를置ᄒᆞ니如左ᄒᆞ니라

第一海軍區　橫須賀軍港　橫須賀鎭守府
第二海軍區　吳軍港　吳鎭守府
第三海軍區　佐世保軍港　佐世保鎭守府
第四海軍區　舞鶴軍港　舞鶴鎭守府

以上各區에排置ᄒᆞᆫ各種軍艦總數ᄂᆞᆫ百二十六隻이오水雷艇은七十七艘며軍器와軍艦을製造키爲ᄒᆞ야砲兵工廠、海軍造兵廠等을設置ᄒᆞ니라

政治●●　政治ᄂᆞᆫ立憲政體니君主ᄂᆞᆫ皇室典範에依ᄒᆞ야國의元首가되야萬機를總攬ᄒᆞ며憲法에依ᄒᆞ야國會開閉、法律裁可、條約締結、宣戰媾和等을行ᄒᆞ며人民은憲法에依ᄒᆞ야權利、義務를享有ᄒᆞ고其政治機關은立法、行政、司法三部로分ᄒᆞ니

立法部ᄂᆞᆫ帝國議會라稱ᄒᆞ야貴族院과衆議院으로分ᄒᆞ야法律의制度를參定及施行權이有케ᄒᆞ야每年一次東京에開ᄒᆞ니貴族院議員은皇族、華族(公、侯、伯、子、男中爵位가有ᄒᆞᆫ者)及勅選議員으로被命ᄒᆞ고衆議院議員은全國人民의選擧ᄒᆞᆫ者로被任ᄒᆞ며

行政部ᄂᆞᆫ中央及地方兩部로分ᄒᆞ니中央에ᄂᆞᆫ內閣과樞密院과宮

內 內務、外務、大藏、農商務、陸軍、海軍、司法、文部、遞信等十省과會計檢查院을置ᄒᆞ니內閣은國務大臣으로ᄡᅥ組織ᄒᆞ야內閣總理大臣이統督ᄒᆞ고機務를處理ᄒᆞ며樞密院은皇帝가親臨ᄒᆞ야重要國務를諮詢ᄒᆞᄂᆞᆫ處ㅣ니議長一人、副議長一人、顧問官二十八人으로成ᄒᆞᆫ者ㅣ며各省에ᄂᆞᆫ大臣을置ᄒᆞ야所管省務를處理케ᄒᆞ고其次에次官과局長을置ᄒᆞ야事務를分掌케ᄒᆞ며

地方에ᄂᆞᆫ府廳、縣廳、道廳、總督府、政廳을設置ᄒᆞ니府廳과縣廳에ᄂᆞᆫ知事를各置ᄒᆞ야府縣의政을掌케ᄒᆞ며道廳과政廳에ᄂᆞᆫ長官을置ᄒᆞ야政務를掌케ᄒᆞ고總督府ᄂᆞᆫ臺灣政事를掌케ᄒᆞ야總督으로統治케ᄒᆞ며府縣下에郡役所와市役所를置ᄒᆞ야郡政과市政을掌케ᄒᆞ고

司法部ᄂᆞᆫ大審院一處、控訴院七處(東京、大阪、名古屋、廣島、長崎、宮城、函館)、地方裁判所五十處、區裁判所三百十一處가有ᄒᆞ야一般訴訟은必區裁判所를由ᄒᆞ되判決에不服ᄒᆞᆯ時ᄂᆞᆫ次第로上控ᄒᆞᄂᆞ니라

地方區劃 政治上便宜를依ᄒᆞ야一廳、三府、四十三縣、臺灣及樺太로分ᄒᆞᆷ이如左ᄒᆞ니라

北海道廳(北海道十一國全部)
京都府(山城、丹後、丹波大半)
神奈川縣(相模、武藏一部)
長崎縣(肥前一半、壹岐、對馬)
埼玉縣(武藏大半)
茨城縣(常陸、下總一半)
栃木縣(下野)
三重縣(伊勢、伊賀、志摩、紀伊一部)
靜岡縣(遠江、駿河、伊豆)
滋賀縣(近江)
長野縣(信濃)

東京府(武藏一部、伊豆七島、小笠原島)
大阪府(攝津一半、河內、和泉)
兵庫縣(播磨、但馬、淡路、攝津一半、丹波一部)
新潟縣(越後、佐渡)
千葉縣(安房、上總、下總大半)
群馬縣(上野)
奈良縣(大和)
愛知縣(尾張、三河)
山梨縣(甲斐)
岐阜縣(美濃、飛驒)
宮城縣(陸前、磐城一部、陸中一部)

福島縣 岩代、磐城大半
青森縣 陸奧大半
秋田縣 羽後大半
石川縣 加賀、能登
鳥取縣 因幡、伯耆
岡山縣 美作、備前、備中
山口縣 周防、長門
德島縣 阿波
愛媛縣 伊豫
福岡縣 筑前、筑後、豐前一半
佐賀縣 肥前一半
宮崎縣 日向
沖繩縣 琉球諸島

岩手縣 陸前一部、陸奧一部
山形縣 羽前、羽後一部
福井縣 若狹、越前
富山縣 越中
嶋根縣 出雲、石見、隱岐
廣嶋縣 備後、安藝
和歌山縣 紀伊大半
香川縣 讚岐
高知縣 土佐
大分縣 豐前一半、豐後
熊本縣 肥後
鹿兒島縣 大隅、薩摩
臺灣總督府

●樺太廳

●道誌・ 東海道는本洲東南에在ᄒᆞ야東南은太平洋을濱ᄒᆞ고西는畿內를接ᄒᆞ고北은東山道를界ᄒᆞ니其地勢가西北境에는山脈이連亘ᄒᆞ고中央에는富士山이聳峙ᄒᆞ며南方沿海一帶는土地가平坦ᄒᆞ야田野가甚多ᄒᆞ며海岸線은出入이不少ᄒᆞ며利根、木曾、大井、天龍等諸川이海에注入ᄒᆞ고伊豆七島와小笠原群島가海中에橫ᄒᆞ얏스며氣候는溫和ᄒᆞ니此道는十五國으로分ᄒᆞ야一府八縣을置ᄒᆞ니라

東京（一名江戶）은日本의首都라武藏國東南端東京灣北岸에在ᄒᆞ니地勢가平坦ᄒᆞ며隅田川이其東部를貫流ᄒᆞ니城內人口가百二萬二千餘오皇宮이其中央에在ᄒᆞ며內閣及大小衙門、各國大使館、近衛師團第一師團、東京府廳이皆其近傍에在ᄒᆞ며東京帝國大學及各種高等專門學校와大小報館이亦在ᄒᆞ고街路가廣濶ᄒᆞ며市屋이櫛比ᄒᆞ고車馬가連絡ᄒᆞ며鐵道가四通ᄒᆞ야貨物이雲集ᄒᆞ야極、繁華ᄒᆞ고市屋

을晝夜不撤ᄒᆞ야不夜城을作ᄒᆞ며近郊에勝地가多有ᄒᆞ니라

橫濱은武藏國南端東京灣西南岸에在ᄒᆞᆫ神奈川縣廳의所在地오外國通商港이니各國領事館、稅關、滊船會社、銀行、報館等이有ᄒᆞ며內外市廛이鱗連ᄒᆞ야貨物이輻湊ᄒᆞ고商旅가如雲ᄒᆞ니實、通商口岸中最、繁華ᄒᆞ며航路는東으로北米合衆國의桑港과英領加奈陀의晩香坡(빙쿠버)와西南으로支那、歐洲에至ᄒᆞ야輪船의出入이不絶ᄒᆞ며其輸出品은生絲、茶、絹布、生銅等이爲宗이며人口는七十萬에達ᄒᆞ니라

千葉은下總國西南隅東京灣北岸에在ᄒᆞ니千葉縣廳의所在處며水戶는常陸中央에在ᄒᆞ니茨城縣廳의所在地며浦和는武藏國東南部東京西北에在ᄒᆞ니崎玉縣廳의所在地니各種學校와郵電局과報館等이皆有ᄒᆞ니라

甲府는甲斐國中央에在ᄒᆞᆫ山梨縣廳의所在地니四面에山嶽이圍繞ᄒᆞ야峽中의名이有ᄒᆞ며養蠶이最盛ᄒᆞ고葡萄、水晶等이多ᄒᆞ니라

静岡은駿河國西南部에在ᄒᆞ니静岡縣廳이在ᄒᆞ며第三師團分營及、學校、報館等이有ᄒᆞ야東海道의要衝이오其東에淸水港이有ᄒᆞ야商旅貨物이雲集ᄒᆞ며物産은漆器와竹器니라

名古屋은尾張國中央伊勢灣北岸에在ᄒᆞ니愛知縣廳、第三師團、控訴院、各種學校、報館等이有ᄒᆞ며名古屋城이市中에高聳ᄒᆞ고其內에武豊港이有홈으로百貨가輻湊ᄒᆞ야東海道中에一繁華地며物産은七寶燒織物、絲、酒等이니라

津은伊勢中央伊勢海西岸에在ᄒᆞ니三重縣廳이有ᄒᆞ며其東南에在ᄒᆞᆫ宇治에는皇祖天照太神의宗廟가有ᄒᆞ니宮室이宏壯ᄒᆞ고老樹가叢鬱ᄒᆞ며瞻拜者ㅣ陸續不絶ᄒᆞᄂᆞ니라

畿內　는本州中央에在ᄒᆞ야東은東山道를接ᄒᆞ고西는山陽道를連ᄒᆞ며又、內海에臨ᄒᆞ고、南은南海道를界ᄒᆞ며北은山陰道를隣ᄒᆞ니其地勢는東南及、北은山嶽이相連ᄒᆞ고土地가高峻ᄒᆞ야惟、其中만平

坦ᄒᆞ며氣候ᄂᆞᆫ不寒不熱ᄒᆞ며區劃은五國에分ᄒᆞ야二府二縣을置ᄒᆞ니라

京都(一名西京)ᄂᆞᆫ山城國中央에在ᄒᆞ야一千餘年間帝都의所在러니明治二年에東京에徙都ᄒᆞ니라其地에舊皇宮과京都府廳、京都帝國大學以下各種學校、東西本願寺等이有ᄒᆞ며街道가整齊ᄒᆞ고山川이明媚ᄒᆞ며名勝舊蹟이全國에冠ᄒᆞᆷ의四時로遊人의車馬가不絶ᄒᆞ고物産은染物과織物이며人口ᄂᆞᆫ三十五萬餘니라

大阪은攝津國東南端에在ᄒᆞᆫ貿易港이니大阪府廳、第四師團控訴院、造幣局、造船所、各學校、紡績及、汽船會社等이有ᄒᆞ며市中에富商巨賈가頗多ᄒᆞ야商業의盛ᄒᆞᆷ이西南에第一이며物産은綿布、烟竹等이며人口ᄂᆞᆫ八十三萬에達ᄒᆞ니라

神戶ᄂᆞᆫ攝津國西南部、大阪灣北岸에在ᄒᆞᆫ兵庫縣廳의所在地오外國通商港이니各國領事館、學校、報舘等이有ᄒᆞ며市街가熱鬧ᄒᆞ고百貨가阜通ᄒᆞᆷ이互市의盛ᄒᆞᆷ은第二에列ᄒᆞ며須磨와舞子ᄂᆞᆫ此處에盛區니風光이明媚ᄒᆞ야畵圖와恰如ᄒᆞ니라

奈良은大和國北部에在ᄒᆞᆫ八十餘年間帝都所在地니奈良縣廳、博物舘、各學校等이有ᄒᆞ고名勝이亦多ᄒᆞ며葛粉을多産ᄒᆞᄂᆞ니라

東山道ᄂᆞᆫ本洲東北部에在ᄒᆞ야東은太平洋에臨ᄒᆞ고西南은畿內及、山陽道를接ᄒᆞ고南은東海道를隣ᄒᆞ고西北은北陸道를界ᄒᆞ며日本海를濱ᄒᆞ고北은津輕海峽을隔ᄒᆞ야北海道를對ᄒᆞ니其地勢ᄂᆞᆫ西部에湖畔과東部에海邊은皆平坦ᄒᆞ며其外ᄂᆞᆫ高山峻嶺이縱橫幷峙ᄒᆞ야交通이不便ᄒᆞ고海岸의屈曲이不多ᄒᆞ며氣候ᄂᆞᆫ西南은漸溫ᄒᆞ고東北은漸冷ᄒᆞ니此를十三國으로分ᄒᆞ고十一縣을置ᄒᆞ니라

大津은近江國西南隅琵琶湖西南岸에在ᄒᆞᆫ滋賀縣廳의所在地니湖上風景이極佳ᄒᆞ야八勝의名이夙有ᄒᆞ며第四師團分營、各學校及、報舘이皆有ᄒᆞ니라

宇都宮은下野國中央에在ᄒᆞᆫ栃木縣廳의所在地니足尾銅鑛은日本에第一이며西北에日光山이有ᄒᆞ니德川家康의祠廟가在ᄒᆞ야其結構가壯麗ᄒᆞ고金碧이輝煌ᄒᆞ야實、海內에第一이며山中에湖水와瀑布가有ᄒᆞ야風景이絕佳ᄒᆞᆷ의炎夏에避暑ᄒᆞᄂᆞᆫ者ㅣ不絕ᄒᆞ니라

仙臺ᄂᆞᆫ陸前中央仙臺灣西岸에在ᄒᆞᆫ宮城縣廳의所在地니第二師團、控訴院、學校等이有ᄒᆞ며商業이頗盛ᄒᆞ야其雄麗ᄒᆞᆷ이東北에第一이며物産은綿布銅器等이오其東北으로海中에松島가有ᄒᆞ야小島八百八點이波間에棊布ᄒᆞ고老松이其上에生長ᄒᆞᆷ의風景이如繪ᄒᆞ야遊人이絡繹ᄒᆞᄂᆞ니라

岐阜ᄂᆞᆫ美濃國南部에在ᄒᆞᆫ岐阜縣廳의所在地며長野ᄂᆞᆫ信濃國北部에在ᄒᆞᆫ長野縣廳의所在地며前橋ᄂᆞᆫ上野國南部에在ᄒᆞᆫ群馬縣廳의所在地며福島ᄂᆞᆫ岩代國東北部에在ᄒᆞᆫ福島縣廳의所在地며盛岡은陸中國中央에在ᄒᆞᆫ岩手縣廳의所在地며青森은陸奧國中央青森灣南岸에在ᄒᆞᆫ青森縣廳의所在地니本州極北處ㅣ오秋田은羽後國西端에在ᄒᆞᆫ秋田縣廳의所在地오山形은羽前國東南部에在ᄒᆞᆫ山形縣廳의所在地니各種學校、報舘等이皆有ᄒᆞ며織物、漆器、生絲、紙等이處處에産ᄒᆞᄂᆞ니라

北陸道ᄂᆞᆫ本州西北部에在ᄒᆞ니東南은東山道를界ᄒᆞ고西ᄂᆞᆫ山陰道에接ᄒᆞ고北은日本海에臨ᄒᆞ니其地勢ᄂᆞᆫ東南은山嶽이綿亘ᄒᆞ고西北은海에濱ᄒᆞ고原野가大闢ᄒᆞ며海岸은出入이極少ᄒᆞ야惟能登半島가海中에突出ᄒᆞ고佐渡島가波間에橫立ᄒᆞ며氣候ᄂᆞᆫ稍寒ᄒᆞ야嚴冬에ᄂᆞᆫ積雪이頗深ᄒᆞ야往來가不便ᄒᆞ니此道ᄂᆞᆫ七國으로分ᄒᆞ야四縣을置ᄒᆞ니라

新潟ᄂᆞᆫ越後國西北端信濃川河口에在ᄒᆞ야新潟縣廳과各學校、報舘等이有ᄒᆞ며且外國通商港인故로內外商賈가有ᄒᆞ나河口에泥沙가常時淤塞ᄒᆞᆷ으로貿易의興旺이不甚ᄒᆞ니라

金澤은加賀國北部에在ᄒᆞ야石川縣廳、第九師團及、各種學校、報館等이有ᄒᆞ며市街가繁華ᄒᆞ야其形勢의雄偉ᄒᆞᆷ이北陸에第一이며物産은絹布、象牙細工、陶器及、銅이니라

富山은越中國中央에在ᄒᆞ야富山縣廳의所在地며其西北에伏木通商港이有ᄒᆞ고物産은藥品、及金、銀、銅器며福井은福井縣廳의所在地니越前國北部에在ᄒᆞ니라

山陰道 ᄂᆞᆫ本州西南部에在ᄒᆞ야東은畿內와北陸道를界ᄒᆞ고南及西ᄂᆞᆫ山陽道를接ᄒᆞ고北은日本海에濱ᄒᆞ니其地勢ᄂᆞᆫ南境은山陵이起伏ᄒᆞ야平原을不見ᄒᆞ며沿海地ᄂᆞᆫ平坦ᄒᆞ고隱岐島가海中에立ᄒᆞ며氣候ᄂᆞᆫ溫和ᄒᆞ나仲冬에ᄂᆞᆫ南方山中에積雪이常有ᄒᆞ며其區劃은八國(山丹鹽波은及、京丹都後府의에大縣中ᄒᆞ괴)으로分ᄒᆞ고二縣을置ᄒᆞ니라

鳥取ᄂᆞᆫ鳥取縣廳의所在地니因幡國北部에在ᄒᆞ며松江은島根縣廳의所在地니出雲國北部에在ᄒᆞ니學校、報館等이皆有ᄒᆞ니라

山陽道 ᄂᆞᆫ本州西南部에在ᄒᆞ야東은畿內를接ᄒᆞ고西와北은日本海에濱ᄒᆞ고南은內海에臨ᄒᆞ니其地勢ᄂᆞᆫ北境은山脈이橫峙ᄒᆞ고南方沿海ᄂᆞᆫ平坦ᄒᆞ야河水가其間을貫流ᄒᆞ며海岸의屈曲이甚多ᄒᆞ고小島가海中에棋布ᄒᆞ야枚擧키不遑ᄒᆞ며氣候ᄂᆞᆫ溫和ᄒᆞ고雨雪이甚少ᄒᆞ며區劃은八國(紀播縣磨에國屬은ᄒᆞ兵)으로分ᄒᆞ고三縣을置ᄒᆞ니라

廣島ᄂᆞᆫ安藝國南端에在ᄒᆞ니廣島縣廳、第五師團、控訴院、各種學校、報館等이有ᄒᆞ며其南端에宇品港이有ᄒᆞ니輪船의出入이頻繁ᄒᆞ야商業의繁盛ᄒᆞᆷ이山陽에第一이라稱ᄒᆞ며又、其西南海中에嚴島가有ᄒᆞ야風景이佳絶ᄒᆞ며人口ᄂᆞᆫ十二萬三千에達ᄒᆞ니라

岡山은備前國南隅에在ᄒᆞ니岡山縣廳의所在地며市中에貨物이湊集ᄒᆞ야商業이殷盛ᄒᆞ고山口ᄂᆞᆫ山口縣廳의所在地니周防國西隅에在ᄒᆞ며其東南에三田尻港이有ᄒᆞ니各種學校、報館等이皆有ᄒᆞ니라

南海道ᄂᆞᆫ東은畿內와東海道를界ᄒᆞ고西ᄂᆞᆫ內海를隔ᄒᆞ야西海道를對ᄒᆞ고南은太平洋을臨ᄒᆞ고北은內海를隔ᄒᆞ야山陽道를對ᄒᆞ니其地勢ᄂᆞᆫ東部에峻嶺이聳峙ᄒᆞ며中部에山脈이橫貫ᄒᆞ고餘ᄂᆞᆫ大概原野며海岸은出入이極多ᄒᆞ고且島嶼가羅列ᄒᆞ니其中에最大ᄒᆞᆫ者ᄂᆞᆫ淡路島며氣候ᄂᆞᆫ溫暖ᄒᆞ고雨量이多ᄒᆞ며區劃은五國으로分ᄒᆞ고五縣을置ᄒᆞ니라

和歌山은和歌山縣廳의所在地니紀伊國西北隅에在ᄒᆞ며德島ᄂᆞᆫ德島縣廳의所在地니阿波國東端에在ᄒᆞ며高松은香川縣廳의所在地니讚岐國北端에在ᄒᆞ며松山은愛媛縣廳의所在地니伊豫國西北隅에在ᄒᆞ고高知ᄂᆞᆫ高知縣廳의所在地니土佐國南部에在ᄒᆞ야學校、報舘等이皆有ᄒᆞ며物產은綿布、橘、鹽이니라

西海道 ᄂᆞᆫ東은內海를隔ᄒᆞ야南海道를對ᄒᆞ고東北은海峽을隔ᄒᆞ야山陽道를隣ᄒᆞ고西北은海洋을面ᄒᆞ니其地勢ᄂᆞᆫ阿蘇、江代、霧島諸山脈이南北을縱貫ᄒᆞ고餘ᄂᆞᆫ土地가平坦ᄒᆞ야原野가相連ᄒᆞ며海岸은東方一帶外에ᄂᆞᆫ出入이甚多ᄒᆞ고島嶼가海中에密布ᄒᆞ니其大者ᄂᆞᆫ壹岐、對馬、琉球諸島며氣候ᄂᆞᆫ溫暖ᄒᆞ야冬季도無雪ᄒᆞ며區劃은十二國으로分ᄒᆞ고八縣을置ᄒᆞ니라

長崎ᄂᆞᆫ肥前國南端에在ᄒᆞᆫ長崎縣廳의所在地오且外國通商港口ㅣ니控訴院、各學校、報舘、外國領事舘等이有ᄒᆞ고商舘이櫛比ᄒᆞ며其對岸에造船廠이有ᄒᆞ고鉄道가四通ᄒᆞ니我國、支那、海蔘威及、歐米에來往ᄒᆞᄂᆞᆫ船舶의出入이不絕ᄒᆞ야百貨가輻湊ᄒᆞᆷ의貿易이繁盛ᄒᆞ니此港은開港ᄒᆞᆷ이最舊ᄒᆞ며人口ᄂᆞᆫ十一萬에達ᄒᆞ니라

熊本은肥後國西北部에在ᄒᆞ니熊本縣廳、第六師團、各種學校等이有ᄒᆞ며城郭이市中에高聳ᄒᆞ고街市가繁華ᄒᆞ며商業이隆盛ᄒᆞ고物產은綿布、朝鮮飴니라

.福岡은福岡縣廳의所在地니筑前國南部博多灣南岸에在ᄒᆞ며佐

賀ᄂᆞᆫ佐賀縣廳의所在地니肥前國東部에在ᄒᆞ며大分은大分縣廳의所在地니豊後國東北端에在ᄒᆞ며宮崎ᄂᆞᆫ宮崎縣廳의所在地니日向國南部에在ᄒᆞ며鹿兒嶋ᄂᆞᆫ鹿兒嶋縣廳의所在地니薩摩國東南部鹿兒島灣西北岸에在ᄒᆞ고物產은綿布、陶器、烟草가有ᄒᆞ며那覇ᄂᆞᆫ琉球島中部에在ᄒᆞᆫ沖繩縣廳의所在地오通商港이라其東에首里府가有ᄒᆞ니學校、報舘等이以上各處에皆有ᄒᆞ니라

北海道　ᄂᆞᆫ本國東北端에在ᄒᆞ니東北은千島海峽을隔ᄒᆞ야俄領堪察加半島를對ᄒᆞ고南은津輕海峽으로本州를對ᄒᆞ고北은宗谷海峽을隔ᄒᆞ야樺太島를對ᄒᆞ고西ᄂᆞᆫ日本海를面ᄒᆞ고東南은太平洋을濱ᄒᆞ니其地勢ᄂᆞᆫ天鹽、日高山脉이中央에蟠屈ᄒᆞ고曠野가不多ᄒᆞ며西部ᄂᆞᆫ平原이니石狩、天鹽等川이其間을貫流ᄒᆞ며千島諸島ᄂᆞᆫ海中에點點相連ᄒᆞ고氣候ᄂᆞᆫ冬季ᄂᆞᆫ甚寒ᄒᆞ야氷雪이載塗ᄒᆞ니往來가不便ᄒᆞ며區劃은十一國으로分ᄒᆞ고一道廳과十六支廳을置ᄒᆞ니라

札幌은石狩國西南隅에在ᄒᆞ니北海道廳、第七師團、各種學校、炭鑛、鐵道會社、報舘等이有ᄒᆞ며市街가廣濶ᄒᆞ고百貨가雲集ᄒᆞᆷ의商業이繁盛ᄒᆞ니라

函舘은外國通商港이라渡島國東南部에在ᄒᆞ니南은海峽을隔ᄒᆞ야靑森口岸을相望ᄒᆞ며東北으로回向ᄒᆞᆫ즉室蘭通商港이有ᄒᆞ야輪船이其間에往來ᄒᆞ며北海道支廳과控訴院及外國領事舘이有ᄒᆞ고家屋이櫛比ᄒᆞ야其繁華ᄒᆞᆷ이北海道에第一이며人口ᄂᆞᆫ八萬餘니라

臺灣　은本國西南端에在ᄒᆞ니東은大海를隔ᄒᆞ야琉球諸島를對ᄒᆞ고東北은東海를面ᄒᆞ고西北은臺灣海峽을隔ᄒᆞ야支那福建省을相望ᄒᆞ고西南은南海를臨ᄒᆞ고南은바쉬海峽을隔ᄒᆞ야比律賓群島와相隣ᄒᆞ며其地勢ᄂᆞᆫ南北으로山脈이橫貫ᄒᆞ니最高山은新高山이오西方沿海地ᄂᆞᆫ田野가大闢ᄒᆞ고海岸은出入이甚少ᄒᆞ며其傍에澎湖列島가在ᄒᆞ고氣候ᄂᆞᆫ夏則酷暑ᄒᆞ며冬亦、溫暖ᄒᆞ야氷雪이無ᄒᆞ며

全島面積은十萬六千八百餘方里오人口는三百十萬에達ᄒᆞ니라

本島에總督府를置ᄒᆞ고其下에二十廳이有ᄒᆞ니其中臺北은本島北部에在ᄒᆞᆫ總督府의所在地며臺北醫院國語學校等이有ᄒᆞ고其北에基隆港과淡水河口에淡水港이有ᄒᆞ며本島中央에臺中과本島南端에臺南府城이有ᄒᆞ야法院學校等設이皆有ᄒᆞ며其西北에安平港이有ᄒᆞ며物産은茶鴉片樟腦甘蔗等이니라

樺太島는日俄戰爭의結果로其一半卽北緯五十度以南의地를俄國에서日本에割讓ᄒᆞᆫ者ㅣ니本國西北에在ᄒᆞ야東은오홋스크海를面ᄒᆞ고西는韃靼海峽을隔ᄒᆞ야俄領西伯利亞沿海州와相隣ᄒᆞ고南은宗谷海峽을隔ᄒᆞ야北海道宗谷을相望ᄒᆞ고北은俄領樺太와界ᄒᆞ며海岸은屈曲이不多ᄒᆞ고惟南에아니와灣이有ᄒᆞ야其灣內에코사코프港이有ᄒᆞ며氣候는甚寒ᄒᆞ고物産은樺松海豹等이며本島에政廳을置ᄒᆞ야民治를掌케ᄒᆞ니라

第四節 俄領亞細亞 *RUSSIA in ASIA.*

汎論 俄領亞細亞는中央亞細亞北亞細亞의全部及東亞細亞西亞細亞의一部分을占有ᄒᆞ야其面積이頗廣大ᄒᆞ며此를三部로大別ᄒᆞ니卽北亞細亞全部와東亞細亞의一部分을西伯利亞라中央亞細亞全部를中亞細亞라西亞細亞의一部分을高加索이라稱ᄒᆞᄂᆞ니라

一 西伯利亞 *SIBERIA.*

地勢及氣候 西伯利亞地勢는南은阿爾泰山脈과야블로노이山脈等이連ᄒᆞ고北方은平野ㅣ次第로傾斜ᄒᆞᆫ故로黑龍江外에오비,에니세이,레나等諸河가皆北流ᄒᆞ야北氷洋으로入ᄒᆞ며地勢와氣候의異同을因ᄒᆞ야西伯利亞全土를凍土帶,森林帶,曠野帶,山嶽帶等四帶로分ᄒᆞ니

凍土帶는北緯六十五度以北이니北氷洋海岸을沿ᄒᆞ며地勢가卑ᄒᆞ고地下는全凍土라故로夏季는其表面이僅融解ᄒᆞ며南部의含鹽

가來集ᄒᆞ야處處에群을作ᄒᆞ나冬季에至ᄒᆞ야ᄂᆞᆫ其跡이皆絶ᄒᆞ고飛雪이原野를埋ᄒᆞ니此時에至ᄒᆞ야ᄂᆞᆫ寒氣가凜烈ᄒᆞ야人畜의生存이不能ᄒᆞ며森林帶ᄂᆞᆫ北緯六十五度以南五十五度間에延長ᄒᆞᆫ森林地方이니夏季ᄂᆞᆫ炎熱이甚ᄒᆞ고冬季ᄂᆞᆫ寒氣가嚴ᄒᆞ야風雪의日은出外ᄒᆞᆷ이不能ᄒᆞ고但居家ᄒᆞ야火를燃ᄒᆞ야凍死를僅免ᄒᆞ며曠野帶ᄂᆞᆫ北緯五十五度以南西伯利亞諸大山脈間에橫在ᄒᆞᆫ各曠野를總稱ᄒᆞᆷ이니此等曠野ᄂᆞᆫ氣候가溫和ᄒᆞ고地味가肥沃ᄒᆞ야穀物이善登ᄒᆞ나瘴氣가蒸發ᄒᆞ야人畜에게害를與ᄒᆞ며山嶽帶ᄂᆞᆫ西伯利亞南部와東部에延長ᄒᆞᆫ諸山脈을總稱ᄒᆞᆷ이니此諸峯은北走ᄒᆞᆷ을從ᄒᆞ야漸次傾斜ᄒᆞ며其斜面에森林이富ᄒᆞ니라

面積及人口 西伯利亞ᄂᆞᆫ全陸地十三分之一을占有ᄒᆞ니其面積이七千九十五萬五千七百二十一方里(四百八十三萬三千四百九十六方英里)오人口ᄂᆞᆫ大畧五百九十八萬五千이니라

河湖 오비예니세이레나와如ᄒᆞᆫ者ᄂᆞᆫ皆大河ㅣ나氣候의寒烈ᄒᆞᆷ을因ᄒᆞ야冬季에ᄂᆞᆫ舟運이絶ᄒᆞ며黑龍江도冬季에ᄂᆞᆫ舟運이絶ᄒᆞ나前者에比ᄒᆞ면氣候가稍温暖ᄒᆞᆷ으로舟運의時期가長ᄒᆞ며黑龍江은什勒喀河와蒙古의額爾古納河와合ᄒᆞᆫ下流를稱ᄒᆞᆷ이니東流ᄒᆞ야松花江烏蘇里江等을合ᄒᆞ야黑龍江灣으로入ᄒᆞ며貝加爾湖(一名北海)ᄂᆞᆫ最大ᄒᆞᆫ淡水湖오興凱湖ᄂᆞᆫ滿洲와界를限ᄒᆞ야西伯利亞의貝加爾湖에居亞ᄒᆞᆫ大湖ㅣ니라

沿海及嶋嶼 北氷洋은氣候가寒烈ᄒᆞ야大氷塊가漂流ᄒᆞᄂᆞᆫ故로探險者外에ᄂᆞᆫ航海ᄒᆞᄂᆞᆫ者ㅣ無ᄒᆞ며베링海와오콧스크海ᄂᆞᆫ氣候가寒冷ᄒᆞ고雲霧가深闇ᄒᆞ야航海ᄒᆞ기甚危險ᄒᆞ나然ᄒᆞ나此海에鯨臘虎獺海狸海猪等이棲息ᄒᆞᆷ으로俄國及外國獵船이多湊ᄒᆞ고又오콧스크海ᄂᆞᆫ昆布의繁殖이夥多ᄒᆞ며朝鮮海와日本海ᄂᆞᆫ魚類가最富ᄒᆞ니라

薩哈連嶋(一名樺太)南方一灣을아니와灣이라云ᄒᆞ니灣內코사코프港이有ᄒᆞ고嶋의西方은韃靼海峽에臨ᄒᆞ니此處에薩哈連嶋長官의駐在所알렉산드로브스크府가有ᄒᆞ며全嶋에山이多ᄒᆞ고平地가少ᄒᆞᆷ으로써耕作이不適ᄒᆞ나然ᄒᆞ나山에ᄂᆞᆫ森林이有ᄒᆞ야杉、落葉松、樺等有用의木材가多ᄒᆞ며石炭은鑛脈이濶大ᄒᆞᆷ으로實、無盡藏이라云ᄒᆞᆯ만ᄒᆞ며又、沿海에魚族과昆布가富ᄒᆞ니라此嶋ᄂᆞᆫ元來日俄兩國에屬ᄒᆞ얏더니日本明治八年(開國四百八十四年)에千嶋列嶋와交換ᄒᆞ야俄國에全屬ᄒᆞ야厥後俄國政府가此嶋로罪囚를送ᄒᆞ야開拓에從事ᄒᆞ다가光武九年日俄戰爭의結果로北緯五十度以南의地를日本에讓與ᄒᆞ야其一半은日本에隷屬ᄒᆞ니라

物産● 西伯利亞의物産은海陸에共多ᄒᆞ야其、海産物은前項에示ᄒᆞᆫ者와如ᄒᆞ고其陸産物은動、植、鑛三種이皆有ᄒᆞ니植物은森林帶에繁茂ᄒᆞ야銀松、新羅松、樺等木材가有ᄒᆞ나然ᄒᆞ나樹質이堅緻ᄒᆞᆫ者ㅣ少ᄒᆞ며動物은白熊、馴鹿이最、著名ᄒᆞ고織毛皮에貴重ᄒᆞᆫ者ᄂᆞᆫ黑狐、黑貂、栗鼠等이며鑛物은白金、金、銀、銅、鐵、錫、鉛、石炭等이오又、寶石의産出이甚多ᄒᆞ며工業은姑未發達ᄒᆞ야處處都府에造皮塲、硝子製造塲、其他、石鹼、蠟燭等製造塲이有ᄒᆞ나僅、地方需用을充ᄒᆞᆷ에不過ᄒᆞ니라

人民● 土地ᄂᆞᆫ廣大ᄒᆞ나未開ᄒᆞᆫ地가多ᄒᆞᆷ으로俄國政府에서或、國人을送遣ᄒᆞ며或、罪人을送ᄒᆞ야人口의增殖을圖ᄒᆞ나其人口가甚少ᄒᆞ니此住民은蒙古人種과高加索人種의二種이有ᄒᆞ야蒙古人種은上古브터西伯利亞에棲息ᄒᆞ야諸民族으로分ᄒᆞ니北部土人은馴鹿을飼養ᄒᆞ고或、魚業을營ᄒᆞ며南部土人은牧畜에專事ᄒᆞ고

高加索人種은歐羅巴俄羅斯의移住民이니此移住民은大俄羅斯人、小俄羅斯人、哥薩克三種이有ᄒᆞ야大小俄羅斯人은希臘敎를奉ᄒᆞ며官吏或、地主者가多ᄒᆞ고又、農、商、鑛等各業에從事ᄒᆞ야都會地에住ᄒᆞ며哥薩克은最初、西伯利亞를征服ᄒᆞᆫ種族이니現今處處에散在ᄒᆞᆫ

屯田兵이是니라

●區劃● 西伯利亞를阿穆爾地方、東西伯利亞、西西伯利亞三部로大別ᄒᆞ고更히數州로分ᄒᆞ니卽、阿穆爾地方은阿穆爾、沿海(一名프리모스카야니沿海州之義)薩哈連의二州一嶋며東西伯利亞는야쿳스크、사바이갈、이르쿳스크、예니세이스크의四州오西西伯利亞는톰스크、토볼스크의二州니라

●都府● 海蔘威府는沿海州南端에在ᄒᆞᆫ首府니政廳과海軍衙門과寺院과學校及、皮革、煉瓦、麥酒、麥粉等製造所가有ᄒᆞ며本港은俄領亞細亞沿海中軍事上惟一의要港인故로鎭守府●를置ᄒᆞ고義勇艦隊、西伯利亞艦隊、東洋分遣隊의碇泊場을作ᄒᆞ고又、陸에는哥薩克兵을配置ᄒᆞ야海陸의防禦가甚嚴ᄒᆞ니故로本港은貿易港과軍港을兼ᄒᆞᆫ者ㅣ러니日俄戰爭結果로自由貿易港이되니라

하바로후가府는黑龍江右岸에位ᄒᆞᆫ沿海州의一都會니阿穆爾地方總督이駐在ᄒᆞ고寺院、學校及、二三製造場이有ᄒᆞ며黑貂皮의賣買가盛行ᄒᆞ고니콜라이스크府는黑龍江河口에位ᄒᆞ야海蔘威에居亞ᄒᆞᆫ港이오블라고베스첸스크府는阿穆爾州首府니此地는黑龍江鄰便船往復의中央點이되야貿易이盛行ᄒᆞ며商賈의大ᄒᆞᆫ者는大槪、猶遂人이니此地方에移住ᄒᆞ야商權을掌握ᄒᆞ니라

右外에야쿳스크州의야쿳스크와사바이갈州의치다와이르쿳스크州의이르쿳스크와예니세이스크州의크라스노야르스크와톰스크州의톰스크와토볼스크州의옴스크는各、其州의首府니其狀況은前者와大同小異ᄒᆞ며其中이르쿳스크府에는東西伯利亞總督이駐在ᄒᆞ고옴스크府에는옴스크軍管本營이有ᄒᆞ야繁盛ᄒᆞᆫ都會니라

●交通● 義勇艦隊는平時에在ᄒᆞ야는海蔘威와本國오데싸港間을往復ᄒᆞ며黑龍江滊船會社滊船은同江上下流를往復ᄒᆞ며且、元山、釜山、芝罘、上海、長崎、神戶等諸港間에互相航海ᄒᆞ는滊船會社가有ᄒᆞ고

此外에內地에在ᄒᆞ야ᄂᆞᆫ興凱湖、烏蘇里江、貝加爾湖、오비河、예니세이河等에도皆、滊船이運行ᄒᆞᄂᆞ니라

又、俄國政府에셔敷設ᄒᆞᆫ西伯利亞大鉄道ᄂᆞᆫ西伯利亞西境미아스府에셔起點ᄒᆞ야自此로東向ᄒᆞ야옴스크、톰스크、크라스노야르스크、이르쿳스크、치다諸府를過ᄒᆞ야黑龍江左岸을沿ᄒᆞ야블라고베친스크府를經ᄒᆞ야하바로브가府에達ᄒᆞ야南으로海蔘威에達ᄒᆞ고又미아스크府에셔西方으로歐羅巴俄羅斯鉄道를接續ᄒᆞ야俄都聖彼得堡에達ᄒᆞᆫ者ㅣ니라

貿易● 西伯利亞ᄂᆞᆫ土地ᄂᆞᆫ廣大ᄒᆞ나未開ᄒᆞᆫ地가多ᄒᆞᆷ으로貿易이未盛ᄒᆞ니今其大要를述ᄒᆞᆫ건ᄃᆡ海外貿易은海蔘威와니콜라이스크二港에셔行ᄒᆞ며內地貿易은凡、年市로行ᄒᆞ니年市ᄂᆞᆫ時期와場所를一定ᄒᆞ야各地商賈及、土人等이來會ᄒᆞ야互相貿易ᄒᆞᆷ을云ᄒᆞᆷ이라此貿易은專、歐羅巴俄羅斯의精製品과西伯利亞內地의生産物을交換ᄒᆞᆷ이니西伯利亞國中到處에開市치아님이無ᄒᆞ고又、哈克圖에셔支那人과行ᄒᆞᄂᆞᆫ茶의貿易은近年에稍、衰微ᄒᆞ나尙、每年二十萬箱에不下ᄒᆞᄂᆞ니라

政治● ᄂᆞᆫ總督을置ᄒᆞ야軍政民治를統轄케ᄒᆞ니其權限이最大ᄒᆞ며行政管區ᄂᆞᆫ東西伯利亞總督部、阿穆爾地方總督部의二部로分ᄒᆞ야東西伯利亞總督은이르쿳스크府에駐在ᄒᆞ야야쿳스크、사바이칼、이르쿳스크、예니세이스크四州를統轄ᄒᆞ며阿穆爾地方總督은하바로브가府에駐在ᄒᆞ야阿穆爾、沿海二州及、薩哈連嶋를統轄ᄒᆞ고西西伯利亞의톰스크、토볼스크二州ᄂᆞᆫ內務部監督에屬ᄒᆞ야總督을不置ᄒᆞᄂᆞ니라

又、總督은軍民의政을兼管ᄒᆞᆫ故로東西伯利亞、阿穆爾地方의軍政管區ᄂᆞᆫ行政管區와無異ᄒᆞ나西西伯利亞ᄂᆞᆫ總督이無ᄒᆞᆷ으로其軍政管區ᄂᆞᆫ中亞細亞三州를包括ᄒᆞ야此를옴스크軍管이라稱ᄒᆞ야本營

을옴스크府에置ᄒᆞ니라

二 中亞細亞 CENTRAL ASIA.

地勢。中亞細亞ᄂᆞᆫ三大部로分ᄒᆞ니即、北半部를스테프노에라南半部를土耳其斯坦이라裏海의東部를트린스키스피안이라稱ᄒᆞ야此三大部를十餘州로更分ᄒᆞ니라其地勢ᄂᆞᆫ東南은山嶽이나其他ᄂᆞᆫ皆、低原이오北部스테프노에地ᄂᆞᆫ一般卑濕ᄒᆞᆫ曠原이니蓋、스테프노에ᄂᆞᆫ曠原의義며又、裏海의附近地ᄂᆞᆫ最低ᄒᆞ야黑海水面보다低ᄒᆞᆷ이數十尺이며湖沼의最大ᄒᆞᆫ者ᄂᆞᆫ아랄海니아무、다리아와실다리아의二河가此海로注入ᄒᆞ니라

面積及人口。面積은二千二百七十三萬六千七百五十一方里(一百五十四萬八千八百二十五方英里)오人口ᄂᆞᆫ大畧、七百七十二萬二千이니라

氣候及產物。氣候ᄂᆞᆫ西伯利亞에比ᄒᆞ면稍、溫和ᄒᆞ며又、空氣가常時乾燥ᄒᆞ야降雨가稀少ᄒᆞᆷ으로連年旱魃의害가有ᄒᆞ고重要ᄒᆞᆫ物產은牛、馬、駱駝、羊等家畜이니此等은北部스테프노에에서牧養ᄒᆞ며南部아무、다리아、실、다리아等河邊은地味가肥沃ᄒᆞ야穀物、菓實、綿類가產出ᄒᆞ니라

人民。人民은一般蒙古人種인ᄃᆡ其中土耳其斯坦人民은土耳其種이니農業에從事ᄒᆞᄂᆞᆫ者도有ᄒᆞ나太半은遊牧에從事ᄒᆞ며隊商은駱駝로써貨物을運搬ᄒᆞ야貿易에從事ᄒᆞ니此人民은回教를信奉ᄒᆞ야處處都會에寺院이多ᄒᆞ며스테프노에ᄂᆞᆫ길기스種의遊牧地인故로길기스曠原이라亦稱ᄒᆞ니길기스人은帳幕內에住ᄒᆞ며各部에酋、倚長이有ᄒᆞ야此를統轄ᄒᆞ고宗教ᄂᆞᆫ回教를奉ᄒᆞ고트린스키스피안人도其生業과風俗이以上二人種과畧同ᄒᆞ니라

土耳其斯坦은昔時에ᄂᆞᆫ數個小國으로分ᄒᆞ야各國이酋、君主가有ᄒᆞ야獨立ᄒᆞ얏스니其中에도有名ᄒᆞᆫ帖木兒와如ᄒᆞᆷ은사마킨드에서起ᄒᆞ야亞細亞의太半을并呑ᄒᆞ고歐羅巴東部를征畧ᄒᆞ야廣大ᄒᆞᆫ版

圖를拓ᄒᆞ야宇內를震動케ᄒᆞ얏고길기스人도昔時에ᄂᆞᆫ皆獨立ᄒᆞ야他의覊絆을不受ᄒᆞ더니此等人民이今日에ᄂᆞᆫ皆俄國人에게征服ᄒᆞᆫ배되야全土가其所領이되니北部ᄂᆞᆫ옴스크軍管에屬ᄒᆞ고南部ᄂᆞᆫ土耳其斯坦總督에게隸ᄒᆞ야其統御를受ᄒᆞᄂᆞ니라

都府●● 타쉬켄드ᄂᆞᆫ中亞細亞中央에在ᄒᆞ니土耳其斯坦總督의駐在地오南方重鎭이며사마칸드府ᄂᆞᆫ昔時帖木兒의都地라當時에ᄂᆞᆫ盛ᄒᆞᆫ都會러니今에ᄂᆞᆫ衰微ᄒᆞ야僅히其舊蹟을存在ᄒᆞᆯᄲᅮᆫ이오복하라도亦有名ᄒᆞᆫ都府니라

三 高加索 *CAUCASUS.*

高加索은黑海와裏海間에在ᄒᆞᆫ地方이니高加索山脈以北即歐羅巴洲에屬ᄒᆞᆫ部分을北高加索이라高加索山脈以南即亞細亞洲에屬ᄒᆞᆫ部分을트린스코키시아라稱ᄒᆞ야此南北高加索地를十餘州로更分ᄒᆞ니라此地方은高加索山脈의支脈이南北으로連ᄒᆞ야域內에山嶽이多ᄒᆞ나地味가肥沃ᄒᆞᆷ으로山間의平地에ᄂᆞᆫ穀物菓實等이產出ᄒᆞ고山中에ᄂᆞᆫ木材가富ᄒᆞ니라

土人은高加索人種이니此를지요지아人이라云ᄒᆞ고回教를奉ᄒᆞ며骨格容貌의秀美ᄒᆞᆷ이天下에罕比ᄒᆞ며此人民은音樂을甚好ᄒᆞ야終日歌舞音曲에耽ᄒᆞᄂᆞᆫ風이有ᄒᆞ니라티플리스ᄂᆞᆫ트린스코키시아의首府니波斯人과貿易이盛行ᄒᆞ며高加索總督의駐在地니라

高加索의面積은二百六十五萬四千七百七十五方里(十八萬八百四十三方英里)오人口ᄂᆞᆫ九百二十四萬九千餘니라

第五節 佛領印度支那 *INDO-CHINE FRANCAISE* (*FRENCH INDO-CHINA*).

地勢●● 佛領印度支那ᄂᆞᆫ東京(똥킹)安南帝國、코친친(交趾支那)東浦寨王國의四大部로分ᄒᆞ야印度支那半嶋東部에位ᄒᆞ니其地勢ᄂᆞᆫ內地ᄂᆞᆫ山嶽이多ᄒᆞ나甚高ᄒᆞᆫ者ㅣ無ᄒᆞ며河水ᄂᆞᆫ概、南流ᄒᆞ니北에東京

河와 南에 메콩河(一名은 柬蒲寨河)가 有ᄒ니 支那 蘭滄江의 下流오 印度支那半島의 第一大河라 下流는 數派로 分ᄒ야 海로 入ᄒ고 其河邊은 平坦ᄒ야 地味가 肥沃ᄒ며 湖水는 暹羅境에 大湖라 稱ᄒ는 者ㅣ 有ᄒ야 湖中에 魚族이 富ᄒ니라

氣候及產物 此地方은 熱帶에 屬홈으로 炎熱이 甚ᄒ되 南方은 身體의 健康을 不害ᄒ나 此에 反ᄒ야 北方은 健康에 害홈이 甚ᄒ야 風土에 不慣ᄒᆫ 外國人은 數年을 淹留ᄒ면 瘧、貧血病에 罹ᄒᆫ다 云ᄒ며 重要ᄒᆫ 產物은 米오 其他 農產은 綿、烟草、砂糖、菓實 等이며 林產은 肉桂樹、護謨 等이며 鑛物은 金、銀、銅、鐵、石炭 等이 有ᄒ니라

人民 人民은 蒙古人種이니 佛敎가 盛行ᄒ고 士人은 儒敎를 尊崇ᄒ며 人民의 性行은 懶惰ᄒ야 遊樂에 耽ᄒ고 進就의 氣像이 乏ᄒ니라

沿革及區劃 此地方은 支那와 土地를 接홈으로 其關係가 深ᄒ야 昔、秦代로붓허 唐代에 至ᄒ기ᄭ지는 支那의 郡縣이 되고 其後 近代에는 支那의 朝貢國이 되얏더니 自今 百餘年前에 佛國과 關係가 生홈에 及ᄒ야 支那 關係가 漸薄ᄒ고 今日은 佛國이 此全土를 統治ᄒ니 今、其沿革을 略述ᄒ건ᄃᆡ 初에 安南國에 內亂이 起ᄒ야 帝가 暹羅로 逃홈의 此時 佛國 宣敎師가 帝를 輔佐ᄒ야 恢復을 謀ᄒ고 其太子로 더브러 佛國에 赴ᄒ야 乞援ᄒᆫᄃᆡ 佛國政府가 此에 應諾ᄒ야 土地의 割讓을 約ᄒ고 援軍을 直出ᄒ야 內亂을 鎭壓ᄒ니라

然而 其後、帝가 崩ᄒ야 新帝가 立홈에 及ᄒ야 外人을 蹴ᄒ며 宣敎師를 逆待ᄒ고 佛國과 通商을 絕홈의 於是에 佛國이 怒ᄒ야 安南을 攻ᄒ거ᄂᆞᆯ 帝가 此를 防禦키 不能ᄒ야 遂、南部의 三州를 割讓ᄒ야 和를 乞ᄒ고 且 三州附近地도 漸次 佛國統治에 任홈을 約ᄒ얏더니 其後 變亂이 屢起ᄒ야 此附近地도 佛國手下에 落ᄒ야 遂、安南南部七州 卽、쑈잉신地가 佛國版圖에 盡入ᄒ니라

佛國은 此地를 領有홈으로붓허 次第로 勢力을 得ᄒ야 自今 四十三

年(千八百六十三年)前에東蒲寨王國保護權을得ᄒᆞ고其後에又、安南帝가條約을破ᄒᆞᆷ의佛國이大怒ᄒᆞ야戰端을啓ᄒᆞ거ᄂᆞᆯ支那流賊等이帝를援ᄒᆞ야佛軍을對敵ᄒᆞ다가皆、敗ᄒᆞ야遂、其北部東京地가佛領에歸ᄒᆞ고安南國이保護를受ᄒᆞᆷ에至ᄒᆞ니라

右와如ᄒᆞᆫ沿革이有ᄒᆞ야現今此地方은東京、安南帝國、꼬칭신、東蒲寨王國의四部에分ᄒᆞ야東京과꼬칭신은純然히佛國版圖에屬ᄒᆞ고安南과東蒲寨ᄂᆞᆫ佛國保護下에在ᄒᆞ야佛蘭西總督이此四大部를總管ᄒᆞ니라

東●京● 東京은古交趾의地니安南以北에在ᄒᆞ야內地ᄂᆞᆫ山嶽丘陵이多ᄒᆞ나沿岸地方은平坦ᄒᆞ야米를產ᄒᆞᆷ이夥多ᄒᆞ니其面積이六十八萬一千一百五十二方里(四萬六千四百方英里)오人口ᄂᆞᆫ大約、九百五十六萬二千九百이며其首府를河內(하노이)府라云ᄒᆞ고海防(하이퐁)港은東京灣의一良港이니近傍貨物이皆、此處에湊集ᄒᆞ야貿買가盛行ᄒᆞ고此地와河內府間에、運河가有ᄒᆞ야小滊船이恒常往來ᄒᆞ며市街ᄂᆞᆫ運河兩岸에跨ᄒᆞ야土人의家屋은矮陋甚粗ᄒᆞ나歐洲人의居留地에ᄂᆞᆫ宏壯ᄒᆞᆫ建築物이多ᄒᆞ니라

安●南● 安南은東京以南꼬칭신以北에在ᄒᆞ니土地가豐饒ᄒᆞ야產物이富ᄒᆞ고人民의風俗習慣이支那人에類ᄒᆞ니其面積은七十六萬四千八百二十八方里(五萬二千一百方英里)오人口ᄂᆞᆫ六百十二萬四千이며首府ᄂᆞᆫ順化(후에)府라稱ᄒᆞ니海岸에臨ᄒᆞ고帝의宮殿은極華麗ᄒᆞ야金銀을鏤ᄒᆞ고佛像으로城門을修飾ᄒᆞ니라

安南은北과南에佛國領土가有ᄒᆞ고中央에介在ᄒᆞ야其保護를被ᄒᆞ니其名은堂堂ᄒᆞᆫ帝國이나其實은佛國屬國에等ᄒᆞ니라

꼬●칭●신● 꼬칭신은安南의南에在ᄒᆞ니其面積은三十二萬二千九百六十方里(二萬二千方英里)오其人口ᄂᆞᆫ二百九十六萬八千五百餘며其首府ᄂᆞᆫ西貢(싸이공或쎄공)이라稱ᄒᆞ야佛蘭西總督이駐在ᄒᆞ고建築의

壯大ᄒᆞᆫ者ᄂᆞᆫ總督府가爲最오裁判所、兵營、陸軍病院等이其亞며貿易은歐洲人과支那人이營ᄒᆞ고佛國郵船이常時寄港ᄒᆞ며且此地에서各地에定期航行ᄒᆞᄂᆞᆫ流船이有ᄒᆞ니라

東浦寨 東浦寨王國은셔싱신西北에在ᄒᆞ니土地가平坦肥沃ᄒᆞ야米의産出이多ᄒᆞ며其面積은五十四萬九千三十二方里(三萬七千四百方英里)오人口ᄂᆞᆫ大約百五十萬餘며首府ᄂᆞᆫ하놈펜이니東浦寨河에瀕ᄒᆞ고王宮과各官衙等은歐風이有ᄒᆞ며市街도亦淸潔ᄒᆞ니라

第六節 暹羅 SIAM.

地勢 暹羅ᄂᆞᆫ印度支那半島中央部를占ᄒᆞᆫ王國이니其地勢ᄂᆞᆫ北은山岳이나南은次第로傾斜ᄒᆞ야一体平坦卑濕ᄒᆞ야沼澤이多ᄒᆞ며湄南阿ᄂᆞᆫ流域이短ᄒᆞ나下流ᄂᆞᆫ川幅이廣ᄒᆞ고水運이便利ᄒᆞ니라

面積及人口 現今暹羅面積은凡三百二十二萬九千六百方里(二十二萬方英里)오人口ᄂᆞᆫ約五百萬이니라

氣候及産物 此國의氣候ᄂᆞᆫ大槪佛領印度支那와同ᄒᆞ며産物도畧同ᄒᆞ니第一은米오其次ᄂᆞᆫ砂糖、綿、烟草、玉蜀黍、各種菓實、材木又ᄂᆞᆫ金、錫、鉛、鐵、石炭、寶石等이며又此國에ᄂᆞᆫ象이有ᄒᆞ야平時에ᄂᆞᆫ貨物運搬에用ᄒᆞ고戰時에ᄂᆞᆫ軍用에供ᄒᆞᆫ다云이니라

人民 人民은蒙古人種이多ᄒᆞ며其次ᄂᆞᆫ馬來人種이오風俗이野鄙ᄒᆞ야遊樂에耽ᄒᆞ고勤勉從事ᄒᆞᄂᆞᆫ者ㅣ少ᄒᆞ나近年에ᄂᆞᆫ國王이勵精ᄒᆞ야歐洲의學術技藝를採用ᄒᆞ야國運을更張코져ᄒᆞᆷ이革新의觀이有ᄒᆞ며宗敎ᄂᆞᆫ自古로佛敎가盛行ᄒᆞ고耶蘇敎도近年에行ᄒᆞ니라

都府 盤谷은暹羅의國都오內外通商의要港이니地形이平坦卑濕ᄒᆞ야沼澤이多ᄒᆞ며國王의宮殿과貴人의第宅과官衙、寺院이皆規模가宏大ᄒᆞ니라

貿易 天産物이富ᄒᆞᆷ으로外國貿易이盛行ᄒᆞ나國民은農業及漁業에從事ᄒᆞ고商業을營ᄒᆞᄂᆞᆫ者ㅣ少ᄒᆞ야外國貿易은專、外國人의게

在ᄒᆞ야米、砂糖、材木、護謨、象牙、鹿角等天産物을香港、新嘉坡、支那、日本及、歐洲等地로輸出ᄒᆞ니其中에米가輸出品總價額의十分八을殆占ᄒᆞ며輸入品은木綿、蝙蝠傘、洋襪、玻璃等이니라

政治● 政體ᄂᆞᆫ君主專制니國王이政權을掌握ᄒᆞ며陸軍은侍衛兵、王宮扈衛兵、象隊、步兵等이오海軍은甚微弱ᄒᆞ야戰爭에不堪ᄒᆞ니라

第七節　英領海峽殖民地　*STRAIT SETTLEMENT.*

附馬來半島聯合州

英領海峽殖民地ᄂᆞᆫ馬來半島南方에在ᄒᆞᆫ新嘉坡島와同半島西岸에在ᄒᆞᆫ馬剌加(말라카)及페낭島의三個所를總稱ᄒᆞᆷ이니其面積이二萬一千方里餘오人口ᄂᆞᆫ約五十七萬三千이며其政廳은新嘉坡島都府新嘉坡에在ᄒᆞ며此三個所中人口가多ᄒᆞ고殷盛ᄒᆞᆫ地ᄂᆞᆫ新嘉坡島니此島ᄂᆞᆫ赤道에近ᄒᆞ야炎熱이甚ᄒᆞ나夏日은槪每日驟雨가有ᄒᆞ야暑氣를淩ᄒᆞᄂᆞ니라

馬來半島大部分을占ᄒᆞᆫ페락、셀랑고어、네글리셈비란、조호어及파항의聯合州ᄂᆞᆫ元來個個分立ᄒᆞ야或은暹羅에朝貢ᄒᆞ며或은英國保護를受ᄒᆞ며或은獨立ᄒᆞ더니千九百一年에聯合ᄒᆞ야네글리셈비란同盟國이라稱ᄒᆞ고英國의保護國이되니라

第八節　英領印度　*BRITISH INDIA.*

地勢● 英領印度ᄂᆞᆫ南亞細亞의太半을占ᄒᆞ야面積이一千七百三十九萬五千八百方里(一百十八萬五千方英里)에達ᄒᆞ고人口ᄂᆞᆫ二億九百四十萬이라此廣大ᄒᆞᆫ土地를喜馬拉耶地方、印度平原、데칸高原、緬甸地方의四部로大別ᄒᆞ니喜馬拉耶地方은北境에聳立ᄒᆞᆫ喜馬拉耶山脈의一帶地方이라平地라도一萬尺以上의高度가有ᄒᆞ며此地方에셔南으로急斜ᄒᆞ야벵갈灣北方에셔亞剌比亞海北方ᄭᆞ지連ᄒᆞᆫ一大平原을印度平原이라稱ᄒᆞ며此大平原以南은即데칸高原이니北은빈드바山脈과東은東갓츠山脈과西ᄂᆞᆫ西갓츠山脈이連ᄒᆞ야其高度가二千

尺內外며緬甸地方은英領印度東部에位ᄒᆞ야地勢가甚平坦ᄒᆞ니라
英領印度에ᄂᆞᆫ긴지스、브라마푸트라、印度等三大河及살윈河와이라와디河等이有ᄒᆞ며긴지스와브라마푸트라의二大河ᄂᆞᆫ下流에至ᄒᆞ야相會ᄒᆞ야數十條로分ᄒᆞ야벵갈灣으로入ᄒᆞ니此二大河의流域은印度國中最肥沃ᄒᆞᆫ地며印度河ᄂᆞᆫ印度西方에在ᄒᆞ니此河의流域은前者와反對ᄒᆞ야槪不毛ᄒᆞᆫ沙漠이오살윈、이라와디兩河ᄂᆞᆫ緬甸地方의大河니其流域은地味가肥沃ᄒᆞ니라

氣候● 英領印度의氣候ᄂᆞᆫ印度洋에서起ᄒᆞᄂᆞᆫ貿易風의影響을蒙ᄒᆞᆷ이頗大ᄒᆞ니卽、每年四月頃브터十月頃ᄭᆞ지ᄂᆞᆫ西南風이오十月頃브터四月頃ᄭᆞ지ᄂᆞᆫ東北風이라西南風에ᄂᆞᆫ印度西海岸이濕潤ᄒᆞ고東海岸이乾燥ᄒᆞ며東北風에ᄂᆞᆫ此와反ᄒᆞ야東海岸이濕潤ᄒᆞ고西海岸이乾燥ᄒᆞ니蓋、此半年風이水分을伴ᄒᆞᄂᆞᆫ所以며又、印度ᄂᆞᆫ地方을隨ᄒᆞ야寒暑의差가甚ᄒᆞ야北方高山에ᄂᆞᆫ終歲토록積雪이有ᄒᆞ고南方은炎熱이熾ᄒᆞᄂᆞ니라

產物● 英領印度ᄂᆞᆫ產物이甚富ᄒᆞ야枚擧키未遑ᄒᆞ나其中最、重要ᄒᆞᆫ者ᄂᆞᆫ米와綿의二種이오其次ᄂᆞᆫ鴉片、茶、砂糖、毛織物、生絲、各種藥材、香料等이며動植物에ᄂᆞᆫ巨大ᄒᆞᆫ者ㅣ有ᄒᆞ니大木에ᄂᆞᆫ榕樹와如ᄒᆞᆫ者와、巨獸에ᄂᆞᆫ象과如ᄒᆞᆫ者ㅣ有ᄒᆞ고又、虎、豹、獅子와如ᄒᆞᆫ猛獸가有ᄒᆞ니라

人民● 英領印度의人口二億餘中에純全ᄒᆞᆫ英人의子孫은十五萬餘와緬甸의蒙古人少許를除ᄒᆞᆫ外에ᄂᆞᆫ皆、印度아리아種이니此人種은色이黑ᄒᆞ고骨格이大ᄒᆞ며其風俗은種族에四階級이有ᄒᆞ야婚嫁를互相不通ᄒᆞ고交際를不結ᄒᆞ야貴賤의差가甚、懸隔ᄒᆞ며宗敎ᄂᆞᆫ婆羅門敎가盛行ᄒᆞ고佛敎、回敎、耶蘇敎를信奉ᄒᆞ되但佛敎ᄂᆞᆫ錫蘭島及、緬甸에서ᄲᅮᆫ行ᄒᆞ며敎育은近年에盛行ᄒᆞ야到處에小學校를設ᄒᆞ고又、都會에ᄂᆞᆫ中學과大學等을設ᄒᆞ얏스나然이나全國人口의五分之

四ᄂᆞᆫ倘、全無學識이라云ᄒᆞ니라

都•府。 英領印度首府갈커타ᄂᆞᆫ긴지스河口沿岸에在ᄒᆞ니印度大總督이駐在ᄒᆞ야人口ᄂᆞᆫ八十餘萬에達ᄒᆞ고貿易이盛行ᄒᆞ며孟買(봄베이)마드라스ᄂᆞᆫ印度의要港이며만달레이ᄂᆞᆫ緬甸舊部라昔에ᄂᆞᆫ盛ᄒᆞᆫ都會러니今에ᄂᆞᆫ랑군港의繁盛ᄒᆞᆷ을不及ᄒᆞ며랑군港은이라와듸河下流의在ᄒᆞ야人口가十三萬餘오貿易이盛行ᄒᆞ야米의輸出이夥多ᄒᆞ니라

交•通。 內地의道路ᄂᆞᆫ槩、險惡ᄒᆞ나印度政府에서通商上과軍事上必要로近年에鐵道를敷設ᄒᆞ야重要ᄒᆞᆫ都府와開港場間에連絡치아니ᄒᆞᆫ處ㅣ無ᄒᆞ고及、西으로延長ᄒᆞ야皮路値斯坦의一地方에達ᄒᆞ고東은랑군港브허北方을向ᄒᆞ야敷設ᄒᆞ니라

貿•易。 英領印度의貿易은內地貿易과海外貿易의二種으로分ᄒᆞ니內地貿易은每年定期開市ᄒᆞ야波斯及、俄領土耳其斯坦과行ᄒᆞ며

海外貿易은英國及、支那等과行ᄒᆞ니海外貿易의重要ᄒᆞᆫ輸出品은米、綿、鴉片等이니라

政•治。 英領印度ᄂᆞᆫ直轄部와藩部로大別ᄒᆞ니直轄部ᄂᆞᆫ其面積의三分之二를占ᄒᆞ고藩部ᄂᆞᆫ三分之一을占ᄒᆞ얏스며直轄部ᄂᆞᆫ十二州로分ᄒᆞ야每州에總督을置ᄒᆞ야一州의政務를掌케ᄒᆞ고其上에印度大總督이有ᄒᆞ야全國을統治ᄒᆞ며藩部ᄂᆞᆫ五個印度舊國으로成ᄒᆞ니尙今藩王이各有ᄒᆞ야土地를領ᄒᆞ얏스나英國의保護를受ᄒᆞ며年年貢物을納ᄒᆞᄂᆞ니라

沿•革• 抑、印度ᄂᆞᆫ世界舊國으로文化가盛開ᄒᆞ얏더니其後에漸次衰微ᄒᆞ야近世에及ᄒᆞ야ᄂᆞᆫ歐洲各國即、葡萄牙、英吉利、和蘭、佛蘭西等人民이移住ᄒᆞ야貿易을營ᄒᆞᄂᆞᆫ者ㅣ多ᄒᆞ야其中에英吉利人은東印度商會라稱ᄒᆞᄂᆞᆫ一大會社를結ᄒᆞ야貿易을盛行ᄒᆞ고又、軍隊를編制ᄒᆞ야印度諸國을征服ᄒᆞ고其管轄權을英國이得ᄒᆞᆷ의英國王은印度

皇帝의稱號로써英領印度全部를統御ᄒᆞ고印度大總督을命ᄒᆞ야其政令을掌케ᄒᆞ니라

又、緬甸은元來純然ᄒᆞᆫ一王國이러니其國運이漸傾ᄒᆞᆷ에及ᄒᆞ야英國의勢力이印度에셔益振ᄒᆞ야下緬甸의地ᄂᆞᆫ遂、英領에歸ᄒᆞ고上緬甸地와餘喘을僅保ᄒᆞ다가此亦、近年에英領이되니於是에古、緬甸王國은全滅ᄒᆞ고英領印度의一州가되니라

附錫蘭、佛領、葡領及、네팔、부탄

錫蘭。 錫蘭(세일란)島ᄂᆞᆫ島內에山嶽이起伏ᄒᆞ야平地가少ᄒᆞ며其面積은三十七萬一千八百七十三方里餘(二萬五千三百三十二方英里)오人口ᄂᆞᆫ三百五十七萬八千四百이며氣候ᄂᆞᆫ熱ᄒᆞ야草木이繁茂ᄒᆞ니椰子、肉桂、珈琲의類가有ᄒᆞ며西岸에在ᄒᆞᆫ콜롬보ᄂᆞᆫ島中第一都會며此島人民은佛敎를篤信ᄒᆞ야佛足石과佛牙塔이라稱ᄒᆞᄂᆞᆫ靈場이甚多ᄒᆞ며此島附近에在ᄒᆞᆫ小島도皆、英國殖民地니其政治ᄂᆞᆫ總督이掌ᄒᆞ야英國殖民大臣의監督에屬ᄒᆞ나英領印度와ᄂᆞᆫ其管轄이稍異ᄒᆞ니라

佛領、葡領。 印度半島東岸에在ᄒᆞᆫ퐁디셰리ᄂᆞᆫ佛蘭西領이니土地가狹少ᄒᆞ나貿易이盛行ᄒᆞ야繁華의地며此外에싸리칼、야나온、샹대르나골及、마에等掌大之地가有ᄒᆞ야總面積이四千三百四十五方里오人口ᄂᆞᆫ二十七萬三千七百餘며半島西岸에在ᄒᆞᆫ고아ᄂᆞᆫ葡萄牙領이니今에衰微ᄒᆞᆷ을不堪ᄒᆞ니라

네팔、부탄。 네팔은喜馬拉耶地方의一王國이니英領印度와西藏間에在ᄒᆞ며부탄은其東에在ᄒᆞ니此二國은皆、獨立ᄒᆞ야英國에不屬ᄒᆞ니라

第九節 亞富汗斯坦 *AFGHANISTAN.*

亞富汗斯坦(아프가니스탄)은印度西北에位ᄒᆞ니面積이三百六十七萬方里(二十五萬英方里)오人口ᄂᆞᆫ凡、四百萬이라此國은一體高地니北에힌두쿠쉬山脈이連ᄒᆞ고西에大鹽沙漠이有ᄒᆞ며全國地味가不好ᄒᆞ

야產物이乏ᄒᆞ나河流의沿岸은稍肥沃ᄒᆞ야米、麥及各種菓實이產出ᄒᆞᄂᆞ니라

人民은아리아人種이니回敎를奉ᄒᆞ며大槪遊牧에從事ᄒᆞᄂᆞᆫ野民이오其中에도耕作을營ᄒᆞᄂᆞᆫ者ㅣ有ᄒᆞ고市邑은카불、칸다하ㅣ、헤랏三等이有ᄒᆞ니라

此國은如此ᄒᆞᆫ野蠻의部落으로俄、英兩國領地에接ᄒᆞ야併呑ᄒᆞᆷ이될지나今日에至ᄒᆞ도록其蠶食을免ᄒᆞᆷ은俄、英兩國이權力을互爭ᄒᆞᆷ의其庇蔭을自蒙ᄒᆞᆫ所以니라

第十節　皮路値斯坦　BELUCHISTN.

皮路値斯坦(발루치스탄)은阿富汗斯坦南에在ᄒᆞ니面積이一百九十三萬五千六百三十一方里餘(五十三萬一千八百五十五方英里)오人口ᄂᆞᆫ九十一萬四千五百餘며其地味產物及人種等이槪阿富汗斯坦과同ᄒᆞ며英領印度에隷屬ᄒᆞ고印度鐵道가連絡ᄒᆞᄂᆞ니라

第十一節　波斯　PERSIA.

地勢。　波斯ᄂᆞᆫ亞細亞中央部에位ᄒᆞᆫ王國이니其面積이九百二十一萬九千四十方里(六十二萬八千方英里)오人口가七百六十五萬三千六百이며其地勢ᄂᆞᆫ東一面을除ᄒᆞᆫ外三面은山脈이圍繞ᄒᆞ야中央은一體高原이오大鹽沙漠의大部分을占ᄒᆞ고北方山脈은힌두쿠쉬山脈븟허連ᄒᆞᆫ엘버스山脈이니其西端은西敎史에有名ᄒᆞᆫ아라랏트山이니라

氣候及產物。　氣候ᄂᆞᆫ寒熱이俱嚴ᄒᆞ고降雨가乏少ᄒᆞᆷ을因ᄒᆞ야地味가瘠瘦ᄒᆞ야不毛之地가多ᄒᆞ고但三面山麓은水潤이有ᄒᆞᆷ으로地味가肥ᄒᆞ야穀物、葡萄、鹽、藥草類를多產ᄒᆞ며又家畜에ᄂᆞᆫ駱駝、馬、驢馬、羊、山羊等이有ᄒᆞ고製造品은絹帛、毛氈、熟皮等이有ᄒᆞ니其中에도絹帛은此國名產인故로外國輸出品中第一重要ᄒᆞᆫ者ㅣ니라

人民。　波斯人은아리아種이나蒙古種等과血統을混ᄒᆞᆫ雜種이多ᄒᆞ며宗敎ᄂᆞᆫ回敎를一般信奉ᄒᆞ고敎育은稍進步ᄒᆞ니特前年에國王

이歐洲各國에遊覽ᄒᆞ야其文物을周覽ᄒᆞᆫ以後로敎育에一層注意ᄒᆞ야理學、兵學等의敎授ᄒᆞᄂᆞᆫ學校를多數設立ᄒᆞ니라國民三分之二ᄂᆞᆫ各地都府村落에住ᄒᆞ야農、工、商業을營ᄒᆞ며其他ᄂᆞᆫ沙漠地方에在ᄒᆞ야遊牧에從事ᄒᆞ고或은剽掠ᄒᆞᄂᆞᆫ野民이니라

都府。 首府테헤란은北部山麓에在ᄒᆞ야皇宮은極、華麗ᄒᆞ나市街의家屋은泥土로塗ᄒᆞ야汚穢不潔ᄒᆞ며이스파한은國中央에在ᄒᆞᆫ波斯舊都니라

政治。 政體ᄂᆞᆫ君主專制니壓制가極ᄒᆞ니라

第十二節 亞剌比亞 *ARABIA.*

亞剌比亞ᄂᆞᆫ波斯灣과紅海間에介在ᄒᆞᆫ大半島니紅海에臨ᄒᆞᆫ東北方과西南方은亞細亞土耳其에總屬ᄒᆞ고內地에ᄂᆞᆫ北과南에大沙漠이有ᄒᆞ고中央은豐饒ᄒᆞ며此國을數多部落으로分ᄒᆞ고皆、酋長을置ᄒᆞ야其部下를統率ᄒᆞ며都會에住ᄒᆞᆫ人民은牧畜或、商業을營ᄒᆞ고其外ᄂᆞᆫ大槪、沙漠을徘徊ᄒᆞ야遊牧又ᄂᆞᆫ剽掠에從事ᄒᆞᄂᆞᆫ蠻族이니此等人民은亞剌比亞種이라稱ᄒᆞᄂᆞᆫ高加索人種의一派며此國은回敎始祖마호메드의出生地인故로人이皆、回敎를信奉ᄒᆞᄂᆞ니라

亞剌比亞ᄂᆞᆫ炎熱이甚ᄒᆞ고降雨가稀少ᄒᆞ며其重要產物은棗、珈琲니棗ᄂᆞᆫ國民의重要ᄒᆞᆫ食料오珈琲ᄂᆞᆫ外國으로輸出ᄒᆞ며其外甘蔗、綿、菓實、護謨等이有ᄒᆞ고又、馬ᄂᆞᆫ此國의名產이니世界에著名ᄒᆞ며駱駝ᄂᆞᆫ沙漠船이라稱ᄒᆞ야人民의貴重ᄒᆞᆫ動物이니라

附 오만王國 *OMAN.*

오만王國은亞剌比亞東部에在ᄒᆞ니其面積이一百二十萬三千七百六十方里(八萬二千英方里)오人口ᄂᆞᆫ百五十萬이며土地가豐沃ᄒᆞ야米、小麥、珈琲、砂糖、綿等이產ᄒᆞ며其首府ᄂᆞᆫ마스카트니貿易港을兼ᄒᆞ니라

其國體ᄂᆞᆫ獨立의體面을有ᄒᆞ나實際ᄂᆞᆫ英吉利의保護를受ᄒᆞᄂᆞ니라

第十三節 亞細亞土耳其 *TURKEY in ASIA.*

亞細亞土耳其ᄂᆞᆫ歐羅巴土耳其即、阿多曼(옷토만)帝國의領地니亞細亞洲極西에位ᄒᆞ야其面積은一千十八萬二千一百九十四方里餘(六十九萬三千六百十方英里)오其地勢ᄂᆞᆫ波斯엘버쓰山脈이延ᄒᆞ야此國境에至ᄒᆞ야아라라트山이되야自此로蜿蜒ᄒᆞ야小亞細亞半島에連亘ᄒᆞᆫ故로此地方은山嶽이多ᄒᆞ니라河ᄂᆞᆫ티그리스、유프레이트兩河가最大ᄒᆞ니其下流ᄂᆞᆫ相合ᄒᆞ야波斯灣으로入ᄒᆞ며湖水의著名ᄒᆞᆫ者ᄂᆞᆫ死海니其水가鹽分을含ᄒᆞᆷ이最多ᄒᆞ야魚族이生存키不能ᄒᆞᆷ으로死海의名이有ᄒᆞᆫ所以며此湖岸은世界의最低地니地中海水面보다低ᄒᆞᆷ이一千二百九十兩尺이라云ᄒᆞ며地中海에ᄂᆞᆫ土耳其屬島가多ᄒᆞ고但、싸이프러스島ᄂᆞᆫ英國에屬ᄒᆞ니라

地勢。(see above)

氣候及産物。 此國에氣候ᄂᆞᆫ地勢를隨ᄒᆞ야異同이有ᄒᆞ니東南部及、紅海에接ᄒᆞᆫ地ᄂᆞᆫ夏季에炎熱이烈ᄒᆞ며小亞細亞ᄂᆞᆫ溫暖ᄒᆞ고露領高加索에接ᄒᆞᆫ地方은冬季에ᄂᆞᆫ寒氣가甚ᄒᆞ며重要ᄒᆞᆫ農産物은穀物烟草、珈琲、藥品等이오鑛物은鐵、石炭等이有ᄒᆞ고製造品은毛布、生絲、熱皮等이有ᄒᆞ니라

人民。 此國人民은蒙古人種의一種土耳其人이最多ᄒᆞ고又、希臘人과猶太人等이雜居ᄒᆞ니總人口가一千六百八十九萬八千七百餘며宗敎ᄂᆞᆫ槪、回敎오耶蘇敎와猶太敎가亦行ᄒᆞᄂᆞ니라

區劃。 此國은地勢를隨ᄒᆞ야八部에區別ᄒᆞ니小亞細亞、알메니아、쿠르지스탄、메소포타미아、파벨로니아、시리아、헤자스、이멘이是니라

小亞細亞ᄂᆞᆫ黑海와地中海間에介在ᄒᆞᆫ半島니地勢가高燥ᄒᆞ며各種産物이富ᄒᆞ고스미르나港은亞細亞土耳其의第一都會니菓物의輸出이最多ᄒᆞ며브루사港은마모라海에濱ᄒᆞ니此地도貿易이盛ᄒᆞ며

알메니아ᄂᆞᆫ俄領高加索에接ᄒᆞᆫ山地니山間에ᄂᆞᆫ膏腴ᄒᆞᆫ地가多ᄒᆞ

며쿠르치스탄은波斯에接ᄒᆞᆫ山地오메소포타미아와파빌로니아는
티그리스와유프레이트二河의流域이니地勢가平坦ᄒᆞ야此地方은
上古에列邦이有ᄒᆞ던巴比倫니니브城의遺跡等이尙存ᄒᆞ며
시리아ᄂᆞᆫ地中海와亞剌比亞間에介在ᄒᆞᆫ地니其海岸地方을팔레
스타인이라稱ᄒᆞᄂᆞ니現今各國에散居ᄒᆞ야世人의擯斥을受ᄒᆞᄂᆞᆫ猶
太人의故國이오耶蘇敎祖基督의出生地며제루살렘은古代로붓허
有名ᄒᆞᆫ都會니現今尙存ᄒᆞ고시리아의西南은蘇士地峽이니今에ᄂᆞᆫ
運河를開鑿ᄒᆞ야船舶의交通이甚便ᄒᆞ며
헤자스ᄂᆞᆫ紅海에濱ᄒᆞᆫ橢長地니此地에在ᄒᆞᆫ멕카ᄂᆞᆫ回敎의祖馬河
邈(마호메드)와出生地오메디나ᄂᆞᆫ其歿ᄒᆞᆫ地니此兩地ᄂᆞᆫ回敎徒의靈
地로尊崇ᄒᆞᄂᆞᆫ處라諸方에셔叅觀ᄒᆞᄂᆞᆫ者ㅣ多ᄒᆞ며이멘은헤자스南
으로連ᄒᆞᆫ地니其南端은밥엘만뎁海峽이며此海峽外에ᄂᆞᆫ英國領土
亞丁(아덴)港이니此港은紅海口를扼ᄒᆞ야東西洋을航行ᄒᆞᄂᆞᆫ船舶의

必寄泊ᄒᆞᄂᆞᆫ處인故로其繁盛ᄒᆞ니라
政治● 土耳其政府ᄂᆞᆫ右各地方에牧長을置ᄒᆞ야各其一地方의政
務를掌케ᄒᆞ나然ᄒᆞ나牧長은兵馬와生殺權을握ᄒᆞ야其意에任ᄒᆞ니
殆獨立의勢가有ᄒᆞ니라

第十四節　馬來群島　*MALAYSIA.*

位置及區劃● 馬來群嶋ᄂᆞᆫ所謂東印度群嶋의一部니亞細亞洲東
南部를占ᄒᆞ야濠太利亞間에在ᄒᆞᆫ者ㅣ라此를他一部와共히大洋洲
에編入ᄒᆞᆷ도有ᄒᆞ며或亞細亞洲에分入ᄒᆞᆷ도有ᄒᆞ나바리와롬복兩嶋
間에一小海峽을隔ᄒᆞ야西北과東南에在ᄒᆞᆫ動植物의狀態가相異ᄒᆞᆫ
故로此로써兩大陸의境界線을作ᄒᆞᆷ이地理上에正當ᄒᆞᆫ지라此主義
를依ᄒᆞ야論ᄒᆞ면亞細亞大陸의一部되ᄂᆞᆫ馬來群嶋ᄂᆞᆫ西北으로바쉬
海峽과支那南海와말라카海峽을隔ᄒᆞ야暹羅、支那、及印度支那를對
ᄒᆞ고東南은太平洋의셀렙쓰海와마카싸海峽과바리、롬복間海峽으

로써大洋洲群島를對ᄒᆞ니此群島ᄂᆞᆫ政治上으로見ᄒᆞ면北米合衆國、和蘭、英吉利三國의領地니其區劃이如左ᄒᆞ니라

北米合衆國領　比律賓群島

和蘭領　大셴다列島及보니오島南部

英吉利領　보니오島北部

地勢 二派의火山脈이馬來半島를貫通ᄒᆞ야一은大셴다列島를沿ᄒᆞ야東方으로走ᄒᆞ고一은比律賓群島를沿ᄒᆞ야北方으로走ᄒᆞ니此群島地ᄂᆞᆫ火山作用의劇烈홈은地球上에其比를不見ᄒᆞ며자바島에三十座의火山이有ᄒᆞ고보니오島ᄂᆞᆫ面積이廣大ᄒᆞ나火山이乏ᄒᆞ니라

氣候 氣候ᄂᆞᆫ熱帶에位홈으로써酷熱ᄒᆞ며보니오島內地에ᄂᆞᆫ大陸性氣候가有ᄒᆞ니라

人民 人種은馬來種이多ᄒᆞ고支那人과歐洲人이亦不少ᄒᆞ며又黑人種及土人이有ᄒᆞ고言語ᄂᆞᆫ英吉利、西班牙、和蘭語를用ᄒᆞ나土人은馬來語를用ᄒᆞ며宗敎ᄂᆞᆫ回回敎와天主敎가多ᄒᆞ고偶像을崇拜ᄒᆞᄂᆞᆫ者도亦不少ᄒᆞ니라

産物 農産에ᄂᆞᆫ砂糖、珈琲、烟草며林産에ᄂᆞᆫ香木이多ᄒᆞ고보니오島의金及金剛石과빤카島의錫이最有名ᄒᆞ니라

今其地方을隨ᄒᆞ야各論ᄒᆞ건ᄃᆡ

(一)北米合衆國領馬來群島

北米合衆國은比律賓群島全部를占有ᄒᆞ니島北에呂宋(루손)과南에민다나오等大島가有ᄒᆞ고其間에多數羅列ᄒᆞᆫ島嶼를總稱ᄒᆞ야비사야스諸島라ᄒᆞ며민다나오島西에在ᄒᆞᆫ列島를술루列島라云ᄒᆞ니總計三百二十島오其面積이百八十七萬六千八百八十二方里(十二萬七千三百八十五英方里)오人口가七百六十四萬餘니라

呂宋島西南岸에在ᄒᆞᆫ마닐라ᄂᆞᆫ總督의駐在ᄒᆞᄂᆞᆫ首府ㅣ니南洋貿

易의中心點이오煙草의製造가盛ᄒᆞ며本港에ᄂᆞᆫ大船이碇泊키不能ᄒᆞ나約我十里許에카바이트의良泊地가有ᄒᆞ며本港은大風(타이푼)과地震이劇發ᄒᆞᄂᆞ니라

(二)和蘭領馬來群島 一名和蘭領東印度

本洲에在ᄒᆞᆫ馬來群島中에和蘭領은大선다列島와보니오島等이니大선다列島ᄂᆞᆫ자바、수마트라兩大島와附近에在ᄒᆞᆫ島嶼等을含ᄒᆞᆫ者ㅣ라자바島ᄂᆞᆫ和領馬來羣島中最重要ᄒᆞᆫ者ㅣ니其바타비아에ᄂᆞᆫ總督府가有ᄒᆞ고市內에ᄂᆞᆫ運河가貫通ᄒᆞ며氣候ᄂᆞᆫ炎熱卑濕ᄒᆞ야衛生에不適ᄒᆞ야商民은晝間에業務를畢ᄒᆞ고市外에退居ᄒᆞᄂᆞᆫ者ㅣ多ᄒᆞᄂᆞ니라

수마트라島ᄂᆞᆫ자바島西北에在ᄒᆞ야火山이多ᄒᆞ고大鰐의天産으로著名ᄒᆞᄂᆞ니라

반가島ᄂᆞᆫ수마트라島東에在ᄒᆞ야錫이多産ᄒᆞ며자바島東에在ᄒᆞᆫ바리島ᄂᆞᆫ롬복島와相對ᄒᆞ야其海峽으로大洋洲와亞細亞洲를界ᄒᆞᄂᆞ니라

보니오島ᄂᆞᆫ馬來群島中第二大島니南方大部가和蘭에屬ᄒᆞ야象、犀等天産이有ᄒᆞᄂᆞ니라

(三)英吉利領

보니오島의北部를占ᄒᆞ니都府산다칸이東北에在ᄒᆞ며其西에在ᄒᆞᆫ라부안小島도亦英領이니라

新訂中等萬國新地志卷上終

隆熙元年十一月五日印刷
全 十一月十日發行
全 四年三月二日再版印刷
全 三月二十二日發行

版權所有 不許複製

新訂中等萬國新地志 一秩二冊

定價金壹圜

校閱 京城中部養頭洞八十六統三戶 張志淵
編纂 故 金鴻卿
代理 京城南部草洞十一統五戶 金光淳
發行者 京城中部布屛下三十七統六戶廣學書舖 金相萬
印刷者 京城北部桂洞十二統十戶 申昌均
印刷所 京城北部觀峴三統一戶 電話一一五一番 徽文館
發行所 京城中部屛布下三十七統六戶 廣學書館

隆熙四年一月二十七日
內部出版認可

新訂

中等萬國新地志

正一品大勳 閔泳徽閣下序
葦菴先生 張志淵校閱幷序
涵齋先生 安鍾和序
石濃先生 柳瑾跋
臨瀛后人 金鴻卿編纂

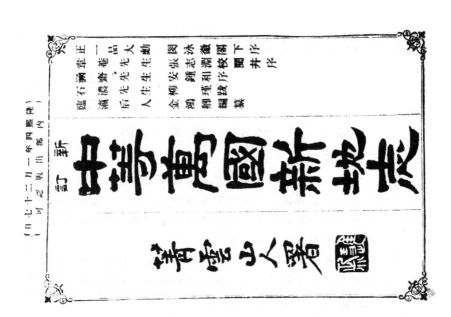

菁雲山人 著

訂新 中等萬國新地志卷下

壽同 張志淵 校閱

臨瀛 金鴻卿 編纂

第三章 歐羅巴洲 EUROPE.

第一節 總論

位置。 歐羅巴洲ᄂᆞᆫ東半球西北에位ᄒᆞ야亞細亞洲의半島와恰似ᄒᆞ니其位置ᄂᆞᆫ大約北緯三十六度에서起ᄒᆞ야七十一度餘에至ᄒᆞ고東經線六十八度로븟허西經線九度半에至ᄒᆞ며北邊一帶ᄂᆞᆫ北寒帶에入ᄒᆞ고其他ᄂᆞᆫ全北溫帶에在ᄒᆞ니라

境域。 北은北氷洋에臨ᄒᆞ며西ᄂᆞᆫ大西洋을濱ᄒᆞ며南은地中海와黑海에臨ᄒᆞ고高加索山脉으로亞細亞洲를接ᄒᆞ며東은裏海와우랄河

우알山脈으로亞細亞洲를界ᄒᆞ니其面積이五大洲中에最小ᄒᆞ니라

區劃。 歐羅巴洲에ᄂᆞᆫ四帝國과十一王國과二共和國이有ᄒᆞ니左와如ᄒᆞ니라

帝國 俄羅斯(루시아) 獨逸(도이취) 墺地利匈牙利(오스트로헝게리) 土耳其(터키)

王國 瑞典(스위든)本名스웨리스 諸威(노르웨이)本名노르스 丹抹(단마르크) 和蘭(네데를란드)本名홀란드 比利時(벨식크) 英吉利 西班牙(에스파냐) 葡萄牙(포츄갈) 義太利(이탈리아) 羅馬尼亞(루마니아) 塞比亞(써비아) 希臘(그리쓰)本名엘라스

共和國

佛蘭西(프랑쓰) 瑞西(쉬쓰)

右外에피레니스山中에在ᄒᆞᆫ안도라와아드리아틱海西에在ᄒᆞᆫ싼마리노國은皆、掌大ᄒᆞᆫ地나獨立共和國이오又、蒙的尼加露(몬테네그로)布加利亞(벌가리아)와佛蘭西東海岸에在ᄒᆞᆫ小國모나코ᄂᆞᆫ皆、獨立侯國이니我國과仵히締約ᄒᆞᆫ者ᄂᆞᆫ英、佛、獨、俄、義、墺、丹、比國等이니라

海岸。 歐羅巴洲의面積은五大洲中最小ᄒᆞ되比較上으로海岸線의長ᄒᆞᆷ은五大洲中第一位에居ᄒᆞ니海水가陸地에深히灣入ᄒᆞ야半島가海中에突出ᄒᆞᆷ이長遠ᄒᆞᆯᄲᅮᆫ아니라海岸에大島가橫在ᄒᆞ야交通貿易上에便利를與ᄒᆞᆷ이頗大ᄒᆞ니라

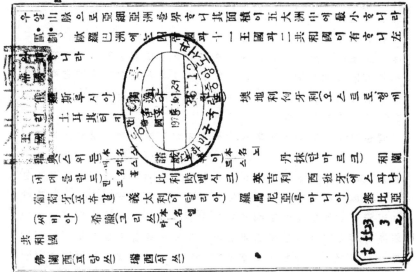

其海灣、半島及、大島等을畧擧ᄒᆞ건ᄃᆡ北氷洋의大島를노바、셈블라라云ᄒᆞ며俄羅斯北岸에灣入ᄒᆞᆫ海를白海라稱ᄒᆞ니一年間을大槪、氷雪로封鎖ᄒᆞᆷ을因ᄒᆞ야白海의名이有ᄒᆞ며北海의西에大半島가南出ᄒᆞᆫ者를스킨디네비아半島라稱ᄒᆞ니瑞典、諸威二王國이此를占有ᄒᆞ얏스며其內를발틱海라其外를北海라稱ᄒᆞ며北海正北에在ᄒᆞᆫ大西

洋中大島를아이쓸린드(氷洲)라稱ᄒᆞ니丹國에屬ᄒᆞ니라
北海西에大佛列顚과愛蘭(아얼린드)이라稱ᄒᆞᄂᆞᆫ二大島가有ᄒᆞ며大佛列顚과佛蘭西間에도버海峽과此海峽以南에비스케이灣이有ᄒᆞ며此灣以南에在ᄒᆞᆫ大半島를아이베리아半島라稱ᄒᆞ니西班牙와葡萄牙兩國이享有ᄒᆞ고其西南端과亞弗利加洲間은지부랄타海峽이니地中海의要口니라

地中海一支가北으로灣入ᄒᆞᆫ者를아드리아틱海라稱ᄒᆞ며其西ᄂᆞᆫ義太利半島오其東은발칸半島니前者ᄂᆞᆫ義太利國이占有ᄒᆞ얏고後者ᄂᆞᆫ土耳其와希臘等國이分占ᄒᆞ얏고地中海의大島ᄂᆞᆫ佛蘭西의코르스와義太利의사르데냐及시실리와土耳其의킨디아(一名크리트)와英吉利領싸이프러스等이是며킨디아北은無數ᄒᆞᆫ島嶼가有ᄒᆞᆷ으로多島海의名稱이有ᄒᆞ며多島海以北다다넬스海峽을過ᄒᆞ야마모라海에入ᄒᆞ고又보스포러스海峽을過ᄒᆞ면黑海니黑海ᄂᆞᆫ瘴霧가常凝ᄒᆞ야航路가危險ᄒᆞ며其北邊에셔南出ᄒᆞᆫ半島ᄂᆞᆫ크리미아오크리미아東北은아소브海니라

地勢。 本洲ᄂᆞᆫ其地勢를隨ᄒᆞ야二大部로分ᄒᆞ니其一은北部一大平原이니全洲三分之二를占ᄒᆞ고其一은南部山地니其中에山脈과高原이有ᄒᆞ며又廣濶ᄒᆞ고肥沃ᄒᆞᆫ谿谷이有ᄒᆞ니라

山脈의最大ᄒᆞ야著名ᄒᆞᆫ者ᄂᆞᆫ앒스山脈이라山脈中最高峯을몽블랑(一萬五千尺)이라稱ᄒᆞ니此大山脈은北海와地中海로注入ᄒᆞᄂᆞᆫ諸大河의分水界를作ᄒᆞ고又앒스山에有名ᄒᆞᆫ氷河ᄂᆞᆫ高山谿谷에堆積ᄒᆞᆫ氷雪이니其運動이徐徐ᄒᆞ야一日에僅數寸을不過ᄒᆞ며漸次融解ᄒᆞ야諸大河의源泉이되ᄂᆞ니라

앒스山外에피레니스、高加索、우랄等이有ᄒᆞ니우랄山脈은鑛物이最富ᄒᆞ며此外에캉파디안과아페나인等山脈이皆著名ᄒᆞ며又噴火山은시실리의에트나山이最著名ᄒᆞ니其高가一萬一千尺이오其次

噴火山을베수비오라稱ᄒᆞ야義太利國나폴리(나플스)近傍에在ᄒᆞ니其高가大約四千尺이니라

河•湖。 歐羅巴의河ᄂᆞᆫ大槪舟楫이不通홈이無ᄒᆞ며又諸川間은運河로써彼此連絡ᄒᆞᆫ故로其交通의便이極大ᄒᆞ며볼가河ᄂᆞᆫ歐洲의第一長流며다늅河ᄂᆞᆫ其長은볼가河에不及ᄒᆞ나水量의多홈은歐洲의第一이오此外에엘베河와라인河等이著名ᄒᆞ니라

歐羅巴洲의湖水ᄂᆞᆫ西北隅卽스칸디네비아半島及芬蘭(핀란드)地方에多ᄒᆞ니此地方의湖水ᄂᆞᆫ皆其沿岸의屈曲홈이頗大ᄒᆞ나風景의美홈은앒스山中湖水를不及ᄒᆞ니其廣大홈은前者를不及ᄒᆞᆯ지라도水淸境幽ᄒᆞ야四面에山嶽影을寫ᄒᆞ야仙境의趣味가恰有ᄒᆞ니라

氣•候。 歐羅巴洲의氣候ᄂᆞᆫ熱帶氣候와寒帶氣候가有ᄒᆞ야到處不同ᄒᆞ니南歐羅巴ᄂᆞᆫ北에山脉이有ᄒᆞ야北方寒風을防遏ᄒᆞ고亞弗利加沙漠으로吹來ᄒᆞᄂᆞᆫ熱風을受홈으로殆熱帶氣候를帶ᄒᆞ야夏ᄂᆞᆫ長ᄒᆞ고冬은短ᄒᆞ며東歐羅巴ᄂᆞᆫ一般로寒冷ᄒᆞ야南方에遠在ᄒᆞᆫ黑海近傍과如ᄒᆞᆫ者도冬季ᄂᆞᆫ甚寒ᄒᆞ며此에反ᄒᆞ야西歐羅巴沿海地方은墨西哥潮流의影響을被ᄒᆞ야氣候가頗溫和ᄒᆞ며北歐羅巴도其西部ᄂᆞᆫ此潮流의影響으로同緯度地方에比ᄒᆞ면甚溫暖ᄒᆞ나其東部ᄂᆞᆫ寒氣가最甚ᄒᆞ야人類의生活에不適ᄒᆞ며雨量은西岸及南海岸에最多ᄒᆞ니라

產•物。 本洲의植物은氣候의異同을因ᄒᆞ야各地가不等ᄒᆞ니南歐羅巴地中海에瀕ᄒᆞᆫ地方은橄欖無花果桑類오又米綿甘蔗類가多產ᄒᆞ며中央歐羅巴에ᄂᆞᆫ葡萄의栽培가最盛ᄒᆞ고小麥稞麥等穀物及麻類가多產ᄒᆞ며北歐羅巴에至ᄒᆞ야ᄂᆞᆫ植物이次第로減ᄒᆞ야其北氷洋沿岸地ᄂᆞᆫ僅苔蘚類가生ᄒᆞᆯᄲᅮᆫ이니라

牛馬山羊等家畜은處處에셔收養ᄒᆞ고牛酪의製出홈이夥多ᄒᆞ며馴鹿은北方寒地에셔飼養ᄒᆞ고鑛物은處處山地에셔產出ᄒᆞ니金銀

鐵、石炭、錫、鉛은其產額이極大ᄒᆞ니라

人民。本洲人口ᄂᆞᆫ大約三億五千萬이有ᄒᆞ니土地面積에比ᄒᆞ면人口의多ᄒᆞᆷ이五大洲中第一이며其人種은十中八九ᄂᆞᆫ高加索人種이니此를大別ᄒᆞ면高加索人種의三大別種(아리아種、셈種、함種)中아리아種에屬ᄒᆞᆫ希臘、羅甸、켈트、츄톤、스라브의五種이有ᄒᆞ니希臘、羅甸、켈트三人種은約南部에住ᄒᆞ야其風俗이奢侈에流ᄒᆞ야浮華輕薄ᄒᆞᆫ風이有ᄒᆞ며츄톤人種은西北部에住ᄒᆞ야其風俗이勤儉ᄒᆞ야忍耐力이有ᄒᆞ며스라브人種은東北部에住ᄒᆞ니其風俗이質朴ᄒᆞ야沉毅ᄒᆞᆫ風이이有ᄒᆞ며此等高加索人種外에芬蘭、臘蘭(랍린드)土耳其、匈牙利等의一部에住ᄒᆞᄂᆞᆫ人民은蒙古人種이니라

宗教。本洲ᄂᆞᆫ一般耶蘇教를信奉ᄒᆞ나然ᄒᆞ나人種의異同을隨ᄒᆞ야其信奉ᄒᆞᄂᆞᆫ宗派도亦各異ᄒᆞ니即스라브人種及希臘人種은大槪希臘教를奉ᄒᆞ며츄톤人種은大槪新教를奉ᄒᆞ며羅甸人種及켈트人種은大槪舊教를奉ᄒᆞ고此外에土耳其及南俄羅斯에셔ᄂᆞᆫ回教를奉ᄒᆞ며又處處에猶太教를奉ᄒᆞᄂᆞᆫ者도有ᄒᆞ니라

交通。本洲各國의重要ᄒᆞᆫ都府ᄂᆞᆫ大槪鐵道로써連絡치아니ᄒᆞᆫ者ㅣ無ᄒᆞ며又其河川은處處에運河를疏通ᄒᆞᆷ으로써舟運의利가頗有ᄒᆞ고又其海岸線은屈曲이多ᄒᆞ야深히灣入ᄒᆞᆷ으로써內地交通이極便利ᄒᆞ니右와如히歐羅巴洲ᄂᆞᆫ天然의交通이富ᄒᆞᆯ뿐더러尙人工을加ᄒᆞ야其缺을補ᄒᆞᆷ으로써商工業의發達ᄒᆞᆷ이五大洲中第一이니라

文化。歐洲諸國이天然的恩惠의浴ᄒᆞᆷ이既如此ᄒᆞ고且百般學術技藝가日益進步ᄒᆞᆷ으로써文化가大進ᄒᆞ며其勢力이宇內에能振ᄒᆞ니今日에其最盛ᄒᆞᆫ者ᄂᆞᆫ英、佛、獨、俄、義、墺니此를歐洲의六大强國이라稱ᄒᆞᄂᆞ니라

第二節　英吉利　*UNITED KINGDOM of GREAT BRITAIN and IRELAND.*

汎論。英吉利는大弗列顚(그레이트브리태인)愛爾蘭(아일랜드)二大島로써國을成ᄒᆞᆫ者ㅣ니此二大島를總稱ᄒᆞ야弗利智斯(브리티쉬)列島라ᄒᆞ고國名은大弗列顚及愛爾蘭聯合王國이라稱ᄒᆞ며又本國及海外領地를總稱홀時는弗利智斯帝國이라ᄒᆞᄂᆞ니라然而此國을英吉利라稱홈은大弗列顚島를英倫(잉글랜드)威爾士(웨일쓰)蘇格蘭(스카틀랜드)三部에分ᄒᆞ야其中英倫은英吉利(잉글리쉬)人種이住홈으로其地方의稱呼가됨이遂全國을總稱ᄒᆞ야英吉利라ᄒᆞ고도云ᄒᆞᄂᆞ니其境界는東은北海를面ᄒᆞ고南은英吉利海峽을隔ᄒᆞ야佛國을鄰ᄒᆞ고西는大西洋을濱ᄒᆞᄂᆞ니라

面積及人口。大弗列顚及愛爾蘭의總面積은一百七十七万六千六百七十六方里(十二萬一千十七方英里)二오人口는四千一百六十萬九千餘니라

地勢。大弗列顚島는쎄비오트連邱로써英倫과蘇格蘭의境界를

作ᄒᆞ야英倫은平野가多ᄒᆞ고威爾士와蘇格蘭은山이多ᄒᆞ야平野가少ᄒᆞ며河의最著名ᄒᆞᆫ者는테임스니舟運이便利ᄒᆞ며愛爾蘭島는四面海岸이隆起ᄒᆞ야槪山獄이圍閣ᄒᆞ고中央은平坦ᄒᆞ니라

氣候。英吉利는其緯度로論ᄒᆞ면亞細亞洲의勘察加와同ᄒᆞ나其氣候를比較홀時는後者는寒冷ᄒᆞ고前者는溫暖ᄒᆞ니是는洋流의所然이오後者는寒流로써其海岸을洗ᄒᆞ고前者는暖流로써其海岸을洗홈을因홈이나然이나空氣가常多量의水氣를含有ᄒᆞ고周歲토록深霧로써鎖ᄒᆞ야爽快ᄒᆞᆫ天氣가稀有ᄒᆞ니라

産物。農業은英倫과愛爾蘭南部에셔行ᄒᆞ야各種穀物을産ᄒᆞ니特小麥의産出이最大ᄒᆞ며牧畜은蘇格蘭에셔行ᄒᆞ야牛、馬、羊、豚의産出이夥ᄒᆞ며漁業은沿海에셔行ᄒᆞ야鱈、鯡類의收獲이最多ᄒᆞ며鑛業은處處에行ᄒᆞ야鐵과石炭의産額이最大ᄒᆞ니라英國은世界第一工業國、商業國으로字內에雄飛홈은實로此鐵과石炭의二大要素가有

ᄒᆞᆫ所以니今,其工業에對ᄒᆞ야重要ᄒᆞᆫ者를擧ᄒᆞ건ᄃᆡ第一은綿布오第二ᄂᆞᆫ羅紗類며其外에麻布,絹帛等織物이精巧ᄒᆞ고産額이夥ᄒᆞ며又,金屬器ᄂᆞᆫ精巧緻密ᄒᆞᆫ諸器具로븟허彪大堅實ᄒᆞᆫ軍艦等에至ᄒᆞ기ᄭᆞ지其種類가極多ᄒᆞ야枚擧키不遑ᄒᆞ니라

人民。 英倫의人民은卽,英吉利ᄂᆞᆫ츄돈人種이오威爾士,蘇格蘭,愛爾蘭의人民은槪켈트人種이라츄돈人種은英倫外의全國에散居ᄒᆞ야今日에勢力을振ᄒᆞᄂᆞᆫ人民이니其性質이着實ᄒᆞ고氣力이富ᄒᆞ며舊習을墨守ᄒᆞᄂᆞᆫ風이有ᄒᆞ니라宗敎ᄂᆞᆫ全國이大槪,新敎를奉ᄒᆞ나愛爾蘭人民은舊敎를行ᄒᆞ며敎育은人民의自由에任ᄒᆞ야政府ᄂᆞᆫ敢히干涉치못ᄒᆞᄂᆞᆫ故로普通敎育은獨逸等에比ᄒᆞ야ᄂᆞᆫ稍,遜色이有ᄒᆞ나高等敎育에至ᄒᆞ야ᄂᆞᆫ其,隆盛ᄒᆞ야鴻儒碩學이往往輩出ᄒᆞᄂᆞ니라

交通。 國內交通은河水와鐵道니河水ᄂᆞᆫ槪,長大ᄒᆞᆫ者ㅣ無ᄒᆞ나處處에運河를開鑿ᄒᆞ야彼此相通홈으로ᄡᅥ舟運이甚便ᄒᆞ며鐵道ᄂᆞᆫ縱橫敷設ᄒᆞ야蛛網과恰如ᄒᆞ야國內到處에交通이自在ᄒᆞ고又,此國은海國인故로海運業을發達ᄒᆞ야今日에ᄂᆞᆫ全世界各開港地에此國의船舶을不見홈이無ᄒᆞ니라

貿易。 英國은世界第一商業國으로其,繁盛홈은世人의熟知ᄒᆞᄂᆞᆫ바ㅣ라其,通商貿易ᄒᆞᄂᆞᆫ國은西洋諸國은勿論ᄒᆞ고東洋各國과도通商치아니ᄒᆞᄂᆞᆫ國이無ᄒᆞ니重要ᄒᆞᆫ輸出品은綿布,羅紗等諸織物,各種金屬器,器械類等이오輸入品은綿花,煙草,藥品,染料,飮食物等이니要ᄒᆞ건ᄃᆡ英國의貿易은自國領地又,他國으로븟허生産物을輸入ᄒᆞ야此에人工을加ᄒᆞ야再次輸出ᄒᆞ야其間에셔大利益을收홈이니라

政治。 英國의政體ᄂᆞᆫ立憲政體니國王이其繼統을承ᄒᆞ고議會ᄂᆞᆫ貴族,衆議兩院이有ᄒᆞ며軍備ᄂᆞᆫ海軍이最盛ᄒᆞ니其艦隊ᄂᆞᆫ海峽艦隊,地中海及,紅海艦隊,北亞米利加及,西印度艦隊,亞弗利加東南岸艦隊,支那艦隊,太平洋艦隊等九隊가有ᄒᆞ야武威를海上에揚ᄒᆞᄂᆞᆫ故로世

人이英國을稱ᄒᆞ야世界海王이라ᄒᆞᄂᆞ니라

都府。倫敦(론돈)은英吉利의國都니테입스河를溯ᄒᆞᆷ이約一百八十餘里地에位ᄒᆞ고人口가約六百八十萬七千이有ᄒᆞ며王宮、議院과各種建築物의壯大美麗ᄒᆞᆷ과車馬行人이絡繹ᄒᆞ야熱鬧를極히ᄒᆞᆷ과各種工場製造의盛ᄒᆞᆷ과船舶出入이頻繁ᄒᆞ야貿易의隆昌ᄒᆞᆷ은實로世界第一大都會의景象이有ᄒᆞ니라

리버풀은英倫西海岸에在ᄒᆞᆫ大都니此地ᄂᆞᆫ愛爾蘭及米國과貿易을行ᄒᆞ야線布의輸出이多ᄒᆞ며민체스터ᄂᆞᆫ리버풀東에在ᄒᆞᆫ有名ᄒᆞᆫ線布製造地니英國의第二大都며又버밍힘은玻璃、銃砲製造로著ᄒᆞ며사우스암톤과니우카슬、언타인은製鉄造船으로著ᄒᆞ며옥스포드와캠브릿지ᄂᆞᆫ大學校로著ᄒᆞ며폿스마후스ᄂᆞᆫ英國南岸의一大軍港이니라

에딘버로ᄂᆞᆫ蘇格蘭首府니亦有名ᄒᆞᆫ大學校가有ᄒᆞ며글리스고우ᄂᆞᆫ木綿、鉄器、蒸氣機關、船舶等製造로써著ᄒᆞ고又大學校가有ᄒᆞ며더블린은愛爾蘭首府니別로히著名ᄒᆞᆫ人工物은無ᄒᆞ나天然의風色으로써著ᄒᆞ니라

領地。英國은大弗列顚及愛爾蘭聯合王國外에多數ᄒᆞᆫ領地가有ᄒᆞ야其面積의廣大ᄒᆞᆷ이殆全世界의五分一이니此를行政上으로印度、殖民地、保護地及屬地로區別ᄒᆞᆷ이如左ᄒᆞ니라

(一)印度

英領印度本部

藩部

(二)殖民地

歐羅巴　말타及지부랄타

亞細亞　錫蘭、香港、海峽殖民地

亞弗利加　喜望峯殖民地等

亞米利加　加奈陀等

大洋洲　濠斯太拉利亞等

(三)保護地及屬地

亞細亞에在ᄒᆞᆫ者

亞弗利加에在ᄒᆞᆫ者

第三節　佛蘭西　*REPUBLIQUE FRANCAISE(FRANCE)*

汎論。 佛蘭西(프랑쓰)ᄂᆞᆫ歐羅巴大陸西部에位ᄒᆞ니東은앏스山脈으로義太利와瑞西를界ᄒᆞ고又獨逸을境ᄒᆞ며北은라망스(英吉利海峽)와빠、되칼레(도버海峽)를隔ᄒᆞ야英吉利를相對ᄒᆞ고又比利時와룩삼부르를接ᄒᆞ고西ᄂᆞᆫ가스콩이灣(비스케이灣)에瀕ᄒᆞ고南은西班牙를接ᄒᆞ고地中海를面ᄒᆞ야全國을行政上區劃으로八十七州(데빠르뜨망 *Departements*)로分ᄒᆞ니其面積이三百三萬九千五百五十二方里餘(二十萬七千五十四方英里)오人口ᄂᆞᆫ三千八百九十六萬二千餘니라

地勢。 東南은山脈이連亘ᄒᆞ고其他ᄂᆞᆫ一體로平原이니南은쎄레네피레니스山脈이西班牙와境을限ᄒᆞ고東은義太利及瑞西와境을接ᄒᆞᆫ앏스山系의西側에몽、블랑高峯이有ᄒᆞ며세벤山脈은東南을橫斷ᄒᆞ고北東으로走ᄒᆞ야보스山脈과連ᄒᆞ며河水의大者ᄂᆞᆫ쉰河、롸르河、가론河、론河等이니쉰河ᄂᆞᆫ北流ᄒᆞ야라망스로入ᄒᆞ고롸르河、ᄂᆞᆫ西流ᄒᆞ야개스콩이灣으로入ᄒᆞ고가론河ᄂᆞᆫ西北流ᄒᆞ야도르동이河와合ᄒᆞ야지시롱드河가되야同灣으로注入ᄒᆞ고론河ᄂᆞᆫ南流ᄒᆞ야리옹灣으로入ᄒᆞ며東南에꼬르스라稱ᄒᆞᄂᆞᆫ大島가有ᄒᆞ야此島에아사씨오의小邑이有ᄒᆞ니此ᄂᆞᆫ拿波崙第一世의出生地인故로著名ᄒᆞ니라

氣候。 土地가北溫帶中央에位ᄒᆞ고且、其西方은暖流가有홈으로써寒暑가不甚ᄒᆞ고天氣가爽快ᄒᆞᆫ故로歐洲中에氣候가最良ᄒᆞ니라

產物。 佛蘭西ᄂᆞᆫ氣候가溫和ᄒᆞ고地味가肥沃ᄒᆞ야農業에最適ᄒᆞᆫ故로國民이太半은農業에從事ᄒᆞ야小麥、裸麥類가多產ᄒᆞ며又、林檎、

葡萄의培養이盛行ᄒᆞ며工業은各都會에工場을設ᄒᆞ고各種物品을製出ᄒᆞ니其中著名ᄒᆞᆫ者ᄂᆞᆫ絹布의織物、磁器及、各種裝飾品等이니皆、世人의嗜好에適合ᄒᆞ며工業은是等에止ᄒᆞᆯᄲᅮᆫ아니라造船術도亦、巧妙ᄒᆞ니라

人民。人民의太半은羅甸及、츄톤의雜種과少數의켈트人種이니性質이敏捷ᄒᆞ고義俠心이多ᄒᆞ며又、快活ᄒᆞ야優美의風이有ᄒᆞ나緣ᄒᆞ나稍、輕浮ᄒᆞ고奢侈ᄒᆞ야堅忍不拔의精神이乏ᄒᆞ며宗敎ᄂᆞᆫ槪、舊敎를奉ᄒᆞ고或、新敎를奉ᄒᆞᄂᆞᆫ者도有ᄒᆞ며敎育은盛行ᄒᆞ야文學技藝가進步ᄒᆞ니古來로碩學大家의輩出ᄒᆞᆷ이不少ᄒᆞ나下民은學問을不解ᄒᆞᄂᆞᆫ者ㅣ亦、多ᄒᆞ니라

貿易。海陸貿易의盛大ᄒᆞᆷ은英吉利에不及ᄒᆞ나亦、凌駕ᄒᆞᆯ者ㅣ無ᄒᆞ니其、重要ᄒᆞᆫ輸出品은綿布及、其他織物、葡萄酒、刃物等이오輸入品은各種生産物、食料等이니라

政治。此國이初에ᄂᆞᆫ王國이러니屢次內亂을因ᄒᆞ야或、共和或、帝國政治를行ᄒᆞ야多數沿革을經ᄒᆞ다가今日에ᄂᆞᆫ共和政體가되야行政權은大統領이掌握ᄒᆞ고立法部ᄂᆞᆫ上下議院이니大統領의任期ᄂᆞᆫ七個年이오條約의締結權을有ᄒᆞ나宣戰은兩院의協贊이無ᄒᆞ면布告ᄒᆞᆷ을不得ᄒᆞᄂᆞ니라

都府。巴里(빠리)ᄂᆞᆫ佛蘭西의國都니셴河를跨ᄒᆞ야倫敦에居亞ᄒᆞᄂᆞᆫ世界의第二大都會니其規模ᄂᆞᆫ倫敦의三分一에不過ᄒᆞ나市街의體裁와家屋의結構와淸雅端麗ᄒᆞᆫ風趣ᄂᆞᆫ倫敦이不及ᄒᆞ며此地ᄂᆞᆫ文學工藝의要區니歐洲諸國에셔文人學士와巨匠大賈가雲集ᄒᆞ고又、歐洲諸國風俗의中心이니服裝의新奇ᄒᆞᆷ을競ᄒᆞ야流行이日變ᄒᆞ니他國人은此를模倣ᄒᆞ며府ᄂᆞᆫ堅固ᄒᆞᆫ城壁이周廻ᄒᆞ고府內에凱旋門에펠塔等이有名ᄒᆞ며셴河가府內를貫流ᄒᆞᆷ의景色이頗佳ᄒᆞ며人口ᄂᆞᆫ二百七十一萬五千餘니라

낭뜨ᄂᆞᆫ랄河口에在ᄒᆞᆫ繁昌ᄒᆞᆫ開港場이며마르세이ᄂᆞᆫ리옹灣北岸에在ᄒᆞ야亞細亞、歐羅巴、亞弗利加交通의要衝이니佛國의第一貿易港이오歐洲의第四位에居ᄒᆞᄂᆞᆫ大都市니메사세리、마리띰(Messageries Maritimes)等諸流船會社의本店이有ᄒᆞ며人口ᄂᆞᆫ五十餘萬이며리옹은론河上流에在ᄒᆞᆫ佛國의第二都會니絹布의製造地며人口ᄂᆞᆫ四十六萬餘오보르도ᄂᆞᆫ가론河口左岸에在ᄒᆞ니葡萄酒輸出로世界에著名ᄒᆞ고又、有名ᄒᆞᆫ造船所가有ᄒᆞ며가론河流域은最重要ᄒᆞᆫ葡萄의產地니라

싱떼쎄안은佛國工業의一中心이니官設銃砲製造所가有ᄒᆞ고其他、製鐵業이盛大ᄒᆞ며其近傍에石炭의產出이富ᄒᆞ니라

領地。 佛國殖民地及、保護地ᄂᆞᆫ總計五千三百十萬二千三百六十方里(三百六十一萬七千三百二十七方英里)니其主要者를擧ᄒᆞ면亞細亞에ᄂᆞᆫ佛領印度支那오亞佛利加에ᄂᆞᆫ수단地方알세리、쏭고地方、마다가스싸르等이며亞米利加에在ᄒᆞ야ᄂᆞᆫ쌔엔나(기아)等이며其他、各洋中에小島를多領ᄒᆞ야枚擧키不遑ᄒᆞ니라

附안도라共和國(一名발당롤) *VAL d'ANDORE (ANDORA).*

안도라ᄂᆞᆫ쎄레네山脈의溪間西班牙北東部에在ᄒᆞᆫ小共和國이니面積이二千三百〇五方里(一百七十五英里)오人口ᄂᆞᆫ凡、六千이니佛蘭西와西班牙僧正의保護下에立ᄒᆞ야二十四人으로成ᄒᆞᆫ議會가有ᄒᆞ야其中에서大統領을選擧ᄒᆞ며人民은淳良勤勉ᄒᆞ고自由를好ᄒᆞ며外國人을優待ᄒᆞ고言語ᄂᆞᆫ西班牙카탈로니아州方言이며首府ᄂᆞᆫ안도라오人口가六百餘니此國은佛國사를레망이帝가始、獨立國으로布告ᄒᆞ니라

附모나코侯國 *MONACO.*

此侯國은佛國마르세이港東北에在ᄒᆞ야面積이僅、一百十七方里餘(八英方里)오人口ᄂᆞᆫ一萬五千에達ᄒᆞ니佛國의保護下에立ᄒᆞ며羅馬舊敎外에寺院建築을不許ᄒᆞᄂᆞᆫ規定이有ᄒᆞ며兵備ᄂᆞᆫ五人의士官과七

十人의陸軍이有ᄒᆞ니라

第四節 獨逸 *DEUTSCHLAND (GERMANY).*

汎論。 獨逸(더이촐란드)은歐洲中央에在ᄒᆞ니北은발틱海及、丹抹을接ᄒᆞ고東과南은俄羅斯、墺地利匈牙利及、瑞西를界ᄒᆞ고西ᄂᆞᆫ和蘭、比利時及、佛蘭西를境ᄒᆞ니總面積이三百六萬六千三百五十八方里餘(二十萬八千八百八十方英里)오人口ᄂᆞᆫ五千六百三十六萬餘며區劃은普魯士(프러이센)바예른外에二王國、六大公國、五公國、七侯國、三自由市、一帝領으로成ᄒᆞᆫ帝國이니라

地勢。 獨逸은大森林이東西로連ᄒᆞ야此大森林으로地勢의境界를作ᄒᆞ니北部의太半은普魯士의領土로一大平原을成ᄒᆞ니地味가肥瘠相交ᄒᆞ야麥、麻類를產ᄒᆞ니此地方은低地獨逸이라云ᄒᆞ며南部ᄂᆞᆫ山嶽邱陵이起伏ᄒᆞ야到處에葡萄를培植ᄒᆞᆷ이盛ᄒᆞ고又、라인河上流ᄂᆞᆫ山川의風光이如繪ᄒᆞ니此地方은高地獨逸이라稱ᄒᆞᄂᆞ니라

少數의河流ᄂᆞᆫ高地獨逸에서發源ᄒᆞ야東流ᄒᆞᄂᆞᆫ者와北流ᄒᆞᄂᆞᆫ者ㅣ有ᄒᆞ니其東流ᄒᆞᄂᆞᆫ者ᄂᆞᆫ다늅河의水源이니墺地利로入ᄒᆞ고北流ᄒᆞᄂᆞᆫ者ᄂᆞᆫ라인、엘베、오데르、베세르等이니발틱海와北海로注入ᄒᆞ며此等諸水ᄂᆞᆫ運河로써彼此相通ᄒᆞ야運輸交通의便이有ᄒᆞ며沿岸은屈曲이乏ᄒᆞ야大灣이缺ᄒᆞ나河口에良港이不少ᄒᆞ니함부르흐、스테틴、브레멘等이니라

氣候。 獨逸의氣候ᄂᆞᆫ발틱沿岸地方은寒冷ᄒᆞ며北海地方은墨西哥灣流의影響을被ᄒᆞ야寒氣가酷烈치아니며라인河畔은溫和ᄒᆞ니라

產物。 獨逸은各種產物이富ᄒᆞ야其中에森林鑛山의二者가此國의富源이니森林은政府에서管理ᄒᆞ야制度가完備ᄒᆞ며鑛物은鐵、石炭、金、銀、銅、鉛等金屬의產出이夥多ᄒᆞ며又、工業의產은鐵器、毛布、綿布、麥酒、葡萄酒等이니라

人民。 人民은槪、츄톤人種에屬ᄒᆞ고言語風俗이畧、相同ᄒᆞ며性質은堅忍不撓ᄒᆞ야尙武의風이有ᄒᆞ고且、文學을好ᄒᆞᄂᆞᆫ故로教育이普及ᄒᆞ야全國에二十一大學校가有ᄒᆞ니天下人士가學術을講究코져ᄒᆞᆯ時ᄂᆞᆫ槩、此國에遊學ᄒᆞᆷ의其隆盛ᄒᆞᆷ을可知니라

交通。 國內의大小河流가皆、舟楫을通ᄒᆞᆯ뿐아니라處處에運河를開鑿ᄒᆞ야交通의便이有ᄒᆞ니運河中最大ᄒᆞᆫ者ᄂᆞᆫ北海와발틱海를通ᄒᆞᆫ가이세르、빌헬름運河오其外라인河와다布河를連絡ᄒᆞᆫ者等이며又、鐵道ᄂᆞᆫ伯林(베를린)으로中心을作ᄒᆞ야八方에敷設ᄒᆞ고隣邦과連絡ᄒᆞ니라

政治。 獨逸은立憲政體의帝國이라王、大公、公、侯國과自由市의聯邦으로成ᄒᆞ니其各部의名稱及、其首府ᄂᆞᆫ如左ᄒᆞ니라

	名稱	首府
	프러이센(프러시아)	베를린
王國	바예른(바바리아)	뮌헨
	삭센(삭소니)	드레스덴
	뷔르템베르히	스투트가르트
大公國	바덴	카를스루헤
	헷센	다름스닷트
	멕클렌부르흐、슈베린	슈베린
	삭센、바이마르	바이마르
	멕클렌부르흐、스트렐릿츠	스트렐릿츠
	올덴부르흐	올덴부르흐
公國	브라운슈바이히(부런스윅크)	브라운슈바이히
	삭센、마이닝겐	마이닝겐
	삭센、알텐부르흐	알텐부르흐
	삭센、코부르흐、고타	코부르흐

候國	안할르	데싸우
	슈바르츠뷰르흐、손데르스하우센	손데르스하우센
	슈바르츠부르흐、루돌스닷트	루돌스닷트
	발덱크	아롤센
	러이스일테레、리니에	그라이츠
	러이스、왕게레、리니에	게라
	샤움부르흐립페	뷕케부르흐.
	립페	뎃트몰드
自由市	뤼벡크	
	브레멘	
	함부르흐	
帝領	엘사쓰、로트링겐(알사쓰、로린)	스트라스부르흐

獨逸皇帝의位는普魯士國王이世世로繼承ᄒ야獨逸帝國을代表ᄒ야外國과條約을締結ᄒ고又、宣戰講和權을有ᄒ나然ᄒ나戰의性質이防禦的이아니오進攻的이될時는必、聯邦議會의協贊을經홈을要ᄒᄂ니故로全國이普魯士版圖에歸홈이아니오各國君主는立憲政體를用ᄒ야其國에君臨ᄒ며自由都市는共和政治를敷ᄒ야各各獨立의體面을有ᄒ고但、兵馬權과締約權이無홀뿐이라故로普魯士王이獨逸帝位에登ᄒ얏슬지라도王號를敢廢치못ᄒ며又、엘사쓰、로트링겐州는獨逸皇帝의勅任太守가統治ᄒᄂ니라

議會는二種이有ᄒ니一은聯邦議會니各聯邦에셔一人乃至十七人의議員을其政府에셔任命ᄒ야其數가五十八人이有혼者ㅣ니上院의性質이有ᄒ고一은帝國議會는一般人民이選擧혼三百九十七人의議員으로成혼者ㅣ니下院의性質이有ᄒ며兵制는擧國이皆、兵役에服務ᄒ야丁年의男子는必、兵役에服ᄒ야他人으로代行케홈을不許홈으로軍備가完全ᄒ고精銳ᄒ니常備兵이五十九萬에達ᄒ며

敎育은强制的이니法律로一定ᄒᆞᆫ年限中은兒童을必就學케ᄒᆞᄂᆞ니라

都府。 伯林은帝都오又普魯士首府니人口가一百八十八萬八千餘며市街가廣濶淸淨ᄒᆞ고建築이宏壯美麗ᄒᆞ야實天下에屈指ᄒᆞᄂᆞᆫ都市며學術、商、工業의淵藪이될뿐아니라歐洲各國政府가外交上必要의會議가有ᄒᆞᆯ時에ᄂᆞᆫ槪、使臣을此地에派遣ᄒᆞ야商議케ᄒᆞᄂᆞᆫ故로歐洲政事上中心이라稱ᄒᆞᆷ도可ᄒᆞ니라

함부르흐ᄂᆞᆫ엘베河口右岸에在ᄒᆞᆫ獨逸의第一貿易港이니人口가七十萬五千이며倫敦、뉴욕、리버풀外에ᄂᆞᆫ物貨集散의中心으로匹敵ᄒᆞᆯ者ㅣ無ᄒᆞ며부레멘은베세르河口近傍에在ᄒᆞ야河의兩岸을跨ᄒᆞᆫ良港이니獨逸의第二貿易港으로世界航通의一部를掌握ᄒᆞ고라입치히ᄂᆞᆫ사센國北에在ᄒᆞ니書籍出版이最盛ᄒᆞ며有名ᄒᆞᆫ大學이有ᄒᆞ고此外에쾨니히스베르히ᄂᆞᆫ北東에在ᄒᆞ며단치히、스텟틴、뤼벡크港及키일軍港은皆발틱海岸에在ᄒᆞ야著名ᄒᆞᆫ良港이며內地에ᄂᆞᆫ포센、할레、드레스덴、프랑푸르트、암마인、스트라스부르흐、퀠른、멧츠等이皆大都市오南部에在ᄒᆞᆫ바예른王國首府뮌헨에ᄂᆞᆫ有名ᄒᆞᆫ뮌헨大學校가有ᄒᆞ야學生의多ᄒᆞᆷ이獨逸中第二大學이오國立圖書館이有ᄒᆞ야百萬卷以上의書를藏ᄒᆞ니라

領地。 獨逸領地ᄂᆞᆫ如左ᄒᆞ니라

亞弗利加에ᄂᆞᆫ토고、카메룬、獨領西南亞弗利加、獨領東亞弗利加等과太平洋에ᄂᆞᆫ가이세르、빌헬름、란드비스마르크群島、솔로몬群島、마르살群島、사모아列島等과亞細亞에ᄂᆞᆫ膠州니以上面積이共一千五百八萬八千三百九十七方里餘(一百二萬七千八百二十方英里)오人口ᄂᆞᆫ一千、三百五十二萬二千이有ᄒᆞ니라

第五節 俄羅斯 *RUSSIA.*

汎論。 俄羅斯(루시아)ᄂᆞᆫ歐洲東部에位ᄒᆞᆫ大國이니西伯利亞를合ᄒᆞ야一大帝國을成ᄒᆞᆫ지라此에論ᄒᆞᄂᆞᆫ바ᄂᆞᆫ專、歐羅巴俄羅斯니라

境界ᄂᆞᆫ北은北氷洋에臨ᄒᆞ고南은黑海를濱ᄒᆞ고마니치河及裏海를隔ᄒᆞ며又東은우랄山脉과우랄河로亞細亞洲를界ᄒᆞ고西ᄂᆞᆫ瑞典諾威에接ᄒᆞ고발틱海에濱ᄒᆞ며又獨逸、墺地利、匈牙利、羅馬尼亞等을境ᄒᆞ니其面積이三千七十六萬三千六百四十二方里餘(二百九萬五千六百十六英方里)니其廣大ᄒᆞᆷ이歐羅巴全洲의太半을占ᄒᆞ얏고人口ᄂᆞᆫ一億六百二十六萬四千餘며區劃은俄羅斯本部、芬蘭(핀린드)臘蘭(랍린드)波蘭(폴린드)北高加索의五部로分ᄒᆞ니俄羅斯本部ᄂᆞᆫ帝國大部分을占ᄒᆞ고芬蘭은其西에在ᄒᆞ며臘蘭은其北에位ᄒᆞ고波蘭은西南隅에在ᄒᆞ고高加索은高加索山脉以北에位ᄒᆞ니此區劃은地理上及歷史上에係ᄒᆞᆫ者오現今政治上區劃은全國을府州로分ᄒᆞ니라

地勢。 俄羅斯ᄂᆞᆫ歐洲大平原에位ᄒᆞ야其形狀이不一ᄒᆞ니北部ᄂᆞᆫ툰드리라稱ᄒᆞᄂᆞᆫ曠原이有ᄒᆞ야西伯利亞凍土帶와同ᄒᆞ고中央은森林이東西로連ᄒᆞ야松栢類가蓊鬱繁盛ᄒᆞ며南部ᄂᆞᆫ地味와形狀이東西가殊異ᄒᆞ니東部ᄂᆞᆫ裏海邊에至ᄒᆞ기ᄭᆞ지一體卑濕ᄒᆞᆫ曠原이相連ᄒᆞ고處處에沼澤이有ᄒᆞ야樹木을不見ᄒᆞ며西部ᄂᆞᆫ地味가肥沃ᄒᆞ야穀物의産出이夥多ᄒᆞ니小麥이最有名ᄒᆞ니라

河流ᄂᆞᆫ南北으로分流ᄒᆞ니其北流ᄒᆞᄂᆞᆫ者ᄂᆞᆫ舟運이不便ᄒᆞ나其南流ᄒᆞᄂᆞᆫ者卽볼가、돈、니ー퍼、우랄等은皆灌漑運漕의利가甚大ᄒᆞ니其中볼가河ᄂᆞᆫ歐洲에第一長流며湖水ᄂᆞᆫ西北部에多在ᄒᆞ야最大ᄒᆞᆫ者ᄂᆞᆫ라도가와오네가니此湖等도亦、歐洲의最大湖며芬蘭地方은湖沼가槪互相連絡ᄒᆞ야湖沼의臺地라稱ᄒᆞᆯ만ᄒᆞ니라

氣候。 土地가廣大ᄒᆞᆷ으로ᄡᅥ各地의氣候가不等ᄒᆞ니黑海沿岸地方을除ᄒᆞᆫ外에ᄂᆞᆫ雨量이少ᄒᆞ고平均溫度가氷點以下五度에셔十度에至ᄒᆞ며河水ᄂᆞᆫ十二月上旬븟허五十日乃至百日間을結氷ᄒᆞ니蓋全國에平原이廣濶ᄒᆞ야北方에寒風과南方에暖風을受ᄒᆞᄂᆞᆫ中에此를遮ᄒᆞᆫ山脉이無ᄒᆞᆷ으로ᄡᅥ夏冬溫度의差가甚ᄒᆞ니라

產物。國民의過半은皆、農業에從事ᄒᆞ니其農產物은小麥、稞麥、麻類、砂糖、煙草等이며其次富源은鑛物이니우랄山에서產出ᄒᆞᆷ이夥多ᄒᆞ야其中產額의最大ᄒᆞᆫ者ᄂᆞᆫ金이오其外銀、銅、鐵、石炭等이며牧畜은牛、馬、羊、馴鹿等이最、多產ᄒᆞ고其他、林產과水產이亦多ᄒᆞ니라俄國이如此히天產物이富ᄒᆞᆯ뿐더러工業도近年에ᄂᆞᆫ亦、大進步ᄒᆞ니라

人民。俄國의全人口中十에八九ᄂᆞᆫ스클라브人種이며芬蘭、臘蘭等地에ᄂᆞᆫ蒙古種이住居ᄒᆞ고此外에도種族이多ᄒᆞ나其人口가甚少ᄒᆞ니라國敎ᄂᆞᆫ希臘敎니俄國皇帝가敎主며羅馬舊敎、回敎、猶太敎、耶蘇新敎를奉ᄒᆞᄂᆞᆫ者ㅣ多ᄒᆞ며敎育은普通敎育이發達치못ᄒᆞ야平民은不學ᄒᆞᆫ者ㅣ多ᄒᆞ니라

交通。俄羅斯ᄂᆞᆫ巨大ᄒᆞᆫ河流가多ᄒᆞᆯ뿐外에多數運河를開鑿ᄒᆞ야互相連絡ᄒᆞᆷ으로써舟楫이其間을自由往來ᄒᆞ나冬季에ᄂᆞᆫ河川이皆、凍結ᄒᆞ야交通이不便ᄒᆞ며鐵道ᄂᆞᆫ東北地方外에國內到處에敷設ᄒᆞ고連延ᄒᆞ야西伯利亞東端에至ᄒᆞ니라

貿易。貿易은內地及、海港에서行ᄒᆞᄂᆞ니內地貿易은各都府에서每年一定ᄒᆞᆫ時期에開市ᄒᆞ야니즈니ㅣ、노보고로드와如ᄒᆞᆫ者ᄂᆞᆫ最、盛況을呈ᄒᆞ며海港貿易은國都聖彼得堡(센트、피터스버그)오뎃사等地에서行ᄒᆞ니其輸出品은農產、木材、鑛物、家畜、毛皮及、各種製造品이오輸入品은茶、綿、酒類及、諸器械等이니라

政治。政體ᄂᆞᆫ君主專制오中央政府에四政治機關이有ᄒᆞ니叅事院、元老院、宗務院及、內閣이是라叅事院은法律案을調査ᄒᆞ고元老院은法律을發布ᄒᆞ고宗務院은國敎를監督ᄒᆞ고內閣은庶政을總理ᄒᆞ며俄國君主ᄂᆞᆫ國敎의敎主가됨으로宗務院의權限이頗大ᄒᆞ니라

地方은六十八州를置ᄒᆞ고(亞細亞、俄羅斯ᄂᆞᆫ此에不入ᄒᆞᆷ)全國을五總督管區로分ᄒᆞ니即、芬蘭、波蘭、빌라、키에브、모스코니라但、芬蘭은俄帝를戴ᄒᆞ야立憲政治를行ᄒᆞ며貨幣郵票等을發行ᄒᆞ고稅關을置ᄒᆞ

니라

兵備는常備兵이平時에는八十七萬이오戰時에는二百五十萬에達ᄒᆞ며海軍은발틱、黑海、太平洋三艦隊로分ᄒᆞ야발틱艦隊의根據地는크론스닷트오太平洋艦隊는海蔘威와旅順口에根據ᄒᆞ고此外에裏海에小艦隊가有ᄒᆞ고又義勇艦隊가有ᄒᆞ야오뎃사와海蔘威間에航通ᄒᆞ야平時에는商船의用을作ᄒᆞ고戰時에는運送巡邏에從事케ᄒᆞ야其強盛홈이世界第三位에居ᄒᆞ더니往年日俄戰爭에발틱及太平洋兩艦隊는全滅ᄒᆞ니라

都府。 聖彼得堡는俄國의國都及要港이니人口는一百六十餘萬이오芬蘭灣東方에在ᄒᆞ니此都府는彼得大帝의創設ᄒᆞᆫ바ㅣ며府內에宮殿官衙의宏壯美麗홈은歐洲列國의國都中에其比를不見ᄒᆞ며此府는俄國政治上中心일섇더러一大貿易市場인故로市街가亦繁盛ᄒᆞ니라크론스닷트는聖彼得堡西方芬蘭灣을濱ᄒᆞᆫ軍港이니발틱艦隊의根據地오國都를防禦키爲ᄒᆞ야堅固ᄒᆞᆫ砲隊를備置ᄒᆞ니라

모스코는國中央에在ᄒᆞᆫ俄國舊都地니人口는百十萬에達ᄒᆞ며毛布、絹帛等製造가盛行ᄒᆞ야最繁盛ᄒᆞᆫ地니此地는昔時에拿破崙第一世가侵入ᄒᆞᆫ時에俄軍이放火ᄒᆞ야全市가沒燒ᄒᆞ야一時는全都가焦土로化ᄒᆞ얏더니平和後에恢復ᄒᆞ야其繁盛홈이舊都에不減ᄒᆞ며俄帝는常此府에서戴冠式을擧行ᄒᆞᄂᆞ니라

니즈니ㅣ노보고로드는모스코東方에在ᄒᆞ야볼가河上流에位ᄒᆞ니此地는每年七八月頃에大市를開ᄒᆞ야亞細亞及歐羅巴諸國의商賈가來集홈이三十萬에達ᄒᆞ며貿易額이四億圓에達홈의內地貿易의盛홈은實世界에冠ᄒᆞ고오뎃사는黑海에濱ᄒᆞᆫ要港이니亦貿易이盛ᄒᆞ며此外에볼가河上流岸에카산과波蘭故都와소브等도皆重要ᄒᆞᆫ都府며又크리미아半島南端에在ᄒᆞᆫ세바스토폴은英佛同盟軍과交戰ᄒᆞ던有名ᄒᆞᆫ故戰爭地니라

第六節 義太利 ITALIA(ITALY).

汎論。 義太利(이탈리아)는 歐羅巴南部로 突出ᄒᆞᆫ 三半島中 中央에 在ᄒᆞᆫ 者ㅣ니 其形이 長靴와 恰如ᄒᆞ야 北은 佛蘭西、瑞西及、墺地利에 接ᄒᆞ고 東은 아드리아틱海에 濱ᄒᆞ고 南及、西는 地中海와 티레노海를 面ᄒᆞ니 其面積이 一百六十二萬二千八百七十四方里(五十一萬五百五十一方英里)오 人口는 三千三百二十萬餘며 行政上으로 全國을 十三州로 分ᄒᆞ얏더니 現今 六十九州로 分ᄒᆞ니라

地勢。 北部는 알프스山脈이 半圓形으로 走ᄒᆞ야 國境을 限ᄒᆞ고 其支脈 아페니니山脈이 連亘ᄒᆞ야 國中部를 貫ᄒᆞ고 屬島에도 亦、山岳이 多ᄒᆞ며 火山이 頗富ᄒᆞ고 地震이 亦多ᄒᆞ니 就中 나폴리府東에 在ᄒᆞᆫ 有名ᄒᆞᆫ 베수브오大火山(四千一百六十尺)은 西暦紀元七十九年에 突然噴火ᄒᆞ야 폼페이와 헤르쿨라네옴兩府를 全、埋沒ᄒᆞ얏더니 近世에 至ᄒᆞ야 此兩府가 存在ᄒᆞᆷ을 發見ᄒᆞ고 發掘ᄒᆞᆷ의 其遺跡이 儼然尙存ᄒᆞ며 此外에 시씰리東邊에 聳立ᄒᆞᆫ 에트나도 亦、有名ᄒᆞᆫ 火山이며 同島北에 羅立ᄒᆞᆫ 리파리諸島에 在ᄒᆞᆫ 火山은 每十五分時間에 一次式 破裂ᄒᆞ며 에트나는 高가 一萬八百四十尺이니 歐洲에셔 몽블랑을 除ᄒᆞᆫ 外에 最高峯이니라

海岸은 南部及、西部에는 絶壁이 多ᄒᆞ며 西方 티레노海에 屬ᄒᆞᆫ 區域의 北端된 제노바灣 南方에 사르데냐(사디니아)島가 有ᄒᆞ니 其沿岸에는 珊瑚의 産出이 富ᄒᆞ고 시씰리島는 티레노海南、長靴指頭에 在ᄒᆞ니 地味가 豐饒ᄒᆞ야 農産物이 富ᄒᆞ고 又、硫礦의 産으로써 世界에 有名ᄒᆞ며 河流는 長大ᄒᆞᆫ 者ㅣ 無ᄒᆞ고 但 北部에 포河가 稍大ᄒᆞ니라

氣候。 氣候는 四時가 槪、晴快ᄒᆞ며 冬은 溫暖ᄒᆞ나 夏는 炎暑가 甚ᄒᆞ고 亞弗利加에셔 吹來ᄒᆞ는 熱風은 人의 精神을 惰弱케ᄒᆞ고 又、沿岸卑濕地는 瘴氣가 蒸發ᄒᆞ야 熱病이 流行ᄒᆞᆷ으로 健康을 太害ᄒᆞᄂᆞ니라

産物。 포河의 流域과 아페니니山脈의 斜面과 其他、一帶海岸은 地

味가肥沃ᄒᆞ야耕作에適當ᄒᆞ니小麥、玉蜀黍、葡萄、橄欖、桑樹、菓樹等農產物이多ᄒᆞ고鑛物은大理石、硫礦이最著ᄒᆞ고水產은珊瑚오其外에蠶絲、葡萄酒等이有名ᄒᆞ니라

人民。 人種은羅甸(라틴)種이오他人種은少ᄒᆞ며民俗은古來로詩歌音樂을好ᄒᆞ고繪畫彫刻의術에工ᄒᆞᆷ으로歐羅巴에美術國으로尙今著名ᄒᆞ며一般人民이羅馬法皇(現今羅馬法皇은레오十三世니法皇은舊時代에는大勢을有ᄒᆞ니라)의管轄下에서耶蘇舊敎를信奉ᄒᆞ고敎育은高等敎育이盛行ᄒᆞ나普通敎育은尙未普及ᄒᆞ니라

交通。 交通은海運이至便ᄒᆞ고國內諸大港은世界交通上主要線路에在ᄒᆞ며鐵道는三個隧道(터넬 Tunnel)로앏스山系를橫斷ᄒᆞ야隣國을通ᄒᆞ니此三隧道中몽세니大隧道는長이七英里半이오十三年의年數와三千萬圓의費額을要ᄒᆞᆫ者ㅣ며近來、海底隧道로시셀니島와本陸과接續ᄒᆞᆯ計劃이니라

政治。 義太利半島의地는自昔으로內亂外寇가相踵ᄒᆞ야分裂或統一ᄒᆞ더니사드데냐王拿波崙三世의援을藉ᄒᆞ야十數年을歷ᄒᆞᆫ後義太利半島를蕩平ᄒᆞ고遂、一王國을建ᄒᆞᆷ에至ᄒᆞ야立憲政體를行ᄒᆞ고上下議院과元老院과內閣을置ᄒᆞ니라

兵備는海軍이非常、强盛ᄒᆞ야世界第五位에居ᄒᆞ니各種艦艇總數가三百十餘艘에達ᄒᆞ니라

都府。 國都羅馬(로마)는테베레河畔에跨ᄒᆞ야歷史上有名ᄒᆞᆫ地라古代에는羅馬帝國의首府오其後、羅馬法皇의都地니當時의繁盛ᄒᆞᆷ은今日에存在ᄒᆞᆫ宏壯美麗ᄒᆞᆫ諸建築物을見ᄒᆞ야可知ᄒᆞᆯ지라其建築物中에最、著名ᄒᆞᆫ者는羅馬法皇의宮殿聖彼得大寺、바티칸(Vatican)大闕等及其他、古跡이甚多ᄒᆞ야各國人이年年來觀不絕ᄒᆞ며全都의人口는四十六萬餘가有ᄒᆞ야繁盛ᄒᆞᆫ一大都會니라

나폴리스(나풀)는티레노海岸에在ᄒᆞ야베수비오大火山을對ᄒᆞᆫ都會

니風光이明媚ᄒᆞ고氣候가溫和ᄒᆞ며貿易이頗繁ᄒᆞ야義太利의第一都市를成ᄒᆞ며近傍폼페이와헤르클라네움은前述홈과如히베수비오山이破裂홀際에全部를地下에埋沒ᄒᆞᆫ者를偶然發見ᄒᆞ야폼페이ᄂᆞᆫ數萬人力을費ᄒᆞ야遂、全都의大半을露出ᄒᆞ야其市街에徘徊遊覽홈을可得케ᄒᆞ야千餘年間地下에埋沒ᄒᆞ얏던古代의都府를今日에目擊홈을得홈은實、世界의一大奇觀이니라

베네시아(베니쓰)ᄂᆞᆫ同名灣頭에在ᄒᆞᆫ都府니市街ᄂᆞᆫ大澤湖中에位ᄒᆞ고百十八島嶼에跨ᄒᆞ야長橋로써大陸을連ᄒᆞ고通路ᄂᆞᆫ運河로써街路를代홈의全市가水上에浮홈과恰如ᄒᆞᆫ觀이有ᄒᆞ며昔時ᄂᆞᆫ貿易의一大中心으로有名ᄒᆞ더니其後에非常히衰頹ᄒᆞ다가近時에蘇士運河의開通以來로頗、繁盛홈에至ᄒᆞ니라

附 산、마리노共和國 *SAN MARINO.*

아드리아틱海岸에義太利面積中에包括ᄒᆞᆫ산、마리노共和國은歐羅巴中最古獨立國이니其面積이五百五十七方里餘(三十八方英里)오人口ᄂᆞᆫ一萬二千餘며陸軍將校가三十八人이오兵卒이九百五十人이며輸出品은葡萄酒、家畜及、石材等이니라

第七節 墺地利匈牙利 *AUSTRO-HUNGARY.*

汎論。 墺地利匈牙利(오스트로、헝게리)ᄂᆞᆫ歐洲中部에位ᄒᆞᆫ墺地利帝國과匈牙利王國을合成ᄒᆞᆫ帝國이니北은獨逸及、俄羅斯를接ᄒᆞ고東은俄羅斯及、羅馬尼亞를隣ᄒᆞ고南은아드리아틱海를面ᄒᆞ고又、塞比亞와몬테네그로를界ᄒᆞ며西ᄂᆞᆫ獨逸、瑞西及、義太利와境ᄒᆞ니墺地利의面積은一百七十萬一千四百五十六方里(十一萬五千九百三方英里)오人口ᄂᆞᆫ二千六百十五萬餘며匈牙利ᄂᆞᆫ四百七十六萬八千八百十二方里餘(三十二萬四千八百五十一方英里)오人口ᄂᆞᆫ一千九百二十六萬餘니라

地勢。 地勢ᄂᆞᆫ踮스山脈의東部가國、西部에連亘ᄒᆞ야其脈이東으로카파디안山脈이되야北方에連峙ᄒᆞ고西와南으로轉走ᄒᆞ야羅馬

尼亞와國을境ᄒᆞ며諳스山系의一支ᄂᆞᆫ아드리아틱海沿岸으로走ᄒᆞ니此等山脈은皆、森林으로써掩ᄒᆞ고又、鑛物이富ᄒᆞ며此、諸山脈間은다뉴브河流域의大平原이니地味가肥沃ᄒᆞ야葡萄、小麥類가多産ᄒᆞ며보헤미아와보스니아地方은皆、高原이오海岸線은甚短ᄒᆞ고且、絶壁이多ᄒᆞ야商業上價値가無ᄒᆞ며唯、트리에스트港이有ᄒᆞᆯ뿐이오다뉴브河ᄂᆞᆫ獨逸西南部바덴에서起源ᄒᆞ야東流ᄒᆞ야南으로國中央을貫流ᄒᆞ다가更、東流ᄒᆞ야塞比亞와匈牙利와國境을作ᄒᆞ고羅馬尼亞로入ᄒᆞ야黑海에注ᄒᆞ니其長이七萬六千餘里에其半은此國에在ᄒᆞ며支流의數ᄂᆞᆫ四百餘니其中百餘支流ᄂᆞᆫ百噸以上의汽船이通行ᄒᆞ야歐洲의第一大河가되니라

氣•候•及•産•物。北部보헤미아地方은寒氣가甚ᄒᆞ고中央部匈牙利地方은稍、溫暖ᄒᆞ나冬季에至ᄒᆞ면河水가凍結ᄒᆞ야舟楫이不通ᄒᆞᄂᆞᆫ處ㅣ有ᄒᆞ며南部보스니아地方은溫和ᄒᆞ야甘蕉、橙、橄欖類가繁熟ᄒᆞ

니氣候ᄂᆞᆫ到處에差異가有ᄒᆞ나全國의地味ᄂᆞᆫ肥沃ᄒᆞ야穀物、葡萄、麻類等農産物이富饒ᄒᆞ고又、森林及、鑛物도富ᄒᆞ며牧畜業이盛行ᄒᆞ고製造品은綿布、麻布、葡萄酒、玻璃等이니라

人•民。此國은古來로屢次變革을經ᄒᆞ야或、合ᄒᆞ야一國이되고或、分離ᄒᆞ야數國이되더니現今에合成ᄒᆞᆫ者인故로人種의異同과風俗習慣의殊別과文化程度의差異가各有ᄒᆞᆷ이人種은스클나브、츄톤、蒙古의三種이니스클나브人種은全國人口의二分之一에居ᄒᆞ나勢力이微弱ᄒᆞ며츄톤人種은墺地利人民이니文化가大進ᄒᆞ야一國의主權을掌握ᄒᆞ며蒙古人種은匈牙利人民이오此三種外에羅甸、猶太(希스)種等種族도亦多ᄒᆞ고宗敎ᄂᆞᆫ舊敎가最、盛行ᄒᆞ며敎育은獨逸과如히强制的敎育을行ᄒᆞᆷ이其、普及ᄒᆞᆷ이甚大ᄒᆞ니라

交•通。다뉴브河及、多數支流와運河ᄂᆞᆫ舟楫을通ᄒᆞ고又、鐵道ᄂᆞᆫ延長ᄒᆞ야內部의交通이自在ᄒᆞ며海運業도稍盛ᄒᆞ야各國과交通이頻繁

ᄒᆞ니라

貿易。內地貿易은獨逸과行ᄒᆞ고海外貿易은트리에스트港이中心이니輸出品은玻璃、葡萄酒、其他穀物、鑛物等이오輸入品은羊毛綿花、烟草等이니라

政治。此國은墺地利帝國과匈牙利王國과合成ᄒᆞᆫ者인故로議會와行政府ᄂᆞᆫ各有ᄒᆞ나主宰ᄂᆞᆫ一君主니卽、墺地利帝가匈牙利王位를兼ᄒᆞ야兵馬의大權을總攬ᄒᆞ고國號ᄅᆞᆯ墺地利匈牙利라ᄒᆞ야財政、兵備及、外交를掌ᄒᆞ고貨幣를共通ᄒᆞ며兵備ᄂᆞᆫ陸軍은常備兵이三十六萬이오海軍은海岸線에比ᄒᆞ야ᄂᆞᆫ稍、强盛ᄒᆞ니各種艦艇이百餘艘에至ᄒᆞ니라

都府。國都비에나(비엔)ᄂᆞᆫ다늅河南岸에在ᄒᆞ야宮城、議院、圖書館、博物舘等建築物이皆、宏壯美麗ᄒᆞ며又、絹布、綿布、陶器、樂器等製造가盛行ᄒᆞ고鐵道ᄂᆞᆫ四通八達ᄒᆞ야交通이便利ᄒᆞ며商業이亦、盛行ᄒᆞᄂᆞ니라

부다페스트ᄂᆞᆫ匈牙利의首府니다늅河兩岸에跨ᄒᆞ야商工業이盛ᄒᆞ며트리에스트港은아뜨리아틱海의窮極處에在ᄒᆞ야貿易이盛行ᄒᆞ니此國에第一要港이니라

附리히텐스타인侯國 *LICHTENSTEIN.*

此侯國은實際ᄂᆞᆫ墺地利匈牙利에屬ᄒᆞ얏스나條約에依ᄒᆞ야公然合倂치못ᄒᆞᄂᆞ니其位置ᄂᆞᆫ墺地利西部와瑞西間에在ᄒᆞ야面積이九百五十四方里(六十五方英里)오人口ᄂᆞᆫ九千餘며人民은耶蘇敎를奉ᄒᆞ고納稅와兵役의義務가無ᄒᆞ니라

第八節 比利時 *BELGIQUE (BELGIUM).*

汎論。比利時(벨식크)ᄂᆞᆫ北은和蘭을接ᄒᆞ고北海를面ᄒᆞ며南은佛蘭西와東은普魯士及、릭삼부르大公國을隣ᄒᆞ니其面積이十六萬六千九百五十五方里餘(一萬一千三百十三方英里)오人口ᄂᆞᆫ六百六十九萬四千餘

니라

地勢。地勢는南及東은高ᄒᆞ고北及西는低ᄒᆞ니西方低平ᄒᆞᆫ地는海水가侵入ᄒᆞᆷ으로堤防의高가四十尺乃至五十尺에達ᄒᆞ며海岸線은極少ᄒᆞ니라

氣候。氣候는槪、英國南部와同ᄒᆞ나稍、大陸性을帶ᄒᆞ니라

人民。國民의三分二는쥬톤人種이니言語風俗이和蘭人과同ᄒᆞ고其他는羅甸種이니言語風俗이佛蘭西人과等ᄒᆞ며宗敎는舊敎를信奉ᄒᆞ며敎育이盛行ᄒᆞᄂᆞ니라

產業。農業의進步는其比類ᄒᆞᆫ者ㅣ少ᄒᆞ니農產物의產出이國民의需用에供ᄒᆞ고도尙餘ᄒᆞ야外國에輸出ᄒᆞ니盖、面積에比ᄒᆞ야農產額의多ᄒᆞᆷ은世界에第一이며鑛物이亦富ᄒᆞ야石炭、鐵、亞鉛等이最多ᄒᆞ며工業이甚盛ᄒᆞ야綿布、麻布、毛布、絹布及、器械等을製造ᄒᆞ며商業이非常進步ᄒᆞ야貿易總額이三十二億프랑(一프랑은約、我四十錢)에達ᄒᆞ니라

政治。政治는立憲政體니民權이甚重ᄒᆞ고王權이甚輕ᄒᆞ야殆共和政體의狀態가有ᄒᆞ고君主는國王의稱號가無ᄒᆞ고比利時民主(Roi des Belges)라稱ᄒᆞ며軍備는常備兵이五萬이오海軍은無ᄒᆞ니라

都府。브뤼셀부러셀스은此國의首府니中央의在ᄒᆞ며市街의華美ᄒᆞᆷ과建築物의壯麗ᄒᆞᆷ이豪奢의氣像을帶ᄒᆞᆫ故로世人이小巴里라稱ᄒᆞᄂᆞ니라

앙베르(인트웝)은商船의出入이頻繁ᄒᆞ야歐羅巴大陸의리버풀이라稱ᄒᆞᆷ이有ᄒᆞ며리이스는製鐵工業의中心이니라

附 룩삼부르大公國 *GRAND DUCHE DE LUXEMBOURG.*

此國은獨逸、比利時、佛蘭西間에介在ᄒᆞᆫ少獨立國이니西曆千八百六十七年倫敦條約으로獨立의布告를得ᄒᆞᆫ者ㅣ라其面積이一萬四千六百五十方里餘(九百九十八方英里)오人口는二十五萬餘며人民은獨逸種이나佛語를專用ᄒᆞ고舊敎를奉ᄒᆞ며商業은獨逸과關稅同盟에加入

ᄒ야頗,隆盛ᄒ며物産은鑛物外에獸皮,鴉片,藥材,香料,烟草,穀物,家畜等이니라

第九節 丹抹 *DANMARK (DENMARK).*

汎論。 丹抹(단마르크)은獨逸北方에突出ᄒᆫ쥬틀린드半島及,附近에在ᄒᆫ실린드,퓨넨,랄린드等島嶼로成ᄒᆫ王國이니北과東은스카게,락크와캇테가트兩海峽으로스킨디네비아半島를相對ᄒ고南은獨逸에接ᄒ고西ᄂᆫ大西洋에臨ᄒ니面積이二十二萬五千八百九十五方里餘(一萬五千三百八十八方英里)오人口ᄂᆫ二百五十萬이니라

地勢。 全國의地勢ᄂᆫ平但ᄒ고處々에低地가有ᄒ니此ᄂᆫ歐洲北部大平原의一部며本地即,쥬틀린드半島西岸은砂邱가相連ᄒ야碇泊의地가無ᄒ고地味가貧劣ᄒ야人烟이稀少ᄒ나其東岸은島嶼가富ᄒ고良港이頗多ᄒ며又,地味가豐饒ᄒ며土地가低ᄒ야湖沼ᄂᆫ多數ᄒ나國土의面積이少ᄒᆷ으로써大河가無ᄒ니라

氣候及,産物。 氣候ᄂᆫ溫和ᄒ나濕氣가多ᄒ며人民의生業은農業이오又,牧畜과漁業에從事ᄒᆷ으로産物은麥類,牛,馬,羊,鱈,鯡等이니라

人民。 全國人民은皆,츄톤人種이며宗敎ᄂᆫ耶蘇新敎오敎育은普通敎育이盛行ᄒᄂᆞ니라

政治。 政治ᄂᆫ立憲政體니上下兩院이有ᄒ니라

都府。 國都코펜하겐은실린드島東海岸에在ᄒ니人口가二十餘萬이며各官衙造船所等이有ᄒ고港內에ᄂᆫ各國商船이輻湊ᄒ야貿易이盛ᄒ니라

屬地。 파로島ᄂᆫ二十二島嶼로成ᄒᆫ者ㅣ니氷洲(아이쓸린드)及,英國쉣틀린드群島間에在ᄒ야行政上으로本國部에入ᄒ야殖民部에ᄂᆫ不入ᄒ나自治를許ᄒ니島에暴風이多ᄒ야樹木이不長ᄒ며褐炭을産ᄒ고家畜及,水産(黑鯨이多ᄒᆷ)이有ᄒ니라

氷洲ᄂᆫ北極圈에接ᄒ야氣候가寒冷ᄒ나緯度에比ᄒ면頗,溫和ᄒ

니是ᄂᆞᆫ濁流의影響을因ᄒᆞᆷ이오海岸線은灣曲ᄒᆞᆷ이不少ᄒᆞ고島內에火山이頗多ᄒᆞ야最高ᄒᆞᆫ者ᄂᆞᆫ六千五百尺에達ᄒᆞ며內地ᄂᆞᆫ火山灰、鎔岩及、氷河로掩ᄒᆞ고溫泉과間歇泉이多ᄒᆞ니其面積이三十八萬三千六百十八方里(三萬九千七百五十六方英里)오人口ᄂᆞᆫ八萬이有ᄒᆞ며人民의産業은漁業及、牧畜業ᄲᅮᆫ이오農産物은全無ᄒᆞ니라

丹抹領地ᄂᆞᆫ氷洲外에北米그린란드一部及、西印度中에在ᄒᆞᆫ센타크루스、센트토마스及、센트、존의三小島를有ᄒᆞ니領地의總面積이百卄七萬千七百八十七方里(八萬六千六百三十四方英里)니本國의五倍에過ᄒᆞ니라

第十節 瑞典諾威 SWEDEN (SVERIGE) AND NORWAY (NORGE).

汎論。此國은俄羅斯西北에在ᄒᆞᆫ스칸디내비아半島全部를占ᄒᆞ야北極圈內에入ᄒᆞᆷ이六度를過ᄒᆞ니歐羅巴半島中最大ᄒᆞᆫ者ㅣ라北은北氷洋을面ᄒᆞ고東은발틱海와보스니아灣을濱ᄒᆞ며俄羅斯를接ᄒᆞ고南은스카게락크와캇테가트兩海峽을隔ᄒᆞ야丹抹을對ᄒᆞ고西ᄂᆞᆫ大西洋及、北氷洋에臨ᄒᆞ니此를行政上으로諾威及、瑞典의二邦에分ᄒᆞ고合ᄒᆞ야瑞典諾威의一王國이되니其面積이瑞典은二百五十三萬七千八百四十九方里(十七萬二千八百七十八方英里)오諾威ᄂᆞᆫ一百八十二萬二千二百二十八方里(十二萬四千一百三十方英里)며人口ᄂᆞᆫ瑞典은五百二十二萬餘오諾威ᄂᆞᆫ二百二十四萬餘니라

地勢。此半島北部ᄂᆞᆫ키욀린山脈이兩國의境界를作ᄒᆞ고南部에ᄂᆞᆫ도버필드山脈이諾威의域內로連亘ᄒᆞᆫ故로瑞典과諾威의地勢가此山脈으로相異ᄒᆞ니諾威ᄂᆞᆫ域內에山嶽이巉峙ᄒᆞ야平地가少ᄒᆞ고瑞典은平野가多ᄒᆞ야著名ᄒᆞᆫ山嶽을不見ᄒᆞ며河流ᄂᆞᆫ其數가甚多ᄒᆞ니其東流ᄒᆞᄂᆞᆫ者ᄂᆞᆫ보스니아灣으로入ᄒᆞ고舟運灌漑의利가有ᄒᆞ나西流ᄒᆞ야大西洋으로注ᄒᆞᄂᆞᆫ者ᄂᆞᆫ亂山間으로急流ᄒᆞ야處處에瀑布가多ᄒᆞᆷ으로ᄡᅥ景色이頗佳ᄒᆞ되舟運의便이無ᄒᆞ며南流ᄒᆞ야크리스

티아니아灣으로入ᄒᆞ는ᄀᆞᆯ로멘河는諸威에在ᄒᆞᆫ者ㅣ니半島內에서最大ᄒᆞᆫ者ㅣ니라

海岸線은西岸即諸威海岸에는一種特色이有ᄒᆞ니狹隘ᄒᆞᆫ海灣이內地로深入ᄒᆞ야兩岸에絕壁이有ᄒᆞᆫ峽灣이라此峽灣의水深은二千七八百尺이오長은二三百里며兩岸의絕壁은六千尺에達ᄒᆞ는者ㅣ有ᄒᆞ니라 峽灣은諸威、蘇格蘭其他、二三地에特有ᄒᆞᆫ現像이니土地昇降과氷河의作用으로成ᄒᆞᆫ者ㅣ며 又諸威海岸은無數ᄒᆞᆫ大小群島가前에羅列ᄒᆞ야大西洋의荒濤를防禦ᄒᆞ니其最大ᄒᆞᆫ者는로포텐群島며東岸即瑞典沿岸에는峽灣의現像이無ᄒᆞ고海岸出入의著ᄒᆞᆫ者ㅣ無ᄒᆞ며島嶼도亦其數가少ᄒᆞ고且小ᄒᆞ니라

峽灣의最大ᄒᆞᆫ者는소그네와하당게니前者의水深은二千八百餘尺(外海의深은千二百尺餘)이오後者는九百三十餘尺이며흠스틴峽灣은最高點六千尺의絕壁이有ᄒᆞ야其側(二千尺乃至四千尺)에셔落ᄒᆞ는河流는多數의瀑布를成ᄒᆞᆷ이甚壯觀이니라

湖水의最大ᄒᆞᆫ者는웨네르、웨테르等이니皆瑞典南部에在ᄒᆞ야俄羅斯에在ᄒᆞᆫ者를除ᄒᆞᆫ外에는歐羅巴洲의最大ᄒᆞᆫ者를有ᄒᆞ니라

氣候。 西部의海岸은潮流의影響을受ᄒᆞᆷ으로ᄡᅥ氣候가溫和ᄒᆞ야最北部에在ᄒᆞᆫ港灣이라도結氷ᄒᆞᆷ이無ᄒᆞ며且凉夏溫冬을有ᄒᆞ니蓋緯度의高ᄒᆞᆷ이如此ᄒᆞ야도氣候의溫暖ᄒᆞᆷ은世界에比類가無ᄒᆞ며東部港灣은冬季에結氷ᄒᆞ며且大陸性氣候를帶ᄒᆞ고雨量이少ᄒᆞ니是는山脈이西方에셔來ᄒᆞ는溫和濕潤ᄒᆞᆫ氣候를遮ᄒᆞ는所以며南部크리스티아니아府와如ᄒᆞᆫ者도冬季에二三個月間은海水가結氷ᄒᆞ나是는潮流의影響을不受ᄒᆞ는所以니라

產業。 瑞典은農產이富ᄒᆞ나諸威는不然ᄒᆞ며森林은兩國이皆富裕ᄒᆞ야歐羅巴市場의材木이太半은此半島의產出이며鑛產은瑞典에鐵이多ᄒᆞ야品質이最良ᄒᆞ며水產은諸威가世界에最著ᄒᆞ니鯡와鱈이富產ᄒᆞ야鯡는南部에多ᄒᆞ고鱈은로포텐群島와本陸間에多ᄒᆞ

야每年二月頃부터四月ᄭᆞ지漁船의來集ᄒᆞᆷ이四千餘隻에達ᄒᆞ고工業은瑞典에서製鐵業이最盛ᄒᆞ야日進ᄒᆞᄂᆞᆫ狀態가有ᄒᆞ니라

人民。 瑞典諾威北部에ᄂᆞᆫ多少의蒙古種이住ᄒᆞ나一般人民은츄톤人種이니瑞典人은侈奢를好ᄒᆞ며諾威人은正直質朴ᄒᆞ니라國敎ᄂᆞᆫ耶蘇敎니一般國民이熱心信奉ᄒᆞ야政府ᄂᆞᆫ信仰의自由를承認ᄒᆞ나人民은國敎以外의宗敎를厭忌ᄒᆞ며敎育이普及ᄒᆞ야文字를不解ᄒᆞᄂᆞᆫ者ㅣ無ᄒᆞ고又古來로碩學大家가往往輩出ᄒᆞ니라

政治。 瑞典諾威ᄂᆞᆫ合ᄒᆞ야一王國이라稱ᄒᆞ나立法及行政機關이各有ᄒᆞ야獨立의體面을保有ᄒᆞ고但外交ᄂᆞᆫ兩國이共同ᄒᆞ며皆立憲政體를行ᄒᆞ니瑞典國王은諾威王位를兼攝ᄒᆞ더니千九百〇五年我光武十年에兩國이分立ᄒᆞ니라

都府。 스톡홈은瑞典國都오발틱海에濱ᄒᆞᆫ良港이니멜라湖의出口에在ᄒᆞᆫ七個島上에立ᄒᆞ야此國의第一商港이오又海軍의根據地나冬季ᄂᆞᆫ海水가結氷ᄒᆞ야航通이絶ᄒᆞ며又其位置에特色이有ᄒᆞ야風景의富ᄒᆞᆷ은콘스탄티노플과나플스와如ᄒᆞ며北部베니쓰(베니쳐아)라稱ᄒᆞᆷ을得ᄒᆞ나베니쓰ᄂᆞᆫ此府의邱陵峭壁及樹木과如ᄒᆞᆫ者ㅣ缺ᄒᆞ고人造의運河가有ᄒᆞ나此府에ᄂᆞᆫ天然灣入ᄒᆞᆫ海水며멜라湖에一千三百餘島嶼가有ᄒᆞ야景色이絶佳ᄒᆞ니라

괴테보그ᄂᆞᆫ瑞典의第二都府니貿易이繁盛ᄒᆞ고材木輸出의中心이되며又自來火製造가盛ᄒᆞ니라

크리스티아니아ᄂᆞᆫ크리스티아니아峽灣北端에在ᄒᆞᆫ諾威國首府니王宮大學等이皆宏大ᄒᆞ고貿易港을兼ᄒᆞ야材木輸出이盛ᄒᆞ니라

第十一節 和蘭 NETHERLAND or HOLLAND (NEEDERLAND).

汎論。 和蘭(네더린드)國은歐洲西北部에位ᄒᆞᆫ低平ᄒᆞᆫ地니北及西ᄂᆞᆫ北海를濱ᄒᆞ고東은獨逸과南은比利時를接ᄒᆞ니其面積은十八萬

五千六百七十三方里(一萬二千六百四十八方英里)오人口는五百四十三萬二千餘니라

地勢。 此國은一體로低原이니其太半은海面보다低홈이數尺下에在흔故로此國의本名은네데를란드니低地의義며和蘭(홀란드)이라稱홈은政治上區劃으로全國을十一州로分ᄒ야其中和蘭州가最要部를占흔故로此國의通稱이되니라

和蘭의地勢는右와如히海面보다低홈으로써海岸要部에堅固흔堤洑를築ᄒ야防禦를嚴히ᄒ나往往崩壞ᄒ야海水가浸入ᄒ며非常흔水害를蒙ᄒ는故로域內에溝渠를貫通ᄒ고又、處處에喞筒(俗稱무ᄌᆞ위)으로排水에盡力ᄒ며海底와湖底에陸地를作ᄒ야其國土의擴張홈을務ᄒ는故로十六世紀以來로凡、五分之一을增加ᄒ니라

河流는頗多ᄒ야其、大者는皆、他國에서發源ᄒ니마ー스河(佛稱뫼스)와쉘드河(佛稱에시쏘)는佛國에서發源ᄒ야比國을經ᄒ야國西部를貫流ᄒ고又、라인河는獨逸을經ᄒ야南部로西流ᄒ니此三河口는多數흔三角洲로分ᄒ야海로入ᄒ며라인河는獨逸東方에서來ᄒ야此國에入ᄒ야는二支로分ᄒ니其右支는라인河의名을保有ᄒ고右로二小支流를過ᄒ야렉河의名을有ᄒ며左支는바ー알河라稱ᄒ니마ー스河와合流ᄒᄂ니라

氣候。 氣候는槪、溫和ᄒ야英國과殆同ᄒ고但、東北方은冬季에寒氣가烈ᄒ야結氷홈이有ᄒ니라

產業。 人民의產業은牧畜及、商業이第一이오工業、農業이其次니故로其、產物은牛、馬、牛酪、乾酪等이有ᄒ며製造品의著名흔者는無ᄒ고但、암스터담에金剛石細工이有名ᄒ며國이歐洲西方大路라인河口에位ᄒ야英國과相對ᄒ고又、富强흔諸國을隣ᄒ야商業上好地位에在홈으로써外國貿易에從事ᄒ는商船의噸數가百三十萬噸에及ᄒ니라

人民。 人民은츄톤人種에屬ᄒᆞ야獨逸人과系統을同히ᄒᆞᆷ의英語에和蘭人을덧치(Dutch)라云ᄒᆞ니此ᄂᆞᆫ獨逸語더잇체(Deutsche)의訛傳이라然이나言語、風俗과職業ᄭᆞ지라도獨逸보다英國에密似ᄒᆞ며宗敎ᄂᆞᆫ耶蘇新敎及、舊敎를奉ᄒᆞ고敎育이普及ᄒᆞ니라

政治。 立憲王國이니上下兩院이有ᄒᆞ고陸軍은僅少ᄒᆞ나海軍은二艦隊가有ᄒᆞ야一은自國防禦에用ᄒᆞ고一은東印度諸島警備에充ᄒᆞ니라

部府。 海牙(하게)ᄂᆞᆫ和蘭首府며암스터담은사더시ㅣ灣沿岸에在ᄒᆞᆫ九十餘島嶼上에立ᄒᆞ야貿易이盛ᄒᆞ고又、金剛石細工으로有名ᄒᆞ며國王의即位式을恒常此府에서舉行ᄒᆞ니人口가五十四萬에達ᄒᆞ며릇터담은뢰河兩岸을跨ᄒᆞᆫ要港이니人口가三十五萬에達ᄒᆞ니라

領地。 和蘭의殖民地ᄂᆞᆫ頗廣大ᄒᆞ야總面積이一千一百四十九萬二千四百二十九方里(七十八萬二千八百六十三方英里)오人口ᄂᆞᆫ約三千六百萬이라

此를和領東印度及、西印度로區別ᄒᆞ니和領東印度ᄂᆞᆫ北緯六度、南緯十一度、東經九十五度及、同百四十一度間에橫ᄒᆞᆫ자바、쎌렙스、몰루카스、티모어、롬복、바리等諸島와뉴기니아(一名파푸아)의一部를含ᄒᆞ고和領西印度ᄂᆞᆫ큐리소、보니르、아루바、싱마르텡(一部ᄂᆞᆫ佛領)센트유스타시우스、사바六島로成ᄒᆞ고此外又、南米北部에수리남(和領기아나)이有ᄒᆞ니라

第十二節　瑞西共和國　*CONFEDERATION SUISSE (SWITZERLAND).*

汎論。 瑞西(스위스)ᄂᆞᆫ歐羅巴大陸中央에在ᄒᆞᆫ小國으로諸大國間에介在ᄒᆞ니北은獨逸、西ᄂᆞᆫ佛蘭西、東은獨逸及、墺地利匈牙利、南은義太利에接ᄒᆞ니其面積이二十三萬四千五百二十八方里(一萬五千九百七十六方英里)오人口ᄂᆞᆫ約三百四十萬이니라

地勢。 앒스山系의中部及、쉬라山脈이國內에連峙ᄒᆞ야山嶽邱陵

이多홈으로國土의三分之二는高山이오其一은高原이며平地가少홈의歐洲中最高地오다뉴브、라인、론三大河의水가皆此國에서發源ᄒᆞ며域內의最高峯은알프스山系의몽뜨로사(一萬五千一百五十尺)一오高山은氷河를有ᄒᆞ고山中에湖水와瀑布가多ᄒᆞ야眺臨의景이如綺ᄒᆞᆫ故로世人이歐洲의遊園이라稱ᄒᆞ야遠近에서來遊ᄒᆞᄂᆞᆫ者ㅣ極多ᄒᆞ니라

瑞西湖水ᄂᆞᆫ其多數홈과深홈과風景의佳麗홈으로著名ᄒᆞ니就中세늬브(一名뢰망)(제네바湖)와꽁스땅스(獨稱보덴세)兩湖가最有名ᄒᆞ야세늬브湖의深은千九十尺이有ᄒᆞᆫ故로其湖底ᄂᆞᆫ海面을拔홈이百尺을不過ᄒᆞ니라

氣候。 國土가北溫帶中央에在ᄒᆞ나全國이山嶽邱陵으로써成ᄒᆞᆫ故로冬季ᄂᆞᆫ寒氣가酷烈ᄒᆞ고夏時도四面에高山이白雪을戴ᄒᆞ며晴朗ᄒᆞᆫ天氣가多ᄒᆞ니라

產業。 氣候가寒冷ᄒᆞ고平原이少홈으로써農產이少ᄒᆞ야國民의需用이不足ᄒᆞ나牧畜과林產이頗大ᄒᆞ야製乳、製酪、伐木業이盛ᄒᆞ며鑛產은全無ᄒᆞ니如斯히瑞西ᄂᆞᆫ天產이乏ᄒᆞ나人民이勤儉ᄒᆞ야實業을能勵ᄒᆞ고河川의水力을利用ᄒᆞ야原料를外國에서買入ᄒᆞ야製造에熱心ᄒᆞ니其最盛ᄒᆞᆫ者ᄂᆞᆫ絹布、線布、時計、寶石細工이오就中時計의製造가最著名ᄒᆞ니是以로雖海岸이無ᄒᆞ고面積이少ᄒᆞ며高山이多ᄒᆞ야도此를不關ᄒᆞ고商業이甚盛ᄒᆞ야每年貿易額이二十億프랑에達ᄒᆞᄂᆞ니라

人民。 此國民은獨逸人、佛蘭西人、義太利人으로成ᄒᆞᆫ故로言語ᄂᆞᆫ各地가不同ᄒᆞ야國民의三分二ᄂᆞᆫ獨逸語를用ᄒᆞ고其他ᄂᆞᆫ佛語와義太利語를用ᄒᆞ며宗敎ᄂᆞᆫ耶蘇新敎며敎育이盛行ᄒᆞ야各大都會地에ᄂᆞᆫ大學、大學校를設ᄒᆞ야全國에五個處가有ᄒᆞ니라

政治。 瑞西의政體ᄂᆞᆫ全國二十二州의自治體로된共和政治나大統領內閣及、上下議院이有ᄒᆞ니라

都府。 베른은國中央에在ᄒᆞᆫ首府며츄리히는同名의湖畔에在ᄒᆞᆫ야센트、고타드隧道로義太利와通ᄒᆞ야貿易이盛大ᄒᆞ며세너브(제네바)는同名의湖畔에在ᄒᆞ야佛國과交通이頻繁ᄒᆞ며懷中時計製造의中心이오寶石細工으로著名ᄒᆞ니라

第十三節 西班牙 *ESPAÑA (SPAIN).*

汎論。 西班牙(에스파냐)는歐羅巴西南端에在ᄒᆞᆫ이베리아半島의大部分을占ᄒᆞ니北은비스케이灣을濱ᄒᆞ고又피레니스山脈으로佛蘭西를接ᄒᆞ고東及南은地中海를面ᄒᆞ며西는葡萄牙를界ᄒᆞ고大西洋을瀕ᄒᆞ니其面積이二百八十五萬九千四百十四方里餘(四十九萬四千七百八十三方英里)오人口는約千八百六十二萬이며區劃은行政上으로四十九州(카나리諸島를合ᄒᆞᆷ)에分ᄒᆞ니라

地勢。 此國의地勢는一大高原이니北境에在ᄒᆞᆫ피레니스山脈의支脈이西으로連亘ᄒᆞ야大西洋岸에止ᄒᆞᆫ者는칸타브리안山脈이오南岸에走ᄒᆞᆫ者는시라、네바다山脈이며內地에도山嶽이蟠屈ᄒᆞ야支脈이各方에聳峙ᄒᆞ야一體로高原을作ᄒᆞ며沿岸의出入은不多ᄒᆞ나良港이不小ᄒᆞ며南端에지브랄타海峽은地中海口에在ᄒᆞ야頗要害地나英國에屬ᄒᆞ얏스며東岸에발레아릭群島가有ᄒᆞ야其中마요르카及미노르카諸島가最有名ᄒᆞ니氣候가溫熱ᄒᆞ야熱帶性植物이繁茂ᄒᆞ니라

河水는大西洋으로入ᄒᆞ는者는두로、타구스、과디아나、과달기비르等河가有ᄒᆞ야前二者는葡萄牙로入ᄒᆞ며又地中海로入ᄒᆞ는에브로河니皆急流淺瀨인故로舟運의便은下流에만在ᄒᆞ나灌漑는甚大ᄒᆞ니라

氣候。 는到處各異ᄒᆞ니北方에는降雨가頗多ᄒᆞ고東方은稍溫和ᄒᆞ며南方은亞弗利加의熱風이吹來ᄒᆞ야氣候가甚惡ᄒᆞ며中央高原은寒暑가共烈ᄒᆞ야植物이不繁ᄒᆞᄂᆞ니라

人民。人民은種族이混雜ᄒᆞ야其性質이氣候와如히差異가頗甚ᄒᆞ니東北及東部에人民은勤勉活潑節儉ᄒᆞ고其餘ᄂᆞᆫ皆頑固愚鈍ᄒᆞ야歌舞를好ᄒᆞ며懶惰貧困ᄒᆞ야進就의氣像이無ᄒᆞ고鬪牛의戱ᄂᆞᆫ全國이尙今盛行ᄒᆞᄂᆞ니라

産業。人民은農業에從事ᄒᆞ며漁業及工業이亦盛ᄒᆞ고鑛産이頗富ᄒᆞ야銀水銀鉄鑛이多ᄒᆞ니라

政治。立憲王國이니其國勢ᄂᆞᆫ昔時에ᄂᆞᆫ大振ᄒᆞ더니今日에至ᄒᆞ야ᄂᆞᆫ微弱ᄒᆞ니라

都府。마드리드ᄂᆞᆫ西班牙國首府니海面을拔ᄒᆞᆷ이二千餘尺高處에位ᄒᆞ야城壁으로써圍繞ᄒᆞ고大學校와國立圖書館等이有ᄒᆞ며氣候ᄂᆞᆫ乾燥ᄒᆞ야寒暑의差가甚ᄒᆞ며人口ᄂᆞᆫ五十二萬에達ᄒᆞ니라

바셀로나ᄂᆞᆫ地中海岸에位ᄒᆞᆫ一大貿易港이며카디스ᄂᆞᆫ西南岸에在ᄒᆞ야亞米利加洲를發見ᄒᆞᆫ當時에ᄂᆞᆫ新舊世界交通의要點이되던港口로貿易이尙今盛行ᄒᆞᄂᆞ니라

領地。西班牙의殖民地ᄂᆞᆫ大洋洲에카롤린諸島마리안諸島及팔리오스(펠리우)諸島와亞弗利加洲에ᄂᆞᆫ西班牙領모록코카나리群嶼안노본嶋及페넨도포嶋等이니總面積이約二十五萬餘方英里니라

附 지브롤타 GIBRALTAR.

지브롤타ᄂᆞᆫ西班牙南端에位ᄒᆞ야地中海의咽喉를扼ᄒᆞᆫ一小半嶋니英吉利國의直轄殖民地라面積이二十八方里七(一、八分之七方英里)오人口가二萬七千餘(六千의守備兵을含ᄒᆞᆷ)니英國의最重要ᄒᆞᆫ根據地오其砲臺ᄂᆞᆫ堅固無比ᄒᆞ며지브롤타海峽의最狹隘ᄒᆞᆫ處ᄂᆞᆫ其幅이九英里에不過ᄒᆞ니라

第十四節 葡萄牙 PORTUGAL.

汎論。葡萄牙(포루갈)ᄂᆞᆫ西班牙西에在ᄒᆞ야歐洲極西에位ᄒᆞ야西及南은大西洋을濱ᄒᆞ고東及北은西班牙에接ᄒᆞ니面積이五十二萬

九百九十三方里(三萬五千四百九十方英里)오人口가五百四十三萬餘며行政上區劃으로六州에分ᄒᆞ고更、十七部로分ᄒᆞ니라(아소레스와마데라群島도本國에算入ᄒᆞᆷ)

地勢。아이베리아半島一大高原에西端을占ᄒᆞ니國內의山嶽은大概、其脈을西班牙諸山과連ᄒᆞ야西南으로向ᄒᆞ야次第傾斜ᄒᆞ고河口近傍은平地가不少ᄒᆞ며海岸線의出入은不多ᄒᆞ나리스본과如ᄒᆞᆫ良港이有ᄒᆞ며河流ᄂᆞᆫ두로河及、타구스河等數條가有ᄒᆞ야其源을亦、西班牙에서發ᄒᆞ니其下流ᄂᆞᆫ水深流緩ᄒᆞ야皆、大艦을容ᄒᆞᄂᆞ니라

氣候。國東境은寒暑가共烈ᄒᆞ나其餘ᄂᆞᆫ概、灣流의影響을受ᄒᆞ야氣候가溫和ᄒᆞ고雨量이多ᄒᆞ니라

人民。人種은西班牙와畧同ᄒᆞ며人民의性質이溫良ᄒᆞ야外人을欵待ᄒᆞ고歌舞音曲을好ᄒᆞ며宗敎ᄂᆞᆫ舊敎를信奉ᄒᆞ며敎育은未完全ᄒᆞ니라

產業。葡萄牙의重要ᄒᆞᆫ產物의最多ᄒᆞᆫ者ᄂᆞᆫ穀類나最、價値가有ᄒᆞᆫ者ᄂᆞᆫ葡萄酒오米ᄂᆞᆫ南部에서産ᄒᆞ며製造業도漸次盛大ᄒᆞ며鑛産도西班牙와如히富ᄒᆞ니라

政治。ᄂᆞᆫ立憲政體오兵備ᄂᆞᆫ甚、微弱ᄒᆞ니此國도西班牙와如히昔에ᄂᆞᆫ甚、隆盛ᄒᆞ야航海術에鍊熟ᄒᆞ야始、喜望峯을廻航ᄒᆞ야印度를通ᄒᆞ고尙、更進ᄒᆞ야支那及日本에來ᄒᆞ야貿易을行ᄒᆞ더니國勢가漸漸衰弱ᄒᆞ야今에ᄂᆞᆫ歐洲各國中最、貧弱ᄒᆞ니라

都府。리스본은타구스河口北岸에在ᄒᆞ니此國의首府오良港이며其人口ᄂᆞᆫ三十五萬七千이오오포로ᄂᆞᆫ두로河口右岸에在ᄒᆞᆫ此國의第二都會니葡萄酒(포토와인 porto wine)의名이有ᄒᆞᆷ의輸出이盛ᄒᆞ니라

領地。葡萄牙의領地ᄂᆞᆫ亞細亞에ᄂᆞᆫ香港西에澳門(마카오)과印度에고아及、다만과大洋洲에ᄂᆞᆫ東印度諸嶋에티모어嶋東部等이며亞弗利加에ᄂᆞᆫ케입、버드(綠岬)群嶋等이며本洲屬嶋아소레쓰及、마데라兩群嶋ᄂᆞᆫ行政上으로本國에編入ᄒᆞ니라

附言 西班牙及葡萄牙兩國은昔時에ᄂᆞᆫ探險及商業으로써世界에雄視ᄒᆞ고當時에ᄂᆞᆫ領地가極히廣大ᄒᆞ더니漸漸衰微ᄒᆞ야航海權과商業權이皆英人의手에落ᄒᆞ니라

第十五節 발칸半島 *BALKAN PENINSULA.*

汎論。 발칸半島ᄂᆞᆫ歐洲南部에突出ᄒᆞᆫ三半島中最東에在ᄒᆞᆫ者ㅣ라北方에ᄂᆞᆫ境界를作ᄒᆞᆯ大山脈이無ᄒᆞ고三面은海를繞ᄒᆞ니北方은다뉴브河本流及支流와사과디인山脈의一部로써界를限ᄒᆞ야南方에至홈을從ᄒᆞ야半島的性質이顯ᄒᆞ며其西南에無數ᄒᆞᆫ島嶼가現出ᄒᆞ니라

地勢。 大體로論ᄒᆞ면東北의一部를除ᄒᆞᆫ外에ᄂᆞᆫ山岳이多ᄒᆞᆫ地라蓋발칸半島의地勢ᄂᆞᆫ錯雜ᄒᆞ야山脈의方向이一定치아니ᄒᆞ니其山脈의稍大ᄒᆞᆫ者ᄂᆞᆫ中央에서東西로走ᄒᆞᆫ발칸山脈이며岬角의突出과港灣의屈曲이甚多ᄒᆞ야海岸線이極長ᄒᆞ고島嶼도極多ᄒᆞ야其最大ᄒᆞᆫ者ᄂᆞᆫ크리트(一名칸디아)와유비아며又群島에ᄂᆞᆫ西에아오니안群島와東에싸이클레잇스及스포레잇스兩群島가有ᄒᆞ니라河流ᄂᆞᆫ黑海斜面區域에屬ᄒᆞᆫ다뉴브河ᄂᆞᆫ歐洲第一大河로河口에至ᄒᆞ야프루트河를合ᄒᆞ야三角洲가되야海로注ᄒᆞ고半島東南에지인海斜面과西方아드리아틕海及야오니안海斜面에屬ᄒᆞᆫ者ᄂᆞᆫ皆細流니라

氣候。 北方은大陸性氣候를呈ᄒᆞ고南方은海洋의影響을受ᄒᆞ야一體溫和ᄒᆞ고雨量이亦多ᄒᆞ니라

人民。 人口의密度ᄂᆞᆫ歐洲他部(露西亞를除)에比ᄒᆞ면非常히低ᄒᆞ니此ᄂᆞᆫ山嶽이多ᄒᆞ야生産力이乏ᄒᆞᆫ地面이不少ᄒᆞ고交通이不便홈을因홈이나其實은土耳其政府의暴政을因ᄒᆞ야産業發達의機會가乏ᄒᆞᆫ所以니라

人種은其言語를隨ᄒᆞ야四類로分홈을得ᄒᆞ니

(一)슬라브種 全人口의半額以上을占ᄒᆞ야半島北部불가리아、塞

比亞、보스니아헤르세고비나、몬테네그로에住ᄒᆞ며
(二)알바니아種　希臘과슬라브種이占有ᄒᆞᆫ區域中間地方에多ᄒᆞ며
(三)希臘種　希臘王國에지안海及마모라海沿岸과에지안海의諸嶋와크리트嶋等에多ᄒᆞ며
(四)土耳其種　발칸半嶋中에서最少數를有ᄒᆞ야土耳其國中에散在ᄒᆞ며

此外猶太種이不少ᄒᆞ야皆、各都府에서商業을營ᄒᆞᄂᆞ니라

宗敎ᄂᆞᆫ슬라브種(보스니아에在ᄒᆞᆫ者를除ᄒᆞᆫ外)及、希臘種은希臘敎를奉ᄒᆞ고土耳其種、알바니아種의一部及、보스니아人은回敎를信ᄒᆞᄂᆞ니라

産業。 발칸半嶋ᄂᆞᆫ土耳其暴政下에久在ᄒᆞ야商業이尙今進步치못ᄒᆞ나農産及、牧畜은稍、可見ᄒᆞᆯ者ㅣ有ᄒᆞ며其大半은獨立邦國이되야交通의發達과共히漸次盛大ᄒᆞᄂᆞᆫ希望이有ᄒᆞ니라(物産의詳細ᄂᆞᆫ以下各邦을隨ᄒᆞ야參照ᄒᆞᆷ)

政治。 此半嶋의地勢가非常히山岳이多ᄒᆞᆷ으로써一國으로統治ᄒᆞᆷ이困難ᄒᆞᆷ은言論을不俟ᄒᆞᆯ지라此半嶋가完全ᄒᆞᆫ一國의形을成ᄒᆞᆷ이其實은無ᄒᆞ야嘗、羅馬帝國의一部러니其後、土耳其人의掌中에歸ᄒᆞ야十六、十七世紀頃은土耳其의權力이最盛大ᄒᆞ얏스나此時에도달마시아ᄂᆞᆫ義太利國베네치아所轄에屬ᄒᆞ얏다가十八世紀初에墺地利의手에歸ᄒᆞ니十七世紀以後로ᄂᆞᆫ土耳其의權力이次第로衰微ᄒᆞ야現今政治區劃이如左ᄒᆞ니

(一)歐羅巴土耳其(又ᄂᆞᆫ單稱土耳其)
(二)希臘王國
(三)塞比亞王國
(四)몬테네그로侯國
(五)벌가리아公國(名義上土耳其屬國)

(六)羅馬尼亞王國

(七)보스니아及헤르세고비나二州(墺地利에屬ᄒᆞᆷ)

各邦誌

발칸半嶋에在ᄒᆞᆫ各邦을更細別ᄒᆞ야說明코져ᄒᆞ노라

一、歐羅巴土耳其 *TURKEY in EUROPE.*

汎論。歐羅巴土耳其는옷토만帝國의最主要ᄒᆞᆫ一部分이니옷토만帝國은亞細亞土耳其와亞剌比亞를含ᄒᆞ고又名義上으로埃及과트리폴리를管治ᄒᆞ되實權은無ᄒᆞ니此帝國의區域은歐羅巴洲에서第十七世紀에는발칸半嶋의全部와墺地利의一部及黑海沿岸의全部를包括ᄒᆞ얏더니今에는僅발칸半嶋의一部를占有ᄒᆞᆯ뿐이라其面積은九十一萬二千七百二十九方里(六萬二千一百七十五方英里)오人口는六百十萬餘니라

人民。人民은土耳其種希臘種及알바니아種等이最多ᄒᆞ며宗教는回教와希臘教며教育은普及치못ᄒᆞ니라

産業。農業을主ᄒᆞ야農産物이頗多ᄒᆞ니煙草、穀物、綿、珈琲、鴉片、護謨、葡萄酒、蠶絲와其他各種菓實이며鑛山이亦富ᄒᆞ나採掘規則及課稅가嚴重ᄒᆞ야發達치못ᄒᆞ니라

政治。政體는君主專制니皇帝를설탄(Sultan)이라稱ᄒᆞ고설탄의大權은絕對無限ᄒᆞ야立法及行政이皆설탄의直接監督下에在ᄒᆞ야二高級官吏가此를管掌ᄒᆞ니一은大宰相이오一은大教長(即宗教의長)이며憲法은歐洲西部諸邦의例를模倣ᄒᆞ야屢次制定ᄒᆞ얏스나實行ᄒᆞᆷ이無ᄒᆞ며陸軍은常備兵이九十八萬餘오海軍은各種艦艇이五十餘隻에達ᄒᆞ며兵卒은勇敢ᄒᆞ고紀律을正守ᄒᆞ나將校의技量이劣ᄒᆞ며國債가夥多ᄒᆞ야財政이困難ᄒᆞ니라

都府。콘스탄티노플은옷토만帝國의首府니人口는百十二萬餘가有ᄒᆞ며보스포러스海峽에臨ᄒᆞ야黑海口를扼ᄒᆞ고亞細亞土耳其

의스쿠타리를對ᄒᆞ야歐羅巴에셔亞細亞洲에至ᄒᆞᄂᆞᆫ要路에位ᄒᆞ고市北에金角港골든、혼이灣入ᄒᆞ니廣大ᄒᆞᆫ良泊地가되야船舶의往來가頻繁ᄒᆞ야市街가繁盛ᄒᆞ나其、不潔ᄒᆞ며보스포러스海峽은土耳其軍艦外에ᄂᆞᆫ同政府의承諾이無ᄒᆞ면通行ᄒᆞᆷ을不得ᄒᆞᄂᆞ니라

아드리아노플은內地에在ᄒᆞᆫ土耳其의第三都會니西曆千三百六十六年브허千四百五十四年ᄭᆞ지土耳其帝都오又、西曆千八百二十九年에아드리아노플條約을此地에셔締結ᄒᆞ야俄土戰爭의結局을告ᄒᆞᆷ으로ᄡᅥ有名ᄒᆞ며살로니카ᄂᆞᆫ仝名의灣頭에在ᄒᆞ야土耳其의第二都會오外國通商港이며갈리폴리ᄂᆞᆫ다다넬스海峽에臨ᄒᆞᆫ良港이니土耳其海軍의根據地니라

二、希臘 GREECE.

汎論。希臘(그리쓰)은(自稱 엘라스) 발칸半嶋南端에位ᄒᆞᆫ一小王國이니舊時에ᄂᆞᆫ歐羅巴의先進國이오又、文學技藝의淵藪地로有名ᄒᆞ더니其後土耳其領에歸ᄒᆞ얏다가西曆千八百二十八年英、佛、俄三强國의力으로獨立ᄒᆞᆷ을得ᄒᆞ니其面積이三十六萬七千二百六方里(二萬五千十四英方里)오人口가凡、二百五十萬이니라

人民。人種은希臘種이니알바니아種、슬라브種에屬ᄒᆞᆫ人民이古來로移住ᄒᆞ야混化ᄒᆞᆫ者ㅣ며言語ᄂᆞᆫ希臘語(古希臘語의變化ᄒᆞᆫ者)며國敎ᄂᆞᆫ希臘敎니住民이皆、信奉ᄒᆞ고敎育은稍、進步ᄒᆞ니라

產物。希臘은氣候가溫暖ᄒᆞ고地味가豐饒ᄒᆞ나南部ᄂᆞᆫ山岳이多ᄒᆞ고交通이不便ᄒᆞᆷ으로農、商業이未進ᄒᆞ야產物은但、乾葡萄橄欖葡萄酒等이오鑛物도亦產ᄒᆞᄂᆞ니라

政治。立憲王國이니議會ᄂᆞᆫ一院을寘ᄒᆞ고陸軍은常備兵이二萬一千餘오海軍은二十餘艘의艦艇을有ᄒᆞ니라

都府。雅典(아텐스)은此國의首府라에지나灣頭에在ᄒᆞᆫ피리우스港을距ᄒᆞᆷ이五英里半이니古昔、希臘學術及、政治上中心인故로其遺

跡의可觀홀者ㅣ尙、不少ᄒᆞ며피리우스港에서ᄂᆞᆫ希臘貿易의太半을行ᄒᆞᄂᆞ니라

三、塞比亞 *SERVIA.*

汎論。塞比亞(서비아)ᄂᆞᆫ발칸半島北部에在ᄒᆞᆫ立憲王國이라元來土耳其領地러니千八百七十八年伯林條約을依ᄒᆞ야獨立國이되니其面積이二十七萬三千四百八十八方里餘(一萬八千六百三十方英里)오人口가二百五十萬이니라

此國의交通要路ᄂᆞᆫ國北境을沿ᄒᆞᆫ다늅河의本流와支流세이브、모라바等은皆、滊船이通ᄒᆞ니其航運業을營ᄒᆞᄂᆞᆫ者ᄂᆞᆫ他國人이多ᄒᆞ며鐵道로隣國을通ᄒᆞ니라

人民。國民은殆、슬라브種에屬ᄒᆞᆫ塞比亞種이오他人種은少ᄒᆞ니性質이懶惰ᄒᆞ며宗敎ᄂᆞᆫ皆、希臘敎를信奉ᄒᆞ고敎育은稍、進步의傾向이有ᄒᆞ니라

產業。人民의產業은農業及、牧畜業이니穀物의產出이多ᄒᆞ며鑛物이亦、不乏ᄒᆞ야漸次開發의緖가有ᄒᆞ고工業은未振ᄒᆞ니라

都府。벨그레이드ᄂᆞᆫ此國의首府니세이브及、다늅河會流點에位ᄒᆞ야墺地利와土耳其間交通上要路를占ᄒᆞ고府內에大學校의設이有ᄒᆞ니라

四、몬테네그로(黑山)侯國 *MONTENEGRO.*

此國은보스니아南에在ᄒᆞᆫ侯國이라元來土耳其領이러니西曆千八百七十八年伯林條約에署名ᄒᆞᆫ列國이獨立을確認ᄒᆞ고此條約에依ᄒᆞ야何國軍艦이던지此國海岸에淀泊홈을不得ᄒᆞ되水上及、衛生警察權은墺國管理에歸ᄒᆞ니其面積이五萬三千二百八十八方里餘(三千六百十三方英里)오人口가凡二十五萬이며人民은슬라브種이며全國民이希臘敎를信奉ᄒᆞ고產業은農業을主ᄒᆞ나極、幼稚ᄒᆞ고牧畜業이稍盛ᄒᆞ며國內到處에森林이蓊鬱ᄒᆞ야暗黑ᄒᆞ니此ㅣ國名의起源이며

首府는쎄티녜니라

五、布加利亞公國 *BULGARIA.*

布加利亞(벌가리아)는土耳其北、塞比亞東에在ᄒᆞᆫ公國이니此國도亦、伯林條約에依ᄒᆞ야土耳其常統治下에自主政權을有케ᄒᆞ고千八百八十六年에布加利亞와東루멜리아兩國을一政府下에合併ᄒᆞ니名義上으로는土耳其主權下에在ᄒᆞ나其實은、全然獨立國이라布加利亞本部의面積은三十五萬七千八百九十八方里餘(二萬四千三百八十方英里)오東루멜리아는二十萬一千一百十六方里(一萬三千七百方英里)며人口는總計四百萬에達ᄒᆞ니라

人民은布加利亞種이最多ᄒᆞ고其外에土耳其種、希臘種、猶太種이有ᄒᆞ니布加利亞人은勤勉ᄒᆞ야産業에努力ᄒᆞ고其産業은農及、牧畜業이며國敎는希臘敎오或、回敎를信奉ᄒᆞ는者ㅣ有ᄒᆞ니라

政治는立憲公國이니國會는一院으로成ᄒᆞ고陸軍은常備兵이四萬이오海軍은砲艦數隻이有ᄒᆞᆯ뿐이며貨幣는佛、義兩國貨를通行ᄒᆞᄂᆞ니라

首府는소피아니有名ᄒᆞᆫ温泉이有ᄒᆞ며大學校가有ᄒᆞ고갈리폴리는東루멜리아의首府니라

六、羅馬尼亞 *RUMANIA.*

此國은布加利亞北에在ᄒᆞᆫ王國이라亦、伯林條約을依ᄒᆞ야獨立ᄒᆞᆷ을得ᄒᆞ니面積이七十四萬四千五百七十方里(五萬七百十方英里)二오人口가凡、六百萬餘며國民은羅馬尼亞種、猶太種等其他、多數人種으로成ᄒᆞ니男子는懶惰ᄒᆞ고女子는勤勉ᄒᆞ며物産은其地勢를隨ᄒᆞ야高原에는森林과鑛物이富ᄒᆞ고平原에는穀物이多産ᄒᆞ야國民의四分三은農業에從事ᄒᆞ야大麥、小麥、玉蜀黍、烟草等을收獲ᄒᆞ며政治는立憲王國이니國會는上下兩院으로成ᄒᆞ고兵備는陸軍이凡、七萬이오海軍은二十餘艘의船艦이有ᄒᆞ니라

此國의兩境及、東部에ᄂᆞᆫ다뉴브河가流過ᄒᆞ야水運의便이極ᄒᆞ니此河ᄂᆞᆫ伯林條約에依ᄒᆞ야河口에서墺地利國境ᄭᆞ지列國共通의水路로確定ᄒᆞ야諸國滊船의往來가頻繁ᄒᆞ니河口北支ᄅᆞᆯ除ᄒᆞᆫ外航通上監督을爲ᄒᆞ야墺地利、羅馬尼亞、布加利亞、塞比亞及、伯林條約調印國에서各一人式委員을派遣ᄒᆞ고其會場은갈맛츠에置ᄒᆞ니라

首府ᄂᆞᆫ부하레스트니大學校와富豪貴顯의家屋이壯麗ᄒᆞ나常民의住ᄒᆞᄂᆞᆫ部分은甚、不潔ᄒᆞ며갈맛츠ᄂᆞᆫ此國商業의中心이니라

第四章　亞弗利加洲 AFRICA.

第一節　總論

位置。亞弗利加洲ᄂᆞᆫ東半球에位ᄒᆞ야北温帶、熱帶、南温帶의三帶에跨ᄒᆞ니北緯三十七度븟허南緯三十五度에至ᄒᆞ며東經五十二度븟허西經十七度半에至ᄒᆞ니라

境域。北은地中海ᄅᆞᆯ隔ᄒᆞ야歐羅巴洲와相對ᄒᆞ고西ᄂᆞᆫ大西洋과其南은南氷洋과東은印度洋、紅海及、蘇士運河로亞細亞洲ᄅᆞᆯ對ᄒᆞ니其大ᄒᆞᆷ이五大洲中第三에位ᄒᆞ니라

海岸。本洲에海岸線은別로屈曲ᄒᆞᆷ이無ᄒᆞ야亞細亞、歐羅巴諸洲와如히海水가陸地에灣入ᄒᆞᆫ半島及、港灣이少ᄒᆞ고但、地中海에시드라、게잉스의附灣과大西洋에기니아灣과印度洋에아덴灣이有ᄒᆞᆫ뿐이니라

嶼。本洲屬嶋中最大흔者는印度洋에마다가스카르一島가有흐며大西洋에英領센트헬레나島는絶海에孤島나拿波倫第一世를流配흐얏던處인故로最著名흐고其外에葡萄牙領地케입버드、아소레스等群島와마데라群島와西班牙領카나리群島等이有흐니是等群島는皆、火山質이니라

地勢。 亞弗利加洲는西邊은概、山嶽으로써圍繞흐고內地는一體高原이니其中地盤에最、隆起흔者는北高原、西高原、南高原、東高原과사하라高原이라此諸高原中사하라高原은大西洋으로붓허나일河畔에達흐는世界의第一大沙漠이니太平洋붓허大西洋서지東半球를橫斷흔沙漠帶의最終點에位흐야亞弗利加全洲에四分一을占흐고海面을拔흠이一千五百尺乃至五千尺이나海面보다卑흔窪地도有흐니라

沙漠은一望無際흔茫漠沙原인故로水潤이無흐야草木이不繁흠으로乾燥無味흔曠原뿐이나然이나處處에膏地가或有흐니此地에는些小흔水潤이有흐고草木이生흐야沙漠을旅行흐는隊商에休息所며又、南高原에도갈라하리라稱흐는沙漠이有흐니라

河湖。 本洲의河流는나일、나이저、콩고、삼베시等이니나일河는其長이一萬五千七百餘里에北流흐야埃及카이로府에至흐야는數派에分흐야三角洲가되야地中海로入흐니此河의水源이時雨에富흔東高原에在흠으로每年六月붓허九月에至흐는間은水量이大增흐야下流의地는洪水에浸흐나其時季가過흐면平水에復흐고氾濫흔地는一體沃土를遺흠으로나일河沿岸은地味가肥沃흐야百穀이繁登흠의其恩惠를蒙흠이頗大흐니라

本洲에湖水는多數흔湖水中에最大者는빅토리아니안사니나일河의水源이오本洲의最大흔淡水湖니라

氣候。 亞弗利加는五大洲中에炎熱이最甚흔地方이니本洲의大

部分은四季에區別이無ᄒᆞ야一年間에但乾燥濕潤의二季節이有ᄒᆞᆫ뿐이니赤道로브허冬至線에至ᄒᆞᄂᆞᆫ間은十月브허翌年四月ᄭᆞ지濕潤季오其他ᄂᆞᆫ乾燥季며又赤道브허夏至線에至ᄒᆞᄂᆞᆫ間은四月브허十月ᄭᆞ지濕潤季오其他ᄂᆞᆫ乾燥季라然이나冬至線과夏至線近傍은終歲乾燥季뿐連續ᄒᆞ니是ᄂᆞᆫ北方에廣大無邊ᄒᆞᆫ사하라大沙漠과南方에칼라하리沙漠이有ᄒᆞᆫ所以니라

動植物。本洲의植物은椰子、棕櫚、護謨、橄欖、綿、藍、珈琲及各種香料며動物은獅와如ᄒᆞᆫ猛獸와犀、象、지리프 Giraffe (麒麟類)駱駝의巨獸와人과似ᄒᆞᆫ猿과美麗ᄒᆞᆫ鸚鵡와又鰐魚、毒蛇等類가有ᄒᆞ니라

人民。亞弗利加洲人民은大約二億이有ᄒᆞ니其人種은이듸오피안人種即黑人種과高加索人種과土耳其人種과馬來人種이니全洲人口의五分之四를占ᄒᆞᆫ黑人種은中央及南部에住ᄒᆞ며高加索人種은北部及諸海岸殖民地에住ᄒᆞ며土耳其人種은埃及에住ᄒᆞ고馬來人種은마다가스까르에住ᄒᆞᄂᆞ니라

宗教。ᄂᆞᆫ北部에住ᄒᆞᄂᆞᆫ高加索人種과土耳其人種은回教를奉ᄒᆞ며各國殖民地와마다가스까르島에서ᄂᆞᆫ耶蘇教를行ᄒᆞ고黑人種은蠻教를奉ᄒᆞᄂᆞ니라

區劃。亞弗利加ᄂᆞᆫ說明의便宜를從ᄒᆞ야此를北亞弗利加、西亞弗利加、南亞弗利加、東亞弗利加、中央亞弗利加의六大部로區劃ᄒᆞᆷ이라

第二節 北亞弗利加

北亞弗利加에ᄂᆞᆫ모록코、알세리、뛰니써、트리폴리等四國及사하라、나일諸國이有ᄒᆞ니라

모록코帝國。此國은北亞弗利加西에在ᄒᆞᆫ君主專制의獨立帝國이니增前에ᄂᆞᆫ歐洲人의干涉이無ᄒᆞ더니近來에佛國과關係가生ᄒᆞ니라其面積이三百二十一萬四千九百二十方里(二十一萬九千方英里)오人口ᄂᆞᆫ凡五百萬餘며陸軍은步、騎兵을幷ᄒᆞ야一萬二千四百人이며首府

ᄂᆞᆫ페스라稱ᄒᆞᄂᆞ니라

알•세•리•。 알세리(英稱알제리아)ᄂᆞᆫ모록코東에在ᄒᆞᆫ佛蘭西領地니佛蘭西總督이駐在ᄒᆞ야全土를統治ᄒᆞ니其面積이二百七十萬八千七十八方里餘(十八萬四千四百七十四方英里)오人口ᄂᆞᆫ四百七十六萬九千六百이며家畜은馬、牛、驢、駱駝、羊等이며鑛物은鐵、亞鉛、水銀、銅、安質毋尼及、石炭이며人民은아랍種族이多ᄒᆞ며軍隊ᄂᆞᆫ佛國第十九師團으로編成ᄒᆞ야五萬六千人이有ᄒᆞ고國內에鐵道、電線、學校等設이有ᄒᆞ며首府를알세라稱ᄒᆞᄂᆞ니라

뜌•니•씨•。 뜌니씨(英稱튜니스)ᄂᆞᆫ알세리東北에在ᄒᆞᆫ小國이니其面積이七十四萬八千六百八十方里(五萬一千方英里)오人口ᄂᆞᆫ十七萬人이며佛蘭西의保護를受ᄒᆞ며鐵道、電線、學校等設은알세리와同ᄒᆞ고其首府ᄂᆞᆫ뜌니씨라稱ᄒᆞᄂᆞ니라

트•리•폴•리•。 此國은뜌니씨東南에在ᄒᆞᆫ土耳其의屬國이니其面積이五百八十七萬二千方里(四十萬方英里)오人口ᄂᆞᆫ一百三十萬이며首府ᄂᆞᆫ트리폴리오其南페산地ᄂᆞᆫ트리폴리의朝貢國이니라

以上四國을바바리州라總稱ᄒᆞ며其人民은隊商을組織ᄒᆞ야駱駝를率ᄒᆞ고사하라大沙漠을橫斷ᄒᆞ야漠南에在ᄒᆞᆫ黑人種과貿易을行ᄒᆞ니其重要ᄒᆞᆫ貿易品은羊毛、羊皮、橄欖油及、各種菓實이니라

사•하•라•。 사하라大沙漠中窩地에ᄂᆞᆫ數多人民이住居ᄒᆞ야耕作을營ᄒᆞ야生活ᄒᆞ며此地方中央에住ᄒᆞᄂᆞᆫ라릭스民族은屢、隊商을襲ᄒᆞ야其貨物을剽掠ᄒᆞᆷ이有ᄒᆞ니라

나•일•諸•國•。 나일諸國은나일河沿岸諸國即、埃及(에집트)뉴비아、아비씨니아及其他、諸國이니라

埃•及•。 埃及은歷史上有名ᄒᆞᆫ古國이라昔에ᄂᆞᆫ盛大ᄒᆞᆫ國이러니今에ᄂᆞᆫ衰微ᄒᆞ니今日存在ᄒᆞᆫ方尖塔(Pyramid)과女面獅身像等은皆、當時의造物이니라

此國은케디브(Kedhive)라稱ᄒᆞᄂᆞᆫ君主가有ᄒᆞ야一國政務를統御ᄒᆞ며名義上으로ᄂᆞᆫ土耳其의屬國인故로同政府에每年七十二萬磅을貢獻ᄒᆞ나財政은英國政府의監督을受ᄒᆞ며總面積이五百八十七萬二千方里(四十萬方英里)오人口ᄂᆞᆫ九百七十三萬四千五百이며重要物產은綿、甘蔗、米、玉蜀黍、大小麥等이니라

蘇士運河ᄂᆞᆫ近世大工事니雖、大艦巨舶이라도大槪、通行ᄒᆞᆷ을得ᄒᆞ니此運河ᄂᆞᆫ佛國人의計劃으로開鑿ᄒᆞᆫ者ㅣ러니各國政府가株主가되니라

카이로ᄂᆞᆫ埃及首府니人口가大約、五十七萬餘오나일河東岸에位ᄒᆞᆫ亞弗利加洲의第一大都會며알렉싼드리아ᄂᆞᆫ地中海에濱ᄒᆞᆫ古來有名ᄒᆞᆫ港口니此港븟허카이로를經ᄒᆞ야蘇士에達ᄒᆞᄂᆞᆫ鐵道가有ᄒᆞ니라

뉴•비•아。此國은名義上으로ᄂᆞᆫ埃及에屬ᄒᆞ얏스나宗敎의爭端이有ᄒᆞ야屢、叛亂을企ᄒᆞᆷ이有ᄒᆞ며카툼은此國의首府니國中에最大ᄒᆞᆫ都市니라

아•비•써•니•아•帝•國。此國(本名이디오피아)은從前國土를三分ᄒᆞ야鼎立의態가有ᄒᆞ더니近年에漸次一帝의管轄에歸ᄒᆞ니其面積이凡、二百二十萬二千方里(十五萬方英里)오人口ᄂᆞᆫ三百五十餘萬이며首府ᄂᆞᆫ곤다라稱ᄒᆞ고國民은耶蘇敎를一般信奉ᄒᆞ며牧畜과田野開墾에從事ᄒᆞ고產物은獸皮、麥、珈琲、綿、象牙等이니라

第三節 西亞弗利加

西亞弗利加ᄂᆞᆫ사하라大沙漠븟허冬至線에至ᄒᆞᄂᆞᆫ海岸地方을稱ᄒᆞᆷ이니此海岸地方은세네감비아地方과기니아地方으로大別ᄒᆞ니其中에英吉利、佛蘭西、獨逸、葡萄牙諸國이皆、殖民地를有ᄒᆞ니라

세네감비아內에英領殖民地시에라레오네가有ᄒᆞ니此ᄂᆞᆫ解放ᄒᆞᆫ奴隸의保護地로建ᄒᆞᆫ者ㅣ라其都府를自由都府(프리타운)라稱ᄒᆞ며

리베리아도亦、解放ᄒᆞᆫ奴隸와自由黑人의保護地로亞米利加殖民會社가北米合衆國制度를倣ᄒᆞ야建ᄒᆞᆫ共和國이니其首府ᄂᆞᆫ몬로비아며學校寺院等이有ᄒᆞ고貿易이亦盛行ᄒᆞᄂᆞ니라

기니아ᄂᆞᆫ上下기니아로分ᄒᆞ니其內에아샨티다호메等土人의王國과佛領은蘇丹(수단)、사봉及、꽁고와獨逸領은토고、카메룬과葡領西亞弗利加地앙골나及방겔나가有ᄒᆞ니라

第四節 南亞弗利加

南亞弗利加에ᄂᆞᆫ케입콜로니、카프라리아、나탈、술룰린드、南亞弗利加共和國스名토란바알 오렌지自由州等이有ᄒᆞ니此等各地方中에南亞弗利加共和國과오렌지自由州ᄂᆞᆫ黑人種의住居地나然이나其主權을執ᄒᆞᆫ者ᄂᆞᆫ和蘭人이더니往年에金鑛事件으로英國과干戈를交ᄒᆞ다가敗ᄒᆞᆷ의皆、英國版圖에屬ᄒᆞ얏고又、南亞弗利加西部에在ᄒᆞᆫ나마콰란드와다마랄린드ᄂᆞᆫ獨逸의領地니總稱ᄒᆞ야獨領西南亞弗利加라稱ᄒᆞᄂᆞ니라

케입콜노니。此地ᄂᆞᆫ南亞弗利加南端에在ᄒᆞ야其西南에岬角은有名ᄒᆞᆫ喜望峯이며住民은黑人、馬來人、和蘭人、英吉利人等이니新教、舊教或、回教를信奉ᄒᆞ며此地ᄂᆞᆫ元來和蘭에게屬ᄒᆞ얏다가今에ᄂᆞᆫ英國에屬ᄒᆞ얏스며首府ᄂᆞᆫ케입타운이오物産은羊毛、大小麥、玉蜀黍等이며喜望峯半島西시몬스灣內에軍港을設ᄒᆞ고英國軍艦十六隻으로써編成ᄒᆞᆫ艦隊를置ᄒᆞᄂᆞ니라

第五節 東亞弗利加

東亞弗利加ᄂᆞᆫ압엘만댑海峽으로븟허冬至線에至ᄒᆞᄂᆞᆫ海岸諸國이니其海岸에소말리스、英領東亞弗利加、獨領東亞弗利加、葡領모삼빅과소팔라等이有ᄒᆞ니라

第六節 中央亞弗利加

中央亞弗利加ᄂᆞᆫ蘇丹、콩고自由國及、南亞弗利加를接ᄒᆞᆫ高原地方

을總稱홈이니라
蘇丹。此地方은地味가肥沃ᄒᆞ며其住民은土種黑人과其他各種民族이니皆耕作을營ᄒᆞ고或工業을營ᄒᆞᄂᆞᆫ者도有홈이四隣ᄒᆞᆫ蠻族에比ᄒᆞ면稍優等에居ᄒᆞᄂᆞᆫ者ㅣ니라
콩고自由國。此地方은콩고河流域에在ᄒᆞᆫ者ㅣ니元來ᄂᆞᆫ世人이不知ᄒᆞᄂᆞᆫ暗黑世界러니有名ᄒᆞᆫ探險者스ᄐᆡᆫ리氏가此地方을探鑿ᄒᆞ고歐洲에返ᄒᆞ야世人의耳目을大惹홈의伯林에開ᄒᆞᆫ萬國會議의結果로遂콩고自由國을建ᄒᆞ고比利時王에게囑托ᄒᆞ야統御케ᄒᆞ고萬國人民으로自由貿易을行케ᄒᆞ니自此로漸開ᄒᆞ야今日에ᄂᆞᆫ十餘艘의輪船이콩고河上에駛行ᄒᆞ며歐洲諸國에서移住ᄒᆞᄂᆞᆫ者ㅣ年年增加ᄒᆞᄂᆞ니라

第七節 屬島

마다가스싸르。此島ᄂᆞᆫ全島에山嶽이對峙ᄒᆞ얏스나地味가肥沃ᄒᆞ야森林이繁茂ᄒᆞ며島內에各種土人이居住ᄒᆞ야其中馬來人種이勢力을占ᄒᆞ며首府ᄂᆞᆫ따나나리부니本島中央에在ᄒᆞ며其面積은三百二十九萬一千一百六十八方里餘(二十二萬四千一百九十四方英里)오人口ᄂᆞᆫ約三百萬이며農產物은米、砂糖、珈琲、棉花等이며鑛物은金、銅、鐵、鉛等과貴重ᄒᆞᆫ鑛物等이富ᄒᆞ니라此島ᄂᆞᆫ元來獨立國이러니十餘年前븟허佛國版圖에永屬ᄒᆞ야知事로統治케ᄒᆞ니라

第五章 亞米利加洲 AMERICA.

第一節 總論

位置。 亞米利加洲는西半球의大陸이니距今四百餘年前에義大利人크리스토퍼,콜롬부스(Christopher Columbus)가發見ᄒᆞᆫ以後로新世界라稱ᄒᆞ니其位置는舊世界와如히北方에偏在치아니ᄒᆞ고南北으로延長ᄒᆞ야北은北緯八十二度와南은南緯五十六度에達ᄒᆞ고又經度는西經三十五度에셔起ᄒᆞ야百七十度에至ᄒᆞ며此廣大ᄒᆞᆫ大陸이中央에在ᄒᆞᆫ巴拿馬地峽으로써北亞米利加와南亞米利加로分ᄒᆞ니南米,北米라畧稱ᄒᆞᆷ도有ᄒᆞ니라

境域。 北은北氷洋에臨ᄒᆞ며西는太平洋을濱ᄒᆞ고遙遙히亞細亞洲와相對ᄒᆞ며南은南氷洋과東은大西洋을臨ᄒᆞ고其中에墨西哥灣과카리비안海가有ᄒᆞ니라

海岸。本洲沿岸의出入은西海岸보다東海岸에多ᄒᆞ니 東海岸에ᄂᆞᆫ北에라브래이도어大半島가有ᄒᆞ야土地ᄂᆞᆫ廣大ᄒᆞ나 氣候가寒烈ᄒᆞ야居民이少ᄒᆞ며라브래이도어東角찰ㅅ岬으로봇허 플로리다半島에至ᄒᆞᄂᆞᆫ海岸의北半은海岸線의屈曲이多ᄒᆞ야良港 이富ᄒᆞ며南半은屈曲이少ᄒᆞ고且海岸은沼澤이連ᄒᆞ야卑濕ᄒᆞᆫ地가 多ᄒᆞ며플로리다半島와유카탄半島間은即墨西哥灣이니海水가一 般으로淺ᄒᆞ며其北岸은低平ᄒᆞ고미시씨피河의河口가有ᄒᆞ니라

墨西哥灣의東南은카리비안海니海水ᄂᆞᆫ深淸ᄒᆞ나暗礁가處處亂 峙ᄒᆞ고又暴風이屢吹ᄒᆞ야航海가甚危險ᄒᆞ며此海로봇허南米東端 셴드로크岬에至ᄒᆞᄂᆞᆫ間은沼澤이多ᄒᆞ야卑濕ᄒᆞ며其中央에아마손 河의河口가有ᄒᆞ고셴드로크岬과南端角(호온)岬間은海濱에岩石이多 ᄒᆞ나良港도亦不少ᄒᆞ니라

西海岸에ᄂᆞᆫ北北에荒凉寂寞ᄒᆞᆫ알라스카大半島가有ᄒᆞ며自此로 南下ᄒᆞᆫ즉下갤리포니아半島가有ᄒᆞ고半島內를갤리포니아灣이라 稱ᄒᆞ며更南下ᄒᆞᆫ즉巴拿馬灣外에ᄂᆞᆫ港灣이別無ᄒᆞ니此ᄂᆞᆫ西海岸에 大山脈의背面이一般峻急ᄒᆞᆷ을因ᄒᆞᆷ이니라

島嶼。本洲에島嶼ᄂᆞᆫ北米에多ᄒᆞ고南米에少ᄒᆞ니北米의大島그 린란드ᄂᆞᆫ北米東北에位ᄒᆞ야一年間에二月下旬봇허十月中旬ᄭᆞ지 ᄂᆞᆫ太陽이不沒ᄒᆞ야夜가無ᄒᆞ고其餘月間은全暗夜며氣候가寒烈ᄒᆞ 야氷雪로地面을掩ᄒᆞ며動物은海豹,鯨,白熊,馴鹿等이棲息ᄒᆞ고植物 은蘚苔가僅發生ᄒᆞ니南部에ᄂᆞᆫ丹抹人이住居ᄒᆞ고北部에ᄂᆞᆫ에ㅅ키 모人이居生ᄒᆞᄂᆞ니丹抹의領地며此外그린란드西에北極群島와南 에뉴우파운드란드와카리비안海北에西印度諸島等이有ᄒᆞ니라

地勢。北亞米利加西邊에ᄂᆞᆫ럭키大山脈의一帶가南北으로橫連 ᄒᆞ고此山脈의西으로太平洋海岸을沿ᄒᆞ야又一大山脈이南北으로 連亘ᄒᆞ니其北에在ᄒᆞᆫ者ᄂᆞᆫ키ㅅ케이드山脈이며南에在ᄒᆞᆫ者ᄂᆞᆫ시라

네바다山脈이오락키와킈스케이드와시라、네바다三山脈間은一體高原이니此를太平洋高原이라稱ᄒᆞ며又、大西洋海岸을沿ᄒᆞ야알레킈니(一名알팔라시안)山脈의一帶가連亘ᄒᆞ니此山脈을沿흔地를大西洋高原이라稱ᄒᆞ고此兩高原間은一大平原을作ᄒᆞ니此를中央大平原이라稱ᄒᆞᄂᆞ니라

南亞米利加의地勢도北亞米利加와畧同ᄒᆞ니락키山脈이南走ᄒᆞ야巴拿馬地峽을渡ᄒᆞ야南亞米利加에至ᄒᆞ야太平洋海岸을沿ᄒᆞ야南走ᄒᆞ다가角岬에至ᄒᆞ야盡ᄒᆞ니此를안디스山脈이라稱ᄒᆞ며又、大西洋에臨흔海岸에도山脈이連ᄒᆞ야西으로一穀高原을成ᄒᆞ니此는브라실高原이오北海岸에도亦、東西로連흔山脈이有ᄒᆞ야高原을成ᄒᆞ니此는기아나高原이오안디스山脈東北兩高原間에南北으로連흔一大平原이有ᄒᆞ니是亦、中央大平原이라稱ᄒᆞᄂᆞ니라

河。湖。 河水는北米에在ᄒᆞ야는미시십피河가最大ᄒᆞ니此河는미쉬리、오하요、아칸사스等支流가有ᄒᆞ야流域이極廣大ᄒᆞ고灌漑漕運의便이甚多ᄒᆞ며南米에在흔大河는아마손이니此河도多數支流가有ᄒᆞ야流域이廣ᄒᆞ고又、流緩흠은他에比흘者ㅣ無ᄒᆞ나每年降雨期에는上流流域이氾濫ᄒᆞ야洪水를起ᄒᆞᄂᆞ니라

右外에北米에센트、로렌쓰와리오、그린드와南米에오리노코와파라나等諸河가有ᄒᆞ야其水는皆、大西洋으로注入ᄒᆞ고太平洋으로注入ᄒᆞ는者는極少ᄒᆞ니라

北米에는淡水湖가富ᄒᆞ야最、著名흔者는슈피리오어、휴론、미쉬간、이리、온타리오니此五湖中슈피리오어가最大ᄒᆞ야世界第一이며又、이리와온타리오兩湖間에有名흔나야가라瀑布는其間에一小嶼가有ᄒᆞ야其水ㅣ兩條로分落ᄒᆞ니其一條馬蹄鉄(Horse-Shoe)瀑布는高가一百五十八尺이오濶이一千八百尺이며其一條亞米利加瀑布는高가一百六十四尺이오幅이六百尺이니其壯觀은天下에稀有ᄒᆞ며又、北米에鹹

水湖는太平洋高原에在ᄒᆞ니其中最大ᄒᆞᆫ者를大鹽湖(Great Salt Lake)라稱ᄒᆞ고南米에는湖水가少ᄒᆞ야著名ᄒᆞᆫ者는인디스山中의티티카카湖뿐이니라

氣候。 北米는太半은北温帶에屬ᄒᆞᆷ으로써氣候가温暖ᄒᆞ나東西가稍異ᄒᆞ니大西洋을面ᄒᆞᆫ東北部地方은北極에서流下ᄒᆞ는寒流의影響을蒙ᄒᆞ야寒氣가甚ᄒᆞᆷ이小麥이北緯四十七八度以北에서는不長ᄒᆞ나此에反ᄒᆞ야太平洋을面ᄒᆞᆫ地方은黑潮의影響으로氣候가温和ᄒᆞ야北緯五十四五度地에서라도尙、小麥의生育에適合ᄒᆞ니라

南米는太半은熱帶에屬ᄒᆞᆷ으로써炎熱이最甚ᄒᆞ나太平洋을面ᄒᆞᆫ山地는氣候가温和ᄒᆞ야人身에適合ᄒᆞ며又、最南部는南極으로브터流來ᄒᆞ는寒流의影響을蒙ᄒᆞ야寒氣가甚ᄒᆞ니라

産物。 本洲는槪、地味가肥沃ᄒᆞᆷ으로써北米南部와南米北部에는植物의生長이盛大ᄒᆞ고其類가亦、甚多ᄒᆞ야森林에는松、栢類가繁茂ᄒᆞ고殷産物은馬鈴薯、玉蜀黍、煙草、珈琲、甘蔗、棉花類가處處에産出이

夥多ᄒᆞ며又、動物은亞弗利加産과如히巨大치아니ᄒᆞ나熊、馴鹿、水牛、海豹、牛、馬類가有ᄒᆞ고又、昆蟲鳥類는其種類가甚多ᄒᆞ며鑛産이最富ᄒᆞ니알네가니山脈의鐵、石炭과墨西哥와秘露(페루)의金、銀等이最、著名ᄒᆞ고其他銅、鉛、水銀等이處處에서産出ᄒᆞ느니라

人民。 本洲의人口는大約、一億五千萬이有ᄒᆞ야其中에最多ᄒᆞ고勢力을占ᄒᆞᆫ者는츄톤人種이니此人種은加奈陀及、北米合衆國等에居ᄒᆞ는者ㅣ最多ᄒᆞ니皆、英人의子孫이라此를잉글로아메리칸(Anglo-American)이라稱ᄒᆞ며新敎를信奉ᄒᆞ고敎育이普及ᄒᆞ야百般學術技藝가進步ᄒᆞ며墨西哥、中央亞米利加及、南亞米利加에는西班牙人의子孫이多ᄒᆞ고又、브라실에는葡萄牙人의子孫이多ᄒᆞ니是等은皆、舊敎를奉ᄒᆞ고敎育에熱心ᄒᆞ는者도或有ᄒᆞ나尙、不備ᄒᆞ며此外에北部에는에스키모人이駐ᄒᆞ며北米合衆國南部、西印度諸島及、브라실에는亞弗利加에서輸入ᄒᆞᆫ奴隷의子孫이有ᄒᆞ고又、亞米利加土人即、銅色人은昔에는

本洲에서跋扈ᄒᆞ던人種이러니白人이移住ᄒᆞᆷ으로브터次第로減少ᄒᆞ야今日에ᄂᆞᆫ其數가幾許가無ᄒᆞ니라

區劃。 亞米利加洲에ᄂᆞᆫ二十一共和國及歐洲諸國의領地가如左히有ᄒᆞ니라但此中我締約國은北米合衆國ᄲᅮᆫ이니라

北亞米利加

共和國　北米合衆國　墨西哥(멕시코)　中央亞米利加諸國　西印度諸島各國

領地　그린린드(丹抹領)　加奈陀(英領)　니우파운들린드(仝上)　벨라이스(仝上)　西印度諸島(英,佛,北米合衆國,丹抹領等)

南亞米利加

共和國　베네수엘라　콜롬비아合衆國　에콰도어　秘露(페루)　볼리비아　智利(칠리)　아젠타인共和國　우루게　파라게　브라실

領地　기아나(英,佛,和蘭領)

形勢。 北亞米利加에白人의移住ᄒᆞᆷ이僅數百年에不過ᄒᆞ나天然의沃土를利用ᄒᆞ야殖産興業의道를講究ᄒᆞᆷ이北米合衆國과如ᄒᆞᆷ은荒蕪地가忽變ᄒᆞ야良田과市街를成ᄒᆞ야日로盛運에向ᄒᆞᄂᆞᆫ故로各國에서移住ᄒᆞᄂᆞᆫ者ㅣ益多ᄒᆞ야人口의增殖ᄒᆞᆷ이非常ᄒᆞ나然ᄒᆞ나未開地도尙多ᄒᆞ야今後에移住民의增加와土地開拓과其殷富隆昌을不測ᄒᆞ겟고北亞米利加의墨西哥以南과南亞米利加ᄂᆞᆫ元來太半이西班牙領地러니本國勢力의衰ᄒᆞᆷ을乘ᄒᆞ야皆獨立共和國을建ᄒᆞ얏스나數國外에ᄂᆞᆫ國力이不振ᄒᆞᄂᆞ니라

第二節　北米合衆國

汎論。 北米合衆國은北亞米利加中央에位ᄒᆞ니北은英領加奈陀를境ᄒᆞ고東은大西洋을濱ᄒᆞ고南은墨西哥를接ᄒᆞ며墨西哥灣을面ᄒᆞ고西ᄂᆞᆫ太平洋을沿ᄒᆞ니其面積이五千二百三十七萬一千八百二十五方里(三百五十六萬七千五百六十三方英里니알나스카地方과布哇地方을合ᄒᆞᆷ)오人口가總計七千六百三十餘萬이니라

地勢。 地勢ᄂᆞᆫ東에알레가니山脈과西에라키山脈이對峙ᄒᆞ야此兩山脈間은即北亞米利加中央大平原의南部니全土가미시시피河流域에在ᄒᆞ야氣候가良好ᄒᆞ고地味가肥沃ᄒᆞ니面積이廣大ᄒᆞ야尙今荒蕪의地가不少ᄒᆞ며라키山脈以西키스케이드山脈과시라네바다山脈以東은太平洋高原의南部니雖平地라도海拔이四五千尺의高에達ᄒᆞᆫ故로空氣가乾燥ᄒᆞ고地味가磽确ᄒᆞ야耕耘에不適ᄒᆞ니라

氣候。 此國은全土가溫帶에位ᄒᆞᆷ으로써槪溫暖ᄒᆞ나土地가廣濶ᄒᆞᆷ의氣候가不齊ᄒᆞ야其南部ᄂᆞᆫ周歲에霜雪을不見ᄒᆞ나西北隅山麓에ᄂᆞᆫ冬季에積雪이十數尺에至ᄒᆞ고寒氣가甚ᄒᆞ며又降雨도到處不同ᄒᆞ야東南沿海地方은雨量이多ᄒᆞ나西으로向ᄒᆞᆷ을從ᄒᆞ야次第로少ᄒᆞ고太平洋高原에至ᄒᆞ야ᄂᆞᆫ周歲를一滴도無ᄒᆞ며更西으로太平洋沿岸에至ᄒᆞᆫ즉雨量이多ᄒᆞ니라

產物。 此國은天下無雙의農產國이니南部地方에產出이最多ᄒᆞ며西部地方은牧畜이盛行ᄒᆞ고鑛物도富ᄒᆞ며大西洋高地ᄂᆞᆫ鑛物이富ᄒᆞᆯ뿐아니라北部에大森林이有ᄒᆞ며又河海에水產物도亦多ᄒᆞ니右와如히天產物이富饒ᄒᆞᆯ뿐더러各種工業도盛行ᄒᆞᄂᆞᆫ故로此國의殷富ᄒᆞᆷ은世界에無比ᄒᆞ니라

人民。 合衆國은新開ᄒᆞᆫ國인故로歐洲各國에서移住ᄒᆞᄂᆞᆫ者ㅣ年年增加ᄒᆞᆷ으로써人口의繁殖ᄒᆞᆷ이天下에稀有ᄒᆞ야自今百年前에ᄂᆞᆫ人口가幾許가無ᄒᆞ더니今日에至ᄒᆞ야ᄂᆞᆫ七千餘萬에達ᄒᆞ니由是觀之면後來人口의增殖ᄒᆞᆷ은預測키難ᄒᆞᆫ지라此人口中十에八九ᄂᆞᆫ奇

혼人種이니英人의血統이多ᄒᆞ며此外에獨逸、佛蘭西、西班牙等人의子孫及、銅色人、黑人等이有ᄒᆞ나其數가少ᄒᆞ며宗敎ᄂᆞᆫ國民의自由에放任ᄒᆞ야各種宗敎ᄅᆞᆯ行ᄒᆞ되最盛ᄒᆞᆫ者ᄂᆞᆫ新敎며敎育은極、發達ᄒᆞ니라但、米洲에在ᄒᆞ던本土人卽銅色人種은野蠻의風氣ᄅᆞᆯ未脫ᄒᆞ야自然漸減ᄒᆞᆷ에至ᄒᆞ니라

交通。 交通은水陸이皆、便利ᄒᆞ니미시씹피河와如ᄒᆞᆫ者ᄂᆞᆫ上流ᄭᆞ지船舶이通行ᄒᆞ고又、處處에運河ᄅᆞᆯ開鑿ᄒᆞ야河湖ᄅᆞᆯ連絡ᄒᆞ야天然의水利ᄅᆞᆯ補ᄒᆞ며鐵道業이最盛ᄒᆞ니全世界鐵道線路ᄅᆞᆯ合算ᄒᆞ면此國이殆其半數ᄅᆞᆯ占ᄒᆞᆷ의國內到處에敷設치아님이無ᄒᆞ야東은大西洋브터西ᄂᆞᆫ太平洋에至ᄒᆞ기ᄭᆞ지大陸을橫斷ᄒᆞᆫ線路數條가有ᄒᆞ고其支線은蛛網과恰如ᄒᆞ며海運業도盛大ᄒᆞ야東은니우요크와西ᄂᆞᆫ산프란시스코로中心을作ᄒᆞ야太平洋과大西洋海上을往來ᄒᆞᆷ이頻繁ᄒᆞ니라

貿易。 此國의貿易은其繁盛ᄒᆞᆷ이歐洲商業國에不讓ᄒᆞᆫ지라重要ᄒᆞᆫ輸出品은綿、麵粉、貴金屬、煙草、材木、石油及、各種製造品이니此中綿은英國에輸出ᄒᆞ고麵粉은南米及、西印度諸島에輸出ᄒᆞ며輸入品은鐵、錫、絹布、酒、茶、陶器、生絲及、珈琲等이니라

政治。 合衆國은聯邦共和政體ᄅᆞᆯ行ᄒᆞ니中央政府의長官은大統領이오其任期ᄂᆞᆫ四個年이며立法部ᄂᆞᆫ元老院、代議院의兩院으로成ᄒᆞ니元老院은各州ᄅᆞᆯ代表ᄒᆞᆫ者로써組織ᄒᆞ고代議院은人民의代表者로組織ᄒᆞ고又、各州에ᄂᆞᆫ各州政府及、立法部가有ᄒᆞ야自治의體裁가有ᄒᆞ되但、州ᄅᆞᆯ成치못ᄒᆞ고單히地方이라稱ᄒᆞᄂᆞᆫ處ᄂᆞᆫ中央政府의管轄에屬ᄒᆞ얏스나然ᄒᆞ나六萬以上의公民이有ᄒᆞ야一州의資格을備ᄒᆞᆯ時에ᄂᆞᆫ各州에列ᄒᆞ야政務ᄅᆞᆯ分任케ᄒᆞᄂᆞᆫ制가有ᄒᆞ야元來、英國殖民地로自今百餘年前에始、獨立ᄒᆞᆯ時ᄂᆞᆫ僅、十三州ᄲᅮᆫ이러니其後에次第로增加ᄒᆞ야今日에ᄂᆞᆫ四十五州에達ᄒᆞ니라

區劃。全國을四十五州六地方及컬럼비아의一區로分ᄒᆞ니此ᄂᆞᆫ政治上區劃이오地理學上便宜를爲ᄒᆞ야州及地方을五大部로分ᄒᆞᆷ이如左ᄒᆞ니라(알라스카一地方과布哇地方은左五大部中에不在ᄒᆞᆷ)

北大西洋部九州

南大西洋部八州、一區

北中央部十二州

南中央部七州、二地方

西部九州、二地

部誌。北大西洋部ᄂᆞᆫ合衆國東北部를占ᄒᆞ니其人民은製造及商業에從事ᄒᆞ고又伐木、漁業을營ᄒᆞᄂᆞᆫ者ㅣ多ᄒᆞ니라

니우、요크州ᄂᆞᆫ人口가殷富ᄒᆞ야商業、工業等諸點이合衆國諸州中第一에位ᄒᆞ고其니우、요크府ᄂᆞᆫ合衆國뿐아니라米洲의第一大都會니헛손河河口에在ᄒᆞ야人口ᄂᆞᆫ其一部分되ᄂᆞᆫ브루클린을合算ᄒᆞ면

凡三百八十萬이有ᄒᆞ며街衢의廣濶淸淨ᄒᆞᆷ과建築物의宏壯美麗ᄒᆞᆷ이歐洲諸國各都에對ᄒᆞ야遜色이無ᄒᆞ며外國貿易의中心이니라

필라델피아ᄂᆞᆫ此國의第三都會니펜실베니아州東南隅에在ᄒᆞ야人口가一百三十八萬에達ᄒᆞ고工業이盛ᄒᆞ며又、此府內에ᄂᆞᆫ歷史上에關係가有ᄒᆞᆫ諸建築物이有ᄒᆞ니其中獨立舘은昔時建國ᄒᆞᆯ際에十三州代議士가獨立을議決ᄒᆞᆫ處인故로最、有名ᄒᆞ니라

南大西洋部ᄂᆞᆫ合衆國東部를占ᄒᆞ니其北部ᄂᆞᆫ合衆國中鐵、石炭、石油의最多額을產出ᄒᆞᄂᆞᆫ地오牧畜도亦、盛行ᄒᆞ니라

合衆國首府華盛頓(와싱톤)府ᄂᆞᆫ포토막河左岸에在ᄒᆞ니國會議事堂、大統領의官舍及各官衙가有ᄒᆞ니라此府所在地ᄂᆞᆫ메릴린드州에屬ᄒᆞ얏더니今에ᄂᆞᆫ獨立의一區가되야他州에不屬케ᄒᆞ고컬럼비아區라稱ᄒᆞ니라

北中央部ᄂᆞᆫ合衆國中央北部를占ᄒᆞ니其諸州ᄂᆞᆫ大概、미시십피河

流域에屬ᄒᆞ며小麥의產出이多ᄒᆞ니라

일리노이스州의시카고ᄂᆞᆫ미시간湖에臨ᄒᆞᆫ合衆國第二大都會니人口가百九十萬의達ᄒᆞ야最、盛大ᄒᆞᆫ內地貿易塲이니라

南中央部ᄂᆞᆫ合衆國中央南部를占ᄒᆞ니此諸州의重要ᄒᆞᆫ產物은綿、玉蜀黍及、甘蔗니此等을耕作ᄒᆞᄂᆞᆫ勞働者ᄂᆞᆫ曾前奴隸로自由民된黑人이니라

니우올레안스ᄂᆞᆫ미시십피河口近傍에在ᄒᆞ야南中央部의第一都會니此地ᄂᆞᆫ世界第一의綿市塲이라年年其輸出額이極盛ᄒᆞ니라

西部ᄂᆞᆫ太平洋高原의大半及、其東西의地를占ᄒᆞ야面積이頗大ᄒᆞ니太平洋을瀕ᄒᆞᆫ칼리포니아州에ᄂᆞᆫ天然奇觀이多ᄒᆞ고大木의森林은시라네바다山脈을沿ᄒᆞ야一條의森林帶를作ᄒᆞ야大幹巨樹가雲霄를干蔽蓊鬱ᄒᆞ니라

산프란씨스코ᄂᆞᆫ칼리포니아州의大都會오良港이니此地ᄂᆞᆫ海陸의交通이皆便利ᄒᆞ야滊船은산드위치諸嶋布哇地方와澳洲、日本、支那、南米諸港間을往來ᄒᆞ며鐵道ᄂᆞᆫ國中을東西로橫斷ᄒᆞ야大西洋에達ᄒᆞ며其輸出品은水銀、金、大小麥、菓物等이니라

알라스카ᄂᆞᆫ北米西北隅에位ᄒᆞ야前年에俄國으로븟허買入ᄒᆞᆫ一地方이니住民은銅色種이多ᄒᆞ며싯카ᄂᆞᆫ此地方의首府니바라노브島에在ᄒᆞ며알루시안列島ᄂᆞᆫ베링海南境에羅列ᄒᆞ고島內에火山이多ᄒᆞ니라

領地。 合衆國領地ᄂᆞᆫ亞細亞에比律賓群島와大洋洲에布哇、구암、사모아諸島와西印度에포토리코島等이니라

第三節　墨西哥

位置及、地勢。 墨西哥ᄂᆞᆫ北米南部에在ᄒᆞᆫ共和國이니北은合衆國을接ᄒᆞ며東은墨西哥灣을面ᄒᆞ며西와南은太平洋을濱ᄒᆞ고中央亞米利加를境ᄒᆞ니其面積이一千一百二十六萬六千九百方里 七十六萬七千

五百方英里오人口는約千三百七十萬이며其地勢는락키山脈의餘脈이太平洋海岸을沿ᄒᆞ야連峙ᄒᆞ고內地는一體로高原이니其高度는四千尺乃至九千尺에達ᄒᆞ며最高峯은포포카테페틀(一萬七千八百八十四尺)의大噴火山이니라

氣候。 此國의太半은熱帶에屬ᄒᆞᆷ으로氣候가熱帶地方과等ᄒᆞ나土地의高低를隨ᄒᆞ야寒熱의差異가甚ᄒᆞ니라

人民。 此國人民은銅色人、黑人及、白人種이며言語는西班牙語오宗敎는舊敎를信奉ᄒᆞ며敎育은甚、不振ᄒᆞ야國民의四分三은全無學識ᄒᆞ니라然이나近年에는政府에셔各種學校를設置ᄒᆞ고敎育을奬勵ᄒᆞᄂᆞ니라

產物。 植物은氣候를隨ᄒᆞ야異同이有ᄒᆞ니高原에는大麥、小麥、綿、煙草、甘蔗、米及、菓物等이產出ᄒᆞ며低地에는珈琲、椰子等熱帶의植物이多ᄒᆞ며玉蜀黍는到處에셔產ᄒᆞ니此는墨西哥人의常食品이오又、코치닐(Cochineal)(蟲名이니其乾粉을紅色染料에用ᄒᆞᆷ)이產ᄒᆞᄂᆞ니라

鑛物은其種類가甚多ᄒᆞ야金、銀、鹽、硫礦、鐵及、寶石等이니其中銀이最、多產ᄒᆞ야全世界需用의太半은此國產出이며又、硫礦은포포카테페틀山上噴火口에셔採掘ᄒᆞᄂᆞᆫ者ㅣ니其量이無盡藏이니라

此國이右와如히天產物이富ᄒᆞ나人民이懶惰ᄒᆞ야興業殖產의精神이乏ᄒᆞ니라

政治。 此國은元來土人의一王國이러니西班牙人에게征服ᄒᆞᆫ바ㅣ되야其殖民地가되고新西班牙라稱ᄒᆞ더니其後에叛亂을起ᄒᆞ야獨立ᄒᆞ고墨西哥라稱ᄒᆞ야或、帝國或、共和國으로多數沿革을歷ᄒᆞ다가現今에는聯邦共和國이되니其政體는專히北米合衆國制度을模倣ᄒᆞ야議院의組織과大統領의任期와各州自治等이皆同ᄒᆞ니라

國內에二十七州一地方及、一區가有ᄒᆞ니地方은下갈리포니아半嶋오區는首府멕시코니라

都府。 首府멕시코는포포카테페틀山近傍에在ᄒᆞ야其地는海面을拔홈이七千餘尺의高原이오府內에는美麗ᄒᆞᆫ建築物과故蹟이多ᄒᆞ며墨西哥灣海岸에베라크루스와太平洋海岸에아카풀코等良港이有ᄒᆞ니라

第四節 中央亞米利加 CENTRAL AMERICA.

中央亞米利加에는과테말라、혼듀라스、살바도어、니카라과、코스타리카의五共和國及英領벨라이스가有ᄒᆞ야其地勢、氣候、産物、人種、言語、宗敎等이墨西哥와槪同ᄒᆞ니盖黑人이多數를占ᄒᆞ고白人은最少ᄒᆞ나尙此國의主權을執ᄒᆞ니라

一、과테말라 GUATEMALA.

此國은墨西哥南에在ᄒᆞᆫ共和國이니海面을拔홈이二千尺乃至四千五百尺의高原에位ᄒᆞ야氣候가溫良ᄒᆞ야人의健康에適當ᄒᆞ며近傍에火山이有ᄒᆞ야屢屢噴火로地震을起홈이有ᄒᆞ니其面積이七十萬八千九百八十五方里(四萬八千二百九十六方里)오人口가約百九十萬이니라

人民은敎育에熱心ᄒᆞ며農業이盛大ᄒᆞ야珈琲、烟草、砂糖、椰子、芭蕉實(바나나 Banana)等이産ᄒᆞ고牧畜業이亦盛大ᄒᆞ며又코치닐의産이有ᄒᆞ며首府는과테말라니라

二、혼듀라스 HONDURAS.

此國은과테말라國東南에在ᄒᆞᆫ共和國이니其面積이六十七萬八千九百五十方里(四萬六千二百五十方英里)오人口가約八十萬餘니라

人民은敎育에熱心ᄒᆞ고耶蘇舊敎를信奉ᄒᆞ며産業은農業이稍進步ᄒᆞ야砂糖、玉蜀黍、芭蕉實等이産ᄒᆞ고牧畜業이廣行ᄒᆞ며鑛産이亦富ᄒᆞ나採掘ᄒᆞ는者ㅣ稀有ᄒᆞ고森林에는마호가니(Mahogany)의良材가有ᄒᆞ며首府는테구시갈파니라

三、살바도어 SALVADOR.

此國은혼듀라스國南에在ᄒᆞᆫ共和國이니面積이十萬六千六十三

方里七千二百二十五方英里오人口가百二萬에達ᄒᆞ야中央亞米利加各國中에最稠密ᄒᆞ니라

人民은教育에熱心ᄒᆞ며農業을主ᄒᆞ야砂糖、煙草、護謨等이產ᄒᆞ며鑛產은金、銀、銅、鐵、水銀이며首府산살바도어ᄂᆞᆫ往往地震에罹ᄒᆞ야慘狀이極ᄒᆞ니라

四、니카라과 *NICARAGUA.*

此國은혼듀라스南에在ᄒᆞᆫ共和國이니面積이七十二萬二千二百五十六方里四萬九千二百方英里오人口가約六十萬餘며人民의產業은農業、製糖業、製材業이니其產物은珈琲、芭蕉實、마호가니樹等이오鑛產에ᄂᆞᆫ金이多ᄒᆞ며首府ᄂᆞᆫ마나과니라

五、코스타리카 *COSTA RICA.*

此國은中央亞米利加最南部에在ᄒᆞᆫ共和國이니內地에多數火山이有ᄒᆞ고面積은二十七萬一百十二方里一萬八千四百方英里오人口ᄂᆞᆫ凡三十三萬餘며人民은教育에熱心ᄒᆞ며產物은各種農產物이有ᄒᆞ나就中珈琲와芭蕉實이最多ᄒᆞ며首府ᄂᆞᆫ산조세니라

右五國은元來西班牙의領地러니墨西哥의獨立ᄒᆞᆯ時에共히叛亂을起ᄒᆞ야或墨西哥와合倂ᄒᆞ며或五國이聯合ᄒᆞ야內亂革命이相踵ᄒᆞ더니現今에ᄂᆞᆫ各各分離ᄒᆞ야獨立共和國을成ᄒᆞ니라

第五節　西印度諸島 *WEST INDIA.*

北亞米利加와南亞米利加間에無數ᄒᆞᆫ島嶼의羅列ᄒᆞᆫ者를總稱ᄒᆞ야西印度라ᄒᆞ니盖此地ᄂᆞᆫ亞細亞의印度와關係가絕無ᄒᆞ나콜롬부스가此地에始到ᄒᆞᆯ時에印度東端에到達ᄒᆞᆫ줄로誤認ᄒᆞᆷ으로붓허後人이西印度라稱ᄒᆞ니라

西印度諸島ᄂᆞᆫ바하마群島、大안틸스群島、小안틸스群島로大別ᄒᆞ니此等은大槪歐洲諸國의領地라其所屬이如左ᄒᆞ니

바하마群島　英領

자마이카 英領

큐바 共和國

포토리코 合衆國領

하이티 共和國

싼도밍고 共和國

小안틸스 英、佛等에分屬ᄒᆞᆷ

大小안틸스群嶋는一體山地니蓋、此群嶋는元來南北亞米利加를連接ᄒᆞᆫ大陸이러니一時陷落ᄒᆞ야其一部分을水上에現露ᄒᆞᆫ者ㅣ라云이며

비하마群嶋는一體珊瑚礁로成ᄒᆞ야低平ᄒᆞ며其中싼、살바도어嶋는쿨롬부스가新世界를探險ᄒᆞᆯ時에最初發見ᄒᆞᆫ者ㅣ니라

西印度諸嶋는皆、熱帶에在ᄒᆞᆷ으로써炎熱이甚ᄒᆞ나降雨ᄒᆞᆯ時外에는大槪、人身에適合ᄒᆞ야健康을害케ᄒᆞᆷ이無ᄒᆞ며産物은珈琲、煙草、棉花、甘蔗、香料、마호기니及、各種熱帶菓實等이니라

西印度諸嶋의人民은白人、自由黑人及、奴隷니白人이其三分之一을占ᄒᆞ니라

一、큐바 *CUBA.*

큐바는西印度諸嶋中最大嶋라元來、西班牙領地로壓制를苦受ᄒᆞ다가千八百九十八年巴里講和會議를依ᄒᆞ야合衆國保護下에在ᄒᆞ더니千九百二年에合衆國이其獨立을許ᄒᆞ야共和國이되니其面積이六十四萬五千九百二十方里(四萬四千方英里)오人口가約、五十七萬五千이며産物은砂糖、煙草、玉蜀黍、芭蕉等이오首府는하바나니頗、繁盛ᄒᆞ니라

二、하이티 *HAITI.*

此國은元來佛國領地러니千八百四年에獨立ᄒᆞᆷ을得ᄒᆞ야共和國을建ᄒᆞᆫ者ㅣ니十四萬九千七百九十五方里(一萬二百四方英里)의面積과七萬

餘의人口를有ᄒᆞ며宗敎ᄂᆞᆫ舊敎오農業을主ᄒᆞ야珈琲、椰子、木綿等이産ᄒᆞ고又、全國에鑛産의富源이有ᄒᆞ나採掘의事業이不振ᄒᆞ며首府ᄂᆞᆫ셀、오、쁘링스니라

三、산도밍고 *SAN DOMINGO.*

此國은千八百四十四年에建國ᄒᆞᆫ共和國이니其面積이二十六萬四千九百一方里(十一萬八千四十五方英里)오人口ᄂᆞᆫ凡、八十萬이며宗敎、産業、物産은하이티國과同ᄒᆞ며首府ᄂᆞᆫ산、도밍고니라

第六節 베네수엘라、콜롬비아合衆國、에콰도어及、秘露(페루)

此諸國은地勢、氣候、産物、人種等이槪、同一ᄒᆞ니其地勢ᄂᆞᆫ海岸은狹長ᄒᆞᆫ平原이며中央에ᄂᆞᆫ山脈及、高原이有ᄒᆞ고其他ᄂᆞᆫ皆、平原이오又、此諸國이皆、熱帶中에在ᄒᆞᆫ故로高地ᄂᆞᆫ稍凉ᄒᆞ나平地ᄂᆞᆫ酷烈ᄒᆞ며其産物은煙草、珈琲、砂糖、綿、椰子、規那皮(染料)等이오人種은西班牙人、銅色人、黑人及、雜種이니라

此國은右와如히天然의狀態가同一ᄒᆞᆯ뿐더러歷史、政體、宗敎도亦、同一ᄒᆞ니元來、此諸國이皆、西班牙領地러니千八百十九年봇터同三十年ᄭᆞ지次第로獨立ᄒᆞᆷ을得ᄒᆞ야各各共和國을建ᄒᆞ야其制度ᄂᆞᆫ北米合衆國을模倣ᄒᆞ얏고宗敎ᄂᆞᆫ皆、舊敎를信奉ᄒᆞᄂᆞ니라

今에各國을隨ᄒᆞ야各論ᄒᆞ건ᄃᆡ

一、베네수엘라 *VENEZUELA.*

此國은南米北部에在ᄒᆞ니其北은카리비안海를面ᄒᆞ고東으로英領기아나와南으로브라실合衆國과西으로콜롬비아合衆國을境ᄒᆞ며오리노코河가國中을貫流ᄒᆞ니라

此國이元來西班牙領地로千八百三十年에共和國을建ᄒᆞ니其面積이八百七十一萬九千八十三方里(五十九萬三千九百四十三方英里)오人口가凡、二百五十萬이며人民은農業、牧畜業을營ᄒᆞ고오리노코河中流以下流

城에森林과山地에鑛産이富ᄒᆞ야金의産出이每年五萬兩重에達ᄒᆞ며首府는카라카스니라

二、콜롬비아合衆國 *UNITED STATES of COLOMBIA.*

此國은南米西北에在ᄒᆞ야北은카리비인海를沿ᄒᆞ고東으로베네수엘나와브라실과南으로에콰도어를界ᄒᆞ고西는太平洋을濱ᄒᆞ며西北으로巴拿馬共和國을接ᄒᆞ니안디스山脈이三派로分峙ᄒᆞ고막달레나와코카兩河가其谿間을貫流ᄒᆞ다가遂合ᄒᆞ야카리비안海로注入ᄒᆞ니皆舟運이甚便ᄒᆞ니라

此國은千八百十九年에西班牙의覊絆을脫ᄒᆞ고共和國을建ᄒᆞ얏다가後에三國을合ᄒᆞ야聯合國을組織ᄒᆞ얏더니仝八十六年에大革命이有ᄒᆞ야共和國을更建ᄒᆞ니其面積이六百九十四萬六千六百五方里(四十七萬三千二百二方英里)오人口가凡四百餘萬이며人民은農業을務ᄒᆞ며敎育에熱心ᄒᆞ고宗敎는耶蘇舊敎며其産物은珈琲、椰子、煙草、砂糖、護謨等이오鑛物은金銀이最多ᄒᆞ니라

首府는보고타니안디스山中에在ᄒᆞ야海面을拔홈이數千尺이오氣候가良好ᄒᆞ며카타게나는카리비안海岸에在ᄒᆞᆫ要港이니라

三、에콰도어 *ECUADOR.*

此國이赤道線에在홈으로此名이有ᄒᆞ니蓋에콰도어는赤道의義니라其境界는北은콜롬비아合衆國과東은브라실과南은秘露를境ᄒᆞ고西는太平洋을濱ᄒᆞ니西部는안디스山脈이蟠屈ᄒᆞ고其中에코토팍씨와침보라소(二萬二千餘尺)等有名ᄒᆞᆫ火山이有ᄒᆞ며西으로太平洋中에羅列ᄒᆞᆫ갈라파고스群嶋는此國에屬ᄒᆞ니라

此國은曩西班牙의羈絆을脫ᄒᆞ고베네수엘라와콜롬비아와連絡ᄒᆞ야聯合國을組織ᄒᆞᆫ時에는舊콜롬비아의一部러니千八百三十年에內亂을因ᄒᆞ야分離ᄒᆞ야共和國을建ᄒᆞ니其面積이一百七十萬二千八百八十方里(十一萬六千方英里)오人口는約一百萬이며人民은舊敎를信

泰ᄒᆞ며農業을務ᄒᆞ니其產物은椰子、棉球、棉花、護謨、染料、藥品等이多ᄒᆞ고銅、鐵、鉛、石炭等鑛產이富ᄒᆞ며首府ᄂᆞᆫ키토니海面을拔ᄒᆞᆷ이九千餘尺高原에在ᄒᆞᆫ故로位置ᄂᆞᆫ赤道線下에在ᄒᆞ나氣候ᄂᆞᆫ溫和ᄒᆞ며과야킬은此國의要港이니라

四、秘露 *PERU.*

此國은아마손河上流에在ᄒᆞ야東部ᄂᆞᆫ平坦ᄒᆞ고西部ᄂᆞᆫ인듸스山脉이連亘ᄒᆞ고北은에쾨도어와東은브라실及볼니비아와南은智利와界ᄒᆞ고西ᄂᆞᆫ太平洋을濱ᄒᆞ니其面積이一千二十一萬三千三百六十方里(六十九萬五千七百三十三方英里)오人口가凡五百萬이니라

人民은舊敎를信奉ᄒᆞ며產物은前三國과槪同一ᄒᆞ며首府ᄂᆞᆫ리마니인듸스山西에在ᄒᆞ고캘라오ᄂᆞᆫ此國의要港이니라

此國은新世界發見當時에ᄂᆞᆫ開化ᄒᆞᆫ銅色人의一帝國으로其領土가此ᄂᆞᆫ콜롬비아로붓허智利南境ᄭᆞ지保有ᄒᆞ더니西班牙人피사로가此國에金銀의富源이有ᄒᆞᆷ을聞ᄒᆞ고僅一隊의部下를率ᄒᆞ고侵入ᄒᆞ야金、銀을採掘ᄒᆞ며全土를皆西班牙領에隸屬케ᄒᆞ니如斯히多數歲月을經ᄒᆞ다가西班牙의勢力이衰弱ᄒᆞᆷ의一千八百二十一年에獨立을宣言ᄒᆞ고西班牙兵과交戰ᄒᆞᆷ이同二十四年ᄭᆞ지亘ᄒᆞ야此國羈絆을脫ᄒᆞ고遂共和國을成ᄒᆞ니라

第七節　巴拿馬 *PANAMA.*

巴拿馬ᄂᆞᆫ中央亞米利加와콜롬비아合衆國間에在ᄒᆞᆫ狹長地를占ᄒᆞ니其面積이四十六萬三千四百四十八方里(三萬千五百七十方英里)오人口가約四十餘萬이며全國에廣大肥沃ᄒᆞᆫ林野와牧畜에適合ᄒᆞᆫ平野가多ᄒᆞ고珈琲ᄂᆞᆫ全國到處에셔栽培ᄒᆞ며太平洋巴拿馬灣內에魚族이特多ᄒᆞ고同灣內、眞珠列島에ᄂᆞᆫ眞珠、鼈甲等이產ᄒᆞᄂᆞ니라首府巴拿馬ᄂᆞᆫ巴拿馬地峽南岸에在ᄒᆞ고아스핀월港은同地峽北岸에在ᄒᆞ야鐵道로連絡ᄒᆞ니라

此國은콜롬비아合衆國의一州러니千九百三年에同國과分離ᄒᆞ야共和國을建ᄒᆞ고北米合衆國과巴拿馬運河條約을調印ᄒᆞ야運河一帶地에對ᄒᆞᆫ絶對的主權을讓與ᄒᆞ고合衆國政府ᄂᆞᆫ此에對ᄒᆞ야巴拿馬政府에一千萬弗의償金을支撥ᄒᆞ고現今工役中이니라

第八節 볼니비아 BOLIVIA.

볼니비아國은아마손河의一支流마데이라河上流에在ᄒᆞ야國內에廣大ᄒᆞᆫ平原이有ᄒᆞ나槩荒蕪地니東北은브라실과南은파라궤及아젠타인共和國과西ᄂᆞᆫ秘露及智利를接ᄒᆞ니面積이一千三十二萬五千九百十二方里(七十萬三千四百方英里)오人口가約二百三十萬이니라

人民은舊敎를信奉ᄒᆞ고義務敎育을實行ᄒᆞ며物産은護謨、椰子、規那皮、牛、山羊、라마(Lama 駱駝의類)오又鑛物에ᄂᆞᆫ銀、銅、錫、鉛、安質毋尼、金、亞鉛等을各處에서採掘ᄒᆞ며首府ᄂᆞᆫ수크레니南部에在ᄒᆞ니라

此國도元來西班牙의領地러니獨立ᄒᆞ야共和國을建ᄒᆞᆫ者ㅣ니라

第九節 智利 CHILI.

境域及地勢 智利ᄂᆞᆫ인디스山西에位ᄒᆞ니其境域이北은秘露를接ᄒᆞ고東은볼리비아와아젠타인共和國을隣ᄒᆞ고西ᄂᆞᆫ太平洋을瀕ᄒᆞ며南은南氷洋을面ᄒᆞ니其面積이四百五十一萬五千八百六十二方里(三十萬七千六百二十方英里)오人口가凡三百二十萬이니라

其地形은狹長ᄒᆞ며地勢ᄂᆞᆫ인디스山脈의支脈이國內에蟠据ᄒᆞ야全土가邱陵을成ᄒᆞ야海岸을向ᄒᆞ야傾斜ᄒᆞ고國內에火山이多ᄒᆞ야地震이累起ᄒᆞ며南部에칠로에島로始ᄒᆞ야南米南端角(혼)岬ᄭᅡ지其間에無數ᄒᆞᆫ島嶼가羅列ᄒᆞ니全國中最肥沃ᄒᆞᆫ地ᄂᆞᆫ中央部오北境은全沙漠의荒地니라

氣候及産物 氣候ᄂᆞᆫ處處不齊ᄒᆞ야北部ᄂᆞᆫ雨量이少ᄒᆞ고炎熱이甚ᄒᆞ며中央部ᄂᆞᆫ雨量이多ᄒᆞ고溫和ᄒᆞ며南部ᄂᆞᆫ寒冷ᄒᆞ야産物은大麥、小麥、玉蜀黍等農産物과金、銀、石炭等鑛物이니라

人民。人民은銅色人과其他、西班牙人及、雜種이니活潑ᄒᆞ고智力이富ᄒᆞ야國運이日進ᄒᆞ며宗敎ᄂᆞᆫ舊敎를信奉ᄒᆞ고敎育이盛行ᄒᆞ야大學과各種學校의設이有ᄒᆞ니라

政治。此國도元來西班牙領地러니千八百十年에獨立을宣言ᄒᆞ고十八年間을西班牙와戰鬪ᄒᆞ야羈絆을全脫ᄒᆞ고遂共和國을建ᄒᆞ니라

都府。此國의首府ᄂᆞᆫ산티아고니人口가四十二萬餘오발파리이소ᄂᆞᆫ南米西海岸의要港이니鐵道ᄂᆞᆫ此兩地間及、處處에敷設ᄒᆞ고東으로連長ᄒᆞ야隣國아젠타인共和國首府부에노스아이레스에達ᄒᆞ니라

第十節 아젠타인共和國 *ARGENTINE REPUBLIC.*

地勢。아젠타인共和國은南亞米利加大平原南部에位ᄒᆞᆫ大國이니中央以北의팜파스大平原은雜草가瀰蔓ᄒᆞᆫ一望無際의荒原임의牧畜에適合ᄒᆞ야牛馬가蕃殖ᄒᆞ고南部파타고니아地方은地味가薄瘠ᄒᆞ야荒漠不毛의地며國南端에在ᄒᆞᆫ티에라델푸에고島ᄂᆞᆫ此國과智利에分屬ᄒᆞ고又其東方에在ᄒᆞᆫ폭클린드島及、南지오지아島ᄂᆞᆫ英國에屬ᄒᆞ니此國面積이一千六百六十七萬四千一百三十一方里(百十三萬五千八百四十方英里)오人口가五百十六萬餘니라

氣候及產物。此國은氣候가乾燥ᄒᆞ야耕作에不適ᄒᆞ며國民의重要生業은牧畜業이니牛、馬、羊等의飼養이盛行ᄒᆞ며鑛產은金、銀、銅等이產出ᄒᆞᄂᆞ니라

人民。人民은白人、銅色人及、雜種이며宗敎ᄂᆞᆫ舊敎를信奉ᄒᆞ고敎育은人民의自由의放任ᄒᆞ야不振ᄒᆞ니라파타고니아地方은銅色人이棲息ᄒᆞ니此人民은一軀長大強壯ᄒᆞ야體長이六尺以上되ᄂᆞᆫ者ㅣ多ᄒᆞ니라

政治。此國도元來西班牙의領地러니千八百五十三年에憲法을

制定ᄒᆞ고共和國을建ᄒᆞ니其制度ᄂᆞᆫ北米合衆國을模倣ᄒᆞ니라
部府。首府부에노스아이레스ᄂᆞᆫ南亞米利加第一大都會니라플라타河南畔에位ᄒᆞ야人口가五十六萬이有ᄒᆞ고貿易이盛行ᄒᆞᄂᆞ니라

第十一節 우루게 URUGUAY.

우루게ᄂᆞᆫ아젠라인共和國東에接ᄒᆞᆫ共和國이니面積이一百六萬四十三方里(七萬二千二百十方英里)오人口가約九十八萬이며其地勢ᄂᆞᆫ一體高原이니라

人民은白人及雜種이니牧畜을營ᄒᆞ고宗敎ᄂᆞᆫ舊敎며敎育이盛行ᄒᆞ니라

此國도元來西班牙의領地러니其後에브라실에屬ᄒᆞ얏다가千八百二十五年에獨立ᄒᆞᆷ을承認ᄒᆞ야共和國을建ᄒᆞ니라此國의首府ᄂᆞᆫ몬데비데오니外國貿易이盛行ᄒᆞᄂᆞ니라

第十二節 파라게 PARAGUAY.

파라게ᄂᆞᆫ라플라타河上流에位ᄒᆞ야內地에僻在ᄒᆞ니面積이三百三十萬四千七百六十方里(十五萬七千方英里)오人口가五萬二千餘며首府ᄂᆞᆫ아순씨온이니라

此國은氣候가溫和ᄒᆞ고地味도亦膏沃ᄒᆞ야農業에最適ᄒᆞ나國民이此에從事ᄒᆞᄂᆞᆫ者ㅣ少ᄒᆞ야有名ᄒᆞᆫ產物은파라게茶ᄲᅮᆫ이니此茶ᄂᆞᆫ南米諸國에서最嗜好ᄒᆞ야年年輸出이夥多ᄒᆞ며人民은白人이少ᄒᆞ고銅色人이多ᄒᆞ며宗敎ᄂᆞᆫ舊敎를信奉ᄒᆞ고敎育이不振ᄒᆞ니라

此國도元來西班牙에屬ᄒᆞ얏다가千八百十一年에獨立ᄒᆞᆷ을得ᄒᆞ고其後千八百六十四年에브라실과爭端을啓ᄒᆞ니翌六十五年에브라실이아젠에인과우루게軍과聯合ᄒᆞ야國內에侵入ᄒᆞ야戰爭五個年에파라게軍이大敗ᄒᆞ고大統領로페스가戰死ᄒᆞᆷ이遂、土地를割讓ᄒᆞ고和睦ᄒᆞ야版圖가縮小ᄒᆞ니라

第十三節 브라실合衆國 U. S. of BRAZIL.

地勢。 브라실은南亞米利加의最大國이니其面積이四千七百二十四萬二千一百四十八方里(三百二十一萬八千三百三十方英里)餘오人口가凡千三百三十四萬이며全國의地勢는東南은山嶽이綿亘ᄒᆞ야所謂브라실高原을成ᄒᆞ고西北은南米中央大平原의北部에當ᄒᆞ야廣大ᄒᆞᆫ低原을成ᄒᆞ니아마손河流域에屬ᄒᆞᆫ실바스低原이라大幹巨木이蓊鬱蒼茂ᄒᆞ야日光이地上에不照ᄒᆞ니라

氣候及產物。 此國의氣候는酷烈ᄒᆞ야雨量이多ᄒᆞ며地味가膏沃ᄒᆞ야農產物이非常豐饒ᄒᆞ야珈琲、砂糖、護謨、椰子、甘蔗、木綿、米、煙草等이多ᄒᆞ니就中珈琲의產額은全世界需用額의大半을占ᄒᆞ며此外에金、金剛石等鑛物과牛、馬等家畜及、木材가此國의名產이니라

人民。 人民은白人、銅色人、黑人及、雜種이니白人은葡萄牙人의子孫이며宗敎는舊敎를信奉ᄒᆞ고敎育은各種學校의設이有ᄒᆞ니라

政治。 此國은元來葡萄牙國王族의主權下에在ᄒᆞᆫ獨立帝國이러니國體를變更ᄒᆞ야共和國을建ᄒᆞ고帝를葡萄牙에逐放ᄒᆞ니라

都府。 首府리오、되、자네로는東海岸에瀕ᄒᆞ야七十五萬의人口를有ᄒᆞᆫ南米의大都會니珈琲의大市塲이오싼살바도어(바이아)페남부고、파라、싼、루이스等都會가有ᄒᆞ니此等은皆、海岸의商業都府오內地에는大都府라稱ᄒᆞᆯ者ㅣ無ᄒᆞ며東海岸에는處處에鉄道가有ᄒᆞ야交通이便利ᄒᆞ니라

第十四節 各國領地

米國에在ᄒᆞᆫ各國殖民地는加奈陀、西印度諸島等이니英、佛、和蘭等國에屬ᄒᆞ니라今에其所領을隨ᄒᆞ야各論ᄒᆞ건ᄃᆡ

一、英吉利領

加奈陀

汎論。 加奈陀는北米北部에位ᄒᆞᆫ英國의領地니北은北氷洋을臨

ᄒᆞ고東北은데비스海峽으로그린런드를對ᄒᆞ며東은大西洋을面ᄒᆞ며南은北米合衆國을接ᄒᆞ며西는合衆國알라스카地方을境ᄒᆞ고太平洋을濱ᄒᆞ야其面積이五千三百十三萬八千九百二十八方里(三百六十一萬九千八百十八方英里)니面積이如此히廣大ᄒᆞ나人口는僅五百五十萬에達ᄒᆞ니라

地勢。 其地勢는西部는락키山脈이南北으로連亘ᄒᆞ야其西는一體高原이오其東은中央大平原의北部니此大平原의北方은周歲로록氷雪이融解치아니ᄒᆞ며寒氣를不畏ᄒᆞ는에스키모種族이海豹類를捕獲ᄒᆞ야僅、生存홀ᄲᅮᆫ이라故로此國에開明된土地는南部의合衆國에接ᄒᆞᆫ部分이니特、센트、로렌쓰河附近地方ᄲᅮᆫ이라此地方은沃野가連ᄒᆞ며森林이繁茂ᄒᆞ야耕耘及、伐木業이並、盛行ᄒᆞ며牧畜도亦、人民의重大職業이오海岸線은屈曲이多ᄒᆞ야良港이有ᄒᆞ며東으로海水가內地에斗入ᄒᆞ야大灣을成ᄒᆞ니此를헛손灣이라稱ᄒᆞ며嶋嶼는北氷洋群島와太平洋沿岸에빙쿠버島와촬로트王后群島가有ᄒᆞ니라

센트로렌쓰河는此國의最、有用ᄒᆞᆫ者ㅣ니河中에急湍이有ᄒᆞᆫ處에는運河를開ᄒᆞ야此를避ᄒᆞ며又、온타리오湖와이리湖間에도運河를開鑿ᄒᆞ야나야가라瀑布의險을避ᄒᆞ니故로此河를溯ᄒᆞ는汽船은河口에서슈피리오어湖ᄭᆞ지達홈을得ᄒᆞ야舟運의便益이不少ᄒᆞ니라

氣候及産物。 此國은氣候가寒冷ᄒᆞ야센트、로렌쓰河는冬季에는三個月間을結氷ᄒᆞ야船舶이不通ᄒᆞ니氣候가如此히寒冷ᄒᆞ야도南部에는農業이行ᄒᆞ야小麥의産이頗大ᄒᆞ며又、松、樅、胡桃等大木이有ᄒᆞ야年年伐出ᄒᆞ는材木이不少ᄒᆞ며鮭等水産物도亦、夥多ᄒᆞ고鑛物은金、銀、銅、鐵、鹽石等이有ᄒᆞ니라

貿易。 加奈陀의森林은富源의大部分을占ᄒᆞ야合衆國及、英國에輸出ᄒᆞ는材木이夥多ᄒᆞ고又、湖水及、諸河의鮭는有名ᄒᆞ야輸出品의

大部分을占ᄒᆞ며此外에毛皮、小麥等도皆、貿易品의重要ᄒᆞᆫ者ㅣ니라

人•居。 此國住民은英人의子孫이며宗敎ᄂᆞᆫ耶蘇新敎오敎育이盛行ᄒᆞ야各地에大學校의設이有ᄒᆞ니라

政•治。 英國君主의親任總督이一國의政治를掌ᄒᆞ니其立法部ᄂᆞᆫ元老院과代議의兩院이니元老院議員은總督이選任ᄒᆞ고代議院議員은民選이며各州에太守를置ᄒᆞ야一州에政令을掌케ᄒᆞ니其區劃은캐벡、온타리오、브리티쉬컬럼비아等七州•六地方이오諸州及、各地方中最開ᄒᆞᆫ地ᄂᆞᆫ캐벡州南部即、센트로렌쓰河沿岸及、온타리오의東南部며又、西部브리타쉬컬럼비아州의빙쿠버ᄂᆞᆫ加奈陀太平洋鐵道의便이有ᄒᆞᆷ으로써東洋에셔歐米諸國에行ᄒᆞᄂᆞᆫ者ㅣ此地에先着ᄒᆞᆷ이多ᄒᆞ니라

都•府。 옷타와府ᄂᆞᆫ온타리오州東部에在ᄒᆞ야센트로렌쓰河支流옷타와河에瀕ᄒᆞ니此府ᄂᆞᆫ人口가僅、五六萬에不過ᄒᆞ나加奈陀의首府오又、材木의大市場이며몬트리알은옷타와河와센트、로렌쓰河會流處에在ᄒᆞ야國內第一商業都府니人口ᄂᆞᆫ二十萬에達ᄒᆞ고宏壯美麗ᄒᆞᆫ建築物이多ᄒᆞ야就中센트、로렌쓰河에架設ᄒᆞᆫ빅토리아橋(長九千一百八十六尺)가宏大ᄒᆞ니라

뉴우파운들랜드

뉴우파운들랜드ᄂᆞᆫ캐벡州東에在ᄒᆞᆫ一大島니此島ᄂᆞᆫ加奈陀에不屬ᄒᆞ고英國君主의親任總督이一州의政治를掌ᄒᆞ며又、議員의設이有ᄒᆞ고首府ᄂᆞᆫ센트、죤스며此州沿海에ᄂᆞᆫ鱈及其他、魚族이棲息ᄒᆞ야其魚場은諸威沿海魚場과匹敵ᄒᆞ며此島對岸라부레이도어도此州에屬ᄒᆞ야其沿海에도鱈、鯡等魚族이亦富ᄒᆞ니라

西印度諸島

바•하•마•群•島。 큐바及、히이티島北에羅列ᄒᆞᆫ者ㅣ니總面積이八萬六方里(五千四百十方英里)五오人口ᄂᆞᆫ概畧、五萬七千이며海綿、眞珠等이産ᄒᆞ

느니라

자•마•이•카•島•及•屬•島。 큐바島南에在ᄒᆞᆫ者ㅣ니總面積이六萬四千九百四十四方里(四千四百二十四英方里)오人口는槪畧七十九萬一千이며砂糖、珈琲、椰子等이産ᄒᆞ며其屬島는케이만群島니라

바•바•도•스•島。 小안틸스群島中에在ᄒᆞ니總面積이二千四百三十七方里(百六十六英方里)오人口가約二十萬이며砂糖、魚類의産이大ᄒᆞ니라

리•워•드•群•島。 總面積이一萬二百九十一方里(七百一英方里)오人口가凡、十三萬이며物産은砂糖、珈琲等이니라

윈•드•워•드•諸•島。 總面積이一千九百五十二方里(一千三百三十英方里)오人口가約七萬이며物産은棉花、砂糖、珈琲니라

트•리•니•다•드•島。 此島는베너수엘라北에在ᄒᆞ니總面積이二萬五千七百四十九方里(一千七百五十四英方里)오人口가凡、二十五萬六千餘오物産은砂糖、珈琲等이며토바고島가此에屬ᄒᆞ니라

버무다스列島

버무다스는北米合衆國東大西洋中에羅列ᄒᆞᆫ者ㅣ니代議政體로設ᄒᆞᆫ殖民地라嶋數가凡、三百六十이니總面積이二百九十四方里(十二英方里)오人口가凡、一萬八千餘니라

벨라이스

英領벨라이스의一名은英領혼듀라스니中央亞米利加에在ᄒᆞ야카리비안海에臨ᄒᆞᆫ直轄殖民地니面積이十一萬千十方里(七千五百六十二英方里)오人口가約四萬이며其産物은마호가니樹와코치닐의染料니라

英領기아나

英領기아나는南亞米利加北邊에在ᄒᆞᆫ기아나의東部를占ᄒᆞ니其面積이一百三十九萬四千六百方里(九萬五千英方里)오人口가凡、二十九萬이오首府는지오지타운이며氣候는熱帶에位홈으로炎熱이甚ᄒᆞ며物産은砂糖、珈琲、香料及熱帶菓實等이오此國의珍奇ᄒᆞᆫ動植物은乳

樹와電氣鰻이니乳樹는幹에셔牛乳와如흔液汁이出ᄒ야人이此를飮料에用ᄒ며電氣鰻은體中에電氣를蓄藏ᄒ야他物이接觸흘時는忽然電氣를發ᄒ야防禦ᄒᄂ니라

폭클린드諸嶋

此嶋는南米南端마젤란海峽東에在ᄒ고又其東에在흔南지오지아島가屬ᄒ니總面積이十一萬一百方里(七千五百方英里)오人口가僅二千一百餘가有ᄒ며産物은獸皮羊毛니라

英國政府는以上各殖民地에知事一人式을置ᄒ야政令을掌케ᄒ니라

二、北米合衆國領

포토리코島

本島는千八百九十八年에西班牙에셔北米合衆國에讓與흔者ㅣ라西印度諸島中하이티島東에在ᄒ니其面積이五萬二千九百三十六方里(三千六百六方英里)오人口가約九十五萬五千이며物産은珈琲、煙草、砂糖等이니라

三、佛蘭西領

마르띠닉그

此殖民地는小안틸스群嶋中에在ᄒ니面積이五千五百九十三方里(三百八十一方英里)오人口가凡二十萬四千이며物産은珈琲、棉花、煙草、椰子、甘蔗等이니라本嶋의大部는千九百二年에火山의破裂을因ᄒ야大害를被ᄒ니라

파델룹及屬島

此諸島도亦小안틸스群島中에在ᄒ니本島及屬島의總面積이一萬八千六百五十八方里(一千二百七十方英里)오人口가十八萬二千餘며産物은珈琲、砂糖、芭蕉實、煙草、玉蜀黍、甘蔗等이니라

성쎄이르及믹겔롱

此二小群島는니우파운들랜드嶋南岸에接近훈者ㅣ니總面積이一千三百六十五方里(九十三方英里)오人口가七千餘니此群嶋는地質이岩石인故로農業에不適후야人民은鮮魚業을營후누니라

새엔

새엔即佛領기아나는南米기아나의一部를占훈者ㅣ니面積이四十四萬七千七百四十方里(三萬五百方英里)오人口가畧三萬三千이며首府는새엔이오產物은英領기아나와畧同후며砂金을採掘후누니라

四、和蘭領

수리남

수리남即、和領기아나는南米기아나의中部를占후니其面積이六十七萬六千一百六十一方里(四萬六千六十方英里)오人口가七萬三千餘며首府는파라마리보오產物은他兩部와同후니라

큐라쏘殖民地

큐라쏘殖民地는西印度諸島中큐라쏘、보네르(부엔、아이르)아루바、성、마르셍의一部、센트、유스타시우스及、사바嶋로成훈者ㅣ니總面積이五千九百十六方里(四百三方英里)오人口가畧、五萬五千이며物產은玉蜀黍、豆類、家畜、食鹽及、石炭等이니라

五、丹抹領

西印度殖民地

西印度殖民地는예라、크루스、센트、돔마스、센트、존諸島니總面積이五百五十八方里(三十八方英里)오人口가凡、三萬一千餘며住民은解放훈黑人이니甘蔗의栽培를業후누니라

그린랜드

그린랜드는本洲總論에已爲論述훈바어니와加奈陀東北으로北極圈內에在후야四時를氷雪로鎖후니面積이六十八萬六千百四十三方里(四萬六千七百四十方英里)오人口가約、一萬二千이有후야其住民은概、에

스키모種族이며物産은鯨海豹馴鹿等이니라

第六章 大洋洲 OCEANICA.

第一節 總論

大洋洲는亞細亞及亞米利加洲에不屬ᄒᆞ고太平洋中北回歸線以南에在ᄒᆞᆫ無數ᄒᆞᆫ島嶼를總稱ᄒᆞᆷ이니西曆千六百四年에和蘭이東印度諸島를發見占領ᄒᆞᆷ의歐洲諸航海國이土地發見에從事ᄒᆞ야今에些少ᄒᆞᆫ小島라도英、佛、獨、米等이自國의國旗를懸ᄒᆞ니라

本洲는島嶼配列의形勢를因ᄒᆞ야如左四部에分ᄒᆞ니

美利內西亞(멜레네시아)一名濠斯太拉羅西亞(오스트랄레시아)又濠太利

頗利內西亞(폴리네시아)

米久路內西亞(미크로네시아)

馬來西亞(멜레시아)의一部 卑、馬來群島니大部ᄂᆞᆫ羅二章亞 細亞新에己爲編入ᄒᆞ야論述ᄒᆞᆷ

第二節 美利內西亞 MELANESIA.

美利內西亞ᄂᆞᆫ澳斯太拉利亞(오스트렐리아)타스마니아、新斯蘭(뉴우셜린드)뉴벨칼레도니焚레羅도니아우、아갈과푸아ㅡ기니아너우及其他群島로成ᄒᆞ니其中澳斯太拉利亞가最大ᄒᆞᆫ故로先히此大陸을說明ᄒᆞ고次에타스마니아等에及ᄒᆞ야次第로論ᄒᆞ노라

澳斯太拉利亞聯邦

位置及區劃。 澳斯太拉利亞ᄂᆞᆫ澳洲或濠洲라稱ᄒᆞᄂᆞ니全土가英國殖民地라南緯十一度에起ᄒᆞ야三十九度에至ᄒᆞ고東經百十五度에起ᄒᆞ야百五十四度에至ᄒᆞ니面積이四千一百九十六萬七千二百八十七方里(二千六百八十七萬五千八百英方里)에達ᄒᆞ고人口ᄂᆞᆫ槩畧三百二十三萬이며此聯邦은區劃ᄒᆞ야빅토리아、新南威爾士(뉴우사우스웨일스)퀸슬린드、南澳斯太拉利亞、西澳斯太拉利亞、타스마니아의六州로되니此六州中人口의多ᄒᆞᆫ者ᄂᆞᆫ빅토리아와新南威爾士兩州오其他ᄂᆞᆫ甚寡ᄒᆞ니라

地勢。 澳洲ᄂᆞᆫ新開地니內地ᄂᆞᆫ探險이未畢ᄒᆞ야地理가不的ᄒᆞ니然이나其槪況은一體高原으로邱陵이起伏ᄒᆞ고處處에沙漠이有ᄒᆞ야荒凉無人의境이오最開ᄒᆞᆫ地方은東南部니東西로澳洲앎스라稱ᄒᆞᄂᆞᆫ山脈이有ᄒᆞ야風光이絶佳ᄒᆞ며其東端에서北折ᄒᆞ야北走ᄒᆞᄂᆞᆫ山脈은블루(靑)山脈이니라

澳洲ᄂᆞᆫ河流가乏ᄒᆞ야大河ᄂᆞᆫ但무레이一河뿐이니源을澳洲앎스山中에서發ᄒᆞ야블루山脈에서發源ᄒᆞᄂᆞᆫ덜링河와合ᄒᆞ야西南流ᄒᆞ야엔키운터灣으로注入ᄒᆞ니此河ᄂᆞᆫ終歲로록水가有ᄒᆞ야舟運에便利ᄒᆞ나其他ᄂᆞᆫ河水나湖沼나降雨季外에ᄂᆞᆫ皆乾涸ᄒᆞᆷ으로此洲ᄂᆞᆫ水利를藉ᄒᆞ야內地의交通을開ᄒᆞᆷ이到底難望ᄒᆞ니라

氣候。 此洲의北半部ᄂᆞᆫ熱帶에屬ᄒᆞ고南半部ᄂᆞᆫ溫帶에屬ᄒᆞᆫ故로北半部ᄂᆞᆫ炎熱이甚ᄒᆞ나南半部ᄂᆞᆫ溫暖ᄒᆞ며降雨季ᄂᆞᆫ四月브터八月ᄭᆞ지南北部와東南部外에ᄂᆞᆫ降雨ᄒᆞᆷ이稀少ᄒᆞ니內部에多數沙漠이

有害은專此를因홈이니라

產物。 澳洲에固有産物의重要혼者는黃金이니其産地는東部及、東南部며黃金外에도各種鑛物이有ᄒᆞ나其採掘이未盛ᄒᆞ고植物은유칼립투스(Eucalyptus)樹와아카씨아(Acacia)스樹類가有ᄒᆞ야樹幹이細長ᄒᆞ고枝葉이不密ᄒᆞ며動物은袋獸、鴨嘴獸(덕빌 Duckbill)極樂鳥等珍禽奇獸가多ᄒᆞ며有用의產物은皆、歐洲에서移殖혼者ㅣ니農產物에는穀物、砂糖、綿、煙草類오家畜에는羊、牛、馬等이니라

人民。 濠洲人民의太半은歐洲人의子孫이며土人은愚蠢ᄒᆞ야文明에不化ᄒᆞ고人口가漸減ᄒᆞ야遂、其種族이滅홈에至홀狀態니라

政治。 濠洲各州의殖民地는各獨立으로政府와議會를設ᄒᆞ야自治에任ᄒᆞ고各政府에英國君主의勅任知事이니一州의政務를掌ᄒᆞ고其上에聯邦은英王代理의總督이此를總轄ᄒᆞ고又國會가有ᄒᆞ야立法權을有ᄒᆞ니라

都府。 멜본은비토리아州首府니人口가五十萬에達ᄒᆞ야濠州의第一都會오필닙灣에臨혼良港이니貿易이盛行ᄒᆞ며시드니도亦、人口가五十萬에達ᄒᆞ는大都會니新南威爾斯의首府라澳洲의都會는此二個所가最、繁盛ᄒᆞ고其他、퀸슬런드의首府브리스베인과南澳斯太拉利亞의首府아델레이드等은未盛ᄒᆞ니라

交通。 前述홈과如히此洲는河湖의水利가乏ᄒᆞ야但、무레이河뿐外에는舟楫이通홈을不得ᄒᆞ나鐵道는年年延長ᄒᆞ야멜본、시드니間及、各地都會、鑛山、牧場等에達ᄒᆞ고海底電線은자바를經ᄒᆞ야亞細亞와歐羅巴大陸을通ᄒᆞ며又、濠洲와歐米及、英國各殖民地等間에定期航海가有ᄒᆞ야汽船의往來가頻繁ᄒᆞ니라

貿易。 濠洲의貿易은大槪멜본及、시드니에서行ᄒᆞ니其重要혼輸出品은黃金、羊毛、小麥의三種이니라

타스마니아嶋

타스마니아嶋ᄂᆞᆫ澳斯太拉利亞聯邦의一이니其位置ᄂᆞᆫ濠洲東南에在ᄒᆞ야其間의海峽을바쓰라稱ᄒᆞ며嶋中에山이多ᄒᆞ야森林이繁茂ᄒᆞ니其面積은三十八萬七千三百三十二方里(二萬六千三百八十五方英里)오人口ᄂᆞᆫ凡十七萬三千이며氣候가溫和ᄒᆞ고地味가膏沃ᄒᆞ며首府ᄂᆞᆫ호바트라稱ᄒᆞ니羊毛를輸出ᄒᆞᄂᆞ니라

新斯蘭

新斯蘭(니우、실린드)嶋도亦英國殖民地니其位置ᄂᆞᆫ濠洲東南에在ᄒᆞ야二大嶋及二三小嶋로成ᄒᆞᆫ者ㅣ라二大嶋中北에在ᄒᆞᆫ者를北嶋라南에在ᄒᆞᆫ者를南島라稱ᄒᆞ니其面積이一百五十三萬七千七百四十五方里(十萬四千七百五十一方英里)오人口가約八十三萬五千이며其地勢ᄂᆞᆫ二大島가皆火山質의山脈이連ᄒᆞ고山中에ᄂᆞᆫ森林이鬱蒼繁茂ᄒᆞ며氣候ᄂᆞᆫ溫和ᄒᆞ며雨量이多ᄒᆞ고地味가肥沃ᄒᆞ야產物이富ᄒᆞ야小麥、亞麻、護謨等이產ᄒᆞ고其他羊毛와金、銀、石炭等鑛物이有ᄒᆞ며土人은馬來種이니兇暴殘忍ᄒᆞᆫ蠻夷러니今에ᄂᆞᆫ溫和ᄒᆞᆫ人民이되얏ᄂᆞ니라

政治ᄂᆞᆫ濠洲諸州의制度를模倣ᄒᆞ야自治를許ᄒᆞ고英國君主의勅任知事로政令을掌케ᄒᆞ며重要ᄒᆞᆫ都府ᄂᆞᆫ北部의웰링톤과南部의크라이스트처치니라

누벨、캘레도니及、屬島

此島ᄂᆞᆫ濠洲東에在ᄒᆞᆫ佛蘭西의殖民地니面積이屬島를幷ᄒᆞ야十二萬五千四百八十五方里(八千五百四十八方英里)오人口ᄂᆞᆫ約七萬三千이며島의周圍ᄂᆞᆫ珊瑚礁로包圍ᄒᆞ고嶋內에ᄂᆞᆫ山이多ᄒᆞ야森林이繁茂ᄒᆞ며又石炭、銅、錫等鑛物이富ᄒᆞ며其屬島ᄂᆞᆫ발리스群島와롸얄리諸嶋及其他附近小嶼等이니라

파푸아島

파푸아(一名니우、기니아)島ᄂᆞᆫ濠洲北에在ᄒᆞᆫ者ㅣ라和蘭、英吉利、獨逸等三國이分轄ᄒᆞᄂᆞᆫ殖民地니全島의物產은煙草、米、砂糖、茶、珈琲、護

謨等이오氣候는溫良ᄒᆞ니라

英領파푸아。 英領파푸아는本島東半部의南部를占ᄒᆞ야당를새스또及루이시에이드群嶋를附屬ᄒᆞᆫ殖民地니總面積이一百三十二萬九千一百二十七方里(九萬五百四十方英里)오人口가凡三十五萬이며又、其東에在ᄒᆞᆫ솔로몬群嶋南半部가此에屬ᄒᆞ니라

獨領파푸아 獨領파푸아卽、가이세르、빌헴、란드는本島東半部의北部를占ᄒᆞ니其屬嶋담피에르及他一二小島를合ᄒᆞ야面積이凡、一百二萬七千六百方里(七萬方英里)오人口가約、十一萬이며又、其東에在ᄒᆞᆫ비스마크群島와솔로몬群島의北半部가此에屬ᄒᆞ니라

和領파푸아 和領파푸아는本島西半部를占ᄒᆞ야面積의廣大ᄒᆞᆷ이東半部와相等ᄒᆞ고和領東印度大總督管治下에在ᄒᆞ니라

第三節 頗利內西亞 *POLYNESIA.*

位置。 頗利內西亞는澳斯太拉羅西亞와馬來群島와米久路內西亞에不屬ᄒᆞᆫ大洋洲中各群島를總稱ᄒᆞᆷ이니其位置는槪赤道南北三十度以內와東經百七十二度以東에在ᄒᆞ니라

地勢。 各嶋中에火山嶋와珊瑚嶋가有ᄒᆞ야火山嶋는山嶽이峻秀ᄒᆞ야風光이美麗ᄒᆞ고珊瑚嶋는地体가低ᄒᆞ고環狀을作ᄒᆞ니其中에水가湛ᄒᆞ야一種奇觀을作ᄒᆞ니라

氣候及、産物。 頗利內西亞諸島는熱帶에橫ᄒᆞ얏스나微風의吹渡ᄒᆞᆷ이不絶ᄒᆞ야熱氣를掃却ᄒᆞᆷ으로氣候가溫和ᄒᆞ야終歲도록凉夏ᄲᅮᆫ有ᄒᆞ야春秋冬의氣候가無ᄒᆞ며産物은橙、芭蕉、椰子、鳳梨、甘蔗、綿及、各種香料等이니各火山島에셔産出ᄒᆞᄂᆞ니라

人民。 各島人民은馬來人種의系統에屬ᄒᆞ야皮膚는茶褐色을帶ᄒᆞ고各島에歐米諸國宣敎師가住在ᄒᆞ야人民을敎導ᄒᆞ며耶蘇敎를信奉ᄒᆞᄂᆞᆫ者ㅣ多ᄒᆞ니라

싀드위치群島

샌드위치群嶋一名布哇(하와이)ᄂᆞᆫ頗利內西亞群島中第一位에居ᄒᆞᄂᆞᆫ者ㅣ라其面積이九萬四千六百七十一方里(六千四百四十九方英里)며二十餘島嶼로成ᄒᆞᆫ者ㅣ니其中最大ᄒᆞᆫ者를布哇라稱ᄒᆞᄂᆞ니라

全嶋의地味ᄂᆞᆫ頗膏沃ᄒᆞ야砂糖、米、珈琲、烟草、綿、芭蕉實、獸皮及羊毛類가産ᄒᆞ며總人口ᄂᆞᆫ約十六萬이有ᄒᆞ야過半은外國의移住民이니我國民의移住者도六千餘에達ᄒᆞ고土人은漸漸減少ᄒᆞ며人民이一般으로耶蘇敎를信奉ᄒᆞ고學校의設이多有ᄒᆞ니라

首府ᄂᆞᆫ호놀룰루니오후島에在ᄒᆞ야頗利內西亞中第一都會니라

此群島ᄂᆞᆫ元來獨立國으로布哇王國이라稱ᄒᆞ야立憲政体를行ᄒᆞ다가其後革命이有ᄒᆞ야共和國으로國體를變更ᄒᆞ얏더니一千八百九十八年에北米合衆國에公然合倂ᄒᆞ야同國의一地方이되니라

피지群嶋

此地ᄂᆞᆫ南緯十五度乃至二十度와東經百七十七度乃至西經百七十八度間에羅列ᄒᆞᆫ者로成ᄒᆞ니面積이十萬九千一百四十六方里(七千四百三十五方英里)오人口가十三萬에達ᄒᆞ며産物은米、煙草、耶子、芭蕉實이니英國에屬ᄒᆞ야知事가政令을掌ᄒᆞ니라

통가

통가一名프렌들리諸嶋ᄂᆞᆫ元來獨立王國이러니千八百九十九年에英吉利保護下에歸ᄒᆞ니面積이五千七百二十五方里(三百九十方英里)오人口가約二萬餘니라

大洋洲佛領諸嶋

此地ᄂᆞᆫ廣邈ᄒᆞᆫ東太平洋中에散在ᄒᆞᆫ소싸에틔群嶋、低群島、마르케스群嶋、감비에群島及바쓰群島로成ᄒᆞᆫ者ㅣ니全諸嶋의總面積이二萬二千三百十四方里(一千五百二十方英里)오人口가約二萬七千이니全諸島中重要ᄒᆞᆫ者ᄂᆞᆫ소싸에띠群嶋에타이티島며物産은橙及眞珠母니라

사모아列島

本列島는元來一王國이러니千八百九十九年英獨協議에依ᄒᆞ야류류일라嶋及東經百七十一度以東은北米合衆國領土에歸ᄒᆞ야千百六十方里(七十九方英里)의面積이有ᄒᆞ고其西는獨逸領土에歸ᄒᆞ야一萬四千六百八十方里(一千方英里)의面積을有ᄒᆞ니全列島의人口가約四萬이며地勢는山嶽이多ᄒᆞ야森林이繁茂ᄒᆞ고土地가膏沃ᄒᆞ며灌漑의便이有ᄒᆞ니라

第四節　米久路內西亞 *MICRONESIA.*

米久路內西亞는東經百八十度以西와北回歸線北허파푸아島以北과南緯十三度에至ᄒᆞ는間에在ᄒᆞᆫ無數ᄒᆞᆫ島嶼를總稱ᄒᆞᆷ이니火山島와珊瑚礁로成ᄒᆞ고氣候及物産은頗利內西亞와同ᄒᆞ며土人은馬來人種에屬ᄒᆞ고西班牙人의子孫이亦多ᄒᆞ니라

카롤린펠니우及마리안諸嶋

此諸嶋는千八百九十九年條約에依ᄒᆞ야西班牙에서北米合衆國에讓與ᄒᆞᆷ이同年에合衆國은諸島中最大ᄒᆞᆫ구암島를除ᄒᆞᆫ外에此諸島를一千八百八十一萬마크(마크는凡我四十八錢)에獨逸에게賣渡ᄒᆞ니라

마살群島

此羣島는二個連島即라닥(其數十三)及랄릭(其數十一)로成ᄒᆞᆫ者ㅣ니千八百八十五年以來로獨逸에屬ᄒᆞ니라

以上諸群島外에길버트群島와엘리쓰群島가有ᄒᆞ야皆英國에屬ᄒᆞ니라

第五節　馬來西亞의一部 *MALAYSIA.*

大洋洲에屬ᄒᆞᆫ馬來西亞即馬來群島의一部는롬복島北허西에在ᄒᆞᆫ숨바와플로리스티모어셀렙스及몰룩카스列嶋로成ᄒᆞ니皆和領東印度大總督管治下에在ᄒᆞ고但티모어島의東半部는葡萄牙에屬ᄒᆞ니라

地勢氣候産物等諸項은第二章에已爲論述ᄒᆞ얏기로省畧ᄒᆞᆷ이라

訂新 中等萬國新地志卷下終

中等萬國新地志附錄

隆熙元年十一月五日印刷
全　十一月十日發行
全　四年三月二日再版印刷
全　三月二十二日發行

版權所有
不許複製

新訂中等萬國新地志 一秩二冊

定價金壹圜

校閱　京城中部養閑洞八十六統三戶　張志淵

編纂　故 金鴻卿

代理　京城南部草洞十一統五戶　金光淳

發行者　京城中部布屛下三十七統六戶廣學書舖　金相萬

印刷者　京城北部桂洞十二統十戶　申昌均

印刷所　京城北部觀峴三統一戶　徽文館 電話一一五一番

發行所　京城中部布屛下三十七統六戶　廣學書館

사민필지

(士民必知)

한글본 · 한문본

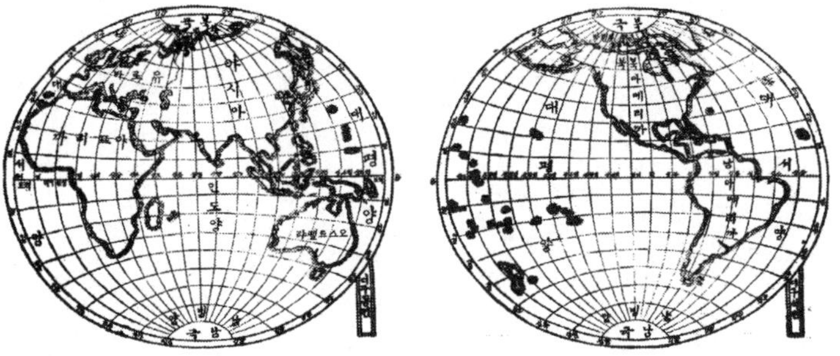

ᄉᆞ민필지 단

ᄉᆞ민필지

(sino-coréen) 士民必知

Să min hpil tji

Connaissances nécessaires aux lettrés et au peuple

Seoul Mission américaine

1891

련하형셰가녜와지금이크게ᄀᆞᆺ지아니ᄒᆞ야젼에ᄂᆞᆫ각국이각각본디
방울직희고본국풍쇽만ᄯᆞᄅᆞ더니지금은그러치아니ᄒᆞ여련하만국
이언약울서로밋고사ᄅᆞᆷ과물건과풍쇽이서로통ᄒᆞ기ᄅᆞᆯ맛치ᄒᆞᆫ집안
과ᄀᆞᆺᄒᆞ니이ᄂᆞᆫ지금련하형셰의곳치지못ᄒᆞᆯ일이라이곳치지못ᄒᆞᆯ일
이잇ᄉᆞᆫ즉각국이젼과ᄀᆞᆺ치본국글ㅅᄌᆞ와ᄉᆞ젹만공부ᄒᆞᆷ으로ᄂᆞᆫ련하
각국풍거ᄅᆞᆯ엇지알며아지못ᄒᆞ면서로교졉ᄒᆞᄂᆞᆫᄉᆞ이에맛당치못ᄒᆞᆷ
과인정울통ᄒᆞᆷ에거리ᄭᅵᆷ이잇슬거시오거리ᄭᅵᆷ이잇스면정의가서로
도탑지못ᄒᆞᆯ지니그런즉불가불이젼에공부ᄒᆞ던학업외에ᄯᅩ각국일
홈과디방과폭원과산쳔과소산과국졍과국셰와국지와군ᄉᆞ와풍쇽
과학업과도학의엇더ᄒᆞᆷ울알아야ᄒᆞᆯ거시니이런고로태셔각국은남
녀물론ᄒᆞ고칠팔셰되면몬져련하각국디도와풍쇽울ᄀᆞᄅᆞ친후에
다ᄅᆞᆫ공부ᄅᆞᆯ시작ᄒᆞ니련하의산쳔슈륙과각국풍쇽정치ᄅᆞᆯ모ᄅᆞᄂᆞᆫ사
ᄅᆞᆷ이별노업ᄂᆞᆫ지라죠션도불가불이와ᄀᆞᆺ치ᄒᆞᆫ연후에야외국교졉에
거리ᄭᅵᆷ이업슬거시오ᄯᅩᄉᆡᆼ각건ᄃᆡ즁국글ㅅᄌᆞ로ᄂᆞᆫ모든사ᄅᆞᆷ이ᄲᆞᆯ니
알며널니볼수가업고죠션언문은본국글ㅅᄌᆞ뿐더러션비와빅셩과남
녀가널니보고알기쉬오니슬프다죠션언문이즁국글ㅅᄌᆞ에비ᄒᆞ야

크게요긴ᄒᆞᆫ것마는사ᄅᆞᆷ들이긴ᄒᆞᆫ줄노아지아니ᄒᆞ고도로혀업수히
녁이니엇지앗갑지아니리오이러므로외국용우ᄒᆞᆫ인물이죠션말과
언문ㅅ법에익지못ᄒᆞᆫ거ᄉᆞ로붓그러옴을니저ᄇᆞ리고특별히언문으
로써텬하각국디도와이문목젼ᄒᆞᆫ풍긔를대강긔록ᄒᆞᆯ시몬져ᄯᅡ덩이
와풍우박뢰의엇더ᄒᆞᆷ과ᄎᆞ례로각국을말ᄉᆞᆷᄒᆞ니ᄌᆞ세히보시면각국
일을대충은알거시오ᄯᅩ외국교졉에적이긴ᄒᆞᆷ이될듯ᄒᆞ니말ᄉᆞᆷ의잘
못됨과언문의셔투ᄅᆞᆷ거ᄉᆞᆫ용셔ᄒᆞ시고이야기만ᄌᆞ세히보시기를그
윽히ᄇᆞ라옵ᄂᆞ이다

죠션육영공원교ᄉᆞ헐벗

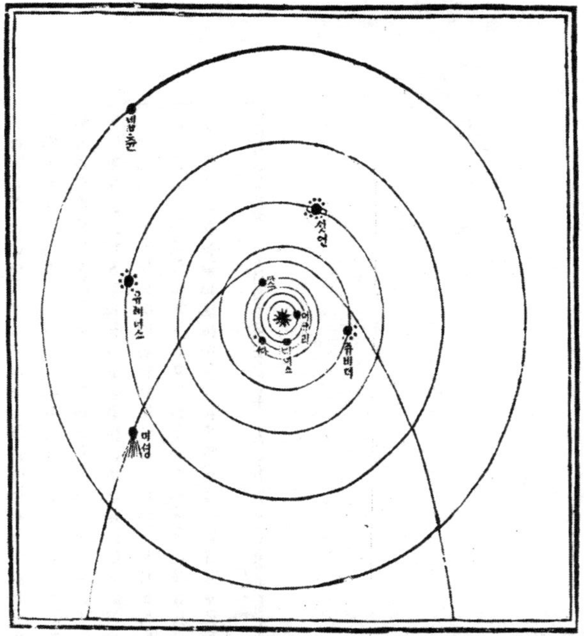

히ᄉᆞᆨ혜히롤에
워도라가ᄂᆞᆫ여ᄃᆞᆲ
별이잇스니이그
립에ᄯᅩ군즁은여
ᄃᆞᆲ별이도라가ᄂᆞᆫ
길이오그즁에박
현ᄃᆡᆷ은여ᄃᆞᆲ별이
오별ᄉᆞᆨ혜젹은
멉들은그별에속
ᄒᆞᆫ별이니엇던별
은별이혹여ᄃᆞᆲ혹
여숫혹넷시오이
셔혜ᄂᆞᆫ별이ᄒᆞ나
히며ᄯᅩᄒᆞᆫ가온ᄃᆡ
ᄂᆞᆫ히니여ᄃᆞᆲ별이
ᄒᆡᆼ샹히롤에워도
라가고ᄯᅩ쉬리잇
ᄂᆞᆫ덥은미셩이니
그별은히롤에워
도라가지아니ᄒᆞ
고다만히에게로
왓다가도로셕나
멀니나가니그도
ᄉᆞ수ᄂᆞᆫ혀아릴수
가업ᄂᆞ니라

ᄯᅥ뎡이

태허창명ᄒᆞᆫ즈음에무수ᄒᆞᆫ별ᄯᅦᆯ기가잇스되ᄯᅦᆯ기마다각각큰별ᄒᆞ나ᄉᆡᆨ잇서적은별들을거ᄂᆞ려ᄒᆞᆫᄯᅦᆯ기를일우고적은별들은그큰별을ᄯᆞ라에워도라가니태양이ᄒᆞᆫ큰별이라극히빗나며옴즉임이업고그ᄀᆞ헤도는별여ᄃᆞᆲ이쇽ᄒᆞ엿시니ᄒᆞ나흔슈비머요둘흔비너스요세흔ᄉᆡᆺ언이오네흔마스요다ᄉᆞᆺ슨이ᄶᅡ히오여ᄉᆞᆺ슨ᄉᆡᆸ쥰이오닐곱은유레너스오여ᄃᆞᆲ은며규리니각각샹거가후멀고갓가오며히를에워도라가는도ᄉ슈가ᄲᆞᄅᆞ고더딈과형톄의크고적은분별이서로ᄀᆞᆺ지아니ᄒᆞ고이도는별여ᄃᆞᆲ즁에각각졔게쇽ᄒᆞᆫ일빅여별이잇고ᄯᅩ졔게쇽ᄒᆞᆫ돌이잇는것도잇스니이ᄶᅡ흔돌ᄒᆞ나히잇서홍샹ᄶᅡ흘에워도라가되ᄒᆞᆫ돌ᄉ동안에ᄒᆞᆫ박휘를돌고형톄는ᄶᅡ보다삼분지일이오ᄶᅡ헤서샹거는거의구십만리나되고ᄉᆡᆺ언에쇽ᄒᆞᆫ돌은여ᄃᆞᆲ이오쥬비더에쇽ᄒᆞᆫ돌은네히오유레너스에쇽ᄒᆞᆫ돌도네히오그남아는다돌이업ᄂᆞ니라이ᄶᅡ흘의론컨대히와샹거가삼만일쳔팔빅오십만리ᄶᅳᆷ이오히를에워도라가기는ᄒᆞᆫ시ᄉ동안에ᄉᆞ십칠만륙쳔리를가고일년ᄉ동안에ᄒᆞᆫ박휘를돌며형톄는둥굴고히에비ᄒᆞ야일빅이십륙단비가적고쥬회는팔만여리요바로ᄭᅰ뚤호면이만칠쳔륙빅여리며남극과북극이

ᄉᆞ민필지 삼

ᄭᅳᆺᄭᅳᆺ이바ᄅᆞᆷ은맛치ᄭᅳᆺ장이로ᄃᆞᆫ조ᄅᆞᆯᄆᆡ인것ᄀᆞᆺ고남북극ᄒᆞᆫ가온대적
도ㅣ라ᄒᆞᄂᆞᆫ한뎡이잇서적도남북편에각ᄉᆞ천팔ᄇᆡᆨ오십리에황도ㅣ
라ᄒᆞᄂᆞᆫ한뎡이잇서남황도ㅣ라북황도ㅣ라ᄒᆞ고남황도남편팔천구
ᄇᆡᆨ리와북황도북편팔천구ᄇᆡᆨ리에흑도ㅣ라ᄒᆞᄂᆞᆫ한뎡이잇서남흑도
ㅣ라북흑도ㅣ라ᄒᆞ고남흑도남편ᄉᆞ천팔ᄇᆡᆨ오십리와북흑도북편ᄉᆞ
천팔ᄇᆡᆨ오십리에ᄂᆞᆫ남극이라북극이라ᄒᆞ니적도남북구천칠ᄇᆡᆨ리ᄂᆞᆫ
ᄒᆞᆼ샹ᄒᆡㅅ빗ᄎᆞᆯ바로밧아ᄉᆞ시분별이적고ᄒᆞᆼ샹ᄯᅳ거운고로열ᄃᆡ라닐
ᄋᆞ고남황도밧팔천구ᄇᆡᆨ리와북황도팔천구ᄇᆡᆨ리ᄂᆞᆫ일년에ᄒᆞᆫ번ㅅ식
ᄒᆡㅅ빗ᄎᆞᆯ바로밧ᄂᆞᆫ고로여ᄅᆞᆷ과겨울분별이잇스니온ᄃᆡ라닐ᄋᆞ고남
흑도밧ᄉᆞ천팔ᄇᆡᆨ오십리와북흑도밧ᄉᆞ천팔ᄇᆡᆨ오십리남북극ᄭᆞ지ᄂᆞᆫ
ᄒᆞᆼ샹ᄒᆡㅅ빗ᄎᆞᆯ보지못ᄒᆞ여치운고로ᄅᆡᆼᄃᆡ라닐ᄋᆞ며ᄯᅩ남북극근처에
ᄂᆞᆫᄒᆞᆼ샹얼고믈이나지못ᄒᆞ며ᄒᆞᆼ샹얼어잇ᄂᆞᆫ바다가잇스니빙ᄒᆡ라닐
ᄋᆞ고ᄯᅩ반년이낫이오반년이밤이며ᄯᅩ이ᄯᅡ히뭉굴ᄃᆡ남북극편은좀
납쟉ᄒᆞ고도ᄂᆞᆫ모양이두가지니일쥬야에ᄒᆞᆫ번뒤집히고일년에ᄒᆡᄅᆞᆯ
에워ᄒᆞᆫ박휘ᄅᆞᆯ도ᄃᆡ남북극ᄭᅳᆺᄭᅳᆺᄒᆞᆷ은조곰도ᄅᆞᆯ니지아니ᄒᆞ고다만좀
비스듬ᄒᆞ게도ᄂᆞᆫ고로남극편이ᄒᆡᄅᆞᆯ향ᄒᆞᄂᆞᆫᄯᅢ도잇고북극편이ᄒᆡᄅᆞᆯ
향ᄒᆞᄂᆞᆫᄯᅢ도잇스니아모ᄯᅢ나아모곳이나ᄒᆡㅅ빗ᄎᆞᆯ바로밧으면곳여

ᄅᆞᆷ이오ᄒᆡㅅ빗ᄎᆞᆯ바로밧지못ᄒᆞ면겨울이며ᄯᅩᄒᆡㅅ빗ᄎᆞᆯ보면낫이오
ᄒᆡㅅ빗ᄎᆞᆯ보지못ᄒᆞ면밤이며ᄯᅩ이ᄯᅡ덩이ᄂᆞᆫᄃᆞ라나ᄂᆞᆫ힘이잇고ᄒᆡᄂᆞᆫ
ᄯᅳ리ᄲᅢᄂᆞᆫ힘이잇ᄂᆞᆫ고로멀니ᄃᆞ라나지못ᄒᆞ고ᄒᆞᆼ샹ᄒᆡᄅᆞᆯ에워도라가
기만ᄒᆞ니대개크고무거운거슨적고가ᄇᆡ야운거슨ᄯᅳ리ᄲᅢᄂᆞᆫ지라이
셰샹의만물로의론컨대일ㅅ쥬야에ᄒᆞᆫ번ㅅ식뒤집히ᄃᆡᄯᅥ러지ᄂᆞᆫ믈
건이ᄒᆞ나도업ᄂᆞᆫ거슨이ᄯᅡ히만물즁에크고무거워ᄯᅳ리ᄲᅢᄂᆞᆫ고로ᄯᅥ
러지지못ᄒᆞᄂᆞᆫ연고ㅣ니라

그믐과보름을의론컨대ᄯᅡ와ᄃᆞᆯ이다본ᄃᆡ빗치업고ᄒᆡㅅ빗ᄎᆞᆯ밧아빗
최ᄂᆞ니그러므로ᄃᆞᆯ이ᄯᅡᄒᆞᆯ에워도라갈제ᄃᆞᆯ이ᄒᆡ와ᄯᅡ두ᄉᆞ이에잇스
면ᄒᆡᄅᆞᆯ향ᄒᆞᄂᆞᆫ편은빗ᄎᆞᆯ밧고ᄯᅡᄒᆞᆯ향ᄒᆞᄂᆞᆫ편은빗ᄎᆞᆯ밧지못ᄒᆞ니ᄯᅡ헤
셔ᄃᆞᆯㅅ빗ᄎᆞᆯ보지못ᄒᆞᄂᆞᆫ고로그믐이라ᄒᆞ고ᄃᆞᆯ이ᄯᅡ밧게나가고ᄯᅡ히
ᄒᆡ와ᄃᆞᆯ두ᄉᆞ이에잇스면ᄒᆡ와ᄃᆞᆯ이마조ᄃᆡᄒᆞ야빗최이니ᄯᅡ헤셔ᄃᆞᆯㅅ
빗ᄎᆞᆯ온젼히봄으로보름이라ᄒᆞᄂᆞ니라

일월ㅅ식을의론컨대월ㅅ식은ᄯᅡ히ᄒᆡ와ᄃᆞᆯ두ᄉᆞ이에셔ᄃᆞᆯ에게ᄒᆡㅅ
빗ᄎᆞᆯᄀᆞ리옴이니그런고로보름이라야월ㅅ식이되ᄂᆞᆫ지라ᄃᆞᆯ이ᄯᅡᄒᆞᆯ
에워도라갈제그길히ᄒᆡ와ᄯᅡ와ᄒᆞᆫ가지로ᄭᅳᆺᄭᅳᆺ이일ㅅᄌᆞ가되여ᄃᆞᆯ이
ᄯᅡ밧게잇스면ᄃᆞᆯ이반ᄃᆞ시ᄯᅡ헤게ᄀᆞ리옴을밧ᄂᆞᆫ거시라그런즉ᄃᆞᆯ마

다보ᄃᆞᆷ어면월ᄉ식이잇슬듯ᄒᆞᆫ듸다만섯던ᄯᅢ에만잇ᄂᆞᆫ거슨ᄃᆞᆯ이ᄯᅡᄒᆞᆯ에워도라가ᄃᆡ그길히혹조곰오라고혹조곰ᄂᆞ려ᄒᆞᆼ샹ᄒᆞᆫ갈ᄀᆞᆺ치일ᄌᆞ주가지지아닛ᄂᆞᆫ연고ㅣ오 월ᄉ식은ᄃᆞᆯ이히와ᄯᅡ두ᄉᆞ이에셔헤게히ᄉ빗ᄎᆞᆯᄀᆞ리워못보게ᄒᆞᆷ이니그런고로그믐과쵸싱이라야일ᄉ식이되ᄂᆞ니다만ᄃᆞᆯ이ᄯᅡ보다ᄆᆡ우적고ᄯᅩᄯᅡ흔히보다ᄆᆡ우적으니히의ᄇᆞᆰ게빗최옴을ᄃᆞᆯ의적음으로ᄡᅥᄒᆞᆯ오래ᄀᆞ리우지못ᄒᆞ니그런고로일ᄉ식의동안이얼마되지못ᄒᆞᄂᆞ니라

구름은물과ᄯᅡ헤셔ᄒᆞᆼ샹습긔가나ᄃᆡ이김이지극히가ᄇᆡ야와사ᄅᆞᆷ의숨쉬ᄂᆞᆫ긔운보다더가ᄇᆡ야온고로눈에보이지아니ᄒᆞ고공즁ᄌᆞ음은놉흘ᄉᆞ록치우니ᄯᅡ헤셔나ᄂᆞᆫ김이올나치운ᄃᆡ를당ᄒᆞ면김이엉긔여그형태가뵈ᄂᆞᆫ지라이닐온구름이오ᄯᅩ더운ᄯᅢᄂᆞᆫᄯᅡᄉ김이더만히나고만히나면김에습긔도만ᄒᆞ니그런고로여름에김은습긔가만ᄒᆞ며ᄯᅩ구름도만ᄒᆞ니라

비ᄂᆞᆫ엉긔인김이구름인즉ᄯᅥ든니다가ᄆᆡ우치운ᄃᆡ를맛나면물이되ᄂᆞ니큰산ᄉ속은더치운지라그런고로구름이큰산을지나면물이되고물은긔운보다무거우니무거운거슨ᄂᆞ리ᄂᆞᆫ지라이ᄂᆞ리ᄂᆞᆫ물이닐온비니라

북극
유로바
아시아
아프리카
대서양
인도양
대평양
오스드렐랴
남빙양
남극
디구동편
북아메리가
남아메리까
디구서편

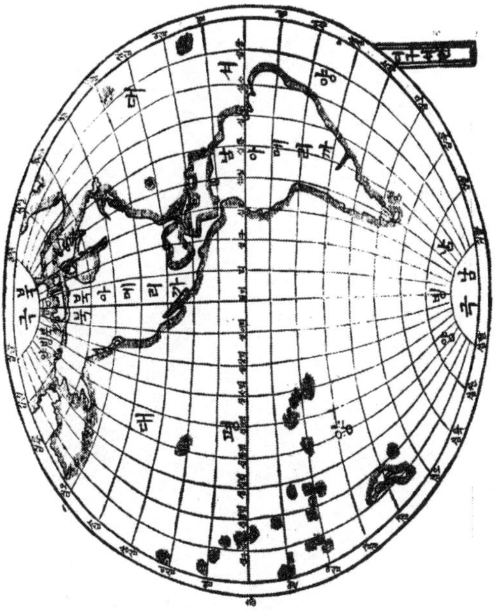

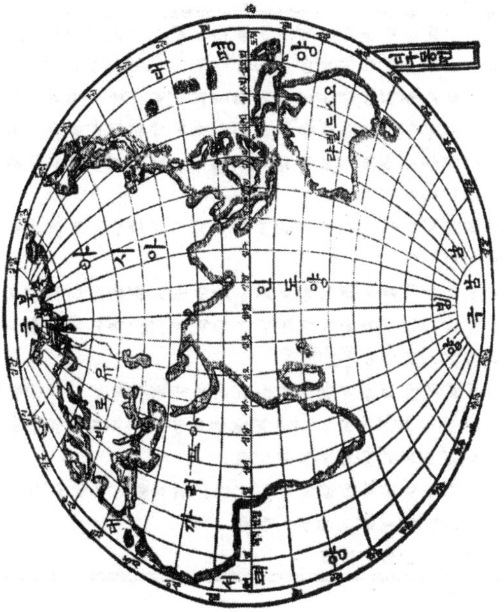

바람은아모ᄯᅡ히라도더우면그ᄯᅡ헤김이ᄯᅥ오르니ᄯᅥ오르면ᄎᆞ다ᄅᆞᆫ티긔운이모오는지라이모라오는긔운이닐운바람이니라

번개는이무순물건이라형용ᄒᆞ야말ᄒᆞ기어려우나그올죽여리왕흥이비ᄒᆞᆯ티업시ᄲᆞᆯ나ᄒᆞᆫ푼ㅅ동안에온ᄯᅡ흘여덟번도라가ᄂᆞ니그런고로외국격물ᄒᆞᄂᆞᆫ선비들이이것스로온갓연장을브리니맛치화륜차와전긔선ᄀᆞᆺᄒᆞᆫ거시니라

텬동은번개지나가는곳에긔운이갈나지니이갈나진긔운이다시합ᄒᆞ야지는소리니라

디동은ᄯᅡㅅ속에불도잇고물도잇서물파불이만일서로갓가오면김이되ᄂᆞ니이김이미우험이잇서어ᄃᆡ던지ᄯᅮᆯ코나갈지라이ᄯᅮᆯ코나갈ᄯᅦ에흔들니는거시라 미양화산에로 나가ᄂᆞ니라

안개는ᄯᅡ헤셔나는습긔가몃쳐놉히오르지못ᄒᆞ야셔엉긘거시라

이슬은ᄯᅡ헤셔나는습긔가오르지못ᄒᆞ고즉시엉긘거시니라

눈은구름이비되기젼에언거시니라

우박은구름이비된후에언거시니여름에도우박이ᄂᆞ리는거슨ᄯᅢ다희찬바람이마조치는연고ㅣ니라

셔리는이슬이언거시니라

죠셕슈ᄂᆞᆫᄃᆞᆯ이ᄭᅳ혀셔ᄯᅦ일갓가우니그ᄲᅧᆫᄂᆞᆫ험에물이브러니러나ᄆᆞᆫ하지ᄂᆞᆫ거시니라

미셩은(ᄭᅩ리잇ᄂᆞᆫ별이라)모ᄃᆞᆫ별즁에ᄯᅩᄭᅩ리잇ᄂᆞᆫ별이몃ᄎᆡ잇셔ᄒᆞᆨ크고ᄒᆞᆨ젹어서로ᄀᆞᆺ지아니ᄒᆞ며그ᄃᆞᆫ니ᄂᆞᆫ모ᄉᆞ수ᄂᆞᆫ다ᄅᆞᆫ별과ᄀᆞᆺᄎᆡ일뎡ᄒᆞᆫ법이업서ᄯᅳᆨᄯᅳᆨ이혜아리지못ᄒᆞ고다만ᄆᆡ양히에셔멀니갓다가다시히에게로도로오니그멀니가ᄂᆞᆫ거시얼마ᅵᆫ지뫼지아니코다만ᄒᆞᆨ몃십년몃빅년에다시도라오ᄂᆞ니라

류화ᄂᆞᆫ(별ᄯᅩᆼ이란거시라)공즁에번ᄀᆡ와ᄀᆞᆺᄎᆡ빌니ᄃᆞᆫ니ᄂᆞᆫ돌ᄉᆞ뎡이가잇셔그돌ᄉᆞ뎡이지나감에긔운과서로ᄆᆞᆫ질녀불이나셔그돌이ᄐᆞᄂᆞᆫ거시라아모거시라ᄯᅩ서로급히ᄆᆞᆫ질니면불이나ᄂᆞ니그러므로그길계호ᄅᆞᄂᆞᆫ돌이돌ᄉᆞ뎡이가긔운과서로ᄆᆞᆫ질님에셔나ᄂᆞᆫ불이오ᄯᅩ별ᄯᅩᆼᄲᅥ러진다ᄂᆞᆫ거ᄉᆞᆫ그ᄃᆞᆫ니ᄂᆞᆫ돌ᄉᆞ속에여러모양ᄉᆡ가잇스니ᄆᆞᆫ질니ᄂᆞᆫ불에돌은ᄐᆞ셔업서지고ᄉᆡᄂᆞᆫᄐᆞ지아니ᄒᆞᄂᆞᆫ고로ᄯᅥ러지ᄂᆞᆫ거시니라(이거시번과ᄀᆞᆺ치뎡지아니코ᄡᅡ헤셔ᄯᅥ수갓가오니다)

련하ᄂᆞᆫ(은하슈ㅣ니라)여러만ᄒᆞᆫ별이서로모혀길게잇ᄂᆞᆫ거시나다만너무멀어그별들은뵈이지아니ᄒᆞ고그별의빗만환ᄒᆞ게빗최ᄂᆞᆫ거시니만일큰쳔리경으로보면그별들의수를력력히다보고혜ᄂᆞ니라몃빅만년젼

처음에이ᄯᅡ히ᄃᆞᆫᄃᆞᆫᄒᆞᆫ뭉이가아니오다만ᄒᆞᆫᄯᅳ겁고빗잇ᄂᆞᆫ긔운ᄲᅮᆫ이라이긔운이구을녀ᄃᆞᆯ매ᄎᆞᄎᆞ엉긔여쇠녹인물과ᄀᆞᆺ치되고구을녀도ᄂᆞᆫ대로구혜ᄯᅳ거운긔운이헤여지며ᄎᆞᄎᆞᄀᆞᆺ어저거족이되나뫼ᄎᆡ둑겁게ᄀᆞᆺ지못ᄒᆞᆷ으로속에ᄯᅳ거운불이곳곳이터져ᄉᆞᆺ고여화산이되여불ᄉᆞ길이나오고터저ᄉᆞᆺ고이며ᄯᅩᄀᆞᆺ어머머귀가지니쳔만산악이되고점점깁히ᄀᆞᆺ어두거워지니이에ᄯᅡ뎡이가되엿ᄂᆞᆫ지라이러케된후에크게만ᄒᆞᆫ비가ᄭᅳᆺᄂᆞᆫ듯시여러히를ᄂᆞ리워ᄯᅡ깁ᄒᆞᆫ곳에메이매넘쳐덥히너ᄅᆞᆫ바다히라바다와륙디들의룰ᄎᆞᆫ대바다ᄒᆞᆫ오분지삼이오륙디ᄂᆞᆫ오분지이며륙디잇ᄂᆞᆫ곳을의론ᄎᆞᆫ대오분지ᄉᆞᄂᆞᆫ젹도북편이오오분지일은젹도남편이너ᄯᅡ히뭉군연고로그즁에삼분지이ᄂᆞᆫ동편에잇고삼분지일은셔편에잇서서로마조잇ᄂᆞ니라이ᄀᆞᆺ치된후에바다ᄉᆞ속과륙디에풀이나고ᄯᅩ덤불나무가나고ᄯᅩ큰나무가나고ᄯᅩ물ᄉᆞ고기가나고ᄯᅩ물ᄉᆞ속과륙디에ᄃᆞᆫ니ᄂᆞᆫ즘승이나고ᄯᅩᄂᆞᄂᆞᆫ새가나고ᄯᅩ긔ᄂᆞᆫ즘승이나고사ᄅᆞᆷ이나즁에나니너ᄒᆞᆫ디만물이다사ᄅᆞᆷ의살기에ᄡᅳᆯ거신고로만물이다ᄀᆞᆺ초인후에야사ᄅᆞᆷ이낫ᄂᆞ니라

이셰상륙디와바다흘다ᄉᆞᆺ세분별ᄒᆞ야일홈ᄒᆞ니륙디동북간은아시아ㅣ라ᄒᆞ고남은아프리가ㅣ라ᄒᆞ고셔북간은유로바ㅣ라ᄒᆞ오

고동남간은오스드렐라ㅣ라닐ᄋᆞ고셰샹셔편에로는아메리까ㅣ라닐ᄋᆞ되두쪽이남북에련ᄒᆞᆫ고로남아메리까ㅣ라북아메리까ㅣ라닐ᄋᆞ고ᄯᅩ바다흔아시아동편파아메리까셔편ᄉᆞ이는태평양이라닐ᄋᆞ고아프리가ᄒᆞ며유로바셔편파아메리까동편ᄉᆞ이는대셔양이라닐ᄋᆞ고아시아남편파아프리가동편파오스드렐랴셔편ᄉᆞ이는인도양이라닐ᄋᆞ고남극파북극에는남빙양이라북빙양이라닐ᄋᆞ며ᄯᅩᄯᅡ형톄가둥굴어각ᄃᆡ방이어ᄃᆡ어ᄃᆡ롤분별ᄒᆞᆯ길이업ᄂᆞᆫ고로남북극ᄭᅳᆺᄭᅳᆺᄎᆞᆷ올의지ᄒᆞ야삼ᄇᆡᆨ륙십경션을뎡ᄒᆞ고(경션은ᄯᅳᆺᄯᅳᆺ이션줄이라)적도롤(적도는ᄒᆞᆼ샹ᄒᆡᆺ빗출바로밧ᄂᆞᆫ듸니ᄭᅡ호ᄒᆡ리니라)의지ᄒᆞ야삼ᄇᆡᆨ륙십위션을뎡ᄒᆞ고(위션은가로누은줄이라)경션이나위션이나그롬ᄉ ᄉᆞ이는ᄃᆡ그리라닐ᄋᆞ고경션은엥길리국도셩브터시작ᄒᆞ야동경션몃듸그리라셔경션몃듸그리라ᄒᆞ며위션은적도에셔시작ᄒᆞ야남위션몃듸그리라북위션몃듸그리라ᄒᆞ여련하각ᄃᆡ방파바다와산쳔을다ᄒᆡ아리ᄂᆞ니라

대략칠쳔년젼에사ᄅᆞᆷ이처음에로나셔셰샹동편적도북편가온대륙디일홈은버시아ㅣ라ᄒᆞᄂᆞᆫ곳에살더니ᄎᆞᄎᆞᄌᆞ손이번셩ᄒᆞ고사ᄅᆞᆷ의수가만ᄒᆞ지ᄆᆡ그ᄯᅡ헤셔다용납ᄒᆞᆯ수가업고ᄯᅩ후속이쇼원ᄒᆞᆫ지라각각헤여저각ᄃᆡ방에로는호여갈시엇던이들은동북간에로가니이는

사시아ᄯᅡ히라이사ᄅᆞᆷ들은몽고ㅣ라일홈ᄒᆞ니몽고ᄉ사ᄅᆞᆷ들은살ᄉ치좀누르며털ᄉ빗파눈ᄉ빗흔검고엇던이들은동남에로가니이는오스드렐라ᄯᅡ히라이사ᄅᆞᆷ들을멜레라일홈ᄒᆞ니멜레ᄉ사ᄅᆞᆷ들은살ᄉ빗치검븕으며털ᄉ빗파눈ᄉ빗흔검고엇던이들은셔남에로가니이는아프리가ᄯᅡ히라이사ᄅᆞᆷ들을이듸오변이라일홈ᄒᆞ니이듸오변ᄉ사ᄅᆞᆷ들은살ᄉ빗치검으며털은검은양의털ᄀᆞᆺ고눈ᄉ빗도검고엇던이들은셔북에로가니이는유로바ᄯᅡ히라이사ᄅᆞᆷ들을고귀션이라일홈ᄒᆞ니고귀션ᄉ사ᄅᆞᆷ들은살ᄉ빗치희며털ᄉ빗흔검으되북편ᄉ사ᄅᆞᆷ들은노르며눈ᄉ빗흔다푸르고엇던이들은셰샹셔편에로가니이는아메리까ᄯᅡ히라이사ᄅᆞᆷ들을아메리칸이라일홈ᄒᆞ니아메리칸ᄉ사ᄅᆞᆷ들은살ᄉ빗흔구리ᄉ빗치며털ᄉ빗파눈ᄉ빗흔검으니라

ᄉᆞᄇᆡᆨ년젼에유로바ᄉ사ᄅᆞᆷ들이아메리까ᄯᅡ헤드러가셔근본잇ᄂᆞᆫ사ᄅᆞᆷ들을ᄎᆞᄎᆞ밀어ᄶᅩᆺ고스ᄉᆞ로큰나라ᄒᆞᆯ일우니(지금미국이니라)아메리까구리ᄉ빗사ᄅᆞᆷ들은ᄎᆞᄎᆞ쇠ᄒᆞ야미우드물고ᄯᅩ팔구십년젼에유로바ᄉ사ᄅᆞᆷ들이오스드렐라ᄯᅡ헤드러가근본잇ᄂᆞᆫ사ᄅᆞᆷ들을ᄎᆞᄎᆞ멀어ᄶᅩᆺ고사니멜레검은빗사ᄅᆞᆷ들은ᄎᆞᄎᆞ쇠ᄒᆞ야미우드물고ᄯᅩ대략일ᄇᆡᆨ오십년젼브터유로바ᄉ사ᄅᆞᆷ들이아프리가히변을셰아사사니이듸오변

검은빗사ᄅᆞᆷ들은다쫏기여아프리가속에로드러가잇ᄂᆞ니라

유로바

유로바ᄂᆞᆫ폭원이북위션삼십오듸그리브터칠십이듸그리ᄭᆞ지요동
경션륙십오듸그리브터셔경션열듸그리ᄭᆞ지니남북이칠천오ᄇᆡᆨ리
오동셔가팔천리며
디경을의론컨대북은북빙양이오동은아시아ㅣ오남도아시아ㅣ며
ᄯᅩ디즁히요셔ᄂᆞᆫ대셔양이며
디방을의론컨대ᄉᆞ면십리되ᄂᆞᆫ방면이ᄉᆞ십삼만이천이며
디형을의론컨대동에ᄂᆞᆫ산이별노업고큰들이만ᄒᆞ며ᄯᅩ큰강들이만
코셔에ᄂᆞᆫ크고놉흔산이미우만ᄒᆞ니대개다동셔로건너지ᄅᆞ고ᄯᅩ강
도만ᄒᆞ며 (이강들은다동남편에 잇ᄂᆞᆫ강보다적으니라) ᄯᅩ셔남북삼면에큰셤과하슈와포구가만
ᄒᆞ며 (포구만키ᄂᆞᆫ유로바가 온텬하에뎨일이니라)
일긔ᄅᆞᆯ의론컨대북편에ᄂᆞᆫ미우칩고남편에ᄂᆞᆫ심히고로르며
ᄉᆞᄅᆞᆷ의수효ᄅᆞᆯ의론컨대대개삼ᄇᆡᆨ이십팔ᄇᆡᆨ만명이오시쟉은고귀션
이오ᄯᅩ북편에몽고도좀잇스며
모든나라흘의론컨대도모지십구국이니아라사국과노웨국과쉬덴
국과덴막국과파뎍국과네데란스국과벨지암국과영길리국과블난시

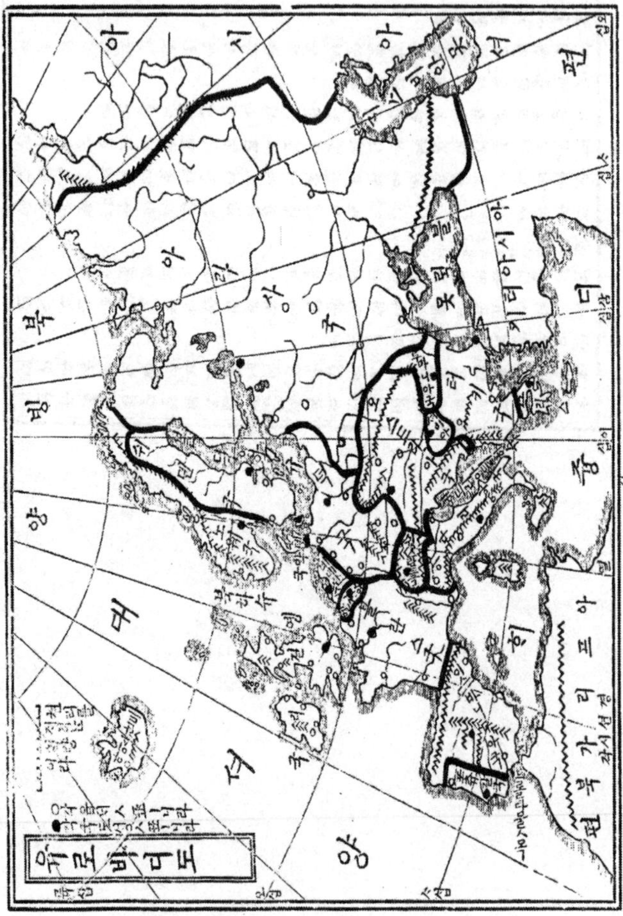

국파이스바니아국파포츄갈국파쉿슐란드국파이달리아국파오스
드리아헝거리국파루마니아국파셰비아국파만트늬그로국파터키
국파셔리스국이니나라가강ᄒᆞ고군ᄉᆞ가정ᄒᆞ며직물이만코지조가
긔이ᄒᆞ며학업에정밀ᄒᆞ고도학에젼일ᄒᆞ며정ᄉᆞᄂᆞᆫ도모지빅셩의ᄯᅳᆺ
을ᄯᆞ르며노쇼경파귀먹어리와벙어리와안준방이라도다학업을ᄀᆞ
ᄅᆞ치ᄂᆞᆫ학당이만코의지업ᄂᆞᆫ늙은이와어린챵이와악ᄒᆞᆫ챵질파밋친
병잇ᄂᆞᆫ이ᄅᆞᆯ거두어공궤ᄒᆞ며치료ᄒᆞᄂᆞᆫ병원이만하도모지ᄇᆞ리ᄂᆞᆫ사
ᄅᆞᆷ이업스며관장이라도ᄂᆞ즌일ᄒᆞᄂᆞᆫ빅셩을업수녀이거나침탈ᄒᆞᄂᆞᆫ
일은엄금ᄒᆞ야크게벌ᄒᆞ고노복파챵기와복쳡ᄒᆞ기ᄅᆞᆯ엄금ᄒᆞ야인물
ᄆᆡ미ᄒᆞᄂᆞᆫ폐단을용납지못ᄒᆞ게ᄒᆞ고도모지빅셩을위ᄒᆞ고그옥히ᄅᆞᆯ
봄으로모든정ᄉᆞ의쥬장을삼ᄂᆞᆫ고로나라마다빅셩들이제나라혜즐
기ᄂᆞ니그러므로온텬하ㅣ다ᄀᆞᆯᄋᆞ티텬하각국즁에유로바와아메리
ᄭᅡᄉᆞ나라밧게데일놉흔나라가다시업다ᄒᆞᄂᆞᆫ즁에뎌국파불란시국
파ᄋᆡᆼ길리국파오스드리아국파이다리아국파이스바니아국파아메
리ᄭᅡ합즁국이독별히데일이라ᄒᆞ고ᄯᅩ온텬하에나라와사ᄅᆞᆷ을네층
에분별ᄒᆞ니뎌국파불란시국파오스드리아국파ᄋᆡᆼ길리국파노웨쉬
덴국파덴막국파폐데란스국파벨지암국파쉿슐란드국파이다리아

스민필지　유로바　십삼

국과합즁국이뎨일층이오아라사국과루마니아국과셰비아국과그
리스국과이스바니아국과포추갈국과멕스고국과남아메리까모든
나라와일본국이뎨이층이오터키국과모라코국과알지리아와두네
ᄉᆞ와트래불리와이즙국과만트늬그로국과아시아모든나라가뎨삼
층이오아프리까ㅅ쥬모든나라와태평양셤ㅅ쥬모든나라와그밧난
ㅅ쥬모든ᄯᅡ와오스드렐랴ㅅ쥬모든ᄯᅡ는뎨ᄉᆞ층이라ᄒᆞᄂᆞ니라 (이는부국강병으로분별홈이아니오어진졍ᄉᆞ가만코적음으로분별이니그런고로래대란스국과벨지암국ᄀᆞᆺ흔젹은나라ㅣ다도뎨일에참예ᄒᆞᄂᆞ니라)

아라사국

아라사국은유로바모든나라즁에뎨일큰나라히라폭원이북위션ᄉᆞ
십되그리브터칠십되그리ᄭᆞ지요동경선이십되그리브터륙십되그
리ᄭᆞ지니남북이륙천리오동셔가ᄉᆞ쳔리며 (유로바ᄯᅡ반이다아라사국이니라)
디경을의론컨대북은북빙양이오동은아시아와커스비안이란못시
오 (수쳔리되는못시라) 남도아시아ㅣ며ᄯᅩ블릭이란못과 (수쳔리되는못시라) 루마니아국과오
스드리아국이오셔는덕국과블틱이란하슈와쉬덴국이며
디방을의론컨대ᄉᆞ면십리되는방면이이십이만오천이며
디형을의론컨대평원광야ᄒᆞ고동남에만산이둘넛시니동에는유랄
이란산이잇고남에는커스비안과블릭이란두못ᄉᆞ이에고커셔스ㅣ

란산이잇고ᄯᅩ큰강이잇스니볼가ㅣ란강은커스비안못셰로통ᄒᆞᆫ포
구ㅣ오오뎃사ㅣ란포구는블릭못셰로통ᄒᆞ고ᄯᅩ늬버ㅣ란강도블릭
못셰로통ᄒᆞ고ᄯᅩ이나ㅣ란강은화잇이란하슈로통ᄒᆞᆫ포구ㅣ오셔편
블틱하슈에릐나와크런스닷이란두포구가잇스며
일긔를의론컨대북편은미우칩고여름이면밤이매단히져르고ᄂᆞᆺ이
매단히길며남편은좀더우며
소산을의론컨대초목은겨울에이위지아니ᄒᆞᄂᆞᆫ숑빅ᄀᆞᆺᄒᆞᆫ나무가만
코즘승은쇼와몰과양과돔과이리와사슴과여호와갓옷ᄆᆞᆫ돌기됴ᄒᆞᆫ
털ㅅ즘승과물ㅅ도야지와물ㅅ쇼와오리와기러기와ᄃᆞᆰ이며곡식은
밀과보리와라이와 (보리와ᄀᆞᆺᄒᆞᆫ거시라) 귀이리와모밀과감ᄌᆞ요ᄐᆡᆨ석은금은동철
과석탄과석유며 (석유가미국대음매일만ᄒᆞ니라)
국톄를의론컨대님금이계셔뎨뎨로위를니어다ᄉᆞ리며모든졍ᄉᆞ를
님금이도모지임의대로ᄒᆞ시고님금을돕는대신은내모양이잇서모
든법례를맛ᄒᆞᆫ이와죄를다ᄉᆞ리는이와나라ㅅ죵교를맛ᄒᆞᆫ이와군ᄉᆞ
와외국교접과국적를맛ᄒᆞᆫ이오ᄯᅩ온나라흘오십고을에분간ᄒᆞ야고
을마다ᄒᆞᆫ감ᄉᆞ가잇고형벌ᄒᆞᄂᆞᆫ법은역적만죽이며련좌는도모지업
고다른죄들은경즁대로귀향보내ᄂᆞᆫ고로온역ᄉᆞ도식이고후옥에한

거신가도기도ᄒᆞ며

사ᄅᆞᆷ의수효ᄅᆞᆯ의론컨대구십빅만명이오시쟉은표긔션이오ᄯᅩ몽고도잇고언어ᄂᆞᆫ본나라ㅅ말이잇스나ᄉᆞ투리가여러가지며

도셩울의론컨대일홈은피터스빼그ㅣ니셔편볼틱하슈ㅅ근쳐ㅣ오ᄯᅩ나라ᄒᆞᆫ가온대머스교ㅣ란큰촌이잇스며
녯적셔
울이라
셔편에워셔ㅣ란큰촌이잇고남편에오뎃사ㅣ란큰포촌이잇ᄉᆞ니각국과샹통ᄒᆞᄂᆞᆫ큰포구요동편에아스트라간이란큰촌이잇고ᄯᅩ나브고랏이란큰촌이잇스니긔시ᄒᆞᄂᆞᆫ장터ㅣ오빅셩의ᄉᆞ업은롱ᄉᆞ와길ᄊᆞᆷ과가축다ᄅᆞ기와쇠곡기와즘승치기와덧호로즘승잡기오사ᄅᆞᆷ의픔ㅅ수ᄂᆞᆫ량반과션비와댱ᄉᆞ와롱ᄉᆞ와쟝쉬이며
량반은몃빅년젼에조상이아모란공이잇슴으로나라
히만흔ᄯᅡ흘ᄉᆞ패ᄒᆞ야대대로누려오ᄂᆞᆫ거시니그런고
로량반이면대께다가난치아니라서양ㅅ량반은다이와ᄀᆞᆺᄒᆞ니라ᄯᅩ량반과빅셩의분별이잇
스나인어와동졍과벼슬ᄒᆞ기ᄂᆞᆫ별노분별이업ᄂᆞ니라아모나라ㅣ라도셔양은다이러ᄒᆞ니라

외국통샹울의론컨대내아포ᄂᆞᆫ물건은온갓곡식과길ᄊᆞᆷᄒᆞᆯ삼과양의털과집ㅅ직목과셕유와가쥭과갓옷믄물모물과온갓곡식과ᄲᅩᆺ나무씨니갑시일년에이빅이십오빅만원이오사드리ᄂᆞᆫ거ᄉᆞᆫ사ㅅ당과갑괴와모든차ㅅ구옴과술과솜과면쥬실과염쇠구음과모든연장이니갑시일년에이빅빅만원이며

당ᄉᆞᄉᆞ무ᄅᆞᆯ의론컨대이나라헤대단히긴졀ᄒᆞᆫ일이며국셰ᄅᆞᆯ의론컨

대온련하에뎨일강ᄒᆞ야련하각국이ᄭᅧ리며

국직ᄅᆞᆯ의론컨대별노부요ᄒᆞ던못ᄒᆞ고부셰ᄂᆞᆫ돈으로밧으니일년에오빅빅만원이며
서양각국이다돈으
로부셰ᄅᆞᆯ밧ᄂᆞ니라

군ᄉᆞᄅᆞᆯ의론컨대륙군이이빅만명녀에졍병이팔십만명이오화륜젼션이ᄉᆞ빅쳑뇌에텰갑대화륜션이삼십이쳑이며
ᄯᅩ온나라에누구ᄅᆞᆯ의론치
말고십칠팔셰브터삼십셰
셔지그동안에이삼년울도모지군
ᄉᆞ노ᄅᆞᆺ아니ᄒᆞᄂᆞᆫ이가업ᄂᆞ니라

학업울의론컨대아홉판원이온나라학업울맛하다ᄉᆞ릴시도모지공부ᄅᆞᆯ아니ᄒᆞᄂᆞᆫ이가업고쵸학학당이삼만이오놉흔ᄌᆡᆨ조ᄀᆞᄅᆞ치ᄂᆞᆫ학당이이빅이오뎨일놉흔ᄌᆡᆨ조학당이아홉이오학원은남녀병ᄒᆞ야홍샹빅만명이놈고학원ᄅᆞᆯ이히마다무어시던지새ᄌᆡᆨ조ㅅ칙문ᄃᆞ라내ᄂᆞᆫ거시팔천가지나되며
ᄯᅩ쇼경과벙어리와귀먹어리
ᄅᆞᆯᄀᆞᄅᆞ치ᄂᆞᆫ학당이잇ᄂᆞ니라

종교ᄅᆞᆯ의론컨대희랍련쥬교ᄅᆞᆯ쥬쟝ᄒᆞ고ᄯᅩ님금이그교에님금이되시고ᄯᅩ아모나아모교ᄅᆞᆯ쥰힝ᄒᆞ야도금ᄒᆞ지아니며ᄯᅩ졍남졍녀ᄅᆞᆯ이도학울공부ᄒᆞᄂᆞᆫ남원당과녀원당이잇스며
ᄯᅩ의지업ᄂᆞᆫ늙은이와악ᄒᆞᆫ창질과
어립쟝이와밋친병잇ᄂᆞᆫ이ᄅᆞᆯ거두
어공졔ᄒᆞ고치료ᄒᆞ
ᄂᆞᆫ원이잇ᄂᆞ니라

나라소무ᄅᆞᆯ의론컨대본나라ᄒᆞᆯ힘ᄡᅥ직희고ᄯᅩ새ㅅᄯᅡ엇기ᄅᆞᆯ미우힘쓰며

나라안도로들의론컨ᄃᆡ대개다잘닥고ᄯᅩ화륜챠ㅅ길이만ᄒᆞ며
엇은ᄯᅡ흘의론컨ᄃᆡ아시아삼분지일북편을다엇어ᄎᆞ지ᄒᆞ며
이나라헤이샹ᄒᆞᆫ은겨울이면눈이ᄆᆡ우만히ᄡᆞ히ᄂᆞᆫ고로사ᄅᆞᆷ들이썰
매를몰ᄯᅢ에어ᄂᆞᆫ고ᄃᆞᆫ니며ᄯᅩ이리ㅅ떼가만하사ᄅᆞᆷ을잡아먹ᄂᆞᆫ고로
ᄒᆞᆫ두사ᄅᆞᆷ만은길ᄃᆞᆫ니기가ᄆᆡ우무셔우며ᄯᅩ이나라ᄇᆡᆨ셩중에흉샹역
적질ᄒᆞ기와국법이업서저마고살거를그욕히녀라며님금을쇠살ᄒᆞ
기ᄅᆞ계교를배프ᄂᆞᆫ일이죵죵잇ᄂᆞ니라

노웨쉬덴국

노웨와쉬덴국은두나라히합ᄒᆞ고ᄒᆞᆫ님금이계시니폭원이북위션오
십도그리브러칠십도그리ᄭᆞ지요동경션다ᄉᆞᆺ도그리브러이십오도
그리ᄭᆞ지니남북이삼천리요동셔가륙ᄇᆡᆨ리며
디경을의론컨ᄃᆡ북은북빙양이오동은아라사국이오ᄯᅩ볼틱하슈ㅣ
며남도볼틱하슈와ᄯᅩ북하슈ㅣ오셔ᄂᆞᆫ대셔양이며
디방을의론컨ᄃᆡᄉᆞ면십리되ᄂᆞᆫ방면이이만이며
디형을의론컨ᄃᆡ남셔북삼면에ᄂᆞᆫ도버ᄫᆞᆯ드와ᄭᅳᆯ렌벨드ㅣ란산이련
면ᄒᆞ고동에ᄂᆞᆫ여러적은강이잇서볼틱하슈로드러가고ᄯᅩ여러못시
잇스니베나와뱃다ㅣ란큰못시남편에잇고ᄯᅩ꼿랍르ㅣ란섬이볼틱
하슈에잇고북에ᄂᆞᆫ로포덴이란여러적은섬이버러잇고온나라ㅅ마
혜포구가만ᄒᆞ며(로포덴섬ㅅ근쳐에ᄂᆞᆫ텬하에 데일무서운여흘이잇ᄂᆞ니라)
일긔들의론컨ᄃᆡᄆᆡ우치워여름에도더웁지아니ᄒᆞ고북편은여름에
밤이ᄆᆡ우져르고겨울에ᄂᆞᆺ이ᄆᆡ우져르며
소산을의론컨ᄃᆡ초목은용비파겨울에도이위지아니ᄒᆞᄂᆞᆫ나무가만
코길ᄉᆞᆷᄒᆞᄂᆞᆫ삼이오곡식은보리와귀이리와감ᄌᆞㅣ오즘승은곰과이
리와여러가지사슴과몰과쇼와양과염쇼와도야지와길드린사슴과
오리와거러기와먹기됴흔놀ㅅ즘승이만코ᄯᅩ물ㅅ도야지와여러가
지싱선이온텬하에데일노만코렬석은금은동텰이오ᄯᅩ빅텰이만ᄒᆞ
며
사ᄅᆞᆷ의수효를의론컨ᄃᆡ쉬덴국은ᄉᆞᄇᆡᆨ칠십만명이오노웨국은이ᄇᆡᆨ
만명이오시쟉은고ᄀᆡ선이오언어ᄂᆞᆫ두가지며
국톄를의론컨ᄃᆡ님금이계시고졍ᄉᆞᄂᆞᆫᄇᆡᆨ셩들이도모지쥬쟝ᄒᆞ고형
벌ᄒᆞᄂᆞᆫ법은다른나라와ᄀᆞᆺᄒᆞ며
도셩을의론컨ᄃᆡ쉬덴국도셩은일홈이ᄉᆞ탁홈이니나라동편볼틱하
슈ㅅ마히오노웨국도셩은일홈이그리스되안나ㅣ니나라남편이오
사ᄅᆞᆷ의픔ㅅ수ᄂᆞᆫ도모지평등이오(칠십년젼에도모지 평등으로뎡ᄒᆞ니라)ᄇᆡᆨ셩의ᄉᆞ업은바다

ᄉ고기잡기와벌목ᄒᆞ기와즘승치기와쇠푸기와롱ᄉᆞᄒᆞ기며

믄드는물건을의론컨대빗짓기를잘ᄒᆞ고만히ᄒᆞ며

외국통샹을의론컨대내아푸는물건은여러가지어물과접ㅅ지목과요ㅅ축녀흘새깃과털과갓옷믄돌과물과은과구리니갑시일년에일빅십오빅만원이오사드리는거순곡식이니일년에ᄉᆞ십빅만석이나되고술과고기와담비와소곰과비누와노리개니갑시일년에일빅십이빅만원이며

당ᄉᆞᄉᆞ무롤의론컨대이나라헤미우긴절ᄒᆞᆫ일이며

국셰롤의론컨대다ᄅᆞᆫ나라보다좀약ᄒᆞ며

국직롤의론컨대부요치못ᄒᆞ고부셰밧는돈은일년에삼십칠빅만원이며

군ᄉᆞ롤의론컨대륙군이십ᄉᆞ만ᄉᆞ천명이오화륜전선이일빅여솟척너에렬갑대화륜선이아홉척이며

학업을의론컨대학당과학원이만코무식ᄒᆞᆫ빅셩이별노업스며

종교롤의론컨대야소교롤준힝ᄒᆞ고ᄯᅩ아모나아모교롤임의대로ᄒᆞ며

나라안도로롤의론컨대잘닥고ᄯᅩ화륜챠ㅅ길이일천오빅리니라

덴막국

덴막국은폭원이북위션오십ᄉᆞ되그리브터오십칠되그리ᄉᆞ지요동경션여덟되그리브터열두되그리ᄉᆞ지니남북이륙빅리오동셔가오빅리며

디경을의론컨대셔북은북하슈ㅣ오동은불틱하슈요남은덕국이며

디방을의론컨대산은업고평ᄒᆞᆫ뜰이나륙디ᄒᆞᆫ쪽과여러셤이합ᄒᆞ야ᄒᆞᆫ나라가되엿시니그중에큰셤들이잇서일홈은실란드와푸넨이오륙디일홈은젓틴드ㅣ며ᄯᅩ대셔양북편에아이스란드ㅣ라ᄒᆞᄂᆞᆫ큰셤이잇스니ᄉᆞ면십리되는방면이ᄉᆞ천이오화산이다솟시잇고옵너일홈은다억야빅이오ᄯᅩ북아메리까북편에그린란드ㅣ라ᄒᆞᄂᆞᆫ여러천리되는큰ᄯᅡ히잇서북극이갓갑고ᄯᅩ남북아메리까ᄉᆞ이에적은셤셋시잇스니다덴막국에쇽ᄒᆞ야덴막국이라닐ᄋᆞ느니라

일긔롤의론컨대미ᄋᆞ고로르며

소산을의론컨대초목은큰나무가만코곡식은밀과보리와귀이리와라이와감ᄌᆞ요즘승은몰과소와양과도야지와여러가지바다ㅅ고기가만코ᄯᅩ석탄이며

사롬의슈효롤의론컨대이빅만에지나지못ᄒᆞ고시죡은코카선이오

언어ᄂᆞᆫ본나라ᄉᆞ말이잇스며
국톄ᄅᆞᆯ의론컨대님금이계시고정ᄉᆞᄂᆞᆫ도모지ᄇᆡᆨ셩들이쥬쟝ᄒᆞ며
도셩을의론컨대일홈은고벤헤근이니실란드셤에잇고ᄯᅩ대셔양북
편이ᄉᆡ스란드셤에라익야빅이란읍너와북아메리까북편에그린란
드셤촌이잇고ᄯᅩ남북아메리까ᄉᆞ이에셔은셤촌셋시잇고ᄇᆡᆨ셩의ᄉᆞ
업은롱ᄉᆞ와물ᄉᆞ고기잡기며
외국통샹ᄒᆞᆫ의론컨대내아ᄀᆞᄂᆞᆫ물건은쇠젓기름과쇠젓떡과쇼와가
죡이니갑시일년에오십ᄇᆡᆨ만원이오사드리ᄂᆞᆫ거손사ᄉᆞ당과소곰과
셔양목과아모필육과집ᄉᆞ직목과셕탄과갑픠와아모ᄎᆡᆨᄉᆞᄀᆞ음과살
파담ᄇᆡ와길ᄉᆞ홀삼이니갑시일년에륙십ᄇᆡᆨ만원이며
국셰ᄅᆞᆯ의론컨대다른나라에비ᄒᆞ야약ᄒᆞ며
국직ᄅᆞᆯ의론컨대별노만치못ᄒᆞ고부셔밧ᄂᆞᆫ돈은일년에오십ᄇᆡᆨ만원
이며
군ᄉᆞᄅᆞᆯ의론컨대륙군이ᄉᆞ만명이오슈군이천명이오전션이ᄉᆞ십쳑
이며
학업을의론컨대동리마다학당이잇고온나라ᄋᆞ히닐곱설브터열네
설ᄭᆞ지ᄂᆞᆫ도모지나라히공번되이ᄀᆞᄅᆞ치고학당ᄉᆞ수ᄂᆞᆫ삼천오ᄇᆡᆨ이

오ᄯᅩ션ᄉᆡᆼ되기ᄀᆞᄅᆞ치ᄂᆞᆫ학당이여ᄉᆞᆺ이오놉흔ᄌᆡ조ᄀᆞᄅᆞ치ᄂᆞᆫ학당이
삼ᄉᆞ쳐ㅣ니다셔울에잇고쳑모호ᄂᆞᆫ나라ᄉᆞ집에오십만가지나되ᄂᆞᆫ
칙이잇스며
종교ᄅᆞᆯ의론컨대야소교ᄅᆞᆯ쥰ᄒᆡᆼᄒᆞ고ᄯᅩ아모나아모교ᄅᆞᆯ임의대로ᄒᆞ
며
나라안도로ᄅᆞᆯ의론컨대모든길을다잘닥고ᄯᅩ화륜챠ᄉᆞ길히잇스며
이나라가비록적으나블늬하슈가북하슈와대셔양에로통ᄒᆞᄂᆞᆫ물ᄉᆞ
목세잇ᄂᆞᆫ고로이나라가만일이목슐막으면도모지션쳑이통ᄒᆞ지못
ᄒᆞᄂᆞᆫ요긴ᄒᆞᆫ곳이니라

덕국

덕국은쪽원이북위션ᄉᆞ십칠되그리브터오십륙되그리ᄭᆞ지요동경
션칠되그리브터이십삼되그리ᄭᆞ지니남북이일천륙ᄇᆡᆨ리오동셔가
이천오ᄇᆡᆨ리며
디경을의론컨대북은블늬하슈와북하슈ㅣ오동은아라사국과오스
드리아국이오남도오스드리아국이며ᄯᅩ쉿스란드국이오셔ᄂᆞᆫ블란
시국과벨지암국과네데란스국이며
디방을의론컨대ᄉᆞ면십리되ᄂᆞᆫ방면이이만삼천이며

디형을의론컨대남에는산이만ᄒᆞ니소목발드와엣스와리쎈과핫스와아던스ㅣ란산들이잇고북에는큰들이잇고동에는큰강이네히잇ᄉᆞ니비스줄나와오데란강은불틱하슈로통ᄒᆞᆫ포구요에브ㅣ란강은븍하슈로통ᄒᆞᆫ포구요라인이란강도븍하슈로통ᄒᆞ엿시며또약물ᄉᆡᆷ이만ᄒᆞ며

일긔ᄅᆞᆯ의론컨대남편은더우나산이만흔고로과히더웁지아니코북은치우나바다ㅅ물에더운강이갓가온고로과히칩지아니ᄒᆞ며

소산을의론컨대쵸목은송빅과담비가만코즘승은쇼와몰과양이오금셕은ᄎᆞᆷ쇠와셔양털과빅탐과소곰과셕탄이며

사ᄅᆞᆷ의수효ᄅᆞᆯ의론컨대ᄉᆞ십오빅만명이오시쇽은고귀션이오언어는본나라ᄒᆞᆫ말이잇고또여러가지며

국톄ᄅᆞᆯ의론컨대님금이계시고정ᄉᆞ는도모지빅셩이쥬쟝ᄒᆞ고이나라히본디이십륙젹은나라히합ᄒᆞ야다ᄉᆞ리니그즁에ᄒᆞᆫ큰님금을황대라닐ᄏᆞᆺ고황데돕는대신은ᄒᆞᆫ나쎤이오이십륙젹은나라헤셔놉흔사ᄅᆞᆷ이십ᄉᆞ원과빅셩삼빅구십칠인이황데계신큰셔울노와셔온나라모든정ᄉᆞ들의론ᄒᆞ야마련ᄒᆞ고형벌ᄒᆞ는법은역젹과살인ᄒᆞᆫ죄만교ᄒᆞ야죽이고다르죄는경즁대로혹가도고혹쇽밧으며 또의지업는늙은이와약ᄒᆞᆫ창질과어린쟝이와밋친병잇는이들거두어공졔ᄒᆞ며치료ᄒᆞ는원이만ᄒᆞ니라

도셩을의론컨대일홈은뻘린이니나라ᄒᆞᆫ가온대요또북편에루벡과함벅과쎈리멘과딴식과숫텟톤이란다ᄉᆞᆺ큰촌이잇고셔편에칼론과갈ᄉᆞ루어와스트라스벅과프랑폿이란네큰촌이잇고남편에스돗갓과아욱스벅과누렘벅이란네큰촌이잇고동편에라입식과드레스덴과쁘레스로와보센이란네큰촌이잇고사ᄅᆞᆷ의픔수는량반과박학ᄒᆞᆫ션비와빅셩이오빅셩의ᄉᆞ업은롱ᄉᆞ와길삼과포도술믄들기와쇠푸기며

믄드는물건을의론컨대텹ᄉᆞ요와시계와류리와ᄉᆞ긔와가락지와여러가지풍류ᄉᆞ긔계와거이ᄒᆞᆫ그림과셔양목과총과칼과온갓쇠연장을잘믄들며

외국통상을의론컨대내아푸는물건은셔양털과포도술과풍류ᄉᆞ긔계와칙과천리경현미경과본나라모든소산이니갑시일년에칠빅팔십오빅만원이오사드리는거슨의복과약과셔양목과가죽과양의털과온갓연장이니갑시일년에칠빅팔십오빅만원이며

당ᄉᆞᄉᆞ무ᄅᆞᆯ의론컨대나라헤미우긴절ᄒᆞᆫ일이며

국셰ᄅᆞᆯ의론컨대아라사국대옹블란서국과ᄀᆞᆺᄒᆞ며

ᄉᆞ민필지 덕국 이십륙

ᄌᆡ졍을의론컨대미우부요ᄒᆞ고부세밧ᄂᆞᆫ돈이일년에삼빅빅만원이
며

군ᄉᆞ를의론컨대륙군이륙십만명이오히군이이만명이오화륜젼션
이빅쳑너에철갑대화륜션이이십칠쳑이며 ᄯᅩ온나라해누구를의론치말고십팔세브터삼십세ᄭᆞ지그동안에이삼년을군ᄉᆞ노릇아니ᄒᆞᄂᆞᆫ이가업ᄂᆞ니라

학업을의론컨대동니마다학당이잇고놉흔지조ᄀᆞᄅᆞ치ᄂᆞᆫ학당이이
십일이오놉흔관원이맛ᄒᆞ다ᄉᆞ리며ᄯᅩ풍류와군ᄉᆞ와손ᄉᆞ지조와그
림과춤추기와당ᄉᆞ와어름지치기를ᄀᆞᄅᆞ치ᄂᆞᆫ학당이잇고엇던사ᄅᆞᆷ
을의론치말고공부를아니ᄒᆞᆯ수가업스며 ᄯᅩ쇼경과귀먹어리와벙어리와안즌방이를ᄀᆞᄅᆞ치ᄂᆞᆫ학당이만ᄒᆞ니라

종교를의론컨대나라ᄉᆞ교ᄂᆞᆫ업고아모나아모교를준힝ᄒᆞ니련쥬교
와야소교가미우만ᄒᆞ며 졍남파졍니를이도합을공부ᄒᆞᄂᆞᆫ남천당파녀원당이잇ᄂᆞ니라

나라소무를의론컨대각국에나가사ᄂᆞᆫ사ᄅᆞᆷ을힘써보호ᄒᆞ고ᄯᅩ새로
다른ᄯᅡ엇기를힘쓰며

나라안도로를의론컨대도모지잘닥고ᄯᅩ큰강물ᄉᆞ길히만코화륜챠
길히미우만ᄒᆞ며

ᄯᅩ나라헤이샹ᄒᆞᆫ거슨라인강ᄉᆞᄀᆞ헤미우험쥰ᄒᆞᆫ산이잇스니그산우
헤놉노큰집을지어피란ᄒᆞ던여러천년된집이잇고ᄯᅩ놉흔지조비호
ᄂᆞᆫ학당에학원들이흑서로편을지어투구와갑쥬를닙고칼을가지고
서로여ᄅᆞ며싸홈ᄒᆞᄂᆞᆫ작란풍속이잇스며

엇은ᄯᅡ홀의론컨대아프리가남편히변과태평양에여러셤이니라

네데란스국

네데란스국은 ᄂᆞᆺ갑ᄒᆞᆫ국이라 폭원이북위션오십일되그리브터오십삼되그리
반ᄉᆞ지요동경션셰되그리브터닐곱되그리ᄉᆞ지니남북이륙빅리요
동셔가삼빅리며

디경을의론컨대셔북은북하슈요동은덕국이오남은벨지암국이며

디방을의론컨대ᄉᆞ면십리되ᄂᆞᆫ방면이열천오빅이며

디형을의론컨대히일이자조되ᄂᆞᆫ고로바다ᄉᆞᄀᆞ헤큰둑을ᄊᆞᆺ코산은
업고평ᄒᆞᆫ들이오북에ᄂᆞᆫ빅여리되ᄂᆞᆫ사이더시란포구가잇고남에ᄂᆞᆫ
라인과뮤스ㅣ라ᄒᆞᄂᆞᆫ두강이분하슈로드러가고륙디를통ᄒᆞ야ᄆᆞᆫ돈
강이다른나라보다미우만코셔북에ᄂᆞᆫ만흔셤이잇스며

일긔를의론컨대ᄒᆞ로르며

소산을의론컨대초목은큰나무가드물고길삼ᄒᆞᆯ삼풀이만코곡식은
라이와밀과귀이리와보리와모밀과콩과감ᄌᆞ요ᄯᅩ여러가지실과가
만코즘승은쇼와물과도야지와여러가지물ᄉᆞ고기와물ᄉᆞ새와꿀벌

ᄉᆞ민필지 덕국 이십칠

이만코사거곱ᄂᆞᆫ흙이만코풀은적은조약도업스며
사ᄅᆞᆷ의수효ᄅᆞᆯ의론컨대ᄉᆞ빅만명이오시족은고귀션이오언어ᄂᆞᆫ본
나라ㅅ말이잇고ᄯᅩᄉᆞ투리가여러가지며
국톄ᄅᆞᆯ의론컨대님금이계시고졍ᄉᆞᄂᆞᆫ도모지빅셩들이쥬장ᄒᆞ며
도셩을의론컨대왼흠은헥이너북히슈ㅅ구히요ᄯᅩ셔편에암스드담
과라이덴과유트렉트와럿트담이란큰촌이잇고빅셩의ᄉᆞ업은롱ᄉᆞ
와길쌈과장ᄉᆡ이며
ᄆᆞᆫᄃᆞᄂᆞᆫ물건을의론컨대솜과양의털과삼과누에실노길쌈을잘ᄒᆞ고
조희ᄯᅩ기와가쥭다ᄅᆞ기와류리와ᄉᆞ긔와대한구와적은총과신과술
과털쥬ㅅ즈ᄆᆞᆫ물기ᄅᆞᆯ잘ᄒᆞ고금강셕마광ᄒᆞ기ᄅᆞᆯ잘ᄒᆞ며
외국통샹을의론컨대내아푸ᄂᆞᆫ물건은쇠젓셕과쇠젓기름과사ㅅ당
과길쌈ᄒᆞᄂᆞᆫ삼이며몰과쇼와양과도야지와술이니갑시일년에ᄉᆞ빅
오십빅만원이오사드리ᄂᆞᆫ거순곡식과츔쇠와갑피와아모차ㅅᄀᆞ음
이며온갓실과면쥬와털노ᄶᆞᆫ필육과모든물식ᄀᆞ음과금은과셔양털
이니갑시일년에삼빅ᄉᆞ십빅만원이며
당ᄉᆞᄉᆞ무ᄅᆞᆯ의론컨대당ᄉᆞᄅᆞᆯ미오힘씀으로외국에나가사ᄂᆞᆫ사ᄅᆞᆷ이
만ᄒᆞ며

군ᄉᆞᄅᆞᆯ의론컨대륙군이칠만명이오슈군이만명이며젼션이일빅이
십오척이며
학업을의론컨대동리마다학당이잇고놉흔공부ᄒᆞᄂᆞᆫ학당이만하의
술과병법과어학을ᄀᆞᄅᆞ치며
종교ᄅᆞᆯ의론컨대나라ㅅ교ᄂᆞᆫ업스나아모나아모교ᄅᆞᆯ임의대로ᄒᆞ며
졍남과졍녀들이도학을공부ᄒᆞᄂᆞᆫ남원당과녀원당이잇ᄂᆞ니라
나라안도로ᄅᆞᆯ의론컨대모든길을다잘닥고ᄯᅩ화륜챠길이만ᄒᆞ니라

벨지암국

벨지암국은폭원이북위션ᄉᆞ십구듸그리브러오십삼듸그리ᄭᆞ지요
동경션두듸그리브러여ᄉᆞᆺ듸그리ᄭᆞ지니남북이ᄉᆞ빅리요동셔가ᄉᆞ
빅리며
디경을의론컨대북은네데란스국이오동은덕국이오남은불난시국
이오셔ᄂᆞᆫ북하슈ㅣ며
디방을의론컨대평원광야ᄒᆞ고동에만젹은산들과젹은강들이잇고
ᄯᅩ믄둔강이만ᄒᆞ며
일긔ᄅᆞᆯ의론컨대고로로며
소산을의론컨대초목은큰나모가만코 나라동편에만ᄒᆞ니라 담ᄇᆡ와염ᄉᆡᆨᄒᆞᆯ풀과길쌈

ᄉᆞ민필지 벨지암국 삼십

홀삼이만코곡식은밀과라리와귀이리와콩과감ᄌᆞㅣ오ᄯᅩ여러가지
실과가만코즘ᄉᆡᆼ은쇼와물과도야지요ᄯᅩ닭벌과누에와물ㅅ고기가
만코텰석은ᄎᆞᆷ쇠와구리와납과비텰이오화반석과ᄇᆡᆨ반과석탄이며
사ᄅᆞᆷ의수효를의론컨대오ᄇᆡᆨ오십만명이오(젹은ᄯᅡ헤ᄯᅡᆫ혼자ᄂᆞᆼ이살지ᄂᆞᆫ련하에예열에나라)셰죡은
고귀션이오언어ᄂᆞᆫ본나라ㅅ말이잇고ᄯᅩ불란시국과덕국과네데란
ᄉᆞ국말을ᄒᆞ며
국톄를의론컨대님금이계시고졍ᄉᆞᄂᆞᆫ빅셩들이츄쟝ᄒᆞ며
도셩을의론컨대일홈이브러셀스ㅣ니나라ᄒᆞᆫ가온ᄃᆡ요ᄯᅩ북편에부
루셰와겐ᄐᆞ와안두엡이란큰촌이잇고동편에리쥐란큰촌이잇고사
ᄅᆞᆷ의픔ㅅ수ᄂᆞᆫ션비와량반과빅셩이오ᄇᆡᆨ셩의ᄉᆞ업은롱ᄉᆞ와길삼과
물ㅅ고기잡기와쇠푸기며
믄ᄃᆞᄂᆞᆫ물건을의론컨대삼과양의털노필육ᄶᆞ기며가죡으로(염쇼ᄉᆞ기가죡이라)
쟝갑은ᄆᆞᆫ돌기며털ㅅ요와조희와ᄃᆡ한구와총과화약과금은으로믄든
여러가지노리개며ᄯᅩ가죡다ᄅᆞᆫ기와레이스ᄶᆞ기를잘ᄒᆞ며(거믜줄ᄀᆞᆺ흔실노미자ᄶᆞᄂᆞᆫ거시니맛흘문ᄯᅳᆺ코미우귀ᄒᆞᆫ비단이라)
당ᄉᆞᄉᆞ무를의론컨대나라헤ᄃᆡ열긴졀ᄒᆞᆫ일이며
외국통샹을의론컨대내아푸ᄂᆞᆫ물건은온갖필육과석탄과류리와총

과쇠못시니갑시일년에이ᄇᆡᆨᄉᆞ십ᄇᆡᆨ만원이오사드리ᄂᆞᆫ거슨온갖곡
식과갑피와챠ㅅᄆᆞᆺ옴과솜과면쥬ㅣ며금은동텰과ᄯᅩᄇᆡᆨ반이니갑시
일년에칠십ᄇᆡᆨ만원이며
국셰를의론컨대다ᄅᆞᆫ나라보다약ᄒᆞ며
국채를의론컨대부요치못ᄒᆞ고부세ᄇᆞᆺᄂᆞᆫ돈은일년에십오ᄇᆡᆨ만원이
며
군ᄉᆞ를의론컨대륙군이이십이만명이오히군과전선은별노업ᄉᆞ며
학업을의론컨대학당이만코놉흔공부ᄒᆞᆯ학당이둘히오공부을ᄃᆡ단히
힘쓰며
종교를의론컨대나라ㅅ교ᄂᆞᆫ업고아모나아모교를임의ᄃᆡ로ᄒᆞ나ᄃᆡ
개텬쥬교가만ᄒᆞ며(도학을공부ᄒᆞᄂᆞᆫ남녀원당이잇ᄂᆞ니라)
나라안도로를의론컨대잘닥가됴켸ᄒᆞ고ᄯᅩ강물ㅅ길이만코쳘로ᄂᆞᆫ
챠ㅅ길히광천리니라

영길리국

ᄃᆡ셔양동북유로바셔편륙디갓가이큰셤둘이동셔에버러잇스니동
편ㅅ셤은크고셔편ㅅ셤은좀적으니이두셤이영길리란나라히니라
영길리국은폭원이북위션오십도그리브터륙십도그리ᄭᆞ지오동경

ᄉᆞ민필지 벨지암국 삼십일

션도ᄃᆡ그리브러셔경션열ᄃᆡ그리ᄶᅵ지니 경션은옝길리셔울셔브터시작ᄒᆞᄂᆞᆫ 고로동경션과셔경션을다말ᄒᆞᄂᆞ니라
남북이이쳔리오동셔가일쳔오ᄇᆡᆨ리며
디경을의론컨대북은대셔양이오동은북하슈ㅣ오남은대셔양과북
하슈ㅣ셔로통ᄒᆞᆫ물ㅅ목시며ᄯᅩ대셔양이오셔에도대셔양이며
디방을의론컨대ᄉᆞ면십리되ᄂᆞᆫ방면이일만삼쳔륙ᄇᆡᆨ이며
디형을의론컨대동편큰셤을셋세갈나일홈ᄒᆞ니남편은옝길란드ㅣ
라ᄒᆞ고동편은스컷란드ㅣ라ᄒᆞ고셔편은웰스ㅣ라ᄒᆞ며셔편젹은셤
은아열란드ㅣ오이두셤ᄉᆞ이하슈ᄂᆞᆫ아열란드하슈ㅣ라닐ᄋᆞ니옝길
란드디형은큰산이업고젹은산이만ᄒᆞ며뎀스ㅣ란강이북하슈로통
ᄒᆞ엿시니이강이셔울로ᄭᅦ뚤어큰포구ㅣ오ᄯᅩ동편에드렌트ㅣ란강
이북하슈로통ᄒᆞ니일홈이헐버포구ㅣ오셔편에새번이란강이대셔
양에로통ᄒᆞ니일홈이ᄲᅳ릐스털포구ㅣ오ᄯᅩ머세란강이아열란드하
슈로통ᄒᆞ니일홈이머세포구ㅣ오남편에와잇이란셤이잇고스컷란
드디형은큰산이만하극히험ᄒᆞ고동편에뒤드와ᄯᅦ란강이북하슈로
드러가고ᄯᅩ혜이란강이북하슈로통ᄒᆞ니일홈이혜이포구ㅣ오ᄯᅩ폿
파모레란포구가잇고젹은못시만ᄒᆞ며셔편에클라잇이란강이대셔
양에로통ᄒᆞ니일홈이클라잇포구ㅣ오웰스디형은산이만하스노덴

이란산이뎨일놉고강은업스며아열란드디형은산이만코동편에리
란강이대셔양에로통ᄒᆞᆫ포구ㅣ오ᄯᅩ빼로와쾨뗴란두강이아열란드
하슈로통ᄒᆞᆫ포구ㅣ오ᄯᅩ껠럭스틔와던덕과쎄불린이란포구가잇고
ᄯᅩ섄인이란강이아열란드하슈로드러가고셔편에쇄난이란강이대
셔양에로통ᄒᆞ니일홈이쇄난포구ㅣ오북편에포옐이란강이대셔양
에로통ᄒᆞ니일홈이포옐포구ㅣ오ᄯᅩ쌀외와ᄊᆡ니갈이란포구가잇고
ᄯᅩ만흔못시잇스니나와언이란못시크고 칠팔십리되ᄂᆞᆫ못 아열란드ᄒᆞᆫ가온대
리와쎠억이란못시잇고남에ᄂᆞᆫ늬와길나녜ㅣ란못시잇스며스컷란
드북편에륙디갓가이억녜란십여셤이잇고셔편에ᄂᆞᆫ헵브리듸스ㅣ
란십여셤이잇고ᄯᅩ륙디갓가이스가이와멀과이슬늬와아란이란빅
여셤이잇고ᄯᅩ아열란드하슈에만파잉글세란셤이잇스며
일긔를의론컨대미우고로르고홍샹구름이만하ᄒᆡ롤자조ᄀᆞ리우고
적은비가자즈며여름에장마ᄂᆞᆫ아조업스며
소산을의론컨대초목은용빅과겨울에이위지아니ᄒᆞᄂᆞᆫ나목가만코
곡식과즘승은다론나라와ᄀᆞᆺ고텰셕은춍쇠와구리와셔양텰과셕탄
과소금과화반셕이만ᄒᆞ며
사ᄅᆞᆷ의수효돌의론컨대ᄉᆞ십빅만명이며시족은고귀선이오언어ᄂᆞᆫ

각각디방에말이크게서로ᄀᆞᆺ지아니ᄒᆞ고ᄯᅩ영길리본말이잇서서로통ᄒᆞ며 이십년젼브터영국말이된하각국에통ᄒᆞᄂᆞᆫ말이되엿ᄂᆞ니라

국톄를의론컨ᄃᆡ님금이계시고ᄃᆡᄃᆡ로계승ᄒᆞᄃᆡ만일태ᄌᆞ가업스시면ᄯᅩ쥬가니어즉위ᄒᆞ시고정ᄉᆞᄂᆞᆫ빅셩들이도모지쥬장ᄒᆞ고정ᄉᆞ를돕ᄂᆞᆫ대신도빅셩들이텩츌ᄒᆞ고형벌ᄒᆞᄂᆞᆫ법은살인ᄒᆞᆫ죄만교ᄒᆞ야죽이고다른죄ᄂᆞᆫ경즁ᄃᆡ로혹속밧으며혹옥에가도ᄃᆡ한귀신ᄉᆞ지도ᄒᆞ미 옥이ᄂᆞᆫ혀변에셔ᄒᆞᄂᆞᆫ거시올치아니코참혹ᄒᆞ다ᄒᆞ야교ᄒᆞ야죽이ᄂᆞ니다유롭바ᄉᆞ나다들은다그러ᄒᆞ니라

도셩을의론컨ᄃᆡ런ᄃᆞᆫ이런던이니 런던ᄒᆞ에대질큰지올이니말셩리에인가가련ᄒᆞ니라 템스강ᄉᆞᄀᆞ히으ᄯᅳᆫ영길란드남편에ᄯᅩᆺ스멋파프리멋파ᄲᅳ리스틸이란세큰촌이잇고ᄯᅩᄒᆞᆫ가온대ᄂᆞᆫᄲᅢ망함이란큰촌이잇고북편에민채스터와ᄲᅳ릿ᄯᅩᆺ파릿스와엑과웨필드와릴파리버풀파누키술이란여ᄃᆞᆲ큰촌이잇스니화륜션졔륜차와쇠연장과총파셔양목파조희와온갓의복을련하에뎨일노만드ᄂᆞᆫ곳이며스킷란드읍너ᄂᆞᆫ일홈이엣인벅이니ᄭᅩᆺ포구ᄉᆞᄀᆞ히오ᄯᅩ동편에ᄯᅡᆫ듸와위버틘이란큰촌이잇고셔편에끌너스고와폐술릐와그리넉이란큰촌이잇스니끌너스고에ᄂᆞᆫ련하에뎨일노비돌만히ᄆᆞᆫ드ᄂᆞᆫ곳이며아열란드읍너ᄂᆞᆫ일홈이ᄯᅴ블린이오ᄯᅩ동편에벨파스트ㅣ란큰촌이잇고북편에닙던데리란큰촌이잇고남편에콕파킨스타ᄃᆞᆫ이란큰촌이잇고셔편에셜웨와림머릭이란큰촌이잇고사ᄅᆞᆷ의품ᄉᆞ수ᄂᆞᆫ량반과선비와빅셩이오빅셩의ᄉᆞ업은당ᄉᆞ와쇠곤거와장쇠과롱ᄉᆞㅣ며 ᄯᅩ아모지조롤의론치말고ᄀᆞ른치ᄂᆞᆫ션싱이더우만ᄒᆞ니라 믄ᄃᆞᄂᆞᆫ물건을의론컨ᄃᆡ두수ᄒᆞᆫ필육과화륜션화륜차와조희와ᄉᆞ긔와의복과신과총과여러가지칼과나무나쇠로온갓긔계믄ᄃᆞᆯ기를온텬하에뎨일노만고잘ᄒᆞ며

외국통샹을의론컨대내아ᄀᆞᄂᆞᆫ물건은본나라ᄉᆞ소산밧지ᄯᅩ온련하ᄉᆞ물건의무어술의론치말고아니ᄀᆞᄂᆞᆫ거시업스니갑시일년에구빅삼십빅만원이오사드리ᄂᆞᆫ거ᄉᆞᆫ곡식과사ᄉᆞ당과온갓고기와음식과차ᄉᆞᄀᆞ음과담비와소곰과양의털과면쥬실이니갑시일년에일쳔칠빅오십빅만원이며

단ᄉᆞᄉᆞ무를의론컨대온련하각국에비ᄒᆞ야뎨일긴절히힘쓰ᄂᆞᆫ거신고로어ᄂᆞ나라나어ᄂᆞ디방을의론치말고ᄯᅩ사ᄅᆞᆷ아니사ᄂᆞᆫ뷘ᄯᅡ히라도두루ᄃᆞᆫ니며ᄎᆞ자당ᄉᆞᄉᆞ무에긴ᄒᆞᆫ일이나물건을술피며구ᄒᆞ야엇으면곳그곳에셔당ᄉᆞ일을시작ᄒᆞ니그런고로온련하에영길리국사ᄅᆞᆷ업ᄂᆞᆫ곳이업스며

국셰ᄅᆞᆯ의론컨대ᄆᆡ우강ᄒᆞ고더욱히샹에ᄃᆞᆫ니기와슈젼ᄒᆞ기ᄂᆞᆫ련하

에도모지당ᄒᆞᆯ이가업스며
국젹들의론컨대미우부요ᄒᆞ야아메리ᄭᅡ국대옹에대일이오일년에
부셰밧ᄂᆞᆫ돈이ᄉᆞ빅륙십빅만원이오각쇽방에밧ᄂᆞᆫ거시일년에이쳔
빅만원이니국젹을도합ᄒᆞ면륙십쳔빅만원이오ᄯᅩ당ᄉᆞ션쳑이삼십
만쳑이오화륜션과졉지은거시미우쟝려ᄒᆞ며 ᄯᅩ온갓병신과악ᄒᆞᆫ챵질과의지업ᄂᆞᆫ늙은이롤거두어공궤ᄒᆞ고치료ᄒᆞᄂᆞᆫ원이미우만ᄒᆞ니라
군ᄉᆞ롤의론컨대륙군이이십오만명이오히군이ᄉᆞ만명이오화륜젼션
이삼빅쳑너머덜갑대화륜션이빅쳑이오ᄯᅩ각쳐에버려잇ᄂᆞᆫ군ᄉᆞ도
합이칠십만명이며 각쳐에엇은ᄯᅡ히만코각쳐에당ᄉᆞ나간사ᄅᆞᆷ이만흠으로호위ᄒᆞ기롤위ᄒᆞ야군ᄉᆞ롤만히두엇ᄂᆞ니라
학업을의론컨대동리마다만흔학당을ᄇᆡ셜ᄒᆞ고나라히살펴다ᄉᆞ리
며놉흔공부학당이곳곳이만코ᄯᅩ런디간온갖격물과각국언어문ᄌᆞ
ᄌᆞ롤ᄀᆞᄅᆞ치ᄂᆞᆫ특별이놉흔공부학당이둘히오가령빅셩즁에흑공부
ᄒᆞ기슬흔사ᄅᆞᆷ이잇슬지라도나라ㅅ법을인ᄒᆞ야공부아니ᄒᆞᆯ수가업
고ᄯᅩ낫에다른일ᄒᆞᄂᆞᆫ사ᄅᆞᆷ은밤에ᄀᆞᄅᆞ치ᄂᆞᆫ학당이잇스며ᄯᅩ손ㅅ직
조와모든기예와도학을ᄀᆞᄅᆞ치ᄂᆞᆫ학당이잇고쇼경과귀먹어리와안
즌방이와벙어리롤ᄀᆞᄅᆞ치ᄂᆞᆫ학당이만ᄒᆞ며
종교롤의론컨대야소교롤준힝ᄒᆞ고례ᄇᆡ당이ᄉᆞ만오쳔이오ᄯᅩ아모

나아모교롤임의대로ᄒᆞ며
나라소무롤의론컨대각국에나가사ᄂᆞᆫ당ᄉᆞ와ᄯᅩ젼교ᄉᆞ롤힘써보호
ᄒᆞ고아모무례ᄒᆞᆫ디방풍쇽을ᄀᆞᄅᆞ처문명ᄒᆞ게ᄒᆞ고ᄯᅩ새로이다른ᄯᅡ
엇거롤힘쓰며도모지아모나라일이라도샹관ᄒᆞ기롤미우됴하ᄒᆞ며
나라안도로롤의론컨대미우잘닥갓시니온련하에영국보다더됴케
ᄒᆞᆫ길이업고화륜챠ㅅ길과ᄆᆞᆫ든강물ㅅ길이미우만ᄒᆞ며
엇은ᄯᅡ흘의론컨대당ᄉᆞᄉᆞ무에긴ᄒᆞᆫ일이나물건이잇고그디방풍쇽
이나아모비편ᄒᆞᆫᄉᆞ단이잇스면곳그디방풍쇽곳치기롤힘쓰고돌내
여그디방이만일고집ᄒᆞ야풍쇽을곳치지아니면무위로잡거나셰아
ᄉᆞ니아시아남편인도온ᄯᅡ와법아ᄒᆞᆫ쪽과오스드렐랴온ᄯᅡ와아므리
가히변여러곳과아메리ᄭᅡ남북과태평양여러셤과대셔양여러셤과
인도양몃셤과디즁히몃셤을다ᄎᆞ지ᄒᆞ엿ᄂᆞ니라 근본나라ᄂᆞᆫ적으나각쳐에엇은ᄯᅡ히만흔고로련하에디방이대일노너르니라

불란시국

불란시국은폭원이북위션ᄉᆞ십이듸그리브터오십일듸그리ᄭᆞ지요
셔경션다ᄉᆞᆺ듸그리브터동경션여ᄃᆞᆲ듸그리ᄭᆞ지니남북이이쳔ᄉᆞ빅
리오동셔가이쳔이빅리며

디경을의론컨대북은벨지암국과북하슈대셔양이서로통ᄒᆞᆫ물ㅅ목이오동은뎍국과홀스란드국과이다리아국이오남은디즁히와서스바니아국이오셔는대셔양이며

디방을의론컨대ᄉᆞ면십리되ᄂᆞᆫ방면이이만삼쳔여며

디형을의론컨대셔북은평ᄒᆞᆫ들이오동남에ᄂᆞᆫ젹은산이만코ᄯᅩ오번파보쉬탄큰산이뎍국ᄉᆞ이예잇고쥬라ㅣ란큰산이쳣스틴드국ᄉᆞ이예잇고알ᄑᆞ이란큰산이이다리아국ᄉᆞ이예잇ᄂᆞ니(놉기가일만오쳔쳑)피레이스ㅣ란큰산이이스바니아국ᄉᆞ이예잇고북에ᄂᆞᆫ셴에란강이북하슈물ㅅ목에로통ᄒᆞᆫ포구ㅣ오셔에ᄂᆞᆫ와와셰롤이란강이대셔양에로통ᄒᆞᆫ포구ㅣ오남에ᄂᆞᆫ론이란강이디즁히로통ᄒᆞ고ᄯᅩ몬트강어관히잇스며(여빅곳이니라)

일긔롤의론컨대쇼로르틔쇼쳔보마좀더우며

소산을의론컨대초목은감남나무춤나무뭣나무쇼나무느룹나무밤나무굴피나무감나무호도나무농금나무버나무유ᄌᆞ나무무화과나무오얏나무뽕나무며포도나무가련하에메일노만코즘승은찬ㅅ염쇼와산ㅅ양과여호와톡기와물과쇼와도야지요오리와거위며곰은련하에메일노만코온갓십선과전복이만코ᄯᅩ누에가미우만ᄒᆞ며곡식은밀과보리와라이와귀이리와감ᄌᆞㅣ오사ㅅ탕물이며뎔셕은은파구리와츕쇠와납과셕탄과소곰이오ᄉᆞ거믄ᄯᅳᄂᆞᆫ흙이며

사ᄅᆞᆷ의수효롤의론컨대삼십팔ᄇᆡᆨ만어오시죡은효귀션이오언어ᄂᆞᆫ본나라ㅅ말이잇스니보련하에통ᄒᆞ며(네브래온련하에통ᄒᆞ더니라)

국톄롤의론컨대근본은님금이계시더니이쳡넌젼브터님금이업스시고빅셩들이쥬장ᄒᆞ며다ᄉᆞ리ᄂᆞᆫ통령을뎡ᄒᆞ야닐곱히에ᄒᆞᆫ번ㅅ식밧고며각고을에서몃사ᄅᆞᆷㅅ식히마다셔울노와서모든정ᄉᆞ롤의론ᄒᆞ야뎡ᄒᆞ고형벌ᄒᆞᄂᆞᆫ법은다른나라와ᄀᆞᆺᄒᆞ며

도셩을의론컨대일홈은바리스ㅣ니(영국셔울대음에대열크니라)셰닌이란강ㅅ구히오ᄯᅩ남편디즁히ㅅ구헤마셀스ㅣ란큰촌이잇스니아프리가와오스드렐라와쳥국죠션일본등나라헤가려ᄒᆞ면ᄇᆡᄐᆞᄂᆞᆫ곳이오ᄯᅩ투루스ㅣ란큰촌이잇스니술을만히믄ᄃᆞᄂᆞᆫ곳이오동편에라연스ㅣ란큰촌이잇스니면쥬ᄶᆞ기롤온련하에메일노만히ᄒᆞ고잘ᄒᆞᄂᆞᆫ곳이오북편에릴파루엔파하브란세큰촌이잇고셔편에ᄲᅳ레스트와셰도ㅣ란큰촌이잇스니온련하에메일됴흔술을만ᄃᆞᄂᆞᆫ곳이오온나라히도모지여덟도인티도마다ᄒᆞᆫ판원이잇스며사ᄅᆞᆷ의픔ㅅ수ᄂᆞᆫ량반과선비와ᄇᆡᆨ셩이오빅셩의ᄉᆞ업은롱ᄉᆞ와누에치기와포도롱ᄉᆞ롤메일노ᄒᆞ며

문ᄃᆞᄂᆞᆫ물건을의론컨대쳔빅가지술과시계와온갓노리긔와면쥬와
온갓목긔와ᄉᆞ긔와류리와온갓병다ᄉᆞ리ᄂᆞᆫ약과염석ᄀᆞ음과조희와
양의털필육이며레이스와털ᄉᆞ요와방ᄉᆞ장을잘ᄆᆞᆫᄃᆞᆯ며
외국통샹을의론컨대내아ᄂᆞᆫ물건은술과면쥬와노리개와목긔와
사ᄉᆞ당과레이스와장갑과쇠젓기름과새ᄉᆞ털과ᄃᆞᆰ의알이니갑시일
년에칠빅륙십빅만원이오사드리ᄂᆞᆫ거슨온갓의복과셕탄과소곰과
길ᄊᆞᆷᄒᆞᄂᆞᆫ삼과가쥭과온갓연장과화륜션등물이니갑시일년에팔빅
ᄉᆞ십빅만원이며
당ᄉᆞᄉᆞ무를의론컨대나라혜ᄆᆡ우긴졀ᄒᆞᆫ일이며
국세를의론컨대ᄆᆡ우강ᄒᆞ며
국지들의론컨대ᄆᆡ오부요ᄒᆞ고화륜션과집지은거시영길리국과ᄀᆞᆺ
치장려ᄒᆞ고부세밧ᄂᆞᆫ돈은일년에팔빅빅만원이며 (아모악ᄒᆞᆫ창질과악ᄒᆞᆫ병잇ᄂᆞᆫ이들거두어기ᄅᆞ고시료ᄒᆞᄂᆞᆫ원이만ᄒᆞ니라)
학업을의론컨대대단히힘써모든학당을맛하다ᄉᆞ리ᄂᆞᆫ놉흔관원이
잇고초학학당이륙만오쳔니에ᄉᆞ만오쳔은산ᄋᆞ히ᄀᆞᄅᆞ치ᄂᆞᆫ학당이
오이만은계집ᄋᆞ히ᄀᆞᄅᆞ치ᄂᆞᆫ학당이며ᄯᅩ온나라안엇던ᄋᆞ히를의론
치말고공부아니ᄒᆞᄂᆞᆫ이가업스며놉흔졔조ᄀᆞᄅᆞ치ᄂᆞᆫ학당이이십이

오셩리와온갓격물과각국언어문ᄌᆞᄀᆞᄅᆞ치ᄂᆞᆫ특별히놉흔공부학
당이아홉이오ᄯᅩ이밧게온갓손ᄉ제조와롱ᄉᆞ와댱ᄉᆞ와그림과군ᄉᆞ
와음식ᄆᆞᆫᄃᆞᆯ기와반ᄂᆞ질과춤추기와혜엄치기와안준방이와벙어리
와귀먹어리와쇼경을ᄀᆞᄅᆞ치ᄂᆞᆫ학당이잇스며ᄯᅩ유로바와아메리까
모든나라ᄉ사ᄅᆞᆷ들이일년이면몃번ᄉ식의복모양을밧고ᄂᆞᆫ풍쇽이
라의복모양새로ᄒᆞ기ᄂᆞᆫ다불란시국에비화결단ᄒᆞ며
군ᄉᆞ를의론컨대오십만명이오화륜젼션삼빅팔십팔쳑니에철갑대
화륜션이ᄉᆞ십일쳑이며 (ᄯᅩ아모놈의론치말고십칠팔세브터삼십세ᄭᆞ지동안에이삼년을군ᄉᆞ노릇아니ᄒᆞᄂᆞᆫ이가업ᄂᆞ니라)
종교를의론컨대텬쥬교를쥬장ᄒᆞ고장려ᄒᆞᆫ텬쥬당이ᄆᆡ우만코ᄯᅩ텬
쥬교공부ᄒᆞᄂᆞᆫ학당과졍남졍녀ㅣ도학을공부ᄒᆞᄂᆞᆫ원당이ᄆᆡ우만ᄒᆞ
며 (ᄯᅩ아모나아모교를임의대로ᄒᆞᄂᆞ니라)
나라소무를의론컨대외국에나가사ᄂᆞᆫ사ᄅᆞᆷ과젼교ᄉᆞ를힘써보호ᄒᆞ
고아모무식ᄒᆞᆫ디방을ᄀᆞᄅᆞ쳐문명케ᄒᆞ고ᄯᅩ새로다른ᄯᅡ엇기를힘쓰
며후놈의나라일도알은때ᄒᆞ며
나라안도로를의론컨대다잘닥고ᄯᅩ화륜챠ᄉ길과문든강물ᄉ길도
ᄆᆡ우만ᄒᆞ며
엇은ᄯᅡ흘의론컨대아프리가동셔북히변을만히ᄎᆞ지ᄒᆞ고다즁히에

커시가ㅣ란섬과아시아에안남국과남북아메리카에여러섬과남아
메리카북하변몃디방을다ᄎᆞ지ᄒᆞ니라

이스바니아국

이스바니아국은(려송국이라) 폭원이북위션삼십륙되그리브러ᄉᆞ십삼되그리ᄉᆞ지요동경션세되그리브러셔경션아홉되그리ᄉᆞ지니남북이일쳔팔빅리오동셔가일쳔이빅오십리며
디경을의론컨대북은대셔양과불란시국이오동은디즁히요남도대셔양파디즁히오셔는포쥬갈국과대셔양이며
디방을의론컨대ᄉᆞ면십리되는방면이이만일쳔오빅이며
디형을의론컨대ᄉᆞ면에산이만ᄒᆞ니북에는간타브리안이란산이잇고ᄯᅩ불란시국ᄉᆞ이에피린이스ㅣ란큰산이잇스며동에는아이비리안이란산이잇고ᄯᅩ이보로ㅣ란강이디즁히로통ᄒᆞ며남에는뫼바다와모릐나ㅣ란산이잇고ᄯᅩ과달귀버와파되아나ㅣ란강이며셔얌에로통ᄒᆞ며셔에는데거스와두로ㅣ란강이포쥬갈국에로드러가며ᄯᅩ동편에쎌릐아릭이란륙칠셤이잇스며
일기를의론컨대죠션보다좀더우며
소산을의론컨대초목은감남나무와굴나무굴피나무유ᄌᆞ나무대초나무셕류나무포도나무가만코길ᄊᆞᆷᄒᆞ는삼이만ᄒᆞ며곡식은밀과보리와귀이리와살이오즘승은쇼와양이오텰석은츰쇠와구리와은과납이오슈은이만ᄒᆞ며
사ᄅᆞᆷ의수효를의론컨대십팔빅만명이오시쟉은교거션이오언어는본나라ㅅ말이잇스니ᄒᆞᆫ가지뿐이며
국톄를의론컨대님굼이계시고졍ᄉᆞ는빅셩들이도ᄯᅩ지쥬쟝ᄒᆞ고형벌ᄒᆞ는법을다른나라와ᄀᆞᆺᄒᆞ며
도셩을의론컨대일홈이미드릿이니나라ᄒᆞᆫ가온대요ᄯᅩ동편에섀실로나ㅣ란큰촌이잇고빌렌시아와사라거사와며시아ㅣ란큰촌이잇고남편에쎄뷔소와세빌과말나가ㅣ란큰포촌이잇고ᄯᅩ라나다ㅣ란큰촌이잇고ᄯᅩ지브롤타ㅣ란물ㅅ목시잇스니이는옝길리국이엇어ᄎᆞ지ᄒᆞᆫ곳이오셔편에섀다쇼와살나만가ㅣ단큰촌이잇고북편에빌바오ㅣ란큰촌이잇고ᄯᅩ셔울갓가이돌뷔도와서코뵈아ㅣ란큰촌이잇고사ᄅᆞᆷ의픔ᄉᆞ수는량밥과선비와빅셩이오빅셩의ᄉᆞ업은롱ᄉᆞ와쇠꾸리와양치기와술문돌기와물ㅅ삭픔물기며ᄯᅩ거지가미우만하레비ᄉᆞ날이면련쥬당문밧게구걸ᄒᆞ는자ㅣ무수ᄒᆞ며
문ᄯᅳ는물건을의론컨대감남거름ᄶᅡ기와포도술문돌기를미우잘ᄒᆞ

며
외국통샹을의론컨대내아가ᄂᆞᆫ믈건은병마개굴피와술과건포도와
귤과슈은과소곰과쇼와양이니갑시일년에일빅삼십빅만원이오사
드리ᄂᆞᆫ거슨솜과됴ᄒᆞᆫ쇼쥬와온갓어물과밀과사ㅅ탕과셕탄과집ㅅ
직목과온갓연장과화륜차ㅣ니갑시일년에일빅십오빅만원이며
당ᄉᆞᄉᆞ무를의론컨대대단히긴절ᄒᆞᆫ아니나ᄯᅩᄒᆞᆫ업지못ᄒᆞᆯ일이며 술과
기름을만히만ᄃᆞ
ᄂᆞᆫ연고ㅣ니라
국셰를의론컨대별노강ᄒᆞ지못ᄒᆞ며
국ᄌᆡ를의론컨대별노부요치못ᄒᆞ고부셰밧ᄂᆞᆫ돈은일년에일빅팔십
빅만원이며 아모악ᄒᆞᆫ병과창질잇ᄂᆞᆫ이ᄯᆞ거ᄃᆞ
어치료공궤ᄒᆞᄂᆞᆫ원이잇ᄂᆞ니라
군ᄉᆞ를의론컨대륙군이십만명이오히군이이만명이오화륜젼션이
일빅이십쳑니예렬갑대화륜션이칠쳑이며 아모들의돈치말고십칠팔세브터
삼십세ᄭᆞ지ᄯᅩᆼ안에이삼년은군ᄉᆞ
노릇아니ᄒᆞᄂᆞᆫ
이가업ᄂᆞ니라
학업을의론컨대초학학당이이만오천이오놉흔공부학당이열ᄒᆞ나
히오텬쥬교학당이만ᄒᆞ며 ᄯᅩ안즌방이와벙어리와귀먹어리와
쇼경을ᄀᆞᄅᆞ치ᄂᆞᆫ학당이잇ᄂᆞ니라
종교를의론컨대텬쥬교를크게쥰힝ᄒᆞ고쟝려ᄒᆞᆫ텬쥬당이만ᄒᆞ며 ᄯᅩ
경
남졍녀들이도학을공부ᄒᆞᄂᆞᆫ남
원당녀원당이미우만ᄒᆞ니라

나라안도로를의론컨대다른나라보다덜됴케ᄒᆞ고ᄯᅩ화륜차ㅅ길이
잇스며
엇은ᄯᅡ흘의론컨대남북아메리ᄭᅡᄉᆞ이에규바ㅣ란셤과아프리가셔
편에가네리란셤륙칠과히변륙디ᄒᆞᆫ곳과아시아동남에필리핀이란
셤이십과태평양에몃셤을엇어ᄎᆞ지ᄒᆞ니라
이나라헤이샹ᄒᆞᆫ거슨크게담을에워ᄡᅡ고크고힘잇ᄂᆞᆫ산ㅅ쇼를넛코
사ᄅᆞᆷ이븕고빗난옷슬닙고븕은보ᄌᆞ기를가지고쇼를어르면쇼가그
븕은빗ᄎᆞᆯ뮈워ᄒᆞ야ᄲᅮᆯ노밧으며ᄯᅱᄂᆞᆫ지라그ᄯᅢ에사ᄅᆞᆷ이쇼로더브러
크게ᄡᅡ홈ᄒᆞᄂᆞᆫ노름이잇스니이노름이이나라헤큰구경이오큰노름
이라이노름에사ᄅᆞᆷ이왕왕히만히죽ᄂᆞ니라

포츄갈국

포츄갈국은목원이북위션삼십칠듸그리브터ᄉᆞ십이듸그리ᄭᆞ지요
셔경션세듸그리브터아홉듸그리ᄭᆞ지니남북이일쳔리요동셔가삼
빅리며
디경을의론컨대동북은이스바니아국이오셔남은대셔양이며
디방을의론컨대ᄉᆞ면십리되ᄂᆞᆫ방면이삼쳔구빅이며
디형을의론컨대동에셔셔에로에스드렐라ㅣ란산이나라ᄒᆞᆫ가온대

로건너가고ᄯᅩ데거스ㅣ란강이포구ㅣ오북에ᄂᆞᆫ두로ㅣ란강이포구ㅣ오남에ᄂᆞᆫ파듸아나ㅣ란강이잇ᄉᆞ니이강들이다이스바니아국에셔시작ᄒᆞ야이나라ᄒᆞᆯ건너ᄯᅢ셔양에로드러가며

일거와소산과사ᄅᆞᆷ의픔ㅅ수와ᄇᆡᆨ셩의ᄉᆞ업과믄ᄃᆞᄂᆞᆫ믈건과학업과종교와나라안도로ᄂᆞᆫ다이스바니아국과ᄀᆞᆺᄒᆞ며

사ᄅᆞᆷ의수효ᄅᆞᆯ의론컨대ᄉᆞᄇᆡᆨ오십만명이오시쟉은고귀션이오언어ᄂᆞᆫ본나라ㅅ말이잇ᄉᆞ며

국톄ᄅᆞᆯ의론컨대님금이계시고ᄇᆡᆨ셩들이졍ᄉᆞᄂᆞᆫ도모지쥬쟝ᄒᆞ고님금을돕ᄂᆞᆫ관원이여ᄉᆞᆺ이오형벌ᄒᆞᄂᆞᆫ법은다른나라와ᄀᆞᆺᄒᆞ며

도셩을의론컨대일홈이릐스번이니데거스강ㅅ근쳐ㅣ오ᄯᅩ오포도ㅣ란큰촌이잇ᄉᆞ니술을만히ᄆᆡᄆᆡᄒᆞᄂᆞᆫ곳이며

외국통샹을의론컨대내아포ᄂᆞᆫ믈건은ᄯᅢ개술이니갑시일년에이십오ᄇᆡᆨ만원이오사드리ᄂᆞᆫ거슨이스바니아국과ᄀᆞᆺᄒᆞ니갑시일년에ᄉᆞ십오ᄇᆡᆨ만원이며

당ᄉᆞᄉᆞ무ᄅᆞᆯ의론컨대대단히긴졀치아니나ᄯᅩᄒᆞᆫ업지못ᄒᆞᆯ일이며 술을 만히믄ᄯᅩᄂᆞᆫ 연고ㅣ니라

국셰ᄅᆞᆯ의론컨대약ᄒᆞ며

국ᄌᆡᄅᆞᆯ의론컨대일년에부셰밧ᄂᆞᆫ돈이ᄉᆞ십삼ᄇᆡᆨ만원이며

군ᄉᆞᄅᆞᆯ의론컨대륙군이삼만오천명이오ᄒᆡ군이삼천오ᄇᆡᆨ명이오화륜젼션이삼십구쳑니에별갑대화륜션이삼ᄉᆞ쳑이며

나라소무ᄅᆞᆯ의론컨대본나라잘직희기며

이나라이샹ᄒᆞᆷ을의론컨대디동을자조ᄒᆞ고몃ᄇᆡᆨ년젼에디동이대단ᄒᆞ며ᄯᅡ히ᄭᅥ지고바다히넘쳐이나라ㅅ셔울이함몰ᄒᆞ니라

엇은ᄯᅡᄒᆞᆯ의론컨대아프리가셔편대셔양에메듸라와졉벗이란몃셤과ᄯᅩᄒᆡ변몃디방과ᄯᅩ동편ᄒᆡ변몃디방과인도ᄯᅡᄒᆡ변ᄒᆞᆫ디방과쳥국남편홍콩근쳐에몃젹은셤을엇어ᄎᆞ지ᄒᆞ니라 이나라가젼에ᄂᆞᆫ매우강ᄒᆞ던고로다른ᄯᅡᄒᆞᆯ이러케엇엇ᄂᆞ니라

쉿스란드국

쉿스란드국은폭원이북위션ᄉᆞ십륙되그리브터ᄉᆞ십팔되그리ᄭᆞ지요동경션여ᄉᆞᆺ되그리브터열되그리ᄭᆞ지니남북이ᄉᆞᄇᆡᆨ리오동셔가칠ᄇᆡᆨ리며

디경을의론컨대북은덕국이오동은오스드리아국이오남은이다리아국이오셔ᄂᆞᆫ블란시국이며

디방을의론컨대ᄉᆞ면십리되ᄂᆞᆫ방면이일천칠ᄇᆡᆨ이며

디형을의론컨대놉흔산ㅅ속이니나무ㅅ수풀이온나라륙분지일이

오셔북에는쥬라ㅣ란산이잇고동남에는앒이란산이잇고간스탄스ㅣ란못시잇고셔남에는진이바ㅣ란못시잇스며 이나라ᄯᅡ히다른ᄯᅡ보다대개팔ᄇᆡᆨ쳑이놉고ᄯᅩ극히험ᄒᆞ고로외국병혁이드러오기어려오니라

일긔ᄅᆞᆯ의론컨대산ㅅ속인고로칩고산ᄭᅩᆨᄃᆡ기는ᄒᆞᆼ샹눈이잇스며

소산을의론컨대쵸목은쇼나무와길삼ᄒᆞᄂᆞᆫ삼과담ᄇᆡ와여러가지나물이만코곡식은밀과보리와귀리며즘승은쇼와양과염쇼가만ᄒᆞ며

사ᄅᆞᆷ의수효ᄅᆞᆯ의론컨대이ᄇᆡᆨ구십만명이니삼분지이는덕국사ᄅᆞᆷ이오삼분지일은블란시국사ᄅᆞᆷ이오그남아는이다리아국사ᄅᆞᆷ이오언어는세나라ㅅ말이며

국톄ᄅᆞᆯ의론컨대님금이업스시고졍ᄉᆞ는ᄇᆡᆨ셩들이쥬쟝ᄒᆞ고형벌ᄒᆞ는법은다른나라와ᄀᆞᆺᄒᆞ며

도셩을의론컨대일홈이번이니나라ᄒᆞᆫ가온ᄃᆡ요북에는ᄇᆡ술과ᄶᅮ릭이란큰촌이잇고셔남에는진이바ㅣ란큰촌이잇고사ᄅᆞᆷ의품ㅅ수는평등이오ᄇᆡᆨ셩의ᄉᆞ업은롱ᄉᆞ와길삼ᄒᆞ기며

ᄆᆞᆫᄃᆞᄂᆞᆫ물건을의론컨대공류연장과사긔와시계ᄅᆞᆯ잘ᄆᆞᆫᄃᆞ며

외국통샹을의론컨대내아ᄆᆞᄂᆞᆫ물건은본나라ㅅ소산이니갑시일년에오십ᄇᆡᆨ만원이오사드리ᄂᆞᆫ거슨곡식과아모연쟝과아모필육과술이니갑시일년에일ᄇᆡᆨ칠십ᄇᆡᆨ만원이며

국셰ᄅᆞᆯ의론컨대약ᄒᆞ며

국지ᄅᆞᆯ의론컨대부세밧ᄂᆞᆫ돈이일년에십이ᄇᆡᆨ만원이며

군ᄉᆞᄅᆞᆯ의론컨대이십만명이며 ᄯᅩ아모ᄅᆞᆯ의론ᄎᆞ말고십칠셰브터삼십셰ᄭᆞ지동안에군ᄉᆞ노릇이십년을아니ᄒᆞᄂᆞᆫ이가업ᄂᆞ니라

학업을의론컨대ᄆᆡ우힘쓰며

종교ᄅᆞᆯ의론컨대나라ㅅ교는업고텬쥬교와야소교가만ᄒᆞ며 ᄯᅩ아모나아모교ᄅᆞᆯ임의대로ᄒᆞᄂᆞ니라

나라안도로ᄅᆞᆯ의론컨대평탄ᄒᆞᆫ길히드물고 이나라가산ㅅ속인연고ㅣ니라 화륜챠ㅅ길흔산을ᄯᅮᆯ어이십오리ᄅᆞᆯ통ᄒᆞ엿시며

이나라헤이샹홈은산쳔목포의긔이ᄒᆞᆫ경쳐가텬하에뎨일인고로각국에셔와셔구경ᄒᆞᄂᆞᆫ사ᄅᆞᆷ이일년에수만명이니라

이다리아국

이다리아국은폭원이북위션삼십칠듸그리브터ᄉᆞ십륙듸그리반ᄭᆞ지요동경션닐곱듸그리브터열여ᄃᆞᆲ듸그리ᄭᆞ지니남북이이천오ᄇᆡᆨ리오동셔가일쳔오ᄇᆡᆨ리며

디경을의론컨대북에는쉿스란드국과오스드리아국이오동은에드

디아딕하슈요남은디즁히요셔는불란시국이오ᄯᅩ디즁히며
디방을의론컨대ᄉᆞ면십리되는방면이일만이쳔이며
디형을의론컨대북에는앒이란큰산이두루고못파문든강이만코ᄯᅩ
북에셔브터남에로압페나인이란산이나라한가온대로건너가고남
에는시실리란큰셤파비슈비엇이란화산이잇고ᄯᅩ시실리셤동편에
엣나ㅣ답화산이잇고 (이두화산이미우크고흉상연기와란 / 불ㅅ길파소ᄅᆡ가대단히나ᄂᆞ니라) 셔에는사듸니아ㅣ
단큰셤이잇고동편에ᄯᅩ아듸쥬와포ㅣ란두강이에드리아틱하슈로
드러가고셔에는타이버ㅣ란강이디즁히로드러가며
일긔를의론컨대미우더워겨울에도눈이업스며
소산을의론컨대초목은감남나무무화파나무밤나무대초나무유즈
나무귤나무포도나무ᄲᅩᆼ나무여러가지실파나무며길ᄡᆞᆷᄒᆞᄂᆞᆫ삼이오
곡식은옥슈슈와콩이오즘승은쇼와몰파양파도야지와사슴파이리
와산ㅅ고양이와산ㅅ도야지와약디와도루미와오리와기러기며온
갓물ㅅ고기가만코텰석은ᄎᆞᆷ쇠와은파납파석류황파빅반파소곰파
옥ㅅ돌이며 (반듸ㅅ불개ᄯᅩᆼ비례 / 가미우만ᄒᆞ니라)
사ᄅᆞᆷ의수효ᄅᆞᆯ의론컨대삼십빅만명이오시죡은고귀선이오인어는
본나라ㅅ말이잇고ᄯᅩᄉᆞ투리가여러가지며 (이나라본말ᄅᆞᆷ아지못ᄒᆞ면세상에 / 큰션ᄇᆡ라닐ᄏᆞᆺ지아니ᄒᆞᄂᆞ니라)

국톄를의론컨대님금이계시고정ᄉᆞ는ᄇᆡᆨ셩들이쥬쟝ᄒᆞ고헌법ᄒᆞᄂᆞᆫ
법은다른나라와ᄀᆞᆺᄒᆞ며
도셩을의론컨대일홈이롬이니라이때쟝ㅅᄀᆞ히요 (온텬하에뎨일유 / 명ᄒᆞᆫ셔울이니라) ᄯᅩ련
쥬교ㅅ님금이이셔울에도읍ᄒᆞ신고로련쥬교ㅅ셔울이라닐ᄋᆞ며북
에는두린파밀란파젠오아ㅣ란포촌파볼로나와쎄늬스ㅣ란큰촌이
잇고나라ㅅ가온대플로렌스ㅣ란큰촌이잇고 (몃히젼에나라ㅅ셔 / 울을옴겻던곳이라) 남에는네
불스ㅣ란포촌파시실리셤북편에밋시나와발너모ㅣ란큰촌이잇고
사ᄅᆞᆷ의픔ㅅ수는션ᄇᆡ와량반파ᄇᆡᆨ셩이오 (아모ᄂᆞᆷ의론치말고련쥬교아니ᄒᆞᄂᆞᆫ / 이ᄂᆞᆫ쳔ᄒᆞᆫ사ᄅᆞᆷ으로지목ᄒᆞᄂᆞ니라) ᄇᆡᆨ셩의
ᄉᆞ업은롱ᄉᆞ와길ᄡᆞᆷ파풍류ᄒᆞ기와그림그리기며 (포도롱ᄉᆞ를미우ᄒᆞ고ᄯᅩ / 거지가미우만ᄒᆞ니라)
문ᄃᆞᄂᆞᆫ물건을의론컨대온갓필육파뎨이스와갓파조희와사긔와거
묘ᄒᆞᆫ류리와졀등ᄒᆞᆫ그림파가죡다ᄅᆞ미와약은물기와돌노불형삭이
기를잘ᄒᆞ고ᄯᅩ사ᄅᆞᆷ의형용삭이기는텬하에도모지당ᄒᆞᆯ수ㅣ업스며 (도모지산사ᄅᆞᆷ과조곰 / 도분별이업ᄂᆞ니라)
외국통샹을의론컨대내아푸ᄂᆞᆫ물건은갓파감남기름파포도술파사
거믄돌흙파산호와면쥬와쇼와몰파ᄎᆞᆷ쇠와쿠리와석류황파고기와
칭션파어물파그림파풍류연쟝파ᄅᆞᆯ노삭인물형이니갑시일년에이
ᄇᆡᆨᄇᆡᆨ만원이오사ᄯᅳ리는거슨밀파솜파셕탄파누에씨와아모연장파

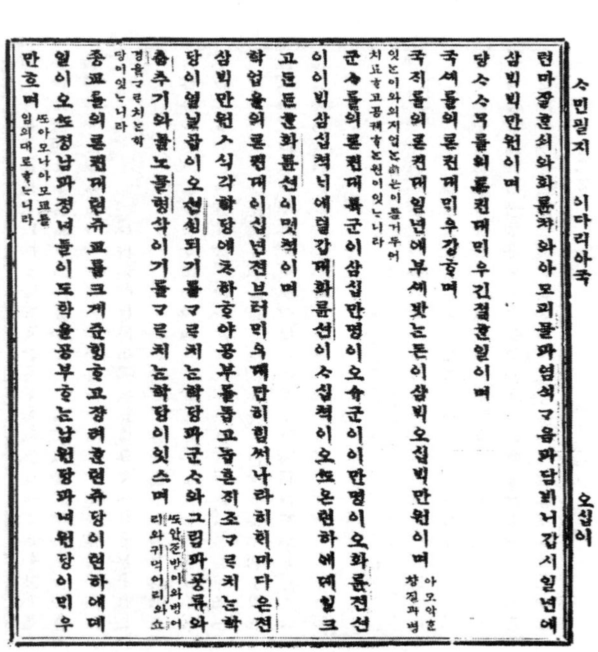

ᄉᆞ민필지 이다리아국 오십이

련마졀ᄒᆞᆫ쇠와화륜차와아모리물과염셕ᄀᆞ음과담뵈너갑시일년에
삼빅빅만원이며
당ᄉᆞᄉᆞ목를의론컨대ᄆᆡ우긴졀ᄒᆞᆫ일이며
국셰를의론컨대ᄆᆡ우강ᄒᆞ며
국지를의론컨대일년에부세밧ᄂᆞᆫ돈이삼빅오십빅만원이며 아모악ᄒᆞᆫ 창질과병
잇ᄂᆞᆫ이와의지업ᄂᆞᆫ늙은이를거두어 치료ᄒᆞ고공궤ᄒᆞᄂᆞᆫ원이잇ᄂᆞ니라
군ᄉᆞ를의론컨대륙군이삼십만명이오슈군이이만명이오화륜젼션
이이빅삼십쳑니예렬갑대화륜션이ᄉᆞ십쳑이오ᄯᅩ온련하에대일크
고든든ᄒᆞᆫ화륜션이몃쳑이며
학업을의론컨대이십년젼브터ᄆᆡ우대단히힘써나라히ᄒᆡ마다은젼
삼빅만원ᄉᆞ식각학당에ᄎᆞ하ᄒᆞ야공부를돕고놉흔ᄌᆡ조ᄀᆞᄅᆞ치ᄂᆞᆫ학
당이열닐곱이오션심되기를ᄀᆞᄅᆞ치ᄂᆞᆫ학당과군ᄉᆞ와그림과공류와 ᄯᅩ안준방이와병어 리와귀먹어리와쇼
츔추기와풍노물형삭이기를ᄀᆞᄅᆞ치ᄂᆞᆫ학당이잇스며
경울ᄀᆞᄅᆞ치ᄂᆞᆫ학 당이잇ᄂᆞ니라
종교를의론컨대련쥬교를크게쥰힝ᄒᆞ고장려ᄒᆞᆫ련쥬당이련하에뎨
일이오ᄯᅩ졍남과졍녀들이도학을공부ᄒᆞᄂᆞᆫ남원당과녀원당이ᄆᆡ우
만ᄒᆞ며 ᄯᅩ아모나아모ᄃᆡ를 임의대로ᄒᆞᄂᆞ니라

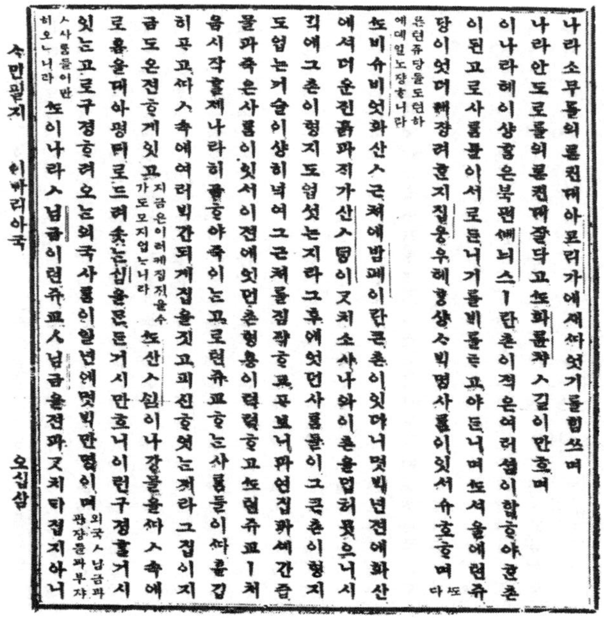

ᄉᆞ민필지 이다리아국 오십삼

나라소무를의론컨대아ᄑᆞ리가에재ᄊᆞ엇기를힘쓰며
나라안도로를의론컨대잘닥고ᄯᅩ화륜차ᄉᆞ길이만ᄒᆞ며
이나라헤이샹ᄒᆞᆫ온북편ᄲᅦ늬스ㅣ란촌이적은여러셤이합ᄒᆞ야ᄒᆞᆫ촌
이된고로사ᄅᆞᆷ들이서로ᄃᆞᆫ니기를ᄇᆡ를ᄐᆞ고야ᄃᆞᆫ니며ᄯᅩ셔울에련쥬
당이엇더ᄒᆡ쟝려ᄒᆞᆫ지집웅우헤향샹ᄉᆞ빅명사ᄅᆞᆷ이잇서슈호ᄒᆞ며 ᄯᅩ 다
은련쥬당들도련하 에뎨일노쟝ᄒᆞ니라
ᄯᅩ비슈비엇화산ᄉᆞ근쳐에밤패이란큰촌이잇더니몃빅년젼에화산
에셔더운진흙과ᄌᆡ가산ᄉᆞ뎡이ᄀᆞᆺ치소사나와이촌을덥허ᄆᆞᆺ은니시
긱에그촌이형지도업셧ᄂᆞᆫ지라그후에엇던사ᄅᆞᆷ들이그큰촌이형지
도업ᄂᆞᆫ거슬이샹히녁여그근쳐를짐작ᄒᆞ고ᄑᆞ보니과연집과셰간즙
물과죽은사ᄅᆞᆷ이잇서이젼에잇던촌형용이력력ᄒᆞ고ᄯᅩ련쥬교ㅣ처
음시작ᄒᆞᆯ제나라히ᄎᆞᆷᄒᆞ야죽이ᄂᆞᆫ고로련쥬교ᄒᆞᄂᆞᆫ사ᄅᆞᆷ들이ᄯᅡ흘깁
히ᄑᆞ고ᄯᅡᄉᆞ속에여러빅간되게집을짓고피신ᄒᆞ엿ᄂᆞᆫ지라그집이지
금도온젼ᄒᆞ게잇고 지금은이러케집짓을수 가도모지업ᄂᆞ니라 ᄯᅩ산ᄉᆞ쉼이나강물을ᄯᅡᄉᆞ속에
로흠을대아평ᄐᆡ로드려ᄉᆞᆺᄂᆞᆫ십을ᄃᆞᆫ거시만ᄒᆞ니이런구경ᄒᆞᆯ거시
잇ᄂᆞᆫ고로구경ᄒᆞ려오ᄂᆞᆫ외국사ᄅᆞᆷ이일년에몃빅만명이며 외국ᄉᆞ님금과 판쟝들과부쟈
ᄉᆞ사ᄅᆞᆷ들이만 히오ᄂᆞ니라 ᄯᅩ이나라ᄉᆞ님금이련쥬교ᄉᆞ님금을젼과ᄀᆞᆺ치ᄃᆡ졉지아니

ᄒᆞ고미양구박ᄒᆞᄂᆞᆫ일이만ᄒᆞᆫ고로련쥬교ᄉᆞ님금이도읍을옴기기ᄅᆞᆯ심각ᄒᆞᆫ나처음련쥬교시작ᄒᆞᆯ제련쥬교ᄉᆞ도읍은롬밧게다른ᄃᆡᄂᆞᆫ못ᄒᆞ기로되ᄃᆞᆼᄒᆞᆫ고로만일지금에다른ᄃᆡ로도읍을옴기면련쥬교ᄉᆞ사ᄅᆞᆷ들이모든법령을다젹게밋겟다ᄒᆞ야ᄆᆡ우걱정ᄒᆞ며

엇은ᄯᅡ흘의론컨ᄃᆡ아프리가히번멋곳을엇어ᄎᆞ지ᄒᆞ니라 (이쳔여년젼에이나라일ᄯᅩ이롬아ㅣ너모든유로바와아프리가남북과아시아셔남을다ᄎᆞ지ᄒᆞ야ᄒᆞᆫ나라ᄒᆞᆯ일우엇던ᄃᆡ하에ᄃᆡ일큰나라히니라)

오스드로헝게리국

오스드로헝게리국은두나라가합ᄒᆞ고ᄒᆞᆫ님금이게시니폭원이북위선ᄉᆞ십이되그리브터오십일되그리ᄭᆞ지오동경선아홉되그리브터이십륙되그리ᄭᆞ지니남북이쳔리오동셔가삼쳔리며

디경을의론컨ᄃᆡ북은덕국과아라사국이오동은루바니아국과셔비아국과ᄯᅩ아라사국이오남은에드리아딕하슈와ᄯᅩ루마니아국과셔비아국이오셔ᄂᆞᆫ쐿스란드국이며

디방을의론컨ᄃᆡᄉᆞ면십리되ᄂᆞᆫ방면이삼만이며

디형을의론컨ᄃᆡᄉᆞ면에산이둘넛시니북에ᄂᆞᆫ쉬멧딕과갑페듸안이란산이동편ᄭᆞ지둘넛고ᄯᅩ나무ᄉᆞ수플이만코셔남에ᄂᆞᆫ앏이란산이둘넛고나라ᄒᆞᆫ가온ᄃᆡᄂᆞᆫ평ᄒᆞᆫ들이오ᄯᅩ셔북에셔동남에로단읍이란큰강이 (불가강대ᄋᆡ에유로바예일큰강이라) 나라ᄒᆞᆫ가온ᄃᆡ로지나셔비아국과루마니아국ᄉᆞ이로드러가고동에ᄂᆞᆫ라이스ㅣ란강이단읍강에로드러가고남에도드랍파사압이란강이단읍강에로드러가고에드리아딕하슈ᄉᆞ가헤르리에스르ㅣ란포구가잇고ᄯᅩ적은셤들이만ᄒᆞ며

일거ᄅᆞᆯ의론컨ᄃᆡᄆᆡ우고로로며

소산을의론컨ᄃᆡ용빅과큰나무가만코ᄯᅩ나무와사ᄉᆞ당플이만ᄒᆞ며곡식은밀과보리와귀이리와감ᄌᆞ가만코텰셕은금은동텰과납과셕양렬과셕탄과소곰과슈은과류리곱ᄂᆞᆫ모리며

사ᄅᆞᆷ의수효ᄅᆞᆯ의론컨ᄃᆡᄉᆞ십일빅만명아오시족은고ᄭᅵ션과몽고ㅣ오언어ᄂᆞᆫ각ᄃᆡ방말이십여가지나되며

국톄ᄅᆞᆯ의론컨ᄃᆡ님금이게시고정ᄉᆞᄂᆞᆫ빅셩들이쥬장ᄒᆞᄃᆡ오스드리아와헝게리아ㅣ가각각ᄒᆞ며형벌ᄒᆞᄂᆞᆫ법은다른나라와ᄀᆞᆺᄒᆞ며

도셩을의론컨ᄃᆡ오스드리아도셩은일홈이비언나ㅣ니단읍강동편이오헝게리아도셩은일홈이ᄲᅮ다퍽스르ㅣ니헝게리아셔편이오ᄯᅩᄇᆞᆨ편에프레그와부룬과렘벅이란세큰촌이잇고남에ᄂᆞᆫ그랏츠와트리에스르와버스나세리란세큰촌이잇고사ᄅᆞᆷ의픔ᄉᆞ수ᄂᆞᆫ션비와량반과빅셩이오빅셩의ᄉᆞ업은즘승치기와롱ᄉᆞ와길쌈과쇠곡기와포

도롱ᄉᆞㅣ며
믄드ᄂᆞᆫ물건을의론컨대시계와풍류연쟝과가쥭다ᄅᆞ기와술과류리
와사긔와석류황을잘믄ᄃᆞ며
외국통샹을의론컨대내아ᄑᆞᄂᆞᆫ물건은시계와류리와풍류연쟝과조
희와석탄과석류황과가쥭과술과담ᄇᆡ니갑시일년에ᄉᆞ빅ᄉᆞ십빅만
원이오사드리ᄂᆞᆫ거슨갓옷과양의털과필육과면쥬와실과온갓의복과
여러가지먹을기름과실과와쇼와물과도야지와모든연쟝이니갑시
일년에ᄉᆞ빅륙십빅만원이며
당ᄉᆞᄉᆞ목ᄅᆞᆯ의론컨대ᄯᅢ단히긴졀ᄒᆞᆫ일이며
국재ᄅᆞᆯ의론컨대ᄆᆡ우강ᄒᆞ며
국직ᄅᆞᆯ의론컨대부요ᄒᆞ고부세밧ᄂᆞᆫ돈은일년에삼빅오십빅만원이
며 아모악ᄒᆞᆫ병과창질잇ᄂᆞᆫ이와외지업ᄂᆞᆫ늙은이 거두어공졔ᄒᆞ고치료ᄒᆞᄂᆞᆫ원이만ᄒᆞ니라
군ᄉᆞᄅᆞᆯ의론컨대륙군이삼십만명이오화륜젼선이일빅륙십척너에
텰갑대화륜선이이십척이며 ᄯᅩ아모ᄅᆞᆯ의론치말고열칠셰브터삼십셰ᄭᆞ지동 안에이삼년을군ᄉᆞ노릇아니ᄒᆞᄂᆞᆫ이가업ᄂᆞ니라
학업을의론컨대놉흔관원이모든학당을맛하다ᄉᆞ리고나라히허마
다은젼몃빅만원ᄉᆞ식각학당에ᄎᆞ하ᄒᆞ고나라안모든ᄋᆞ희ᄅᆞᆯ모지
공부ᄅᆞᆯ식이고동리마다학당이잇고놉흔공부학당이여듧이오ᄯᅩ공
류와그림과손ᄉᆞ직조와군ᄉᆞᄅᆞᆯᄀᆞᄅᆞ치ᄂᆞᆫ학당이잇스며
종교ᄅᆞᆯ의론컨대텬쥬교ᄅᆞᆯ준힝ᄒᆞ고텬쥬당이만ᄒᆞ며졍남과졍녀ᄅᆞᆯ
이공부ᄒᆞᄂᆞᆫ남원당이삼빅이오녀원당이오빅이며텬쥬교아니ᄒᆞᄂᆞᆫ
사ᄅᆞᆷ은ᄆᆡ우쳔히녁이ᄂᆞᆫ풍쇽이며 ᄯᅩ아모나아모도ᄅᆞᆯ 임의대로ᄒᆞᄂᆞ니라
나라소무ᄅᆞᆯ의론컨대본나라잘직히기만힘쓰며 여러강ᄒᆞᆫ나라히서로삼키 기ᄅᆞᆯ싱각ᄒᆞᄂᆞᆫ즁에각국이
아라사국을대일셰리ᄂᆞᆫ고로덕국과이다리아국과오스 ᄃᆞ리아국세나라히서로도아주기로약됴가잇ᄂᆞ니라
나라안도로ᄅᆞᆯ의론컨대다잘닥고ᄯᅩ화륜차ᄉᆞ길과물ᄉᆞ길도만ᄒᆞ며
이나라헤이샹ᄒᆞᆷ을의론컨대각각고을마다방언과의복과풍쇽과집
짓ᄂᆞᆫ모양이크게서로ᄀᆞᆺ지아니ᄒᆞ니이나라다ᄉᆞ리기가ᄆᆡ우어려우
니라

터키국

터키국은폭원이북위션삼십구도ᄃᆡ그리브터ᄉᆞ십ᄉᆞ도ᄃᆡ그리ᄭᆞ지요동
경션열아홉ᄃᆡ그리브터삼십ᄃᆡ그리ᄭᆞ지니남북이일천리요동셔가
일천오빅리며
디경을의론컨대북은루마니아국과셰비아국이오동은블릭하슈ㅣ
오남은디즁히와ᄭᅳ리스국이오셔ᄂᆞᆫ셰비아국과ᄯᅩ만트늬그로국과
에드리아듹하슈ㅣ며

군ᄉᆞᄅᆞᆯ의론컨대륙군이이십오만명이오화륜젼션이륙십ᄉᆞ쳑너에
텰갑ᄯᅢ화륜션이십ᄉᆞ쳑이며
학업은의론ᄒᆞᆯ거시업스며
종교ᄅᆞᆯ의론컨대회회교ᄅᆞᆯ쥰힝ᄒᆞ고ᄯᅩ아모나아모교ᄅᆞᆯ임의ᄃᆡ로ᄒᆞ
며(시리련쥬교 가만ᄒᆞ니라)
나라소무ᄂᆞᆫ아라사국방비ᄒᆞ기ᄅᆞᆯ힘쓰며
나라안도로ᄅᆞᆯ의론컨대별노됴흔것업고ᄯᅩ화륜챠길도만치아니며
이나라헤이샹ᄒᆞᆷ을의론컨대여러번쟝가가기와(부인을세 녜부단말)돈주고쳡파
즁사기와부인츌입ᄒᆞᆯᄯᅢ에슈건으로얼굴을ᄊᆞ거며계집ᄆᆡ미ᄒᆞᄂᆞᆫ집
이잇서챵기ᄀᆞᆺᄒᆞᆫ거슬ᄆᆡ미ᄒᆞ며(됴치아닌풍쇽파법이잇슴으로유로바 모든나라즁에미우ᄂᆞᆫ쟌나라히니라)
엇은ᄃᆡ방을의론컨대아시아셔편홍ᄒᆡᄉᆞ이와아프리가북편디즁ᄒᆡ
ᄉᆞ이와ᄯᅩ디즁ᄒᆡ에크릿트ㅣ란큰셤을ᄎᆞ지ᄒᆞ엿ᄂᆞ니라

루마니아국 (미국이이십년이라)

루마니아국은폭원이북위션ᄉᆞ십삼ᄃᆡ그리반브러ᄉᆞ십팔ᄃᆡ그리ᄭᆞ
지요동경선이십삼ᄃᆡ그리브러삼십ᄃᆡ그리ᄭᆞ지니남북이쳔리오동
셔가쳔리며
디경을의론컨대북은아라사국과오스드리아국이오동은아라사국
ᄉᆞ이에부루트ㅣ란강과불릭하슈ㅣ오남은터키국이오셔ᄂᆞᆫ오스드
리아국과셔비아국이며
디방을의론컨대ᄉᆞ면십리되ᄂᆞᆫ방면이오쳔이며
디형을의론컨대동남에ᄂᆞᆫ단읍강ᄉᆞ마혜로큰들이오셔북에ᄂᆞᆫ카페
틔안이란산이둘넛고불릭하슈ᄉᆞ마헤구스텐지란포구가잇스며
일긔ᄅᆞᆯ의론컨대여ᄅᆞᆷ에ᄆᆡ우덥고겨울에ᄆᆡ우치우며
소산을의론컨대큰나무ᄉᆞ수풀이만코곡식과실과와몰파쇼와양과
소뭄과셕유ㅣ며
사ᄅᆞᆷ의수효ᄅᆞᆯ의론컨대오빅ᄉᆞ십빅만명이오시죡은고키선이오언
어ᄂᆞᆫ두가지며
국톄ᄅᆞᆯ의론컨대님금이계시고졍ᄉᆞᄂᆞᆫ빅셩들이쥬장ᄒᆞ고형벌ᄒᆞᄂᆞᆫ
법은다른나라와ᄀᆞᆺᄒᆞ며
도셩을의론컨대일홈이쑤거리스트ㅣ니나라남편이오ᄯᅩ북편에아
시란큰촌이잇고단읍강ᄉᆞ마혜살나스ㅣ란큰촌이잇고빅셩의ᄉᆞ업
은즘승치기와롱ᄉᆞㅣ며
외국통샹을의론컨대내아포ᄂᆞᆫ물건은밀과보리와가죡과집ᄉᆞ지목
파쇼와몰파양이니갑시일년에칠빅만원이오사드리ᄂᆞᆫ거ᄉᆞᆫ온갓긔

계와필육파거명이니갑시일년에십이빅만원이며
국세ᄂᆞᆫ약ᄒᆞ며
국직물의론컨대일년에부세밧ᄂᆞᆫ돈이이십칠빅만원이며
군ᄉᆞ들의론컨대이만명이오화륜젼션이십이쳑이며 또아모들의론치말고열칠팔세브터삼십세ᄭᆞ지동안에군ᄉᆞ노릇아니ᄒᆞᆯ놈이가업ᄂᆞ니라
종교를의론컨대ᄭᅳ릭련쥬교를준힝ᄒᆞ고또아모나아모교를임의대로ᄒᆞ며
나라소무ᄂᆞᆫ본나라잘직희기며 큰나라ᄉᆞ이에잇슴으로ᄒᆞᆼ상조심ᄒᆞ고방비ᄒᆞᄂᆞ니라
나라안도로ᄂᆞᆫ화륜챠길이잇스며
이나라헤이샹ᄒᆞᆷ은본ᄃᆡ터러키국속방이러니십여년젼에터러키국이아라사국과란리ᄒᆞᆯ셰에반ᄒᆞ야각립ᄒᆞ고다른나라들과약됴를세워ᄒᆞᆫ나라흘일우고또단읍강ᄉᆞᄀᆞ해쌀나스ㅣ란촌에유로바모든나라가사ᄅᆞᆷ들을보내여단읍강에로가ᄂᆞᆫ아모ᄇᆡ라도다슈셰ᄒᆞᄂᆞᆫ약됴가잇ᄂᆞ니라

셔비아국 ᄃᆡ국십이년이라

셔비아국은폭원이북위션ᄉᆞ십이도그리브터ᄉᆞ십오도그리ᄭᆞ지요동경션십구도그리브터이십삼도그리ᄭᆞ지니남북이륙빅리요동셔가륙빅리며
ᄃᆡ경을의론컨대셔북은오스드리아국이오동은루마니아국이오남은터러키국이며
ᄃᆡ방을의론컨대ᄉᆞ면십리되ᄂᆞᆫ방면이이천이며
ᄃᆡ형을의론컨대동에ᄂᆞᆫ적은산이만코또모라바ㅣ란강이남에셔북에로나라ᄒᆞᆫ가온대를건너단읍강에로ᄯᅳ러가며
일긔를의론컨대미우고로르며
소산을의론컨대큰나무ᄉᆞ수풀이만코포도와오얏나무요곡식은밀파셔속이오즘승은쇼와물과양과도야지가만코텰셕은츄쇠와납과슈은과구리와셕탄이며
사ᄅᆞᆷ의수효를의론컨대이빅만명이오시쟉은교귀션이오언어ᄂᆞᆫ본나라ᄉᆞ말이잇스며
국톄를의론컨대님금이계시고졍ᄉᆞᄂᆞᆫ빅셩들이쥬장ᄒᆞ며
도셩을의론컨대일홈이쎌그랫이니나라북편단읍강ᄉᆞᄀᆞ히오빅셩의ᄉᆞ업은즘승치기와술문들기와롱ᄉᆞㅣ며
믄ᄃᆞᄂᆞᆫ물건을의론컨대털ᄉᆞ요와술과가락지를잘믄들며
외국통샹을의론컨대내아ᄂᆞᆫ물건은양의털과온갓가족과술과ᄆᆡ

론외앗파밀파도야지와쇼와물파양이니갑시일년에구빅만원이오
사드리는거슨솜파사ᄉ당파모든연장파필육파긔명이니갑시일년
에십일빅만원이며
국셰는약ᄒᆞ며
국ᄌᆡᄅᆞᆯ의론컨대부셰밧는돈이일년에십이빅만원이며
군ᄉᆞᄅᆞᆯ의론컨대일만오쳔명이며 ᄯᅩ아모ᄅᆞᆷ의론치말고십칠셰브터삼십셰ᄭᆞ지동안에이삼년은군ᄉᆞ노릇아니ᄒᆞᄂᆞᆫ이가업ᄂᆞ니라
학업은의론컨대ᄆᆡ우힘쓰고학당이대개오빅이며
종교ᄅᆞᆯ의론컨대셕그릭련쥬교ᄅᆞᆯ쥰힝ᄒᆞ고ᄯᅩ아모나아모교ᄅᆞᆯ임의대
로ᄒᆞ며
나라안도로는잘닥고ᄯᅩ화륜챠ᄉ길이잇ᄂᆞ니라

만트늬그로국

만트늬그로국은폭원이북위션ᄉᆞ십이듸그리브터ᄉᆞ십삼듸그리ᄭᆞ
지요동경션십구듸그리브터이십듸그리ᄭᆞ지니남북이삼빅리요동
셔가이빅리며
디경을의론컨대동남북삼면은터키국이오셔는오스드리아국이며
디방을의론컨대ᄉᆞ면십리되는방면이ᄉᆞ빅이며
디형을의론컨대북에는적은산이만코남에는안쇡바리와덜시고ㅣ
란두포구가잇스며
일긔ᄅᆞᆯ의론컨대좀더우며
국톄ᄅᆞᆯ의론컨대님금이계시고졍ᄉᆞ는빅셩들이쥬장ᄒᆞ며
도셩을의론컨대일홈이젯틴녜니나라남편이며
국셰는약ᄒᆞ며
국ᄌᆡᄅᆞᆯ의론컨대부셰밧는돈이일년에삼십만원이며
군ᄉᆞ는삼만명이며
학업은의론ᄒᆞᆯ거시업스며
종교ᄅᆞᆯ의론컨대셕그릭련쥬교ᄅᆞᆯ쥰힝ᄒᆞ고ᄯᅩ아모나아모교ᄅᆞᆯ임의대
로ᄒᆞ며
나라소무는아라사국파친ᄒᆞ기ᄅᆞᆯ힘쓰며
이나라헤이샹ᄒᆞᆫ은룡ᄉᆞ나당ᄉᆞ나아모일이라도ᄒᆞᆯ때에총파칼을ᄎᆞ
ᄂᆞ니라

셔리스국 미국삼쳔년이라

셔리스국은폭원이북위션삼십ᄉᆞ듸그리브터ᄉᆞ십듸그리ᄭᆞ지요동
경션이십일듸그리브터이십ᄉᆞ듸그리ᄭᆞ지니남북이칠빅리요동셔

가오ᄇᆡ리며
디경을의론컨대북은러키국이오동셔남은디즁희며
디방을의론컨대ᄉᆞ면십리되ᄂᆞᆫ방면이이천칠ᄇᆡᆨ이며
디형을의론컨대ᄉᆞ면에산이만코ᄯᅩ륙디ᄭᅳᆺ부리가디즁희로드러가
ᄂᆞᆫ거시만하롬ᄉᆞ니곳쳐어굿어굿ᄒᆞ고동편에커린트와이자이나와
의텐스ㅣ란포구가잇고ᄯᅩ유비아ㅣ란큰셤과식라듸스ㅣ란삼십여
셤이잇고ᄯᅩ릐판르ㅣ란포구가잇스며
일긔ᄅᆞᆯ의론컨대ᄆᆡ우더워겨울에도눈이업스며
소산을의론컨대감남나무와여러가지실과가만코ᄯᅩ포도와유ᄌᆞ와
귤과목화와셕류ㅣ며곡식은밀과보리와살과모밀이오텰셕은금은
동텰이오셕탄과소금이오ᄯᅩ화반셕이련하에뎨일노됴흔거시만흐
며
사ᄅᆞᆷ의수효ᄅᆞᆯ의론컨대이ᄇᆡᆨ만명이오시족은고귀션이오언어ᄂᆞᆫ본
나라ᄉ말이잇스며 (이나라ᄉ말을아지못ᄒᆞ면 큰션비가되지못ᄒᆞᄂᆞ니라)
국톄ᄅᆞᆯ의론컨대님금이계시고졍ᄉᆞᄂᆞᆫᄇᆡᆨ셩들이쥬쟝ᄒᆞ며
도셩을의론컨대일홈이의텐스ㅣ니나라동편이오 (롬대옹에뎐하에 유명ᄒᆞᆫ셔울이라) ᄯᅩ북
편에라리사와사이라ㅣ란큰촌이식라듸스셤에잇고셔편에바트라

스ㅣ란촌이잇고사ᄅᆞᆷ의품ᄉ수ᄂᆞᆫ션비와ᄇᆡᆨ셩이오ᄇᆡᆨ셩의ᄉᆞ업은실
과롱ᄉᆞ와댱ᄉᆞㅣ며
외국통샹을의론컨대내아ᄂᆞᆫ물건은놀쑥과무화과와감남기름과
담ᄇᆡ와살과밀과가쥭과납이니갑시일년에십칠ᄇᆡᆨ만원이오사드리
ᄂᆞᆫ거슨솜과옥슈슈와집ᄉ재목과온갓연장과긔명과물과쇼ㅣ니갑
시일년에이십ᄉᆞᄇᆡᆨ만원이며
국셰ᄂᆞᆫ죰약ᄒᆞ며
국ᄌᆡᄅᆞᆯ의론컨대부셰밧ᄂᆞᆫ돈이일년에십륙ᄇᆡᆨ만원이며
군ᄉᆞᄅᆞᆯ의론컨대이만칠천명이오화륜젼션이삼십쳑너에결갑대화
륜션이두쳑이며
학업을의론컨대ᄆᆡ우힘쓰고초학학당이팔ᄇᆡᆨ이오놉흔공부학당이
ᄒᆞᆫ나히오의술과군ᄉᆞ와손ᄉ재조ᄀᆞᄅᆞ치ᄂᆞᆫ학당이잇스며
종교ᄅᆞᆯ의론컨대셔리련쥬교ᄅᆞᆯ쥰힝ᄒᆞ고ᄯᅩ아모나아모교ᄅᆞᆯ임의대
로ᄒᆞ며
나라안도로ᄂᆞᆫ의론ᄒᆞᆯ거시업스며
이나라례이샹흠은이천년젼에ᄂᆞᆫ온련하에뎨일강ᄒᆞ여모든유로바
와아프리가북편과아시아남셔ᄅᆞᆯ다잡아ᄎᆞ지ᄒᆞ고련하에다시ᄂᆞᆫ나

라와사ᄅᆞᆷ사ᄂᆞᆫ곳이업ᄂᆞᆫ줄노알앗고ᄯᅩ련문과수ᄉᆞ법과거이ᄒᆞᆫ학문과거이ᄒᆞᆫ그림과련거ᄅᆞᆯ살피ᄂᆞᆫ연장이거묘ᄒᆞ고ᄯᅩᄒᆞᆫ노삭인물형과집지은거시미우거묘ᄒᆞᆫ지라그셔쳐ᄂᆞ려오ᄂᆞᆫ녜ᄉᆞ물건이만히잇ᄂᆞᆫ고로히마다외국사ᄅᆞᆷ들이구경ᄒᆞ려여러만명ᄉᆞ식가ᄂᆞ니라 (그모든녜ᄉᆞ것시엇더케기묘ᄒᆞᆫ지셰상사ᄅᆞᆷ의재조가졈졈공묘ᄒᆞᆫ것마ᄂᆞᆫ이것과ᄀᆞᆺ치ᄒᆞ기ᄂᆞᆫ도모지못ᄒᆞ겟다닐ᄋᆞᄂᆞ니라)

아시아

아시아ᄂᆞᆫᄯᅡ다ᄉᆞᆺ덩이즁에뎨일큰덩이라쪽원이북위션칠십도ᄃᆡ그리브러젹도ᄭᆞ지요동경션이십칠도ᄃᆡ그리브러일ᄇᆡᆨ팔십도ᄃᆡ그리ᄭᆞ지니남븍이일만륙천리요동셔가일만팔천리며

디경을의론컨대북은북하슈와유로바ㅣ오동은태평양이오남은인도양이오셔ᄂᆞᆫ홍ᄒᆡ와디즁ᄒᆡ와유로바ㅣ며

디방을의론컨대ᄉᆞ면십리되ᄂᆞᆫ방면이이ᄇᆡᆨ만이며

디형을의론컨대북편에ᄂᆞᆫ큰산이업고큰들이오강이만코동남과가온대ᄂᆞᆫ큰산과큰강이만코셔에도큰산과강이잇ᄉᆞ며

일긔를의론컨대북편은ᄆᆡ오칩고남편은ᄆᆡ오더옵고가온대ᄂᆞᆫ고로르며

사ᄅᆞᆷ의수효를의론컨대대개팔ᄇᆡᆨᄇᆡᆨ만명이며시족은몽고와 (동과북에사ᄂᆞ니라)

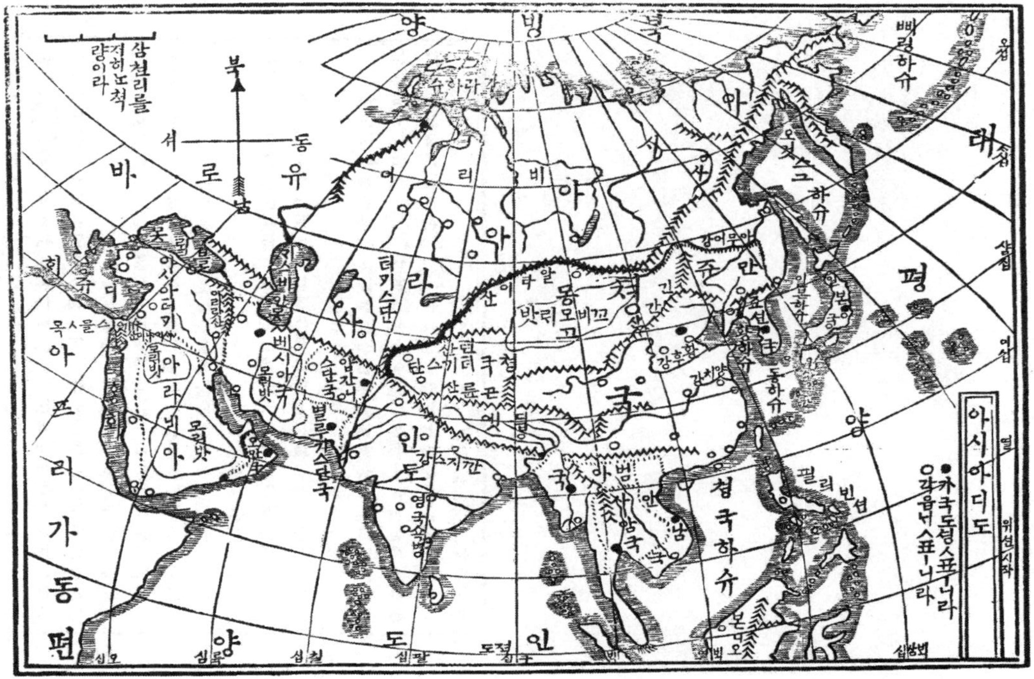
아시아디도
삼쳔리를
져허노척
량이라
북
남
동
셔
유로바
북빙양
대평양
인도양
아프리가동편
빼령하슈
오흐스그하슈
필리빈셤
쳥국하슈
동하슈
일본국
인도
위션시작

고키션파 서와남에사는나라 메레며 동남에시는나라
모든나라홀의론컨대아시아아라사와 아라사국속방이라 청국과일본국과죠션
국과안남국과사ㅣ암국과법아국과인도와 영길리국속방이라 벨루기스단국과
압간이스단국과아라비아국과아시아터키와베시아국이니라

아시아아라사 사ㅣ비리아와터키스단이란ᄯᅡ히라

아시아아라사는목원이북위션삼십오듸그리브터칠십팔듸그리ᄭᆞ
지요동경션오십듸그리브터일빅팔십듸그리ᄭᆞ지니남북이륙쳔리
요동셔가일만이쳔리며
디방을의론컨대ᄉᆞ면십리되는방면이칠십일만이며
디경을의론컨대북은가라하슈와북빙양이오동은오컷스그ㅣ란바
다와베링하슈와태평양이오남은청국과압간이스단국이오ᄯᅩ베시
아국이며셔는유로바와카스비안못시며
디형을의론컨대동남은스단오보이와야블로노이와알타이와텬이
란산이잇고ᄯᅩ들이며오비와에네세이와리나ㅣ란강은 육칠천리ㅅ식되는강 남
에셔북하슈로드러가고아모어ㅣ란강은 육천리되는강 동에셔오컷스그하슈
로드러가고유랄이란강은셔편카스비안못세로드러가고ᄯᅩ남에셰
갈파쌜릐쉬란못시잇고셔편에아랄이란못시잇고동편ᄯᅳᆺ헤화산스

ᄉᆞ민필지　　아시아　　륙십구

ᄉᆞ민필지　아시아아라사　칠십

물ᄒᆞ나히잇스며
일긔ᄅᆞᆯ의론컨대동북은ᄆᆡ우칩고셔남은ᄆᆡ우더우며
소산을의론컨대초목은쇼나무와실과나무요곡식은밀과보리와귀
리와셔슉이만코면화가ᄆᆡ우만ᄒᆞ며즘승은약대와곰이만코호랑
이와길드린사슴이며갓옷ᄆᆞᆫᄃᆞᆯ기됴흔털ᄉ즘승이오물ᄉ고기가만
코텰셕은금은동텰과셕탄과ᄉᆞ곰이오ᄯᅩ보셕이ᄆᆡ우만ᄒᆞ며 (보ᄇᆡ로온돌이라)
ᄉᆞᄅᆞᆷ의수효ᄅᆞᆯ의론컨대십오ᄇᆡᆨ만명이오시쇽은고귀션이오언어ᄂᆞᆫ
여러가지며
경ᄉᆞᄂᆞᆫ아라사국판원이다ᄉᆞ리며 (아라사국이삼ᄇᆡᆨ년젼에엇엇ᄂᆞ니라)
ᄆᆞᆫ드ᄂᆞᆫ물건은털ᄉ요ᄅᆞᆯ잘ᄆᆞᆫᄃᆞᆯ며 (셔남편에셔만ᄆᆞᆫᄃᆞᄂᆞ니라)
외국통샹을의론컨대내아ᄀᆞᄂᆞᆫ물건은솜과곡식과금은과보셕이오
사드리ᄂᆞᆫ거슨차ᄉᄀᆞ음과사ᄉ당과면쥬와양의털과여러가지실과
와여러가지연장이며
읍니ᄅᆞᆯ의론컨대셔비아읍니ᄂᆞᆫ일홈이두멘이오ᄯᅩ도볼스그와업스
그와멉스그ㅣ란큰촌이셔편에잇고ᄯᅩ볼나듸보스덕이란포촌이동
편에잇고 (됴션국두만강근처ㅣ라) 이굿스그ㅣ란촌이남편에잇스며　러키스단읍
니ᄂᆞᆫ일홈이ᄭᅴ바요ᄯᅩ복하라와머브ㅣ란촌이셔남에잇고ᄇᆡᆨ셩의ᄉᆞ

ᄉᆞ민필지　아시아아라사　칠십일

업을말ᄒᆞᆫ건대북편에ᄉᆞᄅᆞᆷ들은물ᄉ고기잡기ᄅᆞᆯᄒᆞ고듄가온대ᄉ사
ᄅᆞᆷ은쇠푸기와산영을ᄒᆞ고 (갓옷ᄆᆞᆫᄃᆞᄂᆞᆫ연고ㅣ니라) 남편에ᄉᆞᄅᆞᆷ들은롱ᄉᆞ와쇠푸기
와즘승기ᄅᆞ기며
교ᄂᆞᆫ희희교ᄅᆞᆯ만히ᄒᆞ고ᄯᅩ셕리교와야소교ᄅᆞᆯᄒᆞ며
사ㅣ비리아ᄯᅡ흔아라사국이죄인들을뎡비보내ᄂᆞᆫ곳이니먼길헤걸
녀가고ᄯᅩ길히험ᄒᆞ고일긔가치우며음식이됴치아니ᄒᆞᆫ고로미양만흔
ᄉᆞᄅᆞᆷ이죽고ᄯᅩ이ᄯᅡ히너무멀어통ᄒᆞ기어려운고로몃ᄒᆡ젼브터아라
사국이셔울셔브터사ㅣ비리아가온대로죠션두만강근쳐ᄭᆞ지화륜
챠ᄉ길흘ᄆᆞᆫᄃᆞ니삼ᄉᆞ년후ᄂᆞᆫ다ᄆᆞᆺ겟다ᄒᆞ며ᄯᅩ볼나듸보스덕포구에
화륜젼션과군ᄉᆞᄅᆞᆯ만히두엇ᄂᆞ니라ᄯᅩ이ᄯᅡ남편터키스단ᄉ사ᄅᆞᆷ들
은이리더리옴겨가며장막을치고살며너무잔인포학ᄒᆞ고놈의나라
변방에들입ᄒᆞ야직물을로략ᄒᆞᄂᆞᆫ오랑캐니라 (즁국ᄉᆞ긔에북흉노ㅣ이거시니라)

청국

청국은폭원이북위션이십듸그리브터오십ᄉᆞ듸그리ᄭᆞ지요동경션
칠십듸그리브터일ᄇᆡᆨ삼십오듸그리ᄭᆞ지니남북이륙쳔륙ᄇᆡᆨ리오동
셔가구쳔리며
디경을의론컨대북은아시아아라사요동은죠션국과황하슈ㅣ오ᄯᅩ

태평양이며남은청국희와안남국과법아국과인도ᄯᅡ히요(영국 쇽방)셔도
인도ᄯᅡ와아시아아라시아ㅣ며
디방을의론컨대ᄉᆞ면십리되는방면이ᄉᆞ십륙만오쳔이며
디형을의론컨대븍에는알타이와긴간과야블로노이란산과쇼비란
모리밧치잇고(장은삼쳔오빅리오 광은일쳔오빅리라)동에는큰산이업고황후ㅣ란강이(여러쳔 리되는)
(강)쳥하슈로드러가고양치란강이(여러쳔리 되는강)태평양에로드러가고ᄯᅩ퍼
모사ㅣ란셥과적은못시만코남에는탄링과곤륜이란산이잇고(온텬하 에뎨일)
(놉흔산이니 이만쳑이라)ᄯᅩ쳥국희로드러가는간런이란강과인도ᄯᅡ흘지나인도양
에로드러가는브라마푸드라ㅣ란강과히난이란셤이잇고셔에는가
라고룸과꼡룬파련이란산과적은못시만코훈가온ᄃᆡ는만파비링파
아라ㅣ란산이잇고ᄯᅩ동편에누황과련진과리푸와샹히와부찬와홍
콩과에모이와녕보와솨토ㅣ란포구가잇스며(련진브터남경을지나봉 보ᄭᅡ지는문둔갑이니라)
일긔를의론컨대북편은칩고남편은미우더워홍샹눈이업스며
소산을의론컨대초목은버드나무가뎨일만코(온텬하에뎨 일만ᄒᆞ니라)쇼나무와뽕
나무와여러모양되나무가만코담비와면화와잉쇽각이오(양귀비플이니 아편연문둔ᄂᆞᆫ)
(거시 나라)야ᄌᆞ와릉금과비와포도와셕류와귤과여러가지실과와여러가지
꼿나무가만코련꼿히미우만코곡식은밀과보리와셔속과살이미우

만코즘승은호랑이와산ᄉᆞ고양이와여러가지사슴과약대와쇼와몰
과도야지와양과염쇼와여호와노루와곰과여러가지ᄉᆡᆼ과여러가지
오리와공작이와두루미와잉무요여러가지물ᄉᆞ고기와거복이오텰
셕은금은빅통슈은츌쇠요셕탄과여러가지옥과보셕과화반셕과사
기즙ᄂᆞᆫ흙이만ᄒᆞ며(이나라ᄯᅡ헤보빅와긔ᄒᆞᆫ물건이미우만 하도공쓰기를힘쓰지아니ᄒᆞᄂᆞ니라)
사롬의수효를의론컨대ᄉᆞ빅빅만명이니그즁에외국사롬이칠천명
이오(본나라ᄉᆞ사롬의수효가삼빅칠십빅만명이더되것마ᄂᆞᆫ각고을판원들 이빅셩의부세를ᄯᅢ아먹ᄂᆞᆫ고로삼빅칠십빅만명으로호적ᄒᆞᄂᆞ니라)시쟉은몽고
요언어ᄂᆞᆫ본나라ᄉᆞ말이잇고ᄉᆞ투리가미우여러가지며
국톄를의론컨대님금이계셔졍ᄉᆞ를임의대로ᄒᆞ시고형벌ᄒᆞᄂᆞᆫ법은
즁이ᄂᆞᆫ최도만코잔인참혹ᄒᆞᆫ형벌도만ᄒᆞ며
도셩을의론컨대일홈이북경이니나라ᄉᆞ북편이오열여읍도이며북
편에묵던과누황과디유안과가이풍과련진이란큰촌이잇고동편에
샹히와남경과항갓와규강과부찬와에모이와챵사ㅣ란큰촌이잇고
남편에홍콩과간런과솨도와파이링과파양과윤난이란촌이잇고셔
편에딩두와즁깅과시우츄와란쥬와싱안이란촌이잇고(이ᄂᆞᆫ청국 본ᄯᅡ히라)ᄯᅩ북
방만쥬ㅣ란디방에지지카ㅣ란큰촌이잇고ᄯᅩ몽고ᄉᆞ디방에ᄆᆡ미전
이란큰촌이잇고(이ᄂᆞᆫ청국과아라사국이미시ᄒᆞᄂᆞᆫ곳 이오청국이되언덩비보ᄂᆡᄂᆞᆫ곳이라)ᄯᅩ청국러키스단이란디

방에기슈가와야칸드와코탄이란큰촌이잇고ᄯᅩ셔편뎹엣이란디방에라사ㅣ란큰촌이잇고 이ᄯᅡ히도모자물이오바다에서팔쳔쳑이놉고다ᄉᆞ리ᄂᆞᆫ 남ᄌᆞᄂᆞᆫ부쳐도ᄒᆞᄂᆞᆫ즁이오ᄒᆡ마다쳥국에죠회ᄒᆞᄂᆞ니라 사ᄅᆞᆷ의품ᄉᆞ수ᄂᆞᆫ션비와빅셩이오빅셩의ᄉᆞ업은롱ᄉᆞ와길쌈과즘승기르기와물ᄉᆞ고기잡기며

믄드ᄂᆞᆫ물건을의론컨대면쥬ᄶᆞ기와털ᄉᆞ요와슈놋키와샹아와옥으로아모물형샹삭이기와사긔믄들기와ᄃᆡ나무입시로차ᄉᆞᄀᆞ음믄들기를잘ᄒᆞ며

외국통샹을의론컨대내아곡ᄂᆞᆫ물건은차ᄉᆞᄀᆞ음과면쥬와살이니갑시일년에이십오빅만원이오사드리ᄂᆞᆫ거순아편연과셔양목과모든연장과군긔와화륜션과전긔션이니갑시일년에일빅빅만원이며

당ᄉᆞᄉᆞ무를의론컨대대단히긴절ᄒᆞ며

국셰를의론컨대아시아나라즁에ᄂᆞᆫ강ᄒᆞ며

국ᄌᆡ를의론컨대일년에부셰밧ᄂᆞᆫ거시대개일빅이십빅만원이며 곡식으로밧으니그수를ᄌᆞ셰히알수업ᄂᆞ니라

군ᄉᆞ를의론컨대일빅만명이오뎔갑화륜션이ᄉᆞ십쳑너에대화륜선이셋쳑이며 군ᄉᆞᄂᆞᆫ만흐나병법은아지못ᄒᆞᄂᆞ니라

학업을의론컨대외국션비를쳥ᄒᆞ야온갓ᄌᆡ조공부를시작ᄒᆞ며

종교를의론컨대공부ᄌᆞ도를준힝ᄒᆞ고ᄯᅩ아모나아모교를임의대로ᄒᆞ며

나라안도로ᄂᆞᆫ미우됴치못ᄒᆞ고화륜챠ᄉᆞ길놀시작ᄒᆞ며

이나라헤이샹ᄒᆞᆫ거순부인들이어렷실ᄯᅢ에발을동혀미아ᄌᆞ라지못ᄒᆞ게ᄒᆞ야미우적은고로거름을것기가어려우니부축ᄒᆞᄂᆞᆫ하인이잇고ᄯᅩ관가에셔죄인을티벌ᄒᆞᆯ매돈을주고티신을셰우며ᄯᅩ남경근쳐예사ᄅᆞᆷ은단코ᄯᅡ히적은고로강이나큰못셰나무나큰티로ᄯᅦ를모흐고그우헤흙을싯고집을지으며밧츨갈아롱ᄉᆞᄒᆞ고사ᄂᆞᆫ사ᄅᆞᆷ이수만명이오ᄯᅩ아편연을먹어일년에수십만명ᄉᆞ식죽으티미우됴하먹고ᄯᅩ아편연만먹고장가가지아니며살님ᄒᆞ지아니ᄒᆞ고도모지산으히만사ᄂᆞᆫ촌이잇고 아편연을영국이즁국에팔매즁국이금ᄒᆞ니영국이군ᄉᆞ를보내아즁국을쳐크게이긔고아편연을금ᄒᆞ지못ᄒᆞ게ᄒᆞ니온텬하에이깃치됴치못ᄒᆞᆫ일이업ᄂᆞᆫ지라텬하각국이미우시비ᄒᆞ며오랑캐의일이라ᄒᆞᄂᆞ니라 ᄯᅩ북경북편이빅리에미우길게싸ᄒᆞᆫ셩이잇스니길기가오천리라황하슈를건너싸핫ᄉᆞ며 진시황의만리쟝셩이니라 ᄯᅩ빅ᄉᆞ측에집을짓고강에ᄯᅥ든니며고기잡아실의ᄒᆞ며사ᄂᆞᆫ사ᄅᆞᆷ이수빅만명이오ᄯᅩ남북방말이크게다른고로언어를서로통ᄒᆞ지못ᄒᆞᄂᆞ니라

죠션국

죠션국은폭원이북위션삼십오되그리브러ᄉᆞ십삼되그리ᄭᆞ지요동

졍션일빅이십삼뒤그리브러일빅삼십일뒤그리ᄉᆞ지니남북이삼쳔
리요동셔가륙빅리며

디경을의론컨대북은만쥬ㅣ오동은일본하슈요남은동희요셔는황
하슈ㅣ며

디방을의론컨대ᄉᆞ면십리되는방면이구쳔오빅이며

디형을의론컨대ᄉᆞ면에산이만ᄒᆞ니(큰산은동북에잇ᄂᆞ니라)북에는빅두산과(놉기가오쳔쳑)
두만강이잇고남에는락동강과금강이잇고셔에는한강과대동강과
압록강이잇고동에원산포구가잇고남에부산포구가잇고셔에졔물
포구가잇고ᄯᅩ남에졔쥬ㅣ란셤이잇고동에울능도와티마도ㅣ란셤
이잇고셔에강화ㅣ란셤이잇고ᄯᅩ셔남에젹은셤들이만ᄒᆞ며

일긔를의론컨대미우고로르고여름에쟝마가만ᄒᆞ며

소산을의론컨대초목은쇼나무츔나무뽕나무감나무대초나무가만
코면화와닥닙가미우만코곡식은쌀과보리와밀과슈슈와셔쇽과콩
과귀이리가만코즘승은쇼와ᄆᆞᆯ과호랑이와사슴과곰과여호와산ᄉᆞ
도야지가만코양과염쇼ㅣ며여러가지싱션이만코텰셕은홈쇠와구
리와납과금과은과슈졍과셕탄과화반셕과진쥬와ᄌᆞ개와쥬셕이며

사ᄅᆞᆷ의수효를의론컨대대개십이빅만명이오시쇽은몽고ㅣ오언어
ᄂᆞᆫ본나라ᄉᆞ말이잇ᄉᆞ며

국톄를의론컨대님금이계셔졍ᄉᆞ를임의로쥬쟝ᄒᆞ시고형벌ᄒᆞᄂᆞᆫ법
은즉이고병비ᄒᆞ고가도고쇽밧고티벌도ᄒᆞ며(쳥국과대개ᄀᆞᆺᄒᆞ니라)

도셩을의론컨대일홈이한양이니나라ᄉᆞ셔편이오여덟도이며사ᄅᆞᆷ
의픔ᄉᆞ수ᄂᆞᆫ션비와량반과즁인과빅셩이오빅셩의ᄉᆞ업은롱ᄉᆞ와길
쌈이며

ᄆᆞᆫᄃᆞᄂᆞᆫ물건을의론컨대목긔와(목긔에ᄌᆞ개박기를ᄯᅩ잘ᄒᆞᄂᆞ니라)류긔와죠희와부치와면
쥬와무명과모시와뵈ᄶᆞ기를잘ᄒᆞ고슈놋키와바ᄂᆞ질을잘ᄒᆞ며

외국통샹을의론컨대내아ᄑᆞᄂᆞᆫ물건은금은과콩과쌀과쇠기쥭과인
삼이니갑시일년에수십만원이오사드리ᄂᆞᆫ거슨셔양목과여러가지
비단과사긔와쇠연장이니갑시일년에수십만원이며

군ᄉᆞᄂᆞᆫ수만명이며

학업을의론컨대즁국글ᄌᆞ와국문ᄌᆞ를힘써공부ᄒᆞ고ᄯᅩ군ᄉᆞ와외국언어문
ᄌᆞ와수ᄉᆞ법과련문과디리를ᄀᆞᄅᆞ치ᄂᆞᆫ학당이잇ᄉᆞ며

종교를의론컨대공부ᄌᆞ도를존힝ᄒᆞ고다른도ᄂᆞᆫ금ᄒᆞ며(다른도를금ᄒᆞ기ᄂᆞᆫ죠션밧게도모
지업ᄂᆞ니라)

나라안도로ᄂᆞᆫ쳥국과ᄀᆞᆺᄒᆞ니라

일본국

일본국은여러셤이련ᄒᆞ야ᄒᆞᆫ나라ᄒᆞᆯ일웟시니폭원이북위션삼십일
되그리브터ᄉᆞ십륙되그리ᄭᆞ지요동경션일ᄇᆡᆨ삼십되그리브터일ᄇᆡᆨ
ᄉᆞ십오되그리ᄭᆞ지니남북이삼천오ᄇᆡᆨ리요동셔가륙ᄇᆡᆨ리며
디경을의론컨대동남북은ᄐᆡ평양이오셔는일본ᄒᆡ며
디방을의론컨대ᄉᆞ면십리되는방면이일만오천이며
디형을의론컨대화산으로솟고여된셤써히라ᄉᆞ면에화산이만ᄒᆞ니
가온대는푸지와아사마와시로ㅣ란산이잇고 다크고놉흔화산이라 남에는맛슈
와아소와가와ㅣ란산이잇고북에는벤다이와비노기와포로노고븨
란산이잇고 다화산이니라 동편에텐린과푸지와덴이와기소와비가미란강이
잇고셔편에가쥬류와쉬나로와시나나ㅣ란강이잇고ᄯᅩ동편에요고
하마와센다이와도쿄와수루가와낭오야와고븨란포구가잇고남편
에쉬몬나사기와곡쿠오가와나가사기와쉬마바라와가고시마ㅣ란
포구가잇고셔편에하마다와가루와와가사와추루가와도야마와가
나사와와늬이가라ㅣ란포구가잇고ᄯᅩ남편에바다ㅅ물이륙디로드
러가여러ᄇᆡᆨ리되는바다가되고나라ᄒᆞᆫ가온대세와ㅣ란큰못시잇고
잠이ᄇᆡᆨ리니라 ᄯᅩ루큐ㅣ란여러셤이련ᄒᆞ야잇고동셔북에다적은셤들이만ᄒᆞ

며
일긔를의론컨대죠션보다좀더웁고습긔가만ᄒᆞ며
소산을의론컨대초목은쇼나무ᄐᆡ나무층나무쟝뇌나무 약ᄉᆞ지에ᄡᅳᄂᆞ니라 ᄲᅩᆼ나
무ᄐᆡ나무여러가지실과나무가만코곡식은밀과보리와쌀과귀이리
와갑조요즘승은쇼와말과도야지와곰과사슴과여러모양두루미와
ᄭᅩ리가삼ᄉᆞ쳑되는ᄭᅯᆼ이며ᄉᆡᆼ션이ᄆᆡ우만코텰셕은금은동텰과류황
파셕탄과슈마노ㅣ며
사ᄅᆞᆷ의수효를의론컨대ᄉᆞ십ᄇᆡᆨ만명이오시족은몽고ㅣ오언어는본
나라ㅅ말이잇스며
국톄를의론컨대님금이졍ᄉᆞ를임의로ᄒᆞ시더니년젼브터ᄇᆡᆨ셩의게
의론ᄒᆞ샤ᄇᆡᆨ셩의ᄯᅳᆺ을조ᄎᆞ시고형벌ᄒᆞ는법도곳쳐유로바모든나라
와도모지ᄀᆞᆺ치ᄒᆞ며
도셩을의론컨대일홈이도쿄ㅣ니 동경이라 나라ㅅ동편허변이오북편에사
브로와하고나리와센다이와늬이가타ㅣ란큰포촌이잇고나라ㅅ가
온대는요고하마와늬고와 산슈와경쳐가나라안에뎨일이오ᄯᅩᄆᆡ우장려ᄒᆞᆫ절이잇ᄂᆞ니라 가나사와기푸와낭
오야와쿄도와 녜ㅅ셔울이니라 오사가와고븨란큰촌이잇고남편에푸쿠오가
와사가와구무모도와나가사기란큰촌이잇고사ᄅᆞᆷ의픔ㅅ수는션비

와랑반파빈셤이오빈셤의ᄉ업은롱ᄉ와길삼과물ㅅ고기잡기와쇠
곤기며
므드는물건을의론컨대면쥬와ᄉ긔와병풍과목긔와듸차ㅅ구음을
잘만들며
외국통상을의론컨대내아ᄑ는물건은면쥬와듸차와쌀과석탄과싱
선기름과칠훈목긔와어물과구리와장뇌 (약ㅅ재예 쓰는것) 니갑시일년에오십
이빅만원이오사드리는거슨셔양목과우단과여러가지쇠와약ㅅ지
와사ㅅ탕과외국의복파연장이니갑시일년에ᄉ십오빅만원이며
당ᄉᄉ무를의론컨대미우긴절훈일이며
국셰를의론컨대유로바나라들과ᄀ치강ᄒ며
국지를의론컨대일년에부셰밧는돈이팔십빅만원이며
군ᄉ를의론컨대륙군이이십만명이오화륜전선이삼십척이며
학업을의론컨대미우대단히힘써뭉리마다학당이잇고나라안모든
으히를도모지다공부ᄒ게ᄒ고ᄯ군ᄉ와손ㅅ직조와격물파온갓학
업ᄆ르치는학당이잇스며
총교를의론컨대쥬장ᄒ는교는업고아모나아모교를준힝ᄒ며 (부처의도가만터니ᄎᄎ적어지고지금은련쥬교와야소교를만히준힝ᄒ느니라)

나라소무를의론컨대외국공속을비호며더옥강ᄒ고부ᄒ기를미우
힘쓰며
나라안도로를의론컨대미우잘닥고화륜차ㅅ길이미우만ᄒ며
이나라헤이샹훈거슨디퐁이미우자조잇서후훈날ㅅ동안에몃번ㅅ
식ᄒ며ᄯ이십년ㅅ동안에녜ㅅ풍속파법을다곳처지금은풍속파의
복파모든쓰는연장파학업파군ᄉ와병법과모든정ᄉ와당ᄉᄉ무와
강ᄒ고부훈파준힝ᄒ는교도도모지유로바모든나라와분별이업스
니이러케급히부강ᄒ여지며풍속밧고는거슬련하각국이대단히칭
찬ᄒ며그이히넉이고ᄯ이나라히미국이천오빅년에도모지환혁훈
일이업시춘셩ㅅ시로느려오느니라

안남국 (불란시속국이라)

안남국은폭원이북위선여ᄃᆞᆲ되그리브터이십삼되그리ᄉ지요동경
선일빅세되그리브터일빅아홉되그리ᄉ지니남북이삼천리요동셔
가ᄉ빅리며
디경을의론컨대북은청국이오동남은청국히요셔는사ㅣ암국이며
디방을의론컨대ᄉ먼십리되는방면이이만이며
디형을의론컨대평훈들이오동편히변에만적은산이두루고북에는

ᄉᆞ민필지　안남국　팔십이

송가와수엉이란강이잇고남에는메콩이란강이잇고(수천여리되ᄂᆞᆫ강) ᄯᅩ남편
에서간파동편에후아와북편에팡년이란포구가잇고ᄯᅩ변하ㅣ란곳
시잇스며
일긔롤의론컨대미우더우며
소산을의론컨대초목은ᄯᅴ나무와온갓재목ᄒᆞ기됴흔나무ㅣ며여러
가지실과나무가만코잉속각과(앙귀비플)목화와사ㅅ당풀이만코ᄯᅩ내음
새됴흔초목이만ᄒᆞ며곡식은ᄡᆞᆯ이만코즘승은쇼와ᄆᆞᆯ과양과원숭이
와염쇼와코ㅅ기리요텰셕은쇠와셕탄이오금이만ᄒᆞ며
사ᄅᆞᆷ의수효롤의론컨대십팔만명이오시족은몽고와메례요언어는
본나라ㅅ말이잇스며
국례롤의론컨대님금이계시고졍ᄉᆞ는불란시국관원이임의대로쥬
장ᄒᆞ며(불란시국속국인연고ㅣ니라)
도셩을의론컨대일홈이후아ㅣ니나라ㅅ가온대요ᄯᅩ북편에동긴이
란도가잇스니웁너일홈이한오이요(불란시국관원이다ᄉᆞ리ᄂᆞ니라) 남편에남안
남이란도가잇스니웁너일홈이셔간이오(불란시국관원이다ᄉᆞ리ᄂᆞ니라)셔남에
감보듸아ㅣ란도가잇스니웁너일홈이브롬이오(불란시국관원이다ᄉᆞ리ᄂᆞ니라)
사ᄅᆞᆷ의픔ㅅ수는선비와빅셩이오빅셩의ᄉᆞ업은롱ᄉᆞᄒᆞ기와비믄물

ᄉᆞ민필지　안남국　팔십삼

기며
외국통샹을의론컨대내아가는물건은ᄡᆞᆯ과사ㅅ당과실과재목이오
사드리는거슨온갓연장과실과보신과셕경과아편연과조희와셕유
와퇴차와염쇠ᄀᆞ음과술이며
믄드는물건은사ㅅ당과아편연을만히믄돌며
국셰는약ᄒᆞ며
군ᄉᆞ는몃만명이오ᄯᅩ불란시국군ᄉᆞ가일만이천명이잇고화륜전선
이십쳑이며
학업과나라안도로는말ᄒᆞᆯ것시업스며
종교는공부ᄌᆞ도롤준행ᄒᆞ고ᄯᅩ아모나아모도롤임의로ᄒᆞ며ᄯᅩ련쥬
교ᄒᆞ는사ᄅᆞᆷ이ᄉᆞ십만명이오큰촌마다련쥬당이잇스며　ᄯᅩ불ㅅ도
가만코불ㅅ당과절이만ᄒᆞ니라

사ㅣ암국

사ㅣ암국은폭원이젹도브러북위션이십일되그리ᄉᆞ지요동경션구
십칠되그리브터일빅칠되그리ᄉᆞ지니남북이삼천리요동셔가일천
이빅리며
디경을의론컨대북은법아국이오동은안남국이오남도안남국이며

ᄉᆞ민필지 사ㅣ암국 팔십ᄉᆞ

ᄯᅩ청국히요셔도법아국이며
디방을의론컨대ᄉᆞ면십리되는방면이삼만이며
디형을의론컨대ᄉᆞ면에적은산이만코동에는미공강이잇고셔에는미남강과미빙강이잇고 (다청국히로드러가ᄂᆞ니라) 남편에쌩꺽이란포구가잇고싱어보어ㅣ란섬이잇스며 (영국이ᄎᆞ지ᄒᆞ니라)
일긔를의론컨대미우더우며
소산을의론컨대초목은ᄇᆡᆨ단향과화류와여러가지실과와목ᄆᆡ쇼문ᄯᅳ는나무와ᄃᆡ나무요효쵸와사ㅅ당풀과목화와향몬ᄯᅳ는입계나무와ᄲᅩᆼ나무며곡식은쌀과셔속이오즘승은코ㅅ기리와흰빗코ㅅ기리 (흰빗코ㅅ기리는이ᄯᅡ밧게도모지업ᄂᆞ니라) ᄯᅩ호랑이와풀ㅅ쇼와산ㅅ도야지와원숭이와여러모양사슴과여러모양비암이오 (물에ᄯᅳᆫ나는도마비암ᄀᆞᆺ고기리는십여쳑되는즘승이잇스니일홈이악어ㅣ니라) 쳘셕은금은동렬과납과여러가지보셕이며
사ᄅᆞᆷ의수효를의론컨대오ᄇᆡᆨ만명이오시쟉은메레와몽고ㅣ오언어는본나라ㅅ말이잇스며
국톄를의론컨대님금이계셔졍ᄉᆞ를쥬장ᄒᆞ시며
도셩을의론컨대일홈이뺑꺽이니나라ㅅ남편이오ᄯᅩ동편에본피살과반목과밧삭과복편에졍콩과경센과랑코라방과남편에잔다분과

ᄉᆞ민필지 사ㅣ암국 팔십오

셔편에라분과라행이란큰촌이잇고사ᄅᆞᆷ의픔ㅅ수는션ᄇᆡ와량반과ᄇᆡᆨ셩이오ᄇᆡᆨ셩의ᄉᆞ업은롱ᄉᆞ와길쌈이며
몬ᄃᆞ는물건은유리와ᄉᆞ긔를잘몬ᄃᆞ며
외국통샹을의론컨대내아가는물건은셔양털과살과ᄇᆡᄉ지목과효쵸와어물과쇼와가족과사ㅅ당과면쥬와숌과쇠쟐이니갑시일년에십삼ᄇᆡᆨ만원이오사드리는거순셔양목과길쌈ᄒᆞᆯ삼과류리와여러모양칼과나편연과셕유와노리개와술과연쟝이니갑시일년에팔ᄇᆡᆨ만원이며
국셰는약ᄒᆞ며
국지는일년에부셰밧ᄂᆞᆫ돈이륙ᄇᆡᆨ만원이며
군ᄉᆞ는팔쳔명이며
종교는불ㅅ도를즁히ᄒᆞ고불ㅅ당과절이미우만코ᄯᅩ텬쥬교와야소교도만코텬쥬당이잇스며ᄯᅩ아모나아모교를임의대로ᄒᆞ며
이나라헤이샹ᄒᆞᆫ풍속은두님금이계시고ᄯᅩ세악시는니를검게물ᄃᆞ리고ᄯᅩ즘승과미ᄒᆞᆫ버레라도죽이지아니ᄒᆞ고사ᄅᆞᆷ들이머리털을즁과ᄀᆞᆺ치ᄯᅡᆨ그티뒤ᄭᅩᆨ디는두셋치되게기르ᄂᆞ니라 (ᄯᅩ흰빗코ㅅ기리를귀ᄒᆞᆫ즘승이라ᄒᆞ야됴흔집과의복과음식과례대다온말노대단히ᄃᆡ졉ᄒᆞᄂᆞ니라)

법아국 (엥길리국속국이라)

법아국은폭원이북위선열듸그리브터이십팔듸그리ᄭᆞ지요동경선구십이듸그리브터일ᄇᆡᆨ삼십듸그리ᄭᆞ지니남북이삼천오ᄇᆡᆨ리요동셔가이쳔리며

디경을의론컨대북은쳥국이오동도쳥국이며ᄯᅩ안남국과사ㅣ암국이오남은인도양과ᄯᅩ사ㅣ암국이오셔도인도양과인도ᄲᅡ히며

디방을의론컨대ᄉᆞ면십리되는방면이이만일천이며

디형을의론컨대북에는곤륜산과셜산이잇고ᄯᅩᄉᆞ면에적은산이만코동에는미공강이잇고ᄒᆞᆫ가온대는살윈이란강이잇고(현리되는강)셔에는이라와듸란강이잇고(삼천리되는강)남에는적은섬이만코ᄯᅩ마다반과랑군이란포구가잇스며

긔후는ᄆᆡ우더우며

소산을의론컨대초목은빈랑과야ᄌᆞ와ᄄᆡ와술과비짓기됴흔나무며담비와목화와ᄶᅩᆨ풀이오(남ᄉᆡᆨ드리는풀)곡식은ᄡᆞᆯ과밀이오텰셕은금은과납과흠쇠와ᄇᆡᆨ은보셕과비ᄎᆔ옥과화반셕과금패가만코ᄯᅩ셕유ㅣ며즘승은호랑이와표범과원숭이와코ㅅ기리와산ㅅ쇼와양이와산ㅅ쇼와물쇼가ᄆᆡ우만ᄒᆞ며

사ᄅᆞᆷ의수효를의론컨대ᄉᆞᄇᆡᆨ만명이오시족은몽고와메례오언어는본나라ㅅ말이잇스며

국톄를의론컨대님금이계셔졍ᄉᆞ를쥬장ᄒᆞ시고형벌ᄒᆞ는법은죽이는죄와잔인참혹ᄒᆞᆫ형벌도만ᄒᆞ며

도셩을의론컨대일홈이만델네니나라ㅅ가온대요ᄯᅩ남편에랑군과마다반과브룸이란촌이잇고셔편에라므리와아라칸과ᄲᅢ셈이란촌이잇고셔울근쳐에아바와아마라브라와풋소보ㅣ란큰촌이잇고북편에바무와명명이란촌이잇고사ᄅᆞᆷ의픔ㅅ수는션비와ᄇᆡᆨ셩이오ᄇᆡᆨ셩의ᄉᆞ업은롱ᄉᆞ와길삼과쇠푸기며

외국통상을의론컨대내아푸는물건은여러가지먹을기름과ᄇᆡㅅ직목과셕유와담비와칠ᄒᆞᆫ목긔와금은과납과구리와쪽물과야ᄌᆞ와밀과솜과ᄆᆞᆯ이오사드리는거슨어물과셔양목과면쥬와양의털필육이며

국셰는약ᄒᆞ며(이나라셔편디방을영국이만히엇어차지ᄒᆞ고이나라ᄉᆞ졍ᄉᆞ도만히상관ᄒᆞᄂᆞ니라)

군ᄉᆞ는이만명이며

종교를의론컨대불ㅅ도를쥰힝ᄒᆞ고ᄯᅩ아모나아모교를임의대로ᄒᆞ며

이나라헤이샹ᄒᆞᆫ거ᄉᆞᆫ큰기동을ᄡᅡ헤박고그기동우헤집을지으며ᄯᅩ
사ᄅᆞᆷ이죽으면시톄를불에ᄉᆞᆯ으고흰빗코ㅅ기리를됴흔집과음식과
의복과만흔하인으로ᄡᅥ대단히위ᄒᆞ고ᄃᆡ졉ᄒᆞ며ᄯᅩ부쳐압헤ᄃᆡ양헌
빗우산을놋코절ᄒᆞ며비ᄂᆞ니라 흰코ㅅ기리ᄂᆞᆫ님금만기ᄅᆞ시ᄂᆞ니라

인도ᄯᅡ 영국아시아ㅣ라닐ᄋᆞᄂᆞ니라

인도ᄯᅡᄒᆞᆫ 영국ᄯᅡ 밧이라 북위션여ᄉᆞᆺ되그리브러삼십륙되그리ᄉᆞ지요동경션
륙십륙되그리브러구십륙되그리ᄉᆞ지니남북이륙쳔리요동셔가오
쳔칠ᄇᆡᆨ리며
디경을의론컨대북은쳥국이오동은법아국과인도양이오남도인도
양이오셔도인도양이며ᄯᅩ빌루기스단과압간니스단국이며
디방을의론컨대ᄉᆞ면십리되ᄂᆞᆫ방면이십ᄉᆞ만이며
디형을의론컨대북에ᄂᆞᆫ곤륜산과가라고람이란산이잇고동에ᄂᆞᆫ동
것스산과셔에ᄂᆞᆫ셔것스산이잇고ᄉᆞ면에ᄯᅩ적은산이만ᄒᆞ며동편에
부라마부드라와 ᄉᆞ쳔리 되ᄂᆞᆫ강 깐지스와 전에어린ᄋᆞᄒᆡ를하ᄂᆞ님ᄭᅴ밧친다ᄒᆞ고이강에넛ᄂᆞ니라 쇼다ᄇᆡ리와
동부드라와마하나디란강이잇고셔편에나바다와인더스ㅣ란강이
잇고 삼쳔오ᄇᆡᆨ리되ᄂᆞᆫ강 동편에칼카다와마드라스ㅣ란포구가잇고셔편에갑베
와슈랏과범배단포구가잇고남편에실년이란큰셤과 쳘ᄇᆡᆨ리되ᄂᆞᆫ셤 동남에안
다만이란오록셤과늬코바ㅣ란오록셤이잇스며
일긔를의론컨대ᄆᆡ우더우며
소산을의론컨대초목은향나무와ᄐᆡ나무와쇼나무와온갓적목ᄒᆞ기
됴흔여러나무와야ᄌᆞ와티와ᄲᅩᆼ과오목과화류와여러가지실과나무
와잉쇽각이텬하에뎨일노만코곡식은밀과보리와귀리요ᄊᆞᆯ이ᄆᆡ
우만코갑괴도만ᄒᆞ며즘승은산ㅅ쇼와산ㅅ교양이와산ㅅ염쇼와곰
과코ㅅ기리와호랑이가만코사슴과물과쇼와양과원슝이가ᄆᆡ우만
코독ᄒᆞᆫ비암이ᄯᅩᄆᆡ우만코쳘석은금과츄쇠와셕탄과회ㅅ돌과보셕
이며 영국사ᄅᆞᆷ들이이ᄯᅡ헤셔아편연을만드라쳥국에파ᄂᆞ니라
사ᄅᆞᆷ의수효를의론컨대이ᄇᆡᆨ륙십만명이오시족은고카션이오 남편에몽고도잇ᄂᆞ니라
언어ᄂᆞᆫ본나라ㅅ말이잇고ᄯᅩ여러가지며
읍니ᄂᆞᆫ일흠이갈가다ㅣ니동편이오ᄯᅩ북편에라호어와베쇠와뎰희
와아그라와곤버와알라하밧과왈늬어와비나리스와남편에하이드
라밧과마드라스와마이소와셔편에범베와바로다와가온대져벌브
어와낙부어와인도아와파례탄촌이잇고사ᄅᆞᆷ의픔ㅅ수ᄂᆞᆫ션비와ᄇᆡᆨ
셩이오ᄯᅩ여러가지칭ㅅ수가잇서도모지밧고지못ᄒᆞ고ᄇᆡᆨ셩의ᄉᆞ업
은롱ᄉᆞ와길삼과병법과산영ᄒᆞ기며

ᄆᆞᆫ드ᄂᆞᆫ물건은아편연과무며쇼와면쥬를잘ᄆᆞᆫ들며
외국통상을의론컨대내아꾸ᄂᆞᆫ것슨솜과아편연과쌀과밀과되차와
가족과약품과갑피와셔양목과양의털과면쥬와실과와여러가지약
럼이니갑시일년에수ᄇᆡᆨᄇᆡᆨ만원이오사드리ᄂᆞᆫ것슨셔양목과여러가
지쇠와화륜차와여러가지연장과사ㅅ당과셕탄과술과면쥬와의복
과칼과여러가지약과소곰과류리와금은이니갑시일년에삼ᄇᆡᆨᄇᆡᆨ만
원이며
당ᄉᆞᄉᆞ무를의론컨대미우긴절ᄒᆞᆫ일이며
일년에밧ᄂᆞᆫ부세ᄂᆞᆫ일ᄇᆡᆨ팔십ᄇᆡᆨ만원이며
졍ᄉᆞᄂᆞᆫ영길리국관원이다ᄉᆞ리며
군ᄉᆞᄂᆞᆫ이십만명이잇스며
학업은영국이ᄀᆞᄅᆞ치ᄂᆞᆫ고로미우힘쓰며
준ᄒᆡᆼᄒᆞᄂᆞᆫ도ᄂᆞᆫ불ㅅ도와회회도와여러가지도가만코ᄯᅩ텬쥬교와야
소교도만ᄒᆞ며
모든도로ᄂᆞᆫ다잘닥고ᄯᅩ화륜차ㅅ길도만ᄒᆞ며
이ᄯᅢ에이상ᄒᆞᆫ풍쇽은사ᄅᆞᆷ이죽으면그혼이원숑이게환싱ᄒᆞᆫ다ᄒᆞ야
원숑이를됴흔집과음식으로ᄃᆡ졉ᄒᆞ고혹녀인이ᄒᆡ산ᄒᆞᆫ후에그ᄋᆞᄒᆡ

를ᄒᆞᄂᆞ님ᄭᅴ밧친다ᄒᆞ고강ㅅ물에너흐며혹남편이죽으면그안해를
ᄀᆞᆺ치장ᄉᆞᄒᆞ며ᄯᅩ금으로부쳐를ᄆᆞᆫ들고큰수레에싯고만흔사ᄅᆞᆷ이ᄭᅳᆯ
으러길노나갈ᄉᆡ사ᄅᆞᆷ들이ᄯᅢ해엽ᄃᆡ면그사ᄅᆞᆷ의우해로수레를ᄭᅳᆯ
어여러사ᄅᆞᆷ을눌너죽이고ᄯᅩ호랑이와ᄇᆡ암이만하일년에수만명사
ᄅᆞᆷ이죽고ᄯᅩᄇᆡ암을잡아니ᄅᆞᆯᄲᅢ고길드려여러모양작란ㅅᄀᆞ믈운ᄒᆞ
ᄂᆞ니라 산사ᄅᆞᆷ을상졔ᄒᆞᄂᆞᆫ풍쇽을엥길리국이금ᄒᆞ야지금은아니ᄒᆞᄂᆞ니라

별루기스단국 영국쇽국이라 압간니스단국

별루기스단국과압간니스단국은폭원이북위션이십오도그리브러
삼십칠도그리ᄭᆞ지요동경션륙십일도그리브러칠십이도그리ᄭᆞ지
니남북이삼천리요동셔가일천오ᄇᆡᆨ리며
디경을의론컨대북은러키스단이오 아시아아라사ㅣ라 동은인도ㅣ오남은인도
양이오셔ᄂᆞᆫ베시아국이며
디방을의론컨대ᄉᆞ면십리되ᄂᆞᆫ방면이ᄉᆞ만이쳔이며
디형을의론컨대북에ᄂᆞᆫ흰두구쉬란산이잇고남에ᄂᆞᆫ물이오ᄯᅩ젹은
강이ᄉᆞ면에만ᄒᆞ며
일거ᄂᆞᆫ더우며
소산을의론컨대초목은여러가지쌀과와로도나무와담ᄇᆡ와목화와사

ᄉᆞ당풀이오곡식은쌀과밀과보리와셔속이오즘승은양과염쇼와약티가미오만코쇼와몰이오ᄯᅧᆯ석은구리와납과층쇠와류황과ᄇᆡᆨ반이며

사ᄅᆞᆷ의수효ᄅᆞᆯ의론컨대ᄉᆞᄇᆡᆨ만명이오시족은고키선이오언어은본나라ᄉ말이잇스며

국ᄯᅢᄅᆞᆯ의론컨대도나라히다님금이계서정ᄉᆞᄅᆞᆯ쥬쟝ᄒᆞ시며 (별루기스단국은정ᄉᆞᄅᆞᆯ영국이만히상관ᄒᆞᄂᆞ니라)

도셩을의론컨대별루기스단국도셩은일홈이길랏시니나라ᄉ동북이오압간니스단국도셩은일홈이갑울이니나라동편이오ᄯᅩ남편에간다하와셔편에헤랏과북편에발쿠와쿨룸이란촌이잇고ᄇᆡᆨ셩의ᄉᆞ업은롱ᄉᆞ와길삼과즘승치기며

믄드ᄂᆞᆫ물건을의론컨대털ᄉ요와양의털노ᄶᅡᆫ필육과장막을잘믄드며

외국통상을의론컨대내아파ᄂᆞᆫ물건은갑시일년에ᄇᆡᆨ만원이오사드리ᄂᆞᆫ거슨갑시일년에이ᄇᆡᆨ오십만원이며

국셰ᄂᆞᆫ두나라가다약ᄒᆞ며

국지ᄅᆞᆯ의론컨대압간니스단국은일년에밧ᄂᆞᆫ부셰가ᄇᆡᆨ만원이오별루기스단국은일년에팔만원이며 (팔만원즁에십만원은영길리국에공ᄒᆞᄂᆞ니라)

종교ᄂᆞᆫ다회회교ᄅᆞᆯ쥰힝ᄒᆞ고ᄯᅩ아모나아모교ᄅᆞᆯ임의로쥰힝ᄒᆞ며

압간니스단국은북편힌두구스산에아라사국이길ᄒᆞᆷ문ᄃᆞ지못ᄒᆞ게미욱힘쓰ᄂᆞ니라 (힌두구스산에길ᄒᆞᆷ문물면아라사국이너머와셔이나라ᄯᅡ해셔영국과싸홈ᄒᆞ기가쉬운연고ㅣ니라)

아라비아 (미ᄯᅡᄒᆞ쪽이오만이란나라ㅣ니라)

아라비아ᄯᅡ흔폭원이북위션십이ᄯᅴ그리브러삼십ᄉᆞᄯᅴ그리ᄭᆞ지요동경션삼십륙ᄯᅴ그리브러륙십ᄯᅴ그리ᄭᆞ지니남북이ᄉᆞ천오ᄇᆡᆨ리요동셔가일천오ᄇᆡᆨ리며

디경을의론컨대셔북은아시아터키요동도아시아터키며ᄯᅩ인도양이오남도인도양이며

디방을의론컨대ᄉᆞ면십리되ᄂᆞᆫ방면이구만이며

디형을의론컨대ᄉᆞ면이도모지모릐밧치요산과강이업고다만남편에만적은강새베히잇스나여름이면쉽게므ᄅᆞ고이ᄯᅡ흔가온대ᄂᆞᆫ여러우물이잇고우물ᄉ마혜ᄂᆞᆫ얼마ᄉ동안륙디가잇서초목이잇스며

일긔ᄂᆞᆫ더옥며

소산은대초나무와셔속과몰과약대와오스드리취가만ᄒᆞ며 (몰은온련하에매얼노됴코만흐니라 오스드리취가모릐밧헤만히잇ᄂᆞ니라)

사ᄅᆞᆷ의수효ᄂᆞᆫ일ᄇᆡᆨ오십만명이며시족은고ᄃᆡ선이오언어ᄂᆞᆫ본ᄯᅡㅅ말이잇스며 믹우오랜말이니라

다ᄉᆞ리기ᄂᆞᆫ각셩ㅅ시가각각졔셩ㅅ시를다ᄉᆞ리고님굼이업ᄉᆞ시며 동편에장은일쳔오ᄇᆡᆨ리요광은이ᄇᆡᆨ리되ᄂᆞᆫ오만이란적은나라가잇서님굼이계셔졍ᄉᆞ를쥬쟝ᄒᆞ시니도셩일홈은모스갓시오ᄇᆡᆨ셩의ᄉᆞ업은즘승치기며

외국통샹을의론컨ᄃᆡ내아ᄑᆞᄂᆞᆫ거ᄉᆞᆫᄃᆡ초와여러가지실과와소곰과진쥬와어물과돗ᄌᆞ리며사드리ᄂᆞᆫ거ᄉᆞᆫᄉᆞᆯ과밀과사ㅅ당과셔양목과갑픠며

종교ᄂᆞᆫ회회교를준힝ᄒᆞ고　학업도회회교만슝샹ᄒᆞ며

이ᄯᅡ혜이샹ᄒᆞᆫ것ᄉᆞᆫ오만국밧게ᄂᆞᆫ도모지집을짓지아니ᄒᆞ고장막을치고이리뎌리옴겨살며　ᄯᅩ이ᄯᅡ사ᄅᆞᆷ모함ᄆᆡᆺ시회회교를시작ᄒᆞ고멕가ㅣ란촌으로회회교ㅅ셔울을뎡ᄒᆞᆫ고로회회교ᄒᆞᄂᆞᆫ사ᄅᆞᆷ들이아모ᄃᆡ방에잇던지히ᄯᅳᆺ을ᄯᆡ에멕가촌잇ᄂᆞᆫᄃᆡ를향ᄒᆞ야례ᄇᆡᄒᆞ며　ᄯᅩ이ᄯᅡ사ᄅᆞᆷ들이아프리가속에사ᄂᆞᆫ사ᄅᆞᆷ들을잡아다가아프리가동편ᄃᆡ방에팔더니라 사ᄅᆞᆷ잡아다가판ᄂᆞᆫ풍속은지금업ᄂᆞ니라

베시아국

베시아국은폭원이북위션이십오ᄃᆡ그리브터ᄉᆞ십ᄃᆡ그리ᄭᆞ지요동경선ᄉᆞ십ᄉᆞᄃᆡ그리브터륙십삼ᄃᆡ그리ᄭᆞ지니남북이삼쳔리요동셔가삼쳔리며

디경을의론컨ᄃᆡ북은아라사국이오동은압간니스단국과벨루기스단국이오남은베시아하슈요셔ᄂᆞᆫ아시아ㅅ터키며

디방을의론컨ᄃᆡᄉᆞ면십리되ᄂᆞᆫ방면이칠만이쳔이며

디형을의론컨ᄃᆡᄉᆞ면에큰들이오남북에적은산과강이만코남편에변더아바스와ᄲᅮ쉬레란포구가잇고북편에발부루쉬와레쉬드ㅣ란포구가잇고 미스비안하슈ㅅ구히니라　ᄉᆞ면에모릐밧치만ᄒᆞ며 온나라ㅅ싸히ᄉᆞ분지삼은모릐밧치니라　ᄯᅩ동편에다무반이란화산이잇스며 이화산ㅅ근쳐에디동이자ᄌᆞ니라

일긔를의론컨ᄃᆡ북편에ᄂᆞᆫ고로르고남편에ᄂᆞᆫᄃᆡ단히더오며 너무더워견ᄃᆡ기어려우니라

소산을의론컨ᄃᆡ초목은큰나무가만코ᄲᅩᆼ과포도와여러가지실과와향나무가만코목화와담ᄇᆡ와사ㅅ당풀이오곡식은밀과보리와귀리와셔속과ᄊᆞᆯ이오즘승은이리와호랑이와여호와물과약ᄃᆡ와산ㅅ도야지와물ㅅ고기요렬셕은촘쇠와구리와납과류황과보셕과셕탄이며 베시아하슈에셔나ᄂᆞᆫ진쥬가온텬하에뎨일노만히나고ᄯᅩ됴흐니라

사ᄅᆞᆷ의수효ᄅᆞᆯ의론컨대팔ᄇᆡᆨ만명이오시쟉은고귀선이오언어ᄂᆞᆫ본
나라ㅅ말이잇고ᄯᅩᄉᆞ투리가만ᄒᆞ며
국예ᄅᆞᆯ의론컨대님금이계서졍ᄉᆞᄅᆞᆯ쥬장ᄒᆞ시고형벌ᄒᆞᄂᆞᆫ법은죽이
ᄂᆞᆫ죄와잔인참혹ᄒᆞᆫ거시만ᄒᆞ며
도셩을의론컨대일홈이떼헤란이니나라ㅅ북편이오ᄯᅩ다브리스와
떼쉬드와아스드라바드와메쉿이란큰촌이잇고셔편에하마단과쉬
라스ㅣ란큰촌이잇고남편에벤데아바스ㅣ란큰촌이잇고나라ㅅ가
온대이스바한과예스드와가산이란큰촌이잇고사ᄅᆞᆷ의픔ㅅ수ᄂᆞᆫ션
ᄇᆡ와ᄇᆡᆨ셩이오ᄇᆡᆨ셩의ᄉᆞ업은농ᄉᆞ와길삼과즘승치기며
ᄆᆞᆫᄃᆞᄂᆞᆫ물건은면쥬와슈놋키와길삼과털ㅅ요와염식ㅅᄀᆞ음과총을
잘ᄆᆞᆫᄃᆞ며
외국통샹을의론컨대내아ᄂᆞᆫ물건은면쥬와담ᄇᆡ와ᄡᆞᆯ의털과아편
연과여러가지나무ㅅ진과가죽과실과와털ㅅ요ㅣ니갑시일년에십
일ᄇᆡᆨ만원이오사드리ᄂᆞᆫ거ᄉᆞᆫ온갓필육과가락지와총과여러모양칼
과시계와사긔과류리와아모연장이니갑시일년에십구ᄇᆡᆨ만원이며
당ᄉᆞᄉᆞ목ᄂᆞᆫᄆᆡ우긴ᄒᆞᆫ일이며
국셰ᄂᆞᆫ약ᄒᆞ며

국지ᄂᆞᆫ일년에ᄡᅳᄂᆞᆫ부셰가십이ᄇᆡᆨ만원이며
군ᄉᆞᄂᆞᆫ십만명이며
학업은군ᄉᆞ와외국ㅅ일ᄇᆡᆨ호ᄂᆞᆫ학당이잇ᄉᆞ며
종교ᄂᆞᆫ회회교ᄅᆞᆯ준힝ᄒᆞ고ᄯᅩ아모나아모교ᄅᆞᆯᄒᆞ며
소무ᄂᆞᆫ아라사국막기ᄅᆞᆯ대단히힘쓰며
이나라이샹ᄒᆞᆫ거ᄉᆞᆫ남편베시아하슈ㅅᄀᆞ에ᄒᆞᆫ촌이잇서먹ᄂᆞᆫ십ㅅ물
이업고다만바다ㅅ물속에ᄆᆡ우됴ᄒᆞᆫ심이잇ᄂᆞᆫ고로그촌사ᄅᆞᆷ들이바
다ㅅ물속에드러가그심ㅅ물을길어다가먹ᄂᆞ니그런고로물ㅅ갑시
ᄆᆡ우비ᄊᆞ니라

아시아터키

아시,아터키ᄂᆞᆫ유로바터키국의ᄒᆞᆫ쪽이라폭원이북위션십삼도그리
브터ᄉᆞ십삼도그리ᄉᆞ지요동경션이십오도그리브터오십도그리ᄉᆞ
지니남북이오천,오ᄇᆡᆨ리요동셔가이쳔리며
디경을의론컨대북은블릭하슈요동은베시아국과베시아하슈ㅣ오
남은아라비아와홍히요셔도홍히며ᄯᅩ디즁히며
디방을의론컨대ᄉᆞ면십리되ᄂᆞᆫ방면이팔만이며
디형을의론컨대셔북에ᄂᆞᆫ사이나이란산과 모서소셩이하ᄂᆞᆫ님

(셰셥베들 맛죱뎐산) 헙안이란산과조든이란강이잇고 (이강은텬하에유명ᄒᆞᆫ강이니야소그리스도사시던곳) 북에는
더럿스와아라랏이란산 (이산은홍슈후에노아셤인의비가누려노히던곳) 이잇고동에는타이그리스
와유프레듸스ㅣ란강이 (이두강ᄉᆞ근처에사롬의시작조샹이나계시더니라) 베시아하슈로드러가고
ᄯᅩ동편에반이란못과셔편에쎗시란못과 (이못시장은이빅리요광은이십리요물ᄉᆞ빗흔검고걸며맛시ᄯᅡ고내음새가괴악ᄒᆞ고물게고기가업ᄉᆞ니죽은물이라ᄒᆞᄂᆞ니라) ᄯᅩ시머아와베롯파디틴란포구가잇고북에는드
레비산드와동에는부소라ㅣ란포구가잇스며ᄯᅩ남편에큰모리밧치
잇스며 (장은삼쳔리요광도삼쳔리니라)
소산을의론컨대초목은호도와밤과포도와감남과대초와무화과와
향내나는여러가지나무와뽕나무며목화와담빅가만코곡식은쌀과
보리와서쇽이오텰셕은은과츔쇠와구리와납과빅반과소곰과셕탄
과회ᄉᆞ돌이오즘승은ᄉᆞᄌᆞ와표범과산ᄉᆞ쇼와산ᄉᆞ도야지와산ᄉᆞ나
귀와곰과약티와물과쇼와양과염쇼와쌀벌이만ᄒᆞ며
사롬의수효를의론컨대십륙빅만명이오시쇽은고기션과몽고요언
어는본ᄯᅡᆺ말이잇고ᄯᅩ각디방에각각말이잇스며
다ᄉᆞ리기는터키국관원이ᄒᆞ며 (유로바터키국ᄒᆞᆫ쪽이라)
도셩을의론컨대유로바터키국셔울이오ᄯᅩ북편에무루사와시멘아
와드레비산드와어스롬이란촌이잇고셔편에알너보와티마스커스

와 (련사에뎨일오랜촌이라) 베롯파에루사렘이란촌이잇고 (온텬하에유명ᄒᆞᆫ촌) 남편에메듸나와
맥가와 (회회교시작ᄒᆞᆫ곳) 목카ㅣ란촌이잇고동편에부소라와박닷파 (네ᄉᆞ아시리아국셔울이니유명ᄒᆞ니라) 모수ㅣ란촌이잇고사롬의픔ᄉᆞ수는션비와빅셩이오빅셩의ᄉᆞ
업은롱ᄉᆞ와길삼과즘승기르기와댱ᄉᆞㅣ며
문드는물건은감남기름과면쥬와홍셔양목 (쌕씌손이라) 몰안장과군ᄉᆞ의칼
과털ᄉᆞ요와염쇠ᄉᆞ마옴과슈놋키와향내나는거룸과 (월계쏫ᄒᆞ로문드는기름) 아편
연과술을잘문돌고ᄯᅩ염소가죡을잘다ᄅᆞ며
외국통샹을의론컨대내아곡는거순양의털과담빅ᄉᆞ테문드는흙과
쌀과약과오빅ᄌᆞ와털ᄉᆞ요와월계기름과술이오사드리는거순류리
와ᄉᆞ긔와조희와총과칼과여러가지연장이며
댱ᄉᆞᄉᆞ무는미우긴졀ᄒᆞᆫ일이며
부세와 군ᄉᆞ와 학업과 종교와 도로는유로바터키국에보라
이ᄯᅡ헤이샹ᄒᆞᆫ일은동편에바비룬이란촌에 (네ᄉᆞ아시리아국셔울이라) 네ᄉᆞ집과궁명
이잇고네ᄉᆞ적글시는세모지게그린것시라이글씨를쇠에삭여인것
치문돌고흙으로관을문드라그글씨를박으티흙바로박고흙것구로
며가로박아각각말이되니이러케박은흙관을블에구어벽돌을문드
라때겁ᄉᆞ담을싸ᄒᆞ니모든ᄉᆞ긔와네ᄉᆞ말이때겁ᄉᆞ담에박혀잇서지

금ᄉᆡ지력력ᄒᆞ고 ᄯᅩ예루사렘이란촌은야소그리스도ㅣ교를시작
ᄒᆞᆫ곳이라회회도ᄒᆞᄂᆞᆫ터키국에잡혀잇ᄂᆞᆫ거시올치안라ᄒᆞ야유로바
모든나라가각각군ᄉᆞ를내여그ᄯᅡ ᄎᆞᆺ기를원ᄒᆞ나아직못ᄒᆞ엿시며
ᄯᅩ남편에맥카ㅣ란촌은회회교시작ᄒᆞᆫ곳이니회회교ᄒᆞᄂᆞᆫ사ᄅᆞᆷ들이
회회교아니ᄒᆞᄂᆞᆫ사ᄅᆞᆷ들을도모지이ᄯᅡ헤오지못ᄒᆞ게ᄒᆞ며 ᄯᅩ셔북
편디즁히ᄉᆞ마혜크교장ᄒᆞᆫ촌이잇ᄂᆞᆫ것슬녜ᄉᆞᄉᆞ긔에ᄯᅳᆨᄯᅳᆨ이긔록ᄒᆞ
엿스나지금은형지가도모지업스니덕국사ᄅᆞᆷ쉴리만이이ᄯᅡ근쳐에
ᄎᆞ자ᄉᆞᆯ피되지향ᄒᆞᆯ수가업고ᄉᆞ긔에ᄂᆞᆫ의심업시긔록ᄒᆞ엿ᄂᆞᆫ지라그
근쳐ᄯᅡ흘곳보니엇던촌형지가잇스나ᄉᆞ긔에긔록ᄒᆞᆫ촌형지ᄂᆞᆫ아니
니ᄯᅩ곳본듸ᄯᅩ엇던촌형지가나ᄂᆞᆫ지라ᄯᅩ곳보니파연ᄉᆞ긔에긔록ᄒᆞᆫ
바촌이력력ᄒᆞ며 ᄯᅩ셔편디즁히ᄉᆞ마혜늬쉬아ㅣ란나라헤져 지금은 업ᄂᆞ니
라 처음에로글ᄉᆞ ᄌᆞ를문ᄃᆞᆯᆺᄂᆞ니라 유로바글ᄉᆞ ᄌᆞ들이니라

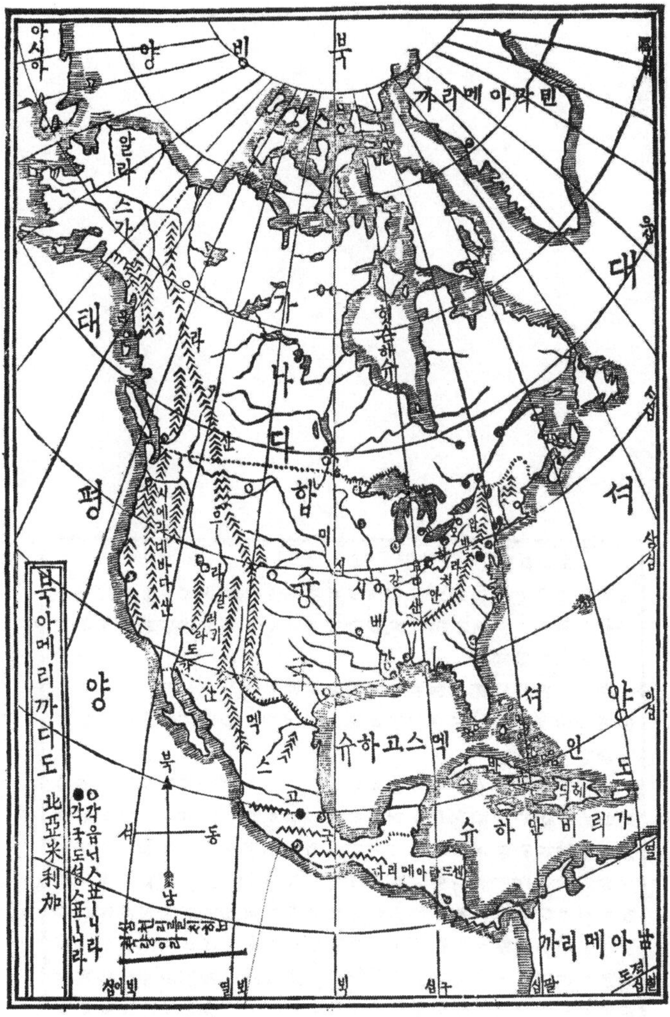
북아메리까디도
北亞米利加
○각읍너스표ㅣ니라
●각국도셩스표ㅣ니라
북빙양
아시아
알라스가
태평양
가나다
합슈국
멕스고
북
남
동
서

아메리까 두ᄯᅡ히남북에서로련ᄒᆞ엿ᄂᆞ니라
북아메리까ᄂᆞᆫ폭원이북위션열듸그리브터팔십오듸그리ᄭᆞ지요셔
경션십칠듸그리브터일빅륙십칠듸그리ᄭᆞ지니남북이일만오쳔리
요동셔가구쳔리며
디방은ᄉᆞ면십리되ᄂᆞᆫ방면이팔십륙만이며
디경은북에북빙양이오동에대셔양이오남에남아메리까요셔에태
평양이며
디형은셔북에셔으라키란큰돌산이나무가별노업다시작ᄒᆞ야셔편에로련ᄒᆞ
야남아메리까남편ᄭᅳᆺᄭᆞ지삼만리ᄅᆞᆯ련ᄒᆞ고ᄯᅩ셔북ᄒᆡ변에화산이열
히오셔남ᄒᆡ변에도화산이이십이오ᄯᅩ동편에압바라치안이란산이
오쳔삼빅리ᄅᆞᆯ련ᄒᆞ고ᄒᆞᆫ가온대미시시비란강이일만이쳔륙빅리멕시고ㅣ란
하슈로드러가고남편에로남북아메리까어으름에셔인도ㅣ란오십
여셤이련ᄒᆞ야잇고ᄯᅩ백스고와가리비안이란두하슈가잇고ᄯᅩ동북
편에그린란드ㅣ란큰셤이장은오쳔리오광은이쳔리라잇고ᄯᅩ북편에헛손이란하슈
와여러셤이잇고남북아메리까도ᄯᅡ히바나마ㅣ란ᄯᅡㅅ목이빅리되
ᄂᆞᆫ륙디로련ᄒᆞ엿시며
남아메리까ᄂᆞᆫ폭원이북위션열두듸그리브터남위션오십오듸그리

ᄉᆞ민필지 아메리까 빅일

ᄉᆞ지요셔경션삼십오되그리브러팔십이되그리ᄉᆞ지니남북이일만
삼쳔리요동셔가구쳔리며
디경은북에대셔양과가릐비안ᄒᆡ슈ㅣ오동에대셔양이오남에남빙
양이오셔에대평양이며
디형은북아메리카북편에셔시작ᄒᆞᆫ으라키산이셔편에로편ᄒᆞ야남
편히변ᄉᆞ지니르고ᄯᅩ셔남히변에화산이삼십오ㅣ오ᄯᅩ동편에새로
엣스빈야고ㅣ란산이오쳔리를편ᄒᆞ고ᄯᅩ동히변에옥난이란산이오
쳔리를편ᄒᆞ고북편에아매손이란강이 (장은일만일쳔뉵빅리요폭이온뎐하에대일만흔강이니라) 대셔양
에로드러가ᄂᆞ니라
아메리카에각디방과각나라ᄂᆞᆫ가나다와 (영길리국속방이라) 덴막아메리카와합
즁국과맥스고국과센드랄아메리카국과셔인도와걸넘비아국과베
네수일나국과기아나와쌘매실국과엑궤도국과비루국과볼니비아
국과칠릐국과아젠틴합즁국과바라궤국과유루궤국이니라
가나다 (영길리아메리카ㅣ라도ᄒᆞᄂᆞ니라)
가나다ᄂᆞᆫ폭원이북위션ᄉᆞ십오되그리브러칠십오되그리ᄉᆞ지요셔
경션오십오되그리브러일빅ᄉᆞ십되그리ᄉᆞ지니남북이오쳔리오동
셔가구쳔리며

디경을의론컨대북은북빙양이오동은대셔양이오남은합즁국이오
셔ᄂᆞᆫ태평양이며
디방을의론컨대ᄉᆞ면십리되ᄂᆞᆫ방면이삼십팔만이며
디형을의론컨대셔편에으라키산이오북에마켄시란강이 (이쳔오빅리되ᄂᆞᆫ강) 북
빙양에로드러가고ᄒᆞᆫ가온대비스와져찰파벨션파사스가쳐원이란
강이칫숀하슈로드러가고프레사ㅣ란강이태평양에로드러가고동
편에센트로렌스ㅣ란강이대셔양에로드러가고ᄯᅩ북편에그렛비어
와그렛실레입이란큰못시잇고ᄯᅩᄒᆞᆫ가온대아다바스가와윈늬벡이
란큰못시잇고동남편합즁국ᄉᆞ이에슈비리어와 (쳔리되ᄂᆞᆫ못) 휴런과 (팔빅리되ᄂᆞᆫ못)
이리와 (팔빅리되ᄂᆞᆫ못) 언데리오ㅣ란못시 (칠빅리되ᄂᆞᆫ못) 잇고ᄯᅩ동편에누번드란드와 (쳔리되ᄂᆞᆫ섬)
겝브리뎐이란 (삼빅리되ᄂᆞᆫ섬) 섬이잇고북편에도섬이만코셔편에빈구버와
(쳔리되ᄂᆞᆫ섬) 적은섬이만코ᄯᅩ동편에할리딱스와귀빽이란포구가잇고셔편
에빅도리아와빈구버ㅣ란포구가잇스며
일긔ᄂᆞᆫ미우치우며 (북편에ᄂᆞᆫ곡식도업고사ᄅᆞᆷ도못사ᄂᆞᆫ니라)
소산을의론컨대초목은쇼나무와춤나무와직빅나무가미우만코곡
식은밀과보리와콩과옥슈슈가만코텰석은금은동과회ㅅ돌과화
반석과석유요즘승은쇼와말과모야지와곰과사슴과털됴흔여러가

지즘승이ᄆᆡ우만코ᄯᅩ여러가지나물이만ᄒᆞ며
사ᄅᆞᆷ의수효는ᄉᆞ빅오십이만이오시쟉은고귀션이오언어는영길리
국말이며 (아메리칸사ᄅᆞᆷ도좀잇ᄂᆞ니라)
다ᄉᆞ리기는영길리국관원이잇고ᄆᆡᄉᆞ를빅셩이만히쥬쟝ᄒᆞ며
읍닉일홈은어더와ㅣ니동편에잇고ᄯᅩ귀빅과몬드릐얼과도란도와
할리박스ㅣ란촌이잇스며ᄒᆞᆫ가온대윈늬빅과셔편에빅도리아와빈
구버ㅣ란촌이잇고사ᄅᆞᆷ의ᄑᆞᆷㅅ수는평등이오빅셩의ᄉᆞ업은롱ᄉᆞ와
길ᄊᆞᆷ과즘승치기와나무뷔기와산영ᄒᆞ기와물ㅅ고기잡기며 (동편바다에물ㅅ고기가뎐하에뎨일만흐니라)
외국통샹올의론컨대내아푸는것슨밀과보리와가쥭과즘승의고기
와싱션과양의털과피물과집ㅅ직목이니갑시일년에빅빅만원이오
사드리는것슨여러가지연장과담빅와술과ᄎᆞᆷ과사ㅅ당과온갓필육
과여러가지실이니갑시일년에이십빅만원이며
댱ᄉᆞᄉᆞ무는ᄆᆡ우긴졀ᄒᆞᆫ일이며
군ᄉᆞ는본디방군ᄉᆞ가잇스며
일년에부셰는삼십륙빅만원이며
학업은영길리국과ᄀᆞᆺᄒᆞ며

준힝ᄒᆞᄂᆞᆫ도ᄂᆞᆫ련쥬교와야소교ㅣ며
도로는다잘닥고화륜ㅅ챠길도만ᄒᆞ며 (이ᄯᅡ남편에만사ᄅᆞᆷ이사ᄂᆞ니라)
이ᄯᅡ헤이샹ᄒᆞᆫ거슨겨울이면어름으로ᄆᆡ우놉고크게집을문ᄃᆞᆯ고그
집속에셔어름도지치며여러가지노름도ᄒᆞ다가여름이갓가오면그
집을헐어ᄇᆞ리ᄂᆞ니라

합즁국

합즁국은폭원이북위션이십오되그리브터ᄉᆞ십팔되그리ᄭᆞ지요셔
경션륙십칠되그리브터일빅이십오되그리ᄭᆞ지니남북이오쳔리요
동셔가만리며
디경을의론컨대북은가나다ᄯᅡ히오동은대셔양이오남은멕스코국
과멕스코하슈ㅣ오셔는태평양이며
디방을의론컨대ᄉᆞ면십리되는방면이ᄉᆞ십만이며
디형을의론컨대셔에으라키산이오히변에가스겟과시에라네바다
ㅣ란큰산이잇고동편에아블라지안과블루늬지와알늬게늬와그린
이란산이잇고ᄯᅩ동편에컨너듸컷과헛손과보도막과사바나ㅣ란강
이대셔양에로드러가고ᄒᆞᆫ가온대미시시비란강이멕스코하슈로드
러가고오하요와밋슈리와아칸사스와으렛이란강이다미시시비강

에로드러가고남편에으로그란드ㅣ란강이맥스고하슈로드러가고
셔편에칼노라도와컬넘비아ㅣ란강이태평양에로드러가고ᄯᅩ북편
에미쉬간이란큰셤이(쳔리되는셤) 잇고ᄯᅩ가나다와디경ᄒᆞᆫ수이에슈비리어
와휴런과이리와언데리오ㅣ란못시잇고ᄯᅩ동편에뵈란트와보스돈
과브라비덴스와누역과필네델피아와녀퍽과잘쓰턴과사반나와남
편에모빌과누얼린스와샐베스던과셔편에산쒸에고와산브란시스
고와시아틀이란포구가잇스며
일긔를의론컨대ᄆᆡ우고로고여름에장마가업스며
소산을의론컨대초목은쇼나무가만코직빅나무와잣나무와향나무
와젼나무와단풍나무와포도와굴과복숑화와ᄇᆡ와능금과잉도와외
얏과ᄌᆞ도와호도나무요목화와담비와감ᄌᆞ요곡식은밀과보리와쌀
과콩과라이와모밀과옥슈슈가텬하에뎨일노만코여러가지나물이
ᄆᆡ우만흐며즘승은쇼와물과도야지와양이ᄆᆡ우만코곰과여호와산
ᄉᆞ쇼와산ᄉᆞ양과사슴과거북과악어와[illegible]과[illegible]과여러가지오리와기
러기와두루미와황새가만코물ᄉᆞ고기가ᄆᆡ우만코ᄯᅩ여러가지비압
이만흐며텰셕은금은동렴과납이텬하에뎨일노만코셕탄과화반셕
과셕유와소곰이ᄆᆡ우만코약ᄉᆞ풀이여러가지요ᄯᅩ만흐며

ᄇᆡᆨ셩의수효를의론컨대륙십오ᄇᆡᆨ만명이오시쟉은고귀션이오언어
ᄂᆞᆫ옝길리국말이며
국톄를의론컨대남금이업스시고경ᄉᆞᄂᆞᆫᄇᆡᆨ셩들이쥬쟝ᄒᆞ며ᄒᆞᆫ통령
을세워ᄉᆞ년ᄉᆞ식톄동ᄒᆞ고온나라히ᄉᆞ십구도ㅣ니도마다ᄒᆞᆫ감ᄉᆞ가
잇고(감ᄉᆞᄂᆞᆫ각도가각각본ᄯᅡ사ᄅᆞᆷ으로뎡ᄒᆞ고나라가상관치아니ᄒᆞᄂᆞ니라) 형벌ᄒᆞᄂᆞᆫ법은유로바나라들과ᄀᆞᆺᄒᆞ
며(죽이ᄂᆞᆫ죄가ᄆᆡ우드믈고잔인참혹ᄒᆞᆫ형벌은도모지업ᄂᆞ니라)
도셩을의론컨대월흠이워슁턴이니나라ᄉᆞ동편이오ᄯᅩ누역과(영국셔울대[illegible]론촌이니라)
필라델피아와보스돈과볼ᄯᅴ모와잘쓰턴이란포촌이잇고북편
에법발로와(이리못ᄉᆞ구히라) 쉬카고와(미시간못ᄉᆞ구히라) 신신낫틔와센트불이란촌이잇
고남편에모빌과누얼린스란포촌이잇고셔편에산브란시스고와봇
란드ㅣ란포촌이잇고ᄒᆞᆫ가온대셴루위와권사싀틔와오마하와데배
ㅣ란촌이잇고사ᄅᆞᆷ의품ᄉᆞ수ᄂᆞᆫ평등이오(님나비화ᄒᆞᆫ허아ᄂᆞᆫ이ᄂᆞᆫ아모라도놉흔사ᄅᆞᆷ이라) ᄇᆡᆨ셩의ᄉᆞ
업은롱ᄉᆞ와길삼과댱ᄉᆞ와쇠푸기와즘승기르기와물ᄉᆞ고기잡기와
쟝쇠과산영ᄒᆞ기와내ᄉᆞ적거이ᄒᆞᆫᄉᆞ적을긔록ᄒᆞ야형샹ᄒᆞᄂᆞᆫ노롬이
오노래ᄒᆞ기며
문ᄃᆞᄂᆞᆫ물건을의론컨대시계와ᄌᆞ명죵과제울과아모모양연쟝과화
륜선화륜차와광류연쟝과의복과털ᄉᆞ요와칼과좀파롱ᄉᆞᄉᆞ긔계와

긔운잡는연장과온갖노리개와칙미기와가쥭다ᄅᆞᆫ기와총문물기룰
잘ᄒᆞ며
외국통상을의론컨대내아푸는것ᄉᆞᆫ밀과육슈슈와 (일년에구십빅만셕ᄉᆞ식나가ᄂᆞ니라) 담
비와사ᄉᆞ당과십션과여러가지고기와즘승의기름과면화씨ᄉᆞ기름
과석유와가쥭과금은동텰과셔양목과의복과실과와도야지고기와
술이니갑시일년에팔빅빅만원이오사드리ᄂᆞᆫ것ᄉᆞᆫ면쥬와약과칙과
됴흔유리와길삼ᄒᆞᄂᆞᆫ삼과여러가지쇠와양의털밀육과사긔와티차
와갑피와풍류연장과실과와보석과술이니갑시일년에팔빅빅만원
이며
쌍ᄉᆞᄉᆞ무ᄂᆞᆫ미우긴졀ᄒᆞᆫ일이며
국세ᄂᆞᆫ강ᄒᆞ며
국지룰의론컨대륙만칠쳔빅만원이니런하각국즁에데일부요ᄒᆞ고
일년에부세ᄂᆞᆫ수빅빅만원이며
군ᄉᆞ룰의론진대삼만명이오화륜젼션이빅척너에혈갑대화륜선이
삼십척이며 (싸홈ᄒᆞᆯ쌔뭇쓰지아니ᄒᆞ니군ᄉᆞ와젼션이별노만치아니ᄒᆞ니라)
학업을의론컨대아모룰의론치말고공부룰다ᄒᆞ며또외술과군ᄉᆞ와
모든손ᄉᆞ지조와각국언어룸ᄉᆞ즈와롱ᄉᆞ와당ᄉᆞ와쇠곱기와모든장

쳑과몰ᄂᆞᆫ기와음식문물기와바ᄂᆞ질과노래와츔츄기와도학을ᄀᆞᄅᆞ
치ᄂᆞᆫ학당이잇스며또런쥬교학당이잇고
종교룰의론컨대나라ᄉᆞ교ᄂᆞᆫ업고아모나아모교룰ᄆᆞᄋᆞᆷ대로ᄒᆞ니며
개야소교룰만히ᄒᆞ며
도로룰의론컨대다쫄다고화륜차ᄉᆞ길히ᄉᆞ십오만리며
나라소무ᄂᆞᆫ아메리까아모디방이라도아모다른나라가쟝뎜ᄒᆞ지못
ᄒᆞ게ᄒᆞ고또아모젹고약ᄒᆞᆫ나라ㅣ라도서로약됴룰세워시면그나라
가평등국됨을붉히알게ᄒᆞ고 (가령쇽국이라도각국과약됴가잇스면쇽국이라넘으지아니ᄒᆞᄂᆞ니라) 또놈의나라
정ᄉᆞ룰도모지알은톄ᄒᆞ지아니ᄒᆞ며
이나라헤이샹ᄒᆞᆫ온유로바각국사룸과아시아각국사룸이일년에수
십만명ᄉᆞ식와서살고또나라ᄉᆞ가온대셔ᄉᆞ속에굴이잇서삼십리룰
드러가도쯧홀보지못ᄒᆞ고그속에강물이잇서풀ᄉᆞ고기ᄂᆞᆫ다눈이업
고또북편에큰폭포가잇서물써러지ᄂᆞᆫ거시이빅척이라그폭포ᄂᆞᆫ리
ᄂᆞᆫ빗헤길을믄ᄃᆞ러사룸이ᄃᆞᆫ니며구경ᄒᆞ기룰편ᄒᆞ게ᄒᆞ고또롱북편
에산을뚤어화륜차ᄉᆞ길문물기룰십오리룰ᄒᆞ고또나라ᄉᆞ가온대파
일럿납이란큰산이도모지츔쇠로된거시오또셔편에나무가대단히
커나무버힌그루우헤집을지으며또나무가크기가삼빅척이놉고오

래기가삼천년이놈는거시잇고ᄯᅩ네ᄉ젹에본ᄯᅡᄉ사ᄅᆞᆷ들이크고놉
ᄒᆞᆫ바회빅여척이나되는우혜궁글ᄲᅮᆯ코그속에집을짓고사다리로올
나가고올나간후에그사다리를거두면아모즘승과원슈가도모지무
섭지아니ᄒᆞ더라

알나스카

옝길리아메리ᄭᅡ가나다셔북희변에알나스카ㅣ란ᄯᅡ히본ᄃᆡ아라사
국ᄯᅡ히더니이십오년젼에합즁국이십오빅만원을주고사니남북이
이천오빅리요동셔가삼천리며디방은ᄉᆞ면십리되는방면이륙만이
며디형은남편에ᄭᅦᆫ르일나야스ㅣ란ᄆᆡ우놉흔화산과ᄯᅩ화산이열히
잇고큰가온ᄃᆡ류큰이란강이비링하슈로흐러가고ᄯᅩ만흔셤이잇고
셔편에알루쉬안이란여러셤이련ᄒᆞ고일긔는ᄆᆡ우치우ᄃᆡ남편은바
다더운물이갓가운고로더옥며소산은직빅과송빅나무가만코즘승
은물ᄉ양과(갓옷ᄆᆞᆫᄃᆞᄂᆞᆫ거시니 ᄆᆡ우귀ᄒᆞᆫ모물이라)여러가지모물과리물이만코ᄆᆡ우큰사슴
이잇스며털셕은구리와류황과셕유ㅣ며사ᄅᆞᆷ의수효는삼만삼천이
오시작은몽고ㅣ오언어는ᄆᆡ우뒤숭숭ᄒᆞ며다ᄉᆞ리기는합즁국관원
이잇스며읍너일홈은싯가ㅣ니남편에잇고ᄯᅩ센폴이란포촌이잇스
며

그린란드

옝길리아메리ᄭᅡ가나다동북에그린란드ㅣ란큰셤이잇스니덴막국
쇽방이라남북이오천ᄉᆞ빅리요동셔가일천오빅리며일긔는ᄆᆡ우칩
고소산은물ᄉ쇼와물ᄉ양과길드릴사슴과원품과싱션과물ᄉ새가
만ᄒᆞ며사ᄅᆞᆷ은덴막국사ᄅᆞᆷ이만코다ᄉᆞ리거는덴막국관원이잇스며
읍너일홈은우본나빅이니셔편에잇ᄂᆞ니라

맥스코국

맥스코국은뭑원이북위션열다ᄉᆞᆺ되그리브터삼십삼되그리ᄭᆞ지요
셔경션팔십칠되그리브터일빅십칠되그리ᄭᆞ지니남북이오천리요
동셔가일천오빅리며
디경을의론컨대북은합즁국이오동은맥스코하슈ㅣ오셔남은태평
양이며
디방을의론컨대ᄉᆞ면십리되는방면이팔만삼천이며
디형을의론컨대나라ᄉ가온대는으라키산이오ᄯᅩ보보귀다베들이
란ᄆᆡ우놉흔화산이잇고ᄯᅩ다른화산이만ᄒᆞ며북편에로합즁국ᄉᆞ이
에으료그란드ㅣ란큰강이맥스코하슈로흐러가고ᄯᅩ적은강이만ᄒᆞ
며동편에베라그루스와담비고와남편에아가뿔고와셔편에귀이마

스와마산닐노ㅣ란포구가잇스며
일거는더우며
소산을의론컨대초목은화류와오목과호초와계슈와무대쇼문드는
나무와포도와여러가지실과나무요곡식은밀과보리와서속과감즈
와사ᄉᆞ당풀과갑피와담비와목화와길쌈ᄒᆞᆯ삼과염식ᄀᆞ음풀이오텰
석은금은동텰이만코납과슈은과석탄이오즘승은쇼와물과나귀와
양과산ᄉᆞ쇼와산ᄉᆞ고양이와이리와사슴과고슴도치와잉무와녀홰
와컨더ㅣ란색은고기먹는큰새이며
사ᄅᆞᆷ의수효를의론컨대섭이빅만명이오시죡은코귀선과아메리칸
이오언어는이스바니아국말이며
국톄를의론컨대님금이업스시고통령이거느려다ᄉᆞ리티정ᄉᆞ는빅
셩들이쥬장ᄒᆞ며
도셩을의론컨대일홈이멕스코ㅣ니나라ᄉᆞ가온대요ᄯᅩ동편에베라
그루스와담피코와마다모라스와남편에아가벌코와서편에과다라
하라와귀이마스와북편에바소옐넛과치화화와만혜레와쿨가온대
브아브라와레온이란촌이잇고사ᄅᆞᆷ의품ᄉᆞ수는평둥이오빅셩의ᄉᆞ
업은롱ᄉᆞ와길쌈과쇠곳기와즘승치기며

외국통샹을의론컨대내아곡논거순금은이대일만코길쌈ᄒᆞᄂᆞᆫ심과
갑피와가죡과직목과담비와염식ᄀᆞ옴과사ᄉᆞ당과약이니갑시일년
에ᄉᆞ십빅만원이오사드리는거순필육과여러가지연장이니갑시일
년에ᄉᆞ십삼빅만원이며
국셰는약ᄒᆞ고 국직는일년밧는부셰가이십칠빅만원이며
군ᄉᆞ는삼만명이며
학업은별노힘쓰지아니며
종교는텬쥬교를준힝ᄒᆞ며 남원당파녀원 당도잇ᄂᆞ니라
도로는다잘닥고화륜챠ᄉᆞ길이만ᄒᆞ며
이나라헤이샹ᄒᆞᆫ거순집마다싸홈잘ᄒᆞᄂᆞᆫ수ᄐᆞᆰ을두고ᄃᆞᆰ싸홈을미
우숭샹ᄒᆞ며ᄯᅩ사ᄅᆞᆷ이몰을ᄐᆞ고창을가지고큰우리를짓고그속에힘
세고사오나온황쇼를두고몰ᄐᆞᆫ사ᄅᆞᆷ이창으로쇼를질녀셩나게ᄒᆞ고
서로싸호는노롬이잇고 이노롬은공일 에도ᄒᆞ더라 ᄯᅩ이싸헤디똥이대단ᄒᆞ니라

센드랄아메리카 어싸혜다ᄉᆞᆺ쟈은나라히잇ᄂᆞ니라

센드랄아메리카에적은나라다ᄉᆞᆺ시잇스니과데마라국과혼두레스
국과산살베더국과닉가라과국과거스다리가국과ᄯᅩ벨리스ㅣ란싸
히니 영국속 짱 쪽원이북위선여ᄃᆞᆲ되그리브러칩팔되그리ᄉᆞ지요셔경선

팔십이도그리브러구십삼도그리ᄭᆞ지니남북이이천오ᄇᆡᆨ리요동셔
가칠ᄇᆡᆨ리며

디경을의론컨대북은ᄆᆡᆨ스코국과가리비안하슈ㅣ오동도가리비안
하슈ㅣ오셔남은태평양이며

디방을의론컨대ᄉᆞ면십리되ᄂᆞᆫ방면이이만이며

디형을의론컨대남북은으라키산이오ᄎᆞ화산이만코ᄒᆞᆫ가온대늬가
라과ㅣ란큰못시잇고북편에벨늬스와드루할료와동편에그레다온
과셔편에감베리고와편시가ㅣ란포구가잇스며

일긔ᄂᆞᆫᄆᆡ우더우며

소산을의론컨대초목은화류와오목과무대쇼믄드ᄂᆞᆫ나무와목화와
갑피와사ᄉᆞ당풀과염쉭ᄀᆞ음풀과약풀과담ᄇᆡ와여러가지실과요텰
석은금은동털과화반석이오즘승은쇼와몰과나귀며

사ᄅᆞᆷ의수효ᄅᆞᆯ의론컨대이ᄇᆡᆨ칠십만명이오사쟉은고귀선과아메리
깐이오언어ᄂᆞᆫ여러가지니이스바니아국말이만흐며

국톄ᄅᆞᆯ의론컨대거ᄂᆞ린대장이잇고졍ᄉᆞᄂᆞᆫᄇᆡᆨ셩이쥬쟝ᄒᆞ며

도셩을의론컨대과데마라국도셩은일흠이과데마라ㅣ오혼두레스
국도셩은일흠이데구시갈바ㅣ오산살버더국도셩은일흠이산살바

더ㅣ오늬가라과국도셩은일흠이마나과ㅣ오거스다리가국도셩은
일흠이산호세요 벨늬스읍너ᄂᆞᆫ일흠이벨늬스ㅣ니ᄇᆡᆨ셩의ᄉᆞ업을
은롱ᄉᆞ와길삼과쇠푸기며

외국통샹을의론컨대내아가ᄂᆞᆫ거순본로소산이니갑시일년에ᄉᆞᄇᆡᆨ
이십만원이오사드리ᄂᆞᆫ거순아모음식과연장과의복이니갑시일년
에삼ᄇᆡᆨ만원이며

국셰ᄂᆞᆫ다ᄆᆡ우약ᄒᆞ며 국적ᄂᆞᆫ일년에밧ᄂᆞᆫ부셰가삼ᄇᆡᆨ만원이며

종교ᄂᆞᆫ텬쥬교ㅣ며 (남텬당과녀텬당이잇ᄂᆞ니라)

이나라들에이샹ᄒᆞᆫ거순디동이대단ᄒᆞ야몃십년전에큰촌이여러히
함몰ᄒᆞ고히마다여러집이디동에헐니ᄂᆞ니라늬가라과못슬가리비
안하슈와통ᄒᆞ야태평양과통ᄒᆞ면남아메리까ᄅᆞᆯ돌지아니ᄒᆞ고바로
태평양에로오ᄂᆞᆫ고로륙디ᄅᆞᆯ베혀통ᄒᆞ게ᄒᆞᄂᆞᆫ일을합즁국사ᄅᆞᆷ들이
시작ᄒᆞ엿ᄂᆞ니라

남북아메리까ᄉᆞ이에여러셤 (셔인도ㅣ라닐ᄋᆞᄂᆞ니라)

규바와(이스바니아국속방)헤듸와(이ᄯᅡ헤젹은두나라히잇스니헤듸와산도밍고ㅣ니라)보도리코와(이스바니아국속방)쟈메가
와(영국속방)새하마ㅣ란여러셤과(영국속방)가레비란여러셤이니(엥길리와덴막과불란시국속방)
규바읍너ᄂᆞᆫ하바나ㅣ오(문답비가온런하에예일됴호니라)ᄯᅩ마단스와산듸아고ㅣ란촌이

스민필지　남북아메리까ᄉᆞ이에여러섬　빅십륙

잇고 헤듸국도셤은붓오브린스ㅣ오 산드밍고국도셤은산드밍
고ㅣ오 보도리고옵너는산후안이오 재메가옵너는깅스탄이오
　바하마옵너는나셔ㅣ며
소산은실과와갑피와목화와담배와사ㅅ당이며
외국통샹에내아프는거슨본ᄯᅡ소산이오사드리는거슨필육과연장
이며
쥰힝ᄒᆞ는교는련쥬교ㅣ며
이모든셤중에큰거슨다화산으로된거시오적은것슨다산호가모혀
된거시니라ᄉᆞ빅년젼에이다리아국사롬이처음에로아메리까ᄯᅡ흘
ᄎᆞᆺ즐시몬져이셤들을맛나보고인도ᄯᅡ힌줄노싱각ᄒᆞᆫ고로인ᄒᆞ야이
셤들을셔인도ㅣ라일홈ᄒᆞ니라ᄯᅩ이셤들에디동이대단ᄒᆞ니라

　　골롬비아국

골롬비아국은폭원이젹도브러북위션열되그리샤지요셔경션륙십
팔되그리브러팔십이되그리ᄭᆞ지니남북이이쳔오빅리오동셔가이
쳔리며
디경을의론컨ᄃᆡ북은가릐비안하슈와베네쉬일나국이오남은엑궤
도국이오셔는대평양이며

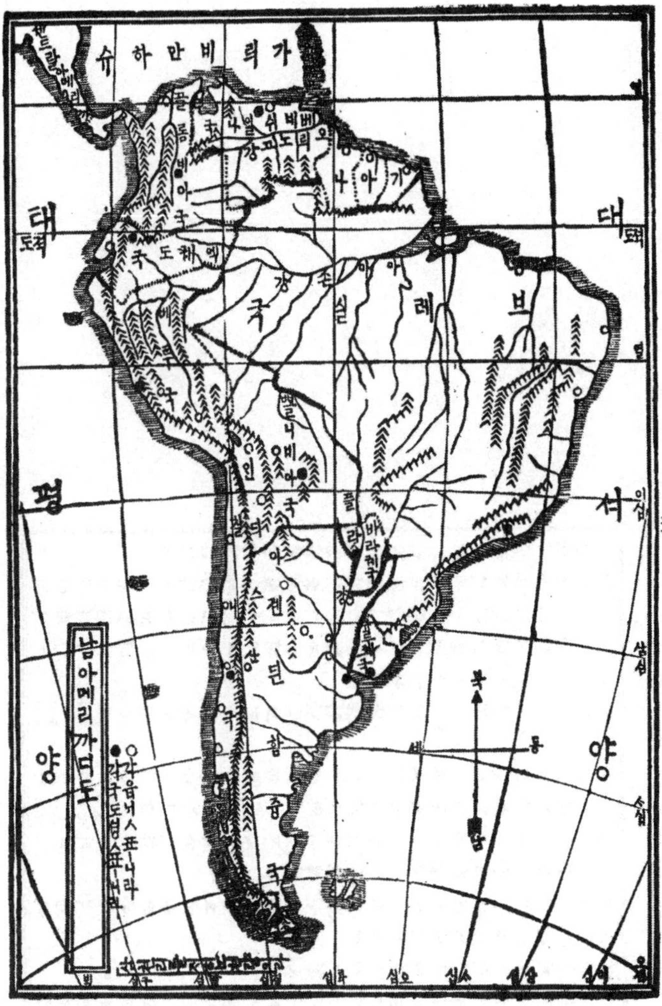
남아메리까디도
가리비만하슈
대평양
대서양
북
남

디방을의론컨대ᄉᆞ면십리되ᄂᆞᆫ방면이삼만칠천이며
디형을의론컨대셔남에화산이여ᄉᆞᆺ시잇고ᄯᅩ윈딕스ㅣ란큰산이잇
고북편에믹달이나ㅣ란강이가리비안하슈로드러가고동편에파비
아ㅣ란강이잇고ᄯᅩ북편에의스빈월파가데지나ㅣ란포구와뻬나벤두
라와바나마ㅣ란포구가잇스며
일긔를의론컨대믜우더우나산이만흔고로ᄯᅩ미우싀원ᄒᆞ며 일긔가더우더운고로사ᄅᆞᆷ들이산에만히사ᄂᆞ니라
소산을의론컨대초목은큰나무가만코화류와향나무와염쇡ᄒᆞᄂᆞᆫ나
무와약재에쓰ᄂᆞᆫ나무와야ᄌᆞ와여러가지실과나무가만코 상아와ᄀᆞᆺ흔나무가잇ᄂᆞ니라
담비와갑픠와목화와염쇡ᄒᆞᄂᆞᆫ풀이오곡식은밀과보리와귀이리요
뎔석은금은동텰과납과석탄과보셕이며
사ᄅᆞᆷ의수효를의론컨대ᄉᆞ빅만명이오시족은고귀선파아메리칸이
오언어ᄂᆞᆫ이스바니아국말이며
국톄를의론컨대님금이업스시고경ᄉᆞᄂᆞᆫ빅셩들이쥬장ᄒᆞ며
도셩을의론컨대일홈이샌고다ㅣ니나라ㅅ흔가온대요ᄯᅩ북편에가
데지나와아스빈월파셔편에보바얀파바나마ㅣ란촌이잇고사ᄅᆞᆷ의
픔ㅅ수ᄂᆞᆫ평등이오빅셩의ᄉᆞ업은롱ᄉᆞ와즘승치기와나무뷔기와쇠

ᄉᆞ민필지 골롬비아국 빅십칠

포기며 사ᄅᆞᆷ의픔ᄉᆞ수가평등이니이스바 니아국사ᄅᆞᆷ들이ᄆᆡ양놈흐니라
외국통샹올의론컨대내아포ᄂᆞᆫ거ᄉᆞᆫ갑피와담ᄇᆡ와여러가지쇠와가
족과무대쇼와팔노결은갓과염쇡ᄀᆞ음이니갑시일년에십삼ᄇᆡᆨ만원
이오사드리ᄂᆞᆫ거ᄉᆞᆫ여러가지연장과군긔니갑시일년에칠ᄇᆡᆨ만원이며
당ᄉᆞ수무ᄂᆞᆫ긴절ᄒᆞᆫ일이며
국셰ᄂᆞᆫ약ᄒᆞ며
국지ᄂᆞᆫ일년에밧ᄂᆞᆫ부셰가오ᄇᆡᆨ만원이며
군ᄉᆞᄂᆞᆫ삼천명이며
종교ᄂᆞᆫ련쥬교를준힝ᄒᆞ며ᄯᅩ아모나아모교를ᄒᆞ며
남북아메리ᄭᅡㅣ서로련ᄒᆞᆫ바나마ㅣ란ᄯᅡᄉᆞ목에아스빈월포구에셔
바나마포구ᄭᆞ지일ᄇᆡᆨ륙십리륙디를베혀가릐비안하슈와태평양을
서로통ᄒᆞ야선쳑이리왕ᄒᆞ기로만흔돈을허비ᄒᆞ되그ᄯᅢ헤산과돌이
너무만코든든ᄒᆞᆫ고로아직통ᄒᆞ지못ᄒᆞ엿ᄂᆞ니라ᄯᅩ이나라사ᄅᆞᆷ들이
서로란리를잘ᄒᆞ고ᄇᆡᆨ적질ᄒᆞᄂᆞᆫ고로나라가여러번변혁ᄒᆞ엿ᄂᆞ니라

베네쉬일나국

베네쉬일나국은쪽원이북위션ᄒᆞᆫ듸그리브러열두듸그리ᄭᆞ지요셔
경션륙십듸그리브러칠십ᄉᆞ듸그리ᄭᆞ지니남북이이천ᄉᆞᄇᆡᆨ리요동
셔가이천오ᄇᆡᆨ리며
디경올의론컨대북은가릐비안하슈ㅣ오동은기아나ㅣ오남은브레
실국이오셔ᄂᆞᆫ골롬비아국이며
디방올의론컨대ᄉᆞ면십리되ᄂᆞᆫ방면이륙만삼천이며
디형올의론컨대온나라헤산이만코ᄒᆞᆫ가온대오레노코ㅣ란강이 삼천
오ᄇᆡᆨ리 되ᄂᆞᆫ강 대셔양에로드러가고북편에마라가이보와나구아이라와규마
나ㅣ란포구가잇고ᄯᅩ마라가이보ㅣ란못시잇스며 ᄉᆞᄇᆡᆨ리되 ᄂᆞᆫ못시라
일긔를의론컨대대단히더우며
소산올의론컨대골롬비아국과ᄀᆞᆺᄒᆞ며 원숭이와ᄇᆡᆨ암이 ᄆᆡ우만흐니라
국톄도골롬비아국과ᄀᆞᆺᄒᆞ며
사ᄅᆞᆷ의수효를의론컨대이ᄇᆡᆨ이십만명이오시족은고긔선과아메리
ᄏᆞᆫ이오언어ᄂᆞᆫ이스바니아국말이며
도셩올의론컨대일홈이가라가스ㅣ니나라ᄉᆞ북편이오ᄯᅩ마라가이
보와아구아이라ㅣ란촌과ᄒᆞᆫ가온대양거스두라ㅣ란촌이잇고사ᄅᆞᆷ
의픔ᄉᆞ수ᄂᆞᆫ평등이오ᄇᆡᆨ셩의ᄉᆞ업은롱ᄉᆞ와즘승치기와쇠포기며
외국통샹올의론컨대내아포ᄂᆞᆫ거ᄉᆞᆫ갑피와가족과솜과사ᄉᆞ탕과담
ᄇᆡ와쇠기름과염쇡ᄀᆞ음과구리니갑시일년에십륙ᄇᆡᆨ만원이오사드리

는거슨연장과음식과술이니갑시일년에십삼빅만원이며
국셰는약ᄒᆞ며
국직는일년에밧는부셰가오빅만원이며
군ᄉᆞ는얼마못되며
학업은별노힘쓰지아니ᄒᆞ며
종교는련쥬교를준힝ᄒᆞ고ᄯᅩ아모나아모교를ᄒᆞ며
이나라헤이샹ᄒᆞᆫ거슨원숭이가강ㅅ물을건너가려ᄒᆞ면ᄒᆞᆫ원숭이가
강ㅅᄀᆞ나무에올나가나무ㅅ가지를붓들고돌니ᄯᅢ다른원숭이들이
ᄎᆞᄎᆞ서로붓들고돌니길게느러저ᄒᆞᆫ줄이된후에흔들어그네ᄯᅱ듯ᄒᆞ
야강건너ㅅᄀᆞ헤나무ㅅ가지를잡아ᄒᆞᆫ줄된것ᄀᆞᆺ치ᄒᆞ고모든원숭이
들이그줄노드듸어강을건너가ᄂᆞ니라

기아나 영국과네데란스국과불란시국쇽방이니라

기아나ᄯᅡᄒᆞᆫ셰헤논호아분별ᄒᆞ니동은불란시기아나ㅣ오셔는영길
리기아나ㅣ오가온대는네데란스기아나ㅣ니폭원이북위션두듸그
리브터아홉듸그리ᄭᆞ지요셔경션오십듸그리브터륙십이듸그리ᄭᆞ
지니남북이일천삼빅리요동셔가일천팔빅리며
디경을의론컨대북은대셔양이오동남은브레실국이오셔도브레실
국이오ᄯᅩ베네쉬일나국이며
디방을의론컨대ᄉᆞ면십리되는방면이이만이며
디형을의론컨대남편에는산이잇고동편에는적은강들이잇고ᄒᆞᆫ가
온대는큰들이며
일긔는더우며
소산을의론컨대초목은화류와오목과사ㅅ당풀과갑피와목화요즘
승은쇼와양과나귀와원숭이와산ㅅ고양이오쇠는금이만ᄒᆞ며
사ᄅᆞᆷ의수효를의론컨대삼십ᄉᆞ만명이오시죡은고기션과아메리칸
이오각각제님자나라ㅅ말을ᄒᆞ며
다ᄉᆞ리기는각각제본나라관원이잇ᄉᆞ며 영국과불란시국과네데란스국이라
읍니를의론컨대영국기아나읍니는조즈다온이오네데란스기아나
읍니는바라마리보요불란시기아나읍니는가이엔이니다포구ㅣ오
사ᄅᆞᆷ의픔ㅅ수는평등이오ᄉᆞ업은롱ᄉᆞㅣ며
외국통샹을의론컨대내아가는거슨사ㅅ당과사ㅅ당술과사ㅅ당으
로ᄆᆞᆫ든물과화류와오목이니갑시일년에이십빅만원이오사드리는
거슨괴육과밀ᄀᆞ로와쌀과어물과술과연장이니갑시일년에십이빅
만원이며

부세는일년에오빅만원이며
준힝ᄒᆞ는교는텬쥬교ㅣ오ᄎᆞ아모나아모교ᄅᆞᆯᄒᆞ며
이ᄯᅢ에각국사ᄅᆞᆷ이모혀사는고로흥샹ᄊᆞ홈과쥭이는일이만하옥에
갓치인죄인이흥샹만ᄒᆞ니라 대개오랑캐에갓가오니라

브레실국

브레실국은폭원이북위선네ᄃᆡ그리브터남위선삼십이ᄃᆡ그리ᄭᆞ지
요셔경선삼십오ᄃᆡ그리브터칠십ᄉᆞᄃᆡ그리ᄭᆞ지니남북이칠천오빅
리요동셔가칠천리며
디경을의론컨대북은베루국과엑궤도국과골롬비아국과베네쉬일
나국과기아나와대셔양이오동도대셔양이오남은쌀늬비아국과대
셔양이오셔는골롬비아국과엑궤도국과베루국과쌀늬비아국과바
라궤국과아젠된합즁국과유로궤국이며
디방을의론컨대ᄉᆞ면십리되는방면이칠십륙만이며
디형을의론컨대셔북은다들이니북에는큰나무가만코셔에는들이
만ᄒᆞ며동편에새로에스비나교ㅣ란산과옥안이란산이잇고북편에
아마손이란강이 일만열천오빅리ㅅ강 대셔양에로드러가고ᄯᅩ그로와쥐보라와야
ᄂᆞ리와유루아와뷝루스와아마ᄃᆡ라와다바조쉬와셩규ㅣ란강이아마
손강에로드러가고동편에도간뒨스와ᄂᆞ라나히바와산프란스시고
ㅣ란강이대셔양에로드러가고남편에ᄇᆞ라나ㅣ란강이대셔양에로
드러가고북편에요하늬스ㅣ란큰셤이잇고ᄯᅩ파라와마라남파동편
에버남뷔고와바히아와으라요젼이로ㅣ란포구가잇스며
일긔롤의론컨대북편은너무더웁고남편은고로로며
소산을의론컨대초목은여러가지실과와가리와보기됴코내옴새됴
흔나무가만코뷔ㅅ제목과물드리는나무와무대쇼믄ᄯᅩ는나무ㅣ오
곡식은밀과보리와귀이리와사ㅅ탕풀과목화와갑피와담븨요즘승
은호랑이와여러모양사슴과여러가지산ㅅ고양이와여러가지여호
와여러가지산ㅅ도야지와여러가지납셩이와귀야미먹는즘승과악
어와비암이만코여러가지원숭이와여러가지입무와재가미우만코
큰거믜와여러가지벌과여러가지거북과산ㅅ물과쇼와양과물이오
텰석은금은동텰과금강셕과보셕과화반셕과약ㅅ돌과셕탄과류황
과슈은과소곰이며
사ᄅᆞᆷ의수효롤의론컨대십ᄉᆞ빅만명이오시족은고귀션과아메리칸
이오언어는이스바니아국말이며
국폐롤의론컨대님금이업스시고졍ᄉᆞ는빅셩롤이쥬장ᄒᆞ며

도셩을의론컨대일홈이으료젼이로ㅣ니나라ㅅ동편이오ᄯᅩ브라와
아라가쥬와마가료와브라히바와뎌릐시나와고야스와마가브와셔
호뜰노와빅도리아와우래브로ㅣ란촌이잇고사룸의픔ㅅ수는평등
이오 (이십년젼에평등을됴ᄃᆞ니라) 빅셩의ᄉᆞ업은롱ᄉᆞ와쇠꼬기와즘승치기와나무뷔거
며
외국통상을의론컨대내아곤는거순사ㅅ당파무대쇼와담비와솜파
모흔나무와금강셕파가족파양의털파쇠기름파여러가지보셕파여
ㅣ니가지약파엽셕ㄱ음파살이니갑시일년에일빅십빅만원이오사드
리는거순의복파신파갓파필육파연쟝파시계와술이니갑시일년에
일빅빅만원이며
반ᄉᆞᄉᆞ무는ᄆᆡ우긴졀ᄒᆞᆫ일이며
국셰는강ᄒᆞ며
부셰는일년에팔십빅만원이며
군ᄉᆞ는일만삼쳔명이오화륜젼션이륙십쳑너에졀갑대화륜션이아
홉쳑이며
학업은ᄆᆡ우힘쓰며
종교는련쥬교를준힝ᄒᆞ고ᄯᅩ아모나아모교를ᄒᆞ며

도로는잘닥고화륜차ㅅ길도만ᄒᆞ며
이나라아마손강근쳐는다큰들인고로장마셰면물이창일ᄒᆞ야ᄉᆞ오
빅리가큰바다와ᄀᆞᆺ고큰들에덤불이만하사룸이덤불우헤로돈니기
를도모지ᄡᅡ와ᄀᆞᆺ치ᄒᆞ고ᄯᅩ이나라가본ᄃᆡ님금이계시더니반년젼에
빅셩들이조쥬ᄒᆞ고님금을폐ᄒᆞ고ᄯᅩ입시가브래질파ᄀᆞᆺ치쓴쓴ᄒᆞ고
크기는죠희ㅅ쟝파ᄀᆞᆺᄒᆞᆫ나무가잇서사룸들이이나무입셔로호랑이
만히잇는곳에펴놋코ᄒᆞ가온대강ᄋᆞ지를두면호랑이가그강ᄋᆞ지를
먹으려ᄒᆞ야그입시ㅅ가온대드러가면그나무입시가다리와발에붓
는지라호랑이가제몸에거북홈으로분을내여뛰면뛰는대로입시가
쳡쳡더붓혀온몸이도모지입시ㅅ뎡이가되매도모지움ᄌᆞᆨ이지못ᄒᆞ
고보고드를수가업스니이ᄯᅢ에사룸들이그호랑이를창이나칼노쳐
잡느니라

엑궤도국

엑궤도국은폭원이북위션ᄒᆞᆫᄃᆡ그리브터남위션다ᄉᆞᆺ뒤그리ᄉᆞ지요
셔경션륙십팔ᄃᆡ그리브터팔십일ᄃᆡ그리ᄉᆞ지니남북이쳔리요동셔
가이쳔오빅리며
디경을의론컨대북은콜롬비아국이오동은브래실국이오남은페루

국이오셔ᄂᆞᆫ태평양이며
디방을의론컨대ᄉᆞ면십리되ᄂᆞᆫ방면이이만팔천이며
디형을의론컨대동편은들이오셔편에ᄂᆞᆫ읜듸스ㅣ란큰산이오ᄯᅩ큰
화산이다ᄉᆞᆺ시오 (고두박시와침브라소ㅣ란화산은텬하에뎨일놉ᄒᆞ니라) 동편에여러강이아마손강에
로드러가고셔편에ᄭᅡ이아길이란포구가잇스며
일긔ᄂᆞᆫ더우며 (산이놉흔고로ᄯᅩᄒᆞᆫ미우싀원ᄒᆞ니라)
소산을의론컨대초목은샹아나무와야ᄌᆞ와무대소믄ᄯᅳᄂᆞᆫ나무와여
러가지실과와약ᄉᆞ직와엽쵸ᄒᆞᄂᆞᆫ나무와목화와갑피와감ᄌᆞ와담빈
요곡식은밀과보리요즘승은쇼와양과나귀와원숭이와여러가지새
와비얍이만코뎔석은금은동텰과납과슈은과류황과보석이며 (모양은양ᄀᆞᆺ고
힘은약ᄒᆞ데와ᄀᆞᆺᄒᆞ야짐을싯ᄂᆞᆫ즘승이잇ᄉᆞ니일홈이라마ㅣ니라)
사ᄅᆞᆷ의수효를의론컨대일ᄇᆡᆨ십만명이오시쥭은고ᄏᆡ션과아메리칸
이오언어ᄂᆞᆫ이스바니아국말이며
도셩을의론컨대일홈이키도ㅣ니나라ᄉᆞ북편이오 (이나라ᄉᆞ도셩더형이텬하에뎨일놉ᄒᆞ니라) ᄯᅩ
셔편에ᄭᅡ이아길과뎬사카와으료밤바ㅣ란촌이잇고사ᄅᆞᆷ의몸ᄉᆞ수
ᄂᆞᆫ평등이오ᄇᆡᆨ셩의ᄉᆞ업은롱ᄉᆞ와즘승치기며
믄ᄯᅳᄂᆞᆫ물건은무대쇼와풀노갓ᄭᅳᆺ기를잘ᄒᆞ며

외국통샹을의론컨대내아곤ᄂᆞᆫ물건은무대쇼와약ᄉᆞ직와금은과풀
노ᄶᆞᆫ갓과갑피와쇼와양이니갑시일년에륙ᄇᆡᆨ만원이오사드리ᄂᆞᆫ거
슨필육과아모의복과여러가지연장과술이니갑시일년에오ᄇᆡᆨ만원
이며
국세ᄂᆞᆫ약ᄒᆞ며
국쳐ᄂᆞᆫ일년에밧ᄂᆞᆫ부세가삼ᄇᆡᆨ오십만원이며
군ᄉᆞᄂᆞᆫ빌노만치못ᄒᆞ며
학업은대개힘쓰며
종교ᄂᆞᆫ텬쥬교를준형ᄒᆞ고ᄯᅩ아모나아모교를ᄒᆞ며
도로ᄂᆞᆫ잘닥고ᄯᅩ화륜챠길히이ᄇᆡᆨ리며
이나라셔울이바로젹도에잇ᄂᆞᆫ고로미우더옴것마ᄂᆞᆫ놉흔산에잇ᄂᆞᆫ
고로ᄯᅩ미우싀원ᄒᆞᄂᆞ니라

베루국

베루국은폭원이북위션두듸그리브러십팔듸그리ᄭᅡ지요셔경션륙
십구듸그리브러팔십일듸그리ᄭᅡ지니남북이삼쳔리요동셔가일쳔
오ᄇᆡᆨ리며
디경을의론컨대북은엑궤도국이오동은브레실국이오ᄯᅩ쌜니비아

국이오셔ᄂᆞᆫ태평양이며
디방을의론컨대ᄉᆞ면십리되ᄂᆞᆫ방면이ᄉᆞ만오천이며
디형을의론컨대온나라헤산이만코동북에만들이오ᄯᅩ화산이ᄒᆞ나히잇고ᄒᆞᆫ가온대셔아마손강이시작ᄒᆞ고서편에갈나오ㅣ란포구가잇고ᄯᅩ적은셤들이잇스며
일긔ᄂᆞᆫ엑케도국과ᄀᆞᆺᄒᆞ며
소산을의론컨대초목은여러가지실과와약ᄉᆞ재나무가만코담비와갑피와사ㅅ탕풀과목화요곡식은밀과보리와귀이리와쌀과라이요뎔셕은금은동뎔과납과청엽이만코금계랍도만코즘승은쇼와물과양과도야지와라마ㅣ며 (이모든거시다데단허만흐니라)
사ᄅᆞᆷ의수효ᄅᆞᆯ의론컨대삼빅만명이오시좌은고귀선파아메리간이오언어ᄂᆞᆫ이스바니아국말노셕거ᄅᆞᆫ돈거시며
국ᄯᅢᄅᆞᆯ의론컨대님금이업스시고졍ᄉᆞᄂᆞᆫ빅셩들이쥬쟝ᄒᆞ며
도셩을의론컨대일홈이리마ㅣ니나라ᄉᆞ셔편이오ᄯᅩ바스고와드루힐료와갈나오와납편에거시고와아리귀바ㅣ란촌이잇고사ᄅᆞᆷ의품ᄉᆞ수ᄂᆞᆫ평동이오빅셩의ᄉᆞ업은롱ᄉᆞ와쇠푸기와즘승치기와나무ᄉᆞ겁질벗기기와 (약ᄉᆞ재에쓰ᄂᆞ니라) 새ᄯᅩᆼ모흐기며 (거름ᄒᆞ기에쓰ᄂᆞ니라)

외국통샹을의론컨대내아곤ᄂᆞᆫ거ᄉᆞᆫ솜과가족과갓과양의털과사ㅅ탕과은과여러가지쇠와약과새ᄯᅩᆼ이니갑시일년에십빅만원이오사드리ᄂᆞᆫ거ᄉᆞᆫ필육과여러가지연장이니갑시일년에오빅만원이며
당ᄉᆞᄉᆞ무ᄂᆞᆫ긴ᄒᆞᆫ일이며
국새ᄂᆞᆫ별노강ᄒᆞ지못ᄒᆞ며
군ᄉᆞᄂᆞᆫ일만명이오화륜젼선도잇스며
국재ᄂᆞᆫ일년에밧ᄂᆞᆫ부세가칠빅만원이며
학업은별노힘쓰지아니며
종교ᄂᆞᆫ텬쥬교ᄅᆞᆯ쥰힝ᄒᆞ고ᄯᅩ아모나아모교ᄅᆞᆯᄒᆞ며
젼에이스바니아국대장이처음에로이나라헤니르러보니이나라헤금이만흔지라그금을탐내여크게란리ᄅᆞᆯ니르켜싸홈ᄒᆞ야님금을잡은후에모든빅셩의게말ᄒᆞ되나잇ᄂᆞᆫ방을금으로ᄀᆞ득ᄒᆞ게채오면너희님금을도라보내깃다ᄒᆞ니그빅셩들이그말과ᄀᆞᆺ치방을금으로채온지라그대장이금을다ᄲᅢ앗고님금은ᄂᆞᆺ치아니ᄒᆞ고잡아갓ᄂᆞ니라

칠니국

칠니국은폭원이남위션십팔되그리브러오십오되그리ᄭᆞ지요셔경션륙십팔되그리브러칠십륙되그리ᄭᆞ지니남북이칠천오빅리요동

셔가삼ᄇᆡᆨ리며
디경을의론컨대북은ᄇᆡ루국이오동은쏠니비아국과아젠된합즁국
이오남은남빙양이오셔는태평양이며
디방을의론컨대ᄉᆞ면십리되는방면이삼만이며
디형을의론컨대동편에로쏠니비아국과아젠된합즁국ᄉᆞ이에읻ᄃᆡ
ᄉᆞ산이디경ᄒᆞ고셔편에적은산이만코동편에ᄯᅩ화산이이십이니아
공가과와안두고와거고바도ㅣ란섀화산이뎨일놉고 (십뉵만쳑이놉ᄒᆞ니라) 셔편
에고김보와이키크와건셥숀과발바라이소ㅣ란포구가잇고 (미우큰포구) 남
편에적은셤이삼십이며
일긔를의론컨대북편은더웁고남편은치우며
소산을의론컨대곡식은밀과보리와콩과귀이리와라이와감ᄌᆞㅣ오
길ᄉᆞᆷᄒᆞ는삼과담ᄇᆡ와여러가지실과와포도나무가만코텰셕은금은
동텰과셕탄과여러가지약ᄉᆞ돌이며
사ᄅᆞᆷ의수효를의론컨대이ᄇᆡᆨ십만명이오시족은고귀선과아메리칸
이오언어는본ᄯᅡᆺ말과ᄯᅩ이스바니아국말을ᄒᆞ며
국톄를의론컨대님금이업스시고졍ᄉᆞ는ᄇᆡᆨ셩들이쥬장ᄒᆞ며
도셩을의론컨대일홈이산티아고ㅣ니나라ᄉᆞ가온대요ᄯᅩ셔편에발

바라이소와고김보와건셥션이란촌이잇고사ᄅᆞᆷ의몸ᄉᆞ수는평등이
오ᄇᆡᆨ셩의ᄉᆞ업은쇠곳기와술만들기와가족다ᄅᆞ기며
외국통샹을의론컨대내아곳는거순밀ᄉᆞᄀᆞ로와육슈슈와가족과새
ᄯᅩᆼ과구리와은이니갑시일년에륙십ᄇᆡᆨ만원이오사드리는거순면쥬
와양의털필육과여러가지음식과여러가지연쟝과군긔니갑시일년
에오십오ᄇᆡᆨ만원이며
국셰는브레실국과ᄀᆞᆺ치강ᄒᆞ며
국직는일년에밧는부셰가ᄉᆞᄇᆡᆨ만원이며
군ᄉᆞ는륙만명이오화륜젼션이오십쳑니에텰갑대화륜션이셋쳑이
며
학업을의론컨대나라히다ᄉᆞ려ᄉᆞᆯ피는학당이칠ᄇᆡᆨ이오ᄉᆞᄉᆞ학당이
칠ᄇᆡᆨ이오ᄯᅩ군ᄉᆞ와룡ᄉᆞ와온갓손ᄉᆞ직조ᄀᆞᄅᆞ치는큰학당이잇스며
종교는텬쥬교를준행ᄒᆞ고ᄯᅩ아모나아모교를ᄒᆞ며
도로는화륜차ᄉᆞ길히여러쳔리며
이나라읻ᄃᆡᄉᆞ산이미우놉하긔운이적은고로이산에셔는아모일이
라도두시ᄉᆞ동안밧게더ᄒᆞᆯ수가업스니만일오래ᄒᆞ면코에셔피가나
고큰병이들고ᄯᅩ이나라ᄉᆞ사ᄅᆞᆷ들이미우강한ᄒᆞ야싸홈을미우즐기

ᄂᆞ니라

셰네비아국

셰네비아국은무원이남위션팔도의그리브터이십ᄉᆞ도그리ᄉᆞ지요동
경션오십팔도그리브터칠십이도그리ᄉᆞ지니남북이삼쳔리요동셔
가이쳔오ᄇᆡᆨ리며
디경을의론컨ᄃᆡ동북은브래실국이오남은바라궤국과아젠틴합즁
국이오셔는베루국과칠니국이며
디방을의론컨ᄃᆡ ᄉᆞ면십리되는방면이오만칠쳔이며
디형을의론컨ᄃᆡ동북에는큰물이오셔남에는안듸ᄉᆞ산이련면ᄒᆞ니
소라다와일이만이란놉흔산이잇고ᄯᅩ사하마ㅣ란큰화산이잇고ᄯᅩ
안듸산ᄉᆞ속에큰들이잇고그들가온ᄃᆡ울나가스ㅣ란큰못시잇스며
(이들디경이바다에셔팔쳔쳑이놉고기리는쳔리요광은오ᄇᆡᆨ리니라) ᄯᅩ북편에여러강이아마손강에로드러가고
동남에파라궤와필고마요ㅣ란강이잇스며
일긔롤의론컨ᄃᆡ동북은더웁고셔남은고로르며
소산을의론컨ᄃᆡ초목은야주와무ᄃᆡ쇼몬ᄯᅳ는나무와약ᄉᆞ직나무와
여러가지실과나무요목화와약ᄉᆞ직와염쇡ᄒᆞ는풀과담ᄇᆡ요즘승은
라마와쇼와몰과양과나귀와원숭이와비암과악어ㅣ오텰석은금은

동과납과셔양협과소곰과류황이며 (ᄒᆞ고울에셔만ᄭᅳᆫ는은이갑시이만팔쳔원이니라)
사ᄅᆞᆷ의수효롤의론컨ᄃᆡ이ᄇᆡᆨ삼십만명이오시죡은아메리간이오 게고
(션도잇ᄂᆞ니라) 언어는뒤숭숭ᄒᆞ고ᄯᅩ이스바니아국말도ᄒᆞ며
국폐롤의론컨ᄃᆡ님금이업스시고졍ᄉᆞ는ᄇᆡᆨ셩들이쥬장ᄒᆞ며
도셩을의론컨ᄃᆡ일홈이수크레니나라ᄉᆞ가온ᄃᆡ요셔편에라파스와
포로시란촌이잇고 (포로시에는은이만히나ᄂᆞ니라) ᄒᆞᆫ가온ᄃᆡ는코차밤바ㅣ란촌이잇고
사ᄅᆞᆷ의픔ᄉᆞ수는평통이오ᄇᆡᆨ셩의ᄉᆞ업은농ᄉᆞ와쇠푸기며
외국통샹을의론컨ᄃᆡ본로소산이니갑시일년에칠십만원이오사ᄃᆞ
리는거슨츰쇠와여러가지연장과면쥬ㅣ니갑시일년에륙십만원이
며
국셰는약ᄒᆞ고 국젹는일년에갑는부셰가ᄉᆞᄇᆡᆨ만원이며
군ᄉᆞ는륙쳔명이며
학업은별노힘쓰지아니며
종교는텬쥬교롤준힝ᄒᆞ고ᄯᅩ아모나아모교롤ᄒᆞ며
도로는화륜차ᄉᆞ길히잇스며
이나라인듸산ᄉᆞ속에드러가면숨쉬기가어려우니라

아젠틴합즁국

아젠틘합즁국은폭원이남위션이십이듸그리브터오십이듸그리ᄭᆞ지요셔경션오십오듸그리브터칠십삼듸그리ᄭᆞ지니남북이륙쳔리요동셔가삼쳔리며

디경을의론컨대북은쌀니비아국과바라궤국이오동도바라궤국이며ᄯᅩ브레실국과유루궤국과대셔양이오남도대셔양이며ᄯᅩ칠니국이오셔도칠니국이며

디방을의론컨대ᄉᆞ면십리되는방면이오만칠쳔삼빅이며

디형을의론컨대셔편에인듸스산이잇고동편에는적은산들이잇고나라ᄉᆞ가온대는큰들이오여러강들이셔에셔브터동에로흐르니일홈이플랏과유루궤와파라나와살라도와칼르라도와늬그로ㅣ오ᄯᅩ브노스이리스와바히아블랑가ㅣ란포구가잇고북편에예라쎌푸에고ㅣ란큰셤이잇스니반은칠니국ᄯᅡ히며

일긔를의론컨대북편은더웁고남편은ᄆᆡ우치우며

소산을의론컨대큰나무는별노업고퇴차와담비요곡식은슈슈와밀이오실과가만흐며즘승은쇼와몰과양이만코뎔셕은은과금과구리와셕탄과소곰과류황과빅반이며

빅셩의수효를의론컨대ᄉᆞ빅만명이오시작은고리션과아메리칸이

오언어는이스바니아국말이며

국톄를의론컨대님금이업스시고정ᄉᆞ는빅셩들이쥬장ᄒᆞ며

도셩을의론컨대일홈이보노스이리스ㅣ니나라ᄉᆞ동편이오ᄯᅩ로사리오와산타페와고리엔듸스ㅣ란큰촌이잇고나라ᄉᆞ가온대고도바ㅣ란촌이잇고셔편에멘도사와투구만이란촌이잇고사ᄅᆞᆷ의픔ᄉᆞ수는평등이오빅셩의ᄉᆞ업은롱ᄉᆞ와즘승치기와쇠곡기며

외국통샹을의론컨대내아곡는거손쇼와양의가죡과기름과털과육슈슈와밀과쟈린쇠고기와얼닌양의고기니갑시일년에구십빅만원이오사드리는거손셔양목과털노ᄶᆞᆫ필육이니갑시일년에삼십빅만원이며

당ᄉᆞᄉᆞ무는ᄆᆡ우긴졀ᄒᆞᆫ일이며

국셰는약ᄒᆞ며　국직는일년에갓는부셰가오십빅만원이며

군ᄉᆞ들의론컨대일만명이며화륜젼션이삼십오쳑너에뎔갑대화륜션이세쳑이며

학업을의론컨대대학당이넷시오션싱되기ᄀᆞᄅᆞ치는학당이삼십이오온나라혜학당이이쳔오빅이며

종교는텬쥬교를쥰힝ᄒᆞ고ᄯᅩ야모나야모교를ᄒᆞ며

도로ᄂᆞᆫ다잘닥고화륜차ㅅ길이일만오쳔리며
이나라혜이샹ᄒᆞᆫ거슨리마다유로바각국사ᄅᆞᆷ이만히이샤ᄒᆞ야오ᄂᆞᆫ
즁에이다리아사ᄅᆞᆷ이뎨일만ᄒᆞ니라

유루궤국

유루궤국은폭원이남위션삼십듸그리브터삼십오듸그리ᄭᆞ지요셔
경션오십삼듸그리브터오십팔듸그리ᄭᆞ지니남북이구ᄇᆡᆨ리요동셔
가칠ᄇᆡᆨ리며
디경을의론컨대북은브레실국이오동도브레실국이며ᄂᆞᆷ대셔양이
오남도대셔양이오셔ᄂᆞᆫ아젼틴합즁국이며
디방을의론컨대ᄉᆞ면십리되ᄂᆞᆫ방면이팔쳔이며
디형을의론컨대큰산은업고셔편에유루궤국과디경ᄒᆞᆫ유루궤강이
잇고남편에만톄비듸오와팔도나도ㅣ란포구가잇고동편에메립이
란큰못시잇스며
일긔를의론컨대ᄆᆡ우됴코로르며
소산을의론컨대큰나무ᄂᆞᆫ별노업고실과나무가여간잇고곡식은밀
과보리와옥슈슈ㅣ오즘승은쇼와물과양이ᄆᆡ우만코쳘셕은금과은
이잇스며

사ᄅᆞᆷ의수효를의론컨대오십만명이오시쟉은고리선과이듸오변이
오언어ᄂᆞᆫ이스바니아국말을ᄒᆞ며
국톄를의론컨대님금이업스시고졍ᄉᆞᄂᆞᆫᄇᆡᆨ셩들이쥬쟝ᄒᆞ며
도셩을의론컨대일홈이만톄비듸오ㅣ니나라ㅅ남편이오ᄯᅩ팔도나
도와풀노니아ㅣ란촌이잇고사ᄅᆞᆷ의품ㅅ수ᄂᆞᆫ평등이오ᄇᆡᆨ셩의ᄉᆞ업
은통ᄉᆞ와즘승치기며
외국통샹을의론컨대내아푼ᄂᆞᆫ거슨우양의털과가죡과ᄲᅧ과기름과
고기니갑시일년에이십칠ᄇᆡᆨ만원이오사드리ᄂᆞᆫ거슨여러가지필육
과연장과셕탄과셕유ㅣ니갑시일년에이십오ᄇᆡᆨ만원이며
당ᄉᆞᄉᆞ무ᄂᆞᆫᄆᆡ우긴졀ᄒᆞᆫ일이며
국셰ᄂᆞᆫ약ᄒᆞ며　군ᄉᆞᄂᆞᆫ별노만치아니며
국ᄎᆡᄂᆞᆫ일년에갑ᄂᆞᆫ부셰가구ᄇᆡᆨ만원이며
학업은대개힘쓰며
종교ᄂᆞᆫ텬쥬교를준힝ᄒᆞ고ᄯᅩ아모나아모교를ᄒᆞ며
도로ᄂᆞᆫ다잘닥고화륜차ㅅ길히칠ᄇᆡᆨ리며
이나라혜우양이대단히만하사ᄅᆞᆷ들이각각재집안헤용납지못ᄒᆞ야
들에노하기르ᄂᆞᆫ고로각사ᄅᆞᆷ의우양이서로섯기여분별ᄒᆞᆯ수가업스

ᄉᆞ민필지 바라궤국 ᄇᆡᆨ삼십팔

니각사ᄅᆞᆷ이졔우양의게블노인을쳐셔됴ᄒᆞᄂᆞ니라

바라궤국

바라궤국은폭원이남위션이십이듸그리브터이십칠듸그리ᄭᆞ지요
셔경션오십ᄉᆞ듸그리브터륙십일듸그리ᄭᆞ지니남북이일천이ᄇᆡᆨ리
요동셔가일천리며
디경을의론컨대북은ᄲᆞᆯ니비아국과브래실국이오동도브래실국이
오셔남은아젠된합즁국이며
디방을의론컨대ᄉᆞ면십리되ᄂᆞᆫ방면이일만륙천이며
디형을의론컨대동편에젹은산들이잇고동남에큰강이잇고나라ᄉ
가온대바라궤강이잇고셔편에필코마요ㅣ란큰강이잇스며
일긔를의론컨대좀더우며
소산을의론컨대초목은실과와차ᄉᆞᄀᆞ음과무대쇼와염쇡ᄒᆞᄂᆞᆫ나무
와직목ᄒᆞ기됴흔나무와약나무가만코목화와담비와사ᄉ당과염쇡
풀이오곡식은쌀과옥슈슈와갑피요즘승은물과쇼와양이만호며
사ᄅᆞᆷ의수효를의론컨대ᄉᆞ십오만명이오시쟉은고기선과아메리간
이오언어ᄂᆞᆫ이스바니아국말이며
국톄를의론컨대님금이업스시고졍ᄉᆞᄂᆞᆫᄇᆡᆨ셩들이쥬쟝ᄒᆞ며

ᄉᆞ민필지 바라궤국 ᄇᆡᆨ삼십구

도셩을의론컨대일홈이아슌시온이니나라ᄉ셔편이오ᄯᅩ남편에빌
나리샤ㅣ란촌이잇고사ᄅᆞᆷ의픔ᄉ수ᄂᆞᆫ평롱이오ᄇᆡᆨ셩의ᄉᆞ업은롱ᄉᆞ
와즘승치기와나무뷔기며
문ᄃᆞᄂᆞᆫ물건을의론컨대솜과양의털노길삼ᄒᆞ기와사ᄉ당과술을잘
문돌고가족다ᄅᆞ기를잘ᄒᆞ며
외국통샹을의론컨대내아푸ᄂᆞᆫ거손굴과술과사ᄉ당과솜과담비와
무대쇼와차ᄉᆞᄀᆞ음과가족다ᄅᆞᄂᆞᆫ나무ᄉ접질이니갑시일년에이ᄇᆡᆨ
이십만원이오사드리ᄂᆞᆫ거손온갓긔계니갑시일년에이ᄇᆡᆨ만원이며
당ᄉᆞᄉᆞ무ᄂᆞᆫ긴졀ᄒᆞᆫ일이며
국셰ᄂᆞᆫ약ᄒᆞ며　군ᄉᆞᄂᆞᆫ쳔명이며
국재를의론컨대일년에갑ᄂᆞᆫ부셰가이ᄇᆡᆨ만원이며
학업은대개힘쓰며
종교ᄂᆞᆫ텬쥬교를쥰힝ᄒᆞ고ᄯᅩ아모나아모교를ᄒᆞ며
도로ᄂᆞᆫ다잘닷고화륜챠ᄉ길히삼ᄇᆡᆨ리며
남아메리가민쥬국은다이스바니아국사ᄅᆞᆷ으로통령을삼고ᄯᅩ사ᄅᆞᆷ
들이강한ᄒᆞ야역적이자조나ᄂᆞ니라

아프리가

아프리가는폭원이남위션삼십이도그리브터북위션삼십륙도그리ᄭᆞ지요셔경션십삼도그리브터오십이도그리ᄭᆞ지니남북이일만오쳔리오동셔가일만삼쳔리며

디경을의론컨대북은디즁ᄒᆡ요동은홍ᄒᆡ와인도양이오셔는대셔양이며

디방을의론컨대ᄉᆞ면십리되는방면이일ᄇᆡᆨ삼십만이며

디형을의론컨대북에는ᄒᆡ변에로앗라스ㅣ란산이여러ᄇᆡᆨ리를련ᄒᆞ야둘넛고동에는긴이아와길리만자로ㅣ란놉흔산이잇고ᄯᅩᄒᆡ변에로적은산들이여러쳔리를련ᄒᆞ야둘넛고남에는ᄒᆡ변에로순노의란산이련ᄒᆞ야잇고셔편에도ᄒᆡ변에로키머룬과그리스달과콩이란산이여러쳔리를련ᄒᆞ야둘넛고ᄯᅩ북편에기리는만리요광은삼쳔리되는셔하라ㅣ란모리밧치잇고남편에도ᄉᆞ면일쳔오ᄇᆡᆨ리되는모리밧치잇고큰가온대는남북에로기리가팔쳔리요셔북에로광이오쳔리되는큰나무ㅅ수풀이잇서ᄒᆡㅅ빗도볼수가업고통ᄒᆞᆯ길도업스며북편에는일만이쳔리되는나일이란강이디즁ᄒᆡ로드러가고(온린하에새재란강이라)동편에십비시란오쳔리되는강과됨보보ㅣ란이쳔리되는강이인도

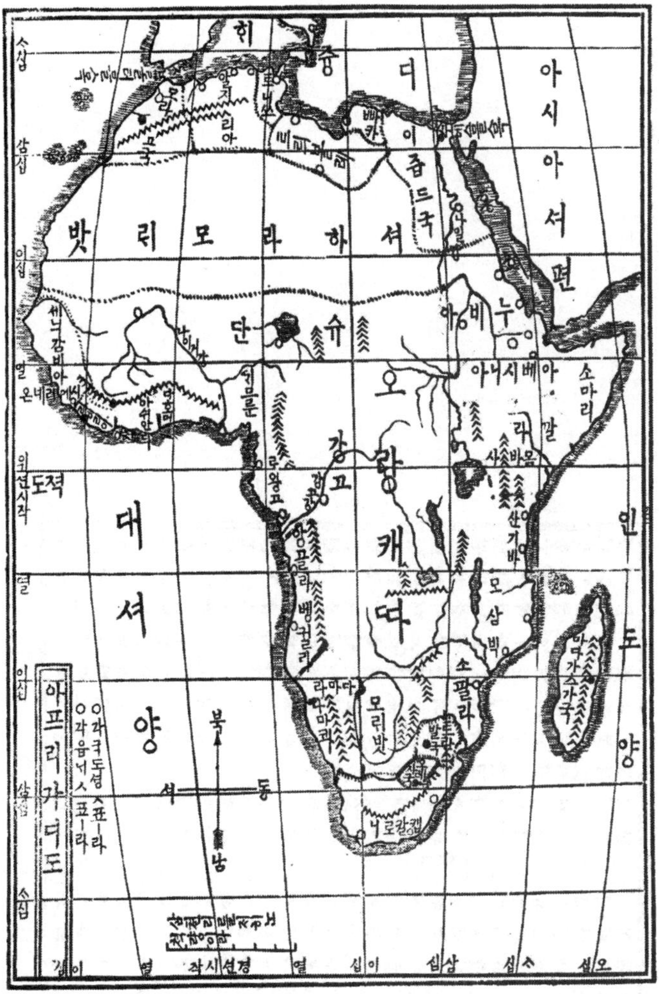
아프리가 디도
아시아 셔편
인도양
대셔양
북
남
셔
동

양에로통ᄒᆞ고남편에오퀜지란삼쳔리되ᄂᆞᆫ강이대셔양에로통ᄒᆞ고
셔편에강고ㅣ란칠쳔리되ᄂᆞᆫ강과나이거ㅣ란륙쳔리되ᄂᆞᆫ강과세늬
갈이란쳔여리되ᄂᆞᆫ강이대셔양에로드러가고ᄒᆞᆫ가온대ᄂᆞᆫ수면오ᄇᆡᆨ
리되ᄂᆞᆫ체드ㅣ란못시잇고ᄯᅩ동편에ᄇᆡᆨ토라늬안사ㅣ란칠ᄇᆡᆨ리되ᄂᆞᆫ
못과알벗늬안사ㅣ란삼ᄇᆡᆨ리되ᄂᆞᆫ못과단간니가ㅣ란일쳔삼ᄇᆡᆨ리되
ᄂᆞᆫ못과냐사ㅣ란쳔리되ᄂᆞᆫ못과ᄲᅢᆼ귀울노ㅣ란오ᄇᆡᆨ리되ᄂᆞᆫ못과ᄯᅩ적
은못들이만코ᄯᅩ마다가스가ㅣ란남북이삼쳔리요동셔가쳔리되ᄂᆞᆫ
셤이잇서산이만코ᄒᆞᆫ나라히잇스며

일긔를의론컨대ᄒᆡㅅ빗츨바로ᄡᅩᆫᄂᆞᆫ열ᄃᆡ인고로ᄒᆞᆼ샹ᄯᅳ거워겨울이
업고ᄯᅩ동셔남븍변에ᄂᆞᆫ독ᄒᆞᆫ긔운이만하사ᄅᆞᆷ이살기가어려우며 본디
방사ᄅᆞᆷ은슈토에익은고로관계치아니
코타국사ᄅᆞᆷ들은견ᄃᆡ지못ᄒᆞᄂᆞ니라

소산을의론컨대남북변에만보리와귀리와밀이잇고초목은무
화과와감남과석류와유ᄌᆞ와굴나무며즘승은코ㅅ기리와여러가지
원숭이와ᄉᆞᄌᆞ와약대와여호와쇼와물과도야지와염쇼와양과두루
미와오스드리취요 오스드리취ᄂᆞᆫ큰새니미우큰고로잘ᄂᆞᆯ지못ᄒᆞ나거름이ᄲᆞᆯ나ᄂᆞᆫ것
又고ᄯᅩ밍렬ᄒᆞ야사ᄅᆞᆷ을죽이고그깃노유로바부인들의관을ᄭᅮ미며ᄡᅳ
ᄂᆞ니라
ᄯᅩ독ᄒᆞᆫ고큰ᄇᆡ암이만ᄒᆞ며 쇼를잡아먹ᄂᆞᆫᄇᆡ암
도잇ᄂᆞ니라

사ᄅᆞᆷ의수효를의론컨대대개이ᄇᆡᆨ이십ᄇᆡᆨ만명이오북편에사ᄅᆞᆷ은시

ᄉᆞ민필지 아프리가 ᄇᆡᆨᄉᆞ십일

죡이고기션이오그놈아ᄂᆞᆫ다이듸오번겸은빗사ᄅᆞᆷ이오언어ᄂᆞᆫ각각디방마다도모지다르고ᄒᆞᆫ가온대사ᄂᆞᆫ사ᄅᆞᆷ들은대단ᄒᆞᆫ오랑캐라아모례의도모ᄅᆞ고의복도별노업고음식도업서나무열ᄆᆡ와독ᄒᆞᆫ즘승파ᄇᆡ례를먹으며 빈양을만히 먹ᄂᆞ니라 혹사ᄅᆞᆷ의고기도먹으며챵파활은잘쓰고ᄒᆞᆫ인ᄒᆞᄂᆞᆫ법도ᄆᆡ우쳔ᄒᆞ며집은ᄒᆞᆰ으로굴파ᄀᆞᆺ치ᄒᆞ고사ᄅᆞᆷ이ᄉᆞ오십명ᄉᆞᆨ식모혀나라모양쳐로도독이잇서항샹서로싸호ᄂᆞ니그속에사ᄅᆞᆷ의수와나라모양이엇더ᄒᆞᆫ지ᄌᆞ세히아지못ᄒᆞᄂᆞ니라 이ᄯᅡ헤코ᄭᅵ리가ᄆᆡ우만ᄒᆞᆫ고로 온텬하에샹아ᄂᆞᆫ다 이곳에셔나ᄂᆞ니라

이ᄯᅡ헤모든나라들을의론컨대북편에이즙드국과모라고국과ᄯᅩ여러디방이잇고셔편에라비리아국과ᄯᅩ여러디방이잇고남편에오렌지국과트란스발국과ᄯᅩ여러디방이잇고동편에마다가스가국과ᄯᅩ여러디방이잇ᄂᆞ니라

이즙드국

이즙드국은폭원이북위션이십이도그리브터삼십이도그리ᄭᆞ지요동경션이십ᄉᆞ도그리브터삼십일도그리ᄭᆞ지니남북이이쳔리요동셔가일쳔오ᄇᆡᆨ리며

디경을의론컨대북은디즁ᄒᆡ요동은홍ᄒᆡ요남은누비아요 오랑캐 ᄯᅡ히라 셔ᄂᆞᆫ셔하라모리밧치며

디방을의론컨대ᄉᆞ면십리되ᄂᆞᆫ방면이오만오쳔이며

디형을의론컨대산과큰나무와젹은시내도업고나일이란큰강이나라ᄒᆞᆫ가온대로가니이강ᄉᄀᆞ이ᄇᆡᆨ리ᄉ동안에만사ᄅᆞᆷ이살며롱ᄉᆞ도ᄒᆞ고이밧게ᄂᆞᆫ다모리밧치며

국톄를의론컨대님금이계시고졍ᄉᆞᄂᆞᆫ영길리국이쥬쟝ᄒᆞ고 영국이보호ᄒᆞ야주ᄂᆞᆫ고로졍ᄉᆞ를쥬쟝ᄒᆞᄂᆞ니라 ᄯᅩ일년에삼ᄇᆡᆨ만원ᄉᆞᆨ식터키국에공ᄒᆞ며 터키국에쇽ᄒᆞᆫ연고ㅣ니라

사ᄅᆞᆷ의수효를의론컨대칠ᄇᆡᆨ만명이오시쟉은고기션이오언어ᄂᆞᆫ아라비아국말을ᄒᆞ며

도셩을의론컨대일홈이가이로ㅣ니나라ᄉ북편나일강ᄉᄀᆞ히요ᄯᅩ아력산드리아와쎱이엣다와수에스와포셋이란큰촌이잇스며 포셋촌은디즁ᄒᆡᄉᄀᆞ헤잇고수에스촌은홍ᄒᆡᄉᄀᆞ헤잇ᄂᆞᆫ디그ᄉᆞ이가륙디삼ᄇᆡᆨ리라이십년젼에블란시국사ᄅᆞᆷ이이륙디를버혀두바다를통ᄒᆞ고이리ᄃᆞᆫ니ᄂᆞᆫᄇᆡ들에게세를밧더니지금은블란시국사ᄅᆞᆷ이이자리를팔고영국이이즙드국졍ᄉᆞ를쥬쟝ᄒᆞᆷ으로이세밧ᄂᆞᆫ자리도쥬쟝ᄒᆞᄂᆞ니라

사ᄅᆞᆷ의픔ᄉ수ᄂᆞᆫ션ᄇᆡ와량반과ᄇᆡᆨ셩이오ᄇᆡᆨ셩의ᄉᆞ업은롱ᄉᆞ와길삼이며

외국통샹을의론컨대내여파ᄂᆞᆫ거슨밀과쌀과사ᄉ당과가쥭과샹아와오스드리취ᄉ털과솜과면화씨니갑시일년에오십이ᄇᆡᆨ만원이오

(오십이빅만원쳥에ᄉᆞ분지일ᄂᆞᆫ츌파ᄇᆞᆨ화ᄊᆡᄉᆞ갑시니라) 사ᄃᆞ리ᄂᆞᆫ거슨셔양목과온갓연장과갑피와셕탄과집ᄉᆞ지목과술이니갑시일년에ᄉᆞ십빅만원이며

국셰ᄂᆞᆫ약ᄒᆞ며

국지를의론컨대부셰밧ᄂᆞᆫ돈이일년에오십빅만원이며

학업은적이힘써셔울에큰학당ᄒᆞ나히잇스며

종교를의론컨대회회교를준ᄒᆡᆼᄒᆞ고ᄯᅩ아모나아모교를임의대로ᄒᆞ며

이나라헤이샹ᄒᆞᆫ은륙디길ᄉᆞ흠적고나일강물ᄉᆞ길ᄲᅮᆫ이오ᄯᅩ이나라ᄂᆞᆫ도모지비오ᄂᆞᆫ일이업고일년에ᄒᆞᆫ번ᄉᆞ식나일강이챵일ᄒᆞ야강ᄉᆞᄀᆞ모든ᄯᅡ흘덥ᄒᆞ니그ᄯᅢ에ᄇᆡ를ᄐᆞ고ᄃᆞᆫ니며곡식씨를밧헤ᄲᅮ리ᄂᆞᆫ지라그챵일ᄒᆞᆫ물이검은흙물인고로물ᄉᆞ색기가ᄲᅮ린곡식씨를덥허뭇으매걸기가거름보다더ᄒᆞᆫ고로챵일ᄒᆞᆫ물이ᄲᅡ진후에곡식이나셔다잘되고만일이강ᄉᆞ물이챵일ᄒᆞ기를잘아니ᄒᆞ면흉년이들고ᄯᅩ녜ᄉᆞ적에돌노놉게탑을ᄊᆞ코그속에궁글ᄯᅮᆯ어방을ᄆᆞᆫ돌고님금의시톄를ᄡᅢᆨ지아니ᄒᆞᄂᆞᆫ약으로ᄡᅥ바ᄅᆞ고이곳에봉안ᄒᆞ니이런곳이이십여곳이오ᄯᅩ산에큰바회를ᄯᅮᆯ코님금에시톄를봉안ᄒᆞ야두고그님금을뫼읍고시부면드러가뵈읍고ᄯᅩ아모잔치나경하의일이잇스면시톄를뫼셔내아자리에봉안ᄒᆞ기도ᄒᆞ며(그ᄡᅢᆨ지아니ᄒᆞᄂᆞᆫ약을지금은도모지ᄆᆞᆫᄃᆞᆯ지못ᄒᆞᄂᆞ니라)ᄯᅩ셔울근쳐모릭밧헤일굴은사ᄅᆞᆷ이오몸은즘ᄉᆡᆼᄀᆞᆺ게돌노크게삭인거시잇고ᄯᅩ강물에모양은도마ᄇᆡᆷᄀᆞᆺ고발은네히오길기ᄂᆞᆫ이십여쳑되ᄂᆞᆫ즘승과(일홈이악어ㅣ니라)물ᄉᆞ속에ᄃᆞᆫ니ᄂᆞᆫ물이잇고ᄯᅩ약대를마쇼와ᄀᆞᆺ치만히브리니이ᄂᆞᆫ이곳이다모릭ᄉᆞᄯᅡ힌고로마쇼ᄂᆞᆫ발이ᄲᅡ지기를잘ᄒᆞ고약대ᄂᆞᆫ발이크고바닥이무른고로모릭에ᄲᅡ지기를잘아니ᄒᆞ며ᄯᅩ그ᄯᅡ헤우물이업셔길갈제물엇어먹기가미우어려운지라약대ᄂᆞᆫᄇᆡᄉᆞ속에큰물통이잇셔ᄒᆞᆫ번만흔물노펴녀허최우면몃날동안에도모지물먹지아니ᄒᆞᄂᆞ니그런고로이곳에사ᄂᆞᆫ사ᄅᆞᆷ들이약대를마쇼보다더만히ᄡᅳᄂᆞ니라

ᄉᆡ브리 (모라고국과알지리아와두니쓰와트릐볼네와ᄲᅡ카ㅣ니라)

이즙드국셔편에ᄉᆡ브리란다ᄉᆞᆺ디방이잇스니셔편모라고ㅣ란나라ᄂᆞᆫ졍ᄉᆞ를님금이쥬쟝ᄒᆞ시ᄂᆞᆫ바론나라요동편에알지리아ㅣ란ᄯᅡ흔불란시국속방이오ᄯᅩ두니쓰와트릐볼네와ᄲᅡ카ㅣ란세ᄯᅡ흔터키국속방이니폭원이북위션이십륙도그리브터삼십도그리ᄭᆞ지요셔경션열도그리브터동경션이십륙도그리ᄭᆞ지니남북이일쳔이빅리요동셔가륙쳔리며

디경을의론컨대북은디즁히요남은셰하라모리밧히며
디방을의론컨대모라꼬국은십리되는방면이삼만오천이오알지리
아는십리되는방면이일만삼천이오두니쓰는십리되는방면이오천
이오트리볼녜는십리되는방면이ᄉᆞ만ᄉᆞ천이오섁카는십리되는방
면이오천이며
디형을의론컨대앗트라스ㅣ란산이모라꼬국파알지리사ᄅᆞᆯ건너가
고두니쓰와트리볼녜와섁카에는큰산파큰강이업고초목파곡식은
북편에만잇ᄉᆞ며
소산을의론컨대초목은감남파대초와여러가지실파나무가만코면
화와사ᄉ당풀이오곡식은밀파보리와쌀이오즘승은몰파쇼와나귀
와약대와여러가지사슴파ᄉᆞ즈와여호와산ᄉ도야지와양파염쇼ㅣ요
텰셕은총쇠와구리와셔양텰파납파금은파셕탄이며 여러모양독ᄒᆞᆫ비암이 미우만하일년에비암
의게샹ᄒᆞᆫ사ᄅᆞᆷ이륙천만명ᄉ식되는고로비암
죽이는사ᄅᆞᆷ은나라히샹급을주는풍쇽이니라
도셩을의론컨대모라꼬국셔울은일홈이모라꼬ㅣ오쏘페스와메지
아ㅣ란큰촌이잇고사ᄅᆞᆷ의수효는륙빅만명이오일년부셰는구빅만
원이며 알지리아셔울일홈이알지어스ㅣ니사ᄅᆞᆷ의수효는ᄉᆞ빅
만명이오일년부셰는구빅만원이며 두니쓰셔울일홈이두니쓰

ㅣ니사ᄅᆞᆷ의수효는일빅오십만명이오일년부셰는ᄉᆞ빅칠십만원이
며 트리볼녜셔울일홈이트리볼녜니사ᄅᆞᆷ의수효는빅만명이며
셕새는터키국에보라 섁카셔울일홈이벵카스ㅣ니사ᄅᆞᆷ의수효는오만명이며
부셰는터키국에보라 시쇽은교귀션물이오언어는각디방말이뒤즁즁ᄒᆞ며
외국통샹을의론컨대내아ᄑᆞ는물건은곡식파실파와감남기름파양
의털파오스드리취새ᄉ털파가죡파털ᄉ요ㅣ니갑시일년에오십빅
만원이오사드려놋거ᄉᆞᆫ온갓필육파차ᄉᄆᆞ음파육초와면쥬와총쇠
와온갓연장이니갑시일년에륙십ᄉᆞ빅만원이며
군ᄉᆞ는모라꼬국에이만명이오알지리아에는불란시국군ᄉᆞ가잇고
두니쓰와트리볼녜와섁카에는터키국군ᄉᆞ가잇ᄉᆞ며
학업은말ᄒᆞᆯ거시업ᄉᆞ며 종교는회회교를준ᄒᆡᆼᄒᆞ며
젼에이디방ᄉ사ᄅᆞᆷ들이만히히샹에로ᄃᆞᆫ니며당ᄉᆞᄉ비를잡아ᄌᆡ물
을겁탈ᄒᆞ며후사ᄅᆞᆷ도잡아불모ᄒᆞ고ᄌᆡ물을울랍ᄒᆞ더니칠십년젼에영
국법국미국이군ᄉᆞ를보내아금ᄒᆞ고만히ᄆᆞ르처풍쇽을꼿치게ᄒᆞ니
라

아ᄑᆞ리가셔편

아ᄑᆞ리가셔편바다ᄉᄀᆞ해셰늬감비아와시에라네온파라비리아국

179

ᄉᆞ민필지　아프리가셔편　ᄇᆡᆨᄉᆞ십팔

파(민쥬국이라) 아쉬안듸와다호메와귀무룬파로왕고와강고와앙골라와뱅
길라와다마라와나마콰ㅣ란여러디방이잇스니폭원이북위션십오
듸 그러브터남위션이십팔듸그리ᄭᆞ지니기리가만리요광이칠ᄇᆡᆨ리
며
디경을의론컨대셔는대셔양이며
디형을의론컨대동편에는만흔산이두루고셔편에는바다히며
도셩과읍너들을의론컨대라비라아국도셩은일홈이만로비아요 세
늬감비아읍너는일홈이프리다운이오 아쉬안듸읍너는일홈이구
마스ㅣ니불란시국속방이오 로왕고읍너는일홈이로왕고ㅣ니불
란시국속방이오 다호메읍너는일홈이아보메니불란시국속방이
오 귀무룬읍너는일홈이가분이오ᄯᅩ다마라읍너는일홈이새벤이
오ᄯᅩ나마파읍너는일홈이쌔다니엔이니다덕국속방이오 앙골나
읍너는일홈이로안다ㅣ오ᄯᅩ뱅길라읍너는일홈이뱅길라ㅣ니다포
츄갈국속방이오 다호메동편라이거ㅣ란강근쳐는영길리국속방
이며 강고는대셔여러나라가서로의론ᄒᆞ야ᄒᆞᆫ판원을보너아다ᄉᆞ
리며
외국통상을의론컨대내아ᄑᆞ는물건은여러가지실과와감남기름파

금파오목파화류와상아요사드리는거슨류리구슬파셕경파술이며
이ᄯᅡ혜사ᄅᆞᆷ들이ᄉᆞ업이업서통샹을ᄒᆞ고혹통ᄉᆞ는계집들이ᄒᆞ며(실과와즘승의
고기들만히먹고의복도변노업는고로통상업이업는지라태서각국이각
디방을ᄂᆞ화ᄎᆞ지ᄒᆞ고ᄀᆞᄅᆞ쳐나아직도풍속을다밧고지못ᄒᆞ엿ᄂᆞ니라) ᄯᅩ사ᄅᆞᆷ들이아모
즘숭이나비얌이나로목산천을하느님ᄀᆞ치공경ᄒᆞ고빌며절ᄒᆞᄂᆞ니
라

아프가납편

아프리가납편허변에갑칼로니와오렌지국파트란스발국이잇스니
폭원이남위션이십이듸그리브터삼십오듸그리ᄭᆞ지요동경션이십
륙듸그리브터삼십ᄉᆞ듸그리ᄭᆞ지니남북이ᄉᆞ쳔리요동셔가ᄉᆞ쳔리
며
디경파디방을의론컨대갑칼로니는북에나마파와백파나와(오랑께써)오
렌지국파트란스발국이오동에인도양이오남도인도양파ᄯᅩ대셔양
이오셔도대셔양이니ᄉᆞ면십리ㅅ방면이ᄉᆞ쳔륙ᄇᆡᆨ이며 오렌지국
은북에트란스발국이오동남셔에갑칼로니니ᄉᆞ면십리ㅅ방면이ᄉᆞ
쳔륙ᄇᆡᆨ이며 트란스발국은동북에소팔라요(포츄갈국속방)남은갑칼로니와
오렌지국이오셔는백파나ㅣ니ᄉᆞ면십리ㅅ방면이일만이쳔오ᄇᆡᆨ이
며

ᄉᆞ민필지　아프리가남편　ᄇᆡᆨᄉᆞ십구

디형파일긔ᄅᆞᆯ의론컨대동남셔ᄒᆡ변에로산이만코북편에ᄂᆞᆫ큰들이
오젹은강이며 일긔ᄂᆞᆫ좀더우며
소산을의론컨대초목은큰나무와포도와여러가지실과나무가만코
즘승은몰파쇼와도야지와사슴파오스드리취새가만코텰셕은금파
구리와셕탄이미우만코금강셕은온련하에데일노만ᄒᆞ며
ᄉᆞᄅᆞᆷ의수효ᄅᆞᆯ의론컨대캡칼로니에ᄂᆞᆫ일빅ᄉᆞ십만명이며 (영국파영국사ᄅᆞᆷ들)
오렌지국에ᄂᆞᆫ십ᄉᆞ만명이며 (네데란스국사ᄅᆞᆷ들이삼십륙년젼에ᄀᆡ국ᄒᆞ니라) 트란스발국은팔십
만명이니 (네데란스국사ᄅᆞᆷ들이구년젼에ᄀᆡ국ᄒᆞ니라) 륙만명은네데란스국사ᄅᆞᆷ이오그놈아ᄂᆞᆫ
다본ᄯᅡ검은빗사ᄅᆞᆷ이오사ᄅᆞᆷ의픔ᄉᆞ수ᄂᆞᆫ평ᄅᆞᆼ이오ᄉᆞ업은롱ᄉᆞ와즘
승치기와쇠ᄭᅳᆷ기며
오렌지국파트란스발국은님금이업스샤민쥬국이오캡칼로니ᄂᆞᆫ영
길리국이관원을보내아다ᄉᆞ리며
도셩을의론컨대오렌지국도셩은일홈이브렘관텬이오트란스발국
은도셩일홈이프리도리아ㅣ오캡칼로니ᄂᆞᆫ읍너일홈이겝다온이오
ᄯᅩ그러엄스다온파김버리란큰촌이잇스며
외국통샹을의론컨대내아곰ᄂᆞᆫ거슨양의털파오스드리취새ᄉᆞ털파
총쇠와구리와금파금강셕파곡식이니갑시일년에오렌지국은오빅
만원이오트란스발국은삼빅만원이오캡칼로니ᄂᆞᆫᄉᆞ십빅만원이며
ᄉᆞ드려ᄂᆞᆫ거슨온갓필육파온갓의복파온갓연장파온갓군긔와화륜
챠ㅣ니갑시일년에오렌지국은오빅만원이오트란스발국은이빅륙
십만원이오캡칼로니ᄂᆞᆫ이십오빅만원이며
당ᄉᆞᄉᆞ무ᄂᆞᆫ다긴졀ᄒᆞᆫ일이며
일년에부세밧ᄂᆞᆫ돈을의론컨대오렌지국은빅만원이오트란스발국
은일빅이십만원이오캡칼로니ᄂᆞᆫ십륙빅만원이며
종교ᄂᆞᆫ다야소교ᄅᆞᆯ준ᄒᆡᆼᄒᆞ며
소무ᄅᆞᆯ의론컨대부ᄒᆞ고강ᄒᆞ기ᄅᆞᆯ대단히힘쓰며
이샹ᄒᆞᆫ은ᄒᆡ변에도모지포구가업ᄂᆞᆫ고로ᄅᆞᆯ노ᄊᆞ하포구ᄅᆞᆯ만ᄃᆞᆯ엇ᄂᆞ
니라 (화륜차ᄉᆞ길도만흐니라)

아프리가동편

아프리가동편ᄒᆡ변에누비아와슈단파아베시니아와 (이다리아국이엇기ᄅᆞᆯ시작) 소마
리와쌀라와몸바사와 (영국이엇기ᄅᆞᆯ시작) 산긔바와 (덕국이엇기ᄅᆞᆯ시작) 모삼빅파소팔라ㅣ란
(포츄갈국이엇기ᄅᆞᆯ시작) 여러ᄯᅡ히잇스니 (다오랑캐ᄯᅡ히라) 폭원이북위션이십삼되그리브러
남위션이십칠되그리ᄉᆞ지니장이만리요광이대개칠빅리며
디형은ᄒᆡ변에로만젹은산이만코그놈아ᄂᆞᆫ다들이며

일긔는미우더웁고목긔가만ᄒᆞ며
시쟉은이ᄯᅢ오번겁은빗사ᄅᆞᆷ이며 다오랑캐들이니라
소산은샹아가ᄃᆡ일만코셔쇽파 즘ᄉᆡᆼ이라 야ᄌᆞ와 실과일홈 됴흔실과와됴흔향내나
는여러가지나무와계슈와룡뢰나무가미우만ᄒᆞ며
외국통샹에내아푸는거슨무ᄃᆡ쇼와여러가지됴흔향내나무와열미
며야ᄌᆞ와갑괴와온갓가쥭파련하에ᄃᆡ일빗됴흔여러가지새ㅅ털파
양이오사드리는거슨셔양목파류리구슬파털ㅅ소와술이며
이ᄯᅢ사ᄅᆞᆷ들이ᄯᅢ개흑일이만명혹오륙쳔명ㅅ식모혀뎐장이잇고 쟝뎐
은무뫼이란말 서로싸화흉샹란리ᄒᆞ며죽이고직물을ᄲᅢ아ᄉᆞ며계집들은룡ᄉᆞ
와아모일이라도다ᄒᆞ며ᄯᅩ아모즘승이나호목산쳔을련쥬쎄와ᄀᆞᆺ치
절ᄒᆞ고빌어공경ᄒᆞᄂᆞ니라이외에ᄯᅩ아프리가쇽에만흔여러ᄡᅡ히잇
서사ᄅᆞᆷ들이살미래셔ㅅ사ᄅᆞᆷ들이들어가보지못ᄒᆞᆫ고로그사ᄅᆞᆷ들의
수효와모양파풍쇽의엇더ᄒᆞᆷ을아지못ᄒᆞᄂᆞ니라 ᄎᆞᄎᆞ드러가보기를경영ᄒᆞᄂᆞ니라

마다가스가국 본란시국쇽국이라

아프리가동편인도양에마다가스가ㅣ란큰셤이잇스니이ᄒᆞᆫ나라히
라폭원이남위션십이되그리브러이십륙되그리ᄭᅡ지요동경션ᄉᆞ십
삼되그리브러오십되그리ᄭᅡ지니남북이삼쳔리요동셔가쳔리며

ᄃᆡ경을의론컨ᄃᆡ동남북은인도양이오셔는모삼빅이란물ㅅ목이며
ᄃᆡ방을의론컨ᄃᆡᄉᆞ면십리되는방면이이만오쳔이며
ᄃᆡ형을의론컨ᄃᆡᄉᆞ면이다산이며
일긔를의론컨ᄃᆡ더우며
소산을의론컨ᄃᆡ초목은온갓됴흔향내나무와오목파화류나무요면
화와사ㅅ당풀파호쵸와여러가지실파와야ᄌᆞ와바나나요 바나나는파쵸와ᄀᆞᆺ고송이는
포도와ᄀᆞᆺ고울은어름파ᄀᆞᆺ고맛손됴고빗흔누루고쪽자쥬ㅅ빗히니라 곡식은살파갑ᄌᆞ요텰셕은금파은파ᄎᆞᆷ쇠
와셕탄이오즘승은아프리가와ᄀᆞᆺᄒᆞ며
사ᄅᆞᆷ의수효를의론컨ᄃᆡᄉᆞ빅만명이오시쟉은이되오변이오언어는
본나라ㅅ말이잇스며
국ᄐᆡ를의론컨ᄃᆡ님금이계셔졍ᄉᆞ를쥬쟝ᄒᆞ시며 녀왕이미양만호시니라
도셩을의론컨ᄃᆡ일홈이타나나리보ㅣ니나라ᄒᆞᆫ가온ᄃᆡ요ᄯᅩ동편에
다마답이란포촌이잇고사ᄅᆞᆷ의몸ㅅ수는평롱이오빅셩의ᄉᆞ업은롱
ᄉᆞ와면쥬길ᄊᆞᆷ파쟝석이며
국셰는약ᄒᆞ고 군ᄉᆞ는만치못ᄒᆞ고 학업은독실히시작ᄒᆞ며 죵
교는야소교를쥰힝ᄒᆞ고ᄯᅩ아모나아모교를임의ᄃᆡ로ᄒᆞᄂᆞ니라

오스드렐랴

오스드렐랴ᄂᆞᆫ쪽원이남위션십이ᄃᆞ그리브터ᄉᆞ십ᄃᆞ그리ᄭᆞ지요동
경션일ᄇᆡᆨ십삼ᄃᆞ그리브터일ᄇᆡᆨ오십ᄃᆞ그리ᄭᆞ지니남북이오천리요
동셔가칠쳔오ᄇᆡᆨ리며

디방을의론컨대ᄉᆞ면십리되ᄂᆞᆫ방면이구십만이며

디형을의론컨대동편에오스드렐랴산과ᄭᆞᆯ루와릐버블이란산과흔
가온대젹은산들이잇고동남에메례란강이인도양에로드러가고랴
란과ᄯᆞᆯ링이란강이메례강에로드러가고쿠페란강이잇스며ᄯᅩ칙변
에젹은강이만코남편에아여와더펜스ㅣ란못시잇고엘번과의둘네
드ㅣ란포구가잇고픠스벤과루귀술과싯네란포구가잇고셔편에ᄲᅥ
드ㅣ란포구가잇고ᄯᅩ장이이쳔리오광이일쳔오ᄇᆡᆨ리되ᄂᆞᆫ초목도업
고물도업ᄂᆞᆫᄯᅡ히잇고ᄯᅩ이와ᄀᆞᆺ흔쓸ᄃᆡ업ᄂᆞᆫᄯᅡ히동북에여러곳이잇
고남편에티스마니아ㅣ란큰셤이잇고 (ᄉᆞ면륙ᄇᆡᆨ리되ᄂᆞᆫ셤) 셔북에젹은몃셤이잇
스며

일긔ᄂᆞᆫᄆᆡ우더워눈이도모지업스며

소산을의론컨대초목은귤과포도와입시업ᄂᆞᆫ나무가만코담비와목
화와사ᄉᆞ탕풀이만코곡식은밀과보리와감ᄌᆞ가만코 (일년에십ᄇᆡᆨ만셔ᄉᆞ식나ᄂᆞ니라) 털셕
은금이ᄆᆡ우만코은과구리와츌쇠와셔양텹과셕탄과금강셕과붉은

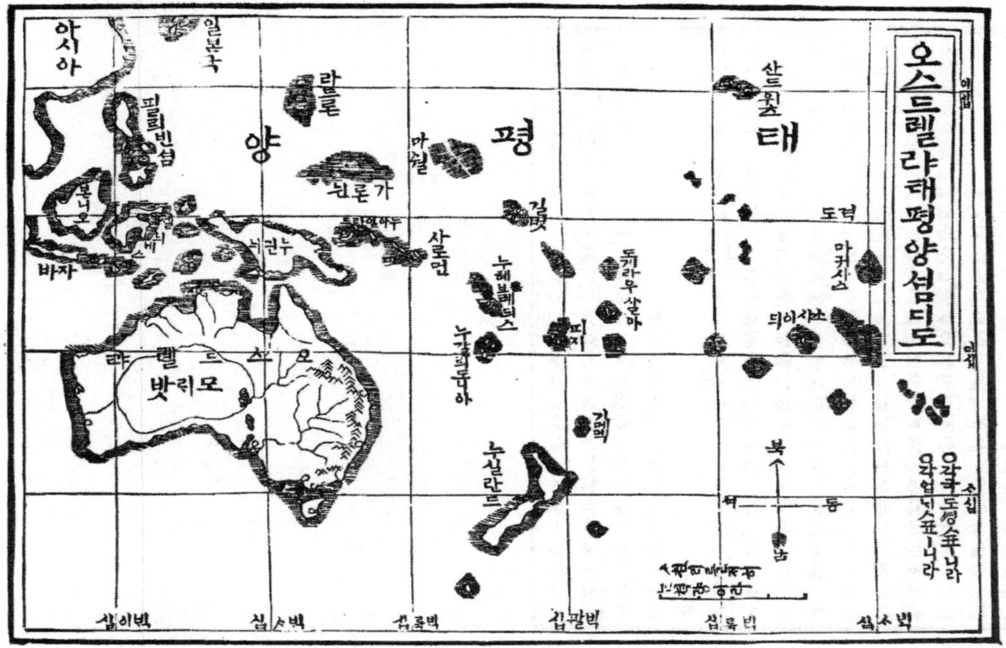
오스트렐랴태평양섬디도
아시아
일본국
필립빈섬
바자
양
평
태
마셜
살로먼
피지
누실란드
마커사스
오스트렐랴
동
서

보셕이오 (셕탄과보셕캐내ᄂᆞᆫ거시일년에십오억만원이니라) 즘승은양이텬하에뎨일만코됴흔몰

파쇼와도야지와킹그루와 (킹그루모양은쥐와ᄀᆞᆺ고크기ᄂᆞᆫ개와ᄀᆞᆺ고압ㅅ다리ᄂᆞᆫ쟈르고뒤ㅅ다리ᄂᆞᆫ길어것지못ᄒᆞ고ᄯᅱ며가ᄉᆞᆷ에큰주머니가잇서다라날ᄯᆡ면ᄉᆞᆺ기를담아가지고ᄯᅱᄂᆞ니라) 억벌파 (수달피모양이오입은오리ᄀᆞᆺᄒᆞ니라) 입머릭스와 (ᄂᆞᆯ개업ᄂᆞᆫ새니라) 라야와 (봉황인듯ᄒᆞ다)

개스웨리며 (오스드리취와모양이ᄀᆞᆺ고털은길쥼승과ᄀᆞᆺᄒᆞ니라) (이몃쥼승은텬하에이ᄯᅡ에만잇ᄂᆞ니라)

사ᄅᆞᆷ의수효ᄅᆞᆯ의론컨대이빅팔십만명이니다영길리국사ᄅᆞᆷ이오본

싸메례ㅅ사ᄅᆞᆷ은얼마되지못ᄒᆞ고사ᄅᆞᆷ의ᄉᆞ업은롱ᄉᆞ와양치기와쇠

푸기와포도술믄ᄃᆞᆯ기며

다ᄉᆞ리기ᄂᆞᆫ영길리국관원이잇ᄉᆞ며

읍너ᄂᆞᆫ동편에로둘히잇ᄉᆞ니브리스벤파싯넷시오ᄎᆞ루귀술파멧탄

드와배더스드ㅣ란촌이잇고남편에멜번파이둘네드와쌜나랏파선

던스드ㅣ란촌이잇고ᄐᆡ스마니아셤에호바다온이란촌이잇고셔

편에퍼드ㅣ란촌이잇고사ᄅᆞᆷ의품ㅅ수ᄂᆞᆫ평뎡이며

외국통샹ᄒᆞ올의론컨대내야곡ᄂᆞᆫ거ᄉᆞᆫ양의털파곡식파금파술파가죽

이니갑시일년에이빅륙십오빅만원이오사드리ᄂᆞᆫ거ᄉᆞᆫ여러가지필

육파여러가지연장파술이니갑시일년에오빅빅만원이며

당ᄉᆞᄉᆞ무ᄂᆞᆫ미우긴졀ᄒᆞᆫ일이며

일년에쓋ᄂᆞᆫ부셰ᄂᆞᆫ이빅삼십빅만원이며

ᄉᆞ민필지　오스드렐랴　빅오십오

학업은ᄆᆡ우힘쓰며
도학은아모나아모도ᄅᆞᆯ입의로ᄒᆞ며 야소교ᄅᆞᆯ만히ᄒᆞᄂᆞ니라
이ᄯᅡ히황무ᄒᆞ여ᄡᅳᆯᄃᆡ업더니ᄇᆡᆨ년젼에영국사ᄅᆞᆷ들이드러가잘되게ᄒᆞ니지금은ᄆᆡ우부요ᄒᆞᆫᄃᆡ방이되얏고ᄯᅩ동편히변쳔리ᄉᆞ동안은산호가만히ᄡᅡ혀바회와ᄀᆞᆺᄒᆞ니라
이ᄯᅡ헤이샹ᄒᆞᆫ거슨ᄒᆞᆫ자놈줏ᄒᆞᆫ곱은몽치로후려처더지면그몽치가ᄆᆡ우멀니가고그가ᄂᆞᆫ거시더지ᄂᆞᆫ사ᄅᆞᆷ의ᄆᆞᄋᆞᆷ대로바로가기도ᄒᆞ고혹빗골게도가며혹도라도가고그몽치에마즈면아모큰즘승이라도죽고ᄯᅩ그몽치가맛ᄎᆞᆫ후에도로더지던사ᄅᆞᆷ의손에와쥐이ᄂᆞ니이적조ᄂᆞᆫ이ᄯᅡᄉᆞ사ᄅᆞᆷ밧게은련ᄒᆞ사ᄅᆞᆷ이도모지ᄒᆞᆯ수가업ᄂᆞ니라

ᄐᆡ평양모든셤 너러셤을합ᄒᆞ야ᄒᆞᆫ나라ᄅᆞᆯ일운것도잇ᄂᆞ니라

슈마드라셤 네데란스국쇽방이라

사ㅣ암국남편에로슈마드라ㅣ란셤이잇서폭원이젹도남북에로각일ᄇᆡᆨ팔십리니쟝이삼쳔오ᄇᆡᆨ리요광이륙ᄇᆡᆨ리라ᄃᆡ방은ᄉᆞ면십리되ᄂᆞᆫ방면이이만이오ᄃᆡ형은산이만코화산이이십이오셔편에뼁교련파바당파북편에아친이란촌이잇고ᄉᆞ면에젹은셤이둘너잇고사ᄅᆞᆷ의수효ᄂᆞᆫ오ᄇᆡᆨ만명이오다ᄉᆞ리거ᄂᆞᆫ네데란스국관원이잇스며

자바셤 네데란스국쇽방이라

슈마드라셤동남에자바ㅣ란셤이잇서폭원이남위션여ᄉᆞᆺ되그리브터여ᄃᆞᆲ되그리ᄭᆞ지니남북이ᄉᆞᄇᆡᆨ리요동셔가이쳔리요ᄃᆡ방은ᄉᆞ면십리되ᄂᆞᆫ방면이오쳔오ᄇᆡᆨ이오ᄃᆡ형은산이만코화산이열다ᄉᆞᆺ시오북편에베데비아와ᄉᆞ마랑파수러바야ㅣ란촌이잇고사ᄅᆞᆷ의수효ᄂᆞᆫ십팔ᄇᆡᆨ만명이오다ᄉᆞ리기ᄂᆞᆫ네데란스국관원이잇스며

본이오셤 네데란스국쇽방이라

슈마드라셤동편에본이오ㅣ란셤이잇서폭원이젹도남북에로각쳔여리니ᄃᆡ방은ᄉᆞ면십리되ᄂᆞᆫ방면이삼만삼쳔이오ᄃᆡ형은산파화산이만코북편에사라왁파브로니란촌이잇고사ᄅᆞᆷ의수효ᄂᆞᆫ이ᄇᆡᆨ오십만명이오다ᄉᆞ리기ᄂᆞᆫ네데란스국관원이잇스며

셀늬비스셤 네데란스국쇽방이라

본이오셤동편에셀늬비스ㅣ란셤이잇서폭원이젹도남편일쳔이ᄇᆡᆨ리브터북편ᄉᆞᄇᆡᆨ리ᄭᆞ지니동셔가쳔리요ᄃᆡ방은ᄉᆞ면십리되ᄂᆞᆫ방면이ᄉᆞ쳔이오ᄃᆡ형은산파화산이만코남편에믹카사ㅣ란촌이잇고사ᄅᆞᆷ의수효ᄂᆞᆫ삼ᄇᆡᆨ만명이오다ᄉᆞ리거ᄂᆞᆫ네데란스국관원이잇스며

필늬빈셤 이스바니아국쇽방이라

본이오섬북편에필뢰빈이란섬이잇서크고젹은일천이빅섬이련ᄒᆞ
엿시니폭원이북위션다ᄉᆞᆺ듸그리브러ᄉᆞᆨ구듸그리ᄭᆞ지요동경션일
빅십구듸그리브러일빅이십륙듸그리ᄭᆞ지니남북이이천리요동셔
가일천오빅리요디방은ᄉᆞ면십리되ᄂᆞᆫ방면이일만칠천이오디형은
산과화산이만코북편에마닐라와남편에민다나오ㅣ란촌이잇고사
ᄅᆞᆷ의수효ᄂᆞᆫ륙빅만명이오다ᄉᆞ리기ᄂᆞᆫ이스바니아국관원이잇스며

누권늬섬 영길리국쇽방이라

오스드렐라북편에누권늬란섬이잇스니폭원이젹도브터남위션열
듸그리ᄭᆞ지니남북이이천리요동셔가삼천리요디방은ᄉᆞ면십리되
ᄂᆞᆫ방면이삼만삼천이오디형은바다ᄉᄀᆞ헤산과화산이잇고다ᄉᆞ리
기ᄂᆞᆫ영길리국관원이잇스며

누실란드섬 영길리국쇽방이라

오스드렐라동남에누실란드ㅣ란섬이잇서폭원이남위션삼십이듸
그리브러ᄉᆞ십팔듸그리ᄭᆞ지요동경션일빅륙십팔듸그리브러일빅
칠십팔듸그리ᄭᆞ지니남북이삼천오빅리요동셔가팔빅리며디방은
ᄉᆞ면십리되ᄂᆞᆫ방면이일만이오디형은산이만코화산이여ᄉᆞᆺ시오북
에옥란드와동편에웰링던과남편에던이든이란촌이잇고사ᄅᆞᆷ의수

효ᄂᆞᆫ칠십만명이오 (다영국사ᄅᆞᆷ이오본ᄯᅥ 사ᄅᆞᆷ은ᄉᆞ만명이니라) 다ᄉᆞ리기ᄂᆞᆫ영길리국관원이잇
스며

여러젹은섬

누긘니동편에누보례덴과누아열란듸와사로먼과누혜브레듸스와
누갈릐도니아와 (불란시국 쇽방이라) 피지와사모아와소사이듸와길벗과마실과
가롤닌과산드위츠국과마귀사ᄉᆞㅣ란섬이잇고ᄯᅩ이밧게무수ᄒᆞᆫ젹
은섬이잇ᄂᆞ니라 (이섬들이화산으로솟고여된것도 잇고산호가모혀된것도잇ᄂᆞ니라) 산도위츠국도섬은일흠이
하놀롤루ㅣ오 디방은ᄉᆞ면십리되ᄂᆞᆫ방면이칠빅이오큰화산이둘
이오사ᄅᆞᆷ의수효ᄂᆞᆫ팔만명이니그즁에일만팔천은쳥국사ᄅᆞᆷ이오
국톄ᄂᆞᆫ님금이졍ᄉᆞ를쥬쟝ᄒᆞ시고일년에밧ᄂᆞᆫ부셰ᄂᆞᆫ이빅륙십만원
이오 외국통샹에파ᄂᆞᆫ거ᄉᆞᆫ사ᄉ당과피살가죡여러가지실과ㅣ니
일년에갑시십빅만원이오사드리ᄂᆞᆫ거ᄉᆞᆫ온갓필육과여러가지연장
이니일년에갑시오빅만원이오 죵교ᄂᆞᆫ아소교를ᄒᆞ고련쥬교도ᄒᆞ
ᄂᆞ니라이나라히젼에미우흉악ᄒᆞᆫ오랑캐러니삼십년젼에합즁국사
ᄅᆞᆷ들이드러가야쇼교를ᄀᆞ르치모든풍쇽과법을곳쳐지금은됴흔나
라히오ᄎᆞᆷ나라가되얏ᄂᆞ니라
소산을의론컨대 (초목과즘승이큰섬에만만 코젹은섬에ᄂᆞᆫ드므니라) 초목은화류와오목과무대쇼문드

는니무와야즈와빈랑과향내나는여러가지나무와꼿히흔안롭되는
이샹혼나무와귤과유즈와부레프롯과 열미가떡과 굿흐니라 여러가지실과와여
러가지약렴나무와이샹혼나무가만코곡식은쌀과셔속과보리와밀
이오갑피와목화와담비와엽쇠ᄀ옴풀과퇴차ㅣ오즘승은코ㅅ기리
와호랑이와표범과곰과여러모양사슴과여러모양원숭이와개야미
먹는즘승과산ㅅ도야지와산ㅅ쇼와물쇼와염쇼와양과물ㅅ쇼와
악어와여러가지물ㅅ고기와공쟉이와잉무와앵과여러가지긔이혼
새가만코여러모양빅얌과여러모양거믜와 사롬을죽이는게 의가잇ᄂ니라 여러모양박
쥐와 사롬을죽이는빅 쥐가잇ᄂ니라 파리와모긔와잠즈리와쌀벌과거복이만코털석은
금은동텰이오석탄과화반석과류황과슈은과소곰과진쥬와금강석
과보석과산호가만코 온던하에예 일만호니라 금패와약ㅅ풀이만호며
사롬의수효는오십빅만명이오시족은메레요언어는각섬이각각다
르며 사롬의픔ㅅ수는다평등이오ㅅ수업은롱ㅅ와산영이며
외국통샹에내아푸는거슨띡모와보석과여러가지약렴과여러가지
실과ㅣ오사드리는거슨온갓골육과연장과구술과술이며
당ㅅ수ㅅ무는미우긴절혼일이며
준힝ᄒ는교는불ㅅ도와회회도ㅣ오또아모나아모교롤ᄒ며

이여러적은섬중에유로바나라들이ᄎ지혼섬도잇고또스스로쥬쟝
ᄒ는나라모양도잇스나며개다오랑캐니라 큰셤은다화산으로된거시오져은 셤들은산호로된거시오또이셤근 셔에는도모지공파 가미우대단ᄒ니라

스민필지종

士民必知

士民必知翻譯序

是編泰西士用我國國文略記萬國山川風土政令學術以便衆士之覽者今翻譯而再傳之者奈何曰爲我亞洲也萬國之公論者而獨曰爲我亞洲者奈何今夫人少而壯而老有生之序也少則知與力微壯則知與力充老則知與力衰微者可以教而養之充者可以持而勿失衰者可以喚昏而補萎此又有生之異治也今將是編公觀天下萬國歐美諸國開荒未久文明日啓實事是從譬則自少而進於壯者也亞洲開荒最久文明日旺虛僞是崇譬則自壯而

至於老者也琴瑟敝則絃不可不改車敝則轍不可
不易人衰則藥不可不進然則是編者將不爲我亞
洲喚昏補萎之一良藥也哉第是編纂於簡便其於
邦國始末闕焉茲取瀛環志略萬國史略採始末綴
于國名之下庶使蒙士益得其一斑云

大朝鮮開國五百四年乙未三月望議政府編史局
主事金澤榮序

士民必知卷之一

朝鮮議政府主事白南奎
李明翔景霄 同譯
金澤榮友霖 撰

地毬

地毬者星也太虛蒼冥之際有無數星叢叢各有一
大星統衆小星而小星從大星以繞旋焉太陽一大
星也極光耀而無動其傍有旋斡八星屬之一木星
二金星三土星四火星五即地毬星六海龍星七天
王星八水星而此八星者又各有所屬星一百有餘

盖地之爲物形體圓周八萬餘里徑二萬七千六百餘里距於日可三萬一千八百五十萬里而其繞而旋也一晝行四十八萬六千里積一年始一周此地行之數也夫南北極々直徑正對一畢彈子于南北之正中有赤道而赤道南北各四千八百五十里爲南北黃道南北黃道之南北各八千九百里爲南北黑道南北黑道之南北各四千八百五十里爲南北極然則赤道以外直受日光而常煖所謂熱帶是也黃道以外一年只一直受日光而有冬夏之別所謂温帶是也黑道以外至南北極常不見日光而寒所謂氷帶是也而氷帶之地又或半年爲晝半年爲夜以地形雖圓而南北極之邊則少扁且於直對之中亦有少參差故也摠之無論某時某地直受日光爲夏不直受日光爲冬又見日光則爲晝不見日光則爲夜也又地毬有走力而爲日所吸不能遠走且其繞日而旋也萬物一晝夜一翻而無墜物者以日重大於地重大者氣能吸輕小者故也盖日大於地爲一百二十六萬倍矣

晦望

晦望者地與月質本地皆黑受日光然後始明以故月

之繞地而旋也月在日地之間則其向日邊有光而
向地邊無光地上不見月光故謂之晦月出地表則
與日正對而有光地上全見月光故謂之望

日月食

月食者地在日月之間掩日光於月故必於望而有
月食蓋月之繞地而旋也其道與日與地相直為一
線其在地表自然受地所掩此所以為食也然則每
望宜有月食而乃時或有之者以其道雖相直而其
行則稍上稍下不常相直故也日食者月在日地之
間或掩日光於地地上不見日光故日食必於朔有

之但月差小於地地甚小於日日所普照月之小不
能久掩故日食之頃不能久也

雲

雲者水土之際常出濕氣而是氣至輕無形可見惟
空際自在之氣愈高愈寒而水土之氣上升而當寒
於是乎始凝成形是謂之雲又溫時地氣多出氣多
出則濕氣尤多是故夏多濕氣亦多雲

雨

雨者水土之氣凝為雲而流行遇最寒之氣卽化為
水今高山大麓中多雨為其氣多寒而雲適相遇故

也

風

風者地少煖則其氣蒸然上方其上時必有答氣自他方相應而來滾滾然是謂之風

電

電者本空中自在一氣而其性與濕氣好合故雲之所在其氣隨雲濕氣而聚集其聚漸大則此氣與彼氣相感乃生牽引之力而其相引也便閃閃然有光穿空氣而行一分時八繞地毬以故各國格物之士多引此氣以使用機器如電機線之類是也

雷

雷者電所過處空氣分爲旣過之後分者復合而有聲轟然是謂之雷

地震

地震者地中有水有火水火相感乃生氣息而其交戰而衝出也地爲之搖動凡有火山之國多有地震

霧

霧者出地之濕氣未高升而凝成者

雪

雪者雲爲雨之前凍而成者

雹

雹者雲爲雨之後凍而成者如夏熯時或雹者海之冷風相搏故也

霜

霜者露之凍者

潮汐水

潮汐水者地與月最近爲月所吸與包地之水便息爲潮然其吸力有大小故息有盈縮與弦望晦朔相應

尾星

尾星者衆星中本自有之有大者有小者而其行度與他星不同或遠日而去或近日而回幾十年幾百年一見

流火

流火者空中有石塊流行其疾如電所過處與空氣相摩生火而自燋也凡物相摩之急自然生火皆此類也而有所謂星隕者其石中或有鐵雜焉石已燋盡鐵猶未銷而有隕於下者是也非眞星隕也且其氣去地不遠出衆星之下矣

天河

天河者衆星相聚而長亘者也而絶遠不見其爲星
但見其煥然有光而已若照以大千里境則其衆星
之數歷歷可指數

地毬總論

地毬之始但一氣之熱且有光者也此氣轉旋漸次
凝成如銷鐵之水熱消漸凝質未及堅而熱火之在
中者片片迸出始爲火山次爲千萬山岳最後凝厚
遂成地毬當此之時地毬熱氣之未盡者與空氣相
薄成兩大注屢年而地之窪者彌滿爲海於是海居
地五分之三陸居地五分之二而于陸之中五分之

三爲赤道之北五分之一爲赤道之南又以地圓故
其中三之二在東三之一在西兩相對待如此之後
海陸間萬物生焉草木始之魚蝦次之飛禽又次之
走獸又次之而人最後生盖天地萬物皆爲用於人
故萬物備而後人始生焉且細分海陸而名之陸則
東北間謂之亞細亞南謂亞非利加西北謂歐羅巴
東南謂奧大里亞西洋之西謂亞美利加而其地有
南北兩幅故亦曰南北亞美利加海則亞細亞之東
亞美利加之西謂之太平洋亞非利加與歐羅巴之
西若亞美利加之東謂之大西洋亞細亞之南亞非

利加之東奧大里亞之西謂之印度洋南北極謂之
南北氷洋顧地形輪圓不可以步測故今就南北極
據直經定三百六十經線據赤道定三百六十緯線
經線緯線之間以定一度然後經線自英吉利國都
始以東幾度西幾度計之緯線自赤道始以南幾度
北幾度計之斯可以揣知天下萬國海陸山川之形
勢矣夫

人種總論

稽夫七千年之前人始生於東北亞細亞洲法西亞
之地謂之蒙古人種其人肉黃而毛眼黑其後生於
東南奧大里亞洲者謂之巫來由人種其人肉赤黑
毛眼黑生於西南亞非利加洲者謂之伊度五亦人
種其人肉毛眼皆黑生於西北歐羅巴洲者謂之高
加索人種其人肉白毛黑眼碧而其北方人獨黃毛
生於正西亞美利加洲者謂之亞美利干人種其人
肉赤毛眼黑是五洲之中惟歐洲白人種分居各土
者最多四百年前歐洲人入亞美利加地逐舊居人
自成大國而赤人種今漸衰稀又一百五十年前入
亞非利加沿海地居之而黑人種皆為所逐徙于內
地又八九十年前入奧大里亞地稍逐舊居人而赤

黑人種今又漸衰然其人黃白赤黑之不同者盖去日遠近而然也

歐羅巴總論

歐羅巴洲者幅員自北緯線三十五度至七十五度自東經線六十五度至西經線十度南北七千五百里東西八千里其界北北氷洋東南亞細亞若地中海西大西洋方十里之地為四十三萬二千東少山而多大水西多高大之山亦多江水而差少於東又西南北三面多大島而港口之多為天下最氣候北甚寒南調和人口三百二十八百萬氏族高加索而

北邊亦或有蒙古人種其中諸國有十八曰俄羅斯曰那威瑞典曰丁抹曰德國曰荷蘭曰白耳義曰英吉利曰法蘭西曰西班牙曰葡萄牙曰瑞西曰意大里曰奧地里亞凶牙里曰婁秭尼亞曰西比亞曰山馬利會曰土耳其曰希臘是諸國者國富兵精技藝學專政治一順民志瞽聾啞跛之人教學有堂老弱瘡痍顛狂之人養治有院舉一國之內都無棄人為官吏者有慢侮侵漁下民者必嚴禁之亦禁賣買奴婢及行娼畜妾等事惟以顧護百姓為諸政之本故民皆安樂其生天下之言樂土者皆以歐羅巴亞美

利加爲第一者此也且分天下人物爲四等德若法
若英若奧地里亞若那威瑞典若丁抹若荷蘭若白
耳義若瑞西若意大里亞若合衆國爲第一俄羅斯
若妻稱尼亞若西班牙若希臘若葡萄牙若南亞美
利加諸國若日本爲第二土耳其若摩洛哥若杜尼
斯若亞細亞諸國爲第三亞非利加中諸國太平洋
島中諸國與大里亞中諸地爲第四此非以富强論
也以政治優劣爲分別故雖荷蘭白耳義諸小國亦
得與焉

俄羅斯

一名露國本西北散部唐末有祿利哥者始立國元
太祖滅之明初祿利哥之孫復之至淸康熙中彼得
羅中興自是國日强大

俄羅斯者其國自歐羅巴至亞細亞其在歐羅巴者
幅員自北緯線四十度至七十度自東經線二十度
至六十度南北六千里東西四千里爲方十里者十
二萬五千其界北北氷海東亞細亞若哥秀比安湖
南亞細亞若奧地里亞西德國若瑞典多平原曠野
而東南繚以萬山其最大者曰乳剌日開西又有大
水三曰伐可江曰五德沙浦曰廣布江氣候北邊甚

寒而當夏夜極短晝極長南邊稍熱草木多松栢甘
藷獸多牛馬熊狼鹿狐及裘材之諸獸穀宜牟麥燕
麥蕎麥礦旺金銀銅鐵煤石油人數九十百萬氏族
有高加索蒙古二種言語多端都城在伐德河邊名
曰彼得羅者因其君之名也都會有五德沙浦港若
河西德那等地民業主農績礦畜商賈出貨為穀布
羊皮名材石油裘材價歲一百二十百萬元入貨為
砂糖皮革茶酒絮帛染綵器械價歲二百百萬元其
在亞細亞者所謂斗眠會城者卽古西比利亞之地
也所謂堺巴會城者卽古土耳其西丹之地乃北凶

奴遺種也其地自北緯線三十五度至七十八度自
東經線五十度至一百八十度南北六千里東西二
萬二千里為方十里者七十一萬北界哥羅河若北
氷洋東界太平洋南東界淸若朝鮮西界歐羅巴若
山曰烏非伊若過他伊其江曰勒那若亞毋魚其湖
曰開西比安若杯骨火山二十一在其東氣候東北
甚寒西南甚熱草木有松木綿及諸果獸有橐駝熊
虎靑鼠田礦之産大類彼得羅之地人口十五百萬
氏族高加索言語亦多端其人善造罽薦商賈出貨
為綿穀金銀寶石入貨為茶料砂糖紬緞羊毛果菰

諸器械此其大略也至其立國規模君主世傳摠政
置大臣四人有治罪過者有司政教者有掌師旅者
有掌外國交涉者分國為五十州州各置一監司
理之其刑止誅亂逆無連坐餘罪分輕重寬之或懲
役禁錮人品有官人世食祖先采地及士農工賈凡
五等而至於言語交際仕官皆無分別無依老幼及
惡瘡病狂之人皆公廩而養治之學業有九官分治
初學學堂三萬所高材學堂二百所第一高材學堂
九所男女聚學者常百萬計歲以新說成書者近萬
數以及瞽聾跛瘖之人亦皆入學舉一國之內無

不學之人賦稅以錢歲額為五百百萬元軍制舉國
之人年自十七八至三十必經三年為兵其陸軍二
百萬精兵八十萬火輪戰船四百艘鐵甲者三十二
國內道路甚修治而火輪車路亦甚多又數年前大
作火輪車路自國都至朝鮮豆滿江近地首尾三萬
餘里計三四年後可成蓋其國專以拓地為圖數百
年間蠶食歐亞之地而其志尚未已也若其宗教則
以天主為宗君主兼為教主而邊裔之人或行耶穌
回回諸教者亦不之禁貞男貞女學道者有男願堂
女願堂摠之氏族人品軍制稅法學政刑法道路自

俄以下諸國在歐洲者大抵略同故此以下不復多
贅

那威瑞典

趙宋初有厄里哥者始立國明初爲丁抹國所幷
嘉靖二年戹撒德其國至淸道光初加爾祿斯稱
雄于時

那威瑞典者二國也而一君主之雖君王而政治民
多主之其都城那威曰加理西得在國南瑞典曰西
托在國東其地自北緯線五十度至七十度自東經
線五度至二十五度氣候甚寒夏亦不熱而其北邊

夏夜冬晝俱極短南北凡三千里東西六百里方十
里者二萬北接北氷洋東通俄羅斯南西臨依得河
若大西洋其形勝西北有德法必帶諸山爲阻東界
小河入于依得河水又有諸湖而杉羅拔楡二湖在
南最大北則老包丹入小島羅列如星老包丹者天
下之惡灘也其木宜松栢而其他樹冬不凋之木亦
多其穀宜牟麥燕麥其蔬宜甘藷其獸熊羆狼猾鹿馬
牛羊其鳥鳧鴈及諸宜食之禽其魚甲天下而河
豚最衆其人品平華其宗教主耶蘇其業畋漁採木
績麻牧畜礦農蠶造舟紡織而多其民數那威二百萬

瑞典四百七十萬言語各出國音沿邊多通商之港
而出物魚鮮材木劉鐵羽毛皮革銀銅價歲一百十
五萬圓入物米穀酒肉烟草香臘類其價歲一百十
二萬圓其稅入歲三十七萬圓其陸軍十四萬火輪
戰船百六艘鐵甲大艦六其火輪車路一千五百里
而礦產刑法學敎軍制稅法道路略與俄同矣

丁抹

一曰嗹國宋初有哥里摩者始立國中世失之近
始漸復其舊
丁抹國者其都在雪蘭得島中高番回根之地人數

不過二百萬稅入五十百萬圓陸軍四萬水軍千人
戰艦四十艘然其地多平野而一方聯諸島成國當
伐德河大西洋之阨口一過其阨口則船路都不通
此其弱小而能自保者也又其政治君聽於民而公
平之所謂共和者也土產多名材牟麥甘藷牛馬豬
海錯石炭外國通商之物出者牛酥糕若肉皮價歲
五十百萬圓入者砂糖白鹽布緞珈琲米茶烟草麻
枲價歲六十百萬圓言語惟本國語學務人自七歲
至十四皆公廩敎之學堂三千五百師範學校六高
村學堂四著說屢萬種計其地南北六百里東西五

百里方十里者四千亞比河在其北伐德河在其東
德國在其南於北緯線居五十四度五十七度之間
於東經線居八度十二度之間故氣候常調和而
民樂農漁之業嘗於北阿美利加及北巨麟蘭得
島之間拓地數千里又得三小島於南北阿美利
加之間此又不止自保者也其他宗教道路與瑞
典同

德國

一曰普魯士清初有佛勒得力維廉第一者始立
國至同治中布倫士維廉大破法國統合日耳曼
諸部卽皇帝位建國號曰德
德國者合二十六小國而有一君大臣一人佐之有
事則自二十六國發高人十四員百姓三百九十七
人來會于京城共議之亦共和之國也其爲國也以
商務爲急以富强爲事以開拓爲功故其俗學員爲
嬉戲被甲胄持劒相勅而鬪其陸軍六十萬人海軍
二萬人火輪戰艦百艘鐵甲大艦二十七强大之勢
盖俄之次也其都城曰伐麟南北一千六百里東西
二千五百里摠之爲方十里者二萬三千近時所得
新地如亞非利加之南海濱及太平洋之羣島不在

此數矣其形勝南有大山曰昭武拔得曰亞丹華西西北有大野東有奥得通若蘭仁等大江其外亦多浚鑿之江其都曾北有婁璧西有蒲蘭坡南有婁音法東有保光牛齒之繁大略四十五百萬有士族黎庶之品氣候寒燠不甚故民樂農績之業地饒松栢烟草馬牛羊銅鐵鹽煤之産禁綱疎濶惟簒逆及殺人者絞其餘囚贖言語雜各國語工技甲天下凡鐘時鍾琉璃器甕器指環諸樂器兵械名銃西洋鐵千里鏡葡萄酒出售外國稽歲為七百八十五百萬圓而資於人者衣服藥劑西洋布皮革羊毛諸器械之價與出同稅課之入歲為三百百萬圓此其富雄諸國者也又廣開學務國中里各有學堂又有高才學堂二十一置大官以掌之其外樂童軍師手藝圖書舞人商賈亦皆有學堂宗教雜天主耶蘇盖其國北伐得河東俄羅斯若奥地利亞南亦與地利亞若法蘭西西白耳義若荷蘭於北緯線居四十七度五十六度之間於東經線居七度二十三度之間矣

荷蘭

古野蠻為西班牙藩服明季有維廉者始建國中為法國所吞至清中世維廉第一復之

北河水之東南德國之西白耳義之北有曰荷蘭國
者其墟自北緯線五十一度至五十三度半自東經
線三度至七度南北六百里東西三百里方十里者
爲一千五百與白耳義同爲歐洲最小之國然其氣
候甚調和地饒牟麥燕麥蕎麥甘藷菸麻諸果牛馬
猪及魚鳥蜜蜂之產入版籍者四百萬人其俗好爲
綿布絨毛麻絲履紙葷琉璃磁器砲銃好酒鐵活字
一切工技之物又能善磨金鋼石今天下萬國浮航
列肆以居積者大抵多荷蘭之人其擅工技重商賈
亦天性也其都城在北河濱河壟之地多平原曠野

數被水患然北有塞伊得西之大港南有那麟圳西
二江入于北河水而浚鑿之江多於天下西北多洲
島又有那利坦等大都會在其國西其國足以自守
政治王共和言語多端陸軍七萬水軍萬人戰船百
二十五艘若夫外國通商之政入物穀米雜鐵珈琲
茶料綵絲布帛毛絨金銀其價歲三百四十百萬圓
而出物酥糕油砂糖績麻牛馬羔猪酒其價歲爲四
百五十百萬圓此又生果所食者也

白耳義

一日比利時始屬荷後屬法又屬西班牙既又屬

荷至清近世有噹波的者始自立為王
白耳義者其墟自北緯線四十九度至五十三度自
東經線二度至六度東西南北皆四百里而其中人
口為五百五十萬地狹人多為天下最白耳義者歐
洲諸國之最小小者而歐人之言政治者無不樂言
之盖其國多平原曠野而惟東邊有諸小山水又多
濬河其氣不甚寒熱其產有大木烟草柒色之草麻
麥燕麥甘藷諸果牛馬豕蜜蜂嘉魚銅鐵礬煤黍石
其製造有布絨羊皮掌甲罽氊砲槍金銀玩具又善
治革及織花絨凡土產工技之出售於各國者歲得

二百三十萬圓而布煤琉璃銃釘其常所大行者也
而買入之物為各穀若珈琲茶茗若布帛金銀銅鐵
其價歲為七十百萬圓而財不甚富其賦稅歲為十
五百萬圓其陸軍十五萬海軍若戰船不甚治以輪
車路不過八十里然其民樂農績漁礦之業士庶和
睦故雖北接荷蘭東通德國南近法國西臨北河四
方昵比强隣而能不為所呑談者謂之共和之效云
其都城在國中伐魚雪之地北東有扶婁若坏瑞等
名邑而其民能兼為德法荷蘭國之語矣

英吉利

古土番屬羅馬國六朝時有安各羅者始據英倫
歷厄伯德至宋眞宗時為丁抹所滅威廉復之後
又爲别部所簒明初顯理第四又復之淸中世若
耳治第三破法定西班牙威振西土今王維多利
女王也
英吉利國者大西洋之迤東歐羅巴之西邊有二大
島列于東西而東島有三名南曰英吉蘭得東曰錫
蘭得西曰月嶼英吉蘭得之地多小山而其水有闊
西若蓽繁等江錫蘭得之地多大山極險阻而其水
有斗得蝸帶若乞羅弋等江月嶼之地多山而無大

江水西島曰阿熱蘭得亦多山而其水有普仁若瑣
蘭等江而兩島間河水通謂之阿熱蘭得河其外名
島大港之參錯其間星列棋布者不可勝數在天文
爲北緯線五十度六十度之間東經線二度西經線
十度之間凡南北二千里東西一千五百里為方十
里者一萬三千六百而國治在英吉蘭倫敦之地人
家櫛比八十里極其壯麗蓋天下第一名城也而其
外大都會若錫蘭得之外印福里與阿熱蘭得之坦
佛仁等雄麗又在國治之次矣蓋其地氣候常調夏
無苦雨地饒草木穀米鳥獸銅鐵鹽煤之産人品士

庶言語雜各國音然皆無所甚異而其政治特優於
各國君與民共政佐政大臣亦由民擇定故國君不
幸世絶以女屬繼之而國不亂焉嚴於學課人不敢
怠廢英俊格物之士多出焉勸農績極工技以通商
賈凡布紙磁器兵械玩具衣履車船皆精利甲天下
爲天下所爭取一歲中所收價大略九百三十百萬
圓而買入之物諸穀砂糖魚肉茶茗烟草鹽羊毛絲
麻其價一年中亦大略一千七百五十百萬圓凡宇
內之地無論東西南北荷關商務之重者無不長目
飛踵以占之而所在以兵爲衛財旣富裕兵隨以强

故能保弱施教連結各國而又拓地四方凡亞細亞
西南地若印度若範亞一隅若奧地利亞若阿非利
加海濱之地若阿美利加南北地若太平洋大西洋
印度洋地中海諸島皆入版圖而其民俗有不便者
誘以改之不改者威戢之計其國中人口四十百萬
稅錢出國中者歲四百六十萬圓出各屬邦者歲二
千百萬圓商船三十萬艘陸軍十五萬海軍四萬火
輪戰船三百艘鐵甲者百屬邦兵七十萬人此所以
能奮武略與俄爭衡於天下者也其宗教主耶蘇亦
有習他教者修治道路爲天下最以道路第人國之

等亦泰西政論之一端云

法蘭西

一曰佛狠西蕭齊時有哥羅味者始立國唐中世甲
利泰甫稱霸至路易拿破倫與俄戰敗績而亡清
同治中國人立共和政體推智耶利為大統領
法蘭西國者本君主治之自二十年前定統領七年
一易自各州縣選賢豪會京城議定諸政所謂民主
之國也其政治之修大抵與俄英班而第一務學其
次務商其天主教之外初學學堂六萬五千所四萬
五千屬男二萬屬女高才學堂二十皆置高官掌之天
下之奇技妙藝皆從此出焉故璧都之百品酒連瑞
之紬與夫木磁器琉璃藥劑染綵紙毛絨帳氈飾砂
糖掌甲及時鍾諸玩具皆為天下精美以售於人國
歲得七百六十萬圓而其土地之產橄欖櫟奈松榆
栗柿胡桃林檎梨柚木瓜烏藥桑諸種葡萄之草木
山羊羔狐馬牛猪之獸鳧鴨雞鵞之禽蟲河豚之魚
牟麥燕麥甘藷之穀及夫銅鐵鉛煤鹽範器之土其
中稅入者亦歲為八百百萬圓故能成富强之業而
其國都所謂巴黎之城在先江之上宏麗亦於英國
國中人口盖三十八百萬日用所資於外國若衣服

煤鹽麻枲皮革器械船艦之物價歲八百四十百萬圓軍額五十萬人火輪戰船三百八十艘被以鐵甲者四十一是以能騁其遠略交通隣國與於盟約又嘗開拓疆土如阿非利加海濱之地地中海之乞時加島亞細亞之安南國南北阿美利加之羣島皆占有之盖其國自北緯線四十二度至五十一度自西經線五度至東經線八度氣候無甚寒熱計南北二千四百里東西二千一百里為方十里者二萬三千北白耳義若北河水東德國若瑞西國南地中海若西班牙西大西洋又西北多平野東南有佳羅及皮言伊西等大山先尼江在其北婁窩介論江在其西老温江在其南皆為通商大港濬河之多以百計而其人言語殆衣被天下矣

西班牙

唐時有留維塱的者始立國其後少衰明初匪地難多中興至今不替

西班牙者歐洲之僅國古呂宋也自北緯線三十六度至四十三度東經線三度至西經線九度南北一千八百里東西一千二百五十里其幅員也北大西洋若法蘭西東地中海南亦大西洋若地中海西葡

葡萄牙若大西洋其界也爲十里者二萬一千五百其
地方也其山北曰乾他伐利安東曰亞利非理安其
水南曰科得安阿西曰棣居脊其島曰發那阿勒其
地形也寒少熱多其氣候也草木曰橄欖橘柚橡棗
石榴葡萄績麻穀曰稻麥燕麥畜曰牛羊礦物曰銅
鐵銀鉛汞其土産也十八百萬其人口也土音一種
其言語也有君王而政事民主之其國治也在國中
而名曰栜得弋其都城也東有邑曰發實奴那若麻
施亞南有港曰末那加西北有邑曰薩那萬加若瑟
琶塢其都會也士族若學徒若平民其人品也農礦

牧羊雇馬彈綿其民業也橄欖油葡萄酒號爲美品
其技業也出物酒葡萄橘汞鹽牛羊價歲一百三十
百萬圓入物綿煤燒酒魚鮮砂糖材木器械火輪車
價歲一百十五百萬圓其通商也雖不甚緊亦不可
弛其商務也財不甚富稅入歲止一百八十百萬圓
其國勢也陸軍十萬海軍二萬火輪戰船一百二十
艘衣鐵甲者七其軍形也天主其宗教也比他國不
甚修其道路也南北亞美利加閣亞細亞東南太平
洋中諸島其開拓也而其人或爲大垣置牛其中衣
紅衣弄紅帕於牛前牛驚而角之則與之相鬪以此

多致斃此雖風俗之可怪者而亦可以知其人好戰之性云

葡萄牙

趙宋時有顯利者始立國中合於西班牙至清初約翰第四復立國近時路易第一稱王

葡萄牙國者其地多產葡萄故因以為國名以葡萄釀酒為商務之主計一歲商務所入二十五百萬圓之中酒居十八九而烏浦島酒尤美聞於天下天下之言酒者必稱烏浦亦宇內之一奇聞也其國自北緯線三十七度至四十二度自西經線三度至九度

南北一千里東西三百里為方十里者三千九百其地數震或至於塌崩而都城在於禮西蕃之地以得魚瑞江為阻政治主共和而有六大臣佐之國中言語惟一種入籍者四百五十萬口其日用之資於他國者歲費四十五百萬圓陸有三萬五千兵海有三千五百兵火輪戰船三十九艘衣鐵甲者三四盖弱國也長於自守而絀於遠圖今其所屬之地如亞非利加之西地若大西洋墨逵牙若裕蕃若印度海濵之州與島若清國弘宏之諸小島皆其前世稱强之時所有也氣候土產人品民業製造買物學業宗教

道路皆與西班牙同刑法與各國同又其國有饒瑞
得那之山橫亘東西北有豆奴江之港口南有弋得
阿那之江皆發源于西班牙經此國入大西洋吾恐
世有好葡萄酒者將重跰疲津而逆是國況又不止
好酒者乎故為之詳據地理如此

瑞西

本奧地利亞屬部元明際有維廉惕者始立共和
政體

國於德國之南奧地利亞之西意大里之北法國之
東者曰瑞西其墟自北緯線四十六度至四十八度
東經線六度至十度南北四百里東西七百里方十
里者為一千七百其地山陵林藪居六之五氣候多
寒山頂恒有雪色而其最大之山北曰窣牙山東南
曰過山巖凿泉瀑之勝雄於天下又東南有干西丹
瑞湖西南有眞尼坡湖道路少平坦鑿山通火輪車
者為二十五所蓋其地勢既高於他國而又多險阻
少兵革之患故人多樂居之人口凡二百九十萬三
之二為德人五之一為法人其餘為意大里人而語
音有三種焉國政主共和人品平等民業農績其出
地所產松麻烟草蔬菜牟麥燕麥牛羊羔及他製造

之物樂器時鍾磁器以販賣外國者歲收五十百萬
圓而買入之物各穀各器械布酒其價歲爲一百七
十百萬圓稅入十二百萬圓額兵二十萬精於學業
宗教莭天主耶蘇而其都城所謂蕃城者在國中以
真尼坡若秀弋諸名邑爲肘腋矣

意大里

古羅馬國後中衰諸部分合不一或爲奧法等國
屬地及法王拿破倫之敗歐洲諸國會議于奧京
分其地爲九國摠名曰意大里時則清嘉慶間也
意大里者其都始在土美爲天下名城近徙于佛崖

堰西蓋其國二千年前名羅馬據有歐羅巴全地亞
非利加南北地亞細亞西南地爲天下最大之國其
後漸衰感然尚能在歐洲强國之列今其所新得亞
非利加海濱之地蓋復其舊地也其墟自北緯線三十
七度至四十六度凡二千五百里自東經線七度至
十八度凡一千五百里方十里者爲一萬二千其界
北瑞西若奧地利亞東埃坦里德河水南地中海西
法國若地中海有過山環其北歷坡那仁山自北而
南橫亘國中琲水琲魚二火山在其南而常出烟氣
火聲牙帶江在其東他里法江在其西而徐徐里若

時禮二島啓蘭雷佛西二港普老那若米氏那二會
城又皆著名者也氣候甚熱冬亦無雪其草木橄欖
無花果棗栗橘柚葡萄桑麻其穀菽玉蜀黍其獸牛
馬羊猪鹿狼山猫山猪槖駝其鳥鶴梟鷹其魚各種其
蟲螢其山海之物鐵銀鉛硫黃白蠟鹽民數三十百
萬而言語雜各國之音政治如瑞西人品有學徒士
族平民民業農績圖畫葡萄製造之物布鏡冠紙磁
器琉璃皮革藥劑石刻人形妙絶天下急於商務其
與外國通商也凡土産及製造物售價歲為二百百
萬圓而買入之物蠟綿煤蠶種各器械皮物及染綵

草煉鐵火輪車價歲三百百萬圓稅課三百五十百
萬圓陸軍三十萬水軍二萬火輪戰船二百三十艘
鐵甲者四十而船製堅緻為天下最學業甚盛而公
給學資歲為三百萬圓其宗教主天主不學者擯不
齒教堂壯麗冠諸國屋上常有四白人守護而教師
名曰教皇處於都城故都城亦謂之天主教京其崇
重如此近時以來其君待教皇稍衰故教皇將欲遷
居盖好尚之趣變矣又其國有名泉盖用覓引江水
于地中仰出地外滃滃然各國來玩之人歲為屢萬
亦一異聞云

奧地利亞凶牙里

本名日耳曼元初有羅爾德福者建國稱東王傳至阿爾麥弁有凶牙利之地淸康熙中諸部各自稱王於是東王別立國號曰奧地利亞而不復名日耳曼嘉慶間歐洲諸國之會議也奧爲盟主

奧地利亞凶牙里者合二國而有一君亦民主政治之國也然國各主之不相通氏族雜高加索及蒙古而其人語音十餘種其他謠俗衣服屋制亦大相不同蓋以其介於諸國之間也其諸國北爲德俄東爲西班牙若俄南爲葽瑪里亞若西比亞西爲瑞西是諸國之中俄最爲强常思呑噬於是諸國以爲若無奧凶則患迫諸國遂相出力以助而其國亦能自守治能以富强列於諸國之間焉其國在天文爲北緯線四十二度五十一度之間東經線九度二十六度之間南北千里東西三千里方十里者爲三萬四環以山而北有秀特得等山西南有軋山中開平野其東西北有丹獵江東有佗尼西江南有得蠟若沙押等江而潦河亦多焉其港曰西特又多小島而奧地利亞都城在丹獵東距言之地凶牙里都城在國西拜多貝特西之地所謂波乃加若加洛若那細里諸

會城環為形勝焉氣候調和地饒松梧葡萄烟草牟麥燕麥甘藷金銀銅鐵鉛硫黃煤鹽汞造琉璃之沙其中人口四十百萬以農礦績畜葡萄為生業以鍾表樂器治革釀酒及造琉璃硫黃爲技業尤重商務其出口之物土產製造價歲四百四十百萬而入口之物若皮裘織絨緜紬服食果蓏牛馬猪諸器械價歲四百六十百萬圓稅入歲為三百五十百萬圓以之養兵得陸軍三十萬火輪戰船一百六十艘鐵甲為二十其人品學業宗教與葡萄牙同

土耳其

古回部韃靼種在羅馬東境元成宗時頭人阿多曼始立國寖吞諸部至馬何美德九梟雄稱伯都於土耳其其後日就衰亂近尤為俄所困

土耳其者其地自歐羅巴至亞細亞其在歐羅巴者於天文為北緯線三十九度四十四度之間東經線十九度三十度之間南北千里東西千五百里方十里者為一萬四千其界北櫰馬尼亞若西比亞東佛厄河南地中海若希臘西山馬利會有鉢盂若刀皮等山在其北西麻毛羅河在其東巨浦港在其西氣候燠物產松桑橡橄欖檳榔橘葡萄石榴烏藥桃稻

麥葡黍烟草木綿罌粟銀銅硫黃礬煤民數九百萬
氏族高加索言語雜各國音都城名乾西坦他盧佛
外有吉伊佛里西若小彼俄等會城入品有士族奴
婢民業農績礦技業綿絨布緞氊礡治革通商糴物
烟草各果鴉片烟珈琲皮革褥氊各鐵價歲五十五
百萬圓羅物績麻羊毛帛綿穀器械火輪船車銃價
歲一百百萬圓其在亞細亞者其地於天文為北緯
線十三度四十三度之間東經線二十五度五十度之間
南北五千五百里東西二千里其界北伐額河東法西
亞河南阿拉彼亞若紅海方十里者為八萬西北多

山而有沙里羅尼山在西阿羅失山在其北為夏禹
氏治水時所泊舟處祖得江在其西為耶蘇基督所
居處陀尼乙里西若遺布乃得西等江在其東流入
于法西亞河是為人所始生之地帶時湖在其西地
帶若東扶蘇二港在其西北大沙漠在其南物産胡
桃栗葡萄橄欖桑棗木瓜香木木綿烟草稻麥栗銅
鐵銀鉛礬鹽礫獅豹熊馬牛羊山牛山猪山驢蜜蜂
人數凡十六百萬氏族雜高加索蒙古言語亦多端
政治自都城遣官理之而茂斐斯若墨加等為其名
邑墨加者耶蘇所生之地也人品學徒半民民業農

績畜牧技業橄欖油綿紬紅洋布鞍刀絨縟染料刺
繡月桂花油鴉片烟羊皮酒通商糶物若土產製造
價歲若干萬羅物琉璃磁器紙銃劒各器械價歲若
干萬摠之其國若王總攬政而民不敢預故政多失
出刑法多條刻學業道路皆不修治軍額不過二十
五萬火輪戰船六十四艘鐵甲者十四而地與俄近
常困於防備故計全國稅課七十五百萬元用每不
足屢屢乞債隣邦以支而償無日焉雖嘗出兵拓地
如紅海濱地若亞非利加北地若地中海之巨伊特
島皆為所有而不足稱也人多屢娶至有三四妻者

又買賣妾婢女子出入必以巾掩面其法與俗均為
不美凡歐洲諸國人類多賤薄之然其國上世有人
始造蟹文至今風行於歐洲而掘地或得古壯麗宮
室之跡盖古今盛衰之數也又其宗教無用回回天
主今其回回教大行之地所謂禮妻斯廪邑者即古
耶蘇倡教所而中爲所失者也故歐洲諸國欲出兵
復舊而姑未能此又一異聞也

樓馬尼亞

始末具本文中

樓馬尼亞國者本土耳其屬邦先是往二十年土耳

其之與俄搆兵也乘亂而叛與各國立約遂爲一國其幅圓自北緯線四十三度至四十八度自東經線二十三度至三十度南北東西各千里方十里者爲五千北東俄南土耳其西奥地利亞有丹葉江在其東南加貝特安山在其西北九瑞坦支港在其東氣候冬夏甚寒熱地饒林木穀果牛馬羊鹽民數五百四十萬言語有二種國治王共和民業農獵通商出口之物牟麥材華牛馬羊價歲七百萬圓入口之物機械布緞器皿價歲十二百萬圓稅額二十七百萬圓軍額二萬火輪船十二宗教多主天主其都城所謂富巨來特西者在國之南而北有耶施若乞羅西諸會城爲其蕃蔽然以其近俄故常懷戒懼屢屢自守而已

西比亞

此以下二國始末無攷盖近世剏立者也

西比亞國者都丹葉江邊配巨過之地其界西北奥地利亞東樓馬尼亞南土耳其在天文自北緯線四十二度至四十五度東經線十九度至二十三度南北東西各六百里爲方十里者二千東多小山南有毛羅鉢江北流經國中入于丹葉江氣候調和物產

多林木葡萄烏藥麥粟牛馬羊猪銅鐵鉛煤人口二百萬言語惟一種政體君主民共之民業畜牧釀酒製造之物罽褥指環酒皆名精品而土產製造之糴歲收九百萬圓布緞綿砂糖械器什物之糶歲費十一百萬圓稅入十二百萬圓軍額一萬五千盖開國僅十二年而弱於各國者也然頗銳於學業學堂五百所道路甚修往往有火輪車路此其足稱也宗教多主天主

山馬利會

山馬利會之為國也小而近俄恐俄吞噬日以親附俄為急務然其人業農商者無不執槍劍其情盖怯云其宗教不主一教頗務學業軍額三萬稅錢三十萬圓政治以民主都城在國南積丹禮之地有髮特巴里若達施堯二港在南為大都會而北多小山其地東南北三面隣土耳其西隣奧也利亞自南至北三百里自東至西二百里為方十里者四百於天文為北緯線四十二度四十三度之間東經線十九度二十度之間而氣候稍熱矣

希臘

古名國也明初土耳其滅為屬地置酋長近時其

民病土政苛虐相與逐酋長而自立爲國英法俄
三國擁護之
南北七百里東西五百里方十里者二千七百而爲
國者曰希臘於北緯線得三十六度四十度之間東
經線得二十一度二十六度之間北接土耳其東西
南浸地中海盖其地四面多山而埃坦西若琉琲亞
等諸港島尤多埃坦西者卽其都城而北之羅里斯
西之巴特羅徐等又其會城也氣候甚燠冬無雪土
產有橄欖葡萄橘柑木瓜石榴牟麥蕎麥金銀銅鐵
煤鹽采石蜜烟草皮革之屬人口二百萬其品有學

徒平民政主共和民業主農圃通商糶物係土產者
歲得十七百萬圓稅錢十六百萬圓軍額二萬七千
火輪戰船三十艘衣以鐵甲者二宗敎多岐道路出
各國下盖二千年前其國强於天下富有歐洲全地
亞非利加北地亞細亞南西地而今爲衰削矣然其
人學技猶有大國之遺風筭數圖畫石刻屋制測天
器皆極精妙而至其古寶相傳者尤妙絶天下後世
工技莫能及故人多來玩云

士民必知 三之三

士民必知卷之二

朝鮮議政府主事白南奎宋瑞
李明翔景霄 同譯

英國紇法記

金澤榮友霖 撰

亞細亞總論

亞細亞者五洲中最大之地也幅員自北緯線七十度至赤道自東經線二十七度至百八十度南北一萬六千里東西一萬八千里方十里之地爲二百萬其界北北河水若歐羅巴東太平洋南印度洋西紅海若地中海若歐羅巴北多廣野東南西及中央多

士民必知 三之四

大山水氣候北苦寒南苦熱中央調和人數四億八百
百萬民族蒙古居東北高句加索居西南巫來由居東
南亞國凡十五曰清曰朝鮮曰日本曰安南曰暹羅
曰緬甸曰印度曰阿富汗曰鼈里示稱斯坦曰阿拉彼
亞曰嶋滿曰波斯曰俄羅斯曰土耳

清

宇內最古最文明之域上世有太昊伏羲氏爲始
王歷五帝三王分合不一今爲清國清太祖愛新
覺羅奴兒哈赤起於蒲洲稱帝至孫世祖福臨始
代明入主自甲申至今爲二百五十二年

齊亞洲最大之國也其疆自北緯線二十度至五十
四度自東經線七十度至一百三十五度南北六千
六百里東西九千里爲方十里者四千六萬五千北至
俄羅斯東渤海若太平洋南安南若印度西亦印度
若俄羅斯其山在東西南北曰泰山華山衡山恒山
在中曰嵩山其水黃河出崑崙山江出岷山氣候北
多寒南多熱草木穀粟禽獸魚鼈金鐵玉石之產皆
具美人口四百百萬氏族蒙古言語多端國體君主
總攬政權刑多殘酷都城名北京若在國北邊分全
國爲十八省而若天津上海香港其大都會也人口

官人學儒平民民業農績畜漁技業錦緞剟絨刺繡雕刻磁器茶茗而土產製造出口者歲得二十五百萬圓洋布鴉片烟機器兵械輪船電線之進口者歲費一百百萬圓稅入大略一百二十百萬圓軍額一百萬鐵甲輪船四十艘大艦三學業治道學文章兼習外國技術宗教主孔子國內道路穢惡而火輪車路方在修治若其異聞則婦人幼時纏足使小艱於行步待扶始行有罪者雇人代受笞好吸鴉烟中毒死者歲不下數十萬人此皆俗之弊者也

朝鮮

唐堯時有檀君者始立國歷箕子或分或合今爲

本朝李氏自太祖至今凡五百四年

朝鮮國者幅圓自北緯線三十五度至四十三度自東經線一百二十三度至一百三十一度南北三千里東西六百里其界北滿洲東日本海南南海西渤海地方十里者九千五百地形四面多山而東北有白頭山最大爲諸山之祖其水南有洛東江錦江西有大同江西北有鴨綠江其港東北曰元山東南曰釜山西南曰仁川其島南曰濟洲東曰鬱陵西南曰江華氣候調而夏多霖雨土產草木松橡柿棗木綿

南草其穀稻麥黍粟菽其獸牛馬虎鹿熊狐山猪多
魚鮮又多鐵銅錫鉛金銀水晶石炭釆石珍珠文貝
之屬八數槩十二百萬氏族蒙古言語惟本國語國
體人君總政刑法斬戮竄囚或笞罰都城名曰漢陽
在國之中外置八道人品儒生兩班中人百姓民業
農織製造木器貝器鍮器紙扇布帛善刺繡外國通
商出物金銀米豆牛皮人蔘價歲數十萬圓人物洋
木雜緞雜鐵磁器價歲數十萬圓軍額數萬學業宗
教道路與清略同而學士之排斥異端爲天下最先

日本

上世有天御中主尊者始開國一姓相傳至今帝
明治改革政治
日本國者太平洋中聯諸島而成一國者也其國開
闢今二千五百年君主一姓相傳而政治聽于貴族
大臣近年始興民議政凡俗尚人品學業衣服器械
兵法商務道路宗教一從歐洲諸國二十年之間盡
革舊俗遂致富强天下各國莫不嘖嘖稱其速成焉
其諸島之最大者曰江戶國都所在所謂東京也其
餘為神戶若薩摩若對馬等島其都會有赤馬關
一崎島之屬中多名山而富士山最雄測以天文自

北緯線三十一度至四十六度東經線一百三十度
至一百四十五度南北三千五百里東北六百里為
方十里者一萬五千氣候稍燠於朝鮮而多濕氣物
產稻橘松樟楮櫨桑茶菸果菽五穀甘藷牛馬猪熊
猿鶴犬雉嘉魚金銀鐵銅硫黃煤明人口四十百萬
氏族蒙古亞部者惟一種民業農蠶績漁礦技業細緞磁
器漆器屛風茶茗凡土產製造之出口者價歲五十
一百萬圓入口之物洋布羽緞雜鐵藥劑砂糖衣服
器械價歲四十五百萬圓稅入八十百萬圓陸軍二
十萬火輪戰艦三十艘若其異聞則其國多地震或

一日數三蓋由諸島皆以火山渦成也

安南

古交趾秦漢以來隷中國版圖趙宋時有丁部領
者受封安南郡始列外藩既而屢易姓至阮福映
清改封越南國王數年前為法國所轄

安南國幅員自北緯線八度至二十三度自東經線
一百三度至一百九度南北三千里東西四百里其
界北接清東南際南海西近暹羅為方十里者二萬
參平原曠野而其東緣以小山北有松加秀昇二江
南有美華之江又南北有兼干若光烟之港氣候甚

燠草木則松木綿鸎粟殼砂糖草諸果諸香木諸名
材穀則稻獸則牛馬羊羔猿象礦產則金鐵煤人數
十八萬氏族雜巫來由蒙古二種言語惟國音國體
有君主而其政則法國官監之都在國中名喉牙而
東鎭若甘善得亞等邑為其都會人品有學儒及平
民民業農舟製造鴉片烟砂糖外國通商出物為米
絲砂糖名材入物為各器械絲鏡紙茶鸎粟石榴染
料額兵數萬外法兵又二萬二千人火輪戰船十艘
宗教主孔子亦主天主教佛教學業道路無可記者

暹羅

古暹與羅斛二國元初合爲一國自稱王清乾隆
中為緬甸所滅旋復而故王無後乃封其酋長鄭
華為王相傳至今

自赤道至北緯線二十一度自東經線九十七度至
一百七度有曰暹羅國者在緬甸之東南安南之西
北南海之北得方十里之地三萬凡南北三千里東
西一千二百里亦僅國也然國體有二君主聽政政
令不一不能自强稅課止六百萬圓額兵止八千以
是嘗喪地於英其地即國南所謂乘魚普漁島者也
槩其地氣候甚燠四面無高大之山而東西有美公

若義南寺江其草木白檀香桑竹椒月桂木綿及其他奇才珍果其穀稻麥其獸象犀虎猿鹿豕其魚鱷其礦物金銀銅鉛彩石人數五百萬語音惟一種人品有學徒士族平民三名作業農績工技之物琉璃磁器而其都城在國南彭巨之港外國商賈之所往來凡土產製造之出售者價歲十三百萬圓而入口之物西洋布麻枲琉璃刀劒鴉烟石榴酒佩飾器械價歲八百萬圓學業未聞宗教雜佛與天主耶蘇故其俗主愛不殺昆虫女子漆其齒男女皆削髮少留腦後髮長二三寸又貴白象處之華屋而美衣食之

此尤可怪也氏族與安南同

緬甸

古朱波國漢謂之撣唐謂之驃宋元謂之緬以其山川緬邈也自漢以來世為中國藩服以迄于清而叛附不一矣

緬甸國者其西界多為英所據雖有君主而政事英多預之蓋英之屬邦也幅員自北緯線十度至二十八度東經線九十二度至一百三十度南北三千五百里東西二千里得方十里之地萬有一千北清國東亦清若安南南西印度洋四面多小山而雪山最

有名美公江在其東日理窩得江在其中南多小島
又有麼多般若郎君二港氣候甚燠物産有檳榔椰
子松竹船材之木烟草木綿藍稻麥金銀鐵鉛丹砂
寶石翡翠玉彩石文貝石油虎豹猿象山貓山牛山
犀所屬人口四百萬言語惟土音都城名滿達來者
在國之中有伐陰若邪無里等諸會城環之民以農
績礦爲業商賈所羅烟草絲器白蠟及其他諸美産
所羅若西洋布絨帛價歲共若干軍額二萬宗教不
一而以佛爲宗其拜禱用素傘貴白象甚於暹羅非
君王不得牧焉

印度

古天竺國在後漢時始通中國明弘治中葡萄牙
繫海港通之荷蘭思之搆兵相爭淸初英人驅除
二國寢有其地
印度國者其墟自北緯線六度至三十六度東經線
六十六度至九十六度南北六千里東西五千七百里
方十里者十有四萬其界北淸國東緬甸若印度洋
西南亦印度洋四面多小山而崑崙山在其北其水
有淨那馬扶得羅若那發多等江在東南又東南有
葛可多港等號爲形勝氣候甚燠所産草木多香木

鶯粟殼珈琲穀多稻麥獸多虎猩虫多毒蛇而礦物
亦具美人口二百六十萬氏族雜高加索蒙古言語
多端都城名葛可多在東界其外會城有亞加羅若
戈內等各人有士農二等民業農績獵製造布紬鴉
烟出貨鴉烟米麥茶茗皮革藍布細羊毛果品價歲
四百百萬圓入貨紬綿衣服酒藥鹽金鐵琉璃煤砂
糖機器價歲三百百萬圓稅錢一百八十萬圓軍額
十萬學業道路皆修治宗教雜佛回回天主耶蘇其
俗以為人死還生為猿故處猿以義屋供以飲食又
奉佛甚虔或以大車載金佛以行人多伏迎至轢死

不避丈夫死或以妻殉葬自屬英之後其風始變矣

阿富汗鼈累稱斯坦

阿富汗本回部大國統於波斯別無名號前名中
葉始立國鼈累稱斯坦不可攷以英音訛異也凡
不可攷者多倣此

自北緯線二十五度至三十七度自東經線六十一
度至七十二度凡南北三千里東西一千五百里為
方十里者四萬二千中有二國一曰鼈累稱斯坦其
都城曰吉羅始在國東北一曰阿富汗其都城曰甲
乙在國東是二國者各有君主而畏於俄為英所保

盖其地北土耳其斯坦俄地也東南印度英地也西
拜是牙又南多平野北有撒斗九秀山而是山之北
即土耳其斯坦也俄之蠶食諸國也數欲通道于是
山而是山之嶂一撤則五印度舉而英受其患故英
每力助二國不許通道此二國所以介兩大國之間
而弱而得存者也然鼈累羅斯坦者其稅入八萬圓
三萬貢於英阿富汗者稅入八百萬圓以其最近俄
而兵費多故不貢焉摠之其地氣候熱草木則諸果
葡萄烟草木綿砂糖草穀則稻麥粟畜則羊羔駝牛
馬礦物則銅鐵鉛硫礬人數四百萬言語惟土音其

業農績畜牧尤善造罽褥織絨緞帛帷幕而其名城
大邑所謂千多若傑音等地商賈之所往來羅歲百
萬圓羅歲二百五十萬圓宗教多門而以回回為主其
人氏族與歐洲同

阿拉彼亞烏滿

阿拉彼亞亦曰阿剌伯本古條支國自漢時通中
國明時屢入貢近與英米定約通商烏滿不可攷
土耳其之東南印度洋之西北有二國一曰阿拉彼
亞其人各以其族治之不立君不着土逐水草以居
一曰烏滿有君主都於毛西葛其地南北四千五百

里東西一千五百里為方十里者九萬於北緯線得
十二度三十三度之間東經線得三十六度六十度
之間氣候燠地勢曠漠無山川之阻其南界只有三
小河而遇旱卽渴產粟棗馬駝而鼯鼠尤多人口一
百五十萬氏族同歐洲言語惟土音以畜牧為生其
與外國通商販物為棗鹽魚珠席買物為米麥砂糖
洋布珈琲價各歲若干圓學業宗教皆主回回蓋前
世有摩哈麥者倡其教居於麥加邑謂之教京故國
人每朝必向教京禮拜又其俗好擄亞非利加州界
之人賣于東界今變矣

波斯

本回部大國立國在有夏初唐宋以來屢貢中國
明時土耳其奪而有之傳二百年又為阿富汗所幷
清康熙中故王後裔逵馬斯募兵恢復不遂自是
簒亂相繼卒為寺人馬何義所據子孫傳之至今
亞洲諸國皆用君主之治刑法類多慘酷而波斯國
又其一也都國北埭喜蘭之地外列來水得若加山
等會城其幅員自北緯線二十五度至四十度東經
線四十四度至六十三度南北東西皆三千里方十
里之地七萬二千四面多大野而南北有富冰來若

勃佛兩水二港東有火山名曰冬蒲丹氣候北調和
南甚熱地饒名材葉葡萄檀香木綿烟草砂糖草之
屬穀則牟麥燕麥稻粟獸則狠虎狐豕畜則馬駝礦
產則金硫煤寶石而眞珠出法西亞河水者爲天下
第一入籍之民八百萬氏族同歐洲言語哤雜人品
士庶民業農績畜牧製造之物鏡紬絨刺繡染料出
貨烟草羊毛鵝烟不液皮革果品絨紬價歲十一百
萬圓入貨布緞指環銃劒鍾表磁器琉璃諸器械價
歲十九百萬圓稅課二百萬圓軍額十萬學業兵法
及外國事務略備宗教王回回亦有他教盖其國北

俄國東阿富汗南法西亞西土耳其而俄最爲患疲
於防守又法西亞河邊有一會城無泉水於海中得
泉脉以飲故水價甚貴此其異傳也

俄羅斯 見歐洲部

土耳其 見歐洲部

亞美利加總論

亞美利加有南北二名其在北者幅員自北緯線十
度至八十五度西經線十七度至一百六十度南北
一萬五千里東西九千里方十里者八十六萬其界
北北氷洋東大西洋南南亞墨利加洲西太平洋有落

機山最大自西北迤西至南亞墨利加袤三萬里中
界有味西西比江最大多島嶼而巨麟蘭得島在東
北最大其在南者幅員自北緯線十度至南緯線五
十五度西經線三十五度至八十二度南北一萬三
千里東西九千里其界北大西洋若葛阿比安河東
亦大西洋南南氷洋西太平洋有玉丹山在東最大
亞美孫江東流一萬一千六百里入于大西洋是為
天下第一大江而南北之交有地如蜂腰曰巴那麻
廣百里摠之其中有土者曰佳那多曰合衆國曰謌
那斯哥曰巨麟蘭得曰墨西哥曰危地馬拉曰西印

度曰哥倫比曰彬崖朱越那曰貴崖那曰巴西曰厄
瓜多曰秘魯曰智利曰抜利比亞曰亞然丁曰猶貴
羅曰把羅貴凡十八國

佳那多

一曰加拿他北亞美利加之地本法人所闢英人
既得美利堅與法交戰括而有之淸乾隆末葉盛
頓之崛起也盡有美諸部而獨此地稅輕民附故
仍爲英轄

佳那多其幅員自北緯線四十五度至七十五度西
經線五十五度至一百四十度南北五千里東西九

千里方十里者三十八萬北北氷洋南合衆國東大
西洋西太平洋其山曰奥樂基其江曰馬巨嘶若鞾
仙其湖曰氷非利魚若休蘭其島曰刼不利得若賓
求法其港曰龜法若壁突伊亞氣候甚寒北地不毛
惟南邊有人居之其都城所謂魚得渦者在其中界
而衛來法若白徒里亞等諸名城為其扞蔽入籍之
民四百五十萬皆英之氏族以農績漁牧為生言語
雜美國音而凡其政治之共和人品之平等兵制學
業之精道路之修治及其宗教之兼用天主耶蘇皆
英官之所施也尤重商務出貨牛馬羊豕熊鹿之

皮肉松栢橡之材牟麥嘉魚金鐵煤采石石油凡土
産之物價歲百百萬圓入貨布緞酒縣砂糖烟草諸
器械價歲居出物十之二稅入三十六百萬其俗冬
取氷作大屋相戲其中近夏乃撤

合衆國

一曰美國北亞墨利加之地本野蕃衆部明中世
西班牙始闢之其後為英所有清乾隆四十年別
部人華盛頓始立國

合衆國者本衆部落自華盛頓統合為一因以為今
名今天下最號富饒其財額大槩六萬七千百萬圓

云其國體國中立大統領一人四年一遞外有四十
九省省置副統領一人以土人為之而大統領不干
其黜陟所謂民主之治也其疆自北緯線二十五度
至四十八度西經線六十七度至一百二十五度南
北五千里東西萬里方十里者四十萬其北為佳那
多東為大西洋南為墨西哥國西為太平洋大山在
西者曰奧樂基若加錫巨江在東者曰斯班羅在南
者曰御要乞難得在西者曰乞廩比阿大島在北者
曰米秀干湖在北者曰休蘭港在東者曰本蘭特在
南者曰毛畢在西者曰時阿達而都城所謂華盛頓者

在國之東又有別京在紐約之地其雄麗亞於英京
又有法鉢盧若毛別若山普蘭時若烏馬河等會城
列於北南西及中界盖其地勢與亞細亞之地相為
胸背而氣候調和無甚雨草木有松栢柞檜楓橘蒲
萄桃李梨櫻桃紫桃胡桃諸香木木綿烟草甘諸穀
有麰麥稻菽蕎麥蜀黍菜蔬有各種獸有牛馬豕
羊熊狐山牛山羊鹿虫魚有龜蛇鱷鳥有雞雉梟
鴨鳫鶴鵠山海之産有金銀銅鐵鉛煤禾石石油鹽
藥民數六十五百萬氏族言語皆英也人品用平等
而以廣學多聞為高等故學業皆精備與英德諸國

略同民業自農績商礦畜匠漁獵下至演劇歌唱尤善造鍾衡機器衣服絨褥皮革火輪船車諸兵械而造銃最精外國交易之物出者爲麥蔔黍烟草砂糖魚油綿子油石油金銀銅鐵洋布衣酒獸肉猪肉而價歲八百百萬圓入者爲紬緞書冊藥劑玻璃麻枲各鐵絨毛磁器茶茗珈琲菓器酒果實石而價歲如其出稅入四百百萬圓軍額三萬火輪戰艦百艘鐵甲者三十道路甚治火輪車路摠四十五萬里宗教多主耶蘇要之其國所務在於自守不好干預他國內政亦不許他國侵占政平俗淳民樂其生故歐亞洲人來居者歲不下數十萬人至其異傳則國中界有窟深三十里中有江水魚皆無目有巴日魚納山者全鐵聳出東北界鑿山通火輪車經十五里

謌那斯哥

始末具本文中

謌那斯哥者英美之屬地其地在佳那多西北海邊本屬於俄二十五年前美國以銀十五百萬圓易之邑治在息加之地南北二千五百里東西三千里方十里者六萬南多火山中界有酉昆江大島曰戞婁水安名城曰仙佛氣候甚寒而其南近熱海故稍溫

饒海錯礦產松栢有水羊等宜裘之獸及絶大之鹿
人口三萬六千皆蒙古氏族而言語嚚然為鳥音矣

巨麟蘭得

丁抹屬邦見本文

巨麟蘭得島者丁抹國之屬地也其地在佳邦多東北自南至北五千四百里自東至西一千五百里氣候甚寒產水羊馴鹿白熊饒海錯其民多丁抹國人自丁抹遣官治之而邑治在西界牛本那遠之地矣

墨西哥

盖古國也而莫記其名號年代明中世西班牙闢而有之歷三百年國人叛推奥古斯丁依多毗德為皇帝已而廢之為共和政以威多利亞為統領旣而內訌頻仍統領每多不能安其位者

墨西哥國者都城亦曰墨西哥民主之國也其墟在天文為北緯線十五度三十度之間西經線八十七度一百十七度之間南北五千里東西一千五百里北接美國東臨墨西哥河西南際太平洋方十里者為八萬三千有二大山曰烟山若保保開多培遶又多火山大江曰御要蘭得名港曰馬山粹奴名城曰巴小達來若內縕氣候熱厥產椒桂葡萄及諸名材

珍果大小麥粟藷砂糖草烟草珈琲木綿績麻染料
金鐵鉛汞煤牛馬羊驢山牛猫狼鹿猬鸚鵡其人氏
族有高加索及亞美利干二種言語皆西班牙國音
而入籍者凡十二百萬無貴賤之等以農績礦牧為
業商賈所出貨為金銀麻枲珈琲皮革屋材烟草染
料砂糖藥價歲收四十百萬圓所入貨布帛器械價
歲費四十三百萬圓稅課十七百萬圓軍額三萬學
不甚力而宗教主天主亦有男女頗堂道路頗修治
亦多火輪車路又其地善震而其俗好鬪雞鬪牛蓋
自此以下美洲諸國民族言語人品宗教皆同若其

國體則又皆以西班牙人為統領而弑逆之變多出云

危地馬拉

在北亞墨利加南境本屬西班牙後附墨西哥及
墨西哥廢國王國人危地馬拉自立為國時清道
光四年也距今年分為五國各推官司理事不立國
王

危地馬拉之地有小國五一曰瓜多磨羅其都亦瓜
多磨羅二曰混斗羅斯其都為埭勾時葛發三曰聖
撒排多其都亦聖撒排多四曰厄可羅果其都為馬
多累五曰高斯大樓哥其都為山胡勢幅員自北綿

線八度至十八度西經線八十二度至九十三度南
北二千五百里東西七百里方十里者二萬其界北墨
西哥若加乃非安河東亦加乃非安河西南太平洋
有落機山橫截南北湖曰厄可羅果港曰得婁頡要
若蕭時加氣候甚熱物產名木珍果木綿珈琲砂糖
染料藥草烟草金鐵采石牛馬驢凡五國人口合二
百七十萬其業農績礦商買之羅土物歲得四百二
十萬圓羅外物飲食器械衣服歲費三百萬圓稅入
如羅數宗教如墨西哥盖其地歲震城邑多陷又其
地勢若以厄可羅果湖遥于太平洋則美國船路甚

徑故美方謀諸五國而鑿之又五國之外有伐義西
邑英所管轄也

西印度

始末具本支中

西印度者南北亞墨利加間羣島四百年前意大里
國人之覔亞美洲也誤認此羣島爲印度地遂謂之
西印度是諸島者其大者皆火山小者皆珊瑚積成
一日赴排西班牙屬邦二日許太伊其中有二國曰
稀帝若山道明澳三日善桃李高赤西班牙屬邦四
日齊梅加五日邪蝦蟆皆英屬邦六日葛我飛諸英

士民必知　五十二

法丁抹三國之所分轄也其地產珍果珈琲木綿砂糖而奎發邑所造烟草甲於天下以售利於外國而資於外國者布帛器械而已

可崙比亞

在南亞墨利加北境明弘治中西班牙遣其臣尋新地取作三部置大酋清嘉慶中部人波里尾爾逐酋自立為可崙比亞國道光中仍舊三部分為新加拉那大若委內瑞粹若厄瓜爾多三國已何新加拉那大九部聯合再建可崙比亞國厄瓜多别見于下

士民必知　五十三

大西洋之西厄瓜多之北彬崖朱越那之南有曰可崙比亞國其地自赤道至北緯線十度自西經線六十八度至八十二度南北二千五百里東西二千里方十里者三萬七千有火山六及鶻得棲大山在其西南夸比阿江在其東愛得濱月若發那馬港在其北而菩姑茶都城據其中環以支羅若菩扳安諸會城氣候甚熱民多依山以避而入籍者盖四百萬土地所產有名材香木藥草染料珈琲木綿牟麥金銀銅鐵鉛煤寶石之屬工作有皮革織布以販鬻外國歲得十三百萬圓而各機器軍仗之買入者歲費七百

萬圓稅人五百萬圓軍額二千宗教天主外亦有他
教然學業無可稱其風氣好亂多陰謀又亡地勢自
愛宥濱月至發那馬中有陸地百六十里若於此鑿
浚則太平洋大西洋船路可通而財絀不能也

彬崖宋越那

國統始末無攷蓋南亞美利加洲中小國之新立
未久者也

彬崖宋越那國者其據在天文為北緯線一度十二
度之間西經線六十度七十四度之間南北二千四
百里東西二千五百里北加力非安河東貝崖那南

巴西西青倫北亞芳十里者六萬二千四面皆山而
中有奧乃效高江北有奎馬伊港又有馬羅加伊甫
湖都城各加羅可者據國之北而有同尤見里羅若
巨端計那之會城氣候甚熱人口一百二十萬邇南
之物出者為珈琲皮革雜砂糖烟草牛油染料銅而
直歲十六百萬圓入者為器械酒食而直歲三百萬
圓稅人五百萬圓凡物產生業軍政學業皆與可倫
比亞同

貴崖那

始末具本文中

貴崖那之地東屬法國其會城曰加里晉西屬英國
其會城曰朝宁多温中屬荷蘭其會城曰發那麻里
保而城皆壓港而起自三國各遣官理之在天文自
北緯線二度至九度西經線五十度至六十二度即
其境也南北一千三百里東西一千八百里方十里者
二萬北負大西洋東南西接巴西四面無高山大川
而中多平野民惟以農為生其土產為名材砂糖木
綿珈琲牛馬驢獐貓金鐵酒蜜而其中砂糖酒蜜名
材之出售者歲得二十百萬圓布帛米麵魚酒器械
自外入者歲費十二百萬圓稅入五百萬圓盖三國
人數合三十四萬言語各出國音然以各國人之雜
處也恒多鬪殺獄訟不絕有夷狄之風焉

巴西

古無君長明中世以來始屬荷蘭後屬葡萄牙清
乾隆間國人叛葡王奉湯伯得祿第一為王子孫
世製漸致寧謐
巴西國者本有君主近時變為民主幅員自北緯線
四度至南緯線三十二度西經線四十五度至七十
四度南北七千五百里東西七千里北秘魯東大西
洋南扳利比亞西哥崙比亞方十里者七十六萬地

多大野而東有山曰玉顛北有大江曰阿馬孫又北
有島曰韓威瑞東有港曰樊巖比高若發今牙及氣
候北甚煥南調和物產有珍果香木名材染料牟麥
燕麥砂糖草木緜烟草珈琲麻猫虎猿猪龜鼉蛇虺
鸚鵡牛馬羊蜜蜂犬蛛及金銀銅鐵金鋼石寶石采
石藥石煤硫汞鹽人數十四百萬都城曰御了田伊
老在國之東會城爲菩羅若阿那加洲若高夜樓之
屬民業農礦材畜外國交易出物砂糖烟草木綿名
材金鋼石皮革羊毛牛油寶石染料藥穀直歲一百
百萬圓入物衣服冠履布帛機器鍾表酒直歲如其

出稅錢八十百萬圓以修軍政得兵一萬三千火輪
戰船六十艘而鐵甲爲九又急於學業修繕道路若
火輪車路頗以强聞於美洲諸國之中至其異聞則
其地有樹葉絶大而津液如膠人取其葉鋪于虎行
之路置猧兒其中以惑虎虎入其中葉卽黏身虎疑
怒而躍躍之愈急而黏之愈多於是乘其力敝以槍
劍擊斃之

厄瓜爾多

見哥崙比亞記中其地古有大國曰音加斯爲西
班牙所滅至今古跡甚多

有地南北千里東西二千五百里方十里者二萬八千
人口一百十萬而為國者日尼瓜多在天文為北緯
線一度南緯線五度之間西經線六十八度八十一
度之間其界北哥崙比亞東巴西南秘魯西太平洋
有安得棲大山及五大火山在其西東為大野又有
諸江入于牙馬遜江而干利牙吉之港在其西都城
名基都者在國之北地勢於天下為極高而有干伊
樂吉等會城控之其草木金銀草象牙木椰子珍果
名藥染料木綿珈琲甘藷烟草其穀牟麥其獸牛羊
驢猿其山海之産金鐵硫汞寶石其民以農畜為業

而又精於織冠凡物産製造之出售者歲得六百萬
圓資用外國之物如布帛衣服器械及酒歲費五百
萬圓稅入三百五十萬圓軍政學業無甚可稱道路
甚修治火輪車路二百里盖是國在赤道之下氣候
甚熱而以其多高山而有爽氣故熱不至病云

秘魯

古稱黃金國以其地多金銀也有君長稱印咯明
中世西班牙轄之歷二百八十餘年國人叛而自
立為共和政而內亂相繼大統領無能久其位者
秘魯國者幅員自北緯線二度至十八度西經線六

廿九度至八十一度北接厄瓜爾多東接巴西西際
太平洋凡南北三千里東西一千五百里爲方十里
者四萬五千其地多山而東北則野中界有山爲馬
遜江出焉西爲哥羅奥港又多小島氣候甚熱物產
有珍果名藥珈琲烟草砂糖草木綿芋麥燕麥稻金
鐵靑鹽金雞蠟牛馬羊猪羅馬羅馬者象如羊力如
駝奇獸也人數三百萬都城在國西名曰能馬會城
曰挍西固若阿那貴發民業農礦畜漁商出物爲綿
皮革羊毛砂糖各鑛藥劑及糞田之鳥矢而直歲十
百萬元人物爲布帛機器而直歲五百萬元稅入七

百萬元軍額一萬與備火輪戰船而學業非其長也
昔有西班牙大將伐此國人據見其多金乃力戰執
其君君給其民曰若等若以金充吾室當還若君民如
其言大將收其金仍以其君歸

智利

舊與秘魯同一君後屬西班牙清乾隆間始自立
用共和爲治至近日國勢漸盛
智利國若其稅入四百萬圓軍額六萬火輪戰船五
十艘衣鐵甲者三道路甚治而火輪車路總爲數千
里蓋美洲諸國之勢美爲第一而智利其次也其幅

員自南緯線十八度至五十五度西經線六十八度
至七十六度南北七千五百里東西三百里方十里
者三萬北秘魯東𢪸利比亞南南氷洋西太平洋安
得樓山及火山二十在東而西多小山又西有高金
甫若乾聶孫港皆會城也南有小島三十而都城在
國中央名曰山斗牙高氣候北燠南寒物産有牟麥
荍燕麥之穀麻藷烟草葡萄諸果蓏之草木金銀銅
鐵煤藥石之礦物人數二百十萬以採礦造酒治革
爲業出口之物爲麥麵葡萄黍皮革鳥屎銅銀直歲六
十百萬圓入口之物爲綿紬絨毛匹緞飲食機器兵

仗直歲五十五百萬圓公私學堂皆七百學業甚盛
而才俊多出又其人性嗜戰鬪此所以能籌國而擅
强者也又安得樓山甚高寒少地毯和氣故近山而
居者執事過二時則必受病而軃作此其異聞也

𢪸利比亞

一曰玻利非亞載瀛寰志略智利國記末而始末
不可攷

𢪸利比亞之爲國也一歲土貨之出售者得七十萬
圓外貨紬緞機器之入用者費六十萬圓稅類亦歲
四百萬圓軍額六千甚弱可知矣然國中亦頗有鐵

路行火輪車云云其國南北三千里得南緯線八度二十四度之間東西二千五百里得西經線五十八度七十二度之間東北界巴西而多大野南界厄瓜多而有安帶棲山若日尼曼等高大之山北界智利而有諸江入于俄瑪遜河中界有羅加瑞大湖氣候北熱而西南調和椰子木綿烟草藥草染料諸果蓏之草木羅馬牛馬羊驢蛇鼉之虫金銅鐵硫黃鹽山海之物皆備此土貨之所出也都城在國中凨巨來之地外環羅巴瑞若蒲土時等會城其中人口總二百三十萬惟以農礦爲業而學業非所務也

亞然丁

無孜

亞然丁者北接利比亞若把羅貴東亦把羅貴若大西洋南亦大西洋西智利南北六千里東西三千里方十里者五萬七千三百其天文自南緯線二十二度至五十二度西經線五十五度至七十三度而氣候南寒北熱其山川西有安帶棲山東多小山中爲大野若渚江又西有愛里瑞之港北有堞羅達布愛姑之大島而都城在國東保奴瑞愛尼胥之地若山打布友斗丸蠻等名城控爲形勝其土宜名材烟草

茶茗蔔黍牟麥果蓏牛馬羊金鐵煤鹽硫礬其生齒
四百萬口其業農畜礦其商業出物牛羊之皮膏毛
肉蔔黍牟麥之潳亙歲九十百萬圓入物洋布絨布
虛歲三十百萬圓其稅入五十百萬圓其軍額一萬
其火輪戰船三十五艘鐵甲者三學業通國學堂二
千五百其道路甚治而火輪車路合一萬五千里蓋
駸駸乎富強之業者也故歐洲諸國人之就居者無
虛歲矣

猶羅貫

清乾隆中始立國為共和政

猶羅貫者其墟在天文為南緯線三十度以南五度
西經線五十三度以東五度北東接巴西西接亞然
丁南際大西洋摠之南北九百里東西七百里為方
十里者八千其中無大山而猶婁軌江在其西末烏
邪島之港在其南末立湖在其東氣候甚和人口五
十萬都城在蒲逮比得烏之地卽國之南境也而末
烏邪島若高奴尼阿等名邑當其衝稅額九百萬圓
軍政學業無可稱而道路皆治火輪車路合七百里
其商貨之輸於外國者為布帛器械石油煤歲費二
十五百萬圓而土產牛羊之肉膏皮角出售者視所

賁歲加二百萬圓盖其地所産草木止於若干果蓏穀止於麥蜀黍礦物止於金銀鳥獸止於馬而牛羊最繁殖家不能容放牧於野主者各烙印以別之夫葡萄牙之葡萄酒猶羅貴之牛羊是皆特特可書者乎

把羅貴

意大里人始闢其地後西班牙奪之置天主教師以轄之至清乾隆中土人自立為國奉大統領政化頗盛近年與諸邦構兵少衰

把羅貴者其地為方十里者八千南北千二百里始於南緯線二十二度終二十七度東西千有二百里始於西經線五十四度終六十一度即拔利比亞之南巴西之西亞然丁之東北也就國中阿順時奥伊之地建都城而以彬邪伊加為會城無大山而東南及西有大江氣候少熱物産有橘茶染料美材名藥木綿烟草砂糖草稻蜀黍珈琲馬牛羊人數四十五萬其業以農畜牧木為務或造絹絮羊毛砂糖尤善釀酒冶革其與外國通商也羅物為橘酒砂糖綿絮烟草茶料皮革木皮而歲收二百二十萬圓羅物為諸器械而歲費二百萬圓税入二百萬圓額兵千弱

國也然頗能修治道路而火輪車路今爲三百里矣

阿非利加洲總論

阿非利加洲者幅員自南緯線三十二度至北緯線三十六度自東經線十三度至五十二度南北一萬五千里東西一萬三千里其界北地中海東南紅海若印度洋西大西洋爲方十里者一百三十萬地形北有山曰亞羅棲大野曰撒哈拉沙漠大江曰尼羅東有大山曰緊伊阿大江曰參比時湖曰丹尼干大島曰麻多可棲哥南有山曰巽奴意大江曰奥論知難又有大沙漠西有大山曰開馬論大江曰羔古若那伊巨中界有大湖曰維得又有大林藪氣候甚熱而東西南海邊尤甚人不可居其中諸國之著者北曰埃及若摩洛哥西曰羅伊北頓亞南曰五閑支若士蘭斯被東曰馬哥塞加人數凡二百二十百萬而居北邊者爲高加索族其餘皆伊度五弁人種其中界多象天下之象牙皆從此出其人無婚姻之禮食木實及蛇以爲生亦或食人肉無宮室之制爲土窟相聚以居善用槍刀恒相戰鬪所謂獉狉之尤者也

其人數未聞

亞非利加北界諸國

埃及

一曰麥西立國在有夏之初歐洲文物制度皆其
所刱隣近諸部推為宗盟其後興廢不一至明初
土耳其取為別部四五百年間叛附多端諸國因
而圖之卒歸於英然今尚羈縻於土國而歲貢金
矣

埃及國者其墟在天文為北緯線十二度以南二十
度東經線二十四度以西七度尺南北二千里東西
一千五百里方十里者五萬五千北地中海東紅海南
努北阿西撤哈拉沙漠就國之北尼羅江邊義羅之
地建都城其地形惟尼羅江百里之間可居可稼而
其外皆沙漠不毛也又其會城有曰秀埃西者在地
中海邊曰包細者在紅海邊始二海之間陸地為三
百里卽法人所鑿而抽船稅者也其中人口七百萬
其族高加索言語一種人品學儒士族平民生業農
績外國通商出物凡牟麥稻砂糖綿皮革象牙鳥羽
之屬價歲五十百萬圓而綿居四之一入物洋布機
器珈琲煤材酒之屬價歲四十百萬圓學業京城有
一大學堂宗教天主外或有他教盖其國氣候常旱
無雨惟尼羅江水歲一大漲方漲時乘舟行播穀而

漲泥潤沃穀得茂實若無漲則國必大歉其俗君王
死鑿巨巖奉屍塗以不腐之藥以朔之遇慶奉屍臨
筵席又婷使槖駞以其地皆軟沙牛馬足陷而槖駝
則掌大且柔無陷患也又其地無泉水行者常病渴
而駞腹中多水殺駞飲之能數日不渴也

摩洛哥

本阿勅伯屬國阿剌伯衰遂獨立爲海西回國
發範尼之地有日摩洛哥者君王之國也地方十里
者三萬五千其都城亦曰摩洛哥人數六百萬稅入
九百萬圓額兵二萬比而部落者曰過支界亞法之

屬地會城亦曰過支界亞方十里者一萬三千人數
四百萬稅入九百萬圓軍有法兵曰杜尼斯曰杜立
八利曰發加三部落皆土耳其之所管轄而置兵者
也杜尼斯會城名屯邇徐方十里者五千人數一百
五十萬稅入四百七十萬杜立八利會城名特伊佛
來方十里者四萬四千人數百萬發加會城名屏加
瑞方十里者五千人數五萬總之其地在天文爲北
緯線二十六度三十度之間西經線十度東經線二
十六度之間南北一千二百里東西六千里其界北
地中海南撒哈拉沙漠無大江山其產草木有橄

欖木綿砂糖草諸果蓏穀有牟麥稻獸有馬牛羊驢
槖駝鹿獅狐豕鳥有奧西得里翠者身大不能飛但
善走而猛烈能搏害人虫有毒蛇歲被咬死者六七
萬人礦物有金鐵煤其人民氏族高加索言語哤雜
通商出物穀果橄欖油羊毛鳥羽皮革絨褥價歲五
十百萬圓入物布帛茶茗肉燭雜鐵諸器械價歲四
百萬圓學業無可稱宗教主回回又其俗行商海上
好為刼盜七十年前英法義三國出兵戢之

亞非利加西界諸部

皆近世所闢略具本記中而以下南東界皆倣此

右挾大西洋左挾諸大山而為部落者曰世乃甘比
亞若時涯羅乃溫若羅伊比頓亞皆民主之國也曰
亞秀安帶若老王姑若多虎梅皆屬法國曰開茂雲
若多麼羅若羅馬過皆屬德國曰昂骨羅若方橘羅
皆屬葡萄牙國曰羌高未有屬是諸部落者幅員自
北緯線十五度至南緯線十八度袤萬里廣七百里
其地產諸果橄欖油名材象牙金以通外國商賈而
玻瓈若珠若鏡若酒其所羅也然其人不識生業食
木實獸肉或藝穀則婦人為之又禱祀山川草木獸
蛇之類如敬天帝其夷陋如此故泰西諸國各占有

其地而欲化之矣

亞非利加南界諸部

亞非利加南海濱南北東西各四千里之地在天文為南緯線二十三度三十五度之間東經線二十六度三十四度之間而東西南三面濱海北為大野往往有小江水出于其中氣候稍熱物産有名材葡萄諸珍果馬牛豕鹿與西得里翠金銅煤金剛石而貢羊毛鳥羽金鐵金剛石買布帛衣服機器兵械火輪車此三國之通商於外國也三國者一曰瞿栗果尼英官所治之地方四千六百十里都胡多温之地人數一百四十萬出貨直歲四十百萬元入貨直歲二十五百萬元稅課十六百萬元二曰奧蘭支國地方亦四千六百十里都富磨巴担之地人數十四萬皆荷蘭人種出貨直歲五百萬元入貨直歲如其出稅課百萬元三曰土蘭斯挖地方一萬二千五百十里都波來桃里阿之地人數八十萬五萬荷蘭種其餘皆土種出貨直歲三百萬元入貨直歲二百六十萬元稅課一百二十萬元此二國者皆荷蘭之逃時開占而為民主之治者也王其人品之平等生業之農畜礦宗教之耶蘇則三國皆同矣

亞非利加東界

亞非利加東海濱有九部落一曰斐比阿二曰蘇丹三曰阿比時尼亞意大里國之所經營也四曰小摩里五曰烏那六曰木巴沙英國之所經營也七曰孱支排德國之所經營也八曰模潛伯九曰蘇八那葡萄牙之所經營也其墟自北緯線二十三度至南緯線二十七度袤萬里廣約七百里其地多大野而無大山氣候毒熱物產有象牙名香珍果龍腦桂珈琲羽毛皮革羊其人聚居者一二萬或五六千皆黑人土種以土產易洋布玻瓈珠鐵絲酒婦人執農丈夫常相聚作亂以攘財為事其禱祀大率西界之風也

馬哥塞

亞非利加之東有曰馬哥塞國者大島也幅員自南緯線十二度至二十六度東經線四十三度至五十度南北三千里東西千里為方十里者二萬五千其界東北印度洋西模潛伯四阻以山氣候甚熱草木有名香名材砂糖草胡椒甘藷發羅發羅者身如芭蕉而實紫黃瑩圓味極甘穀有稻獸有馬牛鹿豕礦物有金鐵煤人數四百萬氏族皆黑人言語惟土音其品無貴賤其業農畜工作雖財微兵少而方銳於

士民必知

學務宗教耶蘇外亦有他教蓋其都在陀那尼普之
地以多馬踏港為都會而君主多有女王矣

奧大里亞洲

始末見本記中

奧大利亞洲本巫來由人種所居之地而其地多空
荒不毛百年前英人入而闢之設官治之生齒日滋
今為二百八十萬口而舊種蓋無幾矣而其人品學
業商務兵制宗教皆仍英制而若其技藝善繳使曲
榫妙絕天下云蓋其幅員自南緯線十二度至四十
度東經線一百十三度至一百五十度南北五千里

東西七千五百里方十里者九十萬其山水東有奧
之里阿壓若能法佛之山中界多小山東南有梅來
若樂難莘江南有阿芮湖若太西曼尼兒大島又南
有蔑番若婁介瑟港西有伐得大港而東北則往往
千里無草木與水英氣候冬無雪草木則橘葡萄無
葉木烟草木綿砂糖草甘藷穀則牟麥礦物則銀銅
鐵西洋鐵煤金剛石紅寶石獸則羊馬牛猪有羹巨
婁者形如鼠前脚短後脚長不能步常躍而走而胸
有大囊盛其雛鳥則有所謂德鼈龍者形如獺口如鴨
狎得益者無翼羅夜者或曰鳳皇介瑞矮尼者形如

奧西得里翠而毛如獸皆奇禽也通商之物出者羊毛皮革穀酒金直歲收二百六十五百萬元入者布織器械及酒直歲費五百百萬元稅入二百三十百萬而其會城著者東之斐丐瑟南之茂蕃西之佽坡得等又擅其形便矣

太平洋諸島

以下大小諸島部落始未並無攷蓋土番之未開明者

太平洋之中有島曰秀馬達阿者在暹羅之南南北三千五百里東西六百里曰慫髮者在秀馬達阿之東南南北四百里東西千里曰本伊吾者在秀馬達阿之東南北二千餘里人數二百五十萬曰雪來飛西者在本伊吾之東南北一千二百里東西千里人數三百萬皆荷蘭屬邦也曰畢來賓者在本伊吾之北聯小島一千二百而合名之南北二千里東西一千五百里人數六百萬西班牙屬邦也曰斐勒來者在奧大利亞之東南南北三千五百里東西八百里人數七十萬三萬土種其餘皆英人此二島皆英之屬邦也

太平洋諸小島

婁勒來之東有小島曰婁菩來頓曰婁卧列蘭大曰
沙老灣曰婁回佛愛得曰婁昌來曰皮支曰沙毛亞
曰蘇沙小帶曰吉法曰麻戌曰昌凡難曰樂貴些瑞
是十二島者或爲自主之國或為歐洲諸國所占其
物産草木有香木檳榔橘柚諸珍果珈琲木緜烟草
染草穀有稻粟牟麥獸有象虎豹熊鹿猿牛馬羊魚
有鱷鳥有孔雀鸚鵡雉山海物有金銀銅鐵煤硫黃
鹽采石玳瑁眞珠珊瑚寶石錫貝藥石金剛石人數
五十百萬氏族皆巫來由言語各異其品平等其業
農獵其商務以土産易布帛器械珠玉及酒宗教多

王回回又有曰山得委處國者都城名韓傑吶婁地
方七百十里人數八萬清人爲一萬八千而有君主
總政稅入二百六十萬元通商出物砂糖珈琲米果
皮革價歲十百萬元入物布帛器械價歲五百萬元
宗教耶蘇天主蓋此諸島者多以火山湧出或珊瑚
積成故亦謂之珊瑚海云

士民必知 終

중등 만국지지

(中等 萬國地誌)

卷1·2·3

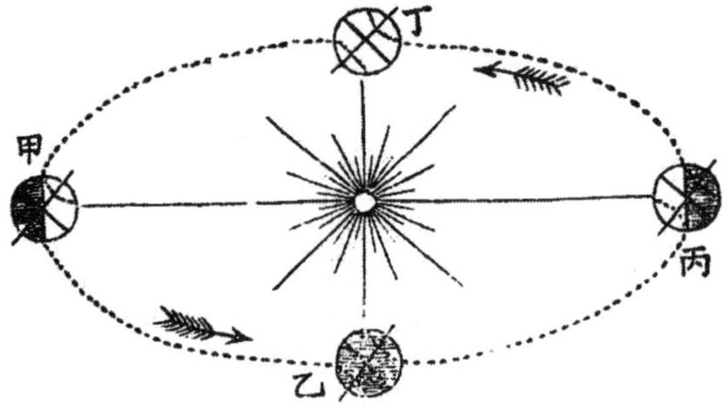

中等 萬國地誌 一

中等萬國地誌序

天下古今之變其亦異矣哉古之時人之足跡不出四海之外談地理者常如隔烟霧見日
月而鄒衍稗海九州之說歸之荒唐矣今則輪船所行呼吸之間能遍大塊八萬里之全體
而萬國之山川人物皆可目接情交無復疑阻人之生於今之世者其亦可謂快悅矣乎古
之時英雄俊傑之流爭土競伯於一時者少者二三國多不過六七國然而猶眩於形勢疲
於接應其爭競之具不過乎弓矢戈劍而猶患於伏尸百萬流血千里矣今則强國之環大
塊而爲隣者以百計合如雲霧散如風雨雖孫吳諸葛之才難以盡測其形勢謀慮而爭競
之具名槍巨礮摧山岳翻地軸如普法之戰之類何翅伏尸百萬哉嗚呼人之生於今之世
者其亦可謂憂畏矣乎蓋嘗原之天地之心好生而已惟人亦然四海之內皆吾同胞也皆
吾所同悅樂者也而柰之何以萬斤之槍千石之礮日與同胞爲仇而糜之爛之哉此無他
血氣蔽之也然如欲去其血氣而就于天理雖堯舜之聖不能博施也其將如之何吾願天
下之國各善其治治均則勢均勢均則力均力均則彼此之間莫爲雌雄而戰爭自息然則
吾可與天下之人梯航山海相往相來玉帛樽俎相言相笑日見其可悅而不見其可憂也
雖然吾又安能使天下之國各善其治哉惟吾之國吾能自主吾之治吾能善之吾之職事

吾能修之吾之子弟吾能敎之務以爲天下之先而已矣編輯局舊有刊萬國地志而草䂨未備局長李君圭桓病之招延日語敎官數人譯日人矢津昌永所撰萬國地志旣印訖持示余而請序余觀其書自地球天體生業社會以至宗敎邦制無不備載頭腦旣顯肯綮隨立信乎其爲經營萬國者之所發軔而裨益乎政治者爲不鮮矣遂以平日胸中所感者書之以勸學者

光武六年四月一日琴來閔泳韶序

凡例

一此書의人名과地名은國漢文으로譯出ᄒᆞ야解釋키便利케ᄒᆞ얏ᄉᆞ니讀者ᄂᆞᆫ留意ᄒᆞᆯ지어다

一各國貨幣度量衡等의數量은本國制로改筭ᄒᆞ야本國과比較키容易케ᄒᆞ고

一各國貨幣ᄂᆞᆫ本國通貨로交筭ᄒᆞ되毫釐의微細ᄒᆞᆫ者ᄂᆞᆫ不計ᄒᆞ노니左表ᄅᆞᆯ參照ᄒᆞ라

國名	外國貨幣	我大韓銀貨
英吉利	一磅	九圜●一一四
獨逸	一馬	四四六
北米合衆國	一弗	一●八七二
佛蘭西	一法	三六二
瑞西	一法	三六二
白耳義	一法	三六二
伊太利	一리라	五○二
丁抹	一크론	五○二

瑞典	一크론	五〇二
那威	一크론	五〇二
和蘭	一제리도르	七五四
西班牙	一페셰다	三六二
葡萄牙	一미르리ㅣ	二・〇二四
土耳其	一비아스톨	〇八二
澳地利、匈牙利	一구로ㅣ네	三八〇
英領印度	一루ㅣ비ㅣ	五一七
支那	一兩	一・三七九

中等萬國地誌卷一目次

中等萬國地誌卷一

朱榮煥
盧載淵 同譯
玄　采 校

今에中等教育에關ᄒᆞᆫ事로萬國地誌를譯述ᄒᆞᄃᆡ地理學上의必要ᄒᆞᆫ意味와學語等을說明ᄒᆞᆯ지라然이나天然에關ᄒᆞᆫ論說은地文學에屬ᄒᆞ고又人事에關ᄒᆞᆫ論說은政治地理에屬ᄒᆞᆫ故로此書에ᄂᆞᆫ다만世界地誌學에緊要ᄒᆞᆫ事를略說ᄒᆞ노라

地球와天體

○太陽系　我地球ᄂᆞᆫ宇宙間을運行ᄒᆞᄂᆞᆫ一個遊星이라彼羅列ᄒᆞᆫ羣星中에我地球ᄂᆞᆫ他諸遊星과ᄀᆞᆺ치自然히一系統을作ᄒᆞ야太陽을中心으로定ᄒᆞ고其周圍를運行ᄒᆞᄂᆞ니此系統을指ᄒᆞ야曰太陽系라ᄒᆞ며我太陽系中에最重ᄒᆞᆫ游星八個가有ᄒᆞ야太陽의周圍를一定ᄒᆞᆫ經路(即軌道)를由ᄒᆞ야運行ᄒᆞ고各星體의大小와밋太陽에셔距離가各各不同ᄒᆞ니今에다만太陽에近ᄒᆞᆫ者를言ᄒᆞ면水星、金星、地球、火星、(此間에小遊星이有ᄒᆞ니라)木星、土星、天王星、海王星、이오我地球ᄂᆞᆫ太陽을距ᄒᆞᆷ이第三位

에居ᄒᆞ니太陽과平均距離ᄂᆞᆫ凡九千二百萬哩오其周圍ᄅᆞᆯ一周코자ᄒᆞ면三百六十五日又一日四分의一(即一年)을經ᄒᆞ고其最遠ᄒᆞᆫ海王星은地球와太陽間距離에比ᄒᆞ면凡三十倍가되니其一周ᄅᆞᆯ廻코자ᄒᆞ면百六十五年을經ᄒᆞᄂᆞ니此ᄅᆞᆯ觀ᄒᆞ면我太陽系의廣大ᄒᆞᆷ을可知오

其次八遊星의大小ᄅᆞᆯ言ᄒᆞ면地球ᄂᆞᆫ第五位에居ᄒᆞ니直徑이七千九百哩오其最大ᄒᆞᆫ木星은直徑이八萬五千哩오最小ᄒᆞᆫ水星은直徑이三千哩라太陽은系의中心에居ᄒᆞ야其直徑이八十五萬哩餘가되니八遊星을混合ᄒᆞ야도此보다小ᄒᆞ기大約五百分의一이오地球에比ᄒᆞ면百二十萬倍가되고

太陽은我太陽系全體에與ᄒᆞᄂᆞᆫ光及熱의本源이라彼諸遊星이光輝ᄅᆞᆯ放ᄒᆞᆷ과又我地球의晝間을明朗케ᄒᆞᆷ이다太陽의光彩오又太陽의射熱이甚히强烈ᄒᆞ야九千二百萬哩의極遠距離되ᄂᆞᆫ我地球에及ᄒᆞ며

또衛星이라ᄒᆞᄂᆞᆫ小星이有ᄒᆞ니此ᄂᆞᆫ諸遊星에附屬ᄒᆞ야主星된遊星의周圍ᄅᆞᆯ旋轉ᄒᆞ고又主星과共히運行ᄒᆞ니我地球의衛星은即月이오

月은太陽에對ᄒᆞ야太陰이라稱ᄒᆞ니其大가太陽과同ᄒᆞᆫ듯ᄒᆞ나此ᄂᆞᆫ다만其距離가地

球에近ᄒᆞᆫ緣故오其實은諸遊星에比ᄒᆞ야도尙小ᄒᆞ야直徑이二千百六十二哩에不過ᄒᆞ고其容積은大約地球의五十分一이오地球의게對ᄒᆞ야平均距離ᄂᆞᆫ二十三萬八千八百哩오

月은地球의周圍ᄅᆞᆯ楕圓形으로成ᄒᆞᆫ軌道로由行ᄒᆞ야凡二十九日半에一廻ᄒᆞᄂᆞ니此ᄂᆞᆫ即太陰曆의一箇月이오又月에도自轉이有ᄒᆞ니大凡二十七日又一日의三分一에야一周ᄅᆞᆯ回轉ᄒᆞᄂᆞᆫ故로月에ᄂᆞᆫ三樣의運動이有ᄒᆞ고

月의光彩ᄂᆞᆫ太陽의光彩ᄅᆞᆯ受ᄒᆞ야反射ᄒᆞ미其形容이極히皎潔ᄒᆞ고光彩가生ᄒᆞᄂᆞᆫ部分과薄暗ᄒᆞᆫ部分이有ᄒᆞ니其光輝處ᄂᆞᆫ高處오또日光을反射ᄒᆞᆷ이多ᄒᆞ고또薄暗ᄒᆞᆫ部分은原野와谿谷等의凹處니高處ᄂᆞᆫ大槪火山의遺跡이오其最高ᄒᆞᆫ者ᄂᆞᆫ二萬尺에超過ᄒᆞ다云ᄒᆞ며又月球에ᄂᆞᆫ空氣와水가無ᄒᆞᆫ故로生物이無ᄒᆞ다云ᄒᆞᄂᆞ니라

○地球의大　地球의形容은圓體로ᄃᆡ赤道의近處部分은稍히膨大ᄒᆞ고兩極은平扁ᄒᆞᆫ故로其直徑이少差ᄒᆞ니即赤道의直徑은七千九百二十五哩오兩極의直徑은七千八百九十九哩니곳二十六哩가加多ᄒᆞ며其平均直徑은七千九百十六哩（大約八千哩오）赤道의周圍ᄂᆞᆫ二萬四千九百哩(大約二萬五千哩)라故로一時間二十哩ᄅᆞᆯ走

ᄒᆞᄂᆞᆫ滊車로地球를一周코자ᄒᆞ면大約五十二晝夜를經ᄒᆞ고又地球의面積은約一億
九千七百萬方哩니라

地球의運動

◯公轉及自轉　地球에ᄂᆞᆫ二種運動이有ᄒᆞ니一은平球(핑구)가廻轉ᄒᆞᆷ과如히自己
의中心線으로軸을作ᄒᆞ고廻轉ᄒᆞᄂᆞ니即自轉(或은私轉又ᄂᆞᆫ日動)이라云ᄒᆞ고一은
太陽의周圍를軌道로定ᄒᆞ야旋轉ᄒᆞᄂᆞ니此를公轉(或은旋轉又ᄂᆞᆫ年動)이라云ᄒᆞᄂᆞ
니自轉은連續히西으로브터東을向ᄒᆞ야約二十四時間에一回를轉ᄒᆞ며其一回를轉
ᄒᆞ면一晝夜即一日이라云ᄒᆞ니自轉에因ᄒᆞ야太陽에對ᄒᆞᆫ半面은晝가되고其背ᄒᆞᆫ半
面은夜가되ᄂᆞ니自轉의速度ᄂᆞᆫ赤道를距ᄒᆞᆷ이遠近에應ᄒᆞ야差異가有ᄒᆞ니赤道部ᄂᆞᆫ其
周圍가最大ᄒᆞᆫ故로自轉의速度도亦是最大ᄒᆞ야即二萬四千九百哩의周圍를僅히二
十四時間에一周를廻ᄒᆞᄂᆞᆫ故로一時間에一千哩以上을走ᄒᆞᆯ지라然이나兩極에近ᄒᆞ
ᄂᆞᆫᄃᆡ로周圍가漸小ᄒᆞ고速度도ᄯᅩᄒᆞᆫ此를因ᄒᆞ야次第로減少ᄒᆞ다가兩極에至ᄒᆞ야ᄂᆞᆫ
드ᄃᆡ여無ᄒᆞᆫᄃᆡ至ᄒᆞᄂᆞ니東洋에셔ᄂᆞᆫ一時間에約八百哩로乃至九百哩를走ᄒᆞ야如此
히大ᄒᆞᆫ速度로써每日西으로브터東을向ᄒᆞ야回轉ᄒᆞ나吾等이此를不知ᄒᆞᆷ은大凡地

上萬物이다運動ᄒᆞ야而當ᄒᆞᆫ近處에目力으로標識ᄒᆞᆯ物件이無ᄒᆞᆫ緣故오、오작太陽

四季循環之圖

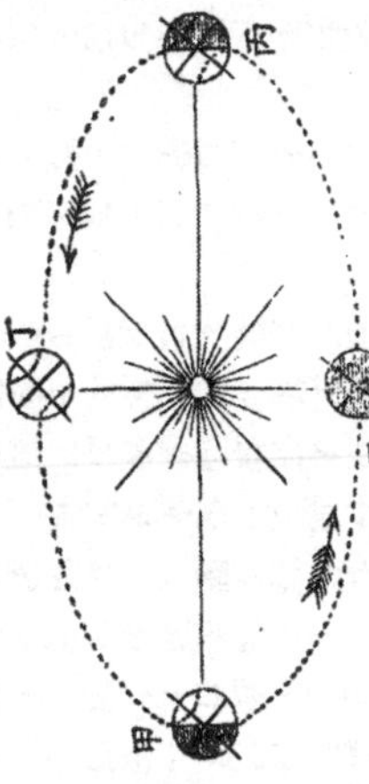

은早朝에東에셔出ᄒᆞ야西으로走ᄒᆞᆷ과如케著現ᄒᆞ
니此ㅣ即地球의回轉ᄒᆞᄂᆞᆫ證據오ᄯᅩ譬컨ᄃᆡ滊車를
乘ᄒᆞ면窓外의物件이다我後에走ᄒᆞᆷ과如ᄒᆞᄂᆞ니此
ᄂᆞᆫ滊車의走ᄒᆞᆷ을未覺ᄒᆞᆷ이오
地球公轉의速度ᄂᆞᆫ自轉의速度보다一層이나益大
ᄒᆞ야一時間에平均ᄒᆞ면六萬八千哩를走ᄒᆞ고ᄯᅩ三
百六十五日又一日의四分一로써一公轉을畢ᄒᆞ며
地球의軌道를旋轉ᄒᆞ면地軸은軌道面에對ᄒᆞ야恒
常六十六度半을傾斜ᄒᆞᄂᆞ니此傾斜가有ᄒᆞᆫ故로地
球上에四季의更代와晝夜의長短을生ᄒᆞᄂᆞ니其理
由를說明ᄒᆞ리라
此에示ᄒᆞᆫ四季循環의圖를看ᄒᆞ면地球가(甲)의處
에在ᄒᆞᆫ것은六月二十一日의位置를示ᄒᆞᆷ이니此時

에ᄂᆞᆫ地球의北半球ᄂᆞᆫ太陽을向ᄒᆞ야傾ᄒᆞᆫ故太陽은北緯二十三度半(夏至線)에直射ᄒᆞᄂᆞ니故로北半球ᄂᆞᆫ暑氣가蒸鬱ᄒᆞ고晝가最長ᄒᆞᆫ時候니此ᄂᆞᆫ即夏至오또地球가轉移ᄒᆞ야(乙)에至ᄒᆞ면秋分日(九月二十三日)이라此日은太陽이赤道上에直射ᄒᆞᄂᆞ니此ᄂᆞᆫ곳地球上에晝夜가平均히分ᄒᆞᆯ時오又地球가(丙)에遷ᄒᆞ면冬至日(十二月二十一日)이니地球의北半은太陽을背ᄒᆞ야傾ᄒᆞ고南半은太陽을向ᄒᆞ야傾ᄒᆞᄂᆞᆫ故로南緯二十三度半되ᄂᆞᆫ即冬至線上을太陽이直射ᄒᆞᄂᆞᆫ지라故로北半球ᄂᆞᆫ寒冷ᄒᆞ고晝가最短ᄒᆞ며南半球ᄂᆞᆫ暑候오晝가長ᄒᆞ며又地球가(丁)에遷ᄒᆞ면春分(三月二十一日)이니(乙)과如히太陽이赤道上에直射ᄒᆞᄂᆞᆫ故로다시晝夜가平均케分ᄒᆞᄂᆞᆫ時候가되ᄂᆞ니라

○氣候帶　前項에示ᄒᆞᆫ바四季循環이有ᄒᆞᆫ外의地球가太陽에對ᄒᆞᄂᆞᆫ位地가如何ᄒᆞᆷ을因ᄒᆞ야地球의何部ᄂᆞᆫ恒常太陽의直射ᄅᆞᆯ受ᄒᆞ야暑熱ᄒᆞ고何部ᄂᆞᆫ恒常斜射ᄅᆞᆯ受ᄒᆞ야寒冷ᄒᆞ고又何部ᄂᆞᆫ其中을得ᄒᆞ야溫暖ᄒᆞᆫ諸等의分別이有ᄒᆞ야所謂氣候帶라云ᄒᆞᄂᆞᆫ것을生ᄒᆞᄂᆞ니地球上의氣候帶ᄂᆞᆫ此ᄅᆞᆯ熱帶、溫帶、寒帶에分ᄒᆞᄂᆞ니라

熱帶ᄂᆞᆫ赤道ᄅᆞᆯ中央으로定ᄒᆞ니其南北이各各二十三度半에至ᄒᆞᄂᆞᆫ一帶라太陽이恒常此帶ᄅᆞᆯ往回ᄒᆞ다가(地球의公轉을因ᄒᆞ야太陽이往回ᄒᆞᆷ과如ᄒᆞᆷ이라)夏期에ᄂᆞᆫ北으로進ᄒᆞ나北緯二十三度半以北에ᄂᆞᆫ至치아니ᄒᆞ고、다시南으로回歸ᄒᆞᄂᆞ니此二十三度半되ᄂᆞᆫ界內의一線은即世人이此로써限界ᄅᆞᆯ假定ᄒᆞ고名ᄒᆞ야曰北回歸線或夏至線이라ᄒᆞ고

又冬期에ᄂᆞᆫ太陽이南에至ᄒᆞ나또ᄒᆞᆫ南緯二十三度半을不踰ᄒᆞ고、다시北으로回歸ᄒᆞᄂᆞ니此ᄂᆞᆫ即南回歸線이오又曰冬至線이라如此히此帶에ᄂᆞᆫ太陽이恒常頭上에往回ᄒᆞ야直射ᄒᆞᄂᆞᆫ故로氣候가炎熱ᄒᆞ고草木이繁茂ᄒᆞ며巨大ᄒᆞᆫ動物이棲息ᄒᆞ고住民은大概野蠻이니라

溫帶ᄂᆞᆫ熱帶兩邊에在ᄒᆞ니夏至線브터北緯六十六度半即北極圈에至ᄒᆞ기ᄭᆞ지北溫帶라稱ᄒᆞ고冬至線으로브터南緯六十六度半即南極圈에至ᄒᆞ기ᄭᆞ지南溫帶라稱ᄒᆞᄂᆞ니溫帶ᄂᆞᆫ寒暑의中間되ᄂᆞᆫ暖을得ᄒᆞᆫ故로佳良ᄒᆞᆫ動物과植物을生ᄒᆞ고人智發達에適合ᄒᆞ야優勝ᄒᆞᆫ

國이多ᄒᆞ니라

寒帶ᄂᆞᆫ南北兩極圈으로브터其極에至ᄒᆞ기ᄭᆞ지ᄅᆞᆯ指홈이니北은北寒帶라稱ᄒᆞ고南은南寒帶라稱ᄒᆞ며寒帶ᄂᆞᆫ太陽이斜射ᄒᆞᄂᆞᆫ故로氣候ㅣ沍寒ᄒᆞ야氷雪이堆積ᄒᆞ고其極에近ᄒᆞᆫ處ᄂᆞᆫ半年間은全혀晝ᄲᅮᆫ이오夜가無ᄒᆞ고他半年은夜ᄲᅮᆫ이오ᄯᅩ全혀晝가無ᄒᆞ야日光을見치못ᄒᆞ며動植物의種類가稀少ᄒᆞ고人口도ᄯᅩᄒᆞᆫ稀少ᄒᆞ니라

水陸의排置

○水陸의積　地球의表面은陸과水로ᄡᅥ成ᄒᆞᆫ者니水面의積은凡一億四千五百五十萬方哩오陸面의積은凡五千二百萬方哩니故로水ᄂᆞᆫ四分의三을占ᄒᆞ고陸은四分의一을占ᄒᆞ고其水陸의多少ᄅᆞᆯ言ᄒᆞᆯ진ᄃᆡ南半球에ᄂᆞᆫ水가多ᄒᆞ고北半球에ᄂᆞᆫ地가多ᄒᆞᆫ故로人物이北半球에旺盛ᄒᆞ니라

陸地ᄂᆞᆫ凡三大塊오其中東半球（西經十七度四十分으로ᄡᅥ東西兩半球ᄅᆞᆯ分ᄒᆞᄂᆞ니라）에在ᄒᆞᆫ大陸은東大陸이라稱ᄒᆞ니此大陸이極히廣闊ᄒᆞ야面積이三千二百二十萬方哩가되고東大陸南에在ᄒᆞᆫ南大陸은面積이三百十七萬方哩오西半球에在ᄒᆞᆫ大陸은西大陸이니面積이一千五百七十萬方哩라이에陸地ᄂᆞᆫ地球東北에偏多ᄒᆞ고水

ᄂᆞᆫ地球西南에偏多ᄒᆞ미人類의競作과營遂도自然地球의東北에多ᄒᆞ니라

三大陸을六大洲에分ᄒᆞ야其名稱과面積이如左ᄒᆞ니（面積에ᄂᆞᆫ島嶼ᄅᆞᆯ筭入홈）

東大陸	亞細亞洲	一千七百萬方哩
	亞非利加洲	一千百四十萬方哩
	歐羅巴洲	三百八十萬方哩
西大陸	北亞米利加洲	八百七十萬方哩
	南亞米利加洲	七百萬方哩
南大陸	太洋洲	四百七十萬方哩

大抵地球上에水面이陸地보다三倍가廣大ᄒᆞ니此ᄅᆞᆯ稱ᄒᆞ야曰太洋이오其水가多ᄒᆞᆫ部分은南半球와西半球오水界ᄂᆞᆫ到處에互相連絡ᄒᆞ야交通이便利ᄒᆞ고又水底ᄂᆞᆫ畢竟有限ᄒᆞ야其最深處라도不過四千五十尋（即二萬四千三百日本尺我韓木尺과槪同ᄒᆞ니라）이라故로太洋은球面凹處에溜ᄒᆞᆫ潴水ᄲᅮᆫ이오（海深을測量ᄒᆞᆯ時에ᄂᆞᆫ尋으로ᄡᅥ用ᄒᆞ니尋은即我韓尺六尺이라）水界ᄂᆞᆫ此ᄅᆞᆯ五大洋에區別ᄒᆞ야其名稱과廣袤가如左ᄒᆞ니

太平洋	東大陸의東、西大陸의西에在ᄒᆞ니赤道以北을北太平洋、以南을南太平洋이라云ᄒᆞᄂᆞ니라	六千七百八十萬方哩
太西洋	東大陸의西와西大陸의東에在ᄒᆞ니赤道以北을北大西洋、南을南大西洋이라云ᄒᆞᄂᆞ니라	三千五百十六萬方哩
印度洋	東大陸의南에在ᄒᆞ니라	二千五百萬方哩
北氷洋	東西兩大陸의北에在ᄒᆞ니라	五百萬方哩
南氷洋	西南兩大陸의南에在ᄒᆞ니라	四百五十八萬方哩

生業及天產物

地球上產物에ᄂᆞᆫ種類가極多ᄒᆞ니其原料ᄂᆞᆫ、다自然物에依托ᄒᆞ야生ᄒᆞᄂᆞ니自然物은動物、植物、鑛物三種이오其生產의排布ᄂᆞᆫ土地와氣候ᄅᆞᆯ應ᄒᆞ야差異가有ᄒᆞ고人類ᄂᆞᆫ天產品을利用ᄒᆞ야生存ᄒᆞ고또發達ᄒᆞᄂᆞᆫ故로人類의生業은其地에天賦ᄒᆞᆫ物品을應ᄒᆞ야定ᄒᆞᄂᆞ니其事ᄅᆞᆯ假言ᄒᆞ면家畜繁殖이適當ᄒᆞᆫ地에ᄂᆞᆫ牧畜業者가多ᄒᆞ고穀物產이適當ᄒᆞᆫ地에ᄂᆞᆫ農業者가多ᄒᆞ고又鑛脈이豐足ᄒᆞᆫ處에ᄂᆞᆫ鑛業에從事ᄒᆞᄂᆞᆫ者가多ᄒᆞ며또商業이라云ᄒᆞᆷ은生產者와需用者가彼此間에其願望을達ᄒᆞᄂᆞᆫ媒妁이라故로商業도自然其地에多產ᄒᆞᄂᆞᆫ物料에注意ᄒᆞᄂᆞ니今에緊重ᄒᆞᆫ天產物（鑛物은除ᄒᆞ노라）의氣候及土地에對ᄒᆞ야排布의槪要ᄅᆞᆯ述ᄒᆞ노라

○動物產　動物은移住ᄒᆞᄂᆞᆫ性質이有ᄒᆞᆫ故로氣候ᄅᆞᆯ因ᄒᆞ야產種이大異ᄒᆞ니熱帶地方에生ᄒᆞᄂᆞᆫ動物은總히體軀가長大ᄒᆞ고性質이猛獰ᄒᆞ며獸類에ᄂᆞᆫ象、獅子、斑馬、駱駝、猿猴의類가特產이오虫類에ᄂᆞᆫ鰐魚와蜥蜴、巨蟒이오鳥類에ᄂᆞᆫ鸚鵡、尹哥、風鳥、孔雀等이有ᄒᆞ되此ᄂᆞᆫ、다만羽毛가美麗ᄒᆞᆯ뿐이니然則熱帶產의動物은有用ᄒᆞᆫ者가小ᄒᆞ고有害ᄒᆞᆫ動物이多ᄒᆞ니라

溫帶產의動物은大槪有用ᄒᆞ야獸類에ᄂᆞᆫ馬、牛、羊等諸種家畜과鹿猪等이有ᄒᆞ야食

物을供ᄒᆞ고海水에ᄂᆞᆫ魚類를多生ᄒᆞ고虫類ᄂᆞᆫ有ᄒᆞ나有害ᄒᆞᆫ者ㅣ小ᄒᆞ고鳥類ᄂᆞᆫ食物
에用ᄒᆞᆯ者를產ᄒᆞᄂᆞ니라
寒帶產의動物은種類가小ᄒᆞ고僅히白熊과馴鹿과狐、獺等이오鳥類와虫類ᄂᆞᆫ甚小
ᄒᆞ고水產이豐足ᄒᆞ야膃虎、膃肭、鯨、鰐、鰊ᄭᆞ지富ᄒᆞᆫ故로住民의食料ᄂᆞᆫ海產이多ᄒᆞ
니라
◯植物產　植物도氣候를應ᄒᆞ야其種類가各各大異ᄒᆞ니熱帶ᄂᆞᆫ植物의發生이盛大
ᄒᆞ고喬木이多ᄒᆞ며葉이潤濶長綠ᄒᆞ야終年토록落葉ᄒᆞᄂᆞᆫ者ㅣ小ᄒᆞ고榕樹와棕櫚類
及香料가多ᄒᆞ고椰子、檳榔、鳳梨、珈琲、芭蕉等의菓實이結ᄒᆞ야住民의食用이되고
穀類도비록發生ᄒᆞ나勤耕치아니ᄒᆞ고唯天作을依用ᄒᆞᄂᆞᆫ蠻民ᄲᅮᆫ이니라
溫帶ᄂᆞᆫ氣候가順適ᄒᆞᆫ故로堅緻ᄒᆞᆫ材木을生ᄒᆞ니松、栢、櫸、檜、杉、樅은其特別ᄒᆞᆫ者
오又食料에ᄂᆞᆫ嘉穀이生ᄒᆞ고藍과綿과烟草도、또ᄒᆞᆫ生ᄒᆞᄂᆞᆫ故로人民이此等植物을
利用ᄒᆞ야、크게發達ᄒᆞᄂᆞ니라
寒帶에ᄂᆞᆫ溫度가低ᄒᆞᆫ故로植物이稀疎ᄒᆞ고其兩極地에近ᄒᆞᄂᆞᆫ뒤로草木이生치못ᄒᆞ
니寒帶植物은矮小ᄒᆞᆫ楊과杜松과落葉松과樺等이오또北進ᄒᆞ면夏季에至ᄒᆞ야微微

ᄒᆞᆫ蘚苔를生ᄒᆞᆯᄲᅮᆫ이니라

社會

社會란것은人類가互相結合ᄒᆞᆫ一個團體라故로協力同心이第一要義가되ᄂᆞ니古昔
에ᄂᆞᆫ人人이食料를得코자ᄒᆞ야團體를結ᄒᆞ야獸類를追逐ᄒᆞ고或은盜賊을防禦ᄒᆞ니
此ᄂᆞᆫ社會結合의始初라萬若人類가社會를不成ᄒᆞ고獨力으로事業을執ᄒᆞ면畢竟野
蠻을不免ᄒᆞᆯ지니彼未開國의可憐ᄒᆞᆫ狀態ᄂᆞᆫ곳社會의組織이完全치못ᄒᆞᆫ緣故니라
社會의發達ᄒᆞᆷ과發達치못ᄒᆞᆷ은天然的과人類的이如何ᄒᆞᆫ데關係가되ᄂᆞ니即其土地
의位置及形勢、氣候와天產物의多小等(天然的)又其種族、體質의强弱과性情如何
(人類的)等에係ᄒᆞᆷ이라萬國地理를學ᄒᆞᄂᆞᆫ者ᄂᆞᆫ맛당히其各地에因ᄒᆞ야以上諸事가
國의盛衰興亡이有ᄒᆞᆫ緣由를硏究ᄒᆞᆯ지니라
只今社會發達에適當ᄒᆞᆫ各原因을記코자ᄒᆞ면天然的에因ᄒᆞ야ᄂᆞᆫ爲先土地의位置ᄂᆞᆫ
溫帶에位ᄒᆞ고海가不遠ᄒᆞ야交通이自在ᄒᆞ며氣候가快美ᄒᆞ고地勢ᄂᆞᆫ諸各種을產出
ᄒᆞᄂᆞᆫ處에또人力을加ᄒᆞ면天產의原料(鑛物은더욱貴重ᄒᆞᆫ者라)가富ᄒᆞᆯ거시오
◯又人類的에因ᄒᆞ야ᄂᆞᆫ住民의體質이强壯ᄒᆞ고勢力에忍耐ᄒᆞ야外境의事物을制禦

ᄒᆞ고ᄯᅩ協力同心ᄒᆞ야事業에從ᄒᆞᄂᆞᆫ義氣가有ᄒᆞᆫ지니라

○社會의等級　社會ᄂᆞᆫ發達의度에應ᄒᆞ야此를未開、半開、開明의三大級에分ᄒᆞᄂᆞ니

未開社會ᄂᆞᆫ人民이協同ᄒᆞᄂᆞᆫ心이小ᄒᆞ야恒常散在ᄒᆞ고或僅僅히小部落을成ᄒᆞ니昆虫魚獸를食ᄒᆞ고生活이甚劣ᄒᆞ며其中最劣ᄒᆞᆫ種族은協同이何物인지全然不知ᄒᆞ고、ᄒᆞᆫ갓互相爭鬪ᄒᆞᄂᆞᆫ者ㅣ有ᄒᆞ니此ᄂᆞᆫ野蠻人이오其稍히進步ᄒᆞᆫ者ᄂᆞᆫ往往히大部落을成ᄒᆞ야酋長一人을戴ᄒᆞ고或은牧畜을爲業ᄒᆞ야張幕으로家屋을作ᄒᆞ고家畜과共히水草를逐ᄒᆞ야移轉ᄒᆞᄂᆞᆫ張幕人種이有ᄒᆞ고或은農作法을略知ᄒᆞ야粗製ᄒᆞᆫ農具를使用ᄒᆞ고禾穀을食ᄒᆞᄂᆞᆫ土番人種이有ᄒᆞ니라

半開社會ᄂᆞᆫ未開에比ᄒᆞ면稍히進步ᄒᆞ야人民이集居協同ᄒᆞ고政府를設立ᄒᆞ야法律制度를具ᄒᆞ고其民은專혀農耕으로爲業ᄒᆞ며或은商業을營ᄒᆞ고或은工業을勉ᄒᆞ야其技藝學術等도可觀ᄒᆞᆯ者가有ᄒᆞ나社會의組織이完全치못ᄒᆞ야弊害가不小ᄒᆞ니라

開明社會ᄂᆞᆫ社會의組織이總히完全ᄒᆞ고政治ᄂᆞᆫ國民의輿論을從ᄒᆞ야行ᄒᆞ고人民의生命財產이安全ᄒᆞ며一般敎育이進步ᄒᆞ야智識과道德이高明ᄒᆞ고職業은分業法이

行ᄒᆞ야人民이富饒ᄒᆞ고國體가甚强ᄒᆞ니此ᄂᆞᆫ現世의幸福을享有ᄒᆞᄂᆞᆫ者니라

人種

世界의人類ᄂᆞᆫ凡十四億八千萬人(或은旣達十五億云)이오其稟性、風俗、習慣이元來不同ᄒᆞ나此를數種에槪括ᄒᆞ니其槪括法은人體의皮膚色을因ᄒᆞ야區別ᄒᆞ니此ᄂᆞᆫ곳黃人種、白人種、黑人種의三大別이오此에銅色人과棕色人을加ᄒᆞ야五大人種에分ᄒᆞ나此兩種은其系統이黃人種에可屬ᄒᆞᆫ다ᄂᆞᆫ說이有ᄒᆞ니라

黃人種은最多ᄒᆞ고又廣播ᄒᆞᆫ人種이니其特相은皮膚가稍黃ᄒᆞ고顴骨이高ᄒᆞ며毛髮은黑色이오鼻가不高ᄒᆞ고眼이漸下ᄒᆞ고眼睛이黑ᄒᆞ니此種은蒙古地方에大國을成ᄒᆞᆫ故로或은蒙古人種이라稱ᄒᆞ고其北極地方에住ᄒᆞᄂᆞᆫ人은體軀가長大치아니ᄒᆞ니라

白人種은黃人種보다其數가之次ㅣ되고皮膚ᄂᆞᆫ白色에近ᄒᆞ고額骨이高ᄒᆞ며眼窩가深ᄒᆞ고鼻가隆高ᄒᆞ며毛髮은灰色이오或은赤色을帶ᄒᆞ고眼睛은大槪綠色이라此種은其始初에出ᄒᆞᆫ處所를因ᄒᆞ야高加索種이라稱ᄒᆞ고印度에住ᄒᆞᆫ者ᄂᆞᆫ印度歐羅巴種이라稱ᄒᆞᄂᆞ니라

黑人種은皮膚가暗黑ᄒᆞ고口嘴가突出ᄒᆞ며鼻ᄂᆞᆫ低ᄒᆞ고其端이廣ᄒᆞ며顴骨은後에傾ᄒᆞ고頭髮은捲縮ᄒᆞ니此種은居處ᄅᆞᆯ因ᄒᆞ야亞弗利加人種의名이有ᄒᆞ니라

銅色人이黃人種과相異ᄒᆞᆫ事ᄂᆞᆫ氣候에因ᄒᆞ야皮膚가銹銅色을帶ᄒᆞᆷ이오또居處가黃人種과懸隔ᄒᆞᆫ緣故니即印甸種、亞米利加種의名이有ᄒᆞ니라

棕色人도黃人種과異ᄒᆞᆷ은皮膚가棕色(即暗褐色)을帶ᄒᆞᆷ이오此ᄂᆞᆫ即馬來種이니라

○人情　人情은人種에因ᄒᆞᆷ보다其處所의地理的、事情을因ᄒᆞ야涵養ᄒᆞᄂᆞᆫ者ㅣ多ᄒᆞ니假令平原地에住ᄒᆞᆫ人民은氣宇가宏遠ᄒᆞ나精密치못ᄒᆞ야粗大에陷ᄒᆞ고山間住民은氣質이自然偏狹ᄒᆞ야眼界가卑近ᄒᆞ나眞摯樸實ᄒᆞ고又勇悍ᄒᆞᆫ風이有ᄒᆞ니此ᄂᆞᆫ人情이其處所ᄅᆞᆯ因ᄒᆞ야各異ᄒᆞᆫ故로只今一一히說明치아니、ᄒᆞ노니學者ㅣ맛당히各國各部ᄅᆞᆯ因ᄒᆞ야見ᄒᆞᆯ지니라

○言語　言語ᄂᆞᆫ思想을發表ᄒᆞ야同一ᄒᆞᆫ社會에行ᄒᆞᄂᆞᆫ故로言語가殊異ᄒᆞ면社會도自然不同ᄒᆞᆯ지라今에世界言語의種類가夥多ᄒᆞ야土音이三千五百餘種에至ᄒᆞ거ᄂᆞᆯ此ᄅᆞᆯ一千餘種에槪括ᄒᆞ고其次에ᄂᆞᆫ廣行ᄒᆞᄂᆞᆫ國語ᄅᆞᆯ八十餘種으로定ᄒᆞ고又此ᄅᆞᆯ此下三大統語에總括ᄒᆞ니(一)亞爾泰統語ᄂᆞᆫ亞細亞東北部의大半이此에屬ᄒᆞ고(二)

阿里安統語ᄂᆞᆫ歐羅巴及印度가此에屬ᄒᆞ고(三)(세미짓구)統語ᄂᆞᆫ亞細亞西部人의用ᄒᆞᄂᆞᆫ語라大抵國語ᄂᆞᆫ國의存立을表ᄒᆞᄂᆞᆫ者오又勢力이盛大ᄒᆞᆫ國語ᄂᆞᆫ自然盛行ᄒᆞᄂᆞᆫ故로昔에ᄂᆞᆫ羅甸語와西班牙語와佛蘭西語가交際間通語가되더니後에ᄂᆞᆫ英語及德語가盛行ᄒᆞ고方今에ᄂᆞᆫ各國이共히自己의國語ᄅᆞᆯ主張ᄒᆞ야國際上에도自己의國語ᄅᆞᆯ用ᄒᆞᄂᆞᆫ公式이되니라

宗敎

何處ᄅᆞᆯ勿論ᄒᆞ고人力으로難行ᄒᆞᆯ事ᄂᆞᆫ人類以上에神이有ᄒᆞ야人을制禦ᄒᆞᆫ다稱ᄒᆞ고神을尊崇ᄒᆞᄂᆞᆫ習俗이有ᄒᆞ니此ᄂᆞᆫ即宗敎라稱ᄒᆞᆷ이오、또神은、오작一體뿐이라、ᄒᆞ야尊信ᄒᆞᄂᆞᆫ者ᄅᆞᆯ惟神敎라稱ᄒᆞ고또神은種類가多ᄒᆞ다、ᄒᆞ야禮拜ᄒᆞᄂᆞᆫ者ᄅᆞᆯ多神敎라稱ᄒᆞ니此下에各宗의大略을開列ᄒᆞ노라

佛敎ᄂᆞᆫ印度國釋迦牟尼의主唱ᄒᆞᆫ敎니專혀因果報應을說ᄒᆞ고信奉ᄒᆞᄂᆞᆫ者ㅣ多ᄒᆞ야五億萬人民에及ᄒᆞ고其傳播處ᄂᆞᆫ亞細亞에在ᄒᆞ니라

基督敎ᄂᆞᆫ即耶蘇敎니亞細亞土耳其國惠斯基督이主唱ᄒᆞ야博愛ᄒᆞᄂᆞᆫ義旨로歐羅巴及北米에傳行ᄒᆞ더니後世에三敎에分ᄒᆞ니(一)希臘敎(二)羅馬加特力敎(即舊敎)

(二)普殺氏守單道敎(即新敎니德人果道界의主唱ᄒᆞᆫ敎라故로果道果敎라稱ᄒᆞ는者도有ᄒᆞ니라) 等이니信徒가一億二千萬人이러라

回回敎ᄂᆞᆫ亞剌比亞國人(마호멧도)의主唱ᄒᆞᆫ敎니吉凶禍福을豫言ᄒᆞ고亞細亞及歐羅巴에播傳ᄒᆞ니人數가一億人이러라

婆羅門敎ᄂᆞᆫ印度國의敎니(색라마)로天地의主宰라稱ᄒᆞ고佛敎ᄂᆞᆫ此를改良ᄒᆞᆫ者니敎徒가一億五千萬이러라

猶太敎ᄂᆞᆫ古猶太國에서起ᄒᆞ고各國에在ᄒᆞᆫ猶太人이奉行ᄒᆞ니其數ᄂᆞᆫ六百萬人이러라

蠻敎ᄂᆞᆫ諸稱野蠻人의敎니意義가荒陋ᄒᆞ야或草木을祭ᄒᆞ고或昆虫을崇ᄒᆞ며ᄯᅩ其他猛獸와毒蛇等을尊崇ᄒᆞ니其數가一億人에不下ᄒᆞ더라

國家

國家ᄂᆞᆫ社會의一個獨立으로主權을有ᄒᆞᆫ本體니人民이協同ᄒᆞ야成立ᄒᆞᆫ者오此社會ᄂᆞᆫ主權을有ᄒᆞ고一定ᄒᆞᆫ法律을確立ᄒᆞ야有形、無形의利害를保護ᄒᆞᄂᆞ니라

土地及人民은國家를組織ᄒᆞᄂᆞᆫ二大要素(即要義와根本이라)라然이나土地가有ᄒᆞ고住民이無ᄒᆞ면此를國家라稱치、못ᄒᆞ고又人民의團體ᄂᆞᆫ有ᄒᆞ나一定ᄒᆞᆫ住所(即土地)가無ᄒᆞ면此도、ᄯᅩᄒᆞᆫ國家라稱치、못ᄒᆞᆯ지라故로國家란、것은一定ᄒᆞᆫ主權下에在ᄒᆞᆫ土地人民을併稱ᄒᆞᆷ이오國家의土地廣狹(即面積)과住民多小(即人口)ᄂᆞᆫ國家强弱의一大原因이되ᄂᆞ니라

國體

國體란、것은國家組織의原質이니世界萬國이其建國形式에應ᄒᆞ야各各區別이有ᄒᆞᆫ지라今에此를大別ᄒᆞ야君主國體와民主國體의二者로分ᄒᆞ니君主國體ᄂᆞᆫ君主의力으로其國을創建ᄒᆞ고或禍亂을戡定ᄒᆞ야中興ᄒᆞᆫ國體로國家의主權이君主의게存ᄒᆞᆫ者오ᄯᅩ其中에帝國、王國의分別이有ᄒᆞ니帝國은尊嚴ᄒᆞᆫ國父即皇帝를奉戴ᄒᆞᆫ國이오王國은王爵을享ᄒᆞᄂᆞᆫ君主를戴ᄒᆞᆫ國이니其國은或帝國管下에立ᄒᆞᆫ者도有ᄒᆞ니라

民主國體ᄂᆞᆫ國에君主가無ᄒᆞ고人民이合同ᄒᆞ야國家를成立ᄒᆞᆷ이國民이即國家의主權者가、되니共和國이即此라然則其國民이自己의國家를自己가成立ᄒᆞ야他國의裁制와干涉을不受ᄒᆞ고內外諸般政務를治理ᄒᆞᄂᆞ니此를獨立國이라稱ᄒᆞ며凡獨立

國은國家의大小와貧富强弱等을不拘ᄒᆞ고其權利가各國과同ᄒᆞ니라

○政體　政體란、것은國家의主權을執行ᄒᆞᄂᆞᆫ政治組織의總稱이니故로政體ᄂᆞᆫ國體를應ᄒᆞ야各異ᄒᆞ미即國家主權이君主에存ᄒᆞᆫ政治組織은君主政體라謂ᄒᆞ고主權이人民에在ᄒᆞᆫ政治ᄂᆞᆫ民主政體라云ᄒᆞᄂᆞ니라

君主政體를、ᄯᅩ區別ᄒᆞ야立憲君主政體及專制君主政體二者에分ᄒᆞᄂᆞ니立憲君主政體란、것은主權이君主의게在ᄒᆞ나主權을執行ᄒᆞᆯ時에ᄂᆞᆫ確立ᄒᆞᆫ國憲(即憲法)을遵守ᄒᆞᄂᆞ니方今開明諸國이大概다此政體오專制君主政體란、것은君主一人이萬機를獨裁ᄒᆞ야君主의威權을敢히裁制치못ᄒᆞ고君意가即國法이니半開國以下ᄂᆞᆫ此政體가多ᄒᆞ니라

民主政體란、것은即共和政體라憲法에因ᄒᆞ야主權을行ᄒᆞ미、ᄯᅩ二種의分別이有ᄒᆞ니一은國民의代表者된大統領의게委任ᄒᆞ야主權을行ᄒᆞ고一은國民이直接으로主權을行ᄒᆞᄂᆞ니大抵、共和政體國은最初브터他人의屬國되얏던人民이獨立을新設ᄒᆞ고其中英賢ᄒᆞᆫ者를奉戴ᄒᆞᆫ國이니라

屬國이란、것은其土民이自己의國家를自己가守成ᄒᆞᆯ力(即兵力、富力)이無ᄒᆞ고他

强國에게征服ᄒᆞᆫ비、되야其國의政命을服從ᄒᆞᄂᆞ니屬國民은本國民과同等權利가無ᄒᆞ고納稅等의義務도重多ᄒᆞ니라

保護國이란、것은國을旣建ᄒᆞ나自己國民의力으로ᄂᆞᆫ國家를扶持키難ᄒᆞ야他强國의陰助를受ᄒᆞ야僅僅히滅亡을免ᄒᆞᄂᆞ니如此ᄒᆞᆫ國은其保護ᄒᆞᄂᆞᆫ報答으로國權의幾部를損ᄒᆞ고又强國의干涉을受ᄒᆞᄂᆞ니라

殖民地란、것은其住民이蒙昧ᄒᆞ야國家를組織지、못ᄒᆞ고土地에主權이無ᄒᆞᆫ故로他强國이其地의富源을掠奪ᄒᆞ거나或其土地를倂呑ᄒᆞᆯ目的으로自己의國民을移住ᄒᆞᄂᆞ니此를某國殖民地라云ᄒᆞᄂᆞ니라

亞細亞洲總論

○位置　亞細亞三字ᄂᆞᆫ東이라稱ᄒᆞᄂᆞᆫ意義오東大陸東部를領ᄒᆞ고北半球中에橫ᄒᆞ니其境界ᄂᆞᆫ北은一面이北冰洋에沿ᄒᆞ고東은日本島를因ᄒᆞ야北太平洋에沈ᄒᆞ고南은印度洋을接ᄒᆞ고其內에亞剌比亞半島及前後兩印度半島가突出ᄒᆞ고西ᄂᆞᆫ烏剌爾山及裏海、黑海를因ᄒᆞ야歐羅巴와地界를分ᄒᆞ고又紅海를隔ᄒᆞ야亞弗利加와相對ᄒᆞ니面積이二千八百五十五萬方里(即我韓里數)니即世界陸地의大約三分一을占

領ᄒᆞ고南端은北緯一度에서起ᄒᆞ고北端은北緯七十七度에至ᄒᆞᆫ故로熱、溫、寒三帶를通ᄒᆞ고其中北溫帶를占領ᄒᆞᆫ陸地가最廣ᄒᆞ니라

○地形　本洲ᄂᆞᆫ比較上으로高地가多ᄒᆞ니其中央高地ᄂᆞᆫ實로世界中最高ᄒᆞᆫ臺地（即高處）오且今其高度를因ᄒᆞ야二部로分ᄒᆞ니即（一）蒙古高原（二）西藏高臺等二處라○蒙古高原은中央高地의東北을云ᄒᆞᆷ이니崑崙山、山脈을因ᄒᆞ야西藏의高臺와接境ᄒᆞ고東에ᄂᆞᆫ興安嶺이有ᄒᆞ고西北은天山及阿爾泰山脈이包括ᄒᆞ니中間의廣袤ᄂᆞᆫ東西가約八千四百里오南北은二千八百里오其平均高度ᄂᆞᆫ二千尺（我韓木尺）으로브터五千尺에至ᄒᆞ고其中央은雨水가無ᄒᆞ고植物이絶ᄒᆞᆫ戈壁沙漠（或은沙漠）이有ᄒᆞ고蒙古高原의四近은樹木이生ᄒᆞ고北及東에流ᄒᆞᄂᆞᆫ大河ᄂᆞᆫ此高地에서分ᄒᆞᆫ水오○西藏高臺ᄂᆞᆫ蒙古西南을占ᄒᆞ고西北은（파미르）高地로브터（힌두ㅡ쿠쓰）山系가有ᄒᆞ고南은（히말나야）大山脈이擁抱ᄒᆞ고山水가幽深ᄒᆞ야探尋키難ᄒᆞ며此高臺의平均高度가一萬三千尺에至ᄒᆞ니此ᄂᆞᆫ世界第一高臺오其山麓에서數條大河가發ᄒᆞ야東及南에注流ᄒᆞ니以上二大高地를中央高地라稱ᄒᆞᄂᆞ니라

中央高地의西端（힌두ㅡ쿠쓰）山脈으로、브터西에連亘ᄒᆞᆫ高原이有ᄒᆞ니此를伊蘭高地라云ᄒᆞ고其西方은歐洲地境에至ᄒᆞ고○伊蘭高地西部로브터南에突出ᄒᆞᆫ半島臺地를亞剌比亞高地라云ᄒᆞ니此ᄂᆞᆫ大約沙漠에屬ᄒᆞ니라

此外에其餘低地ᄂᆞᆫ以上高地를圍繞ᄒᆞ야處處에存在ᄒᆞ니（一）西伯利低地（二）滿洲平原（三）支那沃地（四）印度濕地等을最重ᄒᆞᆫ低地라稱ᄒᆞᄂᆞ니（一）西伯利低地ᄂᆞᆫ中央高地의北邊을占ᄒᆞ고北氷洋에至ᄒᆞ기、ᄭᆞ지其廣이六千里（南北）오長은一萬二千里에及ᄒᆞ니、ᄃᆞ荒漠ᄒᆞᆫ寒野오其低平處ᄂᆞᆫ海岸으로、브터內地四千里에進入ᄒᆞᄃᆡ僅히其高地가百七十尺高度에不過ᄒᆞ고此間에三大流가有ᄒᆞ니東은（레나）河오中央은（엔이세이）河오西ᄂᆞᆫ（오비）河라、ᄃᆞ北流ᄒᆞ야北氷洋에入ᄒᆞ고（二）滿洲平原은中央高地東邊을占領ᄒᆞ니黑龍江及其支流되ᄂᆞᆫ松花江의諸流域을云ᄒᆞ고（三）支那沃地ᄂᆞᆫ中央高地東南部를占領ᄒᆞ니其區域이頗廣ᄒᆞ고高地에서發ᄒᆞ야東流ᄒᆞᄂᆞᆫ二大河가有ᄒᆞ니北은黃河오南은揚子江이니土地가甚히肥沃ᄒᆞ고（四）印度濕地ᄂᆞᆫ西藏高臺의南麓低地니雨澤이多ᄒᆞ야土地가肥沃ᄒᆞ고東에（간지이스）河（一名恒河）及（구라마푸트라）河가有ᄒᆞ고西에印度河가有ᄒᆞ니라

○沿海　亞細亞ᄂᆞᆫ陸地廣袤에比ᄒᆞ면海岸線은短ᄒᆞ고其中北氷洋은出入이甚小ᄒᆞ

야、다만西部에(가라)半島가出ᄒᆞ야(오비)灣을擁ᄒᆞ고東部에(베이링구)半島가出ᄒᆞ야北米大陸과(베이링구)海峽을挾ᄒᆞᆯ분이오太平洋岸은出入이稍多ᄒᆞ니(가푸쟈도가)半島가東南에出ᄒᆞ야千島列島가此를連ᄒᆞ야大陸間에於虎突海를湛ᄒᆞ고日本羣島는東洋의沿岸을沿ᄒᆞ야西南에連亘ᄒᆞ야其大陸間에浸入ᄒᆞ니此는日本海오韓國半島가東南에出ᄒᆞ고支那沿岸間에는黃海가有ᄒᆞ며其中間에遼東半島는北으로出ᄒᆞ고山東岬은南으로出ᄒᆞ야渤海를包括ᄒᆞ고支那海岸은半圓形으로支那海를枕ᄒᆞ고後印度半島로브터鶴首形으로南에挺出ᄒᆞᆫ것은馬來半島오南에彎入ᄒᆞᆫ、것은暹羅灣이오馬來半島와(스마도라)島間에有ᄒᆞᆫ馬來加海峽을由ᄒᆞ야西出ᄒᆞ면卽印度洋이니라

印度洋中央에突出ᄒᆞᆫ前印度半島로、ᄡᅧ(벵가르)灣(東)과亞剌比亞海(西)를兩分ᄒᆞ고亞剌比亞海가伊蘭、亞剌比亞、兩高地間에浸入ᄒᆞᆫ것은波斯灣이오亞剌比亞南에浸入ᄒᆞᆫ것은亞丁灣이오其亞弗利加間을絶ᄒᆞᆫ地溝는紅海라紅海에蘇士運河를過ᄒᆞ면地中海가、되ᄂᆞ니此는亞細亞海岸線의最重ᄒᆞᆫ出入處니라

○氣候　本洲는大陸이廣大ᄒᆞᆫ故로溫帶의大部를占領ᄒᆞ나寒暑가甚히懸隔ᄒᆞ야夏

月은炎熱이甚ᄒᆞ고冬間은寒氣가甚ᄒᆞᆫ地方이多ᄒᆞ니此는大陸中央의氣候라故로地球上最熱界及最寒界가共히本洲中에在ᄒᆞ고北氷洋에面ᄒᆞᆫ處는全혀寒威가凜烈ᄒᆞ야人民이住居키難ᄒᆞ니(레나)河附近一部에는年中에平均溫度가零下四十度의最寒界가、되고至於印度洋에向ᄒᆞᆫ一面은炎熱이如燔ᄒᆞ야住民이衣服을不着ᄒᆞ며亞剌比亞地方은年中에平均三十一三度의高溫度되는最熱界가有ᄒᆞ고其中間은溫帶部라然이나地勢가重疊ᄒᆞ고降雨가寡ᄒᆞ며寒暑가共히酷甚ᄒᆞ야人民의住居가不適ᄒᆞ고其中氣候가平和ᄒᆞᆫ處는獨히太平洋岸뿐이라此地는寒暑가適中ᄒᆞ야人民의生活及發達에便宜ᄒᆞ나此地도大陸寒暑兩極端의餘波를被ᄒᆞᆫ故로他溫帶에比ᄒᆞ면寒暑가稍强ᄒᆞ고、다만海를隔ᄒᆞᆫ島國은氣候가快美ᄒᆞ니然則大陸各地의發達이遲延홈은其地勢가使然케홈이니라

○雨量　雨는處處에不同ᄒᆞ야地球上에雨가最多ᄒᆞᆫ處와、밋雨滴이全無ᄒᆞᆫ處가共히本洲에在ᄒᆞ니統이言ᄒᆞ면南部에多ᄒᆞ고北進ᄒᆞᄂᆞᆫ디로其分量이漸減ᄒᆞ다가中央에至ᄒᆞ야는無濕界가有ᄒᆞ고洲中에最多雨ᄒᆞᆫ處는恒河近地니一年雨量이一萬五千(밀메돌)(我韓三分三厘)로二萬(밀메돌)에至ᄒᆞ고此에서北進ᄒᆞᄂᆞᆫ디로分量이漸減

ᄒᆞ야中央高地의中央되ᄂᆞᆫ戈壁沙漠으로、브터伊蘭高地及亞剌比亞臺地에至ᄒᆞ야ᄂᆞᆫ廣이二三千里되ᄂᆞᆫ一帶無濕界가有ᄒᆞ니此界ᄂᆞᆫ年中에雨滴이無ᄒᆞᆫ故로土沙가乾燥ᄒᆞ야沙漠을成ᄒᆞ고此等高地를越ᄒᆞ야其北邊은다시雨滴이有ᄒᆞ나分量이極少ᄒᆞ고、다만太平洋岸에降雨가順適ᄒᆞ야生物發達에適當ᄒᆞ니라

○風　亞細亞沿海에著名ᄒᆞᆫ一種風이有ᄒᆞ야此를氣候風이라云ᄒᆞ니此ᄂᆞᆫ元來亞剌比亞語에氣候라ᄒᆞᄂᆞᆫ意義오此風은暑候와寒候가互相反對ᄒᆞ야吹來ᄒᆞᄂᆞᆫ故로或은半年風이라云ᄒᆞ니其起因은暑候에ᄂᆞᆫ大陸中央(特히沙漠은尤熱ᄒᆞ니라)地方은氣候가不均ᄒᆞ야暑氣가忽生ᄒᆞᄂᆞᆫ故로空氣의壓力이低下(外人이此를名ᄒᆞ야曰低氣壓이라)ᄒᆞ니此를因ᄒᆞ야四處의大氣가此地에聯集ᄒᆞᆯ식南方各地에ᄂᆞᆫ南風或西南風을成ᄒᆞ야吹入ᄒᆞ고又寒候에至ᄒᆞ면中央地方은地盤이直冷ᄒᆞ야、드듸여烈寒이되ᄂᆞᆫ故로空氣의壓力이昇高(此ᄂᆞᆫ外人이名ᄒᆞ야曰高氣壓이라)ᄒᆞ야四方에轉流ᄒᆞᄂᆞᆫ風이되니此를因ᄒᆞ야本洲各地에도此風의多少影響이有ᄒᆞ고又暑氣의風向이寒候와交代ᄒᆞᄂᆞᆫ時ᄂᆞᆫ可怕ᄒᆞᆫ惡風이來ᄒᆞ되此惡風의吹ᄒᆞᄂᆞᆫ處ᄂᆞᆫ天然으로範圍가固有ᄒᆞ야支那海ᄂᆞᆫ中央이되고後印度、支那海岸、韓國、露領沿岸及日本等一帶에及ᄒᆞ야此를大風帶라云ᄒᆞ니此帶에入ᄒᆞᆫ處ᄂᆞᆫ每年夏秋換節時에多ᄒᆞ니라

○天產物　亞細亞ᄂᆞᆫ氣候가熱帶로브터寒帶에亘ᄒᆞ고又陸地가廣ᄒᆞᆫ故로諸種天產物이多ᄒᆞ니此ᄂᆞᆫ世界天產物의博集場이오○動物은南部熱帶에ᄂᆞᆫ巨大猛獰ᄒᆞᆫ獸類와爬虫類及美麗ᄒᆞᆫ鳥類를生ᄒᆞ고溫帶에ᄂᆞᆫ有益ᄒᆞᆫ蹄趾類(爪가有ᄒᆞᆫ類)野獸、家畜과多種水族及有用ᄒᆞᆫ禽類를產ᄒᆞ고寒帶에ᄂᆞᆫ毛皮獸及水產이有ᄒᆞ며○植物은熱帶에ᄂᆞᆫ巨大ᄒᆞᆫ喬木、珍草、香料를產ᄒᆞ고溫帶에ᄂᆞᆫ有用ᄒᆞᆫ樹木及穀物을產호되其中米ᄂᆞᆫ亞細亞의特產이오寒帶에ᄂᆞᆫ植物이乏小ᄒᆞ며○鑛物에ᄂᆞᆫ貴金、寶石、金剛石이多ᄒᆞ고石炭도大陸各地에藏埋ᄒᆞᆫ者ㅣ多ᄒᆞ나總히採掘이旺盛치못ᄒᆞ니라

○國體及政體　亞細亞大陸은廣漠ᄒᆞᆫ原野에人民이漂泊ᄒᆞ야一定ᄒᆞᆫ居處가無ᄒᆞᆫ者ㅣ多ᄒᆞᆫ故로統一ᄒᆞᆫ國家를組織키難ᄒᆞ고、또完全ᄒᆞᆫ政府를建設치못ᄒᆞ야處處에豪族(卽酋長)과汗等이라稱ᄒᆞᄂᆞᆫ者ㅣ其權力이及ᄒᆞᄂᆞᆫ바諸部落을管轄ᄒᆞ야國體及政體가何物인지分辨치못ᄒᆞ고、다만下民을壓制ᄒᆞ니此ᄂᆞᆫ亞剌比亞、亞富汗並比耳路斯坦、馬來加、支那外藩、印度內地等處處오

南部諸國은地味가豐足ᄒᆞ야食品이有餘ᄒᆞ고氣候가溫暖ᄒᆞ야衣服家屋等을不要ᄒᆞ

는故로居民이懶惰ᄒᆞ야國運發達의協同心이缺ᄒᆞ고、다만有限境界(發達이限界를定ᄒᆞᆷ이라)에發達ᄒᆞ야進步를不思ᄒᆞ고其制度ᄂᆞᆫ半開國의常態되ᄂᆞᆫ君主專制오、또自己가獨立지못ᄒᆞ니其版圖가비록廣大ᄒᆞ고住民이衆多ᄒᆞ나、오히려諸强國의게併呑ᄒᆞᆫ바、되야或은屬國이라稱ᄒᆞ고或은保護國이라稱ᄒᆞ야他國의管轄을受ᄒᆞᄂᆞᆫ者ㅣ多ᄒᆞ니此ᄂᆞᆫ印度、緬甸、西伯利等이오

只今亞細亞各地의國體와各國의管轄ᄒᆞᄂᆞᆫ現況을槪括ᄒᆞ면如左ᄒᆞ니

獨立國	大韓	日本	支那	暹羅	波斯
英領	印度	緬甸	海峽殖民地	亞富汗	
	香港	亞丁			
佛領	交趾支那	蘇士	印度沿岸		
露領	西伯利	高加索	土耳其斯坦		
土領	亞細亞土耳其	亞剌比亞沿岸			
葡領	印度伍亞	澳門			
酋長所領	亞剌比亞	比耳路斯坦	印度內地處處		

世界三分一에居ᄒᆞᆫ亞細亞大洲中에能히獨立體面을保存ᄒᆞᆫ者ᄂᆞᆫ五國에不過ᄒᆞ고其他ᄂᆞᆫ大槪歐洲領地에屬ᄒᆞ니歐羅巴勢力이本洲에及ᄒᆞᆷ을可知라故로亞細亞洲의事狀이貧弱ᄒᆞ고、또未開ᄒᆞᆫ國이多ᄒᆞ야至於歐洲의奴隸와如ᄒᆞᆫ者ㅣ有ᄒᆞ니嗚呼라亞細亞各國이何故로如此ᄒᆞ뇨先覺者로ᄒᆞ야곰慨歎을不勝ᄒᆞ리로다

○住民　全洲의人口ᄂᆞᆫ八億餘니(即全世界人口의半數라)此ᄂᆞᆫ幅員이廣大ᄒᆞᆫ緣故라然이나人口가稠密ᄒᆞ야一方哩에凡四十五人이有ᄒᆞ니此ᄂᆞᆫ歐洲보다之次가、될거시오又其人種은四大族에分ᄒᆞ니

第一은蒙古種이니最大數를占領ᄒᆞ야五億二千萬人에至ᄒᆞ고其居處ᄂᆞᆫ本洲西南部外에ᄂᆞᆫ大槪此人種이라全洲五分四에蔓及ᄒᆞ니此種의特相은肌膚가黃色이오眼은斜下ᄒᆞ고鬚가踈ᄒᆞ며體格은中位에居ᄒᆞ니古來브터甚히發達ᄒᆞ고　第二ᄂᆞᆫ印度歐羅巴種이니其數ᄂᆞᆫ蒙古種의次가、될지니印度로、브터伊蘭高原及土耳其에蔓延ᄒᆞ고其數ᄂᆞᆫ二億八千萬人이니此種은歐洲人과同一ᄒᆞ나本洲에住居ᄒᆞᄂᆞᆫ者ᄂᆞᆫ風土가殊異ᄒᆞ야白晳ᄒᆞᆫ者ㅣ無ᄒᆞ고、다暗褐色이오容貌ᄂᆞᆫ壯大ᄒᆞ고性質은溫柔ᄒᆞ며古來브터偉人을多産ᄒᆞ고　第三은亞剌比亞種이니此ᄂᆞᆫ高加索種中(세미짓구)種에屬

ᄒᆞ니其數가約五百萬人이라容貌가偉大ᄒᆞ고性質이勇壯ᄒᆞ며向者에回回敎로世界에稱雄ᄒᆞ얏고　第四ᄂᆞᆫ馬來種이니馬來半島에住ᄒᆞᄂᆞᆫ棕色種이라此種은愚劣ᄒᆞ야漸漸其數가減ᄒᆞ더라

○人情　南部의住民은古來브터發達ᄒᆞ더니現今에ᄂᆞᆫ其性質이混合駁雜ᄒᆞ나古國民은大概心性에關ᄒᆞ야ᄂᆞᆫ無形上、事情에傾向ᄒᆞ기易ᄒᆞ고自己가研究ᄒᆞᄂᆞᆫ바ᄂᆞᆫ文學上이오科學思想等이甚히乏少ᄒᆞ고心身이萎靡ᄒᆞ야活潑치、못ᄒᆞ고國勢를發達ᄒᆞᆯ思想도亦是迂遠ᄒᆞ며中央高地의人民은活潑勇壯ᄒᆞ야爭鬪를好ᄒᆞ며往往히壯大ᄒᆞᆫ度量으로大事業을成ᄒᆞᄂᆞᆫ者가有ᄒᆞ나此를持續ᄒᆞᄂᆞᆫ術이無ᄒᆞ야壯圖가一蹶ᄒᆞ면振起ᄒᆞᆯ力이無ᄒᆞ고北部住民은思慮가宏遠ᄒᆞ나怠惰를不免ᄒᆞ더라

○習俗　本洲住民의衣裝은大概寬闊ᄒᆞ니此ᄂᆞᆫ氣候가温暖ᄒᆞᆫ緣故오回回敎人은其敎旨에因ᄒᆞ야紅帽를戴ᄒᆞ고婦人은面을深覆ᄒᆞ며　家屋은木製오褥을用ᄒᆞ야坐臥ᄒᆞ며　食品은淡薄ᄒᆞᆫ植物이多ᄒᆞ고或은魚類獸肉等을幷食ᄒᆞ며古來로開化ᄒᆞᆫ古國은諸種의習俗이有ᄒᆞ니波斯人은幾千年前에帝國을建設ᄒᆞ고政府와家族制度와宗敎禮法等도具備ᄒᆞ고鍛金工匠等의技術도開ᄒᆞ며支那人도三千年以前에開化進步ᄒᆞ야諸種制度와諸般發明과技藝等이燦爛可觀ᄒᆞᆫ者ㅣ多ᄒᆞ얏더라

○宗敎　本洲에ᄂᆞᆫ上古以來로靈魂等說이行ᄒᆞ야性理에關ᄒᆞᆫ高妙幽玄ᄒᆞᆫ理致를窮究ᄒᆞᆫ偉人도不少ᄒᆞᆫ故로世界宗敎의根源은悉皆本洲人의主唱ᄒᆞᆫ비니亞細亞土耳其에猶太敎及基督敎와亞剌比亞의回回敎와印度의婆羅門敎及佛敎와支那儒敎等諸宗敎가大概本洲에셔起ᄒᆞ니此를觀ᄒᆞ면人類의性情을感化ᄒᆞᄂᆞᆫ理義ᄂᆞᆫ、다本洲에셔起ᄒᆞᆫ바오又此等各宗敎ᄂᆞᆫ何敎던지往時에ᄂᆞᆫ本洲各地에셔盛히信仰ᄒᆞ더니只今은大概衰運에向ᄒᆞ니라

今日宗敎의傳播가婆羅門敎ᄂᆞᆫ印度大平原에行ᄒᆞ니其數가三億에不下ᄒᆞ고佛敎ᄂᆞᆫ印度諸邦、支那、日本、韓國에及ᄒᆞ니其數가最多ᄒᆞ고回回敎ᄂᆞᆫ一時ᄂᆞᆫ勢力이有ᄒᆞ야亞剌比亞로、브터西北에向ᄒᆞ야播傳ᄒᆞ더니只今은衰ᄒᆞ얏스나本洲西南部에ᄂᆞᆫ信奉ᄒᆞᄂᆞᆫ者가尙多ᄒᆞ고基督敎ᄂᆞᆫ西에漸進ᄒᆞ야歐洲에及ᄒᆞ고本洲에ᄂᆞᆫ其勢力이微小ᄒᆞ며猶太敎ᄂᆞᆫ甚衰ᄒᆞ야其敎徒가亞細亞의土耳其、西伯利와其他에散在ᄒᆞᆫ者ㅣ總數가三十萬人에不過ᄒᆞ더라

支那帝國

支那의現今國名은淸이오西洋人은(차이나)라稱ᄒᆞ니亞細亞大陸東南을占領ᄒᆞᆫ國이오其境域이東은韓國及黃海、支那海오又東海를隔ᄒᆞ야日本九州에對ᄒᆞ고北은蒙古를因ᄒᆞ야露領西伯利에接ᄒᆞ고西ᄂᆞᆫ土耳其斯坦及亞富汗과界ᄒᆞ고南은印度及後印度에境ᄒᆞ니中央緯度ᄂᆞᆫ北緯三十度오又中央經度ᄂᆞᆫ東經百十度니라

○面積　面積은其版圖라自稱ᄒᆞᄂᆞᆫ外藩을添入ᄒᆞ면地積이七百一萬五千方里러니日淸戰爭後에馬關(日本地名)條約으로臺灣全島와澎湖島合計凡二萬二千七百方里를日本에割與ᄒᆞ고現今은凡六百九十九萬二千三百方里가、되얏스나、오히려歐羅巴全洲보다廣大ᄒᆞ고亞細亞全洲의三分一有餘오又其廣大ᄒᆞᆫ面積을內藩、外藩二大部에區別ᄒᆞ나淸國政府의管理權이及ᄒᆞᆫ處ᄂᆞᆫ內藩뿐이라故로此를本部라云ᄒᆞ고外藩ᄂᆞᆫ滿洲(東北部)蒙古(北部)韃靼(西北部)西藏(西部)四部에分別ᄒᆞ나今에爲先內藩을說明ᄒᆞ리라

內藩

內藩은即支那本部地오國人이中華라自稱ᄒᆞᄂᆞ니此部ᄂᆞᆫ支那沃地를占ᄒᆞ야南은黃海、東海、支那海에濱ᄒᆞ고北은長城及陰山脈으로滿洲에境ᄒᆞ고西ᄂᆞᆫ雲嶺脈으로西藏에接ᄒᆞ니面積이二百十七萬八千方里러라

○地勢　本部地形은北部外藩에在ᄒᆞᆫ處ᄂᆞᆫ大槪高隆ᄒᆞ고東南海濱에向ᄒᆞᆫ處ᄂᆞᆫ緩斜ᄒᆞ며西藏境의山脈은雲嶺이라稱ᄒᆞ고此를連續ᄒᆞ야東北에蟠ᄒᆞᆫ것은陰山脈이오雲嶺으로、브터東에支出ᄒᆞ야支那沃地를橫斷ᄒᆞᆫ山脈二脈이有ᄒᆞ니南은南嶺이오北은北嶺이라故로地形은自然히三區에分別ᄒᆞ니南嶺以南은南支那라稱ᄒᆞ고珠江이其間에流ᄒᆞ며南嶺北嶺間은中央支那라稱ᄒᆞ고楊子江이其中間에流ᄒᆞ며北嶺以北은即北支那라稱ᄒᆞ고黃河가其中央에流ᄒᆞᄂᆞ니라

(一)南支那ᄂᆞᆫ或은珠江流域이라稱ᄒᆞ니南은支那海에濱ᄒᆞ고珠江은三派가有ᄒᆞ미西으로來ᄒᆞᄂᆞᆫ者가最大ᄒᆞ니即珠江本流오中流ᄂᆞᆫ北江이오東은東江이니共히廣東灣에入ᄒᆞᄂᆞᆫ故로一名은廣東河라云ᄒᆞ고其灌注ᄒᆞᄂᆞᆫ域은土地가肥沃ᄒᆞ니此地ᄂᆞᆫ即越이러라

(二)中央支那ᄂᆞᆫ楊子江流域이라稱ᄒᆞ니土地가肥沃ᄒᆞ고人口가稠密ᄒᆞ며此地ᄂᆞᆫ所謂中原의地니支那最盛部를占領ᄒᆞ야古來브터支那英雄이爭鬪ᄒᆞ든地오楊子江은西

藏高臺의中央으로發ᄒᆞ야南下ᄒᆞ기數百里에一折、東流ᄒᆞ야洋洋히沃野間을流ᄒᆞ야東海에注ᄒᆞ니長이一萬五千里오運輸가甚便ᄒᆞ야凡上流一千哩ᄅᆞᆯ汽船으로通行ᄒᆞ고兩岸에ᄂᆞᆫ八處開港場이有ᄒᆞ고商賈가處處에鬱葱히蟠踞ᄒᆞ고下流南에ᄂᆞᆫ洞庭湖、鄱陽湖等湖水가有ᄒᆞ니此地ᄂᆞᆫ古來로브터支那의文華가發達ᄒᆞᆫ處러라

(三)北支那ᄂᆞᆫ黃河流域이라稱ᄒᆞ니土地가亦是肥沃ᄒᆞ고淸朝以來로首府ᄅᆞᆯ此地方에置ᄒᆞ야政治上重要ᄒᆞᆫ部分이오黃河가西藏高臺에서發源ᄒᆞ야長城以外에서數千里ᄅᆞᆯ北流ᄒᆞ다가東折ᄒᆞ야、다시南下ᄒᆞ고、또東北流ᄒᆞ야渤海에入ᄒᆞ니此河ᄂᆞᆫ泥沙ㅣ多ᄒᆞ야濁流가混混ᄒᆞᆫ故로黃河의水色이黃ᄒᆞ고又每年兩次式、洪水가汎濫ᄒᆞ야民害가甚多ᄒᆞ고河道ᄂᆞᆫ黃海에注ᄒᆞ더니向者己丑(大皇帝二十六年)에大洪水가有ᄒᆞ야其後에ᄂᆞᆫ山東의北으로渤海에注ᄒᆞ니全長은萬二千五百里오運輸의便이小ᄒᆞ며黃河北에北河(白河)가有ᄒᆞ야渤海에注ᄒᆞ니此河가北京과天津을通ᄒᆞ야運輸가便ᄒᆞ고、또揚子江에서發ᄒᆞ야黃河ᄅᆞᆯ貫ᄒᆞ야北河에達ᄒᆞᆫ運河가有ᄒᆞ나只今은運輸의便이小ᄒᆞ더라

○沿海　沿海ᄂᆞᆫ、거의半圓形으로東南에出ᄒᆞ니海岸線의長이約一萬七千里라黃海、東海、支那海ᄅᆞᆯ繞ᄒᆞ고北에遼東、山東兩角이左右로出ᄒᆞ야渤海(直隷灣)ᄅᆞᆯ擁ᄒᆞ고南은海南島에因ᄒᆞ야東京灣을抱ᄒᆞ고又臺灣海峽을隔ᄒᆞ야日領臺灣島ᄅᆞᆯ望ᄒᆞ며海南島ᄂᆞᆫ一名은瓊州라直徑이八百十里오又沿海에葡領澳門及英領香港二個小島가有ᄒᆞ니大抵黃海岸은低地가海中에入ᄒᆞ야遠히淺灘을成ᄒᆞ나、오직支那海ᄂᆞᆫ沿岸이、다岡絶ᄒᆞᆫ岩崖오平連ᄒᆞᆫ處가少ᄒᆞᆫ故로山嶼가處處히海中에散在ᄒᆞ며揚子江口에崇明島及舟山列島가有ᄒᆞ니라

○氣候　氣候ᄂᆞᆫ土地가廣大ᄒᆞᆫ故로北部、中部、南部에寒暑가大異ᄒᆞ니北支那ᄂᆞᆫ西伯利ᄅᆞᆯ接ᄒᆞ야寒暑가甚ᄒᆞᆫ中에寒氣ᄂᆞᆫ尤劇ᄒᆞ야十一月에ᄂᆞᆫ北河가結氷ᄒᆞ얏다가三月下旬에야僅히解氷ᄒᆞ고渤海도嚴冬中에ᄂᆞᆫ結氷ᄒᆞ며夏日에ᄂᆞᆫ黃沙風이漲天ᄒᆞ야炎熱이甚ᄒᆞ고中央支那ᄂᆞᆫ溫度가順適ᄒᆞ나夏期에ᄂᆞᆫ高溫度에達ᄒᆞ고霖雨時에ᄂᆞᆫ雨量이驟多ᄒᆞ며暑期도亦是、多雨ᄒᆞ고南支那ᄂᆞᆫ熱帶와略同ᄒᆞ야四月로브터十月間에ᄂᆞᆫ炎熱이甚ᄒᆞ고又此間에氣候風과濕氣ᄅᆞᆯ輸來ᄒᆞ야降雨가多ᄒᆞ고此期ᄅᆞᆯ過ᄒᆞ면乾節이來ᄒᆞ야氣候가中和에復ᄒᆞ고又夏秋間에ᄂᆞᆫ支那의特有ᄒᆞᆫ大風이有ᄒᆞ니其威가甚猛ᄒᆞ야北東으로進入ᄒᆞ야沿岸에吹來ᄒᆞ더라

○生業産物　支那ᄂᆞᆫ土地가肥沃ᄒᆞ고氣候의溫度가和暖ᄒᆞ야有名ᄒᆞᆫ一大農業國이라其國이自古로耕耘法을敎ᄒᆞ야人民이農業에甚勤ᄒᆞ니農産物中、各地에就ᄒᆞ야多ᄒᆞᆫ것은米가第一이、되고其次ᄂᆞᆫ麥、粟의穀類니全國收穫의分量이實로巨額에達ᄒᆞ고其他茶、桑、甘蔗도亦是夥多ᄒᆞ고其次ᄂᆞᆫ木綿、阿片이오　支那의無盡藏이라稱ᄒᆞᆷ將來의一大産은鑛物이오其中第一은石炭이라石炭은西部山地에夥多ᄒᆞ야支那炭田의全地積이十九萬方哩가、되니然則此國이畢竟世界第一等石炭國이될지시오其次ᄂᆞᆫ鐵、銅이오寶石도亦是夥多ᄒᆞ고　牧畜은滿州地方에行ᄒᆞ니其中最多ᄒᆞᆫ것은豚이오其次ᄂᆞᆫ馬라只今各地方産物中、最重ᄒᆞᆫ것을擧ᄒᆞ노니

北支那ᄂᆞᆫ人口가稀小ᄒᆞ고又居民이怠惰ᄒᆞ야農業地에ᄂᆞᆫ不適ᄒᆞ나鑛物이最富ᄒᆞ고山西地方은石炭이多ᄒᆞ고沿海에ᄂᆞᆫ食塩을産ᄒᆞ고其次ᄂᆞᆫ牧畜이오工業이拙ᄒᆞ야日用品과穀物이、다南部의輸入을依賴ᄒᆞ니然則此地ᄂᆞᆫ産品이不多ᄒᆞ고

中央支那ᄂᆞᆫ土地가肥沃ᄒᆞ고人民이勤農ᄒᆞ야丘陵上과沼澤畔이라도除蕪處가無ᄒᆞ야米穀의産出이年年이增加ᄒᆞ미海外輸出額이不少ᄒᆞ며米穀은江蘇、浙江、江西、湖南이第一이오養蚕製絲業은安徽、湖北、江蘇、四川에盛行ᄒᆞ니特이四川의産絲

ᄂᆞᆫ歐洲市場에特價가有ᄒᆞ고茶ᄂᆞᆫ處處히丘陵에培栽ᄒᆞ미福建、湖南、湖北、江西가優勝ᄒᆞ야世界第一이라稱ᄒᆞ고

南支那ᄂᆞᆫ半熱帶의産物을出ᄒᆞ니農産에ᄂᆞᆫ米、砂糖이最多ᄒᆞᆫ中、砂糖은其産額이特多ᄒᆞ고雲南省은鑛物이無盡ᄒᆞ나採掘이不行ᄒᆞ야僅히金屬을産ᄒᆞᆯ뿐이오、또南支那의一産物이라稱ᄒᆞᄂᆞᆫ者ᄂᆞᆫ竹이니此竹의巨大ᄒᆞᆷ이家具를可히製造ᄒᆞ깃고麝香도此地에特出ᄒᆞ며

支那의製造品은其人民의手工이奇巧ᄒᆞ야古來브터著名ᄒᆞ더니現今에도金屬細工(細工은卽精細ᄒᆞᆫ工匠이라)과彫刻과其他陶器、磁器、製紙、織物等이美好ᄒᆞ나然ᄒᆞ나此ᄂᆞᆫ數千年前브터今日地位에已達ᄒᆞ얏고其後에ᄂᆞᆫ毫末도改良、進步치못ᄒᆞ며只今에、오작有名ᄒᆞᆫ것은緞子(眞緞)와綾羅等絹織物이오木綿은産額이甚多ᄒᆞ야全國各地에다産出ᄒᆞ되其中、中央支那가第一이되며、또陶、磁器ᄂᆞᆫ中央支那가最美最多ᄒᆞ고紙의産額도亦多ᄒᆞ며其中製紙의旺盛ᄒᆞᆫ處가亦是中央支那러라

○區畫　淸國은本部에十八省을置ᄒᆞ고滿州ᄂᆞᆫ淸朝基業의地라ᄒᆞ야特이三省에區別ᄒᆞ니此ᄂᆞᆫ東三省이라ᄒᆞ고政府에서直轄ᄒᆞ더라今에本部의省名、府、鎭、州、縣等

區畫의 數와 省의 首都와 面積、人口를 下錄ᄒᆞ니

省名	府	鎭	州	縣
直隷	一一	三	二三	一二四
山東	一〇	〇	一一	九六
山西	九	三	一六	八五
河南	九	〇	一〇	九七
江蘇	八	三	六	六三
安徽	八	〇	九	五〇
江西	一三	二	二	七五
浙江	一一	一	一	七六
福建	一〇	三	二	六二
湖北	一〇	〇	八	六〇
湖南	九	三	七	六四
廣東	九	五	一一	七九
廣西	一一	三	一七	四七
雲南	一四	八	三一	三九
貴州	一二	八	一四	三四
陝西	七	五	一〇	七三
甘肅	九	七	一三	五一
四川	一二	一五	一九	一一一
合計	一八二	六九	二二〇	一二八五

首部	面積(方哩)	人口	(一方哩의人口)
保定	五八、九四九	一七、九三七、〇〇〇	(三〇四)
濟南	六五、一〇四	三六、二四七、八三五	(五五七)
太原	五五、二六八	一二、二一一、四五三	(二二一)
開封	六五、一〇四	二二、一一五、八二七	(三四〇)
鎭江	九二、九六一	二〇、九〇五、一七一	(四七〇)
安慶	九二、九六一	二〇、五九六、二八八	(四二五)

南昌	七二、一七六	二四、五三四、一一八	(三四〇)
杭州	三九、一五〇	一一、五八八、六九二	(二九六)
福州	五三、四八〇	二五、七九〇、五五六	(四八二)
武昌	一四四、七七〇	三三、三六五、〇〇五	(四七三)
長沙		二一、〇〇二、六〇四	(二八二)
廣東	七九、四五六	二九、七〇六、二四九	(三七七)
桂林	七八、二五〇	五、一五一、三二七	(六五)
雲南	一〇七、九六九	一一、七二一、五七六	(一〇八)
貴陽	六四、五五四	七、六六九、一八一	(一一八)
西安	一五四、〇〇七	八、四三三、一九三	(一二六)
蘭州		九、二八五、三七七	(七四)
成都	一六六、八〇〇	六七、七一二、八九七	(四〇六)
合計	一八、一二九七、九九九	三八五、九七三、三四九	(三〇七)

又東三省의省名과首都와人口는如左ᄒᆞ니

省名	首都	人口
盛京(又云奉天)	奉天	四、三六八、八七二
吉林	吉林烏剌	一四九、三二〇
黑龍江	齊齊哈爾	七二五、三七五

○處誌 此下에各省의槪略을摘記ᄒᆞ미北支那에六省을置홈이如左ᄒᆞ니

直隷省 은本部의最北이오盛京省과接境ᄒᆞ니即渤海의要衝이라現朝에셔順天府에定都ᄒᆞ고改稱曰北京府라ᄒᆞ니此는北河上流의平地오古燕京이라人口가甚多ᄒᆞ나精確ᄒᆞᆫ調査가無ᄒᆞ야或은三百萬或은百五十萬이라云ᄒᆞ나其實은二百萬에不過ᄒᆞ며市街가混雜ᄒᆞ고府를繞ᄒᆞᆫ城壁은煉瓦로築ᄒᆞ고城門은十二오其內에宮殿、禁苑、官衙의廣大雄麗홈이實로專制大帝國의觀瞻을壯케ᄒᆞ며本省은古時에燕趙悲歌의士가多ᄒᆞ더니只今은其影響이無ᄒᆞ고住民은農桑에勤ᄒᆞ며開平의炭山은支那第一의産炭地러라

山東省 은渤海、黃海間에突出ᄒᆞᆫ半島니古齊의地오其大陸部는古魯의地니曲阜에孔子廟가有ᄒᆞ고舜의耕ᄒᆞ시던歷山도本省에在ᄒᆞ니淳美ᄒᆞᆫ遺風이尙存ᄒᆞ고此省

은黃河가歷來氾濫ᄒᆞ야被害ᄒᆞᆷ이多ᄒᆞ고黃河流域의大處ᄂᆞᆫ濟南府러라

山西省　은山東의西方黃河가屈曲ᄒᆞᆫ平地를占領ᄒᆞ니土地가豐足치、못ᄒᆞ나支那上古의中央地오堯의都邑平陽과舜의都邑蒲州가有ᄒᆞ고其後、晉의故地오又民質은利를貪ᄒᆞ야財를吝惜ᄒᆞᆷ이北俗보다甚ᄒᆞ고本省의商賈가全國中、處處에皆有ᄒᆞ더라

河南省　은黃河의中流를占領ᄒᆞ니土地가肥沃ᄒᆞ야物産이多ᄒᆞ고支那의中心이라稱ᄒᆞ니黃河의氾濫ᄒᆞᆷ을防코자ᄒᆞ야堤堰一千五百里를築ᄒᆞ며此를因ᄒᆞ야費財가甚多ᄒᆞ니即古時陳、宋、鄭州等의地오開封府ᄂᆞᆫ黃河流域의大都府니黃河屈曲ᄒᆞᆫ處를占領ᄒᆞ고河南府ᄂᆞᆫ黃河의支流되ᄂᆞᆫ洛水의北에在ᄒᆞᆫ故로古에ᄂᆞᆫ洛陽이라稱ᄒᆞ고南陽府도本省에屬ᄒᆞ고諸葛孔明이草廬를結ᄒᆞ던臥龍岡도其附近에在ᄒᆞ고又邵雍이杜鵑을聞ᄒᆞ던天津橋도本省에在ᄒᆞ더라

陝西省　은山西의西에在ᄒᆞ고長城이其北을限ᄒᆞ니即古雍州오漢、唐의故都長安（西安）은渭水의南、灞流의西에在ᄒᆞ고秦의故都咸陽府附近에阿房宮遺址와終南山이有ᄒᆞ니西北은다山地에屬ᄒᆞ고秦嶺函關도亦是本省에在ᄒᆞ야古跡이不小ᄒᆞ더라

甘肅省　은西北邊에在ᄒᆞ고其一部ᄂᆞᆫ長城以外에在ᄒᆞ니古時의隴이오一名은西羌이니本省은僻遠ᄒᆞᆫ地로ᄃᆡ露領에通ᄒᆞᆫ要路가、되ᄂᆞᆫ故로特이本部의直轄이되더라

中央支那에在ᄒᆞᆫ八省은如左ᄒᆞ니

江蘇省　은洋子江口의北岸을占領ᄒᆞ니水利가便ᄒᆞ고地味가豐饒ᄒᆞ며氣候도溫和ᄒᆞ고本省은元來揚州의地오又吳、越、楚의古地오南京府ᄂᆞᆫ古時의建業이니明朝에셔ᄂᆞᆫ應天府라稱ᄒᆞ다가今은江寧府라改ᄒᆞ니即吳孫權의舊都오洋子江下流南岸의大都處라人口ᄂᆞᆫ四十萬에不過ᄒᆞ며支那技藝文學의叢園이라稱ᄒᆞ던磁器塔은長髮賊의亂에破壞ᄒᆞᆫ바、되야今에基址만存ᄒᆞ고此府附近에ᄂᆞᆫ古跡이不小ᄒᆞ고湖水가多ᄒᆞᆫ故로五湖의名이有ᄒᆞ더라

安徽省　은洋子江下流를占領ᄒᆞ니氣候가溫和ᄒᆞ고奇傑ᄒᆞᆫ人物이出ᄒᆞ며本省은淮水南에在ᄒᆞᆫ故로或은淮南又曰皖이라稱ᄒᆞ니項羽의敗ᄒᆞ던烏江과明太祖가創業ᄒᆞᆫ鳳陽도此省에在ᄒᆞ더라

浙江省　은洋子江口兩岸으로、브터濱海ᄒᆞᆫ一帶地니氣候가快美ᄒᆞ고地味가肥沃

ᄒᆞ며住民의豐富ᄒᆞᆷ이支那中第一이오古揚州와吳越等에屬ᄒᆞ고此地ᄂᆞᆫ英雄의競爭地라故로舊跡이多ᄒᆞ고胥山과會稽山等이有ᄒᆞ더라

江西省은古吳、楚의地니鄱陽湖(又云彭蠡湖)가其北에在ᄒᆞ고此附近은古來브터兵亂이多ᄒᆞ더라

湖北省은洋子江中流되ᄂᆞᆫ平原에在ᄒᆞ니所謂中原의要樞地오即古時荊州(或云湖廣)라土地가肥沃ᄒᆞ야物產이豐足ᄒᆞ고古跡이處處에有ᄒᆞ며洋子江岸에ᄂᆞᆫ蘇東坡가泛舟ᄒᆞ든赤壁이有ᄒᆞ더라

湖南省은楚地니洞庭湖가其北에在ᄒᆞ고九江府에ᄂᆞᆫ岳陽樓가有ᄒᆞ고又武陵桃源도本省內에在ᄒᆞ니風景이絕勝ᄒᆞ야游人騷客의來往이不絕ᄒᆞ더라

四川省은西으로西藏에隣ᄒᆞᆫ廣大ᄒᆞᆫ地니人口ᄂᆞᆫ北亞米利加全洲와相似ᄒᆞ며中央平地ᄂᆞᆫ土地가豐饒ᄒᆞ야天府라稱ᄒᆞ고蜀漢이帝業을起ᄒᆞ던成都府가至今ᄭᆞ지繁盛ᄒᆞ야西部의大都會가、되니即洋子江、上流의灌域이라人口가頗多ᄒᆞ고西部ᄂᆞᆫ山水가幽深ᄒᆞ야三峽險地가有ᄒᆞ니所謂蜀의棧道가即此오、또揚子江이省內에流ᄒᆞ고嘉陵江、岷江等의支流가有ᄒᆞ더라

貴州省　古時ᄂᆞᆫ蠻夷荒服이라稱ᄒᆞ던僻遠ᄒᆞᆫ西陬라氣候가不順ᄒᆞ고土地가劣惡ᄒᆞ더라

南支那ᄂᆞᆫ總히百越、南越或은閩이라稱ᄒᆞ고下錄ᄒᆞᆫ四省이有ᄒᆞ니

福建省은元來閩、越의地오氣候가溫和ᄒᆞ야茶의產出이支那第一이라稱ᄒᆞ며福州府ᄂᆞᆫ南部의大都會러라(貿易港에詳示)

廣東省은百越이라稱ᄒᆞ니人質이狡猾ᄒᆞ고商賈에長ᄒᆞ야天下를跋涉ᄒᆞᆷ이支那中第一이오瀕海地에ᄂᆞᆫ良港이多ᄒᆞ야古來브터外人과交易이盛行ᄒᆞ고珠江口에葡領澳門島가有ᄒᆞ더라

廣西省은廣東과共히兩廣이라稱ᄒᆞ니地域은廣大ᄒᆞ나住民이太半은愚劣ᄒᆞ야、오작財物을重視ᄒᆞ고氣候가甚惡ᄒᆞ야瘴氣가多ᄒᆞ더라

雲南省은支那極西의一省이오安南、緬甸과接境ᄒᆞ니即古時의三蜀又滇國이라氣候ᄂᆞᆫ寒暑가共히酷烈ᄒᆞ고風俗은朴直ᄒᆞ더라

東三省은總히滿州라니淸朝에서本部에屬ᄒᆞ니其內에盛京省(奉天省)은渤海에瀕ᄒᆞ고淸國宗廟地라日、淸戰爭時에日兵이其東南大部를占領ᄒᆞ고渤海에突出ᄒᆞᆫ

遼東半島ᄂᆞᆫ馬關條約을因ᄒᆞ야暫時日本에割與ᄒᆞ얏고吉林省은盛京의北에在ᄒᆞ니黑龍江의支流되ᄂᆞᆫ松花江流域을占領ᄒᆞ고黑龍江省은吉林의北에在ᄒᆞ니本省은元來黑龍江을跨ᄒᆞ야北方에延及ᄒᆞ얏더니向年에江外의地ᄂᆞᆫ露西亞에割與ᄒᆞ니此ᄂᆞᆫ伊犁地方의衅端을弭息케ᄒᆞᆷ이러라(滿州에詳示)

○貿易港　支那의開港場은沿海及大江畔에二十四港이有ᄒᆞ니其內에日本과貿易ᄒᆞᄂᆞᆫ港口ᄂᆞᆫ天津、牛莊、芝罘、鎭江、九江、漢口、上海、寧波、福州、厦門、汕頭、廣東、淡水、安平、瓊州凡十五港이오此外九港卽蕪湖、宜昌、基隆、打狗、北海、龍州、蒙自、九龍、温州ᄂᆞᆫ歐、米의게互市ᄅᆞᆯ許ᄒᆞ얏더니甲午日、淸戰爭後에日本으로、ᄒᆞ야곰歐、米諸國과同히各港을開케ᄒᆞ고、또重慶、沙市、蘇州、杭州四港을新開ᄒᆞ고以上의基隆、淡水、安平、打狗凡四港은日本版圖에入ᄒᆞᆫ故로支那의現今開港場은總히二十四港이러라

開港場內에盛大ᄒᆞᆫ處ᄂᆞᆫ上海라楊子江、海口로逆流ᄒᆞ기四十八浬에吳淞江이有ᄒᆞ고此로브터又十二浬ᄅᆞᆯ上ᄒᆞ면卽上海니(又云申口、滬口)人口가五十萬이오支那貿易의主場이니絹及茶ᄅᆞᆯ輸出ᄒᆞ더라

楊子江沿岸에ᄂᆞᆫ鎭江、蕪湖、九江、漢口、沙市、宜昌、重慶의各港이有ᄒᆞ고其中漢口ᄂᆞᆫ江畔의第一繁盛ᄒᆞᆫ處오位置ᄂᆞᆫ海口로브터六百三十浬上流에在ᄒᆞ니人口ᄂᆞᆫ六十萬이오茶의輸出이盛ᄒᆞ며水路ᄂᆞᆫ四川、貴州、雲南을通ᄒᆞᆫ故로將來에繁盛ᄒᆞᆯ企望이有ᄒᆞ고　天津港은白河口에在ᄒᆞ니帝京의門口오此로브터八十浬ᄅᆞᆯ逆流ᄒᆞ면北京이오人口ᄂᆞᆫ凡九十五萬이오首部의咽喉되ᄂᆞᆫ白河口에ᄂᆞᆫ大沽要港이有ᄒᆞ고福州港은一名은榕城이니人口ᄂᆞᆫ五十萬이오福建省의首都라其港이閩江北岸에在ᄒᆞ니福建艦隊(或云南洋艦隊)의碇泊處오灣口에馬尾灣은佛國과戰爭時에支那軍艦九隻이佛國水雷艇에觸ᄒᆞ야破碎ᄒᆞ던處오　廣東은人口가百二十萬이오位置ᄂᆞᆫ珠江口로브터八十二浬上流에在ᄒᆞ니南部貿易의主場이오支那中에上海의之次가될지라貿易이盛大ᄒᆞ니古代에ᄂᆞᆫ羅馬와交通ᄒᆞ고爾來로外交의要衝이오珠江에ᄂᆞᆫ大小船四萬艘ᄅᆞᆯ浮ᄒᆞ야三十萬人의船居(船中에셔長時居生ᄒᆞᄂᆞᆫ人이라)住民이有ᄒᆞ고芝罘ᄂᆞᆫ山東岬北岸에在ᄒᆞ니其東에威海衛軍港이有ᄒᆞ야對岸ᄒᆞᆫ旅順口와共히渤海의門戶라稱ᄒᆞ고日、淸戰爭時에旅順口가陷沒ᄒᆞ니北洋艦隊가本港을扼守ᄒᆞ얏다가畢竟日本軍의게敗ᄒᆞ고提督丁汝昌은劉公島에셔自殺ᄒᆞ니自此로北洋艦隊가盡

設ᄒᆞ고本港은償金擔保ᄒᆞᆫ者로日本守備隊를置ᄒᆞ얏ᄂᆞᆫ地러라
新開港은重慶府ᄂᆞᆫ揚子江上流約一千浬에在ᄒᆞ니四川省의大都會오汽船이此에溯上ᄒᆞ고四川의百貨가輻湊ᄒᆞᄂᆞᆫ地라故로英人이頻頻히此에開港코자ᄒᆞ더니只今은日本을因ᄒᆞ야此를開ᄒᆞ얏고沙市ᄂᆞᆫ一名은沙頭오揚子江、中流左岸에在ᄒᆞ니海口에서五百五十浬오宜昌과漢口兩港間에在ᄒᆞ야上下ᄒᆞᄂᆞᆫ船舶이輻湊ᄒᆞ니材木과茶의萃集ᄒᆞᄂᆞᆫ處오　蘇州ᄂᆞᆫ江蘇省의首府니人口가一百萬이오西湖를控ᄒᆞ야山水가秀麗ᄒᆞᆫ間에在ᄒᆞ며水運이極便ᄒᆞ고溝渠가縱橫ᄒᆞ야古人이云ᄒᆞ되綠波ᄂᆞᆫ東西南北의水오紅欄은三百九十橋라ᄒᆞ니其佳景을可知오上海를距ᄒᆞ기百五六十里오運河를因ᄒᆞ야北支那地方과通ᄒᆞ고支那中原의豐産地를控ᄒᆞ며茶ᄂᆞᆫ支那中에本省이第一이오、또蠶絲、穀物이豐饒ᄒᆞ고此地ᄂᆞᆫ吳國古都니其城門은伍子胥가眼을懸ᄒᆞ던處오府外에楓橋가有ᄒᆞ고姑蘇臺、寒山寺가尙存ᄒᆞ며
杭州府ᄂᆞᆫ浙江省의首府오蘇州府의南三百里에在ᄒᆞ니大運河의起點이오運河를從ᄒᆞ야兩府間에往來ᄒᆞᄂᆞᆫ船舶이甚繁ᄒᆞ고此府ᄂᆞᆫ茶의生産地를控ᄒᆞᆫ故로龍茶의名이甚著ᄒᆞ고其外江畔의物貨가總히本府에集ᄒᆞ며又此地ᄂᆞᆫ錢塘、臨安의地라古蹟이不少ᄒᆞ더라
英領香港은蕞爾孤島라然이나東西에往來ᄒᆞᄂᆞᆫ船舶이必由ᄒᆞᄂᆞᆫ處러니英人이占領ᄒᆞᆫ後에自由港이라稱ᄒᆞ야關稅를不收ᄒᆞ니自此로其繁榮ᄒᆞᆷ이他港을壓倒ᄒᆞ야東洋第一이되더라
○貿易　支那ᄂᆞᆫ世界富國이라故로歐、米人의通商貿易이年年增加ᄒᆞ고其貿易諸港도漸次繁榮ᄒᆞ야輸出入의額이每年에一億三千兩에不下ᄒᆞ며各國中에貿易이最盛ᄒᆞᆫ者ᄂᆞᆫ英國이오其次ᄂᆞᆫ米國、日本及露國이오淸國에輸入ᄒᆞᄂᆞᆫ多額品은綿類(四千五百萬兩)가第一이오其次ᄂᆞᆫ阿片(三千萬兩)이오其他ᄂᆞᆫ金屬과毛類오日本에서輸入ᄒᆞᄂᆞᆫ것은海産物과銅이오又輸出의多額은生絲及絹類(三千一百萬兩)가第一이오茶(二千七百萬兩)가其次오砂糖、穀物、紙가、또其次가되니其中綿類、砂糖은日本으로輸出ᄒᆞᆷ이最多ᄒᆞ더라
○住民　本部의人口ᄂᆞᆫ約三億八千六百萬이오東三省에五百二十四萬이오此外에、또外藩人一千五百八十四萬을加ᄒᆞ면全版圖의總人口가四億七百二十萬이니人口의繁多ᄒᆞᆷ이世界人口全數의四分一이오本部ᄂᆞᆫ住民이稠密ᄒᆞ야一方哩에三百零

七人式이오此人民은黃色種이니即蒙古種이라如此히一種族이一地方에羣聚ᄒᆞ기ᄂᆞᆫ世界에比ᄒᆞᆯ者ㅣ無ᄒᆞ고其數ᄂᆞᆫ各地에散在ᄒᆞᆫ白皙人種의全數와近似ᄒᆞ더라

全版圖의種族은自然히數種에分ᄒᆞ고本部에도凡四種이有ᄒᆞ니(一)苗人이라稱ᄒᆞᄂᆞᆫ것은太古에中原을領ᄒᆞᆫ種族이러니只今은西部山中에僻居ᄒᆞ고(二)漢人은苗人을代ᄒᆞ야中原에셔發達ᄒᆞ니支那人中에最多ᄒᆞᆫ者오歷史上興廢ᄂᆞᆫ此種의競爭을因ᄒᆞ야英雄이蹶出ᄒᆞ고政權을掌執ᄒᆞ고文華ᄅᆞᆯ發達케ᄒᆞ며(三)滿州人은元來長城以外에住ᄒᆞ야匈奴突厥이라稱ᄒᆞ니性質이慓悍ᄒᆞ야南方을屢犯ᄒᆞᄂᆞᆫ故로秦始皇이防備코자ᄒᆞ야世界偉觀되ᄂᆞᆫ長城을築ᄒᆞ얏스나畢竟漢人을壓倒ᄒᆞ고政權을握ᄒᆞ더니其後에勢力이漸熾ᄒᆞ야現今淸朝도此種에셔出ᄒᆞ야此後로此種이本部에盛大ᄒᆞ고(四)回回敎人은元來西韃靼地方의種이니唐朝時에移來ᄒᆞ야回敎ᄅᆞᆯ奉ᄒᆞ고其他越地方에ᄂᆞᆫ諸種의獠猺土蠻이有ᄒᆞ며外藩에ᄂᆞᆫ韃靼人、西藏人의別이有ᄒᆞ더라

此等人民은其言語、文學、風習이元來不同ᄒᆞ야本部에ᄂᆞᆫ文字가略同ᄒᆞ나言語에區別이有ᄒᆞ야北支那와南支那가言語ᄅᆞᆯ相通치못ᄒᆞᆯ뿐、아니라甚至於各省이各各殊異ᄒᆞ니如此ᄒᆞᆫ國民은其團結이鞏固치、못ᄒᆞ야恒常分離ᄒᆞᄂᆞᆫ勢가有ᄒᆞ더라

人情은溫和節儉ᄒᆞ야苦楚ᄅᆞᆯ能堪ᄒᆞ고理財에能ᄒᆞ며地方으로言ᄒᆞ면中央支那ᄂᆞᆫ古代의風으로舊習을墨守ᄒᆞ고進取ᄒᆞᆯ氣力이乏少ᄒᆞ며優柔自在ᄒᆞ야、다만詩文을弄ᄒᆞ야、閑雅ᄒᆞᆫ風이有ᄒᆞ니此ᄂᆞᆫ全혀漢人이오南支那ᄂᆞᆫ稍히勇敢ᄒᆞᆫ氣가有ᄒᆞ야性質이慓悍ᄒᆞ고廣東은昔時브터開港場이라故로外情을通ᄒᆞᆫ者ㅣ多ᄒᆞ야頑固의習이小ᄒᆞ며福建人은堅忍持重ᄒᆞᄂᆞᆫ心이薄ᄒᆞ야輕躁ᄅᆞᆯ不免ᄒᆞ고北支那人은朴直粗野ᄒᆞ야勢力에忍耐ᄒᆞᆷ과文學을好ᄒᆞᆷ은南中兩部人보다一步ᄅᆞᆯ讓ᄒᆞ나間間히弘謀宏慮ᄅᆞᆯ抱ᄒᆞᆫ者ㅣ有ᄒᆞ고山西人은商賈에長ᄒᆞ야行商이多ᄒᆞ고山東은特別이質樸ᄒᆞᆫ性品이有ᄒᆞ더라

風俗은滿州人이政權을握ᄒᆞᆫ後로브터男子ᄂᆞᆫ總히辮髮을垂ᄒᆞ고滿州服을着케ᄒᆞ며、또衣服을變ᄒᆞᆷ은國法中最重ᄒᆞᆫ律이라萬一此ᄅᆞᆯ犯ᄒᆞ면、곳風俗을紊亂ᄒᆞᆫ다稱ᄒᆞ고至於國家土地의如何ᄒᆞᆷ은顧念ᄒᆞᄂᆞᆫ者ㅣ小ᄒᆞ며女子ᄂᆞᆫ內房에閉居ᄒᆞ야出入지、못ᄒᆞ고又足을纏ᄒᆞ야小케ᄒᆞᆷ이尊貴ᄒᆞ다、ᄒᆞ야其弊風이千餘年이、되도록尙存ᄒᆞ며鴉片烟의弊ᄂᆞᆫ全國에遍及ᄒᆞ야禁遏지、못ᄒᆞ고其費用이年年이增大ᄒᆞ더라

宗敎心은甚히冷淡ᄒᆞ야現今多數ᄂᆞᆫ孔子의道德을主ᄒᆞᆫ다稱ᄒᆞ나其實은踐行ᄒᆞᄂᆞᆫ者

가小ᄒᆞ고、ᄯᅩ彼等이名教를守ᄒᆞ야禮讓을尊ᄒᆞᆫ다稱ᄒᆞ나官吏ᄂᆞᆫ賄賂를貪ᄒᆞ고官職에不勤ᄒᆞ며工商은邪利로他를欺瞞ᄒᆞ야、全國中、太半이나廉恥가倒敗ᄒᆞ고義理가全無ᄒᆞ되、오히려孔子廟ᄂᆞᆫ處處에建築ᄒᆞ고國家에서ᄂᆞᆫ春秋로祭祀ᄒᆞ며佛教ᄂᆞᆫ南支那에稍行ᄒᆞ고西藏에最盛ᄒᆞ며回回教ᄂᆞᆫ回教人中에行ᄒᆞ고基督教ᄂᆞᆫ近來브터漸漸信奉ᄒᆞᄂᆞᆫ者가多ᄒᆞ나教徒를凌虐ᄒᆞ야楊子江畔에暴擧가多ᄒᆞ더라

○政治　國體ᄂᆞᆫ獨立帝國이오政體ᄂᆞᆫ君主專制니皇帝ᄂᆞᆫ無限ᄒᆞᆫ權으로其願欲을隨ᄒᆞ야全國에行ᄒᆞᄂᆞᆫ故로國政上의結果ᄂᆞᆫ皇帝의責任이、되고內閣諸大臣은關係가無ᄒᆞᆷ과如ᄒᆞ나其法律은其國의大淸會典을採用ᄒᆞ야國政은感族의責任이오又各政務官은官憲이有ᄒᆞ야各責任을規定ᄒᆞ니其責任은各其主務上의罪過뿐、아니라其部下官吏의罪過라도其責을不免ᄒᆞ고特히天災、地變의旱魃、水害等도其責任을擔當ᄒᆞᆫ者도有ᄒᆞ고萬若將帥가、되야敵의게敗ᄒᆞ거나或使節로君命을辱게ᄒᆞᄂᆞᆫ者ᄂᆞᆫ嚴罰이有ᄒᆞ니其罰은即自殺이러라

內閣은勅令、閣令等貴重ᄒᆞᆫ法律을發ᄒᆞᄂᆞᆫ處니官員은滿洲人과漢人이參半ᄒᆞ야組織ᄒᆞ되其數ᄂᆞᆫ四大臣과二協辦과、밋大學士오內閣外에參議院은皇帝를輔佐ᄒᆞ야政務를監督ᄒᆞ고官吏를黜陟ᄒᆞ며其組織은議員으로、써成ᄒᆞ니親王、大學士와七部長官及次官이러라

政務를執行ᄒᆞᄂᆞᆫ首部ᄂᆞᆫ七部가有ᄒᆞ니即戶部、禮部、吏部、兵部、刑部、工部、海部오其長官은二人이有ᄒᆞ야稱曰尙書라ᄒᆞ니滿、漢各一人이오次官六人은侍郞이라稱ᄒᆞ니滿、漢各三人이오外國에關ᄒᆞᆫ事務ᄂᆞᆫ掌ᄒᆞᄂᆞᆫ處ᄂᆞᆫ總理衙門이니長官은親王이오其下에六大臣은滿、漢各三人이오其他、小部局이甚多ᄒᆞ고現今、淸國皇帝ᄂᆞᆫ慈禧太后(即西太后)의妹婿醇親王의長子니二十七年前(乙亥)五歲時에即位ᄒᆞ니即淸朝第九世皇帝오親王家ᄂᆞᆫ八貝勒이라稱ᄒᆞ니淸朝가創業ᄒᆞᆯ時에其中勳勞가有ᄒᆞᆫ者로、ᄒᆞ야곰爵位를世襲케、ᄒᆞ니凡八家라此를歷代親王이라稱ᄒᆞ야政治上權力이有ᄒᆞ더라

○地方政　本部의施政區域은十八省을四百十州에分ᄒᆞ고、ᄯᅩ更히一千二百八十五縣에分ᄒᆞ야府의大ᄒᆞᆫ者ᄂᆞᆫ別로히一施政區를設ᄒᆞ고鎭은即兵備가有ᄒᆞᆫ處를稱ᄒᆞᆷ이오縣은施政區의最小ᄒᆞᆫ者오(前表에詳示ᄒᆞ니라)知縣、知州、知府等各地方官이有ᄒᆞ고各省의施政은巡撫가專任ᄒᆞ고其二省의政務를掌ᄒᆞᆫ者를總督이라稱ᄒᆞ며地

方長官은行政、司法의二權을執ᄒᆞ야人民의게非常ᄒᆞᆫ勢力이有ᄒᆞ더라

○兵制　支那의兵事ᄂᆞᆫ兵部、海部가監督ᄒᆞ고其中、特別히軍機에參與ᄒᆞᄂᆞᆫ最高官은軍機大臣이니每樣、親王으로、써組織ᄒᆞ고淸朝ᄂᆞᆫ愛新覺羅氏가二百餘年前에明을代ᄒᆞ야全國을統一ᄒᆞᆫ故로兵要樞機ᄂᆞᆫ滿人을多用ᄒᆞ야漢人을關與ᄒᆞ더라

陸軍은八旗兵及綠旗兵이니八旗兵은旗色을因ᄒᆞ야第一로브터第八에分ᄒᆞ니旗色의第一은黃、第二ᄂᆞᆫ紅縚ᄒᆞᆫ黃、第三은白、第四ᄂᆞᆫ紅縚ᄒᆞᆫ白、第五ᄂᆞᆫ紅、第六은白縚ᄒᆞᆫ紅、第七은青、第八은紅縚ᄒᆞᆫ青이니第一로브터第三旗ᄭᆞ지ᄂᆞᆫ滿洲人을用ᄒᆞ야此ᄅᆞᆯ上兵이라稱ᄒᆞ고第四旗以下ᄂᆞᆫ蒙古、韃靼人이니此ᄅᆞᆯ下兵이라云ᄒᆞ니以上의總數ᄂᆞᆫ二十萬三千名內에現役兵은一萬三千이오練勇兵은四萬二千人이오各旗에ᄂᆞᆫ將帥各二人이有ᄒᆞ니八旗ᄅᆞᆯ合ᄒᆞ야二十四名이라上兵은帝闕、帝宮의護衛及十八省中의要塞ᄅᆞᆯ守ᄒᆞ고五百人으로써一營이라稱ᄒᆞ며綠旗兵은支那의國民軍이오十八省中에셔募集ᄒᆞ니其數ᄂᆞᆫ九十五萬이라稱ᄒᆞ나兵器가不備ᄒᆞ고又平時ᄂᆞᆫ土工에從事ᄒᆞ야正兵이아닌故로其中으로更히練軍을選拔ᄒᆞ야訓練ᄒᆞ고新式銃을持ᄒᆞᆫ者若干이有ᄒᆞ며近今은武器ᄅᆞᆯ購入ᄒᆞᆫ故로자못銳利ᄒᆞᆫ銃이有ᄒᆞ야日淸戰爭時에ᄂᆞᆫ練勇兵及各種練軍이精妙ᄒᆞᆫ銃砲ᄅᆞᆯ持ᄒᆞ얏고海軍은全國의海防幹線을大別ᄒᆞ야北洋、南洋에分ᄒᆞ니北洋은年前에其艦隊ᄅᆞᆯ編制ᄒᆞ야渤海灣口의太沽及旅順口(遼東)威海衛(山東)의三港으로軍港을定ᄒᆞ며又定遠、鎭遠以下十八艘ᄅᆞᆯ北洋艦隊로定ᄒᆞ야渤海灣을守備ᄒᆞ더니日、淸戰爭時에日本艦隊의게擊沈과捕獲ᄒᆞᆫ빈、되고南洋은山東岬以南을總稱ᄒᆞᆷ이오其兵艦은堅利치、못ᄒᆞ나曩者에南洋、福建、廣東三艦隊ᄅᆞᆯ編制、ᄒᆞ얏더니日、淸戰爭時에、任ᄒᆞᆫ沈滅ᄒᆞ야只今은戰鬪力이乏小ᄒᆞᆫ數隻뿐이오又海岸防禦에ᄂᆞᆫ二十餘處에砲臺ᄅᆞᆯ築ᄒᆞ고巨砲ᄅᆞᆯ備ᄒᆞ얏스나支那海軍의進步가尙遲ᄒᆞ야外國防禦가不足ᄒᆞ더라

○交通　支那ᄂᆞᆫ土地가低平ᄒᆞᆫ故로交通事業은上古브터發達ᄒᆞ야驛傳ᄒᆞᄂᆞᆫ制度가久行ᄒᆞ며又黃河及揚子江은共히一萬里以上에流ᄒᆞ고其支流가縱橫ᄒᆞ되、오히려不足ᄒᆞ야處處에運河ᄅᆞᆯ鑿ᄒᆞᆫ故로水路가四通ᄒᆞ야運輸가自在ᄒᆞ며又家畜의繁殖에適當ᄒᆞᆫ故로馬、牛、騾、驢等을用ᄒᆞ야陸路의交通이便利ᄒᆞᆫ지라如此히交通이發達ᄒᆞᆫ지數千年이로되其後ᄂᆞᆫ進步치、아니ᄒᆞ고文明의利器되ᄂᆞᆫ鐵道ᄂᆞᆫ向者英人이上海、吳淞間十二哩(大皇帝十三年丙子西曆紀元千八百七十六年)ᄅᆞᆯ敷設ᄒᆞ얏더니

當時에國論이鐵道는亡國ᄒᆞᆫ다ᄒᆞ야政府가此를買收、撤去ᄒᆞ얏더니其後에鐵道論이漸漸興起ᄒᆞ야現今敷設ᄒᆞᆫ處는、오직天津으로、브터唐山을經ᄒᆞ야山海關(直隸)에至ᄒᆞᆯ뿐이오又山海關으로、브터延長ᄒᆞ야奉天府에達ᄒᆞᆫ것과中原鐵道라稱ᄒᆞ는(卽北京으로、브터山西、陝西、湖南의各省을經ᄒᆞ야湖北省의楊子江岸武昌府에達ᄒᆞᆫ者라)線路는經營ᄒᆞᆫ지已久ᄒᆞ되至今ᄭᆞ지實行치、못ᄒᆞ더라

電信線의延長은、자못進步ᄒᆞ야全國重要ᄒᆞᆫ都府에皆有ᄒᆞ고

郵便은完全치、못ᄒᆞ야古代ᄒᆞ든法을不改ᄒᆞ니卽各州縣에數處驛站과驛馬를設ᄒᆞ야政府와地方官의公文을傳遞ᄒᆞ고此外人民의書信은發送치、아니ᄒᆞ는故로別로히私立會社가有ᄒᆞ야信局을設ᄒᆞ고人民의書信을發送ᄒᆞ되其法이不善ᄒᆞ야書信이到着지못ᄒᆞ고、또銀封登記等의物類도盜賊의게被奪ᄒᆞ는者ㅣ不少ᄒᆞ더라

海運에는官設ᄒᆞᆫ招商局이有ᄒᆞ야汽船二十六艘로支那沿海及安南과東京間을往來ᄒᆞ고又私設ᄒᆞᆫ汽船會社는印度支那汽船會社、太沽洋行、禪臣洋行等이有ᄒᆞ야沿海를航行ᄒᆞ고又麥邊洋行은楊子江을往復ᄒᆞ는汽船會社러라

外藩

滿州(面積六十萬七千四百方里人口約一千二百萬)

滿州는現今淸朝基業地니本部의北部長城以外에在ᄒᆞ니興安嶺이其西에限ᄒᆞ고北은黑龍江으로ᄡᅥ露領西伯利와隣ᄒᆞ야江外의地는淸領이러니向者露國의게割與ᄒᆞ얏고松花江은州의中央을橫ᄒᆞ야東北으로流ᄒᆞ야黑龍江과合ᄒᆞ는巨流오江畔은土地가肥沃ᄒᆞ고烏蘇江은興凱湖로브터發ᄒᆞ야此로ᄡᅥ露領과接境ᄒᆞ얏더라

州의北方은山林이富ᄒᆞ고野獸가多ᄒᆞ며西部에는牧畜이多ᄒᆞ고松花江畔에는多小農產이有ᄒᆞ고　氣候는南部는稍히平和ᄒᆞ나北部는寒氣가甚ᄒᆞ야八月에霜結、草枯ᄒᆞ며十月로브터翌年四月ᄭᆞ지는土地가氷堅ᄒᆞ고人種은體格이稍大ᄒᆞ고風俗은慓悍ᄒᆞ야戰爭에閑鍊ᄒᆞᆫ故로古時에는「北方之强」이라稱ᄒᆞ야本部人이恐懼ᄒᆞ든種族이러니二百餘年前、淸朝를建立ᄒᆞᆫ後로人民이本部에流入ᄒᆞᆫ者ㅣ多ᄒᆞ고昔時勇悍ᄒᆞᆫ風은無ᄒᆞ더라

域內三省中에盛京省은渤海를臨ᄒᆞ야遼東角이突出ᄒᆞ야遼東灣을抱ᄒᆞ고山角의端은旅順口의軍港이니其砲臺는山東角의威海衛砲臺와相對ᄒᆞ며此砲臺가甚히堅固ᄒᆞ더니日、淸戰爭後에其港을俄人의게借與ᄒᆞ얏고本省中、主都는奉天府라平野間

ᄅᆞᆯ據ᄒᆞ야南은琿河ᄅᆞᆯ帶ᄒᆞ고其西百里에ᄂᆞᆫ隆業山이有ᄒᆞ고東二百里에ᄂᆞᆫ天柱山이有ᄒᆞ며北京은東北으로二千四百六十五里에在ᄒᆞ니此府ᄂᆞᆫ滿州淸朝基業府오滿州君主의累代墳墓地라故로現朝ᄂᆞᆫ甚히此ᄅᆞᆯ尊奉ᄒᆞ며又其守備가堅固ᄒᆞ고　吉林省의主都ᄂᆞᆫ吉林烏剌라云ᄒᆞ니其位置ᄂᆞᆫ松花江畔에在ᄒᆞ고　黑龍江省의主都ᄂᆞᆫ齊齊哈爾라云ᄒᆞ더라

蒙古(面積二百十六萬一千方里人口約二百萬)

蒙古ᄂᆞᆫ本部의北과興安嶺西에在ᄒᆞᆫ廣大ᄒᆞᆫ土地니北은阿爾泰山으로西伯利에境ᄒᆞ고西ᄂᆞᆫ伊犂地方에接ᄒᆞ니地勢ᄂᆞᆫ統이高臺에屬ᄒᆞ야三千尺으로四千尺에至ᄒᆞ고其中에有名ᄒᆞᆫ戈壁(又沙蒙)大沙漠이有ᄒᆞ니長이八千三百里오廣은二千里라其麓으로、브터數大河ᄅᆞᆯ發ᄒᆞ고此地ᄂᆞᆫ實로亞細亞氣候의特性을發生ᄒᆞᄂᆞᆫ本源이라寒暑가懸隔ᄒᆞ야冬間은甚寒ᄒᆞ니其寒風이四處의溫度ᄅᆞᆯ奪ᄒᆞ고又暑中은炎熱의中心이、되야其沙中은行步키難ᄒᆞ며四月頃은狂風이屢起ᄒᆞ야細沙ᄅᆞᆯ捲ᄒᆞ야陵谷이忽然이變處ᄒᆞᄂᆞᆫ事가有ᄒᆞᆫ故로流沙의名이有ᄒᆞ고此間에漂流ᄒᆞᄂᆞᆫ民種은蒙古種이라其民이馬ᄅᆞᆯ愛ᄒᆞ고恒常水草ᄅᆞᆯ逐ᄒᆞ야移轉ᄒᆞ고張幕으로ᄡᅥ家屋을定ᄒᆞ고掠奪로爲業

ᄒᆞ야匪賊이蜂起ᄒᆞᄂᆞᆫ故로淸朝도統御치、못ᄒᆞ며主都ᄂᆞᆫ庫倫이니世連河와支流에在ᄒᆞ고此流ᄅᆞᆯ下ᄒᆞ면露境에賣買城이有ᄒᆞ니其城은名과如ᄒᆞ야露人과貿易ᄒᆞᄂᆞᆫ場이라駱駝隊ᄅᆞᆯ組織ᄒᆞ야沙漠을橫切ᄒᆞ야茶及南方產物로ᄡᅥ露產의獸皮、毛布、洋木과交換ᄒᆞ더라

韃靼(面積九十七萬三千方里人口約百十八萬)

韃靼은蒙古西에隣ᄒᆞᆫ廣漠ᄒᆞᆫ地方이니南은印度及西藏高地에限ᄒᆞ고北은阿爾泰山을因ᄒᆞ야露領에接ᄒᆞᆫ高地라天山脈이西東에亘ᄒᆞ야地形을兩分ᄒᆞ니南은天山南路(又云回疆)라稱ᄒᆞ고北은天山北路(又云新疆、伊犂)라稱ᄒᆞᄂᆞ니라

天山南路의谷間은處處에肥沃ᄒᆞᆫ地가有ᄒᆞ고又支那로브터西部에通ᄒᆞᆫ要路라故로其一部ᄂᆞᆫ特히此ᄅᆞᆯ甘肅省에屬ᄒᆞ고印度西北部에通ᄒᆞᆫ貿易路ᄂᆞᆫ數條가有ᄒᆞ나恒常往來ᄒᆞᄂᆞᆫ者ᄂᆞᆫ此地의(카라검山一萬八千五百五十尺)을越ᄒᆞ며天山北路ᄂᆞᆫ阿爾泰山、天山谷에在ᄒᆞ니古時에ᄂᆞᆫ一王國을成ᄒᆞ얏더니距今百三十餘年前에淸國의屬地가、되얏고此地에ᄂᆞᆫ湖水가多ᄒᆞ고伊犂川이其中間을流ᄒᆞ니首都ᄂᆞᆫ伊犂오肥沃ᄒᆞᆫ高原이中央에在ᄒᆞ야露領과接ᄒᆞᆫ故로頻頻히事變이有ᄒᆞ더니二十四五年前에

露人의占領이、되얏더니一千八百八十一年(大皇帝十八年辛巳)의條約을因ᄒᆞ야清國에歸ᄒᆞ얏스나土匪가屢起ᄒᆞᄂᆞᆫ故로清國이統轄치못ᄒᆞ며伊犁河ᄂᆞᆫ露領에入ᄒᆞᄂᆞᆫ要路오又茶를西方에輸運ᄒᆞᄂᆞᆫ貿易路러라

西藏(面積百九萬方里人口約六百萬)

西藏은(히말나야)山北과崑崙山南의世界第一되ᄂᆞᆫ高陸이니土地의平均高度ᄂᆞᆫ一萬五千尺이오又高山이此上에聳ᄒᆞᆫ故로道路가甚小ᄒᆞ야古來브터此地의狀況을探得ᄒᆞᆫ者가稀少ᄒᆞ며境域이甚廣ᄒᆞ나人口ᄂᆞᆫ六百萬이오高原四方에ᄂᆞᆫ雜草가多ᄒᆞ고中央에ᄂᆞᆫ大湖가有ᄒᆞ니土人이此를神湖라稱ᄒᆞ고詣謁ᄒᆞᄂᆞᆫ者ㅣ多ᄒᆞ며其湖面은海拔(海拔은海보다高ᄒᆞ다ᄒᆞᆷ이라)이一萬五千百九十尺이오冬間은湖水가氷堅ᄒᆞ고、또東部에青海가有ᄒᆞ며氣候ᄂᆞᆫ雨量이少ᄒᆞ야、오작七八月間에些小ᄒᆞᆫ降雨가有ᄒᆞ며原野에ᄂᆞᆫ羚羊、驢、犛牛가有ᄒᆞ고山에ᄂᆞᆫ黃金이有ᄒᆞ며　地形의最著ᄒᆞᆫ者ᄂᆞᆫ印度河와恒河와(부라마푸트라)河의水源이니此兩河가如此ᄒᆞᆫ高地에서發ᄒᆞ야遠히印度에落ᄒᆞ고其他諸大河의發源이多ᄒᆞ며首都ᄂᆞᆫ剌薩이라云ᄒᆞ니此地ᄂᆞᆫ(라마)敎의高僧(다라이라마)及(라쏀라마)의居ᄒᆞᆫ處니此僧은古來로政權을掌握ᄒᆞ야威勢가盛大

ᄒᆞᆫ者오寺院이多ᄒᆞ야僧侶가甚衆ᄒᆞ고政權은雖然清國으로、브터派遣ᄒᆞᄂᆞᆫ駐藏將軍이總執ᄒᆞ고交易은印度河道를因ᄒᆞ야(히말나야)山兩方에通ᄒᆞ야歐洲產과本土產物中砂金、馬、驢、麝香等과交換ᄒᆞᄂᆞ니라

○沿革時事　支那가邦制를始成ᄒᆞᆷ은大凡四千年前이니其後로文物과工藝가漸次進步ᄒᆞ야當時印度와埃及과共히世界의三大開國이、되야其附近諸邦에文化의種子를分播ᄒᆞᆷ이不小ᄒᆞ더니秦時代에至ᄒᆞ야英雄이라稱ᄒᆞᄂᆞᆫ始皇이出ᄒᆞ야四方을征服ᄒᆞ야其版圖를擴張ᄒᆞᆫ故로現今如此ᄒᆞᆫ大版圖ᄂᆞᆫ大槪其遺業이오又始皇이內國事務에勉勵ᄒᆞᆯᄲᅮᆫ、아니라外國에交通을經營ᄒᆞᆫ故로此後로브터西洋에도其名이顯著ᄒᆞ며(西洋人이此國을최이나라呼ᄒᆞᆷ은元來秦의訛傳이라ᄂᆞᆫ說이有ᄒᆞ더라)東漢時代에ᄂᆞᆫ羅馬와使節이往來ᄒᆞ고、또日本도隋唐에至ᄒᆞ야ᄂᆞᆫ交通이繁殖ᄒᆞ야日本의文物이此國의制度를仰ᄒᆞᆷ이多ᄒᆞ더라

元代에至ᄒᆞ야ᄂᆞᆫ成吉思汗과忽必烈等豪傑이輩出ᄒᆞ야歐洲及亞細亞를蹂躙ᄒᆞ니自此로歐洲間交通도漸次繁殖ᄒᆞ며又(베니스)人(마르코포로)가此時에、비로소此國에航來ᄒᆞ야忽必烈의知遇를受ᄒᆞ고歸去ᄒᆞᆫ後에支那紀行을著述ᄒᆞ야此國의風土

、事情을歐洲에播傳ᄒᆞ야世界先進國이라稱ᄒᆞ더라

明時(西曆一千五百二十二年中宗十七年壬午)에至ᄒᆞ야葡萄牙人이寧波에서互市를開ᄒᆞ니此ᄂᆞᆫ支那開港의濫觴이러니未幾에土民의斥攘ᄒᆞᆫ비ㆍ되얏다가同五十五年(明宗十年乙卯)에澳門島(今葡領)에入ᄒᆞ야互市ᄒᆞ고其次에西班牙、和蘭人이葡人의前例를因ᄒᆞ야廣東及廈門에互市塲을開ᄒᆞ고 明末(一千六百三十七年仁祖十五年丁丑)에至ᄒᆞ야英人은東印度商社의貿易遠征隊를遣ᄒᆞ야支那沿岸을砲擊ᄒᆞ고、드ᄃᆡ여廣東砲臺를略取ᄒᆞᆫ後、廣東港에互市塲을勸開ᄒᆞ고自此로貿易事業이漸次盛大ᄒᆞ나其中에特히慘惡ᄒᆞᆫ者ᄂᆞᆫ鴉片의輸入이라淸政府가此를嚴禁ᄒᆞ나法令이不行ᄒᆞ야廈門、牛莊(英國互市塲)等外에도潛入ᄒᆞᄂᆞᆫ者ㅣ甚多ᄒᆞ고又英政府ᄂᆞᆫ東印度商會社外에또其他人民으로、ᄒᆞ야곰鴉片貿易을許施ᄒᆞᆫ故로輸入이一時에驟增ᄒᆞᄂᆞᆫ지라淸國政府ㅣ屢次英人의게告諭ᄒᆞ되不聽ᄒᆞ거ᄂᆞᆯ淸總督林則除ㅣ鴉片函을燒ᄒᆞ고英商을投獄ᄒᆞ니自此로鴉片戰爭이起ᄒᆞ야英兵은廣東、香港、廈門을陷ᄒᆞ고楊子江을逆流ᄒᆞ야江寧府에入ᄒᆞ거ᄂᆞᆯ淸廷이大恐ᄒᆞ야償金을出ᄒᆞ고香港을割與ᄒᆞ며又五港을開ᄒᆞ야講和ᄒᆞ니此가卽江寧條約이오一千八百五十七年(哲宗八年丁巳)에至ᄒᆞ야「아르로」號、捕拿事件이起ᄒᆞ야再次英國과戰端을開ᄒᆞ얏더니佛軍이英軍과同盟ᄒᆞ야太沽砲臺를陷ᄒᆞ고天津을占領ᄒᆞ고、드ᄃᆡ여北京에入ᄒᆞ니淸帝ㅣ熱河에避亂ᄒᆞ고再次償金을出ᄒᆞ고更히十港을開ᄒᆞ야講和ᄒᆞ니此ᄂᆞᆫ天津條約이라其後漸次開港ᄒᆞ야二十四港에至ᄒᆞ얏더라

當時淸國과條約ᄒᆞᆫ國의締盟ᄒᆞᆫ次序를擧ᄒᆞ면露西亞、英吉利、瑞典那威、合衆國、佛蘭西、獨逸、丁抹、和蘭、西班牙、白耳義、伊太利、墺地利、秘露、日本、巴西凡十六國이니其中貿易이最盛ᄒᆞᆫ國은英國及英領印度間이오其次ᄂᆞᆫ米、佛、獨、西、丁、和諸國이러라

日本帝國

日本은亞細亞洲東邊에在ᄒᆞ야太平洋西北部를據ᄒᆞ니全國의四面이다瀕海ᄒᆞ고五大島가有ᄒᆞ며其所屬ᄒᆞᆫ小島ᄂᆞᆫ凡二千餘니東은東經百五十六度三十二分(北海千島의占守島)으로從ᄒᆞ야西으로東經百十九度二十分(澎湖의花嶼)ᄭᆞ지至ᄒᆞ고南은北緯二十一度四十五分(臺灣의南岬)으로브터北으로北緯五十度五十六分(千島의阿賴度島)ᄭᆞ지至ᄒᆞ니其境界됨이東北은千島諸島가或斷或續ᄒᆞ야堪察加半

島(俄領)와相連ᄒᆞ고ᄯᅩ宗谷海峽을因ᄒᆞ야樺太島(俄領一名은薩哈嗹島)를對ᄒᆞ고西北은日本海를面ᄒᆞ야西伯利(俄領)의沿海洲와相望ᄒᆞ고西ᄂᆞᆫ朝鮮海를隔ᄒᆞ야朝鮮을對ᄒᆞ고西南은東海와臺灣海峽을因ᄒᆞ야支那와鄰ᄒᆞ고南은巴西海峽을隔ᄒᆞ야比律賓羣島를對ᄒᆞ고ᄯᅩ大洋을隔ᄒᆞ야濠洲諸島와相對ᄒᆞ고東은太平洋을面ᄒᆞ야美洲의北美合衆國과밋加奈陀(英領)와遙遙히相對ᄒᆞ니廣이大約一百八十里로三百六十里에至ᄒᆞ고長이七千五百里오面積은大約十六萬二千三百七十二方里오其島嶼의位置를因ᄒᆞ야十三部에分ᄒᆞ니

一 本州(畿內、東海道、東山道、北陸道、山陰道、山陽道)
二 北海道
三 九州(西海道)
四 臺灣諸島
五 四國(南海道)
六 千島諸島
七 琉球諸島
八 佐渡
九 對馬
十 淡路
十一 隱岐
十二 壹岐
十三 小笠原諸島

ᄯᅩ山川의形勢를因ᄒᆞ야畿內와八道와밋臺灣의十部를成ᄒᆞ니

一 畿內(五國)
二 東海道(十五國)
三 東山道(十三國)
四 北陸道(七國)
五 山陰道(八國)
六 山陽道(八國)
七 南海道(六國)
八 西海道(十二國)
九 北海道(十一國)
十 臺灣

○沿海 日本은地形이狹長ᄒᆞ야沿岸口岸과島嶼를勝數키難ᄒᆞ고其沿岸의路程을總計ᄒᆞ면四萬四千七百三十六里오

本州가太平洋沿岸에面ᄒᆞᆫ處ᄂᆞᆫ出入이甚히多ᄒᆞ고口岸이不一ᄒᆞ며北端에ᄂᆞᆫ青森灣이有ᄒᆞ고斗南과津輕二半島가其左右를扼ᄒᆞ며灣內에青森、大湊兩口岸이有ᄒᆞ고此로從ᄒᆞ야南의沿岸一帶ᄂᆞᆫ或出或入ᄒᆞ야其勢가踞齒와如ᄒᆞ고其間에宮古、釜石二口岸이有ᄒᆞ고다시南으로牡鹿半島가有ᄒᆞ야海中에斗出ᄒᆞ고其西ᄂᆞᆫ即仙臺灣이니灣內에荻濱、石卷兩口岸이有ᄒᆞ며北上川이ᄯᅩᄒᆞᆫ此灣에注入ᄒᆞ며自此以南은港灣이甚少ᄒᆞ고오작阿武隈川이海에注入ᄒᆞ고其西南으로常陸洋을過ᄒᆞ면房總半島

가有ᄒᆞ고西岸海水의灣入處ᄂᆞᆫ曰東京灣이니東京이其西北岸에在ᄒᆞ고橫濱、橫濱賀兩口岸이또ᄒᆞᆫ其間에在ᄒᆞ고다시西으로三浦、伊豆兩半島가有ᄒᆞ고其間은卽相模洋이오伊豆半島南角에ᄂᆞᆫ下田口岸이有ᄒᆞ고其西에ᄂᆞᆫ駿河灣이니灣內東北隅에淸水口岸이有ᄒᆞ고富士와大井二川이또ᄒᆞᆫ此灣에注入ᄒᆞ고自此로一帶ᄂᆞᆫ平直ᄒᆞ야灣港이無ᄒᆞ고오직天龍川이海에注入ᄒᆞ고遠江洋을過ᄒᆞ면海水가深入ᄒᆞ야灣을成ᄒᆞ니曰伊勢海오握美와知多兩島가其中에셔出ᄒᆞ고四日市와鳥羽가其西南에在ᄒᆞ고武豊口岸은知多半島東岸에在ᄒᆞ고木曾川이또ᄒᆞᆫ海에注入ᄒᆞ며다시西南으로轉ᄒᆞ면紀伊半島가有ᄒᆞ니其形이三角이오海洋은紀州洋(一名熊野浦)이오다시北轉ᄒᆞ야紀州、由良二海峽을過ᄒᆞ면瀨戶內海가되ᄂᆞ니라

本州ᄂᆞᆫ瀨戶內海의沿岸에面ᄒᆞ니東隅ᄂᆞᆫ卽大坂灣이라大坂、神戶、堺三口岸이其中間에在ᄒᆞ고定川이또ᄒᆞᆫ此灣에注入ᄒᆞ고西에ᄂᆞᆫ淡路島가有ᄒᆞ고明石海峽을過ᄒᆞ면卽播磨洋이오北洋에ᄂᆞᆫ室津口岸이有ᄒᆞ고小豆島로從ᄒᆞ야以西로周防半島에至ᄒᆞᄂᆞᆫ間에ᄂᆞᆫ大嶼小島가星羅碁布ᄒᆞ야勝計키難ᄒᆞ고風景이絶佳ᄒᆞ야恍然히畵圖와如ᄒᆞ며四國島가其南에在ᄒᆞ야呼ᄒᆞ면應ᄒᆞᆯ듯ᄒᆞ며沿岸은凸凹ᄒᆞ고兒島以西ᄂᆞᆫ曰水島洋이오西에ᄂᆞᆫ鞆津口岸이有ᄒᆞ고다시西에ᄂᆞᆫ廣島灣、吳軍港、宇品川의口岸이有ᄒᆞ고周防半島를過ᄒᆞ면周防洋이有ᄒᆞ고其沿岸에도灣曲處가不乏ᄒᆞ고西에ᄂᆞᆫ九州가有ᄒᆞ고다시西으로馬關海峽에至ᄒᆞ면馬關口岸(或曰下關又曰赤馬關)이有ᄒᆞ니라

本州가日本海에面ᄒᆞᆫ沿岸等은西南은馬關으로從ᄒᆞ야東北은津輕半島에至ᄒᆞ니其間에口岸이不多ᄒᆞᆫ中또險崖가層疊ᄒᆞ야停船이不便ᄒᆞ고오직出雲半島에出雲灣이有ᄒᆞ니其對岸은卽隱岐島오東에ᄂᆞᆫ若峽灣이有ᄒᆞ니其內가頗闊ᄒᆞ고舞鶴、宮津兩口岸이有ᄒᆞ고立石岬東에ᄂᆞᆫ敦賀坂井兩口岸이有ᄒᆞ고다시東北에ᄂᆞᆫ能登半島가海中에셔出ᄒᆞ고其東岸에ᄂᆞᆫ七尾口岸과射水川이有ᄒᆞ고此로브터東北으로津輕半島의龍飛岬ᄭᆞ지ᄂᆞᆫ沿岸이平直ᄒᆞ야出入이無ᄒᆞ고오직新瀉、酒田兩口岸과新濃、最上二川이有ᄒᆞ야海에注入ᄒᆞ고新瀉西北에ᄂᆞᆫ佐渡島가海中에孤懸ᄒᆞ더라

北海道의沿岸은東北은灣曲이甚히少ᄒᆞ고또口岸이無ᄒᆞ며오직千島諸島의西에根室灣과根室口岸이有ᄒᆞ고東南으로太平洋에面ᄒᆞᆫ沿岸에ᄂᆞᆫ厚岸灣이有ᄒᆞ니釧路、十勝兩川이有ᄒᆞ야海에注入ᄒᆞ고西岸에ᄂᆞᆫ出入口岸이不乏ᄒᆞ며積丹半島의右ᄂᆞᆫ石

狩灣과 小樽口岸이 有ᄒᆞ고 石狩川이 海에 注入ᄒᆞ며 天鹽川이 其北에 在ᄒᆞ고 半島의 左ᄂᆞᆫ 後志灣과 壽都口岸이 有ᄒᆞ고 其南은 即渡島오 島의 北에 海水가 深入ᄒᆞᆫ 處ᄂᆞᆫ 曰噴火灣(一名은 火山灣)이오 灣東角에ᄂᆞᆫ 室蘭口島가 有ᄒᆞ고 ᄯᅩ 本州青森灣對岸에ᄂᆞᆫ 函館口岸이 有ᄒᆞ고 ᄯᅩ 津輕海峽의 北은 福山口岸이 有ᄒᆞ더라

九州의 沿岸은 灣曲이 甚히 多ᄒᆞ고 ᄯᅩ 島嶼가 四面에 羅列ᄒᆞ고 口岸이 內에 分布ᄒᆞᆫ 故로 北端에 門司口岸이 有ᄒᆞ야 馬關과 直對ᄒᆞ고 西에ᄂᆞᆫ 若松口岸이 有ᄒᆞ고 다시 西南으로 玄界洋이 되고 自此以西에ᄂᆞᆫ 松浦半島의 沿岸에 至ᄒᆞ기ᄭᅡ지 出入이 甚多ᄒᆞ고 其間에 博多、唐津兩口岸이 有ᄒᆞ며 唐津의 西北海中에ᄂᆞᆫ 壹岐、對馬兩島가 有ᄒᆞ고 西南으로 平戶海峽을 過ᄒᆞ면 彼杵와 島原兩半島가 其東南에 在ᄒᆞ고 西에ᄂᆞᆫ 五島가 有ᄒᆞ며 南에ᄂᆞᆫ 天草島가 有ᄒᆞ고 彼杵半島가 灣曲ᄒᆞᆫ 處ᄂᆞᆫ 即大村灣이니 島內에 佐世保軍港이 有ᄒᆞ고 東에ᄂᆞᆫ 有明洋이 有ᄒᆞ야 築後川이 此洋에 注入ᄒᆞ며 彼杵半島南端에ᄂᆞᆫ 長崎口岸이 有ᄒᆞ고 島原半島對岸에ᄂᆞᆫ 宇土半島가 有ᄒᆞ고 島西端에ᄂᆞᆫ 三角口岸이 有ᄒᆞ고 天草島의 西ᄂᆞᆫ 即天草洋이니 其南은 甑島오 甑島의 對岸은 即川內川이 入海ᄒᆞᄂᆞᆫ 處오 ᄯᅩ 다시 西南을 向ᄒᆞ야 薩見半島의 野間岬을 過ᄒᆞ면 坊津口岸이 有ᄒᆞ고 其東은 海水가 北에 深入ᄒᆞ니 此ᄂᆞᆫ 鹿兒島灣이니 櫻島가 其中에 孤立ᄒᆞ고 西岸에ᄂᆞᆫ 鹿兒島口岸이 有ᄒᆞ고 大隅半島南岸에ᄂᆞᆫ 種子、屋久兩島가 有ᄒᆞ고 西南에ᄂᆞᆫ 琉球諸島가 有ᄒᆞ고 日向洋과 豊後洋의 沿岸에ᄂᆞᆫ 出入이 無多ᄒᆞ다가 鶴見崎以北에 至ᄒᆞ야ᄂᆞᆫ 灣曲이 漸多ᄒᆞ고 佐賀關과 國東半島의 間에ᄂᆞᆫ 別府灣이 有ᄒᆞ고 其對岸은 即四國의 佐田岬이오 其間은 曰佐賀關海峽이오 至於門司半島의 間은、비록 灣狀을 成ᄒᆞ나 口岸이 無ᄒᆞ더라

四國中에 內海에 面ᄒᆞᆫ 沿岸은 出入이 不一ᄒᆞ고 島嶼가 極多ᄒᆞ야 東은 多度津口岸이 有ᄒᆞ고 西에ᄂᆞᆫ 三津口灣이 有ᄒᆞ며 ᄯᅩ 三崎와 梶取岬間에ᄂᆞᆫ 伊豫灣이 有ᄒᆞ고 其西에ᄂᆞᆫ 佐田岬이 海中에 橫ᄒᆞ야 九州의 佐賀關과 相對ᄒᆞ고 西南으로 轉ᄒᆞ야 太平洋沿岸에 至ᄒᆞ면 蹉跎、室戶二岬이 有ᄒᆞ야 海中에 遠出ᄒᆞᆯᄉᆡ 其間에 一大灣을 成ᄒᆞ니 曰土佐灣이오 灣北에 浦戶口岸이 有ᄒᆞ야 紀州海峽을 面ᄒᆞᆫ 處ᄂᆞᆫ 吉野川이 有ᄒᆞ야 海에 入ᄒᆞ더라

臺灣島沿岸에ᄂᆞᆫ、오작 北部에 基隆、淡水兩港과 밋 淡水河가 有ᄒᆞ고 西南에ᄂᆞᆫ 安平、打狗兩埠가 有ᄒᆞ고 西北에ᄂᆞᆫ 臺灣海峽을 隔ᄒᆞ야 支那의 福建省을 對ᄒᆞ니 其間에 澎湖列島가 有ᄒᆞ고 太平洋沿岸에 至ᄒᆞ야ᄂᆞᆫ 出入과 口岸이 無ᄒᆞ고 ᄯᅩ 險崖와 絶壁이 多ᄒᆞ야 繫艦ᄒᆞᆯ 處가 無ᄒᆞ더라

○山脈　日本의地勢는全혀一帶島嶼오西南으로由ᄒᆞ야東北을向ᄒᆞ니其形이狹
長ᄒᆞ고其勢는屈曲ᄒᆞ야或出或沒ᄒᆞ미其狀이雲中의龍과如ᄒᆞ고其間에山脈二道가
有ᄒᆞ니一은西南으로브터東北에走ᄒᆞ미此를謂ᄒᆞ되崑崙山脈이오一은東北으로브
터西南에向ᄒᆞ니此는樺太山脈이라此二山脈이本州中央에會合ᄒᆞ야崇山과峻嶺이
蟠屈縱橫ᄒᆞ고其間에또三道火山脈이有ᄒᆞ야國中에橫斷ᄒᆞᆯ시一은南端에在ᄒᆞ니此
는霧島山脈이오一은中央에在ᄒᆞ니此는富士山脈이오一은北端에在ᄒᆞ니此는千島
山脈이러라

崑崙山脈은支那本部의東部에서起ᄒᆞ니即崑崙山脈의餘脈이라此山脈이東海를越
ᄒᆞ야九州에入ᄒᆞ야江代山과祖母岳이되고、다시東으로中國(本州西南部)에入ᄒᆞ
야德佐峯이되고四國에入ᄒᆞ야는森吉山、劍山이되고、다시本州中央에至ᄒᆞ야는鎗
岳、御岳、乘鞍岳、鷲岳、蓮華山、駒岳、惠那山이되고、其山脈一派는다시臺灣海峽
을越ᄒᆞ야臺灣에入ᄒᆞ야新高山(本名玉山一萬二千八百五十尺)이되니此는곳日本
의第一高山이오또日本海岸에火山脈이有ᄒᆞ야中國에서는大山이되야本州에至ᄒᆞ
야止ᄒᆞ니此는立山이러라

樺太山脈은俄領樺太島에서起ᄒᆞ야宗谷海峽을越ᄒᆞ야北海道에入ᄒᆞ야後方、羊蹄
山이되고또津輕海峽을越ᄒᆞ야本州에入ᄒᆞ고其次第히西南으로走ᄒᆞᆫ者는八甲田山
、岩手山、早池峯山、八幡山、男體山、白根山이되고또日本海岸에火山脈이有ᄒᆞ야
岩木山、鳥海山이되고白山에至ᄒᆞ야止ᄒᆞ더라

霧島火山脈은琉球諸島에서起ᄒᆞ야九州에入ᄒᆞ야蟠屈ᄒᆞ야霧島山、溫泉岳이되고
또最高ᄒᆞᆫ阿蘇火山脈이有ᄒᆞ야九州中央에連亘ᄒᆞ더라

富士火山脈은太平洋中諸島에서起ᄒᆞ야小笠原諸島를經ᄒᆞ야伊豆半島에入ᄒᆞ고、
다시西北으로向ᄒᆞ야富士山(高一萬二千尺)이되야雲表에高聳ᄒᆞ니八面이玲瓏ᄒᆞ
고四時에白雪이常積ᄒᆞ야恰然이白扇을倒懸ᄒᆞᆫ狀과如ᄒᆞ니此는日本의第一名山이
라其脈의連亘ᄒᆞᆫ者는淺間山과八岳이되야妙高山에至ᄒᆞ야止ᄒᆞ더라

千島火山脈은千島諸島를由ᄒᆞ야北海道에入ᄒᆞ야阿寒山、石狩岳、大雪岳이되야
十勝岳에서止ᄒᆞ더라

○河流　日本은地形이狹長ᄒᆞ고山脈이國中에橫亘ᄒᆞ고河流가其左右에分流ᄒᆞ니
故로其流가甚短ᄒᆞ고水勢가急峻ᄒᆞ야往往히洪水의患이有ᄒᆞ고其日本海에入ᄒᆞᄂᆞᆫ

者ᄂᆞᆫ石狩川、天塩川、最上川、信濃川、神通川이오太平洋에入ᄒᆞᄂᆞᆫ者ᄂᆞᆫ北上川、阿武隈川、利根川、木曾川이오其外에ᄯᅩ十勝川、釧路川、富士川、大井川、天龍川、淀川、吉野川、射水川、江川、川内川、筑後川、球磨川、淡水河가다著名ᄒᆞ니라

石狩川은北海道石狩의石狩嶽에서發源ᄒᆞ야西南으로上川野를過ᄒᆞ야雨龍川等諸水를會合ᄒᆞ야江外에至ᄒᆞ고、다시西北으로日本海에流入ᄒᆞ니其長이大約一千里오其下流沿岸ᄋᆞᆫ平野가廣漠ᄒᆞ고地味가肥沃ᄒᆞ고ᄯᅩ水勢가頗大ᄒᆞ야舟楫에便利ᄒᆞ니日本의第一大川이러라

天塩川은北海道天塩縣中에서發源ᄒᆞ야西北으로流ᄒᆞ야紆廻曲折ᄒᆞ다가天塩에至ᄒᆞ야日本海에注入ᄒᆞ니其長이四百二十里러라

最上川은東山道羽前의南隅에서發源ᄒᆞ야北流ᄒᆞ야米澤을過ᄒᆞ고ᄯᅩ山形의近傍을經ᄒᆞ야流月山東麓을環流ᄒᆞ고生西流ᄒᆞ야酒田口岸에至ᄒᆞ야日本海에注入ᄒᆞ니其長이三百二十餘里오即日本三急流의一이러라(三急流ᄂᆞᆫ即駿河의富士川、肥後의球磨川、羽前의最上川이라)

信濃川은東山道信濃東境에서發源ᄒᆞ니上流ᄂᆞᆫ曰千曲川이라長野의東河中島에至

ᄒᆞ야犀川과合流ᄒᆞ고、다시東北으로越後에入ᄒᆞ야長岡의西를過ᄒᆞ야新潟口岸東에至ᄒᆞ야日本海에注入ᄒᆞ니長이六百里오沿岸에原野가不乏ᄒᆞ니此ᄂᆞᆫ日本의第二大川이러라

新通川은東山道飛驒山中에서發源ᄒᆞ니上流ᄂᆞᆫ曰宮川이라次第로北流ᄒᆞ야越中에入ᄒᆞ야富山을貫流ᄒᆞ야富山灣에流入ᄒᆞ니長이二百里러라

北上川은東山道陸中北境에서發源ᄒᆞ야次第로南流ᄒᆞ야盛岡一關을過ᄒᆞ야合流ᄒᆞ야陸前에入ᄒᆞ고ᄯᅩ南流ᄒᆞ야仙臺灣에入ᄒᆞ니長이四百五十餘里오河口에石卷口岸이有ᄒᆞ니라

阿武隈川은東山道磐城、那須山에서發源ᄒᆞ야次第로北流ᄒᆞ야白河를貫流ᄒᆞ다가、다시二本松과福島近傍을過ᄒᆞ야漸漸東北을向ᄒᆞ야陸前의交界에서海에注入ᄒᆞ니長이二百餘里러라

利根川은東山道上野의西北境에서發源ᄒᆞ야次第로東南流ᄒᆞ야前橋、高崎를過ᄒᆞ야諸水와合流ᄒᆞ야武莊交界로流ᄒᆞ야關宿에至ᄒᆞ고其支流ᄂᆞᆫ曰江戶川이니南流ᄒᆞ야東京灣에流入ᄒᆞ고其本流ᄂᆞᆫ下總에流入ᄒᆞ야鬼怒川과合ᄒᆞ고ᄯᅩ東南으로常陸交

界에流ᄒᆞ다가銚子口岸에至ᄒᆞ야海에入ᄒᆞ니長이四百四十八里라舟楫이便利ᄒᆞ고沿岸一帶에原野가平坦ᄒᆞ니卽關東平野러라

木曾川은信濃南部駒嶽에셔發源ᄒᆞ야西南으로美濃에入ᄒᆞ다가飛驒川과合流ᄒᆞ야尾張交界를過ᄒᆞ고또長良川、揖斐川과合流ᄒᆞ야次第로南流ᄒᆞ야伊勢의交界를過ᄒᆞ야伊勢海에流入ᄒᆞ니長이三百九十六里오此河流處는地形이高峻ᄒᆞᆫ故로水勢도또ᄒᆞᆫ急激ᄒᆞ더라

十勝川은十勝(北海道)의十勝岳中에셔發源ᄒᆞ야東南으로海에流入ᄒᆞ고釧路川은釧路의釧路湖와阿寒塞湖에셔發源ᄒᆞ야南流ᄒᆞ야海에入ᄒᆞ고富士川은甲斐의西北部에셔發源ᄒᆞ야南流ᄒᆞ야駿河에入ᄒᆞ야駿河灣에注入ᄒᆞ고大井川은信濃과甲斐가交界ᄒᆞᆫ山中에셔發源ᄒᆞ야駿河、遠江間을過ᄒᆞ야駿河灣에流入ᄒᆞ고天龍川은信濃의諏訪湖에셔發源ᄒᆞ야南으로遠江에至ᄒᆞ야、드ᄃᆡ여遠江洋에注入ᄒᆞ고淀川은近江의琵琶湖에셔發源ᄒᆞ야西南流ᄒᆞ야山城을經ᄒᆞ고또攝津에入ᄒᆞ야大阪灣에注入ᄒᆞ고吉野川은伊豫、土佐山中에셔發源ᄒᆞ야東流ᄒᆞ야阿波에流入ᄒᆞ야海에注入ᄒᆞ고射水川은飛驒山中에셔發源北流ᄒᆞ야越中에至ᄒᆞ야海에注入ᄒᆞ고江川은備後山

中에셔發源ᄒᆞ야西北으로曲折ᄒᆞ야石見에入ᄒᆞ야海에注入ᄒᆞ고川內川은日向西境에셔發源ᄒᆞ야薩摩에流入ᄒᆞ야海에注入ᄒᆞ고筑後川은豐後西北隅에셔發源ᄒᆞ야西流ᄒᆞ야筑後에入ᄒᆞ야海에注ᄒᆞ고球磨川은肥後、日向山中에셔發源ᄒᆞ야西流曲折ᄒᆞ야海에注ᄒᆞ고淡水河는西爾維亞山에셔發源ᄒᆞ야北流ᄒᆞ야海에入ᄒᆞ더라

○湖水　湖水의大ᄒᆞᆫ者는琵琶湖、霞浦、猿間湖、猪苗代湖、中海湖、八郎湖가、가장著名ᄒᆞ고此外에또楓蓮沼、小河原沼、十和田湖、諏訪湖、因幡湖、宍道湖等이러라

琵琶湖는近江中央에在ᄒᆞ니周回가四百三十里오日本大湖의第一이라其間에二島가有ᄒᆞ니一은竹生島오一은沖島라沿岸에地勢가平坦ᄒᆞ고田野가遠開ᄒᆞ며風光이明媚ᄒᆞ고名勝과古蹟을勝數키難ᄒᆞ며大津이其南岸에在ᄒᆞ고彥根은其東岸에在ᄒᆞ고湖水가大津에流入ᄒᆞᆫ것은勢田川이오山城에流入ᄒᆞᆫ것은宇治川이오沿岸에는火車가橫走ᄒᆞ고水上에는汽船과漁舟가日日來往ᄒᆞ야運輸가便ᄒᆞ고또魚族과水藻를多產ᄒᆞ더라

霞浦는常陸東南部에在ᄒᆞ니周回가二百十六里오沿岸은或出或入ᄒᆞ며地勢는平坦

ᄒᆞ고土浦ᄂᆞᆫ其西北岸에在ᄒᆞ고潮來ᄂᆞᆫ其東南岸에在ᄒᆞ며其流ᄂᆞᆫ利根川에注入ᄒᆞ니
水利가頗便ᄒᆞ고ᄯᅩ魚族이甚多ᄒᆞ더라
猿間湖ᄂᆞᆫ北見北部에在ᄒᆞ니周回가一百里오北海道의大湖라其流가海와通ᄒᆞ고湖
中에蠣가最多ᄒᆞ더라
猪苗代湖ᄂᆞᆫ岩代의中에在ᄒᆞ니周回가一百里오其水가流ᄒᆞ야日橋川이되고若松이
其西에在ᄒᆞ더라
中海湖ᄂᆞᆫ出雲東北隅에在ᄒᆞ니周回가九十餘里오其中에二小島가有ᄒᆞ고其水가海
와通ᄒᆞ고境口岸이湖口에在ᄒᆞ고松江이其西에在ᄒᆞ고湖中에魚族이多ᄒᆞ더라
八郎湖ᄂᆞᆫ羽後西部에在ᄒᆞ니周回가九十里오其水가海에通ᄒᆞ더라
此外에楓蓮湖ᄂᆞᆫ根室에在ᄒᆞ니周回가六十五里오小河原沼ᄂᆞᆫ陸奥에在ᄒᆞ니周回가
八十餘里오十和田湖도陸奥에在ᄒᆞ니周回가六十里오諏訪湖ᄂᆞᆫ信濃에在ᄒᆞ니周回
가三十里오印旛湖ᄂᆞᆫ下總에在ᄒᆞ니周回가七十餘里오宍道湖ᄂᆞᆫ出雲에在ᄒᆞ니周回
가八十里러라
○平野　日本은地勢가高峻ᄒᆞ야平野가甚小ᄒᆞ고其最大ᄒᆞᆫ者ᄂᆞᆫ關東平野니其地ᄂᆞᆫ
利根川이流過ᄒᆞᄂᆞᆫ處라八州에綿亘ᄒᆞ야田野가一望無際ᄒᆞ니此ᄂᆞᆫ日本의第一平野
오此外에畿內平野、美濃、尾張의平野、東北平野、越後平原、筑紫平野、石狩平野니
다大川이流過ᄒᆞᄂᆞᆫ沿岸이라茫茫渺渺ᄒᆞ야、가장著名ᄒᆞ더라
○氣候　日本의地ᄂᆞᆫ延長이七千五百里오南은熱帶에入ᄒᆞ고北은寒帶를接ᄒᆞᆫ故로
氣候가各地에不同ᄒᆞ야臺灣의夏ᄂᆞᆫ甚熱ᄒᆞ고北海의冬은甚寒ᄒᆞ며至於本州、九州、
四國三處ᄒᆞ야ᄂᆞᆫ氣候가溫暖ᄒᆞ야夏日에도甚熱치아니ᄒᆞ고冬에도、ᄯᅩᄒᆞᆫ甚寒치아
니ᄒᆞ며春時에ᄂᆞᆫ軟風이嫋嫋ᄒᆞ야花笑鳥歌ᄒᆞ고秋時에ᄂᆞᆫ涼氣가瀟瀟ᄒᆞ고天高山艷
ᄒᆞ니此ᄂᆞᆫ其地가溫帶를當ᄒᆞ고ᄯᅩ二道의潮水가有ᄒᆞᆫ緣故오所謂二道潮水ᄂᆞᆫ一은黑
潮니印度洋으로브터起ᄒᆞ야次第히東北岸으로臺灣을經ᄒᆞ야九州西南岸에至ᄒᆞ야
二派에分ᄒᆞ고其支流ᄂᆞᆫ對馬海峽을越ᄒᆞ야日本海에入ᄒᆞ야北海에至ᄒᆞ고其本流ᄂᆞᆫ
九州、四國、本州의東南岸을沿流ᄒᆞ야太平洋에入ᄒᆞ니大抵此潮가南海에셔起ᄒᆞ야
其水가黑ᄒᆞ고ᄯᅩ溫暖ᄒᆞᆫ故로其經過ᄒᆞᄂᆞᆫ沿岸에도氣候가ᄯᅩᄒᆞᆫ溫暖ᄒᆞ고一은日親潮
니堪察加半島沿海로브터起ᄒᆞ야千島를經ᄒᆞ야二派가되니一派ᄂᆞᆫ日本海에入ᄒᆞ야
漸漸西南岸을向ᄒᆞ야黑潮와會合ᄒᆞ고又一派ᄂᆞᆫ太平洋岸을沿流ᄒᆞ다가、ᄯᅩᄒᆞᆫ黑潮

와相合ᄒᆞ니大抵此潮ᄂᆞᆫ其水가寒冷ᄒᆞᆫ故로其經過ᄒᆞᄂᆞᆫ沿岸에氣候가또ᄒᆞᆫ因ᄒᆞ야寒冷ᄒᆞ고至於潮水가相會ᄒᆞᄂᆞᆫ處ᄂᆞᆫ氣候가中和ᄒᆞ야不寒不暑ᄒᆞ고雨ᄂᆞᆫ太平洋沿岸에多ᄒᆞ고雪은日本海沿岸에多ᄒᆞ며至於六月九月에ᄂᆞᆫ霖雨가連綿ᄒᆞ야往往히洪水의患이有ᄒᆞ고夏季에ᄂᆞᆫ東南風이最多ᄒᆞ고冬季에ᄂᆞᆫ西北風이最多ᄒᆞ고八九月의交時에ᄂᆞᆫ颶風이往往히臺灣沿海에起ᄒᆞ야次第히東北으로九州、四國、本州의東南岸에吹至ᄒᆞ야ᄆᆡ양折木倒屋ᄒᆞᄂᆞᆫ患이有ᄒᆞ더라

○人口 日本의人口ᄂᆞᆫ明治三十年(大皇帝光武元年丁酉)末에調査ᄒᆞ니大約四千五百六十八萬四千二百十六人이라今에畿內八道와臺灣의區別을錄ᄒᆞ노라

人口區別表

	國名	人口數		國名	人口數
畿	山城	五二七九三四	東	伊賀	一一〇三八九
	大和	五三三〇四二		伊勢	七三三一五三
	河內	二九二九三七		志摩	六一七一六
	和泉	二五七九六三		尾張	九五四二三一

內	攝津	一〇六三〇〇〇		三河	六一八二一三
	計	二六七四八七六		遠江	五二〇二六六
東	近江	七〇六八九三		駿河	四九七八二四
	美濃	八六四三九九	海	甲斐	四九五三六八
	飛驒	一二四四一四		伊豆	一九七二四八
	信濃	一二二六八四二		相模	五〇六三七一
	上野	七六二二九六		武藏	二八八三〇九五
山	下野	七七二六一五		安房	一七三四七五
	磐城	五三六二八三		上總	四九二七六八
	岩代	六一七七九三		下總	八二六三八七
	陸前	七六九三一八	道	常陸	八八三九四六
	陸中	六五八〇二〇		計	九九五四四五〇
	陸奧	六四三一九三	北	若狹	九三五〇八
	羽前	七二八八五〇		越前	五三七五四八

道	羽後	八二〇三三一
	計	九二三一二四七
山	丹波	三四六七四七
	丹後	一七八〇四九
	但馬	二二六一二五
	因幡	一八二七八一
陰	伯耆	二三四一〇五
	出雲	三六六三四三
	石見	三一六四一六
道	隱岐	三五四一六
	計	一八八五九九二
南	紀伊	七五二九八四
	淡路	一九二三三三
	阿波	六九三三〇五
	加賀	四六七六二三
陸	能登	三一五八六七
	越中	七八七一〇九
	越後	一六九一八九〇
道	佐渡	一一四四九八
	計	四〇〇八〇四三
山	播磨	七七二六九四
	美作	二六二九二九
	備前	三七五七二六
	備中	四八一九〇〇
陽	備後	五七八七三三
	安藝	八四一九七八
	周防	五八五八七〇
道	長門	三九二四二七

海	讃岐	六九三二五四
	伊豫	九八三九七九
道	土佐	六〇八六〇四
	計	三九二三四五九
北	渡島	一六〇八七七
	後志	一〇五七一一
	石狩	一五六六二五
	天塩	一八三六一
	北見	二四八四二
海	膽振	三七二一一
	日高	一八〇九〇
	十勝	八六七二
	釧路	一三六一〇
	根室	一三九九一
	計	四二九二二五七
西	筑前	五八四〇一〇
	筑後	五〇二四三二
	豐前	三九八六〇六
	豐後	六八一一六七
	肥前	一三四七四四〇
	肥後	一一二七〇〇
海	日向	四四七一五一
	大隅	四六二七七九
	薩摩	六二九七〇〇
	壹岐	三六六〇三
	對馬	三三六八八
道	琉球	四四七九七八
	計	六六九八五五四

道千島	一九九五		
計	五五九九八五	臺灣	二四五五三五三

總計四千五百六十八萬四千二百十六人

然이나其居民의疎密이各地가不均ᄒᆞ야西南部ᄂᆞᆫ人烟이稠密ᄒᆞ고東北部ᄂᆞᆫ戶口ㅣ漸疎ᄒᆞ고至於北海道ᄒᆞ야ᄂᆞᆫ曠野가茫茫ᄒᆞ고居民이稀疎ᄒᆞ니今에每十方里에人口疎密을開錄ᄒᆞ노니

畿內	六〇〇三人	佐渡	二〇三三人
淡路	五二三九人	東山道	一七二三人
壹岐	四二四一人	山陰道	一七〇一人
東海道	三七四三人	隱岐	一六一八人
琉球	二八五五人	對馬	七五三人
山陽道	二七三三人	小笠原島	五六〇人
北陸道	二四六八人	臺灣	一八〇人
南海道	二三八九人	北海道	九二人
西海道	二三六一人		

○人種　日本의人種은大和種、阿以奴種、臺灣種의區別이有ᄒᆞ니大和種은軀幹이甚大치아니ᄒᆞ고鬚髯이不多ᄒᆞ고性質이敏慧勇悍ᄒᆞ니大抵西南은氣象이活潑ᄒᆞ고東北은風俗이敦厚ᄒᆞ고中央은人心이輕快ᄒᆞ니此種은全國이皆然ᄒᆞ고此外阿以奴種은卽北海道土人이니體格이偉大ᄒᆞ고顙鼻가俱高ᄒᆞ고鬚髯이甚多ᄒᆞ고性質이勇猛ᄒᆞ고智慮가粗淺ᄒᆞ야近年以來로人口가日減ᄒᆞ야僅히一萬六千이存ᄒᆞ고臺灣種은卽支那人及土人이니支那人은福建、廣東으로브터徙居ᄒᆞᆫ者오土人은生蕃、熟蕃의別이有ᄒᆞ니此ᄂᆞᆫ다馬來種이오容貌와體格이馬來羣島人과酷肖ᄒᆞ고熟蕃은風化가稍開ᄒᆞ고生蕃은오히려野蠻蒙昧ᄒᆞ야山林間에奔走ᄒᆞ고風雨에暴露ᄒᆞ야禽獸와不遠ᄒᆞ더라

○官制　日本은大古以來로至今二千五百六十餘年에一姓이相傳ᄒᆞ고邦國은魚塩의利가有ᄒᆞ고至於行政ᄒᆞᄂᆞᆫ道ᄂᆞᆫ君王이權勢를掌握ᄒᆞ야萬機를總攬ᄒᆞ고官司ᄂᆞᆫ下에셔輔佐ᄒᆞ야內外를掌理ᄒᆞ고三十餘年前에舊習을一洗ᄒᆞ고新政을釐定ᄒᆞ야制度와文物이煥然一新ᄒᆞ고國勢와敎化가足히歐美諸國으로、더브러幷駕齊驅ᄒᆞ겟고

其政治의機關은立法、行政、司法三衙門에分ᄒᆞ더라

立法衙門은稱曰帝國議會라貴族院、衆議院에分ᄒᆞ야法律의制를叅定ᄒᆞ고또監視施行ᄒᆞᄂᆞᆫ權이有ᄒᆞ야每年一次式東京에開會ᄒᆞ고貴族院은皇族、華族(即有爵者)과勅選議員이오衆議員은全國人民이選擧ᄒᆞᆫ議員이러라

行政衙門은中央衙門과地方衙門으로分ᄒᆞ니內閣、樞密院、十省、(宮內、內務、外務、大藏、農商務、陸軍、海軍、司法、文部、遞信) 會計檢査院이오內閣은宮中에在ᄒᆞ니各省大臣이祭職ᄒᆞ고內閣總理大臣이統督ᄒᆞ야全國政治의指針을議定ᄒᆞ고樞密院은宮中에在ᄒᆞ니議長、副議長과顧問官이有ᄒᆞ고其地ᄂᆞᆫ天皇이親臨ᄒᆞ야重要ᄒᆞᆫ國務ᄅᆞᆯ諮詢ᄒᆞᄂᆞᆫ處오宮內省은宮中에在ᄒᆞ니其大臣이宮中의事務ᄅᆞᆯ掌轄ᄒᆞ고內務省은國內政務ᄅᆞᆯ掌ᄒᆞ고外務省은外國交涉을掌ᄒᆞ고大藏省은一歲出納을掌ᄒᆞ고陸軍省은陸軍을掌ᄒᆞ고海軍省은海軍을掌ᄒᆞ고司法省은法律을掌ᄒᆞ고文部省은敎化ᄅᆞᆯ掌ᄒᆞ고農商務省은農工商과山林、水産을掌ᄒᆞ고遞信省은驛遞、交通、郵便、電信等事ᄅᆞᆯ掌ᄒᆞ니此ᄂᆞᆫ다東京에設置ᄒᆞ야大臣이統率ᄒᆞ고次官과局長이事務ᄅᆞᆯ監視ᄒᆞ더라

地方衙門은府廳、縣廳、道廳、總督府의區別이有ᄒᆞ야府廳은一府의政을掌ᄒᆞ니府知事가統率ᄒᆞ고縣廳은一縣의政을掌ᄒᆞ니縣知事가統率ᄒᆞ고道廳은一道의政을掌ᄒᆞ니長官이統率ᄒᆞ고總督府ᄂᆞᆫ臺灣의政事ᄅᆞᆯ掌ᄒᆞ니總督一人이有ᄒᆞ고府縣以下에ᄂᆞᆫ또郡役所、市役所가有ᄒᆞ야郡、市의政을掌ᄒᆞ더라

司法衙門은大審院、控訴院、地方裁判所、區裁判所、行政裁判所가有ᄒᆞ니大審院은東京에設置ᄒᆞ야凡控訴院中에셔冤獄이有ᄒᆞ면大審院이其上控을受ᄒᆞ야다시其曲直을判決ᄒᆞ고控訴院은七處(東京、大阪、名古屋、箱館、廣島、長崎、仙臺)가有ᄒᆞ니凡地方裁判所의決斷을不服ᄒᆞᄂᆞᆫ者ㅣ控訴院에上控ᄒᆞ며地方裁判所ᄂᆞᆫ四十六處(三府四十三縣) 가有ᄒᆞ니各區裁判所決斷을不服ᄒᆞᄂᆞᆫ者의控訴ᄅᆞᆯ受ᄒᆞ니區裁判所ᄂᆞᆫ全國에三百餘處오人民獄訟을다此에서始ᄒᆞ고行政裁判所ᄂᆞᆫ行政上의案件을審判ᄒᆞ니長官이有ᄒᆞ야統率ᄒᆞ더라

○軍備　軍備ᄂᆞᆫ가쟝整頓ᄒᆞ니此ᄂᆞᆫ天下가雖安ᄒᆞ나戰을忘치못ᄒᆞᆷ이오또今日은더욱兵으로써邦本을作ᄒᆞᆯ지라、이에日夜經營ᄒᆞ야今에ᄂᆞᆫ將帥의忠勇과戎器의精銳와軍律의森嚴과戰艦의牢固ᄒᆞᆷ이足히獨立ᄒᆞ야歐美ᄅᆞᆯ不懼ᄒᆞ겟고其軍制ᄂᆞᆫ陸軍、海軍이러라

陸軍은陸軍省에서一切軍政을掌ᄒᆞ고參謀本部가有ᄒᆞ야邊防及運籌行軍等事를掌ᄒᆞ니凡國中男子가丁年에及ᄒᆞᆫ者ᄂᆞᆫ반다시兵役을服ᄒᆞᄂᆞ니常備兵의數가二十六萬餘오其他에ᄯᅩ後備兵、補充兵、國民兵의區別이有ᄒᆞ고全國에十二師團이有ᄒᆞ야（一師團은分ᄒᆞ야二旅團이되고一旅團은分ᄒᆞ야二聯隊가됨이라）各處에駐屯ᄒᆞ고陸軍中將이統率ᄒᆞ니今에駐紮ᄒᆞᆫ處를下錄ᄒᆞ노라

近衛師團	在東京	第一師團	在東京
第二師團	在仙臺	第三師團	在名古屋
第四師團	在廣島	第五師團	在廣島
第六師團	在熊本	第七師團	在札幌
第八師團	在筑前	第九師團	在金澤
第十師團	在姬路	第十一師團	在丸龜
第十二師團	在小倉		

師團을統轄ᄒᆞᄂᆞᆫ處ᄂᆞᆫ都督部니東部都督部ᄂᆞᆫ東京에在ᄒᆞ야近衛와第一과第二와第七、第八、五師團을統轄ᄒᆞ고中部督部ᄂᆞᆫ大阪에在ᄒᆞ야第三、第四、第九、第十、四師

團을統轄ᄒᆞ고西部都督部ᄂᆞᆫ小倉에在ᄒᆞ야第五・第六、第十一、第十二、四師團을統轄ᄒᆞ고其他要塞兵、警備隊ᄂᆞᆫ다險要地에駐紮ᄒᆞ더라

海軍은海軍省이有ᄒᆞ야一切軍政을掌ᄒᆞ니海軍司令部가有ᄒᆞ야邊防과行兵의事를掌ᄒᆞ니現今水師가二萬餘오全國에海軍五區가有ᄒᆞ고各區에鎭守府가有ᄒᆞ야兵艦의出入과軍器를製造ᄒᆞᆷ과ᄯᅩ其所屬ᄒᆞᆫ海面의兵事를掌ᄒᆞ니今에軍港과밋鎭守府의所在處를下錄ᄒᆞ노라

海軍區表

第一海軍區	相模國、三浦郡 橫須賀軍港	橫須賀鎭守府
第二海軍區	安藝國、安藝郡、吳軍港	吳鎭守府
第三海軍區	肥前國、東彼杵郡、佐世保軍港	佐世保鎭守府
第四海軍區	丹波國、加佐郡、舞鶴軍港	舞鶴鎭守府(未開廳)

第五海軍區　膽振國、室蘭郡、室蘭軍港　室蘭鎭守府(未開廳)

○帝國軍艦一覽表

朝日	初瀨	敷島	富士	八島
出雲	常磐	淺間	八雲	吾妻
鎭遠	笠置	千歲	橋立	嚴島
松島	高砂	吉野	豐橋	扶桑
高千穗	浪速	秋津洲	和泉	明石
須磨	濟遠	千代田	金剛	比叡
平遠	筑波	宮古	高雄	八重山
天龍	葛城	武藏	大和	筑紫
海門	千早	天城	龍田	磐城
大島	鳥海	愛宕	磨耶	赤城
操江	鎭西	鎭南	鎭中	鎭邊

鎭東　鎭北　鳳翔　(此外驅逐艇及水電艇尙有七十三艘

軍器ᄅᆞᆯ製造ᄒᆞᆷ은砲兵工廠과海軍造兵廠과製造軍用을貯畜ᄒᆞᄂᆞᆫ機器가有ᄒᆞ야緩急을備ᄒᆞ고至於洋鎗、火砲、火藥、彈丸等은다本國의製造오外國의製ᄅᆞᆯ不用ᄒᆞ더라

日本은維新以後에國事ᄅᆞᆯ整頓ᄒᆞ고政務ᄅᆞᆯ講求ᄒᆞ니故로國中의產業이漸次振興ᄒᆞ고邦賦의出入이또ᄒᆞᆫ次第로增加ᄒᆞ니明治三十一年(大皇帝三十五年戊戌)의收納은二億一千九百八十六萬八千三百三十六元이오其支銷가또ᄒᆞᆫ二億一千九百四十五萬二千四百二十七元이오其收納의財源은地租、海關稅、酒稅、烟草稅、營業稅、郵便、電信及諸標稅、鐵路及官產의利益等이오其支銷ᄒᆞᄂᆞᆫ欵目은皇室費、外務、內務、大藏、陸軍、海軍、司法、文部、農商務、遞信十省의所用ᄒᆞᄂᆞᆫ經費오至於府縣에도또ᄒᆞᆫ各種의收納과支銷가有ᄒᆞ더라

○敎育　日本은古代時에國文(即日本文)이漢文과幷重ᄒᆞ더니維新以後에歐美諸國의有益ᄒᆞᆫ學術을廣取ᄒᆞ야講求키不怠ᄒᆞ고明治四年(大皇帝八年辛未)에文部省을設立ᄒᆞ고學制ᄅᆞᆯ頒行ᄒᆞ더니其後大中小學校와各種專門學校ᄅᆞᆯ設立ᄒᆞ야實學을講求ᄒᆞ니、이에上으로通邑大道와下으로寒僻村落ᄭᆞ지咿唔의聲이家家不絕ᄒᆞ야

文運의勃興과人材의成就가自古以來로未有ᄒᆞᆫ지라近年來로全國의敎育을考察ᄒᆞ니 小學校ᄂᆞᆫ總計二萬七千處오小學生徒ᄂᆞᆫ總計四百六萬一千人이라凡兒童이滿六歲에及ᄒᆞ면、반다시入學ᄒᆞ고其敎課條目은修身(道德冊)讀書、作文、習字、算法、中外地誌、歷代史學、物理、繪畵、唱歌、體操等이오 中學校ᄂᆞᆫ總計一百七十處오其生徒ᄂᆞᆫ總히六萬一千五百人이니小學에서卒業ᄒᆞᆫ者ㅣ就學ᄒᆞ고其敎課條目은倫理、國語、漢文、外國語、歷史、地理、數學、博物、物理、化學、習字、繪畵、體操等이오 高等學校ᄂᆞᆫ總計六處(東京、仙臺、金澤、大阪、熊本、山口)니生徒가總히四千六百人이라專門學科와大學預備科ᄅᆞᆯ分設ᄒᆞ고 大學校ᄂᆞᆫ東京과西京에各一處가有ᄒᆞ니大學生徒가總히二千五百人이라各種專門學을敎授ᄒᆞᆯᄉᆡ法科、醫科、工科、文科、理科、農科合六科ᄅᆞᆯ分設ᄒᆞ고 大學院은東京에一處가有ᄒᆞ니此ᄂᆞᆫ學藝의最深奧ᄒᆞᆫ者ᄅᆞᆯ攷究ᄒᆞᄂᆞᆫ處오또敎習을養成ᄒᆞᄂᆞᆫ者ᄂᆞᆫ高等師範學校와女子高等師範學校(皆在東京)師範學校(在各府縣)니貴族子女ᄅᆞᆯ敎育ᄒᆞᄂᆞᆫ者ᄂᆞᆫ學習院과華族女學校가有ᄒᆞ고陸軍은陸軍大學校와陸軍士官學校와中央幼年學校(皆在東京)와地方幼年學校가有ᄒᆞ고(共六處)海軍은海軍大學校、海軍兵學校가有ᄒᆞ고此外에또高等商業學校、東京工業學校、商船學校、東京美術學校(畵圖彫刻等)東京音樂學校、東京盲啞學校、高等女學校及各種專門學校、技藝學校가有ᄒᆞ야官立、公立、私立을無論ᄒᆞ고處處에生徒가充滿ᄒᆞ야日夜孜孜ᄒᆞ야內外의實用學을講求ᄒᆞ며其系圖가如左ᄒᆞ니

●帝國學校系圖表

高等師範學校）師範學校）
帝國大學校）高等學校
各種專門學校｝中學校｝高等小學校）（尋常小學校）
各種技藝學校｝　實業補習學校）（幼稚園）
海軍大學校）海軍兵學校｝　徒弟學校）
陸軍大學校）士官學校）幼年學校
高等女學校）

此外에또圖書館과博物館이有ᄒᆞ니圖書館은古今中外書籍을聚集ᄒᆞ야人의玩讀을縱ᄒᆞ고博物館은東西洋의器用玩好ᄅᆞᆯ陳列ᄒᆞ야考證을備ᄒᆞ고此外또動物園에ᄂᆞᆫ禽

獸虫魚의類를畜ᄒᆞ고植物園에ᄂᆞᆫ草木花卉의類를栽ᄒᆞ야觀覽을供ᄒᆞ고또新聞과雜誌가有ᄒᆞ야時務를辨論ᄒᆞ니ᆞ이에新書籍이汗牛ᆞ充棟ᄒᆞᆫ지라自此로士民의智慧가日開ᄒᆞ고見聞이日廣ᄒᆞ더라

日本의敎旨ᄂᆞᆫ神道ᆞ佛敎及耶蘇敎의別이有ᄒᆞ니神道敎ᄂᆞᆫ其國皇祖를由ᄒᆞ야神明을崇敬ᄒᆞ야報本ᆞ反始ᄒᆞᄂᆞᆫ意로宗旨를作ᄒᆞ야支那儒敎와無異ᄒᆞ니故로全國의神社가十九萬一千座오佛敎ᄂᆞᆫ距今(辛丑)一千三百四十九年(卽新羅眞興王十二年壬申)에百濟國에서傳送ᄒᆞ야次第播傳ᄒᆞ야其最盛時에ᄂᆞᆫ公侯庶民이다寺塔을建立ᄒᆞ니故로堂廟의崇高와佛像의宏大ᄒᆞᆷ이神工과如ᄒᆞ고其敎ᄂᆞᆫ天台ᆞ眞言ᆞ淨土ᆞ臨濟ᆞ曹洞ᆞ黃檗ᆞ眞宗ᆞ日蓮宗의諸派가有ᄒᆞ더니維新後에其敎가비록衰微ᄒᆞ나全國에寺院이오히려七萬一千座오僧尼가五萬一千餘名이오또人民의信奉ᄒᆞᄂᆞᆫ者ㅣ甚多ᄒᆞ고至於耶蘇敎ᄒᆞ야ᄂᆞᆫ傳敎ᄒᆞᆷ이甚多ᄒᆞ나其勢가佛敎보다少ᄒᆞ고天主敎ᄂᆞᆫ甚히寥寥ᄒᆞ더라

○產業　日本은地勢가海中에橫亘ᄒᆞ야地味가肥沃ᄒᆞ고氣候가中和ᄒᆞ며ᆞ더욱維新以後로ᄂᆞᆫ殖產을爲主ᄒᆞᄂᆞᆫ故로物產이日新月盛ᄒᆞ야前日보다倍가되고外國에輸

出ᄒᆞᄂᆞᆫ者ㅣ每年에不可勝數오其中에米ᆞ茶ᆞ蚕絲ᆞ海產ᆞ銅鐵ᆞ漆器가大宗이되니今에區別下錄ᄒᆞ노라

農產은米ᆞ麥ᆞ豆ᆞ綿ᆞ藍ᆞ烟草ᆞ蚕絲ᆞ茶等이니米ᄂᆞᆫ尾張ᆞ筑後ᆞ備前ᆞ讃岐ᆞ攝津에多產ᄒᆞ고麥은武藏ᆞ相模ᆞ常陸ᆞ尾張ᆞ備前ᆞ讃岐及九州西北部에多ᄒᆞ고豆ᄂᆞᆫ武藏近傍에多ᄒᆞ고綿花ᄂᆞᆫ內海沿岸及畿內諸國에多ᄒᆞ고藍은阿波ᆞ尾張ᆞ遠江ᆞ筑後ᆞ肥後에多ᄒᆞ고烟草ᄂᆞᆫ四國ᆞ九州諸國及三備ᆞ常陸에多ᄒᆞ고蚕絲ᄂᆞᆫ信濃ᆞ岩代ᆞ上野ᆞ甲斐에多ᄒᆞ고茶ᄂᆞᆫ山城ᆞ近江ᆞ伊賀ᆞ伊勢ᆞ駿河ᆞ遠江及九州西部에多ᄒᆞ고絲와茶ᄂᆞᆫ出口貨의大宗이되더라

森林은全國處處에鬱鬱히暢茂ᄒᆞ야最北은松ᆞ杉ᆞ檜가多ᄒᆞ고東海道ᄂᆞᆫ欅ᆞ杉ᆞ樅이多ᄒᆞ고東山道ᄂᆞᆫ檜ᆞ杉ᆞ欅ᆞ松이多ᄒᆞ고中國及四國島에ᄂᆞᆫ椎ᆞ樞ᆞ松이多ᄒᆞ고畿內南部及紀伊等處ᄂᆞᆫ松ᆞ杉ᆞ樅을產ᄒᆞ고九州ᄂᆞᆫ松ᆞ樟ᆞ榕ᆞ蒲ᆞ桃ᆞ榕及竹을產ᄒᆞ고北海道ᄂᆞᆫ水松ᆞ蝦夷松ᆞ樅ᆞ桂ᆞ白楠을產ᄒᆞ고臺灣은樟樹를多產ᄒᆞ니此ㅣ其大略이오其餘良材珍木은不可勝數러라

鑛物은全國에皆有ᄒᆞ되其中銀ᆞ銅ᆞ鐵ᆞ煤炭이大宗이니佐渡ᆞ但馬ᆞ薩摩에ᄂᆞᆫ金銀

을産ᄒᆞ고秋田、福島、岐阜에ᄂᆞᆫ銀을産ᄒᆞ고秋田、岡山에ᄂᆞᆫ銅을産ᄒᆞ고島根、岩手、鳥取에ᄂᆞᆫ鐵을産ᄒᆞ고福岡、長崎、佐賀、北海道에ᄂᆞᆫ煤産이最多ᄒᆞ고此外에또硫黃、水晶石、灰石、花岡石、瑪瑙等이有ᄒᆞ더라

牧畜은牛馬가最多ᄒᆞ고豚羊家禽이其次오伊勢、美濃以西諸國은牛馬를多産ᄒᆞ고琉球及西南諸國에ᄂᆞᆫ豚羊을多産ᄒᆞ고上總、出雲、備中、備前、諸國은家禽을多産ᄒᆞ더라

海産은北海道沿岸이爲最오本洲太平洋沿岸及西南諸國이其次오北海道ᄂᆞᆫ鱈、鱒、鯡、鮪、를多産ᄒᆞ고土佐、紀伊、駿河、下總、安房에ᄂᆞᆫ鰹、鮪、鰮을多産ᄒᆞ고此外에또魚介、海菜의屬이有ᄒᆞ야乾魚海貨가出口의大宗이되고産塲의地ᄂᆞᆫ山口、兵庫、廣島、香川이러라

工藝ᄂᆞᆫ古時브터可觀ᄒᆞᆫ者ㅣ不少ᄒᆞ나所作ᄒᆞᆫ器物이依樣葫蘆에不過ᄒᆞ야舊式을沿襲ᄒᆞ더니維新以後로工業專門의技藝를振興ᄒᆞ야日夜로講求ᄒᆞ니故로製造가日新月異ᄒᆞ야精巧靈便ᄒᆞᆷ이從前보다大勝ᄒᆞ더라

絹絲ᄂᆞᆫ上野、信濃、岩代、甲斐等處에製造가最多ᄒᆞ고絹布ᄂᆞᆫ西京、羣馬、福島、山梨에最多ᄒᆞ고綿布及絹、綿、交織布(日人常着ᄒᆞᄂᆞᆫ布니卽斑紬와大同ᄒᆞ니라)ᄂᆞᆫ愛知、琦玉、奈良、大阪等에最多ᄒᆞ고酒ᄂᆞᆫ攝津의池田、伊丹에서産ᄒᆞᄂᆞᆫ者ㅣ全國에冠ᄒᆞ고愛知、長野、福岡이其次오醬油ᄂᆞᆫ千葉에서産ᄒᆞᄂᆞᆫ者ㅣ爲最오兵庫、岡山이其次오磁器ᄂᆞᆫ愛知의七寶燒、瀨戶燒、佐賀의伊萬里燒와石川의九谷燒가다名産이오紙ᄂᆞᆫ高知、愛媛에多産ᄒᆞ고福岡이其次오自來火ᄂᆞᆫ東京에多産ᄒᆞ고油類ᄂᆞᆫ九州西北部에多産ᄒᆞ고砂糖은香川及鹿兒島에多出ᄒᆞ고編席은大分、岡山、福岡等處에多産ᄒᆞ고銅器ᄂᆞᆫ西京、富山에서産ᄒᆞᆫ者ㅣ더욱著名ᄒᆞ고漆器ᄂᆞᆫ會津、津輕、駿河에서産ᄒᆞᆫ者ㅣ最良ᄒᆞ고皮革은兵庫가名産이되고其餘紡績、煉瓦、造船等은各地에公司를設立ᄒᆞ야製造ᄒᆞᆫ者ㅣ不少ᄒᆞ더라

商業은維新以後로物産의種類과器用의製造가逐歲增加ᄒᆞ니故로內外通商情形이또ᄒᆞᆫ因ᄒᆞ야興旺ᄒᆞ고東京은中外物産의集合所가되고大阪은西南貿易의中心이되고橫濱、神戶、長崎、箱館은外國通商의最盛ᄒᆞᆫ處오此外에名古屋、仙臺、金澤、岡山、廣島、福岡等處에또ᄒᆞᆫ商賈가輻湊ᄒᆞ고貨物이雲集ᄒᆞ며至於外國과通商口岸은二十八處가有ᄒᆞ니橫濱(武藏)神戶(攝津)長崎(肥前)新瀉(越後)箱館(渡島)大阪

攝津)淸水(駿河)武豐(尾張)四日市(伊勢)下關(長門)門司(豐前)博多(筑前)唐津(肥前)口津(肥前)角(肥後)嚴原(對馬)佐須奈(對馬)鹿見(對馬)那覇(琉球)濱田(北見)境(伯耆)宮津(丹後)敦賀(越前)七尾(能登)伏木(越中)小樽(後志)釧路(釧路)室蘭(膽振)이오東京은陸路開市場이되니大抵日本은地勢가海中에長懸ᄒᆞ야西ᄂᆞᆫ一葦帶水를隔ᄒᆞ야支那의大陸이有ᄒᆞ고東으로太平洋을渡ᄒᆞ면北美合衆國과英領加奈陀가有ᄒᆞ야西南으로南海를隔ᄒᆞ야香港(英領)及濠洲가有ᄒᆞ고北으로日本海를渡ᄒᆞ면海參威가有ᄒᆞ고또工業은內에서振興ᄒᆞ고商務ᄂᆞᆫ外에서講求ᄒᆞ니故로輪船이往來不絶ᄒᆞ고通商情形이時月로進步ᄒᆞ니今에明治二十七年(大皇帝三十一年甲午)來로五年間의商務를左錄ᄒᆞ노라

外國通商五年間比較表

年號	出口 (圓)	入口 (圓)	計 (圓)
明治二十七年	一一三七〇八五八七	一二一二四五五九四	二三四九五四一八一
同 二十八年	一三七四九四六一七	一三八七四五二九五	二七六二三九九一二

年號	出口 (圓)	入口 (圓)	計 (圓)
同 二十九年	一三一一二六六五一	一八八七一八九七四	三一九八四五六二五
同 三十年	一七七八七五四九七	二七四一七〇五〇三	四五二〇四六〇〇〇
同 三十一年	一八一〇六七七二三	三四一六三九四〇八	五二二七〇七一三一

此表ᄂᆞᆫ入口의銀이出口보다多ᄒᆞ나此ᄂᆞᆫ鐵材綿花가其太半이되야日本의製造를充ᄒᆞᆷ이오商務가抵敵지못ᄒᆞᆷ은아니라

其出口貨物은絲、茶、絹布、煤炭、米、自來火、海産이大宗이되니北美合衆國과法國、香港支那、英國으로向ᄒᆞ야出ᄒᆞ고進口貨ᄂᆞᆫ絹布、綿花、鐵、洋油、砂糖이大宗이되니此ᄂᆞᆫ英國、支那、北美合衆國、印度、(英領)德國、香港을由ᄒᆞ야入ᄒᆞ고其貨幣ᄂᆞᆫ金貨、銀貨、銅貨、白銅貨、錢及紙幣라全國에通行ᄒᆞ야貿易이便ᄒᆞ더라

○交通情形　道路ᄂᆞᆫ四通八達ᄒᆞ야坦然히行키易ᄒᆞ고鐵路가國中에縱貫ᄒᆞ야火車가不絶ᄒᆞ고輪船은海上에往來ᄒᆞ야汽笛을時聞ᄒᆞ고電線은密ᄒᆞ기蛛網과如ᄒᆞ며郵便이또通都에達ᄒᆞ미今에略述ᄒᆞ노라

道路ᄂᆞᆫ國道와縣道、里道의區別이有ᄒᆞ니國道ᄂᆞᆫ東京으로브터伊勢와神宮(卽皇祖天照皇의神廟)에至ᄒᆞ고道廳、府縣廳과各處外國通商口岸과밋道廳、府縣廳과陸

軍師團이本部와相通ᄒᆞᄂᆞᆫ路오縣道ᄂᆞᆫ各府縣間과師團과分營及都會가相通ᄒᆞᄂᆞᆫ路오里道ᄂᆞᆫ即村邑田畝間의路니其廣狹은國道가爲上이오縣道가爲次오里道가爲下러라

鐵路ᄂᆞᆫ明治五年(大皇帝九年壬申)에東京橫濱間에創設ᄒᆞ야于今까지逐漸敷設ᄒᆞ니其線路의延長이八千三百餘里오其鐵路의大ᄒᆞᆫ者ㅣ官設ᄒᆞᆫ者ᄂᆞᆫ東海道鐵路오私設ᄒᆞᆫ者ᄂᆞᆫ日本鐵路、山陽鐵路、九州鐵路、北海道炭礦鐵路、關西鐵路가有ᄒᆞ고此外에또讚岐、大阪、甲武、筑豐總武參宮、釧路、奈良、播但及臺灣等處鐵路가有ᄒᆞ고至於枝路ᄒᆞ야ᄂᆞᆫ已成者、未設者가數十線이오、오쟉東海道鐵路ᄂᆞᆫ日本政府의敷設ᄒᆞᆫ비니東京에서起ᄒᆞ야橫濱、靜岡、名古屋、西京、大阪을經ᄒᆞ야神戶에終ᄒᆞ고其支線은大船을由ᄒᆞ야橫須賀에至ᄒᆞ고日本鐵路ᄂᆞᆫ日本鐵道會社(即公司)의設置ᄒᆞᆫ비니東京에서起ᄒᆞ야大宮、宇都宮、白河、福島、仙臺、盛岡、尻內를經ᄒᆞ야靑森에終ᄒᆞ고山陽鐵道ᄂᆞᆫ山陽鐵道會社의開設ᄒᆞᆫ비니神戶에서起ᄒᆞ야姬路、岡山、廣島를經ᄒᆞ야三田尻에終ᄒᆞ고九州鐵路ᄂᆞᆫ九州鐵路會社의敷設ᄒᆞᆫ비니門司에서起ᄒᆞ야小倉、博多、鳥棲、熊本을經ᄒᆞ야八代에終ᄒᆞ고北海道鐵路ᄂᆞᆫ北海道炭礦鐵道會社의開設ᄒᆞᆫ비니室蘭에서起ᄒᆞ야歌志內에終ᄒᆞ고關西鐵路ᄂᆞᆫ關西鐵道會社의敷設이니名古屋에서起ᄒᆞ야桑名、四日市、龜山을經ᄒᆞ야草津에終ᄒᆞ야東海道鐵道와相接ᄒᆞ고讚岐鐵道ᄂᆞᆫ琴平高松間을通ᄒᆞ고大坂鐵道ᄂᆞᆫ大坂奈良間을通ᄒᆞ고甲武鐵道ᄂᆞᆫ東京八王子間을通ᄒᆞ고筑豐鐵道ᄂᆞᆫ若松大隈間을通ᄒᆞ고總武鐵道ᄂᆞᆫ東京銚子間을通ᄒᆞ고參宮鐵路ᄂᆞᆫ津山田間을通ᄒᆞ고釧路鐵路ᄂᆞᆫ標茶跡、佐登間을通ᄒᆞ고奈良鐵道ᄂᆞᆫ西京、奈良間을通ᄒᆞ고播但鐵路ᄂᆞᆫ姬路、森垣間을通ᄒᆞ고臺灣鐵路ᄂᆞᆫ基隆、新竹間을通ᄒᆞ고此外에或은米原福井間을通ᄒᆞ고或은大宮、直江津間을通ᄒᆞ며或은直江津、新瀉間을通ᄒᆞ고或은東京、水戶間을通ᄒᆞ야枚擧키不遑ᄒᆞ더라

航路ᄂᆞᆫ各埠間에輪船의往來가晝夜不絶ᄒᆞ고外國埠頭에直達ᄒᆞᆯ시東은橫濱으로브터北米合衆國의桑港(即舊金山)과英領加奈陀의晩古坡와및海中의布哇國에至ᄒᆞ고西ᄂᆞᆫ長崎를由ᄒᆞ야韓國釜山、木浦、仁川을經ᄒᆞ야支那의芝罘、天津、營口에至ᄒᆞ고或은곳支那의上海에直至ᄒᆞ고或은支那南岸香港、新加坡、孟買(英領印度)를經ᄒᆞ야紅海、地中海를出ᄒᆞ야歐洲各國口岸에至ᄒᆞ고南은南海를渡ᄒᆞ야比律賓及濠洲各埠에至ᄒᆞ고北은長崎를由ᄒᆞ야韓國元山을經ᄒᆞ야俄領海參威에至ᄒᆞᆯ시其輪船

公司ᄂᆞᆫ日本郵船會社及大阪商船會社가爲最오日本郵船會社ᄂᆞᆫ東京에設ᄒᆞ고大阪商船會社ᄂᆞᆫ大阪에在ᄒᆞ야航海運貨의事ᄅᆞᆯ掌ᄒᆞ더라

郵便은元來驛傳法이有ᄒᆞ나其法이不備ᄒᆞ더니明治四年(大皇帝八年辛未)에泰西郵便의政을行ᄒᆞ야年年히擴張ᄒᆞ더니今日에至ᄒᆞ야ᄂᆞᆫ全國到處에大小郵便局이有ᄒᆞ야往來傳遞가遲延遺失ᄒᆞᄂᆞᆫ患이無ᄒᆞ고四民이다其便을賴ᄒᆞ더니ᄯᅩ昔年에萬國聯合郵便會로더브러訂盟ᄒᆞᆫ以來로海外郵便이더옥便利ᄒᆞ야其歐洲에至ᄒᆞᄂᆞᆫ者ᄂᆞᆫ橫濱、神戶、馬關及長崎에서聚集ᄒᆞ야支那上海에送ᄒᆞ고ᄯᅩ其支那上海와天津、蘇杭及韓國釜山、仁川과俄領海參威에至ᄒᆞᆯ者ᄅᆞᆯ다長崎에서送ᄒᆞ더라

電信은明治二年(大皇帝六年己巳)에비로소東京、橫濱間에架設ᄒᆞ더니近來ᄂᆞᆫ全國到處에大小電信局이有ᄒᆞ야其線路의長이九萬二千五百八十六里오至於海底電線ᄒᆞ야ᄂᆞᆫ陸奧、渡島의間과越後、佐渡間과淡路、播磨間과備前、讚岐間과伊豫、豐後間과長門、豐前間과肥前、壹岐間과및壹岐、對馬間과臺灣、安平、澎湖間에皆有ᄒᆞ고其外國에達ᄒᆞᄂᆞᆫ者ᄂᆞᆫ對馬로브터韓國釜山에至ᄒᆞ고長崎로브터俄領海參威에至ᄒᆞ고臺灣의淡水로브터支那福州의川石山에至ᄒᆞ되、오작長崎에서上海에至ᄒᆞᄂᆞᆫ

線은歐洲와濠洲에通ᄒᆞ고ᄯᅩ將且日本과北米合衆國間에海底電線을架設코자ᄒᆞ고

電話局은東京、橫濱、神戶、西京、大阪、名古屋等處에設置ᄒᆞ야凡官府縉紳及公司、商舘이皆用ᄒᆞ니其機이足히言語ᄅᆞᆯ傳ᄒᆞᄂᆞᆫ지라故로千里外에可히坐語ᄒᆞ겟더라

○外交　外交ᄂᆞᆫ日本이維新以來로內政을修ᄒᆞ고外交ᄅᆞᆯ講ᄒᆞ야官商이往來游歷ᄒᆞᄂᆞᆫ者ㅣ日盛ᄒᆞ니現今에訂盟ᄒᆞᆫ者ㅣ二十一國이니亞洲에ᄂᆞᆫ支那、韓國、暹羅三國이오歐洲에ᄂᆞᆫ英吉利、佛蘭西、獨逸、墺地利、露西亞、伊太利、西班牙、葡萄牙、瑞西、白耳義、瑞典、諾威、丁抹、和蘭十四國이오美洲에ᄂᆞᆫ北米合衆國、墨西哥、白露、智利四國이오其外國通商口岸은二十八處오다시外人居留地一處가東京에有ᄒᆞ더니明治三十二年(大皇帝光武三年己亥)八月에條約을改訂ᄒᆞ야內地ᄅᆞᆯ開放ᄒᆞ야外人의雜居ᄅᆞᆯ許ᄒᆞ되商賈往來에日本法律을遵守ᄒᆞ야犯禁者가有ᄒᆞ면政府ㅣ懲治ᄒᆞ더라

日本이自古로支那와韓國으로、더브러使聘이常通ᄒᆞ야往來가不絶ᄒᆞ고其有益ᄒᆞᆫ學術을採用ᄒᆞ며有用ᄒᆞᆫ技藝ᄅᆞᆯ習學ᄒᆞ더니其中世에ᄂᆞᆫ戰亂이相繼ᄒᆞ야文學을不講ᄒᆞᆫ者ㅣ數百年이러니및德川氏가政權을掌握ᄒᆞ매國家가安寧ᄒᆞ야兵革을不見ᄒᆞᆫ지二百餘年이라、이에文學이振興ᄒᆞ고鴻儒가輩出ᄒᆞ야政治技藝의進步가大盛ᄒᆞ니

然ᄒᆞ나閉關自守ᄒᆞ야各國과往來ᄅᆞᆯ不通ᄒᆞ니正히人이杜門不出ᄒᆞᆷ과如ᄒᆞ야古書만徒讀ᄒᆞ고合變을不知ᄒᆞ야見聞이狹隘ᄒᆞ야世務ᄅᆞᆯ不知ᄒᆞ더니明治維新後로브터各國과立約通商ᄒᆞ야舊弊ᄅᆞᆯ掃除ᄒᆞ고德政이日進ᄒᆞ야凡北美、西歐의道藝가日本에有益ᄒᆞᆫ者ᄂᆞᆫ其善을擇ᄒᆞ야從ᄒᆞ고其不善ᄒᆞᆫ者ᄂᆞᆫ改ᄒᆞ니故로政治가淸明ᄒᆞ야賄賂의私가無ᄒᆞ고法律이公平ᄒᆞ야枉撓의弊가無ᄒᆞ고兵備ᄂᆞᆫ陸師戰艦이有勇、有方ᄒᆞ야足히外侮ᄅᆞᆯ禦ᄒᆞ고敎育은文事武備가兼資並重ᄒᆞ야全國에遍及ᄒᆞ고또汽船이有ᄒᆞ야大川을利涉ᄒᆞ고火車가有ᄒᆞ야周道에驅馳ᄒᆞ고電信、郵便이有ᄒᆞ야消信을通ᄒᆞ고또新聞이廣布ᄒᆞ야民智가開發ᄒᆞ고機器가創興ᄒᆞ야國이利用ᄒᆞ니故로財物이日富ᄒᆞ고國勢가日强ᄒᆞ야士民은成城ᄒᆞᆯ志가有ᄒᆞ고歐米ᄂᆞᆫ染指의言이無ᄒᆞ더라

各道(附臺灣)

○東海 東海道ᄂᆞᆫ本州東南部에在ᄒᆞ니東南은太平洋을濱ᄒᆞ고西ᄂᆞᆫ畿內ᄅᆞᆯ接ᄒᆞ고北은東山道ᄅᆞᆯ界ᄒᆞ니面積이(一萬五千九百四十八方里오人口ᄂᆞᆫ九百九十五萬四千五百이오地勢ᄂᆞᆫ西北境은山脈이連亘ᄒᆞ고中央에ᄂᆞᆫ富士、赤石山脈이縱橫蟠屈ᄒᆞ고其南方一帶ᄂᆞᆫ土地가平坦ᄒᆞ고田野ㅣ甚多ᄒᆞ며海岸은出入이不少ᄒᆞ야利根、

木曾、大井、天龍諸川이海에注入ᄒᆞ고豆南諸島及小笠原島가遠히海中에橫ᄒᆞ고氣候ᄂᆞᆫ溫和ᄒᆞ야夏가甚熱치아니ᄒᆞ고冬에도甚寒치아니ᄒᆞ며明治二年(大皇帝六年己巳에)此에徙都ᄒᆞ고現今에分ᄒᆞ야十五縣과縣府ㅣ라屬縣人이되얏더라

東京 東京은武藏國東南隅에在ᄒᆞ야東京灣北岸을據ᄒᆞ니即日本京都라地勢가平坦ᄒᆞ고隅田川이其東部에貫流ᄒᆞ니城市의廣은東西가十八里오南北은二十四里오人口ᄂᆞᆫ百三十二萬이오皇城이其中央에在ᄒᆞ야巍然히空中에聳立ᄒᆞ고綠樹가環繞ᄒᆞ야、가장高潔ᄒᆞ고內閣及大小衙門과各國公使衙門과近衛師團、第一師團、東京府廳이다其近傍에在ᄒᆞ고東京帝國大學校及各種高等專門學校와大小報館等이다此에在ᄒᆞ고街道가殷闐ᄒᆞ고新橋로브터日本橋ᄅᆞᆯ經ᄒᆞ야萬世橋에至ᄒᆞ기ᄭᆞ지其間에市廛이櫛比ᄒᆞ고車馬가絡繹ᄒᆞ야、가장繁華ᄒᆞ고또此地ᄂᆞᆫ四方의通衢라鐵道가四達ᄒᆞ야貨物이齊集ᄒᆞ고商業이最盛ᄒᆞ니物産은織物、自來火、錦綃、鑑用細工、淺草海衣(淺草ᄂᆞᆫ地名이라)等이오또橫濱과相距가七里오近郊의勝地ᄂᆞᆫ墨堤及飛鳥山이러라

千葉 千葉은下總國東南隅에在ᄒᆞ야東京灣의東北岸을據ᄒᆞ니即千葉縣廳의所在

處오第一高等學校醫學部、師範學校、中學校、郵便電信局、報館等이ᄯᅩᄒᆞᆫ此에在ᄒᆞ고鐵道ᄂᆞᆫ西北으로ᄂᆞᆫ東京에達ᄒᆞ고東은銚子에至ᄒᆞ고東南은一宮에及ᄒᆞ니ᄯᅩᄒᆞᆫ險要ᄒᆞᆫ處오人口ᄂᆞᆫ二萬八千이러라

水戶 水戶ᄂᆞᆫ常陸國中央에在ᄒᆞ야那珂川南岸을據ᄒᆞ니即茨城縣廳의所在處오其地에ᄯᅩ師範學校、中學校、郵便電信局及報館等이有ᄒᆞ고ᄯᅩ偕樂園、弘道館의遺跡이有ᄒᆞ고市街가ᄯᅩᄒᆞᆫ繁華ᄒᆞ며鐵路ᄂᆞᆫ西으로ᄂᆞᆫ小山에至ᄒᆞ고西南은東京에達ᄒᆞ고北은仙臺에及ᄒᆞ고人口ᄂᆞᆫ三萬二千이러라

浦和 浦和ᄂᆞᆫ武藏國東南部에在ᄒᆞ야東京西北을當ᄒᆞ니即埼玉縣廳의所在處오ᄯᅩᄒᆞᆫ師範學校、中學校及郵便電信局이有ᄒᆞ고其地ᄂᆞᆫ東京으로從ᄒᆞ야東北地方에至ᄒᆞᄂᆞᆫ要衝을當ᄒᆞ고鐵道ᄂᆞᆫ東南으로ᄂᆞᆫ東京에至ᄒᆞ고西北은直江津에至ᄒᆞ고北은青森에直至ᄒᆞ고物產은綿布오人口ᄂᆞᆫ六千餘러라

橫濱 橫濱은武藏國南端에在ᄒᆞ야東京灣西南岸을據ᄒᆞ니即神奈川縣廳의所在處오其地가久히外國通商口岸이되야各國領事衙門、稅關、輪船公司、銀行、報館等이다此에在ᄒᆞ고道路가整齊ᄒᆞ고洋屋이櫛比ᄒᆞ며貨物이輻湊ᄒᆞ고商旅가雲集ᄒᆞ며鐵路ᄂᆞᆫ東北으로東京에達ᄒᆞ고西南은靜岡、名古屋諸處에至ᄒᆞ며航路ᄂᆞᆫ東은北美合衆國의桑港과英領加奈陀의晩古拔에至ᄒᆞ고西南은支那와歐洲에及ᄒᆞ니故로輪船의往來가不絕ᄒᆞ고出口貨ᄂᆞᆫ絲、茶、絹布、生銅이大宗이되고入口貨ᄂᆞᆫ綿絲、砂糖、洋油가大宗이니統計明治三十一年(大皇帝光武二年戊戌)에通商의出入이洋銀一億九千百三十一萬餘圓이니實上日本通商口岸中가장繁華ᄒᆞᆫ處오人口ᄂᆞᆫ十八萬八千이러라

甲府 甲府ᄂᆞᆫ甲斐國中央에在ᄒᆞ야笛吹川北岸을據ᄒᆞ니即山梨縣廳의所在處오ᄯᅩᄒᆞᆫ師範學校、中學校及郵便電信局、報館이有ᄒᆞ고其地ᄂᆞᆫ四面이다山이라峽中의名이有ᄒᆞ며養蠶이最盛ᄒᆞ고ᄯᅩ葡萄、水晶等을多產ᄒᆞ고人口ᄂᆞᆫ三萬六千이러라

靜岡 靜岡은駿河國西南部에在ᄒᆞ야安倍川東岸을據ᄒᆞ니即靜岡縣廳의所在處오第三師團의分營과師範學校、中學校、郵便電信局、報館等이有ᄒᆞ고其地가東海道要衝을當ᄒᆞ고鐵路ᄂᆞᆫ東北으로ᄂᆞᆫ橫濱及東京에至ᄒᆞ고西ᄂᆞᆫ名古屋에達ᄒᆞ고ᄯᅩ其東에ᄂᆞᆫ清水通商口岸이有ᄒᆞ니故로百貨가輻湊ᄒᆞ고商旅가雲集ᄒᆞ고物產은漆器、竹器오人口ᄂᆞᆫ四萬餘러라

名古屋　名古屋은尾張國中央에在ᄒᆞ야伊勢灣北岸을據ᄒᆞ니即愛知縣廳의所在處오第三師團과控訴院及師範學校、中學校、郵便電信局、報館等이皆有ᄒᆞ고名古屋城이市中에高聳ᄒᆞ며金鯱를頂戴ᄒᆞ니光彩가陸離ᄒᆞ야四方에照耀ᄒᆞ고其地가險要ᄒᆞ며鐵路ᄂᆞᆫ東은靜岡을通ᄒᆞ고西ᄂᆞᆫ西京에至ᄒᆞ고西南은四日市(外國通商口岸)와津에達ᄒᆞ고ᄯᅩ其西ᄂᆞᆫ武豐의通商口岸이有ᄒᆞ야鐵道가通ᄒᆞ미往來가尤便ᄒᆞ고貨物이山積ᄒᆞ고商業이繁盛ᄒᆞ니實上東海道中의最繁華處오物産은七寶燒(陶器名)織物、絲、酒等이오人口ᄂᆞᆫ二十五萬二千이러라

津　津은伊勢國中央에在ᄒᆞ야伊勢海西岸을瞰ᄒᆞ니即三重縣廳의所在處오師範學校、中學校及郵便電信局、報館等이在ᄒᆞ고鐵路ᄂᆞᆫ東北은四日市及名古屋에達ᄒᆞ고西北은西京에達ᄒᆞ고東南은山田及宇治에達ᄒᆞ니宇治ᄂᆞᆫ皇祖天照皇太神의宗廟가有ᄒᆞᆫ故로宮宇가宏壯ᄒᆞ고老樹가叢森ᄒᆞ며境內가潔淨ᄒᆞ고瞻拜ᄒᆞᄂᆞᆫ者ㅣ陸續不絕ᄒᆞ니、진실로千古의靈場이오人口ᄂᆞᆫ三萬一千이러라

○畿內　畿內ᄂᆞᆫ本州中央에在ᄒᆞ니東은東山、東海二道를接ᄒᆞ고西ᄂᆞᆫ山陽道를連ᄒᆞ고ᄯᅩ內海에臨ᄒᆞ며南은南海道를界ᄒᆞ고北은山陰道를隣ᄒᆞ니面積은二千六百七十方里오人口ᄂᆞᆫ二百六十七萬四千九百이오地勢ᄂᆞᆫ東南及北에ᄂᆞᆫ山岳이相連ᄒᆞ고土地가高峻ᄒᆞ며、오직其中이平坦ᄒᆞ고淀川이其間에貫流ᄒᆞ며氣候가溫和ᄒᆞ야不寒、不熱ᄒᆞ고現今에五國에分ᄒᆞ니屬府가二오屬縣이二러라

西京　西京(一名은京都)은山城國中央에在ᄒᆞ야鴨川兩岸을跨ᄒᆞ니即一千餘年間帝都의所在處러니今皇明治二年(大皇帝六年戊辰)에東京에徙都ᄒᆞ고其地에舊日皇宮과京都府廳、京都帝國大學校、第三高等學校、美術學校、師範學校、中學校、東西兩本願寺(此寺ᄂᆞᆫ眞宗의總寺라)郵便電信局、報館이有ᄒᆞ고街道가整齊ᄒᆞ고山川이明媚ᄒᆞ며名勝과舊蹟이全國에冠ᄒᆞ니故로四時에遊人의車馬가不絕ᄒᆞ고鐵路ᄂᆞᆫ西南으로ᄂᆞᆫ大阪、神戶에至ᄒᆞ고東은名古屋에達ᄒᆞ고北은敦賀(通商口岸)를通ᄒᆞ고物産은染物、織物이오人口ᄂᆞᆫ三十三萬二千이러라

奈良　奈良은大和國北部에在ᄒᆞ니即八十餘年間帝都의所在處라其地에奈良縣廳、博物館、師範學校、中學校、郵便電信局、報館等이有ᄒᆞ고名勝地가亦多ᄒᆞ고鐵路ᄂᆞᆫ西으로ᄂᆞᆫ大阪에至ᄒᆞ고北은西京에至ᄒᆞ며物産은葛粉、漬物(即我國沈菜)이오人口ᄂᆞᆫ三萬九千九百이러라

大阪　大阪은攝津國東南端에在ᄒᆞ니卽大阪府廳의所在處오또外國通商口岸이라其地의第四師團과控訴院、造幣局、造船所及師範學校、中學校、郵便電信局、報舘、紡績公司、大阪商船會社가有ᄒᆞ고輪船이出入時에반다시此處에繫纜ᄒᆞᆫ後에去ᄒᆞ며鉄路ᄂᆞᆫ西으로ᄂᆞᆫ神戶에至ᄒᆞ고東은奈良에達ᄒᆞ고東北은西京에通ᄒᆞ며市中에富商과巨賈가多ᄒᆞ고商業의盛ᄒᆞᆷ이西南의第一이라明治三十一年(大皇帝光武二年戊戌)通商의出入을統計ᄒᆞ니곳洋銀六百七十二萬一千元이오物産은綿布、煙管等이오人口ᄂᆞᆫ十九萬四千이러라

神戶　神戶ᄂᆞᆫ攝津國西南部에在ᄒᆞ야大阪灣西北岸을據ᄒᆞ니卽兵庫縣廳의所在處오久히外國通商口岸이되얏고其地에各國領事衙門及師範學校、中學校、郵便電信局、報舘等이有ᄒᆞ고市街가熱鬧ᄒᆞ고또海上에大小輪船이出入ᄒᆞ야汽笛의聲이往來不絶ᄒᆞ고鉄路ᄂᆞᆫ西으로ᄂᆞᆫ岡山及廣島에至ᄒᆞ고東은大阪에達ᄒᆞ며商業이最盛ᄒᆞ고其出口貨ᄂᆞᆫ米、茶、樟腦、自來火、煤炭이大宗이되고入口ᄂᆞᆫ綿布、洋油、棉花、砂糖이大宗이되니明治三十一年(大皇帝光武二年戊戌)의出入을統計ᄒᆞ면洋銀一億九千八百二十五萬二千圓이되니互市의盛ᄒᆞᆷ이日本의第二가되고物産은紙及牛오

또湊川神社가有ᄒᆞ야忠臣楠正成을祀ᄒᆞ고須磨와舞子ᄂᆞᆫ彼處의勝境이라風光이明媚ᄒᆞ야恰然히畵圖와如ᄒᆞ더라

◯東山道　東山道ᄂᆞᆫ本州東北部에在ᄒᆞ니東은太平洋을臨ᄒᆞ고西南은畿內及山陽道를接ᄒᆞ고南은東海道를界ᄒᆞ고西北은北陸道及日本海에隣ᄒᆞ고北은輕津海峽을隔ᄒᆞ야北海道와對ᄒᆞ니面積이四萬一千一百方里오人口ᄂᆞᆫ九百二十三萬一千二百人이오地勢ᄂᆞᆫ西部의湖畔과東部海邊에ᄂᆞᆫ土地가平坦ᄒᆞ고此外ᄂᆞᆫ高山峻嶺이縱橫連亘ᄒᆞ고摩天蟠地ᄒᆞ야交通이不便ᄒᆞ고海岸의出入이不多ᄒᆞ며、오쟉最上、北上、阿武隈諸川이海에注入ᄒᆞ고氣候ᄂᆞᆫ西南은漸漸温和ᄒᆞ고東北은漸漸寒冷ᄒᆞ고現今은十三國에分ᄒᆞ고屬縣十一이有ᄒᆞ더라

大津　大津은近江國西南隅에在ᄒᆞ야琵琶湖西南岸을據ᄒᆞ니卽滋賀縣廳의所在處오其地가古昔의帝都오또湖上風景이極佳ᄒᆞ야八勝의名이有ᄒᆞ고第四師團의分營과師範學校、中學校、郵便電信局、報舘等이有ᄒᆞ고鉄路ᄂᆞᆫ西으로ᄂᆞᆫ西京에至ᄒᆞ고東으로ᄂᆞᆫ四日市及名古屋에達ᄒᆞ고北은敦賀를通ᄒᆞ고人口ᄂᆞᆫ三萬三千이러라

岐阜　岐阜ᄂᆞᆫ美濃國南部에在ᄒᆞ야長良川南岸을據ᄒᆞ니卽岐阜縣廳의所在處오其

地에師範學校、中學校、郵便電信局、報館等이有ᄒᆞ고鐵路ᄂᆞᆫ西南으로ᄂᆞᆫ大津에至ᄒᆞ고南으로ᄂᆞᆫ名古屋에達ᄒᆞ고物産은紙及燈籠이오人口ᄂᆞᆫ三萬一千이러라

長野　長野ᄂᆞᆫ信濃國北部에在ᄒᆞ야信濃川上流의千曲、犀、二水가會流ᄒᆞᆫ處ᄅᆞᆯ據ᄒᆞ니卽長野縣廳의所在處오또師範學校、中學校、及郵便電信局、報館等이有ᄒᆞ고鐵路ᄂᆞᆫ東南으로ᄂᆞᆫ前橋、東京에至ᄒᆞ고北으로ᄂᆞᆫ直江津에達ᄒᆞ고또市中에善光寺古刹이有ᄒᆞ니賽客이雲集ᄒᆞ야香火가不絶ᄒᆞ고其地에養蠶이昌盛ᄒᆞ고人口ᄂᆞᆫ二萬九千九百이러라

前橋　前橋ᄂᆞᆫ上野國南部에在ᄒᆞ야利根川東岸을據ᄒᆞ니卽群馬縣廳의所在處오師範學校、中學校、及郵便電信局、報館等이有ᄒᆞ고鉄路ᄂᆞᆫ西北으로ᄂᆞᆫ長野에至ᄒᆞ고東南으로ᄂᆞᆫ東京에達ᄒᆞ며其地에處處養蠶ᄒᆞᄂᆞᆫ中에富岡、桐生이尤盛ᄒᆞ고또製絲場及紡績場이有ᄒᆞ야製造가頗多ᄒᆞ고其近에伊香保溫泉이有ᄒᆞ야浴客이多ᄒᆞ고人口ᄂᆞᆫ三萬三千이러라

宇都宮　宇都宮은下野國中央에在ᄒᆞ니卽栃木縣廳의所在處오師範學校、中學校、郵便電信局、報館等이有ᄒᆞ고鉄路ᄂᆞᆫ西으로ᄂᆞᆫ前橋에至ᄒᆞ고南으로ᄂᆞᆫ東京에達ᄒᆞ고東北으로ᄂᆞᆫ仙臺、靑森等處ᄅᆞᆯ通ᄒᆞ고其地에製絲의盛ᄒᆞᆷ이足利(地名)가爲最오또足尾의銅鑛은本州의第一이오西北은日光山이有ᄒᆞ고또東照宮이라ᄒᆞᄂᆞᆫ神祠가有ᄒᆞ니卽德川家康을祭ᄒᆞᄂᆞᆫ處라結構가壯麗ᄒᆞ야金碧이輝煌ᄒᆞ니實로全國의第一이오山中에湖水와瀑布가有ᄒᆞ야風景이絶佳ᄒᆞ니故로避暑ᄒᆞᄂᆞᆫ者ㅣ不少ᄒᆞ고人口ᄂᆞᆫ三萬六千이러라

福島　福島ᄂᆞᆫ岩代國東北部에在ᄒᆞ야阿武隈川西岸을據ᄒᆞ니卽福島縣廳의所在處오師範學校、中學校、郵便電信局、報館等이有ᄒᆞ고鐵路ᄂᆞᆫ東北으로ᄂᆞᆫ仙臺에至ᄒᆞ고西南으로ᄂᆞᆫ宇都宮에達ᄒᆞ고物産은蠶絲가最盛ᄒᆞ고人口ᄂᆞᆫ一萬八千이러라

仙臺　仙臺ᄂᆞᆫ陸前國中央에在ᄒᆞ야仙臺灣西岸을據ᄒᆞ니卽宮城縣廳의所在處오第二師團、控訴院及第二高等學校、師範學校、中學校、郵便電信局、報館等이有ᄒᆞ고鉄路ᄂᆞᆫ北으로ᄂᆞᆫ盛岡及靑森에至ᄒᆞ고西南으로ᄂᆞᆫ福島에達ᄒᆞ고南으로ᄂᆞᆫ水戶ᄅᆞᆯ通ᄒᆞ니商業이最盛ᄒᆞ야形勢의雄壯ᄒᆞᆷ이東北의第一이되고物産은有名ᄒᆞᆫ仙臺平織(精巧ᄒᆞᆫ織物)과棉琥珀緞、(卽洋緞의類라)銅器와養花ᄒᆞᄂᆞᆫ巧工이有ᄒᆞ고人口ᄂᆞᆫ八萬二千이오東北海中에松島가有ᄒᆞ고其餘小島八百八個가波間에碁布星羅ᄒᆞ고老

松이其上에生ᄒᆞ며風景이畵圖와如ᄒᆞ야遊人이不絶ᄒᆞᄂᆞ니라

盛岡　盛岡은陸中國中央에在ᄒᆞ야北上川上流東岸을據ᄒᆞ니即岩手縣廳의所在處오師範學校、中學校、郵便電信局、及報館等이有ᄒᆞ고鐵路ᄂᆞᆫ北으로ᄂᆞᆫ青森에至ᄒᆞ고南으로ᄂᆞᆫ仙臺에達ᄒᆞ고物産은絹布及鐵瓶이有ᄒᆞ고人口ᄂᆞᆫ三萬一千이러라

青森　青森은陸奧國中央에在ᄒᆞ야青森灣南岸을據ᄒᆞ니即本州의極北이라青森縣廳、第二師團의分營、師範學校、中學校、便郵電信局、報館等이有ᄒᆞ고鐵路ᄂᆞᆫ南으로ᄂᆞᆫ盛岡에至ᄒᆞ고西南으로ᄂᆞᆫ弘前에達ᄒᆞ고輪船航路ᄂᆞᆫ北海道渡島國의箱館에直至ᄒᆞ니其間이險要ᄒᆞ고物産은漆器오人口ᄂᆞᆫ一萬六千이러라

秋田　秋田은羽後國西端에在ᄒᆞ야御物川下流北岸을據ᄒᆞ니秋田縣廳、第八師團分營、師範學校、中學校、郵便電信局、報館等이有ᄒᆞ고物産은織物이오人口ᄂᆞᆫ一萬六千이러라

山形　山形은羽前國東南部에在ᄒᆞ야最上川上流北岸을據ᄒᆞ니山形縣廳、師範學校、中學校、郵便電信局、報館等이有ᄒᆞ고其南에米澤(地名)이有ᄒᆞ고物産은絹布가著名ᄒᆞ고人口ᄂᆞᆫ二萬二千이러라

○北陸　北陸道ᄂᆞᆫ本州西北에在ᄒᆞ니東南으로ᄂᆞᆫ東山道를接ᄒᆞ고西으로ᄂᆞᆫ山陽道에界ᄒᆞ고北으로ᄂᆞᆫ日本海에臨ᄒᆞ니面積이九千四百六十方里오人口ᄂᆞᆫ四百萬이오地勢ᄂᆞᆫ東南境은山岳이綿亘ᄒᆞ야鎗岳、立山、白山이雲表에聳立ᄒᆞ고、오쟉西北濱海地에原野가大闢ᄒᆞ고信濃、神通、射水諸川이北間을貫流ᄒᆞ고海岸은出入이極少ᄒᆞ고、오쟉能登半島가海中에突出ᄒᆞ고佐渡島가波間에橫亘ᄒᆞ며氣候ᄂᆞᆫ稍寒ᄒᆞ야嚴冬에ᄂᆞᆫ積雪이人의往來가不便ᄒᆞ고現今에此地를分ᄒᆞ야七國이되고屬縣四가有ᄒᆞ더라

新潟　新潟ᄂᆞᆫ越後國西北端에在ᄒᆞ야信濃川河口를據ᄒᆞ니此地에新潟縣廳、師範學校、中學校、郵便電信局、報館等이有ᄒᆞ고人口ᄂᆞᆫ五萬一千이오鐵路ᄂᆞᆫ西南으로ᄂᆞᆫ直江津에至ᄒᆞ고輪船은西으로ᄂᆞᆫ佐渡島에通ᄒᆞ고ᄯᅩ此處ᄂᆞᆫ久히通商口岸이라故로外人의商館이ᄯᅩᄒᆞᆫ此에在ᄒᆞ나、다만可惜ᄒᆞᆫ者ᄂᆞᆫ河口에泥沙가淤塞ᄒᆞ야大船을碇繫키難ᄒᆞᆫ故로貿易이ᄯᅩᄒᆞᆫ興旺치못ᄒᆞ야明治三十一年(大皇帝光武二年戊戌)通商의出入을統計ᄒᆞ니洋銀이九十五萬六千一百餘圓이라然이나其地가西北으로ᄂᆞᆫ日本海를隔ᄒᆞ야俄領海參威와相對ᄒᆞ니他日에西伯里鐵路가成ᄒᆞ면俄國通商이今

日에 比ᄒᆞ면이니라

富山 富山은 越中國中央에 在ᄒᆞ야 神通川東岸을 據ᄒᆞ니 富山縣廳과 師範學校、中學校、郵便電信局、報館等이 有ᄒᆞ고 物産은 藥과 金銀銅器가 有ᄒᆞ고 人口ᄂᆞᆫ 五萬八千이오 其西北射水川口에 伏木通商口岸이 有ᄒᆞ더라

金澤 金澤은 加賀國北部에 在ᄒᆞ야 犀川兩岸을 跨ᄒᆞ니 石川縣廳과 第九師團、第四高等學校、師範學校、中學校、郵便電信局、報館等이 有ᄒᆞ고 市街가 繁華ᄒᆞ며 其形勢의 雄壯ᄒᆞᆷ이 北陸道의 第一이오 物産은 絹布、象牙細工、陶器及銅이오 人口ᄂᆞᆫ 八萬二千이러라

福井 福井은 越前國北部에 在ᄒᆞ야 足羽川兩岸을 跨ᄒᆞ니 福井縣廳及師範學校、中學校、郵便電信局、報館等이 有ᄒᆞ고 鐵路ᄂᆞᆫ 西南으로ᄂᆞᆫ 敦賀通商口岸에 至ᄒᆞ야 西京을 通ᄒᆞ고 物産은 絹布오 人口ᄂᆞᆫ 四萬三千이러라

○山陰 山陰道ᄂᆞᆫ 本州西南部에 在ᄒᆞ야 東으로ᄂᆞᆫ 畿內及北陸道ᄅᆞᆯ 接ᄒᆞ고 南西ᄂᆞᆫ 山陽道에 界ᄒᆞ고 北으로ᄂᆞᆫ 日本海ᄅᆞᆯ 臨ᄒᆞ니 面積은 六千五百十方里오 人口ᄂᆞᆫ 一百八十八萬六千이오 地勢ᄂᆞᆫ 南境으로ᄂᆞᆫ 山嶺이 起伏ᄒᆞ야 平原을 不見ᄒᆞ고、오직 沿海地ᄂᆞᆫ

平坦ᄒᆞ고 江川이 海에 注入ᄒᆞ며 沿岸은 出入이 不多ᄒᆞ고 隱岐島가 海中에 橫亘ᄒᆞ며 氣候가 溫和ᄒᆞ야 仲冬에ᄂᆞᆫ 南方山中에 積雪이 常有ᄒᆞ며 現今 其地가 分ᄒᆞ야 八國이 되고 屬府一과 屬縣二가 有ᄒᆞ더라

鳥取 鳥取ᄂᆞᆫ 因幡國北部에 在ᄒᆞ야 千代川東岸을 據ᄒᆞ니 其地에 鳥取縣廳及第十師團의 分營과 師範學校、中學校、郵便電信局、報館等이 有ᄒᆞ고 人口ᄂᆞᆫ 二萬八千이러라

松江 松江은 出雲國北部에 在ᄒᆞ야 宍道湖北岸을 據ᄒᆞ니 島根縣廳과 師範學校、中學校、郵便電信局、報館等이 有ᄒᆞ고 輪船의 出入이 繁多ᄒᆞ고 瑪瑙細工及鹽鰕等이 有ᄒᆞ고 人口ᄂᆞᆫ 三萬四千이오 西으로 杵築에 至ᄒᆞ면 出雲大神祠가 有ᄒᆞ야 素盞嗚尊(卽皇祖天照皇太神의 弟라)을 祭ᄒᆞ니 宮室이 壯麗ᄒᆞ고 瞻拜ᄒᆞᄂᆞᆫ 者ㅣ 不少ᄒᆞ더라

○山陽 山陽道ᄂᆞᆫ 亦ᄒᆞᆫ 本州西南部에 在ᄒᆞ니 東으로ᄂᆞᆫ 畿內ᄅᆞᆯ 接ᄒᆞ고 西으로ᄂᆞᆫ 海에 濱ᄒᆞ고 南으로ᄂᆞᆫ 內海에 臨ᄒᆞ고 北으로ᄂᆞᆫ 日本海ᄅᆞᆯ 臨ᄒᆞ니 面積이 九千四十方里오 人口ᄂᆞᆫ 四百二十九萬二千三百이오 地勢ᄂᆞᆫ 北境으로ᄂᆞᆫ 山脈이 橫臥ᄒᆞ고、오직 南方沿海ᄂᆞᆫ 平坦ᄒᆞ고 田野가 闢ᄒᆞ고 河水가 其間에 貫流ᄒᆞ고 海岸은 屈曲이 甚多ᄒᆞ야 小島가

波間에羅列ᄒᆞ고氣候가溫和ᄒᆞ고雨雪이甚少ᄒᆞ며現今에分ᄒᆞ야八國이되고屬縣四가有ᄒᆞ더라

岡山　岡山은備前國南隅에在ᄒᆞ야西大川西岸을據ᄒᆞ니岡山縣廳及師範學校、中學校、郵便電信局、報館等이有ᄒᆞ고鐵路ᄂᆞᆫ東으로ᄂᆞᆫ、神戶大阪에至ᄒᆞ고西ᄂᆞᆫ廣島에達ᄒᆞ니市中에貨物이雲集ᄒᆞ고商業이頗盛ᄒᆞ야其繁華ᄒᆞᆷ이山陽의第一이오人口ᄂᆞᆫ五萬六千이러라

廣島　廣島ᄂᆞᆫ安藝國南端에在ᄒᆞ야大田川兩岸을跨ᄒᆞ니其地에廣島縣廳、第五師團、控訴院、師範學校、中學校、郵便電信局、報館等이有ᄒᆞ고鐵路ᄂᆞᆫ東으로ᄂᆞᆫ岡山에至ᄒᆞ고西으로ᄂᆞᆫ三田尻에至ᄒᆞ고其南으로ᄂᆞᆫ宇品口岸이有ᄒᆞ야輪船의出入이頗繁ᄒᆞ고商業이盛ᄒᆞ며其西南海中에嚴島가有ᄒᆞ니并히古祠가有ᄒᆞ야樓臺가波間에浮沉ᄒᆞ고風景이頗佳ᄒᆞ고物産은繰綿、蚊帳、傘等이오人口ᄂᆞᆫ十一萬三千이러라

山口　山口ᄂᆞᆫ周防國西隅에在ᄒᆞ니其地에山口縣廳과第五師團分營、山口高等學校、師範學校、中學校、郵便電信局、報館等이有ᄒᆞ고東南으로ᄂᆞᆫ三田尻口岸이오人口ᄂᆞᆫ一萬八千이러라

○南海　南海道ᄂᆞᆫ東으로ᄂᆞᆫ畿內及東海道를接ᄒᆞ고西ᄂᆞᆫ內海를隔ᄒᆞ야西海道에對ᄒᆞ고南으로ᄂᆞᆫ太平洋을臨ᄒᆞ고北으로ᄂᆞᆫ內海를隔ᄒᆞ야山陽道와對ᄒᆞ니面積이九千三百六十方里오人口ᄂᆞᆫ三百九十二萬三千五百이오地勢ᄂᆞᆫ東部로ᄂᆞᆫ峻嶺이有ᄒᆞ고中部로ᄂᆞᆫ山脈이橫貫ᄒᆞ고其餘ᄂᆞᆫ原野가多ᄒᆞ고吉野川이其間에貫流ᄒᆞ며海岸은出入이極多ᄒᆞᆫ中、北岸은더욱彎曲ᄒᆞ고또島嶼가甚多ᄒᆞ며其中淡路島가最大ᄒᆞ고氣候가溫和多雨ᄒᆞ고今에分ᄒᆞ야五國과屬縣五가有ᄒᆞ더라

和歌山　和歌山은紀伊國西北隅에在ᄒᆞ야紀伊川南岸을據ᄒᆞ니其地에和歌山縣廳及師範學校、中學校、郵便電信局、報館等이有ᄒᆞ고鐵路ᄂᆞᆫ大阪에至ᄒᆞ고輪船은德島及大阪、神戶에達ᄒᆞ고市街가繁華ᄒᆞ고商業이繁盛ᄒᆞ며物産은絹布、橘類오人口ᄂᆞᆫ五萬七千이오和歌浦가其南에在ᄒᆞ야風景이頗佳ᄒᆞ더라

德島　德島ᄂᆞᆫ阿波國東端에在ᄒᆞ야吉野河口南岸을據ᄒᆞ니其地에德島縣廳及師範學校、中學校、郵便電信局、報館等이有ᄒᆞ고輪船은和歌山及大阪을通ᄒᆞ고商業이最盛ᄒᆞ야其繁華가四國의第一이오物産은齋田의塩이有名ᄒᆞ고人口ᄂᆞᆫ六萬二千이러라

高松　高松ᄋᆞᆫ讚岐國北端에在ᄒᆞ니其地에香川縣廳及師範學校、中學校、郵便電信局、報館等이有ᄒᆞ고鐵路ᄂᆞᆫ西으로丸龜에至ᄒᆞ고輪船ᄋᆞᆫ東北으로神戶及大阪에達ᄒᆞ니商業이頗盛ᄒᆞ고物産ᄋᆞᆫ織物이오人口ᄂᆞᆫ三萬四千이러라

松山　松山ᄋᆞᆫ伊豫國西北隅에在ᄒᆞ니其地에愛媛縣廳과第十一師團分營、師範學校、中學校、郵便電信局、報館等이有ᄒᆞ고其北岸에三津濱이有ᄒᆞ야鐵路ᄅᆞᆯ可通이오其東에ᄂᆞᆫ道後溫泉이有ᄒᆞ야四時에來客이不絶ᄒᆞ더라

高知　高知ᄂᆞᆫ土佐國南部에在ᄒᆞ니其地에高知縣廳과第十一師團分營、師範學校、中學校、郵便電信局、報館等이有ᄒᆞ고市中에商業이頗盛ᄒᆞ고物産ᄋᆞᆫ鰹節(魚類)及紙오輪船이浦戶灣에出入ᄒᆞ고人口ᄂᆞᆫ三萬六千이니即海南의都會러라

○西海　西海道ᄂᆞᆫ東으로ᄂᆞᆫ內海ᄅᆞᆯ隔ᄒᆞ야南海道와對ᄒᆞ고東北ᄋᆞᆫ海峽을隔ᄒᆞ야山陽道에隣ᄒᆞ고西北ᄋᆞᆫ均히海洋을面ᄒᆞ니面積이一萬五千七百餘方里오人口ᄂᆞᆫ六百七十八萬八千五百이오地勢ᄂᆞᆫ阿蘇江、代勝島諸山脈이南北에縱貫ᄒᆞ고其餘ᄂᆞᆫ土地가平坦ᄒᆞ야原野가相望ᄒᆞ고筑後、球磨、大淀、川代諸川이其間에貫流ᄒᆞ고海岸ᄋᆞᆫ東方一帶外에出入이甚多ᄒᆞ고ᄯᅩ島嶼가海中에碁布ᄒᆞ야其大ᄒᆞᆫ者ᄂᆞᆫ壹岐、對馬、

琉球諸島가有ᄒᆞ고氣候가溫暖ᄒᆞ고、오작琉球ᄂᆞᆫ暑氣가頗盛ᄒᆞ야冬에도冰雪이無ᄒᆞ며今에十一國과屬縣八이有ᄒᆞ더라

福岡　福岡ᄋᆞᆫ筑前國南部에在ᄒᆞ야博多灣南岸을據ᄒᆞ니其地에福岡縣廳及第十二師團分營、師範學校、中學校、郵便電信局、報館等이有ᄒᆞ고鐵路ᄂᆞᆫ東北으로ᄂᆞᆫ小倉及門司의通商口岸에至ᄒᆞ고西北으로ᄂᆞᆫ佐賀에達ᄒᆞ고南으로ᄂᆞᆫ久留米及熊本을通ᄒᆞ고ᄯᅩ一水ᄅᆞᆯ渡ᄒᆞ면博多의通商口岸이有ᄒᆞ야商業이頗盛ᄒᆞ고物産ᄋᆞᆫ織物이오人口ᄂᆞᆫ六萬二千이러라

佐賀　佐賀ᄂᆞᆫ肥前國東部에在ᄒᆞ니其地에佐賀縣廳、師範學校、中學校、郵便電信局、報館等이有ᄒᆞ고鐵路ᄂᆞᆫ東北으로ᄂᆞᆫ久留米及福岡에至ᄒᆞ고西으로ᄂᆞᆫ佐世保(海軍鎭守府가在ᄒᆞ다)에達ᄒᆞ고西南으로ᄂᆞᆫ長崎通商口岸에至ᄒᆞ고人口ᄂᆞᆫ一萬七千이러라

長崎　長崎ᄂᆞᆫ肥前國南端에在ᄒᆞ니其地에長崎縣廳、控訴院、師範學校、中學校、郵便電信局、報館、稅關等이有ᄒᆞ고ᄯᅩ久히外國通商口岸이되지라故로外國領事衙門과商館이有ᄒᆞ고造船廠이其對岸에在ᄒᆞ고鐵路ᄂᆞᆫ南으로ᄂᆞᆫ佐世保에至ᄒᆞ고東北으

로ᄂᆞᆫ佐賀、久留米及福岡에達ᄒᆞ고또灣內가水深ᄒᆞ야輪船과商船이往來不絶ᄒᆞ고航路ᄂᆞᆫ韓國의釜山、仁川과支那의上海、芝罘、天津과俄領海參威에達ᄒᆞ니故로百貨가阜通ᄒᆞ고貿易이頗盛ᄒᆞ야明治三十一年(大皇帝光武二年戊戌)通商의出入을統計ᄒᆞ니洋銀二千六百二十八萬六千圓이오人口ᄂᆞᆫ七萬四千이러라

熊本　熊本은肥後國西北部에在ᄒᆞ야白川兩岸을跨ᄒᆞ니其地에熊本縣廳과第六師團、第五高等學校、師範學校、中學校、郵便電信局、報館等이有ᄒᆞ고鐵路ᄂᆞᆫ北으로久留米及福岡에至ᄒᆞ고西北으로ᄂᆞᆫ佐賀長崎에達ᄒᆞ고西南으로ᄂᆞᆫ三角通商口岸에至ᄒᆞ고南은八代에及ᄒᆞ고城郭이高聳ᄒᆞ고市街가繁華ᄒᆞ고商業이繁盛ᄒᆞ고物産은綿布、草帽、朝鮮飴오人口ᄂᆞᆫ五萬八千이러라

大分　大分은豐後國東北端에在ᄒᆞ야大分西岸을據ᄒᆞ니其地에大分縣廳、師範學校、中學校、郵便電信局、報館等이有ᄒᆞ고西北으로ᄂᆞᆫ別府温泉이有ᄒᆞ고物産은鑄物及檜物細工이오人口ᄂᆞᆫ一萬二千이러라

宮崎　宮崎ᄂᆞᆫ日向國南部에在ᄒᆞ야大淀川兩岸을跨ᄒᆞ니其地에宮崎縣廳、師範學校、中學校、郵便電信局、報館等이有ᄒᆞ고、오ᄌᆞᆨ水陸이다不便ᄒᆞᆫ故로商業이甚微ᄒᆞ

고人口ᄂᆞᆫ八千五百餘러라

鹿兒島　鹿兒島ᄂᆞᆫ薩摩國東南部에在ᄒᆞ야鹿兒島灣西北岸을據ᄒᆞ니其地에鹿兒島縣廳、第六師團分營、師範學校、中學校、郵便電信局、報館等이有ᄒᆞ고灣內가水深ᄒᆞ야輪船이不絶ᄒᆞ고또櫻島가波間에立ᄒᆞ고物産은綿布、陶器、烟草、鰹節이오人口ᄂᆞᆫ五萬四千이러라

那覇　那覇ᄂᆞᆫ琉球島中部에在ᄒᆞ야那覇江北岸을據ᄒᆞ니其地ᄂᆞᆫ外國通商口岸이라沖繩縣廳과師範學校、中學校、郵便電信局等이有ᄒᆞ고또第六師團分營이其東에在ᄒᆞ고物産은綿布、酒오人口ᄂᆞᆫ二萬四千이러라

○北海　北海道ᄂᆞᆫ日本東北端에在ᄒᆞ니東北으로ᄂᆞᆫ千島海峽을隔ᄒᆞ야俄領堪察加半島와對ᄒᆞ고南으로ᄂᆞᆫ津輕海峽을依ᄒᆞ야本州와對ᄒᆞ고北으로ᄂᆞᆫ宗谷海峽을隔ᄒᆞ야俄領樺太島와對ᄒᆞ야栗廓의苦海를面ᄒᆞ고西으로ᄂᆞᆫ日本海에瀕ᄒᆞ고東南으로ᄂᆞᆫ太平洋을面ᄒᆞ니面積이三萬六千五百七十方里오人口ᄂᆞᆫ五十六萬이오地勢ᄂᆞᆫ天塩과日高山脉이中央에蟠屈ᄒᆞ고曠野가不多ᄒᆞ며、오ᄌᆞᆨ西部에平原이有ᄒᆞ고石狩川、天塩川이其間에貫流ᄒᆞ고海岸은出入이不多ᄒᆞ고千島諸島가點點히海中에相連

ᄒᆞ고氣候ᄂᆞᆫ夏에甚熱치아니ᄒᆞ고冬에ᄂᆞᆫ寒氣가逼人ᄒᆞ고氷雪이艱塞ᄒᆞ야往來가不便ᄒᆞ고現今에ᄂᆞᆫ十一國、一廳이有ᄒᆞ더라

札幌　札幌은石狩國西北隅에在ᄒᆞ니卽北海道廳의所在處오第七師團及農學校、師範學校、中學校、郵便電信局、炭礦、鐵道會社、報館等이有ᄒᆞ고鐵路ᄂᆞᆫ西北으로小樽通商口岸에至ᄒᆞ고東北으로ᄂᆞᆫ縣內煤礦에達ᄒᆞ고市街가廣闊ᄒᆞ고百貨가輻湊ᄒᆞ고商業이亦盛ᄒᆞ고人口ᄂᆞᆫ二萬五千이러라

箱館　箱館은渡島國東南部에在ᄒᆞ니久히外國通商口岸이라其地가南으로ᄂᆞᆫ海峽을隔ᄒᆞ야青森口岸과相對ᄒᆞ고其北으로回望ᄒᆞ면室蘭通商口岸이有ᄒᆞ야輪船이其間에往來ᄒᆞ고航路가横濱을通過ᄒᆞ고北海道支廳、控訴院及外國領事衙門、商館等이有ᄒᆞ고出口貨ᄂᆞᆫ海産이大宗이오入口貨ᄂᆞᆫ米、茶及製造物이大宗이라明治三十一年(大皇帝光武二年戊戌)通商의出入을統計ᄒᆞ니洋銀二百六萬八千餘圓이오人口ᄂᆞᆫ七萬二千이러라

(附)臺灣

臺灣은日本國西南端에在ᄒᆞ니東은大海를隔ᄒᆞ야琉球諸島와對ᄒᆞ고東北은東海를面ᄒᆞ고西北은臺灣海峽을隔ᄒᆞ야支那의福建省과對ᄒᆞ고西南은南海에臨ᄒᆞ고南은巴西海峽을隔ᄒᆞ야比律賓羣島와相隣ᄒᆞ니面積이一萬三千六百方里오人口ᄂᆞᆫ二百四十五萬五千이오地勢ᄂᆞᆫ山脈이南北에橫貫ᄒᆞᆫ中、新高山(舊名玉山)이가쟝高峻ᄒᆞ고西方沿海地에原濕이芸芸ᄒᆞ고田野가大闢ᄒᆞ고淡水河가其北에流ᄒᆞ고海岸의川入이甚少ᄒᆞ고澎湖列島가其傍에在ᄒᆞ고氣候ᄂᆞᆫ夏ᄂᆞᆫ酷暑ᄒᆞ고冬에도ᄯᅩᄒᆞᆫ溫暖無雪ᄒᆞ고其地를現今에六縣과三廳에分ᄒᆞ더라

臺北　臺北은本島北部에在ᄒᆞ야淡水河東岸을據ᄒᆞ니卽臺灣總督府의所在處오ᄯᅩ臺北縣廳、法院、日語學校、師範學校、郵便電信局、報館等이有ᄒᆞ고鐵路ᄂᆞᆫ東北으로ᄂᆞᆫ基隆口岸에至ᄒᆞ고西南으로ᄂᆞᆫ新竹縣에達ᄒᆞ고淡水河口에ᄂᆞᆫ淡水口岸이有ᄒᆞ고航路ᄂᆞᆫ東北으로ᄂᆞᆫ長崎에至ᄒᆞ고西으로ᄂᆞᆫ支那의福州、廈門에達ᄒᆞ고市街가繁華ᄒᆞ고人口ᄂᆞᆫ五萬一千이러라

臺中　臺中은本島中部에在ᄒᆞ니卽臺中縣廳의所在處오ᄯᅩᄒᆞᆫ法院과日語學校、郵便電信局等이有ᄒᆞ고北으로ᄂᆞᆫ新竹을經ᄒᆞ야臺北에至ᄒᆞ고南으로ᄂᆞᆫ嘉義를經ᄒᆞ야臺南에達ᄒᆞ니ᄯᅩᄒᆞᆫ險要ᄒᆞᆫ地오人口ᄂᆞᆫ二萬餘러라

臺南 臺南은本島南部에在ᄒᆞ니舊時臺灣府라現今에臺南縣廳、法院、日語學校、郵便電信局을設ᄒᆞ고道路ᄂᆞᆫ東北으로ᄂᆞᆫ嘉義에至ᄒᆞ고西北으로ᄂᆞᆫ安平口岸에達ᄒᆞ고航路ᄂᆞᆫ北으로ᄂᆞᆫ長崎에達ᄒᆞ고西으로ᄂᆞᆫ香港에至ᄒᆞ고商業이ᄯᅩᄒᆞᆫ盛ᄒᆞ고人口ᄂᆞᆫ四萬五千人이러라

安南

安南은後印度의東部를占領ᄒᆞ니北은支那의雲南과鄰ᄒᆞ고西ᄂᆞᆫ暹羅에境ᄒᆞ고東은東京灣及支那海에臨ᄒᆞ며北緯十五度線이中央이되고昔에ᄂᆞᆫ三十六萬九千方里(或은二十二萬方哩) 되ᄂᆞᆫ一王國이러니近時에ᄂᆞᆫ四大部에分ᄒᆞ니北部를東京이라云ᄒᆞ고中部를交趾支那及東蒲寨라稱ᄒᆞ고南部를佛領交趾支那라稱ᄒᆞ더라

○地形 北部ᄂᆞᆫ支那雲嶺山脈으로分來ᄒᆞᆫ橫嶺이有ᄒᆞ야山谷이深ᄒᆞ니此谷은「가스니」라稱ᄒᆞᄂᆞᆫ民族이住ᄒᆞ고此로브터山脈이暹羅界의安南山이되야南에亘ᄒᆞ니其山은五千尺以上의高峰이無ᄒᆞ고其東際에沃野가有ᄒᆞ야物産이多ᄒᆞ고南方交趾支那의地ᄂᆞᆫ平坦ᄒᆞ야濕氣가多ᄒᆞᆫ故로草木이繁茂ᄒᆞ며東京河ᄂᆞᆫ北部를潤澤케ᄒᆞᄂᆞᆫ大河니支那의山間으로브터來ᄒᆞ야東京灣에注ᄒᆞ니運輪가甚便ᄒᆞᆫ故로十八年前(大皇帝二十一年甲申年)에淸、佛兩國이此河의航權을因ᄒᆞ야戰爭을開ᄒᆞ얏고東蒲寨河ᄂᆞᆫ一名을湄滄江이라稱ᄒᆞ니即南方의大河라波流가深廣ᄒᆞ며下流ᄂᆞᆫ數個의大三稜洲를抱ᄒᆞ야入海ᄒᆞ니此邊及沿海의平地ᄂᆞᆫ地味가極히肥沃ᄒᆞ더라

○氣候 安南은寒暑가甚히懸隔ᄒᆞ야東京地方은乾濕二期가有ᄒᆞ니乾期ᄂᆞᆫ夏期에

西南氣候風이吹ᄒᆞᆯ時니即安南山의濕氣를吸收ᄒᆞᄂᆞᆫ乾風인故로雨가無ᄒᆞ며寒期ᄂᆞᆫ東南氣候風이니支那海의濕氣를帶來ᄒᆞᄂᆞᆫ故로雨期에屬ᄒᆞ야南方은恒常濕氣가甚ᄒᆞ고又熱氣가有ᄒᆞᆫ故로人民의健康에不適ᄒᆞ며又東京灣近處ᄂᆞᆫ夏期에大風이有ᄒᆞ더라

○物產　北方豐饒ᄒᆞᆫ地와溟滄江畔은米穀의產出이多ᄒᆞ니此江畔의四邊은水澤이多ᄒᆞᆫ故로稻禾가自然히發生ᄒᆞ야耕農을不作ᄒᆞ야도豐熟ᄒᆞ며又肉桂ᄂᆞᆫ世界에有名ᄒᆞ고砂糖、石、炭、銀、象牙等을產ᄒᆞ며南方에ᄂᆞᆫ綿、烟草、麻栗、(樹名이니船艦의材라)菓實等을產出ᄒᆞ더라

○沿革時事　凡六百餘年前々지ᄂᆞᆫ支那의領地러니其後에漸漸自主ᄒᆞ다가三百五十年前에비로소聯合政治를定ᄒᆞ얏고百二十年前에ᄂᆞᆫ內亂이起ᄒᆞ야王과太子를殺ᄒᆞ고其禍가七年에至ᄒᆞ더니僅僅히佛兵의救援을因ᄒᆞ야平定ᄒᆞ고其報酬로溟滄江海口의一部를佛國에割與ᄒᆞ얏다가後에佛國宣敎師殺害事件을因ᄒᆞ야佛國이柴棍을占領ᄒᆞ고漸漸其領地를擴張ᄒᆞ야十七年前에ᄂᆞᆫ只今佛領交趾支那를領ᄒᆞ고又淸佛交戰後에芙英(安南京城을西人이芙英이라云ᄒᆞᆷ이라)條約을因ᄒᆞ야東蒲寨를佛

國에屬ᄒᆞ고再次十六年前條約을因ᄒᆞ야東京도屬地를作ᄒᆞ니此ᄂᆞᆫ淸國의承諾ᄒᆞᆫ비라自此로佛國의權勢가益重ᄒᆞ야國王은虛位를擁ᄒᆞᆯ뿐이러라

○人民　安南人은蒙古種에屬ᄒᆞᆫ故로頭髮은褐色이오其風俗習慣은日本과近似ᄒᆞᆫ中婦人의衣服은甚히相同ᄒᆞ고官服은閻魔王의衣와如ᄒᆞ며又器皿은漆器를多用ᄒᆞ고箸를用ᄒᆞ야起坐ᄒᆞ며工藝ᄂᆞᆫ船匠이多ᄒᆞ고國語ᄂᆞᆫ支那語와異ᄒᆞ나文字ᄂᆞᆫ漢字를多用ᄒᆞ며儒敎와佛敎를信奉ᄒᆞ고東蒲寨人은容貌가歐洲人과同ᄒᆞ며其生業은蠶製絲를主ᄒᆞ고東蒲寨中土蕃을(구데루)라稱ᄒᆞ니此民의古時文華ᄂᆞᆫ古寺院의建築이壯大ᄒᆞ고人口ᄂᆞᆫ總히二千一百萬人이러라

○都邑　順化府ᄂᆞᆫ現今安南國王의都邑이니官衙가具備ᄒᆞ야頗히偉觀이라歐米人은此를芙英이라稱ᄒᆞ니貿易의中心을占ᄒᆞ야市街가繁盛ᄒᆞ고佛人이此地에砲臺를築ᄒᆞ니其周圍가五哩餘오甚히堅固ᄒᆞᆫ故로此로써國王을牽制ᄒᆞ야主權은全혀佛國에在ᄒᆞ고其人民은可憐ᄒᆞᆫ境涯에在ᄒᆞ며東京河口上流四百里에一府가有ᄒᆞ니即河內府라東京河의貿易을占領ᄒᆞ야市街가繁盛ᄒᆞ고溟滄江支流(海口로브터九十哩의處)에一府가有ᄒᆞ니即柴棍이라佛領交趾의首府오人口ᄂᆞᆫ十八萬이니此府ᄂᆞᆫ數十

年來로佛人이占領ᄒᆞ고海軍港及貿易港이有ᄒᆞ니即佛國의要港이라府內에歐風建築으로美麗ᄒᆞᆫ家屋이多ᄒᆞ나支那人의居留地와土人의居屋은茅舍矮屋이並立ᄒᆞ며椰子의葉으로葺ᄒᆞ고屋內에ᄂᆞᆫ土床을用ᄒᆞ야甚히汚穢ᄒᆞᆫ中또豕豚을畜ᄒᆞᄂᆞᆫ故로더욱不潔ᄒᆞ더라

○貿易 貿易은支那間에盛行ᄒᆞᄂᆞᆫ故로商權은居留支那人의手中에多在ᄒᆞ고河內府ᄂᆞᆫ東京河貿易의地니河流를因ᄒᆞ야支那雲南地方으로브터南下ᄒᆞᄂᆞᆫ雜貨가不少ᄒᆞ더라

暹羅王國

暹羅ᄂᆞᆫ亞細亞南部에在ᄒᆞᆫ獨立王國이니其國名은元來馬來語에「사얌」(鳶色人種이라云ᄒᆞᄂᆞᆫ意味라)이라ᄒᆞᆷ을變ᄒᆞᆷ이오又本國人은「무안세이」(自由王國의意味라)라稱ᄒᆞ며 其位置ᄂᆞᆫ後印度半島의中央을占ᄒᆞ고安南과腹背를成ᄒᆞ며北及西ᄂᆞᆫ英領緬甸에境ᄒᆞ고南方에突出ᄒᆞᆫ山脈을因ᄒᆞ야馬來半島中部에達ᄒᆞ고南은暹羅灣에臨ᄒᆞ며中央은北緯十五度오面積은五十一萬八千八百方里(或은二十五萬方哩)러라

○地勢 東境은安南山連脈으로北境을環ᄒᆞᆫ故로地勢가自然히北部로브터南方暹羅灣에傾斜ᄒᆞ고中央의廣野ᄂᆞᆫ東에湄滄江이有ᄒᆞ고西에湄南河가有ᄒᆞ니共히灌漑가便ᄒᆞᆫ故로土地가肥沃ᄒᆞ야樹木이繁茂ᄒᆞ고又湄南地方은特히肥沃ᄒᆞ니其原因은六月로브터十一月間ᄭᆞ지湄南河가漲溢ᄒᆞᄂᆞᆫ故로自然히耕作에便利ᄒᆞ더라

○氣候 南方의氣候ᄂᆞᆫ乾濕의兩節이有ᄒᆞ야六月로브터十一月ᄭᆞ지ᄂᆞᆫ溫暖ᄒᆞ고多濕ᄒᆞ며其他ᄂᆞᆫ乾燥ᄒᆞ고寒冷ᄒᆞ며極南은炎熱이甚ᄒᆞ나海濱은氣候가爽凉ᄒᆞ더라

○產物 國中一般이森林에富ᄒᆞ야良材를產出ᄒᆞ고平原地ᄂᆞᆫ印度의第一沃土라米

穀을多産ᄒᆞ야諸方에輸出ᄒᆞ고又鑛物이富ᄒᆞ야金、鐵其他金屬을産ᄒᆞ나交通이不便ᄒᆞ야採掘이盛치못ᄒᆞ고金의最純ᄒᆞᆫ良質은西岸地方에서多出ᄒᆞ고鐵은東部에서産ᄒᆞ고石炭은中央諸州에出ᄒᆞ며寶石에ᄂᆞᆫ紅寶石、碧玉、黃玉이多ᄒᆞ야此等輸出年額이一千七百萬圓以上이오此外犀角、象牙、獸皮及染料、香料等을産ᄒᆞᄂᆞ니라

○人民　土人은全國人民의三分一이오其他ᄂᆞᆫ支那人、馬來人及雜種이니土人은淡褐色이오身長은我邦人과同ᄒᆞ고遊惰ᄒᆞᆫ風이有ᄒᆞ며頭巾을戴ᄒᆞ고寬闊ᄒᆞᆫ長袍及短衫을着ᄒᆞ고近來에ᄂᆞᆫ西洋服을着ᄒᆞ나上半은洋裝이오下半은自國服을着ᄒᆞᆫ者와或은時計의金鎖를胸前에帶ᄒᆞ고跣足ᄒᆞᆫ者가有ᄒᆞ고下等人은裸體와或은半身만衣着ᄒᆞᆫ者가有ᄒᆞ니總稱ᄒᆞ면半開國이오商業은支那人이主掌이오馬來人은農業에從事ᄒᆞ고或海賊도有ᄒᆞ며　文學은梵語로브터由出ᄒᆞ고近來ᄂᆞᆫ歐洲風을採用ᄒᆞ야英、佛、獨等에學生을送ᄒᆞ며宗敎ᄂᆞᆫ佛敎가盛行ᄒᆞ야寺院이多ᄒᆞ고又何人이던지一回式僧侶가되고北部의「로ー스」族은居然히他人民과異ᄒᆞ야專히獸獵에從事ᄒᆞ고又獨立國으로作ᄒᆞ더니只今은此國의附庸이되야三年에一回式暹羅國에納貢ᄒᆞ고全國人口ᄂᆞᆫ五百七十五萬이러라

○政體　政體ᄂᆞᆫ君主專治오王位ᄂᆞᆫ世襲ᄒᆞ야萬機의主權을掌握ᄒᆞ니王侯貴族은政治上에權力이甚大ᄒᆞ고邦內ᄅᆞᆯ四十一州에分ᄒᆞ야各州에知事ᄅᆞᆯ置ᄒᆞ니此ᄂᆞᆫ即議員이라法律을議定ᄒᆞ며國民은上下의分別이甚嚴ᄒᆞ야上은王侯로브터下ᄂᆞᆫ奴隷ᄭᆞ지有ᄒᆞ며奴隷의舊弊가只今도尙存ᄒᆞ야開化ᄅᆞᆯ妨害ᄒᆞᆷ이不少ᄒᆞ나現今國王이賢明ᄒᆞ야舊來의陋習을廢ᄒᆞ고歐米의新主義ᄅᆞᆯ納ᄒᆞ야外國과交際ᄅᆞᆯ廣開코자ᄒᆞ더라

○兵制　兵制ᄂᆞᆫ歐洲의制度ᄅᆞᆯ仿ᄒᆞ야陸海軍을置ᄒᆞ니兵에ᄂᆞᆫ常備及民兵이有ᄒᆞ야男子가二十一歲에達ᄒᆞ면兵役의義務가有ᄒᆞ나若干의免役料ᄅᆞᆯ納ᄒᆞ면此ᄅᆞᆯ免ᄒᆞ고士官은歐洲人을多用ᄒᆞ야其訓練을受ᄒᆞᆫ者가陸軍一萬人이有ᄒᆞ니此等은新式大砲及小銃을執ᄒᆞ고又奇怪ᄒᆞᆫ者ᄂᆞᆫ女隊의近衛兵이有ᄒᆞ고海軍은漸次艦數ᄅᆞᆯ增ᄒᆞ야艦隊ᄅᆞᆯ編成ᄒᆞ고士官은英人을多用ᄒᆞ더라

○都邑　首府盤谷은湄南河口로브터二十哩되ᄂᆞᆫ地에在ᄒᆞ니人口ᄂᆞᆫ六十萬이오壯大ᄒᆞᆫ王宮이有ᄒᆞ며市街ᄂᆞᆫ陸街와河街二部로成ᄒᆞ니河街ᄂᆞᆫ湄南河에數多ᄒᆞᆫ舟筏을浮ᄒᆞ야家屋을代ᄒᆞᄂᆞᆫ河上住民이有ᄒᆞᆫ故로舟筏에서商業을經營ᄒᆞᄂᆞᆫ景况은陸地와同ᄒᆞ고府內에寺院이多ᄒᆞ고宮殿官衙가甚히美麗ᄒᆞ며舊都ᄂᆞᆫ其上流에在ᄒᆞ더니百

三十餘年前에緬甸과戰爭時에破壞ᄒᆞ얏스며 湄南河上流三百五十浬處에(짐메)府가有ᄒᆞ니瀛船이此府ᄭᆞ지溯上ᄒᆞ더라

緬甸

緬甸은暹羅의西北及支那雲南省의南에隣ᄒᆞᆫ英國新領地라夏至回歸線이國의中央을過ᄒᆞ고南은(벵가르)灣에臨ᄒᆞ니面積이四十六萬八千四百九十方里러라

○地形　支那及印度에境ᄒᆞᆫ處ᄂᆞᆫ一帶連山이有ᄒᆞᆫ故로地勢가南方에漸傾ᄒᆞ고中央低地ᄂᆞᆫ沼澤이處處에有ᄒᆞ니西에(이라와듸ㅣ)河와東에(사르엔)河의二大水가有ᄒᆞ야此間을流通ᄒᆞ니灌漑가自在ᄒᆞ고地味가肥沃ᄒᆞ야米穀을耕作ᄒᆞᆷ에適當ᄒᆞ며稻田이相望ᄒᆞ고沿岸의地ᄂᆞᆫ가장豐饒ᄒᆞ고沿海에ᄂᆞᆫ島嶼가頗多ᄒᆞ더라

○氣候　低地ᄂᆞᆫ炎熱ᄒᆞ야人民의健康에不適ᄒᆞ고五月로붓터十月ᄭᆞ지西南氣候風이吹ᄒᆞ야霪雨가多ᄒᆞ고五月初旬에ᄂᆞᆫ暑氣가最强ᄒᆞ야平均三十七八度에至ᄒᆞ나六七月은、도리혀二十八度에至ᄒᆞ며東北風의節期(十一月로브터)四月ᄭᆞ지ᄂᆞᆫ乾燥ᄒᆞ야자못快美ᄒᆞᆫ氣候러라

○産物　氣候가炎熱ᄒᆞ야夏期에雨濕이多ᄒᆞᆫ故로動植物의産이多ᄒᆞ니穀物諸種은不産ᄒᆞᄂᆞᆫ者가無ᄒᆞ고其中에도米穀의産額이最多ᄒᆞ니此ᄂᆞᆫ土人의常食ᄒᆞᄂᆞᆫ者오森林에ᄂᆞᆫ麻栗樹가多ᄒᆞ야船材로歐洲에輸出ᄒᆞ고川底에ᄂᆞᆫ金을出ᄒᆞ며動物은此國이

元來動物의王家인故로白象、虎、犀의獸類가多ᄒᆞ고象牙、麝香、蜂蜜等도亦是佳品이러라

○都邑　都邑은(이라와듸ㅡ)河沿岸에多在ᄒᆞ니西曆千八百三十九年(憲宗五年己亥)에지舊都로在ᄒᆞ던(아불아)府ᄂᆞᆫ昔時著名ᄒᆞᆫ都府로國名도(아불아)라稱ᄒᆞ더니遷都ᄒᆞ던其年에地震을因ᄒᆞ야破壞ᄒᆞ고現都(만드리)에遷ᄒᆞ니此府ᄂᆞᆫ人口가七萬二千이오現際王의都邑ᄒᆞ던處니僅히五十餘年來의新都인故로美麗淸潔ᄒᆞ더니英兵이闖入ᄒᆞ야破壞ᄒᆞ고其次에ᄂᆞᆫ土人이蜂起ᄒᆞ야英人을驅逐ᄒᆞᆫ다稱ᄒᆞ고放火ᄒᆞᆫ지라大抵此府ᄂᆞᆫ城壘가甚히堅固ᄒᆞ니英兵을抵當치못ᄒᆞ야僅히月餘에城下盟을結ᄒᆞ야只今은英人의占領府가되얏고蘭群府ᄂᆞᆫ(이라와듸ㅡ)河口에在ᄒᆞ니東西兩洋의通商中點이라故로英領이된後로곳貿易港이되야只今은緬甸의第一開港塲이니二千噸되ᄂᆞᆫ滊船이埠頭에橫着ᄒᆞ고又鐵道를敷設ᄒᆞ야支那南部及安南等豐饒ᄒᆞᆫ地에延長ᄒᆞ야其産物을印度洋岸에輸送ᄒᆞ야、다시歐洲에運送ᄒᆞᄂᆞᆫ故로此港은漸漸繁盛ᄒᆞᆯ企望이有ᄒᆞ더라

○人民　土人은骨格이健宜ᄒᆞ고皮膚ᄂᆞᆫ淡褐色이오性質이快活ᄒᆞ나、다만惰懶ᄒᆞ야貨金을得ᄒᆞ면其銷耗ᄒᆞ기前에ᄂᆞᆫ勞動치아니ᄒᆞ고學問及工業은印度人과支那人을不及ᄒᆞ니淫邪ᄒᆞᆫ俚語를喜ᄒᆞ야戯曲과俳優ᄒᆞᄂᆞᆫ著述이多ᄒᆞ며又天地ᄂᆞᆫ須彌山이라云ᄒᆞ더라

社會의分別은七級이有ᄒᆞ니佛敎에衆生이平等이라ᄒᆞᄂᆞᆫ說이行ᄒᆞ야貴賤貧富의區別이太甚치아니ᄒᆞ니此ᄂᆞᆫ亞細亞中、稀有ᄒᆞᆫ事오佛敎ᄂᆞᆫ勢力이甚大ᄒᆞ야寺院이곳國立學校와同ᄒᆞ니即僧人은勿論ᄒᆞ고一次式、削髮爲僧ᄒᆞ야黃衣를着ᄒᆞ고村里에托鉢ᄒᆞ며不然ᄒᆞ면곳禽獸와갓치視ᄒᆞ고又殺生을忌ᄒᆞ야、비록蛇子가華蛇의게被嚙ᄒᆞᆯ지라도其蛇를殺치아니ᄒᆞ고女子ᄂᆞᆫ世事에熟達ᄒᆞ고또甚히權力이有ᄒᆞ야能히自由自在ᄒᆞ니此ᄂᆞᆫ東洋中의第一이라家內事務를妻의게任ᄒᆞ더라

○沿革時事　緬甸歷史ᄂᆞᆫ二千四百年前(箕子後孫逸聖王時)에起ᄒᆞ니其都城은(이라와듸ㅡ)河畔이니向時에國勢가盛大ᄒᆞ야後印度를雄視ᄒᆞ얏고其人種은快活ᄒᆞ고其土番은溫順ᄒᆞ며其國土ᄂᆞᆫ豐沃ᄒᆞ야産物이多ᄒᆞ며國王의威權은限定이無ᄒᆞ고또內에ᄂᆞᆫ王室이腐敗ᄒᆞ며外에ᄂᆞᆫ官吏가貪虐ᄒᆞ야法律과制度가紊亂ᄒᆞ고土人은酷虐ᄒᆞᆫ政治에壓迫ᄒᆞ야漸次로昔日의膽勇이變ᄒᆞ야怳惕이되고若實은猜疑를成ᄒᆞ며

學術이不進ᄒᆞ고工業이委廢ᄒᆞ야漸漸亡國의徵兆가現出ᄒᆞ며又向者二百年以來로英人이漸漸海岸으로브터侵入ᄒᆞ야土人과不和ᄒᆞ다가又一千八百二十四年(純祖二十四年甲申)에ᄂᆞᆫ土人이英國守備兵을抗拒ᄒᆞ거ᄂᆞᆯ英國이開戰ᄒᆞ야其南方(페ᅵ구)ᄅᆞᆯ占領ᄒᆞ고千八百五十二年(哲宗三年壬子)으로브터下部緬甸(元名은英領緬甸)을蠶食ᄒᆞ고千八百八十年(大皇帝二十六年己丑)에ᄂᆞᆫ十五萬方里ᄅᆞᆯ侵略ᄒᆞ고自此로漸漸其領土ᄅᆞᆯ擴張ᄒᆞ더니千八百八十六年(大皇帝三十二年乙未)에至ᄒᆞ야ᄂᆞᆫ國王(떼ᅵ뽀ᅵ)의失政을聲明ᄒᆞ고緬甸遠征軍을起ᄒᆞ야一擧에舊都及新京을陷ᄒᆞ고國王을生擒ᄒᆞ야王國版圖ᄅᆞᆯ滅ᄒᆞ고、드듸여其十月에緬甸全土ᄅᆞᆯ擧ᄒᆞ야英國管理下에置ᄒᆞ얏더라

馬來半島

馬來半島ᄂᆞᆫ緬甸으로브터鶴首形갓치印度洋中에長히突出ᄒᆞ야南은(ᄉᆞ마도라)島와相對ᄒᆞ고其間은馬來加海峽이니東西洋의必要ᄒᆞᆫ水路오此半島ᄂᆞᆫ其管轄이二部에分ᄒᆞ고處處에緊要ᄒᆞᆫ部分은英領으로區劃ᄒᆞ야此ᄅᆞᆯ英國海峽殖民地라總稱ᄒᆞ니即馬來加、彼南、新嘉坡、等이오其他ᄂᆞᆫ處處에土人이管轄ᄒᆞ야各其分立ᄒᆞ더니數年前에聯合ᄒᆞ야(네구라、세무비란)及英國保護馬來國의兩聯合國을組織ᄒᆞ얏더라(共히英國保護라)

○氣候及產物　氣候ᄂᆞᆫ赤道直下에在ᄒᆞᆫ故로極히炎熱ᄒᆞ야森林이繁茂ᄒᆞ고其間에猛獸、毒虫이多ᄒᆞ며有益ᄒᆞᆫ生產物은砂糖、米、胡椒、藍、香料가多ᄒᆞ더라

英領殖民地ᄂᆞᆫ印度洋及支那海、貿易地의中心을占領ᄒᆞᆫ要衝이오新嘉坡島ᄂᆞᆫ半島의極南端에在ᄒᆞ니赤道線을距ᄒᆞ기一度에不過ᄒᆞ고大陸과十里ᄅᆞᆯ隔ᄒᆞ며此島ᄂᆞᆫ一千八百十九年(純祖十九年己卯)에英國이其酋長의게購得ᄒᆞ야貿易港을開ᄒᆞ니此地ᄂᆞᆫ東西洋의通商要路ᄅᆞᆯ占領ᄒᆞ야印度諸國과南洋及歐洲間通商貿易이다此港에由ᄒᆞᄂᆞᆫ故로漸次繁盛ᄒᆞ야人口ᄂᆞᆫ이믜十六萬이오貿易額은二億七千萬弗에達ᄒᆞ니

其洋의(리바ㅡ푸ㅡ루)라稱ᄒᆞ고貿易品은附近各地의産物을集ᄒᆞ야歐洲에輸送ᄒᆞ고又歐洲品을印度各地에輸送ᄒᆞᄂᆞ니라

○後印度史　以上安南、暹羅、緬甸、馬來各地ᄅᆞᆯ後印度라稱ᄒᆞᄂᆞ니葡萄牙人(마루코포로)氏가週遊ᄒᆞᆫ後에비로소歐洲에著聞ᄒᆞ고其後葡萄牙人이管轄코자ᄒᆞ다가不果ᄒᆞ야、다만其一部ᄅᆞᆯ占領ᄒᆞ고日本人도日本足利氏時代로브터屢次此國에通商ᄒᆞ더니一千六百四年(宣祖三十七年甲辰)에山田長政이暹羅에渡航ᄒᆞ야其內亂을戡定ᄒᆞ얏더니畢竟外國의게侵奪ᄒᆞᆫ빈되얏고其後佛國이此土ᄅᆞᆯ垂涎ᄒᆞ야宣敎師ᄅᆞᆯ遣ᄒᆞ야宗敎力으로侵略코자ᄒᆞ고英國도亦是前印度로브터漸次西岸地方을蠶食ᄒᆞᆯᄉᆡ緬甸及暹羅와屢次戰爭ᄒᆞ야、맛참ᄂᆡ緬甸은其國力이自然히疲弊ᄒᆞ고又佛國은安南을侵略ᄒᆞ야英國이緬甸을併合ᄒᆞᄂᆞᆫ策略과同ᄒᆞᆫ지라如此히前後二王國이獨立權을失ᄒᆞ고、오작暹羅가其間에介在ᄒᆞ야僅僅히獨立을保存ᄒᆞᆯ뿐이러라

印度

印度ᄂᆞᆫ現今은大槪英領에歸ᄒᆞᆫ故로或은英領印度라稱ᄒᆞ고又ᄂᆞᆫ前印度라稱ᄒᆞ며又ᄂᆞᆫ溫都斯坦이라稱ᄒᆞ고東洋中三國에서ᄂᆞᆫ天竺國이라稱ᄒᆞ며其位置ᄂᆞᆫ亞細亞三大半島中間에在ᄒᆞ니北緯二十度와東經七十五度가中央이되얏스며面積은一百四十四萬六千方里니凡歐洲全土三分의一과同ᄒᆞ니其東西의直徑이七千三百餘里오其南北이八千里되ᄂᆞᆫ廣大地가現今에大槪英國의占領이러라

○地形　土地의高低가甚히平均치못ᄒᆞ야北邊에ᄂᆞᆫ有名ᄒᆞᆫ(히말나야)山의連峰二萬二千尺의平均으로凡三千五百里에亘ᄒᆞ고其中最高ᄒᆞᆫ(에베레쓰도)峰은二萬九千尺이오此山脉以南은(산기쓰ㅡ)河(或云恒河、쌰라마푸도라)河及印度河의沿岸地니此ᄂᆞᆫ廣大無邊ᄒᆞᆫ平野오地勢가凸凹不正ᄒᆞ며只今此ᄅᆞᆯ槪括ᄒᆞ면如左ᄒᆞ니

(一)히말나야山地

(二)中部高原(又曰떼칸高原)

(三)低地ᄂᆞᆫ恒河及印度河沿水低地(又曰溫都斯坦平原)及海岸低地

(一)(히말나야)山地ᄂᆞᆫ二萬三千尺의平均高度니其山麓은熱帶의喬木이鬱蒼ᄒᆞ니

七千尺으로브터一萬二千尺되는高處에至ᄒ면喬木은無ᄒ고、다만灌木이生ᄒ며又一萬二千尺으로乃至一萬五千尺의間은短艸와苔蘚을生ᄒ고 一萬五千尺以上되는絶頂에達ᄒ면此는비록熱帶地方의山이로되四時間에氷雪이常在ᄒ故로或은雪山이라名ᄒ고(二)中部高原은(짜ㅣ쓰)嶺이其西岸及東岸에亘ᄒ야中部에一千尺平均의高原을包ᄒ고其間을(고다빠리)(키쓰토나)의二大河가東流ᄒ야(벵가르)灣에入ᄒ고(三)低原　恒河平原은雪山障屏의南麓을沿ᄒ一大平野오印度中가장豐富ᄒ地라上流地方은雨期에는大雨가如注ᄒ야處處에沼澤의濕地를生ᄒ고又氣候가炎熱ᄒ故로水氣가蒸發ᄒ며森林이鬱蒼ᄒ야諸種雜草가沼澤을掩蔽ᄒ고猛獸와毒蛇가其中에潛伏ᄒ야人民이住居홈에不適ᄒ고中流以下에至ᄒ면流域의幅이甚廣ᄒ고無邊沃野에諸種農産을生ᄒ야物産이甚多ᄒ고　恒河는雨量이夥多ᄒ高原地方의衆水를集ᄒ는故로河流가深廣ᄒ야其長이約千五百五十哩오幅이二哩로乃至二哩에達ᄒ야滊船이其上流八百哩를溯航ᄒ니此河는土人이神河雪水라稱ᄒ야此에셔沐浴ᄒ고또祈禱ᄒ며此沿岸은印度最盛ᄒ部分이라此河의支流가甚多ᄒ니其中最大ᄒ支流는(주무나)河니八百六十哩의長流오　印度河沿水地는恒河平原보

다廣大ᄒ나大槪瘠薄ᄒ沙漠地오河流는深廣ᄒ야運漕가甚宜ᄒ고　海岸地는(짜ㅣ쓰)嶺以外海濱에在ᄒ狹幅ᄒ地나地味가統히肥沃ᄒ고其東岸은(고로만데르)海岸이라云ᄒ고西는(마라바ㅣ)海岸이라稱ᄒ니東岸은頗히廣ᄒ고繁盛ᄒ處가不少ᄒ더라

○氣候　土地가廣ᄒ고又高低가不均ᄒ故로其處를因ᄒ야寒暑가大異ᄒ니即(히말나야)山地는雪際에山麓이爽凉ᄒ야十七八度平均이되나南部의低地는炎熱이如燔ᄒ야三十八度에達ᄒ는處가多ᄒ니此를槪言ᄒ면印度의炎暑는四月、五月及十月을熱季라云ᄒ야一年中最熱、最旱ᄒ時候오　六月로브터九月까지는雨季라云ᄒ니西南氣候風을被ᄒ야所謂印度多雨期라雨期에近ᄒ면氣候風이黑雲을送來ᄒ야陸地에近ᄒ는ᄃᆡ로漸漸積重ᄒ야電光과雷鳴이起ᄒ고곳沛然히大雨를作ᄒ니此後로는晴天이稀小ᄒ고七月에至ᄒ면雨勢가最强ᄒ고九月에及ᄒ야始止ᄒ는故로其雨量의多홈이世界第一이니即(벵가르)地方의一年雨量은一萬五千四百五十三(一밀메돌)五十尺九分)平均이오多雨ᄒ時는二萬(밀메돌)六十六尺)을超過ᄒ고雨期에는濕氣가多ᄒ야百物이生黴(곰팡)ᄒ는故로雨期中은百業을休止ᄒ고官衙와商

民이 今各一定ᄒᆞᆫ避暑避雨地에移轉ᄒᆞᄂᆞ니日本의霖雨가多ᄒᆞᆷ은大槪此地의影響을被
ᄒᆞᆷ이오또印度의雨量은處處가不同ᄒᆞ야或은其雨量이多ᄒᆞᆫ近地에도氣候風을不被
ᄒᆞᄂᆞᆫ地ᄂᆞᆫ一年中에、도리혀旱魃을感ᄒᆞᄂᆞ니即西〔서一쓰〕嶺의內部ᄂᆞᆫ一年中에僅僅
히五百六〔밀메돌〕〔一尺五寸一分〕에不過ᄒᆞ고 冬期에至ᄒᆞ면東北의乾風을被ᄒᆞ
니此風은大陸內地로브터雪山을越涉ᄒᆞᄂᆞᆫ故로雨滴이小ᄒᆞ고此風期ᄂᆞᆫ乾燥ᄒᆞ고爽
快ᄒᆞᆫ節期니即十一月로三月ᄭᆞ지오此季ᄂᆞᆫ冷季라稱ᄒᆞᄂᆞ니此를槪言ᄒᆞ면印度에ᄂᆞᆫ
冷季와熱季와雨季의三節이러라

○產物 西南氣候風은印度大平原을濕潤케ᄒᆞᄂᆞᆫ故로植物의種類가夥多ᄒᆞ고又珍
奇ᄒᆞᆫ動物이多ᄒᆞ고地中에ᄂᆞᆫ鑛物이豐足ᄒᆞ야天然의產物이皆具ᄒᆞ니實로天產이無
盡藏ᄒᆞᆫ地라只今其中最著ᄒᆞᆫ者를擧ᄒᆞ면第一은農產物이니世界의一大穀廩이라其
人口十分의七은農業을專主ᄒᆞ고輸出品은十分의九以上이農物이니其中米、粟、麥
三種이最重ᄒᆞ고水田은全國耕地百分의四十一을占ᄒᆞ니東北地方은米產이最多ᄒᆞ
고茶及咖啡도一大產業이니또ᄒᆞᆫ外國에輸出ᄒᆞ고鴉片은印度特業이니其產地ᄂᆞᆫ〔벵
가르〕地方으로브터中央에亘ᄒᆞ며其輸出場은支那가第一이니政府歲入의最重ᄒᆞᆫ者

오甘蔗와大麥의培養도盛行ᄒᆞ고 非食品中重要ᄒᆞᆫ物品은棉花니其產額이北米에
比ᄒᆞ면一步를讓ᄒᆞ나支那보다ᄂᆞᆫ超過ᄒᆞ고其外黃麻、木油、藍等이不少ᄒᆞ더라
雪山麓에ᄂᆞᆫ森林이多ᄒᆞ고麻栗樹、油樹及竹叢이多ᄒᆞ고其谿谷에ᄂᆞᆫ喬樹가亭亭ᄒᆞ
야天을蔽ᄒᆞ고香料와椰子樹ᄂᆞᆫ到處에蓊鬱ᄒᆞ고森林叢藪間에ᄂᆞᆫ奇禽珍樹가多ᄒᆞ며
象、獅子、駱駝、犂牛、驢가多ᄒᆞ야每年捕獲이夥多ᄒᆞ고又猛獸의게被害ᄒᆞᆷ도不少ᄒᆞ
더라

最近ᄒᆞᆫ調查를據ᄒᆞ니每年獅子、虎、豹、狼等의捕獲이約五萬二千頭오被害ᄒᆞᆫ人
은四萬二千이오毒蛇의捕獲은五十五萬條오被害ᄒᆞᆫ人은四萬七千이더라

鳥類에ᄂᆞᆫ孔雀、鸚鵡、鷲鳥가有ᄒᆞ고礦物은石炭、鐵、金、銀의產出이盛多ᄒᆞ야一年
輸出額이二十萬四千磅이오寶石은金剛石等이有ᄒᆞ고人造品은天產에比ᄒᆞ면頗劣
ᄒᆞ나棉花紡織業等이盛行ᄒᆞ야工場이百四十餘處니亞細亞中第一이오其他黃麻紡
績과藍과烟草製造業도盛ᄒᆞ며又北地의毛織物과低地方의生絲等이有名ᄒᆞ더라

○人民 人口ᄂᆞᆫ二億八千七百二十萬이니人口의多ᄒᆞᆷ이世界第二니〔第一은支那
라〕其內에英人의移住者가十餘萬이오土人의大部ᄂᆞᆫ昔時亞細亞의西北으로브터轉

來ᄒᆞᆫ(아리얀)種에屬ᄒᆞᆫ温都人이니此種은赭黑色이오容貌가偉大ᄒᆞ고文學과禮儀ᄅᆞᆯ尊崇ᄒᆞ고貴賤의分別이甚嚴ᄒᆞ니上은僧侶族이오其次에ᄂᆞᆫ武士族、農商族、匠工族의四階級이有ᄒᆞ야彼此交接지아니ᄒᆞ니眞實로進步ᄅᆞᆯ妨害ᄒᆞᄂᆞᆫ一大原因이오宗敎ᄂᆞᆫ婆羅門敎가盛行ᄒᆞ야古代의風俗과政治가다此에因ᄒᆞᆫ지라釋迦가出ᄒᆞ야佛敎ᄅᆞᆯ說ᄒᆞ야種族階級과殘忍不道ᄒᆞᆫ風氣ᄅᆞᆯ一掃코자ᄒᆞ야勤勤孜孜ᄒᆞ나土人은只今도오히려舊敎ᄅᆞᆯ迷信ᄒᆞ야卽如左ᄒᆞᆫ諸等怪事가有ᄒᆞᆫ故로印度ᄅᆞᆯ妖怪府라稱ᄒᆞ며英國政府ᄂᆞᆫ其處置에困難ᄒᆞ더라

恒河畔의靈地ᄅᆞᆯ巡行ᄒᆞ야神水ᄅᆞᆯ飮ᄒᆞ며或은沐浴ᄒᆞ고此地에셔餓死ᄒᆞᆷ을榮華라稱ᄒᆞ며或은人이死ᄒᆞ면恒河水에浸ᄒᆞᆫ後火葬ᄒᆞ고或은寺院中에셔絶食餓死ᄒᆞ며或은夫가死ᄒᆞ면其妻가夫의屍體와同히燔死ᄒᆞ고或은太陽을睍睆ᄒᆞ야眼睛을不轉ᄒᆞᆷ이禮神ᄒᆞᄂᆞᆫ義務라云ᄒᆞ며或은牛의尿水ᄅᆞᆯ飮ᄒᆞ며或은掌中에點火ᄒᆞᄂᆞᆫ等이니總히言ᄒᆞ면我身을苦惱ᄒᆞᆷ이神意에和協ᄒᆞ다云ᄒᆞ더라

○都邑 (가르갓타ㅣ)府ᄂᆞᆫ印度의首府오恒河河口의西岸三稜洲中에在ᄒᆞ니英國이占領ᄒᆞᆫ後로猝然히繁盛ᄒᆞ야人口가九十萬에至ᄒᆞ고英國의印度政廳及印度鎭臺의本營과印度太守가此府에在ᄒᆞ며市街ᄂᆞᆫ歐風으로繁華ᄒᆞ나土人의一部ᄂᆞᆫ汚穢貧窶ᄒᆞ고(베나레스)ᄂᆞᆫ恒河中流의都邑이니人口ᄂᆞᆫ二十一萬이오織物과鴉片을製造ᄒᆞ며此地ᄂᆞᆫ卽土人等이靈地라稱ᄒᆞ야巡行瞻拜ᄒᆞᄂᆞᆫ處오(아르화바드)도土人의靈地오英兵이屯駐ᄒᆞ얏고人口ᄂᆞᆫ十七萬五千이오 東海岸의(마드라스)ᄂᆞᆫ人口四十二萬되ᄂᆞᆫ繁盛ᄒᆞᆫ貿易港이오西海岸의(봄베이)ᄂᆞᆫ人口가八十萬이오世界에셔屈指ᄒᆞᄂᆞᆫ商港이니東西洋의船舶이來集ᄒᆞ고輸出品은綿類가盛ᄒᆞ며ᄯᅩ此外中央地에(ㅣ하이ᄯᅡ라밧도)(人口三十七萬)와恒河中流에(라구노)(人口二十七萬)와北部印度에(데리ㅣ)(人口十九萬)等의都會가有ᄒᆞ더라

○邦制 印度ᄂᆞᆫ大略英領에歸ᄒᆞ고其中小部分의獨立州가有ᄒᆞ니卽(넷파ㅣ르)(부ㅣ단)(가시메르)(시기무)等이니다北部山地에僻在ᄒᆞ고又東岸에佛領(폰듸셰리)西岸에葡領(ᄭᅩ아)가有ᄒᆞ고其他ᄂᆞᆫ大槩英領及保護地오 印度의政事ᄂᆞᆫ英國皇帝가派遣ᄒᆞᆫ印度太守가掌ᄒᆞ고其外에參政官十五名이有ᄒᆞ고其下에外務、財政、農政、內務、軍務、工務의六參賛官이有ᄒᆞ고各州에ᄂᆞᆫ知事及副知事가有ᄒᆞ며國中을六大部에分ᄒᆞ야各各政廳이有ᄒᆞ고獨立州에ᄂᆞᆫ酋長이有ᄒᆞ야此ᄅᆞᆯ領轄ᄒᆞ더라

○交通貿易 古來로第一되ᄂᆞᆫ貿易路ᄂᆞᆫ恒河니只今도오히려此河에駛行ᄒᆞᄂᆞᆫ船數가三十四萬이오小瀛船은河口로브터八百哩되ᄂᆞᆫ上流에逆流ᄒᆞᄂᆞᆫ故로印度의繁盛ᄒᆞᆫ都府가大概此河道에在ᄒᆞ고只今은鐵道가二萬餘哩에達ᄒᆞᆫ故로交通이甚便ᄒᆞ고(베나레스)府ᄂᆞᆫ各市場에往ᄒᆞᄂᆞᆫ商估가集ᄒᆞᄂᆞᆫ處오印度河도西部의通路라如此히陸運과水運이共히便利ᄒᆞᆫ故로貿易總額이年年이十億圓에不下ᄒᆞ더라

○錫蘭島 本島도亦是英領에歸ᄒᆞ니面積이二萬四千七百萬哩러라

本島ᄂᆞᆫ大陸과、(파르크)峽을隔ᄒᆞ야地勢가南部ᄂᆞᆫ山地에屬ᄒᆞ니最高峰은海拔八千二百八十尺되ᄂᆞᆫ(아다무스)山이오本島ᄂᆞᆫ大洋中島嶼와如ᄒᆞ야大陸과隔離홈이久ᄒᆞᆫ故로島內의動植物이大陸과逈異ᄒᆞ고山地에ᄂᆞᆫ象이有ᄒᆞ고ᄯᅩ玉桂라稱ᄒᆞᄂᆞᆫ製船良材가有ᄒᆞ고珈琲、肉桂、烟草、椰子、綿、茶ᄂᆞᆫ本地의特產이니年額이二千八百萬圓이오(마나르)에ᄂᆞᆫ眞珠ᄅᆞᆯ出ᄒᆞ고(코롬보)府ᄂᆞᆫ西岸에在ᄒᆞ니人口가十二萬七千이오島廳이有ᄒᆞ며其港은東西來往의郵船이必由ᄒᆞᄂᆞᆫ地라故로甚히繁盛ᄒᆞ고島內의人口ᄂᆞᆫ三百零一萬이오此島ᄂᆞᆫ昔時釋迦牟尼가出生ᄒᆞᆫ故로佛教ᄅᆞᆯ信ᄒᆞᄂᆞᆫ土人이多ᄒᆞ고歐洲人은二萬四千人이니概言ᄒᆞ면此島ᄂᆞᆫ印度洋中에產物이富ᄒᆞᆫ一樂土러라

○沿革時事 印度ᄂᆞᆫ世界中古國이라凡四五千年前브터國家ᄅᆞᆯ組成ᄒᆞ고三千餘年前에ᄂᆞᆫ中央亞細亞移民事ᄅᆞᆯ因ᄒᆞ야被害ᄒᆞ고八百年前에ᄂᆞᆫ回回教兵을被ᄒᆞ고又蒙古에게征服ᄒᆞᆫᄇᆡ되고其後葡萄牙、和蘭、佛蘭西、等이此土ᄅᆞᆯ羨望ᄒᆞ야屢屢히自己가占領코자ᄒᆞ더니畢竟英國이其慾望을成ᄒᆞ니千六百年代(宣祖三十三年庚子)以來로英國政府保護下에東印度商會ᄅᆞᆯ起ᄒᆞ야沿岸及內地處處에貿易을開ᄒᆞ야甚히勢力이有ᄒᆞ고此社에保護兵을派ᄒᆞ야、드듸여漸漸內地諸侯ᄅᆞᆯ征服ᄒᆞ더니千八百五十八年(哲宗九年戊午)에至ᄒᆞ야ᄂᆞᆫ商會가其管理權을英國政府에上ᄒᆞ야自此로全혀英領이되고ᄯᅩ英國은元來此土利用에從事ᄒᆞ야當今에ᄂᆞᆫ每年穀類、綿類、貴金、其他土產을輸出ᄒᆞᄂᆞᆫ金額이四億五千萬圓이오鐵道의延長이二萬餘哩오ᄯᅩ年年이六百十五哩의平均으로增進ᄒᆞ고電信線은三萬哩오學校生徒ᄂᆞᆫ三百五十萬人이라然이나此文明事物을利用ᄒᆞᄂᆞᆫ者ᄂᆞᆫ大概英人이오土人은依然히數千年前天竺人의習氣라僧侶族은尊大驕傲홈이日甚一日ᄒᆞ고下等族은더욱卑屈固陋ᄒᆞ야、오쟉宗教에心醉ᄒᆞ야天下의大勢ᄅᆞᆯ不知ᄒᆞ고ᄯᅩ各種族이互相仇視ᄒᆞ야國의滅亡을不悟

ᄒᆞ다가畢竟如此ᄒᆞᆫ大邦土의無限ᄒᆞᆫ富源은다英人의게輸與ᄒᆞ니、엇지可哀치아니리오然이나人口中最小ᄒᆞᆫ(파ᅳ신)種은智力과學力이有ᄒᆞ고또貿易業에練達ᄒᆞ며또向者英國國會議員을此中에셔選發ᄒᆞᆫ者도有ᄒᆞ얏고또東洋과連絡ᄒᆞ야海運業을創始ᄒᆞᆫ者도亦是此種이러라

土耳其斯坦

土耳其斯坦은一名은西韃靼이니支那韃靼의境으로브터東裏海濱에達ᄒᆞ고北은亞拉留湖에至ᄒᆞ니面積은百七萬方里러라

地勢ᄂᆞᆫ二部에分ᄒᆞ니即東南部의高地及西北部의低原이라支那에境ᄒᆞᆫ處ᄂᆞᆫ高山이連亘ᄒᆞ야一萬五千尺에達ᄒᆞ고其山谷은肥沃ᄒᆞ야草木이繁茂ᄒᆞᆫ故로稍稍히繁盛ᄒᆞ고東南은(파밀ᅳ)高原이니此地ᄂᆞᆫ英露兩國境界事件으로久히戰爭ᄒᆞ던地오西北低原은到處에沙漠이一望無際ᄒᆞ니此處ᄂᆞᆫ古時海底의地라故로往往히墟原이有ᄒᆞ고又裏、亞兩海水面도來後에年年히減少ᄒᆞ야其湖面이畢竟墟原이된다云ᄒᆞ며裏海ᄯᅢ은低窪ᄒᆞ야海面보다降下홈이八十四尺이라此平原間에二大河가有ᄒᆞ니一은(아무ᅳ)河或은(오구사쓰)라云ᄒᆞ고一은(시아)라云ᄒᆞ며共히高原地方으로브터發ᄒᆞ야亞拉留湖에入ᄒᆞ며西部에在ᄒᆞᆫ裡海의面積은十三萬二千方哩니即世界의第一大鹹湖라露國艦隊가恒常此에駛行ᄒᆞ야兵威를南方에示코자ᄒᆞ며又此湖에漁業이盛行ᄒᆞ고其近地에濕地가多ᄒᆞ니此ᄂᆞᆫ昔時湖水가乾涸ᄒᆞᆫ處오亞海ᄂᆞᆫ北邊에在ᄒᆞ야墟分이濃厚ᄒᆞ고其水도漸次로乾涸ᄒᆞ더라

○氣候及產物 氣候ᄂᆞᆫ沙漠이多ᄒᆞᆫ故로寒暑가甚히懸隔ᄒᆞ야夏期東南風間은四十五度의高溫에達ᄒᆞ고水澤은沙漠의게吸收ᄒᆞᆫ빈되야乾涸ᄒᆞ고또炎熱ᄒᆞ다가冬期西北風時에至ᄒᆞ면寒威가猝嚴ᄒᆞ야十月에ᄂᆞᆫ河水가結氷ᄒᆞ야寒暖計의氷點以上에昇ᄒᆞ며產物은灌漑ᄅᆞᆯ得ᄒᆞᄂᆞᆫ處ᄂᆞᆫ稍히肥沃ᄒᆞ야絹、桑을產出ᄒᆞ고其他ᄂᆞᆫ羊、馬、駱駝ᄅᆞᆯ出ᄒᆞ고又河底에ᄂᆞᆫ砂金을出ᄒᆞᆯᄲᅮᆫ이러라

○民族 民族은大槪遊牧民이니水草ᄅᆞᆯ逐ᄒᆞ야移轉ᄒᆞ고帳幕으로家屋을作ᄒᆞ며或은馬上에鎗을橫ᄒᆞ고沙漠中에漂泊ᄒᆞ야掠奪로爲業ᄒᆞᄂᆞᆫ者도有ᄒᆞ고其土着ᄒᆞᆫ者ᄂᆞᆫ粗製의農具로ᄡᅥ耕業에從事ᄒᆞ고人口ᄂᆞᆫ七百八十萬이러라

○都邑 (셔ㅣ캬란)府ᄂᆞᆫ(시야)河域을占ᄒᆞ고露西亞와支那間의內地貿易이行ᄒᆞᄂᆞᆫ處니人口ᄂᆞᆫ十萬이오(삼알칸드)ᄂᆞᆫ古時亞細亞ᄅᆞᆯ倂吞ᄒᆞ고又歐洲로ᄒᆞ야곰震懾케ᄒᆞ던元國帖木兒의首府로有名ᄒᆞᆫ都城이니帖木兒의墳墓와觀象臺의遺跡이尙存ᄒᆞ고(코ㅣ칸)은(시야)上流平原에在ᄒᆞ니樹木이繁茂ᄒᆞ더라

○沿革時事 此地ᄂᆞᆫ古時에酋長數人이各各一方을割據ᄒᆞ야壯大ᄒᆞᆫ都邑에宮殿을構ᄒᆞ고各其一部ᄅᆞᆯ管轄ᄒᆞ니(셔ㅣ가란、코ㅣ칸、기봐아)等의區畫이卽酋長의割據ᄒᆞ던名稱이오西曆千八百六十年頃(哲宗十一年庚申)브터露國이圖南ᄒᆞᄂᆞᆫ政略을行ᄒᆞ야頻頻히此地ᄅᆞᆯ侵略ᄒᆞ니酋長等이能히防禦치못ᄒᆞ다가畢竟(기봐아)의酋長은千八百八十三年(大皇帝二十年癸未)에露國의게降ᄒᆞ고同年에又(코ㅣ칸)도露國의版圖에入ᄒᆞ고獨히(셔ㅣ가란)의酋長이境界ᄅᆞᆯ僅守ᄒᆞ다가十六年前에또露國版圖에歸ᄒᆞ니元來此地ᄂᆞᆫ獨立ᄒᆞᆫ統一政府ᄅᆞᆯ建設치못ᄒᆞ고國中에數多ᄒᆞᆫ邦國을建ᄒᆞ얏더니回敎兵의게征服ᄒᆞᆫ빈되고其次에ᄂᆞᆫ元國世祖及帖木兒가略定ᄒᆞ야一次도獨立ᄒᆞᆫ事가無ᄒᆞ니此ᄂᆞᆫ本土人民이遊牧을成俗ᄒᆞ야一定ᄒᆞᆫ居住가無ᄒᆞ고國家獨立에主要ᄒᆞᆫ共同心이無ᄒᆞᆫ緣故러라

阿富汗及比耳路斯坦

本土ᄂᆞᆫ西While粗의南으로브터亞剌比亞海에至ᄒᆞ고北邊에ᄂᆞᆫ(힌드쿠ㅣ시유)山이有ᄒᆞ니北部ᄂᆞᆫ阿國이라云ᄒᆞ고南部ᄂᆞᆫ比國이라云ᄒᆞ며北緯三十度가兩國接境에在ᄒᆞ니面積이合七十五萬二千方里러라

○地勢 阿國은(힌드쿠ㅣ시유)山의二萬尺高度가北境에聳立ᄒᆞ고東方에(스리만)山系가有ᄒᆞ고臺地가次第로東南方에傾斜ᄒᆞ며內地에(헤르만드)河가有ᄒᆞ야河畔及山間에肥沃ᄒᆞᆫ地ᄅᆞᆯ成ᄒᆞ고比國은其幅員이阿國의半에不過ᄒᆞ며其東方은高原으로써印度에境ᄒᆞ고南方도高地ᄅᆞᆯ因ᄒᆞ야亞剌比亞海에臨ᄒᆞ고國內에ᄂᆞᆫ河流가小ᄒᆞ며中央에ᄂᆞᆫ磽确ᄒᆞᆫ高原이오東北隅에僅僅히沃野가存ᄒᆞᆯ뿐이러라

○氣候及物產 氣候ᄂᆞᆫ寒暑가甚히懸隔ᄒᆞ고又地形이凸凹가多ᄒᆞᆫ故로處所ᄅᆞᆯ因ᄒᆞ야大異ᄒᆞ니此ᄅᆞᆯ概言ᄒᆞ면夏期에ᄂᆞᆫ甚熱ᄒᆞ고冬期에ᄂᆞᆫ甚寒ᄒᆞ나乾燥ᄒᆞ야人民의健康을不害ᄒᆞ며地味ᄂᆞᆫ佳良치못ᄒᆞ고又人口가小ᄒᆞᆫ故로耕作이不開ᄒᆞ야農產物中最優ᄒᆞᆫ者ᄂᆞᆫ僅히米、綿、砂糖에不過ᄒᆞ고山地에ᄂᆞᆫ野獸、木材ᄅᆞᆯ出ᄒᆞ고金、銅、鐵도產出ᄒᆞ며阿國에ᄂᆞᆫ一種織物뿐이러라

○人民　人種은高加索種이나身長이矮小ᄒᆞ고性質이活潑武勇ᄒᆞ며又遊牧種이有ᄒᆞ야廣野間에徘徊ᄒᆞ야商隊로써貿易을經營ᄒᆞᄂᆞᆫ未開人種이니阿國에ᄂᆞᆫ印度人이多ᄒᆞ고土蕃에ᄂᆞᆫ七八種이有ᄒᆞ야各處를割據ᄒᆞ고互相仇視ᄒᆞ야干戈가不止ᄒᆞ고人口ᄂᆞᆫ阿國은五百萬이오比國은二百萬이오　宗敎ᄂᆞᆫ一定ᄒᆞᆫ信奉敎가無ᄒᆞ나其多數ᄂᆞᆫ回回敎오此兩國은人種의來歷과國語、宗敎等이各異ᄒᆞᆫ數多人種이相合ᄒᆞ야一國을成ᄒᆞᆫ故로各各利己心이多ᄒᆞ고公共情이小ᄒᆞ며又地勢上으로言ᄒᆞ야도全體로共同ᄒᆞ야獨立키甚難ᄒᆞ더라

○都邑　(카불)府ᄂᆞᆫ阿國北部山麓에風景이佳絶ᄒᆞᆫ處를占ᄒᆞ니人口ᄂᆞᆫ六萬이오兩國中第一都府라韃靼及印度中央에當ᄒᆞ야內地交通의要衝으로貿易이盛ᄒᆞ며(헤라트)ᄂᆞᆫ阿國西北部에在ᄒᆞ니卽西部貿易에主場이오人口ᄂᆞᆫ四萬五千이오(칸다하ㅣ)ᄂᆞᆫ(헤르몬드)河上流에在ᄒᆞ니土人과英兵이激戰ᄒᆞ든處오比國은(케르트)라ᄒᆞᄂᆞᆫ處에有力ᄒᆞᆫ酋長이有ᄒᆞ더라

○沿革時事　阿國은昔日波斯所屬이라故로東波斯라稱ᄒᆞ더니千七百二十年(肅宗四十六年庚子)에波斯와分離ᄒᆞ야兩獨立國을建設ᄒᆞ얏스나割據ᄒᆞᆫ酋長等이威

權을相爭ᄒᆞ야統一치못ᄒᆞᄂᆞᆫ지라此時에英人이其隙을乘ᄒᆞ야戰端을開ᄒᆞᆷ셔其地勢를因ᄒᆞ야爲先阿國을襲擊ᄒᆞ야(칸다하ㅣ)及(헤라트)를陷ᄒᆞ고長驅大進ᄒᆞ야比國의諸都를攻擊ᄒᆞ거ᄂᆞᆯ兩國이盡力防禦ᄒᆞ다가畢竟講和ᄒᆞ고其保護下에立ᄒᆞ얏스나內亂이恒常不止ᄒᆞ야屢屢히國王及英國兵을抗拒ᄒᆞ며當時에權力이最有ᄒᆞᆫ者ᄂᆞᆫ(가뿌ㅣ)酋長이니即阿富汗國王이라現今其王이國事를改良코자ᄒᆞ나內에ᄂᆞᆫ暴民이有ᄒᆞ고外에ᄂᆞᆫ英露가窺伺ᄒᆞᄂᆞᆫ故로專意決行치못ᄒᆞ고又其西北部ᄂᆞᆫ英露가管轄ᄒᆞ고國王의占領ᄒᆞᆫ版圖ᄂᆞᆫ其半에不過ᄒᆞ더라

波斯王國

波斯는亞細亞高原의一部되는伊蘭高臺의西部를占ᄒᆞ니北은裏海에瀕ᄒᆞ고南은波斯灣에臨ᄒᆞ니其(오ㅣ민)灣에通ᄒᆞᆫ處는(오ㅣ무쓰)峽이라云ᄒᆞ며北은西韃靼과境을分ᄒᆞ야其一部는露領에接ᄒᆞ니全面積이九十四萬方里러라

○地勢 國內는統히高臺를成ᄒᆞ니平均二千尺으로乃至三千尺의高度오다만南方濱海地及裏海濱에狹隘ᄒᆞᆫ平地가有ᄒᆞ야地味가肥沃ᄒᆞ고東北部는鹽分을混ᄒᆞᆫ沙漠이오間間히泉地가有ᄒᆞ며裏海低地의南에는(에루뿌르쓰)山이有ᄒᆞ니海拔이一萬八千五百尺이오河水는一般으로乏小ᄒᆞ고、오쟉波斯灣에注ᄒᆞ는數個小流가有ᄒᆞ더라

○氣候及物產 氣候는北緯三十五度線이國의中央을過ᄒᆞ나冬期西北風時에는寒威가凜烈ᄒᆞ야恒常氷點下에在ᄒᆞ고高原地方은寒氣가特甚ᄒᆞ야此際에는降雨가無ᄒᆞ고空氣가甚히乾燥ᄒᆞ며夏期에至ᄒᆞ면東南炎風이忽然히高溫ᄒᆞ야炎熱이如燔ᄒᆞ고又降雨가多ᄒᆞᆫ지라如此히氣候가懸隔ᄒᆞ나中央山林地方及西境山地에는森林이茂盛ᄒᆞ고氣候가稍히平和ᄒᆞ고 產物은水澤의畔에는穀物、煙草、綿、砂糖을產ᄒᆞ

고又養蠶業이盛行ᄒᆞ야波斯의絹絲ㆍ絹織이歐洲市場에著名ᄒᆞ고又棗及藥品을出ᄒᆞ고家畜에ᄂᆞᆫ馬匹의良種이有ᄒᆞ고野獸가多ᄒᆞ며工業은盛大ᄒᆞ지못ᄒᆞ나絨氈及刀劍의製造ᄂᆞᆫ此國의特技오其外阿片ㆍ콤(俗語에印度膏)ㆍ麻ㆍ椰子實이重要ᄒᆞᆫ輸出品이러라

○人民 人民은農民ㆍ工匠ㆍ商賈及遊牧의四種이오 人種은甚히混同ᄒᆞ고性質과風俗은亞富汗人과近似ᄒᆞ고其文化의度ᄂᆞᆫ頗히進步ᄒᆞ야士民이다文學을好ᄒᆞ고著述이甚多ᄒᆞ며詩文에長ᄒᆞ고高妙ᄒᆞᆫ性理學을講究ᄒᆞᄂᆞᆫ故로其國語가四近諸邦에播行홈이곳佛語가歐洲의有勢홈과如ᄒᆞ나必要ᄒᆞᆫ學術은아직未成ᄒᆞ고理學思想이乏小ᄒᆞ며女子ᄂᆞᆫ華飾을專事ᄒᆞ야金銀珠玉을鏤飾ᄒᆞ미寶飾一個에五百弗價値가되고遊牧民은教育이無ᄒᆞ고廣野間에漂泊ᄒᆞ야政府管理下에不在ᄒᆞ고또甚히貧窶ᄒᆞ며人口ᄂᆞᆫ八百萬이니一方哩에十二人假量이러라

○都邑 (테헤란)府ᄂᆞᆫ本國首府오西北部高原上에在ᄒᆞ니寒暑가甚히懸隔ᄒᆞ야人民의健康에不適ᄒᆞᆫ故로夏熱을避ᄒᆞ야裏海濱에移住ᄒᆞᄂᆞᆫ者ㅣ半數以上에至ᄒᆞ며(이쓰센한)府ᄂᆞᆫ國의中央에在ᄒᆞᆫ舊都니二百餘年前에繁盛ᄒᆞ던地오其他(케르만、시라쓰、다뿌리쓰) 等地에ᄂᆞᆫ昔日帝國이繁盛ᄒᆞᆫ時에著名ᄒᆞᆫ都府가多ᄒᆞ얏더라

○邦制 邦制ᄂᆞᆫ亞細亞西部의獨立國이니政體ᄂᆞᆫ君主專制오國王의權이無限ᄒᆞ며王을沙라稱ᄒᆞ고其下에軍務總督과財政을監督ᄒᆞᄂᆞᆫ二大臣이有ᄒᆞ며內閣은政務ᄅᆞᆯ七部에分ᄒᆞ야各各長官을置ᄒᆞ고地方各州에ᄂᆞᆫ知事ᄅᆞᆯ置ᄒᆞ니卽王族이오宗教ᄂᆞᆫ回回教러라

○沿革時事 本國은古來브터數多ᄒᆞᆫ變遷을經ᄒᆞᆫ國이니上古에ᄂᆞᆫ强大ᄒᆞᆫ帝國으로古史에有名ᄒᆞ니卽西曆紀元前五百五十八年(箕子後孫壽聖王三年癸卯)에波斯帝國을建ᄒᆞ고國勢가大振ᄒᆞ야巴比倫을滅ᄒᆞ고(구세레기세쓰)王은(다ㅣ뚜네루쓰)海峽에長橋ᄅᆞᆯ架ᄒᆞ고大兵을渡ᄒᆞ야希臘을征伐ᄒᆞ다가、맛ᄎᆞᆷ니勝戰치못ᄒᆞ고歷山王에게敗ᄒᆞ야都城이被陷ᄒᆞ고其領地가되얏고또回回教兵의征略ᄒᆞᆫ비되고其次에ᄂᆞᆫ元國成吉思汗及帖木兒에게滅ᄒᆞᆫ비되야國威가衰敗ᄒᆞ야畢竟亞、比兩國에分ᄒᆞ야、各各獨立ᄒᆞᆫ故로版圖가漸小ᄒᆞ얏스나國內에豪傑이起ᄒᆞ야國力을挽回ᄒᆞ야只今도오히려獨立을維持ᄒᆞ고現今國王은國事ᄅᆞᆯ改良코자ᄒᆞ야西洋文明主義ᄅᆞᆯ輸入ᄒᆞᆯ셔十三年前(大皇帝二十六年己丑)五月에從者四十人을率ᄒᆞ고國都에셔發ᄒᆞ야歐

洲文明을觀察ᄒᆞ고大陸諸國을歷觀ᄒᆞᆫ後에英國을渡ᄒᆞ야再次大陸을經ᄒᆞ야歸國ᄒᆞᆫ後로더욱世界事狀을洞悉ᄒᆞ야國家改良進步에專心ᄒᆞ고또貿易通商路를開拓코자ᄒᆞ나恒常露國의게牽制ᄒᆞᆫ비되야其意를完成치못ᄒᆞ고當時兵卒은陸軍이十五萬이오大砲가二百門이로ᄃᆡ實際戰時를當ᄒᆞ면出戰兵卒이其半에不及ᄒᆞ고郵便電信等은近來에漸設ᄒᆞ고鐵道도首府附近에若干哩가有ᄒᆞ더라

亞剌比亞

亞剌比亞ᄂᆞᆫ亞細亞三大半島의最西에在ᄒᆞ니西에ᄂᆞᆫ紅海가有ᄒᆞ고東에ᄂᆞᆫ波斯灣이오紅海濱에(헤지이쓰)地가有ᄒᆞ고西北角은곳蘇士의地頸이오北東은土耳其及波斯와接ᄒᆞ니廣이二百萬方里오地形은거의長方形을成ᄒᆞ얏더라

○地勢　地勢ᄂᆞᆫ三境에分ᄒᆞ야　(一)은中央高地(넷드)니處處에沙地가有ᄒᆞ나高地間에ᄂᆞᆫ水澤이有ᄒᆞ야椰樹가茂生ᄒᆞ고其溪谷이豐饒ᄒᆞᆫ地에ᄂᆞᆫ住民이耕作을勤ᄒᆞ며河流ᄂᆞᆫ大槪沙漠의게吸取ᄒᆞᆫ비되고　(二)ᄂᆞᆫ此를繞ᄒᆞᆫ高臺니一面에ᄂᆞᆫ沙漠이其上을覆ᄒᆞ고其境域이甚廣ᄒᆞ야全國半部를占ᄒᆞ며其間에ᄂᆞᆫ오작處處이泉地가有ᄒᆞᆯᄲᅮᆫ이오居民이甚小ᄒᆞ고駱駝隊가此間에往來ᄒᆞ며山은樹木이無ᄒᆞᆫ巉岩이니其中西北部에聳立ᄒᆞᆫ(시나이)山은高가九千尺이되나樹木이全無ᄒᆞ고　(三)은沙漠高地의外邊된海岸低地니地形이平衍ᄒᆞ고其幅이八九十里로乃至百六七十里오最廣ᄒᆞᆫ(오ㅣ만)平地ᄂᆞᆫ其幅이二百五十里오또住民이最多ᄒᆞ고河流에ᄂᆞᆫ可記ᄒᆞᆯ事가無ᄒᆞ더라

○氣候　氣候ᄂᆞᆫ夏至回歸線이半島의中央을橫ᄒᆞ야南半은熱帶에屬ᄒᆞᆫ故로炎熱이

甚ᄒᆞ야內地ᄂᆞᆫ平均溫度가三十四五度되ᄂᆞᆫ世界最熱部오(오ㅣ만)地方은乾節에ᄂᆞᆫ
熱氣ᄅᆞᆯ不堪ᄒᆞ고(모스겟트)地ᄂᆞᆫ避暑ᄒᆞᆯ樹木도無ᄒᆞᆫ故로世人이此ᄅᆞᆯ此世地獄이라
云ᄒᆞ며또夏期에ᄂᆞᆫ雨가無ᄒᆞ고大氣가一般으로乾燥ᄒᆞᆫ故로人의健康은不害ᄒᆞ고또
西南風期에及ᄒᆞ면暴雨가急注ᄒᆞ야處處의窪地가忽然히湖水ᄅᆞᆯ成ᄒᆞ더라

○産物　中央에ᄂᆞᆫ夥多ᄒᆞᆫ菓實을産出ᄒᆞ고海濱에ᄂᆞᆫ穀物을産出ᄒᆞ고(오ㅣ만)地方
에ᄂᆞᆫ椰子及棗ᄅᆞᆯ出ᄒᆞ야人民이常食ᄒᆞ며珈琲樹ᄂᆞᆫ到處에茂生ᄒᆞ야各港으로盛히輸
出ᄒᆞ고綿과藍도亦是良品이오特히此國의名産은駿馬와各種藥品及畓의原料오또
駱駝ᄂᆞᆫ人民이依賴ᄒᆞ야生活ᄒᆞᄂᆞᆫ必要ᄒᆞᆫ家畜이러라

○人民　人種은高加索種에屬ᄒᆞ야二種의民族으로成ᄒᆞ니即(一)은都邑集居의人
民으로商業과農業을經營ᄒᆞ고回回敎ᄅᆞᆯ信奉ᄒᆞ며(二)ᄂᆞᆫ遊牧民이니馬와駱駝ᄅᆞᆯ使
用ᄒᆞ야沙漠間에漂泊ᄒᆞ야刼掠으로爲事ᄒᆞ니此種은數千年前브터至今ᄭᆞ지其情況
이無異ᄒᆞ며　宗敎ᄂᆞᆫ回回敎ᄅᆞᆯ信奉ᄒᆞᄂᆞᆫ者가有ᄒᆞ나天體及動植物을崇拜ᄒᆞᄂᆞᆫ者도
有ᄒᆞ며風俗은다回回敎의風俗이오人口ᄂᆞᆫ七百萬으로乃至一千二百萬이라云ᄒᆞ더
라

○都邑　(멧카)府ᄂᆞᆫ紅海岸에在ᄒᆞ니回回敎ᄅᆞᆯ主唱ᄒᆞᆫ(마호멧도)가生ᄒᆞᆫ地라故로
回回敎徒가靈地라稱ᄒᆞᄂᆞᆫ都邑이오(메듸ㅣ나)府도回回敎靈地니廣大ᄒᆞᆫ寺院이多
ᄒᆞ며亞丁港은紅海口要處라向者에英國이此港과其附近六十六方哩ᄅᆞᆯ占領ᄒᆞᆫ後로
東西往來의郵船이來着ᄒᆞ고土産을크게輸出ᄒᆞ며此地ᄂᆞᆫ用水가乏少ᄒᆞ야雨期의潦
水ᄅᆞᆯ貯蓄ᄒᆞᆯ뿐이오(사나)府ᄂᆞᆫ回敎寺院이多ᄒᆞ고(모스게트)ᄂᆞᆫ(오ㅣ만)地方의都
邑이오此國의都邑은海濱에多ᄒᆞ고內地에ᄂᆞᆫ可記ᄒᆞᆯ處가無ᄒᆞ더라

○邦制　邦制ᄂᆞᆫ數多酋長이各地ᄅᆞᆯ割據ᄒᆞ야統一ᄒᆞᆫ政體가不成ᄒᆞ며紅海岸의(혀
자쓰)ᄂᆞᆫ土耳其의占領이로ᄃᆡ土國이委靡ᄒᆞᆫ故로數多豪族이各各獨立ᄒᆞ야其中威
權이有ᄒᆞᆫ者ᄂᆞᆫ(멧카)及(오ㅣ만、)(에ㅣ멩)等이러라

○沿革時事　亞剌比亞ᄂᆞᆫ沿革이最少ᄒᆞ고、다만古代의天文家와筭用數字等이出
ᄒᆞ니此數字ᄂᆞᆫ即此地의文字오또(마호멧도)의出生은此國歷史에第一事件이니此
人은西曆八百年代(新羅照聖王元年庚辰)에(멧카)에셔生ᄒᆞ야回敎ᄅᆞᆯ主唱ᄒᆞ고其
敎徒로軍隊ᄅᆞᆯ編成ᄒᆞ야宗敎ᄅᆞᆯ廣播ᄒᆞ고또東으로亞細亞西南部와西으로歐洲南部
와南으로亞弗利加北部ᄅᆞᆯ征略ᄒᆞ야一時에世界ᄅᆞᆯ雄視ᄒᆞ더니數百年後에ᄂᆞᆫ敎徒가

分裂ᄒᆞ고(마호멧도)의 權威ᄂᆞᆫ 只今ᄭᆞ지 其敎가 各國間에 行ᄒᆞ고 近來ᄂᆞᆫ 國勢가 不振ᄒᆞ야 其西北部ᄂᆞᆫ 土耳其의 侵略ᄒᆞᆫ빈 되고 蘇士ᄂᆞᆫ 佛領이 되얏더라

亞細亞土耳其

亞細亞土耳其ᄂᆞᆫ 本洲의 最西니 黑海及(말모라)海ᄅᆞᆯ 因ᄒᆞ야 歐羅巴에 境ᄒᆞ고 西南은 地中海에 瀕ᄒᆞ고 南은 亞剌比亞에 界ᄒᆞ고 東北은 波斯及高加索과 分界ᄒᆞ고 西南隅의 一部ᄂᆞᆫ 波斯灣에 臨ᄒᆞ며 中央은 北緯三十八度오 面積은 百十一萬方里러라

○地勢 土耳其ᄂᆞᆫ 西北部의 高地와 東南部의 沿水平原의 二部로 成ᄒᆞ니 高地部ᄂᆞᆫ 小亞細亞、(알메니아)地라 山脈은 黑海邊을 沿亘ᄒᆞ야 波斯、高加索의 境에 至ᄒᆞ야 高峻을 成ᄒᆞ야 三國에 跨ᄒᆞ고 (아라랏트)山은 一萬七千二百十尺이니 大河의 源을 成ᄒᆞᆫ 山이오 山勢ᄂᆞᆫ 西南의(시리아)地方에 走ᄒᆞ야 地中海邊에 至ᄒᆞ야 (리바논)山이 되고 此로브터 地形이 漸下ᄒᆞ야、二되며 蘇士地頸에 突出ᄒᆞ고 其內에 死海의 窪地가 有ᄒᆞ니 其水面은 世界第一低地라 海面으로브터 低降ᄒᆞᆷ이 千三百九十八尺이라 故로 國의 三分二ᄂᆞᆫ 高臺에 屬ᄒᆞ고 亞剌比亞境은 沙漠이오 此國의 東南部에ᄂᆞᆫ 一面이 平原이니 高地部로브터 發源ᄒᆞᄂᆞᆫ(티이구리쓰、유ー푸레ー트)의 二大江이 洋洋히 平原東南에 奔馳ᄒᆞ다가 下流에 至ᄒᆞ야ᄂᆞᆫ 二水가 合ᄒᆞ야(사퇴르、아르얍)河가 되야 波斯灣에 注ᄒᆞ니 此二水의 沿岸地ᄂᆞᆫ 肥沃ᄒᆞ고 滊船이 上流ᄭᆞ지 溯上ᄒᆞ며 彼古史에 人間의 始祖

가化生ᄒᆞ얏다稱ᄒᆞᄂᆞᆫ處로此平原이니氣候가溫暖ᄒᆞ고天産이多ᄒᆞ야樂園이라稱ᄒᆞ더라

○氣候及産物　緯度ᄂᆞᆫ大略日本과同ᄒᆞᆫ故로氣候도亦是溫和ᄒᆞ며西部ᄂᆞᆫ雨量이多ᄒᆞ야植物發生에適當ᄒᆞ고平原地及雨水가多ᄒᆞᆫ處ᄂᆞᆫ地味가甚히肥沃ᄒᆞ야五穀과烟草、珈琲、藥品等을産ᄒᆞ고鑛物은鐵、石炭이處處에産ᄒᆞ고地中海邊에ᄂᆞᆫ良品의海綿을産ᄒᆞ고製造品에ᄂᆞᆫ熟皮、飛緞、毛布、生絲가有ᄒᆞ더라

○都邑　本國은昔時브터有名ᄒᆞᆫ古國이라故로其平原에ᄂᆞᆫ人類가繁殖ᄒᆞ야盛大ᄒᆞᆫ都邑을建設ᄒᆞᆫ故로現今도人民의集合處가頗多ᄒᆞ니(슴이르나)府ᄂᆞᆫ(오르만)帝國亞細亞部의首都니人口가二十萬이오位置ᄂᆞᆫ地中海에臨ᄒᆞ야古來로有名ᄒᆞᆫ都府러니至今은外觀이不美ᄒᆞ고市街가狹隘不潔ᄒᆞ나其國內로ᄂᆞᆫ貿易이第一繁盛ᄒᆞᆫ地오(담아쓰가쓰)ᄂᆞᆫ第二都邑이니壯大ᄒᆞᆫ回回敎의寺院이有ᄒᆞ고市街가整正ᄒᆞ고貿易이繁盛ᄒᆞ며革과織器의製造가盛行ᄒᆞ고人口ᄂᆞᆫ二十萬이오(ᄲᅡ구닷드)ᄂᆞᆫ沿水地方의都邑이니昔日回敎法王의首府라故로甚히繁盛ᄒᆞ더니現今은人口가十八萬이오又隊商의貿易地오(예르사렘)은古猶太地오古代史에關ᄒᆞᆫ舊跡이甚多ᄒᆞ더니十字軍時及其他屢次兵燹을因ᄒᆞ야昔日樓殿等이頹廢ᄒᆞᆫ者ㅣ多ᄒᆞ고人口ᄂᆞᆫ三萬이오府內에ᄂᆞᆫ耶蘇敎徒와回回敎徒及猶太敎徒가區劃을成ᄒᆞ야各各一方을割據ᄒᆞ야互相仇視ᄒᆞ고市街ᄂᆞᆫ古風이尙存ᄒᆞ야狹隘醜陋ᄒᆞ고　其他에昔日繁榮ᄒᆞᆫ大都의古跡을擧ᄒᆞ면(유ㅣ후레ㅣ트)河中流左岸은巴比倫城이在ᄒᆞ던處오(다이구리쓰)河上流의左岸에ᄂᆞᆫ尼尼微城의遺跡이有ᄒᆞ니此ᄂᆞᆫ古時「메소포다미아」의地러라

○人民　人種은甚히混合ᄒᆞ야凡六種으로成ᄒᆞ니韃靼種이其半을占ᄒᆞ며其性質業務等도亦是雜駁不一ᄒᆞ고官吏ᄂᆞᆫ一般이腐敗ᄒᆞ고猶太人은大槪貪婪ᄒᆞ며土着民은農業에從事ᄒᆞᄂᆞᆫ者ᄂᆞᆫ溫和ᄒᆞ고山間의人民은蠻風을不脫ᄒᆞ야一般人民이甚히厭惡ᄒᆞᄂᆞᆫ者오宗敎ᄂᆞᆫ回回敎가、가쟝廣布ᄒᆞ고耶蘇敎가之次오人口總數ᄂᆞᆫ一千九百六十一萬이러라

○沿革時事　西洋古史의起源은大槪此國인故로興廢를經ᄒᆞᆷ이甚多ᄒᆞ니上古에ᄂᆞᆫ其國이衰ᄒᆞᆫ後에羅馬의게征服ᄒᆞᆫ바되고其次에ᄂᆞᆫ回敎兵을被ᄒᆞ고또十字軍及蒙古兵의게蹂躪ᄒᆞᆫ바되고其後土耳其에서(오르만)帝國이起ᄒᆞᆫ後其征服ᄒᆞᆫ바되야現今ᄭᆞ지至ᄒᆞ얏스나近來ᄂᆞᆫ本國이不振ᄒᆞᆫ故로國內가進步치못ᄒᆞ더라

西伯利

西伯利ᄂᆞᆫ亞細亞北部大平原의總稱이오只今은露西亞版圖에入ᄒᆞᆫ故로此ᄅᆞᆯ亞細亞露西亞라云ᄒᆞ니南端은北緯四十五度로브터起ᄒᆞ야、거의八十度線에達ᄒᆞᆫ八千里에亘ᄒᆞ야東은白令峽으로브터西ᄂᆞᆫ烏拉山脈에至ᄒᆞ니其徑이約一萬四千七百里오面積은九百四十八萬餘方里(四百八十三萬五百方哩)니支那全版圖에比ᄒᆞ야도、오히려廣大ᄒᆞ더라

○地勢　地形은大概高地及平地二大部에分ᄒᆞ니高地ᄂᆞᆫ東南方되ᄂᆞᆫ蒙古境이니中央은(ᄲᅡ이가르)湖라山嶺이重疊ᄒᆞ고山脈이北東에趍ᄒᆞᄂᆞᆫ者ᄂᆞᆫ(야부로노이)山及(스다노보이)山의兩脈이오、드듸여白令(가무쟈르싸)半島가되야突出ᄒᆞ니此半島ᄂᆞᆫ火山이甚多ᄒᆞ고高가一萬五千八百尺에達ᄒᆞ고此高地의西北部ᄂᆞᆫ總히大平原이라烏拉山으로브터北東一面의平原은一望無際ᄒᆞ고北洋에緩傾ᄒᆞ야四千里內地에至ᄒᆞ기ᄭᆞ지其高가一百七十尺에不過ᄒᆞ야遠遠緩緩히傾斜ᄒᆞ니此ᄂᆞᆫ即西伯利大平原이오此間에洋洋히北流ᄒᆞ야北洋에入ᄒᆞᄂᆞᆫ有名ᄒᆞᆫ三大河가有ᄒᆞ니東은(레나)河라(ᄲᅡ이가르)湖에서發ᄒᆞ야北流八千里에下流ᄂᆞᆫ數多分派ᄅᆞᆯ成ᄒᆞ야三個의三稜

洲를作ᄒᆞ야北洋에入ᄒᆞ고中央은(예니세이)河오其源이二니一은(쌔이가르)湖에서發ᄒᆞ고一은蒙古地에서出ᄒᆞ야中流에서相合ᄒᆞ야北流八千八百里에北洋에注ᄒᆞ고西는(오비)河니本流는阿爾泰山으로發ᄒᆞ야西北流ᄒᆞ야凡五千里處에 (이르티쓰) 河와相合ᄒᆞ야延長이八千里에(오비)灣에注ᄒᆞ니此三大河의四近은가장平廣ᄒᆞ고北洋濵은永久ᄒᆞᆫ冰原이라堅冰이恒常地面을埋沒ᄒᆞ야跋涉이甚히危險ᄒᆞ더라

○氣候 一周歲에三分二는嚴冬과同ᄒᆞ야堅冰과積雪이地面을掩埋ᄒᆞ고其南部라云ᄒᆞ는處에도冬期는水銀이結冰ᄒᆞ야流動치아니ᄒᆞ고冰點以下四十五度에下ᄒᆞ니北緯六十八度에位ᄒᆞᆫ(쌔ㅣ크호딘쓰크)와(레나)河畔은世界最寒地라千八百八十五年(大皇帝二十二年乙酉)一月中에此地의平均溫度는零下五十二度又一度十分五에下ᄒᆞᆫ故로耳目口鼻를掩蔽치아니ᄒᆞ면出外치못ᄒᆞ며北洋濵은長이七千里와幅이三百里로乃至一千里間은極寒ᄒᆞᆫ冰野오大河의海口는다結冰ᄒᆞ야運漕의便이無ᄒᆞ고또冬期는晝短夜長ᄒᆞ고夏月은此와相反ᄒᆞ야晝長夜短ᄒᆞᆫ故로氣候도甚히懸隔ᄒᆞ야夏日에는暑氣가甚强ᄒᆞ야南部는三十七度에昇ᄒᆞ고中部도二十度에達ᄒᆞ고

浦塩斯德(又曰海參威)도寒暑가甚히差異ᄒᆞ더라

○産物 北端은冰雪이滿野ᄒᆞ야靑草가不生ᄒᆞ고南은漸進ᄒᆞᆫ디로蘚苔界오蒙古境에는廣大ᄒᆞᆫ森林이有ᄒᆞ고礦物은此地第一産이니烏山及泰山의金은特히世上에有名ᄒᆞ고其他産金을合ᄒᆞ면千八百九十二年(大皇帝二十九年壬辰)에西伯利에서産出ᄒᆞᆫ金의總額은百六萬三千五百兩重이오此에從事ᄒᆞ는人夫는十數萬人에達ᄒᆞ고또白金은烏拉의特産이니同年의産額이十二萬一千六百兩重이오또銀、鉛、金剛石이處處에産出ᄒᆞ고石炭은其埋藏이甚多ᄒᆞ야近來産額이次第로增加ᄒᆞ며 獸類에는此地에貂皮가各國의貴重ᄒᆞᆫ裘料가되고(도무스구)府는其主産地니每歲四十萬張을出ᄒᆞ고또麋鹿、熊、狐의特産地오北部冰原에는古象의埋沒흠을見ᄒᆞ니冰期時代(地質時代)以前에夥多히棲息흠을足知오南部는燕麥을生ᄒᆞ고(오비)河畔은麥畝가相望ᄒᆞ며其間에人家가散在ᄒᆞ야荒凉廣野를免ᄒᆞ더라

○人民 此處는元來蒙古種의住地러니二百年來로露西亞本國으로移住ᄒᆞ는者와또國事犯罪民으로放逐되야來ᄒᆞᆫ者가多ᄒᆞ고只今은(스라포니크)種이三分二를占ᄒᆞ니彼等은容姿가端麗ᄒᆞ고또節儉ᄒᆞ며氣節을崇尙ᄒᆞ고國事에熱心ᄒᆞ나性質이狡

猾ᄒᆞ고蒙古種은農業及漁獵에從事ᄒᆞ고水草를逐ᄒᆞ야移轉ᄒᆞ고冬月은土中에穴居ᄒᆞ며馴鹿을依ᄒᆞ야僅僅히生活ᄒᆞ고人口ᄂᆞᆫ僅히六百萬이니土地의廣大ᄒᆞᆷ에比ᄒᆞ면甚히稀少ᄒᆞᆫ故로千里에人烟이稀疎ᄒᆞ야昔時브터本國으로旅行ᄒᆞᄂᆞᆫ者ᄂᆞᆫ(쎄름)府에서發ᄒᆞᆯ時에(다란다쓰)라稱ᄒᆞᄂᆞᆫ一種旅行馬車를購買ᄒᆞ야車中에서數個月間을經ᄒᆞ고草莽沼澤間을馳ᄒᆞ야、비로소東部地方에達ᄒᆞ고

宗敎ᄂᆞᆫ希臘敎가行ᄒᆞ고佛敎、回回敎、猶太敎等을信奉ᄒᆞᄂᆞᆫ者도有ᄒᆞ나、아직蠻敎를奉ᄒᆞᄂᆞᆫ者가有ᄒᆞ며敎育은西南部에行ᄒᆞ야(도무스구)府에ᄂᆞᆫ大學校及中學校、師範學校等이有ᄒᆞ더라

○都邑 (오비)河流域에三大都府가有ᄒᆞ니(오비)河의中流(이르지쓰)河와(도볼)河와合ᄒᆞᄂᆞᆫ處에(도보르쓰크)府가有ᄒᆞ니西部政廳이有ᄒᆞ고家屋은總히木製나壯大ᄒᆞᆫ寺院이多ᄒᆞ며平原이茫漠ᄒᆞᆫ地오人口ᄂᆞᆫ二萬三千이오또(이르디쓰)河를溯上ᄒᆞ면(옴쓰크)府가有ᄒᆞ니人口가五萬五千이오西伯利大鐵道의中途에當ᄒᆞ니(모스코ー)府에至ᄒᆞᄂᆞᆫ二千八百一露里間(一露里ᄂᆞᆫ木尺으로三千三百尺이라)을百二十五時半에可達ᄒᆞ겟고漸次繁盛ᄒᆞᆷ에赴ᄒᆞ니西伯利第一繁榮府오(오비)河上

流에(톰쓰크)府가有ᄒᆞ니人口가四萬二千이오또(이르크트크)府ᄂᆞᆫ東部政廳이有ᄒᆞ고(빠이가르)湖에臨ᄒᆞ니西伯利中高地를占ᄒᆞ야風景이絶佳ᄒᆞ며人口ᄂᆞᆫ五萬一千이오鎭臺及官衙가有ᄒᆞ더라

浦塩斯德은露領亞細亞의絶東되ᄂᆞᆫ沿海州(무로ー이요후、아무ー르스기ー)半島南端에位ᄒᆞ고東은烏蘇里灣이오西ᄂᆞᆫ黑龍灣이오前은卽彼得大帝灣이니千八百六十年(哲宗十一年庚申)에露領에歸ᄒᆞᆫ後로露國의絶東要港이되ᄂᆞᆫ故로全力을此에用ᄒᆞ야猝然이繁盛ᄒᆞ야只今은人口가五萬이오市中에府廳、陸海軍兵營及病院과諸種製造會社等이有ᄒᆞ고家屋이總히壯大ᄒᆞ며此ᄂᆞᆫ곳東洋의大埠頭오軍港及自由貿易港이니西伯利艦隊、東洋艦隊、義勇艦隊의定繫塲이오 貿易은獨乙人이가장勢力이有ᄒᆞ고輸出品은人蔘、魚類、昆布、牛骨、更紗(劣品洋木)等이오輸出入額은一千萬留(凡七百萬圓)에達ᄒᆞ고日本長崎로브터海底電線을通ᄒᆞ며此港은有名ᄒᆞᆫ西伯利大鐵道의起點이니內地와定期滊車의發着이有ᄒᆞ고全線이落成ᄒᆞᄂᆞᆫ時에ᄂᆞᆫ本港으로브터十五六晝夜에(모쓰코ー)府에達ᄒᆞᆯ豫定이라然이나氣候가不順ᄒᆞ야夏에ᄂᆞᆫ溫暖ᄒᆞᆫ南及東南의濕風이吹ᄒᆞ야雨와霧가多ᄒᆞ며酷暑ᄒᆞᆫ日은三十五六度에達

ᄒᆞ고冬季寒威의凜烈ᄒᆞᆷ은世人이共知ᄒᆞᄂᆞᆫ배니北及北西의乾風이吹ᄒᆞ야天氣ᄂᆞᆫ大槪晴ᄒᆞ며風이如切ᄒᆞ야(푸르가—트)라稱ᄒᆞᄂᆞᆫ雪風을逢ᄒᆞ면氷點以下二十七八度에降ᄒᆞ니如斯히氣候ᄂᆞᆫ全혀亞細亞內地에接ᄒᆞ야海流의感化가缺ᄒᆞᆫ緣由오오직秋期ᄂᆞᆫ가쟝爽快ᄒᆞᆫ時期니天氣가晴朗ᄒᆞ고寒暖이身體에適當ᄒᆞᆫ好時節이오沿海州의總督府ᄂᆞᆫ浦塩斯德을隔ᄒᆞ미凡一千二百露里되ᄂᆞᆫ(하바로후스크)府에在ᄒᆞ더라

○薩哈連島ᄂᆞᆫ沿海州總督이管轄ᄒᆞᄂᆞᆫ處오浦塩港에屬ᄒᆞ얏ᄉᆞ니薩哈連은即樺太島오樺太山系가起ᄒᆞᆫ處라此島ᄂᆞᆫ山脈이日本北海道와連絡ᄒᆞ고元來日本領地러니二十九年前(大皇帝十二年乙亥)에千島群島와相換ᄒᆞ야露國에與ᄒᆞ얏고 沿海에ᄂᆞᆫ水族이多ᄒᆞ고內地에ᄂᆞᆫ諸種鑛物(特別히 石炭、石油)이多ᄒᆞᆷ으로有名ᄒᆞ더라

○沿革時事 西伯利가露領에歸ᄒᆞᆷ은凡三百餘年前이니當時露國東部에住ᄒᆞᄂᆞᆫ(코삭크)人이비로소烏拉山을踰ᄒᆞ야西部西伯利地方을探檢ᄒᆞ야露國版圖에収入ᄒᆞ고또東部黑龍江地方을占領ᄒᆞ고千八百五十年(哲宗元年庚戌)에至ᄒᆞ야太平洋南部에上陸ᄒᆞ야黨旗를吊掛ᄒᆞ야露領이라稱ᄒᆞ고名ᄒᆞ야日浦塩斯德이라ᄒᆞ니此ᄂᆞᆫ即露語에管理와東部라云ᄒᆞᄂᆞᆫ意義오此時ᄭᆞ지ᄂᆞᆫ公法上에露國領이아니러니千八百六十年(哲宗十一年庚申)에淸國이如左ᄒᆞᆫ條約을訂結ᄒᆞ야漸漸露領이西ᄂᆞᆫ烏拉山으로브터東은太平洋에至ᄒᆞ게되얏더라

烏蘇里江、松花江으로國界를定ᄒᆞ니東은露國에屬ᄒᆞ고西ᄂᆞᆫ淸國에屬ᄒᆞ고又其南은興凱湖를越ᄒᆞ야直히白令河에至ᄒᆞ고白令河로브터山嶺을從ᄒᆞ야豆滿江에至ᄒᆞ니其東은露領으로定ᄒᆞ고西ᄂᆞᆫ淸領으로定ᄒᆞ얏더라

其後ᄂᆞᆫ浦塩港으로ᄡᅥ東洋根據地로定ᄒᆞ고有名ᄒᆞᆫ大鐵道를布設ᄒᆞ니萬若此鐵道가成就ᄒᆞ면兵要上及交通貿易上에一大影響을及ᄒᆞᆯ지니即兵要上으로言ᄒᆞ면元來本國兵을太平洋岸에出ᄒᆞᆯ진ᄃᆡ六箇月間을要ᄒᆞ야其費用이莫大ᄒᆞ나萬若鐵道로由ᄒᆞ면露國大兵이一週日에太平洋岸에出ᄒᆞ깃고 又交通貿易上으로言ᄒᆞ면從來東洋과歐洲諸國間交通은埃及의蘇士運河를經ᄒᆞ야三十日로乃至四十日을要ᄒᆞ나此鐵道로由ᄒᆞ면一週日內外에歐洲各都府에達ᄒᆞᆯ지라然則數多旅客及商品이舊路를棄ᄒᆞ고新道에就ᄒᆞᆯ것이오其時에繁榮ᄒᆞ던貿易港도菠迷에向ᄒᆞ야、도리혀滿目荒凉ᄒᆞᆯ것이오此廣野ᄂᆞᆫ高樓大廈가相望ᄒᆞᄂᆞᆫ新市를起ᄒᆞᆯ것이오또此線路附近은金、石炭、白金其他鑛物의埋藏이夥多ᄒᆞᆫ故로露國은[illegible]億九千萬弗을抛ᄒᆞ야其延長이大

約六千露里(三千七百三十哩)를敷設ᄒᆞ야將次一千九百一年(大皇帝三十八年辛丑)으로써竣功ᄒᆞ리라ᄒᆞ더라

中等萬國地誌卷一 終

中等 萬國地誌 二

中等萬國地誌卷二目次

中等萬國地誌卷二

朱榮煥
盧載淵　同譯
玄　采　校

歐羅巴洲總論

歐羅巴는六大洲中에現今가장進步繁榮ᄒᆞᆫ諸邦國의聚集處오我와交際ᄒᆞ는諸國이니其名을省ᄒᆞ야單稱曰歐洲라ᄒᆞ고又其位置가我東洋西方과및太西洋濱에在ᄒᆞᆫ故로西洋諸國이라稱ᄒᆞ니卽東洋의對稱이오

○位置　位置는東大陸의西北과亞細亞西에隣ᄒᆞ고西는太西洋을隔ᄒᆞ야遙遙히北米大陸을對ᄒᆞ고北緯三十六度二十三分으로브터、同七十一度六分間에在ᄒᆞ니此는全혀北半球中이오其大部分은溫帶의中을占有ᄒᆞ야我國으로、브터西航ᄒᆞ면其最近港은大約八千餘浬오其遠ᄒᆞᆫ者는大約九千餘浬러라

○境域　東境은烏拉山及裏海、黑海等을由ᄒᆞ야亞細亞와接ᄒᆞ고西는一面이太西洋에濱ᄒᆞ고南은地中海를隔ᄒᆞ야亞弗利加와對ᄒᆞ고北은北冰洋을枕ᄒᆞ며　廣袤는

東西가約三千四百哩오南北이二千四百哩오面積은三百八十二萬四千餘方哩(六百六十四萬方里)라六大洲中에最小ᄒᆞ야世界陸面의約十四分의一이되ᄂᆞ니라

○海岸　歐洲ᄂᆞᆫ東境以外에總히海灣이圍繞ᄒᆞ야海岸線의長ᄒᆞᆷ이六大洲中의第一이되니此ㅣ곳歐洲의文華를發達케ᄒᆞᆷ이오卽海岸線의延長이二萬六千五百七十二哩에達ᄒᆞ니其面積과相較ᄒᆞ면每一百四十二方哩에一哩가、될지오此를亞弗利加에比ᄒᆞ면大凡六倍라故로半島와岬角과內海、灣峽等이甚多ᄒᆞᆫ지라今에爲先北으로、브터論ᄒᆞ면北氷洋에面ᄒᆞ야加剌(카닌)兩半島가出ᄒᆞ야白海를擁ᄒᆞ고(스칸듸나뷔아)半島가西北에突出ᄒᆞ야太西洋과內海를分ᄒᆞ니內海ᄂᆞᆫ波留的海(발틱)니其灣은芬蘭灣이라(핀란드)半島가其北에突出ᄒᆞ야遙遙히英吉利島와相對ᄒᆞ니其間은北海或日耳曼洋이라云ᄒᆞ고英島와大陸間은英吉利海峽이라云ᄒᆞ며其南에太西洋의灣入ᄒᆞᆫ것은(비스케이)灣이라云ᄒᆞ고伊比利半島가西南에挺出ᄒᆞ야亞弗利加와近接ᄒᆞ니其峽間을(지브랄타르)海峽이라云ᄒᆞ고此海峽以內ᄂᆞᆫ所謂地中海라中間에長靴狀으로伊太利半島가延長케突出ᄒᆞ야大陸의間에(아드리아틱)海를挾ᄒᆞ고巴爾幹半島가其東에突出ᄒᆞ며其東方의內海面은羣島가星羅ᄒᆞᆫ故로多島海의名이有ᄒᆞ고亞細亞洲와近接ᄒᆞᆫ間에(맘모라)海가有ᄒᆞ고其東에凹字形을作ᄒᆞᆫ海ᄂᆞᆫ黑海라稱ᄒᆞ며黑海의東北에在ᄒᆞᆫ大湖ᄂᆞᆫ裏海라云ᄒᆞ고黑海、裏海의間은高加索地頸이라云ᄒᆞᄂᆞ니라

歐洲ᄂᆞᆫ如此히海岸이多ᄒᆞ야文化浸漸ᄒᆞᄂᆞᆫ路를開ᄒᆞᆫ故로其進步가他洲를超驀ᄒᆞ며其中에形勝의地를占有ᄒᆞᆫ者ᄂᆞᆫ其發達이尤早ᄒᆞ니即巴爾幹半島의希臘과伊太利半島의羅馬와(뻬네치스)等이오中世에ᄂᆞᆫ伊比利半島의里斯本과또近世에ᄂᆞᆫ英島의倫敦等이世界貿易의中央이되니라

○地勢　歐洲의地勢ᄂᆞᆫ北西ㅣ브터南東에向ᄒᆞ야發達ᄒᆞ고內灣은總히北西에屈曲ᄒᆞᆫ지라故로地形도其南에擴出ᄒᆞ고山系도自然此를沿ᄒᆞ야連亘ᄒᆞ며土地의高度를因ᄒᆞ야西南部의高地와東北의平地를分別ᄒᆞᆯ진ᄃᆡ　(高地部)歐洲의軸線될山系ᄂᆞᆫ伊比利半島의太西洋岸에서起ᄒᆞ야東으로(비스케이)灣의濱을沿ᄒᆞ야(알프스)山脈에連ᄒᆞ니此山脈은곳歐洲大陸의脊背라大約八萬方哩를蟠縱ᄒᆞ니西으로、브터東에亘ᄒᆞ기一千百五十哩오幅이百四五十哩니此ㅣ곳歐洲의第一高峻ᄒᆞᆫ山脈이라軸線이此로브터(카ㅣ파시안)山脈이되야中央歐洲에蟠縱ᄒᆞ고其東端은低落ᄒᆞ

야黑海를作ᄒᆞ고其餘脉이ᄯᅩ(크리미야)半島가되야高加索山脉과連ᄒᆞ니以上東西에亘ᄒᆞᆫ一脉의山系ᄂᆞᆫ歐洲를構造ᄒᆞᆫ地骼이된者오 (平地部)軸線의北端은平地에屬ᄒᆞ고特히其東北에廣闊ᄒᆞᆫ原野ᄂᆞᆫ低平ᄒᆞ야一山을不見ᄒᆞ니此ᄂᆞᆫ露西亞平野와(사ㅡ마티아)平野오其西(씨스케이)灣에至ᄒᆞᄂᆞᆫ沿岸에도東西에長ᄒᆞᆫ平原이有ᄒᆞ고其東部에ᄂᆞᆫ日耳曼平野오其西部에ᄂᆞᆫ佛蘭西의平野가有ᄒᆞ고此平地ᄂᆞᆫ缺損處가多ᄒᆞ야湖沼、海灣이相雜ᄒᆞ며其北에海가有ᄒᆞ니海底가甚深치、아니ᄒᆞ니此ᄂᆞᆫ陸地가低陷ᄒᆞ야成ᄒᆞᆷ이오 英島도ᄯᅩᄒᆞᆫ軸線北一陸地에屬ᄒᆞ고獨이(스칸듸나뷔아)半島ᄂᆞᆫ山地에屬ᄒᆞ며 軸線의南은全혀高臺地오處處이河域에狹小ᄒᆞᆫ平地가有ᄒᆞ더라

河流ᄂᆞᆫ軸線을因ᄒᆞ야北南으로分流ᄒᆞ야海에注ᄒᆞ고軸線以北의河ᄂᆞᆫ平地와同히屈曲蜿蜒ᄒᆞ야北部海에并注ᄒᆞ고軸線以南의水ᄂᆞᆫ細流와小波가山地間을沿下ᄒᆞ다가地中海及裏海、黑海에至ᄒᆞ야、비로소大注ᄒᆞ니故로軸線以北의國은河流의便을得ᄒᆞ야發達이顯著ᄒᆞ나軸線以南의各地ᄂᆞᆫ一二派大河域外에ᄂᆞᆫ河流의便이少ᄒᆞᆫ故로東北歐洲와西南歐洲에셔開化의旨趣가相異ᄒᆞᆷ이곳此原因이러라

大抵歐洲의地形이雜駁不一ᄒᆞ야其海岸에出入이甚多ᄒᆞ고內地에ᄂᆞᆫ山地와平原이相雜ᄒᆞ며河流가縱橫ᄒᆞ고湖沼、森林이相隔ᄒᆞ야地形이各各區別이되ᄂᆞᆫ지라、이에人類營作上에諸種事業을分門別戶ᄒᆞ야互相競逐ᄒᆞ야畢竟發達ᄒᆞᄂᆞᆫ딕至ᄒᆞ니此ᄂᆞᆫ地勢가使然케ᄒᆞᆷ이러라

○氣候 歐洲의氣候ᄂᆞᆫ總히緯度의比較보다溫暖ᄒᆞ야其大部ᄂᆞᆫ半寒帶에在ᄒᆞ니其南部의同溫線은十六七度(攝氏)가되고且寒暑의別이不多ᄒᆞ야冬間이라도十度內外에不過ᄒᆞ고夏季ᄂᆞᆫ二十一二度에至ᄒᆞ며 中部(北緯五十度內外)의氣候ᄂᆞᆫ年中에十一二度의平均이라此部ᄂᆞᆫ現今歐洲中、人事의最繁榮ᄒᆞᆫ處오 北部에至ᄒᆞ면漸漸寒威를增加ᄒᆞ나他同緯度의氣候보다溫暖ᄒᆞ니亞細亞에셔ᄂᆞᆫ此緯度되ᄂᆞᆫ北地에셔人의生活이困難ᄒᆞ되至於本洲ᄒᆞ야ᄂᆞᆫ氣候가溫燠ᄒᆞᆫ故로只今盛히文華가發達ᄒᆞ며半島及英、露兩國의北邊도此部의在ᄒᆞ니此部의年中平均이六七度라冬間은顯著이溫和ᄒᆞ고、ᄯᅩ北極圈以內에도、오히려人의生活을可作ᄒᆞᆯ지라現今에二三都會가有ᄒᆞ더라

大抵歐洲中에ᄂᆞᆫ其緯度보다溫暖ᄒᆞᆫ處가有ᄒᆞ니其原因은全혀洋流의感化라歐洲西

北大西洋中에遠히北米墨西哥灣으로브터來ᄒᆞᄂᆞᆫ有名ᄒᆞᆫ灣流라稱ᄒᆞᄂᆞᆫ溫流가有ᄒᆞ야其通過ᄒᆞᄂᆞᆫ處에ᄂᆞᆫ溫氣가有ᄒᆞ고此溫流가遠ᄒᆞᆫ北部ᄂᆞᆫ次第로寒氣를增加ᄒᆞ니라

雨量은地形이殊異ᄒᆞᆫ故로雨量도또ᄒᆞᆫ差別이有ᄒᆞ며歐洲의雨源은大西洋及地中海로브터送來ᄒᆞᄂᆞᆫ濕風이有ᄒᆞᆫ處에ᄂᆞᆫ雨量이多ᄒᆞ며大抵濕風은軸線山系에凝集ᄒᆞᆫ故로軸線附近이곳最多雨ᄒᆞᆫ地라

또歐洲氣候를概括ᄒᆞ야下에六部를開列ᄒᆞ노니

(一)北極圈內	烈寒地	(寡雨)
(二)西北海岸	灣流感化地	(稍多雨)
(三)西南海岸	溫和地	(稍多雨)
(四)大平原內部	寒暑共强地	(稍寡雨)
(五)中央歐洲	爽快地	(雨量適度)
(六)南部半島	南風暖熱地	(多雨)

○天産物　歐洲ᄂᆞᆫ氣候가溫和ᄒᆞᆫ故로動植物을만히産出ᄒᆞᄂᆞ니今에動物로論ᄒᆞ면食用及乘駕에供ᄒᆞᄂᆞᆫ家畜이甚多ᄒᆞ며馬ᄂᆞᆫ露、獨이第一이오牛ᄂᆞᆫ和、白、獨、佛에多ᄒᆞ고羊、豚은各地에皆産ᄒᆞ며羊毛ᄂᆞᆫ每年百億兩重을産ᄒᆞ고　植物은熱帶産外에ᄂᆞᆫ다生長茂盛ᄒᆞ야農産은麥類、玉蜀黍、馬鈴薯、甜菜(砂糖)、烟草니麥類、馬鈴薯等類이六大洲中의第一이오全歐에小麥은二萬五千三百萬石(十年産額을平均計算ᄒᆞᆷ이라)을産出ᄒᆞ고裸麥(ᄡᆞᆯ보리)은二億五千五百萬石、大麥은一億二千八百萬石을産ᄒᆞ고又甜菜ᄂᆞᆫ四百六十七萬五千噸을産ᄒᆞ며南部暖地에ᄂᆞᆫ膠多ᄒᆞᆫ菓實을産ᄒᆞ니葡萄、橄欖이其顯著ᄒᆞᆫ者오森林은各地에、다廣大ᄒᆞᆫ地積을占有ᄒᆞ고松、栢、樺等은常生樹러라

動植物의有用ᄒᆞᆫ物은비록如此ᄒᆞ나歐洲今日의富榮을致ᄒᆞᆫ原料ᄂᆞᆫ實로鑛産이豐饒ᄒᆞᆫ緣故라貴金으로브터非金屬(金屬이아닌者라)ᄭᆞ지繼히産出ᄒᆞᄂᆞᆫ中에또現今發達에必要ᄒᆞᆫ鐵、石炭이最히豐饒ᄒᆞ야石炭의最近産額이二億九千一百萬噸이니世界産額百分의六十二를占有ᄒᆞ더라

○人誌　歐洲ᄂᆞᆫ(알만)人種의棲在處라其亞細亞와接境ᄒᆞᆫ處에ᄂᆞᆫ多少의蒙古種이雜居ᄒᆞ나其多數ᄂᆞᆫ高加索種의(알얀)派라此種은皮膚가白色인故로白皙人種이라

呼ᄒᆞ며體格이整齊ᄒᆞ고心身이活潑銳敏ᄒᆞ야現今에世界文明人이라稱ᄒᆞᆷ이此種에多ᄒᆞ며(알얀)種도移轉住居ᄒᆞᄂᆞᆫ處所ᄅᆞᆯ因ᄒᆞ야容貌性質等이殊異ᄒᆞᆫ지라今에歐洲人이四大族에區別ᄒᆞ니(一)(켈트)族은몬져西歐에移轉ᄒᆞ얏다가後世에他種의게被逐ᄒᆞ야今에ᄂᆞᆫ小數만存ᄒᆞ고(二)羅甸族은太半이나洲의西南部되ᄂᆞᆫ希、伊、佛、西、葡諸國의住民이니中古以前의歐洲文明을此種이建設ᄒᆞ얏고(三)(틔ㅣ돈)族은西北大部ᄅᆞᆯ占ᄒᆞ고獨逸、瑞典、那威로브터和、丁、英의住民이此種에屬ᄒᆞ고歐洲近世에科學的進步ᄂᆞᆫ此種族이研究ᄒᆞᆫ비오(四)(스라보온)種은洲의東北에多住ᄒᆞᄂᆞᆫ種族이니露西亞의大部와澳地利의一部ᄅᆞᆯ占ᄒᆞᆫ지라此種은近世ᄭᆞ지發達치못ᄒᆞ더니晩近에ᄂᆞᆫ、크게進步ᄒᆞ더라

洲內住民의性格、品質이各各不同ᄒᆞ나四大種族을總括ᄒᆞ면大槪如左ᄒᆞ니

(一)켈트種 體質이優等이아니오氣質은固陋ᄒᆞ며

(二)羅甸種 優雅ᄒᆞ고美想에富ᄒᆞ며文學上發達이有ᄒᆞ나浮華奢侈의流弊가有ᄒᆞ며

(三)틔ㅣ돈種 體格이強健ᄒᆞ고性質이剛毅ᄒᆞ며忍耐力이有ᄒᆞ고理學思想에富ᄒᆞ며實利實益을主ᄒᆞ고

(四)스라보온種 體格이壯大ᄒᆞ고勇往果敢ᄒᆞᆫ氣象이有ᄒᆞ며壯圖侵略을好ᄒᆞ나精緻ᄒᆞᆫ性質과美雅等의思想이乏少ᄒᆞ니라

○言語 言語ᄂᆞᆫ(알얀)統語에屬ᄒᆞ고、또四大種族이各其不同ᄒᆞ며同一種族의言語ᄂᆞᆫ大槪其語系가同ᄒᆞᆫ지라現今世上에行ᄒᆞᄂᆞᆫ語ᄅᆞᆯ論ᄒᆞ면伊語、佛語ᄂᆞᆫ羅甸을代表ᄒᆞ고英語、獨語ᄂᆞᆫ(틔ㅣ돈)을代表ᄒᆞ고露語ᄂᆞᆫ(스라보온)을代表ᄒᆞᄂᆞ니此等語ᄂᆞᆫ本洲人뿐、아니라世界各國에行用ᄒᆞ고最近統計ᄅᆞᆯ據ᄒᆞ면各國語의用ᄒᆞᄂᆞᆫ人口가如左ᄒᆞ니

英語、一億千五百萬人　　佛語、四千五百萬人
獨語、七千萬人　　伊語、三千萬人
露語、八千萬人　　西語、五千萬人

人口 全洲의人口ᄂᆞᆫ凡三億五千二百十六萬(大皇帝三十年癸巳調査)이니一方哩의平均住民이九十二人이라故로人口가甚히稠密ᄒᆞ야亞細亞에比ᄒᆞ면倍가될거시오其住居의配布ᄅᆞᆯ言ᄒᆞ면英吉利로브터其海岔을渡ᄒᆞ야中央歐洲ᄅᆞᆯ包ᄒᆞ고軸線에

至ᄒᆞ기ᄭᆞ지最히稠密ᄒᆞ고其次ᄂᆞᆫ(알프스)山南의平原이오其稀疎ᄒᆞᆫ處ᄂᆞᆫ東北의寒野가爲最오其外에ᄂᆞᆫ露西亞平野、巴幹半島及伊比利半島等이러라

○宗敎　歐洲人은熱心으로基督敎ᄅᆞᆯ信仰ᄒᆞᄂᆞᆫ故로歐洲ᄂᆞᆫ곳基督敎國이라風俗、習慣等이다其敎義ᄅᆞᆯ基ᄒᆞᄂᆞᆫ者ㅣ多ᄒᆞ나또四大種族됨을因ᄒᆞ야敎派가異ᄒᆞ니(셀三)種은希臘敎及羅馬舊敎ᄅᆞᆯ奉ᄒᆞ고羅甸種은專히羅馬舊敎ᄅᆞᆯ奉ᄒᆞ고(틔ㅣ톤)種은新敎ᄅᆞᆯ信ᄒᆞ고(스라보온)種은總히希臘敎徒라故로宗敎의配布가人種의配布와大略相同ᄒᆞ고洲의東部ᄂᆞᆫ敎徒가頗히混合ᄒᆞ고蒙古種中에ᄂᆞᆫ回敎、佛敎等을奉ᄒᆞᄂᆞᆫ者ㅣ有ᄒᆞ고猶太人은오쟉猶太敎ᄅᆞᆯ奉ᄒᆞ더라

歐洲人은甚히宗敎ᄅᆞᆯ尊奉ᄒᆞ며古昔에ᄂᆞᆫ宗敎ᄅᆞᆯ因ᄒᆞ야十字軍等의大戰亂을起ᄒᆞ더니現今에도敎法上의紛爭이有ᄒᆞ며또特히宗敎家等은傳敎에從事ᄒᆞ야單身으로野蠻國에入ᄒᆞ다가敎法의犧牲이되ᄂᆞᆫ者도有ᄒᆞ더라

○敎育　國民敎育은其普及ᄒᆞᆷ을力圖ᄒᆞ야山間僻地에도學者가多ᄒᆞ며또强迫主義로兒童敎育은父兄의義務라ᄒᆞ야萬若學齡子弟로ᄒᆞ야곰就學케아니ᄒᆞᄂᆞᆫ者ᄂᆞᆫ罪罰ᄒᆞᄂᆞᆫ故로今日의發達이다其効力이오　高等敎育도此ᄅᆞᆯ從ᄒᆞ야進步ᄒᆞ고各國에少ᄒᆞ야도一二의大學이有ᄒᆞ고多ᄒᆞᆫ國은十餘個大學이有ᄒᆞ더라

○國體政體　各國國體ᄂᆞᆫ帝國或王國이오政體ᄂᆞᆫ君民同治의立憲制度오其中佛蘭西及瑞西兩國은共和國이니大統領을公選ᄒᆞ야國政을執行케ᄒᆞ고土耳其ᄂᆞᆫ憲法國政을能行치못ᄒᆞ며此二三國을除ᄒᆞᆫ外에ᄂᆞᆫ政令、法律이大行ᄒᆞ야漸漸富强ᄒᆞ고人民이幸福을享ᄒᆞ더라

○國勢　歐洲各國은現今世界의開明國이니權勢가旺盛ᄒᆞ고其中英、獨、露、佛、伊、澳六國은其國이豐饒ᄒᆞ고兵備가整齊ᄒᆞ야世界各國의盟主로自處ᄒᆞ니世上에서歐洲六大强國의稱이有ᄒᆞ되　歐洲ᄂᆞᆫ强國의疆域이互相隣接ᄒᆞᆫ故로兵備ᄅᆞᆯ嚴修ᄒᆞ야不虞ᄅᆞᆯ備ᄒᆞ니、이에陸軍과海軍을各各其國의形勢에應ᄒᆞ야擴張增設ᄒᆞ야莫大ᄒᆞᆫ國費ᄅᆞᆯ費ᄒᆞ고國債가甚多ᄒᆞ야人民의負擔이不輕ᄒᆞ고且國內의壯丁은軍伍에盡入ᄒᆞ더라

二三百年來로歐洲各國이海路遠征隊ᄅᆞᆯ送ᄒᆞ야空閑地ᄅᆞᆯ占領ᄒᆞ고或은弱國을攻奪ᄒᆞ야殖民地ᄅᆞᆯ開拓ᄒᆞ더니今에ᄂᆞᆫ領地가其本國의面積보다遙히廣大ᄒᆞᆫ者ㅣ多ᄒᆞ고其地에殖産工業을奬勵ᄒᆞ야其利益을收ᄒᆞᄂᆞᆫ지라今에各國殖民地의面積、人口가

如左ᄒᆞ니(大皇帝三十一年甲午의調査라)

國名	地積(方哩)	人口
英吉利	一〇、〇一五、四七七	二九八、二〇五、七六七
露西亞	六、五四九、一〇〇	二二、七〇〇、〇〇〇
佛蘭西	二、三五四、六四六	二九、二四八、一七三
獨逸	一、一二八、三四五	一、九五二、〇〇〇
葡萄牙	七八二、九〇九	三、四六六、六八九
和蘭	七七五、九六七	二八、六八九、一八九
伊太利	四九二、〇六八	七、四九八、〇〇八
西班牙	一六三、〇二六	九、九九八、五三四
丁抹	八六、九五四	一二七、二〇八

歐洲交通은世界의第一이오其天然河道가多ᄒᆞᆫ外에人工을加ᄒᆞ고且鐵道、電信、電話、郵便、船舶等의諸機關이整備ᄒᆞ며其中國家의動脈되ᄂᆞᆫ鐵道ᄂᆞᆫ各國이爭先ᄒᆞ야延長布設ᄒᆞ미各都市를다貫通ᄒᆞ야歐洲鐵道線路가蜘蛛의網과如ᄒᆞ며全洲의鐵道延長이十四萬八千百七十四哩니곳世界의三分一餘를占有ᄒᆞ얏고其長은거의赤道를六周ᄒᆞᆯ지라此下에各國의延長及人口一萬에對ᄒᆞᆫ哩數와面積百方哩에對ᄒᆞᆫ哩數等을錄ᄒᆞ니(大皇帝三十一年甲午의調査라)

國名	延長哩數	(人口一万에對ᄒᆞᆫ哩數)	(面積百方哩에對ᄒᆞᆫ哩數)
獨逸	二七、八三八	五●五	一三●三
佛蘭西	二四、四四〇	六●四	一一●九
露西亞	二〇、七七四	三●四	三●二
英吉利	二〇、五九八	五●五	一七●〇
澳地利	一八、一〇八	四●一	六●九
伊太利	八、八〇八	二●八	七●九
西班牙	七、一〇一	四●〇	三●五
瑞典	五、四五三	一一●四	三●一
白耳義	三、四〇〇	五●五	二九●九

瑞西	二、一九三	七●四	一三●七
和蘭	一、九二四	四●○	一四●○
羅馬尼	一、五九八	三●四	三●二
葡萄牙	一、四五四	三●一	四●○
丁抹	一、三八五	六●○	九●一
土耳其	一、一二九	一●二	一●一
那威	一、○○○	一●九	○●八
希臘	五六八	二●五	二●二
塞爾維	三三五	一●五	一●七
其他	六八	二●一	一七●二
總計	一四八、一七四	四●○	三●九

歐洲各國財政의現況을言힐진딘或은通商貿易이大發達ᄒᆞ야 非常ᄒᆞᆫ輸出入額에達ᄒᆞᆫ國도有ᄒᆞ고或은財政이大困難ᄒᆞ야莫大ᄒᆞᆫ國債를有ᄒᆞᆫ國도有ᄒᆞᆫ지라只今各國에서歲入額、歲出額、國債額、輸入額、輸出額等을人口一名에對ᄒᆞ야 比較ᄒᆞ면其大概가如左ᄒᆞ니

金本位國

國名	歲入額	歲出額	國債額	輸入額	輸出額
澳地利	弗 五●三七	弗 五●三六	弗 三○●一八	弗 二●四六	弗 二●六七
丁抹	七●一六	八●○七	二二●八九	四一●○八	三○●五四
獨逸	五●七九	五●八六	五●四六	二一●二○	一六●○八
英吉利	一一●六二	一一●四八	八五●八九	六○●六六	三六●三二
那威	六●八七	六●八七	一五●五四	二九●八七	一七●四六
葡萄牙	一○●六九	一一●○一	九八●二二	一一●四七	七●三一
瑞典	五●四一	五●四一	一四●四六	二二●○四	一七●○○
土耳其	二●○七	二●四○	二二●一四	二●五七	一●四四
日本	二●○六	一●九一	七●五八	一●五五	一●九五
白耳義	一○●八七	一○●七二	七二●八一	九三●一二	七九●五五
希臘	九●一四	八●八一	六六●二二	一二●三九	九●四九

金銀兩本位國	伊太利	一〇●三三	一〇●七五	七二●七七	七●一七	五●五七
	瑞西	四●五六	四●八三	二一●一〇	九五●九六	七七●四九
	佛蘭西	一六●五七	一六●一九	一五四●〇八	二〇●八八	二三●八一
	西班牙	八●二三	八●一七	六九●八五	一〇●九二	一四●一四
銀本位國	和蘭	一一●三三	一一●八五	九七●六〇	一一七●九四	九九●一九
	露西亞	五●五〇	五●四四	一八●二一	二●三六	四●四八

此表를據ᄒᆞ면人口에對ᄒᆞ야歲出入額이最多ᄒᆞ기ᄂᆞᆫ佛蘭西니곳十六弗以上이오其次英、和、白、伊、葡各國은皆十弗以上이오又最寡ᄒᆞᆫ者ᄂᆞᆫ土耳其오　國債額의最多ᄒᆞ기도佛國이니人口一名에百五十四弗이오其次葡、和、英、白、伊等은皆國債負擔의重ᄒᆞᆫ國이며　輸出入額의最多ᄒᆞ기ᄂᆞᆫ和蘭이오瑞西、白耳義、英吉利等이其次니此ㅣ곳各國財政의現況이러라

巴幹半島諸國

巴幹半島ᄂᆞᆫ亞細亞土耳其와(보스포루스)及(다ㅣ다네루스)의兩海峽을隔ᄒᆞᆫ歐洲東端諸國의總稱이니巴幹山系가半島中央東西를橫貫ᄒᆞ야其支脈으로成ᄒᆞᆫ半島라故로此名이有ᄒᆞ고其中에土耳其(불싸리아)羅馬尼亞、塞爾維(몬네네구로)의諸國이有ᄒᆞ니此等諸國은다土耳其의領屬이러니一千八百七十七年（大皇帝十四年丁丑）露、土戰爭ᄒᆞᆫ翌年、德京伯林會議에서以上巴幹諸國의獨立을承認ᄒᆞ야今日形勢를成ᄒᆞ니此諸國은露、土兩國間에在ᄒᆞ고且其位置ᄂᆞᆫ歐、亞兩洲의分界라人種과宗敎等이殊異ᄒᆞᆫ故로外憂內亂이恒常不斷ᄒᆞ고其獨立도確實치못ᄒᆞᆫ지라世上에서巴幹事件이라稱ᄒᆞ야、가장多事多難ᄒᆞᆫ地러라

○地勢　巴幹山系가半島의中央을橫貫ᄒᆞ니其最高ᄂᆞᆫ九千五百尺이오澳境에ᄂᆞᆫ横系(알푸스)山이連亘ᄒᆞ며中央에ᄂᆞᆫ八千三百尺에及ᄒᆞ며(아듸리야틱크)海岸도亦(알푸스)의支脈이오希臘境에至ᄒᆞ야(오림푸스)山의高가九千七百五十尺이니此ᄂᆞᆫ다山地에屬ᄒᆞ고、오작大河流域에만平原이有ᄒᆞ며半島의第一大河ᄂᆞᆫ多腦河니澳國에서發源ᄒᆞ야其下流에亘浸이洋洋東流ᄒᆞ야羅馬尼亞(불싸리아)의境이되고

또其下流가北轉ᄒᆞ다가、다시東折ᄒᆞ야廣大ᄒᆞᆫ二個의三稜洲가되야黑海에入ᄒᆞᄂᆞ니大抵其水源이二千百餘哩오下流의幅이五里라故로運輸가甚便ᄒᆞ고瀛船도澳國上流ᄭᆞ지溯行ᄒᆞ며此流域이甚히廣大ᄒᆞ고土地가또ᄒᆞᆫ肥沃ᄒᆞ나農作이普及지못ᄒᆞ야荒蕪ᄒᆞᆫ地가多ᄒᆞ고多島海에入ᄒᆞᄂᆞᆫ(마리틔사)河ᄂᆞᆫ巴幹山에서發ᄒᆞ야、다시(루ㅣ메리야)를貫ᄒᆞ고土國으로、브터海에注ᄒᆞ니此流域이亦廣ᄒᆞ고古昔(쎄라스)의地러라

○氣候及天產　半島의中央은北緯四十二度니暑氣가頗强ᄒᆞ야平均二十二度以上이오海岸地ᄂᆞᆫ炎熱이甚ᄒᆞ고冬節은零下一二度오年中에平均이十度四니寒暑의變化가急劇ᄒᆞ야一夜間에十七度의昇降이有ᄒᆞ며雨ᄂᆞᆫ海岸에ᄂᆞᆫ稍順ᄒᆞ나內地ᄂᆞᆫ缺乏ᄒᆞᆫ故로乾燥荒凉ᄒᆞ야耕作이不適ᄒᆞ고、오쟉河域平原에ᄂᆞᆫ土地가肥沃ᄒᆞ니此ᄂᆞᆫ歐洲第一沃地라然이나人民이怠惰ᄒᆞ고政令이不善ᄒᆞ야다荒蕪陳廢ᄒᆞ고山林도甚多ᄒᆞ나、다만採伐을爲事ᄒᆞ고培栽ᄒᆞᄂᆞᆫ者ㅣ少ᄒᆞᆫ故로다赭山을成ᄒᆞ고鑛物도豐饒ᄒᆞ나採掘을不行ᄒᆞ야其國이더옥衰頹ᄒᆞ며獨히牧畜은稍盛ᄒᆞ야馬와山羊이各地에多ᄒᆞ더라

土耳其帝國

土耳其의名은韃靼人의一種(토루코민)으로、브터出ᄒᆞ니其意ᄂᆞᆫ「流民」이라ᄒᆞᆷ이라第十四世紀에至ᄒᆞ야(오투만)帝가出ᄒᆞ야(오투만)帝國이라稱ᄒᆞ니其盛時에ᄂᆞᆫ巴幹半島外에또其領地가亞細亞、亞弗利加에跨ᄒᆞ야世界를雄視ᄒᆞ더니千六百年代(宣祖仁祖時)브터國勢가漸漸衰微ᄒᆞ야匈牙利가先叛ᄒᆞ고次에希臘을失ᄒᆞ고又其次에ᄂᆞᆫ各地가或獨立ᄒᆞ며或分離ᄒᆞ야至今은本國의面積이六萬千二百方哩(十萬二千七百四十方里)에不過ᄒᆞ더라

○形勢　其位置ᄂᆞᆫ歐、亞兩大洲의分界를占有ᄒᆞ고東에黑海와西에(아드리야틱크)海를控ᄒᆞ고南은希臘을連ᄒᆞ고內에ᄂᆞᆫ多島海가有ᄒᆞ고亞細亞領土間에ᄂᆞᆫ(말모라)海가有ᄒᆞ고此海로브터黑海를通ᄒᆞᄂᆞᆫ處에ᄂᆞᆫ(보스포루스)峽이有ᄒᆞ고多島海를通ᄒᆞᄂᆞᆫ處ᄂᆞᆫ(다ㅡ다비루스)峽이有ᄒᆞᆫ지라故로公法上에(말모라)海ᄂᆞᆫ土耳其의領海라ᄒᆞ야此海峽을通過ᄒᆞᄂᆞᆫ軍艦은總히此國의承認을不經ᄒᆞ면不得ᄒᆞ더라

○都邑　首府(콘스탄틔노필)은黑海、말모라)海의咽喉를占ᄒᆞ야其形勝이歐洲의第一이니卽古昔(비산딘)府라國勢가盛ᄒᆞᆯ時에ᄂᆞᆫ世界商業의中心이되야各國이總

히此府와關係가有ᄒᆞ고船舶이其海岸에輩集ᄒᆞ더니至今도오히려船舶의出入이世界에屈指ᄒᆞᄂᆞᆫ港이라人口가九十萬이오國帝의宮殿은(보ᄉᆞ포루ᄉᆞ)峽을臨ᄒᆞ며風景의勝과人工의美가極ᄒᆞ더라

首府西北에(아드리아노필)府ᄂᆞᆫ第二都會라內地貿易의中心을占ᄒᆞ고(사로니카)ᄂᆞᆫ多島海濱의貿易港이러라

○國民　本國의人口ᄂᆞᆫ四百七十八萬이오人種은黃、白兩種이相雜ᄒᆞ고原種의土耳其人은自古로브터勇敢ᄒᆞ다稱ᄒᆞ더니至今도樞要ᄒᆞᆫ地位를專擅ᄒᆞ야政權、敎法이다此種掌握에在ᄒᆞ야他種을壓倒ᄒᆞ며言語習俗等도種類가甚多ᄒᆞ니此ㅣ곳其國의衰ᄒᆞᆫ一原因이오　宗敎ᄂᆞᆫ回敎國의本源이니國民의大多數ᄂᆞᆫ古昔브터回敎를奉ᄒᆞ며其勢力이政治上에ᄭᆞ지波及ᄒᆞ야回敎의經典、可蘭의主義로ᄡᅥ施政ᄒᆞᄂᆞᆫ方針을定ᄒᆞ고僧侶의權이甚重ᄒᆞ며僧侶ᄂᆞᆫ敎務長의所管이오其職은世襲이니皇帝의命이아니면免職지아니ᄒᆞᄂᆞᆫ故로僧侶의傲慢이特甚ᄒᆞ야其少數의基督敎徒가恒常虐待를受ᄒᆞ고距今七年(大皇帝三十二年乙未)冬에ᄂᆞᆫ亞細亞領地(알메니아)의基督敎徒數萬人이兵卒巡査의虐殺을遭ᄒᆞ야一難題를惹起ᄒᆞ얏고　敎育은可蘭의主義를據ᄒᆞ야古來브터都邑에ᄂᆞᆫ公立學校를設ᄒᆞ고可蘭의義를敎ᄒᆞ야回敎의敎養을施ᄒᆞ며學徒ᄂᆞᆫ寺院에附屬ᄒᆞ고文明主義의敎育은未行ᄒᆞ더라

○政體時事　土耳其의政體ᄂᆞᆫ君主專制오政治ᄂᆞᆫ可蘭의主旨를本ᄒᆞ야些少라도其文理에不戾ᄒᆞᆫ者를爲主ᄒᆞ고또(모하멧도)의言行錄도君民이共히遵行ᄒᆞᄂᆞᆫ法典이라向者에西歐諸國의例를倣傚ᄒᆞ야憲法을發布ᄒᆞ얏스나至今ᄭᆞ지此法을實行치못ᄒᆞ고大宰相은君主의代表者로政府에셔諸政을總理ᄒᆞ고僧官長은其地位가大宰相과同ᄒᆞ야政治上의權이甚重ᄒᆞ며近來에ᄂᆞᆫ現皇帝가國法을改良ᄒᆞᆫ다稱ᄒᆞ나其實은因習의久로ᄡᅥ國家가困弊ᄒᆞ얏고敎育과産業等도共히不振ᄒᆞ며、더옥向者露國과戰爭ᄒᆞᆫ後에ᄂᆞᆫ歲入이歲出을抵當치못ᄒᆞ야年年이欠額이多ᄒᆞ야外債를償募ᄒᆞ며또官吏의俸給을減ᄒᆞ야其困急을償需ᄒᆞ고外債ᄂᆞᆫ英、佛、澳、獨、伊諸國에募集ᄒᆞ고埃及의貢金으로ᄡᅥ爲質ᄒᆞ얏스나償還ᄒᆞᆯ企望이無ᄒᆞᆫ故로各國債主가首府에會集ᄒᆞ야委員을置ᄒᆞ야其外債事務를整理ᄒᆞ고財政을干預ᄒᆞ며其國이昔日旺盛ᄒᆞᆫ餘로領地가尙多ᄒᆞ야亞細亞土耳其로브터亞剌比亞의一部와亞弗利加의(도리포리)와埃及(불서리아)等을貢進國이라稱ᄒᆞ나名存實無ᄒᆞ고또(분스덴뢰노필)條約을由ᄒᆞ

야(사이필우스)島ᄂᆞᆫ英國에讓與ᄒᆞ고陸海軍은露、土戰爭時에陸軍四十六萬과軍艦百六十三艘를出ᄒᆞ더니至今은平時에陸軍이十八萬이오海軍은八十五艘의軍艦과四萬餘水兵이러라

불싸리야侯國

此國은土耳其北에在ᄒᆞ니土地의面積이二萬四千三百六十方哩(四萬九百方里)오또巴幹山南에東(루-메리야)라稱ᄒᆞᄂᆞᆫ一萬三千五百方哩(二萬二千七百方里)의面積이有ᄒᆞ니此侯國은伯林條約을因ᄒᆞ야土耳其帝權力下에셔自主ᄒᆞᄂᆞᆫ貢進國이오또同條約內에國主ᄂᆞᆫ人民이撰擧ᄒᆞᆫ後에各國의承認을經ᄒᆞ라ᄒᆞ며또政府를設ᄒᆞ고國民兵을置ᄒᆞ며一議院이有ᄒᆞ더니千八百八十三年(大皇帝二十五年戊子)國會에셔兩院을置ᄒᆞ고行政權은內閣員에委ᄒᆞ더라

○人民　人口ᄂᆞᆫ總이五百七十四萬이오宗敎ᄂᆞᆫ希臘敎를奉ᄒᆞᄂᆞᆫ者ㅣ最多ᄒᆞ니此ᄂᆞᆫ露國에屬ᄒᆞᆯ傾向이有ᄒᆞᆫ緣故오其次ᄂᆞᆫ回敎、猶太敎徒러라

○都邑　首府ᄂᆞᆫ(소뷔야)니人口가三萬이오昔時에ᄂᆞᆫ土耳其首府되얏든處오多腦河畔에(니코포리)가有ᄒᆞ고其南의(피레뷔나)ᄂᆞᆫ有名ᄒᆞᆫ露、土의古戰塲이러라

○産物　重要ᄒᆞᆫ産物은農産이니小麥은輸出額이最多ᄒᆞ고其他ᄂᆞᆫ牛及毛皮러라

羅馬尼亞王國

此國은多腦下流의北岸을占ᄒᆞ고橫系(알푸스)山이其北에綠立ᄒᆞ고山麓은森林이富ᄒᆞ며中央은平原이오農産이豐饒ᄒᆞ니此ᄂᆞᆫ多腦河流域이라面積은總히四萬八千三百七方哩(八萬一千一百方里)러라

○政體　第十六世紀의初브터土耳其에征服ᄒᆞᆫ비되고其後에露國에屬ᄒᆞ다가後에다시土領이되얏더니千八百六十一年(哲宗十二年辛酉)에諸强國의援助를得ᄒᆞ야自治權을恢復ᄒᆞ고同八十一年(大皇帝十八年辛巳)에비로소羅馬尼亞王을立ᄒᆞ고國會ᄂᆞᆫ兩院이오行政權은內閣員에屬ᄒᆞ더라

○人民　人口ᄂᆞᆫ凡五百八十萬이오國敎ᄂᆞᆫ希臘敎러라

○都邑　首府ᄂᆞᆫ(뷧카리스트)라多腦平原의中央에在ᄒᆞ고匈牙利地方과貿易이盛行ᄒᆞ며人口ᄂᆞᆫ二十三萬이니、가장繁榮ᄒᆞᆫ府러라

○産物　此國은農業國이니平原地方에ᄂᆞᆫ農産物이多ᄒᆞ야穀物은第一의輸出品이되고其次ᄂᆞᆫ菓實、材木、牛、羊等이오各國과貿易ᄒᆞᄂᆞᆫ中에가장盛行ᄒᆞᄂᆞᆫ者ᄂᆞᆫ墺

國의陸路通商이러라

塞爾維王國

此國은土耳其의北에在ᄒᆞ니南部ᄂᆞᆫ總히山地에屬ᄒᆞ고北境에ᄂᆞᆫ多瑙河가流ᄒᆞ야墺國地境이되니此邊은一體平原이라面積이一萬九千五十方哩(二萬一千方里)오人口ᄂᆞᆫ二百二十六萬이러라

○政體 第十四世紀頃ᄭᆞ지ᄂᆞᆫ獨立王國이러니土國에倂吞ᄒᆞᆫ비、되얏다가千八百二十九年(純祖二十九年己丑)에自治權을恢復ᄒᆞ얏스나、오히려土國에貢稅ᄅᆞᆯ納ᄒᆞ더니伯林條約을因ᄒᆞ야全히獨立ᄒᆞ야國王을立ᄒᆞ고憲法에因ᄒᆞ야立法權은國王과國會에在ᄒᆞ고國會ᄂᆞᆫ兩院으로成ᄒᆞ고行政權은國王이內閣員으로、ᄒᆞ야곰執行케ᄒᆞ더라

○人民 人種은諸種이混同ᄒᆞᆫ中(스라보온닛크)種이最多ᄒᆞ고宗敎ᄂᆞᆫ希臘敎오敎育은能히普及ᄒᆞ야塞爾維大學等이有名ᄒᆞ더라

○生産 人民은怠惰ᄒᆞ야農耕을不勤ᄒᆞ나오직牧畜을能行ᄒᆞ며輸出의重要ᄒᆞᆫ者ᄂᆞᆫ豚、羊、牛、毛皮오其次ᄂᆞᆫ穀物、葡萄等이오鑛物도産出ᄒᆞ더라

○都邑 首府(벨그라드)ᄂᆞᆫ墺境多瑙河畔에在ᄒᆞ니河流에往來ᄒᆞ야貿易ᄒᆞᄂᆞᆫ商地러라

몬틔니크로侯國

此國은土、墺兩國間에介ᄒᆞᆫ面積이僅히三千六百三十方哩(七千百方里)되ᄂᆞᆫ小侯國이니(알푸스)山支脈을由ᄒᆞ야總히山地에屬ᄒᆞ며森林이富ᄒᆞ고南方一部ᄂᆞᆫ僅히(아듸리아팃크)海ᄅᆞᆯ臨ᄒᆞ고土國에跨ᄒᆞᆫ(숙타리)湖가有ᄒᆞ니此近邊에平地가存ᄒᆞᆯ뿐이러라

○政體沿革 久히土領이되얏더니千八百七十八年(太皇帝十五年戊寅)에伯林條約을因ᄒᆞ야獨立을承認ᄒᆞ고政體ᄂᆞᆫ立憲制라稱ᄒᆞ나其實은君主專制ᄅᆞᆯ不免ᄒᆞ더라

○人民及生産 人種은(스라보온닛크)에屬ᄒᆞ고人口ᄂᆞᆫ二十五萬이오敎法은專혀希臘敎ᄅᆞᆯ奉ᄒᆞ고人民의生業은牧畜을主ᄒᆞ고輸出品은牛、羊、豚及乳類오農耕도稍行ᄒᆞ며首府ᄂᆞᆫ(틔세티니一)러라

澳地利、匈牙利

澳地利帝國과匈牙利王國은其版圖가廣闊ᄒᆞ기露國보다之次가되니面積이二十四萬九百四十一萬哩(四十萬四千五百七十方里)오境域은露、獨、瑞、伊及巴幹諸邦을接ᄒᆞ고오작西方一部가(아듸리아뒷크)海에臨ᄒᆞ야所謂中央歐洲의一部를占有ᄒᆞ더라

○地勢 東南部의中央은一圓圍ᄒᆞᆫ平原이오多腦大河가其間에串流ᄒᆞ니此河ᄂᆞᆫ運輸가甚便ᄒᆞ고滊船이此國中을通過ᄒᆞᄂᆞᆫ航程이大凡八百五十哩오其支流가國內에遍及ᄒᆞᄂᆞᆫ中더욱重要ᄒᆞᆫ者ㅣ二條가有ᄒᆞ니一은西北으로브터來ᄒᆞᄂᆞᆫ(듸리부河)오其次ᄂᆞᆫ東北으로、브터來ᄒᆞᄂᆞᆫ(세이쓰)河오、또西으로來ᄒᆞᄂᆞᆫ(세ㅣ부)河니此等流域을統合ᄒᆞ면其廣이大約六萬方哩가되니即匈牙利平原이오此平原은灌漑를得ᄒᆞᆫ故로地味가肥沃ᄒᆞ고氣候가또ᄒᆞᆫ和暢ᄒᆞ야澳國最大生産地라世人이澳國을多腦帝國이라稱ᄒᆞᆷ이此故오또此國運命이此河에關係가有ᄒᆞᆷ이러라

匈牙利平原의四面은山이圍繞ᄒᆞ고特히北部에至ᄒᆞ야ᄂᆞᆫ地形이漸高ᄒᆞ고(坐헤미야)地方에ᄂᆞᆫ(坐헤미야)諸山이獨逸의境이되고其東에ᄂᆞᆫ(카ㅣ파시안)山脉이一帶에

連亘ᄒᆞ니高가三千尺으로乃至八千七百尺이오山北의地ᄂᆞᆫ(가리시야)라稱ᄒᆞ니此ᄂᆞᆫ波蘭國을割領ᄒᆞᆫ地오又西方瑞西境은(알푸스)山脉이連亘ᄒᆞ더라

○氣候　澳國은北緯四十二度로乃至五十一度間에在ᄒᆞ야歐洲에셔ᄂᆞᆫ位置가溫暖에屬ᄒᆞ나其大陸은山地가多ᄒᆞᆫ故로內地性氣候(內地性氣候ᄂᆞᆫ海가隔遠ᄒᆞᆫ內地의氣候라)를受ᄒᆞ야歐洲에셔ᄂᆞᆫ寒暑가懸隔ᄒᆞᆫ國이라中央首府에ᄂᆞᆫ年中에平均溫度가八度三이오冬은零下一度九오夏ᄂᆞᆫ十八度九오北方山地ᄂᆞᆫ寒暑가더욱甚ᄒᆞ나海濱及島嶼ᄂᆞᆫ極히溫暖ᄒᆞ고雨量은首府에六百四十三(밀메돌)오其他山地에ᄂᆞᆫ漸漸加多ᄒᆞ고北方山地ᄂᆞᆫ諸大河가發源ᄒᆞᄂᆞᆫ處러라

○生業產物　澳國의土地ᄂᆞᆫ其百分의八十九ᄂᆞᆫ肥沃ᄒᆞ고山岳外에ᄂᆞᆫ大槪農耕에適ᄒᆞ야農業者가人口의三分二가되ᄂᆞᆫ故로夥多ᄒᆞᆫ麥類、玉蜀黍、蕎麥、(메밀)馬鈴薯(감ᄌᆞ)를產出ᄒᆞ야西部歐洲에輸出ᄒᆞᄂᆞᆫ額이多ᄒᆞ고匈牙利의麥粉은何市塲에든지優等聲價가有ᄒᆞ고　果類培栽ᄂᆞᆫ南部地方에盛行ᄒᆞ야葡萄酒의釀造額이五百萬石에不下ᄒᆞ며　草野ᄂᆞᆫ牧畜이盛行ᄒᆞ니(알푸스)山中及匈牙利의牧塲等이甚히廣大ᄒᆞ야牛、馬、羊의輸出이每年에百萬頭內外가되고鑛物은歐洲中에가장豐富ᄒᆞᆫ國이라然이나現今產額이尙少ᄒᆞ야石炭은年年히一千八百萬噸이오鐵은六十萬噸이오金은露國의之次가되야歐洲第二位에居ᄒᆞ니其額이四千磅이오銀、鉛、塩이ᄯᅩ其次가되고　工業은天產이富ᄒᆞ고ᄯᅩ其位置가各種工業을興ᄒᆞᆷ에適當ᄒᆞᆫ故로古時브터發達ᄒᆞ야其第一은機業이니木綿이爲最오其次ᄂᆞᆫ紡績、麻布、更紗染(更紗染은有紋西洋緞이라)等이라首府가工業의中心이되야馬車、磁器、寶石細工이有名ᄒᆞ고(써헤미야)ᄂᆞᆫ毛織、毛絲가有名ᄒᆞ더라

貿易額은六億五千萬圓內外니輸出은恒常輸入보다超過ᄒᆞ고輸入의最多額은製造品의原料오輸出品은飮食物이最多ᄒᆞ고交易이最盛ᄒᆞ기ᄂᆞᆫ獨逸과陸上貿易(多腦河가有ᄒᆞᆫ故라)이오其次ᄂᆞᆫ露、伊러라

○都邑　首府維也納은澳地利本部에在ᄒᆞ니多腦河의平原을下ᄒᆞᄂᆞᆫ右岸에建ᄒᆞ고人口ᄂᆞᆫ百三十六萬이니歐洲의第四位大都라市街가端正ᄒᆞ고家屋은五六層高廈가多ᄒᆞ며此府ᄂᆞᆫ內地에在ᄒᆞ야海가遠ᄒᆞ나多腦河道의要處를占ᄒᆞ야商業이繁盛ᄒᆞ고又製鐵、製鋼其他工藝가盛行ᄒᆞ며此府ᄂᆞᆫ拿破崙一世의亂을因ᄒᆞ야屢次列國會議를開ᄒᆞ얏든處오ᄯᅩ著名ᄒᆞᆫ大學堂이有ᄒᆞ고　(써헤미야)州의首都ᄂᆞᆫ(푸레―쿠)

라易北河上流에在ᄒᆞ니風景이絶佳ᄒᆞ고河道ᄅᆞᆯ因ᄒᆞ야普國과通商ᄒᆞ야毛織、毛布의製造가盛ᄒᆞ고人口ᄂᆞᆫ十八萬이오 貿易港의第一은(트리에스트)니歐洲南部에屈指ᄒᆞᄂᆞᆫ港이오 (카리시야)洲의(렘바ㅣ크)府ᄂᆞᆫ穀産의集合ᄒᆞᆫ處오 匈牙利ᄂᆞᆫ多腦河ᄅᆞᆯ挾ᄒᆞ야右岸은(쑤다)오左岸은(페스승)니其兩岸에有名ᄒᆞᆫ大鐵鎖橋ᄅᆞᆯ架設ᄒᆞ야兩處ᄅᆞᆯ通ᄒᆞ고今에ᄂᆞᆫ合ᄒᆞ야一府ᄅᆞᆯ設ᄒᆞ니人口가五十萬이오河水ᄅᆞᆯ上下ᄒᆞ야首府와往來ᄒᆞᄂᆞᆫ船隻이日夜不絶ᄒᆞ더라

○人民 人種은各種이雜居ᄒᆞᆫ中日耳曼種(스라보온)種이最多ᄒᆞ고此國은其人種을因ᄒᆞ야言語風俗等이各異ᄒᆞ고全國人口ᄂᆞᆫ四千一百三十六萬이니此ᄂᆞᆫ東洋日本과近ᄒᆞ고其中澳地利에ᄂᆞᆫ二千三百九十萬이오匈牙利에ᄂᆞᆫ千七百五十萬이오人種이駁雜ᄒᆞᆫ故로一國內에開化의程度가크게差異ᄒᆞ니澳地利人은其生活風習等이他歐洲中等社會에不讓ᄒᆞ고首府住民等은奢侈華麗의弊가有ᄒᆞ며山間과又匈牙利의住民은開化ᄅᆞᆯ不知ᄒᆞ니此ᄂᆞᆫ舊時封建의餘風이存ᄒᆞ야門閥이有ᄒᆞᆫ者ᄂᆞᆫ下民을淩侮ᄒᆞ야進步ᄅᆞᆯ妨害ᄒᆞ고 宗敎ᄂᆞᆫ向時에舊敎ᄅᆞᆯ奉ᄒᆞ더니今에ᄂᆞᆫ新敎ᄅᆞᆯ奉ᄒᆞᄂᆞᆫ者ㅣ多ᄒᆞ고匈牙利ᄂᆞᆫ別로國敎가無ᄒᆞ나人民이舊敎ᄅᆞᆯ奉ᄒᆞᄂᆞᆫ者ㅣ多ᄒᆞ며 敎育은澳國主要地外에ᄂᆞᆫ國內가疲弊ᄒᆞ야進步의狀態가無ᄒᆞ나普通敎育은督責法을用ᄒᆞ야學齡兒童이、다就學ᄒᆞᄂᆞᆫ故로壯年輩ᄂᆞᆫ多少敎育이有ᄒᆞ나文字ᄅᆞᆯ知ᄒᆞᄂᆞᆫ者ㅣ全國人口三分一을不當ᄒᆞ고大學은墺地利에ᄂᆞᆫ八校오匈牙利에ᄂᆞᆫ二校가有ᄒᆞ더라

○政治 一千八百六十七年(大皇帝四年丁卯)以來로墺地利及匈牙利가共히雙立聯邦을成ᄒᆞ고兩國이各各國會ᄅᆞᆯ設ᄒᆞ며政府ᄅᆞᆯ置ᄒᆞ고、또國務大臣이有ᄒᆞ야世襲ᄒᆞᄂᆞᆫ君主ᄅᆞᆯ戴ᄒᆞ니此ᄂᆞᆫ卽墺地利皇帝兼匈牙利國王(現帝풍린서、또스풍)이오陸軍海軍과外交事務ᄂᆞᆫ皇帝가直轄ᄒᆞ고又兩國交涉事務ᄂᆞᆫ聯邦國會(墺國議員六十人匈國議員六十人)가議定ᄒᆞ되其議權은外交、財政、軍政三者라故로此事務ᄅᆞᆯ爲ᄒᆞ야大宰相兼宮內大臣及外務大臣、軍務大臣、度支大臣을置ᄒᆞ니此三大臣은兩國의聯合事ᄅᆞᆯ委任ᄒᆞ야以上을聯合政務라云ᄒᆞ더라

澳地利의憲法은千八百六十年(哲宗十一年庚申)에制定ᄒᆞ야立法部ᄂᆞᆫ州會及國會로브터成ᄒᆞ니州會ᄂᆞᆫ其國各州ᄅᆞᆯ代表ᄒᆞ미其數가十七이오國會ᄂᆞᆫ上下兩院이오內閣은大宰相及內務、國防事務、農務、度支、敎部、文部、商務、司法各大臣이有ᄒᆞ고匈牙利ᄂᆞᆫ八百九十一年(新羅孝恭王十四年辛未)頃브터王國을開ᄒᆞ고其後에各種

變革을經ᄒᆞ다가千八百六十七年(大皇帝四年丁卯)에야、비로소憲法을確立ᄒᆞ니立法權은上下兩院國會에在ᄒᆞ고行政은國王의命을從ᄒᆞ야內閣員이執行ᄒᆞ고各國務大臣은墺地利와同ᄒᆞ더라

軍制ᄂᆞᆫ墺、匈條約을因ᄒᆞ야全國陸海軍은兩國의共同兵이오其監督은軍務大臣及兩國、國防事務大臣이니陸軍常備兵은三十二萬五千이오戰時에ᄂᆞᆫ百三十一萬五千이오 海軍은海防線이短ᄒᆞᆫ故로海防에크게着力지아니ᄒᆞ나軍艦及運送船을合ᄒᆞ면一百十餘隻이니噸數ᄂᆞᆫ十四萬噸이오大砲五百五十門과平時海兵八千人이有ᄒᆞ고戰時에ᄂᆞᆫ一萬七千人에增至ᄒᆞᆯ지니至今歐洲六大强國의一이되더라

日耳曼帝國

日耳曼은一名은獨逸이니歐洲北部의大國이라此帝國은現今에普魯西로써盟主를삼고下錄ᄒᆞᆫ二十五邦으로써組織ᄒᆞ니此ㅣ곳獨逸聯邦이라

國體	國名	面積及人口(人口의單位ᄂᆞᆫ萬位)
王國四	普魯西	(一三七、〇六六方哩 二八、三三萬人)
	巴威里	(二九、三七五方哩 五四二萬人)
	烏墩堡	(七、五三〇方哩 二〇〇萬人)
	索遜	(五、七九五方哩 三一八萬人)
大公國六	巴丁	(五、八二四方哩 一六〇萬人)
	메시렙부루크、슈ㅣ예린	(四、八三四方哩 五八萬人)
	헤스세	(二、九六五方哩 九六萬人)
	올덴부루크	(二、四一七方哩 三四萬人)
	삭스、위이말	(一、三九〇方哩 一三萬人)
	메시렙부루크、스로레릿스	(一、一三〇方哩 一〇萬人)

公國五
- 부룬스위스 (一、五二六方哩 三七萬人)
- 삭스、마이닝긴 (九三三方哩 二一萬人)
- 알할트 (八六九方哩 二五萬人)
- 삭스、고ㅣ불크、코사 (七五五方哩 二〇萬人)
- 삭스、알뎀부루크 (五〇九方哩 一六萬人)

侯國七
- 월듸크 (四六六方哩 七萬人)
- 립페 (四四五方哩 一二萬人)
- 슈월쓰루부크、손데루스하우센 (三三二方哩 七萬人)
- 슈월쓰부루크、루드루스탓트 (三六二方哩 八萬人)
- 로이스、스라이쓰 (三一八方哩 一一萬人)
- 슈붐코、립페 (一二二方哩 四萬人)
- 로이스、크라이스 (一二二方哩 六萬人)

自由市三
- 漢堡 (一五八方哩 五二萬人)
- 루ㅣ벳크 (一二四方哩 七萬人)
- 부레멘 (九八方哩 一七萬人)

此外에 帝領알사스○로ㅣ렌 (五五八○方哩 一五六萬人)

○位置 獨逸의 位置는 國際上及兵略上의 要地를 占有ᄒᆞ니 其境域은 露、澳、瑞西、佛、白、和、丁七國과 相接ᄒᆞ고 北面은 波留的海와 瑞典那威를 隔ᄒᆞ고 또 北西로 北海를 隔ᄒᆞ야 英國을 對ᄒᆞᆫ 故로 交際上에ᄂᆞᆫ 歐洲의 中央이 오 非히 萬國의 中心이 되고、또 國防上으로 言ᄒᆞ면 諸大國과 接境ᄒᆞ야 困難ᄒᆞᆫ 地位에 處ᄒᆞ나 此를 因ᄒᆞ야 兵要上의 中點이 되고 面積은 屬地外에 二十萬八千六百七十方哩 (三十五萬三百方里) 오 人口ᄂᆞᆫ 五千百五十萬이러라

○地勢 獨逸은 北歐平原의 一部를 領ᄒᆞ미 此地ᄂᆞᆫ 北方의 平原이라 茫漠ᄒᆞᆫ 平地에 數條大河가 橫流ᄒᆞ고 田圃ㅣ 相望ᄒᆞ니 此ㅣ 곳 重要ᄒᆞᆫ 農産地라 然이나 地味ᄂᆞᆫ 砂地及濕地가 多ᄒᆞ야 肥沃지 못ᄒᆞ니 此卽日耳曼平原이오 其平原이 國의 南部와 連亘ᄒᆞᆫ 處ᄂᆞᆫ 漸漸增高ᄒᆞ니 大凡北緯五十二度의 近地로 브터 丘陵森林이 相連ᄒᆞ야 (할쓰) 山脈이 되고 自此以下ᄂᆞᆫ 獨逸森林界오 索遜으로、브터 墺地利境에 至ᄒᆞ면 山勢가 頗深ᄒᆞ야 (엘쓰게비루게) (리ㅣ센게비루게) 의 兩山脈이 有ᄒᆞ고 易北河가 此兩脈間을 劈開ᄒᆞ야 北으로 走ᄒᆞ니 其溪澗은 綠林이 深蔽ᄒᆞ고 山水의 秀麗ᄒᆞᆷ이 瑞西와 同ᄒᆞ다 ᄒᆞ야 索遜瑞

西의名을得ᄒᆞ니此ᄂᆞᆫ騷客遊人의曳杖ᄒᆞᄂᆞᆫ處오北緯五十度以南은所謂南高日耳曼이니到處에山岳이相望ᄒᆞ고森林이深茂ᄒᆞ야晝日이尙暗ᄒᆞ고其瑞西와近ᄒᆞᆫ處에ᄂᆞᆫ黑林의名이有ᄒᆞ니此ᄂᆞᆫ諸大河의泉源을發ᄒᆞᄂᆞᆫ處오巴威里國의東境은(뵈헤미아)深林이니此亦大河의源을發ᄒᆞᄂᆞᆫ處러라

○水系 獨逸의地形은南部가漸高ᄒᆞᆫ故로河流가、다北下ᄒᆞ야平原間으로海에注ᄒᆞᆫᄃᆡ其重要ᄒᆞᆫ流系가五條ㅣ有ᄒᆞ니此ᄅᆞᆯ西으로、브터次第로言ᄒᆞ면(一)來因河ᄂᆞᆫ其本源이瑞西의美景되ᄂᆞᆫ諸湖水로브터發ᄒᆞ야巴丁王國에流還ᄒᆞ고또東으로來ᄒᆞᄂᆞᆫ(메인)河西으로來ᄒᆞᄂᆞᆫ(모―졔루)河ᄅᆞᆯ合ᄒᆞ야巨流가되야和蘭에入ᄒᆞ니此河域은獨逸의舊都라人烟이繁盛ᄒᆞ고(二)(에―셰아)河ᄂᆞᆫ柴遜高地森林中에셔發ᄒᆞ야西北으로下ᄒᆞ야諸流ᄅᆞᆯ合ᄒᆞ야農産地ᄅᆞᆯ灌漑ᄒᆞ고北海에入ᄒᆞ니此河域에도亦繁盛ᄒᆞᆫ都府가多ᄒᆞ고(三)易北河ᄂᆞᆫ墺國에셔發ᄒᆞ야(뵈헤미아)諸水ᄅᆞᆯ合ᄒᆞ니其經過ᄒᆞᄂᆞᆫ山脈間에深淵과幽溪의勝景이多ᄒᆞ고普魯西平原에셔 또諸流ᄅᆞᆯ合ᄒᆞ야其國中央을貫ᄒᆞ야北海에入ᄒᆞ니此河ᄂᆞᆫ獨逸의主要ᄒᆞᆫ地方을還流ᄒᆞᄂᆞᆫ故로其流域을據ᄒᆞ야建ᄒᆞᆫ大都가不尠ᄒᆞ고首府도此支流되ᄂᆞᆫ(스프리ㅡ)河畔에建ᄒᆞ고(四)(오―더ㅡ)河

도墺國에셔發源ᄒᆞ야其國東南部ᄅᆞᆯ橫流ᄒᆞ다가(스텟틴)灣을由ᄒᆞ야波留的海에入ᄒᆞ고(五)(부스듀라)河ᄂᆞᆫ露國으로、브터來ᄒᆞ야其國東邊을過ᄒᆞ야(단쯴子)灣에入ᄒᆞ고 以上五條河外에또多瑙河ᄂᆞᆫ南部高日耳曼의黑林으로、브터發ᄒᆞ야諸水ᄅᆞᆯ合ᄒᆞ야東南流ᄒᆞ야墺國에入ᄒᆞ니、오歐洲의第二巨流러라

河流가如此히多ᄒᆞ고且地形이低平ᄒᆞᆫ故로水가緩緩이深流ᄒᆞ고此外에또人工으로各河間에運河ᄅᆞᆯ開鑿ᄒᆞ야運輸와灌漑가크게便利ᄒᆞᆫ지라、이에文化浸漸ᄒᆞᄂᆞᆫ門戶ᄅᆞᆯ大開ᄒᆞ며地味도또ᄒᆞᆫ灌水의便을得ᄒᆞ야到處에畎畝가相連ᄒᆞ더라

○沿海 北面은全혀海ᄅᆞᆯ通ᄒᆞ고(기―루)半島가中央으로、브터北에突出ᄒᆞ야北海(一名日耳曼洋)와波留的海ᄅᆞᆯ分ᄒᆞ고海岸線은北海ᄂᆞᆫ二百九十三哩오波留的海ᄂᆞᆫ九百二十七哩니合計一千二百二十哩오또其海岸은全혀緩斜ᄒᆞ야海에沈ᄒᆞ고北海濱은和蘭과連ᄒᆞᆫ(후리산)羣島가碁布星羅ᄒᆞ고其北에(헬쇠린드)島ᄂᆞᆫ向時에ᄂᆞᆫ英領이러니至今은本國에屬ᄒᆞ고波留的海濱에ᄂᆞᆫ中央에(스텟틴)灣과東에(단진子)灣이有ᄒᆞ고諸大河의河口ᄂᆞᆫ다廣闊ᄒᆞ야巨船의來往이適宜ᄒᆞ니此ᄂᆞᆫ다良港이러라

○氣候　海岸低地外에ᄂᆞᆫ寒暑가俱强ᄒᆞ니此ᄂᆞᆫ所謂內地性氣候오但其西部ᄂᆞᆫ洋流의溫氣를受ᄒᆞᆫ故로稍稍히溫和ᄒᆞᆫ지라故로獨逸의寒暖은緯度에關係ᄒᆞᆷ이不可ᄒᆞ고、맛당히經度에關ᄒᆞᆯ지니此ᄂᆞᆫ卽東에至ᄒᆞᆷ을因ᄒᆞ야寒威가漸增ᄒᆞᆷ이오伯林(獨逸京都)에全年平均溫度ᄂᆞᆫ八度九오夏의最高度ᄂᆞᆫ二十五度오冬은零下三度가되ᄂᆞᆫ지라然이나其位置ᄂᆞᆫ北緯五十二度三十分이오漢堡ᄂᆞᆫ北에在ᄒᆞᆫ故로平均溫度ᄂᆞᆫ八度오夏의最高ᄂᆞᆫ二十二度에不過ᄒᆞ고冬은零下二度오高日耳曼은南部에在ᄒᆞ나、도로혀寒ᄒᆞ야(뮤ー닛기)府ᄂᆞᆫ平均七度오冬은零下六度半이오雨量은平原地方에ᄂᆞᆫ五百(밀메돌)로乃至八百(밀메돌)이오高地ᄂᆞᆫ稍多ᄒᆞ야一千(밀메돌)에及ᄒᆞ더라

○生業物產　獨逸은有名ᄒᆞᆫ農業國이라然이나此ᄂᆞᆫ地味가肥沃ᄒᆞᆷ이아니오人民이耕作에盡力ᄒᆞ야土地의開拓됨이世界에셔屈指ᄒᆞᄂᆞᆫ國이니生產地(萬物生產ᄒᆞᄂᆞᆫ總稱이라)가全國面積에比ᄒᆞ면百分의九十四오其中二千六百三十萬町步(一町步ᄂᆞᆫ我韓木尺十萬八千平方尺)ᄂᆞᆫ農耕地라東北獨逸은大農이行ᄒᆞ야大地主가多ᄒᆞ고西南部ᄂᆞᆫ小農이多ᄒᆞ며　農產物中에가장收穫이多ᄒᆞᆫ者ᄂᆞᆫ各種麥類니各地에輸出ᄒᆞ고其次ᄂᆞᆫ馬鈴薯、葡萄오牧畜의業도盛行ᄒᆞ야牧塲의面積이一千一百萬町步에及ᄒᆞ니其牧塲에家畜이繁殖ᄒᆞ야牛ᄂᆞᆫ大約二千萬頭오馬ᄂᆞᆫ三百五十萬頭오羊은一千五百八萬頭러라

獨逸은또森林國이라木材가至要ᄒᆞᆫ財源이되ᄂᆞᆫ故로其保護가頗嚴ᄒᆞ고山林의積面은一千四百萬町步이오國의中央으로、브터南部高地ᄭᆞ지森林이最富ᄒᆞ야其收入이다만普國官林으로言ᄒᆞ야도四百萬磅에近ᄒᆞ고鑛業이또ᄒᆞᆫ、크게進步ᄒᆞ며近來採鑛의盛大ᄒᆞᆫ處ᄂᆞᆫ普國이오其中또特히重要ᄒᆞᆫ石炭과鐵은普國索遜이主要ᄒᆞᆫ產地오銀과銅과鉛은各地에、다富饒ᄒᆞᆫ지라至今最近ᄒᆞᆫ掘採年額이如左ᄒᆞ니

石炭	七千三百萬噸	鑄鐵	五百五十六萬噸
鉛	十六萬八千噸	銅	二萬四千八百噸
山塩	五十五萬七千噸	銀	四百八十九噸

今에石炭은英米의之次가되야世界第三位에居ᄒᆞ되其額이年年增加ᄒᆞ니來頭에ᄂᆞᆫ畢竟英國을凌駕ᄒᆞᆯ거시오鐵의一年產額은現今東洋日本으로言ᄒᆞ면五十個年을需用ᄒᆞᆯ지라此를觀ᄒᆞ면鑛業의旺盛을可知러라

製造業도또ᄒᆞᆫ發達ᄒᆞ니其中가장廣大ᄒᆞᆫ工塲은鐵器製造오次에ᄂᆞᆫ織物業이니織物

은毛織이爲主오其次는絹布오또其次는玻璃、陶磁、麻布오　麥酒釀造는世界의第一이니每年釀造額이三千萬石(一人口에對ᄒᆞ야大約六斗式)이오葡萄酒의釀造는每年百四十萬石이라故로各地에輸出額이甚盛ᄒᆞ더라

○處誌　獨逸은二十五邦國이連合ᄒᆞ야帝國을成ᄒᆞ고各邦의內政은다自治ᄒᆞ는故로各邦에君主와政府가有ᄒᆞ고會議가有ᄒᆞ야其國의政事를行ᄒᆞ고又自有市(稅를不納ᄒᆞ는市라(에는市長이有ᄒᆞ니故로獨逸人은二樣의資格이有ᄒᆞ야其一은各邦의住民이오其一은帝國의臣民이오또獨逸人은都會에集居ᄒᆞ는風이有ᄒᆞ야總人口百分의四十三은都會住民이라故로都會의數가各處에多ᄒᆞ야人口十萬以上의大都會가二十六處오二萬으로乃至十萬의中都會가百三十二處오五千으로乃至二萬의小都會는約七百處러라

普魯西는帝國의三分二를占ᄒᆞ고人口는大約三千萬이오地勢가佳良ᄒᆞ야獨乙平原의大部를領ᄒᆞ고地味는肥沃지못ᄒᆞ나小麥과其他農產이有ᄒᆞ고鐵과石炭이特多ᄒᆞ야國勢가漸漸發達ᄒᆞ고其國은元來(부란덴불크)大公國이러니世世로英主가繼出ᄒᆞ야國境을擴張ᄒᆞ야、드듸여帝國의盟主가되더라

伯林府는帝國의首府니中央平原(스푸리ㅣ)河의兩岸을跨ᄒᆞ야水路、陸路의四通五達ᄒᆞᆫ要處를占ᄒᆞ고人口는百五十八萬에及ᄒᆞ니世界第三位大都會오現今世界學術의中心이오、또綿布、麻布、鐵器의製造가盛ᄒᆞ며　漢堡는易北河下流의自由市오、또貿易府니伯林의西北約百五十哩에在ᄒᆞ고人口는三十二萬이오其位置는西에英國을控ᄒᆞ야易北河畔의物貨가來集ᄒᆞ야商業이盛ᄒᆞ고　(우예세루)下流의(부레멘)도自由市니東洋에定期郵船을送ᄒᆞ고其他東洋과消息을通ᄒᆞ는有名ᄒᆞᆫ「로이드」會社가有ᄒᆞ고　(부레스라우)는露、墺間에在ᄒᆞᆫ(시레시야)의繁盛府오人口三十四萬이有ᄒᆞᆫ陸路貿易塲이니歐洲第一의羊毛市場이오　(고로온)은西部의都會니人口가二十八萬이오白耳義를通ᄒᆞ는要路에當ᄒᆞ야內地貿易이行ᄒᆞ고葡萄酒를釀造ᄒᆞ며또此附近(卽西部)에有ᄒᆞᆫ都會는(두ㅣ셀돌후)(十四萬)(발멘)及(메인)河畔의(후란子후ㅣ루드)(十八萬)諸府니此는다商業、工業으로有名ᄒᆞᆫ處오(뽄)府에는有名ᄒᆞᆫ大學校가有ᄒᆞ고　(하노ㅣ바ㅣ)府는(예ㅣ세루)河支流의貿易地니人口가十六萬이오(오ㅣ데루)河口에(쓰텟딘)府(十二萬)는波留的海의貿易港이오(단지크)府(十二萬)는同名의灣에臨ᄒᆞᆫ貿易港이러라

巴威里는普魯西之次되는南部의大國이니領地가二部에分ᄒᆞ야本部와莱因河를隔ᄒᆞ야西에在ᄒᆞᆫ者를莱因巴威里라稱ᄒᆞ고土地는全혀丘陵이오山林이深ᄒᆞ고土地가豐饒ᄒᆞ야農産이多ᄒᆞ고特히葡萄酒는此地로브터出ᄒᆞ는者ㅣ多ᄒᆞ고 (미우네치)府는王國의首都오또帝國第二位의都府니人口가三十五萬이오器械를佳良케製作ᄒᆞ며南部學藝의叢園으로著名ᄒᆞ고 (누렘불크)(十四萬)가其北에在ᄒᆞ더라

烏撻堡는第三位의王國이니森林이가쟝鬱茂ᄒᆞ고또高臺에屬ᄒᆞ야大河의根源을成ᄒᆞ고 首都(쓰딋카ㅣ트)는中央農産地를控ᄒᆞ고人口가十四萬이러라

索遜은墺國과接境ᄒᆞ고古來브터有名ᄒᆞᆫ邦國이러니至今우普國에隷屬ᄒᆞ고土地가高ᄒᆞ며易北河가中央을貫流ᄒᆞ고深林이掩蔽ᄒᆞ야景勝ᄒᆞᆫ地오産物은農産及牧畜과鑛産이多ᄒᆞ고또麥酒、陶器、麻布、毛布等의製造가盛ᄒᆞ니此는、다往昔으로、브터有ᄒᆞ든者오 首都(다리스뎐)은易北河畔에在ᄒᆞ니製造業이盛ᄒᆞ고此府附近의陶器가著名ᄒᆞ고 北部普國境에(라푸지크)府가有ᄒᆞ니其大學校는科學으로有名ᄒᆞ고人口는三十萬이니獨逸第五의都會오또商業과製造業이盛ᄒᆞ더라

帝領(알사스、로ㅣ렌)은千八百七十一年(大皇帝八年辛未)에佛國을戰勝ᄒᆞ야得

ᄒᆞᆫ地라故로其地가佛境에在ᄒᆞ고其首都(스트라스부루크)府는莱因河上流西岸에在ᄒᆞ니人口가十二萬이오 其他各小邦이有ᄒᆞ더라

○人民 獨逸은(틔ㅣ돈)種의本源이니其數가五千餘萬人이오此外(스라보온)種(二百六十萬)及他種이合六百萬이오住民은稠密ᄒᆞ야一方哩에二百四十二人이오總人口中에女子가男子보다超過ᄒᆞ야其加數가大約百萬이오人口의增殖이甚速ᄒᆞ야既往七十四年間에二倍가되고人質은總히勇壯果敢ᄒᆞ야愛國心이多ᄒᆞ고、더욱可愛ᄒᆞᆯ者는비록女子라도國難에殉ᄒᆞᆯ氣槪가有ᄒᆞ고思想이緻密ᄒᆞ야學術을好ᄒᆞ며또能히事業을奬勵ᄒᆞ고人民의生業分別은如左ᄒᆞ니

農業者	一千八百九十萬人	鑛業及工業	一千六百萬人
商業者	四百六十萬人	學藝及事務者	二百五十萬人
雜業	七百五十萬人	無職業	二百三十萬人

宗敎는自由奉行ᄒᆞ야新敎徒는三千萬人이오舊敎徒는一千七百萬人이오其他는各宗敎를奉ᄒᆞ니其所在處는普國은全혀新敎를奉ᄒᆞ고西南部는舊敎를奉ᄒᆞ더라

敎育은크게進步ᄒᆞ야初等敎育이全國에普及ᄒᆞ니此는其子弟를不敎ᄒᆞ는者를罰責

ᄒᆞᆫ讓故로各其自治ᄒᆞᄂᆞᆫ處에셔ᄂᆞᆫ地方費로써小學校를設ᄒᆞ고兒童을入學케ᄒᆞ니故로小學校가全國에五萬八千이오生徒ᄂᆞᆫ七百二十萬人이라近來徵兵中에文字를不知ᄒᆞᄂᆞᆫ者ㅣ一萬名中에二十二名뿐이오 中等敎育도此를因ᄒᆞ야盛ᄒᆞ고 專文學校에ᄂᆞᆫ醫、技藝、農、鑛、商、音樂、作舍、山林等諸學이오大學校ᄂᆞᆫ全國에二十一處오其中伯林大學校에ᄂᆞᆫ學生이五千五百餘人이니歐洋日本의理學者、醫學者와其他學者가此國諸大學校에셔硏究ᄒᆞᄂᆞᆫ者ㅣ不少ᄒᆞ더라

○國體政體 憲法은千八百七十一年(大皇帝八年辛未)에制定ᄒᆞ니此憲法은獨逸聯邦이國家를保護ᄒᆞ고人民을安全코자ᄒᆞ야同盟聯合ᄒᆞ야一帝國을合成ᄒᆞ고帝國政務와軍事를全혀普王의게委任ᄒᆞ고此를日耳曼皇帝라稱ᄒᆞ니今帝(윌허렴二世)ᄂᆞᆫ곳第二代帝라皇帝ᄂᆞᆫ國際上에全國을代表ᄒᆞ야宣戰、講和ᄒᆞᄂᆞᆫ權이有ᄒᆞ고또外國과結約ᄒᆞᆷ과公使를任命ᄒᆞᆷ과밋各國公使를待遇ᄒᆞᄂᆞᆫ權이有ᄒᆞ더라

帝國立法權은聯邦議會(上院)及代議院(下院)에委任ᄒᆞ고聯邦議會ᄂᆞᆫ獨逸의各聯邦을代表ᄒᆞᆫ者니其議員은各聯邦이一人乃至十七人을選出ᄒᆞ야總數가五十八人이오每一會期에各聯邦政府가此를任命ᄒᆞ고 代議院은獨逸國民을代表ᄒᆞᆫ者니其議員은大凡人口十萬에셔一人을選出ᄒᆞᄂᆞ니現今에議員이三百九十七人이오選擧法은普通選擧오議員의任期ᄂᆞᆫ五年이오聯邦議會의議長은帝國大宰相이오代議院의議長은議員이互相選擧ᄒᆞ고聯邦議會의議員은代議院에參入ᄒᆞᄂᆞᆫ權이有ᄒᆞ더라

行政權은各國務大臣이分掌ᄒᆞ니首班은大宰相이오各大臣이輔佐ᄒᆞ고또互相獨立ᄒᆞ야其主務를行ᄒᆞ더라

聯邦議會ᄂᆞᆫ行政府를代表ᄒᆞ고또軍務、司法、貿易、交通、外交等에關ᄒᆞᆫ常置委員十二人을互選ᄒᆞ야監督케ᄒᆞ되其各委員은四國以上의議員으로써成ᄒᆞ고外交事務에ᄂᆞᆫ四王國議員이아니면不選ᄒᆞ더라

○國防及軍制 獨逸은歐洲諸强國間에在ᄒᆞᆫ要衝이라故로護國尙武에專力ᄒᆞ야兵備가甚盛ᄒᆞ고 國防線의延長은四千五百七十哩니其內에海防線이一千二百二十哩오其他ᄂᆞᆫ다陸防線이니其中澳國에ᄂᆞᆫ千百四二哩오露國에ᄂᆞᆫ八百四十二哩오和蘭에ᄂᆞᆫ二百七十七哩오佛國에ᄂᆞᆫ二百四十一哩니此等平原諸國과다國際條約을成ᄒᆞ야定ᄒᆞᆫ境界라國境에ᄂᆞᆫ다要塞를置ᄒᆞ고各要塞間에地下電線이互相連絡ᄒᆞ고又軍用鐵道가各處에通ᄒᆞ더라

陸軍　陸軍의全隊ᄂᆞᆫ戰時平時를毋論ᄒᆞ고皇帝命令을受ᄒᆞ야軍隊를統一ᄒᆞ고普國陸軍省은帝國陸軍을兼轄ᄒᆞ고此外三王國에도또陸軍大臣이各有ᄒᆞ고全國이다兵卒이니男子十七歲로브터四十五歲ᄭᆞ지ᄂᆞᆫ兵役의義務ㅣ有ᄒᆞ되其中二十一歲브터二十八歲ᄭᆞ지八年間은常備兵이되고常備를畢ᄒᆞ면第一後備가五年間이오第二後備가六年間이오　軍隊ᄂᆞᆫ旅團、師團、軍團에分ᄒᆞ야全國에十九軍團이有ᄒᆞ고兵員은一千八百九十九年(大皇帝三十六年庚子)ᄭᆞ지常備兵四十八萬을增成ᄒᆞ고戰時에ᄂᆞᆫ兵員二百二十三萬五千과大砲三千三百門과馬匹四十四萬頭를出ᄒᆞᆯ거시오此에또國民軍七十萬餘를加ᄒᆞ면獨逸國이危急ᄒᆞᆫ境遇에ᄂᆞᆫ大約三百萬兵士를出ᄒᆞ겟더라

海軍은盛大치아니ᄒᆞ야軍艦二百一隻과水雷艇若干隻이有ᄒᆞ미總噸數가二十三萬噸이오乘員이一萬五千五百人이오軍艦中鐵甲艦이三十隻內에戰鬪艦은十五隻이러라

○交通　獨逸은平原國이니大河가多ᄒᆞ고또鐵道가縱橫ᄒᆞᆫ故로交通이便宜ᄒᆞ야商船이百四十五萬噸에至ᄒᆞ미此에從事ᄒᆞᄂᆞᆫ航業者가不少ᄒᆞ니英、丁、瑞、那의往來

가最繁ᄒᆞ고陸地에ᄂᆞᆫ鐵道를普設ᄒᆞ야鐵道에셔收入ᄒᆞᄂᆞᆫ金額이十三億馬(每馬四十四錢六厘ㅣ오一年의乘客이三億八千萬人이오郵便物數ᄂᆞᆫ二十九億三千萬個에達ᄒᆞ니即一人口에對ᄒᆞ야五十八個餘假量이러라

○貿易　最近의貿易額은一百零八億五千萬馬(凡五十一億一千萬圓)에不下ᄒᆞ니其內에輸入이五十八億五千萬馬오輸出이五十億馬라輸入品中에一億馬以上에及ᄒᆞᄂᆞᆫ物品은綿、咖啡、羊毛、生絲、小麥이오輸出品의重要ᄒᆞᆫ者ᄂᆞᆫ砂糖이第一이되고(二億馬餘)其餘ᄂᆞᆫ織物、石炭、毛絲、皮類오貿易이盛行ᄒᆞᄂᆞᆫ處ᄂᆞᆫ英國이第一이오其次ᄂᆞᆫ澳、米、露、和、佛이오東洋에ᄂᆞᆫ日本과最近貿易額은九百四十三萬圓이니日本에셔輸出額은百五十三萬圓이오日本에輸入額은七百九十萬圓이니其中日本이獨逸에送ᄒᆞᄂᆞᆫ物品은米가第一이오其次ᄂᆞᆫ漆器、竹器、磁器오又日本에輸入ᄒᆞᄂᆞᆫ物品은鐵類가最一이오其次ᄂᆞᆫ毛絲「후라네루」(洋毛織類)러라

○沿革時事　日耳曼帝國은元來澳地利와連合ᄒᆞ야澳王이代代로帝位를踐ᄒᆞ더니其後에諸候ㅣ漸漸强盛ᄒᆞ야澳帝의게不服ᄒᆞᄂᆞᆫ中또佛帝拿破崙이其國을破ᄒᆞ고澳帝를降等ᄒᆞ야澳王이되게ᄒᆞ고一千八百十五年(純祖十五年乙亥)伯林會議에셔日

耳曼聯邦이成ᄒᆞᄆᆡ自此로普、澳兩王國이서로疾視ᄒᆞ다가畢竟千八百六十六年(大皇帝三年丙寅)에ᄂᆞᆫ兩國이開戰ᄒᆞ야四十五日間에日耳曼이澳兵을破ᄒᆞ고普王이南部各邦을收ᄒᆞ고且其他小邦을連合ᄒᆞ야盟主가되고ᄯᅩ此等諸邦과商業上의一致키ᄅᆞᆯ爲ᄒᆞ야稅關連合法을結ᄒᆞ야帝國의基礎가成ᄒᆞ다가此時佛國과戰爭이有ᄒᆞᆫ故로諸邦이同盟ᄒᆞ야佛軍을連破ᄒᆞ야城下의盟을受ᄒᆞ고土地와償金을得ᄒᆞ고千八百七十一年(大皇帝八年辛未)에ᄂᆞᆫ普國이盟主가되고二十五聯邦이同盟ᄒᆞ야帝國을成ᄒᆞ니爾來로英主와名相이蔚出ᄒᆞ야內으로ᄂᆞᆫ學術을奬勵ᄒᆞ고外으로ᄂᆞᆫ國威ᄅᆞᆯ擴張ᄒᆞ야歐洲의一大強國이되고現帝(윌히림)二世ᄂᆞᆫ現世界의一英主라其勇壯活潑ᄒᆞᆷ과聰明敏達ᄒᆞᆷ이世上에셔稱ᄒᆞᄂᆞᆫ바오祖帝의遺志ᄅᆞᆯ繼ᄒᆞ야軍備ᄅᆞᆯ擴張ᄒᆞ야國勢가더옥發達ᄒᆞ더라

丁抹王國

丁抹은北歐洲의半島及羣島로써成ᄒᆞᆫ小王國이오面積은一萬五千二百八十九方哩(二萬五千六百七十方里)에不過ᄒᆞ니該半島(잣트란드)ᄂᆞᆫ普魯西、北部로브터海中에突出ᄒᆞ니西ᄂᆞᆫ日耳曼洋이오東은波留的海라(가데갓트)海ᄅᆞᆯ隔ᄒᆞ야瑞典과相對ᄒᆞ고ᄯᅩ羣島ᄂᆞᆫ波留的海中에在ᄒᆞ고其重要ᄒᆞᆫ者三島가有ᄒᆞ니最大ᄒᆞᆫ者ᄂᆞᆫ(지ㅣ란드)라ᄒᆞ고其次ᄂᆞᆫ(후ㅣ넨)이오又其次ᄂᆞᆫ(라ㅣ란드)라云ᄒᆞ더라

○地勢　此國은北歐低地의一部니處處에海水가浸入ᄒᆞ고海濱에ᄂᆞᆫ澤湖가多ᄒᆞ야堤堰으로海波ᄅᆞᆯ備禦ᄒᆞ며國內에山脈이無ᄒᆞ고河流ᄂᆞᆫ다細流오三大島에ᄂᆞᆫ地味가肥沃ᄒᆞ야物產이多ᄒᆞ고首府도亦是(지ㅣ란드)島中에在ᄒᆞ더라

○氣候物產　此國은半島와島嶼로써成ᄒᆞ야灣流의感化ᄅᆞᆯ受ᄒᆞᄂᆞᆫ故로氣候가全혀海洋性이오緯度의比較로言ᄒᆞ면和順ᄒᆞ니冬은零下一度오夏ᄂᆞᆫ平均十六度라其暖流ᄅᆞᆯ因ᄒᆞ야霧가多ᄒᆞ야近海ᄂᆞᆫ航行ᄒᆞ기難ᄒᆞ고濕氣가多ᄒᆞᆫ故로森林이茂盛ᄒᆞ야山毛欅(樹名)의良材ᄅᆞᆯ產出ᄒᆞ고ᄯᅩ此國은農業國이라住民의三/五은農耕에從事ᄒᆞ야麥類ᄅᆞᆯ多產ᄒᆞ고到處에牧畜이盛行ᄒᆞ야牛、羊、馬、豚이繁殖ᄒᆞᆫ지라故로輸出品의

重要ᄒᆞᆫ物件은此等의畜類及乳油、牛酪이오其販路ᄂᆞᆫ英、獨兩國及(ᄉᆞ칸듸나뷔아)오 工業은不多ᄒᆞ야製造品의著名ᄒᆞᆫ者ㅣ少ᄒᆞ고鑛物은泥炭뿐이러라

○都邑 (지ㅣ란드)島東岸에在ᄒᆞᆫ(콥펀헤ㅣ겐)府ᄂᆞᆫ此國의首府니人口가三十萬이오海路通商의要地라故로商賈의太半이此港으로出入ᄒᆞ고港內의水가深廣ᄒᆞ야巨船千艘를可繫오港口에ᄂᆞᆫ堅固ᄒᆞᆫ砲臺가有ᄒᆞ야波羅的海의咽喉를扼ᄒᆞ니此ᄂᆞᆫ軍事上要港이오其他都邑은首府보다遠遜ᄒᆞ더라

○國民 人種은(틔ㅣ톤)種이多ᄒᆞ니(ᄉᆞ칸듸나뷔아)로브터此國을經ᄒᆞ야英國에繁殖ᄒᆞᆫ故로英人과酷似ᄒᆞ고丁抹語ᄃᆞ亦是英語와彷彿ᄒᆞ며人口ᄂᆞᆫ二百三十萬이니恰然이希臘과同ᄒᆞ고宗敎ᄂᆞᆫ新敎를奉ᄒᆞᄂᆞᆫ者가多ᄒᆞ며敎育이普及ᄒᆞ야文字를不知ᄒᆞᄂᆞᆫ者ㅣ殆無ᄒᆞ며風俗은敦厚ᄒᆞ고義氣가多ᄒᆞ더라

○政體 政體ᄂᆞᆫ立憲王國이오國會ᄂᆞᆫ上下兩院이니上院은君主가親任ᄒᆞᄂᆞᆫ議員이오下院은民撰議員이오 兵制ᄂᆞᆫ全國이다兵士니陸軍은滿二十二歲로브터通計十六年間、服役ᄒᆞ고平時兵員이約六萬이오海軍은約一千二百人과軍艦若干이러라

○屬島 此國이昔時에海業이盛ᄒᆞ야海外에廣大ᄒᆞᆫ屬地가有ᄒᆞ니(퐈로ㅣ)島氷洲綠洲等이라퐈로ㅣ島ᄂᆞᆫ本國의正北二百哩에在ᄒᆞᆫ二十五個의羣島니全島가巖石으로成ᄒᆞ고住民은一萬二千이니生活은漁業이러라

또氷洲ᄂᆞᆫ其西北에在ᄒᆞ야其北端은北極圈에接ᄒᆞ고面積은四萬方哩니本國의一倍餘라然이나氣候가沍寒ᄒᆞ야住民이七萬에不過ᄒᆞ고島內에顯著ᄒᆞᆫ活火山七座가有ᄒᆞ고此島西南에在ᄒᆞᆫ(헤크라)山은高가五千九十五尺이오또大噴泉二處가有ᄒᆞᆫ內에一處ᄂᆞᆫ高가百五十尺을噴起ᄒᆞᄂᆞᆫ熱泉이오此島가冬에ᄂᆞᆫ晝間이僅히四時오夏ᄂᆞᆫ二十時間이되고氣候ᄂᆞᆫ寒冷ᄒᆞ야物産이缺乏ᄒᆞ고人民이貧窶ᄒᆞ나敎育이普行ᄒᆞ야人民이道義를崇尙ᄒᆞ고無學ᄒᆞᆫ者ㅣ無ᄒᆞ더라

綠洲ᄂᆞᆫ北米北部의廣大ᄒᆞᆫ陸地니其北은北極과連ᄒᆞ야探檢이未遍ᄒᆞᆫ故로詳知치못ᄒᆞ나其實은無人ᄒᆞᆫ氷野오其西南海岸은稍히溫和ᄒᆞ야住民이有ᄒᆞ더라

○沿革時事 此國은曾往에瑞典、那威로竝倂ᄒᆞ야一王이管理ᄒᆞ더니千五百二十三年(中宗十八年癸未)에瑞典이몬져分立ᄒᆞ고千八百十五年(純祖十五年乙亥)에那威로또ᄒᆞᆫ分離ᄒᆞ야現今은一小國이되지라然이나地形이海國인故로航海의業이大進ᄒᆞ야冒險航海者를送ᄒᆞ야海外에領地를廣開ᄒᆞ야西印度에도數島가有ᄒᆞ고

日本長崎로브터上海及韓國釜山에達ᄒᆞᆫ海底電線은丁抹大北電信會社의所設이라

瑞典那威(或云諾威)王國

瑞、那兩國이(스칸듸나뷔아)라稱ᄒᆞᄂᆞᆫ半島를占ᄒᆞ니西에ᄂᆞᆫ大西洋이오東에ᄂᆞᆫ(보스니아)灣及波留的海를抱ᄒᆞ고北은北氷洋에臨ᄒᆞ고東南은(라푸란드)地頸을由ᄒᆞ야僅히露領芬蘭에續ᄒᆞ니歐洲極北의國이오 面積은二十九萬三千八百四十八方哩(五十一萬八十方里)內에瑞典이十七萬九百七十九方哩오那威ᄂᆞᆫ十二萬二千八百六十九方哩러라

○地勢 此半島ᄂᆞᆫ海中으로、브터山背이顯出ᄒᆞᆫ者니全혀다山地오半島中央으로、브터稍히西岸에近ᄒᆞ야連亘ᄒᆞᆫ一列의山脉은(키오렌)山脉이니此脉은北海에至ᄒᆞ야低落ᄒᆞ나遙遙히其脉이英島에延ᄒᆞ고其質은堅硬ᄒᆞᆫ水成岩(岩石의層級이有ᄒᆞᆫ者니此ᄂᆞᆫ水의變化를因ᄒᆞ야成ᄒᆞᆫ者라)으로成ᄒᆞ고山脉이(보스니아)灣과波留的海를向ᄒᆞᆫ處、即瑞典의部ᄂᆞᆫ稍히緩斜ᄒᆞ야平地가有ᄒᆞ나大西洋濱、即那威部ᄂᆞᆫ幅이狹ᄒᆞ야臺地가急히海에陷入ᄒᆞ야處處에峭壁이屹立ᄒᆞ고餘脉이海中에起伏ᄒᆞ야無數ᄒᆞᆫ島嶼가되고入江(入江은江水의曲入ᄒᆞᆫ者라)이鋸齒와갓치深入ᄒᆞ야沿岸에一種奇異이되고 半島ᄂᆞᆫ南端에至ᄒᆞ야兩分ᄒᆞ야(스가게락구)海를抱ᄒᆞ고其東南一

部ᄂᆞᆫ兩國의第一되ᄂᆞᆫ平地오ᄯᅩ繁盛ᄒᆞᆫ部니此ᄂᆞᆫ瑞典國의(고틔)州오此地에湖沼가頗多ᄒᆞ야水의淸澄ᄒᆞᆷ과湖의明媚ᄒᆞᆷ이此國의第一風景이오 河流ᄂᆞᆫ中央山脈을因ᄒᆞ야分水가되고兩際가斜下ᄒᆞ야海에注ᄒᆞᄂᆞᆫ故로其流가短ᄒᆞ고ᄯᅩ急峻ᄒᆞᆫ지라故로運輸의利가乏少ᄒᆞ고 (키오렌)山脈中에ᄂᆞᆫ森林이多ᄒᆞ야堅緻ᄒᆞᆫ材木이富ᄒᆞ나然ᄒᆞ나山巓으로ᄇᆞ터遷移ᄒᆞ야來ᄒᆞᄂᆞᆫ氷河ᄅᆞᆯ因ᄒᆞ야大害ᄅᆞᆯ受ᄒᆞ니此ᄂᆞᆫ半島의「荒敗ᄒᆞᆫ森林國」의名을得ᄒᆞᆫ所以오氷河와氷田이甚多ᄒᆞ야廣大ᄒᆞᆫ地面을掩ᄒᆞ더라

○氣候 半島의氣候ᄂᆞᆫ海岸과山地ᄅᆞᆯ從ᄒᆞ야大異ᄒᆞ니然ᄒᆞ나中央緯度가六十二度(米洲와同ᄒᆞ니라)인故로顯著히溫暖ᄒᆞ야其他同緯度되ᄂᆞᆫ他國은此國과如ᄒᆞᆫ愉快ᄒᆞᆫ生活이無ᄒᆞᆯᄲᅮᆫ더러ᄯᅩ特이西河岸은가장溫和ᄒᆞ야海面이氷結ᄒᆞᆯ虞가無ᄒᆞ니此ᄂᆞᆫ全혀溫暖ᄒᆞᆫ灣流가流通ᄒᆞᆫ緣故오冬期도嚴寒치아니ᄒᆞ니故로西海岸을距ᄒᆞ야內地에入ᄒᆞ면甚寒ᄒᆞ야高原地方은水銀이結氷(水銀은零下十一度에至ᄒᆞ면結氷ᄒᆞᄂᆞ니我國은如此ᄒᆞᆫ寒地가無ᄒᆞ니라)ᄒᆞ고ᄯᅩ其海岸에出ᄒᆞ면다시溫和ᄒᆞ고(크리스티니아)府(北緯六十度)의平均溫度ᄂᆞᆫ五度六이오冬은零下二度九오北緯七十一度되ᄂᆞᆫ北岬의平均溫度ᄂᆞᆫ二度오 此國의寒氣ᄂᆞᆫ慘烈치아니ᄒᆞ나夏와冬에晝夜의長短이甚差ᄒᆞ야冬間은日光을微見ᄒᆞ고夏月에至ᄒᆞ면、ᄇᆡ록夜間이라도我國黃昏과如ᄒᆞᆯᄲᅮᆫ이라、이에北極圈內에서ᄂᆞᆫ半年의晝와半年의夜가되더라

○産物 兩國은林産、海産、鑛産의國이오氣候가植物發生에適當ᄒᆞᆷ과岩質이良材養成에適當ᄒᆞᆷ은世界木材國의第一이될거시오中央山地ᄂᆞᆫ總히山林에屬ᄒᆞ고樹木이硬岩上에生ᄒᆞ야成長이遲緩ᄒᆞᆫ故로材質이堅緻ᄒᆞ고需用이多ᄒᆞ야獨國及英國、佛國에輸出ᄒᆞᄂᆞᆫ額이夥多ᄒᆞ야此國經濟의要部ᄅᆞᆯ占ᄒᆞ더라

那威의西北岸은世界二處好漁場의一이니其中鱈과鯡가最多ᄒᆞ며鱈(大口)은(로포덴島)가第一이니每年漁額이四五千万尾에至ᄒᆞ니此ᄂᆞᆫ世界第一이오鯡도沿海各地에夥多ᄒᆞ고鮭ᄂᆞᆫ處處河流에産ᄒᆞ니此等魚類ᄂᆞᆫ半은輸出ᄒᆞ고半은國民의食料가되니此ᄂᆞᆫ此國이他溫暖國과ᄀᆞᆺ치穀物이豐肥치못ᄒᆞᆫ故로魚類가食物의重要品이되고鱈은ᄯᅩ肝油ᄅᆞᆯ製ᄒᆞ야各地에輸出ᄒᆞ더라

瑞典은鑛物이第一産物이니鐵、銅、銀、白銅의諸鑛이多ᄒᆞ고其中에鐵은年年이百一二三十萬噸을産出ᄒᆞ고ᄯᅩ瑞典은平地가有ᄒᆞᆷ과氣候가海洋的이오溫和ᄒᆞᆷ을因ᄒᆞ야小麥(春麥)燕麥、裸麥等도高緯度(凡北緯七十度)ᄭᆞ지耕作ᄒᆞ고麻、烟草의類도ᄯᅩ

호產出호고　工業은發達치못호나、다만那威의木具製造及造船、肝油、酒類와瑞典의製鐵、木工이頗盛호더라

○交通貿易　國의位置가孤立혼故로交通이全혀海를由호나然호나其中에或凍合호는海面이有호야冬間에는航路를鎖호나其他는定期航海를開호며特이北岬을經호야(봐아린졔ㅣ)에達호는航海는世界最北의郵船이오　貿易은英、獨、佛間에最行호더라

○都邑　住民은南部暖地에集혼故로都邑도南部에多호고瑞典의首府(스돗크호ㅣ룸)은(마라렌)湖가海를通혼口의七個島上에在호니故로北方뷔니스(아듸리야딋크海濱群島中에在혼伊太利貿易港이니即歐洲南方이라)의名이有호고人口는二十六萬이오其北에舊都(업사라)가有호고西岸에在혼(고쎈불크)는主要되는貿易港이오　那威의首府는(크리스톄니아)라云호야同名灣頭에在호니人口ㅣ十五萬이오西岸의(벨겔)港은此國의特產되는肝油를輸出호는處오北圈內의島中에在혼(함마ㅣ폐스트)府는地球上極北의都邑이오또魚類、木材를輸出호더라

○住民　人口는那威에二百万이오　瑞典에四百八十二万이니其多數는南部에偏

住호고北方에至호야는漸漸稀踈호며人種은(틔ㅣ돈)種이니英人과似호고國語도또혼英語와類호고雜種이少호며容貌가端麗호고또勇敢信實호야愛國心이多호고能히土地의寒僻을開호야快樂혼境에進호니此는敎育이普及혼力이오國民敎育은寒邑에普及호고또古來브터碩學이輩出호야窮北의邦國과不似호고露國의地境되는(라푸란트)의地는(라쓰푸스)人의住處라此種은蒙古種이니身體가矮小호고僅히馴鹿을因호야營生호는可憐혼人種이러라

○沿革、政治　(스간듸나뷔야)는久히丁抹의領地러니千五百二十三年(中宗十八年癸未)에瑞典이先離호야獨立호고千八百十四年(純祖十四年甲戌)에丁抹王의讓與를因호야那威도瑞典에屬호얏스나人民이歸服호지、아니호고丁抹王族을迎호야獨立호더니其後에瑞典과合호야共同의立憲王國을建호고瑞典王(오스카ㅣ)를奉호야兩國의君主라稱호고憲法은各各不同호야瑞典의國會는上下兩院이니制度가英國을倣호고那威는一院이오那威의內閣에는常置委員二名을設호야首府(스돗크호ㅣ룸)에駐在케호야兩國交涉을掌케호고國王도每年數月間은(크리스톄니아)府에在호고　軍備는兩國이不同호니瑞典에는陸軍常備兵이三十二万이오那

威에ᄂᆞᆫ三万六千이오海軍은兩國을合ᄒᆞ야도大約五万ᄲᅮᆫ이오軍艦若干이有ᄒᆞ더라

露西亞帝國

露西亞ᄂᆞᆫ舊名을(사루마틔아)라稱ᄒᆞ더니其後(스라보오니크)人種의一派(룻사ㅣ)人이此國을開創ᄒᆞ고今名으로改ᄒᆞ니現今世界第一第二되ᄂᆞᆫ大國이라其版圖ᄂᆞᆫ全世界陸地의一/七을領ᄒᆞ고湖水와河口等의面積을合ᄒᆞ면八百六十四萬四千一百方哩(千四百五十一萬方里)오陸地가連續ᄒᆞ고其歐羅巴部로言ᄒᆞ야도二百九萬五千方哩니卽歐洲의過半을占ᄒᆞ더라

○位置 露西亞ᄂᆞᆫ歐洲東北部를領ᄒᆞ야東은亞細亞領에直續ᄒᆞ고其東端의領地ᄂᆞᆫ一帶水를隔ᄒᆞ야日本과相對ᄒᆞ고南은裏海、黑海及高加索地頸을由ᄒᆞ야亞細亞에對ᄒᆞ고西面은羅馬尼亞、澳、獨三國과接境ᄒᆞ고西北은(스간듸나뷔아)半島一部外에ᄂᆞᆫ總히海에瀕ᄒᆞᆫ지라故로歐洲交通의主塲과稍遠ᄒᆞ야重要ᄒᆞᆫ地位가아니오、또其沿海ᄂᆞᆫ大槪冬間에結冰ᄒᆞ야交通을絕ᄒᆞ고陸路ᄂᆞᆫ他國에假道치아니ᄒᆞ면外通의路가無ᄒᆞ더라

○地勢 露西亞ᄂᆞᆫ平原國이니全國에山岳이라稱ᄒᆞᆫ者ㅣ殆無ᄒᆞ고다만亞細亞境의烏拉山、高加索山과西南境에(가ㅣ파시안)山의支脈이有ᄒᆞ고其中間數百萬方哩

ᄂᆞᆫ다平原이니此ㅣ곳(사루마딕구)平原이오莫斯科府ᄂᆞᆫ海로브터五百餘哩되ᄂᆞᆫ內地에在ᄒᆞ나海面보다高가僅히四百七十尺에不過ᄒᆞ고但平原中央에東西가相亘ᄒᆞᆫ華岡이라稱ᄒᆞᄂᆞᆫ連崗이有ᄒᆞ야平原의分水線이되얏스나其絕頂도一千尺에不過ᄒᆞ고連岡以北은沼澤이多ᄒᆞᆫ濕地라冬間에ᄂᆞᆫ堅固히結氷ᄒᆞ니此地를(룬드라)라稱ᄒᆞ고連岡의南은裏海、黑海를向ᄒᆞ야漸漸低下ᄒᆞ고(볼가)河下流의(아스토라칸)平地에ᄂᆞᆫ海面보다低ᄒᆞ기八十尺되ᄂᆞᆫ處가有ᄒᆞ니此ᄂᆞᆫ昔日海底가乾涸ᄒᆞᆫ地니重厚ᄒᆞᆫ岩鹽層이有ᄒᆞ고　黑海濱은南露西亞라稱ᄒᆞ니其北에隣ᄒᆞᆫ小露西亞에至ᄒᆞ기ᄭᆞ지綠草가滿野ᄒᆞ야天然의好牧場이라此를草野라云ᄒᆞ고草野의西ᄂᆞᆫ白露西亞라稱ᄒᆞ니地味가크게肥沃ᄒᆞ고農產이多ᄒᆞᆫ露國의主要部오　中央의平原은大露西亞라總稱ᄒᆞ니森林이茂盛ᄒᆞ야夥多ᄒᆞᆫ林產이有ᄒᆞ고其東南部에도深林이有ᄒᆞ더니至今은腐敗ᄒᆞᆫ黑土만存ᄒᆞ니此ᄂᆞᆫ곳黑土의名이有ᄒᆞᆫ沃地러라

○水系　以上大平原의間으로流ᄒᆞᄂᆞᆫ大河八條中에其五條ᄂᆞᆫ南流ᄒᆞᄂᆞᆫ者니即(볼가)河ᄂᆞᆫ歐洲第一大河라華岡中湖水에서發源ᄒᆞ야東流ᄒᆞ기凡一千百五十哩에(카산)府를過ᄒᆞ야烏拉山에서發源南下ᄒᆞᄂᆞᆫ(카마)河와相會ᄒᆞ야水勢가大增ᄒᆞ고自

此로凡一千五十哩를南流ᄒᆞ다가裏海에入ᄒᆞ고下流ᄂᆞᆫ六十五派에分ᄒᆞ야數多ᄒᆞᆫ汀洲가되니此河ᄂᆞᆫ運輸가便利ᄒᆞ고且處處에運河를設ᄒᆞ야本流와支流를合ᄒᆞ면其長一萬五百哩가航運에適當ᄒᆞᆫ지라故로河畔에繁盛ᄒᆞᆫ莫斯科와또都會十餘處가有ᄒᆞ고　南露의大河ᄂᆞᆫ(듸니필)河니重要ᄒᆞᆫ農產地를灌注ᄒᆞ야黑海에入ᄒᆞ니此流域에ᄂᆞᆫ田圃、牧塲、森林이相交ᄒᆞ고　以上兩河間에(돈)河가有ᄒᆞ니流域에ᄂᆞᆫ炭田이多ᄒᆞ고哥薩人의住在處라此河가東南流ᄒᆞ야(아소ㅣ)海에入ᄒᆞ고其他烏拉河와西部에(듸니스틔르)가有ᄒᆞ고　華岡以北의河ᄂᆞᆫ東에(폐됴라)河가有ᄒᆞ니烏拉山에서發ᄒᆞ야北洋에入ᄒᆞ고其次ᄂᆞᆫ白海에注ᄒᆞᄂᆞᆫ(듸위나)河와(리가)灣에入ᄒᆞᄂᆞᆫ(두나)河ᄂᆞᆫ運漕의便이皆有ᄒᆞ나冬間에ᄂᆞᆫ結氷ᄒᆞ야交通을遮斷ᄒᆞ더라露西亞의河水ᄂᆞᆫ平原間으로、브터流ᄒᆞᄂᆞᆫ故로水流가連續ᄒᆞ야水運이便宜ᄒᆞ니其河道가凡三萬三千五百哩오또其間에運河를穿ᄒᆞ니其長이亦千四百五十哩오運輸에用ᄒᆞᄂᆞᆫ滊船이一千五百隻이러라此外에또湖水의大ᄒᆞᆫ者가多ᄒᆞ니北部에在ᄒᆞᆫ(라도가)湖ᄂᆞᆫ歐洲의第一大湖니面積이七千二百四十方哩오其東의(오네가)湖와相通ᄒᆞ야首府를過ᄒᆞ야海에出ᄒᆞ고其他小湖가甚多ᄒᆞ더라

○山系　(사루마딕子)平原의沿邊되ᄂᆞᆫ山系의最著ᄒᆞᆫ者ᄂᆞᆫ歐、亞兩地에天然의境界線되ᄂᆞᆫ烏拉山이라此山系ᄂᆞᆫ北(가라)海濱으로、브터南方裏海에至ᄒᆞ기ᄭᆞ지一千二百七十哩오山系의北部ᄂᆞᆫ樹木이無ᄒᆞ야童烏拉의名이有ᄒᆞ고中部에셔ᄂᆞᆫ夥多ᄒᆞᆫ貴金을產出ᄒᆞᄂᆞᆫ故로埋鑛烏拉이라云ᄒᆞ고南部ᄂᆞᆫ樹木이多ᄒᆞ야森林烏拉이라稱ᄒᆞ고高度ᄂᆞᆫ童烏拉南端의五千五百五十尺이最高度가되고其幅이亦廣ᄒᆞ고其中央에ᄂᆞᆫ西伯利에達ᄒᆞᆫ鐵道를通ᄒᆞ고　高加索山系ᄂᆞᆫ高加索中央을橫斷ᄒᆞ야黑海濱에聳立ᄒᆞᆫ(에루부루스)山의一萬八千五百尺을最高度라云ᄒᆞ니此山系ᄂᆞᆫ(굳미야)半島로브터巴幹山系에脉을延ᄒᆞ고山麓은高加索人種의本源地니容貌가秀麗ᄒᆞᆫ名이有ᄒᆞ더라

○氣候　世上에셔寒國이라稱ᄒᆞ면、반다시此國을屈指ᄒᆞ니露國은氣候卽寒氣의抑制를受ᄒᆞᄂᆞᆫ故로暖地를希望ᄒᆞᄂᆞᆫ情은露人의大願이라氣候上의位置ᄂᆞᆫ北緯四十四度半以北으로七十度에至ᄒᆞᄂᆞᆫ間에在ᄒᆞᆫ故로寒地中에도處所를隨ᄒᆞ야氣候가殊異ᄒᆞ고此地ᄂᆞᆫ大陸性氣候니冬間은極히烈寒ᄒᆞ고夏季에ᄂᆞᆫᄯᅩ意外에暑熱ᄒᆞᆫ지라今에各地氣候를論ᄒᆞ면北緯五十度以南은露國의暖帶니最히愉快ᄒᆞ고ᄯᅩ最히農產이多ᄒᆞᆫ地오但寒暑가他國보다頗强ᄒᆞ야北緯四十六度半되ᄂᆞᆫ(오뎃사)港은冬의溫度가五度一이오全年의平均이十度오

北緯五十度로乃至六十度의間은此國의溫帶나寒威가有ᄒᆞ고此帶中央에在ᄒᆞᆫ莫斯科府(五十五度四十六分)의冬은零下十一度半이平均이오夏ᄂᆞᆫ十八度오全年平均은四度오殆히北緯六十度되ᄂᆞᆫ聖彼得堡의冬은零下九度半이오夏ᄂᆞᆫ十六度半이오春四月에至ᄒᆞ야도오히려我國嚴寒과同ᄒᆞᆫ지라故로冬間은海와河가다結氷ᄒᆞ고北緯六十度로브터北極圈ᄭᆞ지ᄂᆞᆫ氣候가더욱寒ᄒᆞ야半年間은河水가皆凍ᄒᆞ고草木은寒帶產이오　北極圈以外ᄂᆞᆫ全혀氷野니解氷은僅三箇月間이라夏季ᄂᆞᆫ太陽이不沒ᄒᆞ야蘚苔雜草가一時에叢生ᄒᆞ다가ᄯᅩ忽然이凋枯ᄒᆞ고冬間에至ᄒᆞ면日光을不見ᄒᆞ며　露國은全혀降雨가寡ᄒᆞ더라

○生業產物　露國의本部ᄂᆞᆫ農業이能行ᄒᆞ야全面積의四/五ᄂᆞᆫ生產地에屬ᄒᆞ야四億一千六百萬町步(一町步ᄂᆞᆫ十萬八千平方尺이라)의耕地가有ᄒᆞ니其內에二億一千六百萬町步ᄂᆞᆫ帝領이오一億六千萬町步ᄂᆞᆫ民有오其他ᄂᆞᆫ團體(衆人이合ᄒᆞᆫ者라)의公有地오其他ᄂᆞᆫ森林、牧場等이라故로不生產地가少ᄒᆞ고農耕을爲業ᄒᆞᄂᆞᆫ者ㅣ人

口百分의七十五를占ᄒᆞ니此國도農國이라稱ᄒᆞᆯ지라此를因ᄒᆞ야夥多ᄒᆞᆫ農産物이有ᄒᆞ나氣候가不佳ᄒᆞ야良質의嘉穀이缺乏ᄒᆞ고且短期되ᄂᆞᆫ夏間에穀菜가猝然히一時에成熟ᄒᆞᄂᆞᆫ故로其間의農事가極히匆忙ᄒᆞ야耕作이精細치못ᄒᆞ고大農地等은肥料를施ᄒᆞᆯ暇이無ᄒᆞ며但南部의所謂暖帶地方은小麥을産出ᄒᆞ니此ᄂᆞᆫ最要ᄒᆞᆫ輸出品이오各地의産出은大槪稞麥이니此ᄂᆞᆫ國民의食料되ᄂᆞᆫ黑麵包의原料오또其外國에輸出ᄒᆞᄂᆞᆫ額數도世界에屈指ᄒᆞ며其他ᄂᆞᆫ馬鈴薯、甛菜、亞麻、烟草、忽布(麥酒所用)等이著名ᄒᆞ고　南部ᄂᆞᆫ葡萄園이頗廣ᄒᆞ야葡萄酒의産額이多ᄒᆞ고　牧畜은草野地方에盛行ᄒᆞ야家畜이甚多ᄒᆞ니馬ᄂᆞᆫ人口八人에對ᄒᆞ야一頭오牛ᄂᆞᆫ五人에對ᄒᆞ야一頭오羊、豚도不少ᄒᆞ나但家畜은人口의繁殖ᄒᆞᆷ을因ᄒᆞ야減少ᄒᆞ며　此國은寒國이라故로野獸가甚多ᄒᆞ고特히各國人衣裳에用ᄒᆞᄂᆞᆫ黑貂及黃貂와北地의白熊、海豹가有ᄒᆞ고又馴鹿이有ᄒᆞ더라

林産은露國의一財源이니道路가비록險惡ᄒᆞ나年年이輸出額이七八千萬圓이라最近의調査를據ᄒᆞ니山林의總面積은二億四百萬町步에及ᄒᆞ나從來로濫伐ᄒᆞᄂᆞᆫ弊가有ᄒᆞ야近來ᄂᆞᆫ稍稍히減少ᄒᆞᄂᆞᆫ故로政府가嚴히山林을保護ᄒᆞ더라

鑛物은豐饒ᄒᆞᆫ中近來에ᄂᆞᆫ더욱採鑛의業이大進ᄒᆞ야年年이産額을增加ᄒᆞᄂᆞᆫ지라最近에重要鑛物의産額이如左ᄒᆞ니

金	一萬一千四百四十貫	白金	一千百七十貫
銀	三千七百二十貫	銅	四千二百噸
亞鉛	五千一百噸	鐵	百五十萬噸
石炭	六百八十萬噸	石油	四百五十萬噸
食塩	百四十一萬噸		

金、白金、銅은烏拉山中央에多産ᄒᆞ니金의産額은世界第三에居ᄒᆞ고白金은烏拉山中에서産出ᄒᆞ고石炭은(돈)地方에埋藏ᄒᆞ고石油ᄂᆞᆫ各國에輸出ᄒᆞ고食塩은裏海近邊等의岩塩이오또其他寶玉類도産出ᄒᆞ니此ᄂᆞᆫ歐洲第一의豐饒國이러라

漁業은河口及海濱人民의生業이니(돈)及(볼가)河口에ᄂᆞᆫ莫大ᄒᆞᆫ靑魚、鱘魚의漁獲이有ᄒᆞ더라

製造業　輓近에國運進步와共히工業이大進ᄒᆞ야諸種製造業이本部에勃興ᄒᆞ고露人은好奇心이多ᄒᆞ야新事業을競爭ᄒᆞ며且摸倣才가長ᄒᆞ야西歐에서輸入ᄒᆞᄂᆞᆫ物品

을至今에ᄂᆞᆫ도로혀輸出ᄒᆞ며其中에가장盛大ᄒᆞᆫ者ᄂᆞᆫ織物業이니木綿製造ᄂᆞᆫ莫斯科附近이其中心이오其製額은國內需用外에또亞細亞地方에輸出ᄒᆞ고其次ᄂᆞᆫ毛布、麻布의製造오 金屬鑄造業도各地에發達ᄒᆞ나오히려外國(特히英國)의輸入을仰ᄒᆞ고金銀細工과理化器械의製作은聖彼得堡及莫斯科에行ᄒᆞ고革、紙、砂糖의製造도漸漸發達ᄒᆞ더라

○通商貿易 露國은歐、亞兩洲中間에在ᄒᆞᆫ故로兩洲通商上의貨物運送者位置에在ᄒᆞ니西歐에對ᄒᆞ야ᄂᆞᆫ農產物及未製品을輸出ᄒᆞ고精製品을輸入ᄒᆞ며亞細亞에對ᄒᆞ야ᄂᆞᆫ西歐의製造物로써其天產物과交換ᄒᆞ나冬期에ᄂᆞᆫ海面河口가冰結ᄒᆞ야通商이阻隔ᄒᆞ고다만內地에셔貿易ᄒᆞ미此ᄅᆞᆯ輔助ᄒᆞᆷ은縱橫ᄒᆞᆫ諸河流오鐵道ᄂᆞᆫ緊要ᄒᆞᆫ幹線만成就ᄒᆞ야十分發達치못ᄒᆞᆫ지라然이나彼西伯利大鐵道가一朝에成工ᄒᆞ면一新面目을開ᄒᆞ겟더라

外國貿易의最近額은十一億二三千萬留(一留ᄂᆞᆫ凡七十錢)內外오其內에輸出額은七億○五百萬留에至ᄒᆞ니此ᄂᆞᆫ輸出이漸加ᄒᆞᄂᆞᆫ實狀이오其重要ᄒᆞᆫ輸出品은穀物、麻、獸脂、家畜、毛類等이오輸入品의重要ᄒᆞᆫ者ᄂᆞᆫ綿、麻布、毛布、琉璃及諸種製造品이오貿易이가장盛行ᄒᆞᄂᆞᆫ處ᄂᆞᆫ英國이니其三分의二ᄅᆞᆯ占ᄒᆞ고其次에ᄂᆞᆫ獨逸과陸地貿易이오其次ᄂᆞᆫ佛國이오又其次ᄂᆞᆫ和、伊、澳、白諸國이오支那에셔ᄂᆞᆫ多量의茶ᄅᆞᆯ輸入ᄒᆞ고日本에셔ᄂᆞᆫ米와麥粉과其他雜貨ᄅᆞᆯ輸入ᄒᆞ고日本에輸出ᄒᆞᄂᆞᆫ것은石油(一百萬圓以上)一物뿐이러라

○處誌 波留的州ᄂᆞᆫ同名의海에濱ᄒᆞᆫ帝國의中心州라首府聖彼得堡府ᄂᆞᆫ凡二百年前에彼得大帝가莫斯科로브터移來ᄒᆞ야此地에首府ᄅᆞᆯ定ᄒᆞ니此ᄂᆞᆫ西歐交際場이近ᄒᆞ고且兵要上及通商上의要地되ᄂᆞᆫ緣故라其位置ᄂᆞᆫ芬蘭灣의咽喉오港口에晃城島가有ᄒᆞ니其鐵造砲臺ᄂᆞᆫ堅固ᄒᆞ기世界無比라稱ᄒᆞ며府ᄂᆞᆫ(네바)河兩岸을跨ᄒᆞ야帝宮及官廳이有ᄒᆞ고家屋은總히廣大ᄒᆞ며彩色을施ᄒᆞᆫ高塔이聳立ᄒᆞ야ᄌᆞ못奇觀을成ᄒᆞ고人口가速增ᄒᆞ야이믜百四万에及ᄒᆞ고 里牙港은首府의西南、里牙灣을臨ᄒᆞ야西歐에對ᄒᆞᆫ重要ᄒᆞᆫ港이니人口가十八萬이러라

大露西亞ᄂᆞᆫ此國中央의廣大ᄒᆞᆫ區域이니中央에舊都莫斯科府가有ᄒᆞ니拿破崙時에焦土가되얏스나陸路交通의要點이되ᄂᆞᆫ故로至今오히려八十二萬의人口가有ᄒᆞ고露帝의即位式은此府에셔舉行케ᄒᆞ고府에有名ᄒᆞᆫ(구레무린)宮殿과寺院四百宇가

有ᄒᆞ니其金色高塔은天際에聳立ᄒᆞ고此府附近에ᄂᆞᆫ著名ᄒᆞᆫ製造場이多ᄒᆞ더라

波蘭은西部獨逸境에在ᄒᆞ니波蘭王國의首府되얏든(월소ㅣ)府에人口가四十九萬이오舊王宮의昔日偉觀이尙存ᄒᆞ야落日芳草에人의感懷ᄅᆞᆯ生케ᄒᆞ더라

南露西亞ᄂᆞᆫ黑海에濱ᄒᆞ야(굴미야)半島ᄅᆞᆯ因ᄒᆞ야(아소ㅣ)海로擁ᄒᆞ니此半島ᄂᆞᆫ英、佛과戰爭ᄒᆞ든處오特이其南端(세봐스토폴)의激戰은世上에著名ᄒᆞ고 (오뎃사)港은南部의貿易을管ᄒᆞ고且黑海艦隊의軍港이니堅固ᄒᆞᆫ砲臺가有ᄒᆞ고人口ᄂᆞᆫ三十三萬이오 南露의北隣、小露西亞에(키ㅣ봐)府ᄂᆞᆫ(니ㅣ페루)流域의要地ᄅᆞᆯ占ᄒᆞ니人口ᄂᆞᆫ十九萬이오其東의(키루코푸)府ᄂᆞᆫ農産의集合所니人口가二十萬이러라

加散州ᄂᆞᆫ烏拉連嶺을因ᄒᆞ야西伯利에接ᄒᆞ고加散府ᄂᆞᆫ(볼샤)河流域에建ᄒᆞ니此ᄂᆞᆫ西伯利와通ᄒᆞᆫ水路의要處오此府로브터(가마)河ᄅᆞᆯ遡航ᄒᆞ야(페룸)府에達ᄒᆞ고此府에셔ᄂᆞᆫ鐵道로烏拉을越ᄒᆞ야西伯利에入ᄒᆞ더라

(아스트라칸)州의(아스트라칸)府ᄂᆞᆫ(볼샤)河의大三稜洲(卽三角形으로成ᄒᆞᆫ者라)中에在ᄒᆞ야裏海의貿易을管ᄒᆞ고其他北部의芬蘭大公國은寒僻ᄒᆞᆫ地오波留的洲의南은西露西亞라云ᄒᆞ더라

○國民 人口ᄂᆞᆫ歐洲部에九千四百六十五萬(全帝國에一億二千六百三十五萬人)이니面積에比ᄒᆞ면住民이頗稀ᄒᆞ나人口의增加가甚速ᄒᆞ야距今百七十年前에ᄂᆞᆫ僅僅히一千四百萬이러니至今에如此히繁殖ᄒᆞ얏고 人種은雜駁ᄒᆞ나大部ᄅᆞᆯ占ᄒᆞᆫ者ᄂᆞᆫ(스라보온)種이오此外他種도次第로同化ᄒᆞᄂᆞᆫ傾向이有ᄒᆞᆫ故로露國은(스라보온)人의專領이라稱ᄒᆞᆷ도可ᄒᆞ며(스라보온)種中에ᄂᆞᆫ大露西亞、小露西亞、白露西亞人等의別이有ᄒᆞ니體格이壯大ᄒᆞ고品性이勇敢ᄒᆞ나粗笨을不免ᄒᆞ고其太半은愚昧ᄒᆞᆫ農民이니柔順朴直ᄒᆞ고種族中에貴族、僧侶、公民、農民의四階級이有ᄒᆞ야셔로混合지아니ᄒᆞ고國民은國帝ᄅᆞᆯ尊ᄒᆞ고貴族은其權이甚重ᄒᆞ며此國에ᄂᆞᆫ虛無黨이라稱ᄒᆞᄂᆞᆫ一徒黨이有ᄒᆞ야暗地에帝室을妨害ᄒᆞᆷ이不尠ᄒᆞᆫ지라(歷山二世가其黨의게被害ᄒᆞ니라)其犯人이每年西伯利에放逐되ᄂᆞᆫ者ㅣ多ᄒᆞ더라

宗敎ᄂᆞᆫ希臘敎니此ᄂᆞᆫ國敎라公布時에ᄂᆞᆫ天主正敎라稱ᄒᆞ고國帝가國敎의統御者가되야莫大ᄒᆞᆫ國庫金을費用ᄒᆞ야各國에傳敎師ᄅᆞᆯ送ᄒᆞ야敎徒ᄅᆞᆯ募集ᄒᆞ고他敎ᄅᆞᆯ虐待ᄒᆞ더니至今은猶太敎外에信奉의自由ᄅᆞᆯ認許ᄒᆞ야異敎徒가一千二百萬人에至ᄒᆞ더라

敎育은元來缺乏ᄒᆞ니距一千八百六十三年(哲宗十四年癸亥)奴隸廢止前에ᄂᆞᆫ國民의太半이奴隸가되야帝室과貴族의壓制를受ᄒᆞ야敎育은姑捨ᄒᆞ고獨立도認許치아니ᄒᆞ더니近來에ᄂᆞᆫ面目을一新케ᄒᆞ야國民敎育이크게進步ᄒᆞ고强迫主義로普及홈을謀ᄒᆞ며大學九處가有ᄒᆞ야有名ᄒᆞᆫ學者가多出ᄒᆞ더라

○交通　露國의交通은아직整備치못ᄒᆞ고且冬間은氷結處가多ᄒᆞ나土地가平坦ᄒᆞ고河流가縱橫ᄒᆞ야天然의障害가無ᄒᆞ미滊船을駛行ᄒᆞᆯ河道ᄂᆞᆫ三萬三千五百哩오또歐亞兩洲를貫ᄒᆞᆫ大鐵道가有ᄒᆞ며電信線은全國에遍通ᄒᆞ고郵便制도整頓ᄒᆞ더라

○政體　露國은歐洲列國의君民同治의政體와大異ᄒᆞ야獨히無限世襲君主政體라立法、行政、司法의三大權을皇帝가掌握ᄒᆞ야帝의意見이卽法이오따라셔國家의基本되ᄂᆞᆫ法律은容易히變更치못ᄒᆞ며

政務ᄂᆞᆫ四大部에分ᄒᆞ니(一)帝國會院(二)元老院(三)內閣(四)敎務院이라帝國會院은立法府니勅任議員及親王各大臣으로成ᄒᆞ야法律案을調査ᄒᆞ며國家의經費를討議ᄒᆞ고또立法、行政、財務三部에各各部長을置ᄒᆞ야事務를分掌케ᄒᆞ고　元老院의職務ᄂᆞᆫ半은議政이오半은行政의性質을有ᄒᆞ고法律은總히本院에셔發布ᄒᆞ며又本院은帝國의最高裁判所오　內閣은其次諸大臣으로써組織ᄒᆞ니宮內、外務、陸軍、海軍、內務、文部、大藏、司法、工部九大臣이오此外에官有地事務大臣、檢査院長도內閣員에列ᄒᆞ고　敎務院은帝國의國敎事務를監督ᄒᆞ니大敎長及敎長으로써組織ᄒᆞ더라

地方政治ᄂᆞᆫ其區畫이總督府、州、郡의三階級으로成ᄒᆞ니現今歐洲部에五總督府、六十八州六百二十五郡이오亞細亞部에ᄂᆞᆫ五總督府、九州、百六十七郡에分ᄒᆞ고總督府에ᄂᆞᆫ總督一人이有ᄒᆞ니皇帝를代表ᄒᆞ야一切文武의事務를掌ᄒᆞ고各州에ᄂᆞᆫ知事가有ᄒᆞ고郡以下ᄂᆞᆫ自治制니公撰의長과裁判官이有ᄒᆞ더라

○國防　露西亞의國防線은海陸이共히廣大ᄒᆞᆫ故로數多ᄒᆞᆫ城砦를築ᄒᆞ고波蘭의境界ᄂᆞᆫ特히堅固ᄒᆞ며北面一帶의海防은天然ᄒᆞᆫ閉鎖(氷結)를因ᄒᆞ야安全ᄒᆞ고近來ᄂᆞᆫ細亞의國防에用力ᄒᆞ며　軍制ᄂᆞᆫ男子가二十一歲에達ᄒᆞ면軍中에服役ᄒᆞ고其年限은地方을因ᄒᆞ야小差가有ᄒᆞ나大槪常備五年、豫備十三年、後備五年、合二十三年이러라

陸軍軍隊ᄂᆞᆫ野戰兵、要塞兵、地方兵、豫備、後備及補助兵의六種이오또別로이騎

砲ᄅᆞᆯ 兼ᄒᆞ야 各地에 屯在케ᄒᆞᄂᆞ니 此ᄂᆞᆫ 哥薩兵이오 全國에 十九軍團을 置ᄒᆞ고 更히 四十八師團에 分ᄒᆞᄂᆞ니 平時의 兵員은 各科의 兵을 合ᄒᆞ야 八十一萬四千이 되고 戰時에ᄂᆞᆫ 第一에 十九軍團의 兵百二十五萬五千과 第二의 後備幷民兵合百七十萬이니 總計三百五十二萬의 戰員과 馬匹五十八萬頭와 大砲五千二百門을 出ᄒᆞᄂᆞᆫ 制度러라

海軍은 海防線을 因ᄒᆞ야 分ᄒᆞᄂᆞ니 即波羅的艦隊、黑海艦隊、北洋艦隊、西伯利艦隊、義勇艦隊及裏海、亞剌爾湖「안다리야」等의 小艦隊오 其中最大艦隊ᄂᆞᆫ 波羅的艦隊니 百二十三隻이오 其次ᄂᆞᆫ 黑海니 五十一隻이오 又其次ᄂᆞᆫ 西伯利、北洋의 兩艦隊오 此外에ᄂᆞᆫ 有力ᄒᆞᆫ 船艦이 乏ᄒᆞ야 오쟉 運送用에 不過ᄒᆞ고 全體로 鐵甲艦이 四十四隻이오 一萬噸以上이 十隻이 有ᄒᆞ고 海軍兵은 總히 三萬八千이러라

○沿革時非　露國은 世界의 新開國이니 其發達은 二百年來事오 此國이 近來에 版圖의 擴張과 人口의 繁殖과 文化의 進步가 皆著大ᄒᆞ니 向者四百年前ᄭᆞ지ᄂᆞᆫ 北來ᄒᆞᆫ 韃靼人種의게 恥辱을 受ᄒᆞ던 國民이 至今은 도로혀 其力을 擴張ᄒᆞ며　露西亞帝國의 起源은 一千四百七十七年(成宗八年丁酉)에 埃萬帝의 韃靼人征服에 始ᄒᆞ야 第十七世紀末에 彼得大帝의 武斷에 成ᄒᆞᆫ지라　彼得은 歐洲部를 戡定ᄒᆞ야 版圖를 亞細亞에 擴張

ᄒᆞ고 十八世紀末에 獨、墺와 連合ᄒᆞ야 波蘭을 滅ᄒᆞ고 其主要ᄒᆞᆫ 部ᄅᆞᆯ 分領ᄒᆞ고 今世紀初에ᄂᆞᆫ 芬蘭을 得ᄒᆞ고 近世亞細亞에서 屢屢히 支那와 交涉ᄒᆞ야 極北太平洋岸ᄭᆞ지 其版圖를 擴張ᄒᆞᆫ 故로 其亞細亞部에ᄂᆞᆫ 韓、淸、日三國과 隣邦이 되고 一千八百七十五年(大皇帝十二年乙亥)에 露國이 日本과 疆界를 定ᄒᆞᆯ새 千島群島ᄂᆞᆫ 日本에 屬ᄒᆞ고 樺太全島ᄂᆞᆫ 露國에 與ᄒᆞ니라

英吉利王國

英吉利ᄂᆞᆫ歐洲大陸西北部에在ᄒᆞᆫ島國이니大不列顚及愛爾蘭兩大島와其他諸羣島로써國을成ᄒᆞᆫ지라其諸島를總稱ᄒᆞ야英吉利諸島라云ᄒᆞ니全國面積이十二萬九百七十九方哩(二十萬三千八十方里오)人口ᄂᆞᆫ三千八百十万이오　總히英國은東洋諸國과比較ᄒᆞ면其島國됨과其大陸과關係됨과其國土의幅員과其人口의總數와其海洋性氣候와其海岸線等이日本과甚히相似ᄒᆞ더라

○位置　英國은大凡北緯五十度로브터六十度間에位ᄒᆞ야總히東洋日本千島北端以北에在ᄒᆞ고또國際的位置ᄂᆞᆫ가장良好ᄒᆞᆫ處를占ᄒᆞ니即歐洲大陸과ᄂᆞᆫ一海峽(最狹ᄒᆞᆫ「도뷔」海峽은겨우二十哩라)을隔ᄒᆞ야戰爭及各國國間에起ᄒᆞ기易ᄒᆞᆫ境界上爭端等이少ᄒᆞ고大陸에興起ᄒᆞᄂᆞᆫ事業과發明等은恒常海峽으로從ᄒᆞ야渡來ᄒᆞ고且海路ᄂᆞᆫ各國間의通商貿易을不妨ᄒᆞ고其西에ᄂᆞᆫ富源이不盡ᄒᆞᄂᆞᆫ北米大陸을控ᄒᆞ야其利益을受ᄒᆞᆷ이他國보다優勝ᄒᆞ더라

○地勢　天然의形勢ᄂᆞᆫ大陸의一部됨을表ᄒᆞ고地脉은對岸의(스간듸나뷔야)半島와連絡ᄒᆞ고其間의北海及大陸間의英吉利海峽은地體가低昭ᄒᆞᆫ故로山脉高地及峽

谷等도다東北으로브터斜ᄒᆞ야西南에連ᄒᆞ고國中에高峻ᄒᆞᆫ山岳이無ᄒᆞ며또廣遠ᄒᆞᆫ平野가無ᄒᆞ고丘陵이處處에起伏ᄒᆞ야地形이各各區畫이되얏더라

不列顚島ᄂᆞᆫ西方、愛爾蘭島와相對ᄒᆞ고其間이低陷ᄒᆞ야愛爾士海ᄅᆞᆯ湛ᄒᆞ고島形은圭狀을作ᄒᆞ야長經이五百四十哩오幅은南部의最廣ᄒᆞᆫ處가三百二十哩라이에地形을因ᄒᆞ야三部에分ᄒᆞ니東南平地의大部ᄂᆞᆫ英倫이오其西偏의高地ᄂᆞᆫ威爾士오北部의高地ᄂᆞᆫ蘇格蘭이라云ᄒᆞ더라

英倫은其北部에셔ᄂᆞᆫ殆히經線上에連亘ᄒᆞᆫ(페닌)連嶺이二千九百尺으로乃至二千尺의高度가橫ᄒᆞ고其兩際에平地가存ᄒᆞ니東際의平地ᄂᆞᆫ(함바ㅣ)河流域이니連嶺으로브터發ᄒᆞᄂᆞᆫ數多派流ᄅᆞᆯ集ᄒᆞ야北海에入ᄒᆞ니河口가闊大ᄒᆞ고西際ᄂᆞᆫ愛爾士海의浸入ᄒᆞᆷ을因ᄒᆞ야幅이狹ᄒᆞ고且其北部에ᄂᆞᆫ(스고워펠)山脈이有ᄒᆞ야最高가三千百六十一尺에達ᄒᆞ고風景이淸雅ᄒᆞᆫ地라此山間에(말세ㅣ)河가有ᄒᆞ야其流域에國內主要되ᄂᆞᆫ製造府와貿易港이有ᄒᆞ고 (페닌)連嶺의南端은一面이平地에屬ᄒᆞ고且幅員도廣大ᄒᆞ며數條河流가此間에灌流ᄒᆞ니此ᄂᆞᆫ全國中主要ᄒᆞᆫ部오河流中에大ᄒᆞᆫ者二條가有ᄒᆞ니(一)은(세뷔른)河라威爾士의山間에셔發ᄒᆞ야東北으로來ᄒᆞᄂᆞᆫ

(아폰)河와合ᄒᆞ야百七十八哩ᄅᆞᆯ流ᄒᆞ야(부리스톨)海峽에入ᄒᆞ고(二)ᄂᆞᆫ有名ᄒᆞᆫ(템스)河라西北部의丘陵에셔發源ᄒᆞ야東으로平地間에緩流ᄒᆞ야北海에入ᄒᆞ니此海口ᄂᆞᆫ所謂(템스)河口라灣港이闊大ᄒᆞ야數多ᄒᆞᆫ船艦을碇泊ᄒᆞ겟고河道ᄂᆞᆫ全長二百哩中에百六十哩ᄭᆞ지航行을得ᄒᆞ고流域은五千方哩에亘ᄒᆞᄂᆞᆫ沖積土(漲灘地)의平原이라世界의第一大都會가此兩岸에在ᄒᆞᆷ이偶然ᄒᆞᆫ事가아니러라

威爾士ᄂᆞᆫ內海에擴出ᄒᆞ야大槪山地에屬ᄒᆞ니北部의降雪山은三千五百七十尺에及ᄒᆞ고全部의山地ᄂᆞᆫ總히礦物이富ᄒᆞ며特히煤炭層이尤多ᄒᆞ더라

蘇格蘭은(티보트)連岡으로써英倫의地境을作ᄒᆞ니此連岡은東北으로브터西南에亘ᄒᆞ며最高가二千七百尺에不過ᄒᆞ고本州ᄂᆞᆫ海岸線의出入과地勢의高低가甚히錯綜ᄒᆞ고中央에ᄂᆞᆫ東北은(폴트)入江과西南은(쿠라이도)河口가甚히浸入ᄒᆞ야南北二部에分ᄒᆞ니南部ᄂᆞᆫ二千八百尺以下의丘陵이오北部에ᄂᆞᆫ(구람피안)山脈이橫ᄒᆞ니此脈은古代에岩石에屬ᄒᆞ야處處에花崗石의高峯이有ᄒᆞ고 (벤、네뷔스)ᄂᆞᆫ四千四百六尺에達ᄒᆞ야全國의最高峯이오其他ᄂᆞᆫ四千尺으로至三千七八百尺의山이多ᄒᆞ야英國의第一高臺오此高臺로브터分水가되야南下ᄒᆞᄂᆞᆫ者ᄅᆞᆯ(라이)河오北下ᄒᆞ

는者는(스페이)河오高臺의間에는處處에並行ᄒᆞ는深遠ᄒᆞᆫ峽谿가有ᄒᆞ야山脈을沿ᄒᆞ야東北에走ᄒᆞ니其最著ᄒᆞᆫ者는東北(모레ㅣ)灣으로브터西南(로룬)灣에達ᄒᆞ는(카레도니안)峽谿라此谿는處處에運河로써補ᄒᆞ고北海와通航ᄒᆞ더라

愛爾蘭島는少히凸字形을作ᄒᆞ고南北의長은二百七十哩오東西가百六十哩라此島는海岸處處에二千尺으로乃至三千尺의高地가有ᄒᆞ고中央에는一面의平地가有ᄒᆞ며(산온)河가平地의潦水를集ᄒᆞ야西南으로流ᄒᆞ야全流百六十哩에太西洋에入ᄒᆞ고河口는廣闊ᄒᆞᆫ入江을作ᄒᆞ엿더라

以上二大島外에屬島가頗多ᄒᆞ니其重要ᄒᆞᆫ者는蘇格蘭西北에(헤부리듸스)羣島오其北에(올크녜ㅣ)羣島오又其東北에在ᄒᆞᆫ者는(셋트란드)羣島오愛爾土海中에(만)島가有ᄒᆞ고또佛蘭西에近ᄒᆞᆫ水島群島는英國에屬ᄒᆞ얏더라

○氣候 英國의氣候는島嶼性氣候의好例라其位置가北緯五十度로브터六十度間에在ᄒᆞ나年中이頗히溫和ᄒᆞ야穀物이豐登ᄒᆞ고森林은綠樹가長時繁茂ᄒᆞ니他諸邦보다直接으로灣流溫氣를受ᄒᆞᆷ이오倫敦의平均溫度는十一度오冬은四度오夏는十四度라 愛爾蘭東岸의太武林府는九度四가平均이오冬은五度一이오夏는十五度三이오蘇格蘭의北部는寒威가頗强ᄒᆞ나人類生業에는妨害가無ᄒᆞ고英國은寒暑의較差가甚少ᄒᆞ나溫流의水蒸氣가忽然이凝結ᄒᆞ야濃霧를成ᄒᆞ야恒常日光을掩蔽ᄒᆞ고日冬間은晝가甚短ᄒᆞ야秉燭ᄒᆞᆯ時가多ᄒᆞ더라

風은大概西北位로브터吹ᄒᆞ며西風은暖流上으로吹來ᄒᆞ는故로雨源을作ᄒᆞ고雨量은此風이向ᄒᆞ는處에多ᄒᆞ야蘇格蘭西岸이最多ᄒᆞ니곳千七百(밀메돌)에達ᄒᆞ는處에가有ᄒᆞ고其地西岸에도千二百(밀메돌)以上이오東岸은總히寡ᄒᆞ야大概八百(밀메돌)以下러라

○生業物產 英國은農國이아니라然ᄒᆞ나其土地를完全케利用ᄒᆞ니此는氣候와土地가農產物에適當ᄒᆞᆷ이아니오오작學術을應用ᄒᆞ야耕耘이便宜ᄒᆞ고農具가精巧ᄒᆞ야灌漑를便케ᄒᆞ며肥沃法이亦善ᄒᆞ야全國中에生產地가百分의六十四가되니即其三十은田圃、三十一은牧塲、三은森林이니穀物은暖地에小麥、大麥等을產出ᄒᆞ나國民의食用에不足ᄒᆞ야他國의輸入을仰ᄒᆞ고北部는多量의馬鈴薯를產出ᄒᆞ니此는農民의常食이오亞麻、麻、菓實은處處에產出ᄒᆞ나國民의需用의半에도不及ᄒᆞ더라

牧畜의業은能히發達ᄒᆞ야天然의事狀이總히牧畜에適當ᄒᆞ고處處에廣大ᄒᆞᆫ牧塲이

有ᄒᆞ야良種의馬匹과牛와羊과羊毛等이다良好ᄒᆞ니此도또ᄒᆞᆫ年年이他國의輸入을仰ᄒᆞ고 森林은蘇格蘭外에ᄂᆞᆫ頗히缺乏ᄒᆞ고至於英倫ᄒᆞ야ᄂᆞᆫ殆히一森林을不見ᄒᆞ더라

礦産 英國은實로礦物을利用ᄒᆞ야發達ᄒᆞᆫ지라礦物의豐富ᄒᆞᆷ이北米外에ᄂᆞᆫ對等ᄒᆞᆯ國이無ᄒᆞ고特히今世紀에셔開化의基礎되ᄂᆞᆫ石炭과鐵이가장饒多ᄒᆞ고 石炭層의配布ᄂᆞᆫ西北에多ᄒᆞ니即威爾士의全部、英倫의西北部及蘇格蘭의西岸이重要ᄒᆞᆫ産炭地라年年이産出額이一億六千五百萬噸에達ᄒᆞ니即一人口에對ᄒᆞ야四噸餘가되니此産額은全界의第一이라世界全産額百分의三十六分을占ᄒᆞ니其實은此等諸工業發達을因ᄒᆞ야國內에消費額이亦多ᄒᆞ되大槪其百分의六十은國內에消費ᄒᆞ며鐵도大槪産炭地方에셔産ᄒᆞ되年額이七百三十六萬噸이라此亦世界의第一이니地球上에셔使用ᄒᆞᄂᆞᆫ鐵의半額이此國에셔出ᄒᆞ고且英國鐵은其性이甚히良好ᄒᆞ며以上二礦의之次ᄂᆞᆫ錫이니歐洲第一의名이有ᄒᆞ고鹽、銅、銀、鉛等의産額도亦不少ᄒᆞ니大抵鐵은船艦과精巧ᄒᆞᆫ機關을作ᄒᆞ고石炭은滊力을作ᄒᆞ야機關을運動ᄒᆞ야人力을助ᄒᆞ미二者가相須ᄒᆞ야進步케ᄒᆞ더라

工業 鐵、石炭의豐富ᄒᆞᆷ을因ᄒᆞ야製造業이旺盛ᄒᆞᆫ지라이에交通이便ᄒᆞ야販路가廣ᄒᆞ고國民이起業心이多ᄒᆞ야工事에練達ᄒᆞ며其貨物이實用에適當ᄒᆞ야世上에著名ᄒᆞ니此ㅣ곳工業의盛大ᄅᆞᆯ致ᄒᆞᆫ原因이오 綿布製造ᄂᆞᆫ英國의最盛ᄒᆞᆫ工業이니其産額이全世界産額에超過ᄒᆞ고紡績의錘數가四千五百萬에至ᄒᆞ니此ᄂᆞᆫ다機械ᄅᆞᆯ使用ᄒᆞ야도其器械에需用ᄒᆞᄂᆞᆫ人工이오히려一百萬에至ᄒᆞ고其産額은一億磅에不下ᄒᆞ며該製造場의中心은(만톄스다ㅣ)府니其原料ᄂᆞᆫ米國及印度로셔(리바ㅣ풀)港을由ᄒᆞ야輸入ᄒᆞ고또此港으로셔諸外國에輸出ᄒᆞ며 毛織은綿布製造의之次니其産額이五千萬磅이오 麻布의製造가其次오 絹布製造가又其次러라
鐵器製造ᄂᆞᆫ織物의之次니其工場은(비르밍함)府가中央이되고其製品은鋼鐵、鑄鐵로써製造ᄒᆞᄂᆞᆫ大小精粗의總鐵器니鐵道、橋材、艦材、銃砲等에使用ᄒᆞᄂᆞᆫ것이巨額이라現今地球上各地에셔用ᄒᆞ고吾人이恒常使用ᄒᆞᄂᆞᆫ鐵器도不少ᄒᆞ고銅器도多히製作ᄒᆞ며 또其次ᄂᆞᆫ陶、磁와琉璃와其他理化器械、麥酒、皮類等의製造오또特이重大ᄒᆞᆫ者ᄂᆞᆫ造船業이라此國은海王의名을博得ᄒᆞ며船艦의製造도他國의企及ᄒᆞᆯ빅아니오世界各國의囑托을受ᄒᆞ야每年에進水ᄒᆞᄂᆞᆫ蒸滊船이平均五百隻以上

이라 大抵英國의製造ᄂᆞᆫ專혀實用品을主張ᄒᆞ고修飾華美ᄒᆞᆫ製品은第二流가되니故로英國物品의販路가廣ᄒᆞ더라

○通商貿易　英國의商業은世界에第一이니此로써立國ᄒᆞᄂᆞᆫ基礎ᄅᆞᆯ作ᄒᆞ고製造業도ᄯᅩᄒᆞᆫ商業을因ᄒᆞ야盛大ᄒᆞᆫ지라大抵英國은비록鐵、石炭이無盡藏이오織物、鐵器가山積ᄒᆞᆯ지라도萬一交通이無ᄒᆞ면立國지못ᄒᆞᆯ거시오況英國은食物이不足ᄒᆞᆫ國이라故로內國產品은海外各國에輸出ᄒᆞ고全世界의產品을輸入ᄒᆞ야國民의需用을應ᄒᆞ미其貿易額이六億八千萬磅(凡六十三億六千萬圜)內外가되ᄂᆞᆫ지라이에世界各國이英國과貿易지아니ᄒᆞᄂᆞᆫ處가無ᄒᆞ고ᄯᅩ英船이不到ᄒᆞᄂᆞᆫ港이無ᄒᆞ며其中에도交易의多ᄒᆞᆫ處ᄂᆞᆫ米國이오其次ᄂᆞᆫ佛、獨、露、和、埃及等이오輸出品은製造品의綿布、鐵器、器械及石炭이第一이오輸入品은二種이有ᄒᆞ니一은食用品이오一은國民의製造에用ᄒᆞᄂᆞᆫ原料러라

○處誌　英倫은英國主要ᄒᆞᆫ地오住民이二千七百五十萬人이니英國人口百分의七十二라故로人口의集合所되ᄂᆞᆫ都邑이甚多ᄒᆞ고(템스)下流의河畔에ᄂᆞᆫ現今、世界第一의大都되ᄂᆞᆫ倫敦府가有ᄒᆞ니此ᄂᆞᆫ一千餘萬方哩ᄅᆞᆯ管轄ᄒᆞᄂᆞᆫ帝國政府所在處오

現今人口가四百三十五萬이라然이나오히려增加ᄒᆞᄂᆞᆫ傾向이有ᄒᆞ니此ᄂᆞᆫ最近八十六年間에五倍가된者오市府의面積은百二十三方哩니然則一方哩에對ᄒᆞ야三万五千三百六十人을容ᄒᆞᆫ지니其繁華ᄒᆞᆷ을可知오府ᄂᆞᆫ(템스)河口로브터二十四哩되ᄂᆞᆫ上流兩岸을跨ᄒᆞ야數多ᄒᆞᆫ石橋、鐵橋로써連ᄒᆞ고府內ᄂᆞᆫ三部에分ᄒᆞ야東部ᄂᆞᆫ古來의市塲이니商業이가장繁華ᄒᆞ고西部ᄂᆞᆫ大槪官衙와貴族等의邸宅이多ᄒᆞ고河의南岸은製作工業地니廣大ᄒᆞᆫ工塲이多ᄒᆞ고此府ᄂᆞᆫ自然이世界商業의中心을占ᄒᆞ야萬國이此府와關係가無ᄒᆞᆫ者가無ᄒᆞ고府의東方二哩許에綠威天文臺가有ᄒᆞ니即經度의起筭点이오子午線이란者ᄂᆞᆫ即此地의經度ᄅᆞᆯ云ᄒᆞᆷ이러라

(레바ㅣ풀)府ᄂᆞᆫ(말세ㅣ)河口가愛爾士海에臨ᄒᆞᆫ第一貿易港이니人口ᄂᆞᆫ五十一萬이오綿類가輸出入ᄒᆞᄂᆞᆫ港이오又船舶의製造所오　(만데스타ㅣ)府ᄂᆞᆫ(레바ㅣ풀)府東三十哩內地에在ᄒᆞ니人口ᄂᆞᆫ五十二萬이오綿布의製造가世界에第一이니（레바ㅣ풀）港과并히繁華ᄒᆞᆫ지라今에世界의鐵道가其始ᄂᆞᆫ此兩府間의綿類ᄅᆞᆯ運搬ᄒᆞ기爲ᄒᆞ야發明된者니實로千八百二十五年(純祖十五年乙酉)에兩府間에運轉ᄒᆞᆫ滊車가곳世上에서滊車使用ᄒᆞᄂᆞᆫ嚆矢가되얏고　(비루망함)府ᄂᆞᆫ平原中央에在ᄒᆞ니

世界에第一되ᄂᆞᆫ金屬工業府라此府에셔製造ᄒᆞᄂᆞᆫ鐵器가各國에輸出ᄒᆞ고人口ᄂᆞᆫ四十九萬人이오 (리ー드)府ᄂᆞᆫ(벤니ー)連嶺의東麓(험바ー)河流域에在ᄒᆞ니人口ᄂᆞᆫ二十九萬이오毛織製造府라其南에二十四萬人口가有ᄒᆞᆫ(섇괴루드)府가有ᄒᆞ니此亦工業府오石炭、鐵鑛이多ᄒᆞᆫ故로製鐵業이盛ᄒᆞ고(부리스돌)海峽에臨ᄒᆞᆫ(부리스돌)府도亦是貿易港이니銅器와琉璃의製造가盛ᄒᆞ더라

威爾士ᄂᆞᆫ鑛業이盛大ᄒᆞᆫ地方이오特別히繁華ᄒᆞᆫ都市ᄂᆞᆫ無ᄒᆞ더라

蘇格蘭은舊名은(가레도니안)이라稱ᄒᆞ더니愛爾蘭으로브터移住ᄒᆞᆫ(스콧퇴)人을因ᄒᆞ야今名으로改ᄒᆞ고第一繁盛ᄒᆞᆫ(구라스고ー)府가州의中央(구라이드)河兩岸에跨ᄒᆞ니人口ᄂᆞᆫ六十二萬이오製造의盛ᄒᆞᆷ은此地의第一이니各種製造物이此處에集ᄒᆞ야四方에輸出ᄒᆞ고港口ᄂᆞᆫ別로二十餘哩下流에在ᄒᆞ야造船業이盛ᄒᆞ야各國의注文을受ᄒᆞᄂᆞᆫ지라東洋日本船艦도此地에셔製造ᄒᆞᆫ者가不少ᄒᆞ고大抵此港은汽船製造의始니千八百十二年(純祖十二年壬申에)(구라이드)河에進水ᄒᆞᆫ(코멧도)號가汽船의嚆矢가되얏고 (에딘바ー)府ᄂᆞᆫ蘇州의首都니(포ー스)海峽에臨ᄒᆞ고丘陵을據ᄒᆞ야建設ᄒᆞ니風景이佳良ᄒᆞᆫ府라丘上에舊市街가有ᄒᆞ고至今繁華ᄒᆞᆫ市街ᄂᆞᆫ岡北에在ᄒᆞ니昔時英、蘇의古戰場이오文學이盛行ᄒᆞ고其大學의有名ᄒᆞᆷ을因ᄒᆞ야書籍의商業도ᄯᅩᄒᆞᆫ盛ᄒᆞ고人口ᄂᆞᆫ二十六万이오(포ー스)海峽을隔ᄒᆞ야北岸에(둔듸ー)府가有ᄒᆞ니人口ᄂᆞᆫ十六萬이러라

愛爾蘭은舊名은(히베루니아)라稱ᄒᆞ더니今名은(아이룬)(西國之意)이라ᄒᆞᄂᆞᆫ語義로從ᄒᆞ야出ᄒᆞᆫ者오人口ᄂᆞᆫ四百七十萬이오(더부린)府ᄂᆞᆫ島內의首都니島의東岸愛爾士海에臨ᄒᆞᆫ(더부린)灣頭에在ᄒᆞ야運輸가便利ᄒᆞ야島內의樞要ᄒᆞᆫ地가되ᄂᆞᆫ故로物産이此處에輻湊ᄒᆞ며人口ᄂᆞᆫ二十五萬이오市街建築의規模ᄂᆞᆫ歐洲의屈指ᄒᆞᄂᆞᆫ府오 蘇州에對ᄒᆞᆫ(벨퐈스트)ᄂᆞᆫ麻布의製造市오南岸의(코ー크)港은島中의貿易港이러라

○國民 現今의英人은(켈트)族、羅甸族及(틔ー돈)族의雜種이니人口가稠密ᄒᆞᆫ處所ᄂᆞᆫ其混同이最甚ᄒᆞ나然이나(틔ー돈)族은全國에最多ᄒᆞ고(켈트)族은只今西北部邊隅에少數가存ᄒᆞ고英倫은特이(틔ー돈)族이多ᄒᆞ며 英國은人民이愛國心이深ᄒᆞ고ᄯᅩ頑固傲慢ᄒᆞ야他國人의게「英國人의自慢」이라ᄂᆞᆫ評論을受ᄒᆞ고總히性質이沈着ᄒᆞ야保存主義를採ᄒᆞ나一朝에事를當ᄒᆞ면果斷敏활ᄒᆞ야不成ᄒᆞ면不止ᄒᆞᄂᆞᆫ

風氣가有ᄒᆞ녀今日에海王의指目을受ᄒᆞᆷ과世界第一의大版圖를開ᄒᆞᆫ者ㅣ다此精神에서出ᄒᆞᆫ者오또此國民은商業에長ᄒᆞ야世界의富를此島에集ᄒᆞᄂᆞᆫ狀況이有ᄒᆞ고國語ᄂᆞᆫ(듸ㅣ돈)語에羅甸語、索遜語를并用ᄒᆞ니即今日의英語러라

宗敎　國民의多數ᄂᆞᆫ新敎를奉ᄒᆞ미其中特히英倫은新敎徒에屬ᄒᆞ고其他諸州에ᄂᆞᆫ舊敎徒가凡二百萬이오其外에少數되ᄂᆞᆫ他敎徒가混合ᄒᆞ더라

敎育　國民敎育은大陸一二處의敎育이盛ᄒᆞᆫ國과如케普及지못ᄒᆞ고下等民에至ᄒᆞ야ᄂᆞᆫ勞働을因ᄒᆞ야敎育을不受ᄒᆞᄂᆞᆫ者ㅣ多ᄒᆞ더니千八百七十年(大皇帝七年庚午)來로强迫主義를採用ᄒᆞ야子弟를敎育ᄒᆞᆫ後에就學者가大增ᄒᆞ야四百萬內外에至ᄒᆞ며中等敎育以上은크게進步ᄒᆞ고또大學은世界에著名ᄒᆞᆫ者ㅣ不少ᄒᆞ니即英倫의(옥스풀드)(캄부리지)兩大學과此外倫敦及(만톄스다ㅣ)의大學과蘇格蘭의(에듼바ㅣ、구라스고ㅣ)의兩大學과愛爾蘭의(다부린)大學等이오其中에東洋日本學者가此等大學에서硏究ᄒᆞᄂᆞᆫ者도多ᄒᆞ더라

○政體　本國은英倫、威爾士、蘇格蘭及愛爾蘭四州를合ᄒᆞᆫ王國인故로大不列顚及愛爾蘭聯合王國이라稱ᄒᆞ고此에印度及諸殖民地를加ᄒᆞ야英吉利帝國이라云ᄒᆞ며

此國은世界創始의立憲君主政體니其他立憲國이다此를倣則ᄒᆞ고國政은憲法에基ᄒᆞ야立法權은國會에屬ᄒᆞ고國會ᄂᆞᆫ上下兩院이니上院은世襲貴族、貴族、高僧으로組織ᄒᆞ야其數가五百七十五人이오下院은國民中으로公撰ᄒᆞ야其數가六百七十人이오其任期ᄂᆞᆫ七年이오此外諸殖民地에上下兩院으로成ᄒᆞᆫ九個國會가有ᄒᆞ며行政權은皇帝의命을因ᄒᆞ야內閣員이執行ᄒᆞ고愛爾蘭의行政은別로將軍의게委托ᄒᆞ고　司法權의根源은皇帝에在ᄒᆞ고高等法院은上院議員으로組織ᄒᆞ고　君主ᄂᆞᆫ國會를招集ᄒᆞ며또解散ᄒᆞᄂᆞᆫ權이有ᄒᆞ고授爵의權은君主가獨握ᄒᆞ고　地方制ᄂᆞᆫ英倫은四十縣에分ᄒᆞ고威爾士ᄂᆞᆫ十二縣에分ᄒᆞ고蘇格蘭은三十二縣에分ᄒᆞ고愛爾蘭은四縣에分ᄒᆞ얏더라

○軍制　陸軍은國內鎭撫及防禦를主ᄒᆞ야常備兵을多置치아니ᄒᆞ고大槪義勇兵의制니現今에整兵이라稱ᄒᆞᄂᆞᆫ常備兵數ᄂᆞᆫ各科兵을合ᄒᆞ야凡二十二萬이니此ᄂᆞᆫ本國、印度及廣大ᄒᆞᆫ諸殖民地에分置ᄒᆞ고戰時에ᄂᆞᆫ豫備整兵凡五十五萬과民兵、志願兵等約四十萬이오印度에ᄂᆞᆫ別로土人兵八十萬이有ᄒᆞ고　海軍은元來强盛ᄒᆞᆷ으로世界에著名ᄒᆞ니此ᄂᆞᆫ其國이海國으로서貿易에從事ᄒᆞ야地球上各處에殖民地가有ᄒᆞ

미곳世界各處에其軍港이皆有ᄒᆞ니現今에軍艦總數가四百八十九隻內에其中戰鬪艦四十四隻(一等戰鬪艦二十九隻)과排水一萬噸以上되ᄂᆞᆫ大艦이三十隻이오特이其內에九隻은各各一萬四千九百噸이되니此ᄂᆞᆫ一千八百九十五年(大皇帝三十二年乙未)에新造ᄒᆞᆫ者니以上軍艦中에一百五十餘隻은恒常海外에派遣ᄒᆞᄂᆞᆫ者오海軍兵은總數가八萬五千人이오海軍費ᄂᆞᆫ年額이二千百五十萬磅以上이러라

○沿革時事　此諸島ᄂᆞᆫ在昔에(부리톤)蠻民의專領ᄒᆞᆫ處니此即不列顚島의名이有ᄒᆞᆫ所以오其後에羅馬人의征服ᄒᆞᆫ비되야漸漸開進ᄒᆞ더니歐洲大移轉에際ᄒᆞ야獨乙의(튀ㅣ돈)種이渡來ᄒᆞ야、몬져住民을驅逐ᄒᆞ고島의南部ᄅᆞᆯ占領ᄒᆞ야英倫이라稱ᄒᆞ고其後에ᄯᅩ丁抹人의게征服ᄒᆞᆫ비되고、ᄯᅩ佛國北岸되ᄂᆞᆫ(놀만듸)의領主(위리아무)의게統一ᄒᆞᆫ비되야王國國體ᄅᆞᆯ始成ᄒᆞᆫ지라然이나此ᄂᆞᆫ다만英倫뿐이러니一千二百八十二年(高麗忠烈王八年壬午)에威爾士ᄅᆞᆯ征ᄒᆞ야合倂ᄒᆞ고蘇格蘭은數年戰爭ᄒᆞᆫ後에千七百七年(肅宗三十三年丁亥)에至ᄒᆞ야合倂ᄒᆞ고愛爾蘭은千百七十三年(高麗明宗三年癸巳)에一番征服ᄒᆞ얏스나千八百一年(純祖元年辛酉)ᄭᆞ지ᄂᆞᆫ分立ᄒᆞ얏다가、다시合倂ᄒᆞ야聯合王國을建ᄒᆞ고一千六百年代(宣祖三十三年庚子)

即(예리싸베트)女王의即位間은國內가大治ᄒᆞ고通商貿易의業이大開ᄒᆞ야玆에海上霸權의基礎ᄅᆞᆯ成ᄒᆞ고且外國에殖民地ᄅᆞᆯ開拓ᄒᆞᆫ事도甚多ᄒᆞ니其中에亞米利加ᄂᆞᆫ其最著ᄒᆞᆫ者오千六百五十年代(孝宗元年庚寅쟈ㅣ레스)一世時에ᄂᆞᆫ政治가不善ᄒᆞ야內亂이起ᄒᆞ야政體ᄅᆞᆯ變革ᄒᆞ더니未幾에政權이다시王室에歸ᄒᆞ고其後에亞米利加의獨立과拿破崙一世의擾亂을因ᄒᆞ야困厄을屢經ᄒᆞ나此地ᄂᆞᆫ島國인故로大陸에셔ᄂᆞᆫ비록戰爭이有ᄒᆞ되恒常傍觀ᄒᆞᆯ뿐이오國運이漸漸發達ᄒᆞ더니千八百三十七年(憲宗三年丁酉)前女皇(쎅구토리아)即位以來로더욱進步ᄒᆞ야千九百年ᄭᆞ지凡六十餘年間은國內가無事ᄒᆞ고其間에國力의增進ᄒᆞᆫ事ᄂᆞᆫ世人의驚ᄒᆞᆫ비오、곳英國人의大傲ᄒᆞᄂᆞᆫ者라故로女皇即位六十年(大皇帝三十四年丁酉)慶節에本國과屬地人民이欽仰祝賀ᄒᆞ고ᄯᅩ女皇統政ᄒᆞᆫ後六十年間에英國國力의增進ᄒᆞᆫ實況을調査ᄒᆞ야世上에公佈ᄒᆞ니此ᄅᆞᆯ見ᄒᆞ면僅히六十年間에實로霄泥의別이有ᄒᆞᆫ지라版圖로言ᄒᆞ면千五百年(燕山君六年庚申)以來로거의九十八倍가되니即百에對ᄒᆞ야九十七、八四ᄅᆞᆯ增加ᄒᆞ야現今一千〇一萬五千四百七十七方哩、即世界陸地의五分一餘ᄅᆞᆯ領有ᄒᆞ야其廣大ᄒᆞᆷ이곳亞弗利加大洲와殆同ᄒᆞ고又其人口ᄂᆞᆫ二億九千八百餘萬이

니卽世界住民의五分一을領ᄒᆞ야世上에比類가無ᄒᆞᆫ大帝國이된지라其重要ᄒᆞᆫ領地가如左ᄒᆞ니

亞細亞諸領地
(一)丁亞 (二)英領보루네오
(三)錫蘭 (四)香港
(五)印度 (六)바루디스탄
(七)阿富汗 (八)海峽殖民地
(九)사이푸루스

亞弗利加諸領地
(一)岬殖民地 (二)英領中央亞弗利加
(三)英領東亞弗利加 (四)모ㅣ리듸우스
(五)나탈 (六)나ㅣ졔루海岸
(七)英領南亞弗利加 (八)英領西亞弗利加
(九)싼지발 (一〇)쓰루란드

亞米利加諸領地
(一)加那太 (二)英領구이아나
(三)英領혼두라스 (四)西印度

濠洲諸領地
(一)퓌ㅣ졔 (二)英領新幾內亞
(三)濠洲大陸 (四)新西蘭
(五)타스마니아

以上의英國領地가地球各處에散在ᄒᆞ고又其領地外에도英船의航行치아니ᄒᆞᆫ地가無ᄒᆞ더라

和蘭王國

和蘭은舊名은(바타뷔ㅣ)라稱ᄒᆞ더니今名으로改ᄒᆞ니此ᄂᆞᆫ其地形을因ᄒᆞ야「低地國」이라謂홈이오또或(네ㅣ사ㅣ란드)(低邦之意)라稱ᄒᆞ며西隣의白耳義와共히獨、佛兩國間에介在ᄒᆞᆫ小國이니面積은僅히一萬二千六百四十八方哩(二萬千二百三十方里)러라

○地勢 地勢ᄂᆞᆫ全國이一般으로低平ᄒᆞ고或은海面보다低ᄒᆞᆫ處가有ᄒᆞᆫ故로海岸에堅固ᄒᆞᆫ堤防을築ᄒᆞ야겨우海水의浸入을防禦ᄒᆞ니其費가年年히夥多ᄒᆞ고河水ᄂᆞᆫ堤堰의上으로流ᄒᆞ야겨우海에導入ᄒᆞᄂᆞᆫ故로雨水의汎濫ᄒᆞᆫ者ᄂᆞᆫ巧製ᄒᆞᆫ風車로써河에送致ᄒᆞ고運河와溝渠ᄂᆞᆫ自然히疎通ᄒᆞ야水運의便이萬國의第一이오 國의中央에灣入ᄒᆞᆫ海水ᄂᆞᆫ南海라稱ᄒᆞ니此ᄂᆞᆫ第三世紀頃에海溢을因ᄒᆞ야平地가忽然히此大灣을成ᄒᆞᆫ者오또其竝列ᄒᆞᆫ諸島ᄂᆞᆫ昔時의海岸一部가存ᄒᆞᆫ者니土地가沈降變化ᄒᆞ야成ᄒᆞ얏고河流ᄂᆞᆫ大概獨逸을從ᄒᆞ야來ᄒᆞ니其大ᄒᆞᆫ者ᄂᆞᆫ來因、(미우스)의兩河니此國이其下流ᄅᆞᆯ受ᄒᆞ야海에入ᄒᆞ고海口ᄂᆞᆫ許多ᄒᆞᆫ分派ᄅᆞᆯ作ᄒᆞ고 本地와隔離ᄒᆞ야白、獨間에(록센부릐)이라稱ᄒᆞᄂᆞᆫ一地가有ᄒᆞ니此地ᄂᆞᆫ少少히丘陵이有ᄒᆞ더라

○氣候 此國은西北으로브터來ᄒᆞᄂᆞᆫ海風을因ᄒᆞ야寒氣가不強ᄒᆞ고年中의平均温度ᄂᆞᆫ九度九오冬의温度ᄂᆞᆫ一度五오夏(十八度四)ᄂᆞᆫ頗凉ᄒᆞ고雨ᄂᆞᆫ恒少ᄒᆞ나霧가深閉ᄒᆞ야開朗ᄒᆞᆫ晴天이稀少ᄒᆞ고且沼水의熱害가有ᄒᆞ야外來人의게不適ᄒᆞ더라

○生業産物 和蘭人ᄋᆞᆫ土地를愛重ᄒᆞ야極力히海水를防禦ᄒᆞ야總히生産地가되게ᄒᆞ고全地에沖積土(即漲灘地)가多ᄒᆞ나肥沃ᄒᆞᆫ農産地ᄂᆞᆫ西北部에在ᄒᆞ고農業은許多穀物(諸種의麥類蕎麥)과馬鈴薯를産出ᄒᆞ나다만人多地狹ᄒᆞ야오히려他國의輸入을仰ᄒᆞ고此外에麻、烟草、甜菜를産出ᄒᆞ고또花木을쏨히栽培ᄒᆞ니即造花工業의中心이라每年에造花、果實의輸出이夥多ᄒᆞ고 牧畜의業은가장發達ᄒᆞ야其收益이곳國財의根源이되고其中에牧牛ᄂᆞᆫ가장盛ᄒᆞ야每年英國에輸出ᄒᆞᄂᆞᆫ額數로言ᄒᆞ야도十五萬頭에不下ᄒᆞ고또此를因ᄒᆞ야乾酪、牛酪、乳油를産ᄒᆞ고其外에馬、羊、家禽이頗多ᄒᆞ야大概英國에送ᄒᆞ고 漁業도亦有利ᄒᆞᆫ生業이오 工業은盛치아니ᄒᆞ나然이나綿布麻布의製造가著名ᄒᆞ고造船業은向者에世界第一이라稱ᄒᆞ니即帆船時代에ᄂᆞᆫ七百個造船所가有ᄒᆞ얏고大抵和蘭은世界의商業國이니其地位와海業의盛ᄒᆞᆷ과其海國됨은至今도오히려世界的商業의方針이될지라往時에和蘭이東西洋을論ᄒᆞ고廣히其船을送ᄒᆞ야商業을經營ᄒᆞ더니至今도英、獨、白間에商業이盛行ᄒᆞ야其利를占ᄒᆞ더라

○都邑 海牙府ᄂᆞᆫ和蘭政府가在ᄒᆞᆫ處니(丁抹을兼轄ᄒᆞ니라)市街가淸雅ᄒᆞ고人口ᄂᆞᆫ十七萬五千이오 安特堤府ᄂᆞᆫ南海西岸에建ᄒᆞᆫ商業府니一方은海에濱ᄒᆞ고또溝渠가縱橫ᄒᆞ야交通이至便ᄒᆞ고商賈가繁盛ᄒᆞ야國內의第一大都라人口가四十五萬이오 鹿特堤府ᄂᆞᆫ第二都會니來因河下流에建ᄒᆞ고人口가二十三萬이오運漕가便ᄒᆞ고貿易이盛ᄒᆞ며(우트렉트)ᄂᆞᆫ鐵道가四達ᄒᆞᆫ地러라

○人民 人種은日耳曼에屬ᄒᆞ니愛國心이深ᄒᆞ고海業에巧ᄒᆞ며其眼界ᄂᆞᆫ遠近에達ᄒᆞ야商業에長ᄒᆞ고人口ᄂᆞᆫ四百七十三萬이니即一方哩에對ᄒᆞ야三百七十四人이라歐洲中人口의稠密ᄒᆞᆷ이第二位가되고 敎育은盛行ᄒᆞ야能히全國에普及ᄒᆞ고 宗敎ᄂᆞᆫ新敎를奉ᄒᆞᄂᆞᆫ者ㅣ多ᄒᆞ더라

○政體沿革 一千八百四十九年(憲宗十五年己酉)來로브터立憲王國이되야國會ᄂᆞᆫ上下兩院으로成ᄒᆞ니此國은曾往에白耳義와共히西班牙領에歸ᄒᆞ야(네ㅣ사ㅣ란드)라稱ᄒᆞ더니舊敎徒의虐待를不堪ᄒᆞ야드듸여獨立軍을起ᄒᆞ야其覊絆을脫ᄒᆞ

爾來로 盛히 航海業을 奬勵ᄒᆞ야 海外에 領地를 廣開ᄒᆞ고 一千六百年代(宣祖三十三年庚子以來)에ᄂᆞᆫ 東洋의 日本과 交通貿易ᄒᆞ야 日本으로ᄒᆞ야곰 歐洲交際의 端緖及洋學의 基源을 開케ᄒᆞ고 特히 蘭人은 宗敎上의 關係를 棄ᄒᆞ고 通商을 專事ᄒᆞᄂᆞᆫ 故로 日本이 他外人은 退斥ᄒᆞ되 獨히 蘭人과 交通ᄒᆞ야 西洋의 事物을 傳ᄒᆞᆫ 事가 多ᄒᆞ고 一千八百三十一年(純祖三十一年辛卯)에 白耳義分立等事가 有ᄒᆞ야 國勢가 昔日과 ᄀᆞᆺ치 盛大치 못ᄒᆞ나 其領地ᄂᆞᆫ 東印度의 瓜哇、(스마도라、셀르비오)南米의(구아나、)西(구란소ㅣ)等이 有ᄒᆞ니 此ᄂᆞᆫ 本國보다 五倍되ᄂᆞᆫ 殖民地러라

白耳義王國

白耳義ᄂᆞᆫ 和蘭과 共히 歐洲低地의 一部小國이니 面積이 和蘭보다 尙小ᄒᆞ야 僅히 一萬一千三百七十三方哩(一萬九千○九十方里)에 不過ᄒᆞ니 人口ᄂᆞᆫ 六百二十六萬이 되니 곳 一方哩에 對ᄒᆞ야 五百五十一人이라 人口의 稠密홈이 世界第一이러라

○地勢 土地ᄂᆞᆫ 低平ᄒᆞᆫ 原野가 多ᄒᆞ고 且、諸强國間에 在ᄒᆞᆫ 故로 每樣歐洲의 大會戰場이 되고 또 有名ᄒᆞᆫ(워ㅣ털로ㅣ)로 始ᄒᆞ야 拿破崙第一世에 關ᄒᆞᆫ 古戰場이 多ᄒᆞ고 國의 東南部ᄂᆞᆫ 丘陵이 起伏ᄒᆞ야 廣大ᄒᆞᆫ 森林이 되고 河流가 此間에서 發ᄒᆞ야 西北으로 流ᄒᆞ야 海에 入ᄒᆞ니 其中大河ᄂᆞᆫ 佛國에서 來ᄒᆞᄂᆞᆫ(미우스、시켈드)의 兩流라 前者ᄂᆞᆫ 南部로 流ᄒᆞ야 和蘭에 入ᄒᆞ고 後者ᄂᆞᆫ 北部로 流ᄒᆞ야(안뒤ㅣ리프)府를 過ᄒᆞ야 和蘭에 入ᄒᆞ니 兩河가 共히 運輸의 便이 有ᄒᆞ야 國運에 關係가 大ᄒᆞ더라

○氣候 氣候ᄂᆞᆫ 和蘭보다 少히 溫暖ᄒᆞ니 北緯五十度五十一分되ᄂᆞᆫ 首府에 平均溫度ᄂᆞᆫ 十度五오 冬은 二度八이오 夏ᄂᆞᆫ 十八度半이오 雨ᄂᆞᆫ 和蘭보다 稍多ᄒᆞ고 空氣가 常濕ᄒᆞ고 霧가 深ᄒᆞ야 森林이 茂盛ᄒᆞ더라

○生業産物 農業은 總히 和蘭과 同ᄒᆞ나 和蘭보다 더욱 人多地狹ᄒᆞᆫ 故로 年年히 許多

호外品을仰호고 畜産은和蘭보다一步를讓호나牛、馬、羊、豚이夥多호야輸出額이多호고 此國의第一財源은鑛物이오特이石炭과鐵이富饒호야小英國의名을得호고炭田은全國의二十分一을占호야最近의産額이二千三十七萬噸이오鐵은七十九萬噸이오其他鉛과石材를産호니此는和蘭의無호者오 此國은古來브터歐洲工業國이라諸製造는總히大形의蒸滊機關을用호미其中最盛호者는鐵器製造니器械、人砲、道鐵、釘、鐵板、刃物等이著名호고其次에는琉璃의製造及織物業이니毛布、絨氈、綿布、麻布의産額이夥多호고其中에도(부랏세루)의線帶(女服의裝飾用)는世界에其敵手가無호니此等産品은大概鐵道로佛及獨에輸出호고海路로는英國에送호고窓琉璃와 鐵器는東洋에도輸入호더라

○都邑 首府는(부랏세루)니平原中央에在호고人口는五十萬이오市街가精美호고工業이盛호며 (안뒤ㅣ리피)府(人口二十五萬)는(시겔드)河下流에在호니此府는曾往에佛帝拿破崙의保護를因호야大陸의倫敦을成호야世界의商權을掌握고자호든有名호府라至今싸지貿易의中心이되고其鐵造砲臺는堅固홈으로有名호고其他東南의(리ㅣ씨)의鐵器、毛布의製造와 (간)의酒類와革의製造가共히有名호고人口도共히十五萬이러라

○人民 白耳義人은二種이니卽總人口의六分은日耳曼種이오四分은羅甸種이라然이나一般風習으로論호면日耳曼的보다佛國의浮華에近호고國語도佛語를官話라稱호고宗敎는大概舊敎를奉호고新敎及猶太敎徒는少호니此는卽和蘭과分離호原因이오 敎育은和蘭보다稍劣호나漸漸進步호고各種技藝學校와職業學校等이頗盛호더라

○政體沿革 一千八百三十一年(純祖三十一年辛卯)에和蘭과分離호야獨立호고立憲王國을建호야君主政體가되얏스나民政의傾向이有호야上下兩院의國會議員等은皆民撰이오 此國은曾往에西班牙領이러니和蘭과合호야獨立호야 (네ㅣ사ㅣ란드)王國이라稱호얏더니또未幾에宗敎、人種等의關係를因호야和蘭과分離호얏더라

佛蘭西ᄂᆞᆫ歐洲西部의强國이니舊名은(셸타)又(고올)或(가루리아)라稱ᄒᆞ더니(후란쿠스)種이侵入ᄒᆞᆫ以來로其名을因ᄒᆞ야至今國名으로改ᄒᆞ얏더라

○位置幅員 此地ᄂᆞᆫ獨逸의西에在ᄒᆞ야大半島形을作ᄒᆞ고西ᄂᆞᆫ伊比利半島와接ᄒᆞ니海가左右에控ᄒᆞ야西으로브터北方은太西洋을受ᄒᆞ고狹隘ᄒᆞᆫ英吉利海峽을由ᄒᆞ야英國과對ᄒᆞ고南方은地中海에濱ᄒᆞ니故로其位置가開化諸國의要衝을占ᄒᆞ고面積은二十萬四千九十一方哩(二十五萬四千二百八十方里)오地勢ᄂᆞᆫ殆히方形을成ᄒᆞ야東西가一千二百七十里오南北이一千四百八十里러라.

○地勢 地勢ᄂᆞᆫ平原이多ᄒᆞ야西으로브터北에亘ᄒᆞᆫ一圓은所謂佛蘭西平原이니農産이豐富ᄒᆞᆫ沃野오(비스케이)灣의濱은(란듸)의卑濕地니牧野가多ᄒᆞ고 國의東南部ᄂᆞᆫ大槪山岳丘陵에屬ᄒᆞ고西班牙와接ᄒᆞᆫ境에ᄂᆞᆫ(피레니ㅣ스)山脈이橫ᄒᆞ야天然히境界를成ᄒᆞ고中央의高峯(마리뫼리)山은一萬千百七十尺이오伊太利及瑞西의境에ᄂᆞᆫ有名ᄒᆞᆫ(알프스)의高峻山系가蟠踞ᄒᆞ야歐洲高山의鍾會ᄒᆞᆫ處오白山은一萬五千七百八十尺이오(몬사ㆍ빙이소)等諸峯은一萬尺以上되ᄂᆞᆫ者ㅣ多ᄒᆞ고(세

니ㅡ)山脈에ᄂᆞᆫ伊太利와通ᄒᆞᆫ七哩餘의隧道(山을鑿ᄒᆞ야鐵路를通ᄒᆞ게ᄒᆞᆫ者라)를
築ᄒᆞ얏더라

○水系　東南部ᄂᆞᆫ高地를負ᄒᆞ고漸次로太西洋에傾ᄒᆞᆫ故로河流가此高地에서發ᄒᆞ
ᄒᆞ야西流ᄒᆞ야海에入ᄒᆞ니水系가甚長치아니ᄒᆞ나緩緩히平原間을流通ᄒᆞᄂᆞᆫ故로
運輸灌漑가便利ᄒᆞ야佛國에裨益ᄒᆞᄂᆞᆫ事가多ᄒᆞ고　佛國第一의大河ᄂᆞᆫ(로아ㅡ)라
云ᄒᆞ니水源이東南高地에서發ᄒᆞ야西流ᄒᆞ야國의中部를縱斷ᄒᆞ야)오루레안)及(투
루스)等의가장豐富繁盛ᄒᆞᆫ地를灌注ᄒᆞ고(난틔)港을過ᄒᆞ야(ᄇᆡ스케이)灣에入ᄒᆞ
니全長이五百三十哩오　(세ㅡ누)河ᄂᆞᆫ東部山地에서發源ᄒᆞ야西北으로流ᄒᆞ고中
流에서(마안)河를集ᄒᆞ야巴里城下를過ᄒᆞ고다시(하불)港을由ᄒᆞ야英吉利海峽에
入ᄒᆞ니長이四百七十哩오運輸가甚便ᄒᆞ며　(가론)河ᄂᆞᆫ(피레니ㅡ스)山에서發ᄒᆞ
야佛國의有名ᄒᆞᆫ葡萄產地를灌漑ᄒᆞ고(볼드ㅡ)府를過ᄒᆞ야(지론드)灣으로브터海
에入ᄒᆞ니海口가闊大ᄒᆞ야航運이甚便ᄒᆞ고　(로온)河ᄂᆞᆫ瑞西境되ᄂᆞᆫ山間의水를集
ᄒᆞ야獨히南下ᄒᆞ야高地間을排開ᄒᆞ고里昻府에至ᄒᆞ야(소온)河와會ᄒᆞ고蠶業地方
을過ᄒᆞ야里昻灣에入ᄒᆞ니發源處ᄂᆞᆫ頗長ᄒᆞ나山間으로由下ᄒᆞᄂᆞᆫ故로水流가急ᄒᆞ야

航運이不利ᄒᆞ고　天然의水系가如此ᄒᆞᆫ外에또運河가有ᄒᆞ야太西洋으로브터地中
海에航通ᄒᆞ더라

○氣候　佛國은歐洲西南部의溫暖地를占ᄒᆞ고特히海岸의平原地ᄂᆞᆫ灣流의溫氣를
受ᄒᆞ야寒暑가共히和順ᄒᆞ야歐洲中가장爽快ᄒᆞᆫ氣候라人의身體에適合ᄒᆞ고巴里의
平均溫度ᄂᆞᆫ十度오冬은一度오夏ᄂᆞᆫ十八度三이오東北部內地에至ᄒᆞ면寒暑가稍强
ᄒᆞ고特히冬間은烈寒ᄒᆞ며國의南端은亞弗利加의熱風을被ᄒᆞ야夏季의暑氣가頗强
ᄒᆞ고　雨量은歐洲中에適度ᄒᆞᆫ部에屬ᄒᆞ야各種地產物을育養ᄒᆞ기足ᄒᆞ고太西洋岸
에ᄂᆞᆫ百四十日乃至百五十日의雨가有ᄒᆞ고內地에至ᄒᆞ면六十日乃至七十日의雨가
有ᄒᆞ나然이나雨量이不多ᄒᆞ니大抵此國은歐洲中에烟霧가深多ᄒᆞᆫ國보다空氣가
장晴朗ᄒᆞ더라

○生業產物　佛國은元來農產物로發達ᄒᆞ고其次ᄂᆞᆫ製造品으로世界의富를集ᄒᆞ니
其農業을言ᄒᆞ면全人口中百分의五十一ᄂᆞᆫ農을爲業ᄒᆞ야各種穀物及果實을出ᄒᆞ니
穀物은全生產地의一/二을占ᄒᆞ야小麥과其他麥類와馬鈴薯、甜菜ᄂᆞᆫ平原諸州에서
產出ᄒᆞ고烟草、亞麻도各地에서產ᄒᆞ나此ᄂᆞᆫ다國內에서消費ᄒᆞ고外國輸出이不多

ᄒᆞ며葡萄酒ᄂᆞᆫ佛國農産物中에輸出額이最多ᄒᆞ고林檎、梨及南部産의果實은年年이他邦에輸出ᄒᆞ니葡萄의栽培ᄂᆞᆫ全國各地에適當ᄒᆞ야産額이夥多ᄒᆞᆫ中、西南部（가론）河畔이第一이오全國葡萄의收穫價額은四億七千萬圓以上이오葡萄酒의釀造額은一億三千萬石乃至一億八萬石이오（보루드）及（샴판）州의葡萄酒ᄂᆞᆫ良質로써世界에推讓ᄒᆞᄂᆞᆫ바니（샴판酒全世界의需用額이每年二千百萬瓶에不下ᄒᆞ니라）此ㅣ곳世界의第一葡萄國이라（獨逸의麥酒와共히世界의二大酒國이라）蚕業은南部各州及（고루시가）島等에盛行ᄒᆞ야多額을産出ᄒᆞ나國民의奢侈ᄒᆞᆷ을因ᄒᆞ야其需用의四分一이不足ᄒᆞ고또特히絹織이盛ᄒᆞᆫ故로世界의生絲가此國에輸入ᄒᆞ더라

牧畜은平原地方의主要되ᄂᆞᆫ生業이니馬、牛、羊을飼養ᄒᆞ나其他各地ᄂᆞᆫ他生産을因ᄒᆞ야盛치못ᄒᆞ니故로肉類ᄂᆞᆫ內地食品의需用이不足ᄒᆞ야他國의輸入을仰ᄒᆞ더라

水産은近來에大發達ᄒᆞ야鮪、鯆、鯡、鰛、鯨의漁獲이多ᄒᆞ야富源을成ᄒᆞ더라

鑛物은頗豐ᄒᆞ고其中에石炭과鐵이더옥第一이라石炭은年年히二千六百萬噸（歐洲第三）의多額을産ᄒᆞ나産業이盛ᄒᆞᆫ故로其消費（三千六百萬噸）에不足ᄒᆞ고鐵은各州에셔産ᄒᆞ야年年히三百五十萬噸을出ᄒᆞ고

其他亞鉛、銀、鹽을産ᄒᆞ더라

製造業은英國과并히繁盛ᄒᆞ니英人은着實堅緻ᄒᆞᆫ品을産ᄒᆞ고佛人은意思가奇巧ᄒᆞ야奢華ᄒᆞᆫ美術品을製ᄒᆞᄂᆞᆫ지라故로家具粧飾品과其他技藝品은此國의特産이오世界의第一되ᄂᆞᆫ資格이有ᄒᆞ야年年히製造品의産額이五十四億圓에達ᄒᆞ고其中最盛ᄒᆞᆫ者ᄂᆞᆫ機業이니絹織이第一이라其意思의新奇ᄒᆞᆷ과時樣의適合ᄒᆞᆷ이他國의不及ᄒᆞᆯ비오里昻府로써中心을作ᄒᆞ니此府의産額으로言ᄒᆞ야도一億四五千萬圓以上이오毛織、綿布、麻布等은絹織보다其次가되고金屬細工及理化學上의機械、兵器、樂器、琉璃、陶磁의製造等이最盛ᄒᆞ더라

○通商貿易　佛國은其位置의好良ᄒᆞᆷ과內地及海路의交通이至便ᄒᆞᆷ은商業上에英國의之次오世界第二位라東洋諸國에輸送ᄒᆞ기ᄂᆞᆫ英國보다勝ᄒᆞ고內地ᄂᆞᆫ縱橫ᄒᆞᆫ河道及鐵道가有ᄒᆞ야各市坊이相通ᄒᆞ고海外에ᄂᆞᆫ太西洋을由ᄒᆞ야歐、米와通ᄒᆞ고地中海를由ᄒᆞ야亞細亞、亞弗利加와通ᄒᆞ니太西洋에ᄂᆞᆫ（하ㅣ빙리）港을主ᄒᆞ고地中海에ᄂᆞᆫ馬耳塞港을主ᄒᆞ며　此國과貿易이盛ᄒᆞᆷ은英國이第一이오白、獨、伊、西、露가其次오其他各國도다此國과連絡ᄒᆞ고輸入品은食品及製造의原料를主ᄒᆞ미亞細

亞에서는其製造品의原料를輸入ᄒ고輸出品은葡萄酒、織物과其他美術的製造品과及機械類러라

○都邑　首府巴里는(세네ㅣ)河兩岸을跨ᄒ야鐵橋、石橋二十三個를架ᄒ야此를連ᄒ고人口는二百四十五萬이니世界의第二大都라市街의美麗홈과宮殿、堂宇等의精美홈이곳開化世界의第一位오其博物館、圖書館의壯大홈은共히世界無雙이라故로歐洲人은此府로써一遊樂塲을作ᄒ고府內는美術工藝、製造業이盛行ᄒ고또諸種會社는巴里로써世界의中心을作ᄒ고佛蘭西政府는巴里의西三里되는(뷩ㅣ사이루)에在ᄒ니此는곳帝國時代의舊宮殿이在훈緣故오　里昻府는巴里의之次되는都邑이오(소온)河中流에在ᄒ니人口는四十二萬이오養蠶地方과連絡ᄒ야絹布製造의盛홈이世界의第一이라各國의生絲가此市塲에集ᄒ고또各國에輸出ᄒ니卽生絲의本市塲이오　地中海의貿易을管領ᄒ고且東洋各地와交通ᄒ는大港은馬耳塞이니里昻灣東岸丘陵에在ᄒ야風景이佳麗ᄒ고人口는四十萬이오地中海의旅客貨物이此港을由ᄒ야歐洲各地에到ᄒ고其南에(투ㅣ론)軍港이有ᄒ니地中海艦隊의定繫塲이오　(볼드ㅣ)府(가론)河口에在ᄒ야葡萄特産의平原地方을控ᄒ니大西洋의貿易港이오人口는二十五萬이오(리ㅣ루)는白國境에近훈毛織、絹布、砂糖의製造市니堅固훈城寨가有ᄒ고　(투루스)는(로아ㅣ)河中流에在ᄒ야有名훈製造地니人口는十五萬이오此市에서河에沿下ᄒ면河口에近훈(난트)府가有ᄒ니造船塲의大훈者가有ᄒ더라

(세ㅣ누)河下流에는(로ㅣ엔)府가有ᄒ고其海口를(하ㅣ빙리)港이라云ᄒ니此兩市는巴里와往來가繁盛ᄒ고(하ㅣ빙리)港은英國과貿易이盛ᄒ며人口는共히十一萬이오　佛國에는人口十萬以上의市府가總히十二處러라

○國民　佛蘭西人은羅甸種에屬ᄒ고他種이甚少ᄒ니此는統一훈人民이라其言語、宗教、風氣、習俗等도一國이同一훈故로國民이다國家的感念이强ᄒ고愛國心이多ᄒ야公共事業에는敢히其身을不顧ᄒ나然ᄒ나輕躁浮薄ᄒ야忍耐力이乏少ᄒ고都人士等은遊興을好ᄒ고奢華를競ᄒ더라

○人口는三千八百二十四萬이니一方哩에百八十人이라人口의增殖이少ᄒ야最近은一年에平均二萬五千을增加ᄒ니此는移住人의多홈과出産이少훈緣故오　宗教는舊敎를奉ᄒ고新敎徒는大約七十萬人이오其他猶太敎徒及無宗敎者가有ᄒ고

敎育은普及지못ᄒᆞ야오직東北部만普及ᄒᆞ고西方에ᄂᆞᆫ敎育이不振ᄒᆞ며又都市及中等以上에ᄂᆞᆫ普及ᄒᆞ나下等民은無敎育者가多ᄒᆞ고中等學校도各地에設立ᄒᆞ얏스나國民敎育及中等敎育은獨逸을不及ᄒᆞ더니近來에ᄂᆞᆫ獨逸을效慕ᄒᆞ고자ᄒᆞ야敎育을獎勵ᄒᆞᄂᆞᆫ風이有ᄒᆞ고專門學校及大學은頗히進步ᄒᆞ야巴里大學、天文臺等이世界에有名ᄒᆞ더라

○政治　現今政體ᄂᆞᆫ共和制라然이나從來로國體와政體가屢屢히變革ᄒᆞᆫ지라即千五百八十九年(宣祖十二年庚辰)으로브터帝政이되야五代間을繼續ᄒᆞ더니千七百九十二年(正宗十六年壬子)으로브터共和政이되고千八百四年(純祖四年甲子)에至ᄒᆞ야ᄂᆞᆫ拿破崙第一世가帝位에登ᄒᆞ야다시帝政으로設ᄒᆞ더니十年後에또共和政이되고拿破崙三世時에또帝政이되더니및普魯西와戰端을開ᄒᆞ다가大敗ᄒᆞ야城下盟을成ᄒᆞ고皇帝位을退ᄒᆞ고千八百七十年(大皇帝七年庚午에)第三回共和政體를建ᄒᆞ야今日ᄭᆞ지至ᄒᆞ더라

立法權은上下兩院으로成ᄒᆞᆫ國會에在ᄒᆞ니上院議員은三百人이라四十歲以上의公民으로九年任期를定ᄒᆞ고三年에ᄒᆞᆫ次式其三分의一을改選ᄒᆞ며其選擧法은複選이니下院議員、州會議員、郡會議員이合ᄒᆞ야選擧ᄒᆞ고　下院議員은四年에一次改選ᄒᆞ고被選權은公權이有ᄒᆞ야二十五歲에達ᄒᆞᆫ者ᄂᆞᆫ候補者가되니其數가五百八十四人이오國會ᄂᆞᆫ法律을制定ᄒᆞ고또大統領或內閣員이過失이有ᄒᆞ면下院이彈劾ᄒᆞ고上院으로ᄡᅥ高等法院을作ᄒᆞ야此를審判케ᄒᆞ더라

行政權은大統領及內閣員에委任ᄒᆞ고大統領은上下兩院에셔選擧ᄒᆞ야其任期ᄂᆞᆫ七年이오大統領은國會의議決을執行ᄒᆞ고下院議員中에셔內閣員을任ᄒᆞ고文武官을任免ᄒᆞ고外國과條約을締ᄒᆞ고上院의贊成을得ᄒᆞ야下院을解散ᄒᆞᄂᆞᆫ權이有ᄒᆞ고別로히參事院이有ᄒᆞ야政府에셔下附ᄒᆞᄂᆞᆫ行政上의問題를討論ᄒᆞ야意見을開陳ᄒᆞᄂᆞᆫ制度러라

地方政治ᄂᆞᆫ全國을八十七州에分ᄒᆞ야政府로셔任命된州長이有ᄒᆞ고其下에各省에셔派遣ᄒᆞᄂᆞᆫ代理者가有ᄒᆞ니州長은州行政의代表者라法律執行을監督ᄒᆞ더라

○軍制　軍制ᄂᆞᆫ全國皆兵의制를採用ᄒᆞ야陸軍은兵役年限이二十五年으로定ᄒᆞ야三年은現役이오六年은豫備오六年은第一後備오十年은第二後備라全國에十八師團을置ᄒᆞ야步兵百四十四聯隊와騎兵七十二聯隊와砲兵十九聯隊와工兵四聯隊와

輜重兵二十大隊가有ᄒ고其屬地(알제리아)、突尼斯(共皆亞弗利加)의兵을合ᄒ면平時常備兵의總數五十九萬八千人과馬十四萬頭가有ᄒ고戰時에ᄂ豫備、後備及其他의諸員을合ᄒ야四百三十五萬人을出ᄒᄂ制度러라

海軍은全國에五個軍港이有ᄒ니英吉利海峽에二港이오(베스케ㅣ)灣에二港이오地中海에一港이오軍艦은總히四百三十六隻이니其中에戰鬪艦이三十三隻(一等艦二十一隻)이오又一萬噸以上되ᄂ大艦七隻이有ᄒ고海兵은約四萬二千人이러라

○沿革時事 佛國은屢屢히世界歷史上의主人이되니即查列曼帝時ᄂ殆히全歐를版圖에入ᄒ고拿破崙一世도亦歐洲를席捲ᄒ며其他學術技藝及軍制等도다萬國의仰慕ᄒ든비러니近世에ᄂ國內에黨派가相爭ᄒ야政體가屢屢히變革ᄒ고또千八百七十年(大皇帝七年庚午)에普魯西와開戰ᄒ야城下盟을成ᄒ고(알사스、로ㅣ렌)兩州를割與ᄒ고五十億法의償金을納ᄒ고其後에ᄂ獨逸의進步를不及ᄒ나오히려舊時의國勢를持續ᄒ야世界第二流에不下ᄒ고戰後의瘡痍도即癒ᄒ야軍備를擴張ᄒ고海外의領地도또ᄒ增加ᄒ며千八百八十四年(大皇帝二十一年甲申)에ᄂ支那와開戰ᄒ야安南을占領ᄒ고千八百九十五年(大皇帝三十二年乙未)에ᄂ亞弗利加의馬大加斯加島를伐ᄒ야保護國을삼고또(다호메ㅣ)國을伐ᄒ야領地를作ᄒ지라現今其領地가如左ᄒ니

亞細亞領地 (一)(佛領)印度 (二)(佛領)安南 (三)東蒲寨 (四)交趾支那

亞弗利加領地 (一)알제리아 (二)(佛領)金剛 (三)黃金海岸 (四)馬島 (五)(佛領)蘇丹 (六)突尼斯 (七)(佛領)亞弗利加諸島 (八)다호메ㅣ

亞米利加領地 (一)규아나 (二)말틔니큐

濠洲領地 (一)뉴ㅣ、카레도니아 (二)소세틔ㅣ島

瑞西共和國

瑞西는山國이라ᄒᆞᄂᆞᆫ意義(漢語)니舊名은(헤ㅣ리)오即歐洲大陸의軸心되ᄂᆞᆫ(알푸ᄉᆞ)山麓에在ᄒᆞ야面積이겨우一萬五千八百九十二方哩(二萬六千六百七十方里)의小國이러라

○位置形勢 位置ᄂᆞᆫ大陸의中心에在ᄒᆞ야其四境에獨、佛、伊、澳諸强國이圍繞ᄒᆞ야海水가無ᄒᆞ고其境界ᄂᆞᆫ歐洲의著名ᄒᆞᆫ高山이此國을擁抱ᄒᆞ야侵略키難ᄒᆞ니此ㅣ곳此國獨立을保全ᄒᆞᆫ一原因이오 山脈의有名ᄒᆞᆫ者ᄂᆞᆫ言ᄒᆞ면伊、佛、澳의境에蟠蜒ᄒᆞᆫ歐洲의第一大山系되ᄂᆞᆫ(알푸ᄉᆞ)山이니其高度가六千尺以上乃至一萬五千尺이라天然의障壁을成ᄒᆞ야通過키難ᄒᆞ거ᄂᆞᆯ昔日에勇將(한니바루)가華兵을率越ᄒᆞ얏다ᄒᆞ야史記에著名ᄒᆞ고佛、伊의境에至ᄒᆞ면最高ᄒᆞᆫ白山(佛領)(모ㅣ샤)、(伊領)及本國에屬ᄒᆞᆫ(셍트고샤ㅣ드)(一萬四千九百二十四尺)等의高山이並히聳立ᄒᆞ고其他一萬尺內外되ᄂᆞᆫ高峯이不少ᄒᆞᆫ故로頂上에恒常白雪을戴ᄒᆞ야長時不消ᄒᆞ고稍히溫暖ᄒᆞᆫ時候가되면積雪이半解ᄒᆞ야山背로滑下ᄒᆞ니此를名ᄒᆞ야曰氷河라平地에降ᄒᆞ야廣大ᄒᆞᆫ地面을埋沒ᄒᆞ고다시成氷ᄒᆞ야氷田이되니此國氷田의總面積은二千五百

方哩라稱ᄒᆞ고　佛、獨의境에亘ᄒᆞᆫ者ᄂᆞᆫ侏羅山脉이니佛境에ᄂᆞᆫ五千六百五十尺乃至五千尺의高頂이有ᄒᆞ고獨境에至ᄒᆞ면稍히其高度ᄅᆞᆯ減ᄒᆞᄂᆞ니라

○以上兩山脈의餘波가國內에充滿ᄒᆞ고山地間에ᄂᆞᆫ處處히山地와並行ᄒᆞᆫ長谿가有ᄒᆞ고氷田의水가蓄積ᄒᆞ야淸冽ᄒᆞᆫ湖水ᄅᆞᆯ作ᄒᆞ니其數가凡二十五湖라其大ᄒᆞᆫ者ᄂᆞᆫ西(佛境)에(제네바)湖가有ᄒᆞ니國中의最大湖오北에(뉴ㅡ차텔)湖가有ᄒᆞ고東北境(獨境)의大湖ᄂᆞᆫ(콘스탄스)湖라云ᄒᆞ니即第二大湖오其西南에ᄂᆞᆫ(쓰ㅡ리치)湖가有ᄒᆞ야此國風景이世界에著名ᄒᆞ고四面에ᄂᆞᆫ白雪이皚皚ᄒᆞᆫ高峯이오其峽間에ᄂᆞᆫ處處에綠水가渶映ᄒᆞ야歐洲의騷客과游人이每夏에探勝ᄒᆞᄂᆞᆫ者ㅣ數百萬이오　河流ᄂᆞᆫ總히泉源的細流니山嶺의雪水ᄅᆞᆯ引導ᄒᆞ야湖水에注ᄒᆞ고、다시漲溢ᄒᆞ야諸大河의源을作ᄒᆞ니萊因河ᄂᆞᆫ(콘스탄스)湖로브터獨逸에下ᄒᆞ고(로온)河ᄂᆞᆫ(제네바)湖로브터出ᄒᆞ야佛蘭西에流ᄒᆞᄂᆞ니라

○氣候　中央緯度ᄂᆞᆫ四十七度니歐洲에서ᄂᆞᆫ南部에在ᄒᆞ나四面에山脉이圍繞ᄒᆞᆫ高臺라故로全히內地性氣候니他國에比ᄒᆞ면寒冷ᄒᆞ고또夏ᄂᆞᆫ意外에暑熱ᄒᆞ고國의中央되ᄂᆞᆫ(베룬)府(高距一千八百九十尺)의冬은零下三度四러라

○生業産物　瑞西ᄂᆞᆫ地形을因ᄒᆞ야農業이不盛ᄒᆞ니耕地ᄂᆞᆫ僅히百分의十五오裸麥과其他農産이皆有ᄒᆞ되國民의糧需가不足ᄒᆞ야年年이外國의小麥과其他諸種을輸入ᄒᆞ고葡萄와其他果實을産出ᄒᆞ고　牧畜은主要되ᄂᆞᆫ生業이니(알프스)山麓에特히盛行ᄒᆞ야牛와山羊이滋多ᄒᆞ야乳類、乾酪을輸出ᄒᆞ고馬ᄂᆞᆫ極少ᄒᆞ며　鑛物은缺乏ᄒᆞ야石炭、鐵、鹽의産出이國의需用을不洽ᄒᆞᄂᆞ니라

此國은如此히天然의富源이乏少ᄒᆞᆫ故로國民이工業으로써立國ᄒᆞᄂᆞᆫ基本을定ᄒᆞ고刻苦勉勵ᄒᆞ야能히今日의盛홈을致ᄒᆞ니其工業의盛行ᄒᆞᄂᆞᆫ것은紡績、機織、時計、寶石等의製造오綿布製造ᄂᆞᆫ英國과競爭ᄒᆞᄂᆞᆫ形勢가有ᄒᆞ고時計細工은世界에有名ᄒᆞ니每年製額이二百萬個오其價額은四千萬圓이러라

○通商貿易　四疆에山岳이圍繞ᄒᆞ야濱海의便과河道의利가無ᄒᆞ니瑞西人의忍耐로此困難을排斥ᄒᆞ고鐵道ᄅᆞᆯ山峽에通ᄒᆞ야能히各地와貿易ᄒᆞ고但海路가無ᄒᆞ야遠國과通商치못ᄒᆞ며輸出品은家畜、乳類、木材及製造物이오輸入品은食物、鐵、石炭等이러라

○人民　住民은各種이나大槪(뢰ㅡ돈)種이오人口ᄂᆞᆫ二百九十九萬이오品性은要

國心이深ᄒᆞ고勇敢節儉ᄒᆞᆫ故로國이富ᄒᆞ며信奉은自由니新舊兩教가併行ᄒᆞ고教育은普及ᄒᆞ야大學四處가有ᄒᆞ고特히時計製造를教授ᄒᆞᄂᆞᆫ技藝學校가有ᄒᆞ더라

○都邑　首府(제네뵈)ᄂᆞᆫ同名湖의西端에在ᄒᆞ니風景이絶佳ᄒᆞ고其南近地ᄂᆞᆫ끗佛境이오時計의輸出이盛ᄒᆞ며此府ᄂᆞᆫ人口가僅히八萬九千에不過ᄒᆞ고特히著名ᄒᆞᆫ事ᄂᆞᆫ戰時에博愛를主張ᄒᆞᄂᆞᆫ有名ᄒᆞᆫ萬國赤十字同盟은英國婦人(나이친겔)嬢이此府에서創設ᄒᆞ얏고(베룬)府ᄂᆞᆫ其首府의之次니人口가五萬이오市街가美麗ᄒᆞ고(쓰ㅣ리치)湖畔의同名市ᄂᆞᆫ文學의地러라

○政治　政體ᄂᆞᆫ立憲共和制니二十二州가同盟聯邦으로其權利를互相保護ᄒᆞ야國의獨立을完全케ᄒᆞ고政治ᄂᆞᆫ自主自由오立法權은國會에在ᄒᆞ고國會ᄂᆞᆫ聯邦議會(上院)瑞西議會(下院)의兩局이니聯邦議會ᄂᆞᆫ每州에서議員二人을出ᄒᆞ고瑞西議會ᄂᆞᆫ人口二萬에對ᄒᆞ야議員一人을出ᄒᆞ며行政은議員中에서撰擧ᄒᆞ야行政官을任ᄒᆞ야聯邦委員會를組織ᄒᆞ니此委員會長은即瑞西大統領이라司法權도亦是聯邦委員會에在ᄒᆞ더라

○沿革時事　此國은元來羅馬領地러니其後에佛、昔、澳等版圖에移屬ᄒᆞ얏더니千三百八年(高麗忠烈王三十四年戊申)에至ᄒᆞ야澳의壓制를憤怒ᄒᆞ야其中一小部가澳의覊絆을脫ᄒᆞ니此ㅣ곳瑞西建國의始初오其後에拿破崙一世의征服이되얏더니一千八百十五年(純祖十五年乙亥)維也納會議에서今의二十二州의獨立을承認ᄒᆞ야瑞西聯邦을建ᄒᆞ니爾來로國民이刻苦自勵ᄒᆞ야漸漸富强ᄒᆞ며또人人이其身으로써國을保護ᄒᆞᄂᆞᆫ故로別로히常備兵의設置가無ᄒᆞ나一朝에有事ᄒᆞ면二十萬餘의陸兵을出ᄒᆞ겟더라

西班牙王國

西班牙는元來(히스파니아)라稱ᄒᆞ니此는此國에兎가多ᄒᆞ다는語意오伊比利半島의大部를占ᄒᆞ니面積은十九萬七千六百七十方哩(六十七萬五千二百二十方里)오人口는一千七百五十七萬이니一方哩에八十八人이러라

○位置 佛蘭西의西南偏으로브터大西洋과地中海間에突出ᄒᆞᆫ半島國이니西邊은葡萄牙國을抱ᄒᆞ고南端은狹阻ᄒᆞᆫ(디부라루타)海峽을因ᄒᆞ야亞弗利加와相對ᄒᆞ야歐洲交際場은稍히隔絶ᄒᆞ고緯度는北緯三十六度乃至四十四度間이러라

○地勢 高峯에屬ᄒᆞ고其西에連亘ᄒᆞᆫ山脉은數派가並行ᄒᆞ니(비스게이)灣邊에는(칸타부리안)山脉이有ᄒᆞ야佛境을成ᄒᆞᆫ(피레니ㅣ스)山脈과連ᄒᆞ고또半島의中央을亘ᄒᆞᆫ(카스틸)山脉이有ᄒᆞ야國을兩分ᄒᆞ야山脉의北은本(카스틸)이라總稱ᄒᆞ고山南은新(카스틸)이라云ᄒᆞ며此山脉이또國中의分水嶺이되고西班牙臺地는少히西方에傾仄ᄒᆞᆫ故로河流가西南流ᄒᆞ는者가多ᄒᆞ니(두ㅣ로)河는分水嶺의北際에서落ᄒᆞ는水를集ᄒᆞ야本(카스틸)에下ᄒᆞ고西流ᄒᆞ야葡萄牙에入ᄒᆞ며 (타구스)河는分水嶺巔에서發ᄒᆞ야西流ᄒᆞ고下流는葡國에入ᄒᆞ며 (과듸아나)河도稍히(타구

ㅅ)河와並流ᄒᆞ고下流는一轉南折ᄒᆞ야葡國에入ᄒᆞ고다시國境이되야地中海에入ᄒᆞ며(과달키빌)은南部의大河라西流ᄒᆞ야地中海에注ᄒᆞ니此河는運輸가크게便宜ᄒᆞ고且流域은氣候가佳良ᄒᆞᆫ地오(에부로)河는北邊山脈에셔發ᄒᆞ야東流ᄒᆞ야地中海에入ᄒᆞ니 西班牙에는以上大河數條가有ᄒᆞ나河中에急灘이多ᄒᆞ야運送의便이少ᄒᆞ더라

○氣候 歐洲中의暖國이니南部의夏季는炎暑ᄒᆞ고低濕地에는熱性病이流行ᄒᆞ니此는亞弗利加에셔來ᄒᆞ는熱風을被홈이오中央臺地는夏季도稍히平和ᄒᆞ나寒暑가懸隔ᄒᆞ고中央馬德里府는海拔이二千百六十尺이오平均溫度는十三度七이오冬은四度三이오夏는二十度八이오雨量은僅히四百七(밀메돌)이라然이나海岸에는處處히多雨ᄒᆞ더라

○生業產物 西班牙는農業國이니國民의(七/八)은農으로生業을作ᄒᆞ나雨量이乏少홈과灌漑가不便홈으로良好ᄒᆞᆫ農耕地가아니로되現今財源은農產을專仰ᄒᆞ니此는國運이隆盛치못ᄒᆞ는一原因이라然이나氣候가溫暖ᄒᆞᆫ故로北部各地에ᄶᅡ지라도諸種農產에適當ᄒᆞ야豐歲에는穀物을輸出ᄒᆞ고南部諸州에는半熱帶의植物을產ᄒᆞ

니玉蜀黍、米는最多產이오又葡萄、林檎、橘類、梨、橄欖、檸檬等이重要ᄒᆞᆫ輸出品이오其中에도葡萄는西部各地의特產이니二千八百萬石乃至三千三百萬石의葡萄酒와夥多ᄒᆞᆫ乾葡萄를輸出ᄒᆞ고橄欖油도亦多額을輸出ᄒᆞ며又木栓(瓶마기木)도輸出品의一이되고畜產은昔日과갓치盛大치못ᄒᆞ나美毛를有ᄒᆞᆫ緜羊이有ᄒᆞ고其次小羊、山羊、馬、豚도不少ᄒᆞ며蠶業은此國의一生業이니生絲를輸出ᄒᆞ더라

○通商貿易 西班牙는其形勢와位置가殆히佛國과同ᄒᆞ야通商貿易이好地를占ᄒᆞ얏고昔時에는航海國으로自任ᄒᆞ야貿易도甚盛ᄒᆞ더니爾來로貿易이漸漸衰ᄒᆞ고또海外의殖民地를失ᄒᆞ야至今은僅히其領地되는西印度島及比律賓間의通商이오外國貿易은英、佛兩國뿐이러라

輸出品의重要ᄒᆞᆫ者는葡萄酒、乾葡萄가第一이오果實類、羊毛、水銀、栓木等이其次오 輸入品은綿、穀物、西印度及(마니라)의煙草와英、佛、獨의石炭、織物、金屬品機械러라

○人民 西班牙人은歐洲南部에蔓延ᄒᆞᆫ羅甸種에屬ᄒᆞ나各種族이互相混合ᄒᆞᆫ故로其氣質、風俗、習慣等도甚히雜駁ᄒᆞ야或은自重着實ᄒᆞ야業務에勤勉ᄒᆞ고或은活潑

輕擧ᄒᆞ야怠惰ᄒᆞᆫ者ㅣ有ᄒᆞ니此ᄂᆞᆫ西班牙團結이鞏固치못ᄒᆞᆫ原因이오또國運이衰退ᄒᆞᆫ所以라然이나性質은一般順良ᄒᆞ고人口도往昔에ᄂᆞᆫ繁殖ᄒᆞ더니苛酷ᄒᆞᆫ政治에不堪ᄒᆞ야一時에大離散ᄒᆞ다가近來에漸次增加ᄒᆞ고學術技藝ᄂᆞᆫ近邦보다甚히低劣ᄒᆞ며風俗은陋習을不免ᄒᆞ고彼鬪牛의技ᄂᆞᆫ國民男女가다熱心으로嗜好ᄒᆞ더라

○宗敎　國民의大部ᄂᆞᆫ舊敎ᄅᆞᆯ信奉ᄒᆞ야敎法改革時에新敎徒數十萬人을虐殺ᄒᆞ니故로他敎ᄂᆞᆫ傳播치못ᄒᆞ고　敎育은近來ᄭᆞ지顧念치아니ᄒᆞ야老人輩ᄂᆞᆫ一丁字ᄅᆞᆯ不解ᄒᆞᄂᆞᆫ者가多ᄒᆞ고最近에奬勵法을採用ᄒᆞ나、아직普及지못ᄒᆞ며貧民等은無敎育ᄒᆞᆫ者ㅣ多ᄒᆞ고中等敎育及大學은他邦을不及ᄒᆞ더라

○都邑　首府ᄂᆞᆫ馬德里오位置ᄂᆞᆫ中央內地高原에在ᄒᆞ니實로文明國首府되기不適ᄒᆞ고形勢와氣候도不宜ᄒᆞ며、다만王城과官衙와鬪牛場等이極히壯大ᄒᆞᆯ뿐이오人口ᄂᆞᆫ四十七萬이니鬪牛技가盛ᄒᆞᆫ府오　地中海의要港되ᄂᆞᆫ(발세로나)ᄂᆞᆫ其形勢가首府보다反勝ᄒᆞ니歐洲交際場과近ᄒᆞ며運輸의便이有ᄒᆞᆫ良港이오人口ᄂᆞᆫ二十七萬이니貿易의主場이오또工業이盛ᄒᆞ고　前港南部海岸에在ᄒᆞᆫ(봐란시아)港도地中海의貿易港이오(人口十七萬)　과달키빌)河下流에(세비라)府(人口十四萬)ᄂᆞᆫ葡萄의輸出所오　(카듸쓰)港은閣龍氏가亞米利加ᄅᆞᆯ發見ᄒᆞᆯ時의發程港으로著名ᄒᆞ더라

○政治及沿革　國體ᄂᆞᆫ立憲王國이니千八百七十六年(大皇帝十三年丙子)에制定ᄒᆞᆫ憲法을奉ᄒᆞ니行政權은內閣에在ᄒᆞ고立法權은上下兩院의國會에在ᄒᆞ나國內黨派의軋轢이頗盛ᄒᆞ야國步가艱難ᄒᆞ고至今은國內가衰頹ᄒᆞ나昔時ᄂᆞᆫ葡萄牙ᄅᆞᆯ合倂ᄒᆞ고伊比利半島全部ᄅᆞᆯ占領ᄒᆞ야國威가頗振ᄒᆞ고特히第十五世紀頃에ᄂᆞᆫ英主가出ᄒᆞ야航海業을奬勵ᄒᆞ야閣龍氏도其贊助로셔亞米利加ᄅᆞᆯ發見ᄒᆞ고其外東方과南方에遠征探檢船을送ᄒᆞ야非常히廣大ᄒᆞᆫ殖民地ᄅᆞᆯ開拓ᄒᆞ더니其後에內政이大亂ᄒᆞ고暴君汚吏가國民을虐制ᄒᆞ야民業이不進ᄒᆞ고國家가衰頹ᄒᆞ며海外의領地ᄂᆞᆫ他新航海國에게見奪ᄒᆞ고或은獨立ᄒᆞ야其大部ᄅᆞᆯ失ᄒᆞ미近今에ᄂᆞᆫ其領地가西印度諸島와比律賓羣島等뿐이오西印度의古巴島도千八百九十五年(大皇帝三十二年丙申)來로反旗ᄅᆞᆯ擧ᄒᆞ야其國의內憂外擾가多ᄒᆞ더라

○英領(디부라루탈)은亞弗利加의(모롯코)國과相對ᄒᆞ야地中海의咽喉ᄅᆞᆯ扼ᄒᆞ니岩壁이一千四百三十尺이라海中에突出ᄒᆞ기三哩가되니實로天險의要地오氣候ᄂᆞᆫ

炎熱ᄒᆞ고飮料水가缺ᄒᆞ나歐洲兵略上의要点이되ᄂᆞᆫ故로千七百四年（肅宗三十年甲申）에英國이此地를得ᄒᆞ야絶壁上에砲臺를築ᄒᆞ고屯兵을置ᄒᆞ야不虞에備ᄒᆞ더라

○獨立（안도라）國은（피레니ー스）山中佛國地境에介立ᄒᆞᆫ一小國이더라

葡萄牙王國

葡萄牙ᄂᆞᆫ元來西班牙와共히（이베리아）라稱ᄒᆞ더니今名은即此地에在ᄒᆞᆫ（포르토）及겔二都會의名을合ᄒᆞ야（포르토겔）이라稱ᄒᆞᆫ者를訛傳ᄒᆞᆷ이오 其位置ᄂᆞᆫ歐洲最西端에位ᄒᆞ야東으로브터北은西班牙가擁抱ᄒᆞ고西ᄂᆞᆫ太西洋에面ᄒᆞ야遙遙히北米大陸과對ᄒᆞ고 面積은僅히三萬四千三十八方哩（五萬七千百五十方里）러라

○地勢 地勢ᄂᆞᆫ西班牙臺地가太西洋에傾斜ᄒᆞᆫ處에位ᄒᆞ야一般으로高臺에屬ᄒᆞ고風景이秀美ᄒᆞ며南部河域에ᄂᆞᆫ廣闊ᄒᆞᆫ平原이有ᄒᆞ고 地形이如此ᄒᆞᆫ故로河系ᄂᆞᆫ다西班牙에셔來ᄒᆞ야其下流가廣闊ᄒᆞ야交通、運輸가便宜ᄒᆞ고（타구스）河의海口ᄂᆞᆫ廣이十數哩라百二三十哩間은滊船을通ᄒᆞ고首府도此河口에建ᄒᆞ고 （두ー로ー）河도西班牙國境ᄭᆞ지行船ᄒᆞ고流域은有名ᄒᆞᆫ葡萄産地오 （과듸아나）河ᄂᆞᆫ南流ᄒᆞ고河域은廣闊ᄒᆞᆫ農産地러라

○氣候及産物 太西洋에面ᄒᆞ야洋流의感化를受ᄒᆞᄂᆞᆫ故로氣候가和順ᄒᆞ야到處에葡萄를産ᄒᆞ니此ᄂᆞᆫ第一國産이오其葡萄酒ᄂᆞᆫ世界最良品이라年年히二百三十萬石을釀造ᄒᆞ고特히（두ー로ー）河畔은葡萄産이最多ᄒᆞᆫ地오 其他ᄂᆞᆫ橙、橄欖、桃核

等의果實을産出ᄒᆞ더라
土地ᄂᆞᆫ頗히豐饒ᄒᆞ나農耕法이拙劣ᄒᆞᆫ故로農産物이不足ᄒᆞ야他國의輸入을仰ᄒᆞ며牧畜은稍히盛行ᄒᆞ야山羊、豕、羊이多ᄒᆞ며 鑛物은多ᄒᆞ나採堀이不盛ᄒᆞ고다만輸出의多ᄒᆞᆫ者ᄂᆞᆫ食塩이오製造業은發達치못ᄒᆞ고製造品의重要ᄒᆞᆫ物은麻布、綿布、毛織、煙草、陶器等이러라

○通商貿易 通商은近來交通의開進과共히進步ᄒᆞ고또外國間貿易은隣國外에ᄂᆞᆫ總히海路ᄅᆞᆯ由ᄒᆞ고其位置가地中海와太西洋及北海ᄅᆞᆯ連絡ᄒᆞᆫ故로里斯本府ᄂᆞᆫ曾往에歐洲商權을掌握ᄒᆞ야世界貿易의中心이라稱ᄒᆞ더니至今은商權이他國에移ᄒᆞ고現今貿易은英國間에最히盛行ᄒᆞ고佛、西兩國及殖民地間이其次오其市場은里斯本及(오폴토)니葡萄酒、果實、鹽이重要ᄒᆞᆫ輸出品이오英、佛의製造品及綿、石炭、金屬、食品等을輸入ᄒᆞ더라

○都邑 首府里斯本은(타구스)河의海口北岸에建ᄒᆞ니人口가二十五萬이오此府ᄂᆞᆫ昔時에歐洲의屈指ᄒᆞ든大都會러니國運과共히衰退ᄒᆞ고또千七百五十五年(英祖三十一年乙亥)에地震을因ᄒᆞ야人家ᄂᆞᆫ太半이나壞頽ᄒᆞ고三萬人命이殞歿ᄒᆞ며至今은오쟉有命ᄒᆞᆫ白蠟石의王宮이有ᄒᆞ고此地ᄂᆞᆫ또貿易의主場이오(오폴토)ᄂᆞᆫ(두ㅣ로ㅣ)河畔에在ᄒᆞᆫ舊都니葡萄의輸出이盛ᄒᆞᆫ市場이오人口ᄂᆞᆫ十一萬이러라

○人民 全國人口ᄂᆞᆫ四百七十萬이오其人種은西班牙와同히雜種이오其性質도또ᄒᆞᆫ相似ᄒᆞ나兩國이互相疾視ᄒᆞ며 宗敎ᄂᆞᆫ舊敎ᄅᆞᆯ奉ᄒᆞᄂᆞᆫ者가多ᄒᆞ고敎育의程度ᄂᆞᆫ頗低ᄒᆞ더라

○政治及沿革 千八百二十六年(純祖二十六年丙戌)에發布ᄒᆞᆫ憲法을因ᄒᆞ야立憲王國이되고國會ᄂᆞᆫ勅撰議員으로成ᄒᆞᆫ上院과民撰議員으로成ᄒᆞᆫ下院의兩院이라此國이往昔에ᄂᆞᆫ甚히盛大ᄒᆞ야航海國으로自處ᄒᆞ야世界各地ᄅᆞᆯ周航ᄒᆞ야千四百九十八年(燕山君四年戊午)에ᄂᆞᆫ此國遠征家(봐수고、도、가마)氏ᄂᆞᆫ亞弗利加喜望峰을廻ᄒᆞ야東洋間直航路ᄅᆞᆯ發見ᄒᆞ야世上에大效ᄅᆞᆯ奏ᄒᆞ더니如此히四百年을航海ᄒᆞᆫ故로海外에殖民地가頗廣ᄒᆞ야南米(부라씰)亞弗利加、東印度等에屬地가有ᄒᆞ더니至今은其領地ᄅᆞᆯ多失ᄒᆞ야(부라씨ㄹ)갓ᄒᆞᆫ廣大ᄒᆞᆫ屬國도近年에反旗ᄅᆞᆯ擧ᄒᆞ야獨立共和國을建ᄒᆞ고至今은亞弗利加沿岸及太西洋中에(아 소루)島(마듸ㅣ라)와印度의(고아)等뿐이러라

伊太利王國

伊太利ᄂᆞᆫ元來(헤루리아)라稱ᄒᆞ고또久히羅馬라稱ᄒᆞ더니今名은(이타라스)라稱ᄒᆞᄂᆞᆫ明君의名을因ᄒᆞ야起ᄒᆞᆷ이오現王國은비록近來에建設ᄒᆞ얏스나、임의歐洲强國이되얏고面積은十一萬四千四百十方哩(十九萬二百方里)러라

○位置　位置ᄂᆞᆫ歐洲南部로브터斜ᄒᆞ게地中海에突出ᄒᆞ기二百八十六哩라其南端이開闊ᄒᆞ야少히長靴狀을成ᄒᆞ니此半島의幅이廣ᄒᆞᆫ處ᄂᆞᆫ四十哩오大陸部ᄂᆞᆫ幅이百四十哩라곳澳、瑞、(瑞西)佛三國과相接ᄒᆞ고其地境에ᄂᆞᆫ高山이聳立ᄒᆞ야大陸의交際場과劃限ᄒᆞᆫ模樣이有ᄒᆞ나半島가地中海中央에橫亘ᄒᆞ야東西通航의要處를占ᄒᆞ야地位가優勝ᄒᆞᆫ故로古來로甚히發達ᄒᆞ얏더라

○地勢　地形의最著ᄒᆞᆫ者ᄂᆞᆫ(알푸스)의支脈이佛境으로브터半島의中央을亙ᄒᆞ야其脊骨을作ᄒᆞ니此ᄂᆞᆫ곳(아페닌)山系라中部가最高ᄒᆞ야九千八百十尺의高峯이有ᄒᆞ고中央山脈은南端에至ᄒᆞ야兩分ᄒᆞ야南에趨ᄒᆞᆫ者ᄂᆞᆫ(카라부리아)岬角이되야低陷ᄒᆞ야(멧시나)海峽이되고再起ᄒᆞ야(시시리)島가되고　此山脈의兩際에ᄂᆞᆫ地味가肥沃ᄒᆞᆫ平野가有ᄒᆞ니西際의(투시카니ㅣ)及羅馬의兩平野ᄂᆞᆫ頗廣ᄒᆞ야羅馬의

(라이바ㅣ)河畔은古來로有名ᄒᆞᆫ繁盛塲이오 또(투스카니ㅣ)平野의(아ㅣ노)河畔도亦有名ᄒᆞᆫ處오 大陸部ᄂᆞᆫ大槪平地니此ᄅᆞᆯ(롬바ㅣ듸ㅣ)平地라稱ᄒᆞ고坡河가其中央을貫流ᄒᆞ니坡河ᄂᆞᆫ(알푸스)山脈의雪水ᄅᆞᆯ集ᄒᆞ야源을作ᄒᆞ고其漾流가全野에相會ᄒᆞ야巨流가되야東流ᄒᆞ야(아듸리아틔크)海에注ᄒᆞ니故로此流域에셔産出ᄒᆞᄂᆞᆫ農産物이甚多ᄒᆞ고運輸의便利도有ᄒᆞ더라

(아페닌)山脈은火山及地震이多ᄒᆞ야古來브터大害ᄅᆞᆯ作ᄒᆞ니 火山의著名ᄒᆞᆫ者ᄂᆞᆫ(네ㅣ푸루스)灣에臨ᄒᆞᆫ(뷩스뷩우스)大火山이라此山은地學上에往往히火山의標本을作ᄒᆞ니海拔이三千九百尺이오古來로激烈ᄒᆞᆫ噴裂을作ᄒᆞ야屢屢히山容을變幻ᄒᆞ고且其噴出ᄒᆞᄂᆞᆫ時에ᄂᆞᆫ熔岩을流ᄒᆞ고土灰ᄅᆞᆯ降下ᄒᆞ며特히(폼페이、헤쿠라님)이라云ᄒᆞᄂᆞᆫ古昔의兩市街ᄅᆞᆯ埋沒ᄒᆞ야其痕跡도無ᄒᆞ더니近世에此ᄅᆞᆯ發掘ᄒᆞ야考古學의材料가되얏고 (시시리)島東岸에立ᄒᆞ야古昔에地中海의燈明臺라稱ᄒᆞᆫ(에트나)火山은一万八百七十四尺이니往往히大噴出이有ᄒᆞ고山麓은火山灰ᄅᆞᆯ因ᄒᆞ야肥沃ᄒᆞ니著名ᄒᆞᆫ葡萄産地오 (시시리)島의北에利波里羣島가有ᄒᆞ니其(스트롬보리)ᄂᆞᆫ全島가火山이라發動이甚劇ᄒᆞ고 地震은(가라부리ㅣ)의烈震이有名ᄒᆞ더라

近海中에數島(시시리島外)가有ᄒᆞ미其大ᄒᆞᆫ者ᄂᆞᆫ(살되니아)니現王國基業의島오次ᄂᆞᆫ(코루서카)니只今佛領이오南海中의(말타)ᄂᆞᆫ英領이러라

○氣候 (롬바ㅣ듸ㅣ)平野ᄂᆞᆫ寒暑가極히不順ᄒᆞ니冬季ᄂᆞᆫ零度內外의平均이오夏季에至ᄒᆞ면二十五度一의平均이오全年平均은十二度八이라然이나此平野ᄂᆞᆫ天氣晴朗ᄒᆞᆫ日이極多ᄒᆞ야穀菜의生産을不害ᄒᆞ고 半島部의氣候ᄂᆞᆫ平和ᄒᆞ야歐洲中에最히爽快ᄒᆞᆫ氣候라羅馬部의平均은十五度五오冬은七度三이오夏ᄂᆞᆫ二十五度오但其南端은夏季의炎熱이頗强ᄒᆞ니此ᄂᆞᆫ亞弗利加로브터地中海ᄅᆞᆯ渡來ᄒᆞᄂᆞᆫ(시롯코)라稱ᄒᆞᄂᆞᆫ熱風을受홈이오 伊太利ᄂᆞᆫ四季가共히晴朗ᄒᆞᆫ日이多ᄒᆞ니此ᄂᆞᆫ歐洲에稀異ᄒᆞᆫ事러라

○生業産物 氣候가溫暖ᄒᆞ고土地가豐饒ᄒᆞᆫ故로農産이多ᄒᆞ니卽國民의重要ᄒᆞᆫ生業이라住民의($\frac{7}{10}$)弱(八百萬人)은農民이오産品은麥類、米、玉蜀黍가主要ᄒᆞᆫ者라然이나其産額은國民을養ᄒᆞ기에不足ᄒᆞ고 暖地에ᄂᆞᆫ烟草、綿、亞麻ᄅᆞᆯ産ᄒᆞ고最히有利ᄒᆞ며또最히海外에輸出ᄒᆞᄂᆞᆫ것은果實類라各田圃間에橄欖、葡萄、橘類로써

纔ᄒᆞ고其産額이甚多ᄒᆞ야油及酒를製ᄒᆞ며桑은到處에培栽ᄒᆞ야養蠶業이盛ᄒᆞᆫ디有名ᄒᆞᆫ生絲를歐洲各地에發送ᄒᆞ고 牧畜도行ᄒᆞ나他歐洲諸國을不及ᄒᆞ더라

鑛物은頗히豐饒ᄒᆞ니硫黃、大理石、鹽、鐵이主要가되고硫黃은火山各地에産出ᄒᆞ나特히(시시리)島가第一이오大理石은各地에純良ᄒᆞᆫ品을産出ᄒᆞ니即古來브터此國彫刻의技를進步케ᄒᆞᆫ原料가되고鹽、鐵은多額을輸出ᄒᆞ고石炭은甚히缺乏ᄒᆞ더라

製造業은昔日의旺盛을不及ᄒᆞ나絹織、製絨及美術品의工業等은只今도오히려著名ᄒᆞ니即絹布ᄂᆞᆫ歐洲의第一이라然이나近來에ᄂᆞᆫ漸漸衰微ᄒᆞ고其他香水、石鹼、(飛附)藥品을産出ᄒᆞ나石炭이缺乏ᄒᆞᆫ故로大工業을起ᄒᆞᆷ에不適ᄒᆞ더라

○交通貿易 伊太利ᄂᆞᆫ半島國이니其海岸線의延長은二千七百五十哩오數多ᄒᆞᆫ良港이有ᄒᆞ야各處에貿易을經營ᄒᆞ며 且其位置가地中海通航의要路를當ᄒᆞ야歐羅巴、亞細亞及亞弗利加三大洲를連絡ᄒᆞᆫ中間에在ᄒᆞᆫ故로國民은海上貿易國됨을務ᄒᆞ고 又其北境은大山系가隔鎖ᄒᆞ얏스나此山脈을穿ᄒᆞ야六條의鐵道를通ᄒᆞ니即二條ᄂᆞᆫ澳國에通ᄒᆞ고一條ᄂᆞᆫ瑞西에通ᄒᆞ고二條ᄂᆞᆫ佛國에通ᄒᆞ야陸上貿易을便利케ᄒᆞ고 輸出의重要ᄒᆞᆫ物은生絲가第一이오次ᄂᆞᆫ果實、木油、硫黃、米、大理石細工이오輸入品은紡績絲와其他製造品이主要가되고貿易이最盛ᄒᆞ기ᄂᆞᆫ佛、英과澳、獨、瑞西、米、露러라

○都邑 古來로發達ᄒᆞᆫ國인故로都邑이多ᄒᆞ니此等都邑은昔時에文華를開케ᄒᆞᆫ遺蹟이歷歷히存ᄒᆞ고首府羅馬ᄂᆞᆫ羅馬沃野의中央(티이바ㅡ)河畔에建ᄒᆞ니人口가四十五萬이오此府ᄂᆞᆫ羅馬法王의靈蹟地니有名ᄒᆞᆫ法王의宮殿과聖彼得의大寺院과其他古蹟이多ᄒᆞ야歐洲의神聖府라稱ᄒᆞ며 (비ㅡ푸루스)府ᄂᆞᆫ同名의灣에臨ᄒᆞ야(뷔스뷔아스)火山麓에在ᄒᆞᆫ美景府니人口가五十二萬이오市街의繁榮ᄒᆞᆷ이國內에第一이오 (미란)府ᄂᆞᆫ坡河流域의大都니人口가四十三万이오市街가美麗ᄒᆞᆷ으로써小巴里의名이有ᄒᆞ고 其西에(투린)府가有ᄒᆞ니佛國과通ᄒᆞᆫ鐵路線路에當ᄒᆞ야(세니ㅡ)의隧道와相距가不遠ᄒᆞ고人口ᄂᆞᆫ三十四萬이오 〔시시리〕島中에(파레루모)府가有ᄒᆞ니人口二十八萬이有ᄒᆞᆫ繁盛ᄒᆞᆫ貿易港이오 (졔노아)港은同名灣頭에在ᄒᆞᆫ有名ᄒᆞᆫ商港이니堅固ᄒᆞᆫ砲臺가有ᄒᆞ고또貿易이繁盛ᄒᆞ며또閣龍氏出生地로有名ᄒᆞ고人口ᄂᆞᆫ二十二萬이오 (후로렌스)府ᄂᆞᆫ近來ᄭᅡ지首府되얏든處니人口

는二十萬이오 (부ㅡ에니스)港은(야뢰리아뢰크)海頭羣島中에在ᄒᆞ야往昔에歐洲第一의繁盛地니世界貿易의中心을占ᄒᆞ고至今도屈指ᄒᆞᄂᆞᆫ貿易港이러라

○人民 國民의多數ᄂᆞᆫ羅甸人의後裔니各地에서侵入ᄒᆞᆫ人種이互相混合ᄒᆞ야今日에ᄂᆞᆫ一種의伊太利人을成ᄒᆞ니人口ᄂᆞᆫ三千七十二萬이오國民이一般으로美術思想이多ᄒᆞ니曾往에彫刻、繪畵、建築、音樂等이大進ᄒᆞ야後世의模範을開ᄒᆞ니實用의學術은一步를讓ᄒᆞ고近來ᄂᆞᆫ國民敎育을奬勵ᄒᆞ며大學도二十處가되더라

此國은羅馬敎의根本地라昔時에歐洲를雄視ᄒᆞ고또各國帝王의上에在ᄒᆞ든法王이此處에住ᄒᆞᆫ지라故로羅馬敎ᄂᆞᆫ其勢가政治、風俗ᄭᆞ지管理ᄒᆞ더니至今은其勢力이減ᄒᆞ얏스나現今法王(레오)第十三世ᄭᆞ지合二百六十二代를繼續ᄒᆞ얏고 國民은舊敎를信奉ᄒᆞ야비록宗敎의自由를認可ᄒᆞ얏스나他敎를奉ᄒᆞᄂᆞᆫ者ㅣ오직僅少ᄒᆞᆫ新敎徒及猶太敎徒ᄲᅮᆫ이러라

○政治 千八百四十八年(憲宗十四年戊申)에憲法을制定ᄒᆞ야立憲王國을定ᄒᆞ니行政權은國王이內閣으로ᄒᆞ야곰執行케ᄒᆞ고立法權은上下兩院의國會에委任ᄒᆞ니上院議員은王族及勅撰議員으로ᄡᅥ組織ᄒᆞ고下院은公撰議員五百八人이오 地方은十六에區設ᄒᆞ고各區에知事가有ᄒᆞ더라

軍制ᄂᆞᆫ全國이兵으로基礎를作ᄒᆞ야陸軍은每年에滿二十歲의壯丁凡二十萬中에서八萬을撰拔ᄒᆞ야常備役에就케ᄒᆞ고其餘ᄂᆞᆫ第一種及第二種兵에編入ᄒᆞ며常備諸兵의編制ᄂᆞᆫ步兵百八聯隊、騎兵四十四聯隊、砲兵二十四聯隊、工兵四聯隊오現役兵約二十八萬外에歸休兵이六十二萬이오戰時ᄂᆞᆫ第三種及民兵을加ᄒᆞ야總兵員이凡二百九十九萬이오 海軍은國의形勢를因ᄒᆞ야近來에軍艦의數를增加ᄒᆞ야至今二百二十四艘가有ᄒᆞ니其中에戰鬪艦이十二艘오一萬噸以上의大艦이十艘라此를(비ㅡ쑤루스、쿠뢰너스)及(스페씨아)(게노아의東南位)三軍港에駐在케ᄒᆞ고海兵은約七萬이러라

○沿革時事 羅馬帝國은久히世界를雄視ᄒᆞ더니帝國破滅과共히許多ᄒᆞᆫ小邦에分裂ᄒᆞ야其後에佛、獨、澳等領地에歸ᄒᆞ고一千八百六十二年(哲宗十三年壬戌)에至ᄒᆞ야ᄂᆞᆫ(사루듸니아)王이起ᄒᆞ야諸小邦을統一ᄒᆞ야、비로소伊太利王國을建ᄒᆞ니然이나此時ᄭᆞ지ᄂᆞᆫ、오히려澳國의所領과法王의領地等이有ᄒᆞ더니千八百七十一年(大皇帝九年壬申)에至ᄒᆞ야全히統合ᄒᆞ고爾來로明君、賢相이繼出ᄒᆞ야政治가

發達ᄒᆞ야駸駸히進步ᄒᆞ야歐洲强國이된지라近時에海陸軍을크게擴張ᄒᆞ얏스나急히國資ᄅᆞᆯ軍費에充ᄒᆞᆫ故로財政에頗히困難ᄒᆞ고또近來에阿比西亞와開戰ᄒᆞ더니連戰連敗ᄒᆞ야五萬兵을陷沒ᄒᆞ니自此로其名譽가大損ᄒᆞ더라

○산、마리노共和國　此小獨立國은伊國의東北部(아드리아티크)海岸에近ᄒᆞ야四面이伊國版圖로圍繞ᄒᆞ니此國은(사루듸니아)王이統一ᄒᆞᆯ時에依然히獨立을承認ᄒᆞ고面積은僅히四十四方哩오人口ᄂᆞᆫ八千二百이오首府ᄅᆞᆯ(마리노)라云ᄒᆞ고二名의司政者가有ᄒᆞ야國政을行ᄒᆞ고또六十名의公撰議員이有ᄒᆞ더라

○모나코共和國　此國은世界最小의獨立國이라地位ᄂᆞᆫ佛國境에在ᄒᆞ고幅員은僅히八方哩半이오人口ᄂᆞᆫ一萬三千餘라此國은維也納會議에셔伊國保護下에置ᄒᆞ야常備兵이無ᄒᆞ고다만巡査數十名이有ᄒᆞᆯᄲᅮᆫ이러라

希臘王國

希臘은歐洲의祖國이라政學과文物이彬彬赫赫ᄒᆞ야歐洲野蠻의闇黑을照明케ᄒᆞ더니今에ᄂᆞᆫ其遺迹이다만昔日의繁盛ᄒᆞᆷ을徵케ᄒᆞᆯᄲᅮᆫ이러라

○位置　希臘半島ᄂᆞᆫ巴幹半島보다더욱地中海에突出ᄒᆞ니東은多島海오西ᄂᆞᆫ(아이오니안)海라地中海交通의要處ᄅᆞᆯ占ᄒᆞ고大陸의紛爭을避ᄒᆞ야歐洲最南端에位ᄒᆞ니面積은二萬五千四十一萬方哩(四萬三千七百二十方里)에不過ᄒᆞ고中央緯度ᄂᆞᆫ三十八度러라

○地勢　此半島ᄂᆞᆫ岬灣의出入과島嶼의多ᄒᆞᆷ이殆히比類ᄒᆞᆯ者가無ᄒᆞ고海岸線이甚히延長ᄒᆞ니此卽海岸線의長短은國의文野ᄅᆞᆯ分辨ᄒᆞᆯ好標本이오此半島ᄂᆞᆫ中央部에海灣이左右로深入ᄒᆞᆫ故로西北二部에分ᄒᆞ고僅히(코린스)의一地頸이有ᄒᆞ야兩部ᄅᆞᆯ連ᄒᆞ니西希臘은恰然히桑葉狀과如ᄒᆞ미此ᄅᆞᆯ(모레아)(桑葉之義)라云ᄒᆞ니往昔에(페로폰네사스)의地오北希臘은(헤렌스)라稱ᄒᆞ니其北邊은古昔、(테스사리ㅣ)의地라中央에셔西으로深히灣入ᄒᆞᆫ者ᄅᆞᆯ(코린스)灣이라稱ᄒᆞ고東으로灣入ᄒᆞᆫ者ᄂᆞᆫ(이지나)灣이라稱ᄒᆞ며半島의地骼될山脈은土耳其로브터連亘ᄒᆞ야來ᄒᆞᆫ賓達山脈

이라此脈은半島의脊梁이되야甚高치아니ᄒᆞ나北境에ᄂᆞᆫ八千二百四十尺의峯이有ᄒᆞ고　賓達山脈이海中에起伏ᄒᆞᆫ者ᄂᆞᆫ無數ᄒᆞᆫ島嶼가되얏스니其最大ᄒᆞᆫ者ᄂᆞᆫ（네구로폰트）島라其狀이恰然히蠶의桑을食ᄒᆞᆷ과如ᄒᆞ고其長徑은四十餘里오東南海에在ᄒᆞ야所謂多島海를成ᄒᆞᆫ羣島ᄂᆞᆫ（시쿠라데스）라總稱ᄒᆞ고島羣中의（파로스）島가最히著名ᄒᆞ고（아이오니안）海中에도（코ᅳ푸）島（싼테）島로始ᄒᆞ야數個의島가有ᄒᆞ니此를（아이오니안）羣島라稱ᄒᆞ고（싼테）島ᄂᆞᆫ千八百九十三年（大皇帝三十年癸巳）春에二回의烈震이有ᄒᆞ야全島의家屋이破壞ᄒᆞ얏더라

○氣候及生産　此國은海國인故로恒常海風의調化를因ᄒᆞ야頗히温和ᄒᆞ니此ᄂᆞᆫ古昔의發達ᄒᆞᆫ一原因이라夏季ᄂᆞᆫ雨가少ᄒᆞ나秋冬은屢屢히驟雨가有ᄒᆞ고地味ᄂᆞᆫ諸河域은甚히肥沃ᄒᆞ야農産이多ᄒᆞ니麥、煙艸、綿及各種의果實이多ᄒᆞ고無花果、橘類等은著名ᄒᆞᆫ産品이오牧畜은十分發達치못ᄒᆞ나羊及馬ᄂᆞᆫ主要ᄒᆞᆫ産品이오養蠶、養蜂은普行ᄒᆞ고鑛物은豐饒ᄒᆞ나採堀이盛치못ᄒᆞ고美麗ᄒᆞᆫ大理石은古來로美術을進步케ᄒᆞᆫ原料오또羣島에셔ᄂᆞᆫ硫黃을産ᄒᆞ고　工業은古時의發達과不似ᄒᆞ야至今은甚히衰微ᄒᆞ니此ᄂᆞᆫ久히土國虐政下에在ᄒᆞ야諸般民業을妨害ᄒᆞᆫ緣故오獨立以來로

少히再興ᄒᆞ얏스나文明的物品은大槪英、佛、澳等에仰ᄒᆞ고다만雅典과其他에紡績、織物、陶磁、皮革의製造가行ᄒᆞᆯ뿐이오　商業은自故로希臘人이海國됨을因ᄒᆞ야海運을擅擬ᄒᆞ야立國ᄒᆞ고各國間에貿易을經營ᄒᆞ야英、澳、佛、土、露、伊諸國의게利를收ᄒᆞ더라

○都邑　雅典은此國首府니（이지나）灣에臨ᄒᆞ야人口가十一萬이오古來로（앗티카）의都邑이니有名ᄒᆞᆫ古蹟이甚多ᄒᆞ고往昔（라코니아）의都邑되얏든（스파ᅳ타）와競爭ᄒᆞ야歐洲現今開明의基源된地오其他往昔의著名ᄒᆞᆫ舊都가多ᄒᆞ나至今은總히寥寥ᄒᆞ더라

○人民　人種은上古의（헬렌스）의後裔니所謂羅甸種의本源이라一般으로快活ᄒᆞ야華麗를崇尙ᄒᆞ고自古로國民이文藻를好ᄒᆞ야有名ᄒᆞᆫ文學者、詩人、技藝家等이輩出ᄒᆞ야其歷史를修飾ᄒᆞᆫ지라然이나近世의科學은其長處가아니오또久히土耳其의壓制를受ᄒᆞ야萎靡衰退ᄒᆞ야希臘人의名이至今은殆히世上에셔忘ᄒᆞᆷ에至ᄒᆞ고人口ᄂᆞᆫ二百二十萬이오宗敎ᄂᆞᆫ希臘敎를奉ᄒᆞᄂᆞᆫ者ㅣ殆히二百萬人을占ᄒᆞ고其他ᄂᆞᆫ羅馬舊敎及回敎를奉ᄒᆞ며敎育은獨立以來로漸漸進步ᄒᆞ나西北歐洲와比較치못ᄒᆞ더라

○政體時事 政體ᄂᆞᆫ君民同治의立憲制니千八百六十四年(大皇帝元年甲子)에發布ᄒᆞᆫ憲法을遵ᄒᆞ고現王(게오르기오스)一世ᄂᆞᆫ獨立以來第二代의王이니露、丁兩國은姻戚上關係가有ᄒᆞ고 此國은旣往二千餘年前에發達ᄒᆞ야極히强盛ᄒᆞ고文學技藝의進步ᄒᆞᆫ事ᄂᆞᆫ古史에著名ᄒᆞ며羅馬의勃興에際ᄒᆞ야其版圖에歸ᄒᆞ고또(오토만)帝國이起ᄒᆞᆫ後其所領이되야久히虐政을受ᄒᆞ더니今世紀에至ᄒᆞ야國民이獨立을企圖ᄒᆞ야英、佛、露의應援으로土國海軍을(나파리아)一戰에大破ᄒᆞ고獨立ᄒᆞ니即千八百三十二年(純祖三十二年壬辰)의事라然이나國勢가不振ᄒᆞ고海陸軍은常置ᄒᆞ나此히微弱ᄒᆞ며民業이衰ᄒᆞ고道路가不修ᄒᆞ야諸事가昔日盛景과大異ᄒᆞ더라

中等萬國地誌卷二 終

中等 萬國地志 二

中等 萬國地誌卷三目次

中等萬國地誌卷三

朱榮煥 盧載淵 同譯
玄采 校

亞弗利加洲總論

世人이亞弗利加를言ᄒᆞ면다野蠻未開라稱ᄒᆞᄂᆞ니此ᄂᆞᆫ六大洲中、人事가發達치아니ᄒᆞᆫ大陸이라故로闇黑亞弗利加、最闇黑大陸等의名稱이有ᄒᆞᄂᆞ니此ᄂᆞᆫ本洲地理的形勢가使然케홈이러라

○位置 東大陸의西南에位ᄒᆞ니歐羅巴洲와ᄂᆞᆫ地中海를隔ᄒᆞ야其南에橫ᄒᆞ고歐洲의伊比利와伊太利의希臘諸半島와ᄂᆞᆫ僅히一葦水를隔ᄒᆞ얏스며 亞細亞洲의亞剌比亞와ᄂᆞᆫ狹小ᄒᆞᆫ紅海를隔ᄒᆞ야其西南에突出ᄒᆞ고蘇士地頸은向者에亞細亞와陸地가連續ᄒᆞ얏더라

其緯度ᄂᆞᆫ北緯三十七度二十分되ᄂᆞᆫ(뽄)岬이最北端이오最南端은南緯三十四度五十分되ᄂᆞᆫ(아군하쓰)岬이오赤道線은져의洲의中央을橫貫ᄒᆞ얏더라

○幅員　南北의直經은五千一百哩오東西의幅은廣ᄒᆞᆫ處가凡四千五百哩에達ᄒᆞ며面積은一千百五十一萬八千百四方哩(千九百三十三萬方里)니歐洲의三倍오亞細亞洲의三分二餘러라

○沿海　亞弗利加ᄂᆞᆫ東은印度洋을控ᄒᆞ고西ᄂᆞᆫ太西洋이오其北은地中海오南은卽南太西洋이니本洲ᄂᆞᆫ如此히海洋이四面에圍繞ᄒᆞ나其地形이大塊ᄅᆞᆯ成ᄒᆞ야港灣의出入이少ᄒᆞᆫ故로海岸線이甚短ᄒᆞ야其延長이凡一萬二千九百哩에不過ᄒᆞ니面積과比較ᄒᆞ면八百九十五方哩에곳一哩의海岸線이有ᄒᆞ야六大洲中에海岸線이最短ᄒᆞ고、또다만歐洲에比ᄒᆞ면六分一에不過ᄒᆞᆫ지라今에其重要ᄒᆞᆫ港灣을擧ᄒᆞ면地中海岸에ᄂᆞᆫ中央에一個灣入이有ᄒᆞ니(사이드라、가베ㅣ쓰)兩灣에分ᄒᆞ야其西에突尼斯半島가有ᄒᆞ고其端은卽(본)岬이오　太西洋沿岸은幾內亞大灣外에ᄂᆞᆫ別로히岬灣이無ᄒᆞ고南進ᄒᆞᄂᆞᆫ되로次第로尖形을成ᄒᆞ다가西南海에至ᄒᆞ야ᄂᆞᆫ(아굴하ㅣ쓰)岬이되고其西에突出ᄒᆞᆫ一岬은世界에有名ᄒᆞᆫ喜望岬이오　印度洋沿岸도著名ᄒᆞᆫ岬灣이無ᄒᆞ고大陸의東에在ᄒᆞᆫ大島ᄂᆞᆫ馬太加斯加島(又曰馬島)오其間은(모삼빅큐)海峽이오亞剌比亞의南에突出ᄒᆞᆫ一角은(소말니)海角이니此로써亞丁灣을抱ᄒᆞ며其北의海峽은卽紅海니蘇士運河ᄅᆞᆯ直因ᄒᆞ야地中海에出ᄒᆞ더라

○地勢　亞弗利加의地勢ᄂᆞᆫ爲先其地質을言ᄒᆞ면北半及南半의兩大部ᄅᆞᆯ互相接合ᄒᆞ니其接合線은幾內亞灣으로브터直히亞丁灣ᄭᆞ지橫截ᄒᆞᄂᆞᆫ一直線으로브터兩分ᄒᆞ면稍히東西가長ᄒᆞᆫ北半部와稍히南北에延ᄒᆞᆫ南半部가될지라其北半部의地質은第三紀層(元來地球가最初成球者ᄅᆞᆯ第一紀層이라云ᄒᆞ고其上에再次皮包ᄅᆞᆯ添加ᄒᆞᆷ을第二紀層이라云ᄒᆞ고又其上에三次皮包ᄅᆞᆯ添加ᄒᆞᆷ이卽第三紀層이라) 이其大部ᄅᆞᆯ占ᄒᆞ야堅硬치아니ᄒᆞᆫ砂岩(砂石으로成ᄒᆞ니라)과頁岩(셔비레)等이라故로其質이糜爛키易ᄒᆞ며　또南半部의地質은花崗質의岩石이其大部ᄅᆞᆯ占ᄒᆞ고堅硬ᄒᆞᆫ地骼으로써成ᄒᆞ얏더라

本洲의高度ᄂᆞᆫ中度의高臺니山岳과平原等이相雜지아니ᄒᆞ고、오작到處에同一ᄒᆞᆫ高臺니其平均高度ᄂᆞᆫ二千尺으로乃至三千尺이오、다만沿岸에狹少ᄒᆞᆫ低地가有ᄒᆞᆯᄲᅮᆫ이오또北部西邊은稍히廣大ᄒᆞᆫ低地러라

○山誌　本洲의山脈은다海洋沿邊에立ᄒᆞ야陸地ᄅᆞᆯ擁抱ᄒᆞ고其山脈의重ᄒᆞᆫ者五派가有ᄒᆞ니

(一)亞太臘山脈은其位置를因ᄒᆞ야西北山脈이라稱ᄒᆞᄂᆞ니洲의北部、太西洋岸에서起ᄒᆞ야東으로延長ᄒᆞ야地中海邊을蟠據ᄒᆞ야突尼斯(본)岬에達ᄒᆞ고其支脈은稍히南으로轉ᄒᆞ다가ᄯᅩ東에走ᄒᆞᄂᆞ니此脈은西北邊의莫洛哥、亞爾及의兩國을因ᄒᆞ야頗히高峻ᄒᆞᆫ故로莫洛哥에서ᄂᆞᆫ高亞太臘이라稱ᄒᆞ고亞爾及에서ᄂᆞᆫ大亞太臘의名이有ᄒᆞ더라

(二)剛山脈은幾內亞灣北岸을沿ᄒᆞ야亘ᄒᆞᆫ山脈이니西邊의西洋岸을因ᄒᆞ야最高ᄒᆞ며此山脈이ᄯᅩ東方에走ᄒᆞᄂᆞᆫ者ᄂᆞᆫ北緯五度線을沿ᄒᆞ야尼留河畔에達ᄒᆞ니此ᄂᆞᆫ中央山脈의名이有ᄒᆞ고ᄯᅩ本洲를兩分ᄒᆞᄂᆞᆫ北部及南部의境이되며ᄯᅩ此脈은本洲의氣候及風土에關係됨이頗多ᄒᆞ더라(後章을參考ᄒᆞ라)

(三)雪山脈은或은西南山脈이라名ᄒᆞ고幾內亞灣邊을因ᄒᆞ야剛山脈으로分ᄒᆞ고直히南走ᄒᆞ야太西洋岸을沿ᄒᆞ야喜望峰에達ᄒᆞ고幾內亞灣頭를因ᄒᆞ야最高ᄒᆞᆫ(가메룬)山은一萬三千尺에達ᄒᆞ더라

(四)月山脈은東南山脈의名이有ᄒᆞ고喜望峯에서起ᄒᆞ야東南海岸으로凡五十哩의內地를沿ᄒᆞ야北走ᄒᆞ다가亞丁灣邊에達ᄒᆞ야(소말니)海角이되야印度洋에突出ᄒᆞ니

此山脈은赤道附近에서最高ᄒᆞ고南緯三度에在ᄒᆞᆫ(키리만자로)高峰은一萬九千尺에達ᄒᆞ고ᄯᅩ赤道直下되ᄂᆞᆫ(케니아)山도一萬八千尺이되니卽本洲의雙高峰이라此雙高峰은赤道直下의炎熱界에在ᄒᆞ나頂上은雪際線以上이되야恒常白雪을戴ᄒᆞ더라

(五)亞比西尼亞山脈은ᄯᅩ東北山脈이라稱ᄒᆞ니中央山脈及月山脈의分界點에서起ᄒᆞ야亞比西尼亞高原이되고紅海濱과尼留河畔間으로北走ᄒᆞ야蘇士地頸에達ᄒᆞ더라

亞弗利加ᄂᆞᆫ山脈이本洲의周邊을圍繞ᄒᆞ야海洋과內陸을遮斷ᄒᆞᆫ故로氣候가不良ᄒᆞ고ᄯᅩ內地에廣大ᄒᆞᆫ沙漠도此를因ᄒᆞ야生ᄒᆞ고內地와海岸間交通도此를因ᄒᆞ야不便ᄒᆞ고ᄯᅩ本洲로ᄒᆞ야곰人文開發의途를梗塞케ᄒᆞ며但山脈以外되ᄂᆞᆫ海濱處가本洲의最勝ᄒᆞᆫ地러라

○水誌　亞弗利加ᄂᆞᆫ水流가甚小ᄒᆞᆫ大洲라然이나雨量이多ᄒᆞᆫ內地에서發ᄒᆞᄂᆞᆫ河系ᄂᆞᆫ水量이多ᄒᆞ고又山脈이周邊을繞ᄒᆞᆫ故로水道가壅滯ᄒᆞ고河流ᄂᆞᆫ迂回ᄒᆞ야海에出ᄒᆞ니卽尼留、金剛(니졔、싱베시、오렌지)의五大河니

尼留河ᄂᆞᆫ古來브터有名ᄒᆞᆫ河流오亦洲內第一大河니本源은赤道直下에在ᄒᆞᆫ(빅토

리아〕湖에셔發ᄒᆞ야雨量이多ᄒᆞᆫ地方을過ᄒᆞᄂᆞᆫ故로數多溪河ᄅᆞᆯ合ᄒᆞ야壯大ᄒᆞᆫ數條瀑布ᄅᆞᆯ成ᄒᆞ고直히北走ᄒᆞ기一千八百哩되ᄂᆞᆫ(카할림)府ᄅᆞᆯ因ᄒᆞ야亞比西尼亞山中으로브터來ᄒᆞᄂᆞᆫ一大流ᄅᆞᆯ合ᄒᆞ니此ᄂᆞᆫ碧尼留오本流ᄂᆞᆫ白尼留의稱이有ᄒᆞ고또北流ᄒᆞ야(아트바라ㅡ)河ᄅᆞᆯ合ᄒᆞ야漸大ᄒᆞ고以北은降雨가無ᄒᆞᆫ沙漠間으로走ᄒᆞᄂᆞᆫ故로一流도合ᄒᆞᆷ이無ᄒᆞ고沙羅府附近으로브터低地에下ᄒᆞ야二大流及數多小派에別ᄒᆞ야全長이凡四千哩로地中海에注ᄒᆞ니流域은約一百萬方哩라此河域은實로洲內의最要最盛ᄒᆞᆫ地오本洲의文華가此河道ᄅᆞᆯ由ᄒᆞ야入ᄒᆞ고往昔에極히繁盛ᄒᆞᆫ處가不小ᄒᆞ더라(埃及을看ᄒᆞ라)

金剛河ᄂᆞᆫ南太西洋에注ᄒᆞᄂᆞᆫ本洲의第二大河니本源은(탄간니어카)湖에在ᄒᆞ나오히려南緯十四五度邊으로브터發ᄒᆞᄂᆞᆫ數多溪流ᄅᆞᆯ集ᄒᆞ야北進ᄒᆞ다가赤道ᄅᆞᆯ橫ᄒᆞ야西廻ᄒᆞ고다시赤道ᄅᆞᆯ橫ᄒᆞ야南下ᄒᆞ다가北으로브터會ᄒᆞᄂᆞᆫ(모반지)河及東으로브터來ᄒᆞᄂᆞᆫ(산쿨우)河ᄅᆞᆯ合ᄒᆞ야漸漸水量이增加ᄒᆞ야西轉ᄒᆞ다가太西洋에入ᄒᆞ니延長이二千九百哩오注下ᄒᆞᄂᆞᆫ水量이甚多ᄒᆞ고下流ᄂᆞᆫ運輸의便이有ᄒᆞ며中流以上은(스단레)瀑布로브터處處에壯大ᄒᆞᆫ瀑布ᄅᆞᆯ成ᄒᆞᆫ故로流域이九十五萬方哩에亘ᄒᆞ니金剛自由國이라云ᄒᆞᆷ은此流域을因ᄒᆞᆷ이러라

(니절)河ᄂᆞᆫ蘇丹地方을潤濕케ᄒᆞᄂᆞᆫ大河니太西洋岸을距ᄒᆞ기不遠ᄒᆞᆫ剛山麓으로브터發ᄒᆞ야北流東廻ᄒᆞ다가、드듸여東南流ᄒᆞ야幾內亞灣에入ᄒᆞ니流程이三千哩에及ᄒᆞ더라

(삼베지)河ᄂᆞᆫ源이洲의西岸을亘ᄒᆞᄂᆞᆫ雪山脈으로브터發ᄒᆞ야東下ᄒᆞ다가中流에幅이七百尺되ᄂᆞᆫ全河가懸下ᄒᆞ야有名ᄒᆞᆫ(빅토리아)大瀑布ᄅᆞᆯ成ᄒᆞ니此ᄂᆞᆫ英國探檢家(리빙스톤)氏가、비로소檢出ᄒᆞᆫ者오此瀑布가深沼中에落ᄒᆞ미水勢가衝激ᄒᆞ야五條煙霧가噴騰ᄒᆞ고殷雷와如ᄒᆞᆫ水聲이數哩外에聞ᄒᆞ니卽世界의第一大瀑布오 此로브터直히東流ᄒᆞ야(모삼비큐)海峽에入ᄒᆞ니延長이千六百哩오流域은六十萬方哩러라

(오ㅣ렌지)河ᄂᆞᆫ南部의大河니東岸山脈의西麓으로브터發源ᄒᆞ야南太平洋에注入ᄒᆞᆫ시處處에急灘이有ᄒᆞ야運輸가不便ᄒᆞ더라

湖沼　本洲ᄂᆞᆫ元來湖沼가乏小ᄒᆞ다稱ᄒᆞ더니英國諸探檢家가數個大湖ᄅᆞᆯ尋出ᄒᆞ니湖ᄂᆞᆫ大槪南部에多ᄒᆞ야此地方을大湖地方이라稱ᄒᆞ미其最大ᄒᆞᆫ者ᄂᆞᆫ(빅토리아)湖

니面積이二萬九千八百方哩오湖面은四千尺의高處에在ᄒᆞ고 其次ᄂᆞᆫ其西南에在ᄒᆞ야南北에長ᄒᆞᆫ(탄간니이카)湖니其長徑이三百七十哩오面積이一萬三千方哩에及ᄒᆞ며 第三은南에在ᄒᆞ야(탄간니이카)와並稱ᄒᆞᄂᆞᆫ(니앗사)湖니其面積도亦是前湖와同ᄒᆞ고此ᄂᆞᆫ(리빙스톤)氏의檢出ᄒᆞᆫ者오(빅토리아)湖北에ᄂᆞᆫ(알베리트)湖가有ᄒᆞ니此湖ᄂᆞᆫ向者에本洲의第二大湖라稱ᄒᆞ더니他大湖ᄅᆞᆯ檢出ᄒᆞᆫ後에只今은第四位가되고其南에(이드워ㅣ드)湖와(모예로)湖及(반크워ㅣ로)湖等의沼湖가甚多ᄒᆞ고 又殆히洲의中央에(차ㅣ드)湖라云ᄒᆞᄂᆞᆫ一大湖가有ᄒᆞ니湖의面積은增減이有ᄒᆞ야雨季에ᄂᆞᆫ頗히廣大ᄒᆞᆫ湖水가되고乾期에ᄂᆞᆫ곳縮小ᄒᆞ더라

○沙漠　本洲ᄂᆞᆫ其位置ᄅᆞᆯ因ᄒᆞ야赤道兩際에ᄂᆞᆫ終年도ᄅᆞᆨ雨水가絕乏ᄒᆞᆫ無濕沙漠이有ᄒᆞ니赤道北에在ᄒᆞᆫ沙漠은(사하라)(沙海라云ᄒᆞᄂᆞᆫ義라)라云ᄒᆞ고或은大沙漠이라稱ᄒᆞ더라

(사하라)沙漠은地球ᄅᆞᆯ一周ᄒᆞᄂᆞᆫ無雨帶一部에當ᄒᆞ고蒙古、波斯、亞剌比亞等에連ᄒᆞᆫ一帶無雨界가다沙漠이되며特히此沙漠은世界의第一大沙漠이라東은尼留河畔으로브터西ᄂᆞᆫ太西洋岸에至ᄒᆞ니其長이二千八百哩오南은北緯十五六度邊으로브

터同二十七度에達ᄒᆞ니此間이凡一千二百哩오沙漠中은終年도ᄅᆞᆨ降雨가無ᄒᆞ고恒常炎熱이如燔ᄒᆞ고乾燥가甚ᄒᆞ니此ㅣ即沙漠을生ᄒᆞᆫ原因이오細沙ᄂᆞᆫ恒常風을隨ᄒᆞ야飛揚ᄒᆞ니萬若旋風이起ᄒᆞ면滿天에沙塵을捲揚ᄒᆞ야或은一處에積ᄒᆞ야丘陵을成ᄒᆞ고或은陷ᄒᆞ야大壑을成ᄒᆞ며或은行旅의隊商을埋沒ᄒᆞ야人畜이共히陷沒ᄒᆞ니距今九十餘年前에隊商二千人과駱駝千八百頭가埋死ᄒᆞ얏고萬若殺風이라稱ᄒᆞᄂᆞᆫ熱風이起ᄒᆞ면其乾燥가特甚ᄒᆞ야携帶ᄒᆞᆫ革囊中의水ᄅᆞᆯ蒸發ᄒᆞ야泄盡ᄒᆞᄂᆞᆫ故로往往히渴死ᄅᆞᆯ不免ᄒᆞ며　沙漠中에ᄂᆞᆫ間間히泉地가有ᄒᆞ야水가湧出ᄒᆞᄂᆞᆫ故로棕櫚類及雜草ᄅᆞᆯ生ᄒᆞ야駱駝의食物을供ᄒᆞᆷ이恰然히沙海中의島嶼와如ᄒᆞᆫ故로行旅ᄂᆞᆫ磁針으로泉地ᄅᆞᆯ定ᄒᆞ고飮料ᄅᆞᆯ汲貯ᄒᆞᆫ後다시發行ᄒᆞ니泉地ᄂᆞᆫ實로沙漠中의至寶오　駱駝ᄂᆞᆫ能히沙漠旅行의困難을忍耐ᄒᆞᄂᆞᆫ故로「沙海의船」이라稱ᄒᆞ리라

(가라하리)沙漠은南緯二十度로브터起ᄒᆞ야二十五六度邊內地에至ᄒᆞ니其景況은沙原에因ᄒᆞ야知ᄒᆞ겟더라

○氣候　亞弗利加ᄂᆞᆫ赤道線이거의中央을貫ᄒᆞ야其大部分은熱帶에位ᄒᆞᆫ故로亞弗利加의名은곳炎熱ᄒᆞ다ᄂᆞᆫ意義라然이나本洲最熱部ᄂᆞᆫ도로혀赤道地方이아니오南

回歸線及北回歸線의通過ᄒᆞᄂᆞᆫ邊에在ᄒᆞ고 紅海邊의北緯十度로乃至二十度間은地球上最熱界니全年平均溫度가三十二度(攝氏)에達ᄒᆞ고夏ᄂᆞᆫ炎陽이赫赫ᄒᆞ야蔭影이無ᄒᆞ고其極暑에ᄂᆞᆫ七十度(華氏百五十八度)高溫에昇ᄒᆞ야熱沙가着足키難ᄒᆞ고또埃及、緌尼斯의緯度ᄂᆞᆫ全年平均二十五六度에達ᄒᆞ야人民의健康에不適ᄒᆞ고內癥疫이層行ᄒᆞ야他洲人이難堪ᄒᆞᆯ處라然이나勇敢ᄒᆞᆫ諸探險家ᄂᆞᆫ此氣候를冒ᄒᆞ고內地에深入ᄒᆞ야人跡이不到ᄒᆞᆫ不毛地에進ᄒᆞ야其山川風物을搜索ᄒᆞᆫ故로世人이其一斑을知得ᄒᆞ얏더라

本洲ᄂᆞᆫ無雨地域及多雨地域에二分ᄒᆞ니無雨地域은北緯十五六度로브터三十度及南緯二十度以南이니北部ᄂᆞᆫ中央亞細亞의乾燥ᄒᆞᆫ北東貿易風이吹來ᄒᆞ야雨氣를潤養ᄒᆞᆯ森林이無ᄒᆞ고太陽이其上에서射熱ᄒᆞᄂᆞᆫ故로世界第一되ᄂᆞᆫ乾燥炎熱ᄒᆞᆫ大沙漠을生ᄒᆞ며 多雨地域은赤道地方의全幅을占ᄒᆞ얏스니炎熱은甚치아니ᄒᆞ고降雨가多ᄒᆞ야雨期에ᄂᆞᆫ急雨가如注ᄒᆞ며森林이繁茂ᄒᆞ야晝가尙暗ᄒᆞᆫ지라此數百哩에日光을不見ᄒᆞ니此地ᄂᆞᆫ即本洲의最大河尼羅、金剛河等을灌養ᄒᆞ고又低處에集ᄒᆞ야數多湖水를成ᄒᆞᆫ者오 雨期ᄂᆞᆫ年中에乾濕二期가有ᄒᆞ니無雨帶의北部ᄂᆞᆫ四月로브터十月ᄭᆞ지雨節이오南部ᄂᆞᆫ十月로브터翌年四月ᄭᆞ지雨節이오(가라하리)沙漠地方도降雨가小ᄒᆞ니此ᄂᆞᆫ印度洋으로브터吹過ᄒᆞᄂᆞᆫ東風이月山脈의게其水濕을吸奪ᄒᆞᄂᆞᆫ緣故러라

○天產物 亞弗利加ᄂᆞᆫ氣候、地勢等이他大陸과差異ᄒᆞᆫ故로天產物도自然히他洲와不同ᄒᆞ야動物은總히醜惡猛獰ᄒᆞ고又巨大ᄒᆞᆫ者가多ᄒᆞ니其獅子ᄂᆞᆫ軀幹이七尺에至ᄒᆞ고麒麟은全身에美麗ᄒᆞᆫ斑紋이오頸이長ᄒᆞ고其高ᄂᆞᆫ一丈八尺에及ᄒᆞ며 河馬ᄂᆞᆫ湖沼中에潛伏ᄒᆞ야屢屢히船舶을覆破ᄒᆞ며 駝鳥ᄂᆞᆫ沙漠及溫帶地方에多ᄒᆞ니其大ᄒᆞᆫ者ᄂᆞᆫ七八尺이오脚力이强健ᄒᆞ야駿馬도此ᄅᆞᆯ不及ᄒᆞ니萬若怒ᄒᆞ면곳人獸ᄅᆞᆯ蹴殺ᄒᆞ며 深山沼澤間에ᄂᆞᆫ巨蛇이多ᄒᆞ고其他鰐魚、犀、駱駝、羚羊、猿猴及鸚鵡等의美麗ᄒᆞᆫ鳥類가多ᄒᆞ니此ᄂᆞᆫ他洲에無ᄒᆞᆫ者오至於有用ᄒᆞᆫ家畜類ᄂᆞᆫ小ᄒᆞ더라

植物 氣候가濕暖ᄒᆞ고雨量이豐足ᄒᆞᆫ地에ᄂᆞᆫ諸種植物이繁茂ᄒᆞ야巨大ᄒᆞᆫ椰樹、椰子樹와世界最古의(바오밥)樹와乾燥地方人畜의食料되ᄂᆞᆫ大棗와中部地方人民이常食ᄒᆞᄂᆞᆫ(만이옥)草根과薩賈、其他咖啡、珈琲、各種香料等이繁茂ᄒᆞ고特히米穀은一年에兩度以上이豐登ᄒᆞᄂᆞᆫ處가有ᄒᆞ며

鑛物은至今까지精密ᄒᆞᆫ調査를不經ᄒᆞ얏스니其實은埋藏이不少ᄒᆞ야黃金은各處에서産ᄒᆞ고其中南亞弗利加共和國은世界에稀有ᄒᆞᆫ産地라全洲에黃金産額이米國及濠洲의次가되니卽千八百九十五年(大皇帝三十二年乙未)의産額이一百七十五萬五千兩이오其後ᄯᅩ年年히增加ᄒᆞ고(오렌지)國及英殖民地의金剛石도著名ᄒᆞ며鐵、銅、鉛은亞太臘山에서出ᄒᆞ고又食鹽의産出이不小ᄒᆞ고世界器物에用ᄒᆞᄂᆞᆫ象牙ᄂᆞᆫ本洲의産이多ᄒᆞ더라

○人誌　全洲의人口ᄂᆞᆫ大凡二億이니六大洲中濠洲의之次니一方哩에僅히十七人에不過ᄒᆞ고住民의種族은夥多ᄒᆞ니此ᄂᆞᆫ高加索人種、黑色人種에大別ᄒᆞ니卽北岸의巴爾巴利及埃及地方에ᄂᆞᆫ巴爾巴利種及亞剌比亞、(무ー르)種族은共히高加索人種의(세미직구)派에屬ᄒᆞ고其他ᄂᆞᆫ大槪黑色人種이니其重ᄒᆞᆫ種族을擧ᄒᆞ면中部亞弗利加에住ᄒᆞᄂᆞᆫ者ᄂᆞᆫ純全ᄒᆞᆫ黑種이오此外에ᄯᅩ西南部地方에住ᄒᆞᄂᆞᆫ種族은(호텐토ー트)와(부싀믠)이라云ᄒᆞ고東南地方에住ᄒᆞᄂᆞᆫ者ᄂᆞᆫ(카퓌ᄅᆞ)이라云ᄒᆞ고馬島에ᄂᆞᆫ馬來人種이오其他海岸各地에ᄂᆞᆫ白人種이住ᄒᆞ니

以上各種族은言語가各異ᄒᆞ고體格性情等이不同ᄒᆞ야東北地方에住ᄒᆞᄂᆞᆫ者ᄂᆞᆫ本洲

中에稍히開明ᄒᆞᆫ種族이니性質이兇猛ᄒᆞ고黑人은種族을因ᄒᆞ야多小分別이有ᄒᆞ나槪히言ᄒᆞ면世界最劣等의蠻民이라文明開化가何物됨을不知ᄒᆞᄂᆞᆫ故로人情이酷薄ᄒᆞ고風俗이醜汚ᄒᆞ며各種族이互相爭鬪ᄒᆞ야人畜을掠奪賣買ᄒᆞ며或은奴隷를殺ᄒᆞ야祭葬ᄒᆞ고或은無辜ᄒᆞᆫ人民을屠殺ᄒᆞ야風雨를祈禱ᄒᆞ고甚至於殺人ᄒᆞᆷ을一種美事라稱ᄒᆞ며或은人肉을食ᄒᆞᄂᆞᆫ者가有ᄒᆞ니彼(호텐토ー트)人은卽最劣等의種類라殆히畜類와同ᄒᆞ고又馬島의馬來種도怠惰固陋ᄒᆞ나黑種보다稍히進步ᄒᆞ며

宗敎ᄂᆞᆫ北部地方에ᄂᆞᆫ回敎가盛行ᄒᆞ고僧侶ᄂᆞᆫ豫言者라稱ᄒᆞ고吉凶禍福等을豫言ᄒᆞ야屢屢히蠻民을煽動ᄒᆞ야爭亂을起ᄒᆞ고內地의蠻族은木石禽獸를祭ᄒᆞ며歐洲人의殖民地에ᄂᆞᆫ基督敎가稍行ᄒᆞ고　言語ᄂᆞᆫ北部地方에ᄂᆞᆫ亞剌比亞語가行ᄒᆞ고(사하라)沙漠에서ᄂᆞᆫ(바ー바)語를用ᄒᆞ고南亞弗利加에ᄂᆞᆫ(반투)語가有ᄒᆞ고(호텐토ー트)語ᄂᆞᆫ(부싀믠)人等間에行ᄒᆞ더라

○洲內의現況　本洲ᄂᆞᆫ歐洲全地보다三倍되게廣大ᄒᆞᆫ地積이로되其中一國도眞正ᄒᆞᆫ獨立이無ᄒᆞ야歐洲諸國의屬地가아니면卽邦國의體形을不成ᄒᆞᆫ小部落이오東北의一部ᄂᆞᆫ世界最古時에建國ᄒᆞ야富强을誇張ᄒᆞ더니只今은歐洲의牽制ᄒᆞᆫ바되니

此ᄂᆞᆫ即本洲의地勢及風土가使然케ᄒᆞᆷ이라其理由를言ᄒᆞ면海岸線의出入이乏小ᄒᆞᆷ과 地勢가交通에不便ᄒᆞᆷ과 地形이單一ᄒᆞ야分業에不適ᄒᆞᆷ과 氣候가惡ᄒᆞ야開發에不適ᄒᆞᆫ諸事情이本洲로ᄒᆞ야곰闇黑妖怪窟이되게ᄒᆞᆷ이라今에歐洲各國이專혀此土地를割取ᄒᆞ야保護로定ᄒᆞ고或은蠻域을探撿ᄒᆞ야屬地로定ᄒᆞ며鐵道를敷設ᄒᆞ며郵便、電信을置ᄒᆞ야頑民을敎導ᄒᆞ며鑛山을開掘ᄒᆞᄂᆞᆫ故로世人으로ᄒᆞ야곰第二十紀의戰爭은亞弗利加大陸에在ᄒᆞ다云ᄒᆞ니現今에도埃及事件과 佛國이(다호메ㅣ)國及馬島를遠征ᄒᆞᆷ과 伊國이亞比西尼亞에對ᄒᆞᆷ과 英國이南亞弗利加共和國(토란쓰발)에對ᄒᆞᆷ과 又獨國이西南亞弗利亞殖民地에對ᄒᆞᆷ과如ᄒᆞ야世界의耳目을驚動ᄒᆞᆫ者ㅣ不少ᄒᆞ나或은言ᄒᆞ되此ᄂᆞᆫ本洲動機의一端이라稱ᄒᆞᄂᆞ니然則此蒙昧無知ᄒᆞ야怠惰成性ᄒᆞ든蠻民이今에、비로소世界競爭場裡에驅逐ᄒᆞᆫ빈되야痴夢을破ᄒᆞ고開明의光輝를發ᄒᆞ리로다

○探撿 亞弗利加內地ᄂᆞᆫ다만獷猛蠻民의住所와猛獸毒蛇의巢窟로敢히此를探撿ᄒᆞᄂᆞᆫ者ㅣ無ᄒᆞ더니千八百四十年(憲宗六年庚子)에宣敎師(모퐁트)라ᄒᆞᄂᆞᆫ者가、비로소南亞弗利加地方을探撿ᄒᆞᆫ後로近來歐洲의冒險家及好奇家가此未開蠻地를爭先跋涉ᄒᆞ야古來브터緘密ᄒᆞ얏던秘函을開ᄒᆞᄂᆞᆫ지라其中豪傑(리빙그스토ㅣ온)氏ᄂᆞᆫ前後에數回探撿을擧ᄒᆞ고其未開地를世上에現出ᄒᆞ얏스나其身은맛ᄎᆞᆷᄂᆡ蠻地(벤바)湖에서死ᄒᆞ얏고其後(불트)氏(스핀크)氏(베카ㅣ)氏(카머론)氏等이探撿ᄒᆞᆯᄉᆡ其中(스만레ㅣ)氏ᄂᆞᆫ本洲內地探撿의功績이가장赫赫ᄒᆞᆫ者라氏ᄂᆞᆫ亞弗利加內地를數回探撿ᄒᆞᆯᄉᆡ特히有名ᄒᆞᆫ事ᄂᆞᆫ千八百八十五年(大皇帝二十二年乙酉)中央亞弗利加大團結叛亂時에蠻兵의게被圍ᄒᆞᆫ埃及守將(엄인파사ㅣ)(獨逸人)를救出ᄒᆞ고千八百八十七年(大皇帝二十四年丁亥)에金剛河口로브터溯上ᄒᆞ야赤道를橫切ᄒᆞ고大湖地方을經ᄒᆞ야全혀中央內地를一貫ᄒᆞ고東岸(싼지발)에出ᄒᆞ기ᄂᆞᆫ同八十九年(大皇帝二十九年己丑)十二月이니其日子를費ᄒᆞᆷ이千十二日이오陸路가約七千(기로메돌)(我韓八千里)이라其初時에同行者가七百人이러니道中에서或은被殺ᄒᆞ고或은疫病에斃ᄒᆞ야生還者가僅僅히百七十餘人이니其困難은可知오氏가歸來後로「最闇黑亞弗利加」라云ᄒᆞᄂᆞᆫ書冊을著述ᄒᆞ야內地의地理及事情을世界가共知케ᄒᆞ얏스니其功이眞實로大ᄒᆞ더라

○地方區劃 本洲ᄂᆞᆫ以上에譯述ᄒᆞᆷ과如ᄒᆞᆫ故로數多ᄒᆞᆫ小區劃小部落을成ᄒᆞᆫ지라今

에此ᄅᆞᆯ左開ᄒᆞᆫ諸地方으로大別ᄒᆞ노라

○尼留諸國

埃及國 努比亞(及)埃及蘇丹

亞比西尼亞

○巴爾巴利諸國

莫洛哥 亞爾及

突尼斯 트리포리

○幾內亞地方(上幾內亞、下幾內亞에分ᄒᆞ노라)

上幾內亞 세네감비아 리베리아 亞山的 다호머니 其他

下幾內亞 佛領金剛 葡萄牙領안코라

○南部亞弗利加

獨逸領西南亞弗利加(다마라及나마큐알)

英領殖民地 } 岬殖民地

나탈 쓰우랜드 오렌지自由國

南亞弗利加共和國트란쓰발 英領南亞弗利加(써치이랜드)等

○東部亞弗利加

葡領東亞弗利加(모삼빅큐)等

獨領東亞弗利加 }
英領東亞弗利加 } (싸지발)等 소말니

○中部亞弗利加

金剛自由國 英領십베찌

蘇丹

○亞弗利加諸島

馬太加斯加島 마쓰카라너諸島 세치리쓰諸島以上印度洋

센트헤레나島 아스센쉰島 쁘린인드포島 푸린치페島 센트、투호마스島 인노본 아쏘리쓰島 메듸라島 加奈諸島 빨듸쓰島

以上과如케數多地方에分割ᄒᆞ얏스나本洲ᄂᆞᆫ大槪歐洲各國의게蠶食ᄒᆞᆫ비되야其重

要ᄒᆞᆫ部分ᄂᆞᆫ거의餘存이無ᄒᆞᆫ故로今에此를歐洲各國의諸領地로分別ᄒᆞ노니

英國領地	岬殖民地	英領베쥬아나	英領산베시아
	나탈	삭우랜드	英領東部亞弗利加
	소코드라島	세ᄭᅵ례드島	모ㅣ리쥬스島
	上幾內亞海岸	시ㅣ라레온	셴드헤레나島
	아스셴실島		
佛國領地	亞爾及	突尼斯	세네갬비아附近
	金剛及가분河邊		馬島及附近諸島
日耳曼領地	스례ㅣ부海岸	다마라랜드	나마쿠의랜드
	쌍지발地方	아지안	
葡萄牙領地	안구라	모삼빅큐	아소루스島
	마데이라島	쿠린치피島	셴드투호마스島
西班牙領地	加奈里諸島	후에루난드포ㅣ島	안노본島
	베르메諸島		

土耳其領地	埃及	퇴리포리

尼留諸國

尼留諸國은本洲의東北尼留河灌域에在ᄒᆞᆫ地方이니北은地中海에臨ᄒᆞ고東은紅海濱에沿ᄒᆞ며蘇士地頸으로써亞細亞에境ᄒᆞ고西ᄂᆞᆫ蘇丹及(사하라)沙漠에接ᄒᆞ니其內에埃及、努比亞、埃及蘇丹、亞比西尼亞를包括ᄒᆞ엿더라

埃及

地中海濱으로브터南方努比亞에至ᄒᆞᄂᆞᆫ肥沃ᄒᆞᆫ(地尼留河領)를領ᄒᆞ니其埃及蘇丹을加ᄒᆞ면其面積이廣大ᄒᆞ야約四十萬方哩가되ᄂᆞ니라

○地勢 東紅海에濱ᄒᆞᆫ一帶地ᄂᆞᆫ亞比西尼亞山脈이連亘ᄒᆞ고西ᄂᆞᆫ(사하라)沙漠에向ᄒᆞ야傾斜ᄒᆞ야漸次高原됨沙漠的地質이로되尼留河가縱貫ᄒᆞ야國의中央을貫流ᄒᆞ니此河ᄂᆞᆫ古來로브터亞比西尼亞地方에定期ᄒᆞᆫ暴雨가有ᄒᆞ야每年六月로브터漸次河水量을增加ᄒᆞ야最高가二十四尺으로乃至三十六尺에達ᄒᆞ야氾濫ᄒᆞ기十一日間에漸漸減ᄒᆞ야九月에至ᄒᆞ면平水가되ᄂᆞᆫ故로其灌域地方은一面에肥沃ᄒᆞᆫ粘土로覆ᄒᆞ야農耕을助ᄒᆞ니眞實로此河ᄂᆞᆫ此國의生命이라故로此沿岸에世界最古最盛國을建ᄒᆞ고只今도、오히려此河畔은洲內에人口가第一稠密ᄒᆞᆫ處러라

○氣候及産物　氣候는炎熱이甚ᄒ고特히沙漠으로브터來ᄒ는西南熱風은大段히人의健康을害ᄒ고降雨가稀小ᄒ야、다만時時로紅海附近及尼留河三稜洲地에暫時驟雨가有ᄒᆯ뿐이오　政府는銳意로農業을奬勵ᄒ는故로漸次運河를設ᄒ야處處에灌漑가便케ᄒ고 尼留河灌域地에는一年三回의收穫이有ᄒ니甘蔗、綿、穀類、蠶豆가重ᄒᆫ産物이오埃及烟草는世界에著名ᄒ고紅海로는珊瑚、海綿을産ᄒ고石臘油도産出ᄒᆷ이不少ᄒ더라

○都邑　改羅는首府니人口가三十七萬이오本洲中最大都會라 尼留河海口로브터一百哩되는上流東岸에在ᄒ니蒼蒼ᄒᆫ椰樹와檳榔은其外部를繞ᄒ며彩色을施ᄒᆫ樓宇高塔이其間에隱現ᄒ야風景이淸楚ᄒ며市內는人種의雜駁ᄒᆷ과駱駝의衆多ᄒᆷ과街衢의古風等이頗히觀瞻을驚케ᄒ고府近傍(기―제)의金字塔과人頭、獸身의高大ᄒᆫ廢碑가有ᄒ야半은沙中에埋沒ᄒ야遊人으로ᄒ야곰俯仰感慨ᄒ야往時의盛을追想케ᄒ며　歷山港은地中海濱에在ᄒᆫ要港이니往昔은其繁榮이世界各港의第一이오海上의全權을占ᄒ더니只今도、오히려人口가二十萬이러라

○人民　人種은土耳其人과亞剌比亞人中에少數되는(바ᅥ바)族이混合ᄒ고言語는亞剌比亞語를用ᄒ며　宗敎는回回敎가最行ᄒ고基督敎도稍行ᄒ더라

○政體　名義上으로土耳其에屬ᄒ야年年이朝貢을納ᄒ나管理의實은無ᄒ고國王下에內閣議長及其他國務大臣이有ᄒ나一切財政은英國財政監督官의承諾을仰ᄒ고또別로히議院이有ᄒ야法律을制定ᄒ나政府로ᄒ야곰其決議를遵行케못ᄒ는故로眞正ᄒᆫ立憲國이아니러라

○沿革時事　埃及은世界最古國이니距今五千七百餘年前에(메네스)라云ᄒ는人이此國을建設ᄒ야(멤퓌잇스)의都城을興ᄒ고其後에(게오부스)王이有ᄒ야絶大ᄒᆫ土功을起ᄒ야金字塔을營造ᄒ니(只今도오히려나이르河畔에基址가有ᄒ니高가五百尺이라)　此頃에는國勢가가장隆盛ᄒ야遂히亞剌比亞를倂領ᄒ고爾後로幾多變遷이有ᄒ야　一時는亞細亞로브터地中海濱ᄭᅡ지倂有ᄒ다가또波斯帝國의領地가되야(마계돈)王과歷山大王이此國을征服ᄒ야歷山府를建設ᄒ고其次에는羅馬에屬ᄒ얏고또回敎兵을被ᄒ야土耳其人의게征服ᄒᆫ비되야今日ᄭᅡ지國運이不振ᄒ더니向年에(아라비)及副王이埃及現國王(케듸부)를叛ᄒ거늘政府ㅣ英國의救援을請ᄒ야(아렉인도리아)를攻陷ᄒ고(닛스마리아)近傍叛徒를破ᄒ야千八百八

二年(大皇帝十九年壬午)에ᄂᆞᆫ全혀佔定ᄒᆞ얏고 其次千八百八十五年(大皇帝二十二年乙酉)에ᄂᆞᆫ(마기)(僞聖이라云ᄒᆞᄂᆞᆫ意義라)라ᄒᆞᄂᆞᆫ人이ᄯᅩ蘇丹地方의蠻民을集ᄒᆞ야尼留河를下ᄒᆞ야英國指揮官(꼬ᄅᆞᆫ)將軍을殺ᄒᆞ얏고 ᄯᅩ近時에ᄂᆞᆫ(데르뷔슈)(僧徒의一階級)가蜂起ᄒᆞᆫ故로英國이埃及遠征隊를(돈고라)에發送ᄒᆞ고ᄯᅩ本國의援兵을送ᄒᆞᆫ다云ᄒᆞ니如此히埃及이甚히不穩ᄒᆞ야尼留河上流ᄂᆞᆫ殆히無政府가되니此事를世界에셔埃及事件이라稱ᄒᆞ더라

此國의東北端亞細亞에接ᄒᆞᆫ蘇土地頸ᄂᆞᆫ佛人(레셉부)氏計策을從ᄒᆞ야只今은世界에有名ᄒᆞᆫ運河가되야紅海와地中海를通ᄒᆞ니此工事ᄂᆞᆫ世界近世의大工事라東西兩洋의船程을縮短ᄒᆞ야彼喜望峰의迂路를廢케ᄒᆞ니此運河ᄂᆞᆫ紅海頭의蘇士로브터地中海의(사이듸)港에至ᄒᆞ기ᄭᆞ지八十七哩오幅은二十一間으로乃至五十間이니千八百五十四年(哲宗五年甲寅)에起工ᄒᆞ야千八百六十九年(大皇帝六年己巳)에竣役ᄒᆞ얏더라

○努比亞及埃及蘇丹

北은埃及에接ᄒᆞᆫ尼留河上流의地니南은亞比西尼亞에接ᄒᆞ고西ᄂᆞᆫ大沙漠에連ᄒᆞᆫ一般沙漠的平原에屬ᄒᆞ고丘陵이處處에起伏ᄒᆞ며河流ᄂᆞᆫ碧尼留、白尼留及(아트바라)의三河가灌漑ᄒᆞ더라

○氣候及產物 氣候ᄂᆞᆫ甚熱ᄒᆞ야(카하ㅣ툼)에셔ᄂᆞᆫ太陽이不照ᄒᆞ야蔭蔽ᄒᆞᆫ處라도攝氏四十五度에昇ᄒᆞ고東南部山地ᄂᆞᆫ稍히雨量이多ᄒᆞ고北部ᄂᆞᆫ乾燥ᄒᆞ며 產物은藍靑、烟草、砂糖等이러라

○人民及都邑 人種、宗敎、言語等은埃及과同ᄒᆞ고民俗은頑陋ᄒᆞ며現時(데르뷔슈)人이蜂起ᄒᆞᆫ故로埃及과英國政府가征伐ᄒᆞ고 都邑은尼留河畔에(돈고라)府가有ᄒᆞ니蠻人間交易地오ᄯᅩ白尼留와碧尼留合流處에(카하ㅣ툼)이有ᄒᆞ니內地의貿易ᄒᆞᄂᆞᆫ要路오埃及鎭臺가在ᄒᆞᆫ處러라

○亞比西尼亞

努比亞東南紅海南端에在ᄒᆞ니面積이十八萬五千方哩오

○地勢 國內가大槪高原이오亞比西尼亞山脈이連亘ᄒᆞ니高가五千尺으로브터八千尺에至ᄒᆞᄂᆞᆫ故로國內에山多ᄒᆞᆫ處를亞弗利加瑞西라稱ᄒᆞ니其最高ᄒᆞᆫ處ᄂᆞᆫ一萬六千尺에達ᄒᆞ고高原中央에(된나)湖(一名은넨버ㅣ)가有ᄒᆞ니卽碧尼留의源이오其

他路合의 末는尼留及(아르바라)河流를成ᄒᆞ더라
○氣候及產物 氣候는熱帶에位ᄒᆞ나土地가高隆ᄒᆞᆫ故로一般이爽快ᄒᆞ고每年六月로브터九月에至ᄒᆞ기ᄭᆞ지ᄂᆞᆫ霖雨가大注ᄒᆞ야戶外에도不出ᄒᆞᄂᆞ니此ᄂᆞᆫ尼留河의定時漲溢이有ᄒᆞᆫ緣故오土地도亦是肥沃ᄒᆞᆫ故로天產物이不少ᄒᆞ고處所를因ᄒᆞ야禾穀이一年에三次收穫ᄒᆞ야葡萄、綿、甘蔗의產出이多ᄒᆞ고ᄯᅩ牛羊等을牧養ᄒᆞ야其數가不少ᄒᆞ며其他金銀及各種寶石이富ᄒᆞ더라
○人民及都邑 人種은混合種族이오人質이慓悍ᄒᆞ야生命을輕視ᄒᆞ고奴隸賣買의非를不覺ᄒᆞ고家畜ᄒᆞᆫ牛를殺ᄒᆞ야生食ᄒᆞ며 宗敎ᄂᆞᆫ大槪耶蘇敎를奉ᄒᆞᄂᆞ니其說이固陋ᄒᆞ야眞正ᄒᆞᆫ基督敎가아니오 首府ᄂᆞᆫ(곤다ㅣ)라云ᄒᆞᄂᆞ니(타나)湖畔에在ᄒᆞ고ᄯᅩ東南에(안코바ㅣ)가有ᄒᆞ고紅海岸에英領(소아킨)이有ᄒᆞ니紅海의要港이오其南海岸에(맛스소우)港이有ᄒᆞ더라
○沿革時事 此國은昔時에(되괴아)帝國이라稱ᄒᆞ더니現今은數多ᄒᆞᆫ邦土를合ᄒᆞ야亞比西尼亞王國을組織ᄒᆞ고現王은(메비릭二)第二世라稱ᄒᆞᄂᆞ니千八百八十九年(大皇帝二十六年己丑)에卽位ᄒᆞ고同年에伊太利의保護國이되야彼此間攻守同盟

을締約ᄒᆞ얏더니千八百九十五年(大皇帝三十二年乙未)十月에至ᄒᆞ야無端히伊太利와戰端을開ᄒᆞ니此ᄂᆞᆫ亞比西尼亞가伊太利를離ᄒᆞ고露國에依賴ᄒᆞᆷ이라然이나伊軍이屢次亞軍의게敗ᄒᆞ야歐洲强國의威信을失墜ᄒᆞ더니近時에ᄂᆞᆫ伊太利가맛참ᄂᆡ亞比西尼亞의게讓步ᄒᆞ야講和ᄒᆞ얏더라

巴爾巴利諸國

巴爾巴利諸國은埃及以西地中海에濱ᄒᆞᆫ諸國의總稱이니南은大沙漠을接ᄒᆞ고其內에摩洛哥、亞爾及、突尼斯、(트리포리)의四箇國이有ᄒᆞ니라

○地勢及氣候 南에는亞太拉山脈이蜿蜒ᄒᆞ야東西에走ᄒᆞ다가西方摩洛哥에至ᄒᆞ야、가장高峻ᄒᆞ니此는卽高亞太拉이라其最高는一萬四千尺이오其名은(써세트미일트선)이라云ᄒᆞ며地中海에臨ᄒᆞᆫ地는低平ᄒᆞ야農耕地가有ᄒᆞ고海岸으로브터山麓에至ᄒᆞᄂᆞᆫ地는氣候가溫暖ᄒᆞ야炎熱의苦를不知ᄒᆞ나沙原에接ᄒᆞᆫ一帶地는夏期는酷熱ᄒᆞ고冬期는酷寒ᄒᆞ니라

○天産物 摩洛哥는巴爾巴利諸邦中最豐饒ᄒᆞᆫ地니玉蜀黍、豌豆、牛가重要ᄒᆞᆫ産物이오特히摩洛哥의革(俎皮及書籍의表裝等에用ᄒᆞᄂᆞᆫ皮革이라)은世界에有名ᄒᆞ고亞爾及、突尼斯에도豐饒ᄒᆞᆫ地에는小麥、橄欖의産이有ᄒᆞ고(트리포리)는磽确의地가多ᄒᆞ야耕作에不適ᄒᆞ나棗實의良産이有ᄒᆞ고駝鳥의羽毛、鹽、海綿의産出도不少ᄒᆞ니라

○人民 人種은大概(버ᄇᆞ바)族이多ᄒᆞ니此는亞刺比亞人이、비로소此地에來ᄒᆞ

아巴爾巴利와名은稱ᄒᆞᆫ緣故오其他(무ー르)人亞剌比亞人等이有ᄒᆞ니大槪回教를奉ᄒᆞ야僧侶의讖言을信ᄒᆞ며民質은兇戾ᄒᆞ야近世까지海賊으로爲業ᄒᆞᄂᆞᆫ故로世人이獷暴ᄒᆞᆫ者를言ᄒᆞ면巴爾巴利人이라稱ᄒᆞ고또夷狄이라云ᄒᆞ더라

○퇴리포리

名義上으로土耳其의屬國이니巴爾巴利諸國最東에在ᄒᆞ니(퀘산)(벌가)二地方을含包ᄒᆞ얏고　首府(퇴리포리)는地中海濱에在ᄒᆞ니每年此府로브터(퀘산)沙原과蘇丹地方에數多ᄒᆞᆫ隊商을出ᄒᆞ고(몬사크)는內地商業의中心이니故羅와(보리비)等間에隊商貿易이盛ᄒᆞ더라

○突尼斯

(퇴리포리)西에在ᄒᆞᆫ佛國領地오亞弗利加最北地中海에突出ᄒᆞ니形勢가佳良ᄒᆞᆫ지라佛國이此地를開拓ᄒᆞ야鐵道와郵便과電信等을設ᄒᆞ고또小學校를置ᄒᆞ야亞爾及의之次가되게進步ᄒᆞ고首府는突尼斯니(뷴)湖西濱에在ᄒᆞ야回教徒의戴ᄒᆞᄂᆞᆫ紅帽製造가盛ᄒᆞ고其北西六十里에(칼테지)라云ᄒᆞᄂᆞᆫ地는古昔에羅馬를抗拒ᄒᆞ야威名이大振ᄒᆞ더니至今은都城의廢墟만存ᄒᆞ더라

○亞爾及

突尼斯의西에隣ᄒᆞᆫ佛國保護地니鐵道、電信、學校、郵便의制度가皆備ᄒᆞ야巴爾巴利中가장開化進步ᄒᆞᆫ國이오首府(알지ー스)는地中海濱에在ᄒᆞ니佛國이此地에總督府를置ᄒᆞ고堅固ᄒᆞᆫ砲臺를設ᄒᆞ야佛國馬耳塞港과往來가頻繁ᄒᆞ며　此國은地中海를因ᄒᆞ야最强ᄒᆞᆫ海賊國이러니千八百三十年(純祖三十年庚辰)에佛蘭西가此를占領ᄒᆞ야改良ᄒᆞ얏더라

○莫落哥

北은(지부라루탈)海峽에臨ᄒᆞ야地中海의咽喉가되고西는大西洋에濱ᄒᆞ얏스며巴爾巴利國中에歐洲의管轄을不被ᄒᆞᆫ者는獨히此國뿐이오其國은獨立專制君主가有ᄒᆞ야政事가固陋ᄒᆞ고風俗이殘忍ᄒᆞ며莫落哥는其首府오(펫스)는最大都會러라

幾內亞地方

幾內亞는阿洲西海岸地方의總稱이오此를上下二部에分ᄒᆞ니幾內亞灣의北岸一帶는上幾內亞라稱ᄒᆞ고其東岸은下幾內亞라稱ᄒᆞ니上幾內亞는(세네감비아、리베리아)亞山的(아산티)(다호메)等에分ᄒᆞ고　下幾內亞는佛領金剛、葡領(안고라)에分ᄒᆞ더라

○地勢　剛山脈은蜿蜒히上幾內亞의北方을東西로馳走ᄒᆞ야(세네가르、감비아、니젤)河等의水源이되고其脈이延ᄒᆞ야蘇丹을橫斷ᄒᆞ야尼留河畔에至ᄒᆞ고또雪山脈이南方喜望峰으로브터還來ᄒᆞ야下幾內의東邊을向ᄒᆞ야馳走ᄒᆞ다가剛山脈과會合ᄒᆞᄂᆞᆫ邊에셔最雄峻處가되니(가메룬)山이라其高가一萬三千尺이오（오렌지）金剛(오고에)의諸河가此山脈을貫ᄒᆞ야太西洋에注ᄒᆞ더라

○氣候及天產物　氣候는各地가小差ᄒᆞ니上幾內亞는酷熱이難堪ᄒᆞ야海岸의低平地는瘴烟毒霧가人民의健康을害ᄒᆞ고特히(세네감비아)地方은熱風이沙漠으로브터吹來ᄒᆞ야草木이凋萎ᄒᆞ고器物을破壞ᄒᆞ며年中은乾濕二季에分ᄒᆞ니濕季는六月로브터十月에至ᄒᆞ고乾季는十一月에始ᄒᆞ야翌年五月에終ᄒᆞ니濕季에는一日의雨

臺이八百五十(밀메돌)에達ᄒᆞ도有ᄒᆞ며　下部ᄂᆞᆫ上部에比ᄒᆞ면稍히劣ᄒᆞ야海岸地
에ᄂᆞᆫ海風이炎熱을減殺ᄒᆞ야瘴氣가不甚ᄒᆞ고乾濕季ᄂᆞᆫ上部와全然히殊異ᄒᆞ더라
土壤은肥沃ᄒᆞ고草木이蓊鬱ᄒᆞ야人跡이未到ᄒᆞᆫ地ᄂᆞᆫ猛獸毒蛇의巢窟이多ᄒᆞ나産物
에ᄂᆞᆫ椰子油、曾、象牙等이有ᄒᆞ고特히諸河道에ᄂᆞᆫ盛히椰子油ᄅᆞᆯ輸出ᄒᆞᄂᆞᆫ故로油河
라稱ᄒᆞ고鑛物에ᄂᆞᆫ黃金、沙金이多ᄒᆞ더라

○人誌　人種은黑人이니即「에지오빗子」種에屬ᄒᆞ나各地에多小分別이有ᄒᆞ니下
幾內亞ᄂᆞᆫ純全ᄒᆞᆫ黑人으로厚唇、嵌目이오頭髮은捲縮ᄒᆞ며　宗教ᄂᆞᆫ回教ᄅᆞᆯ信ᄒᆞᄂᆞᆫ
者가有ᄒᆞ나大槪木石禽獸ᄅᆞᆯ拜崇ᄒᆞ며　風俗은汚穢ᄒᆞ고人情은獰暴ᄒᆞ며特히各部
落의酋長은暴虐誅恣ᄒᆞ고甚至於祀神時에ᄂᆞᆫ人을殺ᄒᆞᆷ이無雙ᄒᆞᆫ盛典이라ᄒᆞ야或은
千人을屠殺ᄒᆞᄂᆞᆫ祭가有ᄒᆞ더니近時에ᄂᆞᆫ歐洲宣教師가盡力ᄒᆞ야殘忍ᄒᆞᆫ風俗을大改
ᄒᆞ얏더라

○세네감비아　(세네가르、감비아)兩海의流域地方에在ᄒᆞ니此ㅣ其國名의起ᄒᆞᆫ
緣由오海岸地方은英佛二國에分屬ᄒᆞ더라

○리베리아　穀物海岸地方을包括ᄒᆞᆫ共和國이니此ᄂᆞᆫ昔時亞米利加殖民會社가解
放ᄒᆞᆫ奴隷ᄅᆞᆯ爲ᄒᆞ야創立ᄒᆞᆫ國이라其制度가北米合衆國을仿効ᄒᆞ고首府ᄂᆞᆫ(몬로뷔
아)라云ᄒᆞ더라

○亞山的　黃金海岸內地에在ᄒᆞ야幾內亞中最大ᄒᆞᆫ專制王國이오首府ᄂᆞᆫ(쿠맛시
라云ᄒᆞ더라

○다호메니　此王國은亞山的의東에在ᄒᆞ야昔時에ᄂᆞᆫ가장强大ᄒᆞ더니近時에ᄂᆞᆫ極
히衰微ᄒᆞ야境域도縮小ᄒᆞ얏스며首府ᄂᆞᆫ(아뽀메이)라云ᄒᆞ니人口ᄂᆞᆫ三萬이오國王
의住宅은人의頭顱骸骨로써飾ᄒᆞᆫ故로流血이濕壁ᄒᆞ야腐臭가難堪ᄒᆞ고此國은有名
ᄒᆞᆫ蛇堂(即祭蛇處)及勇悍ᄒᆞᆫ女兵이有ᄒᆞ며其他(요루바、베닌)은共히奴隷海岸內地
에在ᄒᆞᆫ小獨立國이니(감비아)河畔은英國에屬ᄒᆞ고(세네가르)河畔에ᄂᆞᆫ佛國殖民
地가有ᄒᆞ고其南(시라리온)은英國의屬地오首府ᄂᆞᆫ自由市라云ᄒᆞ고奴隷海岸及黃
金海岸地方은英國殖民地오象牙海岸地方은佛國領地러라

○佛領金剛　金剛河北岸을沿ᄒᆞ야內地에深入ᄒᆞ니即北緯四度에達ᄒᆞ고또北緯一
度ᄅᆞᆯ沿ᄒᆞ야一直線으로海岸(가부온)에至ᄒᆞ기ᄭᅡ지佛領金剛이라云ᄒᆞ니域內에數
多驛站이有ᄒᆞ더라

○葡萄牙領(안고라)　下幾內亞의內部ᄅᆞᆯ占ᄒᆞ야南(구네네)河로브터北은金剛河에至ᄒᆞ고東은金剛自由國을接ᄒᆞ야金剛(안고리、벤겔라)諸洲ᄅᆞᆯ包裹ᄒᆞ니其首府ᄂᆞᆫ金剛河口南岸에在ᄒᆞᆫ(산살바돌)이오此外에(못사메데스、로인타)等海港이有ᄒᆞ야昔時에ᄂᆞᆫ盛히奴隷ᄅᆞᆯ輸出ᄒᆞ더니近時ᄂᆞᆫ極히衰微ᄒᆞ더라

南部亞弗利加

南部亞弗利加ᄂᆞᆫ本洲南端에三角形으로成ᄒᆞᆫ地方이니東岸은(모삼빅큐)로브터南(아굴하쓰)海角을繞ᄒᆞ야西岸(푸리오)岬사지至ᄒᆞ니其間에(다마라、나마큐알)岬殖民地(나탈、쑤우랜드、오렌지)自由國、南亞弗利加共和國(쎄치익랜드)諸國이有ᄒᆞ야本洲中重要ᄒᆞᆫ部가되고此地가漸次開化程度에向ᄒᆞ더라

○地勢　月山脈은東岸의北으로브터南走ᄒᆞ다가岬殖民地에至ᄒᆞ야三重脈이되야其中間에臺地ᄅᆞᆯ作ᄒᆞ고其南西端은(테불)灣과接ᄒᆞ야(테불)山(테불은机案이라云ᄒᆞᆷ이라)이되니山頂에平地가有ᄒᆞ야机案과同ᄒᆞ고其端의高峰은即喜望峰이니海中에突出ᄒᆞ고此脈이西海岸을沿ᄒᆞ야北走ᄒᆞᆫ者ᄂᆞᆫ雪山脈이니遠히剛山脈과連ᄒᆞ고河流ᄂᆞᆫ大概谿流와同ᄒᆞ야橘河ᄂᆞᆫ千二百哩의長流로되、오히려舟楫의便이小ᄒᆞ고內地ᄂᆞᆫ大概高原이니四千尺으로乃至五千尺에達ᄒᆞ고域內에(가라하리)의大沙漠이有ᄒᆞ더라

○다마라及나마큐알國

此國은(아고라)南으로브터橘河에至ᄒᆞᄂᆞᆫ廣大ᄒᆞᆫ地方이니海岸線의長이九百三十

哩오北은(다마라)오南은(나마큐알)이니千八百八十六年(大皇帝二十三年丙戌)來로日耳曼領이되얏더라

○人民及都邑 人口는凡二百萬이오此는(호텐토트)種族의(나마큐알)及(다마라)人이니此種은醜惡愚蠢ᄒᆞ고身長은五尺에不滿ᄒᆞ며骨骼才能等이總히人類의最劣等이오農業을不知ᄒᆞ야飢甚ᄒᆞ면蝸牛와芋을食ᄒᆞ며性質이險惡ᄒᆞ야屢次歐洲人을害ᄒᆞ더니近時에는(호텐토ㅡ트)의土匪가蜂起ᄒᆞ는지라、이에獨國이援兵을派遣ᄒᆞ얏고主要ᄒᆞᆫ都會二가有ᄒᆞ니(싼드푸이시ㅡ)(앙구라피퀴나)오海岸中部에有ᄒᆞᆫ(왈퓌시ㅡ)灣은英國에屬ᄒᆞ얏더라

○產物 地味가瘠薄ᄒᆞᆫ故로產物이小ᄒᆞ고、다만北部地方에家畜飼食이適宜ᄒᆞ고近來海岸近處에는頗히豐富ᄒᆞᆫ金鑛을發見ᄒᆞ더라

○岬殖民地

此地는本洲의最南端이오英國殖民地의重要ᄒᆞᆫ處니北은橘河로써定界ᄒᆞ고南太西洋에濵ᄒᆞ니面積이二十二萬二千方哩오海岸線이千二百哩러라

○天產物ㅣ 土地가乾燥ᄒᆞᆫ故로耕業보다牧畜이適宜ᄒᆞ고其中特히牧羊은世界中濠洲及南米外에는本地가第一이되니凡千二百萬頭의羊을養ᄒᆞ야羊毛의輸出價額이百五十萬磅(千五百萬圓)에達ᄒᆞ고其他에牛二百萬頭와馬三十萬頭와山羊三百萬頭가有ᄒᆞ고駝鳥의飼養도甚盛ᄒᆞ야其羽毛의輸出이頗多ᄒᆞ고向者殖民ᄒᆞᆯ始初에는象、犀、獅子等이多ᄒᆞ더니土地의開拓ᄒᆞᆷ을因ᄒᆞ야此等獸類는內地에遁逃ᄒᆞ고今에는有用ᄒᆞᆫ家畜이繁殖ᄒᆞ며礦物에는金剛石의產出이最多ᄒᆞ야最近十九年間의輸出價額이一億八千萬弗(三億三十七萬圓)이오銅의產出도亦是不少ᄒᆞ더라

○人民 人口는百五十三萬이니其三分二는黑種에屬ᄒᆞ고其他는歐洲의移住民이오 宗教는大槪基督教를奉ᄒᆞ니黑人中에도信奉ᄒᆞ는者가多ᄒᆞ고 教育은能히普及ᄒᆞ야各地에小學校가有ᄒᆞ고首府에大學校를置ᄒᆞ얏더라

○交通貿易 本地는亞弗利加의最南端이라故로喜望峰을繞ᄒᆞ야東洋에航行ᄒᆞ는第一要路오蘇士運河는비록前日繁華를不及ᄒᆞ나、오히려歐洲諸國과滊船의交通이頻繁ᄒᆞ고且電信線은遠히英國과連絡ᄒᆞ며鐵道는內地에深入ᄒᆞ야其延長이二千三百哩에達ᄒᆞ고 外國貿易도繁盛ᄒᆞ니其輸出의重ᄒᆞᆫ者는羊毛가第一이오駝鳥의羽毛와金剛石等이其次오輸入은金屬의貨物과衣服器械等이러라

○都邑 首府岬市는 桃山灣에 在ᄒᆞ니 船舶의 出入이 不少ᄒᆞ야 貿易이 盛ᄒᆞ고 市區는 全혀 歐風이오 市內에는 處處히 鐵道、鐵道馬車、公園、瓦斯管(即煤氣의管)等을 設ᄒᆞ니 此ㅣ 南亞弗利加中 最進步ᄒᆞᆫ 處오 (에리사베듸)港은(알고)灣內에 在ᄒᆞ야 亦是 殷富ᄒᆞ더라

○洛噶時耶 此地는 千六百五十年(孝宗元年庚寅)에 和蘭人이 創設ᄒᆞᆫ 處니 千八百六年(純祖六年丙寅)에 英國이 占領ᄒᆞᆫ 後로 漸次 此近傍을 倂呑ᄒᆞ고 英女皇이 知事를 派遣ᄒᆞ야 此를 轄治케 ᄒᆞ야 上下兩院의 國會가 有ᄒᆞ며 近時는 殖民政府의 管理區域이 內地에 深入ᄒᆞ야 此히 廣大ᄒᆞᆫ 地積이 되얏더라

○나탈

岬殖民地의 東北에 隣ᄒᆞᆫ 地니 初時에는 岬殖民地에 屬ᄒᆞ얏더니 今에 分離ᄒᆞ야 英王의 直轄이 되얏스며 人口는 五十四萬이니 大槪(갓퓌루)種族에 屬ᄒᆞ며 首府(피터마리뒤사붙크는) 人民의 生業이 牧羊이오 又 黃金을 産ᄒᆞ더라

○쌰우랜드

나탈의 東北에 有ᄒᆞᆫ 英國의 保護國이니 人口가 十八萬되는(갓퓌루)人種이니 農業及 牧畜으로 爲業ᄒᆞ더라

○오렌지自由國

橘河와 其支流(쌔ㅣ알)河間에 在ᄒᆞᆫ 獨立國이니 面積이 四萬千五百方哩러라

○人民及政體 人口는 十二萬二千이니 大槪 和蘭農夫及 土人이 混合ᄒᆞᆫ 宗族이오 基督敎가 行ᄒᆞ야 學校를 設ᄒᆞ고 其初에는 英國이 岬殖民地를 占領ᄒᆞᆯ 時에 和蘭農夫가 其政令을 厭苦ᄒᆞ야 千八百三十六年(憲宗二年丙申)에 族黨이 相率ᄒᆞ고 內地에 移住ᄒᆞ야 此國을 建設ᄒᆞ고 千八百十四年(純祖十四年甲戌)에는 獨立을 布告ᄒᆞ고 立憲共和國을 組織ᄒᆞ얏더라

○都邑産物 首府는(색로잉쏜티인)이라 云ᄒᆞ니 岬殖民地及(나탈)間에 電信이 有ᄒᆞ며 地味가 豐饒ᄒᆞ고 灌漑의 便이 有ᄒᆞ며 主要ᄒᆞᆫ 財源은 牧畜이니 卽 馬、牛、羊、駝鳥類가 多ᄒᆞ더라

○南亞弗利加共和國

舊名은(트란쓰발)이오(림포포、바ㅣ르)兩河間을 占ᄒᆞ니 面積이 十一萬方哩러라

○氣候及産物 氣候가 溫和ᄒᆞ고 地味가 豐饒ᄒᆞᆫ 故로 耕作及 牧畜에 最適ᄒᆞ야 小麥、

烟草、砂糖、珈琲、牛、羊、駝鳥의産이有ᄒᆞ고又各種의礦物이富ᄒᆞ니其中黃金은濠洲及米國의之次오世界第三의産出國이니千八百九十四年(大皇帝三十年癸巳)의採掘價額은五百六十萬磅(五千一百萬圓)이오金剛石의産額도亦是不少ᄒᆞ더라

○人民及都邑　人口ᄂᆞᆫ七十六萬이니和蘭農夫가多ᄒᆞ고其中에英人二十萬이有ᄒᆞ며　宗教ᄂᆞᆫ基督教를奉ᄒᆞ며各地에小學校를設ᄒᆞ고鐵道를布設ᄒᆞ며電信을架設ᄒᆞ고(프레토리아)ᄂᆞᆫ首府니其附近의(또한늬쓰밸크)ᄂᆞᆫ金礦業의中心을占ᄒᆞ야繁華ᄒᆞᆫ都會러라

○沿革時事　橘自由國과共히和蘭人의게依ᄒᆞ야建設ᄒᆞ고一千八百八十年二月(大皇帝十七年庚辰)에英軍을抗拒ᄒᆞ고獨立ᄒᆞ야共和政府를組織ᄒᆞ얏스나外交ᄂᆞᆫ오히려英國의指揮를受ᄒᆞ더니千八百十四年(大皇帝二十一年甲申)에英國과新條約을訂結ᄒᆞ고英國은、오쟉名義上으로外交事務官을置ᄒᆞᆯ뿐이오又國內에住ᄒᆞᆫ英人二十萬의게重稅를課ᄒᆞ고土人과同等撰擧權을不與ᄒᆞ얏더니千八百九十五年(大皇帝三十二年乙未)十二月에南亞弗利加特許會社社員(제무손)(英人)이七百兵을率ᄒᆞ고國內에侵入ᄒᆞ야和蘭農夫와開衅ᄒᆞ다가、다시平ᄒᆞ더라

○써치이랜드

東南은南亞弗利共和國과接ᄒᆞ고南은岬殖民地에境ᄒᆞ고北은(가라하리)沙漠을包ᄒᆞ야(십바시아)에至ᄒᆞ니此ᄂᆞᆫ英國政府의直轄이라故로岬殖地知事를經ᄒᆞ야英國政府가直接으로此를處理ᄒᆞ며地味와氣候가共히住居ᄒᆞ야耕作牧畜에適當ᄒᆞ고또鑛物의産이有ᄒᆞ더라

○가라하리沙漠　此沙漠은一大沙原이오空氣가甚히乾燥ᄒᆞ니此ᄂᆞᆫ西南海岸을通過ᄒᆞᄂᆞᆫ寒流와東南貿易風이海岸山脈의게濕氣를被奪ᄒᆞᆫ緣故오地面의太半은叢草가繁茂ᄒᆞ고處處히蠻民의住處뿐이러라

東部亞弗利加

本洲의東岸(쌍우렌드)以北、亞丁灣邊에至ᄒᆞᄂᆞᆫ地方의總稱이니其內에(모삼비
큐、싼지바ㅣ、소말니)의各地가有ᄒᆞ더라
○地勢及氣候　月山脈이岬殖民地로브터起ᄒᆞ야本地海岸을連亘ᄒᆞ야亞丁灣邊에
至ᄒᆞᄂᆞᆫ(싼지바ㅣ)內地에最高峻ᄒᆞᆫ(기리만자로、케니아)兩箇峰이有ᄒᆞ니各各二
萬尺이오赤道直下에在ᄒᆞ니四時에白雪을戴ᄒᆞ니此ㅣ곳本洲의高山이오　氣候ᄂᆞᆫ
炎熱ᄒᆞᆫ中特히沿海地ᄂᆞᆫ降雨와瘴氣가多ᄒᆞ더라
○모삼빅큐
(쌍우렌드)와(싼지바ㅣ)間에在ᄒᆞ야葡萄牙領殖民地에屬ᄒᆞ고土人은(갓뷔르)種
이오又印度人、亞剌比亞人等이有ᄒᆞ니往時에ᄂᆞᆫ奴隷의販賣가盛行ᄒᆞ야其輸出이
多ᄒᆞ더니只今은大衰ᄒᆞ얏고米、砂糖、珈琲、象牙、얍、玳瑁를輸出ᄒᆞ며首府ᄂᆞᆫ(모
삼빅큐)라云ᄒᆞ니海岸珊瑚島上에在ᄒᆞ고(기리만)(소퐈라)ᄂᆞᆫ此地의要港이러라
○싼지바ㅣ
北赤道邊으로브터南(모삼빅큐)에達ᄒᆞ고沿海諸島가又此國에屬ᄒᆞ야싼지바ㅣ의

國名은同名島를因ᄒᆞ야名ᄒᆞᆷ이오境內ᄂᆞᆫ大槪英國及日耳曼에屬ᄒᆞᆫ故로此를獨領東亞弗利加와英領東亞弗利加二部에分ᄒᆞᄂᆞ니라

○獨領東亞弗利加　北(쎄리만자로)山南麓으로브터(빅토리아)湖에至ᄒᆞ니西ᄂᆞᆫ(탄간니ㅣ카)湖로써金剛自由國에接ᄒᆞ야南(니앗사)湖及(모잠빅큐)에境ᄒᆞ니主要ᄒᆞᆫ海港은(바가모요)及(킬왜)等이오物產의主要ᄒᆞᆫ者ᄂᆞᆫ象牙、橡皮、胡麻等이니라

○英領東亞弗利加　北(소말니)에接ᄒᆞ고(주바)河를上ᄒᆞ야北緯六度되ᄂᆞᆫ尼羅河上流를包ᄒᆞ야西金剛自由國으로브터南日耳曼領에境ᄒᆞ니(싼지바ㅣ)島及(펨바ㅣ)島ᄂᆞᆫ英國保護地오(싼지바ㅣ)府ᄂᆞᆫ同名島上에在ᄒᆞ니東海岸中最要ᄒᆞᆫ貿易場이오往時에奴隸의輸出이盛ᄒᆞ더니買奴禁止ᄒᆞᆫ後로크게減少ᄒᆞ얏고此地ᄂᆞᆫ中央亞弗利加探險者의發程ᄒᆞᄂᆞᆫ處인故로有名ᄒᆞ고(몸뵈사)ᄂᆞᆫ政廳이在ᄒᆞᆫ處오　產物은丁子、(製油所用植物)象牙、橡皮等이오(싼지바ㅣ)府ᄂᆞᆫ以上三品의輸出로因ᄒᆞ야世界에屈指ᄒᆞᄂᆞᆫ市場이니라

(싼지바ㅣ)ᄂᆞᆫ初에葡國及土蕃酋長의所屬이러니千六百九十八年(肅宗二十四年戊寅)以來로亞剌比亞(오스맛트)府酋長의게征伏ᄒᆞᆫ바되얏더니(마싼드)王(今王의兄)에至ᄒᆞ야獨立國이되야北緯三度로브터南(된가ㅣ도)岬近傍ᄭᆞ지其屬地러니千八百八十八年(大皇帝二十五年戊子)以後로漸次日耳曼의侵略ᄒᆞᆫ바되고其次千八百九十年(大皇帝二十七年庚寅)에英國은(뷔투)島及(싼지바ㅣ)島를保護로定ᄒᆞ얏더라

○소말니

(싼지바ㅣ)의北東으로브터亞剌比亞海에突出ᄒᆞᆫ海角地니亞丁灣을擁ᄒᆞ야所屬이無ᄒᆞᆫ蠻民의住地오亞丁灣附近으로브터(과르다뷔)岬을繞ᄒᆞ야(라스하포온)에至ᄒᆞᄂᆞᆫ海岸은英領이오以南(쥬바)河口에至ᄒᆞᄂᆞᆫ海岸은(아잔)이니獨領이오　住民은(소말니)族이니內地에ᄂᆞᆫ(갈나스)族이住ᄒᆞ며宗敎ᄂᆞᆫ回回敎니亞比西尼亞附近에ᄂᆞᆫ基督敎를信ᄒᆞᄂᆞᆫ者가有ᄒᆞ고土地ᄂᆞᆫ瘠薄ᄒᆞ야、오작珈琲、乳香을產出ᄒᆞ고(자리라)及(벨베ㅣ라)ᄂᆞᆫ亞丁灣內에在ᄒᆞᆫ海港이니漸漸繁盛ᄒᆞ더라

中部亞弗利加

中部亞弗利加ᄂᆞᆫ北、蘇丹으로브터南、(가라하리)沙漠에至ᄒᆞᄂᆞᆫ廣漠未開ᄒᆞᆫ蠻地니所謂闇黑大陸中의最闇黑世界라近時에至ᄒᆞ야地學硏究와傳道ᄅᆞᆯ爲ᄒᆞ야此地에跋涉ᄒᆞᄂᆞᆫ者가不少ᄒᆞᆫ故로漸次文明에進步코쟈ᄒᆞ더라

○金剛自由國

本洲中心에在ᄒᆞ야北緯四度로브터南緯十二度에至ᄒᆞ니東經三十度로브터西ᄂᆞᆫ佛領金剛에境ᄒᆞ고金剛河ᄅᆞᆯ因ᄒᆞ야其一端이太西洋에濱ᄒᆞ니面積이百五萬六十方哩러라

○地勢　此地勢ᄂᆞᆫ未詳ᄒᆞ고、다만金剛河畔은(스탄레ㅣ)氏의遠征ᄋᆞᆯ因ᄒᆞ야頗히著明ᄒᆞ니此河ᄂᆞᆫ金剛의惟一되ᄂᆞᆫ運輸機關이라本洲內地에交通을便利케홈이곳(미시십피)河가北米에對홈과(아마손)河가南米에對홈과如ᄒᆞ니本洲內地로ᄒᆞ야곰他日에文運이發達ᄒᆞᆯ者ㅣ곳此河오　河口로브터(뷔뷔)ᄶᅡ지四百五十哩ᄂᆞᆫ滊船이通ᄒᆞ겟고其上流(스탄레ㅣ)池ᄶᅡ지ᄂᆞᆫ急流가衝激ᄒᆞ야船行키難ᄒᆞ나其上流(스탄레)瀑布에至ᄒᆞ기ᄶᅡ지約一千哩間은다시交通이易ᄒᆞ고其航行키難ᄒᆞᆫ處ᄂᆞᆫ鐵道

를布設코자ᄒᆞ나大抵此河ᄂᆞᆫ十年以前ᄭᆞ지도其水源을不知ᄒᆞ더니近時에ᄂᆞᆫ河畔에五十餘處驛站이有ᄒᆞ고十餘艘滊船이恒常往來ᄒᆞᄂᆞ니此ᄂᆞᆫ眞實로(스탄레ㅣ)氏가榛莽을開拓ᄒᆞᆫ功이러라

○天産物及交易塲　産物의重ᄒᆞᆫ者ᄂᆞᆫ椰子油、蠟、象牙等이니此를銃砲、火藥、酒精(酒의精氣니米屑에渾入ᄒᆞ면곳酒를成ᄒᆞᄂᆞᆫ者라)烟草其他鐵片、織物의小片、(編成ᄒᆞᆫ腰帶子等과同)　飾玉等과交易ᄒᆞ며土人의重ᄒᆞᆫ食物은(마니옥)芭蕉實等이오交易塲의重ᄒᆞᆫ處ᄂᆞᆫ金剛河口의(바나나、레오폴드)驛赤道驛及(스탄레ㅣ)氏의住足ᄒᆞᆫ(야무부야)上流(스탄레ㅣ)瀑布니、다金剛河畔에在ᄒᆞ고(보마)ᄂᆞᆫ其位置가首府될만ᄒᆞᆫ驛邑이러라

○金剛自由國의成立　此國은千八百八十五年(大皇帝二十二年乙酉)에伯林의列國會議에서國體를立ᄒᆞ고境土를定ᄒᆞ야白耳義王(레오폴드)第二世가金剛國의君主가되니卽世界各國에對ᄒᆞ야中立을守ᄒᆞ고萬國人民으로ᄒᆞ야곰自由로貿易을行케ᄒᆞ얏더니千八百八十九年(大皇帝二十六年己丑)에國王이其統治權을白耳義에讓與ᄒᆞ고同九十年(大皇帝二十七年庚寅)에白耳義、金剛兩國이合同會議ᄒᆞ야十年後에ᄂᆞᆫ金剛國이白耳義國과合ᄒᆞ기로議決ᄒᆞ얏더라　此國政府ᄂᆞᆫ白耳義의首府(부랏세루)에置ᄒᆞ얏스나兩國政府ᄂᆞᆫ全혀有別ᄒᆞ니國王下에外務、財務、內務의三大臣이有ᄒᆞ고地方政府를(보마)에置ᄒᆞ야太守를派遣ᄒᆞ얏더라

○쌈베지아

英領南亞弗利加라云ᄒᆞ니北은金剛自由國으로브터南은南亞弗利加共和國及(베치인랜드)에達ᄒᆞᄂᆞᆫ地方이니英國政府의許可를得ᄒᆞ야南亞弗利加殖民會社가管轄ᄒᆞ고會社ᄂᆞᆫ近時에電線을架ᄒᆞ고鐵道를敷設ᄒᆞ야運輸와交通을開ᄒᆞ고　(쌈베지ㅣ)河가國內를貫流ᄒᆞ야南北兩大部에分ᄒᆞ니南方은沙漠質의高原이나耕耘地가不乏ᄒᆞ야烟草、椰子油、象牙、金、銀、銅의産出이有ᄒᆞ더라

蘇丹地方

北、(사하라)沙漠으로브터東尼留諸國에接ᄒᆞ고西ᄂᆞᆫ(세네샴비아)에界ᄒᆞ며南方의境界ᄂᆞᆫ아직明瞭치못ᄒᆞ고　地勢ᄂᆞᆫ大槪平原이니地面의凸凹가小ᄒᆞ고南部에剛山脈의支派가有ᄒᆞ니最高가九千八百尺이라內地를橫斷ᄒᆞ야尼留河畔에至ᄒᆞ고(나ㅣ절、사ㅣ리)二大河가有ᄒᆞ니、(나ㅣ절)河ᄂᆞᆫ幾內亞灣에注ᄒᆞ고(사ㅣ리)河

는(챳드)湖에入ᄒᆞ며 此地는熱帶의多雨地域이라故로雨量이甚多ᄒᆞ고氣候는炎熱ᄒᆞ며地味가肥沃ᄒᆞ야綠樹가蒼蒼ᄒᆞ고ᄯᅩ果、穀을生ᄒᆞ며食塩、象牙、金等을産出ᄒᆞ더라

○人民 蘇丹二字는黑人國이라云ᄒᆞᆷ이니即完全ᄒᆞᆫ黑人種의住地오其外에亞剌比亞人과混合ᄒᆞᆫ(푸ㅡ라ㅡ)라稱ᄒᆞᄂᆞᆫ種族이有ᄒᆞ야回回敎ᄅᆞᆯ信奉ᄒᆞ더라

○各部落及大邑 域內에數多ᄒᆞᆫ部落이有ᄒᆞ니其北西隅ᄅᆞᆯ(캔티)라云ᄒᆞ고其西南을(밤바라)라云ᄒᆞ며首府(세ㅡ고)는物品交易이盛ᄒᆞ고其東北은(맛시나)오首府(팀부쿠투ㅡ)는沙漠의女王이라稱ᄒᆞ야隊商의道路니卽蘇丹地方의重要ᄒᆞᆫ部오其東에(하ㅡ쓰사)平原이有ᄒᆞ니首府(소코투)는(카노)와갓치隊商貿易의必要ᄒᆞᆫ地오 其東의(본누)는蘇丹中가장開化ᄒᆞ고가장人口가多ᄒᆞᆫ回回敎部落이니織物、陶器等의製造物이有ᄒᆞ고首府(쿠ㅡ카)는(챳드)湖의西岸에在ᄒᆞ니此附近의最大都邑이오 (챳드)湖의東은(와다이)王領이라云ᄒᆞ니君王及一種行政議會가有ᄒᆞ야君主ᄅᆞᆯ輔佐ᄒᆞ니、다黑人種이오又七千餘의常備兵이有ᄒᆞ며首府는(아배숸)이라云ᄒᆞ며其東에(다ㅡ、푸ㅡ)가有ᄒᆞ더라

亞弗利加諸島

○馬達加斯加島

本島는本洲第一大島로印度洋에在ᄒᆞ야(모삼비크)海峽을隔ᄒᆞ야大陸과相對ᄒᆞ니全長이九百七十五哩오幅이平均二百五十哩니面積이二十二萬八千方哩(二十八萬八百四十方哩)오 全島는大槪山地니高峻ᄒᆞᆫ山脈이南北에貫走ᄒᆞ야最高가一萬二千尺에達ᄒᆞ며海岸低地는濕氣가多ᄒᆞᆫ中特히東印度洋岸은南東貿易風을受ᄒᆞ는故로雨量이過多ᄒᆞ야人의健康에는不適ᄒᆞ니地味가肥沃ᄒᆞ야米、珈琲、砂糖等의産이有ᄒᆞ고動物은鼠猴狐猴等의奇獸가有ᄒᆞ고山林에는有用ᄒᆞᆫ木材가繁茂ᄒᆞ며人口는總히二百五十萬이니數多ᄒᆞᆫ種族이有ᄒᆞ니馬來種의(호ㅡ봐)는、가장才能과勢力이有ᄒᆞᆫ主族이오其他는大槪黑人이오宗敎는基督敎가盛行ᄒᆞ며首府는(안타나나리보)라云ᄒᆞ며東岸에는(타마타뷔)의海港이有ᄒᆞ더라

本島는千八百八十五年(大皇帝二十二年乙酉)以後로브터名義上으로佛蘭西保護國이되고內治와立法權及種族의統治權等은全혀國王이執ᄒᆞ더니千八百九十四年(大皇帝三十一年甲午)十一月에佛國이馬島遠征軍을起ᄒᆞ야一年間에(호ㅡ봐)人

을征服ᄒᆞ고千八百九十五年(大皇帝三十二年乙未)十一月에完全ᄒᆞᆫ保護國이되고現今은女王(란아바로)이러라

○마스가레비群島ᄂᆞᆫ馬島의東(모우리듀스)島(보루본)及附近諸島의總稱이오(모우리듀스)島ᄂᆞᆫ英國에屬ᄒᆞ니此島ᄂᆞᆫ風光이明媚ᄒᆞ며上品砂糖及珈琲、綿을産出ᄒᆞ고鐵道、郵便、電信等이有ᄒᆞ며首府ᄂᆞᆫ(포ㅣ트、루이)라云ᄒᆞ고(보루본)島ᄂᆞᆫ佛國에屬ᄒᆞ니主要ᄒᆞᆫ産物은砂糖、珈琲等이러라

○세치리쓰羣島 馬島北에在ᄒᆞᆫ英領羣小島니世界最大의椰子樹가有ᄒᆞ야椰子油를産ᄒᆞ고또龜甲을産ᄒᆞ더라

○셴트、헤레나島 아스센숀島 兩島가共히南太西洋中에在ᄒᆞᆫ英領이니(셴트、헤레나)島에ᄂᆞᆫ良港이有ᄒᆞ야船舶이恒常輻輳ᄒᆞ고此島ᄂᆞᆫ稀世ᄒᆞᆫ英雄拿破倫第一世가卒逝ᄒᆞᆫ處오(아스센숀)島ᄂᆞᆫ其西北에在ᄒᆞᆫ一小島니英國西亞弗利加艦隊의石炭貯藏所가有ᄒᆞ더라

○부린잇드포島 빈노본島 푸린치페島 세ᄭᅩᆫ트、무호마스島 以上四島ᄂᆞᆫ기幾內亞灣內에在ᄒᆞ니上二島ᄂᆞᆫ西班牙에屬ᄒᆞ고下二島ᄂᆞᆫ葡萄牙에屬ᄒᆞ니共히砂糖、카카오(카카오ᄂᆞᆫ植物의名이니코카葡萄酒ᄂᆞᆫ此植物의葉液을入ᄒᆞᆫ것이라)幾那(幾那ᄂᆞᆫ植物의名이니金鷄蠟의原料라)鹽等을産ᄒᆞ더라

○아소ㅣ르스島 本洲의極北西되ᄂᆞᆫ北太西洋中에在ᄒᆞᆫ葡領이니氣候가快和ᄒᆞ고良好ᄒᆞᆫ橙을産ᄒᆞ야盛히外國에輸出ᄒᆞ더라

○메듸라島 (아소ㅣ르스)島南에在ᄒᆞᆫ葡領이니地味가肥沃ᄒᆞ고氣候가快和ᄒᆞ며(메데라)酒라稱ᄒᆞᄂᆞᆫ良品葡萄酒를産出ᄒᆞ더라

○加奈里諸島 (메듸라)島南에在ᄒᆞᆫ西班牙領이니金絲鳥와葡萄를産出ᄒᆞ고此羣島ᄂᆞᆫ七個大島가有ᄒᆞ니其中에(티네리프)島ᄂᆞᆫ一萬二千四百尺에達ᄒᆞᆫ火山이有ᄒᆞᆫ故로著名ᄒᆞ고(페로)島ᄂᆞᆫ일즉이獨逸의基本子午線으로定ᄒᆞ얏던島러라

○벨듸쓰島 벨듸쓰岬西에在ᄒᆞᆫ故로(벨듸쓰)島라云ᄒᆞ니葡萄牙의領地오近海를往來ᄒᆞᄂᆞᆫ船舶의必要ᄒᆞᆫ碇泊處러라

亞米利加洲部

亞米利加洲

本洲ᄂᆞᆫ西曆一千四百九十二年(成宗二十三年壬子)에 有名ᄒᆞᆫ閣龍氏가發見ᄒᆞᆫ新世界니 其廣袤ᄂᆞᆫ 거의 舊世界의 半이 되고 또 土地가 肥沃ᄒᆞ나 住民이 稀少ᄒᆞ고 其地形을 因ᄒᆞ야 北亞米利加、南亞米利加兩洲에 分ᄒᆞ더라

北亞米利加洲總論

○位置 北亞米利加ᄂᆞᆫ新世界의 北部를 領ᄒᆞᆫ大陸이니 北은 北冰洋을 向ᄒᆞ고 東은 大西洋에 瀕ᄒᆞ야 遥遥히 歐洲와 相對ᄒᆞ며 南은 墨西其灣及巴奈馬地峽으로써 南亞米利加와 連ᄒᆞ고 西ᄂᆞᆫ太平洋에 臨ᄒᆞ얏더라

○幅員 南北이 大約五千哩오 東西가 三千哩오 其面積은 八百七十萬方哩(千四百六十萬方里)니 其大가 六大洲中第三位오 歐羅巴의 二倍餘러라

○沿海 本洲ᄂᆞᆫ海岸線의 灣入과 屈曲이 不少ᄒᆞ야 其延長이 約三萬二千八百哩니 面積과 比較ᄒᆞ면 二百六十五方哩에 對ᄒᆞ야 一哩의 海岸線이 되ᄂᆞᆫ故로 亞弗利加에 比ᄒᆞ면 凡三倍餘가 되고 半島、內海、灣、峽等이 不少ᄒᆞ니 爲先北으로 言ᄒᆞ면 北冰洋에ᄂᆞᆫ 其

大ᄒᆞᆫ者ᄂᆞᆫ綠洲와本土間에(바펜ᄂᆞ)灣이有ᄒᆞ야(리뵈스)海峽으로써太平洋과通ᄒᆞ고(ᄒᆞ드손)灣은(ᄒᆞ드손)水道를因ᄒᆞ야灣入ᄒᆞ니其東南隅ᄂᆞᆫ(제ㅣ무스)灣이라云ᄒᆞ고(센트、로렌쓰)灣은其西北(센트로렌쓰)海口에在ᄒᆞ니其灣南에(노뵈、스코틔아)半島가突出ᄒᆞ고其(퓐되ㅣ)灣은迅潮로써有名ᄒᆞ니其南方(플노리다)半島에至ᄒᆞᄂᆞᆫ海岸은屈曲이多ᄒᆞ야(델노웨ㅣ)灣及(제ㅣ스사피익크)灣等이有ᄒᆞ고其沿岸은、다低平ᄒᆞᆫ平原에泥沙가沈澱ᄒᆞ고樹木이繁茂ᄒᆞ야處處에湖沼와川澤이多ᄒᆞ며墨西其灣은西印度諸島及(유카탄)半島가擁ᄒᆞ야亞米利加地中海라云ᄒᆞ며加利比安海ᄂᆞᆫ南에在ᄒᆞ니其西隅地頸의尼加剌瓦運河가開通ᄒᆞ면船舶의出入이繁華ᄒᆞᆫ要港가되겟더라

西岸一帶ᄂᆞᆫ太平洋에瀕ᄒᆞ고(칼니포르니아)灣은南으로브터突入ᄒᆞ야同名의半島를作ᄒᆞ니其以北荒斯加半島에至ᄒᆞ기ᄭᆞ지屈折이多ᄒᆞ고島嶼가不少ᄒᆞ며荒斯加半島ᄂᆞᆫ白令海峽을隔ᄒᆞ야亞細亞와相對ᄒᆞ니其間이甚히峽隘ᄒᆞ나北氷洋과相通ᄒᆞ고太平洋岸은落機山의背後로迫地가急히低落ᄒᆞ야斷崖를成ᄒᆞᆫ故로水가深ᄒᆞ니良港과大灣이小ᄒᆞ더라

○地勢　本洲의地體ᄂᆞᆫ二個의大山系가地骼이되니其一은西邊으로走ᄒᆞ고其一은東邊으로走ᄒᆞ야大陸을擁護ᄒᆞ고其中間에ᄂᆞᆫ廣漠無邊ᄒᆞᆫ大平原을作ᄒᆞᆫ故로地形이半開ᄒᆞᆫ白扇과恰似ᄒᆞ야左右의兩山系ᄂᆞᆫ扇骨과如ᄒᆞ고中央의平原은扇體와如ᄒᆞ며(ᄒᆞ드손、)墨西其의兩灣은未開ᄒᆞᆫ縫所라此를槪言ᄒᆞ면本洲의地勢ᄂᆞᆫ壯大ᄒᆞ고山系及河流ᄂᆞᆫ全洲를貫走ᄒᆞ고平野가廣漠ᄒᆞ고高原이壯大ᄒᆞᆫ지라　今에土地의高低를因ᄒᆞ야分ᄒᆞ면(一)西部高地及低地(二)中央大平原(三)東部高地及低地의三部러라

(一)西部高地及低地　本洲의骨骼된落機山脈은北氷洋邊으로브터隆起ᄒᆞ야數多ᄒᆞᆫ平坦山脈을成ᄒᆞ야太平洋岸을向ᄒᆞ야南走ᄒᆞ니其幅이四百哩로乃至八百哩오全長이四千哩에亘ᄒᆞ다가南方墨西其에入ᄒᆞ니其東部幹脈과西部支脈의(카스케ㅣ드)(시ᄋᆞ라、네뵈다)山間은大高原이니此를大國谷이라云ᄒᆞ고此高原以西의沿海ᄂᆞᆫ一帶低地오

(二)中央大平原　西部高原과東部高原의中央이니北은遠히北氷洋으로브터南墨西其灣에至ᄒᆞ니此南北이四萬里에亘ᄒᆞᄂᆞᆫ廣大ᄒᆞᆫ平野로되其中央에一帶丘陵이有ᄒᆞ

니高地는東西에延ᄒᆞ야(미시싯피)河源頭를橫切ᄒᆞ야此平野를南北에分ᄒᆞ니南은墨西其灣에向ᄒᆞ야擴開豐饒ᄒᆞᆫ(미시싯피)草原이오北은(호드소)灣을擁ᄒᆞᆫ一大平地오

(三)東部高原及低地　中央大平原의東邊(앙파라지안)山脈의附近을概稱ᄒᆞᆷ이니此山脈은(라부라도올)에서起ᄒᆞ야南西로走ᄒᆞ다가墨西其灣에서盡ᄒᆞ니山脈의全長은一千二百哩오最高는六千尺에達ᄒᆞ며平均高度는二千五百尺에不過ᄒᆞ고又數多ᄒᆞᆫ平行山脈으로高原을成ᄒᆞ니此高原으로브터東太西洋沿海는卽低地러라

○河流　本洲에는河流의長大ᄒᆞᆫ者가多ᄒᆞ야其中(미시싯피)河는世界第一의長流니河口로브터源頭에至ᄒᆞ기ᄭᆞ지凡四千二百哩니二千哩間은滊船이往來ᄒᆞ며本流는(이타스카)湖에서發ᄒᆞ다가中流에서密斯增利(얼칸사스)紅河(오하이오)等의長大ᄒᆞᆫ支流를合ᄒᆞ야墨西其灣에入ᄒᆞ니密斯增利河는黃石公園으로브터發ᄒᆞ야波流가深廣ᄒᆞᆷ이本流보다大ᄒᆞ야上流되는大瀑布ᄭᆞ지船舶이往來ᄒᆞ며其他一千哩以上의河六條가有ᄒᆞ니卽北部에는(맛켄지ㅣ)(사스카듸원)의兩大河가有ᄒᆞ며太西洋에는(센트로렌쓰)河가注入ᄒᆞ고太平洋에는(콜로라ㅣ드)(코롬비아)(유콘)三大河가流入ᄒᆞ며墨西其灣에注ᄒᆞᄂᆞᆫ者는(리오구란데)니以上諸大河는廣漠ᄒᆞᆫ平野間으로流ᄒᆞᄂᆞᆫ故로水多流緩ᄒᆞ야運輸의便이甚大ᄒᆞ더라

○湖沼　本洲의湖沼는北部地方에大熊湖大奴湖(아타바스카)(위니펙그)湖等이有ᄒᆞ니此諸湖는寒氣가嚴ᄒᆞᆫ故로用處가小ᄒᆞ나中部地方에有ᄒᆞᆫ(슈피리올)湖는世界第一淡水湖니面積이三萬一千方哩오又(미지간)湖(휴론)(에리ㅣ)湖(온타리오)湖의五大湖는水路가相通ᄒᆞ야滊船의往來가頻繁ᄒᆞ야運輸가便ᄒᆞ며(에리ㅣ)湖와(온타리오)湖間에世界第一되는(나이앙아라)瀑布가有ᄒᆞ니此中央에一小島가橫在ᄒᆞ야瀑布를二條에分ᄒᆞ니加奈他에屬ᄒᆞᆫ者는馬蹄瀑이라云ᄒᆞ니幅이二千百尺이오高가百五十尺이오合衆國에在ᄒᆞᆫ者는亞米利加瀑布라稱ᄒᆞ니幅이百尺이오高가百六十尺이라近時에此水力을因ᄒᆞ야水力電氣를發動코자ᄒᆞ며落機山間에在ᄒᆞᆫ大鹽湖는鹽分이多ᄒᆞᆫ湖水니大洋水보다도四倍餘의鹹味러라

○氣候　本洲의氣候는寒暑가甚隔ᄒᆞ야所謂大陸的氣候니同緯度되는歐羅巴보다도寒冷ᄒᆞ고特히海岸과內地에는太甚ᄒᆞ니其緣由는中央平原은東西兩山脈이大洋을隔阻케ᄒᆞ야洋洋의緩和를妨害ᄒᆞ고又北氷洋으로브터來ᄒᆞᄂᆞᆫ猛烈ᄒᆞᆫ寒風을遇ᄒᆞ

ᄂᆞᆫ山脈이無ᄒᆞᆫ故로北緯三十度되ᄂᆞᆫ(미시십피)河口도結氷ᄒᆞᆯ時가有ᄒᆞ고墨西其灣邊은灣流의影響으로稍히溫和ᄒᆞ나北部(호드손)灣에至ᄒᆞ야ᄂᆞᆫ氷結치아니ᄒᆞᆷ이年中에僅히數週에不過ᄒᆞ나此ᄂᆞᆫ北氷洋寒流의氷塊가其沿岸을洗ᄒᆞᆷ이오北部(라ᄇᆞ라도올)은英國과同ᄒᆞᆫ緯度ㅣ나西伯利보다도寒ᄒᆞ고西岸은東岸에比ᄒᆞ면日本海流와南風을受ᄒᆞᄂᆞᆫ故로溫暖ᄒᆞ니卽東部에ᄂᆞᆫ北緯四十八度以北은小麥도不生ᄒᆞ나西部에ᄂᆞᆫ五十四度地에도오히려小麥의生熟을妨害치아니ᄒᆞᆫ故로本洲人口의稠密ᄒᆞ기ᄂᆞᆫ東部ᄂᆞᆫ歐羅巴南에在ᄒᆞ고西部ᄂᆞᆫ亞細亞北에在ᄒᆞ더라
雨量은西部太平洋岸에多ᄒᆞ니南風이太平洋으로브터其濕氣ᄅᆞᆯ包ᄒᆞ야落機山脈以西에降下ᄒᆞᄂᆞᆫ故로山東의高原은甚히乾燥ᄒᆞ고南部平原及太西洋의沿岸도稍稍히降雨가多ᄒᆞ더라

○天產物　本洲北部ᄂᆞᆫ松、柏、楓樹오動物에ᄂᆞᆫ麋鹿等을產ᄒᆞ고南部ᄂᆞᆫ此와大異ᄒᆞ야動物의種類ᄂᆞᆫ小ᄒᆞ나植物은許多ᄒᆞᆫ種類가有ᄒᆞ니特히北部地方은森林이鬱蒼ᄒᆞ야有用ᄒᆞᆫ材木이多ᄒᆞ고又西海岸地方은小麥과其他穀類ᄅᆞᆯ產ᄒᆞ고南部地方은綿、甘蔗、玉蜀黍의產이有ᄒᆞ며　鑛物의埋藏은甚히夥多ᄒᆞ야世界의第一이라落機山地方의(칼니포룬이아)、哥倫比亞、墨西其等에서ᄂᆞᆫ盛히金、銀을採堀ᄒᆞ고石炭及石油ᄂᆞᆫ(알누레쌰니)山中에서產ᄒᆞ고其他銅、鐵、水銀도多產ᄒᆞ더라

○人誌　本洲의人口ᄂᆞᆫ凡八千五百三十萬이니卽歐洲의四分一이오每方哩에不過十人이니其三分二ᄂᆞᆫ高加索人種의(류도닛크)族이오其大數ᄂᆞᆫ英領加奈他及合衆國에住ᄒᆞ니軆格이强健ᄒᆞ고性質이剛毅ᄒᆞ야最優等의人稱이오墨西其及中央亞米加에ᄂᆞᆫ西班牙人과亞米利加土人의混合ᄒᆞᆫ(메스틔쏘)라稱ᄒᆞᄂᆞᆫ種族이約八百萬이有ᄒᆞ니此種族은浮華輕佻ᄒᆞ야一時ᄂᆞᆫ稍히發達ᄒᆞ다가只今은不振ᄒᆞ고又黑種은合衆國의南部及西印度地方에住ᄒᆞ니其數가五百萬에不下ᄒᆞ며此種은亞弗利加로브터輸入ᄒᆞᆫ黑奴의子孫이니漸次開化에向ᄒᆞ며又北極地方에ᄂᆞᆫ(엑스큼오ㅣ)라稱ᄒᆞᄂᆞᆫ矮小ᄒᆞᆫ種族이有ᄒᆞ니骨骼이蒙古種과同ᄒᆞᆫ故로或은蒙古種의一類라云ᄒᆞ며　本洲의根本人種된印甸人은昔時南部墨西其地方으로브터殆히南北兩洲에蕃殖ᄒᆞ니皮膚가稍히銹銅色인故로銅色人種이라云ᄒᆞ고只今은漸次减小ᄒᆞ야四十萬에不過ᄒᆞ며　宗敎ᄂᆞᆫ(류도닛크)人種間에ᄂᆞᆫ基督新敎가盛行ᄒᆞ고言語ᄂᆞᆫ大槪英語ᄅᆞᆯ使用ᄒᆞ며(메스틔쏘)ᄂᆞᆫ西班牙語ᄅᆞᆯ用ᄒᆞ며基督舊敎ᄅᆞᆯ奉ᄒᆞ고黑人(엑쓰큼오ㅣ)及印甸

人은宗敎가無ᄒᆞ고、오쟉虛誕ᄒᆞᆫ怪說을信ᄒᆞᆷᄲᅮᆫ이오 敎育은各地에普及ᄒᆞ야諸等學校의設이不小ᄒᆞ니未開ᄒᆞᆫ人種이年年히移住ᄒᆞᄂᆞᆫ故로、오히려無文無識ᄒᆞᆫ徒가頗多ᄒᆞ더라

○國運 本洲ᄂᆞᆫ僅僅히四百餘年前의發見이오最初에ᄂᆞᆫ總히歐洲諸國의占領이러니近來ᄂᆞᆫ大槪獨立ᄒᆞ야共和政體를組織ᄒᆞ고駸駸히進步ᄒᆞ니此ᄂᆞᆫ本洲의位置、氣候及地勢가其發達을補助ᄒᆞᄂᆞᆫ緣故라其位置ᄂᆞᆫ東方大西洋을隔ᄒᆞ야歐洲諸國에直至ᄒᆞ고西ᄂᆞᆫ太平洋을越ᄒᆞ야亞細亞及南洋諸島와通ᄒᆞ니所謂世界의中央市塲될資格을持ᄒᆞ고且本洲의大部ᄂᆞᆫ北溫帶ᄅᆞᆯ占ᄒᆞ고以南은氣候가快和ᄒᆞ고其海岸에ᄂᆞᆫ良港이多ᄒᆞ고內地ᄂᆞᆫ廣漠ᄒᆞ고肥沃ᄒᆞᆫ原野에世界無雙ᄒᆞᆫ諸大河가此에灌漑ᄒᆞ고山嶽에ᄂᆞᆫ貴金과其他鑛物을埋藏ᄒᆞᆷ이多ᄒᆞᆫ故로世界各國으로年年히移住民이甚多ᄒᆞ야寂寞ᄒᆞᆫ漁村이變ᄒᆞ야萬檣林立ᄒᆞᆫ埠頭가되고荊棘이蓁蓁ᄒᆞᆫ荒地ᄂᆞᆫ肥田이되고物産이年年히增加ᄒᆞᄂᆞᆫ故로國力이日新月盛ᄒᆞ고勢力은世界가共히瞻望ᄒᆞᄂᆞᆫ바ㅣ니其中合衆國은殖民興業의進步와文學技藝의發達等은舊世界의開明과駢立ᄒᆞ고其豐富ᄒᆞᆫ것은、도로혀萬國에超越ᄒᆞ더라

○地方區劃 本洲를左와갓치分ᄒᆞ니

○英領亞米利加 此ᄂᆞᆫ二部에分ᄒᆞ니

加奈他領 新開地

○合衆國

○墨西其

○中央亞米利加（五共和國及一個의英國殖民地ᄅᆞᆯ含有ᄒᆞᆷ）

瓦地馬拉 산살와도르 혼두라스 尼加拉瓦 코스타、리카 英領혼두라스

○西印度諸島

綠洲

英領亞米利加

加奈他又新開地附

北亞米利加의北邊一帶를領ᄒᆞ야北冰洋을面ᄒᆞ니南은諸大湖及北緯四十九度線으로써合衆國에接ᄒᆞ고太平、太西의兩洋을左右에領ᄒᆞ니東西가三千哩오南北이二千哩오面積은三百三十一萬六千方哩(五百五十七萬方里)러라

○地勢 西方에ᄂᆞᆫ落機山이南北에蜿蜒ᄒᆞ야太平洋岸에셔平行山脈을作ᄒᆞ니其幅이三百哩오脈中에高峻ᄒᆞᆫ者ᄂᆞᆫ荒斯加의境界에(센트헤리아스)山이聳立ᄒᆞ야高가一萬九千五百尺이니卽北米의最高峯이라南으로走ᄒᆞ야(ᄲᅮ로운)山(후ㅣ카ㅣ)山(네루손)山이되니共히一萬五千尺以上이오落機山以東은廣漠ᄒᆞᆫ平原이니南은合衆國太平原과連ᄒᆞ고北은北冰洋을向ᄒᆞ니其中에(호드손)灣及數多河流가有ᄒᆞ야廣이一千數百哩에亘ᄒᆞ고處處에缺損ᄒᆞᆫ窪地가有ᄒᆞ야水를會合ᄒᆞ미其狀이恰然히西伯利의北邊荒原과同ᄒᆞ고東部의(라ᄲᅳ라도울)地方은(압파라지안)山脈의餘脈이高原을成ᄒᆞ니此를槪言ᄒᆞ면北部ᄂᆞᆫ沍寒不毛地나合衆國에接ᄒᆞᆫ一帶地ᄂᆞᆫ森林과沃野가相連ᄒᆞ고人口가稠密ᄒᆞ더라

○水誌　(셴트로렌쓰)河ᄂᆞᆫ幅이廣ᄒᆞ야汽船으로(몬트리ㅣ르)로브터(윌난드)運河ᄅᆞᆯ溯上ᄒᆞ야(나이양웨이라)瀑布ᄅᆞᆯ避ᄒᆞ고(에ㅣ리)湖ᄅᆞᆯ經ᄒᆞ야(수페리올)湖에達ᄒᆞ고又(니페크)湖及(위니페크)河ᄅᆞᆯ越ᄒᆞ야(사ᄉᆞ카쮀와)河流에至ᄒᆞ니水路四千五百哩間에航運의便이有ᄒᆞ고(맛켄지ㅣ)河ᄂᆞᆫ二千哩長流로北冰洋에注ᄒᆞ니大槪年中에冰結ᄒᆞ야運輸의便이無ᄒᆞ고(피ㅣᄉᆞ)河(아티바ᄉᆞ카)ᄂᆞᆫ未開地에在ᄒᆞ야其要用을不成ᄒᆞ며(위니페크)湖와(호드손)灣을連通ᄒᆞᄂᆞᆫ(네르손)河도急湍이有ᄒᆞ야舟楫으로通치못ᄒᆞ니(리바ㅣ풀)地로브터加奈他西方에至코자ᄒᆞ면此河가最捷路라故로(네루손)河岸을沿ᄒᆞ야鐵道ᄅᆞᆯ敷設ᄒᆞ얏더라

○氣候　氣候ᄂᆞᆫ冬期가長ᄒᆞ고夏期가短ᄒᆞᆫ故로寒暑의差가甚ᄒᆞ며北部ᄂᆞᆫ一年中에冰雪이長有ᄒᆞ고南部도積雪이四個月에亘ᄒᆞ니東附大湖地方은湖水의調和로溫和ᄒᆞ며西海岸은黑潮暖流의調和로稍히快和ᄒᆞ더라

○產物　住民의生業은農耕及山林業이니南部ᄂᆞᆫ無雙ᄒᆞᆫ沃土라故로此地ᄂᆞᆫ數十年間은肥料ᄅᆞᆯ不要ᄒᆞᆫ다云ᄒᆞ니眞實로將來有望地오國의西部及東部ᄂᆞᆫ森林이蓊鬱ᄒᆞ야有用ᄒᆞᆫ材木이繁茂ᄒᆞ야造船及家具의良材로歐洲及日本等地에輸出ᄒᆞᆷ이不少ᄒᆞ고鑛物은調査가稍全치못ᄒᆞ니英領哥倫比亞의黃金과東海岸及西海岸、晚香坡島의石炭等이가장采頭에所望이有ᄒᆞ고其他鐵、石腦油의產이有ᄒᆞ고又鱈、鮭의漁業이盛ᄒᆞ야釣魚者의樂土라稱ᄒᆞ며　北部地方에ᄂᆞᆫ熊、獺、狐、貂等의毛皮ᄅᆞᆯ夥多히產ᄒᆞ더라

○人民　人口가僅히四百三十三萬이니一方哩에一人에不過ᄒᆞ고其住民은大槪白人이나十二萬餘의印甸種과北部地方에小數되ᄂᆞᆫ(엑ᄉᆞ큠오ㅣ)族이有ᄒᆞ고　宗敎ᄂᆞᆫ基督敎가盛行ᄒᆞ니三分一은舊敎ᄅᆞᆯ奉ᄒᆞ며　言語ᄂᆞᆫ英語가汎行ᄒᆞ며　敎育은廣行ᄒᆞ야高等敎育이稍盛ᄒᆞ고各州에ᄂᆞᆫ大槪大學을設ᄒᆞ얏더라

○處誌　英領加奈他ᄂᆞᆫ如左ᄒᆞᆫ諸州에分ᄒᆞ니

(노뵈、스코틔아)ᄂᆞᆫ極東에在ᄒᆞ니石炭이多ᄒᆞ고漁業이盛ᄒᆞ며首府ᄂᆞᆫ(하리팍스)니人口가三萬九千에不過ᄒᆞ고卽英國海軍의碇泊處오

(푸린스에드와ㅣ드)島ᄂᆞᆫ(노뵈、스코틔아)의北(셴트로렌쓰)灣內에在ᄒᆞ며(차ㅣ로트도온)은島內의中央市場이오(뉘우부룬스위크)州ᄂᆞᆫ(셴트로렌쓰)河口에在ᄒᆞ니漁業이盛ᄒᆞ고森林及鐵、石炭이甚多ᄒᆞ며首府ᄅᆞᆯ(푸레데릿크돈)이라云ᄒᆞ

며

(케베크)州ᄂᆞᆫ(뇌우부룬스윅크)의西(센트로렌쓰)河의西邊을跨ᄒᆞ니首府(케베크)ᄂᆞᆫ人口가六萬三千이오近時에ᄂᆞᆫ商業의勢力이稍히衰微ᄒᆞ며最大ᄒᆞᆫ要都ᄂᆞᆫ(몬트리ㅣ르) 라云ᄒᆞ니人口가二十一萬七千이오加奈他第一商業市니市街가頗히繁盛ᄒᆞ며

(온타리오)州ᄂᆞᆫ(케베크)의西에在ᄒᆞ고(토론토)府ᄂᆞᆫ(온타리오)湖에臨ᄒᆞ니人口가十八萬이오有名ᄒᆞᆫ大學이有ᄒᆞ며商工業이又盛ᄒᆞ고(오타와)河畔의(오타와)府ᄂᆞᆫ首府니加奈他政廳이有ᄒᆞ고材木商業의中心이오

(마니토바)州ᄂᆞᆫ本土의中央合衆國에接ᄒᆞᆫ地方이니有名ᄒᆞᆫ小麥產地오(웨니펫크)府ᄂᆞᆫ鐵道의中央停車場인故로市街가殷富ᄒᆞ며

英領哥倫比亞ᄂᆞᆫ太平洋岸에在ᄒᆞ며本州ᄂᆞᆫ新開地中新開地로住民이稀少ᄒᆞ고富源遺利人이開拓에有意ᄒᆞᄂᆞᆫ者가多ᄒᆞ며幅員은三十四萬方哩에亘ᄒᆞ야落機山과太平洋岸山脈間에在ᄒᆞᆫ臺地니金、銀、鐵、鉛等이多ᄒᆞ고(푸레사ㅣ)河ᄂᆞᆫ中央을流ᄒᆞ기三百五十餘哩에(됴ㅣ지)灣에入ᄒᆞ니此流域은州內에가쟝肥沃ᄒᆞᆫ지라農產地가廣ᄒᆞ

고河道百餘哩上流에滊船이通行ᄒᆞᄂᆞᆫ故로運輸가甚便ᄒᆞ고又魚類가多ᄒᆞ며　氣候ᄂᆞᆫ緯度에比ᄒᆞ면不寒ᄒᆞ야冬期도오히려溫暖ᄒᆞᆫ中海岸은甚溫ᄒᆞ며夏日은晝長ᄒᆞ고天氣가晴朗ᄒᆞ야人身에適宜ᄒᆞ고、다만十一月로브터翌年三月ᄭᆞ지ᄂᆞᆫ雨가多ᄒᆞ야往往히海邊은水害가有ᄒᆞ더라

本洲ᄂᆞᆫ人口가僅히十三萬에不過ᄒᆞᆫ故로二十七方哩에平均一人이니其曠地가多흠은可知오首府(빅토리아)市ᄂᆞᆫ晚香坡島南端에在ᄒᆞ니人口가二萬五千이오山海ᄂᆞᆫ風景이絕佳ᄒᆞ고又夏日은淸凉ᄒᆞᆫ故로來游者가多ᄒᆞ며　晚香坡市ᄂᆞᆫ十餘年前에創立ᄒᆞ얏스나加奈他太平洋鐵道의終端에當ᄒᆞ고又東洋으로브터定期船이碇泊ᄒᆞᄂᆞᆫ處인故로過客이多ᄒᆞ야來後에ᄂᆞᆫ市況이猝然히繁盛ᄒᆞ겟더라

本洲의生業은農業、林業、鑛業及牧畜이오其中最多ᄒᆞᆫ產額은穀物이니盛히輸出ᄒᆞ더라

新開地　北米中歐洲에最近ᄒᆞᆫ一島니英國과逼近ᄒᆞ야距離가一千六百五十浬오兩地間에數條의海底電線을沈設ᄒᆞ얏고北極으로브터(싸뵌)灣에傳來ᄒᆞᄂᆞᆫ(라브라돌)寒流가衝到ᄒᆞᄂᆞᆫ故로氣候가甚히寒冷ᄒᆞ고또霧가深ᄒᆞ나沿岸은有名ᄒᆞᆫ世界三

大漁場의 一인故로鱈의漁獵이盛ᄒᆞ고夏秋에ᄂᆞᆫ漁船數千이海를蔽ᄒᆞ고(센트쫀)市ᄂᆞᆫ漁類와肝油의輸出港이러라

○貿易　加奈他ᄂᆞᆫ貿易上의必要ᄒᆞᆫ位置를占ᄒᆞ니即東은歐洲오西ᄂᆞᆫ太平洋諸國을控ᄒᆞ니地勢가平坦ᄒᆞ고河流가縱橫ᄒᆞ야運輸가便ᄒᆞ며地味가肥沃ᄒᆞ야天產物의豐富홈이將來에非常히進步ᄒᆞᆯ傾向이有ᄒᆞ고現今에도莫大ᄒᆞᆫ小麥及其他穀類ᄂᆞᆫ英國에輸出ᄒᆞ고또木材、鑛物、魚類가盛히各地에輸出ᄒᆞ야最近輸出額이九千八百五十萬弗에達ᄒᆞ더라

○政治　加奈他政治ᄂᆞᆫ英領北米條例를因ᄒᆞ야憲法의原理ᄂᆞᆫ北米合衆國과同ᄒᆞ고行政權은英皇의게委任ᄒᆞ고英皇이命令ᄒᆞᆫ勅任加奈他總督及上院이此를執行ᄒᆞ고立法權은上下兩院에在ᄒᆞ더라

加奈他殖民의起原은一千五百四十一年(中宗三十七年壬寅)에佛國人이(로트리ㅣ르)에殖民地를開홈으로브터次第로移住民을增ᄒᆞ고(기벡크)府를建ᄒᆞ야此에新佛蘭西一部를設ᄒᆞᆫ故로英人도此를繼續ᄒᆞ야殖民事로英佛間競爭이起ᄒᆞ얏스나英人이勝ᄒᆞ야佛國殖民地를蠶食ᄒᆞ더가、드듸여千七百六十三年(英祖三十九年癸未)巴里條約을因ᄒᆞ야佛人은北米의所有權을放棄ᄒᆞ야全혀英領에歸ᄒᆞ고其後千八百六十九年(大皇帝六年己巳)에「ᄒᆞ드손灣會社」로서西北諸州ㅣ團地를購買ᄒᆞ야此를加奈他에附ᄒᆞ고同七十一年(大皇帝八年辛未)에英領哥倫比亞가加奈他와同盟을加入ᄒᆞᆫ故로現今에如此히廣大ᄒᆞ더라

合衆國

北米合衆國은其政體로써國名을成ᄒᆞ고其位置ᄂᆞᆫ北米中最要ᄒᆞᆫ中央部ᄅᆞᆯ占ᄒᆞ니北은加奈陀오南은墨西哥오左右ᄂᆞᆫ太平、太西兩洋이오其外에歐洲及亞弗利加와西에東洋及南洋을控ᄒᆞ니海路交通이自在ᄒᆞ며緯度ᄂᆞᆫ南端이凡北緯二十五度로同四十九度에至ᄒᆞ니其幅이約一千七百哩오經度ᄂᆞᆫ西經六十七度로브터同百二十五度에達ᄒᆞ니其間이約二千七百哩오全面積은三百五十萬一千方哩(五百八十七萬里)니歐洲全土와略同ᄒᆞ니라

○地勢 此國은地形을因ᄒᆞ야如左ᄒᆞᆫ五形에分ᄒᆞ니

(一)太平洋岸傾地　　(二)西部高原
(三)中央大平原　　(四)東部高原
(五)太西洋岸傾地

(一)太平洋岸傾地 此地ᄂᆞᆫ太平洋에沿ᄒᆞᆫ一帶地오落機山麓으로브터太平洋에臨ᄒᆞ니幅이平均百五十哩오其內에(캘니포르니아、오레곤)等의谿谷을含有ᄒᆞ니氣候가溫和ᄒᆞ고地味가肥沃ᄒᆞ며特히此地ᄂᆞᆫ米國이東洋及南洋諸國에對ᄒᆞ야通商貿易

上의樞要地오目下에도非常ᄒᆞᆫ速度로進步ᄒᆞ며
(二)西部高原　落機山脈은南北에縱走ᄒᆞ야(미시싯피)河의分水界를成ᄒᆞ니高가一萬尺으로乃至一萬三千尺이오此本脈과平行ᄒᆞ야西方에(카스케ㅣ드、시르라、네바다)諸山脈이有ᄒᆞ니最高가一萬六千尺이오平均高度ᄂᆞᆫ四千尺으로乃至六千尺에不過ᄒᆞ야太平洋鐵道、加奈他鐵道及其他鐵道線路를通ᄒᆞ고其平行山脈의中間은幅이二百哩或四百哩되ᄂᆞᆫ廣大ᄒᆞᆫ高原이有ᄒᆞ야谿谷이壯大ᄒᆞ고峰巒이奇絕ᄒᆞ니黃石公園及(요세미떼)谿等이其一이오地味ᄂᆞᆫ一般이磽确ᄒᆞ고氣候ᄂᆞᆫ乾燥ᄒᆞ야農業에適當치못ᄒᆞ나金、銀、銅等鑛物의埋藏이夥多ᄒᆞ며
(三)中央大平原　落機山脈의東際로브터遙遙히(앙파라치안)山脈西麓에至ᄒᆞ기ᄭᆞ지一望無際ᄒᆞᆫ一大平原으로全國을占ᄒᆞ고(미시싯피)河ᄂᆞᆫ數多支流를集ᄒᆞ야其中央에灌漑ᄒᆞ며地味가肥沃ᄒᆞ야農產이夥多ᄒᆞ니南部에ᄂᆞᆫ綿을產ᄒᆞᆷ이世界第一이오又小麥、玉蜀黍의產出이不少ᄒᆞ고特히(미시싯피)河畔에ᄂᆞᆫ炭田이多ᄒᆞ며
(四)東部高原　(미시싯피)河의東、分水界를成ᄒᆞᆫ(앙파라치안)山系ᄂᆞᆫ北(메인)洲로브터南(미시싯피)洲에亘ᄒᆞ야數個平行山脈을成ᄒᆞ니長이千二百哩오幅이一百哩오平均高度ᄂᆞᆫ二千五百尺에不過ᄒᆞ야鐵道線을通ᄒᆞ기無碍ᄒᆞ니間間히六千尺에超過ᄒᆞᄂᆞᆫ峻峯이有ᄒᆞ고山脈은到處에其名稱이各異ᄒᆞ야本名外에(알네가늬)와碧山、白山、(캇뷔ㅣ길드)等의名稱이有ᄒᆞ고此脈中에ᄂᆞᆫ石炭、鐵이多ᄒᆞ고特히石腦油의產出이甚多ᄒᆞ야世上에著名ᄒᆞ며
(五)大西洋岸傾地　(앗파라치앙)山系의麓으로브터東方大西洋에瀕ᄒᆞᆫ一帶傾斜地니其幅이不廣ᄒᆞ나(코네귀릿카트、허드손、델나웨ㅣ)等의河가東南流ᄒᆞ야大西洋에注ᄒᆞ니運輸가便利ᄒᆞ고此地ᄂᆞᆫ大西洋을隔ᄒᆞ야歐洲各國과相對ᄒᆞ야本洲中最要最盛ᄒᆞᆫ地러라
○氣候　本國은全혀北溫帶에位ᄒᆞ나洋流의寒暖과土地의形勢와山脈의位置等을因ᄒᆞ야寒暑의別이有ᄒᆞ야特히東岸과西岸에ᄂᆞᆫ甚히相違ᄒᆞ니東岸은寒流가洗ᄒᆞᄂᆞᆫ處인故로冬期ᄂᆞᆫ甚寒ᄒᆞ고夏期ᄂᆞᆫ甚熱ᄒᆞ며西岸은黑潮暖流의感化를因ᄒᆞ야頗히平和ᄒᆞ고中央平原은全혀大陸性氣候를感ᄒᆞᄂᆞᆫ故로寒暑가甚히懸隔ᄒᆞ야嚴冬에ᄂᆞᆫ水銀이結氷ᄒᆞ고降雪이頻繁ᄒᆞ야十八尺으로乃至二十尺되ᄂᆞᆫ處가有ᄒᆞ고雨ᄂᆞᆫ東岸에多ᄒᆞᆫ中特히墨西其灣邊이最多ᄒᆞ고西岸은太平洋岸邊에微小ᄒᆞᆫ降雨가有ᄒᆞ나內

地에ᄂᆞᆫ더욱缺乏ᄒᆞᆫ지라只今各地의平均溫度及雨量을擧ᄒᆞ면如左ᄒᆞ니

地名	一月平均溫度	八月平均溫度	全年平均溫度	雨雪量(밀매돌)
華盛頓	四、四	二八、九	一二、一	一三〇、一
紐育	六、三	二七、七	一〇、七	一二四、七
시카고	一一、六	二六、三	八、三	八八、三
桑港	七、一	二一、六	一三、四	六三、六

此를槪言ᄒᆞ면地積이廣大ᄒᆞᆫ故로各地溫度가殊異ᄒᆞ고又寒暑가懸隔ᄒᆞ고其平原에ᄂᆞᆫ溫帶의穀物이生熟ᄒᆞ며南部ᄂᆞᆫ綿、菓實이夥多ᄒᆞ고營作競逐이盛ᄒᆞᆫ故로僅히四百年間에今日의文明을致ᄒᆞ니此ᄂᆞᆫ其氣候가人類의健康과發達에適當ᄒᆞᆫ緣故라故로世界各地에셔此土에移住코자ᄒᆞᄂᆞᆫ者가多ᄒᆞ더라

○天産物　合衆國은天然産의豐富홈이世界無雙이오特히土地의大部ᄂᆞᆫ甚히農産에適當ᄒᆞ고地味가到處에膏腴ᄒᆞ며大平原地方은人口가小ᄒᆞ고廣大ᄒᆞᆫ餘地를有ᄒᆞ야大農이多ᄒᆞ니只今農産의多額된者를擧ᄒᆞ면玉蜀黍ᄂᆞᆫ年年히八億三四千萬弗을收穫ᄒᆞ고小麥은五億一二千弗이오中央諸州에ᄂᆞᆫ大麥을産ᄒᆞ고又處處에廣大ᄒᆞᆫ葡萄園이有ᄒᆞ면南部各州로브터棉花를産出홈이第一이니全世界棉花産額에比ᄒᆞ면곳十分의六餘라盛히英國에輸出ᄒᆞ고또日本에셔需用ᄒᆞᄂᆞᆫ棉도大槪此地의棉이오其他麻、烟草、馬鈴薯、南部의砂糖、菓實等의産額이多ᄒᆞ며

畜産은天然의狀態가總히牧畜에適當ᄒᆞᆫ故로廣大ᄒᆞᆫ牧場이有ᄒᆞ며或은原野에放飼ᄒᆞᄂᆞᆫ處가有ᄒᆞ야豚、羊、牛、馬、騾等이甚多ᄒᆞ며　森林은處處에鬱蒼繁茂ᄒᆞ고其中北部大湖地方의林産은甚히有利ᄒᆞ며또太平洋岸의森林은世界最高의樹木이라高가三百尺以上에達ᄒᆞᄂᆞᆫ者가有ᄒᆞ고樫、松、樅、楓、菩提樹(俗名보리수)等이生ᄒᆞ야森林의年額이八億弗以上에達ᄒᆞ며

鑛物産도地球上第一이오또特히銀、水銀、石油三種은其産額이世界의第一이라此等産額이富ᄒᆞᆫ故로錢財도自然히世界第一이되더니近年에ᄂᆞᆫ濠洲産金이非常히進步ᄒᆞᆫ故로濠洲보다一步를讓ᄒᆞ나最近의産額이四千萬弗에達ᄒᆞ야遠히露國의上에居ᄒᆞ니其産地ᄂᆞᆫ西部高原及中央各地오、銅의産地ᄂᆞᆫ落機山中이第一이니年年히六千三四萬弗(世界四分의一)이오　鐵、石炭의二種은世界中다만英國에一步를讓ᄒᆞ나年年히産額이增加ᄒᆞ야未久에英國을凌駕ᄒᆞ리라云ᄒᆞ며鐵은東部高原이第一

産地니年年히六百六七十萬噸에達ᄒᆞ며石炭은一億七千萬噸을産ᄒᆞ며石油는(알누레거니)山脈에셔産ᄒᆞ니年年히四千五百萬石內外를出ᄒᆞ야各地에輸出ᄒᆞᄂᆞᆫ故로「스단다ㅣㅡ드商會」ᄂᆞᆫ世界燈光의總轄ᄒᆞᆫ者라稱ᄒᆞ며 其他亞鉛、鉛、鹽、硝石等도富ᄒᆞ야鑛物의總産額이每年六億六七千萬弗에達ᄒᆞ더라

○製造業 合衆國의工業은總히最近의創設이나物件原料의豐富ᄒᆞᆷ과燃料되ᄂᆞᆫ石炭의夥多ᄒᆞᆷ과資本의餘裕ᄒᆞᆷ과交通의自在ᄒᆞᆫ等을因ᄒᆞ야各種製造業이甚히盛ᄒᆞ며工業은總히大設ᄒᆞ야蒸滊機關을利用ᄒᆞ니最近의統計로言ᄒᆞ면凡工業의資本은六十五億弗에過ᄒᆞ며製造場은三十五萬處오使用ᄒᆞᄂᆞᆫ工人은四百七十萬이오其産出價額은九十四億弗에達ᄒᆞ니其重ᄒᆞᆫ者를擧ᄒᆞ면棉布製造ᄂᆞᆫ가쟝盛大ᄒᆞ야二十萬人의工人을使用ᄒᆞ야其價額이二億一千萬圓에過ᄒᆞ며其次ᄂᆞᆫ毛布製造니其價額이一億六千萬圓이오金屬細工及各種器械製造等이之次오年年히專賣特許를附與ᄒᆞᄂᆞᆫ者가二萬以上이오其他革、硝子、煙草等의製造가盛ᄒᆞ니此國製造業은數十年後에世界第一이되겟더라

○富力 此國의生産力은以上과如ᄒᆞᆫ故로國富의發達이極히迅速ᄒᆞ야建國ᄒᆞᆫ지僅히四百年에其富가世界에第一이되니其年年이增加ᄒᆞᆫ度數를言ᄒᆞ면一千八百五十年(哲宗元年庚戌)의富額總計ᄂᆞᆫ一百二十九億圓에不過ᄒᆞ더니一千八百九十年(大皇帝二十七年庚寅)에ᄂᆞᆫ一千百七十億圓에達ᄒᆞ야此四十年間에九倍以上이增加ᄒᆞ니富의增加ᄂᆞᆫ人口增加보다尤迷ᄒᆞ야千八百四十年(憲宗六年庚子)에ᄂᆞᆫ人口一人에對ᄒᆞ야五百四十圓이러니同九十年(大皇帝二十七年庚寅)에ᄂᆞᆫ一千八百七十圓에至ᄒᆞ니其中國富價格의重ᄒᆞᆫ者ᄂᆞᆫ鐵道、鑛山、農業의材料等이러라

○交通貿易 富力增進이速ᄒᆞᆫ緣故ᄂᆞᆫ世界中央市場의位置를占ᄒᆞ야內外商業이旺盛ᄒᆞᆷ이오商業의發達은交通이容易ᄒᆞ고此機關이完全ᄒᆞᆷ이니(미시십피)滊流의灌域은百十七萬二千秀方哩오北方의大湖ᄂᆞᆫ數千商船이可히往來ᄒᆞ겟고又許多運河ᄂᆞᆫ大洋、大湖及大河를連絡ᄒᆞ며特히鐵道ᄂᆞᆫ其延長이世界에無雙이라支歐洲各國總計에比ᄒᆞ야도優勝ᄒᆞ니線路에總數ᄂᆞᆫ一千八百餘條오其總長은十七萬五千哩라全國各地에通ᄒᆞ고其中太平鐵道、北部太平鐵道、南部太平鐵道等은大陸을橫亘ᄒᆞ며電信、電話等도完備ᄒᆞ야通商上에缺欠이無ᄒᆞ고紐育府ᄂᆞᆫ各線路의集合處니此로브터歐洲各地에配送ᄒᆞ고又(시기고)府ᄂᆞᆫ中部의集合處니數産地方으로브터

輸來ᄒᆞᄂᆞᆫ穀物이此處에萃集ᄒᆞᄂᆞᆫ故로世界最大ᄒᆞᆫ穀廩이라稱ᄒᆞ며貿易額은歐洲中一二國보다一步ᄅᆞᆯ讓ᄒᆞ나最近ᄒᆞᆫ一千八百九十五年(大皇帝三十二年乙未) 貿易額이十五億二千五百十萬弗(二十八億五千四百萬圓)內에輸出額이七億九千四百萬弗에至ᄒᆞ니其中綿은元來最多額되ᄂᆞᆫ輸出品이라二億五百萬弗에達ᄒᆞ고穀物、粉類、煙草、家畜、鑛物、木材、水產等이之次러라

○處誌 合衆國은其地域이廣大ᄒᆞᆫ故로其分界가如下ᄒᆞ니(一)北太西洋地方(二)南太西洋地方(三)北中央部(四)南中央部(五)西部等五處라此下에各部의概略을示ᄒᆞ노라

(一)北太西洋地方 此國北東部에當ᄒᆞᆫ太西洋岸의地域을云홈이니幅員이不廣ᄒᆞ나人口가極히稠密ᄒᆞ야千七百五十萬에至ᄒᆞ고貿易製造等이盛ᄒᆞ며其中에九州가有ᄒᆞ니

○메인 ○쎄루몬트
○로ㅣ드、아일난드 ○紐育
○펜실누빠니아 ○늬우、함푸시아ㅣ

○마사쥬셋쓰 ○콘네크틔커트
○늬우、졔ㅣ시ㅣ

(마사쥬셋쓰)州의(뽀스톤)府ᄂᆞᆫ國中第六位의大都會니人口가四十五萬이오英國과貿易이盛行ᄒᆞ고又學問의中心이라故로近傍에有名ᄒᆞᆫ(하ㅣ바드)大學이有ᄒᆞ며紐育州의紐育府ᄂᆞᆫ新世界에最盛ᄒᆞᆫ大都오又地球上第五位라太西洋岸(호드손)河口에建ᄒᆞ니長島가其前에橫ᄒᆞ야風濤ᄅᆞᆯ防ᄒᆞ며東은海路가歐洲에直達ᄒᆞ고西ᄂᆞᆫ鐵道ᄅᆞᆯ因ᄒᆞ야太平洋岸에可達ᄒᆞᆯ지니곳四通八達ᄒᆞᆫ要處라船舶이雲集ᄒᆞ고百貨가輻湊ᄒᆞ며製造業이旺盛ᄒᆞ고人口ᄂᆞᆫ百五十二萬이오市中의中央公園은世界에有名ᄒᆞ며 (펜실누빠니아)州의(필나델피)府ᄂᆞᆫ國內第三大都니人口가百五萬이오製造業이最盛ᄒᆞ며此府ᄂᆞᆫ合衆國이獨立ᄒᆞᆯ時에十三州의代議士가獨立을議決ᄒᆞ든有名ᄒᆞᆫ獨立館이有ᄒᆞ더라

(二)南太西洋地方 太西洋岸南部諸州의總稱이니烟草及綿이크게產出ᄒᆞ고其中에如左ᄒᆞᆫ八州가有ᄒᆞ니

○델나웨ㅣ ○쎄루지니아

○北카롤늬나 ○마릴난드 ○南카롤늬나
○졔올지아 ○西쩰지니아 ○플노리다

(마릴난드)州의(발누틔모아ㅣ)府는(졔스사피익크)灣頭에在ᄒᆞ니人口가四十三萬이오煙草、棉花의商業이盛ᄒᆞ며 華盛頓府는合衆國의首府니國會議事堂과大統領의白舘(흰집)이有ᄒᆞ고市街가壯麗ᄒᆞ며府의周圍는特別히分劃ᄒᆞ야哥倫比亞區라稱ᄒᆞ는獨立府니卽合衆國의共有地오(릿지몬드)府는(쩰지니아)州에在ᄒᆞ니煙草의輸出所오 南(카롤늬나)州의(쟈알네스톤、졔올지아)州의(세쌘나)는共히棉花輸出의重要ᄒᆞᆫ海港이오

(三)北中央部 中央大平原의北部地方을稱ᄒᆞᆷ이니地積이七十五萬餘方哩오人口는二千二百萬이오其中에如左ᄒᆞᆫ十二州가有ᄒᆞ니

○오하이오 ○위스콘신 ○北다코타
○일니노이스 ○아이오와 ○네부라스카

○인듸아나 ○민네소타 ○南다코타
○미지간 ○密斯會利 ○컨사쓰

(오하이오)州의(클니벨단드)市는(에리ㅣ)湖南에在ᄒᆞ니鐵工業이盛ᄒᆞ고人口가二十六萬이오又此州西南隅에在ᄒᆞᆫ(심신나틔)府는鐵道의要衝이니人口가十一萬이오 (미지간)湖畔의(시가코)府는穀物、家畜、木材의商業이盛大ᄒᆞ고人口는百十萬이오國內의第二大都니此府가六七十年前에는僅히五六十戶되는一村落이러니天産이豐饒ᄒᆞ고交通이便利ᄒᆞᆫ故로漸漸繁盛ᄒᆞ야一千八百三十七年(憲宗三年丁酉)에村이市가되고同八十年(大皇帝十七年庚辰)에는人口가五十萬이되고同九十年(大皇帝二十七年庚子)에는卽百十萬이되니其繁榮의速度가世界第一이오開國四百年閣龍世界博覽會에巨萬貲財를費ᄒᆞ야此府에開ᄒᆞᆷ은世人이共知ᄒᆞ는바오 (미지간)湖西의(밀누우오ㅣ크)는穀物、木材、家畜의市塲이니人口가二十萬이오 (민네소타)州의(센트포ㅣ르)는麵粉製造로有名ᄒᆞ고又有名ᄒᆞᆫ大北鐵道會社가有ᄒᆞ며 密斯會利、(미시십피)河畔의(센트루이스)는鐵의工業이盛ᄒᆞ며

(四)南中央部 大平原의南部、墨西其境에至ᄒᆞᄂᆞᆫ總稱이니其中에如左ᄒᆞᆫ七州와二部ᄅᆞᆯ含有ᄒᆞ니面積이六十一萬方哩오人口가一千一百萬이러라

○켄탁키ㅣ ○알나바마
○루이시아나 ○인듸아나部
○알칸사쓰 ○텐넷시ㅣ
○미시십피 ○텍사쓰
○오쿨나호마部

(켄탁키ㅣ)州의(루이쓰빌누)ᄂᆞᆫ(오하이오)河左岸에在ᄒᆞ니烟草商業의中心이오(미시십피)河口에近ᄒᆞᆫ三稜洲中에(늬우오올네안)은世界第一되ᄂᆞᆫ棉花市場이오

(五)西部地方 (미시십피)源頭로브터落機高原及太平洋傾地ᄅᆞᆯ含有ᄒᆞ니面積이百十七萬方哩에亘ᄒᆞ나人口가稀少ᄒᆞ야僅히三百餘萬이오其中에如左ᄒᆞᆫ九州二部가有ᄒᆞ니

○몬타나 ○쿨노라ㅣ드
○아이쓰나部 ○네빠다

○華盛頓 ○칼니포룬이아
○요ㅣ밍 ○新墨西其部
○유타 ○아이다호
○오레쎤

(칼니포룬이아)州의桑港은太平洋岸에無比ᄒᆞᆫ要港이오東洋及南洋에對ᄒᆞ야第一貿易港이니盛히穀物、木材、鑛物을輸出ᄒᆞ며 桑港의東에(사쿠라멘토)가有ᄒᆞ니日本人의在留者가有ᄒᆞ며 (오레쎤)州의(포ㅣ틀、난드)ᄂᆞᆫ日本郵船의碇泊處오華盛頓州의(타코마)市ᄂᆞᆫ二十餘年前은貧寒ᄒᆞᆫ一村이러니東洋貨物의萃集處가되야猝地에繁榮ᄒᆞ얏고 其北(시예틀)은大北鐵道의起點이오日本郵船의定繫處니其乘客과貨物을滊車에移ᄒᆞ야米國大陸과歐洲各地에輸送ᄒᆞ고又郵船이歸航時에ᄂᆞᆫ大北鐵道로各地에서集來ᄒᆞᄂᆞᆫ乘客과貨物을載ᄒᆞ야日本의橫濱、神戶에向ᄒᆞᄂᆞᆫ特約이有ᄒᆞᆫ故로將來에大望이有ᄒᆞᆫ港이러라

○住民 根本住民은銅色種(即印甸人)의巢窟이러니發見以來로白人의移住가多ᄒᆞ야只今은總人口十分의九ᄅᆞᆯ占ᄒᆞ고印甸人은僅僅히三十八萬餘오又亞弗利加로

브터奴隷로輸入ᄒᆞᆫ黑種이六百萬이니南部綿産地方에住ᄒᆞ며　白人은「휴ㅣ돈」種이니政治上과富貴上에權勢가特有ᄒᆞ고其性質이溫和ᄒᆞ고氣力이富ᄒᆞ며又信義ᄅᆞᆯ尊崇ᄒᆞ고勤勉ᄒᆞ며貨殖興業에技巧ᄒᆞ고　又、印甸種은大槪印甸部에住ᄒᆞ니아직蠻風을不脫ᄒᆞ고　支那人이盛히侵入ᄒᆞ야十萬以上에達ᄒᆞ고日本人의在留者가또ᄒᆞᆫ五千에不下ᄒᆞ니　大抵此國人口ᄂᆞᆫ千八百三十年(純祖三十年庚寅)에ᄂᆞᆫ一千三百萬이러니同九十年(大皇帝二十七年庚寅)에ᄂᆞᆫ六千二百六十二萬에達ᄒᆞ니此ᄂᆞᆫ風土가人口繁殖에適當ᄒᆞᆷ과外國人의移住者가多ᄒᆞᆫ緣故라年年히移住者가平均五十萬이러라

言語　人民은大槪英語ᄅᆞᆯ使用ᄒᆞ나各地에種族이各異ᄒᆞᆫ故로言語도또ᄒᆞᆫ殊異ᄒᆞ야東南部에ᄂᆞᆫ西班牙語가行ᄒᆞ고又佛語、獨語等을用ᄒᆞᄂᆞᆫ處도有ᄒᆞ며

宗敎　宗敎ᄂᆞᆫ自由로信奉ᄒᆞᄂᆞᆫ故로各種의宗敎가有ᄒᆞ나多數가信奉ᄒᆞᄂᆞᆫ者ᄂᆞᆫ基督新敎오又南部에ᄂᆞᆫ舊敎가行ᄒᆞ고(유타)州에ᄂᆞᆫ一夫多妻ᄅᆞᆯ爲主ᄒᆞᄂᆞᆫ(모루몬)敎가行ᄒᆞ니此ᄂᆞᆫ一般人民이不好ᄒᆞᄂᆞᆫ바오

敎育　敎育은放任主義나能히普及ᄒᆞ야總히實業敎育을爲主ᄒᆞ고各地에小學校가有ᄒᆞ고高等敎育도亦盛ᄒᆞ야大中學校及各種專門學校가有ᄒᆞ나奴隷의多ᄒᆞᆷ과年年히移住民이多ᄒᆞ야無文無識ᄒᆞᆫ徒가多ᄒᆞᆫ故로近年에ᄂᆞᆫ代議院에셔移民條例ᄅᆞᆯ改定ᄒᆞ야自國의文을讀ᄒᆞ고自國의言語ᄅᆞᆯ話ᄒᆞᄂᆞᆫ者가아니면移住ᄅᆞᆯ不許ᄒᆞ다ᄒᆞ더라

○政體　政體ᄂᆞᆫ民主主義의合衆共和政體오憲法은千七百八十七年(正宗十一年丁未)初代大統領華盛頓時에此ᄅᆞᆯ制定ᄒᆞ야國政을行政、立法、司法三大權에別ᄒᆞ니行政權은大統領의게委任ᄒᆞ고副統領이此ᄅᆞᆯ輔佐ᄒᆞ며其下에國務大臣이有ᄒᆞ야內閣을組織ᄒᆞ고又各省이有ᄒᆞ고大統領은公撰이오任期가四年이니此ᄂᆞᆫ十四年間國內에住ᄒᆞ고三十五歲以上에達ᄒᆞᆫ者가被撰權이有ᄒᆞ고　現今에此國大統領(클네벨닌드)ᄂᆞᆫ二十五代라萬若其改撰期에至ᄒᆞ면國內에有名ᄒᆞᆫ二大黨의合衆黨及共和黨의競爭이頗劇ᄒᆞ며　立法權ᄂᆞᆫ上下兩院의國會에有ᄒᆞ니上院(元老院)은各州의代表者니一州에各各二名을出ᄒᆞ고　下院(代議院)議院은人口多寡에應ᄒᆞ야各州人民이此ᄅᆞᆯ直撰ᄒᆞ고　司法權은高等裁判所에有ᄒᆞ고　地方制ᄂᆞᆫ各州에知事가有ᄒᆞ고又州會가有ᄒᆞ야一州內에政務ᄅᆞᆯ行ᄒᆞ야一箇의自治體ᄅᆞᆯ成ᄒᆞ고官吏ᄂᆞᆫ一切公撰이오地方(或은郡)이라稱ᄒᆞᄂᆞᆫ者ᄂᆞᆫ아직自治權을組織ᄒᆞ지못ᄒᆞ나六萬以

上公民에至ᄒᆞ면州로定ᄒᆞᄂᆞᆫ制度니即獨立의當初ᄂᆞᆫ十三州러니漸次로州의權利를得ᄒᆞ야今年(유타)기州가된以後로四十五州五地方이되얏더라

○軍制　米國은平和를好ᄒᆞ고信義를貴重ᄒᆞ고友誼로써外國과交際ᄒᆞ야侵略征服等은不要ᄒᆞᄂᆞᆫ故로歐洲各國과갓치兵備擴張에汲汲지아니ᄒᆞ고오작國內鎭撫에止ᄒᆞ야陸軍常備兵은二萬五千人에定ᄒᆞ야至今ᄭᆞ지도將官과兵卒이合計가二萬五千四人이오有事ᄒᆞᆫ時에ᄂᆞᆫ州兵과民兵을召集ᄒᆞᄂᆞᆫ制度오　大統領은陸軍大元帥니小將二人과旅團將官十六人이此에屬ᄒᆞ고州兵은十八歲로四十四歲의男子니武器運用에能堪ᄒᆞᆫ者를召募ᄒᆞ야凡十一萬二千을得ᄒᆞᄂᆞᆫ制度니其組成이完全치못ᄒᆞ고但戰時에ᄂᆞᆫ召募에應ᄒᆞᆫ民兵이八百五十萬以上이오

海軍은陸軍에比ᄒᆞ면甚히狹隘ᄒᆞ야有力ᄒᆞᆫ軍艦이二十六艘오內排水一萬噸의大戰鬪艦이六隻이오又非常ᄒᆞᆫ境遇에ᄂᆞᆫ一個私人의船舶을借用ᄒᆞᄂᆞᆫ制度가有ᄒᆞᆫ故로海軍力이頗大ᄒᆞ고沿岸을防禦ᄒᆞ기爲ᄒᆞ야各處에堅固ᄒᆞᆫ砲臺가有ᄒᆞ더라

○沿革時事　合衆國에殖民事業을開ᄒᆞᆷ은閣龍氏가發見ᄒᆞᆫ後七十三年即千五百六十五年(明宗二十年乙酉)에西班牙人이비로소(플로리다)半島에來住ᄒᆞ얏고其後英人이頻頻히此土에希覬ᄒᆞ더가一千六百六年(宣祖三十九年丙午)에ᄂᆞᆫ倫敦會社開拓業을設ᄒᆞ야一部落을建ᄒᆞ얏고또和蘭人도長島附近으로브터殖民을始ᄒᆞ야一都邑을建ᄒᆞ고名ᄒᆞ야曰新安特堤라ᄒᆞ더니其後에英人이次第로發達ᄒᆞ야即今米國第一大都紐育府를成ᄒᆞ얏고千六百二十年(仁祖十二年庚申)以後ᄂᆞᆫ歐洲諸國이米國殖民에注意ᄒᆞ야西班牙、英吉利及和蘭、瑞典、佛人等이盛히渡航ᄒᆞ얏스나西班牙ᄂᆞᆫ海上權이日衰ᄒᆞ야殖民事業이敗退ᄒᆞ고英人은海上權을擴張ᄒᆞ야米國의權勢를專執ᄒᆞ고歐洲競爭國人을壓倒ᄒᆞ야一千七百六十年(英祖三十六年庚辰)에ᄂᆞᆫ東部地方을全히版圖에入ᄒᆞ얏더니其後英國이殖民의게苛酷ᄒᆞᆫ賦稅를課ᄒᆞ니殖民이激怒ᄒᆞ야千七百七十六年(英祖五十二年丙申)에十三州가同盟聯合ᄒᆞ야英兵과爭戰ᄒᆞᆫ지七年에英國이疲憊ᄒᆞ야畢竟十三州의獨立을承認ᄒᆞ니此ㅣ即千七百八十二年(正宗六年壬寅)이라爾後로北米合衆國이라稱ᄒᆞᄂᆞᆫ一個獨立國을成ᄒᆞ고其後또版圖의增加ᄒᆞᆫ者를擧ᄒᆞ면千八百三年(純祖三年癸亥)에佛國으로브터(르위사나)를購入ᄒᆞ고同二十一年(純祖二十一年辛巳)에ᄂᆞᆫ西班牙로브터(플로리다)半島를購入ᄒᆞ고同四十五年(憲宗十一年乙巳)에ᄂᆞᆫ墨西其를戰勝ᄒᆞ야新墨西其及(

갈니포르니아)를加ᄒᆞ고同六十七年(大皇帝四年丁卯)에ᄂᆞᆫ露國으로브터北端의荒斯加를購入ᄒᆞ야現今에如此히廣大ᄒᆞᆫ版圖가되얏더라

○荒斯加　英領加奈他의北西端에突出ᄒᆞᆫ半島形이니白令海峽을隔ᄒᆞ야露領西伯利와相對ᄒᆞ니面積이五十三萬方哩오海岸은出入이多ᄒᆞ고其西北角으로브터西에連續ᄒᆞᆫ(알유듸안)列島ᄂᆞᆫ日本千島群島와脈이同ᄒᆞᆫ火山島오內地ᄂᆞᆫ山岳이起伏ᄒᆞ고森林이多ᄒᆞ야加奈他境의(센드예리야스)山은北米最高峯이오(유콘)河ᄂᆞᆫ西流二千餘哩에白令海에注ᄒᆞ고　氣候ᄂᆞᆫ北極圈이州內를橫ᄒᆞᆫ故로甚히寒冷ᄒᆞ나日本黑潮가西岸을洗ᄒᆞᄂᆞᆫ故로高緯度로ᄂᆞᆫ嚴寒치아니ᄒᆞ고南部ᄂᆞᆫ菜蔬의栽培에適當ᄒᆞ며主產은毛皮及海產이니臘虎의獵獲이世上에有名ᄒᆞ고　住民은印甸及(엑스큠오)種이오米人은每夏秋에捕獵船을出ᄒᆞᆯ뿐이러라

墨西其

墨西其ᄂᆞᆫ合衆國南에在ᄒᆞᆫ半島狀이니東은墨西其灣을擁ᄒᆞ고南은中央亞米利의瓦地馬拉、英領(혼두라쓰)와連ᄒᆞ고西ᄂᆞᆫ太平洋에臨ᄒᆞ니南北은千八百哩오東西ᄂᆞᆫ千三百哩오面積은七十四萬方哩(百三十四萬方里)러라

○地勢　落機山脈이本國에入ᄒᆞ야(시ㅣ라、마드레)라稱ᄒᆞᄂᆞᆫ頗高ᄒᆞᆫ山脈이되야其高度ᄂᆞᆫ六千尺으로八千尺에至ᄒᆞ니其脈이延ᄒᆞ야東南에走ᄒᆞ다가廣闊ᄒᆞᆫ(아나왁크)高原을作ᄒᆞ미全人口의五分二가此高原에住ᄒᆞ며　高原의東部及西部ᄂᆞᆫ峻峯이鬱結ᄒᆞ고火山이甚多ᄒᆞ야屢屢히地震의害가有ᄒᆞ고有名ᄒᆞᆫ最高火山은(포포카데폐틀)이라云ᄒᆞ니高가一萬八千尺이오山頂에噴火口가有ᄒᆞ니直徑이一哩오深이一千尺이오　地形은南이狹ᄒᆞ고(떼완데펫크)地狹이되야猝然히高度를減ᄒᆞ니大抵此國의低地ᄂᆞᆫ다만沿海뿐이러라

○氣候　夏至線이國의中央을橫貫ᄒᆞ야南半은熱帶에入ᄒᆞ고北半은暖帶에在ᄒᆞᆫ故로沿海의低地ᄂᆞᆫ炎熱ᄒᆞ야瘴氣가多ᄒᆞ고惡疫이流行ᄒᆞ나中央高原地ᄂᆞᆫ輕寒輕暖ᄒᆞ고天氣가爽快ᄒᆞ야墨西其樂園이라稱ᄒᆞ며山頂에至ᄒᆞ면寒冷ᄒᆞ야四時에白雪을戴

ᄒᆞᆫ峯에有ᄒᆞ니卽高原部ᄂᆞᆫ全年平均溫度가十七度오(데와피데크)低地ᄂᆞᆫ二十四度라然이나其灣內로流ᄒᆞᄂᆞᆫ有名ᄒᆞᆫ灣流ᄂᆞᆫ頗히氣候ᄅᆞᆯ調和ᄒᆞ야年中乾濕二季가有ᄒᆞ니濕季ᄂᆞᆫ五月로브터十月에終ᄒᆞ고其餘ᄂᆞᆫ乾季니乾季中은暴風이墨西其灣으로브터吹來ᄒᆞ야被害ᄒᆞᆷ이不少ᄒᆞ더라

○天產物　土地가肥沃ᄒᆞ고氣候가溫暖ᄒᆞᆫ故로天產物이不少ᄒᆞ야農產物은高地에ᄡᅧ玉蜀黍、小麥、綿、麻、豆、煙草、菓實等을栽培ᄒᆞ니特히玉蜀黍ᄂᆞᆫ墨西其人의食料라年年히收穫ᄒᆞᄂᆞᆫ價額이一億一千二百萬弗이오麻의產出도年額이七百萬弗에及ᄒᆞ고低地에ᄂᆞᆫ(파나마)椰子、甘蔗、護謨等을產ᄒᆞ며　林產에ᄂᆞᆫ森林이茂盛ᄒᆞ야有用ᄒᆞᆫ木材가不少ᄒᆞ고ᄯᅩ神仙掌草가有ᄒᆞ니其葉으로生ᄒᆞᄂᆞᆫ(고지니ㅣ르)虫은深紅色의顏料ᄅᆞᆯ製ᄒᆞ고ᄯᅩ(아게부)라云ᄒᆞᄂᆞᆫ蘆薈의一種이有ᄒᆞ니土人이此液으로ᄡᅥ清凉酒ᄅᆞᆯ製ᄒᆞ고ᄯᅩ珈琲栽培가甚히盛大ᄒᆞ야獨力으로數十方哩의珈琲園을持ᄒᆞ고此ᄅᆞᆯ爲ᄒᆞ야鐵道ᄅᆞᆯ敷設ᄒᆞ야耕夫ᄅᆞᆯ送迎ᄒᆞᄂᆞᆫ故로其收穫도夥多ᄒᆞ고牧畜도主要ᄒᆞᆫ產物이니來頭의望이有ᄒᆞ며

鑛產은가장富贍ᄒᆞ야其種類가多ᄒᆞᆷ과其質이良好ᄒᆞᆷ이宇內의絕倫이라云ᄒᆞ니金、銀、銅、鐵이甚多ᄒᆞᆫ中銀產이有名ᄒᆞ야世上에서墨西其銀이라稱ᄒᆞ니銀鑛脉의延長이一千二百哩오幅이三百五十哩라云ᄒᆞ고最近의產額은四千八百五十萬弗이오國內에數十所造幣局이有ᄒᆞ야年年히夥多ᄒᆞᆫ銀貨ᄅᆞᆯ製出ᄒᆞ야世界에通用ᄒᆞ니殖民以後로今日에至ᄒᆞ기ᄭᆞ지金銀의產額이約六十三億六千五百萬圓이라云ᄒᆞ더라

本國은如此히天產物이豐富ᄒᆞ나人民이怠惰ᄒᆞ야歲月을虛送ᄒᆞᄂᆞᆫ故로農耕工業이進步치아니ᄒᆞ고鑛業은도리혀退步ᄒᆞᄂᆞᆫ故로政府가移住民條例ᄅᆞᆯ設ᄒᆞ고特別ᄒᆞᆫ保護ᄅᆞᆯ與ᄒᆞ야各國의移住民을招徠코져ᄒᆞ더라

○都邑　墨西其府(人口ᄂᆞᆫ三十萬)ᄂᆞᆫ共和政府가在ᄒᆞᆫ處니國의中央、海拔七千五百尺되ᄂᆞᆫ高原에在ᄒᆞ고四方이峯巒이오(테ㅣ쓰코ㅣ코ㅣ)湖水ᄂᆞᆫ此附近에在ᄒᆞ니風景이淸絕ᄒᆞ고(구와달나자라)ᄂᆞᆫ第二都會니金銀細工及羽毛裝飾品으로有名ᄒᆞ며(베라쿠르쓰)ᄂᆞᆫ太西洋岸의要港이오(아카풀누코)ᄂᆞᆫ太平洋의佳港이니兩港이相須ᄒᆞ야兩洋의運輸ᄅᆞᆯ資ᄒᆞ더라

○人民　人口가凡一千四百萬이니其內에印甸人이三分二ᄅᆞᆯ占ᄒᆞ고白人種은五十萬이오其餘ᄂᆞᆫ混合種族이오山間에住ᄒᆞᄂᆞᆫ印甸人은、오히려殘忍ᄒᆞᆫ蠻風을脫치못

ᄒᆞ야掠奪로爲業ᄒᆞ며 言語ᄂᆞᆫ西班牙語를行ᄒᆞ고 宗敎ᄂᆞᆫ自由로信奉ᄒᆞ나基督舊敎가盛ᄒᆞ며 敎育은初等高等學校가有ᄒᆞ나다만名義ᄲᅮᆫ인故로大槪無智無文의徒러라

○政體 聯邦共和國이니其制度ᄂᆞᆫ專혀合衆國을効則ᄒᆞ고歐洲人이發見ᄒᆞ기前에도(아나왁크)高原에ᄂᆞᆫ强大ᄒᆞᆫ一帝國을建ᄒᆞ얏더니千五百二十一年(中宗十六年辛巳)에西班牙勇將(코ᄅᆞ테스)氏의게滅ᄒᆞᆫ바되야近世ᄭᆞ지西班牙에屬ᄒᆞ더니千八百二十四年(純祖二十四年甲申)에至ᄒᆞ야現今의共和政府를組織ᄒᆞ고國政을行政、司法、立法三權에分ᄒᆞ야立法權은國會에屬ᄒᆞ니國會ᄂᆞᆫ上下兩院이오行政權은大統領의게在ᄒᆞ고國內ᄂᆞᆫ二十八州를十地方에分ᄒᆞ야各州가自治케ᄒᆞ고 陸軍은三萬二千이오海軍은軍艦五艘ᄲᅮᆫ이러라

中央亞米利加

中央亞米加ᄂᆞᆫ墨西哥의南(테완테펙크)와巴奈馬地峽間에在ᄒᆞᆫ五個共和國과一個英領殖民地의總稱이라

○地勢 墨西哥高原이南에延亘ᄒᆞ야高原과峻峯이蜿蜒ᄒᆞ고其全土에南進ᄒᆞᄂᆞᆫ뒤로漸漸狹小ᄒᆞ고太平洋岸을沿ᄒᆞ다가巴奈馬地峽에至ᄒᆞ야低落ᄒᆞ고其幅도僅僅히十二哩에至ᄒᆞ며此脈은活火山이多ᄒᆞ되其中一萬三千尺되ᄂᆞᆫ高峯이有ᄒᆞ고往往히地震이激烈ᄒᆞ야慘狀을致ᄒᆞ며 河流ᄂᆞᆫ可記ᄒᆞᆯ者가無ᄒᆞ고 尼加拉瓦湖ᄂᆞᆫ方今運河를開鑿코져ᄒᆞ더라

○氣候及產物 海岸低地ᄂᆞᆫ炎熱多濕ᄒᆞ야健康에不適ᄒᆞ나高原은溫和快活ᄒᆞ고年中은乾濕二季로成ᄒᆞ며(마호가니)蘇木은本地의特有ᄒᆞᆫ產物로輸出이多ᄒᆞ고其他玉蜀黍、珈琲、藍草、綿、甘蔗等의產出이不少ᄒᆞ며鑛物은埋藏이甚多ᄒᆞ나採掘이不盛ᄒᆞ더라

○人民 最多ᄒᆞᆫ者ᄂᆞᆫ印甸人種이오또西班牙混合種이有ᄒᆞ고言語ᄂᆞᆫ西班牙語오宗敎ᄂᆞᆫ基督敎를信奉ᄒᆞᄂᆞᆫ者가多ᄒᆞ더라

○政體　新世界를發見훈後로中米와墨西其가、다西班牙의占領훈바되얏더니千八百二十一年(純祖二十一年辛巳)에至후야、다西班牙를叛후야獨立후니其初에는、墨西其와聯合후얏스나千八百二十一年(純祖二十一年辛巳)에中央亞米利加聯邦을組織후얏고其次千八百三十九年(憲宗五年己亥)에는分裂후야各各共和國을建立후얏스나爾後로今日까지內亂과革命이不絶후야其基礎가鞏固치못후더라

○瓦地馬拉　(人口는五十萬)本洲極北西에在훈共和國이니往昔에는中米聯邦의一이오首府는國名과同후고議會는一局制오大統領의任期는四年이러라

○英領(혼두라쓰)(面積七千五百方哩、人口는三萬一千)瓦地馬拉의東에在후니首府를(벨리ㅣ쓰)라云후더라

○혼두라쓰　(面積은四萬三千方哩、人口는四十萬)瓦地馬拉南東에在훈共和國이니中米聯邦의一이오首府를(테구시갈누파)라稱후며立法權은議會에屬후고行政權은大統領의게委任후얏더라

○尼加拉瓦　(面積은四萬九千方哩、人口는三十一萬五千)(혼두라쓰)의南에在훈共和國이니首府를馬奈瓦라稱후고此地는尼加拉瓦運河로有名후며

尼加拉瓦運河는太西洋岸의(구리ㅣ톤)港으로브터(산주안)河를沿후야尼加拉瓦湖를通후야太平洋(부리ㅣ도)港에出후기까지全長이百七十哩니此運河는太西、太平兩洋의關門으로全世界貿易의要衝이오特히合衆國은此運河를因후야享得후는利益이가장莫大후니、곳落機山以東과太平洋附近地及太平洋諸島에住후는五億萬人民間、商業上의關係를生후는運河라只今世界重要훈港口가此運河開通훈前과後의航路比較와及米頭에此運河를經由훌貨物噸數의豫算을示후면如左후니

發着港	南米南端角岬을 廻航후는航程	運河를經由후는航程	短縮浬程
倫敦、桑港間	一三、六〇〇浬	六、六〇〇浬	七、〇〇〇浬
倫敦、布哇間	一二、三〇〇	六、七〇〇	五、六〇〇
紐育、秘露間	九、〇〇〇	三、四〇〇	五、六〇〇
紐育에구와돌間	九、六〇〇	二、八〇〇	六、八〇〇
紐育산지아고間	八、四〇〇	四、〇〇〇	四、四〇〇
紐育桑港間	一二、八〇〇	四、八四〇	七、九六〇

將來運河를經由ᄒᆞᆯ貿易貨物噸數豫算

歐洲及太平洋諸國間	三、〇〇〇、〇〇〇噸
歐洲及濠洲間	五〇〇、〇〇〇
北米及南洋、日本、支那、印度間	二、〇〇〇、〇〇〇
合計	五、五〇〇、〇〇〇

○(코스타、리카) (人口는二十四萬)는尼加拉瓦南에在ᄒᆞᆫ共和國이니往時에는中米聯邦의一이오首府를(산호ㅣ세)라稱ᄒᆞ며立法權은議會에屬ᄒᆞ고行政權은大統領이執ᄒᆞ더라

西印度

西印度는(풀노리다)半島로브터南亞米利加의(오리노고)河口를向ᄒᆞ야弧線狀으로連亘ᄒᆞ야墨西其灣及加利比安海를環ᄒᆞ는大小千餘個群島를總稱ᄒᆞᆷ이니面積이九萬五千方哩오人口는大凡四百萬이니島嶼의形勢를因ᄒᆞ야大別ᄒᆞ면即(바하마)大(안틸루)小(안틸루)의三島러라

○地勢 (바하마)群島는(풀노리다)半島東南에連亘ᄒᆞ야平坦ᄒᆞᆫ珊瑚小羣島오大(안틸루)島는前島嶼南에横ᄒᆞ야四大島를兼ᄒᆞᆫ者ㅣ니地勢는山岳이多ᄒᆞ고其質은花崗岩이오熱帶의樹木이鬱蒼ᄒᆞ며 小(안틸루)羣島는大(안틸루)東端으로、브터東南을環ᄒᆞᆫ小羣島니火山質이라只今까지火氣를噴出ᄒᆞ는島가有ᄒᆞ더라

○氣候及產物 位置가熱帶中에在ᄒᆞᆫ故로氣候가炎熱ᄒᆞ나海水가圍繞ᄒᆞ고貿易風이吹過ᄒᆞ며海面이高拔ᄒᆞ야其炎威를調和ᄒᆞ고年中에乾濕二季가有ᄒᆞ니八九月頃에는颶風이屢起ᄒᆞ야沿海의航行이甚히危險ᄒᆞ고、또氣候가溫暖ᄒᆞ며降雨가多ᄒᆞ야植物의砂糖、珈琲、烟草、綿、藍草等의栽培가盛ᄒᆞ고人民의食物은「마니옥」大薯、甘藷等이오또熱帶菓實을產ᄒᆞ더라

○人民　人種은黑人及西班牙人이오其他는雜種이니黑人은向者西班牙人이亞弗利加로、브터輸入ᄒᆞᆫ黑奴子孫이라閣龍氏發見以前ᄭᆞ지는「아라왁크」라稱ᄒᆞ는溫順ᄒᆞᆫ種族及「크라브」라稱ᄒᆞ는慓悍ᄒᆞᆫ蠻族이有ᄒᆞ더니只今은其跡이頓無ᄒᆞ고宗教는基督舊教가盛行ᄒᆞ고土人은蠻教를奉ᄒᆞ더라

○大(안틸루)羣島　古巴　海地(자메이카、포르트、리코)의四大島로成ᄒᆞ니海地島外에는歐洲諸國에屬ᄒᆞ얏더라

○古巴、포르트리코　此二島는다西班牙에屬ᄒᆞ니古巴는西印度諸島中最要最大ᄒᆞᆫ島로(안틸루)中第一이오또土地가肥沃ᄒᆞ야砂糖、烟草、蜂蜜、橙을産ᄒᆞ니特히砂糖、捲烟草는世上에有名ᄒᆞ고首府(하바나)는地球上에第一되는砂糖貿易場이오島內에鐵道를敷設ᄒᆞ고電信을架ᄒᆞ니西印度諸島中가장開化ᄒᆞᆫ故로近時에西班牙를叛ᄒᆞ니其勢力이壯大ᄒᆞ야西班牙軍을屢破ᄒᆞᆫ故로西班牙에셔는十二萬兵卒을派送ᄒᆞ고二億萬弗軍費를費ᄒᆞ얏스나아직平定치못ᄒᆞ고土人의希望ᄒᆞ는바는其國을獨立ᄒᆞ거나或北米合衆國에合倂코자ᄒᆞ니來頭形勢는豫料키難ᄒᆞ더라(大皇帝三十二年丙申의參照라)

(포루트、러코)는地味가甚히肥沃ᄒᆞ고産物及氣候等이總히古巴島와同ᄒᆞ며首府는(산할)이라云ᄒᆞ며島內의人口는八十一萬이러라

○海地島　此島는古巴의之次되는大島ㅣ니島內에山嶽이多ᄒᆞ고樹木이繁茂ᄒᆞ며氣候及産物은古巴와同ᄒᆞ고此島가分ᄒᆞ야二箇共和國을組織ᄒᆞ니卽西部는海地共和國이니首府는(푸르트、아우、푸린스)오東部는(도민쇼)共和國이니首府는(산트、도민쇼)러라

○쟈메이카　(쟈메이카)는英國에屬ᄒᆞ고(ᄌᆞ메이카)胡椒及海龜의産이有ᄒᆞ니此는有益ᄒᆞᆫ産物이오其油는牛酪을代用ᄒᆞ고點燈에用ᄒᆞ며其肉은食料에供ᄒᆞ고甲은各種器具를製ᄒᆞ며首府는(킹스톤)이라云ᄒᆞ더라

○小(안틸루)羣島　(포르트、리코)島로브터南米(베네스예라)海岸에至ᄒᆞ니英、佛、和蘭等諸國에分屬ᄒᆞ고英領(바르바도ㅣ쓰)島는豐饒ᄒᆞ야住民이多ᄒᆞ고砂糖製造가盛ᄒᆞ더리

○바하마羣島　(全面積이五千四百五十方哩)(폴노리다)半島東南에在ᄒᆞᆫ五百餘되는羣島니大概英領이오地勢는平坦ᄒᆞ며重要ᄒᆞᆫ産物은海綿、鳳梨、橙實이오首府

는(푸로비덴스)島의(닛소ㅣ)오羣島內의(왓틀링)島는千四百九十二年(成宗二十三年壬子) 에閣龍氏가비로소到着혼地니此는實노亞米利加大發見의始初라閣龍氏가此島를印度의東端으로錯認ᄒᆞ고西印度라稱ᄒᆞ얏더니只今도、오히려此名을仍用ᄒᆞ더라

太洋洲又濠太剌利亞洲總論

太洋洲는濠太剌利亞大陸(又云濠洲)과太平洋中에散在혼羣島의總稱이니其範圍가甚廣ᄒᆞ야西는亞細亞及印度洋으로브터起ᄒᆞ고東은太平洋及南北亞米利加間ᄭᅡ지羅列ᄒᆞ야或南洋諸島라稱ᄒᆞ니面積이四百二十三萬二千方哩오人口는四千萬人이러라

本洲는近來歐洲各國의競爭場이되야些少혼小島라도다自國의國旗를懸ᄒᆞ니其初에는千五百六十八年(宣祖元年戊辰)에西班牙人이比律賓諸島에居留地를創建ᄒᆞ얏고또航海國葡萄牙가亞細亞에接隣혼島嶼를發見혼後에和蘭人이千六百四年(宣祖三十七年甲辰) 에此地西北諸島(即스마도라、布哇、보르네오)를占領ᄒᆞ니自後로歐洲諸航海國이發見에從事ᄒᆞ야其間에奔競이甚多혼셔가장勢力이有혼者는獨、佛、米等이오英人은依然히太平洋諸島를總轄코져ᄒᆞ니只今各國占領地의大略을示ᄒᆞ면西班牙는赤道以北五度니東經百十五度로乃至百六十五度間에連亘혼一帶를領ᄒᆞ고 和蘭은北緯五度以南、南緯十度니東經百四十一度以西를占ᄒᆞ고英國은濠洲大陸及其附近諸島를占有ᄒᆞ고또來頭發見에從事혼諸國은東經百四十

度로乃至西經百二十五度에至ᄒᆞᄂᆞᆫ諸地를得ᄒᆞ고져ᄒᆞ더라
如此히本洲ᄂᆞᆫ全혀歐洲各國領에歸ᄒᆞ고或自主ᄒᆞᄂᆞᆫ小島가有ᄒᆞ나邦國의體貌를不成ᄒᆞ고布哇ᄂᆞᆫ內亂이頻仍ᄒᆞ야僅僅히獨立을維持ᄒᆞᆯᄲᅮᆫ이오諸島의土人은獷猛野蠻으로歐洲의侵害를被ᄒᆞ야濠洲中一部分은全혀消滅ᄒᆞ얏고ᄯᅩ(퓌지ㅣ)島에서ᄂᆞᆫ英人이蠻俗을退ᄒᆞ고文化를施ᄒᆞᆫ後로土人의數가甚히減少ᄒᆞ야十六萬餘의土人이每年에約一千人式減ᄒᆞ고此에移住ᄒᆞᄂᆞᆫ英獨人等은增殖이甚速ᄒᆞ더라

○本洲ᄂᆞᆫ島嶼配列ᄒᆞᆫ形勢를因ᄒᆞ야如左ᄒᆞᆫ四羣에分ᄒᆞ니

(一)멜나비시아(或은濠大剌利亞(濠洲大陸)及其附近諸島를總稱ᄒᆞᆷ)
(二)馬來西亞(亞細亞에最近ᄒᆞᆫ稍大ᄒᆞᆫ諸島及其附屬群島)
(三)폴니비시아(濠洲東에羅列ᄒᆞᆫ小群島)
(四)미쿠로비시아(赤道以北의小群島)

(一)멜나비시아

(멜나비시아)ᄂᆞᆫ如左ᄒᆞᆫ一大陸과四大島及無數ᄒᆞᆫ島嶼로成ᄒᆞ니

(一)濠洲大陸
(二)타스마니아
(三)新西蘭(南北兩島)
(四)新幾內亞(或은파푸아)

濠洲大陸

濠洲ᄂᆞᆫ亞細亞大陸南東에在ᄒᆞ니西ᄂᆞᆫ印度洋이오東은太平洋을面ᄒᆞ니南緯十一度로브터同三十九度에至ᄒᆞ고東經百十三度로브터同百五十三度四十七分間에在ᄒᆞᆫ大陸이니面積이二百九十四萬方哩(四百九十三萬方里)라

○沿海　地形이不正ᄒᆞ야四字形을成ᄒᆞᆫ故로海岸線이甚히單純ᄒᆞ야其延長이每面積二百五十三方哩에다만一哩의海岸線을成ᄒᆞᄂᆞᆫ故로灣의屈曲이乏少ᄒᆞ고、오직北岸에(카ㅣ펀타리아)灣이有ᄒᆞ니即四字形의凹入處오(요ㅣ크)岬이其東에突出ᄒᆞ야(토르레스)海峽을隔ᄒᆞ야新幾內亞島와相對ᄒᆞ니其南(허ㅣ베ㅣ)灣에至ᄒᆞᄂᆞᆫ

一千二百哩間은斷崖가削立ᄒᆞ야沿海에ᄂᆞᆫ許多ᄒᆞᆫ珊瑚礁가一線狀을成ᄒᆞ니最廣ᄒᆞᆫ處ᄂᆞᆫ其幅이百哩에亘ᄒᆞ야航海의危險이不少ᄒᆞ미此를大墻礁라云ᄒᆞ나其實은墻礁와海岸間二十哩로乃至七十哩間은波濤가平穩ᄒᆞ야船舶이通行ᄒᆞ겟고其南(밧쓰)海峽에至ᄒᆞ기ᄭᆞ지ᄂᆞᆫ(모르톤)(포르트、잣크손)의小灣ᄲᅮᆫ이오

南海岸은一大緩灣을成ᄒᆞ니東部의(스펜사ㅣ)灣及濠洲大灣이有ᄒᆞ며　西海岸에ᄂᆞᆫ、다만(소ㅣ크)灣ᄲᅮᆫ이오　西北海岸은(아도미랄누틔)(다ㅣ윈)二個小灣에不過ᄒᆞ더라

○地勢　濠洲의地勢ᄂᆞᆫ大槪廣大ᄒᆞᆫ高原이오東及西海岸에ᄂᆞᆫ山脈이連亘ᄒᆞ니　東岸山脈은北端(요ㅣ크)岬에셔起ᄒᆞ야海濱으로브터內地五十哩或百哩를馳走ᄒᆞ다가南端은陷ᄒᆞ야(밧쓰)海峽이되고再起ᄒᆞ야(타스마니아)島가되니此山脈이海面을向ᄒᆞᆫ處ᄂᆞᆫ急峻ᄒᆞ나內地를向ᄒᆞᆫ處ᄂᆞᆫ緩斜ᄒᆞ니全長이一千七百哩나平均高度ᄂᆞᆫ一千五百尺에不過ᄒᆞ고各地에其名稱이不同ᄒᆞ야或은(리쌔ㅣ풀)山이라云ᄒᆞ며或은碧山이라云ᄒᆞ며東南隅에셔ᄂᆞᆫ濠洲(알푸쓰)라云ᄒᆞ니高가七千三百五十尺이오其最高峯은(코스시우스코)(호탐)等이니四時에白雪을戴ᄒᆞ고氷河를成ᄒᆞᆫ處가有ᄒᆞ며　西部山脈은東部山脈과갓치整齊ᄒᆞᆫ脈을成치못ᄒᆞ고其高ᄂᆞᆫ五千尺의高峯이有ᄒᆞ나平均高度ᄂᆞᆫ一千尺으로乃至二千尺에不過ᄒᆞ며또南海岸維多利로브터南濠洲에亘ᄒᆞᆫ熄火山脈이有ᄒᆞ니大抵此洲의內地ᄂᆞᆫ探撿이未遍ᄒᆞ나其實은沙漠ᄒᆞᆫ大高原ᄲᅮᆫ이오沙漠과草原이相連ᄒᆞ미土地가磽确ᄒᆞ야無用ᄒᆞᆫ荒地가多ᄒᆞ며

(무ㅣ레ㅣ)河ᄂᆞᆫ本土第一大河로第一交通路니根源을濠洲(알푸스)山에셔發ᄒᆞ야(다ㅣ링)(무르룸빗지)等의支流를合ᄒᆞ야西南流ᄒᆞ다가海에入ᄒᆞ니河口로브터一千七百哩되ᄂᆞᆫ(알누바리ㅣ)府ᄭᆞ지航行ᄒᆞᆯ만ᄒᆞ나河口가淺ᄒᆞ야大船을容納지못ᄒᆞ고其支流를合ᄒᆞ면流域이五十萬方哩餘나水量이甚少ᄒᆞ야旱天에ᄂᆞᆫ水가乾涸ᄒᆞ고深處ᄂᆞᆫ渟滀ᄒᆞ야湖狀을成ᄒᆞ고萬若降雨가多ᄒᆞ면水勢가猝然히增加ᄒᆞ야一大洪水를作ᄒᆞ며　西方海岸의(스완)河ᄂᆞᆫ稍稍히交通의便을助ᄒᆞ야西北에注ᄒᆞ며維多利河ᄂᆞᆫ幅廣水深ᄒᆞ야大船을通ᄒᆞᆯ만ᄒᆞ며湖沼ᄂᆞᆫ流通處가無ᄒᆞᆫ故로大槪鹹水오其中甚ᄒᆞᆫ者ᄂᆞᆫ(토르렌쓰)湖爱爾湖(게르도나ㅣ)湖(아마데우쓰)等이니爱爾湖에ᄂᆞᆫ(조르지나)(쿠우파ㅣ)兩河가入ᄒᆞ더라

○氣候　土地의廣大ᄒᆞᆷ과山脉의排置를因ᄒᆞ야寒暑와雨量이各異ᄒᆞ니卽本土北部

는熱帶에入ᄒᆞᆫ故로甚히炎熱ᄒᆞ니即亞弗利加와緯度가同ᄒᆞ고中央平原은內地性氣候를顯ᄒᆞ야炎熱ᄒᆞ고降雨가稀少ᄒᆞ야或數年間에一雨도不見ᄒᆞᄂᆞᆫ時가有ᄒᆞ야動植物의發達을妨害ᄒᆞ니此ㅣ곳沙漠을生ᄒᆞᆫ原因이오 南部ᄂᆞᆫ稍히溫和ᄒᆞ고雨量이多ᄒᆞ니其中東岸高地ᄂᆞᆫ海洋으로브터送來ᄒᆞᄂᆞᆫ水蒸氣가山嶽을因ᄒᆞ야凝集ᄒᆞᄂᆞᆫ故로四時에雨量이多ᄒᆞ나山嶽以西ᄂᆞᆫ甚히乾燥ᄒᆞ니大概東部及東南部ᄂᆞᆫ氣候가中和ᄒᆞ야健康에適當ᄒᆞ야濠洲中最要地러라

○天產物 植物은他洲보다樹木과雜草가稀疎ᄒᆞ고다만暢茂ᄒᆞᆫ것은有加里樹及金合歡이니有加里樹ᄂᆞᆫ或濠洲𣏾이라稱ᄒᆞ야高가二百五十尺이오周圍가二十尺以上에達ᄒᆞᆫ巨大ᄒᆞᆫ樹木이오또焰樹라云ᄒᆞ야其花의渥丹ᄒᆞᆷ이곳燃燒ᄒᆞᆷ과如ᄒᆞᆫ故로遙望ᄒᆞ면林中에大火가有ᄒᆞᆷ과如ᄒᆞ고農產物은小麥、玉蜀黍、葡萄、綿、甘蔗等을產ᄒᆞ미特히麥類ᄂᆞᆫ其產額이需用에超過ᄒᆞᄂᆞᆫ故로英國에輸出ᄒᆞ며動物에도一種奇怪ᄒᆞᆫ者가有ᄒᆞ니即袋鼠(옴밧트)(有袋獸니狸와如ᄒᆞᆫ者라)(닥크비르)(形容이鴨과如ᄒᆞᆫ者라)와本土에固有ᄒᆞᆫ狗等의奇獸가有ᄒᆞ며 禽鳥ᄂᆞᆫ甚히美麗ᄒᆞᆫ者가有ᄒᆞ고火喰雞ᄂᆞᆫ가장奇妙特異ᄒᆞᆫ者오 有用ᄒᆞᆫ動物은有名ᄒᆞᆫ羊이主要ᄒᆞᆫ者니其數가九千萬頭오

羊毛輸出額은年年히五千六七百萬圓에達ᄒᆞ니其多ᄒᆞᆷ이世界第一이오牛馬도繁殖ᄒᆞ며 礦物은甚富ᄒᆞᆫ中金의產額이米國을凌駕ᄒᆞ야世界의第一이니最近產額이四千百七十六萬弗에及ᄒᆞ미其產地가全土에亙ᄒᆞ나東部山地가第一이오곳本土의金鑛은開掘이未久ᄒᆞᆫ故로來頭에더욱旺盛ᄒᆞᆯ希望이有ᄒᆞ며銀은合衆國과墨西其의之次니其產額이二千三百四十一萬弗에達ᄒᆞ고또石炭은各地에產ᄒᆞ니其額이四百萬噸이라年年히增加ᄒᆞ며其他銅、碧玉、瑪瑙等을產ᄒᆞ더라

○製造業 原料가多ᄒᆞ고또歐洲가遠ᄒᆞᆫ故로移住民으로ᄒᆞ야곰本國의供給을不仰ᄒᆞ고、오작此地에서發達코져ᄒᆞᄂᆞᆫ故로製造業이漸漸盛大ᄒᆞ니現今廣大ᄒᆞᆫ製造所ᄂᆞᆫ(메르보른)、悉德尼、(아데레ㅣ드)等各府에設ᄒᆞ얏고農具及諸器械、蠟燭、石鹼、羊毛織物、砂糖等을製造ᄒᆞ며肉類ᄂᆞᆫ盛히歐洲에輸出ᄒᆞ나織物、玻璃、金屬貨物等은아직英國의輸入을仰ᄒᆞ더라

○人誌 本洲及新幾內亞諸島ᄅᆞᆯ總稱ᄒᆞ야(멜라네시아)라云ᄒᆞ니即黑人島의意義니其住民이黑人種됨을可知오此種은所謂濠太剌利亞黑種이니頭髮을捲縮ᄒᆞ고皮膚ᄂᆞᆫ鐵銅色이오鼻ᄂᆞᆫ平匾ᄒᆞ고面目이醜惡ᄒᆞ며性質이頑愚ᄒᆞ야歐洲人이移住키前

에은蜥蜴、蛇、蠐螬、草根等을食ᄒᆞ더니只今은其數가日減ᄒᆞ야僅僅히五六萬에至ᄒᆞ니此ᄂᆞᆫ未久에其種類가滅盡ᄒᆞ겟고歐洲에셔移來ᄒᆞᆫ白人은이믜三百四十五萬이오其中英人과支那人이多ᄒᆞ더니支那人은白人의猜忌ᄅᆞᆯ受ᄒᆞ야重稅ᄅᆞᆯ課ᄒᆞᆫ後로漸次減少ᄒᆞ야只今은三萬餘뿐이오 宗敎ᄂᆞᆫ自由로信奉ᄒᆞ나基督新敎ᄅᆞᆯ信ᄒᆞᄂᆞᆫ者가多ᄒᆞ고土人은蠻敎ᄅᆞᆯ信ᄒᆞ며 言語ᄂᆞᆫ大概英語오敎育은壓制敎育法을採用ᄒᆞ고또授業料ᄅᆞᆯ取치아니ᄒᆞᄂᆞᆫ故로甚히進步ᄒᆞ야官立學校가二千五百이오生徒가十五萬이오各都會地에ᄂᆞᆫ大學校ᄅᆞᆯ設ᄒᆞ얏더라

◯處誌 本洲ᄂᆞᆫ政治上으로如左ᄒᆞᆫ五州에分ᄒᆞ니

(一)큐인슬넌드
(二)新南威爾斯
(三)維多利
(四)南濠洲
(五)西濠洲

以上各洲의槪略을記述ᄒᆞ노라

◯(큐인슬넌드) 本洲의東北角을占ᄒᆞ고北으로(도르레쓰)海峽을隔ᄒᆞ야新幾內亞島와相對ᄒᆞ니面積이六十六萬八千方哩오人口ᄂᆞᆫ四十五萬이오 地勢ᄂᆞᆫ東部ᄂᆞᆫ山脈이蜿蜒히高原을成ᄒᆞ고其麓에ᄂᆞᆫ綠草가暢茂ᄒᆞ야牧場에適當ᄒᆞᆫ故로人民의生業은牧羊이第一이오其次ᄂᆞᆫ金鐵의採鑛과農業의玉蜀黍、甘蔗、珈琲오 首府(부리스벤)은州의東南海濱에在ᄒᆞ고(록감푸돈)市가其北에在ᄒᆞ야冬至線이此市ᄅᆞᆯ橫過ᄒᆞ니此ᄂᆞᆫ州內의第二되ᄂᆞᆫ都邑이니卽西方金銀産地의集合處오 本州의政治ᄂᆞᆫ元來新南威爾斯의管轄이러니千八百五十九年(哲宗十年己未)에獨立殖民地가되얏더라

◯新南威爾斯 (큐인슬넌드)南에鄰ᄒᆞ니面積이三十一萬方哩오人口ᄂᆞᆫ百十三萬이니東部에ᄂᆞᆫ碧山이蜿蜒히支脈(리바풀)山東西에走ᄒᆞ고(모ㅣ레ㅣ)河及其支流ᄂᆞᆫ內地에灌注ᄒᆞ니此地의牧場은世界無雙이라羊과牛馬의飼養이盛大ᄒᆞ고또處處에石炭의産出이多ᄒᆞ며首府悉德尼ᄂᆞᆫ海面을向ᄒᆞ고碧山을負ᄒᆞ니濠洲中最舊都會라街衢가淸麗ᄒᆞ고商業이繁華ᄒᆞ며氣候가溫和ᄒᆞ야南洋中第一이니人口가二萬이오其設施가一毫도歐洲大都와殊異ᄒᆞᆫ處가無ᄒᆞ고一千八百七十九年(大皇帝十六

年己卯)에ᄂᆞᆫ萬國博覽會ᄅᆞᆯ設ᄒᆞ얏더라

本洲ᄂᆞᆫ昔日(카피테인쿠ᅳ크)氏가云ᄒᆞ되山嶽의形勢가英國威爾斯와近似ᄒᆞ다ᄒᆞ야新南威爾斯라名ᄒᆞ니濠洲中最古殖民地라往時에英國이罪人을流配ᄒᆞ더니現今에ᄂᆞᆫ殖民地가되야邦土가次第로繁榮ᄒᆞ며行政에ᄂᆞᆫ知事가有ᄒᆞ고立法에ᄂᆞᆫ兩院의議會가有ᄒᆞ야規模가漸次로擴張ᄒᆞ더라

○維多利　東南隅에位ᄒᆞᆫ濠洲中最小州니面積이八萬七千九百方哩에不過ᄒᆞ나人口ᄂᆞᆫ百十四萬이니濠洲中第一稠密ᄒᆞᆫ處오濠洲(알푸스)山은東部에셔鬱結ᄒᆞ니高가七千三百五十尺이오氣候가溫和ᄒᆞ고雨量이多ᄒᆞ며卽濠洲中第一金産地오英國殖民地中最要部라

首府(멜누보룬)은州의東南角(필니푸)海港에建ᄒᆞ니南洋中第一都會ᄲᅮᆫ아니라ᄯᅩ南半球中最盛ᄒᆞᆫ都會오人口ᄂᆞᆫ四十四萬이오大學과圖書館等이俱備ᄒᆞ고市街가繁榮ᄒᆞ며有名ᄒᆞᆫ羊毛와金을輸出ᄒᆞ고(발누라트)、(산드하ᅳ스트)ᄂᆞᆫ다金鑛業의中心으로殷富ᄒᆞᆫ都會오　維多利ᄂᆞᆫ新南威爾斯에隷屬ᄒᆞ얏더니其後에獨立殖民地가되얏더라

○南濠洲　本洲의中央에位ᄒᆞᆫ大州니南은濠洲로브터起ᄒᆞ야北은(아라후라)海에達ᄒᆞ니面積이九十萬三千百方哩나內地ᄂᆞᆫ人跡이未到ᄒᆞᆫ處가有ᄒᆞ고住民은南部海邊에集居ᄒᆞ니其數가僅僅히三十二萬이오中央以北은北部地方이라稱ᄒᆞ니住民은大槪支那人이오金銀鑛業에從事ᄒᆞ며銅、羊毛、小麥이有名ᄒᆞ고　首府(아델네이드)ᄂᆞᆫ(센트위센트)灣에臨ᄒᆞ니人口가十三萬이러라

○西濠洲　濠洲西部地方의總稱이니面積은九十七萬五千九百方哩나人口ᄂᆞᆫ三十萬에不過ᄒᆞ야西方(스완)河邊地方에住居ᄒᆞᆯᄲᅮᆫ이오內地ᄂᆞᆫ寂寥無人ᄒᆞᆫ廣野나熱風과旱魃이小ᄒᆞ야耕地及牧塲에適當ᄒᆞᆫ故로來頭民産에合當ᄒᆞᆯ處가不少ᄒᆞ고(쿠ᅳ리)(즈르라)라云ᄒᆞᄂᆞᆫ有名ᄒᆞᆫ材木等이多ᄒᆞ고ᄯᅩ羊毛、金等을産ᄒᆞ며　首府(페르드)ᄂᆞᆫ(스완)河畔에在ᄒᆞ고(알르바니ᅳ)ᄂᆞᆫ南岸에在ᄒᆞᆫ要港이오　本洲의殖民은一千八百二十九年(純祖二十九年己丑)에設始ᄒᆞ야他洲보다先創ᄒᆞ얏스나鑛産이乏少ᄒᆞᆫ故로其發達이甚劣ᄒᆞ더라

○沿革時事　濠洲ᄂᆞᆫ十六世紀頃에葡萄牙가發見ᄒᆞ얏다云ᄒᆞ나確實ᄒᆞᆫ證據가無ᄒᆞ고千六百六年(宣祖三十九年丙午)에和蘭人이、비로소(카ᅳ펜타리야)灣東岸에

下陸ᄒᆞ야千六百四十二年(仁祖二十年壬午)에지數多ᄒᆞᆫ和蘭人이海岸地方을探檢
ᄒᆞ얏고其後에英人(쿡ㅣ쿡)氏가初次航海ᄒᆞ야(一千七百六十八年)(英祖四十四
年戊子)로브터(一千七百七十一年(英祖四十七年辛卯)(에至ᄒᆞ기ᄭᆞ지四年間)
東岸地方을踏看ᄒᆞ야新南威爾斯의名을作ᄒᆞ고千七百九十七年(正宗二十一年丁
巳)에(바스)라云ᄒᆞᄂᆞᆫ人은本洲와(타스마니아)島의海峽을發見ᄒᆞ야其名을作ᄒᆞ
얏고千七百八十八年(正宗十二年戊申)에英國政府에서罪人을移住ᄒᆞ얏더니千八
百二十九年(純祖二十九年己丑)으로브터漸次人民의移住者가有ᄒᆞ야千八百三十
六年(憲宗二年丙申)에維多利州를建設ᄒᆞ고一千八百五十一年(哲宗二年辛亥)에
ᄂᆞ비로소有名ᄒᆞᆫ大鼓金鑛을發見ᄒᆞᆫ後로移住民이驟多ᄒᆞ야人口가一時에增加ᄒᆞ야
各殖民地도漸次發達ᄒᆞᆫ故로英政府가憲法을制定ᄒᆞ고議會를設ᄒᆞ니每州에各各上
下兩院의議會를設ᄒᆞ야立法權을任ᄒᆞ고ᄯᅩ行政은各州에勅任知事一人을派遣ᄒᆞ야
政治를勉勵ᄒᆞᄂᆞᆫ故로本地의發達이ᄂᆞ크게進步ᄒᆞ더라

○타스마니아島　濠洲와(바스)海峽을隔ᄒᆞ야相對ᄒᆞ고大陸이絆地低落ᄒᆞᆫ디가再
次崛起ᄒᆞᆫ者니面積은二萬六千方哩오人口ᄂᆞᆫ十五萬이러라

地勢ᄂᆞᆫ山嶺이重疊ᄒᆞ니平均高度ᄂᆞᆫ二千尺으로乃至三千尺이나或은五千尺以上에
聳立ᄒᆞᆫ峻峯이有ᄒᆞᆫ故로「南洋瑞西」라名ᄒᆞ고ᄯᅩ河流가多ᄒᆞ고水量이不少ᄒᆞ며東部
ᄂᆞᆫ平坦ᄒᆞ야良好ᄒᆞᆫ牧場이有ᄒᆞ며降雨가潤澤ᄒᆞ고氣候가快和ᄒᆞ며　產物은森林이
多ᄒᆞ야堅緻ᄒᆞᆫ良材를出ᄒᆞ며ᄯᅩ鐵、錫、石炭을產ᄒᆞ며　人民은英人이多ᄒᆞ야農業
과漁業에從事ᄒᆞ며捕鯨은重大ᄒᆞᆫ生業이더라
首府(호바ㅣ트)ᄂᆞᆫ南海岸에在ᄒᆞ고北海道에(란쓰세스돈)이有ᄒᆞ니此兩市ᄂᆞᆫ鐵道
로써互相連絡ᄒᆞ야羊毛、菓實、木材의輸出港이오　本島ᄂᆞᆫ千六百四十二年(仁祖
二十年壬午)에和蘭人(타스만)이發見ᄒᆞᆫ處니(幸ᄒᆞ리멘스랜드)라稱ᄒᆞ야其後에
英領에歸ᄒᆞ야罪人을流配ᄒᆞᄂᆞᆫ處러니千八百十九年(純祖十九年己卯)以來로獨立
移住民地가되고同五十三年(哲宗四年癸丑)에發見人의名을因ᄒᆞ야(타스마니아
라改定ᄒᆞ얏고立法權은兩院議會에屬ᄒᆞ고行政權은知事가執ᄒᆞ얏더라

○新西蘭　濠洲의東南千二百哩海上에在ᄒᆞᆫ英領이니(쿡ㅣ쿡)海峽으로써南北二
大島에分ᄒᆞ니附屬諸島를合ᄒᆞ야面積은十萬四千四百方哩오人口ᄂᆞᆫ六十三萬이오
地勢ᄂᆞᆫ大槪山地니ㅣ大山脈이北으로브터南에亙ᄒᆞ야二大島를通貫ᄒᆞ니火山이多

ᄒᆞ고北島의(룬ᄉᆞ리쓰)山은六千二百尺에達ᄒᆞᄂᆞᆫ活火山이오또(에구몬트)ᄂᆞᆫ九千六百尺되ᄂᆞᆫ熄火山이오南島에ᄂᆞᆫ南(알푸쓰)山이南北에連亘ᄒᆞ니其(쿠ㅣ쿠)山은一萬二千尺以上이오歐洲의(알푸쓰)山은氷河가多ᄒᆞ며

北島의北部에在ᄒᆞᆫ(오ㅣ클난드)市ᄂᆞᆫ船舶을碇繫ᄒᆞᄂᆞᆫ要港이오北島의南端(엘누링톤)府ᄂᆞᆫ島中의首府니人口ᄂᆞᆫ十萬이오 氣候ᄂᆞᆫ南溫帶에位ᄒᆞᆫ故로溫和ᄒᆞ고羊은第一되ᄂᆞᆫ產物이오雨量이多ᄒᆞᆫ處ᄂᆞᆫ森林이多ᄒᆞ고農產物도亦多ᄒᆞ며鑛物은金、銀、鐵、石炭、石油러라

○파푸아諸島 濠洲大陸의北方(도르레쓰)海峽을隔ᄒᆞ야東西에延長ᄒᆞᆫ羣島니其重要ᄒᆞᆫ島嶼ᄂᆞᆫ擧ᄒᆞ면新幾內島(비스마ㅣ크)羣島(솔노몬)諸島(산타、쿠루ㅣ쓰)(늬우、헤부리데스)、(늬우、칼네도니아)(로얄틔ㅣ)諸島러라

○新幾內亞島ᄂᆞᆫ山嶺이重疊ᄒᆞ고樹木이蓊鬱ᄒᆞ며(오웬、스탄레ㅣ)山脈ᄂᆞᆫ南東沿海에蜿蜒ᄒᆞ니最高가一萬三千尺이오本羣島ᄂᆞᆫ火山이多ᄒᆞ야地震이多ᄒᆞ며北은日本火山脈과連ᄒᆞ야西、蘇門答剌와連續ᄒᆞ고또新貌列顚(소로몬、늬우헤부리데쓰)諸島도다火山島오其餘諸島ᄂᆞᆫ珊瑚礁니其原質은다火山島러라

羣島ᄂᆞᆫ熱帶에位ᄒᆞ나海風의調和ᄅᆞᆯ因ᄒᆞ야氣候가甚히炎熱치아니ᄒᆞ고降雨가多ᄒᆞ야卑濕地ᄂᆞᆫ健康에不適ᄒᆞ며各島에草木이鬱蒼ᄒᆞ야有用ᄒᆞᆫ材木을產ᄒᆞ고또終年토록凋枯치아니ᄒᆞ며主要ᄒᆞᆫ農產物은甘蔗、椰子、芋、烟草、珈琲等이러라

新幾內亞島ᄂᆞᆫ世界三大島의一이니面積은三十萬方哩오其管轄은西半은和蘭領이오北東은獨逸이오其南東은英國에屬ᄒᆞ고住民은(파푸아)黑族이니性質이頑陋ᄒᆞᆫ蠻民이러라

○(비스마ㅣ크)羣島ᄂᆞᆫ新貌列顚、新愛蘭、(아드밀나르틔)及附近諸島ᄅᆞᆯ總稱ᄒᆞᆷ이니全혀獨逸의管轄이러라

○(소로몬)羣島ᄂᆞᆫ英、獨條約을因ᄒᆞ야東部諸島ᄂᆞᆫ英國에屬ᄒᆞ고西部諸島ᄂᆞᆫ獨逸에屬ᄒᆞ얏더라

○(늬우、칼네도니아)ᄂᆞᆫ東南에延長ᄒᆞᆫ島니面積은六千方哩오人口ᄂᆞᆫ六萬五千되ᄂᆞᆫ佛領島니氣候가炎熱치아니ᄒᆞ야一年中에氣溫이十五度로乃至二十七度間을昇降ᄒᆞ며今世에有名ᄒᆞᆫ白銅이全島到處에서產ᄒᆞᄂᆞᆫ故로各國人民을招徠ᄒᆞ야坑夫로使用ᄒᆞ고또良好ᄒᆞᆫ珈琲ᄅᆞᆯ產ᄒᆞ며其附近(로야르틔ㅣ)島도佛領이오其北、新(헤부

리데쓰)群島는英領에屬ᄒᆞ얏더라

（二）馬來西亞(一名은東印度諸島)

馬來西亞는亞細亞와(멜나네시아)間에散在ᄒᆞᆫ群島니南緯十一度로브터北緯二十一度에達ᄒᆞ고東經九十五度로브터同百三十五度에至ᄒᆞ니此ㅣ곳比律賓(선다)等의群島러라

○比律賓群島

比律賓群島는西班牙領이니日本新領地臺灣과는僅僅히巴西海峽을隔ᄒᆞ야日本人이商業上과軍事上에가장留意ᄒᆞᄂᆞᆫ地오此島는北緯四度四十五分으로브터同二十度에至ᄒᆞ니大小島嶼가凡一千二百이라太平洋及支那海中間에處ᄒᆞ야兩海의界境을分劃ᄒᆞ니面積은十一萬七千方哩오人口는頗多ᄒᆞ야七百六十三萬에至ᄒᆞ더라

○地勢　島嶼의大ᄒᆞᆫ者는最北의呂宋이第一이오其次는民太臘及馬爾(폴나완)(민도로)(파나이)等이오　島內는大槪丘陵과高原이니山脈이逶迤히南北에亘ᄒᆞ야本島의地骼을成ᄒᆞ니最高峯은(민도로)島의(하루꼰)이라高가八千八百六十八尺이오群島가總히火山脈이多ᄒᆞ야往往히地震의慘害를被ᄒᆞ고其中(마욘)山은只今도오히려盛히噴烟ᄒᆞ며河流는多ᄒᆞ나甚히淺少ᄒᆞ야運輸가不便ᄒᆞ고其灌域되는

平原에ᄂᆞᆫ草木이蒼茂ᄒᆞ고米田、蔗園이不少ᄒᆞ더라

○氣候　氣候ᄂᆞᆫ全年寒溫의差異가小ᄒᆞ야四時長夏라故로草木이凋落지아니ᄒᆞ고昆蟲이常在ᄒᆞ며二月로브터五月ᄭᆞ지三個月이極熱期니其中太平洋을向ᄒᆞᆫ地ᄂᆞᆫ六月로乃至八月ᄭᆞ지、ᄯᅩᄒᆞᆫ極熱ᄒᆞᆫ氣候오　呂宋島의全年平均溫度ᄂᆞᆫ二十八度오ᄯᅩ西南氣候風期ᄂᆞᆫ此風이濕氣를齎來ᄒᆞᄂᆞᆫ故로雨가多ᄒᆞ야年中을乾濕兩季에分ᄒᆞ니四月로브터九月ᄭᆞ지ᄂᆞᆫ雨季오其餘ᄂᆞᆫ乾季오ᄯᅩ太平洋海岸地方은乾濕兩季가相反ᄒᆞ며　ᄯᅩ往往히定時ᄒᆞᆫ暴風暴雨가有ᄒᆞ야被害ᄒᆞᆷ이多ᄒᆞ고八九月頃에ᄂᆞᆫ日本에襲來ᄒᆞᄂᆞᆫ暴風이恒常此島東北海中에셔發起ᄒᆞ더라

○產物　溫煖ᄒᆞᆷ과多濕ᄒᆞᆷ을因ᄒᆞ야土地가肥沃ᄒᆞᆫ故로各地產物이豐富ᄒᆞ나土民이怠惰ᄒᆞ고交通이不便ᄒᆞᆫ故로商業이發達치못ᄒᆞ며農產은砂糖、米、麻、珈琲、烟草、玉蜀黍、藍等이니其中馬尼剌라稱ᄒᆞᄂᆞᆫ卷烟草ᄂᆞᆫ世界各國에輸出ᄒᆞ되最近一個年輸出額이二百十六萬弗에達ᄒᆞ고麻도馬尼剌麻의稱이有ᄒᆞ며ᄯᅩ砂糖도產額이多ᄒᆞ야日本에輸出ᄒᆞᄂᆞᆫ最近額이百四十七萬圓이오藍도日本에輸出ᄒᆞ며鑛物에ᄂᆞᆫ金、銀、鐵、石炭等의良鑛이有ᄒᆞ나採鑛이盛치못ᄒᆞ더라

○首府　馬尼剌ᄂᆞᆫ呂宋島의西南되ᄂᆞᆫ馬尼剌灣에臨ᄒᆞ니人口가十六萬이오西班牙政廳이在ᄒᆞᆫ處오諸官衙、學校、郵便、電信局等이有ᄒᆞ고市街가繁盛ᄒᆞ며此市ᄂᆞᆫ貿易의中心을占ᄒᆞᆫ故로諸島의物產이輳集ᄒᆞ야四方에運送ᄒᆞ니其中緊重ᄒᆞᆫ貿易國은米、英、支那、日本等이오一千八百九十五年(大皇帝三十三年丙申)九月來로本府附近의獨立熱望者가本國을叛亂ᄒᆞ니其勢力이甚大ᄒᆞ더라

○人誌　住民의太半은馬來人種이니大槪懶惰ᄒᆞᆫ性으로晝眠을貪ᄒᆞ야悠悠히歲月을虛送ᄒᆞ고人民은土人外에支那人及白人의混合種族이오　敎育은初等敎育이稍行ᄒᆞ고　宗敎ᄂᆞᆫ基督舊敎及回回敎니土人은迷信이甚ᄒᆞ야僧侶의權力이盛ᄒᆞ더라

○沿革時事　本島ᄂᆞᆫ千五百二十一年(中宗十六年辛巳)에西班牙의領이되니葡萄牙人(마가란비스)가(라도론)島及民太臘島에下陸ᄒᆞᆫ時오其次千五百四十三年(中宗三十八年癸卯)에(르이)、(로칙쓰)、(데)、(뻬르보스)가全羣島를發見ᄒᆞᆫ故로西班牙王比律布의名을因ᄒᆞ야本島의名을作ᄒᆞ얏고同七十年(宣祖三年庚午)以來로比律賓全羣島가西班牙에屬ᄒᆞ야馬尼剌로써首府를定ᄒᆞ고其後에內亂과外患이屢起ᄒᆞ야西班牙의羈絆을脫코자ᄒᆞ얏고、ᄯᅩ日本國도伊豫國野島의領主村上圖書

가遠征軍總督이되야明의海岸地方으로브터安南의東浦塞와및暹羅를巡航ᄒᆞ고、다시本島及(보르네오)를侵略ᄒᆞ야千五百九十年(宣祖二十三年庚寅)頃에西班牙軍艦과日本遠征船이戰鬪를開ᄒᆞ야西班牙ᄂᆞᆫ堅艦火砲가具備ᄒᆞᆫ故로日本이敗ᄒᆞ얏고ᄯᅩ距今三百年前에日本人이貿易次로其地에滯留ᄒᆞᄂᆞᆫ者가數千이라只今도오히려日本의遺風을傳ᄒᆞ야墓碑가歷歷히存ᄒᆞ더라

○산다諸島

○地勢 西ᄂᆞᆫ馬來加半島로브터東은(파푸아)島에連ᄒᆞᆫ羣島의總稱이니其中重要ᄒᆞᆫ者ᄂᆞᆫ(스마트라)瓜哇(보르네오)西列伯等이오(보르네오)島北部外에ᄂᆞᆫ、다和蘭領이러라

羣島ᄂᆞᆫ山嶽이重疊ᄒᆞ고高峻ᄒᆞᆫ者ᄂᆞᆫ(스마트라)島의(아봉)山及(오파아)山이니高가一萬四千尺이오各島ᄂᆞᆫ太平洋海盤을環ᄒᆞᆫ有名ᄒᆞᆫ大火山脈이니、다火山의造成이오此脈이日本ᄭᆞ지及ᄒᆞ얏고瓜哇島ᄂᆞᆫ世界에有名ᄒᆞᆫ火山이多ᄒᆞᆫ島니其中에四十五座의火山이有ᄒᆞ야千八百十五年(純祖十五年乙亥)(삼바와)島噴出時에ᄂᆞᆫ一百哩餘를隔ᄒᆞᆫ瓜哇島도黑烟이從發ᄒᆞ야白晝가暗黑ᄒᆞ고其聲響이一千哩外에達ᄒᆞ고

近海ᄂᆞᆫ灰燼이層積ᄒᆞ기數尺에達ᄒᆞ야船舶의航海ᄅᆞᆯ妨害ᄒᆞ고(삼바와)島ᄂᆞᆫ太半은灰燼이되야四萬生靈을埋殺ᄒᆞ얏고 各島ᄂᆞᆫ、다河流灌漑가運輸의便을助ᄒᆞ고海岸은屈曲이多ᄒᆞ야良港이不少ᄒᆞ더라

○氣候産物 氣候ᄂᆞᆫ炎熱ᄒᆞᆫ故로雨量이多ᄒᆞ야卑濕ᄒᆞᆫ地ᄂᆞᆫ健康을害ᄒᆞ나海風의調和ᄅᆞᆯ因ᄒᆞ야溫和ᄒᆞᆫ處가有ᄒᆞ고 地味가豐腴ᄒᆞ야産物이不少ᄒᆞ니米、珈琲、砂糖、烟草、胡椒、丁香、樟腦、黑檀、象牙、獸皮等이오其中奇異ᄒᆞᆫ者ᄂᆞᆫ(볼누비오)島에서生ᄒᆞᄂᆞᆫ(라푸레시아)〔藤蘿가樹根에寄生ᄒᆞ야直徑이三尺以上되ᄂᆞᆫ五瓣의大花ᄅᆞᆯ開ᄒᆞᄂᆞ니라〕「네펜데스」(葉端에瓢子와如ᄒᆞᆫ嚢을懸ᄒᆞ니其中에水ᄅᆞᆯ貯ᄒᆞ고其上에蓋가有ᄒᆞ니라) 오沿海에ᄂᆞᆫ魚鹽을産ᄒᆞ고鑛物에ᄂᆞᆫ金、銅、鐵、錫、亞鉛、硫黃、石炭을産ᄒᆞ니其中(반가、비리톤)島〔共히、스마도라、島의附屬島〕의錫鑛과 (보루네오) 島의金剛石等이著名ᄒᆞ고ᄯᅩ西列伯은珈琲오瓜哇ᄂᆞᆫ羊毛로ᄡᅥ有名ᄒᆞ며羣島東邊에在ᄒᆞᆫ(진놀上)羣島에ᄂᆞᆫ丁香、荳蔻等香料가有ᄒᆞᆫ故로香料羣島라稱ᄒᆞ더라

○總誌 瓜哇ᄂᆞᆫ熱帶諸島中最勝ᄒᆞᆫ天富島니住民은二千四百六十一萬이오面積은五萬五百五十四方哩니此로ᄡᅥ計ᄒᆞ면每一方哩에四百八十七人이오ᄯᅩ重要ᄒᆞᆫ都市

間은道路가開通ᄒᆞ야水牛를使用ᄒᆞ야車輪을挽케ᄒᆞ고鐵道를敷設ᄒᆞ며電信을架ᄒᆞ야通商과貿易이盛ᄒᆞ고其他諸島ᄂᆞᆫ沿海及河流를因ᄒᆞ야交通ᄒᆞᆷ에不過ᄒᆞ나各島가다濠船의往來가頻繁ᄒᆞ야外國貿易이盛行ᄒᆞ더라

(바타뷔아)市ᄂᆞᆫ瓜哇의西北海岸에在ᄒᆞ니、가쟝繁華ᄒᆞᆫ大都라市街가淸潔ᄒᆞ고鎭臺、病院等이有ᄒᆞ며椰子、檳榔은蒼蒼히市街를圍繞ᄒᆞ니風景이淸楚ᄒᆞ고人口ᄂᆞᆫ十萬이오和蘭總督이住在ᄒᆞ며(스라바야)가其東北海岸에在ᄒᆞ며 (파당)은(스마도라)島의要港이오(보르네오)島西岸에ᄂᆞᆫ(사라와크)의要港이有ᄒᆞ더라

(三)폴니네시아

(폴니네시아)ᄂᆞᆫ東經百七十五度以東、南太平洋에無數히布列ᄒᆞᆫ小羣島의總稱이니(폴니네시아)ᄂᆞᆫ卽多島ᄒᆞ다ᄂᆞᆫ義旨오域內의島嶼ᄂᆞᆫ火山島、珊瑚島의二種이有ᄒᆞ니

(쾨ㅡ씨ㅡ)、(푸렌들니ㅡ)(一名은통가)(소사이틔ㅡ)(사모아)의諸島等은火山島에屬ᄒᆞ고其他小島嶼ᄂᆞᆫ珊瑚島에屬ᄒᆞ니라

○地勢 火山島ᄂᆞᆫ珊瑚島에比ᄒᆞ면大槪廣大ᄒᆞ니遠望이突兀ᄒᆞᆫ圓錐形의山岳이聳立ᄒᆞ야航海者의標識이되고景色이壯麗ᄒᆞ며珊瑚島ᄂᆞᆫ三種에分ᄒᆞ니(一)은陸地沿邊에淺水峽或小池를成ᄒᆞ야珊瑚礁를作ᄒᆞ니此를裙緣礁라云ᄒᆞ고(二)ᄂᆞᆫ堡障礁라云ᄒᆞ야火山島를繞ᄒᆞ야成ᄒᆞ니濠洲大陸의東北沿岸의珊瑚礁가卽此오(三)은環礁又珊瑚島라云ᄒᆞ니海面으로브터環狀의全圓或半圓이隆起ᄒᆞᆫ者니其幅이甚狹ᄒᆞ야最廣處라도數百間에不過ᄒᆞ고地面이低矮ᄒᆞ야環內에湖水를湛貯ᄒᆞ고船舶이此內에入ᄒᆞ야暴風의害를避ᄒᆞ니大槪火山島ᄂᆞᆫ珊瑚島에比ᄒᆞ면峯巒이多ᄒᆞ고樹木이鬱蒼ᄒᆞ며地味가肥沃ᄒᆞ나珊瑚島ᄂᆞᆫ低矮ᄒᆞ고水濕이乏少ᄒᆞ야植物이隨處히披生ᄒᆞᄂᆞᆫ

니各群島의地形及景況이大槪如此ᄒᆞ더라

○氣候及產物　熱帶域內에散在ᄒᆞ나炎熱치아니ᄒᆞ고稍寒稍暖ᄒᆞ야全年氣候가春節과如ᄒᆞ야平均溫度ᄂᆞᆫ二十七度니此ᄂᆞᆫ森漫ᄒᆞᆫ海面을吹渡ᄒᆞᄂᆞᆫ海風의調和오　氣候及土地가肥沃ᄒᆞᆫ故로產物이多ᄒᆞ니即麵包菓ᄂᆞᆫ四時에蒼蒼ᄒᆞ고土人이常食ᄒᆞᄂᆞᆫ빈오(바나나)、大麥、甘蔗、烟草、珈琲、砂糖、綿、米等은主要ᄒᆞᆫ產物이러라

○人誌　住民의大半은馬來種이니皮膚가褐色이오其他ᄂᆞᆫ濠洲大陸土民과同ᄒᆞ고性質이敏捷ᄒᆞ야將來發達ᄒᆞᆯ希望이有ᄒᆞ나漸次로減少ᄒᆞᆯ傾向이有ᄒᆞ고宗敎ᄂᆞᆫ大槪基督敎를信奉ᄒᆞ더라

○處誌　本群島ᄂᆞᆫ歐洲各國의分屬을從ᄒᆞ야如左히槪記ᄒᆞ노라

○英領　(피지ㅣ)群島〔面積은七千四百方哩오人口ᄂᆞᆫ十二萬이라〕首府ᄂᆞᆫ(스와ㅣ)라云ᄒᆞ니其北에英領(로드마ㅣ)島가有ᄒᆞ고其他ᄂᆞᆫ(허ㅣ베이)羣島〔一名은쿠ㅣ쿠島〕오其最大島ᄂᆞᆫ(라로돈가)니(사베지ㅣ)島와共히英領이러라

○佛領　(소사이티ㅣ)諸島〔面積은四百六十二萬方哩오人口ᄂᆞᆫ一萬二千이라〕其最大島(타히티)ᄂᆞᆫ南洋의樂園이라稱ᄒᆞᄂᆞᆫ美島니首府(파페티)港이有ᄒᆞ고또(마르케사아)(감비이)兩島ᄂᆞᆫ佛領이러라

○獨立諸島　(포린눈리ㅣ)諸島〔面積ᄂᆞᆫ六十二萬方哩오人口ᄂᆞᆫ二萬人〕ᄂᆞᆫ英人((쿠ㅣ쿠)氏의發見이니土人외게友情이有ᄒᆞᆫ故뎌를受ᄒᆞ야其名을從ᄒᆞ야首府ᄂᆞᆫ(비쿠알노파)라云ᄒᆞ며政體ᄂᆞᆫ立憲王政이오　(사모아)島ᄂᆞᆫ十四個의火山島가集ᄒᆞᆫ者니首府ᄂᆞᆫ(아피아)라云ᄒᆞ야(우폴누)島에在ᄒᆞ며(아비아)ᄂᆞᆫ濠洲、新西蘭及후렌도리ㅣ)諸島間에汽船의往復이有ᄒᆞ더라

(四)미구로네시아

赤道線以北(파푸아)島와日本國小笠原島間에在ᄒᆞᆫ無數ᄒᆞᆫ島嶼를總稱홈이니即(마리안나)(카롤나인)(마르샬)(시르베루트)(산드윗치)羣島等이니火山島와珊瑚島로成ᄒᆞ고其中特히(마리안나、카롤나인)은日本富士帶火山脈과連ᄒᆞ얏더라

氣候及產物等은(뽈니네시아)와同ᄒᆞ고土人은馬來人種에屬ᄒᆞᆫ者와(뽈니네시아)人種에屬ᄒᆞᆫ者와또西班牙人도住ᄒᆞ더라

左에各島의形勢를槪記ᄒᆞ노라

(마리안나)羣島ᄂᆞᆫ小笠原羣島의南方凡五百浬에在ᄒᆞ니一名은(라도론)이라稱ᄒᆞ며大小十五의島嶼로成홈이니面積이四百二十方哩오人口ᄂᆞᆫ一萬에不過ᄒᆞ며最大島ᄂᆞᆫ(구암)이니(아푸라)港이有ᄒᆞ고西班牙에屬ᄒᆞ얏더라

(카롤나인)羣島ᄂᆞᆫ(마리안나)羣島의南方六百浬에在ᄒᆞ니其範圍가北[illegible]ᄒᆞ야東西가凡六百哩에散在ᄒᆞ고本島에著名ᄒᆞᆫ石壁의古跡이有ᄒᆞ니何人種의建築인지詳知치못ᄒᆞ고人口ᄂᆞᆫ三萬六千이러라

(마르샬、시르베루트)의二羣島ᄂᆞᆫ다[illegible]에[illegible]ᄒᆞ니(마르샬)은四十六의島嶼

로成ᄒᆞ야最大島를(야푸)라云ᄒᆞ니獨逸의派遣官이駐在ᄒᆞ며(제루베르트)ᄂᆞᆫ十六個의島嶼로成ᄒᆞ얏더라

○布哇又(산드윗지)羣島

布哇ᄂᆞᆫ南洋第一의獨立國이오또南洋中第一되ᄂᆞᆫ日本條約國이라其位置ᄂᆞᆫ北緯十八度餘로브터二十三度에亘ᄒᆞ니經度ᄂᆞᆫ西經百十五度로브터百六十一度間에在ᄒᆞ니日本橫濱의東南約三千四百浬오米國桑港으로브터約二千一百浬에在ᄒᆞ며 面積은諸島를合ᄒᆞ야三萬九千七百七十五方哩(六萬六千七百七十方里)오群島ᄂᆞᆫ大小八個島니此를東南으로브터列擧ᄒᆞ면如左ᄒᆞ니

(一)布哇

(二)카훌노우

(三)마우이

(四)라나이

(五)오아후ㅣ

(六)몰노카이

(七)카우아이

(八)니ㅣ하우

○地勢 地勢ᄂᆞᆫ南洋羣島와갓치東南으로브터西北에散布ᄒᆞ니火山質로成ᄒᆞᆫ故로各島到處에火山灰와火山岩이大槪다赭紅色이나或黯灰色이오其質이極히細微ᄒᆞ야少許라도濕潤ᄒᆞ면粘着ᄒᆞ고涸燥ᄒᆞ면飛揚키容易ᄒᆞ며 各島에山이多ᄒᆞ나樹木이甚히稀少ᄒᆞ고、다만山腹以下平地에至ᄒᆞ면外國人의移殖홈을因ᄒᆞ야溫熱兩帶의草木이到處에鬱蒼ᄒᆞ고平地ᄂᆞᆫ牧畜에適當ᄒᆞ며山海에ᄂᆞᆫ魚鳥가甚多ᄒᆞ더라

○氣候 全國이熱帶에位ᄒᆞ나他熱帶國과갓치暑威를感動치아니ᄒᆞ고冬期의平均溫度ᄂᆞᆫ二十二度오夏期에ᄂᆞᆫ二十五度니首府의極度ᄂᆞᆫ最高가三十度오最低가十三度니年中九箇月間은暑氣를覺ᄒᆞ고但暑氣中은北東定期風이連續吹來ᄒᆞ야夜陰은冷凉을感ᄒᆞᄂᆞ니如此히氣候가溫和홈은北極으로브터海底를流來ᄒᆞᄂᆞᆫ寒流가此羣島附近海面에서浮出ᄒᆞᄂᆞᆫ故로附近의溫度ᄂᆞᆫ他同緯度보다約十度가低ᄒᆞ다云ᄒᆞ며雨量은地勢와風向을因ᄒᆞ야甚異ᄒᆞᆫ故로或不雨處가有ᄒᆞ더다

○産物 當國第一産은有名ᄒᆞᆫ甘蔗니千八百七十五年(大皇帝十二年乙亥)에合衆

國과特約을結훈以後로甘蔗耕作의業이盛大ᄒᆞ니此國의甘蔗ᄂᆞᆫ他製糖國과갓치一年一回의收穫이아니오成熟은十五箇月로乃至三十箇月을要ᄒᆞᄂᆞᆫ故로其幹이甚大ᄒᆞ고目今製糖所의數ᄂᆞᆫ百個處에達ᄒᆞ야盛히各國에輸出ᄒᆞᄂᆞᆫ데其中米國으로輸出이多ᄒᆞ며　(쿠ㅣ쿠ㅣ)氏가、비로소此島ᄅᆞᆯ發見훈時에ᄂᆞᆫ巨大훈蕨、灌木、蘚苔의類가繁茂ᄒᆞ야尺地의餘가無ᄒᆞ고、또動物은黑鼠鼯、鼠及黑色長鼻豕外에ᄂᆞᆫ四足獸가無ᄒᆞ더니千七百九十三年(正宗十七年癸丑)에、비로소南米로브터家畜若干을移殖훈後에十年間家畜殺生을禁止ᄒᆞ고其間에天氣와氣候가適宜훈故로家畜이增殖ᄒᆞ야、 드듸여土人이獵盡치못ᄒᆞ고其後에野羊을輸入ᄒᆞ얏더니此羊도또훈繁殖ᄒᆞ야恰似히當國의固有훈產物과如ᄒᆞ야現今에ᄂᆞᆫ耕作보다牧畜이盛ᄒᆞ야羊皮ᄂᆞᆫ輸出品의一部오其外牛、馬、騾等의頭數가三十萬에不下ᄒᆞ야國內需用의餘裕ᄂᆞᆫ、다此ᄅᆞᆯ桑港에輸出ᄒᆞ며　菓實은現今에數種의輸出品이有ᄒᆞ나、다外國으로서移植훈者오固有훈產物은芭蕉野蓬藁(뚤기)及(오히야)라稱ᄒᆞᄂᆞᆫ赤色多液의林檎三種에不過ᄒᆞ고또蜈蚣、蛇、蛙、蚊等의蟲類도無ᄒᆞ더니外國交通後에次第로生ᄒᆞ얏다云ᄒᆞ며木材의重훈者ᄂᆞᆫ(고ㅣ)樹(一名은로ㅣ)라稱ᄒᆞ야器具及樂器ᄅᆞᆯ製ᄒᆞᄂᆞᆫ故로外國人이甚愛ᄒᆞᄂᆞᆫ者오檀香木은、일즉이夥多ᄒᆞ야支那에輸出ᄒᆞᄂᆞᆫ故로支那人은此島ᄅᆞᆯ檀香山이라稱ᄒᆞ더니只今은甚히減ᄒᆞ얏고其他樹木도濫伐의弊ᄅᆞᆯ因ᄒᆞ야甚減ᄒᆞ얏다云ᄒᆞ더라

◯首府　(오아후ㅣ)島中의(호놀룰누)府ᄂᆞᆫ當國首府니共和政府、舊王室及其他官衙가有ᄒᆞ고家家에庭園이廣大ᄒᆞ야樹木이屋을蔽훈ᄂᆞᆫ로船中에서此ᄅᆞᆯ望ᄒᆞ면林間村落과恰似ᄒᆞ고市街ᄂᆞᆫ人馬가道路ᄅᆞᆯ兩條에分ᄒᆞ야往來ᄒᆞ며商店이騈列ᄒᆞ고人馬가絡繹ᄒᆞ며府內家屋의過半은、임의西洋製度오外郭近側에ᄂᆞᆫ木製及土人의矮屋이處處에散在ᄒᆞ며　府民은總히二萬四千이니其四分一은賤業에從事ᄒᆞᄂᆞᆫ支那人이오土人은十分一에不過ᄒᆞ니、다怠惰ᄒᆞ야氣槪가無ᄒᆞ야外人의使役에充ᄒᆞᆯ뿐이오其他ᄂᆞᆫ다外國人이오府內의要地ᄅᆞᆯ占有ᄒᆞ야勢力의商賈ᄅᆞᆯ經營ᄒᆞᄂᆞᆫ者ᄂᆞᆫ米人이오英佛의商賈도多ᄒᆞ며　日本人의渡航者도多훈故로其需用을應ᄒᆞ야府中央에日布商會가有ᄒᆞ고其他商店四五處가有ᄒᆞ며　本府ᄂᆞᆫ良好훈港口라故로南을面훈陸地에入ᄒᆞ기二浬에船隻一百艘ᄅᆞᆯ泊ᄒᆞᆯ만ᄒᆞ고風波의難이無ᄒᆞ야水面이鏡面과如ᄒᆞ나다만十二月로브터翌年三月間에ᄂᆞᆫ强훈南風이少有ᄒᆞ고港口의燈臺ᄂᆞᆫ九哩ᄅᆞᆯ

照耀ᄒᆞ더라

○人誌　布哇의人口ᄂᆞᆫ他南洋諸島와如ᄒᆞ야實로可憐ᄒᆞ니卽百餘年前(쿠ㅡ쿠)氏가發見ᄒᆞᆫ時에ᄂᆞᆫ土人의數가二十萬에近ᄒᆞ더니漸漸減少ᄒᆞ야七十年前에ᄂᆞᆫ十四萬二千이되고爾來에外人이渡來ᄒᆞᆫ時마다諸種傳染病을緣ᄒᆞ야漸漸減少ᄒᆞ야現今에ᄂᆞᆫ三萬五千에不過ᄒᆞ고外來人은漸漸增加ᄒᆞ야支那人이一萬五千이오日本人이一萬二千四百이오英人이四千五百이오米人二千과其他外人이니外人의總數가九萬人이오土人은體格이壯健ᄒᆞ고膂力이有ᄒᆞ나酒를嗜ᄒᆞ고經世에留意치아니ᄒᆞ며矮屋弊衣로洋洋自足ᄒᆞᆫ風이有ᄒᆞ더라

敎育　當國의住民은大概來住民인故로學童이少ᄒᆞ나政府의命令으로就學케ᄒᆞᄂᆞᆫ故로土人은敎育思想이多ᄒᆞ야生計에不拘ᄒᆞᄂᆞᆫ者ᄂᆞᆫ、다就學ᄒᆞᄂᆞᆫ美風이有ᄒᆞ야六十歲以上老人을除ᄒᆞᆫ外에ᄂᆞᆫ大概能히普通讀書法을行ᄒᆞᆫ다云ᄒᆞ며　本國의文字ᄂᆞᆫ十二字오綴字法은日本國文과同ᄒᆞ니元來簡單ᄒᆞᆫ蠻語를發表ᄒᆞᆷ에不過ᄒᆞᄂᆞᆫ故로外人이渡來ᄒᆞᆫ以後로社會事物이繁雜ᄒᆞ게됨으로써舊來ᄒᆞ던文字로ᄂᆞᆫ盡記키難ᄒᆞ미英語의便ᄒᆞᆷ을效ᄒᆞ야餘裕가有ᄒᆞᆫ者ᄂᆞᆫ英語를學ᄒᆞᄂᆞᆫ故로英語를使用ᄒᆞᄂᆞᆫ進步가非常히速ᄒᆞ다云ᄒᆞ더라

○沿革時事　近世ᄭᆞ지各島에獨立酋長이有ᄒᆞ야統一치못ᄒᆞ더니(가메와메와)라云ᄒᆞᄂᆞᆫ者가布哇島로브터起ᄒᆞ야一千八百十九年(純祖十九年己卯)에至ᄒᆞ야各島를一統ᄒᆞ얏고(가메와메와)第三世에至ᄒᆞ야國을開ᄒᆞ야憲法을制定ᄒᆞ고國會를開設ᄒᆞ며千八百四十三年(憲宗九年癸卯)에諸外國으로ᄒᆞ야곰其獨立을承認케ᄒᆞ얏고同七十四年(大皇帝十一年甲戌)에(르나리로)王이死ᄒᆞ야血統이絶ᄒᆞᆫ故로國民이其時驛遞總官(가라가와)를推ᄒᆞ야王位에卽케ᄒᆞ니王은卽位以後로專혀人口를增殖ᄒᆞ고民智를開發ᄒᆞ며貿易을盛大케ᄒᆞ기를爲ᄒᆞ야親히東西를遊覽ᄒᆞ야移住民을招徠ᄒᆞᄂᆞᆫ故로千八百八十四年(大皇帝二十一年甲申)에日本에도航到ᄒᆞ야移住民條約을結ᄒᆞ야移住民을招來ᄒᆞ고또合衆國에往ᄒᆞ야其時大統領(구란드)氏와締約ᄒᆞ고本國主產砂糖을桑港에免稅輸入ᄒᆞᆷ을得ᄒᆞ기ᄭᆞ지ᄒᆞ얏스나晩年後에漸漸民心을失ᄒᆞ야드ᄃᆡ여革命에至ᄒᆞ야僅僅히鎭靜ᄒᆞ얏스나王의特權은大臣히減損ᄒᆞ야、거의虛位에擁ᄒᆞᆯ뿐으로終ᄒᆞ니此ᄂᆞᆫ大槪外國移住民의煽動이라云ᄒᆞ며千八百九十三年(大皇帝三十年癸巳)에至ᄒᆞ야愛國黨의革命派가起ᄒᆞ야北米合衆國公使와

結託ᄒᆞ고布哇로써合衆國에合併ᄒᆞ기를企望ᄒᆞ되米國政府에서ᄂᆞᆫ此를承諾지아니ᄒᆞ고千八百九十四年(大皇帝三十一年甲午)七月에드듸여(리러오、가라니)王을廢ᄒᆞ고(도ㅡ르)氏를推ᄒᆞ야大統領으로定ᄒᆞ고立憲王國을改ᄒᆞ야共和政治로布告ᄒᆞ얏고千八百七十一年(大皇帝八年辛未)七月에日本國과通商條約을締結ᄒᆞ얏다가一千八百八十五年(大皇帝二十二年乙酉)二月에第一回渡航民을送ᄒᆞ고以後로每年二回式渡航者를送ᄒᆞ야、임의數萬人에及ᄒᆞ니渡航者ᄂᆞᆫ大槪甘蔗耕作에從事ᄒᆞ더라

南亞米利加

(此篇以下ᄂᆞᆫ大洋洲、篇上에맛당히在ᄒᆞᆯ터이나印刷가有誤ᄒᆞᆷ으로此에編ᄒᆞ노라)

南亞米利加ᄂᆞᆫ新世界南半의大洲니北은狹長ᄒᆞᆫ巴奈馬地峽으로써中米에連ᄒᆞ고東은大西洋에臨ᄒᆞ며南은南冰洋에入ᄒᆞ고西ᄂᆞᆫ太平洋에瀕ᄒᆞ며其緯度ᄂᆞᆫ北緯十二度半으로브터南緯五十五度五十九分되ᄂᆞᆫ角岬이最南端이오冬至線은大陸中央을橫貫ᄒᆞ니東西가凡三千二百哩오南北이四千五百哩오面積은六百五十萬方哩(千九十萬方里)라其內에如左ᄒᆞᆫ諸區劃이有ᄒᆞ야

○哥倫比亞　○베네쓰예라
○ᄭᅪ아나此를三部에分ᄒᆞ니
英領ᄭᅪ아나　蘭領ᄭᅪ아나　佛領ᄭᅪ아나
○伯爾　○에쿠아도ㅡ
○秘露　○볼니비아
○팔나ᄭᅪ예ㅡ　○우루ᄭᅪ예ㅡ
○亞爾然丁共和國　○智利

○포올클난드諸島

○沿海 本洲의海岸線은北米에比ᄒᆞ면屈曲이小ᄒᆞ야、다만加利比安海에ᄂᆞᆫ(다리엔)(베네스에라)兩灣이有ᄒᆞ고東端(센트、로ᅳ쿠)岬으로브터極南端角岬에至ᄒᆞ기ᄭᆞ지大灣의入홈이無ᄒᆞ고沿海ᄂᆞᆫ淺ᄒᆞ야二三의小灣이有ᄒᆞᆯᄲᅮᆫ이오西岸一帶ᄂᆞᆫ安的斯山系의背後인故로斷崖가急峻ᄒᆞ야沿海가深ᄒᆞ나港灣이乏少ᄒᆞ니海岸線의延長이約一萬五千哩라面積과比較ᄒᆞ면四百三十四方哩에因ᄒᆞ야一哩러라

○地勢 南亞米利加ᄂᆞᆫ自然히地勢를因ᄒᆞ야如左ᄒᆞᆫ四大部에分ᄒᆞ니

(一)安特斯山地 安特斯山系ᄂᆞᆫ本洲의樞軸이라西岸과並趨ᄒᆞ야北巴奈馬에셔直貫ᄒᆞ야南角岬에達ᄒᆞ니長이凡四千五百哩로世界에最長ᄒᆞᆫ山脈이라稱ᄒᆞ며南部ᄂᆞᆫ削立ᄒᆞᆫ障壁과如ᄒᆞᆫ一山脈이北方에至ᄒᆞᆫ즉二로並行ᄒᆞᄂᆞᆫ二連嶺을成ᄒᆞ니此ᄂᆞᆫ幅이、거의四百哩라(볼니비아)를包ᄒᆞ니其高度가九千尺으로乃至一萬一千尺이오其中(틔틔카카)湖畔의(소라타)山은二萬五千二百五十尺에從ᄒᆞ니本山系의最高點이오또新世界의第一高峰이라此山系ᄂᆞᆫ激烈ᄒᆞᆫ火山脈으로成ᄒᆞ니現今에著名ᄒᆞᆫ活火山二十四座가有ᄒᆞ야其中智利의中央되ᄂᆞᆫ亞坤加瓦(에쿠아돌)의(침보라쏘)及(코토팍시)ᄂᆞᆫ二萬尺以上에屹立ᄒᆞ고亞坤加瓦火山은二萬三千尺이니世界에最高ᄒᆞᆫ活火山이오또(코토팍시)ᄂᆞᆫ火山의好標本이니美麗ᄒᆞᆫ白扇을倒懸홈과如ᄒᆞᆫ絕頂으로브터白煙을吐ᄒᆞ며

(二)伯西爾高原 伯西爾東南部의廣大ᄒᆞᆫ高原이니山勢가甚히雄峻치아니ᄒᆞ나間間히四千尺或六千尺되ᄂᆞᆫ高峯이有ᄒᆞ고其平均高度ᄂᆞᆫ二千尺에不過ᄒᆞ며

(三)中央平原 中央平原은安的斯 山系와伯西爾高原으로브터南太平洋에橫列ᄒᆞ니其面積이三百五十萬方哩卽本洲의過半을占領ᄒᆞᆫ一大平原이라此를(오리노코)河灌域、亞馬孫河灌域、(라뿌라다)河灌域의三部에分ᄒᆞ니其地形及景況이各異ᄒᆞ야(오리노코)河灌域은北部에在ᄒᆞ니此ᄂᆞᆫ草原이라稱ᄒᆞ야茫茫ᄒᆞᆫ數百哩間에一個樹木과一個砂礫이無ᄒᆞ고、다만靑草가萋萋히茂盛ᄒᆞ야蔚然히一大牧塲을成ᄒᆞ니數百의牛馬가羣을成ᄒᆞ야各各自樂ᄒᆞ다가乾季에至ᄒᆞ면全野가地乾草枯ᄒᆞ야寸靑이無ᄒᆞ고一面은沙漠이되ᄂᆞᆫ故로牛馬ᄂᆞᆫ山麓으로遁逃ᄒᆞ고虫蛇ᄂᆞᆫ地下에蟄伏ᄒᆞ며亞馬孫河灌域은雨濕과溫暖을因ᄒᆞ야植物의發生이盛ᄒᆞ야喬木이蓊鬱ᄒᆞ야天을蔽ᄒᆞ고蓁莽蘿蔓이其根을包ᄒᆞ며禽鳥가往來ᄒᆞ고昆虫毒蛇가草間에蟄伏ᄒᆞ야人類住

居에不適ᄒ고旅客은다만河岸을沿ᄒ야僅僅히旅行ᄒᄂ故로此를林原이라云ᄒ며(라부라다)河灌域은(오리노고)河灌域과同ᄒ草原이나間間히廣大ᄒ砂磧이有ᄒ고또南方에近ᄒ故로氣候가溫和ᄒ야乾季라도靑草가枯死치아니ᄒ고千萬의牛馬가成羣作隊ᄒ니此河를(팜파쓰)라云ᄒ며

(四)(세아나)高地　亞馬孫河領과(오리노고)河領間에在ᄒ嶮峻ᄒ高原이니(파리메)山及(아카레아)山이此中에在ᄒ더라

○水誌　本洲ᄂ世界中雨量이多ᄒ地方인故로廣大ᄒ河가有ᄒ니卽亞馬孫(오리노고)(라플나타)等의巨大ᄒ河를涵養ᄒ더라

亞馬孫河　此河ᄂ世界第一되ᄂ巨流라源을安的斯山으로브터發ᄒ야東流ᄒ다가(마데이라)(네악로)河等一千哩以上되ᄂ支流八個를倂ᄒ야四千百哩를流ᄒ야太西洋에注ᄒ며河口로브터二千哩間은大艦을通ᄒ만ᄒ고小船은安的斯山下에遠達ᄒ며其灌域이二百二十五萬方哩ㅣ오河口의深이二百尺이오幅이五十七哩오其河領은卽林原이니森林이蓊鬱ᄒ平原이오

(오리노고)河　此河ᄂ(세아나)高地及安的斯山으로브터源을發ᄒ야北流東折ᄒ야太西洋에入ᄒ니長이千五百五十哩오水量이多ᄒ야거의源頭ᄭ지舟楫의便이有ᄒ고其河領은卽草原이오

(라플나타)河　此河ᄂ伯西爾高地에發源ᄒ야(우르구예)、파르구예)兩河를倂ᄒ야南流ᄒ다가太西洋에注ᄒ니此河ᄂ二千三百哩의長流나河口에淺瀨가有ᄒ야大艦을容納지못ᄒ고河領은卽(팜파쓰)平原이오

亞馬孫河左岸의支流(네악로)河ᄂ(오리노고)의支流(카시퀴아레)河와其上流를合ᄒ고또(마데이라)河ᄂ(라푸라다)의上流와自然히運河를成ᄒ故로水量이多ᄒ時ᄂ(오리노고)河口로브터溯上ᄒ야中央高原을貫通ᄒ야(라부라다)河口에出ᄒ만ᄒ고運輸와交通上의便이有ᄒ더라

○氣候　安的斯山系를因ᄒ야寒暑의差를生ᄒ니卽本洲의大部ᄂ熱帶인故로平原地方은炎熱多濕ᄒ야健康에不適ᄒ나安山脉高原은氣候가溫和ᄒ야海拔一哩로乃至二哩高原에繁華ᄒ都府를健設ᄒ니此ᄂ人口가稠密ᄒ緣故오本洲ᄂ雨量이甚多ᄒ야卽多濕ᄒ北東貿易風이南太西洋으로브터大平原에吹來ᄒ다가、其後面에巍峨ᄒ山이擁遮ᄒ야濕氣를化ᄒ야沛然히雨를降ᄒ니此ㅣ卽世界最大河를漲溢ᄒᄂ

根源이라如斯히濕氣를安山以東에셔化ᄒᆞᄂᆞᆫ故로高原及其西岸二百哩餘ᄂᆞᆫ乾沙漠을成ᄒᆞ야空氣가乾燥ᄒᆞ고氣候가酷熱ᄒᆞ며 本洲의南部、安山系의西海岸은降雨가稍多ᄒᆞ나極南地方은南極寒流가近ᄒᆞᆫ故로甚히沍寒ᄒᆞ더라

○天產物 溫熱과多濕홈을因ᄒᆞ야本洲에植物의種類가多ᄒᆞ야幾那、護謨、椰子、棕櫚、蘇木(마호가니ㅣ)等의藥料珍材와農產物에ᄂᆞᆫ珈琲、綿、砂糖、藍、烟草(마니옥)鳳梨等이오動物은種類가小ᄒᆞ나獨히此洲에셔生ᄒᆞᄂᆞᆫ家畜이有ᄒᆞ니即無峰駝、羊駝라此兩種은即駱駝의類로其體ᄂᆞᆫ小ᄒᆞ나能히重荷를負ᄒᆞ고嶮峻ᄒᆞᆫ山路에行ᄒᆞ며其毛가美麗ᄒᆞ야織物을製ᄒᆞ겟고또食蟻獸、袋鼠와安山上에棲ᄒᆞᄂᆞᆫ鷲悍鷲及鸚鵡、駝鳥、毒蛇、鱷魚가多ᄒᆞ고鑛物은安的斯連山에埋藏홈이多ᄒᆞ나採掘이盛치못ᄒᆞ야、다만秘露의金銀과智利의銅等이有名ᄒᆞ고伯西爾에셔ᄂᆞᆫ金剛石을產ᄒᆞ더라

○人誌 本洲의人口ᄂᆞᆫ大約四千五百七十萬이니印甸、白人、黑人及各混合種族이라白人은全人口의十分二오印甸人은十分四를占ᄒᆞ고黑人은十分一이니大槪伯西爾에住ᄒᆞ고其餘ᄂᆞᆫ混合種族이오白人은西班牙人의苗裔가多ᄒᆞ고、다만伯西爾에住ᄒᆞᄂᆞᆫ者ᄂᆞᆫ葡萄牙人의子孫이오 宗敎ᄂᆞᆫ基督舊敎가廣行ᄒᆞ고 言語ᄂᆞᆫ大槪西班牙語를用ᄒᆞ나葡萄牙語가伯西爾에行ᄒᆞ고政體ᄂᆞᆫ總히共和政體러라

印甸人은本洲의原居民이오洲의西部로브터侵入ᄒᆞᆫ印加族은歐洲人이發見ᄒᆞ기前에도文化가現著ᄒᆞ야安的斯高原이其營業處오(티티카카)湖畔은實로南米開化의中心이라其遺蹟이歷歷ᄒᆞ야只今尙存ᄒᆞ며一千六百年代初에白人이殖民코져ᄒᆞ야土人과極烈ᄒᆞᆫ戰爭이起ᄒᆞ니土人을抵當치못ᄒᆞ야、드듸여其下에立ᄒᆞ얏더라

○沿革時事 南米가、비로소世上에現出ᄒᆞ기ᄂᆞᆫ一千五百二十九年(中宗二十四年己丑)이오其發見은西班牙第三次遠征의結果라自後로西班牙葡萄牙가此地에殖民ᄒᆞ야葡萄牙ᄂᆞᆫ伯西爾를領ᄒᆞ고西班牙ᄂᆞᆫ其餘를領ᄒᆞᆫ故로全土가大槪兩國領地에歸ᄒᆞ얏더니千八百十年(純祖十年庚午)에智利가西班牙를叛ᄒᆞ야獨立ᄒᆞᆫ以來로不過二十年間에各地가處處히獨立ᄒᆞ야共和國을建ᄒᆞ야西班牙ᄂᆞᆫ맛참ᄂᆡ南米의主權을失ᄒᆞ고또伯西爾ᄂᆞᆫ千八百二十二年(純祖二十二年壬午)에獨立帝國을建ᄒᆞ얏더니同八十九年(大皇帝二十六年己丑)에革命의亂이有ᄒᆞ야共和國이된故로現今은다만(세아나)一部에不過ᄒᆞ고其餘ᄂᆞᆫ歐洲領이러라

如斯히南米各邦은近來에新獨立國이라其國體와政體의基礎가、아직確立지못ᄒᆞ

고ᄯᅩ其勢力이有ᄒᆞᆫ移住民은大槪歐洲南部의羅甸種이니其氣質이輕佻浮薄ᄒᆞᆫ故로革命의爭亂이屢起ᄒᆞ야寧日이無ᄒᆞ며

近來南米各國은歐洲各國과ᄀᆞᆺ치兵備ᄅᆞᆯ相爭擴張ᄒᆞ니特히伯西爾、亞爾然丁이其中尤甚ᄒᆞ며ᄯᅩ各邦이鐵道의必要ᄒᆞᆷ을知ᄒᆞ야全洲의旣成鐵道가七千哩오近時에南米太平鐵道ᄅᆞᆯ敷設ᄒᆞ기로決定ᄒᆞ얏스니此鐵道ᄂᆞᆫ伯西爾의東南角(페루남부코)로브터起ᄒᆞ야伯西爾及亞爾然丁의太平原을橫ᄒᆞ야智利의西岸(발누파란이소)에至ᄒᆞ기ᄭᆞ지其延長이約六千八百(세지메돌)間이니北米의太平鐵道와如ᄒᆞ게太平、太西兩洋을連絡ᄒᆞᆫ故로其交通貿易을資ᄒᆞᆷ이必大ᄒᆞᆯ지고特히注目ᄒᆞᆯ거슨近時에移住民이甚多ᄒᆞᆷ이니歐洲人口의生計가困難ᄒᆞᆷ을因ᄒᆞ야移住民의數가增加ᄒᆞ야其中亞爾然丁에ᄂᆞᆫ最近每年에十九萬人의來住者가有ᄒᆞ고其次ᄂᆞᆫ伯西爾니十五六萬이라故로南米太平原은未久에人口가稠密ᄒᆞᆫ地가되겟더라

哥倫比亞　(一名은뇌우、쌀라나다)

中米의南에連ᄒᆞ고北加利比安海及(삐비스엘란)에接ᄒᆞᆫ南米北西部의一邦이니面積이五十萬方哩오

土地ᄂᆞᆫ山嶽이多ᄒᆞ야安的斯山脈이國內에서三脈에分ᄒᆞ야其間에聳立ᄒᆞᆫ二谷을作ᄒᆞ니西脈은一萬八千尺되ᄂᆞᆫ最高脈이오中脈은(마구달비나)河(코一카)河의分水界ᄅᆞᆯ成ᄒᆞ니此兩河ᄂᆞᆫ國의中央을北流ᄒᆞ야加利比安海에注ᄒᆞ니運輸가便ᄒᆞ며東脈에도、ᄯᅩᄒᆞᆫ其高가一萬五千尺되ᄂᆞᆫ高峻處오(오리노코)河ᄂᆞᆫ此東麓으로브터發ᄒᆞ야草間에注ᄒᆞᄂᆞ니라

海岸及峽間低地ᄂᆞᆫ炎熱이如熔ᄒᆞ나高原은快和ᄒᆞ야健康에適宜ᄒᆞ고山頂은寒冷ᄒᆞ며産物은幾那、煙草、珈琲、砂糖、絹、綿等이오山中에서ᄂᆞᆫ、金、銀、銅、鐵의鑛物이多ᄒᆞ나採掘이盛치못ᄒᆞ며

首府ᄂᆞᆫ(보고타)라云ᄒᆞ니人口가十一萬이오位置ᄂᆞᆫ八千尺되ᄂᆞᆫ高處에在ᄒᆞ니氣候가溫和ᄒᆞ야終年을늘春節과如ᄒᆞ고巴奈馬港은太平洋岸에在ᄒᆞ니太西洋의海洋(아스핀월누)間에鐵道ᄅᆞᆯ通ᄒᆞᆫ要港이오本國의人口ᄂᆞᆫ三百八十萬이니其三分一은

白人이오其餘는印甸人及黑人이오言語는西班牙語오 宗敎는基督舊敎로國敎로定ᄒᆞ고敎育은能히普及ᄒᆞ야大學一處가有ᄒᆞ며

此國이其初에는西班牙에屬ᄒᆞ얏더니千八百十九年(純祖十九年己卯)에獨立ᄒᆞ야共和政體를組織ᄒᆞ니立法權은國會에在ᄒᆞ고國會는上下兩院이오行政權은大統領이執ᄒᆞ며近年에는內亂이連續ᄒᆞ야國債가多ᄒᆞᆫ故로政府의歲入이其利子를報償ᄒᆞ기에도不足ᄒᆞ다云ᄒᆞ더라

베네스엘라

哥倫比亞의東에隣ᄒᆞ니面積이九十九萬四千方哩오 國의中央을貫流ᄒᆞ는(오리노코)河는西方安的斯山으로브터發源ᄒᆞ야東流ᄒᆞ다가太西洋에入ᄒᆞ니河口로브터一百五十哩上流에도、오히려廣이四哩오大小四百餘個의支流가有ᄒᆞ고其河領은廣漠ᄒᆞᆫ草原이오(마라카이보)湖는加利比安海와通ᄒᆞ니海灣이라稱ᄒᆞᆯ만ᄒᆞ지못ᄒᆞ고水中에杙杭을建ᄒᆞ고家屋을作ᄒᆞ야水上에住ᄒᆞ는人民이有ᄒᆞ니西班牙人이此로(베네스엘나)라呼ᄒᆞ니此ㅣ即國名의起源이오其東沿岸에(파리아)灣이有ᄒᆞ니灣口에英領(트리니다드)島가有ᄒᆞ더라

氣候는乾雨二季가有ᄒᆞ야海濱及(오리노코)河領은炎熱이甚ᄒᆞ야惡疫이流行ᄒᆞ고高地는稍溫ᄒᆞ며土地가肥沃ᄒᆞ야椰子、砂糖、綿、烟草、藍等의產出이多ᄒᆞ고草原에는數萬의牛馬가繁殖ᄒᆞ고또(오리노코)金鑛이有名ᄒᆞ며

首府를(카라카스)라云ᄒᆞ고全國人口는二百二十三萬餘니印甸人種西班牙人種及混合種族이오言語는西班牙語가行ᄒᆞ고 宗敎는基督舊敎로國敎로定ᄒᆞ고敎育이稍盛ᄒᆞ야諸種의學校를設ᄒᆞ얏스며

千八百三十年(純祖三十年庚寅)에西班牙羈絆을脫ᄒᆞ야共和國을組織ᄒᆞ니立法權은國會에在ᄒᆞ고國會ᄂᆞᆫ上下兩院으로成ᄒᆞ고別로히國會로셔撰任ᄒᆞᆫ同盟議會가有ᄒᆞ야大統領을補佐ᄒᆞ니此同盟議會로셔撰定ᄒᆞᆫ議長이即大統領이러라

세아나

(베네스엘나)의東에在ᄒᆞ니北一帶ᄂᆞᆫ大西洋에臨ᄒᆞ고南은伯西爾에境ᄒᆞ니面積이二十萬方哩오英、佛、蘭三國에分屬ᄒᆞ얏고　地勢ᄂᆞᆫ海岸地方外에ᄂᆞᆫ一般이高地오南方、伯西爾에接ᄒᆞᆫ處ᄂᆞᆫ森林이多ᄒᆞ고海岸低地ᄂᆞᆫ水面下에在ᄒᆞᆫ故로堤防을築ᄒᆞ야海水의侵入을防ᄒᆞ더라

氣候ᄂᆞᆫ炎熱ᄒᆞ고濕氣가多ᄒᆞ나海岸은海風의調和ᄅᆞᆯ因ᄒᆞ야稍히炎威ᄅᆞᆯ減ᄒᆞ며　產物은珈琲、砂糖、米、綿、胡椒等이오其中有名ᄒᆞᆫ것은乳樹及電氣鰻이니乳樹ᄂᆞᆫ木幹으로牛乳와如ᄒᆞᆫ津液을出ᄒᆞᄂᆞᆫ故로此ᄅᆞᆯ飲料로用ᄒᆞ고電氣鰻은土人이此ᄅᆞᆯ捕ᄒᆞᆯ時에馬ᄅᆞᆯ河中에投ᄒᆞ면鰻魚가强ᄒᆞᆫ電氣ᄅᆞᆯ發ᄒᆞ야馬ᄅᆞᆯ襲取ᄒᆞᄂᆞᆫ지라人이其電氣가散乏ᄒᆞ기ᄅᆞᆯ竢ᄒᆞ야此ᄅᆞᆯ捕ᄒᆞᆫ다云ᄒᆞ더라

○英領(세아나)　(세아나)의最西部니面積이十萬九千方哩오人口가二十八萬九千이오首府ᄂᆞᆫ(조-지툰)이라云ᄒᆞ니(세아나)中가장進步ᄒᆞ얏더라

○蘭領(세아나)　英領(세아나)의東에在ᄒᆞ니面積이六萬方哩오人口ᄂᆞᆫ五萬餘오首府ᄂᆞᆫ(파라마리보)라云ᄒᆞ더라

○佛領(세아나)　(베네스엘라)最東部에在ᄒᆞ니面積이四萬方哩오人口ᄂᆞᆫ二萬四千이니此地ᄂᆞᆫ佛國犯罪人의流配處라故로進步치못ᄒᆞ고首府ᄂᆞᆫ(카이엔네)라云ᄒᆞ더라

伯西爾

伯西爾ᄂᆞᆫ南米의東部太半을占ᄒᆞᆫ大國이니面積이三百二十五萬方哩오　全國의地勢ᄂᆞᆫ二樣에分ᄒᆞ니即南部ᄂᆞᆫ山地에屬ᄒᆞ고諸山脈이海岸에連亘ᄒᆞ다가內地에至ᄒᆞ야ᄂᆞᆫ數多ᄒᆞᆫ平行山脈이有ᄒᆞ니平均高度가二千尺으로乃至二千五百尺이라곳(라부라다、)亞馬孫兩河의分水界ᄅᆞᆯ成ᄒᆞ며　北部ᄂᆞᆫ亞馬孫河及其支流가灌漑ᄒᆞᄂᆞᆫ廣大ᄒᆞᆫ平原이니所謂林原地方ᄒᆞ라到處에森林이鬱蒼ᄒᆞ야地面은日光을不見ᄒᆞᄂᆞᆫ處가有ᄒᆞ고亞馬孫河外에(토칸틴스)(산푸란시스코)等의河가有ᄒᆞ야交通의便이頗大ᄒᆞ더라

伯西爾ᄂᆞᆫ天然力의發達이地球上第一이니植物은氣候가炎熱ᄒᆞᆷ과濕氣가多ᄒᆞᆷ을因ᄒᆞ야一千餘種이有ᄒᆞᆫ中特히珈琲ᄂᆞᆫ全地球上産出額의三分一를産ᄒᆞ야年年히八億斤을輸出ᄒᆞ고ᄯᅩ綿花ᄂᆞᆫ合衆國과競爭ᄒᆞ고甘蔗ᄂᆞᆫ西印度와競爭ᄒᆞ고其他咨、煙草、菓實이오 動物은亞米利加虎、猿猴、鸚鵡及食用鳥類오ᄯᅩ草原에ᄂᆞᆫ牛、馬、羊等이蕃殖ᄒᆞ고 礦物埋藏이亦是不少ᄒᆞ야金、銀、鐵、石炭、石腦油、金剛石이有ᄒᆞ나交通이不便ᄒᆞᆷ과資金이不足ᄒᆞᆫ故로採鑛이不盛ᄒᆞ며

住民은大約一千四百萬이니土地와比較ᄒᆞ면甚히稀少ᄒᆞ야一方哩에四人餘假量이라全人口의過半은印甸人이오白人은葡萄牙人의子孫이多ᄒᆞ고ᄯᅩ黑人種이有ᄒᆞ며宗敎ᄂᆞᆫ基督舊敎를國敎로定ᄒᆞ나他敎도信奉ᄒᆞᄂᆞᆫ者ㅣ有ᄒᆞ고敎育은各地에學校를設ᄒᆞ얏스나甚히劣ᄒᆞ며

首府(리오자네이로)ᄂᆞᆫ南米中第二大都會로大西洋岸에在ᄒᆞ니人口가五十一萬이오(바히아)港은首府의之次되ᄂᆞᆫ要港이니人口가十六萬이오(페르남부코)及(팔나)도亦是要港이라此國이其初에ᄂᆞᆫ葡萄牙의領土러니千八百二十二年(純祖二十二年壬午)에葡國皇族을推戴ᄒᆞ야永世保護主로定ᄒᆞ고獨立을成ᄒᆞ얏더니一千八百八十九年(大皇帝二十六年己丑)에革命이起ᄒᆞ야皇帝를逐ᄒᆞ고同九十年(大皇帝二十七年庚寅)에ᄂᆞᆫ共和政府를組織ᄒᆞ니立法權은國會에屬ᄒᆞ고國會ᄂᆞᆫ兩局制오行政權은大統領의게在ᄒᆞ더라

에쿠아돌

(에쿠아돌)은哥倫比亞의南에在ᄒᆞ니東은伯西爾에接ᄒᆞ야赤道直下에位ᄒᆞᆫ故로其國名이此意味를含ᄒᆞ고面積은十一萬方哩오人口ᄂᆞᆫ百二十七萬이러라

安的斯山이國中을橫亘ᄒᆞᆫ故로全國이高隆ᄒᆞ고ᄯᅩ高峻ᄒᆞᆫ火山이多ᄒᆞ야恒常白烟을吐ᄒᆞ니(침보라소ㅡ)及(코토파시)等은其中著名ᄒᆞᆫ者오其周回에ᄂᆞᆫ往往히激烈ᄒᆞᆫ地震이有ᄒᆞ야千七百九十七年(正宗二十一年丁巳)에(리오밤바)府ᄂᆞᆫ一市가全히破壞ᄒᆞ얏더라

低地의氣候ᄂᆞᆫ甚히炎熱陰濕ᄒᆞ나高原은淸快ᄒᆞ야健康에適ᄒᆞ며重要ᄒᆞᆫ産物은(가카오)咨、珈琲、幾那皮오ᄯᅩ植物象牙라云ᄒᆞᄂᆞᆫ椰子殼으로釦紐를刻ᄒᆞ야外國에盛히輸出ᄒᆞ며ᄯᅩ(파나마)遮帽라云ᄒᆞᄂᆞᆫ者를製出ᄒᆞ더라

首府(키토)(盛義之都의義)ᄂᆞᆫ九千五百尺高原에在ᄒᆞ니氣候가暢快ᄒᆞ야四時長春

미오安的斯외城壁을大雪嶺이市街를圍ᄒᆞ야景况이甚히壯麗ᄒᆞ고人口ᄂᆞᆫ七萬이오太平洋岸에(솨외아켈)의要港이有ᄒᆞ니家屋ᄂᆞᆫ總히竹으로써製造ᄒᆞ야地震의害를避ᄒᆞ며、(쿄)此國은哥倫比亞(베네스엘나)와合併ᄒᆞ야哥倫比亞共和國을組織ᄒᆞ얏더니千八百三十年(純祖三十年庚寅)에分ᄒᆞ야獨立共和國이되얏더라

秘魯

北으로(에쿠아도르)를接ᄒᆞ야南에延ᄒᆞ니長이一千二百哩오幅이七百哩라面積이四十六萬四千方哩오人口ᄂᆞᆫ二百六十二萬이러라

地勢ᄂᆞᆫ安的斯山脈이國의中部를貫通ᄒᆞ고其左右에低地가有ᄒᆞ며此山脈은火山이多ᄒᆞ고二萬餘尺以上의高峰이有ᄒᆞ며山地의北際ᄂᆞᆫ亞馬孫源頭오太平洋岸의低地ᄂᆞᆫ幅이五六十哩오 氣候ᄂᆞᆫ地形을因ᄒᆞ야差異ᄒᆞᆫ故로沿海地方은乾燥ᄒᆞ나安山으로브터吹來ᄒᆞᄂᆞᆫ冷風과太平洋의寒流가炎威를減殺ᄒᆞ고亞馬孫源頭ᄂᆞᆫ降雨가多ᄒᆞ고森林이蒼鬱ᄒᆞ며高原地方은寒暖이中和ᄒᆞ야溫帶的氣候러라

產物은農產이니馬鈴薯、砂糖、珈琲、小麥、玉蜀黍及幾那皮等이오其中馬鈴薯ᄂᆞᆫ根本產地니現世界各國에培養ᄒᆞᄂᆞᆫ者ᄂᆞᆫ此國으로서播傳ᄒᆞ얏고幾那皮도產出이多ᄒᆞ

야秘魯皮라稱ᄒᆞ며無峰駝ᄂᆞᆫ安山中貨物運輸에用ᄒᆞ고又羊駝ᄂᆞᆫ美麗ᄒᆞᆫ毛를得ᄒᆞ며鳥糞、硝石은海岸無雨地方의特產이오金、銀、銅의鑛物은埋藏이不少ᄒᆞ고其發掘도世上에著傳ᄒᆞ더라

住民의四分의三은印甸人이오其餘ᄂᆞᆫ白人及混合種族이오言語ᄂᆞᆫ土語와西班牙語오 宗教ᄂᆞᆫ基督教를國教로定ᄒᆞ고他教ᄂᆞᆫ禁ᄒᆞ며教育은各種學校가有ᄒᆞ나興旺치못ᄒᆞ고國都利馬에ᄂᆞᆫ亞米利加中最舊大學이有ᄒᆞ니此府ᄂᆞᆫ海岸을隔ᄒᆞ기七哩오南米中大商都의一이니人口가十萬이오(칼누라오)ᄂᆞᆫ其海港이러라

一千八百二十一年(純祖二十一年辛巳)에西班牙의羈絆을脫ᄒᆞ야獨立共和國을建設ᄒᆞ니立法權은國會에屬ᄒᆞ고國會ᄂᆞᆫ上下兩院이오行政權은大統領이執ᄒᆞ얏스며近來에ᄂᆞᆫ隣國智利와開戰ᄒᆞ야國의富源되ᄂᆞᆫ鳥糞島와硝石鑛을失ᄒᆞ고또海軍力을失ᄒᆞ야國力이大衰ᄒᆞ얏더라

볼리비아

秘魯及伯西爾에包圍ᄒᆞᆫ內地니面積이五十六萬七千方哩오人口ᄂᆞᆫ二百萬이오 安山脈이國의南北에蜿蜒ᄒᆞ야其西部에一大高原을作ᄒᆞ니其高度가一萬尺以上이오

(틔틔카카)湖가此原上에在ᄒᆞ야長이百哩오幅이三十五哩오深이百二十尋이오其東에南米中第一高峰되ᄂᆞᆫ(소라타)山이有ᄒᆞ고其北部ᄂᆞᆫ亞馬遜及(마듸라)河의傾斜平原이오

重要ᄒᆞᆫ産物은幾那、砂糖、珈琲、等이오、또、옵、次(코가)(코가樹皮ᄅᆞᆯ食ᄒᆞ면遠路에飢餓ᄅᆞᆯ免ᄒᆞ고登山에도疲困치안타云ᄒᆞᄂᆞ니라)ᄅᆞᆯ産ᄒᆞ고鑛物은本國富源이니金、銀、銅、硝石이多ᄒᆞ고(포도시)의銀鑛은古來로有名ᄒᆞ야輸出品의三分一을占ᄒᆞ얏더라

首府ᄂᆞᆫ(스쿠레)라云ᄒᆞ니南部高原上에在ᄒᆞ고國中第一의都會ᄂᆞᆫ(라팟스)라云ᄒᆞ니(틔틔카카)湖畔에在ᄒᆞ고또一萬三千尺되ᄂᆞᆫ高處에(포도시)라云ᄒᆞᄂᆞᆫ都會가有ᄒᆞ니此地ᄅᆞᆯ步行코자ᄒᆞ면數步마다休憩ᄒᆞ니其險峻을可知오千八百二十六年(純祖二十六年丙戌)에西班牙領을離ᄒᆞ야獨立ᄒᆞ니其時有名ᄒᆞᆫ大將(볼리바)의名을因ᄒᆞ야國名을(볼리비아)라稱ᄒᆞ고憲法은該氏의創設ᄒᆞᆫ草木을効則ᄒᆞ고其後에多少間改定ᄒᆞ얏더라

파라과이

(파라과이)ᄂᆞᆫ(볼리비아)伯西爾兩國이其東北을包ᄒᆞᆫ無海小國이니面積이九萬八千方哩오人口ᄂᆞᆫ百三十四萬이러라

(파라과이)河ᄂᆞᆫ伯西爾로브터來ᄒᆞ야國의中央을貫流ᄒᆞ야北境에流ᄒᆞᄂᆞᆫ(파라나)河及西境에流ᄒᆞᄂᆞᆫ(필노코마요)ᄅᆞᆯ合ᄒᆞ야南流ᄒᆞ다가(라부라다)河가되니北部ᄂᆞᆫ丘陵이起伏ᄒᆞ나南部ᄂᆞᆫ平野로沼澤이有ᄒᆞ고氣候ᄂᆞᆫ大槪溫和ᄒᆞ며地味가肥沃ᄒᆞᆫ故로南米(메소보다미아)의稱이有ᄒᆞ고玉蜀黍、小麥、綿花、烟草等을産ᄒᆞ고또(메르바、마레)(卽파라과이茶)ᄂᆞᆫ此國의特産이니外額이八百萬斤이러라

人口의多數ᄂᆞᆫ印甸人이오言語ᄂᆞᆫ西班牙語ᄅᆞᆯ用ᄒᆞ나民間에서ᄂᆞᆫ土語가行ᄒᆞ고 宗敎ᄂᆞᆫ舊敎로國敎ᄅᆞᆯ定ᄒᆞ나他敎ᄅᆞᆯ不禁ᄒᆞ고敎育은有名無實이오(아스손)府ᄂᆞᆫ共和政府가在ᄒᆞᆫ處오千八百十一年(純祖十一年辛未)에西班牙의管轄을脫ᄒᆞ야獨立共和國을組織ᄒᆞ얏고同六十四年(大皇帝元年甲子)에伯西爾와戰端을開ᄒᆞᆫ지五年에領土가縮小ᄒᆞ고男子의數도甚히減少ᄒᆞ얏더라

우루과이

(우루구에)ᄂᆞᆫ伯西爾의南端(라부라다)河口北岸에在ᄒᆞᆫ南米中最小ᄒᆞᆫ國이니南緯

二十五度가國의中央이오東洋中日本과對蹠ᄒᆞᆫ地니晝夜四季가全혀日本과反對오
面積은七萬二千方哩오人口는七十八萬에不過ᄒᆞ며　地勢는大槪低夷ᄒᆞᆫ平原이나
內地는丘陵이逶迤ᄒᆞ고草原이相望ᄒᆞ야牧畜에適合ᄒᆞ고(우루구아이)河는西境으로
流ᄒᆞ야交通의便이有ᄒᆞ며
氣候는海風이炎威를減殺ᄒᆞ야溫暖濕潤ᄒᆞ고主要ᄒᆞᆫ産物은牧畜이니牛、馬、羊、을
飼養ᄒᆞ야毛皮、獸脂、乾肉을輸出ᄒᆞ고또多少의玉蜀黍를産ᄒᆞ며
住民은大槪混合種族이니其十分二는白人이오　宗敎는基督舊敎오他敎를禁치아
니ᄒᆞ며敎育은放任主義를用ᄒᆞ야一大學及一千餘의小學이有ᄒᆞ며　首府(몬테비
데오)는(라부라다)河口에在ᄒᆞ고此國도西班牙에屬ᄒᆞ얏다가其後伯西爾에屬ᄒᆞ
얏더니千八百二十五年(純祖二十五年乙酉)에獨立共和國을組織ᄒᆞ야上下兩院의
國會를組織ᄒᆞ얏더라

亞爾然丁共和國

南米의南端을占ᄒᆞᆫ本洲第二大國이니西는安山脈을因ᄒᆞ야智利와接ᄒᆞ니面積은百
十二萬五千方哩오人口는三百九十七萬이러라

國의北西隅는(볼리비아)高原의餘脈을因ᄒᆞ야森林이鬱蒼ᄒᆞᆫ山地니漸漸大西洋을
向ᄒᆞ야傾斜ᄒᆞ얏다가一面의平原을作ᄒᆞ니其北部에서는(그란자코)平原이라稱ᄒᆞ야
牧草가茸茸ᄒᆞᆫ草原이오其近北部(팡나)河地域은(팜파쓰)라稱ᄒᆞ니樹木이絶乏ᄒᆞᆫ
草原에間間히沙漠을混ᄒᆞᆫ磽瘠ᄒᆞᆫ小原이오南은(파타고니아)平原이라稱ᄒᆞ고
沿海地는草原이나全砂礫과火山灰等으로써充滿ᄒᆞᆫ不毛沙漠이오極南端은火山力
이盛ᄒᆞᆫ(테르라、델、퓌고)(火地의意義)라云ᄒᆞ더라
北部地方은氣候가溫暖ᄒᆞ야健康에適宜ᄒᆞ나南方(파타고니아)平原은沍寒乾燥ᄒᆞ
며　重要ᄒᆞᆫ生業은牧畜이니牛가二千萬頭오羊이八千萬頭오馬가六百萬頭오其他
騾、山羊이夥多ᄒᆞ야遊牧ᄒᆞᆫ廣野에遍滿ᄒᆞᆫ故로價値가低廉ᄒᆞ고羊毛、乾肉、牛皮는
輸出의要品이오羊毛는世界毛市塲에서濠洲와競爭ᄒᆞ며安山中에서는金、銀、銅、
石炭、石腦油를産ᄒᆞ나採鑛이아직盛치못ᄒᆞ고
人種은白人、印甸人及混合種族이오年年히歐洲人의移住ᄒᆞᄂᆞᆫ者가甚多ᄒᆞ고　宗
敎는基督舊敎오言語는大槪西班牙語오敎育은政府가極히獎勵ᄒᆞ야漸漸盛ᄒᆞ더라
首府(부에노스아이레스)는(라푸라다)河口에在ᄒᆞ야十年前에는人口가七萬八千

에不過ᄒᆞ더니只今은六十一萬五千이라곳南米中第一都會處오(코르도바)及(로사리오)도重要ᄒᆞᆫ市塲으로貿易이盛ᄒᆞ며 一千八百十六年(純祖十六年丙子)에西班牙의羈絆을脫ᄒᆞ야聯邦共和國을建設ᄒᆞ니立法權은國會에屬ᄒᆞ고國會ᄂᆞᆫ上下兩院이오兩院共議員數ᄂᆞᆫ八千人이오行政權은大統領이執ᄒᆞ얏더라

智利共和國

利智共和國은南洲西岸一帶地니狹長ᄒᆞ야其形이腰帶와如ᄒᆞ고天然境界로成ᄒᆞᆫ安山脈이聳立ᄒᆞ야亞爾然丁과分界ᄒᆞ니西ᄂᆞᆫ太平洋에瀕ᄒᆞ고南北의長은三千七百哩에亘ᄒᆞ나東西ᄂᆞᆫ一百哩에不過ᄒᆞ니面積이二十九萬四千方哩오 地勢ᄂᆞᆫ海岸으로브터安山脈을向ᄒᆞ야隆起ᄒᆞ야東方一帶의國境을成ᄒᆞ니高峻ᄒᆞᆫ火山이不少ᄒᆞᆫ中亞坤加瓦山의高峰이特立ᄒᆞ고南部高原은森林이鬱蒼ᄒᆞ고風景이淸楚ᄒᆞ며北에(아타카마)의砂原은一個樹木이無ᄒᆞ고

氣候ᄂᆞᆫ土地를應ᄒᆞ야寒暑의差가有ᄒᆞ니北部ᄂᆞᆫ炎熱ᄒᆞ고降雨가稀少ᄒᆞ며(아다카마)砂原을包有ᄒᆞ고中部以南은雨量이多ᄒᆞ고溫和ᄒᆞ며極南地方은(홍불누드)寒流가有ᄒᆞ야寒風을被ᄒᆞ고또冰山이浮流ᄒᆞ야寒威가凜烈ᄒᆞ며 此國의生業은農耕及鑛業이니農産物에ᄂᆞᆫ小麥、大麥、甘蔗、綿花가多ᄒᆞ고牛馬를飼養ᄒᆞ며安山에ᄂᆞᆫ銅、銀其他鑛物이多ᄒᆞ고其中銅은盛히外國에輸出ᄒᆞ고硝石及鳥糞이其次러라

人口 人口ᄂᆞᆫ二百九十六萬이니其過半은印甸人이오言語ᄂᆞᆫ大槪西班牙語오 宗敎ᄂᆞᆫ基督舊敎오敎育은政府가資金을出ᄒᆞ야奬勵ᄒᆞᄂᆞᆫ故로他諸國보다特히進步ᄒᆞ야大中小學의設이有ᄒᆞ고 首府(샨틔아됴)ᄂᆞᆫ人口가二十一萬이오地震이多ᄒᆞᆫ故로家屋이低矮ᄒᆞ고 西海岸(발파라이소)ᄂᆞᆫ鐵道로連絡ᄒᆞ니本港은西海岸에서ᄂᆞᆫ南米中第一要港이오南米太平鐵道의一端이오此國도西班牙에屬ᄒᆞ얏더니千八百十年(純祖十年庚午)에西班牙와開戰ᄒᆞ야九年間에其羈絆을脫ᄒᆞ고共和政府를組織ᄒᆞ니立法權은國會에在ᄒᆞ고國會ᄂᆞᆫ上下兩院이오行政權은大統領이執ᄒᆞ얏더라

◯屬島 西方太平洋中에(쏘안、페르난데쓰)島가有ᄒᆞ니蘇人(알넥산다、세르카르크)가四年間을此島에獨居ᄒᆞ야有名ᄒᆞᆫ(데포ㅣ)의小說(로빈손구르소ㅣ)의漂流奇談을著述ᄒᆞ얏고또南部의(데르라、데르페됴)(火地)羣島ᄂᆞᆫ火山이多ᄒᆞᆫ故로此名이有ᄒᆞ니半은亞爾然丁이오半은本國에屬ᄒᆞ고本島와大陸間은(마젠누란)海

峽이오南米航船이南洋의怒濤를避ᄒᆞ야通航ᄒᆞᄂᆞᆫ海路러라
○폴클난드諸島此諸島ᄂᆞᆫ火地島北東에在ᄒᆞᆫ英領이오西(폴크、東폴크)二島로成ᄒᆞ니面積이六萬五千方哩오人口ᄂᆞᆫ千七百九十이오氣候ᄂᆞᆫ潤濕ᄒᆞ야雜草가繁茂ᄒᆞ고牧畜에適當ᄒᆞ니重要ᄒᆞᆫ物産은牧羊、鷄鳥等과또泥炭이多ᄒᆞ고海上에ᄂᆞᆫ海豹가多ᄒᆞ고　또菓島東海上에南(조르지아)島도亦是英領이러라

中等萬國地誌卷三終

跋

今夫環繞地球八萬里之全體星羅棋布各爲一國者名曰萬國萬國者非謂其數眞滿萬也多之之辭也吾試問之今此萬國者將亘萬世散爲萬國而已耶抑將有合爲一國之日耶曰何子之過慮也古語曰俟河之淸人壽幾何今處萬國群雄角立分爭之日必望一人之合而一之則是亦俟河淸之愚也且夫天地之心可知矣在一邑則有一邑之天地在一國則有一國之天地在萬國則有萬國之天地而居是邑居是國者各甘其食各美其服各安其俗各樂其業懽欣悅豫無一不遂大地之本意如此而已彼其不然而徒欲廣拓疆土雄呑大飽傑然稱首於天下者是不過一己之私欲而已豈所謂天地之本意哉吾又試問之天地之心吾知其如此矣獨奈彼此之間形勢不一大幷小强食弱何哉曰子亦聞夫自主獨立之說乎自主者政治號令自持其柄而不緣附於人之謂也獨立者自主而極其强之謂也今使天下萬國之人各以自主獨立爲心則其政必各善其食必各足其械必各利無强無弱無大無小惟務相和不能相圖熙熙然歸于大安而天地之心於是乎始見矣不此之務而徒以人之强大爲患則是猶羨魚而不結網也其可乎哉萬國地誌印成之日儕友勸余題一語遂以平日私自問答者書之如右

光武六年七月 日學部編輯局長李圭桓跋

一帙三冊定價金一圓

신편 대한지리

(新編 大韓地理)

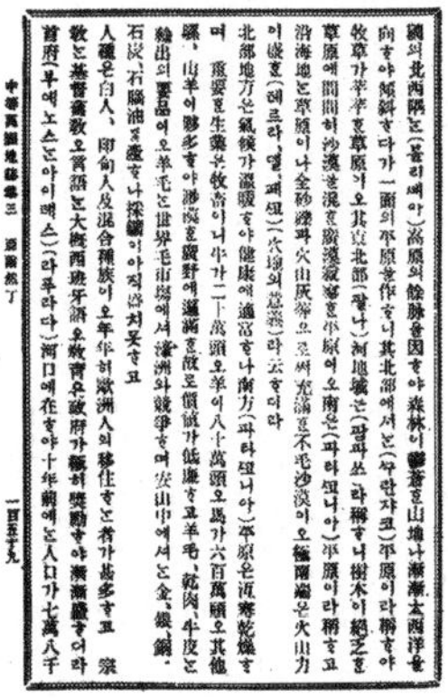

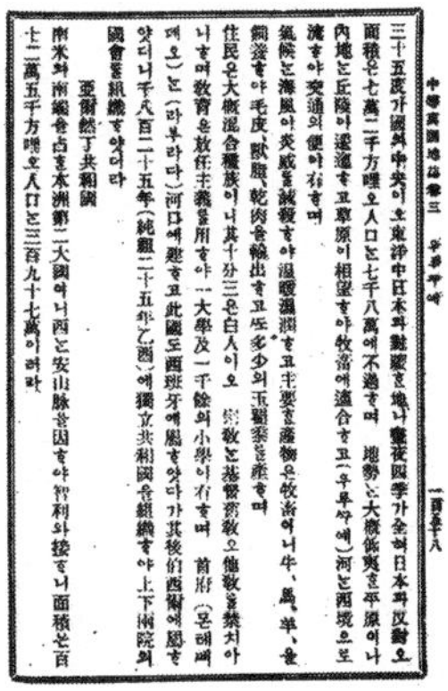

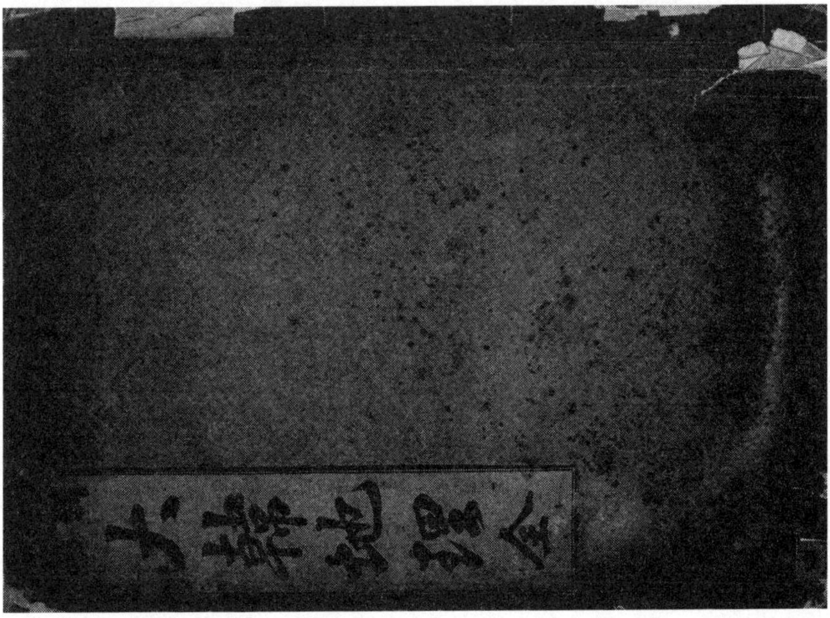

新編大韓地理序

夫天覆地載之間嶠岳重重源泉混混無其文而無其理者未之有也剏我四千年民族保有三千里疆域畊鑿於斯畋漁於斯盤桓於斯原隰開拓草水跋涉雖一方哩涅無不豎騷人墨客之蓬萊瀛洲之題堪輿者流龍虎得破之論備矣某山之宗某水之源各以所過而記然轀櫝架揷之楮片塵垢撲撲投畀伊威蠹魚而已噫恩皇多士生此帝國未詳其地文地理如在無何之鄕不爲欠點者歟今也 大韓地理書自外輸入爰始譯述縱横講究反復校閱靡不殫竭其或名稱訛誤脉絡舛錯何哉譬如別人庄園過客覽閱一草一木其欲盡記倘有罅漏爽實者也關係攸重惟不拘小節爲國民義務亦不可是緩也揣摩婾嫺者良久付活發刊表著其知所先務之大義云爾

光武十一年五月十五日蘭谷李承喬序

新編大韓地理目錄

新編大韓地理

第一編 地文地理

河雲 金建中 譯述

第一章 位置

位置

我國은亞細亞洲東部에在ᄒᆞ니淸國大陸東南邊으로브터南方에突出ᄒᆞ야狹長ᄒᆞᆫ半島國이라其極南은濟州島의毛瑟浦니北緯三十三度四十六分에至ᄒᆞ고極北은豆滿江(土們江)沿岸의柔遠鎭近傍을因ᄒᆞ야北緯四十三度二分이되며極西ᄂᆞᆫ黃海道의大靑島等이니東經百二十五度五分(八重山羣島)이되고極東은露國境을豆滿江에隔ᄒᆞ야東經一百三十度五十八分에在ᄒᆞ니全國의境域이北溫帶中에位ᄒᆞ얏ᄂᆞ니라

第二章 境界

境界

東面及南面은朝鮮海에臨ᄒᆞ고其南邊海角은日本對馬島와相對ᄒᆞᆫ卽朝鮮海峽이니此間의距離ᄂᆞᆫ二百二十里에不過ᄒᆞ고西南은黃海

를枕ᄒᆞ야遙히清國의山東,江蘇兩省을對ᄒᆞ고北方大陸을連ᄒᆞᆫ部分은河流及山脈을因ᄒᆞ야自然的境界가되니卽清國은鴨綠江及不咸(白頭)[長白]山脈으로割界ᄒᆞ고露領,烏蘇里ᄂᆞᆫ豆滿江으로割界ᄒᆞᄂᆞ니라

廣袤

第三章 廣袤

地形의輪郭은南北에突出ᄒᆞᆫ長이約二千五百里오幅의最廣處ᄂᆞᆫ約一千五百八十里오最狹處ᄂᆞᆫ四百五十里니面積이八萬二千方英哩[一哩ᄂᆞᆫ卽我五千三百十尺이오二十一萬八千六百五十方米突]니此를世界各國總面積에比較ᄒᆞ면其一萬分에十六을當ᄒᆞ고此外西洋各國中에韓國보다狹小ᄒᆞᆫ獨立國은葡萄牙,和蘭,白耳義,丁抹,羅馬,瑞西等이니라

海岸線

第四章 海岸線

海岸線의延長은一千七百四十英浬에至ᄒᆞ니此를全國總面積에比較ᄒᆞ면四十七方哩마다一浬의海岸線이有ᄒᆞᆫ分數오　八道中海岸線의最長ᄒᆞᆫ處ᄂᆞᆫ咸鏡道오此次ᄂᆞᆫ江原,慶尙,全羅,平安四道오忠清,京畿,黃海道ᄂᆞᆫ最短ᄒᆞ며　咸鏡,江原及慶尙道一部ᄂᆞᆫ東海岸이라ᄒᆞ며慶尙,全羅道南方面은此ㅣ南海岸이니라

東海岸

東海岸은山軸의接近ᄒᆞᆷ을因ᄒᆞ야傾斜度가甚ᄒᆞ고古代府及舊火成巖의斷崖를造成ᄒᆞᆫ故로海底ᄂᆞᆫ巖石을因ᄒᆞ야水深이淺ᄒᆞ고凹凸이多ᄒᆞ며,潮汐升降의差異가少ᄒᆞ며海水가清澄ᄒᆞᆫ故로碧海라稱ᄒᆞ고且出入의屈曲이不多ᄒᆞᆷ으로港灣이乏ᄒᆞ고島嶼도不多ᄒᆞ니　此海岸의中央半島地體와大陸地體의接近部의一大海灣은東朝鮮灣이라稱ᄒᆞ니本海岸의惟一大灣이오　灣頭의一小灣은永興灣이라ᄒᆞ며灣內에셔更히北으로凹入ᄒᆞᆫ것은松田灣이오南에入ᄒᆞᆫ것은德源灣이라ᄒᆞ고德源灣內에有ᄒᆞᆫ一港은卽元山港이니本海岸中의最良港이오　永興灣口에ᄂᆞᆫ會沙島,鼠島,薪島,茅島諸島가有ᄒᆞ야此를掩ᄒᆞ고　自此以北은內湖灣[咸興灣]이니東北에ᄂᆞᆫ馬養島가有ᄒᆞ며

其東北에ᄂᆞᆫ三峯灣이有ᄒᆞ야灣入이約十里라滊船을能히碇泊ᄒᆞᄂᆞᆫ故로此를利原錨地라云ᄒᆞ며　其東北에ᄂᆞᆫ開港場되ᄂᆞᆫ城津灣(臨溟海)이有ᄒᆞ고城津灣以北은고사고우角과괴로곳시에우角을因ᄒᆞ야稍히淺灘된大灣을狗津灣이라ᄒᆞ고　此로브터北은北關의第一良港羅津灣이有ᄒᆞ고最北端에ᄂᆞᆫ造山灣이有ᄒᆞ며灣內에更히一灣을造ᄒᆞ야雄基灣이라稱ᄒᆞ고　東朝鮮灣以南의江原道沿岸은全岸이거의一直線으로劃定ᄒᆞ야港灣과島嶼가不多ᄒᆞ고江陵의東方約四百餘里에鬱陵島가有ᄒᆞ며港灣에ᄂᆞᆫ竹邊灣迎日灣이有ᄒᆞᆯ뿐이오慶尙道에ᄂᆞᆫ蔚山灣이有ᄒᆞ니라

南海岸

南海岸은半島의縱貫山脈과橫斷山脈을因ᄒᆞ야絕斷ᄒᆞᆫ故로海岸線이短ᄒᆞ고岬角과港灣이多ᄒᆞ기ᄂᆞᆫ東洋에稀見ᄒᆞᆫ비오島嶼도其數가一百有餘오　本海岸東邊에第一良港은釜山港이니絕影島가其前面에橫在ᄒᆞ고其西에ᄂᆞᆫ馬山港이오港前에ᄂᆞᆫ加德島가有ᄒᆞ며　其西巨濟島北面에ᄂᆞᆫ鎭海灣이有ᄒᆞ니鎭海灣은全世界軍艦을碇泊ᄒᆞᆯ만ᄒᆞᆫ良港이오　鎭海灣의西角은固城半島라稱ᄒᆞ고其西에ᄂᆞᆫ昆陽灣이오灣南方에ᄂᆞᆫ南海島가有ᄒᆞ니島西面에左水營半島와相抱ᄒᆞ야一灣을成ᄒᆞ고其蟾津江으로注入ᄒᆞᄂᆞᆫ處를蟾津灣이라云ᄒᆞ며左水營半島와興陽半島의間을順天灣이라云ᄒᆞ며　興陽半島의西岸一灣을寶城灣이라云ᄒᆞ고其西에ᄂᆞᆫ康津灣이有ᄒᆞ며　此邊에島嶼가甚多ᄒᆞᆫ中,靑山島,新智島,古今島,莞島等이稍大ᄒᆞ고南方에ᄂᆞᆫ遙遠히濟州島가有ᄒᆞ고　本海岸最西邊의右水營岬及珍島를因ᄒᆞ야一峽間된處ᄂᆞᆫ有名ᄒᆞᆫ碧波亭이니朝鮮鳴門이라稱ᄒᆞᄂᆞᆫ險灘이有ᄒᆞ니라

西海岸

西海岸은新成層의平地로成ᄒᆞ야斷岸絕壁이稀少ᄒᆞ고海底ᄂᆞᆫ淤泥가多ᄒᆞ고凸凹ㅣ無ᄒᆞ며水尋은一般히淺ᄒᆞ야最深處가二百尋에不過ᄒᆞ고　沿岸에ᄂᆞᆫ淺洲가多ᄒᆞ고潮汐의差激이甚ᄒᆞ야干潮時에ᄂᆞᆫ

數十里를亘ᄒᆞ야泥土가露出ᄒᆞ며　本海岸의最大灣은北은淸國의遼東半島로브터南은黃海道長山串(小乳蘇岬)을因ᄒᆞ야互相灣入ᄒᆞ고灣頭는平安道淸川江邊에至ᄒᆞ니此를西朝鮮灣이라云ᄒᆞ니此灣內에는鴨綠江、寧江、淸川江、大同江等이有ᄒᆞ고　又鴨綠江口에는龍巖浦와錨地가良好ᄒᆞ고大同江口에는鎭(甑)南浦、兼二浦의開港地오、또薪島、大和島、身彌島、敷高島、椒島等의諸島嶼가有ᄒᆞ고　黃海道登山串과忠淸道泰安間에一大港을京畿灣이라ᄒᆞ니此灣內에는仁川港이良好ᄒᆞ고又海州灣、江華灣、仁川灣、南陽灣、牙山灣等이有ᄒᆞ며南陽灣南端을南陽半島라ᄒᆞ니라　川에는禮成江、漢江等의排水가有ᄒᆞ고島에는延平列島、喬桐島、江華島、永宗島、大阜列島와其他島嶼가列在ᄒᆞ니故로此灣內는我邦全國沿岸中에潮汐의干滿이最히差激ᄒᆞ며　泰安半島의南面은安眠島와相對ᄒᆞ야一深入ᄒᆞᆫ灣을淺水灣이라ᄒᆞ니其南은錦江排水口에庇仁灣이오灣南岸에는開港場된群山浦가有ᄒᆞ고　東海岸最南端에右水營半島와北의務安半島를因ᄒᆞ야一灣을成ᄒᆞ니卽木浦灣이라灣內에榮山江의注水가有ᄒᆞ고北岸에는木浦港이며港前面에는幾多ᄒᆞᆫ島嶼가簇列ᄒᆞ야此를雙子列島라稱ᄒᆞ고此列島와本島와一海峽된處를雙子海峽이라ᄒᆞ느니라

左에海峽、港灣、半島、岬崎、島嶼의主要를揭ᄒᆞ노니

海峽

海部

海峽

慶尙海峽　全羅海峽　雙子海峽

港灣

朝鮮海 ⎧ 造山灣(雄基灣)　羅津灣　狗津灣　城津灣(臨溟海)
　　　 ⎨ 前津灣　內湖灣(咸興灣)　東朝鮮灣(永興灣、松田灣、德源灣)
　　　 ⎩ 竹邊灣　迎日灣

釜山灣　馬山灣　鎭海灣　昆陽灣　蟾津灣　順天灣

朝鮮海峽 ─ 寶城灣　康津灣

黃海 ─ 海南灣　木浦灣　庇仁灣　淺水灣
京畿灣(南陽灣仁川灣江華灣海州灣)西朝鮮灣(大同江口 鴨綠江口)

陸部

半島　朝鮮海(一名東海)　大江半島

海峽 ─ 固城半島　左水營半島　順天半島　興陽半島
海南半島

黃海　石水營半島　興德半島　泰安半島　南陽半島

岬崎

朝鮮海(一名東海) ─ 謡吾角　蒙白串　石門串
竹邊串　冬外串

朝鮮海峽　達梁角　花山角

黃海　登山串　小乳雞角(長山串)　秋耶串

島嶼

朝鮮海　鬱陵島　馬養島

朝鮮海峽 ─ 濟州島　所安島　莞島　古今島　薪智島　青山島
所音島　巨文島　國島　突山島　金鰲島　釜島
南海島　蛇梁島　能良島　欲知島　巨濟島　加德島
絶影島

黃海 ─ 大和島　薪島　身彌島　椒島　大青島　小青島
白翎島(白島島)　延平列島　喬桐島　江華島　永宗島
大阜島　小阜島　靈興島　安眠島　元山島　隔音羣島
羅州羣島　珍島

第五章　地勢

本國은地盤의陷落을隨ᄒᆞ야隆起ᄒᆞᆫ山脈으로其骨格을組成ᄒᆞ니山岳이多ᄒᆞ고平原이小ᄒᆞ야地貌가宛然히暴雨疾風에海濤의起伏ᄒᆞᆷ

과如ᄒᆞ고

支那大陸의尨大ᄒᆞᆫ地形이我國에來ᄒᆞ야漸漸半島的이되고南部와北部에地勢가大異ᄒᆞ야山脈과河流의方向이不同ᄒᆞ니　咸鏡道元山灣으로브터京畿道江華灣에一線을劃ᄒᆞ면其南北兩部의面積이相均ᄒᆞᆫ지라故로其南部卽京城、江原、忠淸、全羅、慶尙五道를南韓이라ᄒᆞ고其北部卽咸鏡、平安、黃海三道를北韓이라ᄒᆞᄂᆞ니라

北韓地勢

北韓地勢　北韓山脈은東北으로브터西南에向走ᄒᆞ야太古紀의結晶片巖、又片麻巖、雲母片巖等으로組成ᄒᆞ니其地形은東南에向ᄒᆞ야南部南韓에서逢合ᄒᆞᆫ지라故로北韓에ᄂᆞᆫ東南이表面이오西北이裏面이니라

咸鏡、平安兩道에ᄂᆞᆫ共히分水ᄒᆞᆫ山脈이有ᄒᆞ야西南으로브터東北에走ᄒᆞ니因ᄒᆞ야水流도亦南北과東南이反對ᄒᆞ야下ᄒᆞᄂᆞᆫ故로東面卽咸鏡道沿岸地方은山脈이隆起ᄒᆞ야海에近ᄒᆞ고又其海岸線이長ᄒᆞᆫ

故로諸流가直히海에朝ᄒᆞ고此에反ᄒᆞ야西南面에不咸山脈、白頭山脈이國境外에連綿ᄒᆞ고水流ᄂᆞᆫ西北으로流ᄒᆞ다가此山脈의麓에서相合ᄒᆞ고其東部ᄂᆞᆫ豆滿江에入ᄒᆞ야東北으로東海에流入ᄒᆞ고其南部ᄂᆞᆫ鴨綠江에注ᄒᆞ야西南으로下ᄒᆞ야朝鮮灣에出ᄒᆞ고　又平安道ᄂᆞᆫ南에黃海道를擁ᄒᆞ고其水流ᄂᆞᆫ西走ᄒᆞ야二大江을成ᄒᆞ야朝鮮灣에入ᄒᆞ니卽淸川江及大同江이라

此를要컨ᄃᆡ北韓山脈은西南으로브터東北에隆起延長ᄒᆞᆯ새山軸이伴隨ᄒᆞᆫ故로其水系도亦是此를從ᄒᆞᄂᆞ니라

南韓地勢

南韓地勢　南韓東部及南部에ᄂᆞᆫ北으로브터南으로走ᄒᆞᆫ數條山脈이有ᄒᆞ니　此縱貫ᄒᆞᆫ山脈은南進ᄒᆞᄂᆞᆫᄃᆡ로漸低ᄒᆞ다가、맛참ᄂᆡ巖石性의丘陵이되야數多ᄒᆞᆫ半島와島嶼를成ᄒᆞ야海中에沒ᄒᆞ고此山脈이連亘ᄒᆞᆫ地方은江原、慶尙及全羅南道오京畿、忠淸二道에ᄂᆞᆫ前記ᄒᆞᆫ山脈과二十度乃至三十度의角이되고西南으로브터東北에走ᄒᆞᆫ幾

條山脈이有ᄒᆞ고 南韓의東海岸은前記ᄒᆞᆫ縱貫山脈의構造ᄒᆞᆫ處를因ᄒᆞ야狹長ᄒᆞᆫ條片形의地域을成ᄒᆞ니此를裏朝鮮이라稱ᄒᆞ고其反面에縱貫山脈의西面을表朝鮮이라ᄒᆞ니 表朝鮮은土質이豐沃ᄒᆞ야稍廣ᄒᆞᆫ傾斜地가有ᄒᆞ야京畿、忠淸、全羅北部를包含ᄒᆞ며 慶尙道ᄂᆞᆫ山陵이多ᄒᆞ고縱貫山脈外에其南岸은全羅海岸으로브터蜿蜒ᄒᆞᆫ山脈을因ᄒᆞ야構成ᄒᆞ니大抵韓國半島의縱貫山脈이本道에서低落ᄒᆞᆫ故로比較的으로傾斜地가多ᄒᆞ니라

大抵南韓은地勢가東高西卑ᄒᆞ고分水嶺東岸과近接ᄒᆞ야大略騈走ᄒᆞᆫ故로東岸의諸川은水域이短少ᄒᆞ고且地勢가險峻ᄒᆞᆫ故로行程이甚短ᄒᆞ야直히東海에注ᄒᆞᄂᆞᆫ지라因ᄒᆞ야交通機關이盡善치못ᄒᆞ고西面은此와相反ᄒᆞ야邱陵이間交ᄒᆞ고平野가多ᄒᆞᆫ故로河川의流域이稍大ᄒᆞ고 北은京城으로沿下ᄒᆞᆫ漢江이有ᄒᆞ고 又南岸에ᄂᆞᆫ蟾津江、洛東江二流가有ᄒᆞ니 此等諸流ᄂᆞᆫ水量이富ᄒᆞ야交通이便宜

ᄒᆞ니라

第六章　山誌

山誌

山脈은第一期山脈、第二期山脈、第三期山脈의三種을區別ᄒᆞ니

第一期山脈

山東省半島의餘脈

山東省半島餘脈　距今一百年前에我國靑華山人이著成ᄒᆞᆫ八域誌에曰崑崙山의一支가大漠의東南으로行ᄒᆞ다가醫巫閭山이되고、다시大斷絶ᄒᆞ야遼東野가되고、또野를度ᄒᆞ야白頭山이又起ᄒᆞ니此ᄂᆞᆫ卽不咸山이오　白頭山의精氣ᄂᆞᆫ北으로走ᄒᆞ야三千里江을挾ᄒᆞ야寧古塔이되고南으로一脈이抽出ᄒᆞ야我國山의首脈이되얏다ᄒᆞ고光武三年에墺國「보곽놋기ᅳ」氏가豆滿江을溯ᄒᆞ야琿春으로브터奉天에至ᄒᆞ야玄武巖의一大高臺를發見ᄒᆞ고又白頭山脈은亞細亞內域으로브터崑崙山에서分岐ᄒᆞ야淸國北京北邊의山이되고一度를降ᄒᆞ야遼東平野가되고、다시白頭山脈이起ᄒᆞ얏다ᄒᆞ니　此山脈은

前說과如히遼東灣北에高峙흔醫巫閭山이一斷흐야遼東의大平原이되고盛京以北에鐵嶺이起흐야東走흐야白頭山이되야其脈으로長白山이되니此山의首峯은白頭山이라高가二千七百米突이오此脈의南麓은反走흐야二大江(豆滿、鴨綠)의水系가有흔故로韓淸의境域을劃定흐야此江流의南地域은北韓의幹部가되니라

此二大江南에서西南으로브터東北에騈走흐야一大臺地를造흔三大山脈이有흐니　北에는江南山脈이오中央은狄踰山脈이오南은妙香山脈이니라

江南山脈

(一)　江南山脈은鴨綠江畔玉江鎭以北에서起흐야朔州南을貫흔綏頂嶺으로브터(六四〇米突)古站以北三稱嶺(八一〇米突)에至흐고江界以南에서鴨綠江支流의溪谷된淸峽谷에서降흐야更히牙得山이되야咸鏡道와腈山에達흐고衝天山에至흐다가鴨綠江上流에서斷絶흐얏스며

狄踰山脈

(二)　狄踰山脈은義州南、龍川舘의龍骨山及西林鎭에서起點흐고摩天嶺을過흐야金鑛으로有名흔雲山於自嶺(五一〇米突)이되고、또少히東折흐야車嶺(一六三五米突)에至흐고更히平安道에서勿移山、崇積山이高隆흐야鴨綠、淸川二江의分水가되며又本脈의首腦된狄踰嶺(九七〇米突)이되고咸鏡道에入흐야는愈益高隆흐야長津郡의蓮花山이되고又雪梅嶺(一四六〇米突)이되며三水郡에入흐야는漸次低下흐다가鴨綠上流에서斷絶흐니其走向은江南山脈과同흐며

妙香山脈

(三)　妙香山脈은起點을寧川郡、鈒山에서始흐다가月林站에至흐야는淸川江이斷흐며檀君의發祥地된妙香山에서再起흐야廣城峴(六〇〇米突)狼林山을經흐고咸鏡道에入흐야는黃草嶺(一〇九〇米突)이되고　更히千佛山赴戰嶺을經흐고厚致嶺(一四〇〇米突)에至흐야大轆山、摩天嶺(一四〇〇米突)에達흐고長白山脈의斷흔餘勢가江陵山에延흐야、맛참닉入海흐니本脈은平安咸鏡二道의北地를貫走

ᄒᆞ고平安道에셔ᄂᆞᆫ大同、淸川二江의分水嶺이되며咸鏡道에셔ᄂᆞᆫ日本의諸流와鴨綠江上流의分水嶺이되니라

以上三山脈은北韓의骨格을形式ᄒᆞ야互相西北으로브터東南에走ᄒᆞ니故로此系統을對岸ᄒᆞᆫ山東省半島에照ᄒᆞᆫ리이도보ㅣ헨人의地理圖ᄅᆞᆯ據ᄒᆞ면南邊에ᄂᆞᆫ膠州灣口의西鐵槭山이起ᄒᆞ고該灣門을過ᄒᆞ야勞山이되고東南角에鐵槎山一脈이延亘ᄒᆞ야黃海ᄅᆞᆯ渡ᄒᆞ야我國江南山脈과連續ᄒᆞ고　山東半角의中軸된者ᄂᆞᆫ鋸齒山으로브터崑崙山에續ᄒᆞᆫ山東角、成山角에셔海中에沒ᄒᆞ고又更起ᄒᆞ야我國狄踰山脈을造ᄒᆞ며　又山東省의泰山은東北으로延ᄒᆞ야萊山이되고登州府에셔海에沈沒ᄒᆞ다가、다시隆起ᄒᆞ야我國의妙香山脈을造ᄒᆞ니　如此히北緯三條의連峯이朝鮮灣을隔ᄒᆞ야山東省의三條連峯과相對ᄒᆞ니兩者의關係가不尠ᄒᆞ고地盤이互相連續ᄒᆞᆫ지라此ᄅᆞᆯ山東省半島의餘脈이라云ᄒᆞᄂᆞ니라

車嶺山脈

(一)車嶺山脈은江原、忠淸二道에傾斜ᄒᆞᆫ一脈이니江原道春川에셔起ᄒᆞ야南西로向ᄒᆞ야進ᄒᆞ다가橫城郡에至ᄒᆞ야三馬崎가되고原州ᄅᆞᆯ經ᄒᆞ야南은德裕峴、雉岳山脈이되고漢江에셔斷ᄒᆞ야京畿、忠淸道境에셔甘兩峴이露出ᄒᆞ고忠淸道에入ᄒᆞ야ᄂᆞᆫ車嶺에셔隆起ᄒᆞ고此로브터漸漸低夷ᄒᆞ다가鞏山浦附近에셔西海에沒ᄒᆞ야隔音鞏島가되얏스며

蘆嶺山脈

(二)蘆嶺山脈은車嶺南에位ᄒᆞ니　此와大略駢行ᄒᆞᆫ一脈에셔京釜鐵道線路ᄅᆞᆯ沿ᄒᆞ야秋風嶺이起點ᄒᆞ야深林이密鬱ᄒᆞᆫ三峯嶺이되고進ᄒᆞ야全州、南原間의萬馬關이되며又全州、淳昌間에蘆嶺을造ᄒᆞ고笠巖城嶺을界ᄒᆞᆫ虎棲山은靈光、咸平間의山岳이되고務安의西ᄅᆞᆯ過ᄒᆞ야木浦灣北邊에셔海中에沈ᄒᆞ고其餘勢로木浦附近의雙子列島及鞏島가起伏ᄒᆞ다가黑山島에至ᄒᆞ야止ᄒᆞ니라

第二期山脈

第二期山脈

第二期山脈은朝鮮半島가略히南北으로流走ᄒᆞ니此가卽朝鮮山脈이라

此系統에屬ᄒᆞᆫ者를精査ᄒᆞ면其數가甚多ᄒᆞ나大槪其一은略히東으로偏走ᄒᆞ고其一은微히西으로亘振ᄒᆞᆫ別이有ᄒᆞ야前者를大白聯脈이라ᄒᆞ고後者를小白聯脈이라ᄒᆞ니大白聯脈은我國東海岸을搆成ᄒᆞᄂᆞᆫ主素가되ᄂᆞᆫ故로兩脈이共히期鮮半島南岸에多ᄒᆞᆫ海島를造ᄒᆞᄂᆞᆫ데根因이深ᄒᆞ니라

大白聯脈은五脈이有ᄒᆞ야本國東岸에走ᄒᆞ니 火山巖과或其類가絲巖으로成立ᄒᆞᆫ土質이赭色을帶ᄒᆞ야小白聯脈에比ᄒᆞ면走向이稍히差異ᄒᆞ야北으로微西히曲行ᄒᆞᆯ뿐아니라流馳ᄒᆞᄂᆞᆫ區域이甚히延長ᄒᆞ고 小白聯脈은慶尙、忠淸、全羅의境界가되고大白聯脈은江原慶尙에延亘ᄒᆞ야南韓東岸의全域을管理ᄒᆞ나然ᄒᆞ나南岸의地形에影響이及ᄒᆞ기ᄂᆞᆫ兩者가共同ᄒᆞᆫ性質이有ᄒᆞ고、오작大白聯脈은小白聯脈과如히大ᄒᆞ고長ᄒᆞᆫ半島及大島ᄂᆞᆫ無ᄒᆞ나馬山鎭海灣과如히細長且深ᄒᆞᆫ良灣은特色이有ᄒᆞ니

大白聯脈의第一脈

〔一〕大白山聯脈의第一脈에屬ᄒᆞᆫ者ᄂᆞᆫ慶尙道에在ᄒᆞ니洛東江上流左岸이된洛東山이起ᄒᆞ고星州東과詧山金鳥山城에延ᄒᆞ다가草溪東에서錦山과連ᄒᆞ며晋州와鎭海間을過ᄒᆞ야海에沒ᄒᆞ야欲知島가되얏스며

同第二脈

〔二〕第二脈은洛東江의東、龍宮郡大谷山에서、起ᄒᆞ고比安東을經ᄒᆞ야漆谷의西山이되며大邱府西에서一度를降ᄒᆞ고更히玄風의琵琶山이起ᄒᆞ고昌寧及靈山의山城을造ᄒᆞ야洛東江에橫ᄒᆞ며更히漆原東에셔出ᄒᆞ야馬山鎭海間의東田畤가되고南下ᄒᆞ야ᄂᆞᆫ龜山半島를作ᄒᆞᆫ故로馬山灣과鎭海灣을別로히形成ᄒᆞ고更히延ᄒᆞ야巨濟島西境에至ᄒᆞ야終ᄒᆞ얏스며

同第三脈

〔三〕第三脈은慶尙道에ᄂᆞᆫ安東으로브터義城東을過ᄒᆞ야義興、新寧

間을通ᄒᆞ고河陽으로브터慈仁에至ᄒᆞ야淸道、密陽의東으로走ᄒᆞ고三浪津에서更히金海、昌原間의露峙에서移ᄒᆞ야熊川의天子峯及馬山의東側脉이되며巨濟島를涉ᄒᆞ야其中軸을作ᄒᆞ고海에入ᄒᆞ얏스니

此第三脉은大白山聯脉本系中의西脉이니安東으로브터遠히北에紆ᄒᆞᆫ禮安、奉化二邑의東을過ᄒᆞ야慶尙、江原兩道境의古竹嶺으로來ᄒᆞ고江原道에入ᄒᆞ야ᄂᆞᆫ五臺山의西를掠ᄒᆞ고麟蹄南에서支那山系되ᄂᆞᆫ車嶺山脉과斜結ᄒᆞ고楊口東에서ᄂᆞᆫ金剛山의西嶺을造ᄒᆞ야通川東에至ᄒᆞ며松山島에서降ᄒᆞ다가、맛참ᄂᆡ海에入ᄒᆞ니本脉의延長이大約一千里이오

同第四脉

(四) 第四脉은大白山本系中의主脉으로第三脉東에鄰接ᄒᆞ고江原道高城의北된直城瀞西邊에表出ᄒᆞᆫ者ㅣ卽金剛山北端이되니此로브터危巖과突峯이南에連ᄒᆞ야觀音峯、蓋大峯、世尊峯、十王峯、集仙峯等

이聳立ᄒᆞ고　其東麓에ᄂᆞᆫ金剛山四大寺의其一되ᄂᆞᆫ神溪寺가有ᄒᆞ며南으로八十里를迂回ᄒᆞ야楡岾寺가有ᄒᆞ니此二寺ᄂᆞᆫ金剛山東麓에在ᄒᆞᆫ故로金剛外山이라稱ᄒᆞ고楡岾寺로브터西에登ᄒᆞ면「아문峙〔二四〇〇米突〕가有ᄒᆞ며「아문峙西南에表訓寺、長安寺가有ᄒᆞ니此ᄂᆞᆫ金剛山의二大寺오　楓林松裏에危峯이叢立ᄒᆞᆫ故로楓岳이라稱ᄒᆞ고一萬二千峯이라ᄒᆞᄂᆞᆫ稱呼가有ᄒᆞ니此山이東亞에最著ᄒᆞᆫ第一名山이라

此金剛山의南走ᄒᆞᆫ者ᄂᆞᆫ直麟蹄東을經ᄒᆞ야江陵의五臺山과旌善의大汝斤嶺이되고江原、慶尙境界에서ᄂᆞᆫ沙吉嶺及大白山이되고慶尙道에入ᄒᆞ야ᄂᆞᆫ奉化郡의獐洞峙가되야英陽의日月山에至ᄒᆞ며永川의淸鏡峙를經ᄒᆞ야慶州西山에延ᄒᆞ며雲門嶺及東萊金井山城에來ᄒᆞ야釜山에日本人居留地의九德山을經ᄒᆞ고多大浦鎭에到ᄒᆞ다가、맛참ᄂᆡ朝鮮海峽에入ᄒᆞ니此山脉은朝鮮山脉의首脉이오金剛과太白

山脈을造ᄒᆞ야南韓東岸의脊嶺이되얏스며

同第五脈

〔五〕第五脈은江原道高城邊에셔起ᄒᆞ야杆城에至ᄒᆞ고襄陽西에셔ᄂᆞᆫ有名ᄒᆞᆫ雪山이되고江陵에셔ᄂᆞᆫ大關嶺이되며三陟의白福嶺과蔚珍의廣峙ᄅᆞᆯ連ᄒᆞ야平海의珠峙와寧海의蔚峙에延ᄒᆞ며淸河와興海邊에至ᄒᆞ야ᄂᆞᆫ沿岸의絶壁을作ᄒᆞ고慶州加羅峙에達ᄒᆞ야東大峙와互相聳立ᄒᆞ고鹽浦角에至ᄒᆞ야海에沒ᄒᆞ니此餘脈이引長ᄒᆞ야日本對馬島에至ᄒᆞ얏ᄂᆞ니라

小白山脈

小白山聯脈은慶尙道西北境에在ᄒᆞ야六脈에分ᄒᆞ며　其地質은花岡巖或其類의綠巖을因ᄒᆞ야白砂質이多分을占ᄒᆞᆫ故로甚히淸潔ᄒᆞ니太白山聯脈에比較ᄒᆞ면地質界가殊異ᄒᆞ고此下에六脈을分言ᄒᆞ노니

〔一〕慶尙道의秋風嶺으로起點ᄒᆞ고全羅道에入ᄒᆞ야ᄂᆞᆫ淳昌南原間의飛鴻峙가되고光州,無等山에至ᄒᆞ야ᄂᆞᆫ一度斷絶ᄒᆞ얏다가更히靈巖에月出山이隆起ᄒᆞ고康津天德山으로브터引ᄒᆞ야長直路로莞島에至ᄒᆞ야海에入ᄒᆞ고

〔二〕第一脈과共히斜走ᄒᆞ야淳昌으로브터同福에來ᄒᆞ고長興에風峙及獅子山이되고海南半島의東邊을形成ᄒᆞ고

〔三〕또第一脈과同히秋風嶺에셔始ᄒᆞ야有名ᄒᆞᆫ德裕山及六十嶺이되고南原女院峙에延ᄒᆞ야求禮西ᄅᆞᆯ過ᄒᆞ고樂安에至ᄒᆞ며金錢山에至ᄒᆞ야ᄂᆞᆫ興陽半島의中軸이되고餘脈은巨文島에達ᄒᆞ고

〔四〕또秋風嶺南邊에셔起ᄒᆞ야南走ᄒᆞ다가六十嶺과安義間의隱身巖及黃石山(東門山)이되고咸陽八兄嶺을連ᄒᆞ야更히南으로南韓의秀逸ᄒᆞᆫ大山이되야全羅,慶尙兩道境界에聳立ᄒᆞᆫ智異山이되고蟾津江에셔一度斷絶ᄒᆞ야馬里店에셔白雲山에突起ᄒᆞ고順天郡盤城峙에셔移ᄒᆞ야左水嶺半島의中軸을作ᄒᆞ야終ᄒᆞ고

〔五〕또此脈도秋風嶺直指山에셔起ᄒᆞ야居昌安義間의山峯이되고

南으로咸陽、山淸間을過ᄒᆞ야慶尙道方面智異山에入ᄒᆞ고蟾津江을涉ᄒᆞ야德裕峯이隆起ᄒᆞ다가光陽灣에셔沒ᄒᆞ고左水營半島의東部가隆起ᄒᆞ고

〔六〕此脉은秋風嶺을經過ᄒᆞᆫ最東脉으로金山의大德山이高ᄒᆞ고知禮東을過ᄒᆞ야山淸尺旨峴에셔來ᄒᆞᆫ智異山의東邊과合ᄒᆞ고黃峙로下ᄒᆞ야南海島의縱軸을成ᄒᆞ야結ᄒᆞ니此一脉은慶尙、全羅、忠淸三道로ᄒᆞ야곰東西에區劃ᄒᆞᆫ小白山脉中의系統이最히整然ᄒᆞᆫ者니곳慶尙方面으로브터西를望ᄒᆞ면連亘ᄒᆞᆫ偋壁이交互ᄒᆞᆫ處오

此山脉은地盤이東으로陷入ᄒᆞᆫ故로其東麓의方面은山形이小ᄒᆞ야險峻치아니ᄒᆞᆫ故로晋州、丹城、三嘉、陜川、高靈、星州、金山、尙州等大邑이此脉東에셔開潤ᄒᆞ니　我宣朝大王二十九年頃에南寇를勦滅ᄒᆞᆷ도此山脉이오新羅가百濟의東下ᄒᆞᆷ을防코자ᄒᆞ야築城ᄒᆞᆷ도亦此畔이오急湍과迅溪가變ᄒᆞ야緩流가됨도亦此脉의東이오氣候가溫和ᄒᆞ

야人情風俗의精敏ᄒᆞᆷ도亦此脉以東의一帶니地理學을決코等閒히視치못ᄒᆞ리로다

以上에一脉브터六脉ᄭᆞ지諸脉은곳小白山의聯脉을形成ᄒᆞᆫ者오此諸脉이秋風嶺으로브터放散ᄒᆞ야蘆嶺山脉의北端에集結ᄒᆞ야略히走向이北東으로偏在ᄒᆞ고此內에獨히第六脉은또東北으로延長ᄒᆞ야豐基의大竹嶺이되고곳小白山이移ᄒᆞ야江原道로入ᄒᆞ니라

第三期山脉

此山脉은本國南岸에偏在ᄒᆞ야東北으로橫行ᄒᆞ다가半島及島嶼가되야南境의許多ᄒᆞᆫ海島를形成ᄒᆞᆫ지라故로此方面海에碁散星布ᄒᆞᆫ岬角及島嶼는第二期山과第三期山이互相結合ᄒᆞ야隆起盤屈ᄒᆞ니此山脉의著名ᄒᆞᆫ者를擧ᄒᆞ면

〔一〕全羅道光州、潭陽間에셔起ᄒᆞ야東微北으로走ᄒᆞ며昌平、玉果를過ᄒᆞ야谷城通明山에來ᄒᆞ고南原、求禮間의栗峙에至ᄒᆞ야雲峯으로

브터慶尙道咸陽郡沙斤驛까지는南邊에屹立흔智異山北境을成ᄒ고

또咸陽郡에셔更히一脈이起ᄒ야東微南으로進ᄒ야小白의第六山脈을因ᄒ야斷ᄒ고其餘勢가宜寧北方의道討峴이되고

[二] 또東微北의進路를執ᄒ야綾州西로브터同福雲月山게引ᄒ고全羅方面智異山은白雲山에셔斷絶ᄒ며不沙驛에셔蟾津江을涉ᄒ야黃峙北으로브터晋州에低下ᄒ고更히鎭海、咸安間에崛起ᄒ고東山峴으로브터馬山灣을橫ᄒ야熊川、金海間에隆起ᄒ다가釜山鎭에至ᄒ야盡ᄒ고

[三] 同方面에走路를依ᄒ야鐵嚴月出山으로브터同福의南方門峴峙에到ᄒ며樂安梓峙와順松峙에至ᄒ되蟾津江을超ᄒ야黃峙及前二脈과合ᄒ고

[四] 海南邑에셔起ᄒ야康津、長興、寶城、樂安의北邊을掠ᄒ고順天으로브터光陽의盤城峙를過ᄒ고慶尙道에入ᄒ야는昆陽泗川의北邊을過ᄒ고鎭海灣口를橫過ᄒ고

此外에前四脈과騈走ᄒ야數條山脈을南海에突出흔半島及諸島에셔斷續表出ᄒ니如此히灣入이夥多흔者는東洋에稀有ᄒ며南韓과北韓이結合흔一區域卽北韓南方에縱橫된數脈의山이有ᄒ니

黃海道全部와江原道西北의小部及咸鏡、平安兩道南部에亘ᄒ야山岳이不高ᄒ나縱橫ᄒ기甚흔故로地貌가紛雜ᄒ니 其橫行흔者가黃海의中軸되는滅岳山脈(綿岳)은長山串으로브터東半島에셔餘勢를引ᄒ다가西部에至ᄒ야는分水가되고其北에慈悲山脈이有ᄒ야九月山에延ᄒ며更히其北에彥眞小山脈이有ᄒ야道境이되고其北은又成川馬項嶺山脈及半介嶺山脈이有ᄒ고 其次에斜行흔者는馬息嶺脈이有ᄒ니其東麓은元山、京城間에大路를當ᄒ고又縱行흔者는孟州嶺山脈及松鶴山脈이有ᄒ니 松鶴山脈은開城으로브터

成川松鶴山을過ᄒᆞ야北韓第一의勿移山에連ᄒᆞ고其西ᄂᆞᆫ道境의六將峴脉及慈母山脉이有ᄒᆞ야西北韓을貫通ᄒᆞᆫ牡丹臺에서東望ᄒᆞ면可히指摘ᄒᆞᆯ者ㅣ오最西에縱行ᄒᆞᆫ者ᄂᆞᆫ黃海道의名山九月山이니西朝鮮灣을超ᄒᆞ야義州에서再히隆起ᄒᆞ얏ᄂᆞ니라

第七章　水誌

本國은山脉의主軸이東方에偏在ᄒᆞᆫ故로從來東面은急斜ᄒᆞ고西面은緩斜ᄒᆞ니西面은渺茫ᄒᆞᆫ平野가有ᄒᆞ고東面은地境이逼迫ᄒᆞ지라故로東面은卽朝鮮海斜面이니其海岸線이甚長ᄒᆞᆫ故로短少ᄒᆞᆫ水流가甚多ᄒᆞ나偉大ᄒᆞᆫ流域은白頭山으로브터分水ᄒᆞᆫ豆滿江뿐이오西南은卽黃海斜面에排水ᄒᆞᄂᆞᆫ流域이有ᄒᆞ고南面은卽朝鮮海니排水ᄂᆞᆫ稍廣ᄒᆞᆫ地境에流下ᄒᆞ나縱橫ᄒᆞᆫ山脉이阻塞ᄒᆞᆫ故로曲折이多ᄒᆞ고地勢ᄂᆞᆫ傾斜ᄒᆞᆫ處가甚多ᄒᆞᆫ故로河流가迅急ᄒᆞ고且上流의狹隘ᄒᆞ되比ᄒᆞ면河口ᄂᆞᆫ著大히廣濶ᄒᆞ고　又山岳에樹木은不多ᄒᆞᆫ故로降雨

時에ᄂᆞᆫ水量이激增ᄒᆞ나直時乾涸ᄒᆞ고河流ᄂᆞᆫ人工的의設備가缺ᄒᆞ야自然放棄가되ᄂᆞᆫ故로氾濫의患이多ᄒᆞ나土地面積에比ᄒᆞ면流水의量이多ᄒᆞ고　其中에鴨綠江大同江漢江洛東江豆滿江五流가最大ᄒᆞ야此를五大江이라稱ᄒᆞ고此外에平安道淸川江忠淸道錦江全羅道榮山江及蟾津江四流를合ᄒᆞ면此를九江이라ᄒᆞᄂᆞ니　今에重要ᄒᆞᆫ河流를其排水海面에區別ᄒᆞ면如左ᄒᆞ니

豆滿江

豆滿江

豆滿江、土門江을幷記　朝鮮海斜面에最大河가有ᄒᆞ니其源이白頭山東南麓에서發ᄒᆞ고白頭、江南、妙香諸山脉으로브터發ᄒᆞᆫ衆水를合ᄒᆞ야茂山郡에至ᄒᆞ야ᄂᆞᆫ滿洲로브터南流ᄒᆞᆫ布爾哈圖河와合ᄒᆞ기ᄭᆞ지東北으로流ᄒᆞ다가此로브터東南으로轉ᄒᆞ야慶源郡에서琿春河와合ᄒᆞ야水量이漸大ᄒᆞ니此邊河幅이約七里許오水深은八尺至二十尺이되고　慶興을過ᄒᆞ야ᄂᆞᆫ韓、露兩國의境界線이되야造山灣과

洛東江

露領써시엣도海間과西水羅의東으로朝鮮海에入ᄒᆞ니 江口ᄂᆞᆫ幅이十五里오水深은五尋이니慶興府까지ᄂᆞᆫ百噸、一噸은一千六百八十斤、內外의滊船을溯航ᄒᆞ나然이나水流가急迅ᄒᆞ고降雨時에ᄂᆞᆫ河水가氾濫ᄒᆞ야濁水의溷黃ᄒᆞᆫ一線이有ᄒᆞ고且江口에ᄂᆞᆫ流沙가多히橫在ᄒᆞᆫ鹿屯鹿島ᄂᆞᆫ流沙의堆積으로成ᄒᆞᆫ者오此江의全長은約九百里가되ᄂᆞ니라

朝鮮海斜面

洛東江

洛東江은其本源이忠淸道慶尙道境界에峙立ᄒᆞᆫ太白山南으로브터發ᄒᆞ고石直嶺、鳥嶺、峙嶺等으로브터發ᄒᆞᆫ諸水를集ᄒᆞ야南流ᄒᆞ야禮安에至ᄒᆞ고東折ᄒᆞ야西으로安東府를環ᄒᆞ며南으로龍宮、咸昌境에至ᄒᆞ야洛東江이되고 洛東山과尙州、善山、仁同諸邑을經ᄒᆞ야大邱星州間을橫斷ᄒᆞ야此邊一帶의平野를灌漑ᄒᆞ고 光陽、昌寧、靈山、密陽을過ᄒᆞ고梁山에至ᄒᆞ야韓山脈이되고南折ᄒᆞ야金海東에서流ᄒᆞ고數多ᄒᆞᆫ洲를抱ᄒᆞ야多大浦로브터朝鮮海에入ᄒᆞ니 江口에ᄂᆞᆫ加德島와其他島嶼가有ᄒᆞ고 別源은智異山東北에서發ᄒᆞ야晋州를過ᄒᆞ고密陽府南에城壁下로南折ᄒᆞ야洛東江에合ᄒᆞᆫ一大支流를成ᄒᆞ니此ᄂᆞᆫ晋江이오其洛東江에서合ᄒᆞᆫ處를岐江이라云ᄒᆞ며 其他支流ᄂᆞᆫ左岸으로브터來ᄒᆞᆫ者ᄂᆞᆫ漆川加陽川等이오右岸으로브터來ᄒᆞᆫ者ᄂᆞᆫ陝川等이니本江의全長은七百里에亘ᄒᆞ야朝鮮海峽斜面에一大流가되고 其本支流가共히慶尙道內에樞要ᄒᆞᆫ土地를經過ᄒᆞ야本道의都邑이거의此流域에沿ᄒᆞ고本道內의平野ᄂᆞᆫ거의此江으로브터灌漑의便宜를占ᄒᆞ니慶尙道農產의發達이다此江流를因ᄒᆞᆷ이니라

江의下流三浪津附近에ᄂᆞᆫ河幅이五十尺乃至一百五十尺이오海潮의干滿은差等이約一尺이니百石乃至二百石積載의船舶이來往ᄒᆞ

겟고 此로브터上流數十里間에ᄂᆞᆫ오히려干滿의影響이有ᄒᆞ나水淺ᄒᆞᆫ部分은槪五六十間에不過ᄒᆞ고水深은最深處ᄂᆞᆫ五六丈이오淺處ᄂᆞᆫ五六寸에不過ᄒᆞ고 此로브터上流尙州江口로브터四百三十里에潮ᄒᆞᆯ時에積載의量이僅히十石內外로平底船에載ᄒᆞ고江畔의著名ᄒᆞᆫ寄泊地ᄂᆞᆫ尙州의洛東津과大邱의沙門과玄風의城津과高靈의開山津과梁山의三浪津及龜浦等이니船舶의碇繫가多ᄒᆞᆫ時ᄂᆞᆫ百餘隻不下ᄒᆞ니라

蟾津江

蟾津江

蟾津江의別名은河東江이니其源이蘆嶺山脈中의萬馬關邊으로브터發ᄒᆞ야求禮에至ᄒᆞ기ᄭᆞ지ᄂᆞᆫ南流ᄒᆞ고다시東으로回流ᄒᆞ야智異山南을過ᄒᆞᆫ處ᄂᆞᆫ岳陽江이오雲山北峽을過ᄒᆞ야再히南下ᄒᆞ고左水營半島南海島와相抱ᄒᆞ야一深入灣을造ᄒᆞᆫ處蟾津灣에注ᄒᆞ니 河口ᄂᆞᆫ淺ᄒᆞ야干潮時에大船의入ᄒᆞᆷ이困難ᄒᆞ나其上流에ᄂᆞᆫ廣漠ᄒᆞᆫ沃

野ᄅᆞᆯ控ᄒᆞ고貨物을運搬ᄒᆞᄂᆞᆫ故로船舶의出入이甚繁ᄒᆞ고 冬季에ᄂᆞᆫ江口一帶沿海에海苔ᄯᅴ과麁朶ᄅᆞᆯ插植ᄒᆞᄂᆞᆫ者ㅣ數十里에亘ᄒᆞ니我國의第一海苔塲이니라

黃海의斜面

榮山江

榮山江

榮山江은蘆嶺南麓에서發源ᄒᆞ야羅州南에矢雲山으로브터發ᄒᆞᆫ支流와合ᄒᆞ고西南으로流ᄒᆞ야木浦附近에至ᄒᆞ며河幅이稍濶ᄒᆞ야三角洲ᄅᆞᆯ造ᄒᆞ야海에入ᄒᆞ니 此江流ᄂᆞᆫ全羅南道光州羅州에沃野ᄅᆞᆯ灌漑ᄒᆞ야農産에利用ᄒᆞᆷ이不尠ᄒᆞ니라

萬頃江

萬頃江

萬頃江은全羅道東北隅富貴山에서發ᄒᆞ야西流ᄒᆞ야全州北을過ᄒᆞ고益山臨陂等各邑을貫ᄒᆞ야錦江口ᄅᆞᆯ距ᄒᆞᆫ南四十里에至ᄒᆞ야海에入ᄒᆞ니 此江은全州平野ᄅᆞᆯ灌漑ᄒᆞᄂᆞᆫ血脈이라稱ᄒᆞ며 水運은河

口로브터約一百三十里의上流의大庭村까지滿潮時에ᄂᆞᆫ百石積ᄒᆞᆫ船隻을溯上ᄒᆞᄂᆞ니라

錦江

錦江의發源은全羅、慶尙道境界되ᄂᆞᆫ蘆嶺山脈을連ᄒᆞᆫ十六嶺北麓에서發ᄒᆞ야全羅道北에서流出ᄒᆞ며錦山을過ᄒᆞ야忠淸道에入ᄒᆞ고其西南으로流ᄒᆞ야轉히公州東方東嶺山脈으로브터流下ᄒᆞᄂᆞᆫ東津口와合ᄒᆞ니水量이增大ᄒᆞᆫ處마다其名稱이異ᄒᆞ야熊津과白馬江이有ᄒᆞ고또江景에至ᄒᆞ야ᄂᆞᆫ江景河라云ᄒᆞ고此로브터西折ᄒᆞ야鎭江이되고鞏山浦北으로流ᄒᆞ야庇仁灣에注ᄒᆞ니流域이甚大치아니ᄒᆞ나忠淸道中第一河流오　江景附近의沿岸村落에ᄂᆞᆫ井水가無ᄒᆞ고此地方의居民等은大槪巨甕을地中에埋ᄒᆞ야江水를此에汲入ᄒᆞ야飮料에供給ᄒᆞ나니此水가貯ᄒᆞᆫ지久ᄒᆞ면더욱淸洌ᄒᆞ야或虛疾과瘴濕의患을愈ᄒᆞᄂᆞ니라

此江流에水運의區域은鞏山、芙江間約七十里오　船隻의往來ᄂᆞᆫ四五百石積載가無慮ᄒᆞ나風便이有ᄒᆞᆫ日은鞏山、江景間에一潮時를要ᄒᆞᄂᆞ니現時小滊船은五時間에航行ᄒᆞ나然이나此間은潮流의形勢를因ᄒᆞ야土砂를飜騰ᄒᆞᆷ이甚ᄒᆞᆫ故로航路의變更이多ᄒᆞ야運用上에困難ᄒᆞ니라

中流의江景、芙江間에潮流를利用ᄒᆞ야航行ᄒᆞᄂᆞᆫ區域은江景上流窺巖下約百里間이니此로브터潮汐의關係가全無ᄒᆞ야船隻으로江景、芙江間을溯ᄒᆞᄂᆞᆫ者ㅣ約七八日을要ᄒᆞ다가降雨後에ᄂᆞᆫ水增ᄒᆞ야激流가되야溯流ᄒᆞᄂᆞᆫ日數ᄂᆞᆫ十六七日을要ᄒᆞ며冬季에ᄂᆞᆫ氷結ᄒᆞ야船運의往來를杜絶ᄒᆞᄂᆞ니라

漢江

漢江은五大江中의一이라源流ᄂᆞᆫ南北二派에分ᄒᆞ니此二派가共히江原道內大白聯脈에發ᄒᆞ야南江은同道金剛山의西南麓에서發ᄒᆞ

야江原道內幾多흔溪澗을曲折ᄒᆞ야寧越로브터忠淸道에入ᄒᆞ야西流ᄒᆞ야淸風、忠州의南을過ᄒᆞ고更히西北으로京畿道에來ᄒᆞ야驪州를過ᄒᆞ고起頭院附近에셔北江과會合ᄒᆞ며　北江은咸鏡江原兩界間鐵嶺에셔發ᄒᆞ야南下ᄒᆞ야春川에至ᄒᆞ고此處에셔江原道五臺山으로브터發흔支流와合ᄒᆞ고更히西南으로京畿道에入ᄒᆞ야南江과合ᄒᆞ고　此로브터水量이增大ᄒᆞ다가京城東南에至ᄒᆞ야는더욱增加ᄒᆞ고德積山南에至ᄒᆞ야臨津江과合ᄒᆞ고下流는闊大흔三角洲를造ᄒᆞ야禮成江과合ᄒᆞ고江華喬桐二島를抱흔江口는東、中、西의三口가되야黃海에入ᄒᆞ니　本江의流는各處에巖礁가多흔故로汽船과帆船의大흔者는航行에困難ᄒᆞ나水底가深ᄒᆞ고流勢는緩흔故로小船艇은江上數百里에水運이便宜ᄒᆞ야忠淸道永春ᄭᆞ지船隻이往來ᄒᆞ며汽船은東口로브터京城畔의龍山ᄭᆞ지航上ᄒᆞᄂᆞ니라

臨津江

臨津江

臨津江의根源은咸鏡道馬息嶺에셔發ᄒᆞ야江原道西北邊을掠ᄒᆞ고京畿道에入ᄒᆞ야馬息嶺의山脉된白雲、逍遙、紺岳、天摩等諸山으로브터發ᄒᆞ는衆水를集ᄒᆞ야西流ᄒᆞ고豐德南에至ᄒᆞ야는漢江과共히海에入ᄒᆞ니　河幅은不廣ᄒᆞ고水勢는此急흔故로水運의便利는無ᄒᆞ나京畿道北半部各邑農産에灌漑ᄒᆞ는利益이不少ᄒᆞ니라

禮成江

禮成江

禮成江은黃海道滅惡山脉中高達山脉으로브터發ᄒᆞ야南流ᄒᆞ야金川西에셔京義鐵道를橫ᄒᆞ고此로브터下流ᄒᆞ야黃海、京畿兩道의間을劃ᄒᆞ고碧瀾渡에至ᄒᆞ야는河幅이增大ᄒᆞ고漢江、臨津江과共히河口되야江華島、喬桐島를繞ᄒᆞ야黃海에入ᄒᆞ고　本江은黃海道南界를灌漑ᄒᆞᄂᆞ니라

大同江

大同江

大同江의根源은劒山에셔發ᄒᆞ야妙香山南麓西南으로流ᄒᆞ야三月

江의名이有ᄒᆞ고　江東郡에入ᄒᆞ야ᄂᆞᆫ陽德、孟山二郡의支流를合ᄒᆞ고水量이漸漸增大ᄒᆞ다가平壤野에出ᄒᆞ야ᄂᆞᆫ稍稍히緩流ᄒᆞ야浿水가되고平壤浮碧樓前에至ᄒᆞ야ᄂᆞᆫ大同江이라稱ᄒᆞ니此로브터間間히屈曲ᄒᆞ야或南流ᄒᆞ고或西流ᄒᆞ야黃海道의境界를劃ᄒᆞ고黃海道로브터來ᄒᆞᆫ支流의載寧江과合ᄒᆞ야鐵島를抱ᄒᆞ고此로브터河幅이濶大ᄒᆞ며此로브터西流ᄒᆞ야鎭南浦를沿ᄒᆞ야漁隱洞에至ᄒᆞ고黃海로注ᄒᆞᄂᆞ니라

本江은全長이七百里니五大江의一이오黃海斜面의大流라其流域에平壤은古來歷史上에著名ᄒᆞᆫ都市오其他鐵島、鎭南浦、漁隱洞等은商業地오又淸、日、露戰地로著名ᄒᆞᆫ處오其本流支流ᄂᆞᆫ平安、黃海兩道를跨ᄒᆞ야水運이便利ᄒᆞᆫ故로灌漑의利用이不尠ᄒᆞ니라

本江의水運은載寧江과合ᄒᆞᆫ鐵島附近에水深이六十尺이니數千噸〔二噸은卽我의一千六百八十斤〕의滊船數百隻을碇泊ᄒᆞ겟고鐵島上

流에서平壤에至ᄒᆞ기約二十五里萬景臺附近은水深이約四尋或六尋이되니此亦數百噸의滊船을航行ᄒᆞ며　萬景臺로브터平壤에至ᄒᆞᄂᆞᆫ間에一二處淺灘이有ᄒᆞᆫ故로此處에서荷客、卜駄人을小艇에移ᄒᆞ야平壤에送ᄒᆞ고其江口鎭南浦附近은幅圓이六百間에至ᄒᆞ야渺茫ᄒᆞᆫ狀態가恰然히海洋과如ᄒᆞ고水尋은十二尋이니一千餘噸의滊船이波止ᄒᆞᄂᆞᆫ塲을三十米突에서碇泊ᄒᆞᄂᆞ니라

本江下流의潮流ᄂᆞᆫ干滿의差異가二十八呎이오平壤에至ᄒᆞ야約十尺이減ᄒᆞ나潮流의速力은恒常四節半의勢를因ᄒᆞ야干滿이또ᄒᆞᆫ上下ᄒᆞᄂᆞᆫ故로帆船等도其風勢를不拘ᄒᆞ고潮流를利用ᄒᆞ야滿潮에上ᄒᆞ고干潮에ᄂᆞᆫ下ᄒᆞᄂᆞᆫ航行의便宜가甚大ᄒᆞ니라

또本江의支流數條ᄂᆞᆫ小舟를行ᄒᆞ기便宜ᄒᆞ나鐵島附近으로브터上流ᄂᆞᆫ冬季約六十日間을結氷ᄒᆞ고下流ᄂᆞᆫ結氷치아니ᄒᆞ되流氷이有ᄒᆞ야舟楫이杜絕ᄒᆞᄂᆞ니라

淸川江

淸川江

本江은平安道中央으로南北에斜走ᄒᆞᆫ妙香山脈中의著名ᄒᆞᆫ狠林山南麓에셔發ᄒᆞ고妙香、狄踰兩脈의溪谷을曲折ᄒᆞ야諸水를合ᄒᆞ고西流ᄒᆞ야妙香山脈의峽間을橫ᄒᆞ야其南麓을流ᄒᆞ고安州北을過ᄒᆞ야稍稍流下며京義鐵道停車塲이有ᄒᆞᆫ安州를沿ᄒᆞ고江口ᄂᆞᆫ平安北道로브터流下ᄒᆞ다가海에入ᄒᆞ니 本江流域은山脈이甚多ᄒᆞ고平野가稀少ᄒᆞᆫ故로水域이不大ᄒᆞ고又灌漑와運輸의利가不多ᄒᆞ니라

鴨綠江

鴨綠江

鴨綠江은五大流中의最大河니 其源이白頭山西麓에셔發ᄒᆞ야咸鏡南道惠山鎭의南方으로브터來ᄒᆞᆫ虛川江을合ᄒᆞ고稍下ᄒᆞ다가長津江西南으로브터來ᄒᆞᆫ水를合ᄒᆞ며白頭山脈의溪谷으로브터發ᄒᆞᆫ幾多少流를集ᄒᆞ야西北으로流ᄒᆞ고平安道의下無路附近으로브터轉ᄒᆞ야西南으로流ᄒᆞ며楚山에至ᄒᆞ야ᄂᆞᆫ滿洲로브터南下ᄒᆞᆫ渾河와

合ᄒᆞ고此로브터水量이增大ᄒᆞ야玉江鎭附近에至ᄒᆞ야ᄂᆞᆫ河幅이더욱廣濶ᄒᆞ며義州上流에셔ᄂᆞᆫ更히滿洲의靉河를容ᄒᆞ니河流ᄂᆞᆫ九里島、於赤島、黔定島、中江臺莘의沙洲를因ᄒᆞ야三派에分ᄒᆞ야滿洲側을上江이라云ᄒᆞ니幅이約一百米突이오中央을中江이라云ᄒᆞ니幅이約四百米突이오我邦의側을通天河라稱ᄒᆞ니幅이約一百米突이오沙河鎭에至ᄒᆞ야此三江은再히合ᄒᆞ야一江이되며更히威化島를成ᄒᆞ야濶大ᄒᆞᆫ三角江을形成ᄒᆞ고黃海에排水ᄒᆞ니라

本江은全長이一千四百里에至ᄒᆞ니河域은國中에最大ᄒᆞ나河形의傾斜홈이急ᄒᆞ며且水量이比較的에不大ᄒᆞ며加之巖礁ㅣ多ᄒᆞ며激流ㅣ奔湍ᄒᆞᆫ處가甚多홈으로航運河의價値ᄂᆞᆫ甚少ᄒᆞ니라 江口로브터數里間에도馬力이强ᄒᆞᆫ小汽船이아니면航行ᄒᆞ기難ᄒᆞ며義州下流六七十里의威化島附近或對岸滿洲의安東縣、沙河津附近은吃水四尺以上의船舶도航行이甚難ᄒᆞ며沙河鎭으로브터義州間에ᄂᆞᆫ

一尺六寸以上의吃水가無ᄒᆞᆫ處도有ᄒᆞ니故로本江에流勢急迅ᄒᆞᆷ과沙洲ㅣ多ᄒᆞᆷ은汽船의航行이困難ᄒᆞ나清國[장우[地名]]ᄂᆞᆫ河口로브터四十里上流昌城ᄭᆞ지溯上ᄒᆞᆷ을得ᄒᆞᄂᆞ니라

本江을貿易河라稱ᄒᆞᆷ은非常ᄒᆞᆫ價値가有ᄒᆞ니　上流에ᄂᆞᆫ有名ᄒᆞᆫ大森地가有ᄒᆞ며平安北道北部로브터咸鏡南道西北部와滿洲吉林省南端에亘ᄒᆞ야廣袤數萬里間에大樹巨材가森立鬱生ᄒᆞ고無盡藏ᄒᆞᆫ其他富饒物産은山繭、大豆、苧麻、人蔘、砂金、鴉片、雜穀等이有ᄒᆞ니故로材木의年年輸出이一千萬圓以上이며山繭의輸出도六七百萬圓에達ᄒᆞ며大豆ᄂᆞᆫ渾江水域에産出이百萬石以上이된즉本江水域의一個年輸出額은均二千五百萬圓內外요又輸入ᄒᆞᄂᆞᆫ物品은綿布、綿絲、烟草、食鹽、燐寸(성냥)石油、雜貨等이니輸出入額을合算ᄒᆞ면五千萬圓에無慮ᄒᆞ니我邦全體의貿易總額보담二倍以上에達ᄒᆞ니라　清國人이鴨綠江水域富源에着目ᄒᆞᆷ은三十年以後니新勃興ᄒᆞᆫ都會ᄂᆞᆫ安東縣과大東溝ㅣ니라

安東縣

安東縣은龍巖浦로브터江을溯流ᄒᆞ면約一百五十海里에在ᄒᆞ니其中間에清國三道浪頭라稱ᄒᆞᄂᆞᆫ處에稅關이有ᄒᆞ니此로브터安東縣ᄭᆞ지ᄂᆞᆫ水深이僅히四尺에不過ᄒᆞ니라

安東縣은水域貨物의交換ᄒᆞᄂᆞᆫ市場이라商業地로ᄂᆞᆫ大東溝보담優勝ᄒᆞ나沿岸河底에暗礁가甚多ᄒᆞ야曳船을川ᄒᆞ며又輕吃水汽船이아니면通航ᄒᆞ기難ᄒᆞ니라

大東溝

大東溝ᄂᆞᆫ安東縣의下流로鴨綠江口에近ᄒᆞ면龍巖浦로브터江을斜下ᄒᆞ야約八十里海에處ᄒᆞ니　沿江은一帶淺洲가多ᄒᆞ야干潮時ᄂᆞᆫ廣漠ᄒᆞᆫ沙泥를露出ᄒᆞ고汽船은岸際에遠遠碇泊ᄒᆞ니라　此地ᄂᆞᆫ材木의留置場이라陸上에ᄂᆞᆫ無數ᄒᆞᆫ木材를積置ᄒᆞ고沿岸에ᄂᆞᆫ無數ᄒᆞᆫ材木船이碇泊ᄒᆞ니　此水域에清國人은山東省으로브터移民ᄒᆞ야年年伐木事業을爲ᄒᆞ야出稼ᄒᆞᄂᆞᆫ者ㅣ一萬以上에至ᄒᆞ니鴨綠江岸

商業地는義州와龍巖浦에在ᄒᆞ니라 此江上流의大森林地는昔時高句麗盛代에畿內地가되야最히繁榮ᄒᆞ더니 大陸의南下ᄒᆞ는勢力이此江岸에至ᄒᆞᆷ으로淸國領土의制限이此에至ᄒᆞ니라

第八章 氣候

氣候

我國은北緯三十三度十三分으로브터四十三度二分間에在ᄒᆞ야日本本土及北海道와同緯度에位ᄒᆞ다ᄒᆞ나氣候는大陸的으로總히酷烈ᄒᆞ니 故로寒時는非常히寒ᄒᆞ며熱時는非常히暑ᄒᆞ야冬季는寒風이烈吹ᄒᆞᆷ으로北部의港灣은盡是氷結ᄒᆞ야豆滿、鴨綠、大同江等도三四個月間은人馬가江上에往來ᄒᆞ며夏期는熱度의甚ᄒᆞᆷ이日本에比ᄒᆞᆯ비아니오又一日中에도變化가甚ᄒᆞ나、특별히其激變ᄒᆞᆷ은冬季와夏季며一晝夜에十度乃至二十度의差異가有ᄒᆞᆫ故로俗云三寒四溫이라稱ᄒᆞᆷ은酷寒이三日을連續ᄒᆞ면四日에至ᄒᆞ야는寒氣가衰ᄒᆞ다ᄒᆞᆷ이라

國內各地方에氣候의差異는山脈의配列을因ᄒᆞ야南北二部에區別이有ᄒᆞ니 其分界는北緯三十七度니慶尙、全羅、忠淸三道는其山脈이南北에奔ᄒᆞᆷ이多ᄒᆞᆷ으로海風이山脈峽谷을通ᄒᆞ야深히內地에及ᄒᆞ야氣候ㅣ稍稍溫和ᄒᆞᆫ故로所謂氣候는風帶에屬ᄒᆞᆷ이오 他五道는山脈이大概東西에奔ᄒᆞᆷ으로南來ᄒᆞ는海風을阻隔ᄒᆞ고北方大陸氣候에感化ᄒᆞ야寒暑의激變이甚大ᄒᆞ니此는大陸性의氣候가有ᄒᆞ야西伯利亞性、溫帶에屬ᄒᆞᆷ이라

降雨

降雨期는每六月中旬으로브터七月中旬頃에終ᄒᆞ니 北方에는八九月頃에再히霖雨가有ᄒᆞ니俗稱七月長霾라ᄒᆞ야溫濕이甚ᄒᆞ며南方은夏秋에西南氣候風의流行ᄒᆞ는間은大雨ㅣ屢至ᄒᆞ나然이나

雨量은日本同緯度에比ᄒᆞᆫ즉全量이甚小ᄒᆞ고雨量의配布는東南岸에多ᄒᆞ며西岸이次오北方은最少ᄒᆞ니라

降雪

降雪도一般少ᄒᆞ나其中最多ᄒᆞᆫ處는江原道ㅣ니堆積이六七尺에至

ᄒᆞ며次ᄂᆞᆫ咸鏡平安兩道니或四五尺에至ᄒᆞ며慶尙,全羅,忠淸地方은積雪을不見ᄒᆞᄂᆞ니氣候寒冷의消解期ᄂᆞᆫ北方이稍遲ᄒᆞ니라

海霧 海霧ᄂᆞᆫ四五月頃에多ᄒᆞ니其最甚處ᄂᆞᆫ西海面이라數日迷濛ᄒᆞ야咫尺을不辨ᄒᆞᄂᆞᆫ故로恒常航海者의困難ᄒᆞᆫ비라 南海面은稍少ᄒᆞ며東海面은最少ᄒᆞ니라

海風 東海面은冬春에ᄂᆞᆫ北風西風이多ᄒᆞ며夏季에ᄂᆞᆫ南風이多ᄒᆞ며秋季ᄂᆞᆫ東風北風이多ᄒᆞ니라 就中東風이甚稀ᄒᆞ니吹時ᄂᆞᆫ催雨의前兆라ᄒᆞ며 雨中에ᄂᆞᆫ東北風이多ᄒᆞ니波浪을激起홈이甚ᄒᆞ며 南海面,西海面에ᄂᆞᆫ春季에南風及北西風이며夏季에ᄂᆞᆫ南西風이며秋季에ᄂᆞᆫ北西風이며冬季에ᄂᆞᆫ北風이最多ᄒᆞ니라

今各開港地에對ᄒᆞ야氣候를觀測ᄒᆞᆫ즉如左ᄒᆞ니라

京城

京城	一月	二月	三月	四月	五月	六月	七月	八月	九月	十月	十一月	十二月
最高溫度華氏(午後十時)	四九.六	五六.九	七〇.三	七三.三	八一.六	八八.一	九五.〇	九六.三	八八.七	七九.六	七一.九	五三.四
最低溫度(仝)	五.七	五.一	二三.五	三三.三	四三.五	五二.二	五三.四	五九.九	四五.一	四〇.七	二八.一	二〇.四
雨量(粍)	一〇.六〇	二八.五四	八一.九〇	五六.六〇	八八.一〇	三八.五五	三四二.〇七	四三九.二七	二〇三.〇八	一七.七〇	三〇.六三	一三.三五
雨日數	二	二	七	七	二	五	三	一九	九	七	九	七
雪日數	四	三	—	—	—	—	—	—	—	—	一	三

最高溫度(華氏)九五〇 最低溫度(同)五、一

合計雨量(粍)一,三三九,二九 雨日數九十八日 雪日數十一日

鎭南浦

鎭南浦	一月	二月	三月	四月	五月	六月	七月	八月	九月	十月	十一月	十二月
最高溫度華氏(午前六時)	三八	三四	四八	五四	六三	七三	七五	七六	七六	六二	四九	三四
最低溫度(同)	六	一三	二三	四〇	四〇	五九	六三	六七	五〇	二四	一六	七
晴日數	一九	二四	二一	一六	一五	二六	一六	一〇	一五	二三	二四	二五
曇日數	九	二	八	九	三	三	三	三	八	六	四	五

	一月	二月	三月	四月	五月	六月	七月	八月	九月	十月	十一月	十二月
雨日數	二	二	二	五	四	二	三	九	七	二	一	—
雪日數	二	一	—	—	—	—	—	—	—	—	—	二

最高溫度(華氏)七六、〇　最高溫度(同)六、〇

合計晴日數二百三十四日　曇日數九十日　雨日數三十六日　雪日數五日

平壤

	一月	二月	三月	四月	五月	六月	七月	八月	九月	十月	十一月	十二月
華氏(午後二時)平均溫度	三二·四	四〇·三	五二·二	六三·八	七〇·三	七九·七	八五·〇	七九·八	七三·七	六〇·二	四三·二	三二·四
晴日數	二三	一八	二二	二〇	一七	二二	一六	八	二五	二三	二五	二七
曇日數	三	六	八	五	一〇	五	一〇	一〇	三	六	三	[illegible]
雨日數	一	一	二	五	四	四	四	三	三	三	一	—
雪日數	五	三	—	—	—	—	—	—	—	—	一	三

最高溫度(華氏)八五、〇　最低溫度(同)三一、〇

合計晴日數二百三十二日　曇日數七十日　雨日數五十四日　雪日數十二日

元山

	一月	二月	三月	四月	五月	六月	七月	八月	九月	十月	十一月	十二月
華氏(正午)最高溫度	三四	三三	五五	六八	七八	八三	八三	八七	八六	六五	六五	四七
同最低溫度(同)	二三	二九	三七	四七	五〇	六三	六三	六四	六三	四〇	三二	二〇
晴日數	二四	二三	二〇	二五	一七	二六	一九	一六	一七	二三	二八	二六
曇日數	二	一	七	三	七	一	七	四	三	五	一	一
雨日數	—	—	四	二	七	三	五	二	一〇	三	一	—
雪日數	五	三	—	—	—	—	—	—	—	—	一	三

最高溫度(華氏)八八〇　最低溫度(同)二〇〇

合計晴日數二百六十三日　雨日數四十六日　曇日數四十四日　雪日數十二日

木浦

	一月	二月	三月	四月	五月	六月	七月	八月	九月	十月	十一月	十二月
華氏(正午)平均溫度	四五	四六	五四	六三	七〇	七六	八三	八七	八五	七四	六二	五〇

	一月	二月	三月	四月	五月	六月	七月	八月	九月	十月	十一月	十二月
晴日數	一五	二二	二三	二〇	二二	一九	一八	二六	二九	二六	二三	二五
曇日數	八	六	三	四	七	七	六	四	一	三	六	四
雨日數	四	一	六	六	三	四	七	一	丨	二	一	一
雪日數	四	一	丨	丨	丨	丨	丨	丨	丨	丨	丨	一

最高溫度(華氏)八七〇　最低溫度(同)四五、〇

合計晴日數二百六十三日　雨日數三十六日　曇日數五十七日　雪日數十日

釜山

	一月	二月	三月	四月	五月	六月	七月	八月	九月	十月	十一月	十二月
建陽元年以後九個年間平均溫度(攝氏)	三.一	三.九	七.七	一三.一	一七.四	二〇.四	二四.〇	二五.九	二三.三	一七.四	一二.六	四.三
開國四百九十六年以十五個年平均雨日數	三.三	三.一	七.九	七.九	六.八	八.一	九.九	六.五	七.四	二.九	三.九	三.六
後	三〇.三	四六.一	五六.八	一三五.四	一〇〇.九	一九九.五	一九六.五	一三六.〇	一七〇.九	四八.三	三六.三	三三.一

第九章　潮流

潮流暖流

海潮潮流의影響을言ᄒᆞ면赤道海流ᄂᆞᆫ暖流의本源이라北向流來ᄒᆞ

야日本臺灣으로브터沖繩群島에沿ᄒᆞ고太平洋에向ᄒᆞ야南海를經ᄒᆞ며伊豆沿海로브터奧州金華山灣으로通行ᄒᆞ고其一脉은日本九州南端으로브터分岐ᄒᆞ야五島平戶로西海를經ᄒᆞ고朝鮮海峽을經ᄒᆞ야日本海東方을駛ᄒᆞ야我韓南海에暖流一脉이되며　寒流의本源은北方寒帶로브터發ᄒᆞ야其潮流에數派가有ᄒᆞᆷ으로我海에流注ᄒᆞᆫ一派ᄂᆞᆫ來滿派라稱ᄒᆞ고阿哥科海로브터來ᄒᆞ야日本海北西方으로我半島에沿ᄒᆞ며慶尙道南海에至ᄒᆞ야暫時其跡을收ᄒᆞ고全羅道西海로更起ᄒᆞ야西面으로流駛ᄒᆞ며黃海北方에沿ᄒᆞ야大陸一帶를洗過ᄒᆞ니冬季의我海에灌注ᄒᆞᄂᆞᆫ寒流狀態가되니라　此를東海南海西海三面에分ᄒᆞ야其槪狀을記ᄒᆞᆫ족

東海

東海ᄂᆞᆫ我國과西比利亞及日本의本州와相關ᄒᆞ야一大內海를形成ᄒᆞ니所謂日本海一部에太平洋과關係ㅣ小ᄒᆞᆫ故로潮勢가微弱ᄒᆞ야干滿의差異가甚少ᄒᆞ며특별히咸鏡道沿岸에ᄂᆞᆫ거의其差異를不見

ᄒᆞ니라

海底ᄂᆞᆫ平坦ᄒᆞ야凸凹가無ᄒᆞ며其南方은暖潮를通ᄒᆞ며北方은寒潮를注ᄒᆞᆷ이多ᄒᆞ니라　故로潮流가推移ᄒᆞᄂᆞᆫ時ᄂᆞᆫ暖潮ᄂᆞᆫ春季三四月頃으로브터漸漸其幅圓을增大ᄒᆞ야盛夏에ᄂᆞᆫ極度에達ᄒᆞ며江原道로브터咸鏡道에至ᄒᆞ야寒潮와交流ᄒᆞᄂᆞᆫ故로此期間에ᄂᆞᆫ暖流魚族의回流가甚多ᄒᆞ며十月에至ᄒᆞ면暖流ㅣ漸衰ᄒᆞ고寒流ᄂᆞᆫ再히其幅圓을增加ᄒᆞ며十二月頃에ᄂᆞᆫ慶尙道南部沿海가交叉點이되니라

此季節에ᄂᆞᆫ暖流魚族이南으로去ᄒᆞ야專혀其跡이無ᄒᆞ고鯟(靑魚)鮮(大口魚)等의寒流魚族만生息ᄒᆞ니라

南海

南海ᄂᆞᆫ日本海의西口를扼ᄒᆞ야朝鮮海峽을形造ᄒᆞ고無數ᄒᆞᆫ島嶼ㅣ羅列ᄒᆞ며海底ㅣ不深ᄒᆞ니赤道下로來ᄒᆞᆫ暖潮ᄂᆞᆫ日本海에入ᄒᆞᄂᆞᆫ水道가됨으로韓海中에最히溫暖ᄒᆞ야冬期에도寒潮의影響을受ᄒᆞᆷ이少ᄒᆞ니라　故로寒潮의澎漲을因ᄒᆞ야北方으로브터回避ᄒᆞᆫ魚族等은此海中에集ᄒᆞ야暖春을待ᄒᆞᄂᆞ니라

西海

西海도島嶼가多ᄒᆞ며海底ᄂᆞᆫ淤泥로成ᄒᆞ야凸凹가少ᄒᆞ고淺灘이多ᄒᆞ나潮汐干滿의差異가最히激烈ᄒᆞ니라　冬季ᄂᆞᆫ黃海北方에流ᄒᆞᄂᆞᆫ寒潮一脉이沿岸을犯ᄒᆞ며春季로브터暖流가漸漸幅圓을增加ᄒᆞ야寒流ㅣ漸漸其跡을收ᄒᆞ니라

第十章　潮汐

韓國의東海岸은潮汐의出入ᄒᆞᄂᆞᆫ差가甚少ᄒᆞ나西海岸에ᄂᆞᆫ大ᄒᆞ야京畿道仁川附近에ᄂᆞᆫ其差異가三十尺에及ᄒᆞᄂᆞᆫ故로退潮時에ᄂᆞᆫ數里의泥를見ᄒᆞ며　南下ᄒᆞ면漸少ᄒᆞ야忠淸南道의淺水灣은其差가二十六尺餘가되며全羅道西部木浦地方에至ᄒᆞ면十四尺餘가되며南海岸釜山에至ᄒᆞ면五尺에不滿ᄒᆞ며東海岸元山灣은僅히一尺五寸에不過ᄒᆞ니라　現今各地에高潮時와潮升量을示ᄒᆞᆫ즉如左ᄒᆞ니라

地名	朔望高潮時	大潮昇	小潮昇
西海岸			
全羅道			
珍島	○時十三分	十四尺餘	九尺八寸
木浦	二時六分	十四尺五寸	十尺
羅州羣島	一時三十分	十尺八寸	四尺
隔音羣島	三時十二分	二十四尺	十七尺
羣山浦	三時五十七分	二十五尺	十七尺
忠淸道			
淺水灣	三時五十四分	二十六尺餘	十八尺餘
京畿道			
仁川	四時四十二分	三十尺	二十四尺餘
平安道			

南海岸

鎭南浦	六時三十分	二十八分	
鐵島錨地	九時二十五分	二十尺餘	十七尺餘
南海岸			
慶尙道			
釜山	八時十七分	四尺五寸	三尺
鎭海灣	八時二十三分	七尺餘	四尺三寸
竹林浦	九時八分	九尺	六尺六寸
統營	八時五十六分	七尺三寸	七尺
蛇梁島	九時九分	十尺	六尺三寸
全羅道			
麗水近海	九時	十二尺	七尺八寸
汝自(順天)灣	九時二十分	十三尺三寸	八尺七寸
所安島	十時三十五分	十尺八寸	七尺五寸

巨文島	八時三十分	十一尺
濟州島		約十二尺
東海面		
慶尙道		
蔚山		約三尺
迎日灣		約三尺
咸鏡道		
元山灣		約一尺五寸
松田港		約一尺
新浦(馬養島)		約二尺
造山灣		約三尺五寸

東海面

第十一章 生產物

生產物

植物產

植物產 我韓의植物系ᄂᆞᆫ溫帶林에屬ᄒᆞᆫ物이多ᄒᆞ니針葉樹에ᄂᆞᆫ赤松、五葉松、落葉松、羅柏等이며其次濶葉樹ᄂᆞᆫ槲、栗、櫟、欅、楓木이며其他ᄂᆞᆫ檀木、楊、楡、葉似櫻ᄒᆞ고白花實圓之木、胡桃等이니 然이나濫伐의結果로造林法이絕無ᄒᆞ야深山幽谷外에ᄂᆞᆫ繁生ᄒᆞᆫ林木을不見ᄒᆞ며農業植物은米、麥、粟、豆、菽等이各道에產出ᄒᆞ나但米麥은咸鏡、黃海、平安道等北界地方에ᄂᆞᆫ產處가小ᄒᆞ며 果樹ᄂᆞᆫ柿、桃、李、梨、杏、梅、銀杏、石榴等이各地方에產出ᄒᆞ나柑、橘類ᄂᆞᆫ濟州島에만有ᄒᆞ며茶와甘蔗ᄂᆞᆫ邦內에全無ᄒᆞ니라

動產物

動物產 我韓에人口가密度에不至ᄒᆞᆷ으로動物의繁殖力이多ᄒᆞ니咸鏡道江原道山中에ᄂᆞᆫ虎、豹、熊이多ᄒᆞ야頸上에白斑이有ᄒᆞᆫ熊이產ᄒᆞ며 鳥類ᄂᆞᆫ鵲、鷹、鵰、鷂、鷗、鷺等이多ᄒᆞ며 魚類ᄂᆞᆫ沿海에饒生ᄒᆞ니寒流를追下ᄒᆞᄂᆞᆫ鯨이多ᄒᆞ며咸鏡道沿海에ᄂᆞᆫ明太魚며全羅道에石魚며慶尙道에大口魚며忠淸道에道味魚의產이有名ᄒᆞ며 家畜은牛、馬、騾、驢、豚、犬이多ᄒᆞ니라

鑛物産

鑛物産　鑛物은我韓生產中最要ᄒᆞᆫ部分을占ᄒᆞ야全國各處에金及砂金의產出이多ᄒᆞ니品位ᄂᆞᆫ通常七百位以上과八百五十位ᄭᆞ지오砂金은一個에五十匁一匁一錢重의至ᄒᆞ니라　此物의產地ᄂᆞᆫ咸鏡平安二道ㅣ第一이오銀、銅、鐵及玉、石等도產出ᄒᆞ나採掘이不多ᄒᆞ며石炭도各處에產出ᄒᆞ나我韓의地質은第三期의生成ᄒᆞᆫ層이無ᄒᆞᆫ故로其質이大槪良好치못ᄒᆞ니라

第二編　人文地理

第一章　住民

第一節　人種

人種

我韓人에男子ᄂᆞᆫ閑雅儼然ᄒᆞᆫ風度와女子ᄂᆞᆫ柔順羞澁ᄒᆞᆫ狀態가有ᄒᆞ니人種에源流ᄂᆞᆫ西伯利亞人과蒙古人種으로混合ᄒᆞ야單純ᄒᆞᆫ一種族이되니라

我邦에最古住居人民은穢及貊二種이니　此人種은何種에派인지未詳ᄒᆞ나　穢ᄂᆞᆫ現今盛京省으로브터平安道東北方及江原地方에漫衍ᄒᆞ고貊은遼東半島로브터西界海岸地方에繁殖ᄒᆞᆷ이是라ᄒᆞ며　後에扶餘族、漢人種、出雲族等이或은遼東半島에居ᄒᆞ며或은現今江原道에在ᄒᆞ니라　又沃沮에先住種은咸鏡道地方에住ᄒᆞᆷ을南沃沮라稱ᄒᆞ니　此種이漫衍ᄒᆞ야扶餘族의一派가되니其言語風俗等이略相似ᄒᆞ며馬韓이라稱ᄒᆞᆫ者도亦先住의種族이印度或南淸國地方으로브터渡來ᄒᆞ야全羅道地方에住ᄒᆞ니라

沃沮

馬韓

扶餘族

扶餘族이라稱ᄒᆞᄂᆞᆫ者ᄂᆞᆫ一時에大勢力이有ᄒᆞ야半島의太半을領有ᄒᆞ다가　비로소咸鏡北方豆滿江邊에上陸ᄒᆞ야平安道에移ᄒᆞ야맛참니平壤에都ᄒᆞ고高句麗國을建ᄒᆞ니라

後에黃海道、京畿、忠淸各地에繁殖ᄒᆞ야京畿道廣州에都ᄒᆞ야百濟國을興ᄒᆞ고漸益繁殖ᄒᆞ야南은全羅와北은咸鏡地方ᄭᆞ지至ᄒᆞ니라

上記에二王國은各各七百年宗祀를維持ᄒᆞ야日本及中國과交通ᄒᆞ

고文運이漸漸發達하더니後에唐의滅한비되야日本族에逼逃한者ㅣ有하고住居한者는東朝鮮種族이되니라

辰韓　弁韓　後馬韓

我邦에漢人種의移殖을受함은支那戰國末로브터前漢에始하니秦亡人은苦役에不堪함으로海路로브터半島南方에來하야馬韓과交涉하고慶尙道洛東江에殖民하니此를辰韓이라稱하며　又南支那로브터山東角에移한所謂齊東野人이라하는者는忠淸慶尙間에來往하야此를弁韓이라하며　此로브터前周時代에箕子ㅣ其族黨을引率하고遼東遼西로브터東南에進하야王儉城(平壤)에都하더니其後子孫이燕人衛滿의逐함을因하야其徒衆數千을引率하고全羅道에入하야益山을根據하야前住한馬韓을滅하고全羅及忠淸의一半을占領하야後馬韓을立하니라　其他時代前後에北方種族의侵入된者ㅣ不尠하니　卽鮮卑、烏桓、契丹、女眞等靺鞨種에屬한者ㅣ越境移住하니라

日本人種　出雲種

前述과如히古代의我邦은大陸人民의侵入을受함과同時日本人種의來住함을受하니最古時代에日本出雲族과扶餘族의山陰道에서放逐한者와其他日本人種의移住함이不尠하니라　新羅王都는現今慶州地니　其東에迎日灣은鬱陵島隱岐島를標識하고山陰島松江灣에通하야上古로水路往來의樞區가되니　此時代에瓠公이라云한者는日本人의歸化한者라謂하니라　新羅建國後에版圖를擴張하고百濟高句麗ㅣ亡함에至하야其勢力이半島의太半을鎭壓하니라　爾來高麗를經하야我韓에至하니其名門은新羅브터出하니라

新羅와同時一王國을駕洛國이라하니　駕洛國은洛東江畔에出雲族의殖民地라　其人民은舟楫으로生長하야日本九州中國에不絕한貿易이往來함은歷史上의明證이有하고　又任那府(現今金海)及治下州郡에日本人種의互相出入이多하며　駕洛과日本의交通함

은洛東江口로브터發ᄒᆞ야對馬島에寄航ᄒᆞ야山陰道西邊에至ᄒᆞ니라

第二節 族制

族制

我韓에ᄂᆞᆫ古來로人民間에三種의階級이有ᄒᆞ니班、常及奴婢가是라班은文、武兩班이니文官을東班이라ᄒᆞ고武官을西班이라ᄒᆞ며國家에勳業이無ᄒᆞᆫ人의子孫으로文、武官僚에不齒者ᄅᆞᆯ常漢이라ᄒᆞ며奴婢ᄂᆞᆫ公賤、私賤의二種이有ᄒᆞ니公賤은官廳에使役ᄒᆞᄂᆞᆫ者오私賤은士族의家傭이라世襲的과或自賣者가有ᄒᆞ더니更張以後에門閥을劈破ᄒᆞ고奴婢ᄅᆞᆯ解放ᄒᆞ니라

第三節 言語文字

言語

我韓의言語ᄂᆞᆫ地方을因ᄒᆞ야多少의差異가有ᄒᆞ나大體ᄂᆞᆫ거의一致라 其語法의形容詞ᄅᆞᆯ名詞上에置ᄒᆞ며動詞助動詞ᄂᆞᆫ名詞下에有홈은日本과略似ᄒᆞ니라

文字ᄂᆞᆫ漢字와國文이有ᄒᆞ야官署又中流以上社會에ᄂᆞᆫ漢字ᄅᆞᆯ使用ᄒᆞ나普通에ᄂᆞᆫ國文을用ᄒᆞ니라 國文을諺文이라ᄒᆞ니其字制의起原은佛典梵字에始ᄒᆞ야百濟高句麗時代에刱製홈이有ᄒᆞ나此ᄅᆞᆯ成홈은我韓國의 世宗大王의時라 其後多少의變化ᄅᆞᆯ經ᄒᆞ니現時諺文은母音十一子音十四ᄅᆞᆯ結合ᄒᆞ야百五十四音이成ᄒᆞ야漢字間에交綴홈이緊要ᄒᆞ니라 現今諺文及其組合方幷發音法을示ᄒᆞ니라

子音＼母音	第一列 開口音 ㅏ	ㅑ	第二列 咽口音 ㅓ	ㅕ	第三列 舌音 ㅗ	ㅛ	第四列 唇音 ㅜ	ㅠ	第五列 牙音 ㅡ	ㅣ	ㆍ	
ㄱ	가	갸	거	겨	고	교	구	규	그	기	ᄀᆞ	가行
ㄴ	나	냐	너	녀	노	뇨	누	뉴	느	니	ᄂᆞ	나行
ㄷ	다	댜	더	뎌	도	됴	두	듀	드	디	ᄃᆞ	다行
ㄹ	라	랴	러	려	로	료	루	류	르	리	ᄅᆞ	라行

ㅁ	ㅂ	ㅅ	ㅇ	ㅈ	ㅎ 輕音	ㅋ 激音	ㅌ	ㅍ	ㅊ	重音		重激音
마	바	사	아	자	하	카	타	파	차	과	봐	콰
먀	뱌	샤	야	쟈	햐	캬	탸	퍄	챠	궈	붜	쿼
머	버	서	어	저	허	커	터	퍼	처	놔	솨	톼
며	벼	셔	여	져	혀	켜	텨	펴	쳐	눠	숴	퉈
모	보	소	오	조	호	코	토	포	초	돠	와	퐈
묘	뵤	쇼	요	죠	효	쿄	툐	표	쵸	둬	워	풔
무	부	수	우	주	후	쿠	투	푸	추	롸	좌	촤
뮤	뷰	슈	유	쥬	휴	큐	튜	퓨	츄	뤄	줘	춰
므	브	스	으	즈	흐	크	트	프	츠	뫄	화	
미	비	시	이	지	히	키	티	피	치			
ᄆᆞ	ᄇᆞ	ᄉᆞ	ᄋᆞ	ᄌᆞ	ᄒᆞ	ᄏᆞ	ᄐᆞ	ᄑᆞ	ᄎᆞ	뭐	훠	
마	바	사	아	자	하	카	타	파	차			
行	行	行	行	行	行	行	行	行	行			

人口

第四節 人口

我國의人口는아즉調査法이不完全홈으로精確ᄒᆞᆫ統計를證明ᄒᆞ기甚難ᄒᆞ지라日本人의計算ᄒᆞᆫ諸說은準的키不能ᄒᆞ나近時調査를據ᄒᆞᆫ즉戶數는一百七十萬이오人口에男은八百四十萬이오女는八百六十萬이니合計一千七百萬이니此數에假量이庶合ᄒᆞ도다

住民의密踈는東北이最踈ᄒᆞ며南部ㅣ最密ᄒᆞ며西部는其間에在ᄒᆞ니　卽京畿及三南地方이最히稠密ᄒᆞ며江原、咸鏡은最히稀踈ᄒᆞ며平安은海岸地方에密着ᄒᆞ며黃海는西南部가最密ᄒᆞ니라　近日에民口減衰의狀態는露領、淸領地와墨西、布哇에移住ᄒᆞᆫ者ㅣ數十萬에至ᄒᆞ니라

宗敎

第二章 宗敎

我韓古代에一種特殊ᄒᆞᆫ宗敎가有ᄒᆞ야歷史上以前으로브터行ᄒᆞ니歐洲人은此를「샤마니스무」에屬ᄒᆞᆫ一種鬼神敎라天、地、日、月、星、辰、山、川

과鬼神을祭ᄒᆞ며草、木、獸類에도崇拜ᄒᆞᄂᆞ니 其鬼神은各種이有ᄒᆞ야或山林에屬ᄒᆞ며家宅에屬ᄒᆞᄂᆞᆫ것이有ᄒᆞ니라

佛教

其後에佛教를崇信ᄒᆞᄂᆞᆫ時代됨으로 世界宗教의分布圖ᄂᆞᆫ我邦으로ᄒᆞ야곰佛教國範圍에從ᄒᆞᆫ者ㅣ임의千餘年以前事라 其時에佛教ㅣ降盛ᄒᆞ야國王이崇佛爲僧ᄒᆞ며王妃도、또ᄒᆞᆫ尼된者ㅣ有ᄒᆞ며或은奉佛創寺로國憲을삼으며百濟國에서日本에佛像及經文을傳ᄒᆞᆷ도亦此時代ㅣ니라然이나我朝 高皇帝刱業後에佛教가國家에有害ᄒᆞ다ᄒᆞ야大淘汰를行ᄒᆞ시며第三世 太宗時에至ᄒᆞ야排佛에政策을行ᄒᆞᆷ으로佛家의勢力이衰微ᄒᆞ더니其後ᄂᆞᆫ僧侶를非人으로待ᄒᆞᄂᆞᆫ故로一切城內에寺院의設立ᄒᆞᆷ과僧侶에出入을禁ᄒᆞ며僧侶

儒教

의設法을制限ᄒᆞ니此ᄂᆞᆫ儒教를崇信ᄒᆞ고佛教를排斥ᄒᆞᆷ이라原來我韓은箕子의教條로開荒ᄒᆞᆯ뿐더러孔子ᄂᆞᆫ天下大聖人이라道學의源流가東方에闡明ᄒᆞᆷ으로我朝五百餘年에專崇ᄒᆞᄂᆞᆫ宗教가되니太學

과各地方鄕校에春秋釋奠祭를行ᄒᆞ니라

基督教

基督教의我韓에入來ᄒᆞᆷ은距今百十四五年前이라 近來에宣教師等의熱心布教와該國政府의勢力을後援으로依ᄒᆞ야次第로信徒를增加ᄒᆞ니今其布教區域은八道에布在ᄒᆞ고全國의信徒가數萬에達ᄒᆞ니北方에ᄂᆞᆫ「쑤레스쎄리안」派의勢力이有ᄒᆞ고中部에ᄂᆞᆫ「메소지스도」派의信徒ㅣ多ᄒᆞ니라

第三章　教育

舊式教育

我韓에教育은太學에養士齋를置ᄒᆞ야明經科로取士ᄒᆞ고各學校에居接生을試ᄒᆞ야升補케ᄒᆞ더니 今皇上三十一年에科擧法을廢ᄒᆞᆷ

新式教育

으로브터成均舘에廩養ᄒᆞᄂᆞᆫ士로博士에補ᄒᆞ며又經術問對에拔萃ᄒᆞᆫ各地人으로博士에補ᄒᆞ며又新式의教育으로師範學校와小學校法令을制定ᄒᆞ니官立、公立、私立의學校가次第勃興ᄒᆞ며現時京城에ᄂᆞᆫ貴族皇族의教育所가有ᄒᆞ니宮內에脩學院이是오 其他師範

學校、農學校、武官學校等이有ᄒᆞ니라

第四章　政治

政體

政體　我韓政體ᄂᆞᆫ專制政治라　皇帝ᄂᆞᆫ絶對的權利가有ᄒᆞ고人民은絶對的義務로服從ᄒᆞᄂᆞ니

中央政治

中央政治　政治機關의組織이如左ᄒᆞ니

議政府議政 { 議政府叅政　外務大臣　內務大臣　度支部大臣
軍部大臣　法部大臣　學部大臣　農商工部大臣 }

議政府及各部에大臣、協辦、局長、叅書官、主事及其他事務官吏가有ᄒᆞ니　各部의各局을左列홈

議政府　叅政、叅贊

外部　官房、交涉局、通商局

內部　官房、地方局、土木局、版籍局、衛生局、會計局、警務局

度支部　官房、司稅局、司計局、出納局、會計局、庶務局

軍部　官房、砲工局、經理局、軍法局、醫務局

法部　官房、司理局、法務局、會計局

學部　官房、學務局、編輯局

農商工部　官房、農務局、通信局、商工局、鑛山局、會計局

此外에皇室事를司홈은宮內府오

中樞院은議政府에屬ᄒᆞ니法律勅令의制定廢止를議政府에經ᄒᆞ야上奏ᄒᆞᄂᆞᆫ事項中樞院議官의臨時建議ᄒᆞᄂᆞᆫ事項人民으로브터建議에係ᄒᆞᆫ事項等과審査議定ᄒᆞᄂᆞᆫ所를定홈이니　府員은議長、議官、叅書官、主事가有ᄒᆞ니라

司法制度

現行司法制度ᄂᆞᆫ如左홈

漢城府及地方裁判所　一切民事刑事를裁判ᄒᆞᄂᆞᆫ處며

開港市場裁判所에ᄂᆞᆫ外國人關係가有ᄒᆞᆫ民事刑事를裁判ᄒᆞ며

平理院　地方裁判所各開港市場裁判所判決에對ᄒᆞ야控訴를受

理審判ᄒᆞᄂᆞᆫ控訴院이며

特別法院 皇族犯罪에關ᄒᆞᆫ刑事에裁判ᄒᆞᆷ을因ᄒᆞ야法部大臣이奏請ᄒᆞᆫ後勅裁를經ᄒᆞ야臨時開廷ᄒᆞᄂᆞᆫ裁判所니라

刑罰法

刑罰法은死刑、流刑、役刑、笞刑四罪ㅣ有ᄒᆞ니 死刑은絞며流刑은重ᄒᆞ면終身에處ᄒᆞ며輕ᄒᆞ면一年에至ᄒᆞᆫ十等이有ᄒᆞ며役刑은終身으로브터二十日에至ᄒᆞ야十九等에分ᄒᆞ며笞刑은百乃至十에至ᄒᆞ야十等이有ᄒᆞ며 役刑은一年以上에當ᄒᆞᆫ者ᄂᆞᆫ반다시笞刑을附加ᄒᆞᄂᆞ니라

地方制

地方制 現行地方制度ᄂᆞᆫ全國으로十三道에分ᄒᆞ고各道에觀察使를置ᄒᆞ야道內行政을統轄ᄒᆞ며道下에牧과府와郡의區別이有ᄒᆞ니濟州에ᄂᆞᆫ牧使오仁川、東萊、昌原、務安、沃溝、德源、城津、三和、龍川等九郡은開港塲이됨으로光武十年에府로陞ᄒᆞ고監理를府尹으로陞ᄒᆞ며郡守를置ᄒᆞ니라

今에地方行政系統을圖解ᄒᆞᆫ즉如左ᄒᆞ니

地方行政系統
- 內務大臣
  - 漢城府判尹
  - 各道觀察使
    - 牧使
    - 府尹
    - 郡守
- 外務大臣
  - 開港塲府尹

故로各道觀察府의位置ᄒᆞᆫ地ᄂᆞᆫ如左ᄒᆞ니

京畿道	水原	忠淸北道	忠州	忠淸南道	公州
全羅北道	全州	全羅南道	光州	慶尙北道	大邱
慶尙南道	晋州	黃海道	海州	平安北道	寧邊
平安南道	平壤	江原道	春川	咸鏡北道	鏡城
咸鏡南道	咸興				

地方自治制度

地方自治制度ᄂᆞᆫ我國에古來로最早發達ᄒᆞᆷ을見ᄒᆞᆯ지라 其制度의

兵制

概要ᄂᆞᆫ州、府、郡下에面、洞、里의三階級이有ᄒᆞ니面에ᄂᆞᆫ面長或風憲、檢督、執綱의任員이有ᄒᆞ며洞에ᄂᆞᆫ洞長、尊位가有ᄒᆞ니、다人民의公薦으로任ᄒᆞ며其任期ᄂᆞᆫ、다一個年이며再薦도多ᄒᆞᄂᆞ니라　今地方行政의區域은府가九오牧이一이오郡이三百三十一이오面이一千七百七十五니라

第五章　兵制

我韓兵制ᄂᆞᆫ其最上機關이元帥府에在ᄒᆞ니　皇帝陛下ᄂᆞᆫ大元帥되야軍機를總攬ᄒᆞ고陸海軍을統領ᄒᆞ시며　皇太子ᄂᆞᆫ元帥오其次位에ᄂᆞᆫ將官四名、領官四名、尉官十五名、屬員을附ᄒᆞ니라　武官等은大將、副將、叅將이며正領、副領、叅領이며正尉、副尉、叅尉며正校、副校、叅校며其外에叅將과相當ᄒᆞᆫ一等監督、二等監督、三等監督이며正尉、副尉叅尉에相當ᄒᆞᆫ一等軍司、二等軍司、三等軍司ㅣ有ᄒᆞ니라　將校養成所에ᄂᆞᆫ教頭以下教官이十數人이오修業年限은三個年이오入學齡

陸軍

은十八歲以上二十七歲以下로身體壯健ᄒᆞ며膂力이著大ᄒᆞ며聰明이俊秀ᄒᆞᆫ者를要ᄒᆞ며　兵卒徵募의方法은光武六年十一月에　詔勅을發ᄒᆞ야義務兵役의法을定ᄒᆞ니라

陸軍은侍衛聯隊、親衛聯隊、扈衛聯隊、砲兵隊、平壤隊、鎭衛隊六隊에分ᄒᆞ야侍衛聯隊、親衛聯隊、扈衛聯隊ᄂᆞᆫ近衛ᄒᆞᆫ者며侍衛、親衛二聯隊ᄂᆞᆫ各三千人이며扈衛隊ᄂᆞᆫ二百人이며平壤大隊ᄂᆞᆫ二大隊로成ᄒᆞ니一大隊가一千人이라一大隊ᄂᆞᆫ京城에在ᄒᆞ고一大隊ᄂᆞᆫ平壤에駐ᄒᆞ며鎭衛聯隊ᄂᆞᆫ五聯隊로一旅團을成ᄒᆞ고一聯隊ᄂᆞᆫ三個大隊를合흠이니一大隊의兵員은將校二十九人、下士卒九百七十九人이니合計一千八人이니라　其設置ᄒᆞᆫ地方을擧ᄒᆞ죡

鎭衛第一聯隊	京畿道江華	第一大隊	江華
		第二大隊	仁川
		第三大隊	黃州

同第二聯隊　同水原
- 第一大隊　水原
- 第二大隊　清州
- 第三大隊　全州

同第三聯隊　慶尙北道大邱
- 第一大隊　大邱
- 第二大隊　鎭南
- 第三大隊　蔚山

同第四聯隊　平安南道平壤
- 第一大隊　平壤
- 第二大隊　義州
- 第三大隊　江界

同第五聯隊　咸鏡南道北靑
- 第一大隊　北靑
- 第二大隊　德源
- 第三大隊　鏡城

陸軍의常備兵은總計二萬五千人이定規ㅣ나此外一種義勇兵이라

海軍

稱ᄒᆞᄂᆞᆫ褓負商이有ᄒᆞ야有事ᄒᆞᆫ日에ᄂᆞᆫ兵役에服從ᄒᆞᄂᆞᆫ義務가有ᄒᆞᆫ一團隊라海軍은古來로水軍이라稱ᄒᆞ야海岸에水營을建設ᄒᆞ얏더니現今에ᄂᆞᆫ廢止ᄒᆞ고光武五年에 勅令으로左의二十八個處에砲臺를設備ᄒᆞ야海口를防守ᄒᆞᆯ旨를發布ᄒᆞᆷ이如左ᄒᆞ니

京畿道　仁川府海岸　南陽郡大阜島　江華府海岸
忠淸南道　康津郡松島　保寧郡前水營　泰安郡安興島
全羅北道　沃溝郡古群山　扶安郡邊山
同南道　海南郡海岸　珍島郡海岸　莞島郡海岸
　麗水郡海岸　突山郡巨文島　智島孤下島
慶尙南道　鎭海郡海岸　巨濟郡海岸　南海郡海岸
　鎭南郡海岸　昌原郡馬山浦　東萊郡絶影島
黃海道　豐川郡海岸　瓮津郡海岸　海州郡海岸
平安南道　義州鴨綠江岸　平壤郡海岸

財政

咸鏡南道　永興郡海岸　安邊郡海岸
同北道　慶源郡雄基灣

第六章　財政

我國財政의機關은度支部ㅣ니財政에關호一切事務를處理호며他一個有力호機關은卽稅關이니稅關은特殊호財政的權이有호니라

今光武七年의歲出入이如左호니

歲出　總計	一〇、七六五、四九一圓		
皇室費	一、〇〇〇、〇〇〇圓	宮內府	二六一、〇三三圓
議政府	一四七、一八九	外部	二七八、一九八
內部	九八〇、五八三	警部	三六一、三二二
度支部	一、六六五、七一六	法部	四、一二三、五八二
軍部	五六、七〇二	農商工部	四六三〇〇
其他諸費	六一二、〇四五	臨時費	五三、一二〇
豫備費	一、〇一五、〇〇〇		
歲入　總計	一〇、七六六、一一五圓		
地稅	七、六〇三、〇二〇	家屋稅	四六〇、二九五圓
海關稅	八五〇、〇〇〇	造幣	三五〇、〇〇〇
前年보담超過호額	一、一四二、八〇〇	其他收入	三六〇、〇〇〇

產業　農業

第七章　產業

第一節　農業

農業은我韓의重要호業이니十三道에農業을不務호는者는海邊漁民과　市邑商賈一小部分에不過호즉十分에八九는農業者라政治經濟도共히農業에依호야維持호고商工業은農業에附帶호一副業이라　故로古來로브터農民을工商民上에置호야重農主義의國이되니라

我韓의地는丘陵이多호며傾斜가甚호나土質은結晶片巖片麻巖砂

巖板巖等土壤을依ᄒᆞ야成ᄒᆞ고平野는大槪此等土壤의分解를因ᄒᆞ야生ᄒᆞᆫ冲積地됨으로農畊上肥沃ᄒᆞᆫ土地에屬ᄒᆞ니라　我韓農産의寶藏은三南地方이第一이라其土質이膨軟ᄒᆞ야粘氣를含ᄒᆞ며或은黑質을因ᄒᆞ야輕鬆ᄒᆞᆷ으로大槪瘠貶地가多ᄒᆞ야肥料의作用을注意치아니ᄒᆞ고田圃에天然窒素燐酸加里等의成分을多量히含有ᄒᆞᆷ으로作物을能히成長ᄒᆞ고結果도豐饒ᄒᆞ니라

耕作地面積

ㅣ耕作地面積　我韓現時畊作地面積에實際를推究ᄒᆞᆫ즉日本某博士ㅣ我韓農作地에對ᄒᆞ야曰一人이平均一反五畝步에不過ᄒᆞ니(一反은三百步오一步는四方六尺)此를千二百萬人(博士는我國人口를千二百萬으로推定ᄒᆞᆷ이라)에乘ᄒᆞ면現畊地가百八十萬町步(一町步는三千步)니卽總地積은二千一百四十一萬三千町步(日本尺)의八分五里라ᄒᆞ며　ᄯᅩ或云ᄒᆞ되我國一結은日本一町七反步에相當ᄒᆞᆫ즉我國水田은約五十九萬四千八百二町步餘며畑地는七十七萬三千五

百二十二町步니合計ᄒᆞ면百三十六萬八千三百二十四町步가現畊地라ᄒᆞ니然則前者는人口에均排ᄒᆞᆫ假量이오後者는結數로測筭ᄒᆞᆫ바로다現畊地外에將來利用ᄒᆞᆯ土地의幾何는日本人의調査를據ᄒᆞᆫ즉可畊地가全國面積을十割에五步卽三百二十一萬二千町步ᄭᆞ지容易히畊作ᄒᆞᆯ지니然則今畊作地百八十町外에百四十一萬町步의地는將來에利用ᄒᆞᆯ지라其一半七十萬町步는水田地로一反步에十五圓式收入이有ᄒᆞᆫ즉一億五百萬圓이며他一半은畑地로一反步에八圓收入이有ᄒᆞᆫ즉五千六百萬圓이오合計ᄒᆞ면一億六千二百萬圓의農産을得ᄒᆞ리라ᄒᆞ니然則新開地百四十一萬町步를一人이二反步로平均ᄒᆞ면能히七百萬의人口를養ᄒᆞᆯ지라日本博士의所說과如ᄒᆞ면我國에畊作ᄒᆞᆯ餘地가多大ᄒᆞ도다

第一,溝渠提堰의開築을依ᄒᆞ야得ᄒᆞᆯ土地가有ᄒᆞ니古來의堤堰溝渠를放棄ᄒᆞ야良土가變瘠ᄒᆞᆫ者를修築ᄒᆞ면陳田과浦落川反된者ㅣ可

畊의地오

第二、溜水池의築造를依ᄒᆞ야得ᄒᆞᆫ土地가有ᄒᆞ니 山間傾斜地에도溜水ᄒᆞ야灌漑ᄒᆞᆫ즉米、玉蜀黍、果實等多量에收穫을得ᄒᆞᆯ지오

第三、河川沿岸荒蕪地의開拓을依ᄒᆞ야得ᄒᆞᆫ土地가有ᄒᆞ니河川沿岸의土地卑濕을因ᄒᆞ야葦蘆叢生ᄒᆞ야一望寥曠ᄒᆞᆫ地積이往往數十町數十里에至ᄒᆞ니堤防을築造ᄒᆞ야疏水工事를施ᄒᆞ면良田이될지오

第四、海面의排水를依ᄒᆞ야得ᄒᆞᆫ土地가有ᄒᆞ니 內海沿岸은屈曲이深ᄒᆞ야多大ᄒᆞᆫ工事를不要ᄒᆞ야도耕作地를得ᄒᆞᆯ者ᄂᆞᆫ慶尙、全羅、忠淸京畿、黃海、平安各道到處에不尠ᄒᆞ니라

第五、開墾을依ᄒᆞ야得ᄒᆞᆫ土地가有ᄒᆞ니 我韓人은元來永遠ᄒᆞᆫ事業에着手ᄒᆞᄂᆞᆫ者ㅣ無ᄒᆞᆫ故로膏沃ᄒᆞᆫ原野를放棄ᄒᆞᆫ者ㅣ多ᄒᆞ니元山과京城至間에三防原野며黃海道載寧河附近의原野等은만일水理를考察ᄒᆞ야開墾ᄒᆞ면其利益이不尠ᄒᆞᆯ지니라

田制

田制 我韓現時의田制ᄂᆞᆫ 孝宗祖時에改定ᄒᆞ야其丈量尺度ᄂᆞᆫ周尺은四尺七寸五分五里니 此一尺平方을一把라ᄒᆞ며十把를一束이라ᄒᆞ며十束을一負라ᄒᆞ며百負를一結이라ᄒᆞ니 故로一萬尺平方一等田은一結이되며二等田은八十五負며三等田은七十五負며四等田은五十五負며五等田은四十負며六等田은二十五負ㅣ니每十五負로遞減法을定ᄒᆞ며等級을依ᄒᆞ야稅賦ᄒᆞ니라

然이나結은租稅徵收에便宜ᄒᆞᆫ目的으로名稱ᄒᆞ나面積의廣狹을表彰ᄒᆞᆷ에ᄂᆞᆫ不便ᄒᆞᆷ으로普通使用ᄒᆞᄂᆞᆫ名稱이有ᄒᆞ니卽斗落又石落이라云ᄒᆞ며日畊又半日畊이라云ᄒᆞ니 一斗落은種租一斗오一石落은種租一石의地面을指稱ᄒᆞ며 日畊又半日畊은一頭牛와一人丁으로犂를用ᄒᆞ야一日半日間에耕耘ᄒᆞᄂᆞᆫ地面을稱ᄒᆞᆷ이라 田地의賣買와小作의契約等에此法을用ᄒᆞ야結의多少를問ᄒᆞᄂᆞ니라

畊作地

畊作地 畊作地의位置ᄂᆞᆫ冲積地로主要ᄒᆞ며又邱陵傾斜의地를開

ᄒᆞ야所謂柵田을設ᄒᆞ며田地의區域이小ᄒᆞᆫ者ᄂᆞᆫ一斗落에不及ᄒᆞ나大ᄒᆞᆷ에至ᄒᆞ야ᄂᆞᆫ一石落以上에達ᄒᆞ니라

小作法

小作法　農地所有者ᄂᆞᆫ富豪ᄒᆞᆫ人이多ᄒᆞ니他貧人으로ᄒᆞ야곰畊作ᄒᆞ야賭作法(賭租)及打作法(幷作)을行ᄒᆞ니, 賭作法은豫히小作料의生産額을斟酌ᄒᆞ야一定ᄒᆞᆫ後에增減이無ᄒᆞᆫ者오　打作法은每年收穫額을檢ᄒᆞ야地主와小作人으로折半分割ᄒᆞ니　其收穫物을地主에納ᄒᆞᄂᆞᆫ法은水田은米로ᄒᆞ며畑地ᄂᆞᆫ麥大豆等으로納ᄒᆞᄂᆞ니라

作物種類

作物의種類　三南(慶尙、全羅、忠淸)地方에ᄂᆞᆫ水田이多ᄒᆞᆷ으로稻作이盛ᄒᆞ며西北方(平安、咸鏡等)에ᄂᆞᆫ稻作이稀少ᄒᆞᆷ으로南方産出로需要ᄒᆞ며麥作은水田에도或二毛(每年二畊)作으로行ᄒᆞ니라　西北地方에ᄂᆞᆫ磽确ᄒᆞᆷ으로粟稗、或耳麥의類ᄅᆞᆯ産ᄒᆞ나三南地方에ᄂᆞᆫ米、麥、大小豆、工藝作物ᄭᆞ지産치아니ᄒᆞᆷ이無ᄒᆞ니라

第二節　工業

工業

我韓의原始的産業은卽農業上生産을主ᄒᆞ고工業的生産은極히單純ᄒᆞ니製鹽業等이最重要ᄒᆞ니라

製鹽

全國의消費ᄒᆞᄂᆞᆫ食鹽이大部分을占ᄒᆞ니　一個年에産出額이百二十七萬七千二石에至ᄒᆞᄃᆡ淸國鹽과日本鹽을또輸入ᄒᆞᄂᆞ니라　各道産額을比例ᄒᆞ면大略全羅南道의五〇、同北道의四、慶尙南道의一二、忠淸南道의一〇、京畿道의一〇、黃海道의六、平安道의六、咸鏡道의二、分數니라　鹽田은沿岸到處에有ᄒᆞ니慶尙道에ᄂᆞᆫ金海浦及蔚山灣內며　全羅道에ᄂᆞᆫ智島、興陽、務安、靈光等이며　忠淸道에ᄂᆞᆫ瑞山、泰安、庇仁等이며　黃海道에ᄂᆞᆫ瓮津、康翎等浦에最多ᄒᆞ니라

元來我韓은降雨가少ᄒᆞᆷ으로製鹽業에適宜ᄒᆞ며全羅南道ᄂᆞᆫ氣候ㅣ溫煖ᄒᆞ고海岸의屈曲이多ᄒᆞ고潮汐의干滿이大ᄒᆞᆷ으로鹽業에便利ᄒᆞᆯᄲᅮᆫ아니라將來鹽田을構造ᄒᆞᆯ地所도甚多ᄒᆞ니라

慶尙道

此外工業製造品의發達ᄒᆞᆷ을擧ᄒᆞᆫ즉慶尙道에ᄂᆞᆫ東萊烟竹과大邱의

團扇과善山義興의簞와慶州의紙等이著名ᄒᆞ며 又晋州의木綿과安東의紬布와鎭南의床盤陶器、鐵製品이最良ᄒᆞ니라

全羅道

全羅道에ᄂᆞᆫ木綿의織組가最多ᄒᆞ야每年産出額이四十六萬八千餘圓에至ᄒᆞ니南平、羅州、順天等郡이豐産이오또羅州의扇簾等竹物과靈巖의梳와任實、全州等의紙物이佳良ᄒᆞ니라

忠淸道

忠淸道에ᄂᆞᆫ苧布의産額이最多ᄒᆞ니韓山、舒川、鴻山、庇仁、藍浦、靑陽、林川等七郡이製織權을獨占ᄒᆞ니라

平安道

平安道에ᄂᆞᆫ紬와亢羅의織組가良ᄒᆞ니成川紬、寧邊紬、德川亢羅의名이有ᄒᆞ며成川、三登의細切草ᄂᆞᆫ烟草品質이國內에第一良好ᄒᆞ니라

商業

第三節 商業

國內商業

第一 內國商業

自古로六矣廛이有ᄒᆞ니京城에店鋪를設ᄒᆞ야一定ᄒᆞᆫ商品으로專賣權이有ᄒᆞᆫ者ㅣ라 帝室에冠婚葬祭時에ᄂᆞᆫ其大禮用物品을進獻ᄒᆞ며且政府의命令을依ᄒᆞ야低廉ᄒᆞᆫ價格으로卽納ᄒᆞᄂᆞᆫ義務가有ᄒᆞ더니今에ᄂᆞᆫ全賣權을屛ᄒᆞᆷ으로六矣廛의名稱이無ᄒᆞ고鋪棧은鍾街에占居ᄒᆞ니

一 立廛 (緞絹을販賣)
二 白木廛 (木綿類를販賣)
三 明紬廛 (紬類를販賣)
四 布廛 (麻布를販賣)
五 紙廛 (紙類를販賣)
六 魚物廛 (乾類魚醢類를販賣)

褓商負商 旅閣

此ᄂᆞᆫ京都에商業狀態오各地方은五日을間ᄒᆞ야每月六市로區域마다褓商負商의賣買所를設ᄒᆞ며各場市浦港에ᄂᆞᆫ客主와旅閣의商業이有ᄒᆞ며

第二 對外貿易

對外貿易

對外貿易에對ᄒᆞ야ᄂᆞᆫ日本과最히頻繁ᄒᆞ니 最近四個年間에貿易의出入價額을日本과比較ᄒᆞ즉如左ᄒᆞ니라

	輸入		輸出	
	韓國	日本	韓國	日本
光武三年	一〇,三〇七,八二八	二四三,三三,八一五九	四,九九七,八四五	三九,四九六,八九二
同　四年	一一,〇二三,五九四	三六,九二六,八八九	九,四三九,八六七	三〇,一三四,一九一
同　五年	一五,〇〇三,六五〇	二九四,五〇一,六三二	八,六三八,二四〇	二七四,八〇六,五九八
同　六年	一三,五四一,四〇九	三〇〇,九〇九,九二一	八,三一七,〇七〇	二八一,六七一,八八九

以上內地輸入品에重要ᄒᆞᆷ은木綿織物、毛織物、金屬類、石油、絹織物、鐵道川材、麻布及燐寸等이며輸出品의重要ᄂᆞᆫ米、豆類、牛皮、人蔘、棉花、荏子、麻布、苧布、水產物等이니此ᄂᆞᆫ開港場稅關에調査ᄒᆞᆫ바니라」

重要輸出品

重要ᄒᆞᆫ輸出品의概要

米

米ᄂᆞᆫ輸出品中의最主要ᄒᆞᆫ者ㅣ니一箇年產額이約八百萬石이며輸出額이約五百萬圓에至ᄒᆞ며

豆類

豆類ᄂᆞᆫ米에次로重要ᄒᆞᆫ者ㅣ니就中大豆ᄂᆞᆫ一個年產額이約四百萬石이며輸出額이二百五十萬圓에至ᄒᆞ며

綿花

棉花ᄂᆞᆫ光武五年에輸出額은九百二十七負며價額은千六百七十七圓에至ᄒᆞ며其翌年에ᄂᆞᆫ收入額이一萬二千六百八十一負며其價格은六萬七千八百四十圓이輸出되며更히七年에ᄂᆞᆫ三萬二千一百五十三負며價額은十七萬五千五百二十二圓에至ᄒᆞ니綿花ᄂᆞᆫ將來我韓의最重要ᄒᆞᆫ輸出品이며

荏子

荏子ᄂᆞᆫ農業의副產物이니一個年產出總額이二萬七千圓에至ᄒᆞ며輸出價ᄂᆞᆫ一石에平均六圓七十錢이며

人蔘

人蔘은開城에產額이最多ᄒᆞ니其品種이滿洲美國日本에產보담優勝ᄒᆞᆷ으로淸國人의需要가多ᄒᆞᆫ지라一個年產額이十萬斤以上에出ᄒᆞ며海外輸出額은五萬斤에達ᄒᆞ며

麻布、苧布

麻布、苧布도亦輸出品의重要한物이니麻布는咸鏡道北方의產出이最良하야每年輸出額이約二十萬圓에至하며苧布는羣山港에賣買가多하니每年輸出額이二十五萬圓에至하니라

日本으로브터我邦의輸入品

現今日本으로브터我國의輸入品을左에示하니

品名	光武七年	光武六年	光武五年
綿布	三四九,〇六四	二六五,三六〇	三,三九二,七一八
綿織絲	一,〇〇〇,六六〇	一三八,一一一	一,二四七,三九八
甲斐絹	三三,四二四	二〇,九八一	一八,八九六
地匹	三,四二四	一,三三八	二,九四一
燐寸	二四,六〇四	二七二,〇三一	二五,〇六二
磁器及陶器	三三七,七六〇	三〇,四六六	二八,五八一
漆器	一八,六六一	一二,〇一五	一六,一〇〇
洋傘	七九,三五三	五八,二八四	五七,五三六

品名	光武七年	光武六年	光武五年
製茶	一六,九七七	二,八七九	八,四一七
米	二六,八九七	一四,五三〇	一三三,四三三
銅	二九,三九二	七六,六七七	一四三,九四八
石炭	五五四,八三二	四〇三,一五〇	一八,三二五
刻昆布	一一,三四五	一三,六一六	一一,八四〇

我邦으로브터日本에重要輸出品

我韓으로브터日本으로輸出品은如左하니

	光武七年	光武六年	光武五年
綿	一三六,五三三	六七,八四〇	四,六六三
米	四,七八一,二二七	三,九六一,三一二	六,〇〇九,六四一
豆類	二,三九〇,一九三	二,五三四,八九九	二,五一五,八八七
油糟	七,三九二	三,四一八	九,一〇八

金銀貨及金地金의輸出入額

又我韓과日本間에輸出輸入한金銀貨及金地金은如左하니

	金貨及地金	銀貨及銀地金	合計

光武七年	輸出	100,000圓	八五,九八一圓	一八五,九八一圓
光武七年	輸入	五,四二五,二四六	二,二一七	五,四二七,四六三
光武六年	輸出	—	八七,三五七	八七,三五七
光武六年	輸入	四,七八六,九七一	一三五,九九〇	四,九二二,九六一

我國이對外通商條約을締結ᄒᆞᆫ國名

日本	開國四百八十五年	淸國	開國四百九十九年(陸上貿易)
合衆國	開國四百九十年	獨逸	開國五百年
英吉利	開國五百年	伊大利	開國五百一年
露國	開國五百一年	佛蘭西	開國五百三年
澳太利	開國五百四年	淸國	光武三年
白耳義	光武七年	丁抹	光武九年

第四節　水產業

水產業

水產　魚類의產額은咸鏡道에明太魚、江原道에幾魚、全羅慶尙兩道의道尾、

背魚、石首魚가最히重ᄒᆞᆫ者ㅣ라此를五大漁業이라稱ᄒᆞᄂᆞ니라

捕鯨業　捕鯨業　鯨魚類의種類ᄂᆞᆫ長鬚과脊美와座頭와小鯨鰮과鯨等이니江原、咸鏡兩道及慶尙北方을其回游地라ᄒᆞ며　季節에至ᄒᆞ면一日航海의十餘頭를見ᄒᆞᄂᆞ니　捕漁의根據地ᄂᆞᆫ蔚山灣、通川灣、迎日灣、馬蓉島外、元山灣內의松田港、咸興郡西湖、利原郡遮湖、富寧郡靑津、鏡城郡楡津灣等이適宜ᄒᆞ니라

捕鯨船의出獵은十一月頃으로始ᄒᆞ야咸鏡道新浦로漸次南下ᄒᆞ고十二月下旬에ᄂᆞᆫ元山長箭津近海오一月에ᄂᆞᆫ蔚山灣이根據地오江原道南方及慶尙北道에獵ᄒᆞ고五月에休獵ᄒᆞᄂᆞ니「捕鯨法」은諾威式及「亞米利加」式을因ᄒᆞ며蒸驅ᄒᆞᆫ滊船을乘ᄒᆞ고銃捕ᄒᆞᄂᆞ니라

明太漁業　明太漁業　明太魚를北魚라稱ᄒᆞᆷ은北地에產物인故라　我韓海產物의需用이第一이오每年漁獲額이六七十萬圓에至ᄒᆞ며　漁業地ᄂᆞᆫ咸鏡道洪原郡前津以北으로端川郡梨湖에至ᄒᆞ니　其中新浦、新

邑、遮湖三處ㅣ最要ᄒᆞ며 漁場은槪二三海里乃至五六海里間合處에水深이二三十尋乃至七八十尋이되며底質은細沙或은泥沙가混合ᄒᆞᆫ處라ᄒᆞ며 漁具ᄂᆞᆫ刺網、延網、繰網三種을主用ᄒᆞᄂᆞ니라

道尾漁業

道尾漁業 道尾의多産地ᄂᆞᆫ東海方面에ᄂᆞᆫ江原道로브터元山附近에至ᄒᆞᆫ沿海에多ᄒᆞ니盛時에ᄂᆞᆫ一網의一萬尾를漁獲ᄒᆞ며 西海方面에ᄂᆞᆫ犂山浦와門隔ᄒᆞᆫ犂音島、竹島、烟島等間에多ᄒᆞ며 南海方面에ᄂᆞᆫ鴈島、南海島、欲知島의近海니라 漁具ᄂᆞᆫ配網을多用ᄒᆞ며其次縛網、安康網、一本釣等이니 每年漁獲額이約十五萬圓에至ᄒᆞᄂᆞ니라

幾魚漁業 幾魚漁業은一個年漁獲額이約五十萬圓에至ᄒᆞ며日本에輸送額은三四十萬圓假量이니 南海面及東海面에多産ᄒᆞ며特히元山以南江原道ᄂᆞᆫ沙濱이多ᄒᆞ야地曳網의好漁場이多ᄒᆞᆫ故로其業이盛大ᄒᆞ며 漁場은馬山浦口、鎭海灣、固城沿岸、巨濟島、欲知島、濟州附近蛇梁島、南海島ㅣ니漁具ᄂᆞᆫ揚繰網、巾着網을使用ᄒᆞᄂᆞᆫ漁業이

一이라

鱝魚漁業

鱝魚漁業 鱝魚의種類ᄂᆞᆫ數種이有ᄒᆞ니白鱝魚의産地ᄂᆞᆫ濟州島近海미 鼠鮫ᄂᆞᆫ慶尙道間海峽이漁場에主要ᄒᆞ니라 漁具ᄂᆞᆫ浮延縄을用ᄒᆞ야十一月로브터翌年二三月ᄭᆞ지捕漁ᄒᆞ야收額이每年七八萬圓에至ᄒᆞ니라 「전자리」ᄂᆞᆫ鱝魚中重要ᄒᆞᆫ物이니大者ᄂᆞᆫ百斤에至ᄒᆞ며體肉鮨도良好ᄒᆞ며 「동바리」ᄂᆞᆫ其游息處ㅣ最廣ᄒᆞ며其産額도不少ᄒᆞ니鱝魚中一物이니라

鯖魚漁業

鯖魚漁業 鯖魚ᄂᆞᆫ釜山以北江原道가棲息處나其中慶尙道機張으로브터巨濟島에至ᄒᆞᆫ沿海間에羣集ᄒᆞ니 漁獲額은每年約三萬圓에至ᄒᆞ니라 漁具ᄂᆞᆫ天秤釣를用ᄒᆞ며夜間은洋燈을點火ᄒᆞ야魚羣을誘致釣獲ᄒᆞ니一夜一隻에四五千尾를獲得ᄒᆞᄂᆞ니라

春魚漁業

春魚漁業 春魚「삼치」ᄂᆞᆫ最産處ᄂᆞᆫ慶尙、全羅、忠淸三道라四五月頃에羣處山四處로브터鴈島、召山島、捐竹島等에羣集ᄒᆞ며江原道沿海에回

游ᄒᆞ야漸次北方에上ᄒᆞ고八月頃으로브터再히南下ᄒᆞ니其盛時에流泳狀態ᄂᆞᆫ幾千萬鬐이潑剌飛躍ᄒᆞᄂᆞ니라　漁具ᄂᆞᆫ地曳網을用ᄒᆞ야一個人이能히三四千尾를漁獲ᄒᆞᄂᆞ니라

石首魚漁業　石首魚ᄂᆞᆫ我韓西南海에多産ᄒᆞ니全羅道七山島黃海道延平島及平安黃海兩境의於龍島로써石魚의三大漁場이라稱ᄒᆞᄂᆞ니라　石首魚의需要ᄂᆞᆫ北方明太魚의次라　最需要地ᄂᆞᆫ馬山浦、法聖浦、江景、廣川、京城、仁川、開城、海州等이니此等地方으로브터各地에分布ᄒᆞ며法聖浦、江景等은一日의百萬尾를賣買ᄒᆞᄂᆞ니라

魴魚漁業　魴魚ᄂᆞᆫ咸鏡、慶尙、江原道의産이나其中江原道三陟、江陵、襄陽、杆城諸郡沿海에最多ᄒᆞ니盛漁時에ᄂᆞᆫ一網의能히三四千尾를獲ᄒᆞ며　鹽魚乾魚로各道及日本에輸送ᄒᆞᄂᆞᆫ價額이每年七八萬圓에至ᄒᆞ며　漁具ᄂᆞᆫ分類網、地曳網、刺網、建網等을用ᄒᆞ니라

民魚漁業　民魚ᄂᆞᆫ京畿黃海兩道沿海에多産ᄒᆞ며　特히木浦의四

合達島附近에漁獲이最盛ᄒᆞ니　其氣胞ᄂᆞᆫ鰾膠를製ᄒᆞ며　漁具ᄂᆞᆫ一本釣와或天秤釣를用ᄒᆞ야潮汐에流釣ᄒᆞ며　又天釣를用ᄒᆞ며全羅道方面으로브터黃海道延平灘에ᄂᆞᆫ流網으로漁ᄒᆞᄂᆞ니一期間에一隻船漁獲額이三百五十六圓에至ᄒᆞ며　又綫을用ᄒᆞ야捕獲ᄒᆞᆷ이有ᄒᆞ니라

貲魚漁業　貲魚ᄂᆞᆫ鮎類와似ᄒᆞ니　全羅道汝自灣、得糧灣及忠淸道於靑島四合處에産ᄒᆞ니라　漁民은延繩을用ᄒᆞ야年年於靑島四合處의集合ᄒᆞᆫ船이二百餘隻이오一回捕漁收額이三百圓에至ᄒᆞ니라

箴魚漁業　箴魚俗名숙시부리의漁場은巨濟島、馬山浦及固城鎭南海가主要ᄒᆞ니　漁船은二艘로一組라ᄒᆞ며一組의漁獲額은一個年에一千五百圓이며　漁期ᄂᆞᆫ十月노브터翌年四月에至ᄒᆞ니라

祟魚漁業　祟魚ᄂᆞᆫ釜山灣內洛東江口、巨濟島近海及機張郡沿海木浦等을漁場이라ᄒᆞ며又豆滿江口에도多産ᄒᆞ며　魚具ᄂᆞᆫ瀨建網、石

大刀魚漁業

繰網을使用ᄒᆞ며漁期ᄂᆞᆫ十二月노브터翌年三月에至ᄒᆞ니라

大刀魚漁業　大刀魚(칼치)ᄂᆞᆫ全羅北方竹島、烟島及忠淸道沿海에多産ᄒᆞ니　漁具ᄂᆞᆫ朱網、配網을使用ᄒᆞ면次ᄂᆞᆫ一本釣ᄅᆞᆯ用ᄒᆞ니라

安康漁業

安康漁業　安康은全羅道鴛莫洋、汝自灘、居金島近海得粮灘、松耳灘、萬不島、七山島、長華島近海에多産ᄒᆞ니漁期ᄂᆞᆫ四月間으로十月頃에至ᄒᆞ며　漁獲額은每月一隻船에約六十貫乃至千五百貫에至ᄒᆞ니라

打瀨網及手繰網漁業

打瀨網及手繰網漁業　打瀨網은比目魚가지미、鰈넙치、其他雜魚等을漁獲ᄒᆞᄂᆞ니每年冬季間의釜山近海加德、巨濟島附近에出漁ᄒᆞ야一季의漁獲額이一隻船의約三百圓內外에至ᄒᆞ며　手繰網의漁場은釜山近海鎭南、加德、巨濟島附近及全羅島近海며　捕漁ᄒᆞᄂᆞᆫ魚種은鰈、長魚、文魚等과其他雜魚니　每年漁獲額이五萬圓에至ᄒᆞ니라

潛水器漁業

潛水器漁業　此業에漁獲은海蔘及生鰒이니　漁場은半島全沿海에亘ᄒᆞ야周年을通漁ᄒᆞ니我韓海의一重要業이라慶尙、全羅、江原、咸鏡道沿岸에ᄂᆞᆫ海蔘、生鰒採取額은春秋兩期ᄅᆞᆯ通計ᄒᆞ면一隻船에約二千五百圓에至ᄒᆞ니라

海蔘은全羅道濟州로브터欲知島外海面의所産이甚良ᄒᆞ며所安島로브터慶尙、江原兩道及咸鏡道新浦所産은稍劣ᄒᆞ니라　新浦로브터北上ᄒᆞ면良種이有ᄒᆞ야鏡城、豆滿江近海에所産은肉厚形大ᄒᆞ고其味가濃美ᄒᆞ며　昔時에ᄂᆞᆫ饒殖ᄒᆞ더니潛水器의濫漁ᄒᆞᆫ結果로近年에ᄂᆞᆫ産額이頗減ᄒᆞ나現時도오히려約十五萬圓의産額이有ᄒᆞ니鹽藏으로淸國天津、芝罘、浦鹽斯德地方에輸出ᄒᆞ니라　生鰒은濟州島에所産이甚大ᄒᆞ야一殼中에一升水ᄅᆞᆯ盛ᄒᆞᄂᆞᆫ者ㅣ有ᄒᆞ며生鰒도本器業者의濫採ᄒᆞᆫ結果로産額이減少ᄒᆞ야一個年産額이八九萬圓에至ᄒᆞᆯ섇이니라

牧畜業

第四五　牧畜業

牛

我韓의牧畜은牛、馬、山羊、驢、騾、豚等이니就中에牛가最優ᄒᆞ야骨格의肥大ᄒᆞᆷ이米國產種과相同ᄒᆞ며　每年生牛或牛皮輸出을總計ᄒᆞ면三十萬頭에近ᄒᆞ니生牛의輸出은日本에輸出額이一個年에二三千頭에至ᄒᆞ며露領의輸出은元山港으로海路浦鹽斯德에輸出ᄒᆞᆷ과陸路로豆滿江을經ᄒᆞ야西伯利亞에輸出ᄒᆞᆷ을合計ᄒᆞ면每年三萬頭에不下ᄒᆞ며主要ᄒᆞᆫ產地ᄂᆞᆫ咸鏡北道及永興、高原、定平諸郡이며平安道陽德等地나特別히牡牛ᄂᆞᆫ平安道에多產ᄒᆞ며牝牛ᄂᆞᆫ咸鏡道의多產ᄒᆞ니라　牛皮ᄂᆞᆫ重要ᄒᆞᆫ輸出品이니每年輸出額이約八十萬圓에至ᄒᆞ며牛骨은牛皮에比ᄒᆞ야輸出額이稍少ᄒᆞ니라

家豚

家豚은品質을改良치못ᄒᆞᆷ으로矮少ᄒᆞ나塲市人이多畜ᄒᆞ야浦鹽斯德에輸出이不少ᄒᆞ니라

馬

馬ᄂᆞᆫ軀幹이三尺六寸에短小ᄒᆞ나蹄質이堅硬ᄒᆞ며性質이柔順ᄒᆞ야能히苦役을堪勝ᄒᆞ며輜重을運搬ᄒᆞ며或旅客乘에使用ᄒᆞᄂᆞ니라

山羊家禽

山羊及家禽等도食用으로飼育이甚盛ᄒᆞ니라

第五六　鑛業

鑛業

鑛山은我韓의一大富源이라　蓋我韓地의巖質은太古紀에屬ᄒᆞ며又此古紀巖層中에花岡石이噴出ᄒᆞ니此古紀層과花岡石과接觸ᄒᆞᆫ處에흔히鑛脈이存ᄒᆞᆫ故로十三道到處에鑛物이埋藏ᄒᆞᆫ中에金鑛이大部分이라現時開掘ᄒᆞᆷ이僅히一小部分에不過ᄒᆞ나我韓貿易品中의第一要部로日本에輸出額이每年五百萬圓에至ᄒᆞ며採掘類ᄂᆞᆫ每年約八九百萬圓에至ᄒᆞ니라

平安道

平安道ᄂᆞᆫ全國中에鑛山이最富ᄒᆞ야發見이甚多ᄒᆞᆫ지라　砂金產地ᄂᆞᆫ殷山、成川、順安、雲山、朔州、寧邊、宣川、義州、安州、泰川、价川、熙川、慈城、江東、江界、厚昌、昌城、龜城等이며　品質의良ᄒᆞᆷ은殷山、成川이며產額이多ᄒᆞᆷ은順安、雲山、朔州、寧邊、宣川等이니　每年三四月及八九月은採掘額이最多ᄒᆞᆫ時라其產出額은本道를通計ᄒᆞᆫ즉一個年의五六百萬

圓이니라

石金坑은殷山、雲山、遂安三處가最有名흔地니英人이租借ᄒᆞ야呂梁楊津二個處에起業ᄒᆞ며製錬場、機關場、工場、事務室、社宅等을設備ᄒᆞ니每月七八萬圓의產額이有ᄒᆞ며雲山은米人이租借ᄒᆞ야三坑을設ᄒᆞ니產額은一個年約二百五十萬圓에不下ᄒᆞ니라

無烟炭은平壤에鑛區가非常히盛大ᄒᆞ니炭質이粉碎ᄒᆞ기易ᄒᆞ며燃燒力이不硬ᄒᆞ나炭層의所在、甚淺ᄒᆞ야地上에露出흔者ㅣ有ᄒᆞ니現時에佛國「론돈」商會及我國豐阜會社에서採掘ᄒᆞ니라

鐵鑛은价川이著名ᄒᆞ며又成川、順安、朔州、龜城에도多產ᄒᆞ며厚昌에ᄂᆞᆫ銅鑛이며殷山은無烟炭이며江西、雲山에ᄂᆞᆫ炭酸水ㅣ產出ᄒᆞᄂᆞ니라

咸鏡道

咸°鏡°道°에石金及砂金은安邊、高原、永興、定平、長津、三水、甲山、端川、吉州、明川諸郡의所產이니產出의最多흔은永興郡이며其次ᄂᆞᆫ定平、長津

端川이오 品質은甲山郡의所產이第一이니千分의九百三十乃至七十에至ᄒᆞ며最劣等은永興의產出ᄒᆞᄂᆞᆫ石金이니千分의五百五十에至ᄒᆞ니라 端川에ᄂᆞᆫ銀의產出이多ᄒᆞ니라

銅은甲山이所產處니鑛脈은四里를亘ᄒᆞ면坑數ᄂᆞᆫ約五十處니各人의所有며精錬所의鍛冶屋은約五百個所가有ᄒᆞ며坑夫ᄂᆞᆫ恒常二百人이니라

鐵鑛은端川、城津、文川三郡이며 石炭鑛은永興、端川、城津、吉州、明川鏡城諸郡에產ᄒᆞ나니라

黃海道

黃°海°道°에ᄂᆞᆫ松禾、長淵、遂安、載寧等에金이產出ᄒᆞ나니라

江原道

江°原°道°ᄂᆞᆫ春川、三陟、金城、洪川、麟蹄、原州、橫城、淮陽、平康等地에金鑛이며欽谷、鐵原에鐵鑛이有ᄒᆞ니라

京畿道

京°畿°道°ᄂᆞᆫ安城、通津、砥平、楊根에金產이有ᄒᆞ니라

忠清道

忠°清°道°ᄂᆞᆫ稷山、清州、忠州、文義、公州、青山、報恩、永同、黃澗等地에金鑛이

有ᄒᆞ며又稷山、淸州ᄂᆞᆫ鐵鑛이有ᄒᆞ니라

慶尙道

慶尙道ᄂᆞᆫ各種鑛物이産出ᄒᆞ니 石金及砂金産地ᄂᆞᆫ盈德、昌原、咸安、星州、善山、若木(若木卽停車場地名)靑松、義城、慶州、晋州、安東、蔚山等地며 鐵은固城、梁山、金海、丹城、泗川、彦陽、山淸、盈德、昌原、咸安、三嘉、寧海、慶州、陜川、永川、禮安、安東、醴泉、尙州、龍宮等地며 銅은盈德、昌原、咸安、寧海慶州等地며 銀은金海、慶州等地며 礪石은金海、丹城、泗川等地며又蔚山에ᄂᆞᆫ雲母、玉石、水晶、水銀이며 寧海、慶州에ᄂᆞᆫ雲母、砒霜、水晶、瑪瑙石、白礬、鉛等이며 尙州에ᄂᆞᆫ玉石、水晶이며 豐基에瑪瑙石、水晶、玉石、雲母等이産ᄒᆞ나니 鑛學이次第發達ᄒᆞ면此等鑛物이皆我國에利用되리니라

全羅道

全羅道ᄂᆞᆫ金溝郡院坪에砂金이産ᄒᆞ고同郡鳳林里로브터一里半을隔ᄒᆞᆫ釜洞에石金을産ᄒᆞ며 任實郡에砂金産地를近來에發見ᄒᆞ니라

第八章 貨幣

我韓貨幣

〔一〕舊貨幣 此貨幣ᄂᆞᆫ古來로全部에流通ᄒᆞᄂᆞᆫ者니現時流通額이約六百萬圓의內外라 其錢類ᄂᆞᆫ二種이有ᄒᆞ니〔一〕葉錢所謂一文錢이니 肅宗朝以後發行ᄒᆞᆫ者며〔二〕當五錢이니今 皇上二十年에鑄造ᄒᆞ야勅令으로葉錢五枚를換用ᄒᆞᄂᆞᆫ者와平壤에서今 皇上三十年에鑄造ᄒᆞᆫ者라 現今舊貨葉錢은甚少ᄒᆞ야兩南과關北에셔使用ᄒᆞ나니라

新貨幣

〔二〕新貨幣 此貨幣ᄂᆞᆫ銀貨本位니 新式貨幣章程을因ᄒᆞ야通行ᄒᆞᄂᆞᆫ者ㅣ라最低位를分이라ᄒᆞ야十分을一錢이라ᄒᆞ고十錢를一兩이라ᄒᆞ며百錢를一圜이라ᄒᆞ나니 新貨幣에銀貨、銅貨의二種이有ᄒᆞ니라 銀貨中에ᄂᆞᆫ二種을分ᄒᆞ니〔一〕五兩은本位貨오〔二〕一兩은補助貨니 此二貨幣ᄂᆞᆫ章程發布當時에鑄造ᄒᆞᆫ者ㅣ나其額이僅少ᄒᆞ야爾後流通이窘絀ᄒᆞ며 銅貨中에ᄂᆞᆫ三種을分ᄒᆞ니〔一〕二錢五分白銅貨

니其發行額은章程發布時에七萬六千六百一圓四十錢이러니濫造ᄒᆞᆫ時ᄂᆞᆫ約一千四百萬圓에至ᄒᆞ며〔二〕五分赤銅貨니舊貨葉錢五枚에相當ᄒᆞ며發行額은二十餘萬圓이며〔三〕一分黃銅貨니舊葉錢一文에相當케行用ᄒᆞ더니白銅貨의濫造及僞鑄ᄅᆞᆯ因ᄒᆞ야光武九年에此ᄅᆞᆯ最新貨와交換을始ᄒᆞ야現今에ᄂᆞᆫ白銅貨赤銅貨가漸次稀少ᄒᆞ니라

最新貨幣

〔三〕最新貨幣　此貨幣ᄂᆞᆫ金貨本位니金貨二十圓十圓五圓과銀貨半圓二十錢과銅貨五錢白銅一錢赤銅의七種이有ᄒᆞ니摠히日本貨幣와同價同量同質이나金貨은아직發行치아니ᄒᆞ니라

外國貨幣

近來에外國貨幣가我韓市場에信用ᄒᆞ니其種類ᄅᆞᆯ區別ᄒᆞᆫ즉

〔一〕手票卽日本所謂兌換券은日本銀行標니開港場又開市場에通行ᄒᆞ며光武六年五月로브터我韓에在ᄒᆞᆫ日本第一銀行支店에서發行ᄒᆞᆫ出給隨票卽日本約束手形은其種類가十圓五圓壹圓五拾錢貳拾錢十錢等이有ᄒᆞ야其信用이手票와適合ᄒᆞ며

其他外國貨幣

〔二〕其他外國貨幣ᄂᆞᆫ墨西哥貨幣淸國貨幣라淸國人이輸入ᄒᆞ나其流通은不多ᄒᆞ며　露西亞貨幣ᄂᆞᆫ咸鏡道北方卽露境接近ᄒᆞᆫ地方에流通ᄒᆞᄂᆞ니　其額은約八十萬留(假貨ᄅᆞᆯ稱留一圓○二錢八厘)니라

第九章　交通

第一節　道路

道路

道路에旅行人이舊日에ᄂᆞᆫ馬ᄅᆞᆯ騎ᄒᆞ거나轎ᄅᆞᆯ乘ᄒᆞ더니近日에市場과港場에ᄂᆞᆫ道路ᄅᆞᆯ修築ᄒᆞᆷ으로人力車ᄅᆞᆯ乘ᄒᆞ며物貨運搬에ᄂᆞᆫ馬車와荷車ᄅᆞᆯ使用ᄒᆞᄂᆞ니라

幹線의道路ᄂᆞᆫ幅員이平均六尺乃至十餘尺이니車馬ᄅᆞᆯ通ᄒᆞ며京城을中心으로定ᄒᆞ야數條街道ㅣ有ᄒᆞ며

三南街道ᄂᆞᆫ三條가有ᄒᆞ니第一線은京城南으로果川水原을經ᄒᆞ고忠淸道天安公州로全羅道全州에至ᄒᆞ야南原光州로海南에至ᄒᆞ야

此에서濟州島를達ᄒᆞ며第二線은京城東南廣州로陰竹을經ᄒᆞ야忠淸道忠州로慶尙道聞慶鳥嶺을踰ᄒᆞ고尙州、大邱、密陽、梁山을經ᄒᆞ야東萊釜山港에達ᄒᆞ야日本對馬島를通ᄒᆞ며第三線은京城南으로水原振威에至ᄒᆞ야平澤、禮山、洪州를經ᄒᆞ고庇仁、舒川에至ᄒᆞ야全羅道沃溝港에達ᄒᆞ며

東北街道ᄂᆞᆫ單純ᄒᆞᆫ一線으로通ᄒᆞ니京城東北으로抱川、永平을經ᄒᆞ야江原道金化、金城을至ᄒᆞ며此로브터鐵嶺을踰ᄒᆞ야安邊을經ᄒᆞ고元山港에至ᄒᆞ며咸興、洪原、利原을經ᄒᆞ야慶興에至ᄒᆞ며此에서露領海參威에達ᄒᆞ며

兩西街道도一線이니京城西로高陽、坡州、開城을經ᄒᆞ야黃海道平山瑞興、黃州、中和에至ᄒᆞ며大同江을渡ᄒᆞ야平壤에至ᄒᆞ며安州淸川江을渡ᄒᆞ야定州、宣川으로義州에至ᄒᆞ야鴨綠江에達ᄒᆞ니라

第二節　鐵道

京仁鐵道

京仁鐵道ᄂᆞᆫ京城으로브터仁川에達ᄒᆞᆫ鐵道ㅣ니　建陽二年에米人「제ㅣ무스、아ㅣ루모ㅣ루」氏가敷設權를我政府에得ᄒᆞ야日本會社에讓渡ᄒᆞᆷ으로資本金二百五十萬餘圓를立株ᄒᆞ고光武三年四月의起工ᄒᆞ야同四年七月에竣工ᄒᆞ니全線이二十七哩(英哩ᄂᆞᆫ我五千三百尺)오橋梁十五個處에總延長이三千四百八十五呎(英呎은我一尺五厘八毛)이오溝橋七個處의總延長은四十八呎이니光武七年十月에京釜鐵道會社에서買收ᄒᆞ야合併ᄒᆞ니라最近三個年間에每年期에平均收入額을左에示ᄒᆞ니

一哩一日平均收入

光武六年前半期	二二、四五(圜)	上同後半期	三三、五三(圜)
光武七年同	二六、六二	同	三二、一〇
光武八年同	四九、一七	同	五三、六四

京釜鐵道

京釜鐵道

京釜鐵道는開國五百四年八月에韓、日兩國間協定ᄒᆞᆫ條約을據ᄒᆞ야日本會社에서資本金二千五百萬圓으로光武七年八月에起工ᄒᆞ야同八年十一月에全線을開通ᄒᆞ니 全線은二百七十四哩오停車場은四十二個處며橋梁은三百〇二所니徑間數는六百四十四오搃延長은二萬八千三百八十呎이며隧道(鑿山道)의總延長은四萬〇七百八十呎이오 傾斜度는五十分의一이니全線路中의最高點은慶尙忠淸兩道境에接ᄒᆞᆫ秋風嶺을因ᄒᆞ야海高보담七百十二呎이되니라」

本鐵道는開業ᄒᆞ던一月一日로브터收額을計算ᄒᆞ니一月에는收入이一日一哩의平均六圓可量이며二月에는八圓에近ᄒᆞ며三月에는增加ᄒᆞ야九圓二十五錢에至ᄒᆞ니라

嶺南鉄道

又本線에三浪浦로브터南下ᄒᆞ야馬山浦에至ᄒᆞᆫ線路는卽嶺南鐵道

京木線

니光武九年六月에竣工開通ᄒᆞ고其他公州로브터木浦에至ᄒᆞᆫ支線

京元線

은卽湖南鐵道니現今我韓湖南鐵道會社에서開工을始ᄒᆞ며元山에至ᄒᆞ는元山線은日本會社에租借ᄒᆞ야方今敷設ᄒᆞ나니라

京義鉄道

京義鐵道

京義鐵道는日本政府에租借ᄒᆞ야光武八年五月에開工ᄒᆞ야同九年에竣工開通ᄒᆞ니京城龍山에起點ᄒᆞ야西北方으로松都、平壤等市府를經ᄒᆞ야義州鴨綠江에達ᄒᆞ며全線長이二百九十六哩英哩니我五千三百十尺에亘ᄒᆞ니停車場은十四處니라

京釜京義鉄道의延絡은如斯ᄒᆞ거니와鴨綠江으로브터淸國遼東野를橫斷ᄒᆞ고東淸鐵道支線을經ᄒᆞ야關外鐵道에聯ᄒᆞ며關外、楡津蘆津의三鐵道를因ᄒᆞ야北京에達ᄒᆞ면全淸國鐵道에聯絡ᄒᆞ며又東淸西伯利亞鐵道를經ᄒᆞ야全歐洲鐵道에聯絡ᄒᆞᆯ지라

然則此鉄道에總延長이二千二百數十哩니三國首府를通過ᄒᆞᆷ이數晝夜에不過ᄒᆞᆯ지오世界에郵線貨路도敏速ᄒᆞᆯ지라我韓은此鐵道中

心點에位ᄒᆞ야文明의啓發과殖産興業에最히便利ᄒᆞᆯᄲᅮᆫ아니라韓、日、清三國이鼎足의勢를成ᄒᆞ야黃種을扶植홈이三國의同一ᄒᆞᆫ義務라今日鐵道敷設의租借ᄂᆞᆫ他日我韓의文明機關을準備홈이로다

第三節　海運

外國海運에ᄂᆞᆫ所謂清國「우장」船과日本船이元來我韓沿岸及海外에航運業大部分을占ᄒᆞ니其航線路ᄂᆞᆫ如左ᄒᆞ니라

日本郵船

日本郵船株式會社航路

一、神戶로起點ᄒᆞ야門司、長崎、釜山、仁川、芝罘、太沽、牛莊에至ᄒᆞ며

一、神戶로起點ᄒᆞ야門司、長崎、釜山、仁川、大連、旅順口、太沽、芝罘에至ᄒᆞ며

一、神戶로起點ᄒᆞ야門司、長崎、釜山、元山、城津、浦鹽에至ᄒᆞ며

大阪商船

日本商船株式會社航路

一、大阪、鎭南浦兩地에發ᄒᆞ야神戶、馬關、釜山、木浦、仁川에寄航ᄒᆞ며

一、大阪、群山兩地의發ᄒᆞ야神戶、門司、釜山、馬山、木浦에寄港ᄒᆞ며

一、大阪、城津兩地의發ᄒᆞ야神戶、門司、釜山、元山에寄航ᄒᆞ니라

大川運輸

運輸株式會社

仁川運輸會社에附屬ᄒᆞᆫ汽船은鎭南浦로브터仁川、群山、木浦、釜山을經ᄒᆞ야元山北關에至ᄒᆞ며　郵船組合ᄒᆞᆫ大韓協同郵船會社、大韓通運會社에汽船은沿岸及諸島嶼間에航海ᄒᆞ나니故로是等汽船은其船籍이我韓國에在ᄒᆞ며

日本山陰、山陽兩道中에ᄂᆞᆫ我韓과商業上의關係가有ᄒᆞᆫ土地라故로汽船或西洋形帆船으로ᄡᅥ航運에營業ᄒᆞ며　露國東清鐵道會社의

汽船은浦鹽에起點ᄒᆞ야元山、釜山、長崎、仁川航行ᄒᆞ더니日露戰爭을因ᄒᆞ야廢止되니라

第四節 郵便

我韓에通信機關은古來로各路站에設備ᄒᆞᆫ驛遞方法을因ᄒᆞ야配達ᄒᆞ더니建陽元年에驛站을廢ᄒᆞ고日本大阪郵便電信局長山田雪助를郵便顧問으로延聘ᄒᆞ야郵遞規則을創定ᄒᆞ고光武二年에佛國郵政廳員子레만소ㅣ氏를郵政顧問으로招聘ᄒᆞ야再히郵便制度를組織ᄒᆞ고光武四年一月에萬國郵便聯合에同盟ᄒᆞ야外國과郵便物의直接交換을開通ᄒᆞ야內外共同의制度가實施ᄒᆞ니라

郵便線路ᄂᆞᆫ京城에서釜山間과義州間과元山、慶興間과木浦、仁川、平壤、鎭南浦等의數多ᄒᆞᆫ枝線를設ᄒᆞ니光武五年中의郵物遞換額이僅히百三十八萬枚에至ᄒᆞ며局所等은總局一、一等局十七、二等局二十八外에ᄂᆞᆫ各郡鄕長이兼掌ᄒᆞ야郵便遞換所가共히三百餘에至ᄒᆞ니라

電信及電話

第五節 電信及電話

開國五百一年十二月에仁川、京城、義州線을設ᄒᆞ며開國五百四年에京釜線을開通ᄒᆞ고光武二年에ᄂᆞᆫ京元線을開通ᄒᆞ니現在線路ᄂᆞᆫ京城에서釜山線과元山、鏡城線과義州線과仁川線이幹線이오鎭南浦翠山、木浦、馬山等開港地와金城、雲山、殷山等金鑛所在地에通ᄒᆞᆫ枝線이니局所ᄂᆞᆫ總局一、一等局十七、二等局十四니라

電話ᄂᆞᆫ京城에서仁川間、麻浦間、平壤間에設ᄒᆞ얏고國內에全數를通計ᄒᆞ면四十五個處에至ᄒᆞ니라

第三編 地方誌

全國行政區域이十三道라元來名稱外에簡單ᄒᆞᆫ別名이有ᄒᆞ니京畿道ᄂᆞᆫ畿內라ᄒᆞ며忠淸道ᄂᆞᆫ湖西라ᄒᆞ며全羅、慶尙兩道를合稱ᄒᆞ면兩南이라ᄒᆞ며慶尙道ᄂᆞᆫ嶺南이라ᄒᆞ며全羅道ᄂᆞᆫ湖南이라ᄒᆞ며忠淸、全

羅、慶尙三道를合稱ᄒᆞ면三南이라ᄒᆞ며平安、黃海兩道를合稱ᄒᆞ면兩西라ᄒᆞ며江原道를關東이라ᄒᆞ며咸鏡道를關北이라ᄒᆞ니各道內에著名ᄒᆞᆫ大處의形便을下에略示ᄒᆞ노라

第一章　京畿道

京畿道
概說

概說

京畿道ᄂᆞᆫ半島中央에在ᄒᆞ니東은江原道、南은忠淸道、北은黃海道를連ᄒᆞ고西ᄂᆞᆫ海에臨ᄒᆞ니라　田野ㅣ不多ᄒᆞ야物產이甚尠ᄒᆞ나王都의所在地로文明의中心과勢力의本源이되야四方의物產이此地에集合ᄒᆞ고又分配ᄒᆞᄂᆞ니　故로漢江、臨津江等의河流ᄂᆞᆫ本道要部를占ᄒᆞ며京釜、京仁、京義、京元等鐵道의交通輸運의便宜홈이八道中第一이니라　海岸의延長은略忠淸道와平均ᄒᆞ야屈曲이多ᄒᆞ며良好ᄒᆞᆫ港灣이有ᄒᆞ니라

京城(漢城、漢陽)

京城

京城은本道中央楊州에在ᄒᆞ야北緯三十七度三十分、東經百二十七度四分에位置ᄒᆞ니我朝以來로此에建都ᄒᆞ야中央政府의所在地되니라

距今八百年前에高麗　肅宗元年(西曆一千九十九年)에此地에建都ᄒᆞ야南京이라名ᄒᆞ더니其後에我　太祖高皇帝께서王位에進ᄒᆞ시미비로소鷄龍山定都코자ᄒᆞᆷ은其時栅觀의獻策이라始設ᄒᆞᆫ지十日에旋罷ᄒᆞ고松都(開城府)로브터此地에遷都ᄒᆞ야今日에至ᄒᆞ니라

漢陽地形은北에北漢山(漢山、白岳、北岳、三角山等을稱)이偉出ᄒᆞ고南에木覓山(俗稱南山)을對ᄒᆞ야兩山餘脈이府都四方을圍繞ᄒᆞ야東에駝駱、天藏諸峯이簇立ᄒᆞ고西에仁王、白蓮、蓮華各峯이相峙ᄒᆞ야自然鐵壁을造成ᄒᆞ며漢江은南으로橫流ᄒᆞ야水運의都會가되니山河形勢가天然ᄒᆞᆫ要樞地라城內市街의亘延은東西八里餘오南北五里餘오城郭의圍ᄂᆞᆫ約五十里니南에崇禮門、西南에昭義門、西에敦義門、西

北에彰義門、北에肅靖門、東北에惠化門、東에興仁之門、東南에光熙門八門이有ᄒᆞ니其中에崇禮南大門、興仁東大門이最大ᄒᆞ며高는三十尺이오厚는二十尺이며石壁으로築造ᄒᆞ니其上의二重門樓가屹然ᄒᆞ야甚히壯麗ᄒᆞ니라　王闕은市西北部卽北漢山下에石壁으로圍繞ᄒᆞᆫ者이卽景福宮이니南光化門、北神武門、東建春門、西迎秋門이宮의四門이라光化門은其正門이니門前大街左右에는官衙公署等及貴族의邸宅等이櫛比ᄒᆞ야大厦高墻이連接ᄒᆞ며　南에慶運宮이니光武一年의비로소營建ᄒᆞ야時御所가되며東에昌德宮이有ᄒᆞ니東闕이라稱ᄒᆞ니라

英佛露獨米各國公使館이城內에在ᄒᆞ며日本公使館은木覓山下倭場臺下에在ᄒᆞ니라

市街

城內는五署에區劃ᄒᆞ니東署、南署、西署、北署、中署라　東署는七坊四十三契며西署는九坊九十一契며南署는十一防七十一契며北署는

十二坊四十四契며中署는八坊九十一契니區劃이整然ᄒᆞ고街道ㅣ淸潔ᄒᆞ며　城內에二條大路가有ᄒᆞ니一은東大門으로브터鍾路街를經ᄒᆞ야敎義門卽西門에通ᄒᆞ며一은鍾樓街로南大門에通行ᄒᆞ니此二大路兩側에各種商店이列在ᄒᆞ야普通瓦家의構造며人馬往來와物貨貿易이全國의中心이라　六矣廛은鍾樓街에簇列ᄒᆞ며又東南兩大門內에每朝市를開ᄒᆞ니南大門內市場이最盛ᄒᆞ니라

人口

京城全市의人口는光武六年調査를據ᄒᆞᆫ즉

	戶數	人口	男	女
光武六年	四二、六九三	一九六、二六四	一〇四、三〇五	九〇、二六一

外國人의居住는光武八年調査를據ᄒᆞᆫ즉

	戶數	人口	男	女
日本人	九九四	四、二二九	二、三六一	一、八六八
淸國人	不明			

英國人	四七	三一	一六
米國人	七九	三九	四〇
白耳義人	八	四	四
德國人	一八	一〇	八
佛國人	六九	四三	二六

金融機關

京城에金融機關은漢城銀行、天一銀行이有ᄒᆞ며日本人의商業銀行支店과第五十八銀行支店이有ᄒᆞ며

交通及通信

京城에交通及通信機關은郵遞司、電報司、電話所가有ᄒᆞ며京城電氣鐵道ᄂᆞᆫ鍾樓街上으로브터南大門를經ᄒᆞ야龍山에到ᄒᆞᆫ一線이며東大門를經ᄒᆞ야淸凉里에到ᄒᆞᆫ一線이며西門를經ᄒᆞ야鐵道京城停車場에至ᄒᆞᆫ一線이니　初에米人콜부란엔도보스도잇구가我廷을依賴ᄒᆞ야布設ᄒᆞ고韓米電氣會社를組織ᄒᆞ야社長은韓人이任ᄒᆞ며

鐵道ᄂᆞᆫ京仁鐵道京釜鐵道京義鐵道가有ᄒᆞ며京元鐵道ᄂᆞᆫ方今開設ᄒᆞ며

漢江水路ᄂᆞᆫ舟運이便宜ᄒᆞ야龍山으로브터汽船이有ᄒᆞ나但以冬季三個月間은結氷홈으로使用을不得ᄒᆞ나니라

名勝

京城內外에名勝處ᄂᆞᆫ獨立門、洗劍亭、漢江、龍山、蠶石塔等이壯觀이라

仁川

仁川港

仁川府西北十里에濟物浦가開港ᄒᆞᆫ處니北緯三十七度二十八分、東經百二十六度三十七分에位ᄒᆞᆫ江華灣內、漢江河口東北岸이라　前面에月尾島、小月尾島、中月尾島等諸小嶼ㅣ相擁ᄒᆞ야小港灣을成ᄒᆞ니此를內港이라稱ᄒᆞ며其外面을外灣이라稱ᄒᆞ니　內港은狹小ᄒᆞ야二千噸以上의船舶은不入ᄒᆞ며潮汐差異홈으로干潮時에ᄂᆞᆫ沿岸의岩石이露出ᄒᆞ야僅히月尾島對岸에碇泊ᄒᆞ며　外港은海底極深ᄒᆞ야大船巨舶의投錨ᄒᆞᄂᆞᆫ處니라

本港의開放은開國五百一年頃에始ᄒᆞ야設港貿易ᄒᆞ니此地ᄂᆞᆫ咽喉의要地라港務發達ᄒᆞ고商業의繁盛홈이國內에第一이니라

日本人居留地

港內에日本人居留地ᄂᆞᆫ東西二百六十餘米突이오南北百八十餘米突이니合面積이九千坪이라最近調査ᄅᆞᆯ據ᄒᆞᆫ즉日本人在留者가一千一百八十一戶오人口ᄂᆞᆫ五千九百七十三人이며

淸國人居留地

淸國人居留地ᄂᆞᆫ港東北邊으로브터鐵道停車場邊一帶地六千坪이니人口가約六百餘니라

通信機關及交通機關

通信機關은郵便、電信、電話ㅣ有ᄒᆞ며　交通機關은陸上에ᄂᆞᆫ京仁鐵道니一時間에京城을通行ᄒᆞ며　海上에ᄂᆞᆫ郵船商船輸運。로該會社가有ᄒᆞ며　淸國「쟝우의出入ᄒᆞᄂᆞᆫ帆船이甚多ᄒᆞ니「光武六年頃調査를據ᄒᆞᆫ즉本港에出入ᄒᆞᄂᆞᆫ各國汽船은一千六十二隻이오帆船이九百九隻이니라

開城(松都、松京)

開城

開城은前日留守府ᄅᆞᆯ寘ᄒᆞᆫ處오現今에ᄂᆞᆫ郡廳이되야守ᄅᆞᆯ寘ᄒᆞ니距京一百六十里에松岳山을負ᄒᆞ야雄偉ᄒᆞᆫ都府라　昔時高麗朝四百餘年國都의地니主要產物은人蔘을多植ᄒᆞ며商業이繁盛ᄒᆞ야城內外에民戶가一萬餘에至ᄒᆞ며

此地에貿易은仁川港과密接ᄒᆞᆫ關係가有ᄒᆞ야輸出入이甚盛ᄒᆞ니라

長湍(臨津、夜牙)

長湍

長湍은京城西百二十里白鶴山下에在ᄒᆞ야臨津江을臨ᄒᆞ며郡東北에高浪浦ᄂᆞᆫ臨津江岸에第一貨物聚散地라仁川港에輸出ᄒᆞᄂᆞᆫ長湍大豆가著名ᄒᆞ니라

驪州(永義、驪興)

驪州

驪州ᄂᆞᆫ京城東南百九十里에在ᄒᆞ니漢江을臨ᄒᆞ야舟運이便宜ᄒᆞ며貨物의集散이不少ᄒᆞ며　商業의區域은東南에忠州、堤川地方으로

브터寧越、橫城에至ᄒᆞ며西北은松波、五江을連ᄒᆞ야舟楫이通行ᄒᆞ나니라

水原

水原(漢南、隋城)

水原은京畿觀察府를位置ᄒᆞᆫ處니京城南方七十里에在ᄒᆞ야京釜鐵道停車場이近ᄒᆞ고三南으로京城에入ᄒᆞᄂᆞᆫ要路를當ᄒᆞᆷ으로交通이甚繁ᄒᆞ며商業이甚盛ᄒᆞ니라

安城

安城(白城)

安城은京城東南百七十里에在ᄒᆞ야楊巨里大市ᄂᆞᆫ貿易의盛ᄒᆞᆷ이京畿道各郡中第一이니라

江華

江華(江都、沁都)

江華島ᄂᆞᆫ仁川西北漢江、黃海流域에橫在ᄒᆞᆫ一大島라東北은大江이繞ᄒᆞ며西南은海濱에臨ᄒᆞ고南北部延長이百餘里오東西ᄂᆞᆫ狹ᄒᆞ며島南部에磨尼山이聳立ᄒᆞ고北部에郡廳이有ᄒᆞ니卽前日留守府라

居民은漁、農이相半ᄒᆞ고其次商、工、航、漁를營業ᄒᆞᄂᆞᆫ者ㅣ多ᄒᆞ니라

本島面岸은通津邑과相對ᄒᆞ니古來로險要ᄒᆞᆫ地點이며本島南仁川港前面에在ᄒᆞᆫ永宗島ᄂᆞᆫ漢江第一門이오北進ᄒᆞ야草芝鎭과相對ᄒᆞᆫ處가漢江第二門이라ᄒᆞ며本島南에山轉水滙ᄒᆞᆫ處를孫石項이라ᄒᆞ야江上의第一要害地니兩岸에暗礁와潮汐의激衝이危險ᄒᆞ며 岸上의砲臺ㅣ有ᄒᆞ니卽米國軍艦을砲擊ᄒᆞ던處오本島東에甲串津은漢江第三門이니右岸은文殊山을控ᄒᆞ야海門이되고左岸은江華島鎭海門이되니라 文殊山城은佛國陸戰隊의大敗ᄒᆞᆫ處오本島西에水를隔ᄒᆞᆫ喬桐島ᄂᆞᆫ高麗末에倭寇侵入ᄒᆞ야貢船을掠奪ᄒᆞ던地니라

第二章 慶尙道(南道北道)

慶尙道概說

概說

慶尙道ᄂᆞᆫ本國東南角에起占ᄒᆞ야西ᄂᆞᆫ忠淸、全羅兩道를連ᄒᆞ며北은

江原道를接ᄒᆞ고東은海에臨ᄒᆞ며南은朝鮮海峽을隔ᄒᆞ니其海角은日本對馬島와相望ᄒᆞ며北은太白山을負ᄒᆞ고其山脈의走ᄒᆞᆫ者ᄂᆞᆫ鵲城、主屹、曦陽、青華、俗離、黃岳、德裕、智異等諸山이되고忠淸、全羅兩道와境界를分劃ᄒᆞ니라

洛東江이本道中央을貫流ᄒᆞ야交通에便宜ᄒᆞ고流域이曠漠ᄒᆞ야港灣의門戶가되니라

本道의幅員은東西約三百里乃至四百里며南北約五百里乃至六百里니　洛東江을因ᄒᆞ야左에ᄂᆞᆫ北道가되고右에ᄂᆞᆫ南道가되니라

北道에土地ᄂᆞᆫ多山ᄒᆞ야瘠薄ᄒᆞᆷ으로人民이勤儉懋實ᄒᆞ며南道에土地ᄂᆞᆫ多野ᄒᆞ야沃衍ᄒᆞᆷ으로人民이宴逸豪奢ᄒᆞ니라

釜山港

釜山

釜山은東萊府에屬ᄒᆞ니慶尙道南北角에北緯三十五度六分、東緯百二十九度三分에在ᄒᆞ야　日本對馬島와相距ㅣ一百八十里며港灣이廣濶ᄒᆞ며水尋이極深ᄒᆞ야巨艦의碇泊이便ᄒᆞ며港口에ᄂᆞᆫ絶影島(俗稱牧島라)니周圍約八十里라　其東端大陸으로브터斗出ᄒᆞᆫ一角과相對ᄒᆞᆫ者를東港門이라ᄒᆞ며　北邊에五六恠巖이海中에兀立ᄒᆞᆫ者를五大島라稱ᄒᆞ니라

沿革

釜山은日本과最近ᄒᆞ야交通이自古頻繁ᄒᆞ니　初에對馬藩主宗氏가我韓과交通을開ᄒᆞ야薺浦(熊川郡)釜山浦(現居留地의北方古館)鹽浦(蔚山郡)三個所에日本人이居留ᄒᆞ며往來ᄒᆞᄂᆞᆫ商船이繫泊ᄒᆞ더니　燕山君十一年에官吏와居留民間에騷擾를惹起ᄒᆞ야一時隣交를不通ᄒᆞ며　中宗大王時에媾和結約ᄒᆞ야三浦居留民을釜山一個所에移住ᄒᆞ며　宣祖大王二十五年間에日本人平秀吉이侵入ᄒᆞ야隣交又絶ᄒᆞ더니再히居留民을許接ᄒᆞ고條約을締結ᄒᆞ니己酉條約이卽是也라　其後　孝宗大王九年에釜山浦ᄂᆞᆫ船舶의碇泊이不便ᄒᆞᆷ으로移館을要ᄒᆞ나不施ᄒᆞ고　顯宗大王二年에草梁에移館ᄒᆞᆯ條約

을結ᄒᆞ고同十四年에移館ᄒᆞ니即現今의日本人居留地라當時에其地를倭館이라稱ᄒᆞ며今 皇上建陽元年二月에至ᄒᆞ야更히修好條約을締結ᄒᆞ고居留地를許ᄒᆞᆫ故로外國貿易港이되니日本人居留地가十餘萬坪이오 光武七年調査를據ᄒᆞᆫ즉日本居留人이二千一百十七戶오一萬七百六十人이니라

交通의機關은本港에出入船舶이光武七年中入港은二千十八隻이오出港은二千十隻이니라

古館　釜山東隅ᄂᆞᆫ昔時日本의貿易ᄒᆞ던古館이라市場이互連ᄒᆞ며

草梁　草梁은釜山와相接ᄒᆞ야居留地를控ᄒᆞ며

龜浦　龜浦ᄂᆞᆫ洛東江口左岸에在ᄒᆞ야 慶尙道의西南北境地方水路交通에位置를占ᄒᆞ니라

金海(駕洛國,金官國)

金海　金海郡은龜浦의對岸三十里를距ᄒᆞᆫ處ㅣ니大槪田圃相連ᄒᆞ야農産

物이多ᄒᆞ고貨船이輻輳ᄒᆞ야商業이盛ᄒᆞ니라

密陽(歸化,密山)

密陽　密陽郡은古新羅時의推火郡이며後에密城,密州,歸化,凝川等名을稱ᄒᆞᆫ地니土地膏腴ᄒᆞ며灌漑便宜ᄒᆞ야穀物의産額이最多ᄒᆞ니라

三浪津은本郡에附屬ᄒᆞᆫ지라洛東江이東으로回流ᄒᆞ야巨零江과合流ᄒᆞᆫ津이니船舶의往來가便宜ᄒᆞ야貨物의集散地가되니라

郡의城郭이江流를臨ᄒᆞ고樓閣이屹立ᄒᆞ니此ᄂᆞᆫ嶺南樓라稱ᄒᆞ니라

淸道(道州,伊山)

淸道　淸道郡은昔時,伊西小國이라南에鰲山을負ᄒᆞ고東北은雲川을隔ᄒᆞ야烏惠山을對ᄒᆞ며田野가肥沃ᄒᆞ고氣候溫和ᄒᆞ야嶺南의一良地니라楡川은本郡에樞要地니紫川,雲川,楡川,三水의合流處라鯉魚,銀魚와松蕈,栗實이多産ᄒᆞ니라

慶山

慶山

慶山은昔時押梁小國이니東에東山이며西에聖巖山이며北은曠野를連ᄒᆞ야栗川에至ᄒᆞ며柿栗이多産ᄒᆞ니라

大邱

大邱(達城)

大邱ᄂᆞᆫ慶尙道中央에在ᄒᆞ야慶北觀察府를位寘ᄒᆞᆫ處니　釜山京城間에要路라東北에八公山이屹立ᄒᆞ고西에臥龍山이飛躍ᄒᆞ고南은琵琶山을對ᄒᆞ고東西北三面은數十里平野를連ᄒᆞ며西方에琴湖江이有ᄒᆞ니洛東江을合ᄒᆞ야南下ᄒᆞ니라

商業

此地ᄂᆞᆫ本國內地에交通運輸가第一冠冕이라貨物의呑吐가巨額에至ᄒᆞ니每年輸出入額이六百萬圓에不下ᄒᆞ며또二月九月兩期에令市를開ᄒᆞ니元來政府命令으로設ᄒᆞᆫ비라全國藥材를都聚貿買ᄒᆞ며他物商도多聚ᄒᆞ니國內에第一市라ᄒᆞ니라

金山

金山

金山郡에金泉市가有ᄒᆞ니　南은仁同倭舘을控ᄒᆞ며北은秋風嶺을接ᄒᆞ야交通이便ᄒᆞᆷ으로市場의殷盛ᄒᆞᆫ程度가大邱에不下ᄒᆞ며　商業도또ᄒᆞᆫ大邱以北에屈指ᄒᆞᄂᆞᆫ비며　商品은米、布、木이最多ᄒᆞ니라

東萊

東萊(萇山、蓬萊)

東萊郡은昔時長山國又萊山國이니釜山港에서約十餘里라

東北約半里에溫泉이有ᄒᆞ니　消化病과其他夫人病에適宜ᄒᆞ며

또二十里에梵魚寺巨刹이有ᄒᆞ니風景이美麗ᄒᆞ니라

蔚山

蔚山(河曲、島城)

蔚山郡은西北에大河를背ᄒᆞ고南에海岸을面ᄒᆞ며北方約二十里灣에入ᄒᆞ야船舶의碇泊이便宜ᄒᆞᆷ으로釜山以北慶南에第一港이라米産이多ᄒᆞ며貨物의交易이盛ᄒᆞ니라

慶州

慶州(辰韓、鷄林)

慶州郡은新羅의故都라昔脫解時에鷄林이라稱ᄒᆞᄂᆞᆫ處니古蹟이多ᄒᆞ며　西北은山岳이繞圍ᄒᆞ고東南은平野가膏沃ᄒᆞ야米穀이多産

ᄒᆞ며居民이豐饒ᄒᆞ니라

新羅王朴昔金三姓의相傳ᄒᆞ던故基라各陵寢이尙在ᄒᆞ야崇惠殿崇德殿叅奉을置ᄒᆞ고春秋에享祀ᄒᆞ나니라

延日

延日　延日郡에浦項이有ᄒᆞ니 東은海岸을接ᄒᆞ고北은河水를帶ᄒᆞ며鹽田이甚大ᄒᆞ야一年製鹽額이一萬六千餘石에至ᄒᆞ며魚産이最多ᄒᆞ니라

往古辰韓時에日本과交通홈을阿珍浦로브터鬱陵島、日本隱岐島를經ᄒᆞ야出雲國松江灣에至ᄒᆞᆫ다ᄂᆞᆫ阿珍浦ᄂᆞᆫ卽延日灣에附近地라云ᄒᆞ니貨物의輻輳홈이釜山以北大商業地니라

豆毛浦　豆毛浦ᄂᆞᆫ慶尙道北岸에在ᄒᆞ니風浪을避ᄒᆞᄂᆞᆫ漁船의碇泊ᄒᆞᄂᆞᆫ處며

太邊浦　太邊浦ᄂᆞᆫ豆毛浦西南에在ᄒᆞ니釜山에셔約八十里며灣口南에一小島ᄂᆞᆫ小船를碇泊ᄒᆞᄂᆞᆫ處며

西生浦　西生浦ᄂᆞᆫ豆毛浦北岸에在ᄒᆞ니日本漁船이多聚ᄒᆞᄂᆞᆫ處며

丑山浦　丑山浦ᄂᆞᆫ寧海郡에在ᄒᆞ니延日灣의北方二百里오慶尙道最北沿岸이니日本漁民의根據地니라

安東(高昌、寧國)

安東　安東郡은古昔에ᄂᆞᆫ福州、綾羅、古寧、昌寧等의別名이有ᄒᆞ니라 洛東江의本源되ᄂᆞᆫ潢池水ᄂᆞᆫ本郡東北에出ᄒᆞ야邑川과合ᄒᆞ고郡城東南을繞ᄒᆞ야西南으로下ᄒᆞ니 其南岸에暎湖樓ᄂᆞᆫ高麗恭愍王南遷時宴遊ᄒᆞᆫ處오樓上懸板은王의親筆이라云ᄒᆞ며 西에西岳寺、歸來亭、臨淸閣等舊蹟가有ᄒᆞ니西岳寺ᄂᆞᆫ支那明將이日本軍를防禦홀時에建築ᄒᆞᆫ者ㅣ라云ᄒᆞ며 北에ᄂᆞᆫ新羅古刹의遺墟舊蹟이存ᄒᆞ니라

昔時에ᄂᆞᆫ此地가新羅의要鎭으로百濟高句麗의來襲을屢被ᄒᆞ며新羅兵은此로通路ᄒᆞ야百濟高句麗境에侵入ᄒᆞ니라

尙州(陀阿、商山)

尙州

尙州郡은昔時沙伐國이니一名은洛陽이라稱ᄒᆞ며西ᄂᆞᆫ火嶺에近ᄒᆞ며西北은鳥嶺을踰ᄒᆞ야忠淸道忠州에連ᄒᆞ며東은洛東江을臨ᄒᆞ야釜山을通홈으로水陸交通이便宜ᄒᆞ고貨物이輻輳ᄒᆞ야商業이殷盛ᄒᆞ니라

洛東津은安東으로브터海口ᄭᆞ지流域이四百餘里라百石積載ᄒᆞᆫ船隻은通行ᄒᆞ며鳥嶺을踰ᄒᆞ야京畿、忠淸道로來往ᄒᆞᄂᆞᆫ大路니交通이甚繁ᄒᆞ니라

善山(一善、和議)

善山

善山郡은東에洛東江을臨ᄒᆞ며西南으로브터流來ᄒᆞᆫ甘泉河ᄂᆞᆫ此에셔洛東江과合ᄒᆞ니灌漑의利用으로農産物이豐饒ᄒᆞ며米産이最多ᄒᆞ니라 古代에沙門墨湖子라ᄒᆞᄂᆞᆫ僧이비로소佛敎를新羅에傳ᄒᆞ던地가卽此地니自前으로文學士ㅣ多ᄒᆞ니라

馬山港

馬山浦

昌原府에屬ᄒᆞᆫ馬山港은東經百二十八度三十四分北緯三十五度十二分에在ᄒᆞ니釜山을距ᄒᆞ야陸路ᄂᆞᆫ一百二十里海路ᄂᆞᆫ四百浬며巨濟島北邊으로브터西北約十五浬灣入ᄒᆞᆫ處에在ᄒᆞ니西에漆原半島의丘陵과東에熊川諸峯巒이左右에圍繞ᄒᆞ니라

此灣은高麗王時에合浦라稱ᄒᆞ며日本과交通上의唯一起點이니元來日本을進擊홀時에艦隊를此處에서發航ᄒᆞ며日本이我韓에侵入홀時도此灣으로根據ᄒᆞᄂᆞ니壬辰役에日本人陣陷處가尙存ᄒᆞ니라

馬山浦의開港은光武三年五月로브터始ᄒᆞ야貿易의大部分을占ᄒᆞ니米穀의賣買가甚盛ᄒᆞ며魚物의消費가最多ᄒᆞ야每年出入額이百萬圓以上에至ᄒᆞ며各國居留地ᄂᆞᆫ二十萬坪以上이며日本人居留ᄂᆞᆫ光武八年頃에六十戶、二百三十三人이니라

鎭南

統營

鎭南郡은舊日統營이라固城半島海角에在ᄒᆞ니 忠淸、全羅、慶尙三

道水軍을統制흠으로統營이라흐더니 開國五百三年에統營을廢止흐고鎭南郡을寘흐니 現今은鎭衛隊二百餘名이有흐며 市船이輻輳흐야每市去來額이五六千圓에至흐며 宣祖大王二十五年에我韓과日本이爭雄흐던處라故로尙今鎭南城內倉庫에甲冑武器의戰利品이存在흐니라

巨濟

巨濟島

巨濟島는我韓五大島의第一이니 馬山灣口南과鎭南郡南에橫在흐야東南은日本對馬島와相對흐고北은鎭海灣을隔흔半島陸이며 宣祖大王二十五年에日本軍이此島에根據흔者를擊退흔地니라

竹林浦、王浦 知世浦 旧助羅、古大多浦

右島西岸에竹林浦는島中第一良港이며 東面에는玉浦ㅣ有흐며玉浦南三里에는知世浦니灣折水深흐야船舶이風浪을避흠에適宜흐며 島南面에旧助羅ㅣ有흐며 島南邊에都長浦와古多太浦ㅣ有흐며

加德島

本島東에浮在흔加德島는大船을碇泊흘港灣이오 閑山島는我韓名將李舜臣이日本軍을陷沒흔處ㅣ오

欲知島

欲知島는此를鹿島라稱흐니統營八十里에在흐니라

南海島

南海島

南海島는東에蛇梁能良諸島를挾흐야固城半島及巨濟島와相應흐고西는全羅道突山島를望흐며南은大洋에濱흐니라

晋州[晋陽, 菁川]

晋州

晋州는慶尙南道觀察府의位寘흔處니營江은府城을環繞흐야東으로洛東江에流入흐며交通이便宜흐야物貨의集散이最饒흐니一市의去來額이一萬五千圓에至흐니라

矗石樓가城을沿흐고江을臨흐야壯麗흐며壬辰役에日本將이此에서死흐니라

星州[星山, 碧珍]

星州

星州는東에洛東江이流繞ᄒᆞ야商業이繁盛ᄒᆞ고貨物이輻輳ᄒᆞ니此地는昔時의加羅國에附屬ᄒᆞᆫ星山伽倻國이니라

高靈

星州南에高靈이有ᄒᆞ니 千餘年前의日本軍이來駐占據ᄒᆞᆷ의新羅驍將異斯夫가攻滅ᄒᆞ니라此附近에開山津舟楫의寄泊이便宜ᄒᆞ야洛東江流域에著名ᄒᆞᆫ地니라

第三章 全羅道(南道北道)

概說

全羅道槪說

全羅道는本國西南邊에在ᄒᆞ니 東은小白山脈을依ᄒᆞ야慶尙道와區劃이되고北은錦江을隔ᄒᆞ야忠淸道에連接ᄒᆞ고西南은海洋에濱ᄒᆞ니 沿岸에港灣과島嶼ㅣ甚多ᄒᆞ니라

本道는我韓의寶藏이니所謂三南(慶尙、全羅、忠淸)의第一地라氣候溫暖ᄒᆞ고土地肥沃ᄒᆞ야農物이豐饒ᄒᆞ며 海岸의延長은二百里에大小島가三百有餘라故로多島海라稱ᄒᆞ며 習俗은浮華ᄒᆞ야聲色을喜ᄒᆞ며驕奢誇矜ᄒᆞ는者ㅣ多ᄒᆞ니라

木浦港

木浦

務安府에屬ᄒᆞᆫ木浦는光武一年의開港ᄒᆞᆫ地니北緯三十四度四十七分東經百二十六度二十三分에位ᄒᆞ니라 全羅南道中央을貫流ᄒᆞᆫ榮山江河口에在ᄒᆞ야背後에數十里沃野를控ᄒᆞ며前面은多島海를擁ᄒᆞ야海陸物産이豐裕ᄒᆞ니라

灣口는西로向ᄒᆞ야東에三灣이有ᄒᆞ니一은海南郡北岔을通ᄒᆞ고一은靈巖郡西岔에至ᄒᆞ며一은羅州方面에向ᄒᆞ야灣曲이되니라 海底는十八尋乃至二十五尋이며波靜無濤ᄒᆞ며岸際에暗礁가無ᄒᆞ야多數ᄒᆞᆫ艦船은岸邊에碇泊ᄒᆞ니라

木浦灣口에孤下島는光武一年에露國陸軍大佐某가軍艦을搭乘ᄒᆞ고木浦에來ᄒᆞ야孤下島買收의許可를外部에得코자ᄒᆞ야官契交付를數次矜迫ᄒᆞ나其時監理가拒絕ᄒᆞ얏더니 木浦居留日本人某가

三萬圓으로我國人某와契約홈을因ᄒᆞ야買收ᄒᆞ얏다ᄒᆞᄂᆞ니國土潛賣ᄂᆞᆫ法律이自在ᄒᆞ니終當歸正홀事니라

居留地

各國居留地의面積은大概六十四萬三千八百六十平方(四方을云ᄒᆞᆷ)米突이니　日本人居留ᄂᆞᆫ光武八年調査ᄅᆞᆯ據ᄒᆞᆫ즉一千三百一人이오清國及泰西人은三十九人이니라

交通

交通은日本郵船、大阪商船、我韓共同郵船、各運輸會社等汽船이定期寄港ᄒᆞ며米産地羅州、南平、潭陽、淳昌等榮江流域各地方에ᄂᆞᆫ三板船으로交通ᄒᆞ고西海岸卽靈光으로브터羣山西岸과濟州島、珍島等諸島嶼의交通은滊船으로航行ᄒᆞ니　光武七年頃에滊船帆船의出入數ᄂᆞᆫ入港이五百十一隻이오出港이五百〇七隻이니라

羣山港

羣山浦

沃溝府에屬ᄒᆞᆫ羣山港은全羅、忠清兩境을區劃ᄒᆞᆫ錦江河口南岸에在ᄒᆞ야忠清道舒川의長岩鎭과相對ᄒᆞ고　河口가淺薄ᄒᆞ며暗礁堆砂等이出沒ᄒᆞᆫ故로三四百噸以上滊船은入港이困難ᄒᆞ며　又潮汐의差異ᄂᆞᆫ二十尺內外에至ᄒᆞ니退潮時ᄂᆞᆫ潮流의急激으로小船의往來가不便ᄒᆞ니라

地勢ᄂᆞᆫ北은江을臨ᄒᆞ며西南은望月山을負ᄒᆞ며東南은全州曠野로連ᄒᆞ니

各國居留地

各國居留地面積은五十七萬二千平方米突이니　其中에官民所有地面積은十五萬七千五百四十一平方米突이며他二萬八千五百六十三平方米突은清國人民의所有地니라

交通

交通은日本間에直通船은大坂商船會社의滊船이有ᄒᆞ며錦江의水運은上流黃山ᄭᆞ지ᄂᆞᆫ約四百石積載며　江景浦ᄭᆞ지ᄂᆞᆫ二百五十石積載며論山ᄭᆞ지ᄂᆞᆫ百五十石積載의帆船을通ᄒᆞ며　陸路交通은全州、萬項、江景等이니라

全州(甑城、完山)

全州

全州ᄂᆞᆫ全羅北道의首府니觀察府의位寘ᄒᆞᆫ處라東에威鳳山城을負ᄒᆞ고西北에麒麟峯、乾止山을依ᄒᆞ고平原大野을擁ᄒᆞᆫ勝狀地니城內外에市街繁華와物貨集散이忠淸、全羅兩道의第一要地니라

南原

南原(帶方、龍城)

南原은馬耳山下一都邑이니交通이頻繁ᄒᆞ고商業이興旺ᄒᆞ며 附近에鳳洞泉石과、華嚴、鷰谷、星閣等勝地가著名ᄒᆞ니라

光州

光州

光州ᄂᆞᆫ全羅南道觀察府를位置ᄒᆞᆫ處니榮山江을接ᄒᆞ고沃衍ᄒᆞᆫ平野와富裕ᄒᆞᆫ村落이多ᄒᆞ며農產이豐饒ᄒᆞ며 府東에瑞石山이名山이라山上에數十丈되ᄂᆞᆫ石材數百介가竹笋玉笏과恰似히列立ᄒᆞ니造化翁斧斫이甚奇且異ᄒᆞ도다此山下에自昔으로名士가多出ᄒᆞ다ᄒᆞ니라

羅州(潘南、錦城)

羅州

羅州ᄂᆞᆫ北에錦城山이聳出ᄒᆞ며東南方에榮山江을沿ᄒᆞ야大野沃衍ᄒᆞ고農產이豐饒ᄒᆞ며人戶富庶ᄒᆞ야湖南中第二都會地라稱ᄒᆞ며州南에ᄂᆞᆫ靈巖郡이니人家稠密ᄒᆞ며農物水產이多ᄒᆞ며靈巖南에ᄂᆞᆫ鳩林里ㅣ有ᄒᆞ니新羅時代로브터著名ᄒᆞᆫ地라當時支那地方에航行ᄒᆞᆷ에此處로브터發航ᄒᆞ니라

靈巖、鳩林里

順天

順天、新城浦

順天郡에新城浦가有ᄒᆞ니光陽郡의一角과麗水郡의一角이海中에突出ᄒᆞ야深入ᄒᆞᆫ灣이라 交通이殷繁ᄒᆞ고船舶이輻輳ᄒᆞ며 新城浦前에橫在ᄒᆞᆫ一小島ᄂᆞᆫ松島라稱ᄒᆞ며 其東에ᄂᆞᆫ猫島가有ᄒᆞ니라

松島、猫島

麗水

麗水

麗水郡은順天으로브터突出ᄒᆞᆫ岬角이니前日에左水營이有ᄒᆞ던地라漁船의寄港이便宜ᄒᆞ니라

突山

除가一時占領ᄒᆞ야當時에修築ᄒᆞᆫ一波止塲이現今漁船碇泊에便宜ᄒᆞ며 島上의英人墓標와斷垣殘堞이有ᄒᆞ니라尙今英艦의碇泊이每年數次에至ᄒᆞ며各國軍艦도往往來泊ᄒᆞᄂᆞᆫ處니全島四村의人口가約二千人이니라

濟州島

濟州(耽羅、毛羅、東瀛洲)

濟州島ᄂᆞᆫ北緯三十三度十二分乃至二十一分、東經百二十六度八分乃至五十七分間에在ᄒᆞ니東西約三百里오南北約九十里라漢拏山(一名漢羅山)은此島中央에聳立ᄒᆞᆫ高가六千五百五十八尺이니 此山은死火山이라頂上에舊噴火口ㅣ有ᄒᆞ야一大池를成ᄒᆞ며 樹木이繁茂ᄒᆞ야松、樟、椎、楢等溫帶地植物의大部分을占ᄒᆞ니라

全島를濟州、旌義、大靜三郡에分ᄒᆞ니濟州에ᄂᆞᆫ收使를置ᄒᆞ야旌義、大靜兩郡을管轄ᄒᆞ니總人口ᄂᆞᆫ二十萬이오戶數ᄂᆞᆫ三萬이며 風俗言語가內陸과稍異ᄒᆞ고悍鬪를好ᄒᆞ며

除가一時占領ᄒᆞ야當時에修築ᄒᆞᆫ一波止塲이現今漁船碇泊에便宜ᄒᆞ며 島上의英人墓標와斷垣殘堞이有ᄒᆞ니라尙今英艦의碇泊이每年數次에至ᄒᆞ며各國軍艦도往往來泊ᄒᆞᄂᆞᆫ處니全島四村의人口가約二千人이니라

濟州島

濟州(耽羅、毛羅、東瀛洲)

濟州島ᄂᆞᆫ北緯三十三度十二分乃至二十一分、東經百二十六度八分乃至五十七分間에在ᄒᆞ니東西約三百里오南北約九十里라漢拏山(一名漢羅山)은此島中央에聳立ᄒᆞᆫ高가六千五百五十八尺이니 此山은死火山이라頂上에舊噴火口ㅣ有ᄒᆞ야一大池를成ᄒᆞ며 樹木이繁茂ᄒᆞ야松、樟、椎、楢等溫帶地植物의大部分을占ᄒᆞ니라

全島를濟州、旌義、大靜三郡에分ᄒᆞ니濟州에ᄂᆞᆫ收使를置ᄒᆞ야旌義、大靜兩郡을管轄ᄒᆞ니總人口ᄂᆞᆫ二十萬이오戶數ᄂᆞᆫ三萬이며 風俗言語가內陸과稍異ᄒᆞ고悍鬪를好ᄒᆞ며

新編大韓地理　第三編地方誌　第三章全羅道　一百四十三

氣候ᄂᆞᆫ溫暖ᄒᆞ야柑橘等이多産ᄒᆞ고古來로畜牧業이盛行ᄒᆞ며 本島東邊에城山浦와南面에西歸浦와또附近에牛島甲沉島飛揚島等이有ᄒᆞ나本島에良好ᄒᆞᆫ港灣은無ᄒᆞ니라

城山浦

所安島ᄂᆞᆫ全羅道南邊岬角으로브터約八十里海中에在ᄒᆞ야其西面에甫吉島、芿島、露兒島其他諸島를集ᄒᆞ야一大港을成ᄒᆞᆫ處라　所安島의西南約百里에楸子島ㅣ有ᄒᆞ니　草蘭、愁德、橫看諸島를楸子群島라ᄒᆞ니라

所安島

楸子島

莞島

莞島郡은康津郡前에橫長이約六十里며幅이二十五里에至ᄒᆞᆫ島라 小白山聯脈의餘派로隆起ᄒᆞ니高ㅣ二千餘尺이오　樹木이鬱蒼ᄒᆞ야全島를覆ᄒᆞ며　郡衙ᄂᆞᆫ本島東面에在ᄒᆞ야大小島嶼를管轄ᄒᆞ니라

莞島

本島及薪智島、古今島、藥島四島ㅣ相集ᄒᆞᆫ處에一港灣을成ᄒᆞ야此를長直路灣이라稱ᄒᆞ니　東經百二十六度四十四分乃至五十三分北緯三十四度十二分乃至十四分間에在ᄒᆞ야　水尋이深ᄒᆞ야大艦의碇泊이適宜ᄒᆞ니此港灣은軍事上樞要地라我　宣祖大王二十五年에李舜臣이水軍을率ᄒᆞ고日本軍을擊退ᄒᆞᆫ處니라

長直路灣

珍島(因修島、沃州)

珍島郡은本國五大島의一이라　華畢頓灣을過ᄒᆞ야木浦에至ᄒᆞᆫ處에橫在ᄒᆞ니　海南縣三州院과相對ᄒᆞᆫ鳴洋峽에ᄂᆞᆫ巖礁出沒ᄒᆞᆷ으로潮流奔騰ᄒᆞ야波浪이鳴號ᄒᆞ나니라

珍島

海南

此地ᄂᆞᆫ前日右水營을位寘ᄒᆞᆫ處라鳴洋峽東岸에在ᄒᆞ니全羅海上의重要ᄒᆞᆫ地라我　宣祖大王二十五年에李舜臣이此地에서日本軍과激戰ᄒᆞ야戰艦에使用ᄒᆞ던大錨가尙存ᄒᆞ며　此附近의赤白黑色蠟石이多ᄒᆞ야工作品이奇妙ᄒᆞ니라

海南

右水營

智島 古羣山島

智島郡閣島에古羣山이有ᄒᆞ니一名은隔音島라 羣島를抱擁ᄒᆞ야一港灣을成ᄒᆞᆷ으로艦船도碇泊ᄒᆞ며 漁船의重要ᄒᆞᆫ根據地라數千艘의集泊ᄒᆞᆷ을見ᄒᆞ나니라

第四章 忠淸道(南北道)

忠淸道槪說

概說

忠淸道ᄂᆞᆫ所謂三南의一이라南은全羅道東은慶尙道北은江原道京畿道를接ᄒᆞ고西ᄂᆞᆫ海를面ᄒᆞ니 産物은二南에不及ᄒᆞ나公州、淸州에農産物이豐饒ᄒᆞ며 士族이本道에最多ᄒᆞ야平民의數보담多ᄒᆞ며其風俗과言語ᄂᆞᆫ大槪京城과無異ᄒᆞ니라 海岸은延長이三百餘里니屈曲이多ᄒᆞ며島嶼ㅣ多ᄒᆞ야船舶의碇泊ᄒᆞᆯ港灣이不少ᄒᆞ나沿岸及海島間에往往堆砂가有ᄒᆞᆷ으로航海에便宜치못ᄒᆞ니라

公州

公州(公山)

公州ᄂᆞᆫ忠淸南道觀察府를位置ᄒᆞᆫ處니車嶺南、錦江沿岸에在ᄒᆞ니라 昔時百濟文周王의遷郡ᄒᆞᆫ熊津城이卽此地니 錦江流域에舟楫이通行ᄒᆞ야百貨輻輳ᄒᆞ고商業이甚盛ᄒᆞ며 政府命令으로大邱府와如히春秋二期로藥令大市를開ᄒᆞ니 全國의商人이來集ᄒᆞ야二十日間에藥種及物貨를交易ᄒᆞ나니라

韓山

韓山(馬山、鵝州)

韓山郡은全羅道에接境ᄒᆞ고錦江下流에沿ᄒᆞ야全羅道西浦와相對ᄒᆞ니土質이肥沃ᄒᆞ야五穀이豐饒ᄒᆞ며苧布의産額出入이每年五十萬圜에至ᄒᆞ며羣山港에至ᄒᆞᄂᆞᆫ水運이便利ᄒᆞ니라

恩津 江景

恩津

恩津郡에重要ᄒᆞᆫ處ᄂᆞᆫ江景浦라錦江沿岸에最良ᄒᆞᆫ浦口오京城大路의要衝을當ᄒᆞ야船舶出入과人馬往來가甚繁ᄒᆞ니近來에貿易額이一個年에約百萬圜에至ᄒᆞ니라

清州

清州(上黨)

清州郡은北은錦江의支流鵲川을臨ᄒᆞ고西ᄂᆞᆫ山脉이逶迤ᄒᆞ야鵲川
東南에平野開潤ᄒᆞ며土質이肥沃ᄒᆞ야農產이豐饒ᄒᆞ나　地低水高
ᄒᆞ야往往橫溢의害ᄅᆞᆯ不免ᄒᆞᄂᆞ니라

忠州

忠州(太原、昌化)

忠州ᄂᆞᆫ忠淸北道觀察府ᄅᆞᆯ位置ᄒᆞᆫ處라西에彈琴臺가有ᄒᆞ니壬辰亂
에申砬이此에敗ᄒᆞᆷ은戰地가아닌故라後人이慨惜ᄒᆞᄂᆞᆫ비니라　北
에可興은前日稅米輸運ᄒᆞ던倉庫가有ᄒᆞᆫ地니漢江上流에臨ᄒᆞ야船
隻이來往ᄒᆞᆷ으로貨物의交通이多ᄒᆞ니라

洪州

洪州

洪州郡은土地平衍ᄒᆞ야農耕이適宜ᄒᆞ며米豆의產出이甚多ᄒᆞ며
貨物이仁川港에輸送ᄒᆞᆷ이最多ᄒᆞ니라

舒川

舒川

舒川郡에竹島ᄂᆞᆫ伽倻島와相對ᄒᆞ야一曲灣이開ᄒᆞ니船舶이出入ᄒᆞ
며　翠山港이甚近ᄒᆞᆷ으로物貨의交通이便利ᄒᆞ며竹島西에隔音島
와北에烟島가有ᄒᆞ니此等島嶼ᄂᆞᆫ漁船의根據地니라

牙山

牙山

牙山郡은忠淸、京畿兩道境界에介在ᄒᆞ야大灣이有ᄒᆞ며灣內에二湖
가分岐ᄒᆞ야南에ᄂᆞᆫ貢稅湖오北에ᄂᆞᆫ古溫浦ㅣ라　灣入이極深ᄒᆞ며
水尋이不淺ᄒᆞ야西海에適當ᄒᆞᆫ一錨地라ᄒᆞ며　또一江은平澤、稷山
에通ᄒᆞ며一河ᄂᆞᆫ新昌에通ᄒᆞ야船隻의輸運이甚繁ᄒᆞ며　禮山以北
과德山、海美以東은牙山灣을依ᄒᆞ야輸送에便宜ᄒᆞ니라

第五章　江原道

江原道槪說

槪說

江原道ᄂᆞᆫ西北에平安道陽德、黃海道谷山、兎山等郡을鄰ᄒᆞ며西南에
京畿道、忠淸道와南에慶尙道와北에咸鏡道ᄅᆞᆯ接ᄒᆞ며東은海ᄅᆞᆯ隔ᄒᆞ

야日本山陰、北陸地方과相對ᄒᆞ니　地形은南北이長ᄒᆞ고東西ᄂᆞᆫ短ᄒᆞ며本道西方에金剛、頭陀、太白等諸名山이屹立ᄒᆞ니此一帶地에嶺西ᄂᆞᆫ土瘠俗淳ᄒᆞ며　嶺東은山岳이重疊ᄒᆞᆷ으로數里平野를稀見ᄒᆞ나名湖奇巖이多ᄒᆞ야絕勝ᄒᆞᆫ景光은半島中第一이라稱ᄒᆞ며　農産이不贍ᄒᆞ나鑛脈이多ᄒᆞ며人蔘이産出ᄒᆞ며　海岸線은南北延長이九百里에亘ᄒᆞ나全岸이一直線으로區劃된故로港灣이少ᄒᆞ니라

春川

春川(牛首、安陽)

春川은本道觀察府를位寘ᄒᆞᆫ地니北에淸平山을負ᄒᆞ고南에昭陽江을沿ᄒᆞ야船舶碇繫場이有ᄒᆞ니本道中屈指ᄒᆞᄂᆞᆫ貨物集散地라　此地ᄂᆞᆫ貊國二千年古都니貊城의遺址와穌羯塚이有ᄒᆞ니라

鐵原

鐵原(鐵圓、東州)

鐵原은江原道中第一米穀의産地오又紬의織組가著名ᄒᆞ니産額이每年平均五千餘疋에至ᄒᆞ며鐵物이多産ᄒᆞ니라

三陟

三陟(陟州、眞珠)

三陟은[illegible]根山南麓에在ᄒᆞᆫ一都邑이니郡衙東約一里에在ᄒᆞᆫ小灣을三陟浦라稱ᄒᆞ니라

江陵

江陵

江陵은三陟西北普賢山東麓에在ᄒᆞᆫ一都邑이니　人家稠密ᄒᆞ고商業이稍稍繁盛ᄒᆞ며　昔時穢의古都라新羅時代에ᄂᆞᆫ溟洲라稱ᄒᆞ니라

蔚珍

蔚珍

蔚珍은西岸에竹邊洞灣이有ᄒᆞ니　半月形과如ᄒᆞ야西北風을避ᄒᆞ기適宜ᄒᆞ며灣內稍廣ᄒᆞ야一百噸內外의小汽船을碇泊ᄒᆞ며漁船의根據地며　西岸에竹濱洞은漁業農業이頗盛ᄒᆞ니라

通川

通川

通川은本道沿岸의第一良好ᄒᆞᆫ港灣長箭津이有ᄒᆞᆫ地라　此灣을軍

鬱島、鬱陵島

港이라稱ᄒᆞ니　背에金剛山이屹立ᄒᆞ고其脉이南、北、西三面을繞ᄒᆞᆫ故로三方風을避ᄒᆞᆷ으로捕鯨船의重要ᄒᆞᆫ碇泊場이되니라

鬱島

鬱島ᄂᆞᆫ平海郡越松浦四百餘里海中에在ᄒᆞᆫ鬱陵島니光武三年에鬱島郡을設ᄒᆞ고守를寘ᄒᆞ니　北緯百三十度四十五分乃至五十三分東經三十七度三十四分乃至三十一分間에在ᄒᆞ야　面積이五百四方里許며中央에高山이屹立ᄒᆞ야高ㅣ四千尺이며沿岸의港灣이無ᄒᆞ야船舶의碇繫가甚難ᄒᆞ니라　全島에平地가稀少ᄒᆞ나其地質은落葉枯草가堆積腐化ᄒᆞᆫ黑土를成ᄒᆞᆷ으로膏腴ᄒᆞ야肥料를不施ᄒᆞ야도農物이豐碩ᄒᆞ야主産物의大豆ᄂᆞᆫ每年産額이四五百石에至ᄒᆞ며林産에ᄂᆞᆫ欅、桐、松、白檀香等이有ᄒᆞ며　또葡萄ㅣ産出ᄒᆞ며沿海에良好ᄒᆞᆫ石菜의産額이亦大ᄒᆞ니라　秋季에山鷸類ㅣ多ᄒᆞ야副食物을作ᄒᆞ며脂肪은溶解ᄒᆞ야燈油에供給ᄒᆞᄂᆞ니라

咸鏡道槪說

本島住民은五百餘戶며日本人三百餘戶ㅣ一時에來住ᄒᆞᆷ으로政府에서退去ᄒᆞ란命令이有ᄒᆞ야至今에盡歸ᄒᆞ니라島中의一泉이湧出ᄒᆞ야其味가微酸ᄒᆞ나島民이藥水라稱ᄒᆞ야疾病時에藥餌로服用ᄒᆞ면効驗이著見ᄒᆞ니此ᄂᆞᆫ炭酸水의源流니라

本島東南約三百里에一島가有ᄒᆞ야俗稱양고島라云ᄒᆞ니長이三十餘里오沿岸이屈曲ᄒᆞ야漁船의碇泊이便宜ᄒᆞ나薪材及飮料水를아죠不得ᄒᆞᆷ으로居人이無ᄒᆞ며海馬와各種海産이多ᄒᆞ니라

第六章　咸鏡道(南道 北道)

槪說

咸鏡道ᄂᆞᆫ半島東北邊에在ᄒᆞ야東에海를臨ᄒᆞ고西에狠林山脈을因ᄒᆞ야平安道와區劃ᄒᆞ며南은鐵嶺山脈으로江原道와連接ᄒᆞ고北은豆滿江及鴨綠江을沿ᄒᆞ야淸國吉林省과連境ᄒᆞ며東北은僅히鹿島를隔ᄒᆞ야露領島蘇里州와相對ᄒᆞ니　地勢ᄂᆞᆫ南北이長ᄒᆞ야直經이

一千五百里며東西ᄂᆞᆫ甚狹ᄒᆞ야四五百里에不過ᄒᆞ니라 面積의廣大ᄂᆞᆫ八道中第一位에占ᄒᆞ나白頭山及妙香山의諸脈이道內에布列ᄒᆞ야土地磽确ᄒᆞ고氣候多寒ᄒᆞ야物產이豐饒치못ᄒᆞ니라

本道ᄂᆞᆫ昔時에沃沮地니支那漢時에玄菟라ᄒᆞ며後에挹婁가靺鞨을南遷ᄒᆞ고此를據ᄒᆞ니맛ᄎᆞᆷ니高句麗의倂呑ᄒᆞᆫ處라人情이古來로精悍堅忍ᄒᆞ니라

德源

德源 德源에主要地ᄂᆞᆫ元山港이니北緯三十九度十二分、東經百二十七度三十分에位ᄒᆞ니라浦鹽斯德은三千三百海里오釜山은三千六十海里니開國四百九十三年에開港ᄒᆞ니라

元山

日本人居留地 日本人居留地ᄂᆞᆫ面積이十餘萬坪이니 光武七年頃調查를據ᄒᆞᆫ즉日人戶數四百三十이오人口一千八百四十六이며 清國人居留地ᄂᆞᆫ面積이三千坪이니光武七年頃調查를據ᄒᆞᆫ즉清人戶數二十八이

清國人居留地

오人口百六十이오米人은十一戶에三十六人이니라

交通 海上交通은光武七年頃調查에船舶出入數ᄂᆞᆫ出港船이三百四十四隻이오入港船이六百八十七隻이니라

永興灣 永興灣은東葛馬半島의岬角과北大江半島의岬角과相對ᄒᆞ야海水를包擁ᄒᆞᆫ處니 會沙島麗島茅島等諸島灣口를掩ᄒᆞ야船泊이適宜ᄒᆞ며泥底에投錨ᄒᆞ기良好ᄒᆞ니라

松田灣 松田灣은永興灣北奥에在ᄒᆞ야元山津과相對ᄒᆞ니水尋이極深ᄒᆞ야大艦巨舶의碇泊이便利ᄒᆞ며灣內ᄂᆞᆫ牡蠣가多產ᄒᆞ야製造額이不少ᄒᆞ니라

安邊〔淺城、登州〕

安邊 安邊은元山南三十里에在ᄒᆞ야北에鐵嶺高峯을望ᄒᆞ며東南에狠城江을滯ᄒᆞ야商業이頗盛ᄒᆞ며郡衙西北에釋王寺ㅣ有ᄒᆞ니我 太祖高皇帝게서建ᄒᆞᆫ비라觀賞ᄒᆞᄂᆞᆫ旅客이不絕ᄒᆞ니라

咸興(咸州)

咸興

咸興은咸鏡南道觀察府位置ᄒᆞᆫ地니 南門上의樂民樓ᄂᆞᆫ壯麗名勝ᄒᆞᆷ이平壤練光亭과比肩ᄒᆞᄂᆞᆫ建築이며 前面은原野曠遠ᄒᆞ야海面을連ᄒᆞ며附近에我 太祖皇帝潛邸時家宅이存在ᄒᆞ야影幀을奉安ᄒᆞ고官吏로守護ᄒᆞ며 南門을連ᄒᆞ야一河流가有ᄒᆞ니此ᄅᆞᆯ君子河라ᄒᆞᄂᆞ니라

西湖

東數里海岸에西湖ㅣ有ᄒᆞ야小汽船의碇泊이便宜ᄒᆞ니咸興에一要港이며

熱三里

熱三里ᄂᆞᆫ海圖에退潮浦라云ᄒᆞ니西湖西七里에在ᄒᆞ야亦深이艦船도可히碇泊ᄒᆞᄂᆞ니라

洪原

洪原、馬養島

洪原은馬養島가主要地라島西面에屈曲이多ᄒᆞ야數個의良港을成ᄒᆞ며北面은水深灣入ᄒᆞ야三個港灣을成ᄒᆞ야汽船을碇泊ᄒᆞ며其東邊에最良ᄒᆞᆫ고루니로우灣은島地라稱ᄒᆞ니捕鯨船製造場에適宜ᄒᆞ니라

利原

利原遮湖

利原은遮湖가主要地니小汽船을可히碇泊ᄒᆞ며明太魚의産額이最多ᄒᆞ니라

城津港

城津

城津은咸北六鎭咽喉에樞要地라光武三年五月에開港ᄒᆞ니咸鏡沿岸中央에位置ᄒᆞ야臨溟灣西奧一小島北方에在ᄒᆞ니港灣에淺灘이多ᄒᆞ야西南風波浪을避ᄒᆞ기困難ᄒᆞ니라

居留地

日本人居留地ᄂᆞᆫ十萬坪이니光武七年頃調査에ᄂᆞᆫ一百六十八人뿐이니라

交通

海上交通은元山鏡城間往來ᄒᆞᄂᆞᆫ小汽船은天山浦汐間에不定期ᄒᆞᆫ寄港船이며陸上交通은慶興에至ᄒᆞ며郡西北에高峻ᄒᆞᆫ摩天嶺이有

ᄒᆞ니라

鏡城(木郞古)

鏡城
鏡城은咸鏡北道觀察府位寘ᄒᆞᆫ地니北關의第一都會處라 此에서露領에輸出ᄒᆞᄂᆞᆫ生牛가一個年의一千餘頭며行商或勞働者ㅣ同地에出稼ᄒᆞᆫ者도一千人에至ᄒᆞ며 邑附近에有煙炭礦이有ᄒᆞ나炭質이不良ᄒᆞ니라

獨津
沿岸에獨津은鏡城貨物의出入港이니船舶이輻輳ᄒᆞ니라

茂山(三山)

茂山
茂山은豆滿江上流에在ᄒᆞ니白頭山脈을接ᄒᆞ야礦質이多ᄒᆞ고森林이鬱蒼ᄒᆞ야八道中寶庫라ᄒᆞ니라

慶源(孔州)

慶源
慶源은豆滿江下流에鍾城、穩城을過ᄒᆞᆫ江과渾春河와合ᄒᆞᆫ處에在ᄒᆞ야水利富饒ᄒᆞ며郡北에雄基灣과羅津灣이有ᄒᆞ니極北에第一良港이라汽船에往來가便利ᄒᆞ니라

慶興

慶興
慶興은豆滿江을隔ᄒᆞ야露領을通ᄒᆞᄂᆞᆫ最終地라造山灣左邊에突出ᄒᆞᆫ海角을西水羅라稱ᄒᆞ니東北에豆滿江을隔ᄒᆞ야露領을接ᄒᆞ고西南에馬島를望ᄒᆞ니韓、露海岸線의劃定ᄒᆞᆫ處라沿岸에昆布產物은北關에第一品質이니라

第七章　黃海道

概說

黃海道概說
黃海道西半部ᄂᆞᆫ半島의形을成ᄒᆞ야海中에突出ᄒᆞ며 東南은京畿道를接ᄒᆞ고東은江原道를隣ᄒᆞ고北은平安道를連ᄒᆞ니 山脈이全道에分布連絡홈으로交通이困難ᄒᆞ며全國中央에在ᄒᆞ야政治上競爭地가되니라

海州(首陽、孤竹)

海州

海州는黃海道觀察府位寘한地라北은首陽山을負하고南은海灣을面하며 人家ㅣ稠密하고商業이殷盛하나特別한物産이無하며市街背後에滙渟한水를因하야一湖를成하니山影水態와風光이秀麗하니라 府東百二十里에延安郡이禮成江西、寶棻江東에在하야田野膏沃하고米穀이多産하며寶棻江은運輸도便利하니라

長淵

長淵(長潭)

長淵은大東河北에在하니田土가豐沃하고大豆의産額이最多하야貿易이繁盛하며 郡西、長山岬으로브터海水灣入하야一大港灣을造하니 南四里에南昌浦와東六里에苔灘浦가有하야船舶의碇繫가適宜하며貨物의出入이頻繁하니라 沿海에海蔘이多出하야淸國山東省漁民이來業하는者ㅣ多하며 海中遙處에三島ㅣ並列하니北에白翎島오南에大靑島오大靑島東南에는小靑島라 白翎島는古來로重罪의流配하는處며 大靑島는昔時支那元文帝、順帝來駐한宮室階礎의遺墟가尙存하니라

載寧

載寧(息城、安陵)

載寧은西에載寧江을枕하며東、南、北에平野를連하니此平野는文化安岳、信川地方을連하야直經百餘里에亘한故로米豆의輸出額이多하며 載寧江은下流에大同江과合流함으로水運이便利하야貨物의聚散地가되며 本郡附近에大鐵山이有하니鑛域은數十里에亘하야一塊鐵이되는故로全國의産額을四敵하며鉛鑛도不少하니라

白川

白川

白川은禮成江(一名金川江)西岸을臨하야京畿道西浦와相對하니米大豆의産地로貨物의集散이盛하니라

金川、助邑浦

金川

金川은白川郡東北禮成江數里에在하니十里許를溯하면助邑浦ㅣ有하며 此地以北兎山、新溪、平山及谷山、遂安等地에米穀을仁川、京

城에輸出홈에ᄂᆞᆫ此地로從ᄒᆞ야輸送ᄒᆞᄂᆞ니라

黃州

黃州(冬忽,齊安)

黃州ᄂᆞᆫ黃海道西北部의大都會니東에山을負ᄒᆞ고西에大野를接ᄒᆞ야 物產은棉花,大豆,生牛가重要ᄒᆞᆫ者라棉花ᄂᆞᆫ咸鏡,京畿,忠淸各地方에도輸出ᄒᆞ며大豆ᄂᆞᆫ大同江沿岸及仁川에輸出ᄒᆞ며生牛ᄂᆞᆫ咸鏡道地方의輸送이甚盛ᄒᆞ야一市의一千匹을賣買ᄒᆞᄂᆞ니라 鐵錦河ᄂᆞᆫ鐵島上流三里許의至ᄒᆞ야大同江과合ᄒᆞ며此로부터兼仁浦를通ᄒᆞ야船運이便利ᄒᆞᄂᆞ니라

第八章　平安道(南道北道)

平安道概說

概說

平安道ᄂᆞᆫ本國西北邊에在ᄒᆞ야東은咸鏡道를接ᄒᆞ고南은黃海道를連ᄒᆞ며西北은鴨綠江上流에沿ᄒᆞ야淸國吉林,奉天二省을連界ᄒᆞ고西南은海에面ᄒᆞᄂᆞ니라 本道中央에淸川江이流ᄒᆞ야海에注ᄒᆞᄂᆞ니江以南은淸南이라ᄒᆞ고以北은淸北이라ᄒᆞᄂᆞ니라

本道ᄂᆞᆫ山岳이多ᄒᆞ고水田이稀少ᄒᆞ야米穀의產出이甚少ᄒᆞ나豆黍類ᄂᆞᆫ生產이最盛ᄒᆞ며品質도良好ᄒᆞ며 鑛物이多ᄒᆞ야砂金의產出은全國中第一有名ᄒᆞᆫ雲山及殷山의金坑이며 東北山邑은良材ㅣ不少ᄒᆞ야所謂鴨綠江上流의大森林地라稱홈이是니라

古來로淸國과交通ᄒᆞᄂᆞᆫ要路를當ᄒᆞ야貨物의出入이半島中最早發達ᄒᆞᆫ故로殷盛ᄒᆞᆫ都邑이不少ᄒᆞᄂᆞ니라

甑南浦

甑南港

甑南港은三和府에屬ᄒᆞᆫ地라光武一年十月에開港ᄒᆞ니北緯三十八度,東經百二十五度四十分에在ᄒᆞ며 大同江下流北岸에沿ᄒᆞ야江을隔ᄒᆞᆫ黃海道와相對ᄒᆞ니大同江流域에第一港이라 灣內廣濶ᄒᆞ야二千噸以上의巨艦四十隻을碇泊홈이無慮ᄒᆞᄂᆞ니라

各國居留地

各國居留地總面積은約九十五萬平方(四方卽平方)米突에亘ᄒᆞ니日

本은十五萬二千八百○四平方米突이며淸國은九萬百十三平方米突이며露國은三萬八千平方米突이며米國은二萬一千五百九十二平方米突이며英國은一萬六百五十平方米突이며伊國은八千九百五十平方米突이니라 各國居留民數는光武八年調査를據ᄒᆞᆫ즉日本人은一千二百十七이오淸國人은三百二十이오佛國人은六이오米國人은三人獨國人은一人이니라

交通

交通이海運에는大同江流系로深遠히內入ᄒᆞ야平安黃海道大小都邑의交通이便利ᄒᆞ니船舶出入을光武七年調査를據ᄒᆞᆫ즉九百三十四隻이며陸路에는平壤及安州에至ᄒᆞᆫ二大路가有ᄒᆞ야運搬이便利ᄒᆞ며

兼二浦

兼二浦는大同江을沿ᄒᆞ야平壤과甑南浦中間에在ᄒᆞ야附近區域에農產物이多ᄒᆞ고浦內에水底極深ᄒᆞ며交通의區域은將來重要地가될지니라

平壤

平壤(箕城、樂浪)

平壤은箕王의古都로高句麗가奠都ᄒᆞ며高麗時에西京이라稱ᄒᆞ며現今觀察府를位置ᄒᆞ니大同江北岸에臨ᄒᆞ고背에는大城山을負ᄒᆞ며東南은沃衍ᄒᆞᆫ大野를控ᄒᆞ며外城에箕王井田古跡이尙存ᄒᆞ야規模의整然ᄒᆞᆷ은至今景仰ᄒᆞ며自古로兵亂을屢被ᄒᆞ야 宣祖大王二十五年에日本小西行長이李如松과戰ᄒᆞ다가大敗ᄒᆞ얏스며甲午年에日清戰爭이劇烈ᄒᆞᆷ으로此를戰場地라ᄒᆞ니라 街市는城內城外東北城四區에分ᄒᆞ고內外城이圍繞ᄒᆞ니大同、朱雀、靜海、七星四門을通ᄒᆞ며 牡丹峯、乙密臺가名勝ᄒᆞ며富豪者ㅣ多住ᄒᆞ며街衢는古都의餘風이存ᄒᆞ야秩序ㅣ整然ᄒᆞ니라

外國人居留地

光武二年五月에平壤市를開放ᄒᆞ야內外國人이雜居ᄒᆞ니米、佛人은外城에多住ᄒᆞ고日本人은大同門、朱雀門內와大同江岸에多住ᄒᆞ니

居留民數ᄂᆞᆫ光武八年九月調査를據ᄒᆞᆫ즉日本人戶數一百五十一戶에五百四十人口오淸國人은十人이오米國人은五十餘人이니라

交通

交通은京城으로브터義州를經ᄒᆞ야淸國에到ᄒᆞᆫ要衝街路ㅣ니國中第一大路니라

安州

安州(安陵、安北)

安州郡은北에淸川江을臨ᄒᆞ고南에丘陵을負ᄒᆞ며內外二城에分割ᄒᆞ니內外城에共히十三門을設ᄒᆞ며地形이平坦ᄒᆞ고街路井然ᄒᆞ니라

成川

成川(沸流、松讓)

成川은東에劒鶴山이圍ᄒᆞ며南에平野를連ᄒᆞ며西ᄂᆞᆫ沸流江을沿ᄒᆞ야自然ᄒᆞᆫ一小天地를成ᄒᆞ니物産은烟草、絹絲ㅣ最多ᄒᆞ야品質이良好ᄒᆞ니라

寧邊(密雲、撫州)

寧邊

寧邊은平安北道觀察府位置ᄒᆞᆫ地니九龍江과淸川江이合流ᄒᆞᆫ中間에在ᄒᆞ야米穀과地金、砂金이多産ᄒᆞ며西南에藥山、山城이有ᄒᆞ니我世宗大王時에築ᄒᆞᆫ비니라

江界

江界(石州、淸原)

江界ᄂᆞᆫ昔時에咸鏡道에屬ᄒᆞ얏더니 世宗大王時에平安道에編入ᄒᆞ니此地一帶ᄂᆞᆫ鴨綠江上流에沿ᄒᆞ야大森林이有ᄒᆞ며禿魯江은郡西界에沿下ᄒᆞ야鴨綠江에注入ᄒᆞ니라

義州

義州(龍灣、咸信)

義州ᄂᆞᆫ西北에鴨綠江을臨ᄒᆞ야淸國九連城과相對ᄒᆞ고東南은一帶丘陵으로圍繞ᄒᆞ니라

此地에古來로柵門會市가有ᄒᆞ야韓淸兩國民이通商貿易ᄒᆞ더니今廢ᄒᆞ니라

龍巖

龍巖浦

龍巖浦ᄂᆞᆫ龍川府에屬ᄒᆞᆫ地니鴨綠江口에在ᄒᆞ야清國大東溝와相對ᄒᆞ며此港中央에龍巖山이有ᄒᆞ야其下麓에二區을分ᄒᆞ니舊碇泊塲新碇泊塲이是라潮汐의差異가甚ᄒᆞ야滿潮時에야千噸以上汽船이入ᄒᆞ나니라

龍巖浦下에耳潮浦梨花浦가有ᄒᆞ고對岸에ᄂᆞᆫ清國大東溝、安東縣、九連城栗飾閭等城市와隔近ᄒᆞ야相等홈으로本港은我韓北邊에至要ᄒᆞᆫ商業地니라

新編 大韓地理 終

光武十一年六月十七日印刷
光武十一年七月十二日發行

新編大韓地理
定價金七拾錢
郵稅八錢

譯述者　普成館繙譯員　金建中
發行所　京城磚洞　普成館
印刷所　京城磚洞　普成社
發兌所　京城磚洞　普成館

普成館新刊書籍廣告

●東國史略	一帙四册	定價金貳圓	郵稅貳拾八錢
●東西洋歷史	一帙二册	定價金壹圓五拾錢	郵稅拾貳錢
●越南亡國史	全	定價金貳拾五錢	郵稅貳錢
●世界一覽	全	定價金貳拾錢	郵稅貳錢
●初等小學	卷一	定價金貳拾五錢	郵稅貳錢
●商業大要	全	定價金六拾錢	郵稅拾錢
●新編博物學	全	定價金七拾錢	郵稅拾錢
●外交通義	一帙二册	定價金壹圓貳拾錢	郵稅拾八錢
●中等生理學	全	定價金九拾錢	郵稅拾錢
●五偉人小歷史	全	定價金拾錢	郵稅二錢
●家庭敎育	全	定價金三拾錢	郵稅六錢
●萬國地理	一帙二册	定價金一圓拾錢	郵稅七錢
●師範敎育學	全	定價金五拾錢	郵稅四錢

大韓地理正誤表

頁	行	誤	正	頁	行	誤	正
二	三	長白	白頭	九十	十二	三	四
三	一	此	次	九十二	十三	외	이
四	二	城	域	九十三	一	이	니
六	五	飮	飯	同	十二	項	頃
二十一	八	者는호	호者는	同	十三	華嚴	華山
二十九	十	州	洲	九十四	一	項	頃
三十八	六	飮	飯	九十七	十三	四	五節
同	九	同	同	九十九	二	五	六節
三十九	四	鎭	飯	一百五	二	의	이
五十五	一	同	同	一百八	四	綿	線
六十七	一	奥	奠	一百二十	一	姻	咽
七十四	五	南浦	南	一百二十	九	도	오도
七十九	十三	된	됨	同	十	項	頃
八十五	一	有	有호	一百二十五	五	章	革
八十七	三	輪	輸	一百三十一	九	趾	墟
八十八	七	出	入	一百三十八	九	項	頃
八十九	九	入	出				

근대 한국학 교과서 총서 9 | 지리과 |

초판인쇄 2022년 04월 11일
초판발행 2022년 04월 25일

편 자 성신여대 인문융합연구소
발 행 인 윤석현
발 행 처 제이앤씨
책임편집 최인노
등록번호 제7-220호

우편주소 서울시 도봉구 우이천로 353 성주빌딩
대표전화 02) 992 / 3253
전 송 02) 991 / 1285
전자우편 jncbook@hanmail.net

ISBN 979-11-5917-210-6 94370 정가 48,000원
979-11-5917-201-4 (Set)